ESTUDOS DE DIREITO DO CONSUMO

VOLUME II

2023

Comissão organizadora

Prof. Doutor Rui Paulo Coutinho de Mascarenhas Ataíde

Prof. Doutor Francisco Rodrigues Rocha

Mestre Vítor Palmela Fidalgo

ALMEDINA

ESTUDOS DE DIREITO DO CONSUMO
VOLUME II

COMISSÃO ORGANIZADORA
Prof. Doutor Rui Paulo Coutinho de Mascarenhas Ataíde
Prof. Doutor Francisco Rodrigues Rocha
Mestre Vítor Palmela Fidalgo

EDITOR
EDIÇÕES ALMEDINA, S.A.
Avenida Emídio Navarro, 81, 3D
3000-151 Coimbra
Tel.: 239 851 904 · Fax: 239 851 901
www.almedina.net · editora@almedina.net

DESIGN DE CAPA
FBA.

PRÉ-IMPRESSÃO
EDIÇÕES ALMEDINA, S.A.

IMPRESSÃO E ACABAMENTO
FORMA CERTA

junho, 2023

ALMEDINA | GRUPOALMEDINA

BIBLIOTECA NACIONAL DE PORTUGAL – CATALOGAÇÃO NA PUBLICAÇÃO

ESTUDOS DE DIREITO DO CONSUMO

Estudos de direito do consumo / org. Rui Ataíde, Francisco Rodrigues Rocha, Vítor Palmela Fidalgo. – v.
V. 2. – p. - ISBN 978-989-40-0906-1

I – ATAÍDE, Rui
II – ROCHA, Francisco Rodrigues
III – FIDALGO, Vítor Palmela

CDU 346

ESTUDOS DE DIREITO DO CONSUMO

VOLUME II

PLANO DA OBRA

Volume I

Módulo I
Perspectivas nacionais do Direito do Consumo

Módulo II
Direito do Consumo na Constituição e no Direito da União Europeia

Módulo III
Situações jurídicas do consumo em geral

DR. JORGE CARITA SIMÃO / DR.ª SOFIA ASSUNÇÃO SOARES
Práticas comerciais desleais em geral e em linha: A Diretiva (UE) 2019/2161, do Parlamento Europeu e do Conselho, de 27 de novembro, a sua transposição parcial para o Decreto-Lei n.º 109-G/2021, de 10 de dezembro, e o reforço da proteção dos direitos dos consumidores

PROF. DOUTOR JOAQUIM DE SOUSA RIBEIRO
Cláusulas contratuais gerais

MESTRE CARLOS LACERDA BARATA
Direito de livre desvinculação do consumidor

PROF. DOUTOR JOSÉ ENGRÁCIA ANTUNES
Os contratos fora do estabelecimento

DR. CHEN CHEN
Contratos à distância em geral

DR.ª MARTA BOURA
Serviços financeiros à distância

PROF.ª DOUTORA ELSA DIAS OLIVEIRA
Contratos eletrónicos e tutela do consumidor

DR.ª NATÁLIA NUNES
O excessivo endividamento do consumidor

DR. MARTIM FARINHA / PROF. JORGE MORAIS CARVALHO
Direito do consumo e tecnologia

Volume II

Módulo IV
Contratos de consumo

A – Serviços Públicos Essenciais

PROF.ª DR.ª ELIONORA CARDOSO
Fornecimento de serviços públicos essenciais em geral
Fornecimento de água

DR. PEDRO FALCÃO
Fornecimento de energia elétrica

PROF. DOUTOR FRANCISCO RODRIGUES ROCHA / MESTRE VÍTOR PALMELA FIDALGO / MESTRE ANTÓNIO BARROSO RODRIGUES
Comunicações electrónicas

MESTRE MARCELINO DE ABREU
Serviços postais, um serviço público essencial

B – Compra e venda

PROF. DOUTOR LUÍS MENEZES LEITÃO
Desconformidade e meios de tutela do adquirente na venda de bens de consumo

C – Fornecimento de conteúdos digitais e prestação de serviços digitais

PROF.ª DOUTORA MARIA DE LURDES PEREIRA
Contrato de fornecimento de conteúdos e serviços digitais

D – Locação

PROF.ª DOUTORA CLÁUDIA MADALENO
Locação de bens de consumo

E – Empreitada

PROF. DOUTOR RUI ATAÍDE
Empreitada de bens de consumo

F – Transporte e Turismo

PROF.ª DOUTORA CATARINA SALGADO
O regime europeu de proteção dos passageiros enquanto consumidores no âmbito do contrato de transporte aéreo

Mestre António Barroso Rodrigues
Transporte em veículos descaracterizados. Sobre a (pretensa) necessidade de reconfiguração dogmática do serviço de transporte

Prof. Doutor José Luís Bonifácio Ramos
Direito Real de Habitação Periódica: Do Bem de Consumo à Realidade

Mestre Miguel Miranda / Dr.ª Raquel Meireles
Viagens turísticas e viagens organizadas

Prof.ª Doutora Adelaide Menezes Leitão
Plataformas em linha, alojamento local e protecção dos consumidores

Prof. Doutor Daniel Morais
A tutela do passageiro/consumidor no transporte ferroviário e rodoviário

G – Seguros

Prof. Doutor Francisco Rodrigues Rocha
Seguro de responsabilidade civil automóvel

Mestre José Vasques
Seguros de recheio de habitação

Prof. Doutor José Alves de Brito
Seguros de vida associados ao crédito à habitação. Breve análise do Decreto-Lei n.º 222/2009, de 11 de setembro

Mestre Francisco Luís Alves
Seguro de saúde: regime legal e novos desenvolvimentos

Prof. Doutor Filipe Albuquerque Matos
O estatuto do Consumidor no regime Português do Contrato de Seguro

Juiz Cons. João Luís Marques Bernardo
A responsabilidade civil dos advogados

H – Serviços bancários

Prof. Doutor Miguel Pestana de Vasconcelos
Contrato de conta e relação negocial bancária

I – Instrumentos financeiros

Prof.ª Doutora Madalena Perestrelo de Oliveira
Os deveres de informação no mercado de capitais no quadro da relação especial entre emitente e investidor

Juiz Cons. António Abrantes Geraldes
Responsabilidade civil do intermediário financeiro. Divergências jurisprudenciais a respeito da violação do dever de informação e do nexo de causalidade

Dr. Diogo Lemos Ramalheira
Instrumentos Financeiros Complexos. Notas breves sobre o conceito e evolução regulatória do seu tratamento

Doutor Luís Poças
Produtos de investimento com base em seguros (PIBS)

Volume III

Módulo V
Da segurança dos produtos e da responsabilidade civil

Prof.ª Doutora Mafalda Miranda Barbosa
Da segurança dos produtos

Prof.ª Doutora Paula Costa e Silva / Dr. Nuno Trigo dos Reis
Algumas reflexões sobre a responsabilidade do produtor

Prof. Doutor Pedro Caridade de Freitas
Da segurança dos produtos farmacêuticos: análise do regime jurídico português e da União Europeia

Módulo VI
Do consumo sustentável

Dr. Jorge Pegado Liz
A protecção do consumidor na economia de consumo sustentável
A rotulagem verde

PROF. DOUTOR DIOGO PEREIRA DUARTE
O regulamento europeu de crowdfunding e o seu impacto no regime jurídico do financiamento colaborativo

PROF. DOUTOR NUNO SOUSA E SILVA / DR.ª BENEDITA CUNHA PINTO
Internet das Coisas (IoT): alguns desafios jurídicos

DR. ANTÓNIO GARCIA ROLO
Criptoativo – conceito, modalidades, regime e distinção de figuras afins

DR.ª INÊS SÍTIMA
Inteligência artificial e responsabilidade civil extra-obrigacional por danos provocados a consumidores: estudo de Direito positivo

PROF.ª DOUTORA ANA PERESTRELO DE OLIVEIRA
Smart contracts *e* smart arbitration*: maior automatização, maior conflitualidade? A tendência para a internalização da resolução de litígios na* blockchain

Volume IV

Módulo IX
O Direito Internacional Privado do Consumo

PROF. DOUTOR JOÃO GOMES DE ALMEIDA
Regulamento Roma II: a lei aplicável à responsabilidade extracontratual do produtor

PROF. DOUTOR LUÍS LIMA PINHEIRO
Regulamento Roma I: Contratos celebrados com os consumidores

Módulo X
Entidades de defesa e promoção do consumidor

DR. MIGUEL DA CÂMARA MACHADO / DR. TOMÁS GOMES DA SILVA / DR.ª INÊS COSTA PINA
O Banco de Portugal como defensor do cliente bancário – Em particular, a supervisão comportamental

Prof. Doutor Luís Guilherme Catarino
Comissão do Mercado dos Valores Mobiliários. Algumas linhas de defesa do consumidor

Dr.ª Maria Eduarda Ribeiro
Competências da Autoridade de Supervisão de Seguros e Fundos de Pensões em matéria de proteção do consumidor de seguros. Regras de conduta no setor segurador

Prof. Doutor Ricardo Branco
A Entidade Reguladora dos Serviços de Águas e Resíduos

Dr.ª Helena Almeida
Competências da Entidade Reguladora dos Serviços Energéticos em matéria de proteção dos direitos dos consumidores

Dr.ª Sofia Nogueira da Silva
Entidade Reguladora da Saúde

Prof.ª Doutora Suzana Tavares da Silva
Autoridade de Segurança Alimentar e Económica (ASAE)

Prof.ª Doutora Isabel Mousinho Figueiredo
Responsabilidade civil das autoridades de fiscalização na defesa do consumidor

Dr.ª Joana Costa Lopes
Associações e fundações de defesa dos consumidores

Dr. João Vieira dos Santos
Associações de defesa de investidores e a (não) aplicabilidade do seu regime aos investidores em criptoativos

Módulo XI
Direito Penal e Contra-Ordenacional do Consumo

Mestre Rita do Rosário / Mestre Mafalda Moura Melim
Protecção penal do consumidor

Mestre Catarina Abegão Alves
Protecção contraordenacional do consumidor

Módulo XII
Do acesso à Justiça

Módulo IV
Contratos de consumo

A – Serviços públicos essenciais

FORNECIMENTO DE SERVIÇOS PÚBLICOS ESSENCIAIS EM GERAL

Elionora Cardoso

Sumário: *I – Introdução; II – Evolução histórica; III – O âmbito europeu dos serviços de interesse geral; IV – Princípios gerais subjacentes ao regime dos serviços públicos essenciais; V– Serviços de interesse geral ou serviços públicos essenciais?; VII – Algumas questões controvertidas.*

I. Introdução

Atendendo ao momento que se vive, nunca foi tão atual e tão necessário repensar ao nível dos direitos económicos, a forma como todos os serviços públicos essenciais[1], estão organizados.

A dinâmica hoje tem de ser perspetivada neste tema, muito além do que o legislador denominou em 1996 ser um elenco de serviços prestados em prol do consumidor e utente, que mereciam, e merecem sem dúvida uma proteção legal especial.

Todos os mecanismos que estão preconizados na Lei n.º 23/96, de 26 de julho, com as diversas alterações que a mesma lei sofreu ao longo dos anos, mantém na sua versão atual, pela Lei n.º 51/2019, de 29 de julho, a mesma ideia comum e essencial: o carácter geral e imperativo das normas que

[1] A discussão pode resvalar ainda para a nomenclatura de Serviços de interesse geral ou serviços de interesse económico geral, que abordaremos mais à frente neste estudo.

constituem este regime, e que se refletem nos vários regimes abrangidos, como se abordará em todo o módulo deste estudo.

Importa também ter presente que se o regime do fornecimento dos serviços públicos essenciais em geral leva a que se tutele para cada um dos serviços ali plasmado, a existência de regras especialmente previstas com dinamização particular a cada aspeto, que a pode particularizar[2].

Recordem-se as palavras de Calvão da Silva[3] que considerou que " o consumo é a última fase do processo económico, em que os bens servem para satisfazer necessidades, pondo termo ao mesmo processo". Ou seja, nesta relação por si normalmente desequilibrada, a última intenção do consumidor será satisfazer as suas necessidades, e quando falamos de serviços como estes, sobre os quais versaremos, não nos referidos a umas quaisquer necessidades, mas sim a situações essenciais à vida humana em sociedade.[4]

O elenco de serviços assim determinados pela lei, nos termos o artigo 1.º do diploma em estudo, como regras a que deve obedecer a prestação de serviços essenciais em ordem à proteção do utente, são: a) serviço de fornecimento de água; b) serviço de fornecimento de energia elétrica; c) serviço de serviço de fornecimento de gás natural e gases de petróleo liquefeitos canalizados; d) serviço de comunicações eletrónicas; e) serviços postais; f)serviço de recolha e tratamento de águas residuais; g) serviços de gestão de resíduos sólidos urbanos; h) serviço de transporte de passageiros.

As matérias de defesa e promoção dos direitos dos consumidores nunca fizeram tanto sentido ser recuperadas e retomadas, uma vez que Portugal tem sido um dos países pioneiros na criação de um regime de proteção e tratamento de uma matéria tão cara aos consumidores e utentes, o âmbito de aplicação.

As indicações relativas a este setor merecem um estudo aprofundado, do qual tentaremos abordar os elementos mais relevantes, particularmente no âmbito da relação do direito à informação com a defesa dos utentes.

No entanto, e para uma análise mais transversal desta matéria, tentaremos focar os pontos essenciais e mais controversos na problemática dos serviços públicos essenciais atualmente.

[2] Neste sentido também Falcão, Pedro – *Novos estudos sobre os serviços públicos essenciais*. p. 48.

[3] Silva, Calvão – Serviços Públicos Essenciais. *Revista de Legislação e Jurisprudência*. 2002. Ano 132. p. 138 e ss.

[4] Cardoso, Elionora – *Serviços Públicos Essenciais – a sua problemática no ordenamento jurídico português*. Coimbra Editora/Wolters Kluwer. 2010.

E os serviços públicos essenciais são sem dúvida serviços inseridos nesta perspetiva de serviços essenciais para a vida, e para o desenvolvimento em sociedade. Serviços considerados como essenciais na sua perspetiva económica, e social, pelo seu papel num determinado país, pela proteção e respeito que devem ser-lhes prestados, não só pelos prestadores do serviço, como pelos próprios utentes.

Cumpre perceber a abrangência deste setor e as implicações práticas que detém para os seus intervenientes. Uma vez que em cada caso concreto poderemos reconhecer situações diferentes, com abrangência diferente, e que a lei resolve atualmente de forma mais concisa, como o estudo desta lei nos vem revelar.

II. Evolução histórica

Ao longo dos anos, a defesa do consumidor tem vindo a tomar cada vez mais peso na vida dos cidadãos, tendo estes mais e melhores conhecimentos acerca dos seus direitos. Daí que não seja possível afastar um breve historial da regulamentação legal deste regime da proteção dos serviços de interesse geral, também a defesa dos consumidores, embora sempre chamando a atenção para o facto de legalmente estes serviços trazerem um regime de exceção, e proteção dos utentes, noção esta muito mais abrangente que a de consumidores[5].

A intenção do legislador nesta maior abrangência da lei denota-se claramente da comparação do âmbito de atuação da lei de defesa do consumidor, Lei n.º 24/96 de 31 julho, e da Lei n.º 12/2008 de 26 fevereiro, atual lei reguladora dos serviços públicos essenciais.

Pois esta última abrange os utentes dos serviços, aqui incluindo-se pessoas singulares e coletivas, ou seja, extravasando o mero fim pessoal, ou não profissional que carateriza as relações de consumo, e atendendo tão só às pessoas a quem é prestado o serviço, indicando mesmo o art.º 1 n.º 2 do diploma que:

> *"Considera-se utente, para os efeitos previstos nesta lei, a pessoas singular ou coletiva a quem o prestador do serviço se obriga a prestá-lo."*

[5] De acordo com o art.º 2 da Lei n.º 24/96 de 31 julho, considera-se consumidor, todo aquele a quem seja vendido um bem, prestado um serviço ou transmitido um direito, destinado a uso não profissional, por alguém que exerça atividade económica com caráter profissional.

Teremos pois de atender a uma noção de consumidor baseada nas relações entre pessoas singulares e profissionais, em que as primeiras adquiram um bem, ou lhes seja prestado um serviço para seu uso pessoal. Ao contrário, no seio de relações de serviços públicos essenciais, desde a Lei n.º 23/96 que a noção constante para a aplicação do referido regime é a de "utentes". Constando novamente na Lei n.º 12/2008, ao indicar-se no n.º 3 do art.º 1 que:

> *"Considera-se utente para os efeitos previstos nesta lei, a pessoa singular ou coletiva a quem o prestador do serviço se obriga a prestá-lo."*

Cremos que assim procura o legislador demonstrar que a aplicação deste regime não se determina unicamente quando se esteja perante uma relação de consumo, mas sim em todas as relações que existam com determinado prestador do serviço, independentemente deste serviço ser prestado a uma pessoa singular ou coletiva.

Verifica-se que evolutivamente a regulação deste regime prevê atualmente novas fronteiras de aplicação, onde o seu âmbito está mais alargado, e que em termos comparativos, levou o legislador a reforçar os direitos dos utentes em geral.

Há que dar ênfase em primeiro lugar às alterações introduzidas à Lei n.º 23/96, em 2008. Se fomos pioneiros na criação de um regime de defesa dos serviços públicos essenciais em 1996, mecanismo que não existia até então de forma tão concreta em praticamente nenhum país da U.E., destaca-se a inovação nomeadamente ao indicar a lei um elenco de serviços colocados sob esta proteção.

Com o passar dos anos, sentia-se a necessidade de serem repensados os serviços aqui plasmados, num novo elenco que pudesse de melhor forma responder aos conflitos que surgem neste tema.

A conflitualidade crescente neste campo, deveria ter permitido que o legislador estivesse atento às necessárias alterações que tinham de ocorrer, e ainda que não consideremos que todos os pontos vitais foram mudados, em 2008 houve um esforço crescente para que a regulação destes serviços fosse mais real.

Com a entrada em vigor da Lei n.º 12/2008, e porque o aperfeiçoar deste elenco com o seu alargamento urgia, destacamos em primeiro lugar, o total esclarecimento relativo ao incluir nesta proteção os "serviços de comunicações eletrónicas". Denote-se que em alteração à anterior menção de "serviço de telefone", de 1996 a 2004[6], vários foram os conflitos que surgiram para discutir se a nomenclatura incluía ou não os serviços de telefone móvel.

Consideramos que há muito que o legislador pretendia, ao referir-se aos serviços de telefone, não só incluir no elenco os serviços de telefone fixo, como os de telefone móvel, já que nem de outro modo deveria ser entendida a questão, atendendo ao caráter essencial das telecomunicações, e à génese de toda a discussão na assembleia da república desta lei, onde pelos documentos existentes sempre foi intenção abranger na expressão "serviço de telefone", todos os termos de comunicações telefónicas existentes.

No entanto a dúvida interpretativa permanecia na jurisprudência, acrescentando-se ainda os serviços de internet ou de televisão por cabo. Daí a necessidade de serem devidamente esclarecidos quais os serviços nesta área que seriam considerados públicos e essenciais.

Desde 2008 que essa dúvida ficou completamente dissipada, porque passou a ser feita a menção em referência à noção que resulta da lei das comunicações eletrónicas, pela Lei n.º 5/2004. Resumidamente verificou-se um retorno dos serviços de comunicações eletrónicas ao sistema de defesa especial, enquanto serviço público essencial, já que com a publicação da lei supra mencionada, o legislador tinha em parte retirado essa proteção a este tipo de serviços.

Louvamos o alargamento, e o retorno das comunicações eletrónicas, esclarecendo definitivamente os termos de defesa a serem considerados. E neste momento com a proposta existente será novamente neste campo que se denotarão as maiores alterações, pela preocupação em definir de forma mais detalhada os termos da suspensão e extinção dos serviços de comunicações eletrónicas prestados.

No entanto a necessidade de alargamento do elenco de serviços protegidos não urgia apenas quanto às comunicações. Também em relação aos serviços de gás continuamente surgiam conflitos que abordavam a questão de saber que tipos de gazes aqui estavam incluídos, para definir o limite legal de aplicação. A dúvida surgia sobre a inclusão de serviços de gás canalizado, butano, e gás natural.

Ocorre que com a nova posição assumida o legislador demonstrou conseguir resolver esta dúvida interpretativa, pois o novo artigo 1.º, passou a

[6] Ano em que a partir da Lei n.º 5/2004 – a lei das comunicações eletrónicas, os serviços de telefone deixaram de ser considerados serviços públicos essenciais, sendo desconsiderados indiretamente do elenco que trazida a Lei n.º 23/96.

incluir concretamente todos os tipos de gases existentes como objeto e âmbito desta lei dos serviços públicos essenciais.

Destaca-se ainda uma outra determinação da Lei n.º 12/2008 para uma melhor aplicação deste regime, que procurou resolver outra das grandes dúvidas interpretativas de ocorriam na aplicação prática. Referimo-nos à prescrição específica, que decorre deste diploma, de apenas 6 meses, e que difere da existente em termos gerais no Código Civil.

Não se pode indicar que tenha existido uma alteração profunda neste campo, mas surge um elemento novo, porque se esclareceu legalmente a forma de contagem do prazo, e a sua aplicação, concluindo-se agora pela existência de uma prescrição extintiva, e não meramente presuntiva, como chegou a ser também discutido em termos doutrinais e jurisprudenciais.

Sem dúvida, de acordo com o art.º 10 do novo diploma que esta é uma prescrição extintiva, porque como resulta do próprio texto da lei, ficou claro que o direito ao recebimento do preço do serviço prestado prescreve após a passagem do prazo de seis meses a contar da sua prestação. Assim como o prazo para propositura da ação pelo prestador de serviços é também de seis meses.

Preconizou ainda o legislador com a Lei n.º 12/2008, uma nova proteção aos utentes, ao alargar o prazo de pré-aviso de suspensão do fornecimento do serviço para 8 para 10 dias, cabendo assim às entidades, (antes de poderem realizar a suspensão do serviço, tendo por base uma falha do pagamento do serviço pelos utentes), a obrigação de enviarem um pré-aviso nesse sentido.

Este alargamento da proteção contudo e bem duplicou em 2013, com a alteração efetuada pela Lei n.º 10/2013, de 28 de janeiro, ao colocar-se agora a menção de pré-aviso de suspensão dos serviços em 20 dias.

Verifica-se que neste ponto esta evolução é muito mais favorável aos utentes, com maior custo para os agentes económicos prestadores, que em matéria de cobrança terão de ser cada vez mais diligentes, na apresentação das suas faturas, ainda que não seja de todo suficiente nalguns casos para permitir aos utentes colmatar a falha do incumprimento do pagamento.

Duas advertências surgem neste campo ainda decorrentes da lei:

a. Para além de justificar o motivo da suspensão, deve a entidade informar o utente, dos meios que tem ao seu dispor para evitar a suspensão do serviço e, bem assim, para a retoma do mesmo, sem prejuízo de poder fazer valer os direitos que lhe assistam nos termos gerais.

b. A prestação do serviço público não pode ser suspensa em consequência de falta de pagamento de qualquer outro serviço, ainda que incluído na mesma fatura, salvo se forem funcionalmente indissociáveis.

Resolvidos aparentemente alguns problemas de interpretação quanto aos serviços incluídos, terá de se esperar pelos efeitos práticos deste alargamento, ainda que se tenda a defender que ainda não é este elenco definitivo, e que em posteriores revisões do regime, o legislador tenha ainda de atender a outros serviços, como por exemplo os ligados aos transportes e à saúde.

III. O âmbito europeu dos serviços de interesse geral

Há algum tempo a esta parte, que a matéria alusiva aos serviços de interesse geral tem vindo a ter uma maior projeção no âmbito europeu, demonstrando o legislador uma preocupação em uniformizar estes elementos.

Facilmente se compreende que esta é uma área cara à em moldes europeus, pela atenção e especificidade que lhe tem sido conferida. Com o Tratado de Lisboa, a partir de 1 dezembro 2009 o âmbito de estudo e aplicação prática dos serviços de interesse geral passou a ter um papel ainda mais relevante em todos os Estados-Membros.

Neste campo nos últimos anos tem surgido na União Europeia um leque vasto de considerações, para um alargamento dos conceitos aqui abrangidos pela noção de serviços públicos essenciais, nomeadamente também ao setor dos transportes, e da saúde, culminando na criação de um novo compromisso europeu, através do Tratado de Lisboa, que importa realçar.

Os serviços de interesse geral fazem parte dos valores partilhados por todas as sociedades europeias, e constituem um elemento essencial do modelo europeu de sociedade. Desta feita os serviços interesse geral, na adoção do protocolo anexo ao Tratado de Lisboa, representam não só esse novo compromisso, como um quadro transparente, viável e coerente para um vasto leque de serviços, indicando ainda este protocolo as ações concretas a aplicar para consolidar o quadro da U.E. neste setor.

Em termos comunitários são assim tidas em contas duas categorias:

a. serviços de interesse económico geral como atividades de natureza económica, designadamente os serviços postais, as telecomunicações, os transportes ou o fornecimento de eletricidade ou gás, regulados por um quadro legislativo comunitário específico, mas sempre subordinados às regras do mercado interno e da concorrência; e

b. serviços de interesse não económico nomeadamente a polícia, a justiça, e os regimes da segurança social obrigatórios, que não estão abrangidos por legislação comunitária específica.

Com a publicação da diretiva alusiva aos direitos dos consumidores, Diretiva 2011/83/EU de 25 de outubro de 2011, denotou-se um renascer da preocupação neste tema, uma vez que apesar da epígrafe da Diretiva ser a menção aos direitos dos consumidores, ocorre que esta trata muito mais de direitos e obrigações relativas a situações de compra e venda à distância, e de serviços de interesse geral, do que direitos generalistas dos consumidores. Assim se comprova que os Estados membros terão de ter esta preocupação, numa uniformização que se espera quanto a estes serviços também, pelo seu interesse geral precisamente, e em defesa muito além dos meros consumidores, mas de todos os utentes.

IV. Princípios gerais subjacentes ao regime dos serviços públicos essenciais

Considerando os princípios gerais, emanados da Lei n.º 23/96, (alterada profundamente pela Lei n.º 12/2008, entre outros diplomas pontuais), como reguladores desta matéria, podemos considerar que o grande princípio de direito, aqui consagrado é o princípio da boa-fé, como um princípio geral.

Uma vez que o legislador determinou que o prestador do serviço deve proceder de boa-fé, e em conformidade com os ditames que decorram da natureza pública do serviço, não esquecendo a importância de proteger os interesses dos utentes.

Ao enunciar o princípio da boa-fé, cuja noção resulta do art.º 227 do Código Civil, pretendeu o legislador deixar bem conciso que os serviços públicos essenciais se devem pautar por uma relação em que o prestador não possa dar azo à sua posição económica, e outras, para fazer valer as suas pretensões. Estando obrigado a ter em conta os interesses dos utentes, deverá atuar de boa-fé, para também não serem causados prejuízos.

Ressalva também o diploma, além da proteção do princípio da boa-fé, o direito de participação, ao indicar no art.º 2 que as organizações representativas dos utentes têm o direito de ser consultadas e ouvidas quanto aos atos de definição do enquadramento jurídico dos serviços públicos, e demais atos de natureza genérica.

Surge também no diploma em estudo a defesa do dever de informação, no art.º 4, ao indicar que o prestador: «deve informar convenientemente a outra parte das condições em que o serviço é fornecido, e prestar-lhe todos os esclarecimentos que se justifiquem, de acordo com as circunstâncias.»

Isto é, o prestador do serviço, tem de prestar todos os esclarecimentos necessários ao utente para este conhecer as condições em que o serviço lhe será prestado, e mais devem ser informadas diretamente ao utente todas as tarifas que sejam aplicáveis ao serviço em apreço.

E curioso é o facto de o legislador aqui ressaltar no n.º 3 do art.º 4 que os prestadores de serviços de comunicações eletrónicas têm de informar regularmente sobre as mesmas tarifas aplicáveis, indicando assim claramente já em 2008 um regime diferenciador para estes serviços, o que deve sempre ocorrer de forma atempada e eficaz, ou seja dando real primazia ao conhecimento por parte dos utentes dos termos de cobrança a que serão sujeitos na faturação destes serviços destacando os de telefone fixo, móvel, internet e televisão por cabo.

Na regulação dos serviços públicos essenciais, ocorrem depois uma panóplia de regras que vieram reger o sistema quanto à possibilidade de suspensão do fornecimento do serviço público, o direito à quitação, os padrões de qualidade, os consumos mínimos, a faturação, e a prescrição e caducidade aplicáveis, mas que intimamente têm ligação com estes principais princípios: boa-fé e informação.

Na verdade, e porque todo o acesso ao gozo do serviço público é estruturado por lei sob a forma de contrato[7], ou seja, através do mesmo, o seu fornecedor / prestador tem a obrigação de contratar com quem o requeira, sem discriminação de tratamento.

E tal, mesmo respeitando o limite à autonomia privada, e à liberdade contratual, constitui uma forma de assegurar que todos os utentes terão a possibilidade de aceder ao gozo de coisas, que são bens ou serviços essenciais, de utilidade pública, e de interesse geral.

Assim, além da obrigação geral de informação impendem também sobre os prestadores de serviços públicos essenciais deveres de informação e de esclarecimento, para facultar o exercício consciente, e esclarecido da *autonomia privada* do utente.

Obviamente que releva a ideia de que os utentes tivessem sempre acesso a informações importantes como as características, as condições, e o preço

[7] Silva, Calvão – Os serviços públicos essenciais. *Revista de legislação e jurisprudência*. 2002. Ano 132. p. 138 e ss.

do serviço. Convém, pois, relembrar que o contrato tem de ser reduzido a escrito, para sob esta forma conter todas estas informações. E será este que dará lugar à relação obrigacional, complexa e duradoura que se estabelece, salvaguardando assim as condições estipuladas com os deveres e obrigações de ambas as partes nos serviços em causa.

Atendendo ao supramencionado, é adequado tratar-se da importância que nestas relações o direito à informação em específico detém. E este estudo remete-nos para a origem da enunciação deste princípio, no âmbito das relações de consumo.

De acordo com a Lei 24/96 de 31 julho, no seu art.º 3.º, no ordenamento jurídico português os consumidores têm direito:

«(...) a) À qualidade dos bens e serviços;

b) À proteção da saúde e da segurança física;

c)À formação e à educação para o consumo;

d) À informação para o consumo;

e) À proteção dos interesses económicos;

f) À prevenção e à reparação dos danos patrimoniais ou não patrimoniais que resultem da ofensa de interesses ou direitos individuais homogéneos, coletivos ou difusos;

g) À proteção jurídica e a uma justiça acessível e pronta;

h) À proteção, por via representativa, na definição legal ou administrativa dos seus direitos e interesses. (...)»

O direito à informação, consagrado na sequência do artigo acima transposto, foi enunciado em dois artigos diferentes da lei de defesa do consumidor: o art.º 7.º, e o art.º 8.º.

No art.º 7.º encontramos uma indicação mais generalista do mesmo, na sequência também do preceito constitucional 60.º, onde na CRP o legislador determinou este direito como sendo fundamental em termos económicos.

Esta enunciação do direito à informação em geral, coloca-o como uma incumbência do Estado, das Regiões Autónomas, e das autarquias locais, a fim de que estas entidades desenvolvam ações e adotem medidas tendentes à informação em geral do consumidor.

Ficam assim previstas medidas de informação como:

«(...) a) Apoio às ações de informação promovidas pelas associações de consumidores;

b) Criação de serviços municipais de informação ao consumidor;

c) Constituição de conselhos municipais de consumo, com a representação designadamente de associações de interesses económicos, e de interesses dos consumidores;

d) Criação de bases de dados e arquivos digitais acessíveis, de âmbito nacional, no domínio do direito do consumo, destinados a difundir informação geral e específica;

e) Criação de bases de dados e arquivos digitais acessíveis em matéria de direitos do consumidor, de acesso incondicionado. (...)»

Este âmbito geral, ainda que muitas vezes descurado, revela-se com enorme importância, por ser esta a previsão quanto à estrutura e à competência para a regulação e tratamento do direito à informação.

E é ainda quanto ao direito à informação em geral que o legislador incorpora a matéria da publicidade em termos gerais na defesa do consumidor. Não nos cabendo aqui a referência a uma exposição detalhada acerca da publicidade em Portugal, cumpre referir que a mesma está regulada quer no Código da Publicidade[8], e ainda na nossa Constituição, também no art.º 60[9], à semelhança do que já havíamos referido para a consagração constitucional dos direitos fundamentais dos consumidores.

No entanto atendendo à lei de defesa do consumidor, o campo contratual é aquele em que melhor se vislumbra a aplicação prática da criação e defesa de um direito à informação aos consumidores em termos particulares. Tal resulta do art.º 8.º, que nos seus vários números determina de forma vaga, todas as obrigações que as entidades têm de atender quanto estão perante relações de consumo, ou equiparadas, como aqui estamos a fazer valer para os serviços públicos essenciais.

Evidencia a obrigação no nosso ordenamento jurídico do fornecedor de bens ou prestador de serviços – que aqui mais nos interessa – dever, [quer em termos pré-contratuais, aquando da celebração do contrato, quer na própria contratação, com a celebração efetiva do contrato], informar de forma clara, objetiva, e adequada o consumidor, nomeadamente sobre as caraterísticas, composição e preço do bem ou serviço, bem como sobre o período de vigência do contrato, garantias, prazos de entrega, e assistência após o negócio jurídico.

[8] Aprovado pelo DL 330/90 de 23 outubro e republicado pelo DL 275/98 de 9 de setembro.

[9] Prevê o n.º 2 do artigo: *" A publicidade é disciplinada por lei, sendo proibidas todas as formas de publicidade oculta, indireta ou dolosa. "*

Este n.º 1 do art.º 8.º é efetivamente muito claro quanto às obrigações que impendem sobre o prestador do serviço/ fornecedor de bens, embora não determine em concreto quais as consequências específicas para o incumprimento destas obrigações.

Sendo esta uma defesa de louvar, ainda que muitas vezes por conta da dificuldade de prova, não consiga o consumidor provar os termos em que determinada lhe foi ou não prestada informação, por ser esta na maior parte das vezes verbal, e não obrigar a lei especificamente a uma informação escrita.

De qualquer forma entende-se que o ónus da prova pode estar do lado do oposto ao do consumidor, e ser o profissional, prestador, ou produtor a ter de fazer prova de que determinada informação fundamental para a contratação terá sido prestada, ou não o foi de forma deficiente.

Ainda que em situações mais complexas, refere o n.º 3 do citado artigo, quando em estejam em causa riscos para a saúde, e segurança dos consumidores, da normal utilização de bens ou serviços por si perigosos, as informações acerca destes riscos devem ser prestadas de forma clara, completa e adequada ao consumidor, ainda que não refira como tal deva ocorrer.

Tal como acontece em termos europeus, em alguns setores, e nalguns tipos de contratos, se se verificar a falta de informação, informação insuficiente, ilegível ou ambígua que comprometa mesmo a utilização adequada do bem ou do serviço, o consumidor goza do direito de retratação contratual, nomeadamente relativamente a contratos de aquisição ou prestação.

Neste quadro da defesa do consumidor, o direito à informação assentou desde cedo em dois temas nucleares[10]: que o mercado alargado de grande espaço tem uma dimensão qualitativa que pode designar-se de "mercado de bem estar"; e que nesse mercado, obedecendo às suas regras, mas buscando por uma eficiente utilização de recursos, um bem-estar acrescido, se movimentam agentes económicos, de construção complexa, que se vão apresentando, mediante certos comportamentos, a consumidores, mas que mesmo na sua ausência se interessam por um conjunto de aspetos da vida social, que podem diretamente, ou não, afetá-los naquela dimensão.

Por isso e muito mais, se pode considerar que o direito à informação tem tido um lugar de destaque e de proteção na U.E. , quer no anterior art.º 129 do Tratado de Maastricht, quer hoje no art.º 153 do Tratado de Lisboa, este

[10] SAMPAIO, Carlos Almeida – *Os Direitos dos Consumidores: perspetiva constitucional e perspetiva comunitária*. Coimbra: Coimbra Editora, 1991.

sim com um especial destaque e aplicação, como devendo ser a base jurídica na proteção e defesa dos consumidores, ao contrário do sempre aludido art.º 95 do TCE, que a Comissão continua a considerar, já que este é uma norma relativa ao mercado interno, ainda claro que estes temas não deixem de versar sobre matéria interna.

Aliás já antes, através de medidas de iniciativa da Comissão, como o Livro Verde foi feita alusão a este direito, na proteção dos consumidores. Os cidadãos têm sem dúvida um direito à liberdade de informação que tem de ser salvaguardado, prevendo-se em específico que este seja reconhecido com força obrigatória geral, como um direito fundamental na própria ordem jurídica comunitária, ao nível do direito originário, de acordo com o preâmbulo, e os artigos 11.º, 27.º, 38.º, 42.º e 53.º da Carta dos Direitos Fundamentais da U.E., e o artigo 2.º do TUE e artigo 169.º do TFUE.

Apesar de todas estas considerações, poderia mesmo dizer-se que ainda muito está por fazer no direito derivado, pois o conteúdo do direito dos consumidores à informação, o seu acesso, e os seus contornos, pode considerar-se que não é ainda tratado de forma consistente no todo do direito europeu, e revela na maior parte dos casos omissões e duplicações que se repercutem e ampliam nos direitos nacionais dos Estados-Membros.[11]

Atendendo aos pressupostos para o correto funcionamento de um modelo de livre concorrência, será numa economia de mercado, em que a U.E. está assente na obrigação de garantir aos consumidores, enquanto eles próprios agentes económicos, que se deterá o perfeito conhecimento dos elementos determinantes das suas decisões nesse mercado.

Muitas críticas foram por isso dirigidas a uma das propostas que foram divulgadas pela Comissão Europeia, em relação à Diretiva alusiva aos direitos dos consumidores já mencionada.

Importa de todos os trabalhos críticos realizados destacar o que foi na altura realçado pelo C.E.S.E., onde através de Pegado Liz, relator[12], defendeu que da orientação da Comissão Europeia, sobre os direitos dos consumidores no seu todo, mas em especial sobre o direito à informação, quando se ponderava uma harmonização total, esta viria a violar o princípio da subsidiariedade, restringindo mesmo a capacidade dos Estados membros poderem por si melhorar o seu nível de proteção dos consumidores, e impondo mesmo a sua limitação com efeitos retroativos, a

[11] Parecer CESE 960/2010 de 14 julho.

[12] Idem.

direitos adquiridos em diretivas comunitárias em vigor e nas constituições e leis dos mesmos Estados.

A forma de acesso à respetiva informação também deve ser assegurada. Para melhor formar a sua decisão, o consumidor deve poder aceder facilmente à informação pré-contratual disponibilizada, o que nos tempos que correm, no mínimo se exigirá a disponibilização via internet, ou em terminais de acesso móvel,

Mas não se pode esquecer aquilo a que se pode chamar a obrigação de previsão de um dever de assistência e de aconselhamento reforçado, quando se está perante produtos ou serviços complexos, ou que ponham em causa a saúde e segurança, e que ficaria a cargo da entidade prestadora. Sendo que defendemos neste campo que o ónus da prova, quanto a esta informação pré-contratual, e/ou o dever de assistência foram cumpridos, recairia sobre o profissional em apreço.

Quanto a sanções pelo incumprimento do direito à informação, já a proposta de diretiva remetia para os ordenamentos internos de cada Estado membro, e a versão final não foi exceção. Determinando que a cada um caberá a estipulação das regras e consequências que entender por relevantes quanto a tal violação.

V. Serviços de interesse geral ou serviços públicos essenciais?

Procuramos na reta final deste nosso estudo, aludir ainda a uma distinção que se coloca na doutrina quanto à nomeação que pode ser dada a estes serviços aqui retratados. Haverá distinção entre uma nomeação por serviço de interesse geral, ou por serviço público essencial?

A noção de serviço público tem sido muito discutida na doutrina, não existindo aquilo a que se possa chamar, uma noção clara e direta, resultante da própria lei. De acordo com a noção indicada por Pedro Gonçalves[13], pode-se afirmar que o serviço público: " é uma atividade de que a administração é titular, e por cujo exercício é responsável (responsabilidade de execução)".

Este conceito tem um sentido subjetivo, pelas atividades prestadas pelo Estado, e um sentido objetivo quando designa princípios de serviço universal. Além disso o termo serviço público consagra atividades prestadas pelo Estado/ organismos públicos, o que não se enquadra com a constante privatização da maioria dos serviços que estamos aqui a estudar.

[13] GONÇALVES, Pedro – *A concessão de serviços públicos.* Coimbra: Almedina, 1999.

Não coincide este conceito com o de serviços de interesse geral, uma vez que estes não correspondem a uma tarefa cujo exercício seja da responsabilidade da administração, podendo ser prestados por entidades privadas.

Desta feita parece-nos claro que os serviços públicos essenciais, conforme reporta Rodrigo Gouveia[14], são também atividades de interesse geral, uma vez que revestem o caráter de essencialidade para os cidadãos, mas podem ser executados pelo Estado, por poderes públicos ou mesmo por entidades privadas. Foi mesmo para preencher esta situação, pode-se dizer, que a noção de serviços de interesse geral foi criada. Não podemos deixar de considerar os serviços públicos, serviços com caráter de interesse geral, pois têm essencialidade para os cidadãos, não sendo este o aspeto determinante para a sua distinção.

A consagração de uma expressão de serviços públicos essenciais denota a intenção do legislador em estabelecer um regime específico de proteção dos utentes de alguns serviços, que são essenciais para a vida, a saúde, ou para a participação e integração social, e que são assim serviços de interesse geral, sendo que a distinção entre estes dois conceitos é meramente formal.

Isto é, no fundo podemos concluir que os serviços públicos essenciais são os serviços de interesse geral que se encontram expressamente consagrados na atual Lei n.º 12/2008.

A noção de serviços públicos essenciais resultante da lei supra indicada, também tem a valência de assim nos mostrar a opção do legislador em definir estes serviços, e ser assim mais completo e preciso numa determinação a fim de evitar querelas sobre o âmbito de aplicação da lei, considerando-se nesta enumeração o conceito legal, tal como no início se fez referência.

Poderá ainda dizer-se que uma distinção entre os serviços públicos essenciais, e os serviços de interesse geral é o facto destes últimos poderem ter um âmbito ainda mais abrangente e vasto, pois também abarcam todos os serviços essenciais à vida, à saúde e à participação social.

Ainda nesta matéria será bom referir a existência dos chamados serviços de interesse económico, como aqueles que satisfazem necessidades básicas dos cidadãos e utentes, quer estas sejam de natureza económica, social ou cultural.

Sendo esta uma noção que é utilizada comunitariamente, aparece quer no art.º 16 do Tratado da Comunidade Europeia (T. de Amesterdão), quer

[14] Gouveia, Rodrigo – *Os serviços de interesse geral em Portugal.* Coimbra: Coimbra Editora, 2001.

no art.º 86 do Tratado de Roma, em conjunto com outra noção, a de serviço universal. Estes serviços de interesse económico geral são os que satisfazem necessidades básicas de natureza económica, como uma subespécie do conceito mais amplo dos serviços de interesse geral. A par destes existem ainda os serviços de interesse social geral, e os serviços de interesse cultural geral.

De realçar que no conceito de serviços de interesse económico geral cabem todos os serviços que a nossa lei elenca como serviços públicos essenciais, se bem que a Comissão Europeia incluía há muito naqueles, todas as formas de comunicações eletrónicas (telefone fixo, móvel, fax, internet, rádio e televisão), o que em Portugal só aconteceu desde 2008.

E poder-se-ia dizer que em comparação, o nosso regime deixou de lado a inclusão nesta proteção dos transportes terrestres, marítimos e aéreos, bem como os serviços bancários, de educação, e de segurança social, que na U.E. já são incluídos neste conceito mais abrangente de serviços de interesse geral, não só económico, mas também social.

Por fim pode sublinhar-se o conceito de serviços universais, como aqueles que exprimem um conjunto de princípios e obrigações que devem reger determinados serviços, para que estes sejam acessíveis a todos os cidadãos a preços razoáveis. No fundo traduzem um conjunto de exigências que devem ser respeitadas para a satisfação de um serviço de interesse geral.

Mas os serviços universais não deixam de ser diferentes destes uma vez que aqueles são serviços essenciais à vida, saúde e participação de todos os cidadãos, pois são caracterizados pelo lado objetivo dos serviços públicos.

Em todos os serviços de interesse geral colocam-se exigências de um serviço universal, pois só assim se tem a garantia de acesso de todos os cidadãos e utentes a esses mesmos serviços a preços adequados e razoáveis, como um imperativo para a manutenção e melhoramento do nível de coesão económica.

VII. Algumas questões controvertidas.

Antes de terminarmos não podemos deixar de nos referir a algumas questões que consideramos mais controvertidas, ou com maior interesse de aplicação prática, para assim concluir o estudo sumário do tema. Destacaríamos desde logo:

A faturação

A problemática da faturação destes serviços norteada por alguns princípios já supra enunciados, continua a ser um dos principais problemas no âmbito de aplicação desta matéria.

Senão recorde-se que o atual art.º 8 tentou perfilhar uma nova ideia após a manutenção de que são proibidos os consumos mínimos.

A inovação prende-se com a determinante proibição de elementos de faturação que teimam em manter-se nestes serviços, e que o legislador pretendia acautelar. No n.º 2 do referido artigo, há uma menção clara de uma séria de cobranças que são proibidas aos serviços, que estes de todo não podem realizar. Mas peca a indicação pela falta de consequências na violação do estipulado.

E mais, veja-se que ressalta deste número a proibição da cobrança do aluguer de contador e taxas afins, de acordo com a alínea a) e b). No entanto esta proibição parece ser completamente destronada na prática pelas alíneas seguintes, interpretação com a qual discordamos determinantemente.

A ideia do legislador era resolver sem dúvida a existência de cobranças abusivas, como há tanto tempo se preconizava, e impedir cobranças de valores como o aluguer dos contadores e outros tais.

E se bem que poderemos concluir nesta sucinta apresentação que o legislador tomou medidas nesse sentido, algumas das alíneas deste mesmo número fazem crer a algumas entidades que essa proibição não é clara.

Senão veja-se, as alíneas que podem levantar maior dúvida são a alínea c) e d), que indicam:

> *«c) Qualquer taxa que não tenha uma correspondência direta com um encargo em que a entidade prestadora do serviço efetivamente incorra, com exceção da contribuição para o audiovisual;*
>
> *d) Qualquer outra taxa não subsumível às alíneas anteriores que seja contrapartida de alteração das condições de prestação do serviço ou dos equipamentos utilizados para esse fim, exceto quando expressamente solicitada pelo consumidor.»*

Se a entidade prestadora criar uma taxa que não tenha uma correspondência direta com um serviço efetivo, esta taxa de acordo com a lei, não será uma taxa legal, e por isso mesmo, não haverá legitimidade em tal tratamento de cobrança. E sendo isso ponto assente em termos doutrinários, não se entende porque se mantém os serviços a cobrar taxas que na realidade não se subsumem a qualquer prestação, mais não sendo do que outra nomenclatura do já anterior "aluguer de contador".

<u>A prescrição dos serviços</u>

O antigo problema da prescrição destes serviços, agora está aparentemente já resolvido, como frisámos inicialmente. Se a maior questão doutrinária a este nível esteve sempre no facto de se considerar a prescrição dos 6 meses que cabe a estes serviços, como uma prescrição extintiva ou prescritiva.

Em termos muito sucintos somos a concluir que estamos perante uma prescrição extintiva, sendo que agora claramente nos parece poder dizer-se que foi o que resultou do corpo do art.º 10, que refere prescrever o direito ao recebimento do preço do serviço prestado no prazo de 6 meses após a sua prestação, ponto aliás a que já havíamos feito referência nesta exposição.

Sendo este também o prazo que as entidades dispõem para a propositura da ação pelo prestador de serviços em caso de falta de pagamento da fatura apresentada, contando estes 6 meses da prestação do serviço, ou do pagamento inicial, consoante os casos.

Importante ainda neste ponto, em relação ao prazo de prescrição para a cobrança dos serviços, chamar a atenção para mais alguns dados da faturação em apreço, nomeadamente:

- que a faturação deve ser mensal, não podendo as entidades legalmente justificar a faturação bimensal, até que os consumidores e utentes solicitem essa alteração, pois a regra é precisamente o contrário, (art.º 9), pois sendo este um direito com caráter injuntivo, nem sequer pode ser afastada esta previsão de faturação mensal, o que na prática lamentavelmente ocorre.
- os utentes têm direito a quitar parcialmente a fatura. Ou seja se estivermos a reportar-nos a serviços que sejam dissociáveis, é possível que o utente pague apenas uma parte da fatura apresentada, e reclame do valor que lhe levanta dúvidas ou que põe em causa a sua conformidade. Sem que tenha de ter receio de ver o fornecimento do serviço suspenso, por esta atuação, já que tal resulta diretamente da lei, no art.º 6 deste novo diploma.

<u>A suspensão do fornecimento dos serviços</u>[15]

Em relação à questão de corte ou suspensão do fornecimento destes serviços, o primeiro ponto a referir limita-se especificamente à indicação

[15] Neste campo a legislação em tempos COVID veio também trazer uma tramitação especial, conforme atual art. 3.º do DL 56-B/2021, de 7 de julho, ao determinar a **proibição de suspensão prolongada até 31 dezembro 2021:**
«1 – Até 31 de dezembro de 2021, não é permitida a suspensão do fornecimento dos seguintes serviços essenciais, previstos no n.º 2 do artigo 1.º da Lei n.º 23/96, de 26 de julho:
a) Serviço de fornecimento de água;

de que a suspensão da prestação destes serviços apenas pode ocorrer de acordo com o art.º 5, com um pré-aviso adequado, salvo casos fortuitos ou de força maior.

E estando assim numa situação de mora do utente que venha a justificar esta suspensão, a entidade só poderá suspender o serviço se realizar uma advertência ao utente com uma antecedência de 20 dias relativamente à data em que pretende que a suspensão faça efeito.

Como já referido acima, um dos pontos deste regime foi o alargamento do período de pré-aviso. Mas mesmo com um prazo mais alargado de proteção ao utente, porque não questionar-se a licitude de uma suspensão de um bem que é essencial para a vida, como a água, seja sob que justificação for.

Colocando-se a questão neste prisma cumpre questionar: será legitimo, mesmo estando em causa a mora no pagamento, que um serviço que é considerado universalmente como necessário para a sobrevivência humana, possa ser suspenso?

No entanto ainda nada existe que o impeça diretamente, apenas a argumentação da sua essencialidade em termos jurisprudenciais não tem sido suficiente, embora se creia que o legislador começa a ter uma preocupação neste campo com os utentes dos serviços em causa.

b) Serviço de fornecimento de energia elétrica;
c) Serviço de fornecimento de gás natural e de gases de petróleo liquefeitos canalizados;
d) Serviço de comunicações eletrónicas.
2 – A proibição de suspensão prevista no número anterior aplica-se quando motivada por situação de desemprego, quebra de rendimentos do agregado familiar igual ou superior a 20 % ou por infeção pela doença COVID-19.
3 – Até 31 de dezembro de 2021, os consumidores que se encontrem em situação de desemprego ou com uma quebra de rendimentos do agregado familiar igual ou superior a 20 % face aos rendimentos do mês anterior podem requerer:
a) A cessação unilateral de contratos de telecomunicações, sem lugar a compensação ao fornecedor;
b) A suspensão temporária de contratos de telecomunicações, sem penalizações ou cláusulas adicionais para o consumidor, retomando-se a 1 de janeiro de 2022 ou em data a acordar entre o fornecedor e o consumidor.
4 – No caso de existirem valores em dívida relativos ao fornecimento dos serviços referidos no n.º 1, deve ser elaborado em tempo razoável um plano de pagamento adequado aos rendimentos atuais do consumidor.
5 – O plano de pagamento referido no número anterior é definido por acordo entre o fornecedor e o consumidor.
6 – A demonstração da quebra de rendimentos é efetuada nos termos de portaria a aprovar, no prazo de 15 dias, pelos membros do Governo responsáveis pelas áreas da administração local, do ambiente, da energia e das comunicações.»

Universalidade dos serviços

Para além do princípio geral da boa-fé nestes serviços, e do de informação já anteriormente referidos, teremos de realçar que estamos aqui a tratar de serviços com caráter de universalidade, porque o seu fornecimento não pode ser recusado. Ou seja, devendo ser prestado a todos que os solicitem, os serviços públicos essenciais não podem ter um tratamento de contratação discriminatório, ou atentatório dos utentes em função das suas condições económicas, ou outras.

Não podendo assim uma entidade recusar a sua prestação, sem que exista motivo ponderoso impeditivo de tal, e mesmo este deverá ser devidamente acautelado.

Conclui-se que as medidas legislativas relativas aos serviços públicos essenciais nos últimos anos têm revelado uma maior e crescente preocupação com o tema, ainda que possa ser discutível se é a suficiente, em especial quanto ao recurso de bens como a água – e que de seguida abordaremos noutro capítulo.

Por isso considerando a pertinência do tema, e o seu alargamento a um estudo mais específico face aos serviços em causa, nos próximos capítulos é importante esta obra debruçar-se sobre a prestação do serviço de fornecimento de água, energia elétrica, comunicações eletrónicas e serviços postais.

FORNECIMENTO DE ÁGUA

ELIONORA CARDOSO

SUMÁRIO: *I – Notas introdutórias; II – O contrato de fornecimento de serviços de água; III – A fiscalização do setor pelo fornecimento de água; IV – Os desafios do futuro para o serviço de fornecimento de água; V – Notas conclusivas.*

I. Notas introdutórias

O estudo do fornecimento de água e do contrato alusivo a esse mesmo compromisso, previsto atualmente da lei dos serviços públicos essenciais, anteriormente estudada, decorre da aplicação legal da Lei n.º 23/96, de 26 de julho, diversas vezes alterada, a última das quais pela Lei n.º 10/2013, de 28 de janeiro.

Com todos os mecanismos criados – e anteriormente explicitados – a obrigação do fornecimento do serviço de água vem assim ser reforçada pelo legislador quando já chega ao consumidor e utente, após todo o processo de abastecimento.

Este, conforme reforça Pedro Falcão[1], começa desde a captação da água, passando por todo o tratamento químico que tem de ser dado, à sua elevação para que tenha a pressão adequada e circule, o chegar à zona de consumo, e ser armazenada para garantir a continuidade do fornecimento, até ser distribuída através do sistema público de abastecimento.

[1] FALCÃO, Pedro – Novos estudos sobre serviços públicos essenciais. *O problema jurídico das fugas de água*. Lisboa: Petrony, 2018. P. 1 e ss. ISBN 978-972-685-255-1.

Estas atividades estão por regra entregues ao Estado, através dos municípios, ou de sistema multimunicipais, que têm por base razões de interesse nacional[2], sendo normalmente a distribuição realizada por prestação direta do serviço ou por delegação ou parceria com o Estado[3].

Como os princípios envolvidos sublinham-se aqui desde logo a garantia de qualidade do serviço, e da própria proteção dos interesses dos utilizadores, de acordo com o art.º 5.º n.º 1, al. b, do DL n.º 194/2009, de 20 de agosto.

Isto faz resultar a indicação de que estamos perante um fornecimento de serviço que é obrigatório para o utente, mesmo que o supra citado diploma preveja exceções, e ao mesmo tempo que leva a que o prestador do serviço tenha um dever de contratar, através da celebração do contrato pelas partes.

E isso não obsta a que não deixe de estar limitado pela chamada efetiva disponibilidade do serviço.

II. O contrato de fornecimento de serviços de água

Assim o contrato de fornecimento de água vai obedecer na sua execução em primeira instância aos Regulamentos aprovados pela entidade titular do serviço, incluindo ainda as condições e cláusulas que as partes fizerem constar do mesmo, quando houver a adesão..

E tendo ainda em conta as regras gerais relativas a serviços públicos essenciais, nos já mencionados diplomas DL 194/2009, e a Lei n.º 23/96.

Há que sublinhar que também neste tipo de fornecimento, e como referido na generalidade para os serviços em apreço, o direito à informação é essencial, devendo o conteúdo destes contratos ser transmitido de forma adequada e obrigatória.

Nesse sentido estipula o art.º 63 do DL 194/2009 que:

> «*1 – Os utilizadores que disponham de título válido para a ocupação do imóvel podem solicitar a contratualização dos serviços de abastecimento público de água e de saneamento de águas residuais sempre que os mesmos se encontrem disponíveis.*
>
> *2 – A entidade gestora do serviço de abastecimento de água ou de saneamento de águas residuais deve iniciar o fornecimento no prazo de cinco dias úteis a contar da data da recepção do pedido de contrato de fornecimento e de recolha, com ressalva das situações de força maior.*

[2] Nos termos do DL n.º 92/2013, de 11 de julho.

[3] Atendendo ao DL n.º 194/2009, de 20 de agosto.

3 – A entidade gestora deve disponibilizar aos utilizadores, por escrito e no momento da celebração do contrato de fornecimento, as condições contratuais da prestação do serviço, incluindo informação clara e precisa acerca dos principais direitos e obrigações dos utilizadores e da entidade gestora, nomeadamente, quanto à medição, facturação, cobrança, condições de suspensão do serviço, tarifário, reclamações e resolução de conflitos. (...)

7 – Não pode ser recusada a celebração de contratos de fornecimento e de recolha com novo utilizador com base na existência de dívidas emergentes de contrato distinto com outro utilizador que tenha anteriormente ocupado o mesmo imóvel, salvo quando seja manifesto que a alteração do titular do contrato visa o não pagamento do débito.

8 – Os contratos de fornecimento e de recolha respeitam obrigatoriamente o disposto no regulamento de serviço, sendo o contrato tipo aprovado pela entidade titular.»[4]

Ainda na sequência da prestação destes contratos de fornecimento, importa realçar que toda a instalação e manutenção dos sistemas prediais acaba por recair sobre a responsabilidade do proprietário.

E posteriormente não poderá haver lugar a inspeções por parte do prestador do serviço, nomeadamente perante reclamações, ou outros riscos inerentes ao próprio contrato.

Outro campo de importância nesta prestação passará diretamente pelos mecanismos de contagem e fiscalização da dita prestação, os chamados contadores do serviço.

Já aludimos em capítulo anterior quanto à faturação de outros serviços inerentes à própria prestação em si do serviço. Ora aqui a dita colocação e toda a manutenção dos referidos aparelhos de medida, deve ser suportada pelo prestador.

Assim este terá de suportar os custos inerentes a uma reparação ou substituição que tenha de ocorrer.

Logicamente que em caso de haver uma substituição o consumidor/utente terá direito a que seja reposta a situação, e que lhe seja entregue prova com as indicações dos valores em apreço que o dito contador marque, uma vez que a cobrança do consumo é realmente a mais relevante neste tipo de fornecimento, economicamente falando.

[4] Sublinhado nosso.

Por isso a faturação também aqui deve ser tendencialmente mensal, com uma periodicidade regular conforme determina o art.º 9 n.º 2 da Lei n. 23/96, sem prejuízo de outras escolhas comerciais/contratuais que o utente faça. E essa fatura deve ser realmente detalhada, incluindo todos os elementos necessários para o conhecimento do utente dos pormenores da cobrança efetuada.

E essa decomposição deve ocorrer não só quanto ao fornecimento de água em si, propriamente dito, mas também quanto a outros serviços prestados inerentes ao primeiro, como o saneamento de águas residuais, gestão de resíduos urbanos, etc.

Importa aqui sublinhar quanto a este fornecimento que o art.º 68 do DL 194/2009, ao indicar que:

> *«1 – A apresentação de reclamação escrita alegando erros de medição do consumo de água suspende o prazo de pagamento da respectiva factura caso o utilizador solicite a verificação extraordinária do contador após ter sido informado da tarifa aplicável.*
>
> *2 – Para além do livro de reclamações, exigido pela legislação aplicável, as entidades gestoras devem garantir a existência de mecanismos apropriados para a apresentação de reclamações pelos utilizadores relativamente às condições da prestação do serviço que não impliquem a deslocação do utilizador às instalações da entidade gestora.*
>
> *3 – Para além da obrigação de envio das folhas de reclamação para a entidade reguladora e sem prejuízo de outros prazos legais ou contratuais mais curtos aplicáveis, as entidades gestoras devem responder por escrito, no prazo máximo de 22 dias úteis, a todos os utilizadores que apresentem reclamações escritas por qualquer meio.*
>
> *4 – A entidade reguladora aprecia todas as reclamações que lhe sejam remetidas pelos utilizadores ou pelas entidades gestoras, com respeito pelo direito de resposta da entidade gestora.»*

Determinando assim a possibilidade de reclamação por parte do utente quanto a erros de medição de consumo de água, o que leva a que se suspenda o prazo de pagamento da respetiva fatura, se o utilizador solicitar essa verificação extraordinária, após ter sido informado da tarifa que era aplicável.

Isso também implicará cuidados com a leitura do referido contador e a sua aplicação prática, já que devem acontecer duas leituras reais por ano, sem que se ultrapassem os 6 meses entre cada uma.

Os utentes têm mesmo de facultar o acesso ao local e aos instrumentos de medição, sendo que se por acaso não permitirem esse acesso, a entidade mantém a possibilidade de cobrança, sem que caduque a ação relativa a dívidas decorrentes desse impedimento, por a leitura não ocorrer por culpa ou facto imputável ao consumidor/utente.

Acrescente-se neste campo, os mecanismos que cada instituição tem ainda ao dispor, para com liberdade – e diga-se discricionariedade – criar na sua própria regulamentação as tabelas e tarifas a aplicar a cada contrato.

Na ausência de uma norma geral, as entidades prestadoras vêm definir as suas próprias fórmulas de penalizar o utilizador gastador. Ou seja, criam os escalões que entenderem, quer para o consumo de água, como para todos os serviços conexos.

E fazem atualmente determinar este pagamento na dependência do consumo da própria água, pagando o utente mais de tarifas e de outros serviços, se maior tiver sido o seu consumo, sem que se compreendam valores exatos de consumo para esses serviços inerentes, ao contrário do que ocorre com o fornecimento da água em si.

Por isso a suspensão e interrupção destes serviços, seguindo os mesmos ditames dos outros serviços públicos essenciais, é aqui mais discutível, por se tratar de um bem essencial a toda a sobrevivência, ocorrendo mesmo genericamente uma posição de a água pode ser entre todos o serviço com mais propensão a tal.

Em jeito cómico, mas muito atual, começamos por partilhar um texto que corresponde ao excerto de uma carta de Eça de Queirós publicada num jornal de Lisboa, ao Presidente da Companhia das Águas de Lisboa, Dr. Pinto Coelho[5]:

> *«Ex.mo. Senhor Pinto Coelho, digno director da Companhia das Águas e digno membro do Partido Legitimista.*
>
> *Dois factores igualmente importantes para mim, me levam a dirigir a V. Ex.ª estas humildes regras: o primeiro é a tomada de Cuenca e as últimas vitórias das forças carlistas sobre as tropas republicanas, em Espanha; o segundo é a falta de água na minha cozinha e no meu quarto de banho.*

[5] A referida carta glosa do princípio ao fim o princípio jurídico de pacta sunt servanda consagrado no artigo 406.º n.º 1 do Código Civil e que vem mencionada no livro Cartas A Um Jovem Advogado, do meu ilustre colega Dr. Manuel Poirier Braz, dado à estampa pela Editorial Presença.

Abundaram os carlistas e escassearam as águas, eis uma coincidência histórica que deve comover duplamente uma alma sobre a qual pesa, como na de V. Ex.ª, a responsabilidade da canalização e a do direito divino.

Se eu tiver a fortuna de exacerbar até às lágrimas, a justa comoção de V. Ex.ª, que eu interponha o meu contador, Ex.mo Senhor, que eu o interponha nas relações de V. Ex.ª com o mundo externo! E que essas lágrimas benditas, de industrial e de político, caiam na minha banheira.

E pago este tributo aos nossos afectos, falemos um pouco, se V. Ex.ª O permite, dos nossos contratos. Em virtude de um escrito devidamente firmado por V. Ex.ª e por mim, temos nós – um para com o outro – certo número de direitos e encargos.

Eu obriguei-me para com V. Ex.ª pagar a despesa de uma encanação, o aluguer de um contador e o preço da água que consumisse.

V. Ex.ª, pela sua parte, obrigou-se para comigo a fornecer-me a água do meu consumo. V. Ex.ª fornecia, eu pagava. Faltamos evidentemente à fé deste contrato: eu, se não pagar; V. Ex.ª, se não fornecer.

Se eu não pagar, V. Ex.ª faz isto: corta-me a canalização. Quando V.Ex.ª não fornecer, o que hei-de eu fazer com o Senhor?

É evidente que, para que o nosso contrato não seja verdadeiramente leonino, eu preciso, no caso análogo àquele em que V. Ex.ª me cortaria a minha canalização, de cortar alguma coisa a V.Ex.ª. Oh! e hei-de cortar-lha!...

Eu não peço indemnização pela perda que estou sofrendo, eu não peço contas, eu não peço explicações, eu chego a nem sequer pedir água. Não quero pôr a Companhia em dificuldades, não quero causar-lhe desgostos, nem prejuízos.

Quero apenas esta pequena desafronta, bem simples e razoável, perante o direito e a justiça distributiva; quero cortar uma coisa a V. Ex.ª!

Rogo-lhe, Exmo. Senhor, a especial fineza de me dizer, imediatamente, peremptoriamente, sem evasivas, nem tergiversações, qual é a coisa que, no mais santo uso do meu pleno direito, eu possa cortar a V. Ex.ª.

Tenho a honra de ser
De V. Ex.ª.

Com muita consideração e com umas tesouras,
a) Eça de Queiroz»

Aqui reporta-se o autor não só à suspensão do serviço, como também à impossibilidade – salvo casos de força maior ou fortuitos – da entidade prestar o serviço. Isto porque o fornecimento não pode também ser suspenso sem qualquer pré-aviso, e mesmo em casos de falta de pagamento, a prestação da água não deve ser interrompida, de modo direto.

Há na lei indicações específicas, pela Lei n.º 23/96, na versão atual do art. 5.º, quanto a essa advertência e às consequências da falta de pagamento.

O utente deve ser devidamente informado das consequências do não pagamento, custos de religação inerentes e todos os direitos que lhe assistam.

A somar ao facto de que a prestação do serviço em si também não pode ser suspensa no fornecimento de água, em consequência da falta de pagamento de qualquer outro serviço, mesmo que incluído na fatura, a não ser que fossem estes serviços indissociáveis.

O serviço poderá assim ser quitado parcialmente, e a entidade não lhe poderá recusar tal, a não ser mais uma vez que se tratasse de serviços indissociáveis, conforme resulta do art.º 6.º da Lei dos serviços públicos essenciais.

Ainda no âmbito da contratação e das indicações relativas à execução destes contratos deixamos uma nota crítica, ao que tem vindo a ser prática neste fornecimento.

Considerando uma situação de incumprimento do utente e de ausência de pagamento, a prática dos municípios, tem sido a de avançar com o competente processo de execução fiscal. Isto pensemos mesmo em situações após a interrupção do fornecimento dos serviços, e em que o prestador pretende tomar medidas com vista à regularização da dívida.

O que cremos ser criticável é o desequilíbrio enorme que é gerado com esta atitude, que impulsionará no utente/consumidor ao pagamento, sem discutir mais o assunto, ou que o levará a ver a penhora de bens e rendimentos acontecer, de uma forma muito mais agressiva que o comum das ações.

São dadas aqui medidas de exercício de poder à entidade prestadora, que têm vindo a ser reforçadas pelas entidades, com o entendimento de que:

«Nos termos do n.º 4 do art. 30.º da Lei das Finanças Locais (Lei n.º 42/98, 6 de Agosto) "Compete aos órgãos executivos a cobrança coerciva das dívidas às autarquias locais provenientes de taxas, encargos de mais-valias e outras receitas de natureza tributária que aquelas devam cobrar, aplicando-se o Código de Procedimento e de Processo Tributário, com as necessárias adaptações".

Nesta conformidade, dispõe o art. 78.º do Código de Procedimento e de Processo Tributário, aprovado pelo Decreto-Lei n.º 433/99, de 26 de Outubro, que a cobrança de dívidas tributárias pode ser feita através de pagamento voluntário ou de cobrança coerciva, acrescentando o n.º 1 do seu art. 86.º que "Findo o prazo de pagamento voluntário, começarão a vencer-se juros de mora nos termos das leis tributárias".

Por seu turno, estipulam os n.ºs 1 e 3 do art. 88.º do mesmo diploma que, após o decurso do prazo previsto para pagamento voluntário da dívida, será extraída pelos serviços competentes certidão de dívida que servirá de base à instauração do processo de execução fiscal a promover pelos órgãos periféricos locais, nos termos do título IV deste Código.

Do exposto, podemos então inferir que existem duas modalidades de cobrança de dívidas – voluntária e coerciva – e que findo o prazo de pagamento voluntário, o órgão periférico local (no caso, a Câmara Municipal – art. 7.º do Decreto-Lei n.º 433/99) deve, de acordo com o estipulado na lei, proceder à instauração do respectivo processo de execução fiscal, constituindo este, o procedimento normal a seguir.

Por outro lado, prevê o art. 5.º da Lei n.º 23/96, de 26 de Julho, que em caso de mora do utente e após aviso prévio, o fornecimento de água possa ser interrompido.

Ora, embora este procedimento possa decorrer em simultâneo com a instauração do processo de execução fiscal, deve entender-se que são dois procedimentos distintos, com fins e objectivos diferentes.

Efectivamente, enquanto a suspensão do fornecimento pretende pôr termo à prestação de um serviço público por falta de cumprimento do contrato previamente estabelecido, o processo de execução fiscal tem como objectivo, apenas, a cobrança coerciva de uma dívida por falta de pagamento voluntário.»[6]

Também sobre este capítulo já se pronunciou o Provedor de Justiça, num Parecer[7], ao evidenciar a questão relativa aos prazos de prescrição e caducidade que se podem aplicar mesmo em execução fiscal de dívidas quanto a estes serviços.

Evidencia assim que: «A cobrança coerciva destes tributos municipais segue as regras do processo de execução fiscal, conforme o estabelecido pelo artigo 7.º, do Decreto-Lei n.º 433/99, de 26/10, que aprovou o Código de Procedimento e de Processo Tributário (CPPT), confirmado pelo n.º 2 do artigo 12.º do RGTAL.[8]»

[6] Frutuoso, Elizabete – Parecer da CCDRC. Em linha: http://www.ccdrc.pt/index.php?option=com_pareceres&view=details&id=1402&Itemid=0 Consultado no dia 30.11.2021.

[7] Parecer Provedor Justiça. Prescrição das dívidas às Autarquias Locais, por taxas de fornecimento de água, de recolha e tratamento de águas residuais e de serviços de gestão de resíduos sólidos urbanos. Em linha: http://www.provedor-jus.pt/archive/doc/PAR_14102010.pdf Consultado no dia 30.11.2021.

[8] Estes artigos determinam que:

Artigo 7.º – *Tributos administrados por autarquias locais 1 – As competências atribuídas no código aprovado pelo presente decreto-lei a órgãos periféricos locais serão exercidas, nos termos da lei, em caso de*

Isto é confirma a possibilidade de inclusão do regime da execução fiscal neste tipo de dívidas, quanto ao serviço de fornecimento de água, mas não se debruça especificamente sobre a tónica que aludimos.

E assim continuaremos teoricamente a questionar, se faz sentido que se use deste mecanismo de execução fiscal para este serviço público essencial, quando isso não ocorre com os demais, colocando assim as partes em posicionamentos sobejamente muito diferentes, desiguais, e de todo antagónicos, com a essencialidade que se espera destes serviços, e do procedimento alusivo aos mesmos.

III. A fiscalização do setor pelo fornecimento de água

O organismo fiscalizador deste setor – a ERSAR – Entidade Reguladora Serviços Águas e Resíduos[9], tem nos últimos anos abordado toda a temática do fornecimento de água[10], promovendo e realizando vários estudos sobre a temática.

tributos administrados por autarquias locais, pela respectiva autarquia. 2 – As competências atribuídas no código aprovado pelo presente decreto-lei ao dirigente máximo do serviço ou a órgãos executivos da administração tributária serão exercidas, nos termos da lei, pelo presidente da autarquia. 3 – As competências atribuídas pelo código aprovado pelo presente decreto-lei ao representante da Fazenda Pública serão exercidas, nos termos da lei, por licenciado em Direito desempenhando funções de mero apoio jurídico. Artigo 12.º – *Incumprimento 1 – São devidos juros de mora pelo cumprimento extemporâneo da obrigação de pagamento de taxas das autarquias locais. 2 – As dívidas que não forem pagas voluntariamente são objecto de cobrança coerciva através de processo de execução fiscal, nos termos do Código de Procedimento e de Processo Tributário.*

[9] Historicamente o papel desta organização fiscalizadora do setor tem sido relevante a acompanhar e a atualizar as mudanças que o mesmo veio a preconizar. Assim e como a própria ERSAR refere após a criação da entidade reguladora em 30 de agosto de 1997, inicialmente com a designação de Instituto Regulador de Águas e Resíduos, a entidade reguladora exerceu as funções para um número crescente de entidades concessionárias, atingindo cerca de meia centena. Posteriormente assumiu as responsabilidades de autoridade competente para a qualidade da água para consumo humano para um universo de mais de quatrocentas entidades gestoras. Deste 2009 a entidade reguladora reforçou os poderes e alargou as atribuições de regulação dos serviços de águas e resíduos para todo o universo de perto de quinhentas entidades gestoras, mantendo as responsabilidades de autoridade competente para a qualidade da água. Em 2014 a ERSAR tornou-se uma entidade administrativa independente com reforço da sua autonomia e poderes de autoridade, sancionatórios e regulamentares, vendo em 2014 aprovados os seus atuais estatutos pela Lei n.º 10/2014.

[10] Sublinhe-se a informação constante no site: https://www.ersar.pt/pt/setor/caracterizacao.

Considera o mesmo que as atividades de abastecimento público de água às populações, de saneamento de águas residuais urbanas e de gestão de resíduos urbanos constituem serviços públicos de carácter estrutural, essenciais ao bem-estar geral, à saúde pública e à segurança coletiva das populações, às atividades económicas e à proteção do ambiente. O setor das águas subdivide-se, na caracterização da ERSAR,[11] em dois serviços distintos: o de abastecimento de água para consumo humano e o de saneamento de águas residuais urbanas.

A atividade de abastecimento público de água compreende a captação, o tratamento, a elevação, o transporte, o armazenamento, a distribuição e a utilização da água. A atividade de saneamento de águas residuais urbanas compreende a descarga, a drenagem, a elevação, o transporte e o tratamento das águas residuais de origem urbana, bem como a sua rejeição no meio hídrico.

Esta atividade é fundamental para garantir a salvaguarda da qualidade das massas de água, sendo determinante no condicionamento dos outros usos do domínio hídrico, designadamente a captação de água para consumo humano.

A entidade vai assim sublinhando que o mercado é constituído por um sistema típico de rende, em que a escala dos monopólios acaba por ser regional, ou na medida geográfica do que serve a rede.

Como Portugal apresenta um número muito elevado de sistemas para assegurar quer os serviços de abastecimento de água, quer os serviços de saneamento de águas residuais, tal vem a dificultar, a gestão técnica e económica dos sistemas, tanto pelo elevado número de sistemas de muito pequena dimensão, como pelo grande número de entidades gestoras sem escala para assegurar níveis adequados de qualidade do serviço e economias na exploração.

Ainda que de forma autónoma a Lei n.º 12/2008 tenha sublinhado o fornecimento de serviços de gestão de resíduos sólidos urbanos e os serviços de recolha e tratamento de águas residuais – al. f e g do art.º 1 – a verdade é que também seguindo o pensamento preconizado e divulgado pela ERSAR, a gestão de resíduos urbanos é um serviço prestado tendo por base um complexo sistema tecnológico, que compreende as etapas de recolha, transporte, triagem, valorização e eliminação dos resíduos provenientes das habitações.

[11] Idem.

IV. Os desafios do futuro para o serviço de fornecimento de água

No estudo de todo o fornecimento de água, entendemos ser finalmente aqui relevante também sublinhar um aspeto relativo ao futuro da água e deste recurso natural.

E nesse sentido a ONU – Organização das Nações Unidas, quando se reporta aos objetivos quanto ao setor da água, já se veio pronunciar em moldes que seguimos, e consideramos pertinentes relevar.[12]

A água está no centro do desenvolvimento sustentável e diz respeito à promessa central do Objetivo 6 da Agenda 2030 para o Desenvolvimento, que defende o acesso universal e equitativo à água potável e ao saneamento até 2030.

Por isso o serviço de água é fundamental para o desenvolvimento socioeconómico, para a produção de energia e alimentos, para a construção de ecossistemas saudáveis e para a sobrevivência da espécie humana, sendo também essencial para fazer frente às alterações climáticas, servindo como elo crucial entre a sociedade e o meio ambiente.

A ONU sublinha que a escassez deste bem universal tende a aumentar até 2050 devido à procura do setor industrial e doméstico das economias emergentes e devido ao aumento da população mundial.

Há, pois, uma necessidade crescente de equilibrar a demanda dos recursos hídricos com a necessidade das comunidades. Neste campo sublinhe-se que mais de 30 organizações das Nações Unidas têm levado a cabo programas de gestão sustentável de saneamento e água[13].

Por fim há que ponderar os novos desafios relacionados com a água e o seu fornecimento no mundo. O uso da água tem vindo a aumentar em todo o mundo cerca de 1% por ano desde a década de 1980 e a tendência manter-se-á. Sendo que alguns estudos demonstram que a demanda global da água potável vai sofrer um aumento na ordem dos 20 a 30% até 2050 e que, caso a degradação do ambiente e as pressões insustentáveis sobre os recursos hídricos globais continuem, em 2050, 45% do PIB mundial e 40% da produção mundial de cereais estarão em risco.[14]

[12] Conforme informação no site: https://unric.org/pt/agua/

[13] Sublinhe-se a *ONU Água*, criada em 2003, é a interagência responsável por coordenar os esforços de todas as organizações da ONU com os desafios relacionados com a água. O papel da ONU Água é o de garantir a cooperação em programas relacionados com a água e o saneamento. Esta interagência apoio os Estados-membros a administrar de forma sustentável este recurso hídrico.

[14] Idibem.

«O Objetivo de Desenvolvimento Sustentável 6 (ODS) é absolutamente claro: alcançar o acesso a saneamento e higiene adequados e justos para todos, melhorar a qualidade da água e reduzir para metade a proporção de águas residuais não tratadas reduzindo substancialmente o número de pessoas afetadas pela escassez de água. Um propósito que simboliza precisamente a mensagem da Agenda 2030: não deixar ninguém para trás. As metas deste ODS abrangem todos os aspetos dos sistemas de ciclo da água e saneamento, e a sua conquista é projetada para contribuir para o progresso numa série de outros ODS, principalmente na esfera da saúde, educação, economia e meio ambiente.»

Para fazer face a todo este desafio será necessário melhorar a gestão dos recursos hídricos e fornecer, a todos, o acesso a água potável e saneamento seguros e acessíveis financeiramente.

Mais especificamente, as medidas passam por: transformar acordos políticos em regras juridicamente vinculativas; garantir a distribuição dos serviços de água e saneamento de forma equitativa; exercer as normas internacionais do trabalho elaboradas pelos constituintes, e estabelecer instrumentos que possam influenciar o desenvolvimento do direito internacional e incentivar as organizações não-governamentais (ONGs) a promover a participação ativa do público nestas matérias.

V. Notas conclusivas

Ponderando as notas finais e conclusivas deste fornecimento, podemos considerar novamente as ideias preconizadas pela ERSAR nos seus cadernos de sensibilização.

Que não haja qualquer dúvida de que o abastecimento e o fornecimento da água para consumo humano se reporta a um serviço muito essencial ao bem estar e à saúde pública dos cidadãos.

Por isso este mesmo fornecimento tem de estar fisicamente acessível, e ser cada vez mais dimensionado para as necessidades que os cidadãos têm, cabendo aos prestadores de acordo com as menções legais já aqui citadas assegurar tal serviço de forma economicamente acessível.

E que qualidade deve ser esperada na prestação deste serviço? De acordo com a lei dos serviços públicos essenciais, pelo art.º 7 da Lei 23/96, é refletido que:

> *«A prestação de qualquer serviço deverá obedecer a elevados padrões de qualidade, neles devendo incluir-se o grau de satisfação dos utentes, especialmente quando a fixação do preço varie em função desses padrões.»*

A dita qualidade será assim aferida pelos utentes, tendo em relação à sua qualidade e bem-estar, e a saúde pública.

Atualmente é conhecido que a água distribuída para consumo humano é regularmente analisada, com base em vários parâmetros distintos, por laboratórios acreditados, de acordo com as características físico-químicas da água, e indicadores de contaminação atendendo aos padrões legais nacionais e europeus.

Estando Portugal muito bem cotado nesta avaliação, fruto de várias medidas, sem dúvida que a existência de limites entre o fornecimento de água pública e a gestão da rede predial tem também contribuído.

O impedimento legal de que cada cidadão mantenha a sua rede privada, ou que mantenha os dois sistemas ao mesmo tempo, contribuiu para uma melhoria da qualidade do serviço que é prestado.

Além disso recorde-se que a conservação e manutenção da rede predial cabe aos respetivos proprietários. E inclusive que o uso de reservatórios prediais, mesmo que de origem em captação particular, fora da rede pública, pode levar à deterioração da qualidade da água pela sua estagnação, fomentando microrganismos ou outros problemas.

Por isso a ligação à rede pública de fornecimento de água se tornou imperativa, com vista a uma melhor obtenção deste serviço, em salvaguarda da saúde pública acima de tudo.

O utente em caso de deter uma captação particular de água[15], não deverá permitir em caso algum a entrada dessa água na rede predial, como visado acima e frisado nos Regulamentos que tutelam pelas entidades prestadoras este setor.

Assim como também tem sido divulgado pela ERSAR e pelas entidades prestadoras no geral, que os utentes não têm nenhuma necessidade de usarem de equipamentos de filtros ou tratamento da água da rede pública.

Conhecem-se algumas práticas comerciais desleais, que têm levado os consumidores a adquirir instrumentos para tal filtragem, mas legalmente e estruturalmente falando, o fornecimento de água é devidamente assegurado, sem qualquer obrigação nesse sentido no nosso país.

Conclui-se assim que o serviço de fornecimento de água é atualmente uma preocupação que a lei não tem descurado, e que ao longo dos anos tem vindo a criar nos utentes uma maior consciencialização.

[15] Ex.: poço, furo, rio, lago ou qualquer outra fonte de água que não seja a da rede pública.

A execução destes contratos de fornecimento de água – como no geral dos serviços públicos essenciais – deve ser assim preconizada com cumprimento do princípio da boa-fé, uma vez que o próprio utente paga pela prestação do volume de água fornecido, mas também vê na sua fatura ser refletido um rol de despesas inerentes a todo o contrato, incluindo situações de rotura que estes serviços podem ter.

Por outro lado, o fornecimento de água hoje sendo mais consciente com o futuro deste recurso, obriga a que se esteja atento a todas as soluções que ainda possam ser preconizadas, sejam torneiras e máquinas mais eficientes, seja na premissa da poupança do próprio consumo.

FORNECIMENTO DE ENERGIA ELÉTRICA
ELECTRICITY SUPPLY

PEDRO FALCÃO[1]

RESUMO: *O presente texto procura fazer o retrato jurídico do fornecimento de energia elétrica em Portugal, abordando especialmente a classificação e o regime do contrato que o estabelece e que é celebrado entre um comercializador e um utente.*

PALAVRAS-CHAVE: *serviços públicos essenciais; fornecimento de energia elétrica; contrato.*

ABSTRACT: *The text draws the legal portrait of electricity supply in Portugal, particularly focusing on the classification and regime of the contract that establishes the supply and that is concluded between a supplier and a user.*

KEYWORDS: *essential public services; electricity supply; contract.*

SUMÁRIO: *I. Introdução. II. O Sistema Elétrico Nacional. III. A Eletricidade como Coisa. IV. O Contrato. V. Conclusões.*

I. Introdução

O fornecimento de energia elétrica é um serviço público, um serviço de interesse geral e um serviço público essencial.

[1] Assistente Convidado na Faculdade de Direito de Coimbra.

A afirmação, estranha e quase redundante, serve apenas o propósito de chamar a atenção para o caminho que esta atividade percorreu ao longo do tempo no que toca à sua qualificação jurídica.

Com efeito, o fornecimento de eletricidade começou por enquadrar-se com toda a propriedade no clássico conceito de *serviço público*, em *sentido subjetivo*, enquanto atividade exercida pelo Estado com vista à satisfação de uma necessidade fundamental da população – o acesso a energia elétrica –, atividade esta paralela, tal como a necessidade a que se dirige, às que respeitam, por exemplo, ao fornecimento de água ou de gás.

Neste contexto e neste sentido, o serviço era público e o utente era o utilizador ("*usager*") de um serviço padrão disponibilizado segundo regras definidas pela Administração no quadro dos tradicionais *princípios de funcionamento* (v.g. acessibilidade, qualidade, segurança, continuidade).

A crise do Estado de Serviço Público, na segunda metade do séc. XX, resultante, entre outros aspetos, da falência de recursos financeiros, conjugada com o objetivo europeu de desenvolvimento do mercado interno, levou a que muitos destes serviços fossem passando para a esfera privada e simultaneamente para o domínio da concorrência.

Seriam assumidos, neste novo modelo, como *serviços de interesse geral*, especificamente como *serviços de interesse económico geral* no que respeita às atividades de que aqui estamos a tratar: serviços públicos oferecidos no mercado e sujeitos, por princípio, às suas regras, muito embora, em razão da sua natureza, enquadrados por um regime especial que permite exceções à concorrência e estando os seus prestadores necessariamente adstritos ao cumprimento de obrigações que visam garantir a manutenção da finalidade primordial dos respetivos serviços – as chamadas *obrigações de serviço público* ou *obrigações de interesse geral* (v.g. qualidade, segurança e continuidade do fornecimento).

Agentes económicos privados concorrentes[2] passavam assim a prestar serviços básicos, tradicionalmente públicos em sentido subjetivo, a utentes encarados agora, de um certo ponto de vista, como *clientes* – com a possibilidade de escolher, de entre vários, o prestador com quem irão contratar e a

[2] A maioria dos prestadores destes serviços são hoje privados, mas, no caso das águas, em 2020, 71% do fornecimento em baixa era ainda assegurado diretamente pelos municípios (cfr. ERSAR, *Relatório Anual dos Serviços de Águas e Resíduos em Portugal (2020): Volume 1 – Caraterização do setor de águas e resíduos*, 2020, pág. 88).

quem passarão a exigir o serviço em condições o mais ajustadas possível aos seus interesses individuais[3].

Uma dinâmica nova, olhada de perto por um modesto[4] Estado Regulador, apoiado em entidades administrativas independentes, como a Entidade Reguladora dos Serviços Energéticos (ERSE), a quem cabe, no respetivo âmbito e entre outros aspetos, "proteger os direitos e os interesses dos consumidores, em particular dos clientes finais economicamente vulneráveis, em relação a preços, à forma e qualidade da prestação de serviços, promovendo a sua informação, esclarecimento e formação" (art. 3.º/2/a do Decreto-Lei n.º 97/2002, de 12 de abril[5]) e "velar pelo cumprimento, por parte dos agentes dos setores regulados, das obrigações de serviço público e demais obrigações estabelecidas na lei e nos regulamentos aplicáveis aos setores regulados" (art. 3.º/4/c do mesmo diploma).

O legislador português entendeu, não obstante, ir um pouco mais longe e robustecer a posição do utente de alguns destes serviços – os considerados *essenciais* –, criando um regime que, com normas tipicamente consumeristas, vigora expressamente "em ordem à proteção do utente", nos termos do art. 1.º/1 da Lei n.º 23/96, de 26 de julho[6], conhecida, precisamente, por Lei dos Serviços Públicos Essenciais (LSPE).

Um regime parente do consagrado na Lei de Defesa do Consumidor (Lei n.º 24/96, de 31 de julho[7] – LDC) e, inclusivamente, debatido em conjunto com este no Parlamento, tendo ambos sido apresentados como *propostas de lei de proteção do consumidor*: o primeiro apontado à "protecção do consumidor nos domínios dos serviços públicos essenciais, domínio onde a natureza dos serviços, a sua essencialidade e o modo como são prestados cria [...] especiais dificuldades aos consumidores em fazer valer os seus direitos"[8] e o segundo articulando a "nova lei de protecção do consumidor, quadro de referência maior do edifício legislativo desta área política"[9].

[3] Cfr. Miguel Ángel Sendín García *et al.*, *Los usuarios y el Derecho Público*, in Luis Felipe López Álvarez e Silvia Meseguer Velasco (coord.), *Derecho de los Consumidores y Usuarios: Una Perspectiva Integral*, La Coruña, Netbiblo, 2008, págs. 112 e 113.

[4] Cfr. Pedro Gonçalves, *Regulação, Electricidade e Telecomunicações: Estudos de Direito Administrativo da Regulação*, Coimbra, Coimbra Editora, 2008, pág. 11.

[5] Diploma que aprova os estatutos da ERSE, várias vezes alterado, a última das quais pelo Decreto-Lei n.º 76/2019, de 3 de junho.

[6] Diploma várias vezes alterado, a última das quais pela Lei n.º 51/2019, de 29 de julho.

[7] Diploma várias vezes alterado, a última das quais pela Lei n.º 63/2019, de 16 de agosto.

[8] *Diário da Assembleia da República, I Série*, Número 56, de 12 de abril de 1996, pág. 20.

[9] *Ibidem*.

Assim, a prestação, realizada hoje por privados, de um serviço público, encarado hoje como serviço de interesse económico geral e integrado, desde 1996, na categoria dos essenciais[10], está rodeada de normas típicas de Direito do Consumo – marcadas, naturalmente, pelos já referidos princípios de funcionamento[11] – a proteger o utente, pelo menos até certo ponto, como um *consumidor*.

O fornecimento de energia elétrica aparece, deste modo, como um serviço público essencial cuja prestação é objeto de contratos privados celebrados entre um comercializador e um utente.

Ao longo das próximas páginas procuraremos apresentar o contexto jurídico desta atividade, deixar algumas considerações sobre o problema antigo da eletricidade como coisa, explicar de que contrato se trata, pois não é evidente, e alinhar os principais aspetos do regime que o enquadra.

II. O Sistema Elétrico Nacional

O Sistema Elétrico Nacional (SEN) é o complexo de infraestruturas, sujeitos e normas que sustenta e enquadra o fornecimento de energia elétrica em Portugal.

[10] A propósito da classificação de certos serviços como essenciais, com exclusão de outros, disse, há vários anos, António Menezes Cordeiro (*Da prescrição do pagamento dos denominados serviços públicos essenciais*, Lisboa, JuriDireito, *O Direito*, ano 133.º, IV, 2001): "não se discute se não haveria outros mais essenciais e sobre se alguns dos apontados não serão supérfluos: são, simplesmente, os da lei" (pág. 774). Opção que, para António Pinto Monteiro (*A protecção do consumidor de serviços públicos essenciais*, Coimbra, Centro de Direito do Consumo, *Estudos de Direito do Consumidor*, n.º 2, 2000), residiu no facto de o legislador ter pretendido "por um lado, ser *mais completo* e *preciso* na regulamentação que estabeleceu, o que implicava uma definição prévia dos serviços abrangidos; por outro lado, [...] *prevenir* as *dúvidas* e discussões intermináveis que de outro modo haveria sobre o *âmbito* de aplicação da lei, no que concerne à determinação de *quais* os serviços que têm a natureza de serviços *públicos* e, de entre eles, *quais* os que são *essenciais*; por último, [...] criar regras *adequadas* a problemas frequentes e já suficientemente delimitados *destes serviços básicos*" (pág. 339).
Os referidos autores escrevem ao tempo da versão originária da Lei n.º 23/96, que se dirigia ao reforço da proteção do utente de apenas quatro serviços: o *fornecimento de água*, de *energia elétrica* e de *gás*, e o *serviço de telefone*. Um elenco que viria a ser alargado pela Lei n.º 12/2008, de 26 de fevereiro, que integrou no âmbito de aplicação da LSPE o *fornecimento de gases de petróleo liquefeitos canalizados*, o *serviço de comunicações eletrónicas*, os *serviços postais*, e os serviços de *recolha e tratamento de águas residuais* e de *gestão de resíduos sólidos urbanos*, e pela Lei n.º 51/2019, de 29 de julho, que incluiu o *serviço de transporte de passageiros*.

[11] Basta pensar na imposição legal da observância pelo prestador dos "ditames que decorram da natureza pública do serviço" (art. 3.º LSPE).

Desconsiderando as infraestruturas e focando-nos nos sujeitos e nas normas que lhes fixam o estatuto, constatamos que se destacam neste sistema ou, se quisermos, no processo do fornecimento de energia elétrica, quatro categorias de sujeitos: *produtores, operadores de rede, comercializadores* e *clientes.*

São estes sujeitos, *scilicet*, as respetivas atividades, que geram a energia, que a transmitem às diferentes instalações de utilização e que a colocam à disposição dos clientes (que a usam).

De um modo geral, pode dizer-se que os produtores geram eletricidade a partir de fontes energéticas primárias e a vendem a comercializadores, nomeadamente através da celebração de contratos bilaterais ou da participação em mercados organizados[12].

O Operador da Rede Nacional de Transporte (atualmente, a REN – Redes Energéticas Nacionais, SGPS, S.A.) é responsável pelo transporte de eletricidade em muito alta tensão[13] e alta tensão[14], pela entrega dessa eletricidade a instalações de utilização em muito alta tensão e à Rede Nacional de Distribuição, e pela gestão técnica global do sistema, cabendo-lhe assegurar, no âmbito desta função e entre outros aspetos, o funcionamento harmonizado do SEN e a segurança e continuidade do abastecimento.

O Operador da Rede Nacional de Distribuição (atualmente, a E-REDES – Distribuição de Eletricidade, S.A.) é responsável pela distribuição de eletricidade em alta tensão e média tensão[15], pela sua entrega a instalações consumidoras nos referidos níveis de tensão e às Redes de Distribuição em Baixa Tensão, e pela compra e venda do acesso à rede de transporte.

Os Operadores das Redes de Distribuição em Baixa Tensão (na maioria dos casos, também a E-REDES) são responsáveis pela distribuição de eletricidade em baixa tensão[16], pela entrega dessa eletricidade às instalações de utilização no mencionado nível de tensão, e pela compra e venda do acesso à rede de transporte.

Os comercializadores compram e vendem eletricidade para abastecimento dos respetivos utentes e para comercialização com outros agentes de

[12] Uma caracterização mais completa da atividade de produção pode encontrar-se no nosso *O Contrato de Fornecimento de Energia Eléctrica*, Lisboa, Petrony, 2019, págs. 20 e segs..

[13] Tensão entre fases de valor eficaz superior a 110 kV.

[14] Tensão entre fases de valor eficaz superior a 45 kV e igual ou inferior a 110 kV.

[15] Tensão entre fases de valor eficaz superior a 1 kV e igual ou inferior a 45 kV.

[16] Tensão entre fases de valor eficaz igual ou inferior a 1 kV.

mercado, através da celebração de contratos bilaterais com entidades habilitadas para o efeito ou da participação nos mercados organizados.

O Comercializador de Último Recurso (CUR) compra e vende eletricidade para abastecimento dos respetivos utentes através de mecanismos regulados de contratação, da celebração de contratos bilaterais ou da participação em mercados organizados, e fornece, nomeadamente, os utentes que ainda integrem o mercado regulado, os clientes finais economicamente vulneráveis que o prefiram e os utentes que não possam optar pelo regime de mercado por inexistência ou impedimento de um comercializador livre.

Os clientes, na designação do setor, são todas as pessoas singulares ou coletivas que compram eletricidade para consumo próprio, "incluindo a fase pré-contratual" (art. 2.º/o do Regulamento das Relações Comerciais dos Setores Elétrico e do Gás – RRCSEG[17]).

Preferimos, não obstante, usar a designação *utentes* – pessoas singulares ou coletivas a quem é fornecida energia elétrica ao abrigo de um contrato de fornecimento celebrado com um comercializador em regime de mercado ou com o CUR –, por ser esta a expressão que a Lei n.º 23/96 mobiliza em geral e que, neste caso concreto, confere maior rigor ao discurso, já que existem outros clientes dos comercializadores que não aqueles a que aqui nos dirigimos. Tratar-se-á, porventura, de uma das manifestações da mercantilização do serviço público, parecendo-nos, todavia, preferível remeter a designação *cliente* para a mencionada fase pré-contratual (enquanto sujeito que contacta com um comercializador tendo em vista a contratação).

III. A Eletricidade como Coisa

Como vimos, o comercializador compra e vende a eletricidade que é adquirida por um utente, sendo a compra e venda o "contrato pelo qual se transmite a propriedade de uma coisa, ou outro direito, mediante um

[17] Regulamento n.º 1129/2020 da ERSE.
O fornecimento de energia elétrica tem um enquadramento normativo vastíssimo, destacando-se, não obstante, considerando a posição do utente, e além da LSPE e do RRCSEG, o Regulamento da Qualidade de Serviço dos Setores Elétrico e do Gás (Regulamento n.º 406/2021 da ERSE – RQS), o Regulamento dos Serviços das Redes Inteligentes de Distribuição de Energia Elétrica (Regulamento n.º 610/2019 da ERSE), o Guia de Medição, Leitura e Disponibilização de Dados de energia elétrica em Portugal continental (Diretiva n.º 5/2016 da ERSE) e o Decreto-Lei n.º 328/90, de 22 de outubro (que estabelece medidas destinadas a prevenir o consumo fraudulento de eletricidade).

preço" (art. 874.º do Código Civil – CC). Será a eletricidade uma *coisa*, suscetível de propriedade e translação?

Há vários anos, um professor espanhol disse que não, defendendo que a eletricidade "*no es «cosa», sino un «estado» especial de condensación de una onda energética que entraña movimiento o vibración de carga energética en los electrones de un hilo conductor, sin que quepa, por ser de consumo inmediato, ser aislada y recogida para su almacenamiento*"[18].

No nosso ordenamento, todavia, o problema parece há muito resolvido no sentido da admissibilidade daquela qualificação.

Manuel de Andrade, em considerações que ficaram célebres, reconheceu como *coisas corpóreas* "as forças naturais, como a electricidade, que se revelam aos sentidos humanos, só de per si ou com o auxílio de instrumentos idóneos, e que satisfaçam os requisitos gerais do conceito jurídico de coisas"[19].

Mais recentemente, também Oliveira Ascensão e Carlos Ferreira de Almeida contribuíram para suportar a ideia – o primeiro autor integrando a eletricidade no leque de coisas corpóreas que "não são visíveis, mas não deixam de se revelar aos sentidos"[20] e o segundo autor fazendo referência a "redes de transporte de coisas corpóreas, tais como a água, o gás e a eletricidade"[21].

O Direito Comunitário aponta igualmente nesse sentido: a Diretiva 85/374/CEE, do Conselho, de 25 de julho de 1985, relativa à responsabilidade decorrente de produtos defeituosos, estabelece que a eletricidade será também considerada *produto* (cfr. art. 2.º), tendo a esse propósito Calvão da Silva escrito que o legislador nacional entendeu "ser desnecessária explicitação equivalente [...], porquanto no direito português é pacífica a qualificação da electricidade como coisa material ou coisa corpórea"[22]; a Diretiva 1999/44/CE, do Parlamento Europeu e do Conselho, de 25 de

[18] Ángel Sánchez Hernández, *El contrato de suministro de energía eléctrica*, Madrid, Universidad Nacional de Educación a Distancia, *Boletín de la Facultad de Derecho*, n.os 10-11, 1996, pág. 171.

[19] Manuel de Andrade, *Teoria Geral da Relação Jurídica*, Vol. I, reimpr., Coimbra, Almedina, 1992, pág. 227.

[20] José de Oliveira Ascensão, *Direito Civil: Teoria Geral*, Volume I, 2.ª ed., Coimbra, Coimbra Editora, 2000, pág. 352.

[21] Carlos Ferreira de Almeida, *Contratos II*, 4.ª ed., Coimbra, Almedina, 2016, pág. 218.

[22] João Calvão da Silva, *Responsabilidade Civil do Produtor*, reimpr., Coimbra, Almedina, 1999, pág. 608.

maio de 1999, respeitante a certos aspetos da venda de bens de consumo e das garantias a ela relativas, por sua vez, qualificava a eletricidade como *bem móvel corpóreo*, muito embora acabasse por excluí-la da noção de bem de consumo (cfr. art. 1.º/2/b).

E num acórdão de 1994, o Tribunal de Justiça da União Europeia afirmou a qualificação da eletricidade como *mercadoria*: "não se contesta em direito comunitário, nem, aliás, nos direitos nacionais, que a electricidade é uma mercadoria na acepção do artigo 30.º do Tratado"[23].

A jurisprudência pátria apoia também este entendimento, surgindo há muito referências ao fornecimento de energia elétrica como *compra e venda de coisa móvel*[24], e ao consumo fraudulento de eletricidade como *furto*, pressupondo a subtração de *coisa móvel* alheia[25].

Com todos estes amparos, parece hoje seguro afirmar a eletricidade como coisa, autónoma (e efetivamente armazenável, ainda que em quantidade limitada[26]), idónea para a satisfação de interesses humanos e suscetível de apropriação exclusiva.

IV. O Contrato

Em tempos atrevemo-nos a sugerir uma noção que nos parece poder manter-se: *o contrato de fornecimento de energia elétrica é aquele pelo qual um comercializador vende eletricidade a um utente e se obriga perante este a assegurar a sua entrega contínua*[27].

Não é esta, todavia, a ideia que habitualmente se forma (ou a noção a partir dela) quando se procuram os apoios da doutrina: fica-se, legitimamente, com a impressão de que se tratará de um contrato de fornecimento

[23] Ac. do Tribunal de Justiça da União Europeia de 27-04-1994, Proc. n.º C-393/92 (Gemeente Almelo e o. contra Energiebedrijf IJsselmij NV), § 28, www.curia.eu.

[24] Cfr. Ac. do Supremo Tribunal de Justiça de 22-02-2000, Proc. n.º 99A1125 (Lopes Pinto) e Ac. do Tribunal da Relação de Coimbra de 09-03-2010, Proc. n.º 590/1999.C1 (Regina Rosa), www.dgsi.pt.

[25] Cfr. Acs. do Tribunal da Relação do Porto de 23-05-1990, Proc. n.º 0123980 (Hernâni Esteves) e de 29-04-2009, Proc. n.º 0847824 (José Piedade), www.dgsi.pt.

[26] Cfr. Suzana Tavares da Silva, *Direito da Energia*, Coimbra, Coimbra Editora, 2011, pág. 124 e Sara Zuccarino, *La Fornitura di Energia Elettrica in un Mercato "Giuridificato"*, Ancona, Università Politecnica delle Marche, www.univpm.it, 2016, pág. 11.

[27] Cfr. o nosso *O Contrato de Fornecimento..., cit.*, pág. 47.

sem especial complexidade[28] ou, no limite, de um contrato misto de fornecimento e de acesso[29], ou de compra e venda e aluguer[30].

Julgamos, ainda assim, que estaremos rigorosamente perante um *contrato misto de compra e venda e prestação de serviço por terceiro*[31].

É que, por determinação legal, nem o comercializador pode entregar a eletricidade que vende, nem o operador da rede pode vender a eletricidade que entrega na instalação consumidora.

A abertura destas atividades à concorrência levou a que a União Europeia insistisse no respetivo "*unbundling*", entendendo que "sem a separação efectiva entre as redes e as actividades de produção e de comercialização [...], [haveria] um risco inerente de discriminação, não só na exploração da rede, mas também no incentivo às empresas verticalmente integradas para investirem adequadamente nas suas redes" (considerando 9 da Diretiva 2009/72/CE, do Parlamento Europeu e do Conselho, de 13 de julho de 2009, integrante do chamado *terceiro pacote comunitário para a energia*[32]). A medida, que não era nova, tinha já sido transposta para o Decreto-Lei n.º 29/2006, de 15 de fevereiro[33], que determinava não ser permitida aos operadores das redes a aquisição de eletricidade para comercialização (cfr. arts. 24.º/4 e 35.º/4), nem aos comercializadores a entrega física dessa eletricidade nas instalações de utilização (cfr. art. 43.º)[34], o que hoje surge previsto nos arts. 110.º/4, 115.º/4/a e 132.º/3 do Decreto-Lei n.º 15/2022.

Deste modo, o comercializador – único sujeito com quem o utente celebra o contrato de fornecimento – *vende* ao utente a eletricidade na medida

[28] Cfr. Pedro Pais de Vasconcelos, *Direito Comercial*, I Volume, 2.ª reimpr. da ed. de dezembro de 2011, Coimbra, Almedina, 2015, pág. 86.

[29] Cfr. Carlos Ferreira de Almeida, *Contratos II*, *cit.*, págs. 129, 130 e 219.

[30] Cfr. Pedro Romano Martinez, *Direito das Obrigações (Parte Especial)*, 2.ª ed., 5.ª reimpr. da ed. de maio de 2001, Coimbra, Almedina, 2014, pág. 26, nota 1 e Francisco Pereira Coelho, *Contratos Complexos e Complexos Contratuais*, Coimbra, Coimbra Editora, 2014, pág. 250.

[31] Continuamos, de todo o modo, a designá-lo de contrato de *fornecimento* pelo facto de ser esta a designação adotada nos diplomas europeus e nacionais do setor, e que traduz aquela que é a característica fundamental deste contrato – estabelecer a *compra e venda continuada de uma coisa mediante o pagamento periódico de um preço*.

[32] O diploma foi entretanto revogado, nos termos do art. 72.º da Diretiva (UE) 2019/944, do Parlamento Europeu e do Conselho, de 5 de junho de 2019 (relativa a regras comuns para o mercado interno da eletricidade – *quarto pacote comunitário*).

[33] Diploma que estabelecia as bases da organização e funcionamento do SEN, entretanto substituído pelo Decreto-Lei n.º 15/2022, de 14 de janeiro.

[34] O texto do art. 43.º é o seguinte: "a atividade de comercialização de eletricidade é separada juridicamente das restantes atividades".

por este consumida e *promete* a entrega dessa eletricidade pelo terceiro operador da rede (a quem também cabe, por lei, a instalação e manutenção do contador e a medição dos consumos realizados pelo utente – cfr. arts. 194.º/1 e 4, 196.º/2 e 37.º/2 RRCSEG). Uma obrigação necessariamente *de resultado*, já que de nada servirá o contrato de fornecimento se não se garantir a entrega do bem a fornecer.

A salvaguarda do cumprimento de tal *promessa de facto de terceiro*[35] reside no chamado *contrato de uso das redes*, celebrado entre o comercializador e o operador da rede a que a instalação de utilização se encontra ligada "para efeitos de acesso às redes das instalações [...] dos clientes do comercializador" (ponto 1 do Anexo I do Despacho n.º 18899/2010, publicado no *Diário da República* de 21 de Dezembro de 2010[36]).

Contrato de uso das redes este que estabelece, como se percebe, uma *relação de cobertura*, em que o promitente operador da rede se compromete perante o comercializador a realizar a prestação que lhe cabe (instalação e manutenção do contador, entrega da eletricidade e medição dos consumos) em benefício do utente, surgindo assim como *contrato a favor de terceiro*[37].

Noutro texto, demos conta das implicações que esta configuração contratual pode ter em matéria de responsabilidade por danos causados pela entrega da eletricidade[38].

Por força da cláusula a favor de terceiro consagrada no contrato de uso das redes, fica o operador da rede devedor da respetiva prestação relativamente ao utente beneficiário, que terá o direito de exigi-la em condições

[35] Cfr. Adriano Vaz Serra, *Contratos a favor de terceiro. Contratos de prestação por terceiro*, sep. do n.º 51 do Boletim do Ministério da Justiça, 1955, págs. 6 e segs..

[36] Diploma que aprova as condições gerais dos contratos de uso das redes celebrados com os comercializadores em regime de mercado e com o CUR.

[37] Contrato a favor de terceiro *proprio sensu*, isto é, um contrato mediante o qual uma das partes se obriga perante a outra a realizar uma prestação a favor de um terceiro que adquire o direito de a exigir, e não um contrato *com prestação a terceiro*, em que o beneficiário não adquire o direito de *exigir* a prestação do promitente, podendo apenas recebê-la enquanto seu destinatário.
Considerando que o utente goza de um direito a contratar que envolve todas as condições necessárias ao seu exercício, incluindo, portanto, a prestação a cargo do operador da rede (cfr. Ac. do Tribunal da Relação de Coimbra de 17-11-2015, Proc. n.º 87/15.1YRCBR, Maria João Areias, www.dgsi.pt), e que tem direito a compensações automáticas por inobservância dos padrões de qualidade de serviço a que está vinculado aquele operador, o contrato de uso das redes parece surgir efetivamente como autêntico contrato a favor de terceiro.

[38] Cfr. o nosso *Eletricidade e Responsabilidade*, Coimbra, Gestlegal, *Revista de Direito da Responsabilidade*, ano 1, 2019, págs. 1025 e segs..

de *segurança*, nos termos da obrigação de serviço público prevista no art. 5.º/2/a RRCSEG[39], o que faz com que aquele operador, ao violar esta obrigação, possa incorrer em responsabilidade contratual, que concorrerá com a responsabilidade extracontratual que eventualmente decorra da sua atuação enquanto detentor da instalação transmissora de energia elétrica (cfr. art. 509.º CC)[40]. Uma circunstância que poderá trazer ao utente lesado a vantagem de obstar aos limites indemnizatórios associados à responsabilidade objetiva do detentor, fixados no art. 510.º CC.

Quanto ao regime fundamental deste contrato, podemos identificar, para além do direito ao fornecimento, de que o cliente goza a montante da sua celebração (cfr. v.g. art. 15.º/3 RRCSEG)[41], os direitos do utente à informação (cfr. art. 4.º LSPE e v.g. art. 8.º RRCSEG), à qualidade do fornecimento (cfr. art. 7.º LSPE e art. 5.º/2/a RRCSEG)[42] e a uma faturação mensal

[39] Lê-se no n.º 1 do referido art. 5.º que "no exercício das suas atividades, os sujeitos intervenientes no Sistema Elétrico Nacional [...] devem observar as obrigações de serviço público estabelecidas na lei", e no n.º 2/a que "constituem obrigações de serviço público, designadamente [...] a segurança, a regularidade e a qualidade do abastecimento".

[40] Independentemente da existência daquela particular obrigação, o incumprimento do dever de proteção que sempre acompanharia a realização da prestação do operador da rede (entrega da eletricidade) já seria suscetível de fundar uma pretensão indemnizatória por parte de um utente que, se pode, como nos parece, exigir o cumprimento, também deve poder confiar que ele se processará em condições que não comprometam a integridade da sua pessoa e património.

[41] O direito a contratar, reconhecido pela jurisprudência e pela doutrina, e com manifestações nos diferentes diplomas setoriais, é comum a todos estes serviços, pelo facto de se tratar de serviços básicos, essenciais à vida das pessoas e à atividade económica.
No caso do fornecimento de energia elétrica, implica a obrigação de apresentação de ofertas por parte dos comercializadores em regime de mercado (cfr. art. 15.º/3 RRCSEG) e a existência do CUR, com as características descritas *supra*.

[42] A exigência da qualidade do fornecimento resulta, antes de mais, dos clássicos princípios de funcionamento do serviço público. Mas, no caso específico destes serviços, parece-nos que vai um pouco mais longe: não só se impõe que a prestação do serviço obedeça a elevados padrões de qualidade, como também que estes tenham em conta o grau de satisfação dos utentes (cfr. art. 7.º LSPE).
E embora saibamos que certos padrões vão sendo fixados nos diplomas setoriais (cfr. v.g. arts. 24.º, 79.º e 86.º RQS) e que a Lei de Defesa do Consumidor estabelece neste contexto que a qualidade dos serviços se afira pela aptidão para satisfazer os respetivos fins, de acordo com o legalmente estabelecido ou, subsidiariamente, de modo adequado às legítimas expectativas dos consumidores (cfr. art. 4.º), o facto é que a Lei dos Serviços Públicos Essenciais determina a observância de *elevados padrões* que considerem o *grau de satisfação dos utentes*. No limite, caberá ao decidente ir também mais longe, se as circunstâncias do caso o ditarem.

e discriminada (cfr. art. 9.º LSPE e art. 45.º/1 RRCSEG)[43], a que correspondem os deveres do comercializador de fornecer, prestar informações, fornecer com qualidade e emitir uma fatura com aquela periodicidade e características.

Identificam-se também, por sua vez, os direitos do comercializador à prestação de caução, ao recebimento do preço e a fazer atuar a exceção de não cumprimento do contrato[44], e os deveres do utente de prestar caução (cfr. v.g. art. 23.º RRCSEG)[45], pagar o preço (cfr. art. 879.º/c CC e art. 79.º/1/j RRCSEG), colaborar no apuramento dos consumos (cfr. art. 38.º/1 e 3 RRCSEG)[46], conservar a instalação de utilização (cfr. arts. 79.º/1/h

[43] Calvão da Silva escreveu, em tempos, que a regra da faturação mensal permitiria aos utentes "*verificar e controlar os seus gastos reais em tempo côngruo e [prevenir] sobreendividamentos... a dificultar ou impossibilitar pagamentos serôdios*" (João Calvão da Silva, *Serviços públicos essenciais: Alterações à Lei n.º 23/96 pelas Leis n.os 12/08 e 24/08, (Portugal)*, Rio de Janeiro, Instituto de Direito Comparado Luso-Brasileiro, *Revista Brasileira de Direito Comparado*, n.º 35, 2008, pág. 56).
Independentemente da discussão em torno da faturação por estimativa, a que o autor deu particular importância ao escrever sobre este aspeto, é bastante razoável pensar que uma faturação em intervalos curtos permite ao utente controlar melhor as suas despesas correntes, a bem da sua situação financeira, ao mesmo tempo que previne o incumprimento perante o prestador do serviço essencial.
Parece-nos, todavia, que a possibilidade atribuída em certos diplomas setoriais ao utente de acordar com o prestador uma periodicidade diferente se ajusta à finalidade da norma que na LSPE estabelece a faturação mensal, pois a salvaguarda daquela estabilidade pode acabar por verificar-se apenas num cenário em que as faturas são apresentadas a pagamento em intervalos de tempo mais extensos – o que terá, desde logo, de resultar de acordo celebrado "no interesse do cliente" (art. 45.º/1 RRCSEG; cfr. também o art. 97.º/2 do Regulamento de Relações Comerciais dos Serviços de Águas e Resíduos, a determinar que o utente considere a periodicidade alternativa uma "opção mais favorável e conveniente").

[44] A referência à *exceptio non adimpleti contractus* justifica-se apenas pelo facto de, nestes casos, o seu exercício contrariar a exigência de continuidade do fornecimento essencial. E, precisamente por isso, tal exercício aparece rodeado de cautelas, como, por exemplo, a advertência escrita com 20 dias de antecedência (cfr. art. 5.º/2 LSPE e art. 80.º/1 e 3 RRCSEG).

[45] A prestação de caução nem sempre é, todavia, exigível. Por exemplo, "se o cliente for um consumidor, o comercializador só tem o direito de exigir a prestação de caução nas situações de restabelecimento do fornecimento, na sequência de interrupção decorrente de incumprimento contratual imputável ao cliente" (art. 23.º/2 RRCSEG).

[46] Colaboração cada vez menos relevante, à medida que avança a implementação do chamado "*smart metering*" (medição inteligente), que possibilita, entre vários outros aspetos, a medição dos consumos por telecomunicação (cfr. ponto 2 do anexo I da Diretiva 2009/72/CE e ponto 3 do anexo II da Diretiva (UE) 2019/944). No ano de 2020, 52% das instalações em baixa tensão normal (instalações fornecidas em baixa tensão com potência contratada

e 14.º/7 RRCSEG) e não ceder energia elétrica a terceiros (cfr. art. 72.º RRCSEG)[47].

V. Conclusões

A exposição que antecede procurou traçar modestamente a anatomia do fornecimento de energia elétrica, depois de algumas notas de contextualização. As conclusões resumem-se, por isso, à síntese do percurso feito.

Vimos que a atividade de que aqui tratámos sofreu, na transição do séc. XX para o séc. XXI, uma evolução no seu enquadramento jurídico: de serviço público prestado diretamente pelo Estado a serviço de interesse económico geral oferecido no mercado por agentes económicos privados concorrentes e disciplinado, no que toca à relação de fornecimento, por regimes de direito privado, ainda que informados pelos ditames que decorrem da natureza pública do serviço e fiscalizados no seu cumprimento em conformidade.

Verificámos também que a venda da energia elétrica é um elemento central no contrato que estabelece o fornecimento e que, apesar da razoabilidade dos argumentos retirados das ciências naturais para a discussão da admissibilidade jurídica da eletricidade como coisa, o ponto deverá hoje considerar-se assente e a eletricidade admitida, sem grandes hesitações, como objeto desta compra e venda.

Analisando o enquadramento jurídico do Sistema Elétrico Nacional, demos conta dos constrangimentos que se colocam, quer aos operadores de rede, quer aos comercializadores, no que respeita às atividades que neste contexto podem exercer e que condicionam, nessa medida, a apreciação do contrato de fornecimento. Efetivamente, o comercializador vende ao utente a eletricidade mas não pode proceder à sua entrega, tal como ao operador da rede, única entidade habilitada a entregar a coisa, está vedada a sua comercialização.

igual ou inferior a 41,4 kVA – utentes domésticos) estavam já equipadas com contadores inteligentes (cfr. ERSE, *Balanço da implementação das redes inteligentes de distribuição de energia elétrica em 31 de dezembro de 2020*, 2021, pág. 12).

[47] Um dever que, afrontando o direito de propriedade de que o utente goza sobre a eletricidade fornecida, nos parece ter duas preocupações subjacentes: evitar a veiculação da eletricidade em condições potencialmente perigosas e prevenir a fraude relativamente às regras da comercialização.

O contrato de fornecimento, celebrado entre o comercializador e o utente, parece assim apresentar o figurino misto de uma compra e venda combinada com uma prestação de serviço por terceiro, prestação esta (instalação e manutenção do contador, entrega da eletricidade e medição dos consumos) a realizar necessariamente pelo operador da rede a que a instalação consumidora se encontra ligada, e que se acha prevista, e desse modo salvaguardada pelo comercializador, no contrato de uso das redes celebrado entre estes dois sujeitos a favor dos clientes deste último.

Quanto ao regime do contrato de fornecimento, a análise das disposições imperativas que o rodeiam permite identificar como linhas elementares: os direitos do utente à informação, à qualidade do fornecimento e a uma faturação mensal e discriminada, e os respetivos deveres de prestar caução, pagar o preço, colaborar no apuramento dos consumos, conservar a instalação de utilização e não ceder eletricidade a terceiros, assim como os direitos do comercializador à prestação de caução, ao recebimento do preço e a fazer atuar a exceção de não cumprimento do contrato, e os respetivos deveres de prestar informações, fornecer com qualidade e emitir uma fatura mensal e discriminada.

COMUNICAÇÕES ELECTRÓNICAS

Francisco Rodrigues Rocha*
Vítor Palmela Fidalgo**
António Barroso Rodrigues****

Sumário: *1. Introdução; 2. Conceito. Serviço público essencial; 3. Dever de informação. Âmbito. O dever de publicar informações; 4. Correio electrónico não solicitado; 5. Os elementos obrigatórios do contrato; 6. Disponibilização e divulgação de linhas telefónicas para contacto do consumidor. O Decreto-Lei n.º 59/2021; 7. Conservação de dados gerados ou tratados no contexto da oferta de serviços de comunicações. A Lei n.º 32/2008; 8. Portabilidade; 9. As «cláusulas de fidelização»; 10. Cumprimento defeituoso. O Decreto-Lei n.º 84/2021; 11. Suspensão e extinção do serviço prestado; 12. A responsabilidade (ou não) do operador de comunicações electrónicas como prestador de serviços em rede; 13. Conclusões.*

1. Introdução[1]

Em 2022 já é marginal a percentagem da população que, em Portugal, não beneficia de serviços de comunicações electrónicas: estima-se, com

* Professor auxiliar convidado da Faculdade de Direito da Universidade de Lisboa e advogado na GPA, a cujo cargo ficaram as secções 1, 6, 9 e 10 e, conjuntamente, a secção 13 do presente estudo.
** Assistente convidado da Faculdade de Direito da Universidade de Lisboa, a cujo cargo ficaram as secções 7, 8, 11 e 12 e, conjuntamente, a secção 13 do presente estudo.
*** Assistente convidado da Faculdade de Direito da Universidade de Lisboa, a cujo cargo ficaram as secções 2, 3, 4 e 5 e, conjuntamente, a secção 13 do presente estudo.

[1] Abreviaturas mais frequentes: A./AA. – Autor/ Autores; ac./acs. – acórdão/acórdãos; AcP – *Archiv für die civilistische Praxis*; anot. – anotação; BFD – Boletim da Faculdade de Direito

efeito, que cerca de 85% da população, mais de 8.000.000 de pessoas, utilize frequentemente a Internet, tendo-se registado um aumento de 3% entre 2021 e o início de 2022. E não é só a Internet que está abrangida no conceito de comunicações electrónicas.

Existem, não obstante, entre nós, incompreensivelmente, escassos estudos sobre este tema, tão rico e polifacetado, no qual, de resto, a jurisprudência dos tribunais portugueses tomou já a dianteira.

O presente escrito pretende ser um contributo para o estudo do tema, abrangendo várias e diferentes áreas das comunicações electrónicas. Com efeito, começaremos por falar do conceito destas e da sua classificação como serviço público essencial (2.), o dever de informação e de publicar informações a cargo dos prestadores (3.), o correio electrónico não solicitado (4.), os elementos obrigatórios do contrato (5.), para passar ao novel regime do Decreto-Lei n.º 59/2021 (6.), à conservação de dados gerados neste contexto e à portabilidade no âmbito destes serviços (7. e 8.), terminando com as chamadas «cláusulas de fidelização» (9.), o cumprimento defeituoso (10.), a suspensão e extinção do serviço prestado (11.) e a responsabilidade do operador como prestador de serviços em rede (12.). Os pontos aqui abordados são variados e, sob certa perspectiva, eclécticos, sem que os autores tenham tido a pretensão, que seria veleidade, de esgotá-lo(s) sequer. A riqueza do tema e a brevidade que ao presente escrito se impunha assim no-lo determinaram. Os autores estão cientes de que está para breve a transposição da Directiva (UE) n.º 2018/1972, que estabelece o Código Europeu das Comunicações Electrónicas, e que determinará, no futuro (muito) próximo, como já se encetou[2], a aprovação de uma nova LCE. Esperam, não obstante, que o presente estudo, seja ou não publicado antes da nova lei, possa contribuir a uma nova reflexão sobre os vários proble-

da Universidade de Coimbra; BGB – *Bürgerliches Gesetzbuch* (Código civil alemão); BGH – *Bundesgerichtshof*; CC – Código Civil; cf. – confronte, confira; CSC – Código das Sociedades Comerciais; ed. – edição; FS – *Festschrift für* (escritos comemorativos/em homenagem a); *i. e.* – *id est*, isto é; LCE – Lei das Comunicações Electrónicas; LDC – Lei de Defesa do Consumidor; LSPE – Lei dos Serviços Públicos Essenciais; *MükoBGB* – *Münchener Kommentar zum Bürgerlichen Gesetzbuch* (comentário de Munique ao BGB); n.º – número; NJW – *Neue Juristische Wochenschrift*; org./coord. – organização, coordenação; por ex. – por exemplo; proc. – processo; RLJ – Revista de Legislação e de Jurisprudência; Rn. –*Randnummer*; s./ss. – seguinte, seguintes; STJ – Supremo Tribunal de Justiça; RPt – Relação do Porto; UWG – *Gesetz gegen den unlauteren Wettbewerb* (Lei contra a concorrência desleal); vol. – volume.

[2] Mau grado a caducidade, entretanto, em 28 de Março de 2022, da Proposta de Lei n.º 83/XIV/2.

mas que esta matéria encerra. Notará o leitor diferenças no tratamento das matérias entre as diversas secções: entendeu-se que a diversidade de autorias enriquecia o escrito, em termos de dever ser o estilo pessoal de cada autor, sem prejuízo de uma harmonização mínima, respeitado nas secções respectivas.

2. Conceito. Serviço público essencial

I. Não existe uma definição harmonizada de *comunicações eletrónicas*, tanto ao nível interno, como internacional. Uma definição rígida estaria, à partida, condenada à obsolescência, dada a sua incontornável e estrita dependência do plano tecnológico em permanente transformação. Essa transmutação é, aliás, radical, ao ponto de nem os aspetos centrais e comuns, os quais permitem definir a cada momento o que é uma *comunicação* e, segundo, o que é *eletrónico*, serem estáveis. Compete, portanto, ao intérprete colmatar esta lacuna e encontrar uma noção operante de comunicações eletrónicas, ainda que de tipo circunstancial. No geral, sabemos que este conceito se integra no mais amplo de *serviço público essencial*; compreender este último afigura-se, nesta medida, um bom ponto de partida para se concretizar o primeiro.

Os *serviços públicos essenciais* encontram-se regulados na Lei dos Serviços Públicos (Lei n.º 23/96, de 26 de julho, na sua redação atual). Não foi também avançada qualquer *noção*, geral e abstrata, para estoutro conceito, tal como é prática legística habitual defronte de conceitos operantes de concretização exigente.

A Lei dos Serviços Públicos visa a protecção do *utente*, o qual se encontra definido de forma genérica como qualquer sujeito (pessoa singular ou coletiva) a quem o prestador se obriga a prestar o serviço em causa (artigo 1.º/3 LSPE)[3].

[3] O conceito não se confunde com outro, fundamental, de *consumidor*. Na verdade – considerando a panóplia conceptual, não harmonizada, de sujeitos visados pela legislação de consumo (v., *infra*, embora não considerada no texto, a noção avançada pelo artigo 2.º, alínea g) do Decreto-Lei n.º 84/2021, de 18 de outubro, e pelo artigo 3.º, alínea e) do Decreto-lei n.º 24/2014, de 14 de fevereiro, ambos na sua redação atual; com referências, Fernando Baptista de Oliveira, *O conceito de consumidor – Perspectivas nacional e comunitária*, Almedina: Coimbra, 2009, *passim*) –, o conceito de utente é *mais abrangente* do que o de consumidor. A conclusão é acolhida expressamente pela nossa jurisprudência (cf., por todos, os acs. STJ de 29-Abr-2004, proc. n.º 04B869, e, recentemente, de 16-Jun-2016, proc. n.º 2188/14.4TBVNG.P1.S1; todos disponíveis em *www.dgsi.pt*) e resulta clarividente do mero confronto das noções em voga, i. e., do disposto no artigo 2.º da Lei de Defesa do Consumidor (Lei

No essencial, concede-se uma protecção adicional ao *credor* (melhor, *utente*) deste serviço, através de um conjunto de prorrogativas especiais. Isto é facil-

n.º 24/96, de 31 de julho, na sua redação atual), com aqueloutra definição avançada pelo artigo 1.º/3 LSPE, por nós já conhecido. Mais: no último ac. do STJ, *supra* mencionado, de 16 de junho de 2016, o douto Tribunal não hesitou em qualificar como *utente* (para efeitos de aplicação da Lei dos serviços públicos essenciais) uma sociedade que contratualizou com uma operadora de comunicações eletrónicas, negando-lhe, em simultâneo, a qualidade de *consumidora* à luz da Lei de defesa do consumidor. Saltam à vista, entre outros aspetos e apelando à lição de Carlos Ferreira de Almeida, os diferentes *âmbitos de aplicação* dos conceitos em análise, particularmente o *subjetivo* (por referência aos agentes) e *teleológico* (por referência à finalidade): somos da opinião de que uma pessoa coletiva, bem como um particular que destine o serviço a uso profissional, mantém a qualidade de *utente* (artigo 1.º/3 LSPE), embora não seja *consumidor*; cf., a propósito, António Menezes Cordeiro, *Da prescrição do pagamento dos denominados serviços públicos essenciais*, O direito, Vol. 133, n.º 4, pp. 769-810 (774-775); Mafalda Miranda Barbosa, *Acerca do âmbito da Lei dos Serviços Públicos Essenciais: taxatividade ou carácter exemplificativo do artigo 1.º, n.º 2, da Lei n.º 23/96, de 26 de julho?*, Estudos de Direito do consumidor, n.º 6, Centro de Direito do Consumo: Coimbra (2004), pp. 401-434 (410). Quanto ao problema, já clássico, de saber se uma pessoa coletiva pode revestir a qualidade de consumidor, atendendo aos limites da sua capacidade jurídica (artigo 160.º CC, quando puramente civil, e, se comercial, o artigo 6.º CSC), constitutivamente impeditivos da prática de atos contrários ao seu fim (ou seja, os de finalidade *não profissional*), o nosso entendimento acompanha, por sinal, aquele tido noutros países, nossos congéneres (p. ex., na Alemanha o conceito de pessoa natural, *natürtliche Person*, no § 13 BGB, não permite outra leitura; no sentido exposto, v. Marina Tamm, *Verbraucherschutzrecht*, Mohr Siebeck: Tubinga, 2011, p. 321, e Micklitz em anot. ao § 13 BGB no *MükoBGB*, Vol. I, 9.ª ed., 2021, C.H.Beck: Munique, Rn. 10). Entre nós, v., *inter alia*, (no sentido da inclusão das pessoas coletivas no conceito de consumidor), António Menezes Cordeiro, *Da natureza civil do direito do consumo*, Estudos em memória do Professor Doutor Marques dos Santos, vol. I, Almedina: Coimbra (2005), pp. 675-711 (710-711); Carlos Ferreira de Almeida, *Direito do consumo*, Almedina: Coimbra (2005), p. 50; José Engrácia Antunes, *O conceito jurídico de consumidor*, Revista de Direito Civil, Ano 3, n.º 4 (2018), pp. 771-796 (779); Paulo Mota Pinto, *Conformidade e Garantias na Venda de Bens de Consumo. A Directiva 1999/44/CE e o direito português*, Estudos de Direito do consumidor, vol. 2 (2000), pp. 197-331 (214, nota de rodapé 45); Paulo Duarte, *O conceito de consumidor segundo o artigo 2.º/1 da Lei de Defesa do Consumidor*, BFD, Vol. LXXV (1999), pp. 649-703 (664); (contra a inclusão das pessoas coletivas no conceito de consumidor), v., *inter alia*, João Calvão da Silva, *Compra e venda de coisas defeituosas. Conformidade e segurança*, 5.ª ed., Almedina: Coimbra (2008), p. 122; com reservas, Mafalda Miranda Barbosa, *Acerca do âmbito da Lei dos Serviços Públicos Essenciais*, p. 413 (e respetiva nota 25). Por fim, cumpre referir que a noção atual de consumidor constante no Código Europeu para as Comunicações Eletrónicas (estabelecido pela Diretiva, UE, 2018/1972, do Parlamento Europeu e do Conselho, de 11 de dezembro de 2018), presente no respetivo número 15 do artigo 2.º é de «pessoa singular que utiliza ou solicita um serviço de comunicações eletrónicas acessível ao público para fins não profissionais».

mente constatável perante (*i*) a concretização particular de deveres (tal como o de informação, arts. 4.º e 9.º LSPE), (*ii*) a criação de espaços de injuntividade, verdadeiros travões a práticas desfavoráveis ao utente, tal como a proibição da imposição e cobrança de consumos mínimos (artigo 8.º LSPE) e a limitação ou exclusão dos direitos conferidos pelo regime (artigo 13.º/1 LSPE)[4]. Note-se, ainda, (*iii*) o encurtamento do prazo de prescrição do pagamento (artigo 10.º LSPE), bem como (*iv*) a inversão do ónus da prova quanto à demonstração da execução do serviço (artigo 11.º LSPE). Mais: o vetor da *natureza pública do serviço* (artigo 3.º LSPE) – i.e., distanciado do círculo restrito de interesses bilaterais das partes contraentes –, como o da *diligência acrescida*, exigível na realização da prestação (artigo 7.º LSPE), são operantes, em particular ao nível do *interesse no cumprimento*. Tudo isto, imprime importantes particularidades ao regime dos serviços públicos essenciais, nos quais se inclui, como vimos, o serviço de *comunicações eletrónicas*. É matéria a aprofundar.

Perscrutado o regime legal, a noção possível de extrair de *serviço público essencial* assume contornos particulares: o legislador ofereceu um elenco *taxativo*[5] daquilo que considera, hoje, este tipo de serviço, pautado pela sua natureza *essencial*. Concretizando, considera-se serviço público, numa ordem não hierarquizada e exclusivamente, o *serviço* de (*i*) *fornecimento de água*, (*ii*) de *energia elétrica*, (*iii*) de *gás natural e gases de petróleo liquefeitos canalizados*, (*iv*) os *serviços postais*, (*v*) de *recolha e tratamento de águas residuais*, (*vi*) de *gestão de resíduos sólidos urbanos*, (*vii*) de *transporte de passageiros*, e – e

[4] Se dúvidas houvesse, a ressalva final, quanto à aplicabilidade de «todas as disposições legais que, em concreto, se mostrem mais favoráveis ao utente» (artigo 14.º LSP), traduz a preocupação expressa em proteger (e, nesta medida, beneficiar) o utente face ao prestador do serviço em causa.

[5] Neste sentido, inclina-se a generalidade da nossa doutrina; cfr., por todos, com uma explicação pertinente a propósito da técnica legística aqui presente, v. António Pinto Monteiro, *A protecção do consumidor de serviços públicos essenciais*, Estudos de Direito do consumidor, n.º 2 (2000), pp. 333-351 (339, 340); Jorge Morais de Caralho, *Manual de Direito do Consumo*, 3.ª ed., Almedina: Coimbra (2016), p. 270, acompanhado por Pedro Falcão, *A tutela do prestador de serviços públicos essenciais no ordenamento jurídico português*, Estudos de Direito do Consumo, n.º 12 (2017), pp. 389-422 (391); Fernando Dias Simões/Mariana Pinheiro Almeida, *Lei dos Serviços Públicos Essenciais – Anotada e Comentada*, Almedina: Coimbra, (2011), pp. 22-23. Cumpre notar, ainda, o entendimento sincrético, de pendor salomónico, de Mafalda Miranda Barbosa: A ilustre A. apela a uma «tendencial taxatividade», vencida, na sua característica dominante, pelos serviços de «traçado comum» que devam posteriormente ser incluídos no atual elenco; em *Acerca do âmbito da Lei dos Serviços Públicos* Essenciais, pp. 416, 424.

este é o aspeto a destacar – (*viii*) o *serviço de comunicações eletrónicas* (artigo 1.º/2, d) LSPE). Focar-nos-emos neste último serviço.

II. Importa, primeiro, conhecer a evolução histórica da qualificação do serviço de comunicações eletrónicas enquanto um *serviço público essencial.*

Na sua génese, em 1996, e no que concerne às comunicações eletrónicas, o serviço público essencial abrangia apenas as *telecomunicações.* A discussão, à data, centrava-se na possibilidade de inclusão do serviço telefónico *móvel*[6] e, em particular, na aplicabilidade a estes serviços do regime mais favorável de prescrição existente no novo regime[7]. Isto, porquanto,

[6] A discussão chegou a permear para os nossos tribunais, originando uma famosa contradição de julgados na Relação do Porto, com (note-se) uma diferença de um dia (cf., a propósito, os acs. TRP, de 28-Jun-2004, proc. n.º 0453758, e de 29-Jun-2004, proc. n.º 0453758, nos quais o douto Tribunal decidiu aplicar e não aplicar, respetivamente, o prazo de prescrição especialmente previsto no diploma relativo aos serviços públicos essenciais; ambos disponíveis em *www.dgsi.pt*); a análise de um dos acs. mencionados com outro (datado de 24 de junho de 2004, ao qual não pudemos aceder), também em oposição de julgados, foi feita por Mafalda Miranda Barbosa (*Acerca do âmbito da Lei dos Serviços Públicos* Essenciais, pp. 402-403). De destacar, pelos argumentos contrários à exclusão destes serviços, António Menezes Cordeiro, *Da Prescrição de Créditos das Entidades Prestadoras de Serviços Públicos Essenciais*, Regulação e Concorrência – Perspectivas e Limites da Defesa da Concorrência, Almedina: Coimbra (2005), pp. 287 e ss. Com o levantamento jurisprudencial e doutrinário sobre o entendimento prévio à reforma de 2008, v. Jorge Morais de Carvalho, *Os contratos de consumo. Reflexão sobre a autonomia privada no Direito do consumo*, Almedina: Coimbra (2012), *maxime* notas de rodapé 682 e 683.

[7] A propósito, veja-se, João Calvão da Silva, *Aplicação da Lei n.º 23/96 ao Serviço Móvel de Telefone e natureza extintiva da prescrição referida no seu artigo 10.º*, RLJ Ano 132 (Agosto/Setembro de 1999), p. 133 e ss; este entendimento (a favor de uma prescrição *extintiva* e não meramente *presuntiva*), recuperado no confronto com as demais teses, entretanto surgidas – em *Serviços Públicos Essenciais: Alterações à Lei n.º 23/96 pelas Leis n.ºs 12/08 e 24/08*, Revista Brasileira de Direito Comparado, n.º 35, (2.º semestre, 2008), pp. 43-68 (56-62) – seria seguido pelo STJ num ac. uniformizador de jurisprudência de que daremos nota de seguida (cfr., *infra*, a nota de rodapé 11): «[e]ntende-se, todavia, que o n.º 1 do artigo 10.º da Lei n.º 23/96 (redacção originária) e o n.º 4 do artigo 9.º do Decreto-Lei n.º 381-A/97 afastaram para a prestação de serviços de telefone móvel o prazo de cinco anos previsto na alínea g) do artigo 310.º do Código Civil, passando a ser de seis meses o prazo de prescrição dos créditos correspondentes. Tratando-se de uma prescrição extintiva, a forma como opera não é compatível com a distinção, feita pelas instâncias, entre a prescrição do direito de exigir o pagamento do preço e a prescrição do crédito». De notar, que o entendimento do João Calvão da Silva seria reproduzido pelo mesmo A. noutras publicações, também em periódicos de referência, com o mesmo título, nomeadamente em *Serviços Públicos Essenciais: Alterações à Lei n.º 23/96 pelas Leis n.ºs 12/2008 e 24/2008*, in RLJ, Ano 137, n.º 3948 (2008), pp. 165-181, e em *Serviços Públicos*

por um lado, o *Regulamento de exploração dos serviços de telecomunicações de uso público* incluía os serviços de telecomunicações móveis nesse mesmo uso público (artigo 2.º, als. a) a c) do Regulamento aprovado em anexo ao Decreto-Lei n.º 290-B/99, de 30 de julho) e, por outro, uma Portaria concorrente qualificava-os como meros serviços *complementares*[8]. A contradição na qualificação feita pelos diplomas era manifesta e isso refletiu-se na grande litigiosidade em volta da matéria nos nossos tribunais[9]. Mais: em 2004, a nova Lei das Comunicações Eletrónicas (Lei n.º 5/2004, de 10 de fevereiro) apresentou uma solução clara para a polémica existente, contra – cumpre notar este aspeto – o entendimento em voga: na sua norma revogatória determinava-se que «[o] serviço de telefone é excluído do âmbito de aplicação da Lei n.º 23/96, de 26 de Julho, e do Decreto-Lei n.º 195/99, de 8 de Junho» (artigo 127.º/2 da referida Lei). Não restava, assim, (aparentemente) espaço para uma leitura favorável à qualificação destes serviços como *públicos essenciais*, pelo menos após a data de entrada em vigor da referida Lei. Não foi este, no entanto, o caminho seguido pelo legislador: primeiro, em 2008, no âmbito de aplicação da Lei dos Serviços Públicos essenciais, a antiga menção ao «[s]erviço de telefone» foi substituída pela referência ao «[s]erviço de comunicações eletrónicas» (artigo 1.º/2, d) LSPE) e, segundo, em 2011, a já mencionada exclusão na Lei das comunicações eletrónicas, presente no número 1 do artigo 127.º, foi expressamente revogada (artigo 8.º/1, a) da Lei n.º 51/2011, de 13 de setembro)[10]. Por outro lado, alargou-se o âmbito de aplicação do diploma de forma a abranger o serviço de internet e o de televisão por cabo. O atual entendimento do legislador, antagónico ao inicial, é, portanto, o da inclusão de todas as *comunicações eletrónicas*, incluindo os serviços telefónicos móveis, no conceito de serviços públicos essenciais.

Essenciais: Alterações à Lei n.º 23/96 pelas Leis n.os 12/2008 e 24/2008", Ars Ivdicandi – Estudos em Homenagem ao Prof. Doutor António Castanheira Neves, Vol. II, Coimbra Editora: Coimbra (2008), pp. 815-842.

[8] Portaria 240/91, de 23 de março, publicada no Diário da República n.º 69/1991 (*Série I-B*).

[9] João Calvão da Silva, *Anotação aos acórdãos do Tribunal da Relação de Lisboa de 9 de Julho de 1998 e do Tribunal da Relação do Porto de 28 de Junho de 1998*, RLJ Ano 132, p. 133 e ss., p. 141 e ss.; Carlos Ferreira de Almeida, *Serviços Públicos, contratos privados*, Estudos em Homenagem à Professora Doutora Isabel de Magalhães Collaço, Vol. II, Almedina: Coimbra (2002), pp. 117-143 (140).

[10] De notar que, em momento anterior à entrada em vigor da Lei n.º 51/2011, de 13 de setembro, João Calvão da Silva era favorável à existência de uma revogação tácita desta exclusão (artigo 7.º/2 CC); em *Serviços Públicos Essenciais*, pp. 168-169.

O ímpeto legislativo seria, cumpre dar devida nota, acompanhado pelos nossos tribunais: em 2009, o Supremo Tribunal de Justiça uniformizou jurisprudência neste sentido, ou seja, a favor da inclusão do serviço de telefone móvel no âmbito dos serviços públicos essenciais[11]. Nesta medida, entendemos que a matéria se encontra, hoje, resolvida de forma satisfatória.

No serviço público essencial, cumpre dizer, inclui-se também a actividade desenvolvida pelo sector privado *tout court*. A natureza pública do serviço não circunscreve, assim, o âmbito de aplicação do diploma à intervenção do Estado ou de outra qualquer entidade pública. O adjetivo «público», na definição do serviço essencial em causa, reporta-se, ao invés, tão-só ao *interesse* inerente ao serviço prestado, esgotado no pendor *geral*, *comum* ou *universal*[12].

III. Retomemos, por fim, a noção de *comunicações eletrónicas*, compreendida que esteja, em traços largos, o de serviço público essencial, onde aquela se radica. Ora, por *comunicações eletrónicas* entende-se todo o meio de transmissão de informação que opera no espaço digital. A fenomenologia é auxiliar na compressão deste conceito: estão incluídos, num elenco não exaustivo, as *telecomunicações* (telefone fixo ou móvel, internet, e televisão por subscrição), bem como a transmissão em redes utilizadas para a *radiodifusão* (vulgo, rádio). O ponto de ancoragem à presente tarefa hermenêutica situa-se necessariamente nos conceitos avançados pelo legislador (artigo 9.º/3 CC). E, neste campo, a Lei de Comunicações Eletrónicas apresenta-se como o melhor ponto de partida e de chegada[13].

[11] Ac. STJ, de 03-Dez-2009, proc. n.º 216/09.4YFLSB, disponível em *www.dgsi.pt*: «[n]ote-se que nenhuma dúvida se coloca hoje quanto à aplicação da Lei n.º 23/96 aos serviços de telefone móvel. Com efeito, se pelo n.º 2 do artigo 127.º da Lei n.º 5/2004 o serviço de telefone (fixo ou móvel) foi expressamente excluído da sua aplicação, com a entrada em vigor da alteração introduzida pela Lei n.º 12/2008, de 26 de Fevereiro no n.º 2 do artigo 1.º da Lei n.º 23/96 tornou-se claro que a mesma se aplicava novamente a esses serviços, abrangidos na sua al. d) – "serviços de comunicações electrónicas"».

[12] Este não deixa de ser um ponto de controvérsia: um entendimento *subjetivista*, circunscrevendo o serviço prestado a entidades públicas, opõe-se a um *objetivista* (maioritário, por sinal), o qual reconduz o conceito somente ao interesse subjacente ao serviço prestado; v., por todos e com referências, Flávia da Costa de Sá, *Contratos de prestação de serviços de comunicações eletrónicas: a suspensão do serviço em especial* (2014), p. 17 (nota 15).

[13] Existem outras noções a considerar, naturalmente. Uma delas é a noção de comunicação fornecida pelo artigo 2.º/1, a) da Lei n.º 41/2004, de 18 de agosto, na sua redação atual, relativa à protecção de dados pessoais e privacidade nas telecomunicações, sendo esta «qual-

Infelizmente, o legislador não avançou novamente com uma noção do conceito (de *comunicações eletrónicas*, recorde-se), harmonizando-o no plano interno. Esta harmonização, a ser feita, permitiria uma aplicação uniforme por todo o Direito civil português, algo que se revela indiscutivelmente vantajoso. A necessidade de transposição da crescente legislação da União Europeia, a qual também se pauta por uma dispersão conceptual, de matriz não alinhada, inclusive por vários diplomas, reforça a vantagem de se avançar com uma noção expressa no plano interno, por exemplo, no nosso Código Civil – foi, aliás, precisamente isso que se fez além-Reno, com grande sucesso, no que toca à incorporação do conceito de consumidor no código civil alemão (§ 13 BGB)[14] – ou num diploma gizado para o efeito, tal como um *Código do consumo*, à luz do que se faz além-fronteiras, tal como em França ou em Itália, pelo *Code de la consommation* ou pelo *Codice del consumo*, respetivamente. É matéria a explorar, não enquadrável na limitada economia da presente investigação.

A definição mais adequada aproveita outras noções, onde consta como elemento integrante: é o caso das *redes* de comunicações eletrónicas ou de *serviço* de comunicações eletrónicas (artigo 3.º, dd) e ff) LCE, respetivamente). No fundo, por *comunicações eletrónicas* entende-se os «sinais por cabo, meios radioeléctricos, meios ópticos, ou por outros meios electromagnéticos, incluindo as redes de satélites, as redes terrestres fixas (com comutação de circuitos ou de pacotes, incluindo a Internet) e móveis, os sistemas de cabos de eletricidade, na medida em que sejam utilizados para a transmissão de sinais, as redes de radiodifusão sonora e televisiva e as redes de televisão por cabo, independentemente do tipo de informação transmitida».

Cumpre notar, ao nível das exclusões existentes que naquele conceito não se incluem alguns serviços da sociedade de informação, tão-pouco os serviços com controlo editorial sobre os conteúdos transmitidos (televisão, rádio, audiotexto e de valor acrescentado; artigo 2.º/1, a) a c) LCE).

3. Dever de informação. Âmbito. O dever de publicar informações

I. Da sistemática da Lei das comunicações eletrónicas resulta, no contexto da regulação da oferta de redes e serviços de comunicações eletró-

quer informação trocada ou enviada entre um número finito de partes mediante a utilização de um serviço de comunicações eletrónicas acessível ao público».

[14] V., a propósito, Marina Tamm, *Verbraucherschutzrecht*, p. 321.

nicas (Título III), uma preocupação clara quanto à densificação das regras de exploração aplicáveis às empresas que oferecem redes de comunicações públicas e serviços acessíveis ao público (Capítulo IV). Neste âmbito, assume, noutro nível, um lugar de destaque a defesa dos utilizadores e assinantes, em especial perante a assimetria de *informação*, que os desfavorece, quanto ao serviço prestado. Na verdade, essa preocupação concretiza-se através do reforço do dever de *informar*, incluindo, em sua decorrência, o de *publicar* um conjunto alargado de informações[15]. Vejamos em que termos, ainda que de forma sucinta.

Diferenciando-se entre o *tipo* de agente carecido de tutela, consagra-se, em particular:

a) o direito do *utilizador* em (*i*) dispor, em tempo útil e previamente à celebração de qualquer contrato, de informação escrita sobre as condições de acesso e utilização do serviço (artigo 39.º/1, b) LCE) e (*ii*) de ser

[15] Entendemos que a obrigação de publicar é apenas uma das várias manifestações do dever de informar. Em linha, António Pinto Monteiro favorece, se bem entendemos o ilustre Professor, uma leitura *inclusiva* quanto ao âmbito deste dever, o qual ainda radica no princípio da boa fé, em particular no que respeita à obrigação de prestação de informação sobre as tarifas aplicáveis pelos operadores de serviços de telecomunicações ou ao direito à faturação detalhada; *Acerca da protecção do consumidor de serviços públicos essenciais*, Estudos de Direito do Consumo, n.º 2, Coimbra, 2000, pp. 333-350 (343-344). No geral, é sabido que o dever de informação visa a realização das demais prestações principais segundo a boa-fé (artigo 762.º/2 CC). Este é, portanto, geralmente enquadrado como um *dever acessório de conduta*, mas nada obsta a que possa figurar como um de tipo *principal*, ou, ainda, *secundário*. São várias as obras incontornáveis que se dedicam ao tema: veja-se as clássicas, de além-Reno (referentes principalmente aos deveres acessórios e de proteção; *Nebenspflichten* e *Schutzpflichten*, respetivamente), de Hugo Kress, *Lehrbuch des Allgemeinen Schuldrechts* (1929) e de Heinrisch Stoll, *Abschied von der Lehre von der positiven Vertragsverletzung*, AcP 136 (1932), pp. 257-320, *passim*; e, recentemente, Hans Christoph Grigoleit, *Leistungspflichten und Schutzpflichten*, FS Canaris, 1 (2017), pp. 835-855; entre nós, destaca-se Menezes Cordeiro, *Da Boa Fé no Direito Civil*, Almedina: Coimbra (7.ª reimp, 2017), p. 592 e ss., *Vulnerabilidades e Direito Civil*, RFDUL, Ano LXII, n.º 1, Tomo 1 (2021), pp. 21-58 (48-53); Carneiro da Frada, *Contrato e deveres de protecção*, Separata BFD, Vol. 39 (1994), pp. 161-435 (55 e ss.); e Nuno Pinto de Oliveira, *Os deveres acessórios 50 anos depois*, Revista de Direito Civil, Ano II, n.º 2, Almedina: Coimbra (2017), pp. 239-256. O dever de informação reveste, claro está, importantes particularidades neste campo soberano do Direito do Consumo: cfr. o disposto no artigo 8.º/1 da Lei de Defesa do consumidor – Lei n.º 24/96, de 31 de julho, na sua redação atual – ou o disposto no artigo 4.º/1 do Decreto-Lei n.º 24/2014, de 14 de fevereiro, na sua redação atual; v., a propósito, Fernanda Neves Ribeiro, *O direito à informação do consumidor na contratação à distância*, Liber Amicorum Mário Frota. A causa dos direitos dos consumidores, Almedina: Coimbra (2012) pp. 103-153, *passim*.

informado, com a antecedência mínima de quinze dias, da cessação da oferta (artigo 39.º/1, c) LCE);

b) o direito do *utilizador final* de dispor tanto (*i*) da informação sobre a qualidade do serviço, como (*ii*) sobre os indicativos telefónicos de acesso europeu (artigo 39.º/2, a) e b) LCE, respetivamente);

c) o direito do *assinante* de (*i*) ser informado por escrito da suspensão da prestação serviço e da resolução do contrato em caso de não pagamento das faturas ou por outros motivos (artigo 39.º/3, a) e i) LCE, respetivamente), (*ii*) obter a faturação detalhada, quando solicitada (artigo 39.º/3, c) LCE), (*iii*) receber tempestivamente todas as informações sobre a base de assinantes (artigo 39.º/3, e) LCE), e de (*iv*) ser informado nos termos previstos no artigo 47.º-A LCE (artigo 39.º/3, f) LCE).

II. Em primeiro lugar, importa notar que o legislador, nesta sede, optou por um modelo tripartido de defesa dos visados[16], atendendo à sua *qualidade*. Como vimos, não se confundem as figuras do *utilizador*, do *utilizador final* e, ainda, a do *assinante*. Felizmente, avançaram-se noções para cada um destes sujeitos.

Recordando, por *utilizador* entende-se «a pessoa singular ou colectiva que utiliza ou solicita um serviço de comunicações electrónicas acessível ao público»; por *utilizador final* «o utilizador que não oferece redes de comunicações públicas ou serviços de comunicações electrónicas acessíveis ao público»; e, finalmente, por *assinante* «a pessoa singular ou colectiva que é parte num contrato com um prestador de serviços de comunicações electrónicas acessíveis ao público para o fornecimento desses serviço» (artigo 3.º, nn), oo) e e) LCE, respetivamente).

[16] Claro está, na referida Lei o legislador também menciona a qualidade do consumidor (artigo 3.º, j)), mas não para efeitos do regime *infra* descrito. Este modelo distancia-se do inerente ao Código Europeu para as Comunicações Eletrónicas (estabelecido pela Diretiva, UE, 2018/1972, do Parlamento Europeu e do Conselho, de 11 de dezembro de 2018). Neste, optou-se, ao invés, pelas figuras do *utilizador*, *utilizador final* e do *consumidor* (artigo 3.º/13 a 15; sem prejuízo das menções à qualidade do assinante, presente no considerando 237). Este regresso à figura do consumidor, atesta (novamente) a pertinência da lição de João Calvão da Silva, quando o A. afirma, apoiado em Berlioz, que o conceito de consumidor é um «"[c]onceito nebuloso" de não fácil precisão, mais utilizado do que definido [...]»; *A responsabilidade civil do produtor*, Almedina: Coimbra (1990), p. 58.

As noções existentes não são (aparentemente) excludentes, esgotando-se em campos de aplicação dicotómicos; veja-se, por exemplo, que nada obsta a que um *utilizador final* seja, a final, um *assinante* de um serviço de comunicação eletrónica.

Retomando o dever de informação em causa, este recai, como é sabido e por ser uma posição jurídica *relativa,* sobre as empresas que oferecem redes de comunicações pública e os respetivos serviços, nas condições previamente enunciadas. Ora, este dever está, como tivemos a oportunidade de atestar, densificado em vários preceitos na Lei das comunicações eletrónicas. No entanto, uma vez que as comunicações eletrónicas consubstanciam um *serviço público essencial* (recorde-se o disposto no artigo 1.º/2, d) LSPE), este dever encontra-se igualmente densificado naqueloutro diploma (i.e., a LSPE): em concreto, prevê-se um dever de informação quanto às condições em que o serviço é fornecido e as tarifas aplicáveis, incluindo as que foram aplicáveis aos serviços entretanto prestados. De notar – e este aspeto é muito relevante – a necessidade de se considerar a *forma* como a informação é transmitida, forçosamente (quanto ao *tipo*) *clara, conveniente, transparente*; (quanto ao *momento*) *atempada*; e, por fim, (quanto ao *meio*) *eficaz.* Isto, garante, de forma simples, o *cumprimento* da obrigação de informar[17], prevenindo a lesão do interesse do utilizador visado, por ter sido utilizada *linguagem pouco acessível,* ou (ainda que numa linguagem clara) ter o particular sido informado *fora de tempo,* ou, por fim, (ainda que o particular haja sido informado de forma clara e tempestiva), através de um meio *desadequado,* atendendo às alternativas disponíveis (p. ex., recorrendo-se a disquetes de armazenamento, fora de uso corrente, como é sabido).

III. No que respeita ao disposto na Lei das comunicações eletrónicas, em particular à posição do *assinante,* a existência de uma base negocial que o liga ao prestador de serviços, imprime um conjunto de especificidades que importa indagar. Na verdade, a existência de uma relação obrigacional, suportada em obrigações principais – vencida, portanto, a fase *pré-contratual* – permite concretizar, por referências às prestações dos contraentes (i. e., a de prestar o serviço e a correspetiva de pagamento do preço), o dever de informação. Ora, determina-se um conjunto adicional de elementos que devem ser reportados, tanto aos assinantes – por mera determinação da

[17] António Pinto Monteiro *Acerca da protecção do consumidor de serviços públicos essenciais,* p. 343.

autoridade reguladora nacional[18], inclusive quanto à respetiva forma e regularidade (artigo.º 47.º/1 a 3, 5 LCE) –, como às próprias autoridades públicas competentes (artigo 47.º/4, 6 e 7 LCE).

Nota-se, em particular, uma preocupação clara com a informação do assinante vinculado a período de fidelização contratual, inicial ou sucessivo, quanto à duração remanescente do contrato e aos custos associados à sua cessação, quando da sua exclusiva iniciativa (artigo 47.º/1, g), 3 e 5 LCE). Para mais, as empresas são obrigadas a conservar o meio probatório que ateste a celebração do contrato nestas condições, nomeadamente o período de vigência acordado, seja através da conservação da chamada telefónica, mediante a qual se celebrou o contrato, ou o meio escrito utilizado para a comunicação do período de vigência.

IV. Quanto ao dever de *publicar informações* – o qual se radica, a nosso ver, ainda no âmbito do dever de informar – este destina-se (*i*) ao *público em geral*, (*ii*) aos *indivíduos* que manifestem intenção de contratar o serviço e, por fim (*iii*) à *Autoridade Reguladora Nacional* (atualmente, a ANACOM) – sob pena, neste último caso, de as empresas em causa incorrerem na prática de uma contra-ordenação grave (artigo 113.º/2, r) LCE). Ora, a preocupação do legislador é, em primeira linha, quanto ao *tipo* de informação que deve ser disponibilizada (novamente, aquela que se revele *adequada, transparente, comparável* e *atualizada*; cfr. artigo 47.º/1 LCE, *in fine*[19]) e, em segundo lugar, quanto à *forma* de publicitar essa mesma informação. Quanto a este último aspeto, a informação deve ser publicitada, ao público em geral, através do sítio da Internet da empresa e nos pontos de venda dos serviços, bem

[18] Neste conjunto adicional de informação a ser prestada, incluem-se os esclarecimentos quanto (*i*) aos *preços* aplicáveis a comunicações sujeitas a condições tarifárias especiais; (*ii*) a *mudanças* no acesso aos serviços de emergência ou na disponibilização de informação sobre a localização da pessoa que efetua a chamada; (*iii*) à *alteração* das condições relativas à restrição do acesso ou da utilização dos serviços e aplicações; (*iv*) aos *procedimentos* instaurados para medir e condicionar o tráfego; (*v*) ao *direito de inclusão* dos dados pessoais em listas; (*vi*) às *características* dos produtos e serviços destinados a assinantes portadores de deficiência; e, por fim, (*vii*) à duração remanescente do contrato, quando haja sido estipulado um período de fidelização, e dos encargos associados quanto à cessação do mesmo por iniciativa do assinante (artigo 47.º-A/1, a) a g) LCE).

[19] A informação a ser publicada, em si, encontra-se densificada no número 2 do artigo referido. No essencial, reporta-se (*i*) à identificação do prestador; (*ii*) à indicação serviços de comunicações eletrónicas oferecidas; (*iii*) ao preço normal praticado; (*iv*) aos sistemas de indemnizações ou reembolsos; (*v*) aos tipos de serviços de manutenção oferecidos; (*vi*) às condições contratuais típicas; e, ainda, (*vii*) aos mecanismos de resolução de conflitos.

como fisicamente ao particular, contraente do serviço (artigo 47.º/2, proémio, LCE). Aqui, o manto protetor do legislador circunscreve-se ao espectro pré-contratual (embora não seja uma pura panaceia): pretende-se que os sujeitos passivos disponham, pelo menos, dos meios de se informar sobre as condições de oferta dos serviços a subscrever. Aliás, é prevista a possibilidade de a informação publicada pelas empresas vir a ser utilizada para a criação de mecanismos de avaliação e comparação das ofertas existentes no mercado (artigo 47.º/4 e 5 LCE), contribuindo para uma vantagem concorrencial favorável aos subscritores destes serviços.

4. Correio electrónico não solicitado

I. O correio eletrónico não solicitado tem sido objeto de estudo num plano de maior abrangência, não individualizado, i.e., por referência às comunicações eletrónicas não desejadas em geral, especialmente as de finalidade publicitária[20]. Sem prejuízo desse plano, de maior abrangência, de

[20] No geral, sobre as comunicações eletrónicas não solicitadas, sem propósito exaustivo, v. Luís Menezes Leitão, *A distribuição de mensagens de correio electrónico indesejadas (spam)*, Direito da Informação, vol. IV, Coimbra Editora: Coimbra (2003), pp. 191-212, e em Estudos em homenagem à Professora Doutora Isabel de Magalhães Collaço, vol. II (org. Rui Manuel de Moura Ramos/Carlos Ferreira de Almeida/António Marques dos Santos/Pedro Pais de Vasconcelos/Luís de Lima Pinheiro/Maria Helena Brito/Dário Moura Vicente) Almedina: Coimbra (2002), pp. 219-240; Paulo Mota Pinto, *Comunicações não solicitadas (SPAM)*, (org. Ministério da Justiça), *Lei do comércio electrónico anotada: aprovada pelo Decreto-Lei n.º 7/2004, de 7 de Janeiro, que transpõe para a ordem jurídica nacional a Directiva n.º 2000/31/CE, do Parlamento Europeu e do Conselho, de 8 de Junho de 2000, relativa a certos aspectos legais dos serviços da sociedade de informação, em especial do comércio electrónico, no mercado interno*, Coimbra: Coimbra Editora (2005); Susana Almeida, *As comunicações publicitárias electrónicas não solicitadas e a protecção dos consumidores: a regra de opt in e a opção de inscrição em listas Robinson*, Revista Portuguesa de Direito do Consumo, vol. 1, n.º 59 (2009), pp. 43-76; as intervenções (ambas s/título) de Luís Menezes Leitão, na conferência proferida em 22 de Abril de 2004, e de Alexandre de Sousa Pinheiro, na conferência proferida em 22 de Abril de 2004, nas Jornadas sobre O Novo Regime do Comércio Electrónico, (org. Ministério da Justiça-Gabinete de Política Legislativa e Planeamento), em *Lei do Comércio Electrónico anotada*, Coimbra Editora: Coimbra (2005), pp. 213-238 e pp. 239-261, respetivamente; no plano internacional, v. Graham Smith, *Internet Law and Regulation*, 5.ª ed., Sweet & Maxwell: (2019); De Salas, Sofia, *La publicité abusive sur internet: quelques reflexions sur le phenomene du "spam" dans la perspective des Institutions Européennes et la de legislation Espagnole*, European review of private law, v. 15, n.º 2 (2007), pp. 185-204; Flávio Martins/Marcela Moreira/Talita Machado, *SPAM e danos provocados pelo envio de mensagens eletrônicas não autorizadas: apenas auto-regulamentação ou necessidade de lei?*, Revista Brasileira de Direito Comparado, n.º 29 (2.º semestre, 2009), pp. 177-204; Plaza Soler, Juan Carlos, La *regulación de los correos electrónicos comerciales no solicitados en el derecho español, europeo*

âmbito *macro* – no qual podemos incluir as comunicações eletrónicas por telefone, telecópia, rádio, televisão, internet, *etc.*[21] –, o correio eletrónico pode (e deve) ser individualmente considerado, pelas particularidades próprias que assume e o distanciam, nessa estrita medida, daquele regime-regra.

O estudo de referência das comunicações não solicitadas é da autoria de Paulo Mota Pinto e reporta-se à publicidade indesejada[22]. Serviria, inclusive, de apoio à preparação da legislação que atualmente regula a publicidade domiciliária por telefone e por telecópia (Lei n.º 6/99, de 27 de janeiro).

II. Concretizemos, primeiro, o que significa *correio eletrónico*. Ora, este é expressamente definido pela Lei n.º 41/2004, de 18 de agosto, a qual transpôs para a ordem jurídica nacional a Diretiva *ePrivacy* (n.º 2002/58/CE, do Parlamento Europeu e do Conselho, de 12 de julho, relativa ao tratamento de dados pessoais e à protecção da privacidade no sector das comunicações eletrónicas): entende-se por *correio eletrónico* «qualquer mensagem textual, vocal, sonora ou gráfica enviada através de uma rede pública de comunicações que possa ser armazenada na rede ou no equipamento terminal do destinatário até que este a recolha» (artigo 2.º/1, b) da referida Lei). A noção avançada é manifestamente útil, mas importa circunscrever o âmbito de protecção conferido.

III. Quanto ao correio eletrónico *não solicitado*, destacam-se dois planos de protecção no nosso ordenamento, nomeadamente contra (*i*) a sua utilização como veículo de cariz comercial, para a realização de *solicitações persistentes e não solicitadas*, ou contra (*ii*) a utilização destas mensagens com finalidades de marketing *direto*.

No primeiro caso, as mensagens de correio eletrónico são consideradas *práticas comerciais agressivas*, em quaisquer circunstâncias, e, enquanto

y estadounidense, Revista del poder judicial, 4, n.º 68 (4/2002), pp. 61-103; e, ainda, Umberto Vicenti, *Spamming e indirizzi e-mail conoscibili da chiunque*, Il diritto della regione, n.ºs 5-6 (Set.-Dez 2003), pp. 799-804.

[21] Acompanhamos, de perto, o elenco que constava no artigo 159.º/1 do Anteprojecto do Código do Consumidor. De resto, são de considerar as restrições atualmente constantes no Código da Publicidade (Decreto-Lei n.º 330/90, de 23 de outubro, na sua redação atual).

[22] Paulo Mota Pinto, *Publicidade domiciliária não desejada ("junk mail", "junk calls", "junk faxes")*, BFD LXXIV, Vol. 74 (1998), pp. 273-325. Neste estudo, de 1998, o ilustre Professor circunscreve a investigação às chamadas telefónicas e faxes do mesmo tipo ("*junk*" *calls* e *faxes*, respetivamente), não se debruçando sobre o regime aplicável aos e-mails indesejados (novamente, "*junk*" mail).

tal, proibidas (arts. 4.º, 6.º, c), 12.º, c) do Decreto-Lei n.º 57/2008, de 26 de março, na sua redação atual[23]).

No segundo caso, é necessário o *consentimento prévio* e *expresso* para o envio de comunicações não solicitadas para fins de *marketing* direto (artigo 13.º-A da Lei n.º 41/2004, de 18 de agosto)[24]. Consagrou-se um modelo de *opt-in*, mediante o qual o envio de correio eletrónico deste tipo é proibido, salvo se o consumidor autorize de antemão esse mesmo envio[25]. A *ratio* da proibição é clara: visa-se evitar a utilização de um meio *pouco dispendioso, rápido* e *automático*, para realizar abusivamente a tarefa publicitária. Nas palavras de Hasselblatt e Zarn este meio «carrega em si o germe de um permanente maior alcance» (*den Keim zu einem immer weiteren Umsichgreifen in sich trägt*) e, por tal, deve ser acerrimamente combatido[26].

Para mais, reconhece-se *legitimidade* aos próprios prestadores de serviços de comunicações eletrónicas para reagir judicialmente contra o autor do incumprimento daquela obrigação, tanto para tutela dos interesses dos seus clientes, como dos seus interesses comerciais (artigo 13.º-A/5 da referida Lei).

[23] Quanto a este diploma confira-se também o disposto no § 26 do Anexo I da Directiva n.º 2005/29/CE, do Parlamento Europeu e do Conselho, de 11 de maio, quanto à lista das práticas comerciais que são consideradas desleais em quaisquer circunstâncias, na qual se inclui «[f]azer solicitações persistentes e não solicitadas, por telefone, fax, e-mail ou qualquer outro meio de comunicação à distância excepto em circunstâncias e na medida em que haja que fazer cumprir uma obrigação contratual, nos termos do direito nacional.».

[24] As entidades que enviam as comunicações em causa, para fins de *marketing* direto, devem manter uma lista atualizada de pessoas que consentiram na recção deste tipo de comunicações (artigo 13.º-B/1 da Lei n.º 41/2004, de 18 de agosto, na sua redação atual).

[25] O regime, à luz daquela que é a solução da União Europeia, exceciona as comunicações que visem pessoas coletivas, ou que ocorram no decurso de uma relação comercial preexistente. Sobre o modelo de *opt-in* veja-se o regime paralelo alemão, *mutatis mutandis*, disposto no § 7 (2), 2 UWG. O paralelismo também deve ser feito no que concerne ao apelo à responsabilidade civil emergente. A tutela delitual, prevista nos §§ 823 I, 1004 I 2 BGB, é chamada à colação; neste sentido v. Groh, *Plädoyer für ein flankierendes Behördenmodell bei der Bekämpfung unerwünschter E-Mail-Werbung*, GRUR (2015), pp. 551-558 (552); Dietrich, *Rechtsfragen zur E-Mail-Werbung: Wann ist Werbung zulässig und wie wird ein Unterlassungsantrag formuliert*, Gesellschafts- und Wirtschaftsrecht (2012), pp. 102-106 (103); e, com análise da jurisprudência germânica, Christian Prasse, *Spam-E-Mails in der neueren Rechtsprechung*, Monatsschrift für Deutsches Recht, Ano 60, (7/2006), pp. 361-365 (362).

[26] V. a anot. dos referidos AA. ao § 7 UWG, em *Wettbewerbsrecht* (Gloy/Loschelder/Danckwerts), 5.ª ed. (2019), Rn. 148. Na jurisprudência, com o recurso a semelhante expressão, v. BGH, 11-Mar-2004 (NJW 2004, 1655).

5. Os elementos obrigatórios do contrato

I. A oferta de redes de comunicações públicas ou de serviços de comunicação eletrónica é obrigatoriamente *contratualizada* (arts. 39.º/3, g), 49.º/1 LCE)[27]. Com isto, não se submeteu o contrato em causa a determinada forma. Vista, em singelo, aquela obrigação de contratualizar, a forma é (aparentemente) *livre*, ou seja, o contrato não necessita de ser celebrado por escrito. Nas alternativas à forma escrita, contam-se a celebração através do telefone ou por outros meios de comunicação à distância (artigo 48.º/3 LCE, *in fine*). Simplesmente, na esmagadora maioria dos casos, a necessidade de o consumidor assinar a proposta contratual ou de enviar o seu consentimento escrito ao fornecedor de bens corresponde, em si, um requisito de forma *constitutivo* (e não uma mera formalidade; artigo 48.º/3 LCE, *proémio*)[28] [29].

[27] É por demais evidente que a obrigação de *contratualizar* não implica, de *per si*, a sujeição do contrato em causa a determinada forma.
Noutro plano, seria importante aferir a tipicidade deste contrato, perscrutando o regime legal existente, teleologicamente destinado à protecção do consumidor. Ora, atendendo aos critérios de aferição do modo pelo qual a lei previu (ou não) esta prestação de serviço, falham, desde logo e pela sua manifesta omissão no enunciado legal, os paradigmáticos da *designação* e *definição* legal (sobre estes, e outros critérios, v. Rui Pinto Duarte, *Tipicidade e Atipicidade dos Contratos*, Almedina: Coimbra, 2000, p. 66 e ss.). Sem prejuízo, cumpre saber se os elementos de que dispomos, emergentes do seu regime, satisfazem semelhante pretensão, reconhecendo-lhe tipicidade. Além-Reno distinguem-se os contratos para a prestação de serviços telefónicos (típicos) dos celebrados com o fornecedor de serviços (p. ex., de internet), não típicos, por oposição; cfr. Busche em anot. ao § 631 BGB, *MükoBGB*, Vol. VI, 8.ª ed., 2020, Rn. 167.

[28] No que respeita, em concreto, à *confirmação* ou *assinatura* por escrito (tomadas em sinonima neste campo pela generalidade dos AA.), após a discussão prévia oral do conteúdo do contrato, Carlos Ferreira Almeida admite que estes atos detenham valor *constitutivo*, tal como expresso *supra* no texto (*Contratos I. Conceito. Fontes. Formação*, 6.ª ed., Almedina: Coimbra, 2017, pp. 169-170). Admite, ainda – e nisto entra em conflito com exposto –, duas alternativas àquele valor constitutivo: o de essa assinatura/confirmação deter (*i*) apenas um valor *probatório* do contrato já, entretanto, celebrado, ou, ainda, (*ii*) um valor *modificativo*, se as partes alterarem ou completarem um contrato prévio (*ibidem*). O A. remete a distinção para a necessidade de interpretação do modelo de formação em concreto. Ora, não nos afigura útil, nem conveniente, reproduzir estas alternativas nesta sede. Aliás, a consequência da falta da assinatura ou do consentimento escrito é (aparentemente) a nulidade, como vimos (artigo 48.º/3 LCE, *proémio*), algo previsto para a falta dos requisitos formais, constitutivos da declaração (artigo 220.º CC), ao invés daquilo geralmente previsto para a omissão de uma simples formalidade. Além-Reno, além da forma escrita (*Schriftform*; § 126 BGB), prevê-se a forma *textual* (*Textform*; § 126 b BGB), a qual requer somente uma declaração

Quanto ao *iter* da celebração do contrato, a redação legal tende a provocar (i)legítimas dúvidas. Isto resulta do facto de o legislador não se ter expressado da melhor forma, já que corre o risco de entrar em direta contradição no próprio texto legal. Isto é notório quando se afirma, por um lado, «[q]uando o contrato [...] for *celebrado* por telefone ou através de outro meio de comunicação à distância» (sublinhado nosso) e, por outro, se requer que seja previamente assinada a proposta contratual pelo consumidor ou que seja enviado o seu consentimento por escrito, «sob pena de nulidade» (artigo 48.º/3 LCE, *proémio*)[30]. Como é sabido, a assinatura da proposta escrita, adentro do modelo tradicional

que mencione a pessoa do declarante num meio duradouro. Esta é, para todos os efeitos, a forma legal mais simples (cfr. Kitz em *Handbuch Multimedia-Recht Werkstand*, Org. Hoeren/Sieber/Holznagel, Setembro 2021, C.H.Beck: Munique, Rn 301), embora não livre. Sobre a contratação eletrónica, David de Oliveira Festas refere, em palavras que subscrevemos, que «[n]a contratação eletrónica em sentido estrito [...] os aparelhos eletrónicos funcionam como puros meios de comunicação [...]»; *A contratação electrónica automatizada*, Direito da Sociedade da Informação, vol. VI, Coimbra Editora: Coimbra (2006) pp. 411-461 (413 e respetiva nota de rodapé 6). V., ainda, Elsa Dias Oliveira, *A protecção dos consumidores nos contratos celebrados através da Internet*, Almedina: Coimbra (2002), *passim*.

[29] Jorge Morais de Carvalho entende que a exigência de determinados elementos (obrigatórios) impõe, por si só, a forma escrita: «[a] exigência de um contrato só pode ser interpretada no sentido de documento contratual escrito, até porque a inclusão de certos elementos pressupõe um documento, um suporte que contenha essa informação, correspondente ao conteúdo do contrato» (*Os contratos de consumo*, p. 337). Este entendimento seria acompanhado por Flávia da Costa de Sá, *Contratos de prestação de serviços de comunicações eletrónicas*, p. 35 (e respetiva nota 84). Discordamos dos mencionados AA., com a devida vénia. A menção da obrigatoriedade de certos elementos no contrato não obriga necessariamente a sujeitar o contrato a forma escrita: estes podem simplesmente constar da proposta, essa sim escrita, apresentada pelo (potencial) prestador. Contra esta leitura existe, aliás, o caso, expressamente previsto na lei, em que contrato é celebrado à distância, com base num contacto telefónico iniciado pelo consumidor (artigo 48.º/4 LCE): para este caso, dispensa-se o consumidor de assinar ou de expressamente consentir por escrito na proposta contratual; hipótese em que o contrato é indubitavelmente não sujeito a forma escrita.

[30] A solução não é única, sujeitando-se à mesma crítica: foi exportada para o regime dos *contratos celebrados à distância e fora do estabelecimento comercial* (aprovado pelo Decreto-Lei n.º 24/2014, de 14 de fevereiro, na sua redação atual) – o qual também se aplica aos contratos em análise (cfr. a ressalva presente no artigo 48.º/1 LCE, parte inicial), quando se determina que «[q]uando o contrato for celebrado por telefone, o consumidor só fica vinculado depois de assinar a oferta ou enviar o seu consentimento escrito ao fornecedor de bens ou prestador de serviços, exceto nos casos em que o primeiro contacto telefónico seja efetuado pelo próprio consumidor.» (artigo 5.º/8 do referido Decreto-Lei); v., sobre o regime, João Pedro Pinto-Ferreira/Jorge Morais Carvalho, *Contratos celebrados à distância e fora do estabelecimento comercial*, Almedina: Coimbra (2014), p. 104 e ss.

de perfeição contratual, representa a *aceitação* expressa de uma declaração prévia (a proposta ou a oferta)[31]. O mesmo sucede com o consentimento, a que fizemos anteriormente referência. Na falta da referida assinatura ou do consentimento escrito, o contrato não se chega a formar e a menção à invalidade *do contrato*, perante a falta daqueles elementos (i. e., a da sua nulidade) – e não da declaração negocial *em si* (artigo 220.º CC), cumpre notar este aspeto – é contraditória. De facto, sem aqueles elementos não há sequer contrato que se possa invalidar. Em todo o caso, é no momento da assinatura ou do consentimento (escrito) que os interesses em presença ficam devidamente regulados. A forma legal a que o contrato obedece é, nestas hipóteses (a regra, por sinal), indubitavelmente a *escrita*, condicionado modificações posteriores ao mesmo (artigo 221.º/2 CC). É, aliás, através nesta declaração de vontade expressa que se tem geralmente alicerçado a vinculação do particular nos modelos negociais entre profissionais perante consumidores (*Business-to-Consumer*; *B2C*)[32].

Salvaguarda-se, no entanto, a situação na qual o primeiro contacto telefónico seja realizado pelo consumidor. Neste caso, o contrato pode ser celebrado exclusivamente por telefone (artigo 48.º/3 LCE, parte final). Esta representa

Sobre a importante distinção entre este tipo de contratação eletrónica e a contratação eletrónica *totalmente* automatizada (onde opera a mera confirmação da aceitação do contrato; *Bestätigung der Vertragsannahme*), v. Heinrich Dörner, *Rechtsgeschäfte im Internet*, AcP 202 (3/2002), pp. 363-396 (379); entre nós, v., ainda, Paula Costa e Silva, *A contratação automatizada*, Direito da Informação: Volume IV, Coimbra: Coimbra Editora (2003), pp. 289-305 (289-290).

[31] No sentido exposto, v. José de Oliveira Ascensão, *Bases para uma transposição da Directriz n.º 00/31 de 8 de Junho*, Revista da Faculdade de Direito da Universidade de Lisboa, Vol. 44, No. 1 (2003), pp. 215-252 (246-247). Quanto ao modelo tradicional de perfeição negocial, o qual já tivemos a oportunidade de enunciar, ele encontra-se tratado nas obras de referências, para as quais remetemos; sem prejuízo, v. Manuel de Andrade, *Teoria Geral da Relação Jurídica*, vol. II. *Facto Jurídico, em especial Negócio Jurídico*, Coimbra (1983), p. 39.

De notar que, adentro do regime das comunicações eletrónicas, o caso em que o assinante conste de uma base de dados de sujeitos incumpridores, caso em que a empresa poderá recusar a celebração do contrato, *rectius*, este não produzirá efeitos. Quando, nas palavras de Jorge Morais de Carvalho, «a produção de efeitos do contrato [dependa] da não existência de dívidas anteriores por parte do cliente» (*Os contratos de consumo*, p. 269), é requisito *constitutivo* do contrato a qualidade de não inadimplente do assinante, afastando-se simultaneamente a aplicação do regime do erro (artigo 251.º CC).

[32] Além-Reno, sobre o disposto no § 312j (3) BGB, Föhlisch/Stariradeff notam que, neste tipo de contratação, «[é] necessária uma declaração do consumidor, a qual se refere à sua vontade de estar legalmente vinculado e à sua vontade de pagar («*Erforderlich ist eine Erklärung des Verbrauchers, die sich auf seinen Rechtsbindungswillen und seine Zahlungsbereitschaft bezieht*»); *Zahlungsmittel und Vertragsschluss im Internet*, NJW 2016, pp. 353-358 (355).

a única hipótese em que a forma do contrato em causa é livre. Não são claros, contudo, os motivos que presidem a esta distinção, exclusivamente baseada na iniciativa de primeiro contacto pelo consumidor. Possivelmente, reputou-se inexistir um défice informativo nos casos em que seja o consumidor a iniciar as negociações, mas o argumento, a ser verdadeiro, aparenta-se frágil e (pior) abre o flanco a vários e preocupantes abusos (p.ex., o prestador poderá tentar provocar esse primeiro contacto telefónico de forma a evitar aqueloutra exigência de forma).

II. Com a obrigação de *contratualizar* pretendeu-se conferir *solenidade* ao procedimento, substrato necessário ao conjunto de elementos reputados como necessários pelo legislador, os quais se tornaram, erigidos ao patamar da injuntividade, verdadeiramente *obrigatórios*. Na verdade, por este tipo de contratos dispensarem, em regra, a prévia negociação individual do seu conteúdo[33], favorecem a posição contratual do prestador do serviço. A exigência de determinado conteúdo contratual – com a inerente compressão da *liberdade de estipulação*, um dos principais corolários da autonomia privada – visa salvaguardar, por seu turno, a posição do consumidor.

Por opção expressa do legislador, são, como fizemos referência, vários os elementos obrigatórios que devem constar necessariamente do contrato, de forma «*clara, exaustiva* e *facilmente acessível*» (artigo 48.º/1, proémio; sublinhado nosso), a saber, ainda que num elenco sumário:

a) identificação do fornecedor;
b) serviços fornecidos e a respetiva qualidade;
c) restrições existentes ao aproveitamento do serviço;
d) acesso a serviços de emergência;
e) tipos de serviços de apoio e manutenção;
f) detalhes dos preços;
g) duração do contrato e formas de cessação;
h) sistemas de indemnização ou de reembolso;
i) menção ao direito de livre resolução do contrato;
j) faturação detalhada;
k) consentimento para a inclusão nas listas telefónicas;

[33] A aplicação inerente do regime previsto para as *cláusulas contratuais gerais* (aprovado pelo Decreto-Lei n.º 446/85, de 25 de outubro, na sua redação atual) é manifesta, cujo regime se encontra bem documentado pela nossa doutrina e jurisprudência, para as quais se remete.

l) consentimento para constar em bases de dados sobre falta de pagamento dos serviços;
m) medidas de segurança e controlo; e
n) medidas de protecção do assinante.

III. Resulta, por outro lado, evidente uma manifesta preocupação do legislador em evitar o *vinculismo* destes contratos, a favor do consumidor[34]. Essa protecção traduz-se, em três níveis, designadamente em (*i*) *garantir a informação* adequada quanto à duração e formas de cessação do contrato (artigo 48.º/2 LCE), (*ii*) estipular *limites máximos* de duração dos períodos de fidelização e, por fim, na (*iii*) *proibição de estipulação* de condições contratuais penalizadoras da desvinculação, quando da iniciativa do assinante.

Já analisámos o primeiro aspeto, concentremo-nos, de momento, nos demais. Pois bem, quando ao segundo aspeto (*ii*), estipula-se que a duração total do período de fidelização nos contratos em causa (*B2C*), quando visem *consumidores*, não pode ser superior a vinte e quatro meses (artigo 48.º/6 LCE)[35]. Por outro lado, de forma a promover a combater o *vinculismo* inerente a esta práticas, as empresas que fornecem o serviço são obrigadas a fornecer a possibilidade de celebrar contratos sem período de fidelização ou com um período de fidelização reduzido, tanto de seis, como de

[34] É pública e notória a forma como o legislador favorece a posição negocial de um determinado contraente, concedendo maior flexibilidade ou, ao invés, rigidez aos mecanismos de cessação do contrato. Claro está, no contexto contratual, tipicamente bilateral, a maior facilidade de desvinculação por parte de um contraente representa, em espelho, sempre um maior vinculismo da sua contraparte. Nesta medida, a mera modificação do regime de cessação do contrato acarreta sempre um acréscimo de vinculismo (em termos *relativos*, portanto) para um dos contraentes. Exemplos prototípicos de *vinculismo* são, recorde-se, o contrato de trabalho e o de arrendamento. Nestes a protecção tanto do trabalhador, como do inquilino, agravam a forma de desvinculação do contrato por parte da entidade empregadora ou do senhorio e, proporcionalmente, favorecem os primeiros, respetivamente; sobre o *vinculismo*, v. António Menezes Cordeiro, *Tratado de Direito Civil*, XI, Contratos em Especial (1.ª Parte), Almeida: Coimbra (2018), pp. 609, 614-615; e, quanto ao contrato de arrendamento, Rui Ataíde/António Barroso Rodrigues, *Denúncia e oposição à renovação do contrato de arrendamento urbano*, Revista de Direito Civil, Ano 4, n.º 2 (2019), pp. 297-311 (297-298).

[35] Conjugando a aplicação do presente regime, para os assinantes de contratos de comunicações eletrónicas *vis-à-vis* os custos de desbloqueio dos aparelhos que permitem o acesso a serviços de comunicações eletróncias – cujo regime foi aprovado pelo Decreto-Lei n.º 56/2010, de 1 de junho, e no qual também se estabelece um período máximo de fidelização de vinte e quatro meses (artigo 4.º do referido Decreto-Lei) –, v. o ac. TRP, de 26-Jun-2014, proc. n.º 28496/12.0YIPRT.P1.

doze meses (artigo 48.º/8 LCE). É curiosa, por outro lado, a ingerência do legislador na fixação das condições contratuais através das quais as partes acordam a cessação do contrato ou (note-se) os procedimentos inerentes: estes não podem ser *desproporcionais, excessivamente onerosos* ou *desincentivadores da mudança do prestador do serviço* (artigo 48.º/10 LCE). Mais: a intromissão na composição privada dos interesses, protela-se para a fase do incumprimento. Aqui estranha-se a limitação quanto aos custos que podem ser cobrados pela cessação ilícita, à qual, subentende-se, se reconhece, desde logo, a produção do pretendido efeito extintivo, por parte do assinante. De difícil justificação afigura-se, também, a proibição expressa do ressarcimento dos prejuízos sofridos pelo prestador do serviço «*a título compensatório ou indemnizatório*» (artigo 48.º11 LCE), pelo menos aqueles que excedam o *quantum* indemnizatório fixado para os custos da instalação da operação.

É por demais evidente que o legislador substituiu a tutela do interesse *positivo* de cumprimento, pelo *negativo*: pretende que o operador seja apenas reembolsado de (algumas) despesas com o contrato e, com isto, que este seja colocado (*patrimonialmente*, leia-se) na situação em que estaria no momento prévio ao da celebração do contrato. Todavia, o desrespeito do período de fidelização pelo assinante é (por muito que se queira que não) um *incumprimento* em sentido técnico. Se essa falta de cumprimento, imputável ao assinante, produz danos, estes devem ser tuteláveis (artigo 798.º CC). Nesta matéria, o regime das comunicações eletrónicas não deve excecionar dogmaticamente o regime da responsabilidade civil, atentando iniquamente contra um dos seus cânones (i. e., o do ressarcimento integral dos prejuízos sofridos). Mas foi outro o caminho que o nosso legislador decidiu percorrer.

6. Disponibilização e divulgação de linhas telefónicas para contacto do consumidor. O Decreto-Lei n.º 59/2021

I. Em 14 de Julho, foi publicado o Decreto-Lei n.º 59/2021, que estabelece o regime aplicável à disponibilização e divulgação de linhas telefónicas para contacto do consumidor. Trata-se de um diploma importante, no quadro da tutela do consumidor: este, querendo reclamar junto da contraparte profissional, muitas vezes multinacionais ou empresas de grande volume de negócios – quando não mesmo também empresas públicas –, vê-se a braços com dificuldades em contactá-la, quer por serem pagas ou mesmo de valor acrescentado as chamadas para o efeito, quer porque existem várias linhas telefónicas da contraparte e não é fácil identificar qual deva ser utilizada, quer até por ausência de contactos telefónicos. O diploma em causa, não resolvendo todos os problemas cuja resolução sói ser exigida pelos consumidores[36], regula, ainda assim, aspectos vários de relevância.

A matéria era já tratada no artigo 9.º-D da LDC, introduzido pela Lei n.º 47/2014, de 28 de Julho, em transposição da Directiva n.º 2011/83/UE (Directiva dos Direitos dos Consumidores), e agora, cerca de 7 anos volvidos, revogado. Os motivos apontados para o efeito, no preâmbulo do decreto-lei, foram as discrepantes interpretações do artigo 9.º-D da LDC e, a montante, do 21.º da citada Directiva sobre o conceito de «tarifa (de) base», sanadas pelo TJUE n.º C-568/15, de 2-Mar.-2017 (*Comtech*). É, no entanto, discutível que a matéria devesse ser tratada num diploma autónomo da LDC, o que parece justificar-se talvez, da óptica, cremos, do legislador, pelo regime contra-ordenacional próprio que do artigo 8.º do Decreto-Lei n.º 59/2021 consta (regime este imposto pelo artigo 24.º da Directiva n.º 2011/83/CE) e por uma certa tendência à dispersão normativa, ela mesma muito questionável.

O Decreto-Lei n.º 59/2021 entrou em vigor a 1 de Novembro, embora o artigo 8.º, que estabelece o regime de sanções contra-ordenacionais, apenas tenha iniciado vigência a 1 de Junho de 2022, concedendo uma espécie de «período de graça» às empresas. A violação do artigo 3.º constitui contra-ordenação económica grave nos termos do RJCE (coima entre € 650 e € 24.000) e a violação dos artigos 4.º/1, 3 e 5, 5.º/1, 6.º e 7.º constitui contra-ordenação económica muito grave nos termos do mesmo diploma (coima entre € 2.000 e € 90.000).

II. Nem todas as contrapartes de contratos com consumidores devem ter disponíveis linhas telefónicas para contacto do consumidor. Isto é claro pelo teor do n.º 1 do artigo 3.º («Qualquer entidade que (...) disponibilize»), bem como pelo do artigo 5.º/1 *a contrario*, ao obrigar apenas as entidades prestadoras de *serviços públicos essenciais*[37] a disponibilizar ao consumidor uma linha para contacto telefónico.

[36] Pense-se, por ex., nos contactos telefónicos atendidos por inteligência artificial ou programas de computador, muitas das vezes limitadores da conversação e dissuasores de que a mesma prossiga; ou ainda dos contactos telefónicos em que, escudando-se na falta de consentimento para a gravação de chamada, a empresa impossibilite que a conversação continue.

[37] O n.º 2 do artigo 5.º do Decreto-Lei n.º 59/2021 elenca-os, numa técnica legislativa que não corresponde à melhor: serviços de fornecimento de água, energia eléctrica, gás natural e gases de petróleo liquefeitos canalizados, comunicações electrónicas, serviços postais,

Os destinatários digamos «passivos» do diploma são identificados no artigo 2.º/1 do Decreto-Lei n.º 59/2021 como os:

(*i*) os «fornecedores de bens ou prestadores de serviços»; e
(*ii*) as «entidades prestadoras de serviços públicos essenciais».

A contraposição não é tecnicamente a melhor, na medida em que também as «entidades prestadoras de serviços públicos essenciais» são, por definição, «prestadores de serviços» ou «entidades prestadoras de serviços». O propósito do preceito em causa, ao estabelecer esta distinção, foi, no entanto, o de antecipar e possivelmente esclarecer, logo no artigo respeitante ao âmbito do diploma, que é disposto um regime não coincidente para uns e outras.

III. De acordo com o artigo 3.º, epigrafado «Dever de informação», «qualquer entidade[38] que, ao abrigo do presente decreto-lei[39], disponibilize linhas telefónicas para contacto do consumidor» deve «divulgar» o número ou números telefónicos «disponibilizados»[40], incluindo[41] informação actualizada sobre o preço das chamadas. Ao fazê-lo, deve exará-lo(s), de forma clara e visível[42]:

(*a*) nas suas «comunicações comerciais»;

recolha de tratamento de águas residuais, gestão de resíduos sólidos urbanos e transporte de passageiros, bem como outros serviços que venham a ser qualificados como tal à luz da Lei n.º 23/96.

[38] No artigo 2.º/1 usa-se «fornecedor» ou «prestador», mas no artigo 3.º/1 «entidade», o que pode induz a pensar que este último visaria apenas «entidades prestadoras de serviços públicos essenciais». Compulsado o teor dos artigos 3.º, 4.º e 5.º, constata-se que, no entanto, o artigo 3.º/1 se aplica tanto a uns, como a outras.

[39] Este complemento circunstancial «ao abrigo do presente decreto-lei» não nos é inteiramente claro: fica-se na dúvida se não está a caracterizar o tipo de entidade e por isso devesse vir antes de «que», se na realidade, como parece apontar a letra da lei, está a caracterizar a disponibilização de tais linhas, o que, uma vez mais, conforme escrevíamos no texto, vai no sentido de que há entidades que não estão obrigadas a disponibilizar tais linhas telefónicas (ao não o fazerem «ao abrigo do presente decreto-lei»).

[40] O diploma contém neste particular uma, a nosso ver, dispensável redundância: «Qualquer entidade que (...) *disponibilize* (...) deve divulgar (...) ou número ou números telefónicos *disponibilizados*».

[41] A redacção não é a melhor: «aos quais [*i.e.* número ou números] deve ser associada»; e repete-se «de forma igualmente clara e visível». A utilizar-se «incluindo» depois de «disponibilizados» (palavra também esta última dispensável na economia do texto) evitar-se-ia a redacção circular que se verifica no texto legal.

[42] Como se afira esta clareza e visibilidade não é certo. O artigo 21.º *i*) da LCCG pode fornecer, de uma perspectiva sistemática, um subsídio relevante para a concretização daquela

(*b*) na «página principal do seu sítio na Internet»;
(*c*) nas facturas;
(*d*) nas «comunicações escritas com o consumidor»; e
(*e*) nos «contratos com este celebrados, quando os mesmos assumam a forma escrita».

Apesar da conjunção coordenada copulativa «e», os documentos[43] nos quais devem ser os números inscritos e divulgados não são obrigatórios ou, noutros termos, exemplificando: o «prestador» ou «fornecedor» não tem forçosamente de ter sítio na Internet e por via deste preceito também não está obrigado a tê-lo; aliás, o último elemento da lista permite ver que a obrigação de divulgar[44] os contactos nestes documentos só existe se deles o «prestador» ou «fornecedor» fizer uso: «e nos contratos com este celebrados, *quando os mesmos assumam a forma escrita*», o que significa que, se não assumirem a forma escrita, não será necessário informar o consumidor da existência de tais linhas telefónicas. Clara também não é a extensão do dever do «prestador» ou «fornecedor» de divulgar «linhas telefónicas para contacto do consumidor» em «comunicações comerciais»: é que, se são comerciais, são, em princípio, feitas em contexto inter-empresarial, logo fora da contratação com consumidores; a não ser que restrinjamos a expressão apenas às «comunicações comerciais», no sentido de pré-contratuais ou publicitárias com consumidores, que parece ser o que está somente em causa.

Existe uma regra para a ordem como tais linhas ou números telefónicos são apresentados:

(*i*) primeiro, as «linhas gratuitas» e as «linhas geográficas móveis»;
(*ii*) de seguida, «se for o caso», «em ordem crescente de preço», o número e o preço das chamadas para as demais linhas não gratuitas e não geográficas móveis;

E, se estas linhas não tiverem um preço único, pelo facto de o mesmo ser variável em função das redes de origem e de destino, deve ser prestada a seguinte informação, «consoante o caso»:

expressão (tamanho de letra não inferior a 11 ou a 2,5 milímetros, com espaçamento interlinear não inferior a 1,15).

[43] Nos quais incluímos as páginas da Internet.

[44] A epígrafe refere-se a «Dever de informação», mas o n.º 1 do artigo 3.º a «divulgar». É uma vez mais má técnica de redacção legislativa: em bom rigor, parece estar em causa, mais do que informação, divulgação.

a. «Chamada para a rede fixa nacional»;
b. «Chamada para rede móvel nacional».

Há aqui, nestas regras, uma preocupação clara com o consumidor e o combate a práticas comerciais menos claras, para não escrever desleais: ao consumidor devem ser primeiramente apresentadas as linhas gratuitas, depois as demais linhas e por ordem crescente de preço (ou seja, primeiro as mais baratas, depois as mais caras).

IV. O artigo 4.º do Decreto-Lei n.º 59/2021 ocupa-se, por sua vez, do custo das chamadas para o consumidor, ou seja, de quão gratuitas elas são. Note-se que o artigo 3.º alude a chamadas gratuitas e obriga o profissional a divulgá-las por ordem de gratuitidade decrescente ou, doutra perspectiva, de onerosidade crescente, mas não impõe que o profissional disponibilize linhas telefónicas gratuitas.

Fá-lo-á o artigo 4.º?

Nem tanto; e talvez não fizesse sentido que as linhas telefónicas fossem generalizada e totalmente gratuitas, não pelo menos fora do contexto da gratuitidade dos remédios que a lei confere ao consumidor em caso de desconformidade de bens de consumo ou de fornecimento e prestação de conteúdos e serviços digitais (cf. os artigos 18.º/2 *a*), 24.º/1 ou 35.º/3 *b*) do Decreto-Lei n.º 84/2021[45]). A gratuitidade das linhas telefónicas teria de ser afinal suportada por alguém: consumidor, profissionais, operadores de telecomunicações. A solução legal é, se bem vemos, de certo compromisso entre custos para consumidor e profissionais, sem onerar os operadores de

[45] Aliás, neste ponto, o Decreto-Lei n.º 59/2021 coloca problemas de articulação com o Decreto-Lei n.º 84/2021. Naqueles casos em que a reparação se faça ou possa fazer através de instruções dadas através de telefone (por ex., avaria em equipamento electrónico com telefonema para central de atendimento ao cliente, no qual identificam problema e ajudam a resolvê-lo), como pode ser a reparação gratuita, se o contacto telefónico o não tem de ser? Na nossa opinião, não temos dúvidas em afirmar que o Decreto-Lei n.º 84/2021 deve prevalecer sobre o Decreto-Lei n.º 59/2021, devendo o profissional arcar com os custos do contacto telefónico. Partimos, note-se, do pressuposto de que a reparação pode ser feita ou instruída eficazmente através de contacto telefónico; diversamente se passa se o não puder ser, exigindo deslocação com o bem para reparação digamos física, *in loco* – mas também neste caso não deixa de ser questionável se, tendo o consumidor feito um contacto telefónico a exigir a reparação do bem, antes da deslocação, não deva tal contacto ser também gratuito, dentro da lógica da gratuitidade dos remédios contra a desconformidade com o contrato. O ponto é, todavia, menos claro do que o anterior.

telecomunicações (cf. também o artigo 21.º/2 da Directiva n.º 2011/83/CE[46]): «O custo, para o consumidor, das chamadas efetuadas para as linhas telefónicas disponibilizadas (...) para contacto daquele, no âmbito de uma relação jurídica de consumo, não pode ser superior ao valor da sua tarifa de base» (artigo 4.º/1 do Decreto-Lei n.º 59/2021). O que seja a «tarifa de base» vem definido no n.º 2 do artigo 4.º: é «o custo de uma comunicação telefónica que o consumidor espera suportar de acordo com o respetivo tarifário de telecomunicações». O preâmbulo do diploma é muito elucidativo sobre a *occasio* desta redacção: o artigo 9.º-D da LDC transpusera o artigo 21.º da Directiva n.º 2011/83/UE mas não granjeara um «entendimento comum sobre o conceito» de «tarifa base», também porque o artigo 9.º-D/1 mencionava «tarifa base» e a versão portuguesa da Directiva n.º 2011/83/UE «tarifa de base»: no entender do legislador, «[n]a verdade, enquanto a expressão «tarifa base» remet[ia] para uma ideia de tarifa ideal recomendada para todos os consumidores, a expressão «tarifa de base» transmite a ideia de tarifa normal de cada consumidor em concreto». Esta clarificação impunha-se também em virtude do decretamento do acórdão do TJUE n.º C-568/15, de 2-Mar.-2017 (*Comtech*), que, num aresto em que estava em causa um contacto telefónico de custo acrescentado para assistência pós-venda por parte de uma sociedade que vendia produtos electrónicos (prefixo 0180; número não geográfico na Alemanha), esclareceu que o conceito de tarifa de base correspondia ao custo normal de uma comunicação habitual que o consumidor esperaria suportar, ou seja, «refere-se à tarifa normal da comunicação telefónica, sem despesas suplementares para o consumidor».

Na sequência dos n.os 1 e 2, o n.º 3 do artigo 4.º vem estabelecer um dever sobre o profissional (que disponibilize linhas telefónicas para contacto do consumidor: cf. o artigo 3.º/1): este «está obrigado a disponibilizar ao consumidor uma linha telefónica gratuita ou, em alternativa, uma linha telefónica a que corresponda uma gama de numeração geográfica móvel». Mais uma vez a técnica de redacção não é a melhor: por um lado, o diploma usa termos técnicos do sector das telecomunicações, mas não os define nem remete para onde sejam definidos («gama de numeração geográfica móvel»); por outro, num exercício de pura retórica, vem primeiro

[46] Com o seguinte teor: «O primeiro parágrafo aplica-se sem prejuízo do direito d[e] os fornecedores de serviços de telecomunicações facturarem essas chamadas». O artigo 9.º-D, na redacção da Lei n.º 47/2014, de 28-Jul., entretanto revogado, estabelecia no final do seu n.º 1: «sem prejuízo do direito de os operadores de telecomunicações faturarem aquelas chamadas».

dizer que o profissional está obrigado a disponibilizar ao consumidor (ou aos consumidores?) uma «linha telefónica gratuita» para, logo de seguida, esclarecer que, em alternativa, pode ser apenas uma linha telefónica a que corresponda uma gama de numeração geográfica ou móvel; o segmento «ou, em alternativa» é também de má técnica: a conjunção coordenada «ou» tem primeiramente sentido disjuntivo ou alternativo, de maneira que não havia necessidade de esclarecer que era «em alternativa». Sobre o que seja «gama de numeração geográfica móvel», o TJUE n.º C-568/15, de 2-Mar.-2017 (*Comtech*) e, sobretudo, na experiência jurídica portuguesa, as «Recomendações sobre a utilização de gamas de numeração não geográfica», da Anacom, ajudam a esclarecer. Assim, de acordo com as referidas «Recomendações», declarou a Anacom que:

> «é frequente que empresas, tanto privadas, como públicas, de diversos sectores económicos, disponibilizem, para contactos por parte dos consumidores seus clientes, números da gama "707", em que o preço máximo por minuto é de 0,10 euros ou de 0,25 euros para as chamadas originadas em redes fixas e em redes móveis, respetivamente. Também os prestadores de serviços de comunicações eletrónicas disponibilizam, para contacto com os respetivos serviços de apoio, números das gamas "12" e "16", cujos preços, sendo livremente definidos pelos prestadores, podem ser considerados elevados, designadamente quando as chamadas são originadas fora das respetivas redes».

Mas informava a mesma Anacom que:

> «a legislação especificamente aplicável (...) não regula[va] o preço das chamadas para as linhas designadas de apoio e assistência técnica ao cliente, nem atribui poderes à Anacom para determinar quais as gamas de numeração que deverão ser utilizadas neste âmbito. Igualmente não decorr[ia] da [LDC] que os contactos para os serviços ora em questão dev[essem] ser efetuados através de uma gama de numeração específica».

A Anacom, porém, realçava, apesar das dificuldades em precisar o conceito «tarifa base», a existência do artigo 9.º-D da LDC, em transposição do artigo 21.º da Directiva n.º 2011/83/UE, e o à data ainda mais recente TJUE n.º C-568/15 (*Comtech*), exortando à alteração da LDC e recomendando, *i.a.*, que:

(*i*) as gamas de numeração não geográfica 760, 761, 762, 707 e 708 não fossem disponibilizadas pelos fornecedores de bens e prestadores de serviços para contactos dos consumidores no âmbito de relações jurídicas de consumo;

(ii) fora das relações jurídicas de consumo, as entidades que disponibilizem números de gamas de numeração não geográfica 707 e 708, para contactos diversos, devem, em todos os meios (físicos ou nos respectivos sítios na Internet), em que sejam publicitados os números em causa, indicar, de forma clara e em conjunto com esses números, os preços aplicáveis às chamadas efectuadas para os mesmos, de modo a que os utilizadores finais possam conhecê-los de forma clara e imediata.

A Anacom antecipava-se assim e bem, na sequência do TJUE n.º C-568/15, de 2-Mar.-2017 (*Comtech*) às alterações legislativas.

Voltemos ao artigo 4.º do Decreto-Lei n.º 59/2021. A expressão técnica «no âmbito de uma *relação jurídica de consumo*», constante do artigo 4.º/1 do Decreto-Lei n.º 59/2021, importada do artigo 9.º-D/1 da LDC, talvez fosse dispensável: a partir do momento em que o texto do n.º 1 começa por sublinhar que se trata do «custo, para o consumidor», é óbvio que é no âmbito de uma relação jurídica de consumidor, pois a qualidade de consumidor não é um estatuto permanente, antes se afere, também e necessariamente, em termos relacionais por referência a uma determinação relação jurídica. A não ser que à expressão possa dar-se um outro sentido normativo útil, conforme veremos. Com efeito, o legislador sentiu necessidade de especificar no n.º 4 o que consta do n.º 1, ao:

(i) considerar «*contacto telefónico no âmbito da relação jurídica de consumo*» o promovido por um consumidor com um fornecedor de bens ou prestador de serviços (artigo 4.º/4 *a*) do Decreto-Lei n.º 59/2021);

(ii) desconsiderar, para o efeito, as «*chamadas telefónicas que constituem uma prestação de serviço autónoma*, que não esteja relacionada com o fornecimento de qualquer bem ou a prestação de qualquer serviço *prévios* ao consumidor», como, por ex., «as chamadas de telemedicina e de televoto» e «as destinadas a campanhas de angariação de fundos» (artigo 4.º/4 *b*) *ibid.*) – nestes casos, não podem ser cobrados ao consumidor, simultaneamente, o preço da chamada e um preço adicional pelo serviço prestado.

A técnica legislativa aqui também não é a melhor: na al. *a*) era dispensável a repetição de «contacto telefónico»; na al. *b*) a enumeração dos três exemplos poderia ter ficado para o preâmbulo; na al. *b*) está mal delimitado o conceito de «chamadas telefónicas que constituem uma prestação de serviço autónoma», pois não é definido o conceito a partir do qual se determina a autonomia da prestação («autónoma» do quê?) e por não ser exacto que uma chamada de telemedicina, usando o exemplo dado na lei, «não esteja relacionada» – em rigor, seja – com uma prestação de serviços. Mais interessante é o adjectivo «*prévios*», que está a caracterizar os dois substantivos «fornecimento» e «prestação»: é interessante porque traz à colação a *ratio* e o âmbito de aplicação da norma do artigo 21.º da Directiva n.º 2011/83/CE: o seu propósito era *evitar a sobrefacturação de chamadas telefónicas para assistência* no quadro de uma relação contratual[47]. Por isso, a norma não visava contactos do (eventual) consumidor fora de um quadro contratual previamente estabelecido, nem contactos com vista à conclusão de um contrato (fase pré-contratual)[48]. O Decreto-Lei n.º 59/2021 é, parece-nos, menos claro do que a Directiva n.º 2011/83/CE neste particular, mas a mesma conclusão impõe-se.

V. Para as «*entidades prestadoras de serviços públicos essenciais*», o artigo 5.º/1 do Decreto-Lei n.º 59/2021 consagra um *plus*: estas são obrigadas a disponibilizar ao consumidor uma linha para contacto telefónico, seja gratuita, seja correspondente a gama de numeração geográfica ou móvel.

Note-se que, como acima referimos, para as demais «entidades», a lei não estabelece um tal dever, nas suas duas vertentes: na de disponibilizar linhas telefónicas para contacto de consumidores e na de disponibilizar linhas gratuitas ou de gama de numeração geográfica ou móvel (embora as «entidades» que disponibilizem as primeiras devam, pelo n.º 3 do artigo 4.º do Decreto-Lei n.º 59/2021, disponibilizar também as segundas).

VI. A lei regula igualmente aquilo que chama «*linha telefónica adicional*» (artigo 6.º). Quando o fornecedor de bens ou prestador de serviços e a entidade prestadora de serviços públicos essenciais disponibilizem, *além* da linha telefónica gratuita ou de gama de numeração geográfica ou móvel, uma *linha telefónica adicional*, «não podem prestar, nesta linha adicional, um serviço *manifestamente mais eficiente* ou *mais célere* ou *com melhores condições* do

[47] Assim também Odile Vanreck, *Arrêt* Comtech *: interdiction des appels surtaxés lors des contacts avec un service après-vente, REDC* 2016/3 (2019), 509-522, *max.* 511.

[48] O. Vanreck, *Arrêt* Comtech cit., 511.

que aquele que prestam através da linha telefónica gratuita ou de gama de numeração geográfica ou móvel. Trata-se de uma norma tendente a prevenir fraudes à lei (para quem autonomize dogmaticamente esta categoria). A correcta interpretação das várias disposições do diploma sempre conduziria a esta conclusão.

VII. Por último, temos o artigo 7.º do Decreto-Lei n.º 59/2021, sob a epígrafe «Proibição de cobrança prévia de outros montantes», também numa lógica de prevenção de *fraus legis*. Dispõe o mencionado preceito que o fornecedor de bens ou prestador de serviços e a entidade prestadora de serviços públicos essenciais obrigados a disponibilizar linha telefónica gratuita ou de gama de numeração geográfica ou móvel «estão impedidos de cobrar, previamente, ao consumidor qualquer montante diverso do permitido, sob a condição de lhe ser devolvido no final da chamada». O segmento final do preceito era talvez dispensável, por numa certa leitura, enviesada decerto, fazer crer que é possível proceder desse modo, desde que se devolva o montante no final da chamada, mas também por ser esse o resultado jurídico óbvio: havendo violação de lei imperativa, o acto é nulo (artigo 294.º do CC), com a consequente restituição de tudo o que tiver sido prestado (artigo 289.º/1 *ibid.*).

7. Conservação de dados gerados ou tratados no contexto da oferta de serviços de comunicações eletrónicas. A Lei n.º 32/2008

I. O regime jurídico da conservação de dados gerados ou tratados no contexto da oferta de serviços de comunicações eletrónicas, para fins de investigação, deteção e repressão de crimes graves por parte das autoridades competentes surge na Lei n.º 32/2008, de 17 de julho (doravante Lei sobre conservação de dados de comunicações eletrónicas). O enquadramento legislativo é decisivamente influenciado pela legislação de direito derivado da União Europeia, uma vez que grande parte do seu regime resulta da transposição da Diretiva n.º 2006/24/CE, do Parlamento Europeu e do Conselho, de 15 de março.

A matéria revela uma grande proximidade com o regime jurídico aplicado à proteção dos dados pessoais, presente, em grande medida, no Regulamento Geral sobre a Proteção dos Dados (RGPD) da União Europeia. Esta proximidade é assumida expressamente pelo legislador europeu. Em diversas ocasiões na Diretiva n.º 2006/24/CE é feita referência aos princípios e às regras que se aplicam à proteção dos dados[49]. Aliás, a Diretiva n.º 2006/24/CE veio alterar a Diretiva 2002/58/CE do Parlamento Europeu e do Conselho, de 12 de julho de 2002, relativa ao tratamento de dados pessoais e à proteção da privacidade no sector das comunicações eletrónicas, diretiva esta que teve, precisamente, como propósito transpor os princípios estabelecidos no regime jurídico de proteção dos dados pessoais a nível europeu, que à data eram regidos pela Diretiva 95/46/CE do Parlamento Europeu e do Conselho, de 24 de outubro de 1995.

Neste contexto, estão presentes preocupações respeitantes à forma de tratamento dos dados pessoais, privacidade, minimização dos dados e limites à conservação destes. Não obstante, se é verdade que estes diplomas constituem *lex specialis* no que respeita ao RGPD e à Lei n.º 58/2019, de 8 de agosto, que assegura a execução daquele diploma no ordenamento jurídico, esta asserção só em parte está correta, uma vez que os diplomas em análise têm como objeto tanto dados *pessoais* como dados *não pessoais*[50]. A pedra de toque está nos dados gerados pelos utilizadores de comunicações eletrónicas, tendo em vista a sua importância e utilidade na prevenção, investigação, deteção e repressão de infração penais, em particular crime organizado e terrorismo (*Cf* artigo 3.º, n.º 1), independentemente de constituírem *dados pessoais* nos termos do artigo 4.º (1), do RGPD. Mesmo que estejamos perante *dados pessoais* não se permite, no entanto, que o titular possa exercer os direitos previstos nos artigos 12.º a 22.º, do RGPD, nomeadamente, opor-se ao tratamento para os fins mencionados no diploma em análise, a não ser que esteja em causa um tratamento ferido de legalidade. Este entendimento resulta tanto do artigo 3.º, n.º 4 do diploma em análise[51], como do artigo 21.º, n.º 5, da Lei n.º 58/2019, de 8 de agosto, que estabelece que nos casos em que existe um prazo de conservação de dados imposto por lei,

[49] *Vide*, v.g., Considerandos 1, 2, 15.

[50] Cf. artigo 1.º, n.º 1, da Lei sobre conservação de dados de comunicações eletrónicas: "A presente lei regula a conservação e a transmissão dos dados de tráfego e de localização *relativos a pessoas singulares* e a *pessoas colectivas*, bem como dos *dados conexos* necessários para identificar o assinante ou o utilizador registado, para fins de investigação, detecção e repressão de crimes graves por parte das autoridades competentes (...)" (itálicos nossos). No mesmo sentido, v. o artigo 2.º, n.º 1, *a)*, que define "dados" como sendo "os dados de tráfego e os dados de localização, bem como os dados conexos necessários para identificar o assinante ou o utilizador".

[51] O artigo estabelece o seguinte: "O titular dos dados não pode opor-se à respectiva conservação e transmissão".

só pode ser exercido o direito ao apagamento (artigo 17.º do RGPD) findo o prazo legalmente definido.

Dir-se-ia que a finalidade inerente ao presente regime, embora impondo um conjunto de obrigações aos fornecedores de serviços de comunicações eletrónicas para conservarem e disponibilizarem determinados dados, obriga, concomitantemente, a um esforço de conciliação com outros valores concorrentes, como é o caso do respeito pela privacidade e pela proteção dos dados pessoais. Esta tensão está presente a cada passo, levando a que o regime jurídico seja rodeado de diversas garantias[52], bem como de um princípio de intromissão mínima na esfera jurídica do utilizador[53].

II. A Lei sobre conservação de dados de comunicações eletrónicas é composta por dezoito artigos, tendo sido sujeita unicamente a uma alteração, nomeadamente por via da Lei n.º 79/2021, de 24 de novembro, que modificou a redação da *alínea g)*, ao n.º 1, do artigo 2.º, no que diz respeito à definição de "crime grave".

O termo "conservação" dos dados não é naturalmente usado no seu sentido comum, *id est*, de manter o bom estado de conservação dos dados. Conservar significa neste âmbito "armazenar" ou "guardar" os dados, tendo em conta objetivos legalmente definidos. A finalidade não deixa, porém, de obrigar que os dados sejam (também) *conservados* em termos qualitativos e não possam ser, consequentemente, corrompidos.

O regime jurídico em análise aplica-se a uma determinada categoria de dados a conservar. Estes vêm elencados no artigo 4.º, n.º 1, aplicando-se às seguintes categorias de dados:

(i) Dados necessários para encontrar e identificar a fonte de uma comunicação;
(ii) Dados necessários para encontrar e identificar o destino de uma comunicação;
(iii) Dados necessários para identificar a data, a hora e a duração de uma comunicação;

[52] Por exemplo, artigo 3.º, n.º 2, da Lei sobre conservação de dados de comunicações eletrónicas, que estatui que a transmissão dos dados às autoridades competentes apenas pode ser ordenada ou autorizada por despacho fundamentado de juiz.

[53] Por exemplo, artigo 1.º, n.º 2, da Lei sobre conservação de dados de comunicações eletrónicas, que estabelece que a conservação de dados que revelem o conteúdo das comunicações é proibida.

(iv) Dados necessários para identificar o tipo de comunicação;
(v) Dados necessários para identificar o equipamento de telecomunicações dos utilizadores, ou o que se considera ser o seu equipamento;
(vi) Dados necessários para identificar a localização do equipamento de comunicação móvel.

Os números 2 a 7 vêm detalhar, em concreto, os dados a que se reporta cada categoria. A título de exemplo, no que concerne às comunicações telefónicas nas redes fixa e móvel, os dados necessários tendo em conta o fim prosseguido são o número de telefone de origem e o nome e endereço do assinante ou do utilizador registado. Já no caso do acesso à Internet, ao correio eletrónico através da Internet e às comunicações telefónicas através da Internet estarão em causa os códigos de identificação atribuídos ao utilizador, o código de identificação do utilizador e o número de telefone atribuídos a qualquer comunicação que entre na rede telefónica pública, o nome e o endereço do assinante ou do utilizador registado, a quem o endereço do protocolo IP, o código de identificação de utilizador ou o número de telefone estavam atribuídos no momento da comunicação.

III. Nos termos do artigo 6.º, os dados devem ser conservados pelo período de um ano a contar da data da conclusão da comunicação. Trata-se de um prazo legal, pelo que os dados não podem ser conservados para além do período definido, mesmo que o fundamento seja a prossecução de uma determinada finalidade[54]. O incumprimento do prazo de conservação constitui contraordenação (*Cf* artigo 12.º, n.º 1, *b*)).

De acordo com o artigo 1.º, n.º 2, sem prejuízo das regras presentes no regime jurídico sobre a Proteção de Dados Pessoais e Privacidade nas Telecomunicações[55] e nas normas de processo penal relativas à interceção e gravação de comunicações, a conservação dos dados que revelem o conteúdo das comunicações é proibida. Adicionalmente, os dados relativos a chamadas não estabelecidas não devem ser conservados (*Cf* artigo 5.º, n.º 2). Já no que diz respeito às chamadas telefónicas falhadas, estes poderão ser conservados quando, no contexto da oferta de serviços de comunicação, sejam

[54] Cf. artigo 21.º, n.º 1, da Lei n.º 58/2019, que estatui que "o prazo de conservação de dados pessoais é o que estiver fixado por norma legal ou regulamentar ou, na falta desta, o que se revele necessário para a prossecução da finalidade".
[55] Cf. Lei n.º 41/2004, de 18 de agosto.

alvo de tratamento por parte dos fornecedores de serviços de comunicações eletrónicas (*Cf* artigo 5.º, n.º 1).

A conservação dos dados está sujeita a determinadas obrigações de resultado que oneram os fornecedores de serviços de comunicações eletrónicas. Visa-se, por um lado, garantir a qualidade dos dados, bem como a sua rápida transmissão, e, por outro, salvaguardar um determinado nível de segurança de forma a proteger os dados e, por consequência, os seus titulares.

Por força das alíneas *a)* a *f)* do artigo 7.º, n.º 1, os fornecedores de serviços de comunicações eletrónicas devem: (i) conservar os dados de modo a que possam ser transmitidos às autoridades competentes imediatamente, mediante despacho fundamentado do juiz; (ii) garantir que os dados conservados sejam da mesma qualidade e estejam sujeitos à mesma proteção e segurança que os dados na internet; (iii) empreender medidas técnicas e organizativas adequadas à proteção dos dados contra a sua destruição acidental ou ilícita, a perda ou a alteração acidental e o armazenamento, tratamento, acesso ou à divulgação não autorizada ou ilícita; (iv) tomar as medidas técnicas e organizativas adequadas para garantir que apenas pessoas especialmente autorizadas tenham acesso aos dados; (v) destruir os dados no final do período de conservação, exceto os dados que tenham sido preservados por ordem do juiz; (vi) destruir os dados que tenham sido preservados, quando tal lhe seja determinado por ordem do juiz. Adicionalmente, de acordo com o artigo 3.º, n.º 3, os ficheiros destinados à conservação de dados no âmbito da presente lei têm que, obrigatoriamente, estar separados de quaisquer outros ficheiros para outros fins.

Com exceção dos dados relativos ao nome e endereço dos assinantes, todos os restantes dados devem permanecer limitados (a redação emprega a nomenclatura "bloqueado") desde o início da sua conservação. A anulação da limitação dar-se-á apenas para efeitos de transmissão às autoridades competentes (*Cf* artigo 7.º, n.º 2).

Nos termos do n.º 3, do mesmo artigo e do artigo 10.º, a transmissão dos dados processa-se mediante comunicação eletrónica. As condições técnicas e de segurança relativas à transmissão são estabelecidas na Portaria n.º 469/2009, de 06 de maio[56] [57].

[56] Este diploma foi pela última vez alterado por via da Portaria n.º 694/2010, de 16 de agosto.

[57] A Comissão Nacional de Protecção de Dados (CNPD) é a autoridade pública competente para o controlo da aplicação do disposto no presente artigo (cf. artigo 7.º, n.º 5).

IV. A transmissão dos dados apenas pode ser autorizada por despacho fundamentado do juiz de instrução e caso haja razões para crer que a diligência é indispensável para a descoberta da verdade ou que a prova será, de outra forma, impossível ou muito difícil de obter no âmbito da investigação, deteção e repressão de crimes graves (*Cf* artigo 9.º, n.º 1). O pedido para a transmissão dos dados apenas pode ser apresentado pelo Ministério Público ou por autoridade de polícia criminal competente[58] (*Cf* artigo 9.º, n.º 2). A decisão do juiz de autorizar a transmissão dos dados deverá levar em consideração o princípio de proporcionalidade, conciliando os vários interesses em jogo. Neste último caso, o artigo 9.º, n.º 4 refere, a título exemplificativo, mas com especial interesse prático, a proteção do segredo profissional.

Os dados a serem transmitidos apenas poderão dizer respeito ao (i) suspeito, (ii) ao arguido, (iii) à pessoa que sirva de intermediário, relativamente à qual haja fundadas razões para crer que recebe ou transmite mensagens destinadas ou provenientes de suspeito ou arguido; e (iv) à vítima de crime, mediante o respetivo consentimento, efetivo ou presumido (*Cf* artigo 9.º, n.º 3).

V. Finalmente, de acordo com o artigo 11.º, n.º 1, logo que os dados deixem de ser *estritamente necessários* para os fins a que se destinam, o juiz pode determinar, oficiosamente ou a requerimento de qualquer interessado, a destruição tanto dos dados na posse das autoridades competentes, bem como dos dados preservados pelos fornecedores de serviços de comunicações eletrónicas. Os dados deixam de ser *estritamente necessários* em caso de (i) arquivamento definitivo do processo penal; (ii) absolvição, transitada em julgado; (iii) condenação, transitada em julgado; (iv) prescrição do procedimento penal; (v) amnistia (*Cf* artigo 11.º, n.º 2).

8. Portabilidade

I. A portabilidade do número de telefone, também conhecida pela sigla inglesa MNP (*mobile number portability*), é o procedimento que permite ao utilizador manter o número telefónico quando troca de operador de comunicações eletrónicas.

[58] De acordo com a definição do artigo 2.º, n.º 1, *f)*, constituem *autoridades competentes*, as autoridades judiciárias e as autoridades de polícia criminal da Polícia Judiciária; da Guarda Nacional Republicana; da Polícia de Segurança Pública; da Polícia Judiciária Militar; do Serviço de Estrangeiros e Fronteiras e da Polícia Marítima.

Tal como em muitas outras matérias de comunicações eletrónicas, esta prerrogativa foi introduzida por via de legislação europeia derivada, nomeadamente através da Diretiva 2002/22/CE do Parlamento Europeu e do Conselho, de 7 de março de 2002, relativamente ao serviço universal e aos direitos dos utilizadores em matéria de redes e serviços de comunicações eletrónicas (doravante Diretiva serviço universal), que entrou em vigor no dia 25 de julho de 2003. Por força do seu artigo 30.º, n.º 1, "os Estados-Membros garantirão que todos os assinantes de serviços telefónicos acessíveis ao público, incluindo serviços móveis, que o solicitem possam manter o(s) seu(s) número(s) independentemente da empresa que oferece o serviço (...)". A norma foi, entretanto, alvo de alteração por via da Diretiva 2009/136/CE do Parlamento Europeu e do Conselho, de 25 de novembro de 2009.

II. A teleologia por detrás da norma é fácil de ser identificada: visou-se, em grande medida, promover a concorrência entre as empresas do setor de telecomunicações[59]. O preceito é dirigido a todos os prestadores de serviços, no sentido de cooperarem entre si e de facilitarem a portabilidade do número. Por essa via o consumidor também fica a ganhar; afinal, o fator essencial para a escolha do operador centrar-se-á na qualidade do serviço prestado e não – como amiúde sucedia – pela circunstância de não desejar perder o número de telefone[60].

Esta última razão não é desprezável: no início do presente século, o número de telefone era o principal meio de contacto, tanto a nível social como profissionalmente. Mudar de número de telefone poderia acometer o utilizador ao oneroso encargo de avisar toda a sua lista de contactos dessa circunstância; fazendo-o ou não, alguns contactos perder-se-iam; outros, nunca chegariam a sabê-lo e não conseguiriam contactar quem desejavam. Quanto mais tempo se mantivesse o número, mais improvável seria a vontade de alterar. Além do mais, a *publicitação* do número de telefone ao nível profissional dota-o de um valor endógeno inegável[61]. A não ser possível

[59] Rauer/Kaase, *EU Digital Law. Article-by-Article Commentary*, Schulze/Staudenmayer, Beck. HartigoNomos, Munique, 2020, p. 504.

[60] Conforme refere o Considerando 40 da Diretiva serviço universal: "A portabilidade dos números é um factor essencial para facilitar a escolha dos consumidores e a concorrência efectiva num ambiente de telecomunicações concorrencial, de modo que os utilizadores que o solicitem possam manter o(s) seu(s) número(s) na rede telefónica pública, independentemente da organização que oferece o serviço".

[61] Buehler/Dewenter/Justus, *Mobile Number Portability in Europe*, Diskussionspapier, No. 41, ZBW, 2005, p. 2, «https://www.econstor.eu/bitstream/10419/23628/1/paper_41.pdf».

a portabilidade, será preferível mantê-lo, ainda que a prestação do serviço não seja particularmente apreciada. Dá-se aquilo que nas ciências económicas se denomina "efeito *lock-in*". O "efeito *lock-in*" é, aliás, visível em vários serviços no âmbito digital. O regime jurídico da portabilidade do número de telefone constituiu, de resto, o antecedente para um movimento impulsionado pela agenda digital europeia no sentido de permitir uma maior *portabilidade* e *interoperabilidade* no mercado comum digital. O direito de portabilidade dos dados pessoais, presente no artigo 20.º, do RGPD[62], é uma das faces mais visíveis desse empreendimento[63]. Da mesma forma, veja-se o Regulamento (UE) 2017/1128 do Parlamento Europeu e do Conselho, de 14 de junho de 2017, relativo à portabilidade transfronteiriça dos serviços de conteúdos em linha no mercado interno.

III. A portabilidade do número de telefone vem prevista no ordenamento jurídico nacional na Lei n.º 5/2004, de 10 de fevereiro, a Lei das Comunicações Eletrónicas (LCE), que transpôs a Diretiva serviço universal. O regime jurídico da portabilidade dos números de telefone surge no artigo 54.º. A redação atual da disposição é mais densificada do que a sua versão original, que continha apenas cinco números. A alteração legislativa surgiu por via da Lei n.º 51/2011, de 13 de setembro.

Além deste diploma, as regras sobre portabilidade encontram-se, ainda, no Regulamento n.º 58/2005, publicado a 18 de agosto (doravante Regulamento da Portabilidade), elaborado pela ANACOM nos termos dos artigos 54.º, n.º 7[64] e 125.º, n.º 1[65], da LCE. O Regulamento foi sucessivamente

[62] Regulamento (UE) 2016/679 do Parlamento Europeu e do Conselho, de 27 de abril de 2016, relativo à proteção das pessoas singulares no que diz respeito ao tratamento de dados pessoais e à livre circulação desses dados e que revoga a Diretiva 95/46/CE.

[63] Vítor Palmela Fidalgo, "O Direito à Portabilidade de Dados Pessoais", *RDTec*, vol. 1 (2019), pp. 89 e ss., p. 91.

[64] Nos termos desta disposição: "Compete à ARN, após o procedimento geral de consulta previsto no artigo 8.º, *determinar as regras necessárias à execução da portabilidade*, incluindo a definição do processo global de portabilidade dos números, tendo em conta as disposições nacionais sobre contratos, a viabilidade técnica e a necessidade de assegurar a continuidade do serviço ao assinante, bem como mecanismos de protecção dos assinantes, nomeadamente a fixação de compensações a pagar pelas empresas, em caso de atraso na portabilidade do número ou de portabilidade indevida" (itálico nosso).

[65] A redação da norma é a seguinte: "Compete à ARN publicar os regulamentos necessários à execução da presente lei, nomeadamente os que envolvem as matérias referidas nos n.ºs 1 do artigo 21.º, 2 dos artigos 27.º, 32.º, 37.º e 40.º, 3 do artigo 51.º, 7 do *artigo 54.º, 2 e 4* do

alterado pelos Regulamentos n.º 87/2009, de 18 de fevereiro, n.º 302/2009, de 16 de julho, n.º 114/2012, de 13 de março e n.º 257/2018, publicado a 8 de maio[66].

Nos termos do seu n.º 1, "sem prejuízo de outras formas de portabilidade que venham a ser determinadas, é garantido a todos os assinantes com números incluídos no Plano Nacional de Numeração que o solicitem o direito de manter o seu número ou números, no âmbito do mesmo serviço, independentemente da empresa que o oferece, no caso de números geográficos, num determinado local, e no caso dos restantes números, em todo o território nacional"[67]. A portabilidade constitui um direito do utilizador assinante, tal como vem estatuído na *alínea j)*, do n.º 3, do artigo 39.º, da LCE, estando, igualmente, incluída nos *deveres de informação* que oneram as empresas que oferecem redes de comunicações públicas ou serviços de comunicações eletrónicas acessíveis ao público. Os deveres de informação dizem tanto respeito aos procedimentos e encargos com o direito de portabilidade, como à indicação das formalidades e documentos a apresentar com o pedido de portabilidade para a denúncia do contrato[68].

Para que o direito de portabilidade possa ser observado, deverão ser preenchidos os seguintes requisitos: (i) ser assinante, nos termos do artigo 3.º, *e)*, da LCE[69]; (ii) dar-se a cessação do contrato existente, manifestando o assinante o interesse na portabilidade do número e (iii) a celebração de um novo contrato com outra empresa para onde o número ou números em causa são portados[70].

artigo 92.º e 5 do artigo 108.º, sem prejuízo da competência estatutária da ARN para emitir regulamentos sempre que tal se mostre indispensável ao exercício das suas atribuições" (itálico nosso).

[66] Este Regulamento foi por sua vez alterado pelo Regulamento n.º 85/2019, publicado a 21 de janeiro.

[67] Nos termos do artigo 2.º, n.º 1, *s)*, do Regulamento da Portabilidade, "Portabilidade" consiste na "funcionalidade que permite aos assinantes de serviços de comunicações eletrónicas acessíveis ao público manter o seu número ou números, no âmbito do mesmo serviço, independentemente da empresa que o oferece, no caso de números geográficos, num determinado local, e no caso dos restantes números, em todo o território nacional (portabilidade de operador)".

[68] Cf. artigo 47.º, n.º 2, *f)*, da LCE. *Vide*, ainda, Considerando 41 da Diretiva serviço universal.

[69] É *assinante* "a pessoa singular ou colectiva que é parte num contrato com um prestador de serviços de comunicações electrónicas acessíveis ao público para o fornecimento desses serviços".

[70] RPt 18-Nov.-2013 (Ana Paula Amorim), processo n.º 101/12.2T2AMD.P1, disponível em «www.dgsi.pt».

O prazo para que seja cumprido a execução da portabilidade é estabelecido nos números 2 e 3, do artigo 54.º. De acordo com o n.º 2, os operadores responsáveis pelo procedimento devem assegurar que a transferência de um assinante de uma empresa para outra, com implementação da portabilidade, se conclua no "prazo mais curto possível", respeitando-se integralmente a vontade expressa do assinante. Este princípio de celeridade é, no entanto, concretizado no n.º 3, estatuindo-se que quando o assinante já haja concluído um acordo para a transferência do número, a transferência deve dar-se "no prazo máximo de um dia útil"[71], não podendo, concomitantemente, a perda de serviço exceder esse período. O prazo contar-se-á desde a apresentação do pedido de portabilidade ao novo prestador e considerando que seja devidamente acompanhado dos elementos legalmente exigidos. Caso ocorra atraso na portabilidade, o prestador de serviços recetor deve pagar ao assinante uma compensação no montante de € 2,5, por número, por cada dia completo de atraso[72]. Esta cominação não será aplicável no caso de assinantes que não sejam consumidores cujos contratos estabeleçam outras compensações. No que diz respeito a estes montantes, apesar de já ter sido pugnada pela sua inconstitucionalidade[73], a nossa jurisprudência já se pronunciou no sentido de que as compensações não constituem verdadeiras coimas, nem penalidades, mas sim "custos pré-estabelecidos que permitem o funcionamento da portabilidade, beneficiando o consumidor, e moralizando a agressividade do mercado no sentido de uma concorrência sã"[74]. Visa-se a proteção da concorrência, bem como dos assinantes, procurando que o processo não seja defraudado por meio de expedientes procedimentais e imprimindo-se, no mesmo passo, celeridade ao processo.

A portabilidade não sujeita o assinante ao pagamento de quaisquer montantes ao operador com o qual mantém uma relação (denominado prestador doador e detentor)[75]. Todavia, nada impede que o novo operador (denominado prestador recetor) possa cobrar pela portabilidade, ainda que

[71] *Vide*, igualmente, artigo 12.º, n.º 10, do Regulamento da Portabilidade. Existem, no entanto, exceções a esta regra, que estão previstas nas alíneas *a)* a *d)* da disposição referida.

[72] Cf. artigo 26.º, n.º 4, do Regulamento da Portabilidade.

[73] Cf. Ac. TC n.º 138/2016, Processo n.º 651/15 (João Caupers), disponível em «www.tribunalconstitucional.pt», que veio rejeitar este entendimento.

[74] RLx 1-Fev.-2018 (Rui Moura), processo n.º 2493/11.1TVLSB.L1-8, disponível em «www.dgsi.pt».

[75] Cf. artigo 6.º, n.º 3, do Regulamento da Portabilidade.

a oferta da portabilidade deva reger-se por um princípio de orientação dos custos, não devendo estes encargos desincentivar a mudança de prestador de serviços (*Cf* artigo 54.º, n.º 4, da LCE)[76]. A informação sobre os encargos decorrentes da portabilidade deve constar de forma percetível do contrato com o prestador de serviços[77].

Esta circunstância não obsta, porém, a que o assinante seja obrigado a pagar ao atual prestador de serviços determinados montantes relacionados com as condições contratualizadas, como é tipicamente o caso das quantias devidas por não ter cumprido o *período de fidelização*.

Em termos procedimentos, o processo de portabilidade compreende quatro etapas essenciais[78], nomeadamente: (i) a cessação ou alteração do contrato celebrado com o prestador detentor; (ii) o pedido de portabilidade apresentado pelo assinante ao prestador recetor; (iii) o pedido eletrónico de portabilidade transmitido pelo prestador recetor ao prestador detentor; e (iv) o processo de retorno do número.

Aquando da concretização da portabilidade do número, o serviço deve ficar operacional. Caso haja interrupção do serviço, o prestador recetor deverá pagar uma compensação ao assinante no valor de 20 euros por cada por número e por cada dia de interrupção, até ao máximo de 5000 euros por pedido de portabilidade[79]. Uma vez mais, esta regra não será, contudo, aplicável, caso estejamos perante assinantes que não sejam consumidores cujos contratos estabeleçam outras compensações.

Conforme referimos, a portabilidade implica, concomitantemente, a cessação do contrato existente entre o assinante e uma determinada empresa e a celebração de um novo contrato com outra empresa para onde o número é portado[80]. Não obstante, é importante referir que a mudança de prestador de serviço por parte do assinante, para a contratação de um serviço com a mesma natureza, não implica a portabilidade do número, a não ser que o assinante o indique de forma expressa[81]. A denúncia relacionada

[76] De referir, ainda, o n.º 5, do artigo 54.º, no qual se estabelece que "compete à ARN garantir que as empresas disponibilizem aos assinantes informações adequadas e transparentes sobre os preços aplicáveis às operações de portabilidade, bem como às chamadas para números portados".

[77] Cf. artigo 48.º, n.º 2, *b)*, da LCE. *Vide*, ainda, artigo 30.º, n.º 2, da Diretiva serviço universal.

[78] Cf. artigo 9.º do Regulamento da Portabilidade.

[79] Cf. artigo 26.º, n.º 5, do Regulamento da Portabilidade.

[80] Cf. artigo 10.º, n.º 1, do Regulamento da Portabilidade.

[81] Cf. artigo 12.º, n.º 1, do Regulamento da Portabilidade.

com um pedido de portabilidade caducará decorridos três meses sobre a data da sua apresentação, caso o processo não tenha seguimento[82].

Além das compensações já referidas e da eventual responsabilidade civil dos operadores de telecomunicações, por força do artigo 113.º, n.º 2, *dd)*, da LCE, a violação do pedido de portabilidade, bem como das obrigações estabelecidas nos termos dos n.os 5 e 7 do artigo 54.º constitui um *ilícito contraordenacional grave*. Atendendo às várias dúvidas que foram suscitadas, o Tribunal Constitucional já se pronunciou por mais do que uma ocasião, no sentido da não inconstitucionalidade das normas regulamentares que sancionam com coimas a violação das regras de portabilidade dos números de telefone[83].

9. As cláusulas de «fidelização»

I. É frequente nos contratos de prestação de serviços de telecomunicações a inserção, pelo operador, de «cláusulas de fidelização», pelas quais, em termos práticos, fica o beneficiário do serviço obrigado a um período mínimo de contrato (chamado «período de fidelização»[84]), sob pena do pagamento dos montantes devidos até final. Estas têm como finalidade principal «prender» a contraparte, segurar clientela. Estão também com frequência associadas aos custos de instalação, disponibilização e desbloqueio de aparelhos instalados pelo prestador (ou subcontratado seu) no lugar requerido pela contraparte.

O Decreto-Lei n.º 56/2010, de 1-Jun., que teve por objecto estabelecer «limites à cobrança de quantias pela prestação do serviço de *desbloqueamento* de equipamentos destinados ao acesso a serviços de comunicações electrónicas bem como pela rescisão do contrato durante o período de fidelização» (artigo 1.º)[85], veio regular esta matéria.

[82] Cf. artigo 10.º, n.º 7, *a)*, do Regulamento da Portabilidade.

[83] Ac. TC n.º 78/2013, Processo n.º 624/1 (João Cura Mariano), disponível em «www.tribunalconstitucional.pt»; Ac. TC n.º 612/2014, Processo n.º 227/2014 (Carlos Fernandes Cadilha), disponível em «www.tribunalconstitucional.pt».

[84] *Nomen* que o legislador usa, 23 vezes entre preâmbulo e articulado, no Decreto-Lei n.º 56/2010. Como bem sublinha Pedro Leitão Pais de Vasconcelos, Pacta non sunt servanda? *"Fidelização" e cláusula penal nos contratos de telecomunicações*, *Ab Instantia* III/5 (2015), 266, a chamada «cláusula de fidelização» «nada tem de especial», «[s]implesmente, o contrato é celebrado por um prazo mínimo»; «[o]s contratos com "cláusula de fidelização" são um simples caso de *contrato sujeito a termo*» (cursivo nosso).

[85] Do preceito legal em causa consta também, na parte final: «garantindo os direitos dos utentes nas comunicações electrónicas e promovendo uma maior concorrência neste sec-

Note-se que o problema das cláusulas de fidelização não se coloca necessariamente por referência ao desbloqueamento de equipamentos e que, atento o âmbito do diploma (artigo 1.º do Decreto-Lei n.º 56/2010), não seria óbvio que legislasse em geral sobre as chamadas cláusulas de «fidelização». No entanto, fê-lo, conforme n.º 3 do artigo 2.º:

> 3 – É proibida a cobrança de qualquer contrapartida, para além das referidas no número anterior, a título indemnizatório ou compensatório pela resolução do contrato durante o período de fidelização.[86]

A interpretação do preceito já de si não é clara. O legislador, todavia, veio complicar o problema. Com efeito, passado 1 ano e cerca de 2 meses, foi publicada a Lei n.º 51/2011, de 13-Set., introduzindo várias alterações à Lei n.º 5/2014, de 10-Fev. (LCE), dentre as quais os artigos 2.º/2 *h*) e o 48.º/4 e 5.

Assim, segundo o primeiro dos artigos citados:

> 2 – O disposto na presente lei não prejudica:
> (...)
> *h*) O regime jurídico aplicável à cobrança de quantias pela prestação do serviço de desbloqueamento de equipamentos, previsto no Decreto-Lei n.º 56/2010, de 1 de Junho.

E dispôs, por sua vez, o artigo 48.º/4 e 5 da LCE, na versão da Lei n.º 51/2011, de 13-Set.

> 4 – As empresas que prestam serviços de comunicações electrónicas acessíveis ao público devem oferecer a todos os utilizadores a possibilidade de celebrarem contratos pelo prazo de 12 meses.
> 5 – Sem prejuízo da existência de períodos contratuais mínimos, nos termos do número anterior, as empresas não devem estabelecer condições contratuais desproporcionadas ou procedimentos de resolução dos contratos excessiva-

tor». É discutível que da lei devam constar acrescentos ou propósitos deste tipo. Trata-se de retórica legislativa, que estamos mais habituados a ver em preâmbulos. Valem, ainda, ademais, em termos que subscrevemos, as observações de P. Leitão Pais de Vasconcelos, Pacta non sunt servanda? cit., 262, à confusão que o legislador promove, também aqui, entre direitos e interesses.

[86] Norma imperativa cuja violação determina nulidade, segundo o artigo 8.º do Decreto-Lei n.º 56/2010, que duplica, de forma talvez desnecessária, uma regra geral de direito (artigo 294.º do CC).

mente onerosos e desincentivadores da mudança de prestador de serviço por parte do assinante.

O artigo 48.º/5 da LCE colocava, portanto, um problema de compatibilização com o artigo 2.º/3 do Decreto-Lei n.º 56/2010. Em concreto, perguntava-se se tivesse derrogado o artigo 2.º/3 do Decreto-Lei n.º 56/2010.

II. O legislador, no entanto, interveio nesta questão. Assim, cerca de 5 anos depois, foi aprovada a Lei n.º 15/2016, de 17-Jun., intitulada lei que «[r]eforça a proteção dos consumidores nos contratos de prestação de serviços de comunicações eletrónicas com período de fidelização».

A reforma de 2016 veio apresentar uma definição de «*fidelização*» como «o período durante o qual o consumidor se compromete a não cancelar um contrato ou a alterar as condições acordadas» (artigo 3.º *m*) da LCE). O preceito não prima pelo rigor técnico: não apenas é duvidoso que fosse necessária esta definição (tanto mais que parece estar em causa a mera sujeição a prazo do contrato), como o termo «cancelar» é de linguagem corrente, sem uma concreta correspondência, de uma perspectiva de dogmática jurídica, aos modos de cessação do contrato.

A LCE sofreu em 2016 outras alterações neste domínio. Assim, o artigo 47.º-A, em matéria de obrigação de prestar informações aos assinantes[87], vem agora mencionar também «[a] duração remanescente do contrato, sempre que haja períodos de fidelização, bem como os encargos associados à cessação antecipada do mesmo por iniciativa do assinante» (artigo 47.º-A/1 *g*)) e que as empresas que estipulem tais períodos de fidelização são obrigadas a fornecer aos clientes, através dos meios que habitualmente usam na sua comunicação regular com os mesmos, «no momento e sempre que tal seja solicitado, toda a informação relativa à duração remanescente do seu contrato, bem como o valor associado à rescisão antecipada do mesmo» (artigo 47.º-A/3). A lei obriga também a que, nos contratos com períodos de fidelização, iniciais ou sucessivos, as empresas: (a) conservem, no caso de celebração por telefone, a gravação das chamadas telefónicas durante todo o período de vigência acordado, inicial ou sucessivo, acrescido do correspondente prazo de prescrição e[88] caducidade (artigo 47.º-A/5 *a*);

[87] Sobre o qual vd. supra secção correspondente a cargo do Mestre António Barroso Rodrigues.

[88] Este «e» deve ser agilmente interpretado. Em regra, não se cumulam prazos de caducidade e de prescrição pelo mesmo período de tempo, correndo apenas um deles. Quando assim

cf. também o artigo 21.º/3 da LERGPD[89]); (b) assegurar, no caso das vendas presenciais, através de qualquer meio escrito, que o assinante é convenientemente informado dos períodos de vigência acordados.

As mudanças mais extensas ocorreram, no entanto, no artigo 48.º A reforma de 2015 veio, com efeito, adensar o conteúdo do artigo 48.º no que respeita aos chamados «períodos de fidelização», que conta agora com 20 números (!) em lugar dos anteriores 10. O n.º 5 do artigo 48.º da LCE passou agora a n.º 10, com um teor praticamente coincidente:

> 10 – Sem prejuízo da existência de *períodos de fidelização, iniciais ou posteriores*, nos termos *da presente lei*, as empresas não devem estabelecer condições contratuais desproporcionadas ou procedimentos de resolução dos contratos excessivamente onerosos e desincentivadores da mudança de prestador de serviço por parte do assinante, *cabendo a fiscalização das mesmas à ARN.*

A reforma de 2016 veio, ainda, impor mais alterações no artigo 48.º Assim, os novos n.os 2 *a*) e *c*), 4 a 15, sobre os quais teremos oportunidade de nos pronunciar.

III. Antes, analisemos e determinemos o alcance do artigo 2.º/3 do Decreto-Lei n.º 56/2010.

Este surge incluído num preceito referente à «contrapartida» pela «prestação do serviço de desbloqueamento do equipamento, findo o período de fidelização contratual» (artigo 2.º/1) e aos limites pela resolução do contrato e consequente desbloqueamento do equipamento «durante o período de fidelização» (artigo 2.º/2 *a*) a *c*)). É este o contexto em que surge o n.º 3 do artigo 2.º, com o teor que se recorda:

> 3 – É proibida a cobrança de qualquer contrapartida, para além das referidas no número anterior, a título indemnizatório ou compensatório pela resolução do contrato durante o período de fidelização.

A redacção do preceito é susceptível de críticas várias. Não se percebe, desde logo, a distinção que se faz entre «indemnizatório» ou «compensa-

seja, *i.e.*, quando ao caso couber o decurso de apenas um prazo de determinado regime, seja de prescrição, seja de caducidade, não será obviamente necessário esperar o decurso de um outro prazo que não exista.

[89] Sobre o qual anotação nossa em *Comentário ao Regulamento Geral de Proteção de Dados e à Lei n.º 58/2019*, coord. A. Barreto Menezes Cordeiro, Almedina, Coimbra, 2021, 600 ss.

tório». A referência a «contrapartida» é também de discutível rigor técnico: a «contrapartida» situa-se, primordialmente[90], no plano digamos primário da correspondência ou sinalagmaticidade das atribuições das partes no contrato, não tanto imediatamente no plano secundário por cessação do contrato[91]. Muito problemática é sobretudo a utilização do *terminus technicus* «resolução»: no Decreto-Lei n.º 56/2010 usa-se preferentemente «resolução» (6 vezes: 3 no preâmbulo e 3 no articulado), mas também «rescindir» e «rescisão» (uma vez no preâmbulo e outra no artigo 1.º). Ambos os termos são tecnicamente usados, na dogmática jurídica, para a resolução unilateral do contrato, com justa causa. O ponto não é aqui, no entanto, claro. Ilustrativo do alcance com que os termos são usados é o n.º 2 do artigo 2.º: «Durante o período de fidelização, pela *resolução* do contrato e pelo desbloqueamento do equipamento, é proibida a cobrança de qualquer contrapartida de valor superior a (...)». A resolução é aqui vista *da perspectiva do beneficiário do serviço*, não do prestador, como o demonstra a tónica colocada no desbloqueio do equipamento, na cobrança de «contrapartida» e nos próprios limites impostos a tais «contrapartidas» (que se aferem *prima facie* pelo valor do equipamento, fornecido pelo prestador de serviços de comunicações electrónicas); e é também vista como *resolução* sem fundamento, portanto *ilícita*[92], traduzindo um *incumprimento*, por princípio *definitivo*, do contrato[93]; apesar dos dizeres legais (não é necessária a existência de uma *resolução ilícita*, podendo, *a fortiori*, concluir-se que um *incumprimento* do beneficiário do serviço que legitime ao prestador a resolução do contrato também estará abrangido). Ora, se assim é, o legislador proíbe, no n.º 3 do artigo 2.º, no qual o termo *resolução* é usado de forma similar ao n.º 2, que

[90] Escrevemos primordialmente, porque pode ainda assim estar em causa uma *resolução onerosa*, o chamado *Reugeld*. P. Leitão Pais de Vasconcelos, Pacta non sunt servanda? cit., 267, considera que, neste caso, «a questão é diferente, porquanto a cláusula de contrapartida não é uma cláusula penal, mas antes um sinalagma». Vemos, todavia, com dificuldade que, em virtude da fungibilidade que assume com as cláusulas penais, não se aplique ao *Reugeld* o regime da cláusula penal, mormente o artigo 812.º do CC e, tratando-se de cláusulas contratuais gerais, o artigo 19.º *c*) da LCCG (certo desfavor perante o *Reugeld*, dentro do específico contexto da venda a retro, mas em termos equivalentes aos que valem para cláusulas penais (artigo 928.º/2), verifica-se também no artigo 928.º/1 do CC).

[91] Assim também P. Leitão Pais de Vasconcelos, Pacta non sunt servanda? cit., 266-267.

[92] Item, P. Leitão Pais de Vasconcelos, Pacta non sunt servanda? cit., 267.

[93] Sendo com justa causa e, portanto, *lícita* a resolução, não haverá sequer lugar à aplicação do artigo 2.º/2 do Decreto-Lei n.º 56/2010, uma vez que não haverá lugar a indemnização a pagar pelo resolvente, antes o contrário.

o prestador de serviços exija uma indemnização ou cláusula penal («contrapartida») pela resolução ilícita do contrato durante o período de fidelização[94]. Isto é particularmente estranho, mesmo se o pensarmos dentro da lógica dos contratos de prestação de serviços: aplicando-se-lhes o regime do mandato (artigo 1156.º do CC), é admitida a sua livre revogabilidade (artigo 1170.º *ibid.*); *revogação unilateral* e *discricionária, ex lege*, que, embora lícita, obriga a indemnizar nos casos previstos na lei (artigo 1172.º *a*) a *d*) *ibid.*).

Fica por esclarecer, no entanto, a amplitude do n.º 3 do artigo 2.º, o mesmo é dizer, que casos se subsumam á previsão normativa. Ora, o «elemento sistemático», savignyanamente falando, da interpretação jurídica leva-nos a concluir que estão apenas em causa «contrapartidas» pela resolução no contexto da cessação do contrato com desbloqueio de equipamentos. E o elemento literal também, ao referir-se, no n.º 3 do artigo 2.º: «para além das [contrapartidas] referidas no número anterior». Portanto, segundo o artigo 2.º/3 do Decreto-Lei n.º 56/2010, nos contratos de prestação de serviços de comunicações electrónicas, cuja cessação determine o desbloqueio do equipamento, é possível ao prestador de serviços exigir *apenas* (até) os valores dispostos no n.º 2 do artigo 2.º, não outros além desses. Contra este entendimento, se pronunciou um sector relevante da jurisprudência dos tribunais e da doutrina. Para P. Leitão Pais de Vasconcelos, se a solução do artigo 2.º/3 só se aplicasse aos contratos com entrega de equipamento, «as consequências seriam, no mínimo muito estranhas», pois, a ser assim, «os utentes que celebrassem um contrato de acordo com o qual recebiam um equipamento a preço mais favorável, beneficiavam desta benesse e, para além desta benesse, estavam isentos de pagar qualquer quantia em caso de resolução do contrato durante o seu prazo de duração, mesmo que resolvessem ilicitamente o contrato»; já «[o]s outros utentes, que não beneficiavam do equipamento, tinham de indemnizar a operadora caso violassem o mesmo prazo»[95]. Assim, nas palavras de P. Leitão Pais de Vasconcelos, criar-se-ia: (a) «[u]ma categoria composta pelos utilizadores a quem o operador tenha entregue um equipamento, e que estariam isentos de respon-

[94] É de afastar que esteja em causa no n.º 3 do artigo 2.º a proibição de uma *revogação* por mútuo acordo ou distrate do contrato que não fosse gratuita (portanto, de revogação onerosa), como nota P. Leitão Pais de Vasconcelos, Pacta non sunt servanda? cit., 267. Mas mais ainda: é-o também que tenha o significado de denúncia, por estarem em causa contratos por tempo determinado ou sujeitos a termo; bem como o significado de caducidade ou oposição à renovação.

[95] P. Leitão Pais de Vasconcelos, Pacta non sunt servanda? cit., 268.

sabilidade civil por violação do contrato»; e (b) «[u]ma categoria composta pelos utilizadores a quem o operador não tenha beneficiado com a entrega de um equipamento, e que, por essa razão, seriam civilmente responsáveis caso violassem o contrato»[96]. Para o autor, «[e]sta interpretação não pode valer, por ser incompatível com o sistema jurídico. Nenhum sentido há em punir as pessoas que não recebem um equipamento a preço especial, especialmente quando as demais, para além de resultarem beneficiadas pela entrega do equipamento, ainda seriam civilmente irresponsáveis. Assim, o artigo 3.º, n.º 2 do Decreto-Lei n.º 56/2010 deve ser interpretado como sendo aplicável a todos os contratos sujeitos a uma "cláusula de fidelidade", com ou sem entrega de equipamento»[97]. Temos dúvidas, no entanto, de que esta fosse à data a melhor solução e menos dúvidas temos ainda perante as alterações introduzidas em 2016 à LCE. O Decreto-Lei n.º 56/2010 aplicava-se e aplica-se, com efeito, à «cobrança de quantias pela prestação do serviço de desbloqueamento dos aparelhos que permitem o acesso a serviços de comunicações electrónicas», o que, no contexto do artigo 2.º, mais notório era pela necessária consideração do n.º 2 na interpretação do n.º 3. A solução exarada é passível de explicação: o legislador quis estabelecer *tectos máximos* para as cláusulas penais em caso de resolução ilícita em contratos de prestação de serviços de telecomunicações com os ditos «períodos de fidelização» (100% do valor do equipamento, 80% ou 50%: artigo 2.º/2 do Decreto-Lei n.º 56/2010), impedindo, no entanto, que o prestador de serviços cobrasse outros valores além destes (artigo 2.º/3 *ibid.*)[98]. O bem conhecido regime do n.º 3 do artigo 2.º do Decreto-Lei n.º 56/2010 permaneceu incólume às reformas de 2011 e 2016 à LCE, mas não deixa de ser pertinente colocar a questão de uma sua *revogação tácita*, em termos de considerar que os tectos máximos do n.º 2 do artigo 2.º do Decreto-Lei n.º 56/2010 serviriam apenas para o desbloqueio dos equipamentos, mas seria possível exigir ao beneficiário do serviço, além desses montantes, outros pela violação do contrato[99]. A reforma de 2016 da LCE veio efectivamente dispor sobre o tema, no novo n.º 13 do artigo 48.º: este ressalva o cálculo dos «encargos»

[96] P. Leitão Pais de Vasconcelos, Pacta non sunt servanda? cit., 269.

[97] *Id.*, *ibid.*

[98] No mesmo sentido, a jurisprudência maioritária: RPt 28-Abr.-2015 (Vieira e Cunha), proc. n.º 95926/13.0YIPRT.P1. Diferentemente, considerando o âmbito de aplicação do artigo 2.º/3 mais extenso e prejudicado pela Lei n.º 5/2011, que alterou a LCE, RPt 7-Mai.-2015 (Leonel Serôdio), proc. n.º 134839/12.4YIPRT.P1.

[99] Diversamente, RPt 20-Mai.-2014 (Anabela Dias da Silva), proc. n.º 83925/13.6YIPRT.P1.

de acordo com a «legislação aplicável», *i.e.* o n.º 2 do artigo 2.º do Decreto-Lei n.º 56/2010, mas permite que, «nas demais situações» – anteriormente proibidas pelo n.º 3 do artigo 2.º do Decreto-Lei n.º 56/2010 –, se possa agora calcular, para efeito de cláusulas de «fidelização», encargos não superiores ao valor da vantagem conferida que, na proporção do período da duração do contrato fixada, ainda esteja por recuperar pela empresa que presta o serviço, na data em que produz efeitos a sua cessação antecipada». Desta forma vem permitir cláusulas de «fidelização», nos contratos com cedência de equipamento, que considerem encargos que não apenas os do desbloqueio dos equipamentos, *revogando*, desta forma, *tacitamente*, o disposto n.º 3 do artigo 2.º do Decreto-Lei n.º 56/2010.

IV. Passemos, novamente, ao artigo 48.º da LCE.

Este determina que o prestador de serviços informe o beneficiário sobre a duração dos contratos (incluindo renovação e cessação) de forma «clara, perceptível, disponibilizada em suporte duradouro», incluindo sobre «eventual período de fidelização, cuja existência depende da atribuição de qualquer vantagem ao consumidor, identificada e quantificada, associada à subsidiação de equipamentos terminais, à instalação e activação do serviço ou a outras condições promocionais» (artigo 48.º/2 *a*)) e sobre «eventuais encargos decorrentes da cessação antecipada do contrato durante o período de fidelização, por iniciativa do assinante, nomeadamente em consequência da recuperação de custos associados à subsidiação de equipamentos terminais, à instalação e activação do serviço ou a outras condições promocionais» (artigo 48.º/2 *b*)). É estranho que a lei preceitue sobre a motivação de uma cláusula penal, ainda para mais no âmbito de uma norma sobre deveres de informação. Ainda assim, parece poder retirar-se um sentido normativo útil das als. *a*) e *b*) do n.º 2 do artigo 48.º: o legislador quis que as *cláusulas penais*, ditas de «fidelização», estivessem motivadas nos termos aí constantes; com efeito, os prestadores de serviços de telecomunicações alegaram sistematicamente como fundamento para a estipulação (ou, *rectius*, imposição) de cláusulas de «fidelização» o facto de andarem associadas aos custos de instalação equipamentos terminais e a condições promocionais. A lei acolheu este arrazoado, que verteu sob a forma de lei. Não é, no entanto, claro se essas «condições promocionais» não sejam prática mais generalizada do que a expressão levaria a crer e o mesmo se diga da entrega, instalação e activação de equipamentos terminais, a ponto de ser discutível se exista da sua parte um dano patrimonial efectivo relacionado com estes factos e a ponto de, na prática, ficarem sempre os prestadores de serviços legitimados à inserção de tais cláusulas nos contratos.

Os prestadores de serviços de telecomunicações não podem «opor-se à *denúncia*[100] dos contratos por iniciativa dos assinantes, com fundamento na existência de um período de fidelização, ou exigirem quaisquer encargos por incumprimento de um período de fidelização, se não possuírem prova da manifestação de vontade do consumidor», ou seja, assinatura por ele da proposta contratual (artigo 48.º/3 e 4). Trata-se este de um caso singular de forma *ad probationem*.

O legislador dispõe também sobre a extensão dos ditos «períodos de fidelização». O regime regra, nos contratos de prestação de serviços de comunicações electrónicas *com consumidores*, é o de que a duração total do mesmo não pode ser superior a 24 meses (= 2 anos), mas *excepcionalmente*, mesmo com consumidores, pode este limite ser prorrogado mais 24 meses (= outros 2 anos; a lei fala de «períodos adicionais de fidelização»), se, cumulativamente: (a) as alterações contratuais (entenda-se: que levem à prorrogação do período de «fidelização») implicarem a actualização de equipamentos ou da infra-estrutura tecnológica; e (b) houver aceitação *expressa* por parte do consumidor.

Em prol da liberdade de escolha do consumidor e com vista a perceber efectivamente melhor até que ponto os períodos de fidelização estão estribados em «condições promocionais» (cf. também o artigo 48.º/9), a lei obriga os prestadores de serviços de comunicações electrónicas «acessíveis ao público» a oferecerem a todos os clientes a possibilidade de celebrarem contratos sem «fidelização», bem como contratos com 6 e 12 meses de «período de fidelização», «por cada benefício concedido ao utilizar» (artigo 48.º/8 pr.). Obriga-os ainda a «publicitar» ou a informar os clientes sobre esta possibilidade nos mesmos suportes em que seja publicitada a oferta com fidelização, de forma claramente legível (artigo 48.º/8 *a*)); e obriga-os a informar, «de forma facilmente acessível pelos consumidores, no caso de existir fidelização», a relação entre custo e benefício associada às diferentes ofertas comerciais, permitindo a comparação da mesma oferta com diferentes períodos de fidelização, sempre que existam (artigo 48.º/8 *b*)).

[100] A falta de rigor no uso de termos jurídicos é manifesta na LCE, num exemplo de má técnica legislativa. Agora, para o que antes se chama de rescisão e resolução, usa-se «denúncia».

A anterior norma fundamental para aferir da validade das cláusulas ditas de «fidelização» era o n.º 5 (na versão de 2011), já acima reproduzido, agora n.º 10 (na versão de 2016). Este regime, no entanto, foi dobrado ou complementado, de forma discutivelmente necessária e em termos pouco articulados, por outras disposições, constantes dos n.os 11 a 13.

Desde logo, o n.º 11 do artigo 48.º da LCE vem estabelecer que «[d]urante o período de fidelização, os encargos para o assinante, decorrentes da resolução do contrato por sua iniciativa, não podem ultrapassar os custos que o fornecedor teve com a instalação da operação, sendo proibida a cobrança de qualquer contrapartida a título indemnizatório ou compensatório». O que seja «instalação da operação» não é claro (também aqui se manifesta a falta de rigor nos termos empregues pelo legislador); o uso do termo «cobrança» remete-nos para o ideário das «cobranças de dívidas», quase numa lógica processual-executiva, e de uma perspectiva técnica não se identificam com precisão as categorias jurídicas que estão em causa; não é, ainda, correcto dizer que se proíbe a «cobrança de qualquer contrapartida a título indemnizatório ou compensatório», pois ela é permitida (pelo menos) pela primeira parte do n.º 11; acresce que «contrapartida» não é rigorosamente o que está em causa se se quer referir à fixação de danos; por fim, a imprecisão dos termos usados gera dificuldade em discernir os âmbitos deste n.º 11 e do n.º 12. Enfim, o sentido normativo útil do n.º 11 parece ser o de ligar a cláusula penal dita «de fidelização» aos ditos custos «com a instalação», numa lógica (próxima da) de *liquidação antecipada de danos*, que não de cláusula penal em sentido estrito ou de cláusula penal puramente compulsória. A resolução aqui em causa é da iniciativa do assinante e parece ser uma *resolução ilícita*; nem faria sentido que estivesse em causa uma *resolução lícita*, pois, nesse caso, os encargos «decorrentes da resolução do contrato» não seriam, em princípio, «para o assinante», mas para o «fornecedor».

Concretizando, em parte[101], o n.º 10, o n.º 12 do artigo 48.º da LCE dispõe que, «[o]s encargos pela cessação antecipada do contrato com período de fidelização, por iniciativa do assinante, devem ser proporcionais à vantagem que lhe foi conferida e como tal identificada e quantificada no contrato celebrado, não podendo em consequência corresponder automaticamente à soma do valor das prestações vincendas à data da cessação».

[101] Dizemos em parte porque o n.º 10 não cura apenas das cláusulas penais ditas de «fidelização», ao referir-se também a «procedimentos de resolução».

A lei proíbe, assim, que a cláusula de «fidelização» corresponda «automaticamente à soma do valor das prestações vincendas à data da cessação», impedindo, portanto, que a cláusula abranja o *interesse contratual positivo*. Diversamente, associa a cláusula de «fidelização» às vantagens comerciais, determinando que ela não exceda, em proporção, a vantagem que foi concedida em virtude da existência de fidelização. Trata-se aqui de uma regra especial em relação ao artigo 812.º do CC e, mesmo, em relação ao artigo 19.º *c*) da LCCG.

Sobre o n.º 13 do artigo 48.º da LCE pronunciámo-nos já acima, a propósito da sua articulação com os n.os 2 e 3 do artigo 2.º do Decreto-Lei n.º 56/2010.

V. Discute-se, ainda, qual seja o prazo de prescrição a aplicar ao crédito devido por violação do dito «período de fidelização». Não vemos razões para não aplicar o disposto no artigo 10.º/1 e 4 da LSPE (6 meses após a prestação do serviço): a obrigação derivada da cláusula penal dita de «fidelização» constitui-se pela violação da obrigação de pagamento do preço, ficando sujeita ao mesmo prazo[102].

10. Cumprimento defeituoso. O Decreto-Lei n.º 84/2021

I. O período da pandemia trouxe consigo um uso mais intenso dos serviços de comunicações electrónicas. Sucederam-se, nos períodos de confinamento, episódios, muito frequentes, de falhas no acesso a tais serviços, apesar de os clientes estarem a utilizar dados aquém dos limites máximos contratualizados. Independentemente, porém, deste tipo de eventos, não é insólito que ocorram e se sucedam falhas no acesso a serviços de telecomunicações. Ora, usando das palavras da al. *b*) do n.º 3 do artigo 39.º da LCE, os utilizadores de serviços de telecomunicações têm direito a «aceder aos serviços contratados de forma contínua, sem interrupções ou suspensões indevidas».

II. O diploma que seria aplicável, todavia, não o é. Pensamos no Decreto-Lei n.º 84/2021, de 18-Out. Este exclui da sua aplicação os *serviços de comunicações electrónicas*, tal como definidos no artigo 2.º/4) da Directiva (UE)

[102] Cf. RPt 24-Fev.-2015 (M. Pinto dos Santos), proc. n.º 28627/14.6YIPRT.P1 (alinhando com o RPt 21-Out.-2014, RPt 13-Jun.-2013, RLx 25-Fev.-2010, proc. n.º 1591/08.3TVLSB.L1-6 e RLx 29-Nov.-2011, proc. n.º 370/06.7YXLSB.L1-7).

n.º 2018/1972, de 11-Dez., com excepção dos *serviços de comunicações interpessoais independentes de número*, como definidos no artigo 2.º/7) da citada Directiva[103]. O considerando (28) da Directiva n.º 2019/770 fornece uma indicação sobre aquilo em que consistam: correio electrónico através da Internet e serviços de mensagens em linha. A estes é o Decreto-Lei n.º 84/2021 aplicável, em parte o seu capítulo III, que contém o regime aplicável ao fornecimento de conteúdos e serviços digitais, concedendo ao consumidor os clássicos direitos de «reposição», redução proporcional do preço e resolução.

O Decreto-Lei n.º 84/2021 é ainda aplicável aos casos em que o «pacote de serviços» inclua o fornecimento de conteúdos ou serviços digitais e «elementos de um serviço de acesso à Internet»[104] ou de um «serviço de comunicações interpessoais com base em números»[105]: neste caso, porém, não é aplicável o disposto no artigo 39.º do Decreto-Lei n.º 84/2021 (alterações aos conteúdos digitais), mas é-o o restante regime do citado diploma.

III. A pergunta, no entanto, permanece: qual o regime aplicável ao cumprimento defeituoso pelo prestador nos serviços de comunicações electrónicas, fora do contexto das comunicações interpessoais independentes de número e dos «pacotes»? A resposta parece estar, em parte, no artigo 4.º/4 do Regulamento (UE) n.º 2015/2120, de 25-Nov., com o seguinte teor:

> 4. Qualquer discrepância significativa, contínua ou recorrente, entre o desempenho real no que se refere ao débito ou a outros parâmetros de qualidade dos serviços de acesso à Internet e o desempenho indicado pelo prestador de serviços de acesso à Internet nos termos do n.º 1, alíneas a) a d), é, caso os factos relevantes sejam estabelecidos por um sistema de controlo certificado pela

[103] Com o seguinte teor: «um serviço de comunicações interpessoais que não estabelece a ligação, ou que não permite a comunicação, com recursos de numeração atribuídos publicamente, a saber, com um número ou números incluídos nos planos nacionais ou internacionais de numeração».

[104] Tal como definido no artigo 2.º/2) do Regulamento (UE) n.º 2015/2120: «um serviço de comunicações eletrónicas acessíveis ao público que oferece acesso à Internet e, portanto, conetividade a praticamente todos os pontos terminais da Internet, independentemente das tecnologias de rede e dos equipamento terminais utilizados».

[105] Tal como definido no artigo 2.º/6) da Directiva (UE) n.º 2018/1972, de 11-Nov.: «um serviço de comunicações interpessoais que estabelece a ligação, ou permite a comunicação, com recursos de numeração atribuídos publicamente, a saber, com um número ou números incluídos nos planos nacionais ou internacionais de numeração».

autoridade reguladora nacional[106], considerada como constituindo uma não conformidade do desempenho para efeitos do desencadeamento do processo de tomada das medidas corretivas de que o consumidor dispõe nos termos do direito nacional.

Como é bom de ver, o artigo 4.º/4 do Regulamento (UE) n.º 2015/2120 fornece um critério para aferir da desconformidade do desempenho e qualidade dos serviços de acesso à Internet com o contrato; critério este que parece mais apertado, em desfavor do consumidor, do que aquele que vale para a venda de bens de consumo e para o fornecimento e prestação de conteúdos e serviços digitais em geral (que a regra *de minimis non curat praetor* não explica inteiramente: «discrepância significativa, contínua ou recorrente»).

Em todo o caso, o artigo 4.º/4 do citado Regulamento não estabelece os remédios que estejam ao dispor do consumidor para reagir contra uma tal desconformidade, limitando-se a remeter para o *direito nacional*. Ora, neste caso, na impossibilidade de se lançar mão do Decreto-Lei n.º 84/2021, terá o consumidor de recorrer ao regime geral do incumprimento (artigos 798.º ss. do CC)[107], além das dificuldades em encontrar um regime aplicável de cumprimento defeituoso, que o Código Civil não prevê em geral, ainda que pareça generalizável à situação em apreço o regime da empreitada (artigos 1218.º ss.), espécie também da prestação de serviços (1155.º).

11. Suspensão e extinção do serviço prestado

11.1. Enquadramento

A suspensão e a extinção do serviço prestado por empresas que oferecem redes de comunicações públicas ou serviços de comunicações eletrónicas acessíveis ao público vem, maioritariamente, prevista nos artigos 52.º e 52.º-A, da LCE.

No plano mais geral, a distinção entre os dispositivos baseia-se no elemento subjetivo ativo: o artigo 52.º aplica-se à suspensão e à extinção do serviço prestado a *assinantes não consumidores*, enquanto o artigo 52.º-A ao

[106] Em Portugal, o medidor de velocidade da Anacom é o NET.mede.

[107] Sobre o ponto também, Flávia da Costa de Sá, *Contratos de prestação de serviços de comunicações electrónicas: a suspensão do serviço em especial*, tese de mestrado, FDUNL, Lisboa, 2014, pp. 51 e ss.

prestado a *assinantes consumidores*. A destrinça deixa adivinhar um regime jurídico mais protetor do artigo 52.º-A, manifestação de um direito especial de defesa (*Abwehrrecht*) garante da proteção do consumidor enquanto parte mais fraca na relação com o profissional, que resulta, igualmente, da nossa lei fundamental (artigo 60.º, n.º 1, da CRP).

A diferenciação ora efetuada, não nos impede de apreender outras matrizes genéricas e, por isso, comuns a ambos os regimes. Numa observação mais próxima, conseguimos detetar a *hipótese-tipo* em que se norteia a estatuição de ambos os regimes: a falta de pagamento das faturas como principal fundamento para a suspensão e extinção do serviço. Na medida em que a prestação de serviço de telecomunicações eletrónicas se baseia num contrato sinalagmático, esta *hipótese-tipo* torna-se, logicamente, a circunstância mais relevante (e comum) em termos sociais, ainda que possam estar em causa outras circunstâncias, como casos de *força maior*.

No caso específico da suspensão, a solução para tal hipótese encontra-se plenamente consagrada no direito comum: a exceção de não cumprimento do contrato, estatuída nos artigos 428.º a 431.º, do CC. Mas aqui entra outro vetor a ter em conta neste regime: a circunstância de os serviços de telecomunicações serem considerados serviços públicos essenciais[108], que, como é sabido, foca-se na proteção do utente[109], independentemente de estarmos perante um consumidor. O carácter público do serviço não deriva do facto de o prestador de serviços ser uma entidade pública. O *nomen* é, definitivamente, infeliz[110]. Deriva sim, da relevância geral do tipo de serviços em causa, que devem ser acessíveis ao público em geral.

Da essencialidade dos serviços resulta outro dos princípios basilares nesta matéria: enquanto serviço público essencial, a prestação de serviços de telecomunicações deve ser realizada de forma ininterrupta (*princípio da continuidade*) (artigo 5.º, da LSPE). A manifestação deste princípio surge categoricamente na *alínea b)*, do n.º 3, do artigo 39.º e no n.º 1, do artigo 52.º, em total coerência com o conteúdo do artigo 5.º, n.º 1, da Lei 23/96. Como daremos conta, no caso dos *assinantes consumidores*, o artigo 52.º-A

[108] Cf. artigo 1.º, n.º 2, *d)*, da Lei 23/96. V. § 1 *supra*.

[109] Cf. artigo 1.º, n.º 3, da Lei 23/96. V. § 1 *supra*.

[110] Neste sentido, entre outros, Ferreira de Almeida, "Serviços Públicos, contratos privados", *Estudos em Homenagem à Professora Doutora Isabel de Magalhães Collaço*, Vol. II, Almedina, Coimbra, 2002, pp. 117 e ss., p. 139; Morais de Carvalho, *Manual de Direito do Consumo*, 5.º ed., Almedina, Coimbra, 2018, p. 355.

estatui garantias mais generosas, surgindo o pré-aviso como uma declaração para garantir um prazo adicional para pagamento ao consumidor (*Cf* artigo 52.º-A, n.º 1).

Além da tutela contraordenacional que possa ter lugar, a suspensão ilícita dos serviços faz com que o prestador possa incorrer em responsabilidade obrigacional. No que diz respeito aos danos a serem ressarcidos, embora a factualidade presente neste tipo de casos seja, amiúde, qualificada como causando meros *transtornos* ou *incómodos* menores para os assinantes, a nossa jurisprudência tem pacificamente admitido a ressarcibilidade dos danos morais[111].

Vejamos, de seguida, cada um dos regimes em especial.

11.2. Assinantes não consumidores

A suspensão e a extinção do serviço de telecomunicações eletrónicas prestado a *assinantes não consumidores* encontram-se previstas no artigo 52.º.

Os dois primeiros números replicam, em grande medida, o conteúdo do artigo 5.º, n.os 1 e 2, da LSPE. Nos termos do n.º 1, "as empresas que oferecem redes de comunicações públicas ou serviços de comunicações eletrónicas acessíveis ao público apenas podem suspender a prestação dos serviços que prestam a assinantes que não sejam consumidores após pré-aviso adequado ao assinante, salvo caso fortuito ou de força maior". Consagra-se o já denominado *princípio da continuidade* (ou, na perspetiva do profissional, do "dever de continuidade"[112]) do serviço prestado (artigo 5.º, n.º 1, da LSPE), que onera as empresas de telecomunicações a emitir um pré-aviso ao assinante não consumidor, protegendo-o contra a *descontinuação* do serviço de forma inesperada, a "suspensão abrupta". Esta regra não tem lugar, todavia, caso a suspensão do serviço esteja relacionada com *caso fortuito* ou motivos de *força maior*[113]. Conforme já referiu o Supremo Tribunal de Justiça, num

[111] *Vide*, v.g., RPt 28-Fev.-2013 (Freitas Vieira), processo n.º 6682/05.0TBMTS.P1, disponível em «www.dgsi.pt».

[112] Engrácia Antunes, *Direito do Consumo*, Almedina, Coimbra, 2019, p. 205.

[113] O legislador não densificou que situações podem constituir *casos fortuitos* ou de *força maior*. Os termos são, no entanto, sobejamente conhecidos no âmbito do Direito civil – em particular, na densificação do caso de força maior como excludente da culpa e, por consequência, da responsabilidade civil – com influência para os restantes ramos de direito privado e direito público. Poderemos até socorrer-nos de um lugar-comum relativamente à prestação de outro serviço público essencial, o serviço de fornecimento de energia elétrica. Nos termos do artigo 8.º, n.º 1 do Regulamento da qualidade do serviço elétrico (Regula-

litígio que envolvia um particular e uma empresa de telecomunicações, onde se peticionava a condenação desta última a cumprir pontualmente o contrato de prestação de serviços de telecomunicações de telefone fixo e fax sem interrupções, bem como ao pagamento de uma indemnização a título de danos emergentes e lucros cessantes e danos não patrimoniais por interrupções verificadas no fornecimento dos serviços desde 2012, o "*carácter excepcional* da suspensão dos serviços de comunicações electrónicas prestadas, enunciado nos arts. 52.º, n.º 1, da LCE, e 5.º, n.º 1 da LSPE, permite concluir que a prestação de tais serviços deviam ocorrer de forma ininterrupta" (itálico nosso)[114].

Por sua vez, o n.º 2 do artigo em análise, em coerência com o n.º 2, do artigo 5.º, da LSPE, regula, de forma particular, a mora do assinante no pagamento das faturas, estatuindo que "em caso de não pagamento de faturas, a suspensão apenas pode ocorrer após advertência por escrito ao assinante, com a antecedência mínima de 20 dias, que justifique o motivo da suspensão e informe o assinante dos meios ao seu dispor para a evitar".

Neste contexto, a mora do assinante dá lugar uma modalidade específica de pré-aviso, sujeita a diversos requisitos formais, procedimentais e de conteúdo. Em termos formais, o aviso deve ser realizado por escrito, excluindo-se outros tipos de advertência, como a realizada por contacto pessoal. Em termos procedimentais, o aviso deve ser realizado com uma antecedência mínima de 20 dias e, sob pena de a advertência escrita não ser lícita, o conteúdo da mesma deve conter menção aos motivos da suspensão, bem como informar o assinante dos meios que tem ao seu dispor para evitar a suspensão do serviço de telecomunicações.

O n.º 3 estatui que o assinante terá direito à quitação parcial do montante, realizando o pagamento de parte das quantias da fatura, devendo,

mento n.º 406/2021), serão *casos fortuitos* ou de *força maior* aqueles "que reúnam simultaneamente as condições de exterioridade, imprevisibilidade e irresistibilidade face às boas práticas ou às regras técnicas aplicáveis e obrigatórias".
De acordo com o STJ, constituirá um caso de *força maior* para a suspensão do serviço de telecomunicações fenómenos climatéricos com intensidade tal que ultrapassam os parâmetros da normalidade, e por isso não são evitáveis pelo prestador de serviço, bem como ações criminosas de terceiro, pois não será razoável exigir que o operador vigie "os milhares de quilómetros de redes de cabos existentes no país, 24 sobre 24 horas, por forma a evitar tais actos criminosos" (STJ 16-Jun.-2016 (Tavares de Paiva), processo n.º 2188/14.4TBVNG.P1.S1, disponível em «www.dgsi.pt»).

[114] RLx 21-Out.-2021 (Jorge Leal), processo n.º 2386/19.4T8CSC-C.L1-2, disponível em «www.dgsi.pt».

por isso, a suspensão limitar-se ao serviço, caso isso seja tecnicamente possível. Dado que os constrangimentos são de natureza técnica, de fora ficarão os eventuais custos com a operação, recaindo o ónus da prova sobre o prestador de serviço, devendo este provar a dificuldade técnica. A possibilidade de a suspensão se limitar a parte do serviço não será, no entanto, aplicável, em situações de fraude ou quando o pagamento esteja sistematicamente atrasado ou em falta. Esta última salvaguarda deriva do princípio da boa-fé contratual. Destina-se a não dar guarida a comportamentos *abusivos* por parte de um assinante, seja por via da fraude, seja permitindo a perpetuação da mora, pagando o assinante apenas parte da dívida com o fito de "ganhar tempo" e não ver o serviço suspenso.

Caso se dê a suspensão do serviço, esta fica, porém, sujeita a limitações. De acordo com o n.º 4, do artigo 52.º, durante o período de suspensão e enquanto o serviço de telecomunicações não for extinto, deve ser dada a possibilidade de o assinante realizar chamadas que não implicam o pagamento de montantes. O caso paradigmático e referido expressamente pela letra da lei, diz respeito ao número único de emergência europeu (denominado por "SOS 112")[115].

Decorrido o período de suspensão sem que o assinante tenha cumprido a obrigação de pagar as faturas em dívida, poderá dar-se a extinção do serviço, que surge neste contexto como a última *ratio*. Por força do artigo 52.º, n.º 5, da LCE "a extinção do serviço por não pagamento de faturas apenas pode ter lugar quando a dívida seja exigível e após aviso adequado, de oito dias, ao assinante". A menção a "extinção" não é tecnicamente correta. Estamos perante uma modalidade de extinção da relação contratual por declaração unilateral, vinculada a um fundamento legal, *in casu* o incumprimento no pagamento da prestação devida por parte do assinante. Constitui, por isso, uma forma de resolução do contrato.

São previstos dois requisitos para a extinção do serviço prestado a assinantes não consumidores por não pagamento de faturas, nomeadamente (i) a exigibilidade da dívida; e (ii) o pré-aviso.

[115] Cf. Decreto-Lei n.º 59/2021, de 14 de julho, que estabelece o regime aplicável à disponibilização e divulgação de linhas telefónicas para contacto do consumidor, em especial o seu artigo 5.º, n.º 1, onde se estabelece que "a entidade prestadora de serviços públicos essenciais é obrigada a disponibilizar ao consumidor uma linha para contacto telefónico, a qual deve ser uma linha gratuita para o consumidor ou, em alternativa, uma linha telefónica a que corresponda uma gama de numeração geográfica ou móvel".

Especialmente importante para o requisito da exigibilidade da dívida é o regime jurídico da prescrição do artigo 10.º da LSPE. Por força do n.º 1, o direito ao recebimento do preço prescreve no prazo de seis meses após a sua prestação. Durante muito tempo esta questão foi controvertida na doutrina[116]. As dúvidas, no entanto, dissiparam-se com as alterações promovidas pela Lei n.º 12/2008, de 26 de fevereiro[117]. Estamos perante uma *prescrição extintiva*, beneficiando o prestador do serviço de um prazo de seis meses[118] a partir da prestação do serviço[119] para que este exija, em tribunal, o pagamento do preço devido. Com efeito, a apresentação da fatura para pagamento não será suficiente para evitar a prescrição, interrompendo-se o prazo de prescrição apenas com a propositura da ação judicial[120].

No que diz respeito ao pré-aviso exige-se uma antecedência de oito dias face ao momento em que se extingue o contrato. O prazo conferido constitui uma última oportunidade para que o assinante possa regularizar o pagamento em atraso e evitar, assim, a resolução do contrato. O pré-aviso deverá ter a forma escrita: embora este entendimento não conste da redação do n.º 5, do artigo 52.º, o mesmo é retirado do artigo 39.º, n.º 3, *a)*, da LCE, que estatui como direito do assinante, ser informado "*por escrito* (...) da resolução do contrato em caso de não pagamento de faturas" (itálico nosso).

[116] Sobre esta discussão, v. Calvão da Silva, "Anotação dos acórdãos do Tribunal da Relação de Lisboa, de 9 de Julho de 1998 e do Tribunal da Relação do Porto, de 28 de junho de 1999, Revista de Legislação e de Jurisprudência, Ano 132.º, n.º 3901 e 3902, 1999, pp. 135 e ss.; Menezes Cordeiro, "Da prescrição do pagamento dos denominados serviços públicos essenciais", *O Direito*, ano 133, n.º 4, 2001, pp. 769 e ss.; Elionora Cardoso, "Os serviços públicos essenciais: uma especial relevância do direito à informação nas relações com os utentes", *Estudos do Instituto de Direito do Consumo*, vol. IV., coord. Adelaide Menezes Leitão, Almedina, 2016, pp. 143 e ss., p. 159; Morais de Carvalho, *Manual...*, ob. cit., pp. 370 e ss.; Engrácia Antunes, *Direito...*, ob. cit., p. 206.

[117] Na sua redação original, o artigo 10.º, n.º 1 estatuía o seguinte: "o direito de exigir o pagamento do preço do serviço prestado prescreve no prazo de seis meses após a sua prestação".

[118] Apesar de se poder considerar um prazo relativamente curto na perspetiva do prestador de serviço, o mesmo tem como propósito evitar a acumulação de dívida por parte dos consumidores ou, numa perspetiva mais geral, impedir o endividamento excessivo das famílias.

[119] RPt 28-Fev.-2013 (Freitas Vieira), processo n.º 6682/05.0TBMTS.P1, disponível em «www.dgsi.pt»: "prazo de seis meses a que se reporta o artigo.º 10.º, n.º 1, da Lei n.º 23/96, de 26/7, é um prazo de prescrição do direito ao pagamento dos serviços, que se conta a partir da prestação dos mesmos (...)".

[120] Morais de Carvalho, *Manual...*, ob. cit., p. 371.

11.3. Assinantes consumidores

O regime jurídico da suspensão e da extinção do serviço de telecomunicações quando estejam em causa *assinantes consumidores* vem previsto no artigo 52.º-A. Esta disposição foi introduzida na LCE pela Lei n.º 10/2013, de 28 de janeiro, que procedeu à sétima alteração do diploma. O objetivo do artigo foi introduzir um regime jurídico com uma tutela reforçada, tendo em conta estarem em causa consumidores. É o próprio artigo 1.º da Lei n.º 10/2013 que vem indicar esta teleologia, referindo que se pretende oferecer uma "maior eficácia à proteção do utente e do consumidor e de se promover o cumprimento atempado dos contratos celebrados com consumidores no âmbito das comunicações eletrónicas, evitando a acumulação de dívida". Esta alteração à LCE introduziu, assim, uma separação entre os regimes que antes não tinha lugar.

Na eventualidade estar em causa a suspensão do serviço por motivos não relacionados com o não pagamento de faturas, aplicar-se-á o princípio geral do artigo 52.º, n.º 1, *id est*, o prestador de serviço de telecomunicações apenas poderá suspender a prestação após pré-aviso adequado ao assinante, salvo caso fortuito ou de força maior (artigo 52.º-A, n.º 12).

Mais exigente será o regime da mora do assinante consumidor. Por força do n.º 1, do artigo 52.º-A, "quando esteja em causa a prestação de serviços a assinantes que sejam consumidores, as empresas que oferecem redes de comunicações públicas ou serviços de comunicações eletrónicas acessíveis ao público devem, na falta de pagamento dos valores constantes da fatura, emitir um pré-aviso ao consumidor, concedendo-lhe um prazo adicional para pagamento, de 30 dias, sob pena de suspensão do serviço e de, eventualmente, haver lugar à resolução automática do contrato, nos termos dos n.os 3 e 7, respetivamente". A diferença fundamental para o n.º 2, do artigo anterior (e do n.º 2, do artigo 5.º, da LSPE) diz respeito, desde logo, ao prazo de aviso prévio: ao invés dos 20 dias, o assinante consumidor terá um prazo mais alargado – 30 dias – para regularizar a situação junto do prestador de serviço. Por outro lado, ao contrário do que vimos no regime anterior, é ainda estabelecido que a resolução do contrato se dará de forma automática.

Em paralelo com o que sucede no n.º 3, do artigo 52.º, o n.º 2, do artigo 52.º-A estatui que o pré-aviso deve ter a forma escrita, devendo, no entanto, ser comunicado no prazo de 10 dias após o vencimento da fatura. O pré-aviso deve contar determinados elementos a transmitir ao consumidor: mencionar a consequência do não pagamento, em especial a suspensão do serviço e a resolução automática do contrato, bem como informar sobre os meios que o consumidor tem ao dispor para evitar os efeitos jurídicos referidos.

Caso o assinante consumidor não proceda ao pagamento do valor que se encontra em mora no prazo de 30 dias, nem, durante o mesmo período, celebre com a empresa de telecomunicações qualquer acordo de pagamento por escrito para regular a dívida, o n.º 3, do artigo 52.º-A obriga a que esta proceda à suspensão do serviço no prazo máximo de 10 dias, decorrido o período referido. A suspensão do serviço terá a duração de 30 dias, permitindo-se, no entanto, que o consumidor paralise a cominação prevista, caso reclame, por escrito, junto da empresa de telecomunicações, devendo essa reclamação ter como fundamento a inexistência[121] ou a inexigibilidade da dívida[122] e esta seja apresentada até à data em que deverá ter início a suspensão (*Cf* artigo 52.º-A, n.º 4).

Verificando-se a suspensão, aplicar-se-á o disposto nos n.os 3 e 4, do artigo 52.º, *id est*, por um lado, o consumidor tem o direito à quitação parcial do montante, realizando o pagamento de parte das quantias da fatura, devendo, por isso, a suspensão limitar-se ao serviço, caso isso seja tecnicamente possível, a não ser que esteja em causa uma situação de fraude ou quando o pagamento esteja sistematicamente atrasado ou em falta; e, por outro, durante o período de suspensão e enquanto o serviço de telecomunicações não for extinto, deve ser dada a possibilidade de o assinante realizar chamadas que não impliquem o pagamento de montantes (*Cf* artigo 52.º-A, n.º 5 *ex vi* artigo 52.º, n.os 3 e 4).

A cessação da suspensão do serviço por iniciativa do consumidor poderá ocorrer de duas formas: (i) por via do pagamento dos valores em dívida; ou (ii) através da celebração de um acordo de pagamento, por escrito, com a empresa de telecomunicações. Nesta circunstância, o profissional deve repor o serviço de imediato, ou, caso não seja tecnicamente possível, no prazo de cinco dias a contar da data de pagamento ou da celebração do acordo entre as partes (*Cf* artigo 52.º-A, n.º 6). Caberá ao prestador de serviços o ónus de provar o constrangimento técnico para a não reposição imediata do serviço.

Decorrido o período de 30 dias de suspensão e caso nenhuma destas hipóteses tenha sido levada a cabo, o contrato considerar-se-á automati-

[121] Por exemplo, pela circunstância de a prestação já ter sido cumprida.

[122] Por exemplo, pelo facto de a mesma ter prescrito, nos termos do artigo 10.º, da LSPE.

camente resolvido (*Cf* artigo 52.º-A, n.º 7). Do mesmo modo, de forma a evitar comportamentos abusivos por parte do consumidor, caso tenha sido celebrado acordo de pagamento, o n.º 9, do artigo 52.º-A estatui que a falta de pagamento de qualquer das prestações acordadas importa obrigatoriamente a resolução do contrato, mediante pré-aviso por escrito e com antecedência mínima de oito dias. A resolução do contrato não prejudica, naturalmente, a possibilidade de o prestador de serviço exigir uma compensação derivada do facto de o contrato ainda se encontrar no período de fidelização (*Cf* artigo 52.º-A, n.º 8).

É importante referir que caso a empresa de telecomunicações, em violação do n.º 3, do artigo 52.º-A, não suspenda o serviço e continue a prestar o mesmo ou, por outro lado, não emita as faturas após o momento em que prestação do serviço deva ser suspensa, esta não poderá exigir ao consumidor as contraprestações devidas pela prestação do serviço nem a responsabilidade pelos encargos processuais devidos pela cobrança do crédito (*Cf* artigo 52.º-A, n.º 10). Uma vez mais, é notada a preocupação do legislador no sentido de evitar a acumulação de dívida por parte do consumidor. O disposto neste artigo não será, naturalmente, aplicável à emissão de faturas após a suspensão da prestação do serviço que respeitem a serviços que foram efetivamente prestados em momento anterior à suspensão ou, numa outra perspetiva, às contrapartidas legalmente previstas em caso de resolução antecipada do contrato (*Cf* artigo 52.º-A, n.º 11).

12. A responsabilidade (ou não) do operador de comunicações eletrónicas como prestador de serviços em rede

I. O desenvolvimento da sociedade da informação, e, em particular, a utilização massiva da internet e o crescimento do comércio eletrónico suscitaram novos problemas jurídicos. Estes problemas fizeram-se sentir, em especial, no tocante à responsabilidade dos prestadores de serviços intermediários em rede. Atendendo à importância destes para o funcionamento da sociedade da informação, era essencial entender em que medida poderiam ser acionados em juízo pelo facto de terceiros utilizarem a sua infraestrutura para a prática de atos ilícitos.

No início do século XX, o legislador europeu decidiu intervir. Inspirando-se na solução do *Digital Millenium Copyright Act*, foi introduzido um regime que isenta, mediante o preenchimento de determinados pressupostos, a responsabilidade dos prestadores de serviços intermediários da sociedade da informação (denominados *safe harbour*).

Este regime vem previsto nos artigos 12.º a 15.º, da Diretiva 2000/31/CE do Parlamento Europeu e do Conselho de 8 de junho, relativa a certos aspetos legais dos serviços da sociedade de informação, em especial do comércio eletrónico, no mercado interno (doravante DCE). Ao contrário do que sucede com o sistema norte-americano, que se circunscreve, unicamente, à violação de direitos de autor, o regime jurídico europeu aplica-se de forma *horizontal* a qualquer tipo de violação na internet, isto é, não apenas à violação de direitos de propriedade intelectual, mas também à prática de outros atos ilícitos, como a violação de direitos de personalidade, proteção da dignidade humana, privacidade, entre outros.

Para alguma doutrina trata-se mesmo de verdadeiras causas de exclusão de licitude[123]. Tomada como absoluta, esta asserção não nos deixa eximidos de dúvidas, dado que o regime de isenções tem um cariz essencialmente negativo, não referindo em que situações os intermediários devem ser responsabilizados. Apesar de, em algumas circunstâncias, as isenções funcionarem como um *espelho* das normas sobre responsabilidade civil e, por isso, sejam verdadeiras causas de exclusão de ilicitude, certo é que não é esse o objetivo deste regime jurídico, nem tal pode ser assumido à partida.

II. Os artigos 12.º a 14.º, da DCE estabelecem as isenções de responsabilidade em função do tipo de atividades em causa, nomeadamente a prestação de serviços de *simples transporte* (artigo 12.º), de serviços de *armazenagem temporária* ("caching") (artigo 13.º) e de serviços de *armazenagem em servidor* (artigo 14.º). Pela função que desempenham, os prestadores de serviços de armazenagem (*hosting*) são os que colocam mais problemas jurídicos e, por isso, são sujeitos a obrigações adicionais[124]. O TJ já veio esclarecer que as exigências que sejam previstas para alguns tipos de serviços prestados por intermediários não podem ser aplicadas, por analogia, a outros tipos de serviços[125].

[123] Hugo Ramos Alves, "Da responsabilidade dos prestadores de serviços em rede", *O Direito*, ano 145.º, III, 2013 pp. 553 e ss., p. 635.

[124] Nos termos do artigo 14.º da diretiva, o prestador intermediário de serviços de armazenagem em servidor só será responsável pela informação que armazena (i) se tiver *conhecimento efetivo* da atividade ou informação ilegal ou (ii) se, a partir do momento que tenha conhecimento da ilicitude, não atuar com diligência para retirar ou impossibilitar o acesso imediato a essa informação.

[125] Ac. TJ 15-set.-2016, proc. C-484/14 (*Mc Fadden*) ECLI:EU:C:2016:689, § 65. Estava em causa a questão de saber se as exigências previstas no artigo 14.º n.º 1, b), respeitantes à armazenagem em servidor, poderiam ser aplicadas a uma situação de *simples transporte*, enquadrada no artigo 12.º.

É importante ainda referir que o regime de isenção de responsabilidade não impõe aos prestadores de serviços uma *obrigação geral de vigilância* no que diz respeito às informações que transmitem ou armazenam, nem, igualmente, uma obrigação geral de procurar, de forma ativa, factos ou circunstâncias que indiciem ilicitudes (artigo 15.º, n.º 1). Neste contexto, o TJ já referiu que um prestador de serviços intermediário não pode ser obrigado a realizar uma vigilância da *totalidade*[126], ou *quase totalidade*[127] do conteúdo que é inserido pelos utilizadores no seu serviço, tendo como objetivo prevenir quaisquer violações futuras. Esta regra não obsta, no entanto, a que um prestador de serviços intermediário possa ser onerado com *deveres específicos* de vigilância, inclusive na *prevenção* de infrações. Tal dar-se-á por via da imposição de medidas inibitórias dinâmicas (*dynamic injunctions*)[128].

III. No final do ano de 2020 foi apresentada uma proposta de Regulamento do Parlamento Europeu e do Conselho, relativo a um mercado único de serviços digitais (*Digital Services Act* ou DSA)[129], que altera a DCE. Este ato legislativo europeu derivado foi recentemente aprovado no Parlamento Europeu por 539 votos a favor, 54 votos contra e 30 abstenções. O texto tem agora de ser formalmente adotado pelo Conselho da União Europeia para entrar em vigor.

No que diz respeito às disposições sobre a isenção dos intermediários, a DSA prevê um novo regime para esta matéria (artigos 3.º a 5.º e 7.º), procedendo à revogação do regime jurídico atual[130]. Porém, as regras previs-

[126] Ac. TJ 12-jul.-2011, proc. C-324/09 (*L'Oréal/eBay*) ECLI:EU:C:2011:474, § 139; Ac. TJ 24-nov.-2011, proc. C-70/10 (*Scarlet Extended*) ECLI:EU:C:2011:771, §§ 36-40.

[127] Ac. TJ 16-fev.-2012, proc. C-360/10 (*SABAM*) ECLI:EU:C:2012:85, §§ 37-38.

[128] Para mais desenvolvimentos *vide* Vítor Palmela Fidalgo, "A Tutela da marca perante os Intermediários no ambiente digital: uma análise à luz da jurisprudência do TJUE", *Propriedade Intelectual, Contratação e Sociedade da Informação. Estudos em Homenagem a Manuel Oehen Mendes*, coord. Dário Moura Vicente/ Nuno Sousa e Silva, Almedina, Coimbra, pp. 407 e ss., em especial pp. 432 e ss.

[129] Proposta de Regulamento do Parlamento Europeu e do Conselho relativo a um mercado único de serviços digitais (Regulamento Serviços Digitais) e que altera a Diretiva 2000/31/CE, de 15.12.2020, COM/2020/825 final. Para uma análise da mesma, v. Andrej Savin, "The EU Digital Services Act: Towards a More Responsible Internet", in: https://papers.ssrn.com/sol3/papers.cfm?abstract_id=3786792;
Nuno Sousa e Silva, "Novas regras para a internet: notas breves sobre iniciativas europeias de regulação de plataformas digitais", *RDI*, n.º 1 (2021), pp. 75 e ss. (78 e ss.).

[130] Cf. artigo 71.º, da DSA.

tas replicam, em grande parte, as soluções da DCE[131], pelo que se mantém intocável o princípio geral de isenção dos intermediários. A DSA consubstancia, no entanto, um acréscimo significativo dos deveres de *due diligence* e transparência que impendem sobre os intermediários. Estes vêm regulados no Capítulo III do diploma, onde são previstas obrigações aplicáveis a todos os prestadores de serviços intermediários (Secção 1); obrigações que oneram, apenas, prestadores de serviços de armazenagem (Secção 2); obrigações aplicáveis a plataformas *online* (em linha) (Secção 3); obrigações que oneram, unicamente, plataformas *online* (em linha) de grandes dimensões (Secção 4); e, ainda, regras de *due diligence* e códigos de conduta (Secção 5). Esta divisão consubstancia um afastamento da abordagem simétrica das regras até ao momento aplicáveis, prevendo-se regras distintas para plataformas de diferentes dimensões e atribuições[132].

Na ordem jurídica portuguesa, coube ao Decreto-Lei n.º 7/2004, de 7 de janeiro, transpor a DCE. As normas sobre isenções dos prestadores de serviços intermediários vêm previstas nos artigos 14.º a 17.º. Em termos gerais, as disposições têm um conteúdo muito próximo às presentes na diretiva, mas com uma inovação: o artigo 17.º isenta, igualmente, os prestadores de serviços de associação de conteúdos, alargando, assim, o regime jurídico aos motores de busca e hiperligações[133].

[131] Umas das (poucas) novidades diz respeito ao artigo 6.º. De acordo com o disposto nesta disposição, "os prestadores de serviços intermediários não são considerados inelegíveis para beneficiar das isenções de responsabilidade referidas nos artigos 3.º, 4.º e 5.º apenas por realizarem investigações voluntárias por iniciativa própria ou outras atividades destinadas a detetar, identificar e remover ou bloquear o acesso a conteúdos ilegais, ou por tomarem as medidas necessárias para cumprir os requisitos do direito da União, incluindo os previstos no presente regulamento". É, assim, estabelecido o denominado "privilégio do bom samaritano" (Matthias Leistner, "The Commission's vision for Europe's Digital Future: Proposals for the Data Governance Act, the Digital Markets Act and the Digital Services Act – A critical Primer", in: https://papers.ssrn.com/sol3/papers.cfm?abstract_id=3789041, p. 9; Ansgar Ohly, cit., p. 402, nota 44.
Nuno Sousa e Silva, "Novas regras...", cit., p. 87; Vítor Palmela Fidalgo, ob. cit., p. 425). Essencialmente, a norma pretende salvaguardar que os prestadores de serviços intermediários se "autoexcluam" deste regime, por levarem a cabo iniciativas próprias na deteção, identificação, remoção ou bloqueio de acesso a conteúdos digitais, não desincentivando, assim, a adoção destes mecanismos (Vítor Palmela Fidalgo, ob. cit., p. 425).

[132] Andrej Savin, cit. p. 5.

[133] Sobre este regime, em maior detalhe, Cláudia Trabuco, "Conteúdos ilícitos e responsabilidade dos prestadores de serviços nas redes digitais", *Direito da Sociedade da Informação*, vol. VII (2008), pp. 473 e ss., (487 e ss.).

Para os efeitos da matéria sobre os quais nos debruçaremos, é importante mencionar o artigo 11.º, do Decreto-Lei n.º 7/2004. De acordo com a disposição "a responsabilidade dos prestadores de serviços em rede está sujeita ao regime comum, nomeadamente em caso de associação de conteúdos, com as especificações constantes dos artigos seguintes". Enuncia-se, assim, o princípio geral de que a responsabilidade destes prestadores de serviços está sujeita ao regime comum[134]. Esta regra não surge na DCE, uma vez que esta se preocupou, particularmente, com as situações de *irresponsabilidade* dos prestadores de serviços da sociedade da informação.

Este princípio é particularmente importante pois o operador de comunicações eletrónicas em rede presta, em regra[135], um serviço da sociedade da informação, de acordo com o artigo 3.º, n.º 1, do Decreto-Lei n.º 7/2004. Deste modo, o operador de comunicações eletrónicas como prestador de serviços em rede, salvo se o seu comportamento se enquadrar no âmbito dos artigos 14.º a 17.º do Decreto-Lei n.º 7/2004, estará sujeito às regras gerais sobre responsabilidade.

Habitualmente, o operador de comunicações eletrónicas não está na origem das transmissões, nem na seleção destas ou dos seus destinatários. A sua atividade consiste na transmissão de informações na rede ou em facultar o acesso a uma rede de telecomunicações (fornecedor de infraestrutura), *id est*, constitui usualmente uma atividade de *simples transporte* ("mere conduit"), enquadrando-se, deste modo, no artigo 14.º, do Decreto-Lei n.º 7/2004 (correspondente ao artigo 12.º, da DCE). A atividade do operador de comunicações eletrónicas é, como refere o Considerando 42, da DCE "puramente técnica, automática e de natureza passiva, o que implica que o prestador de serviços da sociedade da informação não tem conhecimento da informação transmitida ou armazenada, nem o controlo desta". Neste contexto, contando que o operador de comunicações eletrónicas (i) não esteja na origem da transmissão, (ii) não selecione o destinatário da transmissão e (iii) não selecione nem modifique as informações que são objeto de transmissão[136], será isento de responsabilidade à luz deste regime.

[134] AAVV, *Lei do Comércio Electrónico Anotada*, Coimbra Editora, Coimbra, 2005, p. 48.

[135] Nos termos do n.º 4, do artigo 3.º, do Decreto-Lei n.º 7/2004, excetua-se o disposto no domínio das telecomunicações, bem como todo o regime de autorização, mas apenas quando não vise especial e exclusivamente os serviços da sociedade da informação.

[136] Cf. alíneas *a)*, *b)* e *c)*, do n.º 1, do artigo 12.º.

A diferente legislação europeia sobre comunicações eletrónicas não derroga esta regra[137].

IV. O facto de os operadores de comunicações eletrónicas que prestam serviços em rede estarem, em regra, isentos de responsabilidade pelos conteúdos ilícitos transmitidos por terceiros, não obsta, todavia, que possam ser obrigados a adotar determinadas condutas de forma a bloquear o conteúdo ilícito. Esta regra vem prevista no artigo 12.º, n.º 3, da DCE (com equivalente nos artigos 13.º, n.º 2 e 14.º, n.º 3, da DCE), que estatui que a norma "não afecta a possibilidade de um *tribunal* ou *autoridade administrativa*, de acordo com os sistemas legais dos Estados-Membros, exigir do prestador que *previna* ou *ponha termo* a uma infracção" (itálicos nossos).

Trata-se da possibilidade de impor medidas inibitórias (*injunctions*) contra os prestadores de serviço da sociedade da informação, o que não deixa de ser uma forma, por um lado, (i) de limitar o regime jurídico das isenções de responsabilidade e, por outro, (ii) de assumir que o Direito Europeu admite que o princípio de que a cessação da atividade ilícita é independente do dano e do facto ilícito[138].

A oportunidade de impor medidas inibitórias contra intermediários prestadores de serviço em rede é ainda reforçada pelo artigo 11.º, parágrafo 3 da Diretiva n.º 2004/48/CE, do Parlamento Europeu e do Conselho, de 29 de abril (Diretiva *Enforcement*), que se aplica a todos os direitos de propriedade intelectual[139]. Por força desta disposição, "os Estados-Membros devem garantir igualmente que os titulares dos direitos possam requerer uma medida inibitória contra intermediários cujos serviços sejam utilizados por terceiros para violar direitos de propriedade intelectual, sem prejuízo do n.º 3 do artigo 8.º da Directiva 2001/29/CE". Esta norma mais não fez do que *universalizar* o disposto no artigo 8.º, n.º 3, da Diretiva 2001/29/CE, do

[137] Cf, por exemplo, Considerando 270 da Diretiva (UE) 2018/1972 do Parlamento Europeu e do Conselho de 11 de dezembro de 2018, que estabelece o Código Europeu das Comunicações Eletrónicas.

[138] *Vide* Conclusões AG 16-mar.-2016, proc. C-484/14 (*Mc Fadden*) ECLI:EU:C:2016:170, § 82: "por força do artigo 12.º, n.º 3, da Diretiva 2000/31, a limitação de responsabilidade do prestador intermediário não afeta, por sua vez, a possibilidade de ações de cessação destinadas a obrigar esse intermediário a pôr termo a uma violação ou a preveni-la" (§ 82).

[139] O legislador europeu permite ainda que as normas da Diretiva possam ser alargadas aos atos de concorrência desleal (Considerando 22).

Parlamento Europeu e do Conselho, de 22 de maio de 2001, que já estabelecia esta regra em matéria de direitos de autor e direitos conexos.

De resto, o TJUE já veio esclarecer que o facto de estarmos perante um mero fornecedor de acesso à rede, não exclui que o mesmo possa ser considerado um *intermediário* de serviços da sociedade da informação e, por essa via, serem-lhe impostas medidas inibitórias. Para o tribunal, o conceito de intermediário inclui um mero "fornecedor de acesso, que se limita a proporcionar aos utilizadores acesso à Internet, sem propor outros serviços"[140], sendo suficiente que preste "um serviço suscetível de ser utilizado por uma ou várias outras pessoas na violação de um ou mais direitos de propriedade intelectual"[141]. Em suma, para que possa ser considerado *intermediário* não é exigível que se mantenha uma relação particular com as pessoas que utilizam o serviço[142].

Tendo em conta a natureza do serviço prestado pelos operadores de comunicações eletrónicas, as medidas inibitórias passam por obrigar o prestador a não facultar o acesso a um determinado sítio de internet, habitualmente, através do bloqueio do nome de domínio e do endereço de *Internet Protocol* (IP).

A imposição de medidas inibitórias contra intermediários da sociedade da informação obriga, porém, a um delicado equilíbrio entre os vários interesses em jogo (limites externos) que se entrecruzam nos litígios em rede. Esta ponderação de interesses é especialmente relevante considerando o papel dos operadores de comunicações eletrónicas. A importância estrutural destes *intermediários* no funcionamento da internet, bem como, em regra, a sua total neutralidade e passividade quanto ao conteúdo que é transmitido em rede, leva a que as medidas inibitórias não possam ser impostas a qualquer custo[143]. A tutela dos direitos e interesses de terceiros na internet deve concorrer com outros valores normativos[144]. A situação torna-

[140] Ac. TJ 19-fev.-2009, proc. C-557/07 (*LSG-Gesellschaft zur Wahrnehmung von Leistungsschutzrechten*) ECLI:EU:C:2009:107, § 46. No mesmo sentido: Ac. TJ 27-mar.-2014, proc. C-314/12 (*UPC Telekabel Wien*) ECLI:EU:C:2014:192, § 32.

[141] Ac. TJ 27-mar.-2014, proc. C-314/12 (*UPC Telekabel Wien*) cit., § 33; Ac. TJ 7-jul.-2016, proc. C-494/15 (*Tommy Hilfiger Licensing e o.*) ECLI:EU:C:2016:528, § 23.

[142] *Idem*, § 23.

[143] Sobre esta questão, cf. Vítor Palmela Fidalgo, ob. cit., pp. 437 e ss.

[144] Ac. TJ 24-nov.-2011, proc. C-70/10 (*Scarlet Extended*) cit., § 44: "a protecção do direito fundamental de propriedade, em que se integram os direitos relacionados com a propriedade intelectual, deve ser ponderada conjuntamente com a de outros direitos fundamentais". Na doutrina, *vide* Eleonora Rosati, "Material, personal and geographic scope

-se ainda mais complexa nos litígios que envolvem intermediários, pois deverão ser sempre ajuizados à luz de uma perspetiva triangular: lesados; intermediário; e utilizadores. Confrontam-se, assim, os mais diversos direitos fundamentais[145], com especial acuidade para a liberdade de empresa (artigo 16.º, da CDFUE), de informação (artigo 11.º, da CDFUE), de expressão (artigo 11.º, da CDFUE) ou da proteção dos dados pessoais (artigo 8.º, da CDFUE)[146]. O princípio da proporcionalidade terá, aqui, um papel essencial. Do ponto de vista do intermediário, como o TJ já afirmou no caso *Telekabel*, este deverá ter a possibilidade de provar que tomou as *medidas razoáveis*, considerando que "as medidas tomadas eram efetivamente as que dele se podiam esperar para impedir o resultado proibido"[147], não sendo "obrigado a fazer sacrifícios insuportáveis"[148]. Da perspetiva dos utilizadores dos serviços da sociedade da informação (ou internautas), as medidas inibitórias não poderão ter como efeito impedir, de *forma desnecessária*, que estes acedam licitamente às informações, ainda que sejam adequadas as medidas que *dificultem* ou *tornem dificilmente realizáveis* o acesso não autorizado a material protegido por direitos de propriedade intelectual, desencorajando *seriamente* os internautas a aceder a esse material[149].

of online intermediaries' removal", in: https://papers.ssrn.com/sol3/papers.cfm?abstract_id=3438102, p. 6.

[145] V. Ac. TJ 29-jan.-2008, proc. C-275/06 (*Promusicae*) ECLI:EU:C:2008:54, § 68: "(...) compete aos Estados-Membros, na transposição das [directivas 2000/31, 2001/29 e 2004/48] zelar por que seja seguida uma interpretação destas últimas que permita assegurar o justo equilíbrio entre os direitos fundamentais protegidos pela ordem jurídica comunitária".

[146] Sobre este aspeto, *vide* Bernd Justin Jütte, "Finding the Balance in Copyright Law: Internal and External Control Through Fundamental Rights", in: *Intellectual Property Law and Human Rights*, 4.º ed., (Coord. Paul L. C. Torremans), Wolters Kluwer, Alphen aan den Rijn, 2020, pp. 460 e ss., que, referindo-se à tutela dos direitos de autor em litígios que envolvem intermediários, afirma o seguinte: "The introduction of a third actor into the balancing exercise opens an external dimension in relation to copyright. Refusing external control of the fundamental rights implications of European copyright rules cannot be rejected with arguments that rely solely on effective harmonization and legal certainty. The questions whether to enforce and how to enforce require the balancing of copyright as such against other fundamental rights irrespective of the compatibility of substantive copyright law with fundamental rights" (476). Veiculando a mesma ideia, *vide* Christina Angelopoulos/Stijn Smet, "Notice-and-Fair-Balance: How to Reach a Compromise between Fundamental Rights in European Intermediary Liability", in: https://papers.ssrn.com/sol3/papers.cfm?abstract_id=2944917, p. 2.

[147] Ac. TJ 27-mar.-2014, proc. C-314/12 (*UPC Telekabel Wien*) cit., § 54.

[148] *Idem*, § 53.

[149] *Idem*, § 63.

13. Conclusões

Terminamos o presente estudo com as conclusões que se seguem e que acompanham cada uma das secções.

As comunicações electrónicas são consideradas serviços públicos essenciais. Não existe, todavia, uma noção harmonizada deste conceito, condicionada pelo espectro ontológico (em particular, a evolução tecnológica) do qual depende. Neste conceito lato, incluem-se as telecomunicações (telefone fixo ou móvel, internet, e televisão por subscrição), bem como a transmissão em redes utilizadas para a radiodifusão (vulgo, rádio).

As regras de exploração aplicáveis às empresas que oferecem redes de comunicações públicas e serviços acessíveis ao público visam, entre outros aspectos, proteger o consumidor da assimetria de informação, que o desfavoreça. São, compensando esta maior fragilidade, densificados tanto o dever de informação, como, em decorrência deste, o de publicar informações a cargo do prestador de serviço.

O legislador previne o envio de correio electrónico não solicitado *proibindo-o*, conquanto consubstancie solicitações persistentes e não solicitadas, de cariz comercial, ou comunicações com fins de *marketing* directo. As primeiras são qualificadas como práticas comerciais abusivas e as segundas carecem, em regra, do consentimento expresso e prévio do recipiente, para o qual se consagrou um modelo de *opt-in*.

O contrato de prestação de serviço de comunicações electrónicas encontra-se, por regra, sujeito à forma escrita e, perante a usual falta de negociação individual do respectivo conteúdo, deve conter um conjunto de elementos, os quais se tornam *obrigatórios*. Por outro lado, resulta evidente uma grande preocupação do legislador em evitar o vinculismo do contrato, a favor do consumidor, embora com inflexões dogmáticas em sede indemnizatória dificilmente compreensíveis e justificáveis.

O Decreto-Lei n.º 59/2021, não sendo isento de críticas e de dúvidas, veio estabelecer um regime importante de protecção do consumidor nos contactos telefónicos com profissionais, ensaiando uma, não totalmente conseguida no entanto, generalização da gratuitidade dos contactos ditos «pós-venda».

A Lei sobre conservação de dados de comunicações electrónicas impõe um conjunto de obrigações aos fornecedores deste tipo de serviços para conservarem e disponibilizarem, durante o período de um ano, determinados, dados, sejam ou não pessoais, para fins de investigação, detecção e repressão de crimes graves por parte das autoridades competentes. A finalidade inerente ao presente regime obriga a um esforço de conciliação com outros valores concorrentes, como é o caso do respeito pela privacidade e pela protecção dos dados pessoais. Esta tensão está presente a cada passo, levando a que o regime jurídico seja rodeado de diversas garantias, bem como de um princípio de intromissão mínima na esfera jurídica do utilizador.

A portabilidade do número de telefone visa, primordialmente, promover a concorrência entre as empresas do sector de telecomunicações. O preceito é dirigido a todos os prestadores de serviços, no sentido de cooperarem entre si e de facilitarem a portabilidade do número. A portabilidade constitui um direito do utilizador assinante, estando, igualmente, incluída nos deveres de informação que oneram as empresas que oferecem redes de comunicações públicas ou serviços de comunicações electrónicas acessíveis ao público. Por essa via o consumidor também fica a ganhar, pois o factor essencial para a escolha do operador centrar-se-á na qualidade do serviço prestado e não pelo facto de não desejar perder o número de telefone. Para que o direito de portabilidade possa ser observado, deverão ser preenchidos os seguintes requisitos: (i) ser *assinante*, nos termos do artigo 3.º, e), da LCE; (ii) dar-se a cessação do contrato existente, manifestando o assinante o interesse na portabilidade do número; e (iii) a celebração de um novo contrato com outra empresa para onde o número ou números em causa são portados. A portabilidade deve ser efectuada no prazo mais curto possível, nem deve implicar – em regra – interrupções nos serviços. A efectividade desta prerrogativa é levada a cabo, em grande medida, pelo estabelecimento de compensações a favor do assinante. Apesar das dúvidas sobre a sua eventual inconstitucionalidade, a nossa jurisprudência já se pronunciou no sentido de que as compensações não constituem verdadeiras coimas, nem penalidades, mas sim compensações pré-estabelecidas, que visam dar efectividade a este direito.

Depois de (aparentes) avanços e recuos em 2010 e 2011, a reforma da LCE de 2016 veio dar ao problema das «cláusulas de fidelização» um regime unitário e denso, que, resolvendo (ou procurando resolver) problemas pretéritos, todavia, suscita, por sua vez, uma plêiade de novas questões e uma árdua harmonização com as categorias da dogmática jurídica, não por impossibilidade, mas por falta de rigor técnico.

Contrariamente ao que se poderia pensar, o regime jurídico da venda de bens de consumo e do fornecimento de conteúdos e serviços digitais, constante do Decreto-Lei n.º 84/2021, não se aplica à grande maioria de serviços de comunicações electrónicas. Este facto cria um vazio legislativo, que também o Regulamento (UE) n.º 2015/2120 não resolve satisfatoriamente.

O regime jurídico da suspensão e da extinção do serviço prestado por empresas que oferecem redes de comunicações públicas ou serviços de comunicações electrónicas acessíveis ao público diferencia-se com base no elemento subjectivo activo: o artigo 52.º aplica-se à suspensão e à extinção do serviço prestado a *assinantes não consumidores*, enquanto o artigo 52.º-A ao prestado a *assinantes consumidores*. O *princípio da continuidade* do serviço constitui o vector essencial neste âmbito: enquanto serviço público essencial, a prestação de serviços de telecomunicações deve ser realizada, por um lado, de forma ininterrupta e, por outro, não deve ser sujeita a interrupções bruscas, a não ser em *casos fortuitos* ou de *força maior*. Neste contexto, na medida em que a prestação de serviço de telecomunicações electrónicas se baseia num contrato sinalagmático, a *hipótese-tipo* de suspensão e extinção do serviço diz respeito à mora do assinante.

A distinção de ambos os regimes, deriva do facto de o artigo 52.º-A estatuir um regime jurídico que visa dar maiores garantias ao consumidor – enquanto parte mais fraca na relação com o profissional – tanto num sentido *positivo, id est*, estabelecendo salvaguardas adicionais para a cominação da suspensão ou extinção do serviço, como num sentido *negativo*, ou seja, procurando evitar que a suspensão ou a extinção do serviço se transformem num meio de acumulação de dívida por parte dos consumidores.

O desenvolvimento da sociedade da informação e a utilização massiva da internet suscitaram novos problemas jurídicos. Estes problemas fizeram-se sentir, em especial, no tocante à responsabilidade dos prestadores de serviços intermediários em rede. É essencial conhecer em que medida os operadores de comunicações electrónicas, como prestador de serviços em rede, poderão ser accionados em juízo pelo facto de terceiros utilizarem a sua infra-estrutura para a prática de actos ilícitos.

De forma a conciliar os vários interesses em jogo, o Decreto-Lei n.º 7/2004, de 7 de Janeiro, por via da transposição de legislação europeia, veio prever um regime jurídico que isenta os intermediários de responsabilidade pela informação que terceiros transmitem utilizando a sua infra-estrutura. As isenções de responsabilidade são estabelecidas em função do tipo de actividades em causa, nomeadamente a prestação de serviços de *simples transporte*, de serviços de *armazenagem temporária*, de serviços de *armazenagem em servidor*, de *hiperligações* ou de *motores de busca*. No mesmo sentido, não se impõe aos prestadores de serviços uma obrigação geral de vigilância no que diz respeito às informações que transmitem ou armazenam, nem, igualmente, uma obrigação geral de procurar, de forma activa, factos ou circunstâncias que indiciem ilicitudes.

O operador de comunicações electrónicas em rede presta, em regra, um serviço da sociedade da informação. Porém, este não está habitualmente na origem das transmissões, nem na selecção destas ou dos seus destinatários. A sua actividade consiste na transmissão de informações na rede ou em facultar o acesso a uma rede de telecomunicações (fornecedor de infra-estrutura), ou seja, constitui usualmente uma actividade de *simples transporte*. Empreende, deste modo, uma actividade puramente técnica, automática e de natureza passiva, beneficiando, por isso, da isenção prevista no artigo 14.º do Decreto-Lei n.º 7/2004 (correspondente ao artigo 12.º, da DCE).

O facto de os operadores de comunicações electrónicas em rede estarem, por via de regra, isentos de responsabilidade pelos conteúdos transmitidos por terceiros, não obsta, todavia, que possam ser obrigados a adoptar determinadas condutas. Esta regra vem prevista no artigo 12.º, n.º 3, da DCE, que estatui que a norma não afecta a possibilidade de um tribunal ou autoridade administrativa, exigir que, de acordo com um princípio de proporcionalidade, o prestador de serviços previna ou ponha termo a uma infracção. Trata-se, da imposição de medidas inibitórias (*injunctions*) contra os prestadores de serviço da sociedade da informação, o que não deixa de ser uma forma, por um lado, (i) de limitar o regime jurídico das isenções de responsabilidade e, por outro, (ii) de assumir que o Direito Europeu admite que o princípio de que a cessação da actividade ilícita é independente do dano e da ilicitude do facto. De resto, o TJUE já veio esclarecer que o facto de estarmos perante um mero fornecedor de acesso à rede, não exclui que o mesmo possa ser considerado um intermediário de serviços da sociedade da informação e, por essa via, ser-lhe imposto medidas inibitórias.

Caso a actividade do operador de comunicações que presta serviços em rede vá para além do regime de isenções, a responsabilidade deste estará sujeita às regras gerais sobre responsabilidade civil. Não existe um regime jurídico especial. O artigo 11.º do Decreto-Lei n.º 7/2004, de 7 de Janeiro, é claro, ao estatuir que a responsabilidade dos prestadores de serviços em rede está sujeita ao regime comum.

Julho de 2022

SERVIÇOS POSTAIS, UM SERVIÇO PÚBLICO ESSENCIAL

Marcelino Abreu

Sumário: *1. Introdução; 2. Da natureza jurídica dos serviços públicos essenciais; 3. Do regime jurídico vigente em sede de direito português; 4. Consumidor vs Utente; 5. Serviços postais, um serviço público essencial; 6. O serviço postal no ordenamento jurídico português; 7. Natureza contratual da relação jurídica estabelecida entre o prestador do serviço postal e o utente; 8. Tribunal competente para dirimir os conflitos no âmbito do serviço público postal; 9. Dever de informação do prestador do serviço postal; 10. Suspensão do fornecimento do serviço público*

1. Introdução

O domínio dos serviços públicos essenciais é, por natureza, uma área económica socialmente sensível e mutável ao longo dos tempos, acompanhando a evolução social e humana. Prova disso, é o crescente tipo de serviços que constantemente ascendem à condição de essenciais, tal é a importância, ou, se quisermos, imprescindibilidade que adquirem e vão adquirindo ao longo do tempo para o Homem e o alarme social que causa nos indivíduos e na comunidade qualquer instabilidade que nesse sector se verifique.

Com a evolução económica e social cada vez mais os indivíduos sentem novas necessidades que urge satisfazer e às quais os operadores económicos estão atentos no intuito de darem resposta e satisfação. Não deixa de ser verdade que, por vezes, as necessidades sentidas pelos indivíduos são meras aparências de necessidade, já que, na realidade, não passam de artificialidades[1] criadas pelos operadores económicos, com vista a provocar nos consumidores, num processo de incitamento ao consumo, a vontade de adquirir, ter, consumir, bens meramente supérfluos e que, por isso, de necessidades, em sentido *strictum,* nada têm.

Na aldeia global em que vivemos dominada pela internet e pela inerente rapidez de troca de informação e conhecimentos, pelas técnicas agressivas de marketing e publicidade, em que as fronteiras são meras virtualidades, incapazes, por isso, de suster e confinar riscos e danos que surgem, prima o dom "alquimista" de tudo converter em necessidade e de a todos os bens fazer parecer imprescindíveis, quando, em variadíssimas situações, são mais do mesmo, meros sucedâneos de outros já existentes no mercado com a mesma capacidade (não raro, melhores até!) de satisfazer necessidades.

A sensação que a cada momento sentimos de que tudo se domina e de que tudo se pode dispor, apesar de utópica e de não passar de mera miragem, é uma realidade que a todos assalta e que a todos facilmente deixa encantados e enfeitiçados, qual canto da sereia.

Como ensina Silva Dias[2] "a sociedade de consumo não só dá respostas a necessidades humanas, mas cria ela própria em larga escala essas necessidades, transformando o consumidor de sujeito em objecto manipulável."

Se antes os indivíduos procuravam sobreviver, hoje, nas sociedades modernas, procuram viver e com níveis cada vez mais elevados de qualidade.

As necessidades de cada indivíduo e da comunidade em geral, que em muito se tendem a aproximar ou até a identificar, já não são mais as mesmas, surgindo cada vez mais novas necessidades a que urge dar resposta e que mais que corresponderem a um desejo de cada indivíduo, correspondem a um desejo da própria comunidade. Se antes os indivíduos viviam em função de si e da sua família, hoje vivem, também, e muito, em função do social e do colectivo.

[1] A este propósito é esclarecedor Dias, Augusto Silva, 2001, in "Protecção Jurídico-penal de Interesses dos Consumidores", Edição policopiada, das "lições" ao curso de pós-graduação em direito penal económico e europeu, Faculdade de Direito de Coimbra. Coimbra, pág. 10, Também a este propósito Monte, Mário Ferreira, 1996, in "Da Protecção Penal do Consumidor: O problema da (des) criminalização no incitamento ao consumo". Coimbra: Almedina, pág. 17, quando refere "outras, ainda, são criadas e promovidas artificialmente por meios técnicos, em virtude do realce que é conferido à utilidade de certos bens ou serviços".

[2] Dias, Augusto Silva, 2001, in "Protecção Jurídico-penal de Interesses dos Consumidores", Edição policopiada, das "lições" ao curso de pós-graduação em direito penal económico e europeu, Faculdade de Direito de Coimbra"

O alargamento do domínio dos bens e serviços públicos essenciais (também ele um domínio, porque não dizê-lo, de novos riscos) é disso mesmo um bom exemplo.

2. Da natureza jurídica dos serviços públicos essenciais

No domínio dos serviços públicos essenciais não está em causa apenas a sua capacidade de satisfação de interesses meramente individuais ou particular de um indivíduo ou grupo restrito de indivíduos, mas a capacidade de tais bens ou serviços satisfazerem necessidades comuns a todos os indivíduos ou à comunidade em geral.

Os serviços públicos essenciais, não podendo confundir-se com a noção de serviço publico, enquanto "actividade de que a Administração é titular e por cujo exercício é responsável"[3], fazendo antes parte de uma categoria amplo de serviços que podem designar-se, recorrendo à terminologia adoptada pelas instituições europeias e tratados[4], por *serviços de interesse económico geral*[5], que, por sua vez, se incluem dentro de um campo ainda mais basto, o dos *serviços de interesse geral*[6], serviços que a comunidade em geral

[3] Gonçalves, Pedro, in "A Concessão de Serviços Públicos", Coimbra, 1999, pag. 36.

[4] O Tratado sobre o Funcionamento da União Europeia prevê no seu art. 14, que "...atendendo à posição que os serviços de interesse económico geral ocupam no conjunto dos valores comuns da União e ao papel que desempenham na promoção da coesão social e territorial, a União e os seus Estados-Membros, dentro do limite das respectivas competências e no âmbito de aplicação dos Tratados, zelarão por que esses serviços funcionem com base em princípios e em condições, nomeadamente económicas e financeiras, que lhes permitam cumprir as suas missões".

[5] Para Almeida, Carlos Ferreira de, "Serviços Públicos, Contratos Privados", in Estudos em Homenagem à Professora Doutora Isabel de Magalhães Collaço, Vol. II, Almedina, 2002, pag. 119, os serviços públicos essenciais são "uma parte dos serviços de interesse económico geral, segundo a concepção comunitária".

[6] A propósito deste conceito veja-se Cardoso, Elionora, 2010, in "Os serviços públicos essenciais: A sua problemática no Ordenamento Jurídico Português", Wolters Kluwer/ Coimbra, pág 51 a 53.
Relativamente aos designados serviços de interesse geral, concordamos com esta autora quando refere que os serviços públicos essenciais são serviços de interesse geral, "sendo que a distinção entre estes dois conceitos é meramente formal" e que "a consagração de uma expressão de serviços públicos essenciais denota a intenção de o legislador em estabelecer um regime específico de protecção dos utentes de alguns serviços que são essenciais para a vida, a saúde, ou para a participação e integração social".

não prescinda para a satisfação das suas necessidades mais importantes[7] e que, por isso, a comunidade não se compadece com o facto de tais bens ou serviços não serem comuns, não estarem acessíveis a todos e em termos que todos deles possam beneficiar, pelo que se impõe ao Estado, directamente, ou através dos privados, garantir a todos, em geral e em condições de igualdade, segundo o princípio da universalidade, o acesso a esses bens ou serviços, o que se consegue, entre outras formas, com a sujeição desses bens e serviços a preços baixos e com a adopção de medidas que os façam chegar a todos[8].

Pela sua importância para o indivíduo e comunidade o domínio dos serviços públicos essenciais determina a adopção de normas capazes de regular com eficácia esta área económica e social, tanto mais que é, como dissemos, um domínio que toca de uma forma directa e profunda o indivíduo enquanto pessoa física e enquanto ser gregário.

Por este motivo, inúmeros destes bens e serviços são prestados ou pelo Estado (que deve ser o garante do bem comum)[9], que os deve prestar a todos de forma gratuita, ou tendencialmente gratuita (financiando a sua prestação à custa dos impostos e taxas que cobra, assegurando, assim, que todos, em termos de igualdade de oportunidade, tenham acesso a tais bens ou serviços), ou por grandes grupos económicos em regime de concessão administrativa, compensados, por vezes, pelo Estado em parte dos custos que suportam com a prestação de tais serviços.

[7] Para Paz, Margarida, "A contratação no âmbito dos serviços públicos essenciais", Direito do consumo 2015-2017, in Colecção Formação Continua, Centro de Estudos Judiciários, pag. 52, "são serviços considerados imprescindíveis na vida dos cidadãos, independentemente de serem fornecidos, ou não, por entidade pública".

[8] Para Almeida, Carlos Ferreira de, "Serviços Públicos, Contratos Privados", in Estudos em Homenagem à Professora Doutora Isabel de Magalhães Collaço, Vol. II, Almedina, 2002, pag. 130, "em sentido material, o princípio da universalidade significa também acesso efectivo em função do preço, o que implica preços "acessiveis"".

[9] Concordamos com Pedro Gonçalves, in "A Concessão de Serviços Públicos, Almedina, 1999, pag. 36, quando refere que serviço público "é uma actividade de que a administração é titular, e por cujo exercício é responsável (responsabilidade de execução) ".

De facto (e aqui afastamo-nos de Elionora Cardoso (obra acima citada)), a prestação dos serviços de interesse geral (por serem serviços essenciais para o cidadão), é, em primeira linha, uma incumbência do Estado, da administração, que pode, se assim entender, delegar, concessionar, o cumprimento dessa sua tarefa, por exemplo, nos privados, ou prestá-los em regime de concorrência com estes.

3. Do regime jurídico vigente em sede de direito português

O domínio dos bens e serviços públicos essenciais é, já o dissemos, por natureza, uma área económica e socialmente sensível e mutável ao longo dos tempos, acompanhando a evolução social e humana.

Por via disso, tem-se assistido ao longo do tempo a um aumento do tipo de bens e serviços que ascendem ou, se quisermos, adquirem a condição de essenciais, tal é a imprescindibilidade que adquiriram ou vão adquirindo ao longo do tempo para o Homem e o alarme social que causa nos indivíduos e na comunidade qualquer instabilidade que nesse sector se verifique.

No que diz respeito ao nosso ordenamento jurídico, no que diz respeito ao elenco dos serviços consagrados como públicos essenciais, veja-se o alargamento operado pelas Leis n.º 12/2008, de 18 de Fevereiro, e 51/2019, de 29 de Junho, face ao primeiramente previsto na versão original da Lei n.º 23/96, de 26 de Julho, bem como o alarido social que existe quando vêm a público notícias que dão conta de transtornos ou alterações de preço em tais serviços.

Se inicialmente apenas o serviço de fornecimento de água, energia eléctrica, gás e telefone (fixo ou móvel) eram formalmente considerados serviços públicos essenciais, hoje, vinte e cinco anos volvidos sobre a aprovação da lei n.º 23/96, muitos outros serviços ascenderam formalmente à categoria de fundamentais (essenciais).

Hoje, não só os serviços de "fornecimento de água", "energia eléctrica", "gás" e "telefone" são considerados serviços públicos essenciais, mas, também os serviços de "fornecimento de gás natural e gases de petróleo liquefeitos canalizados", o serviço de "comunicações electrónicas", os "serviços postais", os "serviço de recolha e tratamento de águas residuais", os "serviços de gestão de resíduos sólidos urbanos" e o "serviço de transporte de passageiros".

Entendemos no entanto que, paralelamente a estes que encontraram tipificação legal, outros há que são prestados ao indivíduo ou à comunidade e que são, também eles, materialmente dignos do mesmo tratamento que é dado aos que actualmente constam do elenco típico legal de bens e serviços essenciais, pelo que tal elenco legalmente plasmado peca, ainda, por demasiado restritivo.

Referimo-nos, por exemplo, ao serviço nacional de saúde e aos serviços bancários e de seguros. Serviços estes que não sendo formalmente considerados públicos essenciais, encontramos neles, pela importância que têm para cada indivíduo em particular e para a comunidade em geral, uma característica de essencialidade e imprescindibilidade análoga à daqueles.

A dignidade de bem ou serviço público essencial há-de pois obter-se, não pela designação ou tipificação que a lei lhes confere, mas pela essencialidade ou imprescindibilidade que tal serviço tiver para o universo dos indivíduos, para comunidade vista à escala global[10].

Só um bem ou serviço materialmente fundamental é que deverá ser considerado como essencial, não devendo, por isso, de *iure condendo*, o elenco legal ser considerado taxativo, mas sim meramente exemplificativo, deixando-se à doutrina e à jurisprudência algum espaço para decidir, segundo o grau de imprescindibilidade de cada bem o serviço, se deve, ou não, ser considerado como essencial[11].

Concordamos com Mafalda Miranda Barbosa[12], quando refere que "em vez de taxatividade dever-se-á falar em tendencial taxatividade. Ou seja, o diploma define concretamente um âmbito de aplicação a que o juiz decidente não poderá ser alheio. Mas esse âmbito pré-definido deve ser pon-

[10] De acordo com a comunicação da Comissão Europeia, relativa a Serviços de interesse geral na Europa, publicada no Jornal Oficial C, 281 de 26.09.1996, acessível em <https://eur-lex.europa.eu/legal-content/PT/TXT/HTML/?uri=LEGISSUM:l26087&from=SK>, "Os serviços de interesse económico geral (SIEG) são diferentes dos serviços normais na medida em que os poderes públicos consideram que os seus fornecedores são uma necessidade, mesmo que o mercado não seja suficientemente rentável à prestação dos serviços. A noção de serviços de interesse geral assenta de facto na preocupação de garantir globalmente um serviço de qualidade a preços abordáveis para todos. Os serviços de interesse geral contribuem para os objectivos de solidariedade e de igualdade de tratamento que estão na base do modelo europeu de sociedade".

[11] Para Monteiro, António Pinto, "A Protecção do Consumidor de Serviços Públicos Essenciais", in Estudos de Direito do Consumo, n.º 2, 2000, pag. 339, o legislador nacional, ao ter definido quais os serviços abrangidos, não se ficando apenas por "estabelecer regras aplicáveis aos (ou a todos os) serviços públicos essenciais *tout court*", não deixando, desse modo, margem aos tribunais para, ao longo do tempo, de acordo com a evolução social, ir incluindo outros serviços no conceito, "pretendeu, por um lado, ser mais completo e preciso na regulamentação que estabeleceu, o que implicava uma definição previa dos serviços abrangidos; por outro lado, decidiu prevenir as dúvidas e discussões intermináveis que de outro modo haveria sobre o âmbito de aplicação da lei, no que concerne à determinação de quais os serviços que têm natureza de serviços públicos e, de entre eles, *quais* os que são *essenciais*".

[12] Barbosa, Mafalda Miranda, "Acerca do âmbito da lei dos Serviços Públicos Essenciais: taxatividade ou carácter exemplificativo do artigo 1.º, n.º 2 da Lei 23/96, de 26 de Julho", in Estudos de Direito do Consumo, n.º 6, 2004, pág. 424.

derado por referência ao traçado comum dos diversos serviços elencados e não através de um apego á individualidade de cada um deles".

A tónica para efeitos da sua classificação como serviços essenciais há-de, pois, estar a final, a jusante. Ou seja, do lado do sujeito beneficiário e em função da importância que tem para este.

4. Consumidor vs Utente

Outra nota digna de registo é o facto de o n.º 3, da Lei n.º 23/96, de 26 de Julho, referir-se ao beneficiário dos serviços públicos essenciais, não como "consumidores", mas como "utente".

Entendemos que tal se deve, não apenas a uma questão de opção terminológica do legislador, mas que este, ao recorrer a uma terminologia diversa, pretendeu no seu espírito não equiparar "utente" a "consumidor".

Se não veja-se: segundo a lei do consumidor (artigo 2.º, da lei n.º 24/96, de 31 de Julho) "considera-se consumidor todo aquele a quem sejam fornecidos bens, prestados serviços ou transmitidos quaisquer direitos, destinados a uso não profissional, por pessoa que exerça com carácter profissional uma actividade económica que vise a obtenção de benefícios", sendo que, e continua o mesmo preceito legal, no seu n.º 2, "consideram-se incluídos no âmbito da presente lei os bens, serviços e direitos fornecidos, prestados e transmitidos pelos organismos da Administração Pública, por pessoas colectivas públicas, por empresas de capitais públicos ou detidos maioritariamente pelo Estado, pelas Regiões Autónomas ou pelas autarquias locais e por empresas concessionárias de serviços públicos".

É pois manifesto, de acordo com aquele n.º 2, do mencionado art. 2.º da Lei n.º 24/96, que a prestação de serviços públicos essenciais pode consubstanciar uma relação jurídica de consumo, bastando, para isso, que o serviço seja prestado por "pessoa que exerça com carácter profissional uma actividade económica" (a actividade do serviço prestado), com intuito de obter benefício económico e que o beneficiário do serviço prestado o destine a "uso não profissional".

No entanto, o mesmo serviço pode ser prestado a um não consumidor, a alguém que o destine à sua actividade profissional. Neste caso, a prestação do serviço não consubstanciará uma relação de consumo à luz do disposto naquele artigo 2.º da lei do consumidor, em virtude de o beneficiário do serviço o destinar a uso profissional. Neste caso, apesar de não estarmos perante uma relação jurídica de consumo, não deixamos, no entanto, de estar perante uma prestação de serviço público essencial (sim! O bem ou serviço continua a ser um bem ou serviço público essencial, mesmo não sendo uma relação jurídica de consumo), a qual, por isso, será regulada de acordo com o previsto na lei n.º 23/96.

Dito por outras palavras, o regime jurídico da lei n.º 23/96, apesar de ter na sua génese inicial a regulação das relações de consumo, certo é que não se restringiu, apenas a regular tais relações, indo para além delas e aplicando-se a relações não consideradas como de consumo.

A posição que acabamos de expor é facilmente perceptível através da mera confrontação dos textos legais presentes em ambos os diplomas[13].

Se a Lei n.º 24/96, de 31 de Julho, para que se esteja perante um "consumidor", exige que os bens fornecidos, serviços prestados ou direitos transmitidos sejam destinados a "uso não profissional"[14], já o regime jurídico dos serviços públicos essenciais (Lei n.º 23/96) basta-se, para que se esteja perante um "utente" que se esteja perante uma "pessoa singular ou colectiva a quem o prestador do serviço se obriga a prestá-lo", prescindindo de todo e qualquer outro requisito, nomeadamente do elemento teleológico – "uso não profissional" – constante da definição legal de "consumidor", existente na lei 24/96, de 31 de Julho.

[13] Neste sentido, o acórdão do STA, de 03/11/2004,acessível em www.dgsi.pt, quando refere: "Embora o âmbito da Lei 23/96 não se restrinja aos meros consumidores finais, foram estes que, como se diz na "exposição de motivos" enunciada na Proposta de Lei, a mesma visou especialmente proteger". Pois! "Visou especialmente proteger", mas não protegeu apenas e tão só o consumidor. Foi além dele!

[14] Neste sentido ver o Acórdão do STJ, de 20/10/2011, proferido no proc. n.º 1097/04.0TBLLE.E1.S1, acessível na internet em www.dgsi.pt, que refere, no seu sumário, entre outras coisas, o seguinte: "consumidor é a pessoa singular a quem sejam fornecidos bens, prestados serviços ou transmitidos quaisquer direitos, destinados exclusivamente a uso não profissional, por pessoa (singular ou colectiva) que exerça com carácter profissional um actividade económica que vise a obtenção de benefícios"; "É a finalidade do acto de consumo que determina, essencialmente, a qualificação do consumidor como sujeito do regime de benefício que aqueles diplomas legais regulamentam, partindo da presunção de que se trata da parte mais fraca, menos preparada tecnicamente, em confronto com um contratante profissional, necessariamente conhecedor dos meandros do negócio que exercita" e o Acórdão do TRP, de 26/06/2008, proferido no proc. n.º 0831242, acessível na internet em www.dgsi.pt, que, também no seu sumário, entre outras coisas, refere o seguinte: "Do âmbito do "Direito do Consumo" estão excluídas quer as relações jurídicas entre consumidores, por serem contratos civis, quer as relações jurídicas entre profissionais ou empresas, por serem normalmente contratos mercantis" e "o elemento negativo do destino que é atribuído ao bem pelo comprador ao adquiri-lo será o índice diferenciador de quem é tido, ou não, como consumidor".

É pois manifesto que o conceito de "utente" é mais lato que o de "consumidor", sendo que um consumidor será sempre um utente, mas um utente, poderá não ser um consumidor[15].

5. Serviços postais, um serviço público essencial

Dissemos atrás que os serviços públicos essenciais fazendo parte de uma categoria mais amplo de serviços que podem designar-se por *serviços de interesse económico geral*[16], agregam um conjunto de serviços fundamentais e imprescindíveis ao indivíduo e à comunidade.

Em sede do nosso ordenamento jurídico, rege reste domínio, como diploma fundamentar, a Lei n.º 23/96, de 23 de Julho, estatuindo o seu art. 1.º, quais os serviços considerados como públicos essenciais.

[15] Neste sentido, Cordeiro, António Menezes, in "Da Prescrição do Pagamento dos Denominados Serviços Públicos Essenciais", 2001, pág. 774, quando refere que "utente 'será o destinatário do serviço, independentemente de quaisquer condições materiais'"; Sá, Flávio da Costa, in "Contratos de Prestação de Serviços de Comunicações Electrónicas: a Suspensão do Serviço em Especial", Dissertação de mestrado, Faculdade de Direito da Universidade Nova de Lisboa, pág. 15, quando refere que: "enquanto o consumidor é necessariamente pessoa que actua como particular face a um profissional, fornecedor de bens ou prestador de serviços, o utente abrange igualmente pessoas colectivas e particulares que contratem para fins profissionais, podendo assim estar em causa uma relação entre dois profissionais"; Milanez, Filipe Comarela, in "Da Nulidade de Cláusula Contratual Geral no Contrato de Prestação de Serviço Público de Energia Eletrica/gás – Limitações à Cessação do contrato", Estudos Doutoramento & Mestrado, Série D, n.º 8, Instituto Jurídico da Faculdade de Direito da Universidade de Coimbra, 2015, pág. 23, quando refere que "A LSPE apresenta um conceito amplo de utente, de forma a englobar tanto as pessoas singulares quanto as coletivas, a quem o prestador do serviço se obriga a prestá-los independentemente de uma particular caracterização do destinatário do serviço como sendo um consumidor" e Almeida, Carlos Ferreira de, "Serviços Públicos, Contratos Privados", in Estudos em Homenagem à Professora Doutora Isabel de Magalhães Collaço, Vol. II, 2002, Almedina, pág. 124 segundo o qual "se os contratos com estes celebrados são contratos de direito privado, não pode ser outra a natureza dos contratos celebrados com utentes-empresas, uma vez que a lei dos serviços públicos essenciais optou deliberadamente por não distinguir uma e outra categoria de utentes quanto ao nível de protecção".

[16] Falcão, Pedro, "A Tutela do Prestador de serviços Públicos Essenciais no Ordenamento Jurídico Português", Estudos de Direito do Consumo, n.º 12, Centro de Direito do Consumo "À prestação de todos eles dirige-se a Lei n.º 23/96, atribuindo-lhes a designação controversa de serviços públicos essenciais, designação que se presta a uma eventual confusão com o conceito de serviço público em sentido subjectivo(...) e que se desvia do conceito mais adequado de serviço de interesse geral (...) ou, mais precisamente, de serviço de interesse económico geral".

Por via das leis n.ºs 12/2008, de 26 de Fevereiro, e 51/2019, de 29 de Junho, aos inicialmente previstos como essenciais (serviços de fornecimento de água, energia eléctrica, gás e telefone), acresceram os serviços de "fornecimento de gás natural e gases de petróleo liquefeitos canalizados", o serviço de "comunicações electrónicas", os "serviços postais", os "serviço de recolha e tratamento de águas residuais", os "serviços de gestão de resíduos sólidos urbanos" e o "serviço de transporte de passageiros".

É assim o serviço postal, na linha do que já era considerado pelas instituições europeias, formal e materialmente, um serviço público essencial.

Detenhamo-nos, então, agora, um pouco sobre o serviço postal, à luz do ordenamento jurídico nacional

6. O serviço postal no ordenamento jurídico português

No ordenamento jurídico nacional, ao serviço postal, porque de um serviço público essencial se trata, além de outros diplomas que em razão da situação jurídica concreta sejam de trazer à colação[17], são aplicáveis, desde logo, o regime jurídico consagrado na Lei n.º 23/96, de 26 de Julho (com especial destaque para as normas que dizem respeito à suspensão do fornecimento do serviço público (art. 5.º); proibição de imposição e cobrança de consumos mínimos (art. 8.º); prescrição e caducidade (art. 10.º); ónus da prova (art. 11.º) e sujeitos à arbitragem necessária dos litígios quando, por opção expressa dos utentes que sejam pessoas singulares, tais litígios sejam submetidos à apreciação dos tribunal arbitral (art. 15)), bem como, de um modo particular, a Lei n.º 17/2012, de 26 de Abril, que estabelece o regime jurídico aplicável à prestação de serviços postais no território nacional, bem como de serviços internacionais com origem ou destino no território nacional, e o Decreto-Lei n.º 176/88, de 18 de Maio, que aprovou o Regulamento do Serviço Público de Correios,

Segundo o art. 4.º, n.º 1, daquela Lei n.º 17/2012, integram a actividade de serviço postal, as operações de "aceitação", "tratamento", "transporte" e "distribuição" dos objectos postais, a qual (actividade de serviço postal), nos termos do art. 2, n.º 1, deste diploma legal, deve ser prestada em regime de concorrência, com salvaguarda (art. 7.º, n.º 1, da mencionada lei

[17] Entre outros, o Dec. Lei n.º 446/85, de 25 de Outubro (diploma que rege em sede de Clausulas contratuais gerais); o Dec. Lei n.º 24/2014, de 14 de Fevereiro (diploma que rege em sede de vendas à distância).

n.º 17/2012) da: a) "inviolabilidade e o sigilo dos envios postais"; b) "segurança da rede postal"; c) "confidencialidade das informações transmitidas"; d) "protecção de dados pessoais e da vida privada"; e) "protecção do ordenamento do território e do ambiente" e f) "respeito pelos termos e pelas condições laborais e pelos regimes de segurança social" (art. 10.º e seguintes), devendo, ainda, assegurar um serviço "universal" (n.º 1), de âmbito nacional e internacional (art. 12, n.º 1), que "consiste na oferta de serviços postais definida na presente lei, com qualidade especificada [princípio da qualidade], disponível de forma permanente em todo o território nacional, a preços acessíveis a todos os utilizadores [princípio da igualdade e universalidade], visando as necessidades de comunicação da população e das actividades económicas e sociais [princípio da coesão]"[18].

7. Natureza contratual da relação jurídica estabelecida entre o prestador do serviço postal e o utente

Pode questionar-se qual a natureza da relação jurídica estabelecida entre o prestador do serviço postal e o utilizador/utente deste, no sentido de se saber se estaremos, ou não, perante um contrato.

Segundo o art. 1154 do Cod. Civ. "contrato de prestação de serviço é aquele em que uma das partes se obriga a proporcionar à outra certo resultado do seu trabalho intelectual ou manual, com ou sem retribuição".

Por sua vez, o n.º 3, da lei 23/96, de 26 de Julho, preceitua que "o utente pode optar pela manutenção do contrato quando alguma das suas cláusulas seja nula".

Em face destes dois preceitos legais, a natureza contratual da relação jurídica estabelecida entre o prestador do serviço postal e o utilizador/utente deste, é segundo nos parece incontrovertida. Estamos perante um contrato de prestação de serviço, sendo que, se o utente do serviço for um consumidor, tal contrato terá a natureza de contrato de consumo.

[18] De acordo com a Comunicação da Comissão Europeia ao Parlamento Europeu, ao Conselho, ao Comité Económico e Social Europeu e ao Comité das Regiões Acessível em https://eur-lex.europa.eu/legal-content/PT/TXT/PDF/?uri=CELEX:52004DC0374&from=PT, "o acesso de todos os cidadãos e empresas a serviços de interesse geral de qualidade e a preços acessíveis em todo o território dos Estados-Membros é essencial para favorecer a coesão social e territorial da União Europeia, incluindo a redução das deficiências provocadas pela acessibilidade reduzida que caracteriza as regiões mais isoladas".

Como ensina Carlos Ferreira de Almeida[19], "os contratos de fornecimento a consumidores de serviços públicos essenciais são contratos de consumo, aplicando-se-lhes por isso as regras da LDC, entre as quais se contam várias que seriam inconciliáveis com a natureza administrativa da relação, tais como a inserção de mensagens publicitárias (artigo 7.º, n.º 5), o direito de retractação (artigo 8.º, n.º 4) e a submissão ao regime das clausulas contratuais gerais (conf. artigo 9.º, n.º 3, e artigo 3.º, alínea c), do Decreto-Lei n.º 446/85, de 25 de Outubro, que exclui a aplicação do seu regime a "contratos submetidos a normas de direito público".

Ainda na esteira deste insigne professor[20], a "natureza administrativa dos contratos não seria compatível com o princípio da neutralidade, que, admitindo embora a natureza pública de alguns fornecedores, não pode conviver com certos princípios da actividade administrativa, tais como a tutela e o recurso hierárquico. Se alguns contratos de prestação de serviços públicos não podem deixar de ter natureza privada, o princípio da neutralidade) impõe que a natureza privada do contrato não seja afectada pela natureza pública da entidade prestadora".

8. Tribunal competente para dirimir os conflitos no âmbito do serviço público postal

Outra questão essencial a ter em conta no domínio deste serviço público essencial prende-se com a ordem jurisdicional competente em razão da matéria para dirimir os conflitos que surjam no âmbito da relação jurídica estabelecida entre o prestador do serviço postal e o utente.

É um facto incontornável que o serviço público postal é, ou pode ser, prestado por um ente público ou por entes privados em regime de concessão.

Não podemos esquecer que a lei (n.º 4 do art. 1.º, da Lei 23/96) refere que "considera-se prestador dos serviços abrangidos pela presente lei toda a entidade pública ou privada que preste ao utente qualquer dos serviços

[19] Almeida, Carlos Ferreira de, "Serviços Públicos, Contratos Privados", in Estudos em Homenagem à Professora Doutora Isabel de Magalhães Collaço, Vol. II, 2002, Almedina, pág. 123.
Também neste sentido, Falcão, edro, "A Tutela do Prestador de serviços Públicos Essenciais no Ordenamento Jurídico Português", Estudos de Direito do Consumo, n.º 12, Centro de Direito do Consumo, pág. 397.

[20] Almeida, Carlos Ferreira de, "Serviços Públicos, Contratos Privados", in Estudos em Homenagem à Professora Doutora Isabel de Magalhães Collaço, Vol. II, 2002, Almedina, pag. 123.

referidos no n.º 2, independentemente da sua natureza jurídica, do título a que o faça ou da existência ou não de contrato de concessão".

É pois pertinente a questão sobre qual o tribunal competente em razão da matéria para dirimir os conflitos que surjam no domínio do serviço postal, não sendo, pois, esta questão de menor importância.

Da nossa parte, entendemos que os conflitos que surgem no âmbito prestação de serviços públicos essenciais (onde se incluem os serviços postais) por falta de pagamento dos serviços, mesmo quando prestados por um ente público ou por um ente privado ao abrigo de um contrato de concessão, não constituem uma relação de direito público, tanto mais que nenhuma das partes surge revestida do seu *ius imperium*, pelo que a resolução desses conflitos deve ser privativa dos tribunais comuns.

Uma coisa é discutir a validade ou eficácia de um acto administrativo, outra é, por exemplo, saber se o privado deve ou não determinada importância relativa a um serviço que lhe foi prestado.

Veja se a este propósito, Joana Catarina Anjos[21] quando refere: "Nestes termos, inexistindo fundamento legal que permita a instauração de processo de execução fiscal – por a jurisdição administrativa e fiscal não ter para tal competência, nos termos do art. 4.º, n.º 1 do ETAF, nem a entidade concessionária (privada) dispor de um dos títulos executivos previstos no art. 162.º do CPPT – terão de ser considerados competentes os tribunais judiciais. Só assim não será se estiver em causa a resolução de litígios que envolvam a discussão da legalidade do preço fixado ou das disposições que o regulam, já que aí a questão assume natureza administrativa, ou se a dívida for cobrada pelo Município ou por empresa municipal, pois aí a competência será dos tribunais administrativos e fiscais".

9. Dever de informação do prestador do serviço postal

Preceitua o art. 4.º, da Lei n.º 23/96, de 26 de Julho que (n.º 1) "o prestador do serviço deve informar, de forma clara e conveniente, a outra parte das condições em que o serviço é fornecido e prestar-lhe todos os esclarecimentos que se justifiquem, de acordo com as circunstâncias" e (n.º 2) "o prestador do serviço informa directamente, de forma atempada e eficaz,

[21] ANJOS, Joana Catarina Neto, in "Litígios Entre as Concessionárias do Serviço Público de Abastecimento de água e os consumidores – Questão da Jurisdição Competente", CEDIPRE online 24, Setembro de 2014, pág. 37 e 38.

os utentes sobre as tarifas aplicáveis pelos serviços prestados, disponibilizando-lhes informação clara e completa sobre essas tarifas.

A pergunta que se impõe (até porque muitos dos contratos celebrados em matéria de serviços públicos essenciais, onde se incluem os serviços postais, são-no com recurso a clausulas contratuais gerais, cujo regime se encontra estatuído no Dec. Lei n.º 446/85, de 25 de Outubro), é a de saber em que termos devem ser prestadas as informações que o legislador impõe que sejam prestadas.

Bastará, apenas entregar ao utente um qualquer suporte duradouro contendo as informações a prestar-lhe e aguardar que este se 'auto' esclareça, colocando as dúvidas que eventualmente ainda persistam?

A lei impõe que a informação seja "de forma clara e conveniente".

O que significa, então, informar de forma clara e conveniente?

O dever de informação que aqui se impõe, bem como o modo como o mesmo deve ser cumprido, está previsto, não para a fase pré-contratual (a fase em que se exige ao prestador do serviço que apresente aos utentes em geral – por ex. em folhetos disponíveis nas lojas ou em anúncios publicitários que faz chegar ao publico em geral – informação clara e compreensível acerca dos preços e condições em que o serviço é fornecido), mas para as fases de negociação, celebração e pós-celebração do negócio.

Assim, no momento da celebração do contrato exige-se ao prestador do serviço que esclareça o utente que com ele negoceia e pretende contratar acerca das concretas condições do negócio e do preço a pagar.

O utente tem que ser informado de modo claro acerca, quer das condições do serviço a contratar, quer acerca das condições do contrato, nomeadamente do preço a pagar, pois só assim formará a sua vontade contratual de forma livre e esclarecida.

Por sua vez, na fase pós-celebração do contrato (o momento da execução do contrato) exige-se ao prestador do serviço que informe o utente acerca das alterações contratuais que se venham a verificar.

É este, de resto, o sentido da lei quando refere que "os prestadores de serviços (...) informam regularmente, de forma atempada e eficaz, os utentes sobre as tarifas aplicáveis aos serviços prestados".

Aliás, nem de outro modo poderia ser. Se o utente contrata na base de determinados pressupostos e condições, se estes se alteram, o utente deve disso ser informado, no sentido de poder ponderar e decidir se quer, ou não, manter o vínculo contratual nos novos moldes.

Mas, o que significa informar de forma clara e conveniente? Bastará, apenas entregar ao utente um qualquer suporte duradouro contendo as informações a prestar-lhe e aguardar que este se 'auto' esclareça, colocando as dúvidas que eventualmente ainda persistam?

Os contratos que têm por objecto a prestação do serviço postal ao utente são, por regra, celebrados (tal como os que têm por objecto os demais serviços públicos essenciais) com recurso a cláusulas contratuais gerias[22].

Assim, quando em presença de contratos celebrados com recurso a este tipo de cláusulas, não podemos esquecer o que prevê o diploma que regula tal matéria (o referido Dec. Lei 446/85, de 25 de Outubro), nomeadamente o que respeita à comunicação e informação das condições (clausulas) gerais.

Ora nos termos do art.º 6.º, n.º 1, do referido Dec. Lei 446/85, de 25 de Outubro, o aderente tem direito a que o contratante que recorra a cláusulas contratuais gerais (o proponente) o informe de acordo com as circunstâncias, dos aspectos nelas compreendidos cuja aclaração se justifique, bem como a ser esclarecido (n.º 2, deste art.º 6.º) das dúvidas que depois de devidamente informado, ainda persistam.

Assim, não basta ler, dar a conhecer o contrato ao aderente (ou, no caso aqui em questão, ao utente). É preciso, mais que isso! É preciso esclarecê-lo acerca do seu conteúdo. O aderente tem que ficar ciente de tudo aquilo a que tem direito e de tudo aquilo a que fica obrigado.

Não é o aderente que, por sua iniciativa, tem que se informar, querendo. Não! É o agente económico, é quem propõe as cláusulas que as tem que informar. É quem conhece o contrato que o tem de explicar. Não é o aderente (que não negoceia as cláusulas) que tem de 'adivinhar' o que vai na mente de quem propõe o contrato.

O aderente apenas tem a obrigação de, depois de devidamente esclarecido, reflectir, ponderar e, se ainda tiver dúvidas sobre aquilo que lhe foi informado, pedir esclarecimentos. É isto que decorre quer do referido n.º 2, do art.º 6.º, do Dec. Lei 446/85, de 25 de Outubro, quer da parte final do n.º 1, do art. 4.º da Lei n.º 23/96, de 26 de Julho, quando refere

[22] Segundo Ascenção, Oliveira, in "Cláusulas Contratuais Gerais, Cláusulas abusivas e o Novo Código Civil", <http://www.fd.ulisboa.pt/wp-content/uploads/2014/12/Ascensao-Jose-Oliveira-CLAUSULAS-CONTRATUAISGERAIS-CLAUSULAS-ABUSIVAS-E-O-NOVO-CODIGO-CIVIL.pdf>, Cláusulas contratuais gerais (ou condições gerais dos contratos, como refere no texto) são "cláusulas predispostas unilateralmente para uma generalidade de pessoas, que não têm possibilidade de discutir o seu conteúdo".

"...prestar-lhe todos os esclarecimentos que se justifiquem, de acordo com as circunstâncias".

Veja-se, neste sentido, o Acórdão do TRL de 28/06/2012[23], ao referir no seu sumário que "Dar notícia de cláusulas contratuais gerais (que estão na página que se assina ou no verso dela) não é fazer a comunicação das mesmas, exigida pelo art.º 5.º da LCCG. E a falta dessa comunicação implica a exclusão de tais cláusulas contratuais gerais do contrato em causa [art.º 8.º/a) da LCCG]".

10. Suspensão do fornecimento do serviço público

Prevê o art. 10.º da Lei n.º 17/2012, de 26 de Abril, relativo ao serviço postal universal que este "consiste na oferta de serviços postais definida na presente lei, com qualidade especificada, disponível de forma permanente em todo o território nacional, a preços acessíveis a todos os utilizadores, visando as necessidades de comunicação da população e das actividades económicas e sociais" e o art. 11.º, n.º 1, al. d), que a prestação do serviço universal deve assegurar a continuidade da prestação do serviço,

Por sua vez, o art. 5, da Lei n.º 23/96, de 26 de Julho, preceitua, no seu n.º 1, que "a prestação do serviço não pode ser suspensa sem pré-aviso adequado, salvo caso fortuito ou de força maior" e (n.º 2) "em caso de mora do utente que justifique a suspensão do serviço, esta só pode ocorrer após o utente ter sido advertido, por escrito, com a antecedência mínima de 20 dias relativamente à data em que ela venha a ter lugar".

A prestação dos serviços públicos essenciais (porque interessam a todos, todos deles necessitam nos mais diversos momentos) tem subjacente

[23] Acórdão proferido no proc. n.º 2527/10.7TBPBL.L1-2, acessível na internet em <www.dgsi.pt> e ainda, o Acórdão do STJ de 28/04/2009, proferido no proc. n.º 2/09.1YFLSB acessível na internet em <www.dgsi.pt>, que refere, também, entre outras coisas, no seu sumário o seguinte: "I) – Nos contratos de adesão por existir aceitação, não particularmente negociada pelo aderente, a lei visa a sua protecção, como parte contratualmente mais fraca, impondo de modo efectivo um dever de informação por parte do proponente; mesmo que o aderente se não inteire, cabalmente, do conteúdo contratual que aceita, a lei protege-o em relação ao proponente. II) – O dever de comunicação das cláusulas contratuais gerais (ccg) a cargo do proponente deve abranger na sua totalidade e ser feita de modo adequado, e com antecedência compatível com a extensão e complexidade do contrato, de modo a tornar possível o seu conhecimento "completo e efectivo por quem use de comum diligência". III) – O ónus de prova de que foi cumprido o dever de informação compete ao proponente das ccg".

um princípio de continuidade, de permanência no que respeita à sua prestação, existindo, por isso, também da parte do prestador do serviço um dever de contratar.

A regra é, pois, que a prestação do serviço, "não pode ser suspensa sem pré-aviso adequado, salvo caso fortuito ou de força maior". É o que resulta do daquele n.º 1.

O que acabamos de dizer leva-nos a outra questão que é saber o que é um "pré-aviso adequado".

A lei não dá resposta a esta questão.

Entendemos que a razão de ser de se exigir o pré-aviso adequado se prende, por um lado, com uma tentativa de minimizar os impactos da suspensão do serviço, e por outro, com uma questão de certeza e segurança para o beneficiário do serviço. Certeza e segurança de que, nada sendo dito, a prestação do serviço não será suspenso e, por isso, o utente poderá dele valer-se nas suas necessidades, sem ter que se precaver com outras alternativas a tais serviços.

O legislador pretende que o prestador do serviço actue com diligência, que informe de modo e com antecedência razoável os beneficiários do serviço acerca do momento temporal da suspensão e sua duração, de modo a que estes se possam munir de alternativas e, assim, como dissemos, minimizarem os impactos que a interrupção do serviço possa causar nas suas vidas.

Ratio legis diferente da do n.º 1 é a subjacente ao n.º 2 do mencionado art. 5.º.

Como ensina Carlos Ferreira de Almeida[24], "se o n.º 1 tem em vista principalmente a suspensão por razões funcionais que afecta múltiplos utentes em situação de cumprimento, os n.ºs 2 e 3 tratam da suspensão individual por efeito do incumprimento de um determinado utente".

Se o prestador do serviço (no caso de suspensões previsíveis), obrigado que está a avisar, atempadamente e modo adequando, os beneficiários desse serviço relativamente à sua suspensão, não cumprir esta sua obrigação, poderá ver-se na contingência de ter que indemnizar os beneficiários do serviço pelos prejuízos que estes venham a sofrer em consequência dessa falta de aviso.

[24] ALMEIDA, Carlos Ferreira de, "Serviços Públicos, Contratos Privados", in Estudos em Homenagem à Professora Doutora Isabel de Magalhães Collaço, Vol. II, Almedina, 2000, pag. 138.

B – Compra e venda

DESCONFORMIDADE E MEIOS DE TUTELA DO ADQUIRENTE NA VENDA DE BENS DE CONSUMO

Luís Manuel Teles de Menezes Leitão

1. Generalidades.

O objecto deste estudo é o novo regime da desconformidade e meios de tutela do adquirente na venda de bens de consumo, tal como veio a ser estabelecido no Decreto-Lei 84/2021, de 18 de Outubro, que transpôs a Directiva (UE) 2019/771 do Parlamento Europeu e do Conselho de 20 de Maio de 2019, relativa a certos aspectos dos contratos de compra e venda de bens, que altera o Regulamento (UE) 2017/2394 e a Directiva 2009/22/CE e que revoga a Diretiva 1999/44/CE.

A Directiva 1999/44/CE tinha estabelecido uma harmonização mínima no âmbito da venda de bens de consumo relativamente à desconformidade e aos meios de tutela do adquirente[1]. No entanto, uma vez que a referida Directiva autorizou os Estados-Membros a introduzir ou a manter regras que estabelecessem um mais elevado nível de protecção dos consumidores, vários Estados-Membros preferiram adoptar essa solução, designadamente Portugal, que transpôs essa Directiva através do Decreto-Lei 67/2003, de 8 de Abril[2]. Essa situação levou a que as disposições internas de transposição da Directiva divirjam significativamente em vários aspectos essenciais, como na existência ou não de uma hierarquia de meios de ressarcimento por parte do consumidor (considerando (6) da Directiva (UE) 2019/771).

Assim, e por considerar que as fragmentações jurídicas existentes poderiam afectar a confiança dos consumidores nas transacções transfronteiriças, já que não teriam meios de saber se os seus direitos contratuais se aplicariam nesse âmbito (considerando (8) da Directiva (UE) 2019/771), bem como levar os retalhistas a evitar expandir a sua actividade além-fronteiras, por ignorarem o regime aplicável no país de destino (considerando (9) da Directiva (UE) 2019/771), o legislador europeu julgou necessário estabelecer um regime unitário relativo aos direitos do consumidor na venda de bens de consumo, surgindo assim a Directiva (UE) 2019/771. Esta Directiva revogou a Directiva 1999/44/CE, com efeitos a partir de 1 de Janeiro de 2022 (art. 23.º), devendo ter sido objecto de transposição pelos Estados-Membros até 1 de Julho de 2021 (art. 24.º). Portugal mais uma vez atrasou-

[1] Cfr. sobre a mesma Paulo Mota Pinto, "Conformidade e garantias na venda de bens de consumo. A Directiva 1999/44/CE e o direito português" em *EDC* 2 (2000), pp. 197-331, e Menezes Leitão, "*Caveat venditor?* A Directiva 1999/44/CE do Conselho e do Parlamento Europeu sobre a venda de bens de consumo e garantias associadas e suas implicações no regime jurídico da compra e venda", em António Menezes Cordeiro / Luís Menezes Leitão / Januário da Costa Gomes, *Estudos em Homenagem ao Professor Doutor Inocêncio Galvão Telles*, I – *Direito Privado e Vária*, Coimbra, Almedina, 2002, pp. 263-303.

[2] Este diploma teve por base um anteprojecto de Paulo Mota Pinto, *Cumprimento defeituoso do contrato de compra e venda. Anteprojecto de transposição da Directiva 1999/44/CE para o Direito Português. Exposição de motivos e articulado*, Lisboa, Instituto do Consumidor, 2002. Sobre o seu regime, cfr. Menezes Leitão, "O novo regime da venda de bens de consumo", em *EIDC* 2 (2005), pp. 37-73, e *Direito das Obrigações*, III – *Contratos em especial*, 12.ª ed., Coimbra, Almedina, 2018, pp. 134 e ss., Calvão da Silva, *Venda de bens de consumo*, 4.ª ed., Coimbra, Almedina, 2010, e Januário Gomes, "Ser ou não ser conforme, eis a questão. Em tema de garantia legal de conformidade na venda de bens de consumo", em *CDP*, n.º 21 (Janeiro/Março 2008), pp. 3-20.

-se na transposição, tendo a mesma sido efectuada através do Decreto-Lei 84/2021, de 18 de Outubro.

A Directiva (UE) 2019/771 caracteriza-se consequentemente por estabelecer um nível de harmonização absoluto, proibindo os Estados-Membros de manter ou introduzir no seu direito nacional disposições divergentes da mesma, sejam mais ou menos estritas, que tenham por objectivo garantir um nível diferente de protecção dos consumidores, salvo nos casos em que a Directiva o permita (art. 4.º). A Directiva não afecta, no entanto, a possibilidade de os Estados-Membros regularem os aspectos gerais do Direito dos Contratos, como as regras relativas à formação, à validade, à nulidade ou aos seus efeitos, bem como as consequências da sua resolução não reguladas pela Directiva, nem o direito à indemnização (art. 3.º, n.º 6). A Directiva não afecta igualmente regras nacionais que não sejam específicas dos contratos celebrados por consumidores que prevejam meios de ressarcimento específicos para certos tipos de defeitos que não eram evidentes no momento da celebração do contrato de compra e venda (art. 3.º, n.º 7). A Directiva deixa igualmente liberdade aos Estados-Membros para manterem ou introduzir prazos mais longos de relevância da desconformidade (art. 10.º, n.º 3) e ainda para estabelecer prazos de prescrição dos meios de ressarcimento, desde que os mesmos não prejudiquem o exercício desses direitos em relação às faltas de conformidade pelas quais o vendedor seja responsável e que se manifestem nos prazos previstos (art. 10.º, n.º 4). Para além disso, os Estados-Membros podem ainda determinar, no caso de bens em segunda mão, que, por acordo entre o vendedor e o consumidor, sejam estipulados períodos de responsabilidade ou prazos de prescrição mais curtos, desde que não inferiores a um ano (art. 10.º, n.º 5). Esta faculdade de os Estados-Membros definirem prazos e períodos de prescrição não é muito coerente com o objectivo da Directiva de estabelecer uma harmonização integral do regime da venda de bens de consumo (cfr. art. 4.º)[3].

Iniciaremos a nossa análise com o exame da obrigação de entrega de bens em conformidade com o contrato, para depois enunciarmos os meios de tutela do adquirente nessa situação. Uma vez que o D.L. 84/2021 distingue, talvez desnecessariamente, a garantia de conformidade nos bens

[3] Assim Jorge Morais de Carvalho, "New Developments in EU Consumer Contract Law", em *PoLaR – Portuguese Law Review*, Vol. 3 (2019), n.º 1, pp. 11-17: "Even though Directives are of maximum harmonization, Directive 2019/771 leave Member States a wide area of freedom regarding time limits".

móveis (arts. 5.º e ss.) e nos bens imóveis (arts. 22.º e ss.), iremos igualmente proceder à sua análise em separado. Já não analisaremos, porém, a questão da falta de conformidade nos contratos de fornecimento de conteúdos e serviços digitais (arts. 26.º e ss.), uma vez que constituem contratos distintos da compra e venda, sendo, aliás objecto de uma Directiva autónoma, a Directiva (UE) 2019/770, do Parlamento Europeu e do Conselho, de 20 de Maio de 2019, sobre certos aspectos relativos aos contratos de fornecimento de conteúdos e serviços digitais[4].

2. A desconformidade nos bens móveis.

2.1. A imposição da obrigação de conformidade.

Por inspiração no art. 35.º da Convenção de Viena sobre a Venda Internacional de Mercadorias, a Directiva 1999/44/CE uniformizou a nível europeu a reacção contra os defeitos da coisa na venda de bens de consumo através do estabelecimento de uma obrigação de conformidade com o contrato. A Directiva (UE) 2019/771 manteve essa orientação, determinando no seu art. 5.º que o vendedor deve entregar ao consumidor bens que cumpram, consoante o caso, os requisitos dos arts. 6.º, 7.º e 8.º sem prejuízo do disposto no art. 9.º. Importa salientar que foi completamente abandonada a técnica adoptada na Directiva 1999/44/CE, que se baseava em estabelecer no seu art. 2.º, n.º 2, uma presunção ilidível de conformidade com o contrato em relação às situações mais frequentes[5]. Efectivamente, essa técnica legislativa foi considerada complexa, tanto assim que não foi adoptada no diploma português de transposição da Directiva, o D.L. 67/2003, de 8 de Abril, que substituiu no seu art. 2.º, n.º 2, a presunção de conformidade por uma presunção de desconformidade, o que é igualmente fonte de confusões. Na verdade, conforme tivemos então ocasião de escrever, "não se vê como se pode presumir uma situação em resultado de um facto negativo, quando corre por conta do vendedor o ónus da prova de ter cumprido a obrigação de entrega dos bens em conformidade com o contrato"[6]. Correctamente, o art. 5.º da Directiva (UE) 2019/771 veio consagrar uma obrigação de entrega dos bens em conformidade com o contrato, dispensando o

[4] Sobre os mesmos, cfr. especialmente ALEXANDRE LIBÓRIO DIAS PEREIRA, "Contratos de fornecimento de conteúdos e serviços digitais", em *EDC* 15 (2019), pp. 10-36.

[5] Cfr. sobre essa presunção, MENEZES LEITÃO, *Estudos Galvão Telles*, I, pp. 276 e ss.

[6] Cfr. MENEZES LEITÃO, *Obrigações*, p. 142.

estabelecimento de qualquer presunção de conformidade ou desconformidade, cabendo naturalmente por conta do vendedor a prova de que os bens são conformes com o contrato. A Directiva (UE) 2019/771 estabeleceu, no entanto, requisitos específicos para se considerar cumprida a obrigação de conformidade, distinguindo entre requisitos subjectivos de conformidade (art. 6.º), requisitos objectivos de conformidade (art. 7.º), instalação correcta dos bens (art. 8.º) e inexistência de vícios de direito (art. 9.º).

Na transposição da Directiva, o legislador manteve o mesmo esquema, ainda que com algumas variações, que iremos analisar de seguida:

2.2. Requisitos de conformidade dos bens móveis.

2.2.1. Generalidades.

O art. 5.º do D.L. 84/2021 vem estabelecer que "o profissional deve entregar ao consumidor bens que cumpram os requisitos constantes dos artigos 6.º a 9.º, sem prejuízo do disposto no artigo 10.º". Resulta assim desta disposição a exigência de requisitos específicos para se considerar cumprida a obrigação de conformidade, pelo que se verificará a desconformidade sempre que faltar algum desses requisitos.

Os requisitos de conformidade dos bens móveis podem classificar-se da seguinte forma:

a) requisitos subjectivos de conformidade;
b) requisitos objectivos de conformidade;
c) requisitos adicionais de conformidade dos bens com elementos digitais;
d) instalação correcta dos bens;
e) inexistência de vícios de direito.

Analisemos separadamente estes requisitos.

2.2.2. Requisitos subjectivos de conformidade.

Estabelece o art. 6.º do D.L. 84/2021 os requisitos subjectivos de conformidade, especificando-se que "são conformes com o contrato de compra e venda os bens que:

a) Correspondem à descrição, ao tipo, à quantidade e à qualidade e detêm a funcionalidade, a compatibilidade, a interoperabilidade e as demais características previstas no contrato de compra e venda;

b) São adequados a qualquer finalidade específica a que o consumidor os destine, de acordo com o previamente acordado entre as partes;
c) São entregues juntamente com todos os acessórios e instruções, inclusivamente de instalação, tal como estipulado no contrato de compra e venda; e
d) São fornecidos com todas as atualizações, tal como estipulado no contrato de compra e venda".

Apesar de a lei os qualificar como requisitos subjectivos, a verdade é que os mesmos têm sempre fonte contratual, pelo terão que ser apurados com base no contrato de compra e venda celebrado pelas partes e na sua interpretação. Assim sucede claramente em relação às alíneas a), c), e d) sendo que a alínea a) se refere às características estipuladas em relação ao bem vendido, a alínea c) à entrega dos acessórios e das instruções conforme estipulado, e a alínea d) ao fornecimento das actualizações estipuladas. Apenas na alínea b) está de facto em causa um elemento subjectivo, a finalidade específica a que o consumidor queira destinar o bem, mas mesmo nesse caso exige-se que o mesmo tenha comunicado ao vendedor essa finalidade específica antes ou aquando da celebração do contrato e o vendedor tenha concordado com essa utilização[7].

2.2.3. Requisitos objectivos de conformidade.

Já os requisitos objectivos de conformidade constam do art. 7.º, n.º 1, do D.L. 84/2021, o qual determina que, "para além dos requisitos previstos no artigo anterior, os bens devem:

a) Ser adequados ao uso a que os bens da mesma natureza se destinam;
b) Corresponder à descrição e possuir as qualidades da amostra ou modelo que o profissional tenha apresentado ao consumidor antes da celebração do contrato, sempre que aplicável;
c) Ser entregues juntamente com os acessórios, incluindo a embalagem, instruções de instalação ou outras instruções que o consumidor possa razoavelmente esperar receber, sempre que aplicável; e

[7] Conforme tínhamos defendido perante o art. 2.º, n.º 2, b) da Directiva 1999/44/CE, em Menezes Leitão, *Estudos Galvão Telles*, I, pp. 279 e nota (39), não está em causa nesta disposição uma estipulação contratual, mas apenas uma informação prestada pelo consumidor ao vendedor, não se exigindo por isso uma aceitação expressa da mesma por parte deste.

d) Corresponder à quantidade e possuir as qualidades e outras características, inclusive no que respeita à durabilidade, funcionalidade, compatibilidade e segurança, habituais e expectáveis nos bens do mesmo tipo considerando, designadamente, a sua natureza e qualquer declaração pública feita pelo profissional, ou em nome deste, ou por outras pessoas em fases anteriores da cadeia de negócio, incluindo o produtor, nomeadamente na publicidade ou na rotulagem".

Neste âmbito, o critério da alínea a) corresponde à adequação do bem para a utilização normal dos bens do mesmo tipo. Salienta-se que o art. 7.º, n.º 1, a) da Directiva 2019/771, estabelece essa adequação pode ser verificada, tomando por base o Direito da União, os direitos nacionais, as normas técnicas ou, na sua falta, os códigos específicos do sector. Estranhamente o legislador nacional não fez qualquer referência a esses critérios, o que indicia uma transposição deficiente da Directiva.

Já o critério da alínea b) corresponde à denominada venda sob amostra, entendendo-se que o vendedor assegura, em relação à coisa vendida as mesmas qualidades da amostra. No âmbito da venda de bens de consumo não se admite assim a ressalva da parte final do art. 919.º.

O critério da alínea c) corresponde à exigência da entrega das coisas acessórias, incluindo a embalagem, e as instruções de instalação e outras que o consumidor esperasse receber. No âmbito da venda de bens de consumo, além da obrigação de entrega de coisas acessórias, incluindo a embalagem, que não se prevê no regime geral, existe uma obrigação específica de entrega de instruções de instalação ou outras instruções que o consumidor possa razoavelmente esperar receber, uma vez que normalmente as mesmas são essenciais para que o consumidor possa utilizar adequamente os bens.

Finalmente, o critério da alínea d) corresponde à correspondência da coisa com as qualidades habituais nos bens do mesmo tipo e que o consumidor pode razoavelmente esperar, atendendo às declarações públicas do vendedor e do produtor. Entendemos que a lei exige a aplicação dos dois critérios para considerar preenchido este requisito, pelo que haverá falta de conformidade se as declarações do vendedor e do produtor criarem expectativas razoáveis no consumidor, mesmo que acima das qualidades habituais dos bens do mesmo tipo. No entanto, o art. 7.º, n.º 2, determina que o profissional não fica vinculado às declarações públicas a que se refere esta alínea se demonstrar que: a) Não tinha, nem podia razoavelmente ter, conhecimento da declaração pública em causa; b) No momento da celebração do contrato, a declaração pública em causa tinha sido corrigida de forma igual ou comparável à forma por que tinha sido feita; ou c) A decisão de contratar não poderia ter sido influenciada por aquela declaração. A eficácia destas declarações pode ser assim afastada pela sua não imputação ao vendedor, pela sua posterior revogação por forma equivalente, ou pela falta de nexo de causalidade entre a declaração pública e a decisão de contratar.

O art. 7.º, n.º 4, do D.L. 84/2021, determina que "salvo acordo em contrário das partes, os bens devem ser entregues na versão mais recente à data da celebração do contrato". Esta disposição permite considerar como defeituosos os produtos que não sejam entregues na sua versão mais recente, o que constitui uma importante protecção do consumidor numa época de permanente substituição dos bens de consumo. Assim sendo, poderá ser considerada falta de conformidade o fornecimento de um manual numa edição anterior ou de um telemóvel sem o sistema operativo mais recente.

A exigência dos requisitos objectivos de conformidade pode, no entanto, ser afastada pelas partes, caso o consumidor seja inequivocamente informado de que uma característica particular dos bens se desviava desses requisitos e o consumidor tiver "aceitado separadamente, de forma expressa e inequívoca esse desvio aquando da celebração do contrato" (art. 7.º, n.º 3, D.L. 84/2021). Apesar de esta disposição se referir a uma aceitação expressa, é controverso que se exija efectivamente uma declaração expressa nos termos do art. 217.º, n.º 1, CC, uma vez que o considerando (36) da Directiva (UE) 2019/771 interpreta esta exigência no sentido de ser necessária apenas uma conduta activa e inequívoca do consumidor. Segundo este considerando, esta disposição destina-se a "assegurar suficiente flexibilidade normativa, designadamente em relação à venda de bens em segunda mão".

2.2.4. Requisitos adicionais de conformidade dos bens com elementos digitais.

A lei estabelece ainda um regime especial para a venda de bens com elementos digitais, em que aos requisitos subjectivos e objectivos de conformidade, constantes dos arts. 6.º e 7.º D.L. 84/2021, se acrescenta um dever de comunicação e fornecimento de actualizações, no caso de o consumidor o poder razoavelmente esperar, no caso de contratos de fornecimento único (art. 8.º, n.º 1, D.L. 84/2021), ou durante o período estipulado, no caso de contratos de fornecimento por um período determinado, o qual não pode ser, no entanto, ser inferior a dois anos (art. 8.º, n.ºs 2 e 3, D.L. 84/2021).

Nesse caso, o vendedor fica exonerado de responsabilidade pela falta de actualizações se o consumidor não proceder à sua instalação num prazo razoável, desde que o vendedor o tenha informado de que as mesmas estavam disponíveis e quais as consequências de não serem instaladas e não exista qualquer deficiência nas instruções de actualização fornecidas (art. 8.º, n.º 4, D.L. 84/2021). Não se verifica, no entanto, falta de conformidade se, no momento da celebração do contrato, o consumidor tiver sido inequivocamente informado de que uma característica particular do bem se desviava dos requisitos objectivos de conformidade ou dos requisitos objectivos de atualização, e tenha aceitado, separadamente, de forma expressa e inequívoca, esse desvio (art. 8.º, n.º 5, D.L. 84/2021)[8].

2.2.5. A instalação correcta dos bens.

A lei passou a exigir, em certos casos, para cumprimento da obrigação de conformidade, a instação correcta dos bens. Efectivamente, o art. 9.º do D.L. 84/2021 considera existir falta de conformidade dos bens, resultante de instalação incorrecta, desde que:

a) A instalação tiver sido realizada pelo profissional ou sob a sua responsabilidade; ou
b) quando realizada pelo consumidor, a instalação incorrecta se ficar a dever a deficiências nas instruções de instalação fornecidas pelo profissional ou, no caso de bens com elementos digitais, também pelo fornecedor do conteúdo ou serviço digital.

A especialidade desta situação resulta do facto de a falta de conformidade não se referir neste caso ao próprio bem vendido, mas antes a prestações de serviços conexas com o mesmo, como a sua instalação pelo vendedor ou o fornecimento de instruções para o consumidor proceder à mesma, podendo, no caso de bens com elementos digitais, as instruções deficientes partirem do fornecedor de conteúdos ou serviços digitais. Neste caso, o objecto da garantia estende-se além do próprio bem vendido, para abranger situações de prestações de serviços conexas com esse bem, como a insta-

[8] No caso dos bens com elementos digitais, o desvio pode assim verificar-se, não só em relação aos requisitos objectivos de conformidade, mas também em relação aos requisitos objectivos de actualização, desde que igualmente o consumidor tenha aceitado, separadamente, de forma expressa e inequívoca, esse desvio. Conforme acima se salientou, é duvidoso que também nesse caso a lei exija uma declaração expressa, no sentido estabelecido no art. 217.º do Código Civil.

lação pelo vendedor ou a prestação de informações sobre como proceder a essa instalação. A importância da instalação para a utilização do bem por parte do consumidor justifica, porém, que a garantia de conformidade que a lei impõe ao vendedor se estenda igualmente a essas prestações de serviços.

2.2.6. Inexistência de vícios de direito.

Transpondo o art. 9.º da Directiva (UE) 2019/771, o art. 10.º D.L. 84/2021, estabelece que "caso uma restrição resultante de uma violação de quaisquer direitos de terceiros, em especial direitos de propriedade intelectual, impeça ou limite a utilização dos bens, nos termos dos artigos 6.º a 8.º, o consumidor tem direito aos meios de ressarcimento por falta de conformidade previstos no artigo 15.º, exceto nas situações previstas em legislação especial nos termos da qual se determine a invalidade ou a resolução do contrato de compra e venda". Desta norma resulta assim que igualmente os vícios de direito relativos ao bem são considerados como uma falta de conformidade para efeitos da garantia na venda de bens de consumo. O considerando 35 da Directiva (UE) 2019/771 expressa claramente esse entendimento ao referir que "a conformidade deverá abranger tanto os vícios materiais como os vícios jurídicos", o que implica uma dilatação do conceito de desconformidade em relação ao que a doutrina entendia resultar da Directiva 1999/44/CE[9], sendo hoje claro que a obrigação de conformidade tanto abrange vícios materiais como jurídicos, designadamente em caso de violação de direitos de terceiro, designadamente de propriedade intelectual[10]. A nosso ver, no entanto, não havia justificação para que os vícios jurídicos não se considerassem já abrangidos pela Directiva 1999/44/CE, tendo acabado por ser abrangidos pelo Decreto-Lei 67/2003, de 8 de Abril[11].

[9] Neste sentido Jorge Morais de Carvalho, "Venda de bens de consumo e fornecimento de conteúdos e serviços digitais – As Diretivas 2019/771 e 2019/770 e o seu impacto no Direito Português", na *Revista Electrónica de Direito*, n.º 3 (vol. 20), Outubro 2019, acessível em https://cije.up.pt//client/files/0000000001/4-artigo-jorge-morais-carvalho_1213.pdf, pp. 64-87 (75) e Nuno Pinto Oliveira, *Revista de Direito Comercial*, 4 (2020), pp. 1252 e ss.

[10] Cfr. Maria João Vasconcelos, "New Perspectives on Sale of Consumer Goods – Maximum Harmonization ", em *PoLaR – Portuguese Law Review*, Vol. 3 (2019), n.º 1, pp. 19-32 (23).

[11] Em Menezes Leitão, *Estudos Galvão Telles*, I, p. 276, tínhamos considerado duvidosa a exclusão da venda de bens onerados da aplicação da Directiva 1999/44/CE, e em Menezes Leitão, *Obrigações*, III, p. 142, considerámo-la claramente abrangida pelo art. 2.º do Decreto-Lei 67/2003.

2.2.7. Momento relevante para a verificação da desconformidade.

De acordo com o que resulta do art. 5.º, do D.L. 84/2021, a conformidade deve verificar-se no momento em que a coisa é entregue ao consumidor. O art. 11.º, n.º 1, esclarece que se considera que essa entrega ocorre quando o consumidor ou um terceiro por ele indicado, que não o transportador, adquire a posse física do bem. Nos casos em que o contrato de compra e venda preveja a instalação do bem por conta do profissional, o bem considera-se entregue quando a instalação se encontrar concluída (art. 11.º, n.º 2). Já no caso de bens com elementos digitais, considera-se que o bem é entregue quando a componente física dos bens seja entregue e o fornecimento do conteúdo ou serviço digital seja realizado, caso se trate de acto único, ou iniciado, caso se trate de fornecimento contínuo (art. 11.º, n.º 3).

A exigência de que a conformidade se verifique no momento da entrega implica correrem por conta do vendedor os riscos relativos a defeitos da coisa ocorridos entre a venda e a entrega ao consumidor[12]. Esta solução implica uma derrogação, no âmbito da venda de bens de consumo, quer do regime geral do art. 796.º, n.º 1, que faz correr o risco por conta do adquirente a partir da celebração do contrato, exceptuando-se apenas os defeitos que possa ser imputáveis ao incumprimento da obrigação de custódia do vendedor, estabelecida nos arts. 882.º, n.º 1 e 918.º, quer do regime da promessa de envio (art. 797.º) que determina a transferência do risco com a sua simples entrega ao transportador, quer mesmo do regime da mora do credor (art. 814.º, n.º 1), que admite que a mora faça recair sobre o credor todo o risco que não seja imputável a dolo do devedor. Efectivamente, como todas estas normas fazem correr por conta do comprador riscos verificados antes da entrega, parece existir no regime da venda de bens de consumo uma alteração às regras gerais relativas à distribuição do risco.

No entanto, o considerando (38) da Directiva 2019/771 estabelece que "as referências ao momento da entrega na presente diretiva não prejudicam as regras sobre a transferência de risco estabelecidas na Diretiva 2011/83/UE e aplicadas em conformidade no direito dos Estados-Membros". Ora, neste âmbito, o art. 20.º desta última Directiva apenas regula o risco no caso de expedição dos bens, estabelecendo que "nos contratos em que o profissional expede os bens ao consumidor, o risco de perda ou dano dos bens é transferido para o consumidor sempre que este ou um terceiro por

[12] Diferente é a solução do art. 36.º da Convenção de Viena que determina que a conformidade se deve verificar no momento da transferência do risco.

ele indicado, que não seja o transportador, tenha adquirido a posse física dos bens. Todavia, após a entrega ao transportador, o risco é transferido para o consumidor, se o transportador tiver sido encarregado pelo consumidor de transportar os bens e se essa opção não tiver sido proposta pelo profissional, sem prejuízo dos direitos do consumidor em relação ao transportador". Estranhamente o D.L. 24/2014, de 14 de Fevereiro, que transpôs esta Directiva não inclui regra semelhante. No entanto, o Decreto-Lei 84/2021, estabelece no seu art. 11.º, n.º 12, estabelece que "nos contratos em que o profissional envie os bens para o consumidor, o risco de perda ou dano dos bens transfere-se para o consumidor quando este ou um terceiro por ele indicado, que não o transportador, adquira a posse física dos bens". O art. 11.º, n.º 13, acrescenta que "se o consumidor confiar o transporte a pessoa diferente da proposta pelo profissional, o risco transfere-se para o consumidor com a entrega do bem ao transportador".

Pareceria, assim, que, fora do caso da expedição de bens, a Directiva 2019/771, não teria pretendido afectar os regime específicos internos de transferência do risco, designadamente em caso de recolha dos bens no domicílio do vendedor ou mora do credor, o que teria sido acolhido pelo Decreto-Lei 84/2021.

No entanto, parece-nos dificilmente compatível com o art. 5.º da Directiva 2019/771 considerar-se que correria por conta do consumidor o risco de avaria de uma televisão, que sofre um curto-circuito devido a uma sobrecarga de corrente eléctrica no estabelecimento do vendedor, após ter sido vendida e antes de entregue (por exemplo, no curto período em que o consumidor se desloca a ir buscar o carro para a transportar), e entre o considerando (38) e a imposição do art. 5.º da Directiva haverá que dar prevalência a esta última. Entendemos assim resultar dos art. 5.º e 11.º do D.L. 84/2021 um regime especial da transferência de risco na venda de bens de consumo, ocorrendo esta apenas no momento da entrega.

2.2.8. Ónus da prova relativo à desconformidade.

Uma vez que a conformidade deve verificar-se no momento da entrega dos bens, não será da responsabilidade do vendedor o posterior surgimento de defeitos que não existissem no momento da entrega. A prova de que a falta de conformidade já existia no momento da entrega do bem cabe ao consumidor. No entanto, o art. 13.º, n.º 1 do D.L. 84/2021 vem estabelecer uma presunção de que as faltas de conformidade que se verifiquem num prazo de dois anos a contar da data da entrega do bem, já existiam nessa data, salvo quando essa presunção for incompatível com a natureza do bem ou com as características da falta de conformidade[13]. Decorrido esse prazo, passa a caber ao consumidor demonstrar que a falta de conformidade já existia à data da entrega do bem (art. 13.º, n.º 4, D.L. 84/2021).

A presunção de falta de conformidade no momento da entrega tem, no entanto, um regime especial no caso dos bens com elementos digitais. Se os mesmos resultarem de um acto único de fornecimento do conteúdo ou serviço digital, a presunção de falta de conformidade vigora igualmente pelo prazo de dois anos (art. 13.º, n.º 2, D.L. 84/2021). Já no caso de contratos que estabeleçam o fornecimento contínuo de bens ou serviços digitais durante um determinado período, recai sobre o vendedor o ónus da prova relativo à conformidade do conteúdo ou serviço digital durante o período de três anos ou do período contratual de fornecimento, se for superior (art. 14.º D.L. 84/2021).

Já no caso de bens móveis usados, em que as partes tenham reduzido o prazo de garantia dos bens móveis usados para dezoito meses, a referida presunção de falta de conformidade no momento da entrega vigora apenas pelo prazo de um ano (art. 13.º, n.º 3, D.L. 84/2021).

2.3. Meios de tutela do consumidor perante a desconformidade.

2.3.1. Generalidades.

Verificada uma situação de desconformidade, o art. 15.º, n.º 1, do D.L. 84/2021 atribui meios de reacção específicos ao consumidor, os quais correspondem aos seguintes:

a) A reposição da conformidade, através da reparação ou substituição do bem;
b) A redução proporcional do preço; ou
c) A resolução do contrato.

[13] O legislador utilizou, neste caso, a autorização constante do art. 11.º, n.º 2, da Directiva (UE) 2019/771, que, embora estabeleça o prazo de um ano para essa presunção, admite que os Estados-Membros possam manter ou introduzir o prazo de dois anos a contar da data em que os bens foram entregues, que já constava do art. 3.º, n.º 2, do D.L. 67/2003 para as coisas móveis.

Ao contrário do que dispunha o art. 4.º do D.L. 67/2003, de 8 de Abril, que os considerava meios de reacção autónomos, a reparação e a substituição do bem são agora, conforme resulta do art. 13.º, n.º 1, da Directiva (UE) 2019/771, unificadas num conceito mais amplo de reposição da conformidade com o contrato, o que implica considerar-se que neste caso o mesmo acaba por ser, ainda que tardiamente, cumprido. Já a redução do preço ou a resolução do contrato correspondem a situações em que o contrato se torna parcial ou totalmente ineficaz em virtude da falta de conformidade. As mesmas correspondem, no modelo da Directiva, a dois níveis de reacção do consumidor, sendo a reacção comum a reparação e substituição, ocorrendo apenas nos casos previstos no art. 13.º, n.º 4, a redução do preço ou a resolução do contrato. Foi assim abandonado, por força da Directiva (UE) 2019/771, o regime do art. 4.º, n.º 5, do D.L. 67/2003, de 8 de Abril, na redacção do D.L. 84/2008, de 21 de Maio, que permitia ao consumidor a escolha por qualquer dos direitos, a menos que tal se mostre impossível ou constitua abuso de direito nos termos gerais.

Assim, actualmente o art. 15.º, n.º 2, D.L. 84/2021 estabelece que o consumidor pode escolher entre a reparação ou a substituição do bem, salvo se o meio escolhido para a reposição da conformidade for impossível ou, em comparação com o outro meio, impuser ao profissional custos desproporcionados, tendo em conta todas as circunstâncias, incluindo: a) o valor que os bens teriam se não se verificasse a falta de conformidade; b) a relevância da falta de conformidade; e c) a possibilidade de recurso ao meio de reposição da conformidade alternativo sem inconvenientes significativos para o consumidor.

Já a redução proporcional do preço ou a resolução do contrato correspondem a situações em que o contrato se torna parcial ou totalmente ineficaz em virtude da falta de conformidade. Estas situações correspondem, no modelo da Directiva (UE) 2019/771, a um segundo nível de reacção do consumidor, sendo a reacção comum a reparação e substituição, e ocorrendo apenas nos casos legalmente previstos a redução proporcional do preço ou a resolução do contrato. Este segundo nível pode ser determinado pelo profissional, se este se recusar repor a conformidade dos bens, o que pode fazer se a reparação ou a substituição forem impossíveis ou impuserem custos que sejam desproporcionados, tendo em conta todas as circunstâncias, incluindo o valor que os bens teriam se fossem conformes e a relevância da falta de conformidade (art. 15.º, n.º 3, D.L. 84/2021). Mas também pode ser determinado pelo consumidor caso o profissional: a) não tenha efectuado a reparação ou a substituição do bem, tenha-a realizado em violação do art. 18.º, recusado fazê-lo nesses termos, ou tenha declarado, ou resulte evidente das circunstâncias, que não vai repor a conformidade dos bens num prazo razoável ou sem grave inconveniente para o consumidor; b) a falta de conformidade tenha reaparecido apesar da tentativa do profissional de repor os bens em conformidade; c) ocorra uma nova falta de conformidade; ou d) a gravidade da falta de conformidade justifique a imediata redução do preço ou a resolução do contrato de compra e venda (art. 15.º, n.º 4, D.L. 84/2021). Não é impedimento à redução proporcional do preço ou à resolução do contrato o facto de a falta de conformidade ter levado ao perecimento ou deterioração do bem por motivo não imputável ao consumidor (art. 15.º, n.º 9, D.L 84/2021).

O actual regime do D.L. 84/2021 obedece assim a pressupostos estritos de aplicação de cada um dos meios de reacção, tendo a Directiva (UE) 2019/771 obrigado o legislador português a abandonar o regime constante do art. 4.º, n.º 5, do D.L. 67/2003, de 8 de Abril, que permitia ao consumidor a escolha por qualquer dos direitos, a menos que tal se mostre impossível ou constitua abuso de direito nos termos gerais. O art. 3.º, n.º 7, da Directiva (UE) 2019/771, admite, porém, que os Estados-Membros permitam aos consumidores a escolha de um meio de ressarcimento específico, caso a falta de conformidade dos bens se manifeste dentro de um prazo curto após a entrega, que não deve exceder 30 dias. Em consequência, o art. 16.º do D.L. 84/2021 atribui ao consumidor um direito de rejeição, estabelecendo que "nos casos em que a falta de conformidade se manifeste no prazo de 30 dias após a entrega do bem, o consumidor pode solicitar a imediata substituição do bem ou a resolução do contrato".

A Directiva prevê ainda, no seu art. 13.º, n.º 5, a aplicação da *exceptio non rite adimpleti contractus* em caso de falta de conformidade dos bens, reconhecendo ao consumidor "o direito de recusar o pagamento de qualquer parte remanescente do preço ou de parte do preço" até que o vendedor tenha cumprido as obrigações impostas pela Directiva. Pela formulação desta disposição parece que o consumidor não se pode recusar a pagar integralmente o preço em caso de desconformidade do bem, mas apenas uma parte dele. A Directiva deixa, no entanto, aos Estados-Membros a determinação das condições e modalidades em que o consumidor pode exercer o direito de recusar o pagamento. Assim, o art. 15.º, n.º 7, do D.L. 84/2021, estabelece que o consumidor tem o direito de recusar o pagamento de qualquer parte remanescente do preço ao profissional até que este cumpra os deveres previstos no presente decreto-lei, considerando, no entanto, o art. 15.º, n.º 8, deste diploma, que este direito não confere ao consumidor o direito à recusa de prestações que estejam em mora.

A Directiva (UE) 2019/771 não dispõe sobre o direito à indemnização em caso de desconformidade, reconhecendo no seu considerando (61) ser este um elemento essencial dos contratos de compra e venda, mas que entende dever ser regulado pelo direito interno dos Estados-Membros. O art. 52.º, n.º 4, D.L. 84/2021 prevê expressamente que os direitos que atribui ao consumidor não exclui o direito deste a ser indemnizado nos termos gerais. Existe assim ainda a possibilidade de o consumidor reclamar do vendedor indemnização pelos danos causados, com base no regime geral da responsabilidade contratual (arts. 908.º, 909.º e 918.º do Código Civil e art. 12.º da LDC).

Determina o art. 15.º, n.º 10, do D.L. 84/2021, que os direitos atribuídos por este artigo ao consumidor transmitem-se a terceiro adquirente do bem. Essa segunda alienação já não constituirá uma venda de bens de consumo, para efeitos do art. 3.º, n.º 1, a) deste diploma, uma vez que o negócio é celebrado entre dois consumidores. No entanto, essa segunda venda permite ao novo adquirente daquele bem receber os direitos contra o profissional de que o anterior adquirente era titular, enquanto parte na anterior venda de bens de consumo. Tal parece não prejudicar, no entanto, as suas possibilidades de reagir contra o consumidor que lhe vendeu os bens, nos termos gerais dos arts. 913.º e ss. do Código Civil.

Examinemos especificamente os diversos meios de tutela do consumidor.

2.3.2. A reparação ou substituição do bem.

Conforme acima se salientou, o primeiro nível de tutela do consumidor perante a desconformidade consiste no direito à reparação ou substituição do bem. O art. 18.º, n.º 2, do D.L. 84/2021 esclarece qual a forma de cumprimento dessa obrigação de reparação ou substituição, informando que qualquer delas ser realizada: a) a título gratuito; b) num prazo razoável a contar do momento em que o profissional tenha sido informado pelo consumidor da falta de conformidade; e c) sem grave inconveniente para o consumidor, tendo em conta a natureza dos bens e a finalidade a que o consumidor os destina.

Para esse efeito, o consumidor deve disponibilizar os bens, a expensas do profissional (art. 18.º, n.º1, D.L. 84/2021). Quando a reparação exigir a remoção do bem que tenha sido instalado de uma forma compatível com a sua natureza e finalidade antes de a falta de conformidade se ter manifestado, a obrigação do profissional abrange ainda a remoção do bem não conforme e a instalação de bem reparado ou substituto, a suas expensas (art. 18.º, n.º 5, D.L. 84/2021).

O profissional deve efectuar a reparação ou substituição do bem no prazo de 30 dias, salvo nas situações em que a natureza e complexidade dos bens, a gravidade da falta de conformidade e o esforço necessário para a conclusão da reparação ou substituição justifiquem um prazo superior (art. 18.º, n.º 3, D.L. 84/2021). Em caso de reparação, o bem reparado beneficia de um prazo de garantia adicional de seis meses por cada reparação até ao limite de quatro reparações, devendo o profissional, aquando da entrega do bem reparado, transmitir ao consumidor essa informação (art. 18.º, n.º 4, D.L. 84/2021). Em caso de substituição, o profissional é responsável por qualquer falta de conformidade que ocorra no bem sucedâneo, nos termos gerais (art. 18.º, n.º 5, D.L. 84/2021), não podendo ser cobrado ao consumidor qualquer custo inerente à normal utilização do bem substituído (art. 18.º, n.º 6, D.L. 84/2021).

2.3.3. A redução do preço.

Já a redução do preço encontra-se no segundo nível de meios de defesa, apenas podendo, conforme acima se referiu, ser determinada pelo profissional nos casos previstos no art. 15.º, n.º 3, D.L. 84/2021 ou pelo consumidor, nos casos referidos no art. 15.º, n.º 4, D.L. 84/2021.

A forma de proceder à redução do preço encontra-se prevista nos art. 15.º, n.º 5, e 19.º do D.L. 84/2021, os quais estabelecem, numa repetição desnecessária, que a mesma é proporcional à diminuição do valor dos bens que foram recebidos pelo consumidor, em comparação com o valor que teriam se estivessem em conformidade. Haverá assim, caso a mesma seja aplicada, que determinar qual a diminuição do valor dos bens, em virtude da desconformidade com o contrato, reduzindo o preço devido pelo comprador nessa proporção. Caso o comprador já tenha pago o preço respectivo pela totalidade, o excesso deverá ser-lhe restituído.

2.3.4. A resolução do contrato.

Também a resolução do contrato se encontra prevista num segundo nível de meios de defesa, podendo igualmente ser determinada pelo profissional nos casos previstos no art. 15.º, n.º 3, D.L. 84/2021 ou pelo consumidor, nos casos referidos no art. 15.º, n.º 4, D.L. 84/2021. A mesma pode, no entanto, ser rejeitada pelo profissional, se este provar que a falta de conformidade é mínima (art. 15.º, n.º 6, D.L. 84/2021).

A resolução do contrato é exercida através de declaração ao profissional na qual o consumidor informa da sua decisão de pôr termo ao contrato de compra e venda (art. 20.º, n.º 1, D.L. 84/2021). A mesma pode ser enviada, designadamente, por carta, correio eletrónico, ou por qualquer outro meio susceptível de prova, nos termos gerais (art. 20.º, n.º 2, D.L. 84/2021). A lei prevê que, no caso de a falta de conformidade respeitar a uma parte dos bens e se verifique fundamento para a resolução do contrato, o consumidor tem o direito a resolver o contrato na parte relativa ao bem não conforme ou a quaisquer bens adquiridos conjuntamente com o bem não conforme caso não seja razoavelmente expectável que o consumidor aceite a manutenção do contrato apenas com os bens conformes (art. 20.º, n.º 3, D.L. 84/2021). Sendo exercida a resolução do contrato no seu conjunto em relação a alguns dos bens, a mesma determina a obrigação de o consumidor devolver os bens ao profissional, a expensas deste, e obrigação de o profissional reembolsar o consumidor do preço pago pelos bens após a sua recepção ou de prova do seu envio, apresentada pelo consumidor (art. 20.º, n.º 4, D.L 84/2021).

A lei especifica que o reembolso pelo profissional de todos os pagamentos recebidos, incluindo os custos de entrega do bem, deve ocorrer no prazo de catorze dias a contar da data em que for informado da decisão de resolução do contrato (art. 20.º, n.º 6, D.L. 84/2021), podendo, no entanto, o mesmo proceder à retenção do reembolso enquanto os bens não forem devolvidos ou o consumidor faça prova do seu envio (art. 20.º, n.º 7, D.L. 84/2021). O profissional deve efectuar o reembolso dos pagamentos através do mesmo meio de pagamento que tiver sido utilizado pelo consumidor no negócio inicial, salvo acordo expresso em contrário e desde que o consumidor não incorra em quaisquer custos como consequência do reembolso (art. 20.º, n.º 5, D.L. 84/2021). O profissional deve ainda proceder à remoção dos bens, a título gratuito, sempre que a resolução do contrato de compra e venda assim o exija (art. 20.º, n.º 8, D.L. 84/2021).

2.3.5. Prazos.

O art. 10.º da Directiva (UE) 2019/771 estabelece um prazo de dois anos para a manifestação dos defeitos, pelo que o vendedor não responderá pelos defeitos que se manifestem em momento posterior. No entanto, a Directiva autoriza os Estados-Membros a manter ou a introduzir prazos mais longos de relevância da desconformidade (art. 10.º, n.º 3) e ainda a estabelecer prazos de prescrição dos meios de ressarcimento, desde que os mesmos não prejudiquem o exercício desses direitos em relação às faltas de conformidade pelas quais o vendedor seja responsável e que se manifestem nos prazos previstos (art. 10.º, n.º 4). Para além disso, os Estados-Membros podem ainda determinar, no caso de bens em segunda mão, que, por acordo entre o vendedor e o consumidor, sejam estipulados períodos de responsabilidade ou prazos de prescrição mais curtos, desde que não inferiores a um ano (art. 10.º, n.º 5)[14].

O legislador português utilizou esta faculdade de dilatar o prazo de dois anos estabelecido na Directiva, pelo que o art. 12.º, do D.L. 84/2021 exige que a desconformidade se manifeste num prazo de três anos a contar da entrega, mesmo que se trate de um bem com elementos digitais, sem prejuízo da responsabilidade do vendedor pelas actualizações, a que se referem os n.ºs 1 a 3 do art. 8.º do mesmo diploma. No caso de bens com elementos digitais, caso o contrato estipule o fornecimento contínuo do conteúdo ou serviço digital durante um determinado período, o vendedor é também responsável por qualquer falta de conformidade do conteúdo ou serviço digital que ocorra ou se manifeste no prazo de três anos a contar da data em que os bens foram entregues. Caso o contrato estipule o fornecimento contínuo durante um período superior a três anos, o vendedor é responsável por qualquer falta de conformidade dos conteúdos ou serviços digitais que ocorra ou se manifeste no período do contrato (art. 12.º, n.º 2 D.L. 84/2021). Já no caso da venda de bens móveis usados, o prazo pode ser reduzido pelas partes a dezoito meses, salvo se o bem for anunciado como um bem recondicionado, sendo obrigatória a menção dessa qualidade na respetiva factura, caso em que é aplicável o prazo geral de três anos (art. 12.º, n.º 3, D.L. 84/2021).

Este prazo de três anos não constitui, porém, um prazo de garantia do bom estado ou do bom funcionamento dos bens por esse período, uma vez que o art. 10.º, n.º 1, da Directiva (UE) 2019/771, refere expressamente que

[14] Conforme salienta Jorge Morais de Carvalho, "New Developments in EU Consumer Contract Law", em *PoLaR – Portuguese Law Review*, Vol. 3 (2019), n.º 1, pp. 11-17, esta faculdade de os Estados-Membros definirem prazos e períodos de prescrição não é muito coerente com o objectivo da Directiva de estabelecer uma harmonização integral do regime da venda de bens de consumo (cfr. art. 4.º).

o vendedor só é responsável por defeitos já existentes no momento da entrega do bem, devendo ser assim interpretado o art. 12.º, n.º 1, D.L. 84/2021. Existe, no entanto, a já referida presunção estabelecida no art. 10.º, n.º 1 do D.L. 84/2021, segundo a qual "a falta de conformidade que se manifeste num prazo de dois anos a contar da data de entrega do bem presume-se existente à data da entrega do bem, salvo quando tal for incompatível com a natureza dos bens ou com as características da falta de conformidade"[15].

Este prazo é um prazo material relativo à manifestação da falta de conformidade, e não um prazo de caducidade, ainda que se admita a hipótese de os Estados-Membros manterem ou introduzirem disposições que estabeleçam que, para usufruir dos seus direitos, o consumidor tenha de informar o vendedor de uma falta de conformidade no prazo de, pelo menos, dois meses a contar da data em que o consumidor a tiver detectado (art. 12.º da Directiva (UE) 2019/771). O nosso legislador utilizou essa faculdade, pelo que o art. 17.º, n.º 1, do D.L. 84/2021, estabelece que "os direitos atribuídos ao consumidor nos termos do artigo 15.º caducam decorridos dois anos a contar da data da comunicação da falta de conformidade", estabelecendo assim um prazo de caducidade para o exercício dos direitos. O art. 17.º, n.º 2, prevê, porém, a suspensão desse prazo nas seguintes situações: a) desde a colocação do bem à disposição do profissional com vista à realização das operações de reparação ou substituição até à reposição da conformidade e disponibilização do bem ao consumidor; b) durante o período temporal em que durar a tentativa de resolução extrajudicial do conflito de consumo que opõe o consumidor ao profissional ou ao produtor. O art. 17.º, n.º 3 esclarece que se considera iniciada a tentativa de resolução extrajudicial do litígio a partir do momento em que se constitua a obrigação de recorrer à mediação ou conciliação, as mesmas sejam determinadas no âmbito de um processo judicial, ou haja acordo das partes no sentido de a elas recorrer ou a qualquer forma de resolução extrajudicial de conflitos de consumo.

[15] Este novo regime fica aquém do anteriormente estabelecido pelo nosso Direito que, além de admitir a estipulação com base nos usos de uma garantia de bom funcionamento (art. 921.º, n.º 1 do Código Civil) determinava expressamente que, no âmbito dos contratos celebrados com os consumidores, o fornecedor de bens móveis não consumíveis é obrigado a garantir o seu bom estado e o seu bom funcionamento por período não inferior a um ano, sendo a garantia mínima de cinco anos para os imóveis" (art. 4.º, n.ºs 2 e 3 LDC, na sua anterior redacção).

3. A desconformidade dos bens imóveis.

3.1. Generalidades.

Conforme acima se salientou, apesar de a Directiva (UE) 2019/771 apenas ser aplicável aos bens móveis tangíveis, o seu considerando (12) admite que os Estados-Membros regulem como entenderem os contratos de compra e venda de bens imóveis, tais como edifícios residenciais, e os seus principais componentes destinados a constituir uma parte importantes desses imóveis. O legislador português determinou consequentemente a aplicação do regime da venda de bens de consumo também aos bens imóveis (art. 1.º, n.º 2, a) e 22.º e ss. D.L. 84/2021), definidos no art. 2.º d) do D.L. 84/2021 como "prédios urbanos para fins habitacionais, entendendo-se como tal qualquer edifício incorporado no solo, com os terrenos que lhe sirvam de logradouro, sendo parte integrante toda a coisa móvel ligada materialmente ao prédio com carácter de permanência" (cfr. art. 204.º, n.º 2, *in fine* e n.º 3). Assim, apenas os edifícios e as fracções autónomas vendidas para habitação, bem como as suas partes integrantes, são abrangidas pela garantia[16].

3.2. A obrigação de entrega dos imóveis em conformidade com o contrato.

O art. 22.º, n.º 1, do D.L. 84/2021 estabelece também em relação aos bens imóveis que "o profissional tem o dever de entregar ao consumidor os bens imóveis que sejam conformes com o contrato de compra e venda e que apresentem características de qualidade, de segurança, de habitabilidade, de proteção ambiental e de funcionalidade de modo a assegurar a aptidão dos mesmos ao uso a que se destinam durante o período de vida útil técnica e economicamente razoável".

Verifica-se, assim que além da conformidade com o contrato de compra e venda, o legislador ainda impõe na venda de bens de consumo de bens imóveis a necessidade de os mesmos obedecerem a características de qualidade, de segurança, de habitabilidade, de protecção ambiental e de funcionalidade, esclarecendo o art. 22.º, n.º 3, que essas características são descritas na ficha

[16] A garantia abrange assim naturalmente as partes integrantes de um imóvel. Cfr. o Ac. RL 12/3/2009 (Ezagüy Martins), na *CJ* 34 (2009), 2, pp. 64-69, que responsabilizou o vendedor de uma fracção autónoma pelo incêndio verificado numa banheira de hidromassagem nela instalada.

técnica da habitação a que se refere o artigo 4.º do Decreto-Lei n.º 68/2004, de 25 de Março, tendo assim o imóvel que respeitar essa descrição.

Ao contrário do que resulta, para a venda de bens móveis, do art. 5.º da Directiva (UE) 2019/771, que veio consagrar uma obrigação de entrega dos bens em conformidade com o contrato, dispensando o estabelecimento de qualquer presunção de conformidade ou desconformidade, no âmbito da venda de bens imóveis o legislador manteve uma presunção de desconformidade, à semelhança do que tinha feito o art. 2.º, n.º 2, do D.L. 67/2003. Assim, o art. 22.º, n.º 2, do D.L. 84/2021 estabelece: "Presume-se que os bens imóveis não são conformes com o contrato caso se verifique algum dos seguintes factos:

a) Não sejam conformes com a descrição que deles é feita pelo profissional ou não possuam as qualidades do bem que o profissional tenha apresentado ao consumidor como amostra ou modelo;
b) Não sejam adequados ao uso específico para o qual o consumidor os destine, desde que o profissional tenha sido informado de tal uso aquando da celebração do contrato e o tenha aceite;
c) Não sejam adequados às utilizações habitualmente dadas aos bens do mesmo tipo;
d) Não apresentarem as qualidades e o desempenho habituais nos bens do mesmo tipo e que o consumidor pode razoavelmente esperar, atendendo à natureza do bem e, eventualmente, às declarações públicas sobre as suas características concretas feitas pelo profissional, pelo produtor ou pelo seu representante, nomeadamente na publicidade".

Conforme já tínhamos referido perante o regime anterior, parece-nos totalmente desadequado estabelecer uma presunção de não conformidade, dado que não se vê como se pode presumir uma situação em resultado de um facto negativo, quando corre por conta do vendedor o ónus da prova de ter cumprido a obrigação de entrega dos bens em conformidade com o contrato. Não se compreende, por isso, que tendo o legislador mantido essa técnica no regime geral da venda de bens de consumo, a mesma subsista no âmbito dos bens imóveis.

Da mesma forma, também não se compreende que os requisitos de conformidade tenham sido profundamente alterados em relação aos bens móveis, mas se mantenham semelhantes ao regime anterior em relação aos bens imóveis, sendo manifesto, no entanto, que esses requisitos se adequam pouco ao regime da venda de bens imóveis.

Assim, por exemplo, em relação ao art. 22.º, n.º 2, a) serão raras as situações em que o consumidor adquira um imóvel apenas com base numa descrição feita pelo profissional ou tomando em consideração as qualidades do imóvel que o profissional tenha apresentado ao consumidor como amostra ou modelo. Efectivamente, se é possível nos edifícios em construção a celebração de contratos-promessa ou de reserva de imóveis com base num andar modelo, já a própria compra e venda do andar é habitualmente feita apenas depois de o imóvel estar construído, sendo que nesse caso as características vêm a ser plenamente conhecidas pelo consumidor. Da mesma forma, relativamente ao art. 22.º, n.º 2, b) é pouco comum a estipulação pelas partes de um uso específico do imóvel, em que o vendedor e o comprador acordem, sabendo-se que esse uso não pode legalmente extravasar daquele previsto na licença de utilização. Para além disso, o art. 22.º, n.º 4, D.L. 84/2021, estabelece que "não se considera existir falta de conformidade, na aceção do presente artigo, caso o consumidor tivesse conhecimento dessa falta de conformidade aquando da celebração do contrato, não a pudesse razoavelmente ignorar ou se aquela decorrer dos materiais fornecidos pelo consumidor". Ora, esta regra impede em grande parte a aplicação dos critérios do art. 22.º, n.º 2, a) e b) em relação aos imóveis, uma vez que quase sempre o consumidor conhecerá as características do imóvel antes da compra e não poderá razoavelmente ignorar quais os fins que a licença de utilização lhe permite atribuir ao imóvel.

Para além disso, o legislador deixou por esclarecer as questões que a doutrina colocou perante o regime instituído pelo D.L. 67/2003. Assim, em relação à alínea d) do art. 22.º, n.º 2, tínhamos defendido que a correspondência às qualidades e desempenho habituais dos bens e as expectativas do consumidor nesse sentido são critérios alternativos[17], enquanto que Paulo Mota Pinto e Januário Gomes os consideraram cumulativos[18], tendo o legislador reiterado este preceito sem resolver esta questão.

Em relação aos prazos de verificação dos defeitos, apesar de a falta de conformidade ter que existir no momento da entrega do bem imóvel, a lei estabelece a responsabilidade do vendedor, desde que se esta manifeste no

[17] Cfr. Menezes Leitão, *EIDC* 2 (2005), p. 51, e *Obrigações*, III, p. 148.

[18] Cfr. Paulo Mota Pinto, *EDC* 2 (2000), pp. 240 e ss., Januário Gomes, *CDP* n.º 21 (Janeiro/Março 2008), pp. 13-14.

prazo de dez anos relativamente à falta de conformidade resultante de elementos construtivos estruturais, os quais podem ser concretizados por portaria do Governo, ou de cinco anos, em relação às outras faltas de conformidade (art. 23.º, n.º 1, e 5, D.L. 84/2021). Esses prazos estendem-se ao bem imóvel sucedâneo, caso o mesmo seja objecto de substituição (art. 23.º, n.º 2, D.L. 84/2021) e suspendem-se sempre que o consumidor estiver privado do uso do imóvel (art. 23.º, n.º 3, D.L. 84/2021). Caso a falta de conformidade se manifeste dentro desses prazos, presume-se que a mesma já existia no momento da entrega do imóvel (art. 23.º, n.º 4, D.L. 84/2021).

3.3. Meios de tutela do consumidor perante a desconformidade dos bens imóveis.

Já em relação aos direitos do consumidor perante a falta de conformidade dos imóveis, o art. 24.º, n.º 1, do D.L. 84/2021 estabelece que "em caso de falta de conformidade do bem imóvel, o consumidor tem direito a que esta seja reposta, a título gratuito, por meio de reparação ou de substituição, à redução proporcional do preço ou à resolução do contrato". O art. 24.º, n.º 2, acrescenta que "o consumidor pode exercer qualquer dos direitos referidos no número anterior, salvo se tal se manifestar impossível ou constituir abuso de direito, nos termos gerais". Assim, em relação aos bens imóveis não se estabelece a mesma hierarquização de meios de reacção que resulta do art. 15.º D.L. 84/2021, relativo aos bens em geral, sendo apenas excluída a opção por algum dos meios no caso de a mesma se revelar impossível ou constituir abuso de direito. Em relação à impossibilidade, ela corresponde à inviabilidade da solução para efeitos de reposição da conformidade com o contrato. Relativamente à hipótese de a solução constituir abuso de direito, a mesma resulta da desproporcionalidade do meio em resultado dos prejuízos que cause ao profissional.

O art. 24.º, n.º 3, D.L. 84/2021 estabelece ainda que a reparação ou substituição do bem imóvel deve ser realizada dentro de um prazo razoável, tendo em conta a natureza da falta de conformidade, sem grave inconveniente para o consumidor. Por outro lado, os direitos atribuídos em caso de falta de conformidade transmitem-se ao terceiro adquirente do bem imóvel a título gratuito ou oneroso (art. 24.º, n.º 4, D.L. 84/2021), o que permite que este exerça estes direitos, mesmo que a situação não corresponda a uma venda de bens de consumo em relação a este.

À semelhança do que art. 17.º do D.L. 84/2021, estabelece para a venda de bens de consumo em geral, em relação aos imóveis o art. 25.º, n.º 1, do

D.L. 84/2021 obriga o consumidor a exercer os correspondentes direitos no prazo de três anos após a comunicação da falta de conformidade, sendo prevista a suspensão desse prazo nos mesmos termos (art. 25.º, n.ºs 2 e 3 D.L. 84/2021).

4. Conclusão.

A aprovação da Directiva (UE) 2019/771, procurando a desejada harmonização máxima no âmbito da venda de bens de consumo na Europa, representa o reconhecimento do falhanço da Directiva 1999/44/CE em conseguir essa mesma harmonização. Não obstante, essa Directiva foi bastante importante para a reforma do regime civil da compra e venda em diversos Estados-Membros. Em Portugal, no entanto, opta-se infelizmente sempre por transpor estas Directivas através de um diploma extravagante, mantendo-se assim sem alterações o regime civil da compra e venda, apesar de a esmagadora maioria dos contratos serem vendas de bens de consumo. Se, como reconheceu o Presidente Kennedy na sua célebre mensagem ao Congresso de 15 de Março de 1962, "*consumers, by definition, include us all*", talvez todos nós, consumidores, devêssemos passar a ter um Código Civil que se aplique às compras que todos os dias celebramos.

C – Fornecimento de conteúdos digitais e prestação de serviços digitais

CONTRATO DE FORNECIMENTO DE CONTEÚDOS E SERVIÇOS DIGITAIS

MARIA DE LURDES PEREIRA*

PALAVRAS-CHAVE: – *Contrato de fornecimento de conteúdos e serviços digitais. – Dados pessoais como contraprestação. – Bens com elementos digitais. – Conformidade dos conteúdos ou serviços digitais com o contrato. – Compatibilidade, interoperabilidade e atualizações de conteúdos ou serviços digitais.*

* Professora Auxiliar da Faculdade de Direito da Universidade de Lisboa.

1. Introdução

I – Em outubro de 2021, foi transposta para a ordem jurídica portuguesa a Diretiva (UE) 2019/770, do Parlamento Europeu e do Conselho de 20 de Maio de 2019, relativa a certos aspetos dos contratos de fornecimento de conteúdos digitais[1]. A revisão do regime europeu de conformidade dos bens na compra e venda de bens de consumo, que havia sido introduzido, cerca de 20 anos antes, por meio da Diretiva 1999/44/CE do Parlamento Europeu e do Conselho, de 25 de maio, foi agora acompanhada pela aprovação de um conjunto de regras, sem precedente no direito anterior, relativas ao fornecimento a consumidores de conteúdos e serviços digitais por parte de profissionais. No plano europeu, a matéria foi tratada em dois diplomas separados: a já referida Diretiva (UE) 2019/770, referente aos contratos de fornecimento de conteúdos e serviços digitais, e a Diretiva (UE) 2019/771, do Parlamento Europeu e do Conselho, de 20 de Maio de 2019, referente ao contrato de compra e venda. Os Estados Membros foram chamados não apenas a alterar o seu direito da compra e venda de consumo (*rectius*, certos aspetos desse regime), mas ainda a transpor novas regras sobre uma matéria que até à data tinha ficado de fora da harmonização europeia[2]: as relações entre o profissional e o consumidor no fornecimento de conteúdos e serviços digitais. A harmonização cinge-se, contudo, a determinados aspetos dessa relação.

II – Divergindo, neste ponto, da técnica do legislador europeu, a lei portuguesa optou por regular *num só diploma* a compra e venda de bens e o fornecimento de conteúdos e serviços digitais. O Decreto-Lei n.º 84/2021, de 18 de outubro[3], estabelece, no entanto, divisões claras, que acompanham a discriminação subjacente às diretivas: depois do Capítulo I dedicado às «Disposições gerais», que respeitam, no essencial, à delimitação do âmbito objetivo e subjetivo de aplicação do diploma (arts. 1.º a 4.ª), surge o Capítulo II relativo ao «Regime aplicável à compra e venda de bens» (arts. 5.º a 25.º), seguido do Capítulo III consagrado ao «Regime aplicável ao fornecimento de conteúdos e serviços digitais» (ats. 26.º a 39.º). Aos contratos de fornecimento de conteúdos ou serviços digitais não se aplicam as regras

[1] Doravante designada por Diretiva CSD.

[2] Cf. Axel Metzger, «Verträge über digitale Inhalte und digitale Dienstleitungen», *Juristen Zeitung*, 2019, 577-632 (577), que fala aqui de um terreno não explorado.

[3] Doravante designado apenas Decreto-Lei n.º 84/2021.

do capítulo II (art. 3.º, n.º 3, do Decreto-Lei n.º 84/2021). Aos contratos de compra e venda, por seu turno, não se aplicam as regras do capítulo III, embora a lei não o estabeleça expressamente[4].

A lei é ainda integrada por dois capítulos complementares. O Capítulo IV, contendo «Disposições comuns», integra regras pertencentes ao regime de ambos os contratos. No Capítulo V agrupam-se as «Disposições complementares e finais» que não respeitam diretamente às relações entre as partes contratuais ou entre estas e terceiros, mas antes a certas questões de delimitação do respetivo regime, as quais, porém, são também aplicáveis de modo indistinto aos dois universos contratuais.

III – No presente artigo tratarei apenas dos contratos de fornecimento de conteúdos e serviços digitais abrangidos pela nova lei. A par de questões relativas à delimitação do âmbito de aplicação do regime, ocupar-me-ei fundamentalmente das soluções contidas nos artigos 26.º a 39.º do Decreto-Lei n.º 84/2021.

A Diretiva CSD oferece-nos alguns exemplos que dão uma ideia do seu objeto: programas de computador, aplicações, ficheiros de vídeo, ficheiros de áudio, ficheiros de música, livros ou outras publicações eletrónicas, plataformas de acesso a ficheiros de vídeo e áudio, redes sociais, serviços de armazenamento em nuvem, motores de busca, etc.[5]. Mas as definições do que se deva entender por conteúdos e por serviços digitais não foram esquecidas na lei. Conteúdos digitais são «*os dados produzidos e fornecidos em formato digital*» (art. 2.º, al. h) do Decreto-Lei n.º 84/2021). Os serviços digitais são, por sua vez, *serviços que permitem «ao consumidor criar, tratar, armazenar ou aceder a dados em formato digital»*, bem como *serviços que permitem «a partilha ou qualquer outra interação com os dados e formato digital carregados ou criados pelo consumidor ou por outros utilizadores»* (art. 2.º, al. r) do Decreto-Lei

[4] O art. 3.º, n.º 1, do Decreto-Lei n.º 84/2021 declara apenas a aplicabilidade do «presente decreto-lei» aos contratos de compra e venda, o que poderia levar a supor que a estes também de aplica o disposto no capítulo III do diploma. Simplesmente, como se trata de regras que dão respostas a *problemas idênticos*, mas com *resposta diferenciada* em função dos tipos de contratos distintos, não se vê, na verdade como a parte relativa aos serviços ou conteúdos digitais possa aplicar-se globalmente ao contrato de compra e venda.

[5] Considerando 19 da Diretiva CSD. Cf. ainda Gerard Spindler, «Contracts for the supply of digital content – Scope of application and basic approach – Proposal of the Comission for a Diretive on contracts for the supply of digital content», *European Review of Contract Law*, 12 (2016), 183-217 (188).

n.º 84/2021). Parece claro que o termo «serviços» não tem aqui o sentido que lhe é geralmente atribuído no direito das obrigações: o de trabalho manual ou intelectual ou o resultado desse trabalho (art. 1152.º do CC). Os «serviços digitais» são eles próprios conteúdos digitais, mas que são desentranhados desse conceito mais amplo quando o seu fornecimento tenha em vista permitir a criação, o armazenamento, o acesso ou a partilha de outros conteúdos digitais. A distinção torna-se difícil sobretudo no caso de o «serviço» facultar o acesso a dados sob a forma digital (*v. g.*, uma plataforma de difusão de produtos audiovisuais em *streaming*)[6], de tal forma que talvez se possa dizer que o objeto do contrato é tanto o acesso, *i. e.*, o serviço, quanto os próprios conteúdos. De qualquer forma, o regime é igual para ambos, pelo que a incerteza no enquadramento de alguns casos não se concretiza em incerteza quanto às consequências práticas. À lei, note-se, interessam os conteúdos e os serviços digitais apenas na medida em que um profissional se obrigue a fornecê-los contratualmente a um consumidor e somente na perspetiva dos direitos que este pode exercer contra o primeiro.

IV – A regulação harmonizadora do fornecimento conteúdos e serviços digitais era discutida há muito no âmbito europeu[7]. A solução do direito europeu assentou não apenas no pressuposto da *irredutibilidade* destes contratos ao direito da compra e venda, mas também na viabilidade de uma *saída pragmática* que enfrente alguns dos problemas jurídicos por eles levantados sem que tal implique uma tomada de posição quanto à sua «natureza jurídica» e tão-pouco um enquadramento rígido em qualquer dos tipos contratuais já conhecidos nos direitos internos dos vários estados europeus[8].

[6] Cf. Jorge Morais Carvalho/Martim Farinha, «Goods with digital elements, digital contente and digital services in Directives 2019/770 and 2019/771», *Revista de Direito e Tecnologia* (RED), Vol. 2 (2020), 257-270 (260).

[7] Cf. Metzger, «Verträge», *cit.*, 577. Cf. ainda as referências ao longo processo que antecedeu a Diretiva de 2019, em Karine Sein/Gerard Spindler, «The new directive on contracts for the supply of digital content and digital services – Scope of application and trader's obligation to supply – Part 1», *European Review of Contract Law*, 15 (2019), 257-279 (258-259, n. 2 a 4). Dando, porém, preferência a instrumentos opcionais, mais apropriados para acompanhar a evolução das necessidades práticas, cf. Joshua Warburton, «An innovative legal aproach to regulating digital content contracts in the EU», JIPITEC – *Journal of Intellectual Property, Information Technology and E-Commerce Law*, 7 (2916), 246-255 (246 e ss).

[8] Cf. o considerando (12) da Diretiva CSD: «A presente diretiva não deverá determinar a natureza jurídica dos contratos para o fornecimento de conteúdos ou serviços digitais, cabendo ao direito nacional determinar a natureza do contrato, ou seja, se se trata, por exemplo, de um

A esta opção não será estranho o facto de o direito europeu, apesar de ter seguido a via da harmonização máxima[9], a ter cingido a uns quantos aspetos da relação contratual, concretamente aos direitos do consumidor face ao profissional e não regulando as situações jurídicas na direção contrária (do profissional perante o consumidor). Uma disciplina global da relação levaria, em princípio, uma decisão sobre a sua natureza jurídica. Por esta razão, o nível de harmonização efetiva dos direitos dos Estados da União dependerá também de partilharem as opções básicas a este respeito[10].

V – Implícito no novo regime está o reconhecimento de que certas particularidades do objeto destes contratos – os conteúdos e os serviços digitais – reclamam uma regulação adaptada. Entre outros aspetos, podem individualizar-se:

1. Mercê da constante evolução técnica, designadamente, da diversificação das ameaças à segurança do mundo digital, os conteúdos e serviços digitais têm frequentemente de ser sujeitos atualizações pelo profissional para que seja assegurada a sua funcionalidade original;
2. O carácter sinergético da maior parte dos serviços e conteúdos digitais aponta para que uma das obrigações do profissional consista em assegurar a compatibilidade com o ambiente digital do consumidor;
3. A entrega de uma coisa corpórea é diferente do fornecimento de conteúdos e serviços digitais, que não têm sequer de estar incorporados num suporte físico, o que constrange a uma regulação adaptada;
4. No fornecimento de conteúdos e serviços digitais é possível e até frequente ser convencionada a disponibilização de dados pessoais do consumidor como contrapartida. O contrato não deixa de ser sinalagmático e oneroso, mas esta contraprestação requer um enquadramento especial.
5. Tratando-se de fornecimento de conteúdos ou serviços digitais, a resolução do contrato (qualquer que seja o fundamento) coloca problemas especiais. Pense-se na questão de o consumidor poder (ilegitimamente) continuar a utilizar os conteúdos digitais ou de o

contrato de venda, de um contrato de serviços, de um contrato de aluguer ou de um contrato sui generis».

[9] Cf. o art. 4.º da Diretiva CSD.

[10] Cf. Metzger, «Verträge», *cit.*, 577. O autor (*idem*, 586) fala de *um novo tipo contratual* que não se reconduz à compra e venda ou à locação.

profissional ter de disponibilizar os conteúdos criados pelo consumidor durante o período em que usou os conteúdos ou serviços digitais.

6. O fornecimento contínuo de conteúdos ou serviços digitais pode requerer, especialmente em vista das solicitações geradas pela constante evolução técnica, a introdução de alterações ao conteúdo ou serviço, o que tem impacto em todos os contratos pretéritos.
7. Com frequência divergem o produtor e o fornecedor de serviços digitais, sendo, por vezes, o consumidor chamado a concluir, simultaneamente, um contrato de fornecimento (com o distribuidor) e um contrato de autorização (licença) com o criador do produto digital. Esta relação triangular concretiza-se em especificidades jurídicas[11].

2. Âmbito de aplicação objetivo e subjetivo

I – A parte III do Decreto-Lei n.º 84/2021 encontra-se consagrada aos contratos de fornecimento de conteúdos ou serviços digitais, tal como definidos no art. 2.º, al. h) e r) do Decreto-Lei n.º 84/2021[12]. É indiferente o modo como o contrato foi concluído (se numa loja física ou remotamente, por exemplo) e não releva ainda o tipo de fornecimento: por exemplo, por meio de armazenamento em suporte físico (art. 3.º, n.º 3, al. d) do Decreto-Lei n.º 84/2021)[13], de *download*, de acesso numa plataforma *on line* ou em *streaming*[14]. Os conteúdos ou serviços podem ser desenvolvidos segundo especificações do consumidor, sujeitando-se mesmo nesse caso ao correspondente regime (art. 3.º, n.º 3, al. d) do Decreto-Lei n.º 84/2021). São abrangidos quer contratos em que se tenha estipulado um preço a cargo do consumidor, quer contratos em que se tenha convencionado o

[11] Cf. Metzger, «Verträge», *cit.*, 578, e 585-586, sublinha a importância desta especificidade no enquadramento dogmático dos contratos de fornecimento. No entanto, como o autor reconhece, a Diretiva CSD não intervém nas relações entre o consumidor e o autor do conteúdo ou serviço digital e mantém intocado o regime dos direitos de autor e direitos conexos (cf. o art. 3.º, n.º 9 da Diretiva CSD).

[12] Cf. *supra*, 1, III.

[13] Para que se trate ainda de fornecimento de conteúdo digital é necessário que o suporte físico seja usado exclusivamente para o efeito de disponibilizar o conteúdo (art. 3.º, n.º 3, al. d) do Decreto-Lei n.º 84/2021). Neste caso, porém, não se aplica a regra relativa à obrigação de fornecimento e ao seu não cumprimento, mas antes o regime da obrigação de entrega: cf. o art. 3.º, n.º 3, da Diretiva CSD (cf. *infra*, 3. IV).

[14] Cf. o considerando 19 da Diretiva CSD.

fornecimento de dados pessoais do consumidor como contrapartida (art. 3.º, n.º 3, al. a) e b) do Decreto-Lei n.º 84/2021)[15].

A lei estabelece ainda algumas exclusões de aplicabilidade (art. 4.º, n.º 2, do Decreto-Lei n.º 84/2021, de 18 de Outubro). O regime dos contratos de fornecimento de conteúdos ou serviços digitais não se aplica a:

a) Serviços de comunicações eletrónicas, salvo serviços de comunicações interpessoais independentes de um número;
b) Serviços de cuidados de saúde;
c) Jogo e aposta *on line*;
d) Serviços financeiros;
e) *Software* fornecido no âmbito de uma licença de acesso livre e gratuito, desde que os dados pessoais sejam exclusivamente usados para melhorar a segurança, compatibilidade e interoperabilidade[16];
f) Fornecimento de conteúdos digitais que sejam disponibilizados ao público por outro meio que não a transmissão de sinal, no contexto de uma representação ou de um evento;
g) Conteúdos digitais relativos a acesso a documentos na posse de organismos públicos.

De notar ainda que as plataformas usadas para oferecer, fornecer ou transmitir «serviços» que não sejam digitais – por exemplo, transporte de pessoas, arrendamento de casas – podem ser consideradas, em si mesmas, conteúdos ou serviços digitais sujeitos ao correspondente regime, mas tal não implica a qualificação dos «serviços» por meio delas transacionados como tal (art. 4.º, n.º 3, do Decreto-Lei n.º 84/2021)[17].

II – No plano dos sujeitos envolvidos, o regime legal aplica-se exclusivamente aos contratos celebrados entre um profissional, na qualidade de fornecedor do conteúdo ou serviço, e um consumidor. O profissional é «qualquer *pessoa singular ou coletiva, pública ou privada*, que atue, inclusivamente através de qualquer outra pessoa em seu nome ou por sua conta, para *fins relacionados com a sua atividade comercial, industrial, artesanal ou profissional*» no que respeita aos contratos de fornecimento de conteúdos ou serviços

[15] Cf., com mais pormenor, *infra*, 3.

[16] Sobre a exclusão deste caso, veja-se, com mais pormenor, *infra*, 3, III.

[17] Cf. Spindler, «Contracts for the supply», *cit.*, 188.

digitais[18]. Já o conceito de consumidor é restrito a *pessoas singulares* e supõe que esta atue *com fins que não se incluam no âmbito da sua atividade comercial, industrial, artesanal ou profissional.* Embora fosse livre de estender o regime a pessoas coletivas[19], o legislador português não usou dessa faculdade. No caso de o contrato ser celebrado pelo adquirente dos conteúdos ou serviços digitais para fins simultaneamente profissionais e exteriores à profissão, a lei portuguesa adotou o critério do *uso predominante,* para o efeito de sujeição ou não ao novo regime (art. 49.º do Decreto-Lei n.º 84/2021)[20], embora com terminologia criticável, pois usa em sinonímia «uso profissional» e «finalidade comercial»[21].

3. O fornecimento de dados pessoais em troca de conteúdos ou serviços digitais

I – O regime do Decreto-Lei n.º 84/2021 aplica-se apenas aos contratos *onerosos* de fornecimento de conteúdos ou serviços digitais. A restrição compreende-se. Se não existe qualquer contrapartida para o profissional, este não deve ser responsabilizado por perturbações no fornecimento ou por faltas de conformidade nos mesmos termos em que o é o profissional que recebe algo em retribuição. Na perspetiva do consumidor que se limita a receber o conteúdo ou o serviço sem nada dar em troca também não se justifica uma tutela ampla por falta de conformidade: se, por hipótese, o conteúdo digital não apresenta todas as qualidades esperadas, o consumidor não deixa de ter um benefício. A regra da menor tutela do adquirente a título gratuito, expressa, no direito português, designadamente na regra

[18] Claro que a definição coloca o problema da definição desses fins: cf. as questões levantadas por Sandra Passinhas, «O novo regime da compra e venda de bens de consumo – exegese do novo regime legal», *Revista de Direito Comercial,* 2021-12-04, 1463-1528 (1477-1479, n. 23).

[19] Cf. o considerando 16 da Diretiva CSD.

[20] Cf. o considerando 17 da Diretiva CSD. Criticando a abertura da Diretiva à possibilidade de «desqualificação» do consumidor nos casos de finalidade mista, mesmo quando o fim profissional não seja predominante, cf. Jorge Morais Carvalho, «Venda de bens de consumo e fornecimento de conteúdos e serviços digitais – As diretivas 2019/771 e 2019/770 e o seu impacto no direito português», RED – *Revista eletrónica de direito,* vol 20 (2019), 71.

[21] A Diretiva CSD não se aplica a outras relações que não constituídas entre um profissional fornecedor de conteúdos e serviços digitais e um consumidor. Concretamente, não se aplica aos contratos de licenciamento entre utilizadores finais o titular do direito de autor (os denominados *End User License Agreements*). No entanto, Spindler, «Contracts for the supply», *cit.,* 191, põe a hipótese de, quando o titular do direito de autor solicitar dados pessoais ao consumidor, poder ser aplicado o regime da Diretiva.

de irresponsabilidade do doador por ónus ou vícios da coisa doada (art. 947.º do CC)[22], tem assim, uma consagração particular no direito europeu do consumo.

A exigência de onerosidade não se confunde, evidentemente, com a necessidade de se ter convencionado um preço. O fornecimento de conteúdos ou serviços digitais pelos quais o consumidor pague ou se obrigue a pagar uma soma em dinheiro é indiscutivelmente abrangido no novo regime legal (art. 3.º, n.º 3, al. a) do Decreto-Lei n.º 84/2021)[23]. Mas, a par destes casos, são ainda incluídos outros em que é diverso o tipo de contrapartida prestada pelo consumidor, concretamente corresponda ao fornecimento (ou à promessa de fornecimento) de dados pessoais ao profissional (art. 3.º, n.º 3, al. b) do Decreto-Lei n.º 84/2021). Uma das mais impressivas inovações da Diretiva (mas já constante do abandonado projeto de Direito Europeu da Compra e Venda[24]) radica no alargamento do seu âmbito de aplicação a contratos em que o consumidor, em vez de pagar um preço, fornece ou compromete-se a fornecer os seus dados pessoais. Se é certo que numa perspetiva superficial – possivelmente potenciada pela subscrição separada, pelo utilizador, de «condições de utilização» e da autorização quanto ao processamento dos dados[25] – o fornecimento de conteúdos e/ou serviços digitais aparenta ser *gratuito*, a verdade é que, na perspetiva do profissional, ele obtém *um bem* em *troca* do conteúdo ou serviço digital.

Não parece difícil extrair desta solução o reconhecimento da natureza onerosa destes negócios. E é esta onerosidade que justifica uma tutela mais

[22] Sobre o fundamento da irresponsabilidade do doador por vícios ou ónus da coisa, cf. L. Menezes Leitão, *Direito das obrigações*, vol. III, 9.ª ed., Almedina, 2014, 212. No regime do comodato, encontra-se regra análoga: art. 1134.º do CC, aplicável ao mútuo gratuito por remissão do art. 1151.º

[23] Segundo o art. 2.º, n.º 7, da Diretiva CSD, o preço não constitui apenas uma soma em dinheiro, mas também a representação digital do valor devido pelos conteúdos ou serviços digitais (*v. g.*, um cupão digital ou uma criptomoeda: cf. o considerando 23 da Diretiva). Esta definição não foi transposta para a lei nacional (não a encontramos no art. 2.º do Decreto-Lei n.º 84/2021), mas o art. 3.º, n.º 3, al. a) do Decreto-Lei n.º 84/2021 deve ser interpretado em conformidade com a Diretiva (assim, Jorge Morais Carvalho, *Compra e venda e fornecimento de conteúdos e serviços digitais. Anotação ao Decreto-Lei n.º 84/2021, de 18 de Outubro*, Almedina, 2022, 28).

[24] Cf. Axel Metzger, «A market model for personal data: state of the play under the new directive on digital content and digital services», Working Paper n. 8 des Forschungsinstituts für Recht und digitale transformation (2019) 1.

[25] Cf. Metzger, «A market model», *cit.*, 1.

intensa do consumidor perante defeitos ou desconformidades do conteúdo ou serviço. Pelo contrário, se o profissional nada recebe em contrapartida pelo conteúdo ou serviço fornecido, seria desproporcional fazer valer contra ele as mesmas exigências (e os mesmos meios de defesa) que se aplicam nos negócios onerosos[26]. A onerosidade não é desmentida pelo facto de o fornecimento de dados pessoais não representar um sacrifício patrimonial, nem sequer necessariamente um sacrifício moral para o consumidor. De resto, disponibilizando os seus dados a um profissional, não fica o consumidor impedido de fazer o mesmo em relação aos demais fornecedores do mercado[27]. Para a onerosidade, basta que representem um bem valioso para o profissional, a que ele de outra forma não teria acesso.

Implícito na opção do legislador europeu está ainda o reconhecimento do *sinalagma* presente nestes contratos e, portanto, de uma *contraprestação ou «contra-atribuição»* que é constituída por *dados pessoais* do consumidor[28]. É verdade que a designação constava expressamente do projeto da diretiva, tendo depois sido expurgada na sequência dos receios manifestados pelo Supervisor Europeu da Proteção de Dados. A referência à contraprestação foi retirada para evitar que a lei pudesse ser entendida como um estímulo à comercialização de dados pessoais[29]. Mas tal como sucede com as qualificações «positivas», também as qualificações «negativas» (ou desqualificações) do legislador não vinculam o intérprete e aplicador, que é livre de caracterizar como sinalagmáticos os contratos em questão e de, com isso, fazer referência a todo um regime próprio destes contratos.

[26] Assim, Sein/Spindler, «The new directive on contracts – Part 1», *cit.*, 264.

[27] Sublinhado estes pontos, cf. Cemre Bedir, *Data as counter-performance: yet another point where digital content contracts and GDPR conflict*, 2018, disponível em https://www.researchgate.net/publication/342833817, 22-23, e Matilde Lopes de Mendonça Ortins de Bettencourt, «A proteção do consumidor em contratos digitais: análise dos contratos celebrados com dados pessoais como contraprestação», *Anuário da NOVA Consumer Lab* (*Yearbook of the NOVA Consumer Lab*), 2021, 387-476 (429-432). A autora sublinha o sacrifício da «privacidade» do consumidor, mas esse sacrifício, ao menos num plano subjetivo, não tem necessariamente de existir. Na verdade, o conceito de onerosidade não depende de um sacrifício (de qualquer natureza) do autor da atribuição e tal não é restrito ao domínio dos dados pessoais (pense-se num *software* que o autor produz independentemente de qualquer contrato e que depois vai disponibilizando a vários clientes).

[28] Axel Metzger, «Dienst gegen Daten: Ein synallagmatischer Vertrag», *Archive für die civilistische Praxis*, 2016, 817-865 (833-835), ainda que por referência ao projeto anterior de diretiva.

[29] Cf. Metzger, «A market model», *cit.*, 2.

II – Esta elevação do fornecimento de dados a contraprestação (ou a «contra-atribuição») gera *dois problemas de delimitação*, além de certas *questões de regime*[30]. No plano da delimitação, o primeiro problema respeita à necessidade de *circunscrever os casos* em que o fornecimento de dados pessoais pode ser considerado uma contraprestação. O segundo problema consiste, inversamente, em saber em que medida pode o conceito de contraprestação ser *ampliado*, de tal modo que inclua o acesso pelo profissional a dados sem que haja uma conduta ativa de disponibilização dos mesmos pelo consumidor (*v. g.*, cookies, metadados). A Diretiva deu resposta a ambas as interrogações.

III – Quanto à primeira questão, segundo a Diretiva CSD não são abrangidos por ela os contratos em que o consumidor forneça dados pessoais, mas estes sejam tratados pelo profissional *exclusivamente para* fornecer os conteúdos e serviços digitais «em conformidade com a presente diretiva» ou *para* «o profissional cumprir os requisitos legais a que está sujeito», posto que este não proceda «ao tratamento desses dados para quaisquer outros fins» (art. 3.º, n.º 1, da Diretiva CSD). A lei portuguesa, reproduziu, em termos substanciais, esta delimitação do âmbito de aplicação do regime, no art. 3.º, n.º 3, al. b) do Decreto-Lei n.º 84/2021. Note-se que estão em jogo contratos relativos a conteúdos ou a serviços digitais em que as partes não convencionaram um preço, mas em que o consumidor fornece os seus dados, cumprindo destrinçar os casos em que o fornecimento de dados dá azo a uma proteção do consumidor idêntica à que lhe assiste quando tenha pagado um preço, daqueles em que tal não se verifica. O que releva, no critério adotado pela lei, é a *finalidade específica* do fornecimento de dados pessoais e esta exclui a aplicação do regime apenas quando seja uma *finalidade exclusiva*. Os dados pessoais não podem ter sido fornecidos com o intuito exclusivo de serem tratados pelo profissional para assegurar a conformidade dos conteúdos ou serviços por ele fornecidos «com o presente decreto-lei» ou de assegurarem «o cumprimento pelo profissional dos requisitos legais a que está sujeito».

Assim, se não tiver sido convencionado um preço e se a disponibilização de dados pelo consumidor se destinar exclusivamente a permitir o desempenho dos conteúdos digitais ou a prestação dos serviços (*v. g.*, a localização

[30] A Diretiva não afeta a possibilidade de esses contratos serem inválidos à luz do direito de cada um dos Estados membros (cf. o considerando 24 da Diretiva).

geográfica do utilizador na aplicação *Google Maps*[31]) ou ainda a assegurar o cumprimento de imposições legais (p. ex., fundadas na deteção de branqueamento de capitais), não fica o contrato submetido às novas regras.

Embora a lei não o explicite, a exclusão dos casos em que os dados são disponibilizados pelo consumidor com as referidas finalidades (exclusivas) assenta na *estrutura do contrato*. Nestes casos, o contrato *não é sinalagmático e tão-pouco oneroso*. A *finalidade* subjacente ao fornecimento de dados pessoais *não é de troca*. A sua disponibilização *não é uma contrapartida* ou *uma contraprestação* do conteúdo ou serviço digital, mas antes um requisito técnico ou jurídico do respetivo fornecimento pelo profissional.

Uma outra concretização da mesma ideia encontra-se no disposto no art. 4.º, n.º 2, al. e) do Decreto-Lei n.º 84/2021. Exclui-se do âmbito de aplicação do novo regime «o *software* oferecido pelo profissional no âmbito de uma licença de acesso livre e gratuito, em que não seja exigida uma contraprestação ao consumidor, desde que os dados pessoais fornecidos sejam exclusivamente tratados pelo profissional para melhorar a segurança, a compatibilidade ou a interoperabilidade do software específico»[32]. Apesar de a redação do preceito poder gerar dificuldades, não será difícil aceitar a conclusão de que o regime legal não se aplica aos casos em que os dados pessoais do utilizador sejam um mero requisito técnico *porque* em tal caso eles não constituem uma contraprestação e não *alteram a estrutura gratuita* do contrato de acesso ao *software*.

Uma nota final é devida em relação à redação da lei, cuja fórmula é contraditória. A lei refere os contratos em que os dados pessoais do consumidor visam apenas assegurar que os conteúdos ou serviços digitais são fornecidos «*em conformidade com o presente decreto-lei*», mas o efeito do preenchimento desta hipótese é o de *excluir estes casos da aplicação do decreto-lei*. Preferível teria sido referir a conformidade dos conteúdos ou serviços digitais *em relação ao contrato* ou estabelecer que o regime legal não se aplica

[31] Cf. Sein/Spindler, «The new directive on contracts – Part 1», *cit.*, 264.

[32] Trata-se de uma transposição do art. 3.º, n.º 5, al. f) da Diretiva CSD, embora não totalmente feliz, já que se substituiu «preço» por «contraprestação». Na verdade, não faz sentido fazer depender a exclusão de aplicação do regime legal de o contrato não ter uma contraprestação e de *além disso* os dados serem exclusivamente tratados para os referidos fins. Ora, se o consumidor fornecer dados, mas sem o fazer para os fins previstos na parte final do preceito, *há contraprestação*, pelo que o requisito é *só um:* ter sido (ou não) convencionada uma contraprestação.

quando o fornecimento dos dados pessoais é feito com a exclusiva finalidade de satisfazer uma *exigência técnica de operação ou funcionamento (incluindo compatibilidade e integração)* dos conteúdos ou serviços digitais.

IV – Quanto ao segundo tema de delimitação, trata-se de saber se o conceito de contraprestação, *rectius, o conceito de contraprestação usado pela lei* para submeter o contrato ao regime em apreço, se *cinge ao fornecimento de dados pessoais* pelo consumidor ou pode ainda abranger *a recolha de dados pelo profissional.* A Diretiva respondeu claramente a este ponto, ao excluir do seu âmbito casos em que o profissional «recolhe metadados, tais como informações relativas ao dispositivo do consumidor ou ao seu histórico de navegação», embora admita que a situação possa ser considerada um contrato ao abrigo da lei nacional[33].

V – No que diz respeito ao *regime,* a possibilidade de dados serem uma contraprestação coloca várias questões. A articulação entre a disciplina contratual e as regras do Regulamento Geral da Proteção de Dados levanta as interrogações mais prementes. O art. 52.º, n.º 1, do Decreto-Lei n.º 84/2021 salvaguarda expressamente o regime da proteção da pessoa no tratamento dos seus dados. Tal significa, desde logo, que os requisitos do consentimento e as condições de tratamento de dados pelo profissional são remetidos para aquele diploma. No caso de existir uma contradição entre os resultados da aplicação de ambos os regimes, estabelece-se a prevalência da disciplina da proteção de dados (art. 52.º, n.º 2, do Decreto-Lei n.º 84/2021[34]). Assim, embora a configuração do fornecimento de dados como uma atribuição patrimonial feita pelo consumidor ao profissional conduzisse, em coerência, à proibição de uma revogação unilateral da autorização de tratamento prestada inicialmente pelo consumidor, o certo é que

[33] Uma crítica à não inclusão da recolha de metadados pelo profissional como contraprestação pode ver-se na tomada de posição do *European Law Institut,* embora ainda verse o projeto anterior de Diretiva (European Law Institute, *Statemen of the European Institute on the European Commission's proposed Diretive on the Supply of Digital Content to Consumers,* 2016 15-16), e Morais Carvalho/Martim Farinha, «Goods with digital elements», *cit.* 269. A dificuldade de separar o fornecimento ativo de dados do fornecimento passivo, que constava do projeto inicial de diretiva gerou igualmente diversas críticas (cf., por exemplo, Bedir, *Data as counter-performance, cit,* 16-18).

[34] Transpõe o art. 3.º. n.º 8 da Diretiva CSD.

o direito de revogação é garantido no Regulamento Geral de Proteção de Dados (art. 7.º, n.º 3, do RGPD), que prevalece[35].

Uma vez exercido o direito de revogação pelo consumidor, este não poderá de deixar de refletir-se no contrato, pois representa uma perturbação da prestação devida ao profissional. Em todo o caso, como a lei não se ocupa de todos os aspetos do contrato, mas apenas dos direitos do consumidor contra o profissional, este problema fica de fora do âmbito do novo regime legal[36].

De forma idêntica, poderá colocar-se o problema de um direito do profissional à execução específica da obrigação de fornecer dados ou o respetivo consentimento. Este seria de admitir se olhássemos apenas à estrutura do contrato e ao facto de o fornecimento de dados ser devido pelo consumidor como contrapartida do conteúdo ou serviço digital. No entanto, também aqui as pretensões contratuais estão sujeitas ao direito da proteção de dados[37].

VI – Importa ainda relativizar as consequências que decorrem da elevação dos dados pessoais do consumidor a contraprestação ou «contra-atribuição». A opção é decisiva, como se disse atrás, para afirmar o caráter oneroso do contrato e assim conceder ao consumidor uma proteção perante a falta de conformidade. No entanto, a redução do preço é um direito do consumidor que, por definição, se encontra excluído neste caso. Além disso, a resolução do contrato, não oferece também grande interesse ao consumidor, já que o fornecimento de dados pessoais a um profissional não impede o consumidor de oferecê-los a quaisquer outros profissionais. Além disso, a resolução não tem, por definição, efeito restitutório, apenas priva o profissional de utilizar ou tratar os dados. Na prática, são os direitos à reposição de conformidade e à indemnização que interessam sobretudo aos consumidores neste tipo de situações[38].

4. Bens com elementos digitais

I – A separação rigorosa dos âmbitos de aplicação do regime da compra e venda, por um lado, e do regime do fornecimento de conteúdos e serviços digitais, por outro, é perturbada pela existência de casos de fronteira. Dada

[35] Sein/Spindler, «The new directive on contracts – Part 1», *cit.*, 264. Cf. ainda Metzger, «Dienst gegen Daten», *cit.*, 834-835, se bem que perante o projeto inicial de diretiva.

[36] Cf. Sein/Spindler, «The new directive on contracts – Part 1», *cit.*, 265, perante a Diretiva (a regulação destes temas é deixada aos direitos nacionais).

[37] Cf. Sein/Spindler, «The new directive on contracts – Part 1», *cit.*, 264-265.

[38] Sein/Spindler, «The new directive on contracts – Part 1», *cit.*, 265.

a frequente integração ou associação de bens corpóreos com conteúdos digitais (*v. g.*, software num telefone «inteligente») ou serviços digitais (*v. g.*, o sistema de navegação num automóvel «inteligente»), coloca-se a questão de saber se e em que casos pode uma perturbação referente à «parte» digital do bem ser tratada como uma *perturbação da compra e venda*, permitindo designadamente a redução do preço ou mesmo a resolução do contrato. A necessidade de delimitar torna-se particularmente aguda nos casos em que o conteúdo ou serviço digital é fornecido por um terceiro, com o qual o consumidor conclui também um contrato: situações denominadas de «multipartes»[39] [40].

A solução adotada na lei consiste em sujeitar amplamente os conteúdos digitais incorporados no bem ou serviços digitais interligados ao regime da compra e venda e, por consequência, integrá-los na «responsabilidade» do vendedor. Do ponto de vista do consumidor não faria sentido, por exemplo, não poder fazer refletir no contrato de compra e venda uma falha dos travões do automóvel devida a um defeito de funcionamento do respetivo software. O vendedor não poderá invocar que não produziu o software, tal como não pode alegar que não produziu um qualquer componente corpóreo do bem para se furtar aos remédios próprios da falta de conformidade[41]. A lei introduziu este regime por meio da criação de uma categoria «híbrida»: *os bens com conteúdo digital*. Estes não se confundem com o fornecimento de conteúdos digitais em suporte material que seja usado *exclusivamente para disponibilizar esse conteúdo* (art. 3.º, n.º 3, al. c) do Decreto-Lei n.º 84/2021), caso em que se aplica plenamente o regime dos conteúdos e serviços digitais, com exceção do disposto a propósito da obrigação de fornecimento[42].

II – A opção integrar os bens com conteúdo digital no regime da compra e venda é patente na lei. A lei caracteriza-os como *bens* em que se

[39] Cf. Karine Sein, «The applicability of the digital content directive and sale of goods directive to goods with digital elements», *Juridica International*, 30 (2021), 23-31 (24).

[40] Situação diversa é a dos contratos que incluam simultaneamente o fornecimento de conteúdos e serviços digitais e o fornecimento de outro tipo de bens, caso em que a solução é mais simples e consiste apenas na cisão de partes do contrato e do regime aplicável a essas partes. O regime dos conteúdos ou serviços digitais aplica-se apenas à parte correspondente: cf. o art. 4.º, n.º 4, do Decreto-Lei n.º 84/2021).

[41] Cf. Sein, «The applicability», *cit.*, 24-25.

[42] Cf. *infra*, 5, IV.

encontram *incorporados* ou com os quais estão *interligados* conteúdos ou serviços digitais sempre que (1) a *falta de tais conteúdos ou serviços impeça os bens de desempenharem as suas funções* e que (2) estes conteúdos ou serviços sejam *fornecidos com os bens nos termos do contrato de compra e venda* (art. 3.º, n.º 1, al. c) e n.º 2, do Decreto-Lei n.º 84/2021, de 18 de Outubro). Satisfeitas estas exigências, as relações entre as partes regem-se globalmente pelas regras de conformidade do contrato de compra e venda, sendo o vendedor «responsável» por eventuais faltas de conformidade dos conteúdos ou serviços digitais.

A sujeição dos conteúdos ou serviços digitais incorporados ou interligados com bens – ditos *bens com elementos digitais* – ao regime do contrato de compra e venda depende, pois, da verificação de duas condições: uma relativa à *indispensabilidade do conteúdo ou serviço digital para que o bem desempenhe as suas funções*; outra relativa ao seu *fornecimento em conjunto* com o bem ou bens nos termos do contrato celebrado. Não é impossível que só uma destas condições esteja satisfeita, o que torna inaplicável o regime do contrato de compra e venda. Assim, embora um telemóvel «inteligente» não possa cumprir cabalmente as funções que dele legitimamente se esperam sem o software do «sistema operativo», é lícito que as partes acordem excluir esse software do contrato de compra e venda, o qual será depois instalado no telemóvel ao abrigo de um contrato celebrado entre o adquirente e um terceiro[43].

III – Vejamos o primeiro requisito. As *funções do bem* que relevam na aferição da indispensabilidade do conteúdo ou serviço digital são quaisquer funções e não apenas as principais. Tais funções são naturalmente também as que importam para a aferição da *conformidade* do bem com o contrato, pelo que é nos critérios de conformidade que podemos encontrar diretrizes para a sua determinação.

A função do bem determina-se, assim, à luz do conteúdo *particular* do próprio contrato (requisitos ditos «subjetivos» de conformidade: cf. o art. 6.º, al. b), do Decreto-Lei n.º 84/2021) ou do conteúdo que o concreto contrato partilha com uma *generalidade* de contratos (requisitos ditos «objetivos» de conformidade: cf. o art. 7.º, al. a) e d) do Decreto-Lei n.º 84/2021). Assim, serão consideradas as funções acordadas pelas partes e, dentro

[43] Cf. o considerando 16 da Diretiva n.º 2019/771. Neste considerando da diretiva parece exigir-se para o efeito um *acordo expresso* entre o vendedor e o comprador. A isto se voltará no texto.

delas, as que se encontrem formuladas por exclusão. Se, por exemplo, num contrato de venda de uma televisão inteligente, o vendedor deixa claro que o bem é compatível com certas aplicações digitais (v. g., Netflix) e que o comprador poderá instalá-las no aparelho, fica apenas assegurada a interoperabilidade, mas não o próprio funcionamento do software da aplicação e menos ainda os serviços (*streaming*) fornecidos.

As funções que podem ser esperadas num bem do mesmo tipo pelo consumidor, tendo presente, designadamente, a natureza do bem ou as declarações públicas do vendedor, de intermediários ou do produtor, também relevam na resposta à questão de saber se determinado conteúdo ou serviço digital é necessário à prossecução de tais fins. A rápida evolução dos bens torna, no entanto, a aplicação deste critério difícil e sobretudo contingente[44].

IV – O segundo requisito da sujeição do conteúdo ou serviço digital (ainda que fornecido por um terceiro) ao contrato de compra e venda é, como se viu acima, ser fornecido em conjunto com o bem, o que se *presume* quando surge incorporado ou interligado com o bem (cf. o art. 3.º, n.º 2, do Decreto-Lei n.º 84/2021). Para se concluir no sentido de que o bem é vendido em conjunto com um serviço digital é indiferente que o consumidor tenha concluído o contrato com o fornecedor do serviço (para «licenciar» a utilização). Assim, se é vendido um carro com uma aplicação GPS, incluindo atualizações futuras, a conclusão, pelo comprador, de um contrato com o fornecedor do serviço que o habilita a usar os serviços não implica a exclusão do âmbito da compra e venda[45]. Também não releva o facto de o conteúdo estar ou não incorporado no próprio bem, bastando que exista uma interligação: assim, no caso de um relógio «inteligente», este poderá ter as suas funções dependentes de uma aplicação a instalar no telemóvel do adquirente, mas não deixa o conteúdo a incorporar no telemóvel de integrar o contrato de compra e venda do relógio[46].

[44] Cf. Sein, «The applicability», *cit.*, 26-27.

[45] Cf. explicitamente o considerando 15 da Diretiva n.º 2019/771: «a determinação de uma relação contratual entre o vendedor e o consumidor, da qual faz parte o fornecimento dos conteúdos ou serviços digitais incorporados ou interligados, não deverá ser afetada pelo simples facto de o consumidor dar o seu consentimento a um acordo de licenciamento com um terceiro a fim de beneficiar dos conteúdos ou serviços digitais».

[46] Cf. explicitamente o considerando 15 da Diretiva n.º 2019/771.

A finalidade presente na exigência de que o serviço ou o conteúdo digital sejam fornecidos em conjunto com o bem está em permitir às partes delimitar o âmbito do contrato e excluir da compra e venda mesmo um conteúdo digital que, à primeira vista, é imprescindível para que o bem seja usado, tendo em conta a utilização que dele geralmente se pode esperar. Já se disse acima que um telefone «inteligente» pode ser vendido sem fornecimento, pelo vendedor, do sistema operativo indispensável para que este funcione como telefone e, para mais, como telefone «inteligente». Karin Sein sublinha que o espaço deixado à autonomia das partes neste ponto pode ter o efeito inverso ao propósito dos autores da Diretiva, concretamente desprotegendo o consumidor. A situação é particularmente desvantajosa para o consumidor quando o conteúdo digital constitua um software de acesso livre, caso em que o consumidor não dispõe de quaisquer remédios no caso de alguma falha no seu funcionamento, nem contra o vendedor, nem mesmo contra o respetivo fornecedor[47]. É certo o considerando n.º 16 da Diretiva n.º 2019/771 pressupõe a necessidade de um *acordo expresso*, exigência que a doutrina tem igualmente seguido. Mas a colocação de uma fasquia mais alta relativamente às declarações das partes só assegura que o consumidor não seja confrontado com uma limitação desconhecida. Num contexto em que generalidade os profissionais façam depender a venda da aceitação desse acordo – desta cláusula dita *rígida*, que não admite negociação, mas apenas rejeição ou aceitação do contrato em globo –, a proteção do consumidor surge manifestamente diminuída: a menos que prescinda do próprio bem, o consumidor terá de sujeitar-se à limitação ou mesmo à renúncia a quaisquer meios de defesa relativamente a determinado conteúdo ou serviço digital.

V – Pode perguntar-se, à laia de conclusão, se a solução do legislador, ao incorporar o regime dos bens com elementos digitais na disciplina da compra e venda, é adequada, seja quanto à sua opção fundamental, seja quanto à respetiva concretização.

Se é certo que a via seguida procurou assegurar os interesses típicos do consumidor, deve reconhecer-se que ela oferece uma proteção algo frágil. Desde logo, porque permite que as partes do contrato de compra e venda disponham diversamente, excluindo o conteúdo ou serviço digital da compra e venda, deixando o consumidor, neste caso, confinado a agir contra o

[47] Cf. Sein, «The applicability», *cit.*, 31 e *passim*.

fornecedor do conteúdo ou serviço digital ou nem isso (se, p. ex., se tratar de software gratuito)[48]. Além disso, certos problemas particulares dos conteúdos e serviços digitais não são devidamente tidos em conta na divisão correspondente à compra e venda. Aí a lei ignora a especificidade dos interesses a salvaguardar em caso de resolução. Por exemplo, não assegura a obrigação do profissional de disponibilizar os conteúdos fornecidos ou criados pelo consumidor durante o uso do bem a título gratuito, num prazo razoável e em formato de dados de uso corrente que permita a sua leitura (cf. o art. 36.º, n.ºs 4 e 5 do Decreto-Lei n.º 84/2021). Nada dispõe também em matéria de alteração do conteúdo digital pelo profissional (cf. o art. 39.º do Decreto-Lei n.º 84/2021)[49].

5. Obrigação de fornecimento do conteúdo ou serviço digital

I – No art. 26.º do Decreto-Lei n.º 84/2021, de 18 de Outubro estabelece-se a cargo do profissional uma obrigação de fornecimento do conteúdo ou serviço digital. Trata-se da *prestação principal* do profissional, mas o art. 26.º do Decreto-Lei n.º 84/2021 regula-a apenas na sua componente de *disponibilização* do conteúdo ou serviço ao consumidor, *i. e.*, dos atos ou factos que têm de ocorrer para se dizer que o conteúdo ou o serviço foi fornecido, independentemente de este ter ou não as características ou qualidades acordadas.

O preceito transpõe o art. 5.º da Diretiva e nele se consagra uma opção clara no sentido de o fornecimento do conteúdo ou serviço *não depender de um ato de receção* do consumidor[50]. No considerando n.º 41 da Diretiva refere-se que os conteúdos ou serviços apenas têm de atingir «a esfera do consumidor» e que se considera existir cumprimento da obrigação de fornecimento quando nenhuma outra ação do profissional destinada a permitir ao consumidor o uso do conteúdo ou serviço digital seja necessária.

Assim, o fornecimento de conteúdos digitais tem-se por feito quando sejam disponibilizados ao consumidor os *meios adequados para os descarregar,*

[48] Cf. Sein, «The applicability», *cit.*, 30 e *passim*.

[49] Sublinhando estas falhas na solução do legislador europeu, cf. Metzger, «Verträge», *cit.*, 578.

[50] Um paralelo pode encontrar-se na Convenção sobre a Compra e Venda Internacional de Mercadorias, que também consagra, no seu art. 31.º, al. c), um conceito unilateral de entrega, que se completa quando o vendedor coloca as mercadorias à disposição do comprador: cf. M. Lurdes Pereira, «A obrigação de receção das mercadorias na Convenção de Viena sobre a Compra e Venda de Mercadorias», *Estudos em homenagem à Professora Doutora Isabel de Magalhães Collaço*, Vol. II, Almedina (org. por C. Ferreira de Almeida *et alii*), 2002, 337-392 (361).

para a eles aceder ou o próprio acesso (art. 26.º, n.º 1, al. a) e b) do Decreto-Lei n.º 84/2021, de 18 de Outubro). No caso de o conteúdo digital ter de ser instalado, a prestação do profissional limita-se a disponibilizar o acesso a uma instalação física ou virtual *escolhida* pelo consumidor para o efeito (art. 26.º, n.º 1, al. b), do Decreto-Lei n.º 84/2021, de 18 de Outubro). Se a instalação do conteúdo digital no telemóvel falhar por falta de espaço de armazenamento ou por defeito da ligação à internet, tal não afeta o cumprimento do profissional, cuja obrigação de fornecimento se considera cumprida mediante a disponibilização do acesso ao conteúdo através do equipamento escolhido pelo consumidor[51].

II – Relevantes são ainda os casos em que o conteúdo digital tem de ser instalado numa base virtual ou física controlada por terceiro. A opção da lei traduz-se em a falta de acesso do consumidor a essa instalação (p. ex., armazenamento em «nuvem») não comprometer o cumprimento da obrigação de fornecimento pelo profissional, o qual já executou plenamente a sua prestação ao permitir ao terceiro que explora a instalação virtual aceder ao conteúdo[52]. Note-se, porém, que a designação de uma terceira entidade para a instalação do conteúdo não se considerará feita pelo consumidor (escolhida por ele) quando essa entidade seja controlada pelo profissional ou esteja, ao abrigo do contrato, ligada ao profissional ou ainda quando, tendo embora sido indicada pelo consumidor, represente a única proposta apresentada pelo profissional para receber os conteúdos ou serviços digitais ou para lhes aceder (cf. o considerando (41) da Diretiva CSD).

III – A lei distingue o fornecimento de serviços digitais do de conteúdos digitais. Aos serviços aplica-se a alínea c) do n.º 2, do art. 26.º do Decreto-

[51] Diferente seria considerar o dever incumprido, embora por facto não imputável ao profissional (antes por falta de «cooperação» do consumidor/credor. Contudo, não foi essa a opção do legislador europeu, que assenta antes num *conceito unilateral* do fornecimento de conteúdos ou serviços digitais. Pode construir-se aqui uma analogia com o conceito unilateral de entrega na CCVI.

[52] No considerando (41) da Diretiva esclarece-se que o «profissional não é responsável pelos «atos ou omissões de uma entidade terceira que opera a instalação física ou virtual, como uma plataforma eletrónica ou uma instalação de armazenamento na nuvem que o consumidor tenha escolhido para receber ou armazenar os conteúdos ou serviços digitais», pelo que «será suficiente o fornecimento, pelo profissional, dos conteúdos digitais a esta terceira parte». Metzger, «Verträge», *cit.*, 580, considera que a regra concretiza o regime geral do cumprimento a um auxiliar do consumidor ou o cumprimento liberatório a terceiro.

-Lei n.º 84/2021, ao passo que aos conteúdos as alíneas a) e b) do mesmo preceito. Não obstante, a solução do conceito unilateral de fornecimento vale inteiramente para os serviços digitais: o cumprimento dá-se com a disponibilização do acesso ao serviço digital por parte do consumidor ou de uma instalação física ou virtual por ele escolhida do mesmo serviço.

IV – Quanto ao momento do cumprimento, este não tem de ser imediato à celebração do contrato, exigindo a lei apenas que não haja demora injustificada. No projeto inicial de Diretiva optava-se pelo momento imediatamente subsequente à celebração, mas a rigidez da solução foi abandonada e optou-se por outra mais flexível, que pudesse adaptar-se a todas as tecnologias.

A obrigação de fornecimento tem uma feição especial nos casos em que o conteúdo digital esteja armazenado num suporte corpóreo que seja usado exclusivamente como meio de disponibilização do correspondente conteúdo. Nessas situações, aplica-se genericamente o regime dos conteúdos e serviços digitais (art. 3.º, n.º 3, al. d) do Decreto-Lei n.º 84/2021), com *exceção* das regras sobre obrigação de fornecimento. Esta exclusão resulta do art. 3.º, n.º 3 da Diretiva CSD, que afasta aplicação de tais regras sujeitando. O art. 26.º do Decreto-Lei n.º 84/2021 deve ser assim interpretado *em conformidade com o direito europeu*, pelo que à entrega de tais suportes aplica-se o regime da obrigação de entrega no contrato compra e venda[53].

6. A conformidade dos conteúdos e serviços digitais com o contrato

6.1. Generalidades

I – A conformidade dos conteúdos e serviços digitais com o contrato é o objeto principal da regulação legal. O art. 27.º do Decreto-Lei n.º 84/2021 começa por estabelecer uma *regra genérica de conformidade* dos conteúdos e serviços digitais com determinados requisitos ditos «subjetivos» e «objetivos», que são depois enumerados nos arts. 28.º a 30.º do mesmo diploma. Da aplicação indiscriminada do regime da conformidade ressalva-se, porém, o caso de violação de direitos de terceiros sobre o conteúdo ou serviço digital. Nestas situações, admite-se que, em vez da qualificação da situação como falta de conformidade, se possa estar perante uma invalidade do

[53] Neste sentido, Morais Carvalho, *Compra e venda, cit.*, 103.

contrato de fornecimento ou à sua sujeição a resolução (cf. o art. 27.º *in fine* e o art. 31.º do Decreto-Lei n.º 84/2021).

II – É sabido que a adoção do conceito de conformidade no âmbito da *compra e venda* pressupõe uma alteração radical na compreensão do objeto do contrato. A noção de conformidade só se entende se se aceitar que as qualidades ou características do bem que é objeto do contrato indicam como este *deve ser* (*Sollbeschaffenheit, Soll-Qualität*) e não *como é* (*Istbeschaffenheit, Ist-Qualität*). A inexistência de tais qualidades ou características no bem alienado deixa de ser um problema de erro do comprador, para passar para o plano do não cumprimento (*latissimo sensu*), *rectius*, da *desconformidade do bem com o contrato*.

A «técnica» da conformidade é agora estendida aos conteúdos e serviços digitais, nos termos dos arts. 27.º a 30.º do Decreto-Lei n.º 84/2021. São estes que interessam ao presente estudo. As falhas de operação, as restrições de funcionalidade e a incompatibilidade com o ambiente digital do consumidor do conteúdo ou serviço fornecido poderiam teoricamente ser remetidas para o regime do erro (vício) na celebração do negócio, porque o objeto não corresponde ao que o consumidor tinha em mente. A ideia de desconformidade, contudo, pressupõe justamente o oposto. Trata-se da falta de qualidades que descrevem o objeto do negócio (qualidades devidas) e, nessa medida, relativamente ao objeto *devido* não existe erro algum do consumidor. O fornecimento de um conteúdo que não corresponda ao que dele se podia esperar diz-se então que desrespeita o contrato e não apenas a representação que desse conteúdo fez o consumidor.

6.2. Requisitos de conformidade «subjetivos» e «objetivos»

I – A lei distingue, como já se disse, os requisitos «subjetivos» e «objetivos» de conformidade. Os primeiros são enumerados no art. 28.º do Decreto-Lei n.º 84/2021, ao passo que o art. 29.º da mesma lei contempla os segundos. Da leitura do art. 27.º do Decreto-Lei n.º 84/2021, resulta a ideia de que as qualidades ou características do conteúdo ou serviço digital são *cumulativas*, sejam elas determinadas «subjetiva» ou «objetivamente». Este entendimento é reforçado pelo proémio do art. 29.º do Decreto-Lei n.º 84/2021, pois aí se esclarece que os requisitos objetivos de conformidade valem «sem prejuízo do cumprimento do disposto no artigo anterior», de onde constam os requisitos subjetivos.

A lei é inteiramente fiel à opção do legislador europeu de estabelecer uma relação de paridade dos requisitos. Não era assim, contudo, no primeiro projeto de diretiva. Aí dava-se a prevalência aos *requisitos subjetivos* de conformidade, só valendo os requisitos objetivos *subsidiariamente, i. e.*, quando do contrato não se pudessem extrair indicações claras e abrangentes sobre as exigências postas ao conteúdo ou ao serviço digital. A Comissão Europeia fundava esta opção na ideia de promoção da *inovação*[54]. Para que direito contratual pudesse acompanhar o desenvolvimento tecnológico, o qual se reflete na rápida evolução das características dos conteúdos digitais, seria necessário remeter em primeira linha para aquilo que as partes acordam.

Esta solução foi, porém, abandonada e no texto que veio a ser aprovado os requisitos objetivos e subjetivos aplicam-se sem, à partida, os ditos subjetivos preferirem aos objetivos. Reconheceu-se que o incremento de informação contratual do consumidor relativamente à configuração dos conteúdos ou serviços digitais não se converte necessariamente em maior discernimento da decisão deste, sendo irrealista dizer que as estipulações por ele aceites são um produto de uma efetiva autonomia privada[55]. Por isso, não haveria razão para sobrepor os requisitos ditos subjetivos aos requisitos objetivos.

Mas esta opção não é também isenta de críticas. Como Grünberger assinala, no domínio dos bens digitais perante a constante evolução tecnológica e a extrema diversificação da oferta frequentemente *não existe um ponto de referência daquilo que é habitual ou expectável*, o que pode constituir um obstáculo à determinação dos requisitos objetivos de conformidade em cada caso. Além disso, para o autor, um conceito objetivo de defeito é vinculado ao *passado*, quando é certo que os contratos a regular são vinculados ao futuro. No entender deste autor, só o acolhimento de um conceito subjetivo de defeito permitiria que a lei respeitasse o compromisso da dogmática jurídica com a inovação, o qual consiste em regular o novo, antes de este se tornar realidade[56].

[54] Cf. A Proposta do Parlamento Europeu e do Conselho sobre certos aspetos relativos ao fornecimento de conteúdos digitais, Com (2015) 634 (de 9/12/2015), considerando 34 e o art. 6.º.

[55] Cf. Michael Grünberger, «Verträge über digitale Güter», *Archive für die civilistische Praxis*, 218 (2018), 213-296 (257-258), e Metzger, «Dienst gegen Daten», *cit.*, 857.

[56] Cf. Grünberger, «Verträge über», *cit.*, 256, 259-260.

II – Não é fácil de definir em termos rigorosos o critério que presidiu à distinção entre requisitos objetivos e subjetivos de conformidade. Tão pouco se deve considerar feliz a terminologia. Quanto a este último ponto, os requisitos ditos *subjetivos* não podem ser tomados como resultantes do *entendimento particular ou individual de uma das partes*: pelo contrário, correspondem a características ou qualidades do conteúdo ou serviço digital que eram conhecidas e foram aceites por *ambas*.

Por outro lado, a despeito da formulação da lei, que não enquadra a observância dos requisitos ditos *objetivos* como um problema de conformidade com o contrato (cf. o art. 29.º do Decreto-Lei n.º 84/2021, no proémio), estes são também exigências que pertencem ao (ou resultam do) *conteúdo do concreto contrato*[57]. Trata-se de características ou qualidades dos conteúdos ou serviços que o consumidor pode razoavelmente esperar e que correspondem à «impressão» que o «destinatário» normal tem da declaração do profissional (cf. o art. 236.º, n.º 1, do CC). Logo, a fixação dos requisitos ditos objetivos situa-se ainda (e só) no plano da determinação do conteúdo do contrato, devendo a falta de correspondência entre eles e o bem ou serviço fornecido ser caracterizada como uma desconformidade com o mesmo.

II – Além do problema de enquadramento ou não no contrato, não é ainda líquido que à separação da lei entre requisitos subjetivos e objetivos presida um critério coerente. Poder-se-ia pretender que os requisitos subjetivos resultariam da consideração de *circunstâncias particulares* àquele contrato que relevam no plano da interpretação do negócio, ao passo que os requisitos objetivos estariam ligados a *circunstâncias comuns* a um conjunto mais ou menos amplo de contratos (designadamente, os que versem sobre bens do mesmo tipo), as quais, não sendo contraditadas no caso concreto, contribuiriam igualmente para delimitar o objeto contratual. Mas a linha assim traçada não é inteiramente aderente à lei. O art. 29.º, n.º 1, al. d), do Decreto-Lei n.º 84/2021 contempla como requisito objetivo de conformi-

[57] Diferente, Pavel Koukal, «Digital content portability and its relation to the conformity with the contract», *Masaryk University Journal of Law and Technology*, Vol. 15 (2021), 53-84 (68), contrapõe os acordos contratuais (requisitos subjetivos) aos critérios legais de conformidade (requisitos objetivos). Algo diversamente Grünberger, «Verträge über», *cit.*, 254, apesar de entender os primeiros como acordos entre as partes, fundados, portanto, na autonomia privada, e os segundos como consagração do critério *fitness for purpose*, remetendo para as qualidades habituais, para a funcionalidade usual e para as qualidades esperadas legitimamente pela outra parte, refere-se a ambos como critérios de conformidade *contratual*.

dade a correspondência entre o conteúdo ou serviço fornecido e as versões de teste ou pré-visualizações fornecidas pelo profissional, independentemente de tais «amostras» serem privativas do contrato em questão ou de serem usadas pelo profissional na celebração de um conjunto mais amplo de negócios. Também não parece que a linha divisória da distinção resida na ideia de que no art. 28.º do Decreto-Lei n.º 84/2021 estariam em causa aspetos do contrato que teriam resultado de uma negociação individualizada, ao passo que o art. 29.º do Decreto-Lei n.º 84/2021 contempla aquilo que não foi objeto de negociação, mas que, ainda assim, não deixa de fazer parte do contrato[58]. Na verdade, nada nos requisitos ditos subjetivos impõe que sejam o produto do exercício da liberdade de estipulação, podendo resultar de um conteúdo predisposto pelo profissional e que o consumidor só pode aceitar ou rejeitar em globo, como é aliás característico nos negócios massificados de fornecimento de conteúdos ou serviços digitais.

III – Independentemente de se encontrar o critério que presidiu à separação entre um e outro grupo de critérios de conformidade, o certo é que a lei pretendeu sujeitar os requisitos ditos objetivos a um *regime diferente* do que vale para os subjetivos: o afastamento dos requisitos objetivos por *acordo das partes*, sendo embora permitido, requer particulares cuidados destinados a assegurar uma decisão esclarecida do consumidor.

De facto, do art. 29.º, n.º 7, do Decreto-Lei n.º 84/2021, resulta que uma cláusula contratual que afaste algum ou alguns dos requisitos de conformidade ditos objetivos, embora aceite pela lei – com o objetivo de «assegurar suficiente flexibilidade»[59] –, é-o com limites. As exigências postas à eficácia de um tal acordo revelam a preocupação de assegurar que o consumidor tenha um conhecimento efetivo sobre o alcance da qualidade do conteúdo digital ou serviço de que abdica. Procura-se, pois, que este ponto do contrato corresponda a uma decisão esclarecida da pessoa por ele afetada, reconhecendo-se, do mesmo passo, que algumas formas de comunicação relativas aos enunciados negociais não são suficientes para assegurar tal esclarecimento. Concretamente, exige-se que o consumidor tenha sido «inequivocamente»[60] informado do desvio e que o tenha aceitado de *forma*

[58] Neste sentido, no entanto, Morais Carvalho, *Compra e venda*, *cit.*, 107.

[59] Cf. o considerando (49) da Diretiva CSD.

[60] A redação da lei portuguesa afasta-se do preceito a transpor. O art. 9.º, n.º 5 da Diretiva CSD exige que o consumidor tenha sido *especificamente* informado de que uma característica particular dos conteúdos ou serviços digitais constitui um desvio relativamente aos requi-

expressa e em *separado*[61]. Temos, pois, um requisito operante num momento que antecede a celebração do contrato e dois outros referentes a aspetos formais das declarações negociais: estes últimos, porém, relevam enquanto exigências que potenciam a consciência do consumidor relativamente à estipulação em apreço e, portanto, também visam atuar na formação da correspondente decisão, ainda que no derradeiro momento da sua exteriorização.

IV – A título de requisitos subjetivos de conformidade, exige-se que os conteúdos ou serviços digitais:

- Correspondam à descrição, à quantidade e à qualidade previstas no contrato (art. 28.º, al. a) do Decreto-Lei n.º 84/2021);
- Tenham a funcionalidade, a compatibilidade, a interoperabilidade e as demais características previstas no contrato (art. 28.º, al. a) do Decreto-Lei n.º 84/2021);
- Sejam adequados a qualquer finalidade específica a que o consumidor os destine e que tenha sido comunicada ao profissional, até ao momento da celebração do contrato e relativamente à qual este tenha manifestado concordância (art. 28.º, al. b) do Decreto-Lei n.º 84/2021);
- Sejam fornecidos juntamente com todos os acessórios e instruções, inclusivamente de instalação e apoio ao cliente tal como convencionado (art. 28.º, al. c) do Decreto-Lei n.º 84/2021);
- Sejam atualizados de acordo com o estipulado no contrato (art. 28.º, al. c) do Decreto-Lei n.º 84/2021).

sitos objetivos de conformidade, o que deve ser entendido no sentido da necessidade de individualização dessa característica e da sua diferença relativamente à característica «normal». A lei portuguesa substituiu-o pelo advérbio «inequivocamente», o que não expressa tão claramente aquela ideia. Aliás, à luz desta redação seria aparentemente possível uma cláusula de afastamento global das qualidades que podem ser esperadas, o que justamente é vedado pela Diretiva (cf. Metzger, «Verträge», *cit.*, 581). Uma leitura do preceito português em conformidade com o direito europeu deve afastar, contudo, esse entendimento. Note-se ainda que ao contrário da redação da Diretiva, a referência à inequivocidade é repetida, na lei portuguesa, a propósito da declaração de aceitação do consumidor, o que, perante a exigência de uma declaração expressa se torna redundante.

[61] No considerando (49) da Diretiva CSD esclarece-se que ambas as exigências estarão satisfeitas se o consumidor tiver no documento contratual uma caixa para assinalar uma cruz ou tiver de carregar num botão ou função que deva ser ativada para assinalar a opção.

Os conteúdos e serviços digitais devem ainda conformar-se com as seguintes prescrições (requisitos objetivos de conformidade):

- Ser adequados ao uso a que os conteúdos ou serviços do mesmo tipo se destinam (art. 29.º, n.º 1, al. a) do Decreto-Lei n.º 84/2021);
- Corresponder à quantidade e possuir as qualidades e as características de desempenho, a funcionalidade, a compatibilidade, a acessibilidade, a continuidade e segurança habituais e expetáveis em conteúdos ou serviços digitais do mesmo tipo, sendo de considerar, para este efeito, também a declaração pública feita pelo profissional ou por outras pessoas em fases anteriores da cadeia de negócio, incluindo o próprio produtor, nomeadamente as declarações contidas na publicidade e rotulagem (art. 29.º, n.º 1, al. b) do Decreto-Lei n.º 84/2021);
- Ser fornecidos com os acessórios e instruções que o consumidor possa razoavelmente esperar receber em função dos conteúdos ou serviços adquiridos (art. 29.º, n.º 1, al. c) do Decreto-Lei n.º 84/2021);
- Corresponder às versões de teste ou pré-visualizações disponibilizadas pelo profissional antes da celebração do contrato (art. 29.º, n.º 1, al. d) do Decreto-Lei n.º 84/2021);
- Manterem a conformidade com o contrato durante o período de fornecimento contínuo, sendo esse o caso, ou durante o período razoavelmente esperado pelo consumidor depois do fornecimento, tendo em conta o tipo e finalidade dos conteúdos ou serviços digitais, bem como as circunstâncias e natureza do contrato, no caso de o fornecimento se esgotar num ato ou em vários atos individuais (art. 29.º, n.ºs 3, 4, e 6 do Decreto-Lei n.º 84/2021).

Uma vez que os requisitos ditos subjetivos e ditos objetivos versam, em muitos casos, sobre os mesmos aspetos dos conteúdos ou serviços digitais, é necessário estabelecer o que sucede em caso de contradição entre o resultado da aplicação do critério do art. 28.º e do critério do art. 29.º do Decreto-Lei n.º 84/2021. Suponha-se, por exemplo, que foi convencionado o não fornecimento de quaisquer atualizações mesmo que tal correspondesse às legítimas expetativas do consumidor. O resultado da aplicação do art. 28.º, al. d), é diverso do que flui do art. 29.º, n.º 3 do Decreto-Lei n.º 84/2021. Esta contradição não se resolve mediante uma simples prevalência do critério «subjetivo», porque essa solução, como acima se disse, foi rejeitada na versão final da Diretiva CSD. Mas o critério objetivo pode ser afastado por convenção das partes, desde que respeitados os requisitos do art. 29.º, n.º 7, do Decreto-Lei n.º 84/2021. Assim, é a partir desta última regra que se devem resolver os potenciais conflitos resultantes da aplicação de ambas as disposições.

V – A lei prevê ainda uma situação de falta de conformidade em que não estão em causa aspetos intrínsecos do conteúdo ou serviço digital, mas antes uma deficiência na conexão do conteúdo ou serviço no ambiente digital do consumidor. A *integração incorreta* só é, porém, equiparada a uma falta de conformidade do próprio conteúdo ou serviço em duas circunstâncias alternativas: quando a integração tiver sido «realizada pelo profissional ou sob sua responsabilidade» ou quando os conteúdos ou serviços forem instalados pelo consumidor no seu ambiente digital, mas em execução das instruções deficientes do profissional, o que dá azo à integração incorreta (art. 30.º do Decreto-Lei n.º 84/2021).

O conceito de falta de conformidade inclui ainda os «vícios de direito». No caso de conteúdos e serviços digitais cuja utilização em conformidade com o contrato seja impedida ou limitada em consequência de direitos de terceiro, especialmente de direitos de propriedade intelectual, é dada ao consumidor a possibilidade de reagir exercendo qualquer um dos direitos que lhe assistem perante a falta de conformidade. Ficam, porém, ressalvadas as situações em que a lei estatui a invalidade ou a resolução do contrato celebrado em contravenção dos direitos de terceiro, caso em que aqueles direitos não são reconhecidos ao consumidor e só vale a consequência (invalidade ou resolução) prevista na lei[62].

6.3. Em especial, a compatibilidade e a interoperabilidade dos conteúdos e serviços digitais. A integração no «ambiente digital»

I – Um aspeto importante na aferição da conformidade dos conteúdos e serviços digitais, e privativo destes, respeita à sua *interação com o «ambiente digital»* do consumidor. Conteúdos e serviços digitais não têm, por princípio, um funcionamento independente de determinados dispositivos corpóreos (*hardware*) e de outros conteúdos digitais (*software*). A sua utilização só é viável assumindo a presença de um substrato material e/ou digital a obter

[62] Sobre a questão, algo inversa da posição do consumidor relativamente à partilha ou reprodução dos conteúdos digitais em linha, cf. A. Libório Dias Pereira, «Os direitos do consumidor de conteúdos e serviços digitais segundo a Diretiva 2019/770», *Revista Eletrónica de Direito*, 2020, n.º 1, 135-149 (144).

pelo próprio consumidor. À existência do substrato (que é, naturalmente, um ónus do consumidor/credor) soma-se a necessidade de os conteúdos e serviços se *harmonizarem* com ele, *naquilo que destes depende.* A lei trata este ponto sob uma dupla perspetiva distinguindo entre a *compatibilidade* do conteúdo ou serviço digital e a *interoperabilidade* dos mesmos. A *compatibilidade* refere-se à qualidade dos conteúdos ou serviços digitais *funcionarem com o hardware e o software com que normalmente são usados conteúdos ou serviços do mesmo tipo, sem necessidade de conversão* (art. 2.º, al. f) do Decreto-Lei n.º 84/2021). A *interoperabilidade,* diversamente, refere-se à capacidade de os conteúdos ou serviços digitais funcionarem com software e hardware que *não são normalmente usados com conteúdos ou serviços do mesmo tipo* (art. 2.º, al. l), do Decreto-Lei n.º 84/2021). Ao binómio compatibilidade / interoperabilidade está associada uma relevante diferença de regime, que a lei concretiza atribuindo à compatibilidade a natureza de um requisito «objetivo» de conformidade e à interoperabilidade a qualificação de requisito «subjetivo». A exigência de *compatibilidade* dos bens ou serviços digitais é *omnipresente,* embora possa ser afastada por convenção entre as partes nos termos (e com as cautelas) já acima descritos (cf. o art. 29.º, n.º 1, al. b) e n.º 7, do Decreto-Lei n.º 84/2021). A compatibilidade é em geral esperada pelo consumidor e, por isso, considera-se «prometida» pelo profissional. Não tem de ser especificamente tida em conta pelas partes no momento da contratação para valer como *qualidade devida* dos conteúdos ou serviços digitais fornecidos. A falta de interoperabilidade, pelo contrário, só constitui uma falta de conformidade quando a possibilidade de o conteúdo ou serviço funcionar num ambiente digital não comum (à luz do tipo de conteúdos ou serviços) tenha sido especificamente posta em relevo pelo consumidor e/ou pelo profissional no momento da celebração do contrato e tenha sido aceite por ambos (art. 28.º, n.º 1, al. a), do Decreto-Lei n.º 84/2021)[63]. Com base nesta distinção, a doutrina tem vindo a sublinhar que não é exigível, por exemplo, que um livro em formato digital (*e-book*) seja suscetível de ser lido por qualquer dispositivo de leitura existente no mercado (*e-book reader*)[64].

[63] Em sentido diverso, considerando que a interoperabilidade pode constituir um requisito objetivo de conformidade quando for habitual, cf. Morais Carvalho, *Compra e venda*, 108.

[64] Cf. Karine Sein/Gerard Spindler, «The new directive on contracts for the supply of digital content and digital services – Conformity criteria, remedies and modifications – Part 2», *European Review of Contract Law*, 15 (2019), 365-391 (371).

II – Um outro tema próprio dos conteúdos ou serviços digitais tem a ver com a *integração* dos mesmos no *ambiente digital* do consumidor. Essa integração em equipamentos e programas informáticos do consumidor é necessária ao funcionamento dos conteúdos ou serviços fornecidos. Se a integração for *incorreta* pode comprometer a utilização dos conteúdos ou serviços digitais, mas a possibilidade de o consumidor demandar o profissional com esse fundamento depara-se com a dificuldade de saber a quem se pode imputar a falha: o processo de integração supõe um contributo do consumidor. A lei trata do tema, *considerando existir falta de conformidade* quando a integração (incorreta) tenha sido realizada pelo profissional ou sob a sua responsabilidade ou quando, apesar de feita pelo consumidor, a falha da integração se deva a deficiências nas instruções fornecidas pelo profissional.

6.4. O momento em que tem de existir a falta de conformidade. O dever de comunicar e fornecer atualizações

I – À semelhança do que sucede quanto à compra e venda de bens de consumo é fundamental estabelecer o *momento em que se afere a falta de conformidade*. Mas se há identidade do problema jurídico, são diferentes as valorações que a sua resposta convoca, consoante se trate de uma compra e venda ou do fornecimento de conteúdos ou serviços digitais[65].

No caso da compra e venda, salva hipótese da convenção de uma garantia (um seguro) quanto a ocorrências posteriores[66], compreende-se que o vendedor só responda por desconformidades «originárias», *rectius*, existentes ao tempo da *entrega da coisa* e não por aquelas que resultem do deficiente manuseamento ou conservação, do desgaste do uso, da exposição posterior a riscos ou de situações análogas. É corrente que a desconformidade do bem, mesmo que «originária», só se *manifeste* num momento posterior: a sua descoberta pressupõe muitas vezes a utilização da coisa. Daí que uma das preocupações da lei seja regular até que momento a manifestação de uma desconformidade posterior à entrega permite inferir uma perturbação «originária» (cf. o art. 13.º, n.º 1, do Decreto-Lei n.º 84/2021).

[65] Naturalmente que quando se trate de bens com elementos digitais as especificidades postas pelo elemento digital reclamam uma resposta particular mesmo no âmbito do contrato de compra e venda: cf. os arts. 8.º e 12.º, n.º 2.

[66] Cf. M. Lima Rego, *Contrato de seguro e terceiros. Estudo de direito civil*, Coimbra Editora, 2010, 437-438, distinguindo as «especificações do objeto contratual», das garantias em sentido próprio: uma coisa é declarar que os óculos vendidos são inquebráveis, outra é assegurar a substituição dos mesmos em caso de quebra.

Tudo é diferente no caso dos conteúdos ou serviços digitais. Aí a falta de conformidade pode *ocorrer* em *momento posterior* à data do fornecimento por razões puramente ligadas à *evolução tecnológica*. O conteúdo ou serviço digital pode deixar de ser apropriado ao seu fim, tornar-se inseguro ou perder a compatibilidade porque estas qualidades dependem do *ambiente digital* com que interage e esse substrato está sujeito a uma permanente mutação. Compreende-se, por isso, que o profissional, mesmo quando o contrato tenha por objeto um ato único de fornecimento ou um conjunto de atos individuais de fornecimento, possa ser responsabilizado por *desconformidades supervenientes* ao ato de fornecimento: que *ocorram* depois dele, e não apenas que se *manifestem* depois dele.

II – A lei trata do tema não por referência direta ao momento de aferição da desconformidade dos bens ou serviços digitais, mas antes por via *indireta*, consagrando um *dever* do profissional de *comunicar* e *fornecer atualizações que permitam manter o produto em conformidade com o contrato* (art. 28.º, al. d) e art. 29.º, n.ºs 3 e 4 do Decreto-Lei n.º 84/2021). Distingue-se consoante o contrato importe o *fornecimento contínuo* de conteúdos ou serviços digitais ou, pelo contrário, se resolva num *ato único de fornecimento* ou em *vários atos individuais de fornecimento*. No primeiro caso, o dever de comunicar e fornecer as atualizações *mantém-se durante todo o período do fornecimento* (art. 29.º, n.º 4, do Decreto-Lei n.º 84/2021). No segundo caso, o *dever constitui-se depois do momento do fornecimento*, mantendo-se durante um intervalo de tempo estabelecido com base num conceito indeterminado. As atualizações devem ser comunicadas e disponibilizadas «*durante o período razoavelmente esperado*» pelo consumidor, «*tendo em conta o tipo e finalidade dos conteúdos ou serviços digitais, as circunstâncias e a natureza do contrato*» (art. 29.º, n.º 4, do Decreto-Lei n.º 84/2021).

Desta forma, pode dizer-se que, nos casos que importem um ato único de fornecimento ou vários atos individuais de fornecimento, o momento decisivo para a aferição da conformidade com o contrato dos conteúdos e serviços digitais, nas múltiplas exigências em que esta se desdobra, *vai para além da data do fornecimento*, sendo a fixação desse período dependente de uma apreciação casuística que atende às expetativas do consumidor perante o tipo de conteúdos ou serviços em causa ou outras circunstâncias relevantes. Em coerência, o art. 32.º, n.º 2, al. a), do Decreto-Lei n.º 84/2021, que estabelece, como regra, a responsabilidade do profissional por qualquer falta de conformidade que *exista* no momento do fornecimento e se *manifeste* no prazo de dois anos, ressalva o disposto no art. 29.º, n.º 3: tratando-se da perda das «qualidades devidas» do conteúdo ou serviço em consequência de desatualização, o profissional é responsável ainda que a desconformidade *ocorra* em momento *posterior* ao do fornecimento. No caso de fornecimento contínuo de conteúdos ou serviços digitais, a conformidade relevante – cuja falta atribui ao consumidor pretensões contra o profissional – deve manter-se durante todo o período de fornecimento. Mas não há nisto (quanto aos casos de fornecimento contínuo) uma concretização de algo privativo ou específico dos conteúdos ou serviços digitais. De forma correspondente, estabelece a lei que o profissional é responsável por qualquer falta de conformidade *ocorra* ou se *manifeste* durante o período do fornecimento (cf. o art. 32.º, n.º 2, al. b) do Decreto-Lei n.º 84/2021).

III – A recusa da consagração de um período *certo e genérico* para a subsistência do dever de informar e fornecer atualizações apresenta a vantagem da flexibilidade, mas também o inconveniente da incerteza. Mercê da variedade de conteúdos e serviços digitais e da diversidade das circunstâncias em que são fornecidos, o estabelecimento de um prazo certo ajustado a todos os casos parece inviável. A lei remete assim para as *legítimas expetativas* do consumidor quanto ao período por que o bem se deve manter conforme com o contrato. Além da funcionalidade dos conteúdos ou serviços, são tidas em conta circunstâncias contratuais, entre as quais se pode contar o próprio preço pago pelo consumidor[67].

De qualquer modo, a remissão para as expetativas do consumidor parece encerrar um *paradoxo*. Estão em causa atualizações que se tornaram necessárias à manutenção da conformidade em virtude de certa evolução tecnológica: ora, esta pode ser muito difícil de prever e menos ainda para um leigo como o consumidor. As meras expetativas quanto à durabilidade do conteúdo digital não parecem relevar só por si, pois uma coisa é a perceção da vida útil de um bem, outra é a perceção da sua dependência das alterações do «ambiente digital». Assim, podemos ter um bem que é visto como pouco sensível à evolução técnica, mas que se espera ser muito durável[68], caso em que não são devidas, em princípio, quaisquer atualizações.

[67] Neste sentido, cf. Piia Kalamees, «Goods with Digital Elements and the Seller's Updating Obligation», JIPITEC – *Journal of Intellectual Property, Information Technology and E-Commerce Law*, 12 (2021) 131-142 (136-137).

[68] O exemplo poderá ser mais simples nos bens com conteúdo digital. Kalamees, «Goods with digital elements», *cit.*, 136, ilustra-o com a compra de uma moldura (barata) digital, que

IV – Nos casos em que há um único ato fornecimento ou vários atos individuais de fornecimento, tem surgido a dúvida sobre se *o prazo por que se mantém o dever do profissional de comunicar e disponibilizar atualizações pode superar o prazo limite geral para a responsabilização do profissional por faltas de conformidade*. No caso do direito português, tendo o legislador optado pela solução mínima dos *dois anos subsequentes ao fornecimento* (cf. o art. 32.º, n.º 2, al. a), do Decreto-Lei n.º 84/2021), pergunta-se: *o período em que o profissional deve assegurar o fornecimento das atualizações pode ir além desses dois anos?* Na lei, a duração do dever de atualizar os conteúdos ou serviços digitais preteritamente fornecidos é determinada à luz do que o consumidor pode razoavelmente esperar. Em termos teóricos, é possível que o utilizador tenha expetativas legítimas de manutenção da conformidade para além dos dois anos subsequentes ao fornecimento (art. 29.º, n.º 3, do Decreto-Lei n.º 84/2021). Mas será admissível a persistência do dever de atualizar, em face da regra geral, acolhida pela lei, de que o profissional não pode ser demandado pelas faltas de conformidade que se manifestarem decorridos dois anos sobre o fornecimento?

A redação da lei suscita dúvidas, concretamente o art. 32.º, n.º 2, al. a), *in fine* do Decreto-Lei n.º 84/2021[69]. A obrigação de manter a conformidade introduz *indiscutivelmente* um desvio à regra da irrelevância de faltas de conformidade que *ocorram posteriormente* ao fornecimento. É neste sentido que deve ser lida a ressalva final do art. 32.º, n.º 2, al. a) do Decreto-Lei n.º 84/2021: em certos casos, concretamente, quando esteja em causa uma desatualização, o profissional pode responder mesmo por faltas de conformidade que *ocorram posteriormente ao fornecimento* (e não apenas que se manifestem após ele). Outra questão é a de saber se a falta de atualizações dos conteúdos ou serviços digitais, enquanto faltas de conformidade posteriores ao fornecimento, podem relevar mesmo quando *ocorram dois anos depois*

a autora considera não gerar um direito a receber atualizações. O exemplo revela, a meu ver, a diferença entre a representação sobre a *durabilidade* do bem – o consumidor pode razoavelmente esperar que a moldura continue funcional durante muitos anos – e a expetativa quanto ao fornecimento de atualizações.

[69] O considerando 47 da Diretiva intensifica as dúvidas, ao indicar expressamente que «o período durante o qual as atualizações deverão ser fornecidas ao consumidor (...) poderá prolongar-se para além desse período [de responsabilidade contratual por falta de conformidade] o que sucede, nomeadamente, no caso das atualizações de segurança». Mas, na verdade, não se compreende como pode extinguir-se a responsabilidade do profissional e manter-se o seu dever de fornecer atualizações.

do fornecimento. É certo que em muitos casos em que podem ser esperadas atualizações durante um período mais logo está-se perante um *fornecimento contínuo* de um conteúdo ou serviço digital. Aí a responsabilidade do profissional não se encontra evidentemente limitada pelo período de dois anos, surgindo sempre que ocorra uma falta de conformidade durante o período de fornecimento (cf. o art. 32.º, n.º 2, al. b), do Decreto-Lei n.º 84/2021)[70]. Mas quando assim não for, *i. e.*, quando se trate de um fornecimento único ou de vários fornecimentos individualizados?

Um primeiro argumento na resposta à questão consiste na possível configuração do fornecimento de atualizações como uma *reposição da conformidade*: dessa forma, dir-se-á que o direito à reposição só nasce quanto a faltas manifestadas nos dois anos subsequentes ao fornecimento. Simplesmente, a qualificação é duvidosa. Surgindo uma desconformidade por força do desenvolvimento subsequente do ambiente digital do consumidor, a atualização deve ser imediatamente feita, não devendo ser necessária uma ação do consumidor para que o profissional entre em mora, como se passaria se se tratasse de um puro direito à reposição de conformidade (nos termos do art. 35.º, n.º 3, al. a), do Decreto-Lei n.º 84/2021). Trata-se, pois, de *manter* a conformidade e não de a *repor*. Além disso, o período de dois anos pode ser muito exíguo em face das legítimas expetativas de durabilidade do consumidor e sobretudo contraria a flexibilidade pretendida pela lei ao recorrer a um conceito indeterminado para delimitar o período das atualizações. Por isso, defende-se que a conformidade por desatualização releva mesmo quando se verifique depois de decorridos dois anos sobre o ato único de fornecimento, tudo dependendo daquilo que possa razoavelmente esperar relativamente ao conteúdo ou serviço em questão[71].

V – Questão próxima, mas formalmente diversa, é a de saber se no caso de uma atualização feita dentro do prazo de «responsabilidade» do profissional, mas com defeitos ou falhas, o consumidor poderá invocar a descon-

[70] Cf. exemplos de fornecimento contínuo no considerando 57 da Diretiva.

[71] Em sentido oposto, cf. Sein/Spindler, «The new directive on contracts – Part 2», *cit.*, 386-387, e Hugh Beale, «Digitale content Directive and rules for contracts on continuous supply», *JIPITEC – Journal of Intellectual Property, Information Technology and E-Commerce Law*, 112 (2021), 96-110 (99) (referindo, além disso, que o consumidor *não pode legitimamente esperar* que sejam fornecidas atualizações para além do período durante o qual o profissional pode ser demandado por faltas de conformidade). No sentido do texto, embora ocupando-se de bens com conteúdo digital, *vide* Kalamees, «Goods with Digital Elements», *cit.*, 138-139.

formidade daí resultante mesmo quando esta se manifeste dois anos depois do fornecimento[72]. Embora possa não ser frequente que a desconformidade se revele só muito depois da instalação da atualização, o certo é que, em coerência com a posição que se tomou relativamente à subsistência do dever de manter a conformidade para além do limite de dois anos (quando for caso disso), também a desconformidade decorrente de uma atualização deficiente pode ser invocada durante todo o período em que subsistir aquele dever. Na verdade, não deve tratar-se diversamente a desconformidade por *falta pura de atualização* da desconformidade por *atualização deficiente*. E isto parece dever valer mesmo nos casos em que a deficiência da atualização instalada gere uma falta de conformidade (superveniente) que não tem a ver com aquela que ela se propunha eliminar.

VI – Sublinhe-se que no dever de comunicar e fornecer atualizações o que releva, concretamente, o que fundamenta os direitos do consumidor contra o profissional é a falta de conformidade. O incumprimento daquele só por si não tem consequências, enquanto não se converta numa falta de conformidade do objeto do contrato (conteúdo ou serviço digital). Poderia até, talvez com maior exatidão, falar-se num *dever de manter a conformidade*[73], mas restrito aos casos em que a falta superveniente de conformidade resulta de uma desatualização, *i. e.*, de uma falta de adequação do conteúdo ou serviço digital a outros elementos do ambiente digital em que funciona e que ocorreu por força da evolução registada nesse ambiente.

Esta caracterização da solução, que corresponde, no plano literal, à consagrada na lei, tem certas implicações. Na verdade, é a conformidade que dita o dever de comunicar e fornecer atualizações e não o contrário. Logo, as atualizações a que se refere a lei são apenas aquelas que visam manter o conteúdo ou serviço nos termos do contrato e não as que permitam melhorias ou que não sejam necessárias àquele fim. Tal obrigação do profissional só existirá se for acordada[74]. As palavras inglesas *update* e *upgrade* são frequentemente usadas para expressar a contraposição de aqui se fala: o primeiro corresponde à atualização, ao passo que o segundo supõe um

[72] Questão colocada por Kalamees, «Goods with Digital Elements», *cit.*, 138.

[73] Cf. Beale, «Digitale content directive», *cit.*, 98. Diversa era, note-se, a posição do ELI em face do projeto de Diretiva da Comissão, que propunha que as atualizações fossem devidas mesmo quando respeitassem à reparação de problemas de segurança ou outros problemas que não causassem falta de conformidade: cf. ELI, *Statement of the European Law Institute*, *cit.*, 23.

[74] Cf. Kalamees, «Goods with Digital Elements», *cit.*, 135.

acréscimo de uma qualidade, funcionalidade ou característica que o conteúdo ou serviço digital não tinha inicialmente[75].

Uma outra implicação está prevista no art. 29.º, n.º 5, do Decreto-Lei n.º 84/2021: se a falta de conformidade se dever, em termos gerais, à falta de instalação das atualizações pelo consumidor, e esta omissão não puder ser de alguma forma imputável ao profissional, não pode o mesmo ser responsabilizado pela falta de conformidade. Com efeito, para que as atualizações fornecidas mantenham a conformidade dos conteúdos ou serviços digitais com o contrato é necessário que sejam *instaladas pelo consumidor*. O *cumprimento em sentido lato do contrato* fica, assim, *dependente* de colaboração do consumidor/credor. Se o acento tónico fosse colocado no dever de comunicar e disponibilizar as atualizações, a falta de instalação não impediria o seu cumprimento e a necessidade de esclarecer a exclusão de responsabilidade do profissional não se suscitaria. Como o que desencadeia os meios de reação contra o profissional é a desconformidade superveniente dos conteúdos ou serviços digitais, a instalação pelo consumidor passa a ser condicionante e tem de ser regulada. Sublinhe-se, ainda assim, que a instalação não é objeto um dever do consumidor, mas de um simples *ónus*. Este pode ou não, consoante assim o entender, proceder à instalação, sendo livre de aceitar a desconformidade superveniente do objeto contratual: apenas perde os «remédios» associados a ela[76].

VII – Com frequência a informação e/ou fornecimento de atualizações será feito por um terceiro, concretamente, por quem produziu ou por quem presta o conteúdo ou serviço digital, não tendo o profissional que forneceu o conteúdo ou serviço qualquer controlo sobre se e em que termos são as atualizações efetivamente feitas. A redação da lei acolhe plenamente esta realidade (a mais corrente): o «profissional deve *assegurar* que as atualizações (...) *são comunicadas* e *fornecidas* ao consumidor» (art. 29.º, n.º 3, do Decreto-Lei n.º 84/2021); não tem de ser ele a comunicar e a fornecer. Esta circunstância não afeta, porém, os direitos que o consumidor detém contra o profissional (tal como não obsta aos direitos do consumidor contra o vendedor o facto de o conserto ou a substituição do bem ser feita por um terceiro ligado ao produtor: *v. g.*, assistência da marca)[77].

[75] Cf. Kalamees, «Goods with Digital Elements», *cit.*, 135.

[76] Cf. expressamente o considerando 47 da Diretiva.

[77] Cf. Kalamees, «Goods with Digital Elements», *cit.*, 134.

7. Direitos do consumidor em caso de não fornecimento e de falta de conformidade

7.1. Generalidades

I – Os arts. 34.º e ss. do Decreto-Lei n.º 84/2021 atribuem ao consumidor vários direitos que têm por fundamento comum o não cumprimento (*lato sensu*) das obrigações do profissional. Uma divisão inicial é estabelecida entre o não cumprimento que consista no puro e simples não fornecimento dos conteúdos ou serviços digitais (art. 34.º do Decreto-Lei n.º 84/2021) e aquele que consista numa falta de conformidade dos conteúdos ou serviços fornecidos (art. 35.º do Decreto-Lei n.º 84/2021)[78].

Um dos pontos relevantes deste regime é a opção por uma *hierarquia flexível ou mitigada de «remédios»* atribuídos ao consumidor, seja pela falta de fornecimento, seja pela falta de conformidade do que foi fornecido. Os remédios que permitem uma conservação da relação instituída pelo contrato prevalecem sobre as soluções mais «destrutivas». Não obstante, não se trata de uma predominância rígida. Em certos casos, o consumidor pode lançar mão da resolução do contrato de forma imediata, sem ter de «tentar» outros meios. Esta hierarquização revela que a lei não teve apenas em conta os interesses do consumidor, mas também os do profissional, procurando um compromisso equilibrado entre os dois polos[79].

II – Conservadores são, desde logo, os *remédios que têm como propósito o cumprimento lato sensu* do contrato. Tratando-se da violação da obrigação de fornecer conteúdos ou serviços digitais, o cumprimento consistirá no *fornecimento, ainda que retardado, dos mesmos* e a lei, por estar em causa sempre e só aquilo que é originariamente devido pelo profissional, não coloca quaisquer limites a esse direito do consumidor. Perante a violação do dever de fornecer conteúdos ou serviços digitais conformes com o contrato, o cumprimento alcançar-se-á diversamente através da eliminação da falta de conformidade ou, numa formulação positiva, por meio da *reposição de conformidade*. Como a falta de conformidade pode ter impactos muito diversos

[78] No regime da compra e venda não existe um regime para a falta pura e simples de entrega, o que é criticamente assinalado por Ivo Bach, «Neue Richtlinien zum Verbrauchsgüterkauf und zu Verbraucherverträgen über digitale Inhalte», *Neue Juristiche Wochenschrift*, 2019, 1705-1711 (1706-1707).

[79] Cf. Sein/Spindler, «The new directive on contracts – Part 2», *cit.*, 375.

no plano da satisfação do interesse do consumidor e, de resto, representará, com frequência, um esforço adicional em relação ao inicialmente pressuposto pelo fornecimento do conteúdo ou serviço, o direito à reposição conhece certos limites, que se concretizam na salvaguarda de um certo equilíbrio entre os custos que a solução tem para o profissional e o proveito que o consumidor daí retira.

Num nível intermédio na escala de preservação do contrato situa-se a *redução do preço*, sendo esta uma solução exclusiva dos casos de falta de conformidade e, dentro destes, daqueles em que os conteúdos ou serviços digitais são fornecidos contra o pagamento de uma quantia em dinheiro, *i. e.*, de um preço. O contrato mantém-se, mas algo modificado. Importa notar que as *interrupções curtas* no fornecimento de um *conteúdo ou serviço contínuo* são tidas na lei como situações de falta de conformidade e não de ausência de fornecimento (cf. o art. 29.º, n.º 1, al. b), do Decreto-Lei n.º 84/2021). Em certos casos, aliás, a interrupção curta nem sequer implicará falta de conformidade, quando seja negligenciável e não seja recorrente (cf. o considerando 51 da Diretiva). Nesta medida, porque se trata de uma falta de conformidade, e não uma falta de fornecimento, a solução natural é a da redução do preço e não a da resolução do contrato (cf. o art. 35.º, n.º 6, do Decreto-Lei n.º 84/2021).

Já a *resolução do contrato* é uma solução destrutiva que na generalidade dos casos não interessará ao profissional, o que legitima que a lei coloque particulares exigências. De qualquer modo, também poderá ser pouco interessante para o consumidor (a não ser, talvez, no plano da ameaça do seu exercício, que pode ter um efeito compulsório).

7.2. Direitos do consumidor em caso de falta de fornecimento

I – No caso de falta de fornecimento dos conteúdos ou serviços digitais, o consumidor tem direito em primeira linha a exigir esse fornecimento. Só pode passar à solução resolutiva se, após essa solicitação, o não fornecimento persistir (cf. o art. 34.º, n.º 2, do Decreto-Lei n.º 84/2021). O profissional tem de fornecer os conteúdos ou serviços «sem demora injustificada» após a interpelação, salvo se as partes tiverem acordado um prazo. A desnecessidade de conceder um prazo juntamente com a interpelação justifica-se porque na generalidade dos casos os conteúdos ou serviços digitais já se encontram prontos a disponibilizar ao consumidor, pelo que o fornecimento pode ser imediato. Contudo, a lei prevê implicitamente a possibilidade de uma demora justificada do profissional, caso em que o consumidor não poderá resolver o contrato enquanto o atraso não se torne injustificado.

Em duas situações, o consumidor *não tem de dar ao profissional uma segunda oportunidade de cumprimento*, seja porque a mesma não faz sentido, seja porque sacrificaria um interesse contratualmente tutelado do consumidor. Assim, o consumidor pode decidir-se imediatamente pela resolução: se o profissional tiver declarado ou resultar das circunstâncias que não fornecerá os conteúdos ou serviços digitais; se as partes tiverem acordado sobre a essencialidade do prazo para o consumidor e este perder o interesse em consequência do atraso (cf. o art. 34.º, n.º 3, do Decreto-Lei n.º 84/2021).

II – Em qualquer caso, perante a falta de fornecimento, o consumidor pode sempre exigir uma indemnização, em vez ou cumulativamente com os meios referidos, cuja constituição e preenchimento dependerão da aplicação das regras gerais do direito civil (*maxime*, dos arts. 798.º e 562.º e ss. do CC).

7. 3. Direitos do consumidor em caso de falta de conformidade

7.3.1. Generalidades

I – Em caso de falta de conformidade, os meios à disposição do comprador são mais diversificados e de articulação mais complexa. No n.º 1, do art. 35.º do Decreto-Lei n.º 84/2021, enuncia-se uma *tríade*: o direito à reposição a conformidade, o direito à redução proporcional do preço e o direito à resolução do contrato. Estes remédios são de *exercício alternativo* e, como acima se assinalou, existe uma hierarquia, ainda que mitigada, entre eles.

II – Aos três enunciados há ainda que acrescentar outros dois. O primeiro está expressamente previsto no regime dos conteúdos e serviços digitais e corresponde à conhecida *exceptio non adimpleti contractus*: «o consumidor tem o *direito de recusar o pagamento de qualquer parte remanescente do preço ou de parte do preço* até que o profissional cumpra as obrigações previstas no presente decreto-lei» (cf. o art. 35.º, n.º 11, do Decreto-Lei n.º 84/2021). Compreende-se que este direito não seja incluído na tripartição inicial: por um lado, trata-se de um meio de defesa *temporário*, ao passo que os outros solucionam definitivamente a perturbação; por outro, trata-se de um meio de defesa que se pode *cumular* em certos termos com os demais, o que é particularmente claro no caso do exercício do direito à reposição da conformidade. Não se trata da transposição de um remédio contemplado na Diretiva CSD, mas que o legislador europeu expressamente admitiu poder resultar das legislações nacionais (no considerando 15 da Diretiva CSD).

O segundo remédio não se encontra regulado na presente lei, sendo certo que o legislador europeu contou com a sua omnipresença nas legislações dos Estados membros: trata-se do *direito à indemnização* (cf. o art. 3.º, n.º 10 da Diretiva CSD e o art. 52.º, n.º 4, do Decreto-Lei n.º 84/2021). A indemnização é *cumulável* com os demais meios, embora nada impeça que seja reclamada isoladamente. Ela é devida apenas se e na medida em que o consumidor sofra danos causalmente ligados à falta de conformidade (ou à falta de fornecimento) e sujeita-se ainda às demais regras gerais, com relevo para a exigência de culpa do profissional.

7.3.2. Reposição da conformidade

I – A reposição da conformidade do conteúdo ou serviço digital deve ser *gratuita* (n.º 3, al. b) do art. 35.º do Decreto-Lei n.º 84/2021). A solução valeria mesmo que a lei não a previsse expressamente, já que a reposição da conformidade é ainda e apenas uma concretização do direito ao cumprimento. Por outro lado, a reposição deve ser realizada de forma a *não causar grave inconveniente* ao consumidor (art. 35.º, n.º 3, al. c), do Decreto-Lei n.º 84/2021), o que se compreende, pois não pode, a pretexto de que se satisfaz o interesse do consumidor no próprio conteúdo ou serviço digital, causar-lhe prejuízos. Por fim, a lei não estabelece um prazo fixo para a reposição, mas esta tem de ocorrer num *período razoável* após a informação do consumidor. Uma dúvida que se poderá levantar é a de saber se o profissional pode violar o «prazo razoável» de reposição previsto na lei quando, apesar de não ter sido informado da falta de conformidade pelo concreto consumidor em questão, já tenha plenamente conhecimento dela em consequência da notificação de outros utilizadores. Sendo a consequência da não reposição dentro do prazo a possibilidade de redução do preço ou (embora mais limitadamente) a resolução do contrato, privando, pois, o profissional da possibilidade de «remediar» a situação de incumprimento, parece que o prazo para a reposição só deve começar a contar a partir da notificação do profissional pelo consumidor.

II – Um ponto importante do direito à reposição da conformidade é este poder ser excluído quando importe custos desproporcionados, tendo em conta, *designadamente*, o *valor* que os bens ou serviços teriam no caso da falta de conformidade e a *relevância* da falta de conformidade (cf. o art. 35.º, n.º 2, do Decreto-Lei n.º 84/2021).

De um lado do juízo de aferição da desproporcionalidade entram os *custos da ação de reposição da conformidade*, os quais devem ser comparados com outras realidades, que a lei indica exemplificativamente. A *relevância* da desconformidade deve ser entendida como *medida em que a deficiência afeta a utilização lato sensu do conteúdo ou serviço pelo consumidor*. Inclui não apenas a medida em que o defeito se projeta na funcionalidade do conteúdo ou serviço, mas também na sua compatibilidade, segurança, acessibilidade, continuidade, etc.

Um outro ponto cuja consideração a lei expressamente contempla é *o valor* do conteúdo ou serviço teria sem a falta de conformidade. Parece que este «valor» não deve ser interpretado como uma referência ao montante que o consumidor poderia obter pela «alienação» do conteúdo ou serviço conforme, já que não é essa a forma por que correntemente os conteúdos ou serviços digitais são aproveitados. Para aferir o valor do objeto negocial deverá ter-se em conta, antes de mais, o *preço* por que o conteúdo ou o serviço digital foi adquirido[80]. Nos casos em que não haja preço, nem assim fica prejudicada a ponderação do valor e tão-pouco pode considerar-se esse valor nulo[81]. Nestes casos, deve ter-se antes em conta ao menos uma parcela do benefício económico que o profissional retira do acesso a dados do consumidor. Tratando-se de um bem como os dados pessoais do consumidor, só os seus potenciais utilizadores (concretamente os profissionais que pretendem ter acesso a eles) são capazes de os avaliar. Nestes termos, não parece necessária ou sequer aconselhável uma interpretação restritiva

[80] Cf. quanto a este último ponto, dando o exemplo de aplicações baratas, em relação às quais não se poderá exigir uma reprogramação ou a contínua produção de atualizações, cf. Sein/Spindler, «The new directive on contracts – Part 2», *cit.*, 376.

[81] Cf. ELI, *Statement of the European Law Institute*, 46 (não se pode assumir em geral que uma contraprestação consistente em dados pessoais seja menos valiosa que uma contraprestação em dinheiro). Diverso parece ser o entendimento de Morais Carvalho, *Compra e venda*, *cit.*, 120. O autor afirma que quando os dados pessoais constituem a prestação devida pelo consumidor a reposição de conformidade «terá em regra custos desproporcionados». No texto, porém, esclarece-se que não deve ser assim e que nos casos em análise o valor do conteúdo ou serviço deverá ser determinado em função do valor que os profissionais atribuem ao acesso a dados do consumidor.

do limite da desproporcionalidade nos casos em que o conteúdo ou serviço digital seja «adquirido» pelo consumidor mediante o fornecimento de dados pessoais, pelo que continua a operar nos mesmos termos[82].

Por outro lado, para a aplicação do critério da não se requer que as grandezas em comparação sejam homogéneas: a par de um interesse pecuniário do consumidor na reposição da conformidade, poderá ser considerado igualmente um interesse imaterial. Note-se ainda que, como se exige uma *desproporção*, não basta evidentemente que o custo exceda em termos numéricos a medida em que o defeito afeta a utilização *lato sensu* do conteúdo ou serviço ou o valor do mesmo.

7.3.3. Redução do preço

I – O direito à redução do preço restringe-se, por definição, aos casos em que o consumidor tenha despendido uma quantia em dinheiro (cf. o art. 35.º, n.º 4 do Decreto-Lei n.º 84/2021). No caso de a contraprestação consistir na disponibilização de dados do consumidor, a redução não é viável: embora seja teoricamente possível um fracionamento dos dados, o certo é que uma parte dos dados não é passível de satisfazer, sequer proporcionalmente, o interesse do profissional na contraprestação, ou seja, não poderia ser vista como uma remuneração reajustada àquilo que ele «dá» ao consumidor.

II – De novo, há que ter em conta a hierarquia, se bem que mitigada, de meios de defesa. A lei prefere o remédio que não apenas garante a satisfação do interesse do consumidor no conteúdo ou serviço digital, como assegura ainda o interesse do próprio fornecedor no cumprimento integral contrato. Prefere, por outras palavras, a solução da reposição da conformidade. Esta preferência é refletida no regime dos meios alternativos, concretamente a redução do preço e a resolução, cujos requisitos são mais apertados. No texto do art. 35.º, n.º 4, al. a) do Decreto-Lei n.º 84/2021, enumeram-se as circunstâncias que autorizam que o consumidor opte entre a redução do preço ou a resolução. Em regra, a opção só se encontra aberta ao consumidor quando, depois de solicitada pelo consumidor, se gorou a reposição de conformidade. Em certos casos, porém, o consumidor está autorizado a passar imediatamente para as soluções da redução do preço ou da resolução do contrato.

[82] Não se acompanha, pois, o entendimento de Morais Carvalho, *Compra e venda, cit.*, 120.

A redução do preço (ou, em alternativa, a resolução do contrato) supõe, em regra, um *exercício prévio do direito à reposição de conformidade*. Mas o consumidor não tem de esperar *ad aeternum* pela intervenção do fornecedor, pelo que se esta não for levada a cabo num *prazo razoável* (desde o momento em que soube da falta de conformidade), poderá o primeiro optar pela redução do preço ou pela resolução (art. 35.º, n.º 4, al. a) do Decreto-Lei n.º 84/2021).

Nalguns casos, porém, o consumidor pode lançar mão *imediatamente* da redução do preço ou da resolução, sem ter que esperar pela reposição de conformidade. Tal verifica-se, desde logo, quando esta não possa ser feita sem inconveniente grave para o consumidor (art. 35.º, n.º 4, al. a), i) do Decreto-Lei n.º 84/2021) ou ainda quando não seja possível ou quando seja desproporcional (art. 35.º, n.º 4, al. b) do Decreto-Lei n.º 84/2021)[83]. A mesma opção imediata pela redução do preço é ainda possível:

1) Quando o profissional tenha declarado ou resulte claro das circunstâncias que não vai repor a conformidade (num prazo razoável e sem grave inconveniente: art. 35.º, n.º 4, al. a), ii) do Decreto-Lei n.º 84/2021);
2) Quando a falta de conformidade, que já havia sido objeto de intervenção corretiva, reapareça (art. 35.º, n.º 4, al. c) do Decreto-Lei n.º 84/2021);
3) Quando ocorra uma nova falta de conformidade (art. 35.º, n.º 4, al. d) do Decreto-Lei n.º 84/2021); ou ainda
4) Quando a gravidade da falta de conformidade justifique a imediata redução (art. 35.º, n.º 4, al. e) do Decreto-Lei n.º 84/2021)

Nas quatro situações que acaba de se enumerar o que justifica o recurso imediato à redução não é a inviabilidade da reposição de conformidade nem tão-pouco o sacrifício que esta traria ao interesse do consumidor, mas antes *a inexistência ou o desaparecimento da confiança na capacidade ou na vontade* do profissional de cumprir as suas obrigações. De facto, nestas situações não se pode pedir ao consumidor que espere ou que aceite a reposição de conformidade colocando-se à mercê de um profissional em cuja capacidade ou vontade de solucionar o problema deixou justificadamente de acreditar.

[83] Uma vez que o limite da desproporcionalidade é consagrado em favor do fornecedor, crê-se que só pode ser invocado pelo consumidor para o efeito de opção imediata pela redução do preço se o mesmo foi feito valer pelo profissional ou, pelo menos, deve dar-se a este a possibilidade de se opor à redução mediante a oferta de reposição de conformidade.

É a esta luz, aliás, que se deve entender o aditamento que o legislador português fez aos fundamentos de imediata exigibilidade redução do preço. Com efeito, o art. 14.º, n.º 3, da Diretiva CSD não inclui entre esses fundamentos a possibilidade de *ocorrência de uma nova falta de conformidade.* Ora, dir-se-á que no caso de duas ou mais faltas sucessivas de conformidade, a confiança na capacidade técnica profissional diminui sensivelmente. Por isso, apesar da redação do preceito poder gerar dúvidas, parece deve entender-se que a «*nova* falta de conformidade» a que a lei portuguesa se refere (art. 35.º, n.º 4, al. d) do Decreto-Lei n.º 84/2021) não tem de ser algo que se revele posteriormente àquela que está na base da redução do preço, mas antes uma *outra* falta de conformidade que poderá ter sido anterior, mas que, por causa da recorrência dos defeitos, abala a confiança do consumidor no profissional.

A *gravidade da falta de conformidade* também deve ser interpretada à luz da mesma teleologia. A falta de conformidade será tida como grave para efeitos do art. 35.º, n.º 4, al. e) do Decreto-Lei n.º 84/2021 quando permita fazer descrer da capacidade ou vontade do profissional para a eliminar cabalmente. No considerando 65 da Diretiva CSD dá-se como o exemplo de uma falta de conformidade grave o caso de um *software* antivírus que se encontre infetado por vírus. Na verdade, a situação evidencia a falta de competências técnicas do autor do *software* e, por inerência, do profissional que o comercializou, não sendo exigível ao consumidor que tente uma reposição de conformidade, pois tudo leva a crer que esta seria mal sucedida. Por essa razão, o consumidor pode passar imediatamente à redução do preço ou resolução (a última seria em princípio a adequada ao caso).

II – O *cálculo* da redução do preço não supõe uma pura ou direta remissão para a avaliação que o mercado faria da falta de conformidade, mas antes o denominado *método proporcional* (art. 35.º, n.º 5, do Decreto-Lei n.º 84/2021): a redução do preço deve ser «proporcional à diminuição de valor» dos conteúdos ou serviços digitais, em comparação com o valor que teriam se fossem conformes com o contrato. Assim, calcula-se *a percentagem de desvalorização que a desconformidade no valor corrente dos bens* e *aplica-se essa percentagem ao preço convencionado*. Dessa forma, a redução do preço respeita quer o eventual benefício do fornecedor, ao conseguir que o consumidor pagasse um preço superior ao corrente, quer inversamente o desconto que tenha sido obtido pelo consumidor. Nos casos de fornecimento *contínuo* ou de *uma série de atos individuais* de fornecimento de conteúdos ou serviços digitais, o cálculo da redução do preço há de ser *proporcional «ao período* durante o qual os conteúdos ou serviços digitais não estiveram em conformidade» (art. 35.º, n.º 6, do Decreto-Lei n.º 84/2021).

Tendo havido pagamento do preço na totalidade ou em montante superior ao devido com fundamento na redução, o consumidor tem direito à correspondente restituição, nos termos do art. 38.º do Decreto-Lei n.º 84/2021.

7.3.4. Resolução do contrato

I – A resolução do contrato surge na lei como um meio que, à semelhança da redução do preço, supõe, em regra, uma prévia solicitação de reposição de conformidade não atendida pelo profissional. O processo é dispensado em determinados casos, nos quais, como se viu acima, o consumidor, confrontado com a falta de conformidade, pode optar imediatamente pela resolução. A cessação do contrato supõe apenas uma declaração do consumidor, com liberdade de forma (art. 35.º, n.ºs 9 e 10, do Decreto-Lei n.º 84/2021).

O exercício do direito de resolução do contrato acrescenta, porém, em relação à redução do preço, um *requisito negativo*, o que concretiza preferência da lei pelos meios mais conservadores do negócio. Tratando-se de um contrato em que o conteúdo ou serviço digital foi fornecido contra o pagamento de um preço, o direito de resolução é excluído se a falta de conformidade for *menor* (art. 35.º, n.º 7, do Decreto-Lei n.º 84/2021). Em tal caso, o consumidor tem de aceitar a redução do preço, eventualmente acrescida de uma indemnização (se existirem danos e culpa do profissional). Em todo o caso, recai sobre o profissional a prova da menor importância da falta de conformidade, pelo que quaisquer dúvidas nesse domínio deverão ser resolvidas a favor do consumidor e, portanto, a favor da sua opção pela resolução.

Esta limitação da resolução do contrato nos casos de escassa relevância da falta de conformidade não vale compreensivelmente no caso de a contraprestação consistir no fornecimento de dados pessoais. Esclarece-se no considerando 67 da Diretiva CSD que em tal hipótese o «consumidor não pode ser compensado através de uma redução do preço», pelo que não sendo viável ou exigível a reposição de conformidade, o consumidor ficaria privado de qualquer remédio no caso de uma desconformidade menor. Como o resultado não seria satisfatório, a lei afasta a restrição do direito de resolução nestes casos.

II – A lei regula minuciosamente os efeitos da resolução do contrato, não apenas no que respeita à obrigação, imposta ao profissional, de reembolso do preço (art. 36.º, n.º 1 e 2, e art. 38.º do Decreto-Lei n.º 84/2021, este último aplicável também à redução do preço), mas também relativamente a outras obrigações do profissional (art. 36.º do Decreto-Lei n.º 84/2021) e do consumidor (art. 37.º do Decreto-Lei n.º 84/2021). O regime tenta dar resposta aos desafios específicos que a utilização de conteúdos e serviços digitais coloca no momento da cessação das relações entre o fornecedor e o cliente.

No que respeita ao reembolso do preço, a resolução não terá efeitos *ex tunc* quando o contrato respeite e um fornecimento contínuo ou a vários atos temporalmente desfasados de fornecimento, salvo pelo período anterior à resolução em que os conteúdos e serviços digitais já não se encontrassem em conformidade (art. 36.º, n.º 2, do Decreto-Lei n.º 84/2021).

Um dos problemas particulares destes contratos reside *nos dados* facultados ou criados pelo consumidor que permanecem sob o controlo do profissional mesmo após a resolução. A lei estabelece uma distinção entre *dados pessoais*, incluindo aqueles que foram fornecidos como contraprestação, e *dados não pessoais* facultados ou criados pelo consumidor no contexto da utilização dos conteúdos ou serviços digitais. Os últimos terão um âmbito de aplicação residual: uma fotografia do consumidor importada para uma rede social ou os dados armazenados ou criados num serviço de armazenamento em nuvem constituem dados pessoais[84].

Aos dados pessoais, aplica-se o Regulamento de Proteção Geral de Dados (art. 36.º, n.º 7, do Decreto-Lei n.º 84/2021), sendo relevantes o direito ao apagamento de dados, o direito à portabilidade dos dados e o direito à limitação de utilização (arts. 17.º, 20.º e 18.º do RGPD, respetivamente)[85]. Uma vez que o art. 36.º, n.º 7, do Decreto-Lei n.º 84/2021, faz impender as obrigações decorrentes do RGPD sobre o profissional, estas não estão dependentes de este poder ser considerado entidade responsável pelo tratamento de dados (que poderá ser um terceiro, por exemplo, o criador do *software*)[86].

[84] Cf. Sein/Spindler, «The new directive on contracts – Part 2», *cit.*, 382.

[85] Cf. S. Câmara Lapuente, «Resolución contratual e destino de los datos y contenidos generados por los usuários de servicios digitales», *Cuadernos de Derecho Transnacional*, vol 12 (2020), 838-862 (844 e ss.).

86 Cf. Sein/Spindler, ««The new directive on contracts – Part 2», *cit.*, 382.

Relativamente a conteúdos que não sejam dados pessoais, o profissional deve abster-se de os usar, exceto quando não tiverem utilidade fora do contexto dos conteúdos ou serviços digitais, respeitarem apenas à atividade do consumidor na utilização dos conteúdos ou serviços, tiverem sido agregados a outros dados do profissional e não puderem ser deles separados ou só com esforços desproporcionados ou tiverem sido criados em conjunto com terceiros e estes continuem a usá-los (art. 36.º, n.º 3, do Decreto-Lei n.º 84/2021). Neste último caso, o consumidor tem ainda o direito de recuperar os conteúdos por si criados ou facultados (art. 36.º, n.ºs 4 e 5, do Decreto-Lei n.º 84/2021)[87].

III – Relativamente às obrigações do consumidor subsequentes à resolução, este tem de *abster-se de usar ou de colocar à disposição de terceiros* os conteúdos ou serviços digitais, devendo ainda devolver o suporte material dos conteúdos digitais quando estes tenham sido assim fornecidos, mas a pedido e expensas do profissional (art. 37.º, n.ºs 1 e 2, do Decreto-Lei n.º 84/2021). O profissional pode ainda impedir essa utilização, designadamente desativando a conta de utilizador do consumidor (art. 36.º, n.º 6, do Decreto-Lei n.º 84/2021). As propostas de fazer o consumidor pagar pelo uso de serviços ou conteúdos digitais após a resolução do contrato não foram aceites por se considerar que autorizariam o consumidor a um aproveitamento sem a respetiva licença[88].

7.3.5. Indemnização

I – O direito do consumidor à indemnização é, como acima se mencionou, excluído da regulação da Diretiva CSD (cf. o art. 3.º, n.º 3, da Diretiva CSD). Em todo o caso, o legislador europeu partiu do princípio de que legislações europeias garantem ao consumidor lesado o meio de compensar os seus prejuízos O projeto de Diretiva apresentado pela Comissão Europeia apenas regulava a indemnização nos casos em que a falta de confor-

[87] S. Câmara Lapuente, «Resolución contratual», *cit.*, 848-849, critica a sujeição dos dois tipos de dados a regimes diferentes, sublinhando, designadamente, que a não previsão expressa de portabilidade dos conteúdos fornecidos ou criados pelo consumidor que não constituam dados pessoais possa prejudicar a competitividade.

[88] Cf. Sein/Spindler, «The new directive on contracts – Part 2», *cit.*, 383. Mas razão que esteve na base da rejeição deve reputar-se incorreta, a meu ver. O pagamento pela utilização de conteúdos e serviços na ausência de contrato fundar-se-ia no enriquecimento sem causa, e vale mesmo sem esta lei o ter contemplado, pois resulta do regime geral.

midade do conteúdo ou serviço digital afetasse ao ambiente digital do consumidor (*hardware e software*). Esta restrição, na medida em que poderia ser mal interpretada, foi criticada pelo ELI, que propôs um alargamento do direito à indemnização. O caminho trilhado, porém, acabou por ter um efeito oposto, fazendo sair da Diretiva o tema da indemnização[89].

II – O direito do consumidor à indemnização por falta de conformidade é indiscutível no direito português (cf. o art. 798.º do Código Civil e os arts. 3.º, al. f) e 12.º da Lei de Defesa do Consumidor). Mas encontra-se limitado à *culpa* do profissional. Tal poderá trazer restrições importantes à sua constituição neste tipo de casos. A dificuldade reside no facto de o conteúdo ou serviço digital ser geralmente produzido por um terceiro (o autor): pode o profissional que surge no termo da cadeia de fornecimento ser responsável pelos atos daquele que cria o conteúdo ou o serviço? O problema tem sido tratado no direito português por referência a um conceito amplo ou restrito de auxiliar no cumprimento. Na verdade, podem ser considerados auxiliares no cumprimento mesmo terceiros independentes do devedor, *i. e.*, não pertencentes à estrutura da sua empresa[90]. Fica, por isso, aberta a porta à responsabilidade do fornecedor, ainda que não se lhe possa assacar nenhum contributo pessoal para a falta de conformidade (art. 800.º do Código Civil).

III – O direito à indemnização é *cumulável* com o exercício dos demais direitos do consumidor, inclusive com o direito de resolução. Mas também pode ser exercido *isoladamente*. A exigência em exclusivo de uma indemnização parece ter particular interesse nos casos em que a contraprestação consista no fornecimento de dados pessoais: nestes casos, o direito à supressão ou eliminação dos dados fornecidos decorrente da resolução do contrato não terá grande interesse para o consumidor e perante uma recusa continuada de reposição da conformidade, a compensação pelos danos que sofreu pode ser o único remédio efetivo do consumidor.

A indemnização devida será tipicamente uma *indemnização pelo interesse contratual positivo*: a situação hipotética que serve de critério ao cálculo do dano indemnizável é aquela em que o consumidor estaria *se o conteúdo ou*

[89] Cf. ELI, *Statement of the European Law Institute, cit.*, 26

[90] Cf. António Pinto Monteiro, *Cláusulas limitativas e de exclusão da responsabilidade civil*, Almedina, 2003 (reimp. 1985), 288 e ss.

serviço digital fosse conforme com o contrato. A compatibilidade desta indemnização com a resolução do contrato é ainda hoje controvertida no direito português. Opta-se aqui pela tese da cumulação. Apenas nos casos em que a contraprestação constitua a disponibilização de dados pessoais pelo consumidor poderia objetar-se a uma tal cumulação, considerando que esta atribuiria ao consumidor uma vantagem indevida, já que exigiria a eliminação dos seus dados e ainda obteria, em dinheiro, a vantagem que esperava alcançar com o contrato. Em qualquer caso, sem prejuízo de estes casos merecerem reflexão, cremos que a cumulabilidade é, em geral, a solução mais adequada à tutela do consumidor.

7.3.6. Prazo para a constituição e para o exercício dos direitos

I – A falta de conformidade tem de *existir* num certo momento para fundamentar a responsabilidade do profissional, como se viu atrás. Na lógica de um contrato como o de compra e venda de um bem corpóreo, a falta de conformidade relevante deve ser apenas a que existe no momento da entrega do bem. A que ocorra posteriormente não deve onerar o vendedor, pois o contrário significaria uma espécie de seguro por qualquer deterioração do bem que viesse a ocorrer num momento em que o mesmo já não se encontra em poder do vendedor. Tais «perdas» de conformidade constituem, pois, um risco do comprador/consumidor.

Teoricamente, esta lógica vale também aos contratos de fornecimento de conteúdos ou serviços digitais, ao menos nos casos em que esse fornecimento proceda de um a*to único ou de uma série de atos individuais de fornecimento*. Aí o momento relevante para apurar a *existência* de uma falta de conformidade é, evidentemente, o momento do *fornecimento*. Já se expôs acima, no entanto, as limitações deste modo de pensar no contexto deste tipo de bens. A conformidade dos conteúdos e serviços digitais está, por natureza, dependente do *ambiente* em que estes são utilizados, o qual, encontrando-se em constante evolução, determina a perda superveniente das qualidades originárias e devidas. O consumidor não pode ser onerado com todo o risco de desatualização dos conteúdos ou serviços adquiridos, sob pena de o tempo em que estes puderam ser utilizados em conformidade com o contrato ser extremamente exíguo ou até inexistente, contrariamente às suas expetativas. Por isso, as faltas de conformidade que resultem da desatualização do conteúdo ou do serviço digital, ou seja, que se devam a desenvolvimentos técnicos ocorridos no respetivo «ambiente digital», têm de ser eliminadas pelo profissional mesmo *ocorram posteriormente ao fornecimento*, desde que se registem durante o período durante o qual o consumidor pode razoavelmente esperar que se mantenha a conformidade (art. 29.º, n.º 3 e art. 32.º, n.º 1, do Decreto-Lei n.º 84/2021).

II – Diverso do requisito relativo ao *momento da existência da falta de conformidade* – como condição para fundar a responsabilidade do profissional – é o requisito relativo ao *momento da revelação ou manifestação* da falta de conformidade. Na verdade, a lei pode entender oportuno limitar o período durante o qual uma falta de conformidade, que *já existia* no momento relevante, tenha de ser conhecida, *i. e.*, tenha de manifestar-se para que se *constituam* os vários direitos atribuídos ao consumidor. Tal opção no plano da política legislativa, a ser trilhada, funda-se na preocupação de colocar um *limite temporal à responsabilidade* do profissional e simultaneamente na ideia de que um tal limite não sacrifica em demasia os interesses do consumidor, já que a generalidade das faltas de conformidade pré-existentes manifestam-se com a utilização do conteúdo ou serviço durante um certo período, sendo residual o número das que permanecem ocultas apesar desse uso.

O legislador português, ao abrigo da permissão criada no art. 11.º, n.º 2 da Diretiva CSD veio estabelecer o *prazo limite de dois anos* a contar da data do fornecimento para a manifestação de uma falta de conformidade existente à data do fornecimento, como condição de constituição da responsabilidade do profissional (art. 32.º, n.º 2, al. a) do Decreto-Lei n.º 84/2021). Pode, no entanto, colocar-se em dúvida quanto a um prazo de dois anos ter sido a melhor solução no caso de conteúdos se serviços digitais. Particularmente, nos produtos mais inovadores pode bem suceder que defeitos ocultos só se tornem aparentes muito tempo depois do seu fornecimento[91].

Como se defendeu acima, apesar de ser matéria controversa, entende-se que este prazo não vale para as desconformidades que, apesar de surgirem apenas após o fornecimento, fundam, ainda assim, a responsabilidade do profissional: é o que sucede, como já se disse, quando sejam devidas a uma evolução do ambiente digital em que se integra o conteúdo ou serviço em apreço, a qual deve ser reposta através de uma *atualização*. Nesses casos, se o período durante o qual o consumidor pode esperar a *manutenção da*

[91] Cf. Helena Gonçalves Lima, «Burden of proof of (lack of) conformity in Directive 2019/770: A comparison with Directive 2019/771», *Anuário do Nova Consumer Lab – Yearbook of the Nova Consumer Lab*, Ano 2 (2020), 91-120 (116).

conformidade do conteúdo ou serviço *exceder os dois anos* contados do fornecimento (cf. o art. 29.º, n.º 3, do Decreto-Lei n.º 84/2021), não se pode exigir que essa falta de conformidade se *manifeste* no período dos dois anos subsequentes ao fornecimento, sob pena de esta regra inutilizar completamente a primeira.

III – No caso de contratos que tenham por objeto um *fornecimento contínuo* de conteúdos ou serviços digitais, releva qualquer falta de conformidade que *ocorra durante o período contratual* do fornecimento e que se *manifeste* também no decurso desse período. Se o tempo de fornecimento exceder os dois anos contados do seu início, por exemplo, se se estender por quatro anos, poderá dar-se o caso de uma falta de conformidade que ocorreu e se manifestou logo no início só vir a ser invocada muito mais tarde pelo consumidor, por hipótese já perto do termo da vigência do contrato. Esta consequência é censurada por alguma doutrina[92].

III – Questão distinta, mas ainda respeitante a prazos, é a de saber se o consumidor, para exercer direitos fundados numa falta de conformidade que *existia* no momento necessário à constituição da responsabilidade do profissional e que se *manifestou* dentro do período legalmente prescrito para o efeito, tem de o fazer num certo prazo. O que agora se pergunta é se existe algum *limite temporal ao exercício de direitos.*

A resposta é negativa no âmbito dos conteúdos ou serviços digitais: seja quanto a um prazo de comunicação da falta de conformidade, que começasse a correr desde momento da descoberta da mesma; seja quanto um prazo para o exercício dos direitos após a *comunicação* da falta de conformidade[93].

Com efeito, a *denúncia* da falta de conformidade dos conteúdos ou serviços digitais *não se encontra sujeita a um prazo de caducidade* a partir da data em que o consumidor tiver detetado a deficiência. A Diretiva CSD não o prevê e consequentemente os Estados membros não o poderiam instituir. A opção envolve alguma desarmonia com o regime da falta de conformidade da parte digital dos bens com conteúdo digital, porque este está sujeito ao regime da compra e venda[94]. O regime da compra e venda admite que os direitos do comprador se extingam caso não sejam exercidos no prazo de

[92] Cf. Sein/Spindler, «The new directive on contracts – Part 2», *cit.*, 385-386.

[93] Cf. Morais Carvalho, *Compra e venda, cit.*, 66.

[94] Cf. Sein/Spindler, «The new directive on contracts – Part 2», *cit.*, 375.

pelo menos dois meses a contar da deteção da falta de conformidade, sendo esta uma opção possível dos Estados membros (cf. o art. 12.º da Diretiva CVC). No caso português, porém, o legislador não usou desta faculdade, tendo sido «descontinuada» a regra do prazo de denúncia que existia na lei anterior da compra e venda de consumo[95]. Consequentemente, na ordem jurídica nacional não existe, quanto a este ponto, uma dissonância de regimes.

Também não existe quanto aos conteúdos e serviços digitais um prazo de caducidade para o exercício de direitos após a comunicação da falta de conformidade[96]. Apesar de o art. 11.º, n.º 2 e 3, da Diretiva CSD ter aberto essa possibilidade aos Estados membros, a lei portuguesa não a concretizou.

8. Ónus da prova

I – O exercício de quaisquer direitos depende da *prova dos factos constitutivos, i. e.*, dos factos a cuja existência ou ocorrência a lei subordina a constituição do direito. Qualquer dúvida quanto a existirem ou terem-se verificado tais factos onera o titular do direito (art. 342.º, n.º 1, do CC). Este é, *in casu*, o consumidor.

Uma aplicação sem exceções desta regra traduzir-se-ia, no entanto, em muitos casos, na *inutilidade prática* dos direitos que a lei concede, em teoria, ao consumidor. O apuramento dos factos tem um custo técnico e financeiro que o consumidor não se encontra frequentemente em condições de suportar. Paralelamente, trata-se muitas vezes de factos a que o profissional pode aceder mais facilmente, não apenas pelo seu ascendente económico, mas também por respeitarem à sua empresa *lato sensu*. Por estas razões, a lei veio em auxílio do consumidor, *deslocando para o profissional o ónus da prova* dos seguintes factos, consoante os casos (art. 33.º, n.º 1 a 3, do Decreto-Lei n.º 84/2021):

1) Sendo invocada a falta de fornecimento pelo consumidor, os factos correspondentes ao *fornecimento* dos conteúdos ou serviços digitais;
2) Sendo invocada, pelo consumidor, a falta de conformidade de conteúdos ou serviços fornecidos num único ato ou numa série de atos individuais, o facto de que o mesmo era *conforme com o contrato ao tempo do fornecimento*, mas apenas quando a falta de conformidade se manifeste dentro do período de *um ano* subsequente ao fornecimento;

[95] Cf. Morais Carvalho, *Compra e venda, cit.*, 66, e 100.

[96] Cf. Morais Carvalho, *Compra e venda, cit.*, 113.

3) Sendo invocada, pelo consumidor, uma falta de conformidade de conteúdos ou serviços fornecidos continuamente que se tenha manifestado durante o período contratual, o facto de o conteúdo ou serviço ser *conforme com o contrato*.

II – Tecnicamente, as regras são qualificáveis como *inversões do ónus da prova*, *i. e.*, de desvios à regra geral de distribuição. Na doutrina, encontramos, por vezes, a alusão a *presunções* da existência dos factos contrários àqueles que, sem a regra, teriam de ser provados, mas a lei não usa essa terminologia.

A lei distingue consoante o tipo de não cumprimento alegado pelo consumidor e consoante o tipo de fornecimento. Se se trata de *falta pura e simples de fornecimento* do conteúdo ou serviço digital, as dúvidas quanto à ocorrência do mesmo oneram o profissional (art. 33.º, n.º 1, do Decreto-Lei n.º 84/2021). A solução não pode ser considerada, em toda a linha, como uma concretização da regra geral de distribuição do ónus da prova[97]. Se é verdade que o cumprimento é um facto extintivo cuja prova cabe ao devedor (art. 342.º, n.º 2, do CC), tal só vale para as ações de cumprimento simples. Quando, diversamente, esteja em causa a resolução (e ainda a indemnização), o incumprimento, no caso, a falta de fornecimento, constitui um *facto constitutivo*, pelo que seria sobre o consumidor que recairia o correspondente ónus da prova.

III – Tratando-se de um contrato que tenha por objeto um *ato único* de fornecimento ou vários *atos individuais* de fornecimento e invocando o consumidor a *falta de conformidade* do conteúdo ou serviço digital em ordem a exercer um dos correspondentes direitos, é *sobre o consumidor que recai o ónus da prova da falta de conformidade* (art. 33.º, n.º 2, do Decreto-Lei n.º 84/2021). A lei auxilia-o, no entanto, com aquilo que se tem designado *presunção de anterioridade* ou *presunção de pré-existência da falta de conformidade*. Na dúvida, a decisão é proferida no pressuposto de que a falta de conformidade já existia ao tempo do fornecimento.

A inversão do ónus da prova só é estabelecida, contudo, para faltas de conformidade que se manifestem *um ano* depois do fornecimento. Esta limitação está em dissonância com o prazo da responsabilidade do vendedor

[97] Assim, porém, Morais Carvalho, *Compra e venda*, *cit.*, 114.

(art. 32.º, n.º 2, al. a) do Decreto-Lei n.º 84/2021)[98]. Apesar de a lei reconhecer o direito de reagir a faltas de conformidade dos conteúdos ou serviços digitais que se revelem no espaço de dois anos subsequentes ao fornecimento, o consumidor enfrenta um obstáculo prático relevante ao seu exercício quando se trate de defeitos que sejam conhecidos depois primeiro ano, pois aí exige-se-lhe que prove que o defeito já existia em gérmen ao tempo do fornecimento do conteúdo ou serviço digital[99].

Esta limitação à regra da inversão do ónus da prova é censurável não apenas por não se harmonizar com o prazo relativo à manifestação da falta de conformidade para efeitos de responsabilidade do profissional, mas ainda por conceder ao consumidor de produtos ou serviços digitais uma proteção menor do que a dispensada ao consumidor na compra e venda, quando a relação deveria ser justamente a oposta. Na verdade, nos termos do art. 13.º, n.º 1 e 2, do Decreto-Lei n.º 84/2021, presume-se existente à data da entrega do bem a falta de conformidade do bem que se manifeste no *prazo de dois anos* subsequentes à entrega presume-se existente à data da entrega (o mesmo valendo para bens com elementos digitais). Diversamente, o prazo aplicável aos conteúdos ou serviços digitais é de *metade*: para que se presuma a anterioridade do defeito, é mister que ele se tenha revelado dentro do ano posterior ao fornecimento. Ora, sabendo-se que os bens corpóreos estão sujeitos ao desgaste em consequência do uso e que, por consequência, se poderá dizer que quanto mais temporalmente distante surge o defeito do bem, menos provável é que se deva a uma deficiência originária, haveria muito mais razões para que a inversão do ónus da prova na compra e venda estivesse associada a período inferior ao aplicável aos conteúdos e serviços digitais, que não estão sujeitos a semelhante desgaste em consequência do uso[100]. Quer dizer, uma falta de conformidade de um conteúdo ou serviço digital, mesmo que se manifeste muito posteriormente ao fornecimento é muito provavelmente devida uma deficiência originária do produto, não fazendo sentido aqui atribuí-la à intensidade do uso que lhe foi dado pelo consumidor.

[98] Sobre a discussão que este na base da adoção desta regra, H. Gonçalves Lima, «Burden of proof», *cit.*, 111-114.

[99] Criticando a falta de harmonização entre prazo da manifestação da falta de conformidade para o efeito da responsabilidade do profissional, por um lado, e para a inversão do ónus da prova (presunção da anterioridade do defeito), por outro, cf. H. Gonçalves Lima, «Burden of proof», *cit.*, 115-116 e 119.

[100] Neste sentido, H. Gonçalves Lima, «Burden of proof», *cit.*, 113-115.

III – No caso de *fornecimento contínuo* do serviço ou conteúdo digital, *a inversão do ónus da prova respeita à própria falta de conformidade*[101]: qualquer dúvida sobre a sua verificação onera o profissional (art. 33.º, n.º 3, do Decreto-Lei n.º 84/2021). Assim, se nos contratos em que o fornecimento consista num ato único ou numa série de atos individuais, o ónus da prova da falta de conformidade pertence ao consumidor, sendo este onerado com a dúvida sobre se o bem tem ou não as qualidades ou características contratualmente devidas, uma regra inversa vale nos casos em que o fornecimento é contínuo. A oposição das soluções é difícil de explicar. Não se percebe a razão de submeter os dois tipos de fornecimento a regras tão distintas no plano da prova.

IV – A distribuição do ónus da prova descrita sofre, porém, um desvio em desfavor do consumidor, se o profissional demonstrar que «*o ambiente digital do consumidor não é compatível com os requisitos técnicos* dos conteúdos ou serviços digitais» e que o *consumidor foi informado* desses requisitos (art. 33.º, n.º 4, do Decreto-Lei n.º 84/2021). Em tal caso, *repõe-se a regra geral* de distribuição do ónus da prova e passa a ser o consumidor, que pretenda exercer os seus direitos, onerado com as dúvidas quanto à pré-existência de uma falta de conformidade ou quanto à verificação da própria falta de conformidade, consoante os casos. O pressuposto de tal «regresso» do ónus da prova ao consumidor é a prova pelo profissional de que há uma incompatibilidade entre o «ambiente digital» do consumidor e os requisitos técnicos dos conteúdos ou serviços fornecidos. Por isso, poderá dizer-se que, quanto a este facto – a inadequação do ambiente digital–, o ónus da sua prova recai ainda sobre o profissional. A solução faz sentido porque, em regra, é o profissional que está em melhor posição para determinar as características técnicas do ambiente digital do consumidor. Simultaneamente, uma vez demonstrada a incompatibilidade do ambiente digital faz sentido presumir que a falta de conformidade invocada pelo consumidor constitui uma consequência desse ambiente e não uma deficiência intrínseca e originária do produto[102].

[101] Cf. Morais Carvalho, *Compra e venda*, *cit.*, 114, e H. Gonçalves Lima, «Burden of proof», *cit.*, 98.

[102] No considerando 59 da Diretiva CSD diz-se que o profissional se encontra «em melhor posição para identificar se a falta de fornecimento ou de conformidade *se deve à* incompatibilidade do ambiente digital do consumidor» (itálico meu). No entanto, a solução do art. 12.º, n.º 4 da Diretiva CSD não só não se aplica à prova da falta de fornecimento, como ainda não

Para demonstrar a incompatibilidade entre o ambiente digital do consumidor e os requisitos técnicos do conteúdo ou serviço digital fornecido o profissional necessita de ter acesso ao ambiente digital do consumidor. Como esse ambiente é, em princípio, desde logo por razões de privacidade, inacessível ao profissional, a lei estabelece uma obrigação de cooperação do consumidor, ao mesmo tempo que salvaguarda os interesses deste ao impor ao profissional a escolha pelo meio menos intrusivo (art. 33.º, n.º 5 e 6 do Decreto-Lei n.º 84/2021). Assim, é dada a prioridade, por exemplo, a relatórios automáticos gerados pelo computador e enviados remotamente ao profissional sobre o acesso remoto ao ambiente digital do consumidor[103]. Se for recusada esta cooperação do consumidor (nos termos em que é devida) e este tiver sido informado, antes da celebração do contrato, das consequências dessa sua recusa, o ónus da prova da pré-existência da falta de conformidade ou da própria falta de conformidade (consoante os casos) passa a ser do consumidor independentemente de se ter apurado coisa alguma quanto ao estado do seu ambiente digital (art. 33.º, n.º 7 do Decreto-Lei n.º 84/2021).

9. Modificações do conteúdo ou serviço digital

I – Nos contratos em que os conteúdos ou serviços digitais são fornecidos *continuamente* ou *por meio de uma série de atos individuais* é frequente o fornecedor ter interesse em introduzir alterações ao conteúdo ou ao serviço. As finalidades são variadas. As modificações podem, por exemplo, ter em vista melhorar o tratamento que o profissional faz dos dados pessoais dos consumidores, cumprir novos requisitos legais quanto à identificação dos mesmos, melhorar as funcionalidades do produto, para o tornar mais atraente para novos utilizadores, alterar algoritmos para favorecer a ligação do utilizador com o conteúdo, etc.[104] Tais alterações podem ser vantajosas ou neutras para o consumidor, mas também podem ser prejudiciais e, em todo o caso, porque consubstanciam uma intervenção unilateral nos termos do

pressupõe que o profissional prove um *nexo causal* entre a desconformidade *concreta* invocada pelo consumidor e o ambiente digital, bastando que demonstre que esse ambiente é ou deixou de ser compatível com os requisitos de funcionamento do conteúdo ou serviço digital (e que o consumidor foi informado de tal circunstância).

[103] Cf. o considerando 60 da Diretiva CSD.

[104] Cf. uma lista de razões atendíveis em Martim Farinha, «Modifications on the digital content our digital service by the trader in the Directive (EU) 2019/770», *Revista Eletrónica de Direito (RED)*, vol 25 (2021), 84-111 (99).

acordo, não têm de ser por ele aceites. A lei estabelece, por isso, condições à sua admissibilidade entre as quais se conta, como primeiro e inalienável requisito, a *estipulação* no contrato de uma disposição que atribua um tal poder ao profissional (art. 39.º, n.º 1, al. a) do Decreto-Lei n.º 84/2021). A exigência já resultaria das regras gerais (art. 406.º, n.º 1, do CC), mas a lei confirma a sua aplicação aos contratos em apreço.

Note-se que as alterações unilaterais aos conteúdos ou serviços digitais pelo profissional que relevam neste ponto não são as que destinam exclusivamente a manter a conformidade do conteúdo ou serviço com o contrato, quando essa conformidade foi afetada pela evolução tecnológica (art. 39.º, n.º 1, do do Decreto-Lei n.º 84/2021). Estas outras alterações, para as quais a lei reserva o termo *atualizações* (art. 28.º, al. d) e art. 29.º, n.º 3 e 4 do Decreto-Lei n.º 84/2021), também são «*autorizadas*» em certo sentido pelo contrato, mas são além disso *impostas* por ele, sob pena de falta de conformidade do conteúdo ou serviço digital.

II – As alterações unilaterais visadas no art. 39.º do Decreto-Lei n.º 84/2021 não têm apenas de ser autorizadas por disposição contratual, sendo necessária adicionalmente a observância de outras exigências:

- O contrato tem de prever uma *razão válida* para a alteração (art. 39.º, n.º 1, al. a) do Decreto-Lei n.º 84/2021);
- A alteração não pode implicar *custos adicionais* para o consumidor (art. 39.º, n.º 1, al. b) do Decreto-Lei n.º 84/2021);
- O consumidor tem de ser *informado* da alteração, de forma clara e compreensível;
- Se a alteração tiver um *impacto negativo* no acesso ou utilização dos conteúdos e serviços digitais pelo consumidor, este tem de ser informado com antecedência razoável e num suporte duradouro das características e momento das alterações, da possibilidade de *resolver* o contrato e da possibilidade de *manter os conteúdos ou serviços inalterados* (art. 39.º, n.º 1, al. d) do Decreto-Lei n.º 84/2021).

A necessidade de ser convencionada uma *razão* para a alteração e de essa razão ser «*válida*» concretiza a intenção do legislador de impedir a prática corrente de cláusulas contratuais que atribuem um ilimitado poder unilateral de modificação ao profissional, constituindo uma espécie de um «cheque em branco» em favor deste[105]. O poder é, pois, de exercício vinculado e

[105] Cf. Martim Farinha, «Modifications», *cit.*, 97.

não discricionário. O critério de seleção dos fundamentos que podem ser previstos no contrato como base para futuras alterações dos conteúdos ou serviços digitais não se limita à consideração do interesse do utilizador: em muitos casos, aliás, estão em causa modificações que visam satisfazer exclusivamente interesses do profissional, embora possam ter reflexos positivos para o consumidor ou ser neutras do seu ponto de vista. Em qualquer caso, note-se que a necessidade de prever *ex ante* os fundamentos possíveis de qualquer alteração pode ser perturbadora para o profissional, sobretudo atenta a constante mutação própria do mundo digital. Em termos práticos, este pode sentir-se tentado a formular de forma mais vaga ou indeterminada as razões da alteração, o que gera os receios do «cheque em branco».

III – Para ser lícita, a alteração não pode ainda importar custos adicionais para o consumidor. Os custos em questão não são apenas os custos «diretos», concretamente um aumento do preço do conteúdo ou serviço digital. Aliás, o poder de impor, por ato unilateral, uma alteração da contraprestação está à partida excluído, pois constitui ele próprio uma modificação unilateral do contrato que vai além da intervenção nos conteúdos ou serviços digitais, sendo esta a única permitida pela lei (e, de resto, de forma condicionada). Relevam também os custos indiretos ou consequenciais decorrentes da alteração: por exemplo, a necessidade de o consumidor substituir o seu *hardware* para manter o acesso ao conteúdo ou serviço[106]. Assumindo esse conceito amplo de custos, vê-se que a condição da imodificabilidade dos mesmos deve ser entendida em termos relativos, o que resulta da alínea d) do art. 39.º, n.º 1, do Decreto-Lei n.º 84/2021. Não se impede em termos absolutos que a alteração do conteúdo ou serviço digital se concretize num qualquer aumento de custos «indiretos». Antes se impõe em tal caso que o profissional permita ao consumidor manter o conteúdo ou serviço inalterado ou, em alternativa, que o consumidor tenha o direito de resolver o contrato.

IV – A obrigação de informar o consumidor sobre a alteração que a lei põe a cargo do profissional vale para qualquer caso e parece visar permitir ao consumidor o controlo sobre o preenchimento dos requisitos da alte-

[106] Se os requisitos mínimos de *hardware* foram comunicados na celebração do contrato, tal alteração poderá levar, desde logo, a uma falta de conformidade: cf. Cf. Martim Farinha, «Modifications», *cit.*, 100.

ração, designadamente, se esta observa os limites postos pelo contrato e não importa custos adicionais.

No caso de uma alteração prejudicial ao consumidor, a informação deve ser prestada num formato duradouro. Nesse caso, o profissional tem ainda de dar ao consumidor a possibilidade de manter o conteúdo ou serviço inalterado ou de resolver o contrato. A resolução do contrato com base numa alteração que tenha um impacto negativo só pode ser declarada quando tal não se revele desproporcionado e quando não foi dada ao consumidor a possibilidade de manter o conteúdo ou serviço inalterado (art. 39.º, n.º 2 e 6). O impacto negativo no acesso ou utilização dos conteúdos ou serviços tanto pode concretizar-se num aumento dos custos (indiretos) do consumidor para o efeito, como numa redução de funcionalidades ou qualidades.

V – A introdução de alterações que não observem as condições expostas, deve ter o efeito da falta de conformidade[107], sendo, pois, atribuídos ao consumidor os correspondentes direitos, *maxime* o de repor a conformidade, que tem aqui o sentido negativo de eliminar a alteração, devolvendo ao conteúdo ou serviço digital a sua feição originária.

[107] Cf. o considerando 77 da Diretiva CSD.

D – Locação

LOCAÇÃO DE BENS DE CONSUMO[1]-[2]

Cláudia Madaleno[3]

Sumário: *1. Introdução. 2. Conceito de locação de bens de consumo. 3. Âmbito de aplicação. 4. O princípio da conformidade. 5. Outros aspetos de regime aplicáveis à locação de bens de consumo.*

Resumo: *O presente texto corresponde a um estudo acerca da locação de bens de consumo no Direito Português. Enquadrado num contexto europeu de padronização de regras mínimas de proteção do consumidor, o legislador nacional estabeleceu desde cedo a extensão da aplicação do regime da venda de bens de consumo ao contrato de locação, extensão essa que se mantém atualmente, com as necessárias adaptações. O estudo inclui a análise do conceito de locação de bens de consumo e o regime aplicável a este contrato, com destaque para o princípio da conformidade.*

Palavras-Chave: *Locação. Bem de consumo. Consumidor. Locação financeira.*

[1] Principais abreviaturas:
CRP – Constituição da República Portuguesa
CC – Código Civil
DL – Decreto-Lei
LDC – Lei de Defesa do Consumidor
UE – União Europeia
TFUE – Tratado sobre o Funcionamento da União Europeia
TJUE – Tribunal de Justiça da União Europeia
TUE – Tratado da União Europeia
UE – União Europeia

[2] Qualquer artigo citado sem indicação da fonte refere-se ao Código Civil (CC).

[3] Professora Auxiliar da Faculdade de Direito, Universidade de Lisboa, Alameda da Universidade, Cidade Universitária, 1649-014 Lisboa.

1. Introdução.

I. O Direito do Consumo assumiu uma realização cada vez maior nos últimos anos, realidade para a qual foi, sem dúvida, determinante o contributo europeu[4]. A Diretiva 1999/44/CE, do Parlamento Europeu e do Conselho, de 25 de maio de 1999, relativa a certos aspetos da venda de bens de consumo e das garantias a ela relativas, foi pioneira no estabelecimento de regras de defesa dos consumidores[5].

Apesar de já não se encontrar em vigor, a Diretiva 1999/44/CE mantém a sua posição de marco fundamental em matéria de proteção dos consumidores. Na sua redação originária, tinha como objetivo fundamental o equilíbrio do mercado interno. Apesar de, logo na sua denominação, referir que tratava da regulamentação de *certos aspetos da venda de bens de consumo*, a verdade é que era aplicável aos seguintes tipos contratuais[6].

a) Venda ou outra forma de transmissão de bens de consumo;
b) Fabrico e produção de bens de consumo, incluindo, portanto, a empreitada de bens de consumo, nomeadamente a empreitada de construção de bens imóveis[7]-[8].

[4] Referindo o fenómeno de *"europeização do Direito do Consumo"*, cf. Luís Manuel Teles de Menezes Leitão, *Caveat Venditor? A Diretiva 1999/44/CE do Conselho e do Parlamento Europeu sobre a venda de bens de consumo e garantias associadas e suas implicações no regime jurídico da compra e venda*, em *Estudos em Homenagem ao Prof. Doutor Inocêncio Galvão Telles*, I – Direito Privado e Vária, Almedina, Coimbra, 2002, p. 264.

[5] Salientando a proximidade entre esta Diretiva e a Convenção de Viena de 1980 sobre os contratos de compra e venda internacional de mercadorias, cf. Dário Moura Vicente, *Desconformidade e garantias na venda de bens de consumo: a Directiva 1999/44/CE e a Convenção de Viena de 1980*, em Revista *Themis*, Ano 2, N.º 4, 2001, p. 122, esclarecendo que *"As relações entre a Directiva e a Convenção não se cingem, por isso, a um estrito paralelismo, antes são, como procuraremos demonstrar na presente comunicação, relações de interferência ou especialidade recíproca"*. No mesmo sentido, Luís Menezes Leitão, *O novo regime da venda de bens de consumo*, em *Estudos do Instituto do Direito do Consumo*, Volume II, Luís Menezes Leitão (Coordenação), Almedina, Coimbra, 2005, p. 39, ainda que sublinhando que a Diretiva não regula a formação e os efeitos do contrato de compra e venda de bens de consumo, nem a indemnização dos prejuízos resultantes da falta de desconformidade, que são objeto de regulamentação no Direito interno.

[6] Neste sentido, cf. Pedro Falcão, *O Regime da Venda de Bens de Consumo na Jurisprudência Portuguesa Recente*, em *Revista Jurídica Luso-Brasileira*, Ano 5, 2019, n.º 2, p. 1650.

[7] Sublinhando que neste ponto o diploma interno vai além do regime constante da Diretiva, cf. Pedro Romano Martinez, *Empreitada de bens de consumo. A transposição da Directiva n.º 1999/44/CE pelo Decreto-Lei n.º 67/2003*, em *Estudos do Instituto do Direito do Consumo*, Vol. II, Almedina, Coimbra, 2005, p. 15. O Autor assinala ainda a desnecessidade de consa-

Destarte, a principal preocupação da Diretiva 1999/44/CE era a compra e venda de bens de consumo, ainda que, pontualmente, nela se encontrassem também referências a outros contratos, chegando mesmo o n.º 4 do artigo 1.º a determinar que, *"Para efeitos da presente directiva, são igualmente considerados contratos de compra e venda os contratos de fornecimento de bens de consumo a fabricar ou a produzir"* [9]-[10].

gração deste caso na lei especial, porquanto as soluções consagradas convergem com as que eram já aplicáveis pelo Código Civil. Cf. ainda, do mesmo Autor, *Empreitada de consumo*, em Revista *Themis*, Ano 2, N.º 4, 2001, pp. 155 e seguintes.

[8] Especificamente sobre a empreitada de bens de consumo, cf. LUÍS MANUEL TELES DE MENEZES LEITÃO, *Direito das Obrigações*, Volume III – Contratos em Especial, 10.ª edição, Almedina, Coimbra, 2010, pp. 502 e seguintes.

[9] Assim, PEDRO ROMANO MARTINEZ, *Empreitada de Bens de Consumo...*, cit., p. 13, referindo ser o contrato de empreitada um destes contratos. O mesmo Autor, *Empreitada de Bens de Consumo...*, cit., p. 14, critica o facto de o DL n.º 67/2003 não ter realizado as adaptações necessárias ao contrato de empreitada.

[10] A propósito do conceito de contrato de compra e venda na aceção da Diretiva, veja-se o Acórdão do TJUE de 7 de setembro de 2017, Processo C-247/16, disponível em www.curia.eu. No caso, um dos membros de um casal contratou com um empreiteiro a renovação de uma piscina. A entrega da obra teve lugar durante o ano de 2011, contra o pagamento do respetivo montante. Após a conclusão das obras de renovação da referida piscina, surgiram vários defeitos que só puderam ser detetados com a sua utilização. Estes defeitos afetavam, em especial, o sistema de limpeza e a bomba. Foi solicitada a respetiva reparação, sem êxito. No âmbito de um procedimento específico, um perito concluiu pela existência de graves defeitos e pela violação, por parte do empreiteiro, das *legis artis* da construção. As obras de reparação acabaram por ser realizadas pelos próprios, que tiveram de adquirir o material necessário, vindo depois exigir ao empreiteiro as correspondentes despesas.
O Tribunal salientou que *"Por um lado, a Diretiva 1999/44 não se aplica exclusivamente a contratos de compra e venda stricto sensu, aplicando-se também a certas categorias de contratos que impliquem uma prestação de serviços, as quais, em conformidade com o direito nacional aplicável, podem receber a qualificação de contratos de prestação de serviços ou de empreitada, a saber, os contratos de fornecimento de bens de consumo a fabricar ou a produzir e os contratos que preveem a instalação desses bens ligada à venda. Por outro lado, para que estas categorias de contratos, que implicam uma prestação de serviços, possam ser qualificadas de «contratos de compra e venda», na aceção desta diretiva, a prestação de serviços deve ser apenas acessória à venda."*. Pelo que, em princípio, as prestações de serviços não são abrangidas pela Diretiva 1999/44.
Ora, na medida em que o casal havia contratado o empreiteiro para renovar a sua piscina, o empreiteiro de facto vendeu diversos bens necessários a essa renovação, nomeadamente, um sistema de filtragem equipado com uma bomba. No entanto, a prestação de serviços que consistiu na instalação desses bens foi considerada o objeto principal desse contrato de empreitada, tendo a venda dos mesmos bens apenas um carácter acessório relativamente à prestação de serviços.

II. Não se encontrava na Diretiva 1999/44/CE qualquer menção ao contrato de locação de bens de consumo. A sua inclusão nesta matéria é, assim, da inteira autoria do legislador interno[11]-[12], ao abrigo da *subsidiariedade mínima* do Direito europeu[13]. Ainda assim, alguma doutrina sugeria já a possível aplicabilidade da Diretiva ao contrato de locação financeira, dada a ligação próxima entre o contrato de locação e o contrato de compra e venda, decorrente da opção de compra do locatário-comprador[14]. Com efeito, seguindo esta linha de raciocínio, o consumidor não deve ser menos protegido devido ao método de financiamento a que recorreu, pelo que é de sustentar a aplicação desta proteção a este tipo contratual, por força da própria Diretiva[15].

Acrescentou ainda o TJUE que este contrato de empreitada também não poderia ser qualificado de contrato de «fornecimento de bens de consumo a fabricar ou a produzir», na aceção do artigo 1.º, n.º 4, da Diretiva 1999/44, *"na medida em que os bens necessários à renovação da piscina em causa não tinham de ser fabricados nem produzidos pelo empreiteiro"*, não se considerando assim competente para responder ao órgão jurisdicional de reenvio.

[11] Neste sentido, cf. também Jorge Morais Carvalho, *Manual de Direito do Consumo*, 5.ª edição, Almedina, Coimbra, 2018, pp. 268 e 269.

[12] No entanto, Manuel Januário da Costa Gomes, *Ser ou não ser conforme, eis a questão. Em tema de garantia legal de conformidade na venda de bens de consumo*, em *Cadernos de Direito Privado*, N.º 21, Janeiro-Março 2008, p. 5, lamenta que o legislador português tenha optado pela "solução pequena", limitando-se a regular aspetos isolados da venda de bens de consumo, em vez de realizar uma reforma integral do regime constante do Código Civil.

[13] No entanto, não decorre da margem de atuação deixada aos Estados Membros pelo artigo 8.º da Diretiva, já que este preceito se refere, apenas, ao alargamento dos direitos do consumidor no âmbito dos negócios regulados pela Diretiva (n.º 1) e ao nível mais elevado de proteção do consumidor no âmbito dos negócios regulados pela Diretiva (n.º 2).

[14] Neste sentido, cf. Francesco A. Schurr, *"Die neue Richtflnie 99/44/EG über den Verbrauchsgüterkauf und ihre Umsetzung Chancen und Gefahren für das deutsche Kaufrecht"*, em *Zeitschrift für Rechtsvergleichung*, 1999, 6, p. 224, onde afirma: *"Unklarheiten könnten bezüglich des Finanzierungsleasings aufkommen, das in der RL nicht erwbhnt wird; wegen der Gleichartigkeit der Interessenlage von Kauf und Finanzierungsleasing (der Verbraucher ist wegen des besonderen Finanzierungsmodus nicht minder schüt zenswert als beim reinen Kauf) ist jedoch eine Erstreckung der Gultigkeit der besonderen vcrbraucherschutzcndcn Regelungen auch auf diesen Vertragstyp zu befürworten"*.

[15] Também Alessio Zaccaria e Giovanni de Cristofaro, *La Vendita dei beni di consumo. Commento agli artt. 1519 bis – 1519 nonies del Codice Civile*, Cedam, Milão, 2002, pp. 14 e 15, afirma que nem a Diretiva, nem o Direito interno italiano, estenderam o regime de proteção de bens de consumo aos casos em que o profissional conserva a propriedade da coisa, apenas cedendo a outrem o seu gozo, como se verifica na locação. Admite, porém, uma diferença no âmbito da locação financeira, em que no fundo a manutenção da propriedade da coisa no locador é meramente formal, tendo em vista a garantia do cumprimento das obrigações do

III. A Diretiva 1999/44/CE foi revogada pela Diretiva (UE) 2019/771, do Parlamento Europeu e do Conselho, de 20 de maio de 2019, relativa a certos aspetos dos contratos de compra e venda de bens, a qual, tal como a anterior, também nada diz a propósito da locação de bens de consumo. Esta Diretiva é também *relativa a certos aspetos dos contratos de compra e venda de bens* e, para além da revogação da Diretiva 1999/44/CE, procede também à alteração do Regulamento (UE) 2017/2394, referente à cooperação entre as autoridades nacionais no domínio da legislação de proteção dos consumidores, e da Diretiva 2009/22/CE, relativa às ações inibitórias em matéria de proteção dos interesses dos consumidores.

O objetivo da Diretiva 2019/771 é expresso logo no seu primeiro Considerando, ao afirmar a necessidade de *melhorar o funcionamento do mercado interno* e de *responder com êxito aos múltiplos desafios que uma economia cada vez mais assente na tecnologia hoje coloca*. Na verdade, a ideia de reforço na proteção do consumidor no mercado eletrónico ou digital, bem como as suas especificidades, são reiteradamente afirmadas nos Considerandos 3, 4, 5, 10, 13, 14, 15, 16, 28, 31, 34, 39 e 45.

Por sua vez, apesar de nada referir a propósito do contrato de locação propriamente dito, mostra-se relevante o disposto no Considerando 12: *"A presente diretiva só deverá ser aplicável aos bens móveis tangíveis que constituam bens na aceção da presente diretiva. Os Estados-Membros deverão, por conseguinte, ser livres para regular os contratos de compra e venda de bens imóveis, tais como edifícios residenciais, e os seus principais componentes destinados a constituir uma parte importante desses bens imóveis"*. Igualmente importante é o disposto no Considerando 21, que estabelece que *"Os Estados-Membros também deverão continuar a ser livres de alargar a aplicação das regras da presente diretiva aos contratos excluídos do âmbito de aplicação da mesma, ou de regular de outro modo tais contratos"*.

IV. Em Portugal, são relevantes neste domínio várias fontes. Por um lado, a Constituição estabelece, no n.º 1 do seu artigo 60.º, que os consumidores têm direito à qualidade dos bens e serviços consumidos, à formação e à informação, à proteção da saúde, da segurança e dos seus interesses económicos, bem como à reparação de danos. Norma esta que, naturalmente, sendo aplicável a todos os contratos celebrados com consumidores, o é igualmente ao contrato de locação de bens de consumo.

locatário-comprador. Por conseguinte, propende para aplicar também a Diretiva ao contrato de locação financeira.

Por outro lado, é de atender à Lei de Defesa do Consumidor, que contém um catálogo de direitos de natureza injuntiva (artigo 16.º). A regra principal resulta do artigo 3.º, alínea a), da LDC, nos termos da qual o consumidor tem direito à qualidade dos bens e serviços. Concretizando este direito, o artigo 4.º da LDC esclarece que *"Os bens e serviços destinados ao consumo devem ser aptos a satisfazer os fins a que se destinam e a produzir os efeitos que se lhes atribuem, segundo as normas legalmente estabelecidas, ou, na falta delas, de modo adequado às legítimas expectativas do consumidor."*.

Ainda neste domínio, é particularmente relevante o artigo 12.º da LDC, que estabelece que o consumidor tem *direito à indemnização dos danos patrimoniais e não patrimoniais resultantes do fornecimento de bens ou prestações de serviços defeituosos*, acrescentando, no seu n.º 2, que o produtor responde, independentemente de culpa, pelos danos causados por defeitos de produtos que coloque no mercado.

V. Especificamente sobre a locação de bens de consumo, temos os Decretos-Lei n.ºs 67/2003, de 8 de abril e 133/2009, de 2 de junho[16], que surgiram na sequência da Diretiva 1999/44/CE, de 25 de maio, sobre a venda de vens de consumo[17]-[18], e da Diretiva n.º 2008/48/CE[19], de 23 de

[16] Sobre o tema, cf.: Luís Manuel Teles de Menezes Leitão, *Direito das Obrigações*, Volume III – Contratos em Especial, ob. cit., pp. 142 e seguintes; João Calvão da Silva, *Venda de bens de consumo. Decreto-Lei n.º 67/2003, de 8 de Abril (alterado pelo Decreto-Lei n.º 84/2008, de 21 de Maio). Directiva 1999/44/CE. Comentário*, 3.ª edição, Almedina, Coimbra, 2006, pp. 21 ss.

[17] Sobre o tema, cf. Paulo Mota Pinto, *O Anteprojecto de Código do Consumidor e a venda de bens de consumo*, em *Estudos do Instituto do Direito do Consumo*, Luís Menezes Leitão (Coordenação), Volume III, Almedina, Coimbra, 2006, pp. 119-134 e Luís Menezes Leitão, *O novo regime da venda de bens de consumo*, cit., pp. 37-74. Cf. também Armando Braga, *Compra e venda de coisas defeituosas. A venda de coisas defeituosas no Código Civil. A venda de bens de consumo*, Vida Económica, Porto, 2005, em especial as pp. 17 e seguintes; Fernando de Gravato Morais, *A alternatividade dos meios de defesa do consumidor no caso de desconformidade da coisa com o contrato de compra e venda*, em *Liber Amicorum Mário Frota. A causa dos direitos dos consumidores*, Almedina, Coimbra, 2012, pp. 156-170; Manuel Januário da Costa Gomes, *Apontamentos sobre a garantia de conformidade na venda de bens de consumo*, em *Revista Portuguesa de Direito do Consumo*, N.º 43, Setembro de 2005, pp. 11-27. Concretamente acerca da empreitada de bens de consumo, cf. Pedro Romano Martinez, *Empreitada de bens de consumo. A transposição da Directiva n.º 1999/44/CE pelo Decreto-Lei n.º 67/2003*, em *Estudos do Instituto do Direito do Consumo*, Luís Menezes Leitão (Coordenação), Volume II, Almedina, Coimbra, 2005, pp. 11-36. Veja-se ainda Pedro Romano Martinez, *Celebração de contratos à distância e o novo regime do contrato de seguro*, em *Revista de Direito e de Estudos Sociais*, Ano L, XXIII da 2.ª Série, Julho-Dezembro – 2009, N.ºs 3-4, pp. 85 e seguintes.

abril, relativa a contratos de crédito aos consumidores, muito embora, como já referido, a específica aplicação ao contrato de locação extravase o âmbito de aplicação daqueles regimes de Direito europeu. No âmbito de certos contratos de consumo[20], é estabelecida uma verdadeira responsabilidade direta do produtor. Contudo, como veremos melhor adiante, o Decreto-Lei n.º 67/2003 foi revogado pelo Decreto-Lei n.º 84/2021, de 18 de outubro, o qual regula os direitos do consumidor na compra e venda de bens, conteúdos e serviços digitais, procedendo assim à transposição das Diretivas (UE) 2019/771 e (UE) 2019/770.

[18] Cf. também António Menezes Cordeiro, *Tratado de Direito Civil Português*, I – Introdução. Fontes do Direito. Interpretação da lei. Aplicação das leis no tempo. Doutrina geral, 4.ª edição, Almedina, Coimbra, 2012, pp. 317 e seguintes.

[19] Esta diretiva também não regula o contrato de locação. Aliás, a alínea d) do n.º 2 do artigo 2.º exclui expressamente a sua aplicação a *"contratos de aluguer ou de locação financeira que não prevejam uma obrigação de compra do objecto do contrato, seja no próprio contrato, seja num contrato separado"*, sendo que se considera *"que existe uma obrigação se assim for decidido unilateralmente pelo mutuante"*.

[20] Neste sentido, cf. Manuel Januário da Costa Gomes, *Contratos Comerciais*, I. Contratos comerciais em geral, II. Contratos bancários, Almedina, Coimbra, 2013, p. 81. Sobre o tema, cf.: Luís Manuel Teles de Menezes Leitão, *Caveat venditor? A Directiva 1999/44/CE do Conselho e do Parlamento Europeu sobre a venda de bens de consumo e garantias associadas e suas implicações no regime da compra e venda*, cit., pp. 263 e seguintes, e, do mesmo Autor, *O novo regime da venda de bens de consumo*, cit., pp. 37 e seguintes; Dário Moura Vicente, *Desconformidade e garantias na venda de bens de consumo: a Directiva 1999/44/CE e a Convenção de Viena de 1980*, cit., pp. 121 e seguintes; Carlos Ferreira de Almeida, *Orientações de política legislativa adoptadas pela Directiva 1999/44/CE sobre venda de bens de consumo. Comparação com o Direito Português vigente*, em Revista *Themis*, Ano 2, N.º 4, 2001, pp. 109 e seguintes; Claus-Wilhelm Canaris, *A transposição da Directiva sobre compra de bens de consumo para o Direito Alemão*, em *Estudos de Direito do Consumidor*, Coimbra, N.º 3, 2001, pp. 49 e seguintes; Sara Larcher, *Contratos celebrados através da Internet: garantias dos consumidores contra vícios na compra e venda de bens de consumo*, em *Estudos do Instituto do Direito do Consumo*, Lisboa, Volume 2, 2005, pp. 141; Paulo Mota Pinto, *Conformidade e garantias na venda de bens de consumo. A Directiva 1999/44/CE e o Direito Português*, em *Estudos de Direito do Consumidor*, Coimbra, N.º 2, 2000, pp. 197 e seguintes, e, do mesmo Autor: *Diploma de transposição da Directiva 1999/44/CE para o Direito Austríaco*, em *Estudos de Direito do Consumidor*, Coimbra, N.º 3, 2001, pp. 435 e seguintes e *Reflexões sobre a transposição da Directiva 1999/44/CE para o Direito Português*, em Revista *Themis*, Ano 2, N.º 4, 2001, pp. 195 e seguintes; Ana Prata, *Venda de bens usados no quadro da Directiva 1999/44/CE*, em Revista *Themis*, Ano 2, N.º 4, 2001, pp. 145 e seguintes.

2. Conceito de locação de bens de consumo.

I. Importa em primeiro lugar determinar em que consiste o contrato de locação de bens de consumo. Para determinar o âmbito deste contrato, será necessário articular o conceito de contrato de locação, com a noção de bens de consumo.

O DL n.º 67/2003 não definia o que se deveria entender por locação de bens de consumo, limitando-se a estender a sua aplicação a estes contratos, através do n.º 2 do seu artigo 1.º-A[21]. Atualmente, a única referência a este contrato consta da alínea b) do n.º 1 do artigo 3.º do DL n.º 84/2021, que determina que o diploma se aplica *"aos bens fornecidos no âmbito de um contrato de empreitada ou de outra prestação de serviços, bem como à locação de bens, com as necessárias adaptações"*, não avançando também com qualquer definição do que se deve entender por este contrato.

II. Quanto à noção de *contrato de locação*, de acordo com o disposto no artigo 1022.º do CC, trata-se do contrato pelo qual uma das partes se obriga a proporcionar à outra o gozo temporário de uma coisa, mediante retribuição[22]. A coisa locada pode ser um bem móvel – aluguer – ou imóvel – arrendamento, havendo a considerar no âmbito do contrato de arrendamento os diferentes regimes em função do destino a dar ao imóvel, nomeadamente fins habitacionais ou não habitacionais[23].

[21] Na redação originária, a norma de extensão constava do n.º 2 do artigo 1.º, tendo o artigo 1.º sido aditado na revisão operada pelo DL n.º 84/2008, de 21 de maio.

[22] Pedro Romano Martinez, *Direito das Obrigações (Parte Especial). Contratos. Compra e Venda. Locação. Empreitada*, 2.ª edição, Almedina, Coimbra, 2005, p. 157, salienta o papel económico e social da locação, uma vez que *"permite dissociar o direito de propriedade (ou outro direito real de gozo – p.ex., usufruto, superfície) do direito de gozo sobre a coisa."*.
Também Luís Manuel Teles de Menezes Leitão, *Direito das Obrigações*, Volume III – Contratos em Especial, cit., pp. 269 ss, qualifica o contrato de locação como um contrato de concessão de gozo. Sublinha, a páginas 272 e 273, que a locação *"desempenha uma importante função económica, na medida em que permite ao titular de direitos de gozo sobre determinada coisa obter um rendimento, concedendo temporariamente o gozo dessa coisa a outrem, o que pode fazer sem abdicar do direito correspondente."*. Tal como refere o Autor, na p. 273, nem sempre a locação resulta de um contrato, mas o tema em análise exige a natureza contratual da locação.
Cf. ainda Pires de Lima / Antunes Varela, *Código Civil Anotado*, Volume II (Artigos 762.º a 1250.º), 4.ª edição, Coimbra Editora, Coimbra, 2011, pp. 339 ss.

[23] O arrendamento também pode ser referente a um bem imóvel, urbano ou rústico, nos termos dos artigos 1064.º e seguintes do CC.

A aplicação deste regime pressupõe ainda que o bem locado seja um *bem de consumo*, por oposição a um bem de equipamento[24]. Assim, não pode tratar-se de bem relacionado com o exercício de uma atividade económica, quer esta seja ou não lucrativa, devendo em contrapartida destinar-se ao uso privado do consumidor[25].

Supondo que o bem se destina a um *uso misto*, de consumo e profissional, a doutrina diverge quanto à aplicação do regime específico dos bens de consumo[26]. Com efeito, parte da doutrina defende que o regime apenas se aplicará aos casos em que o bem se destina exclusivamente a um uso não profissional[27], enquanto outros autores são favoráveis ao critério da destinação predominante, defendendo que o regime poderá aplicar-se se o uso a

[24] No Acórdão de 12 de novembro de 2013 do Tribunal da Relação do Porto (Processo n.º 1129/09.5TBVRL-E.P1, Relator Vieira e Cunha, disponível em www.dgsi.pt), considerou-se uma noção restrita de bens de equipamento, no quadro da locação financeira, como *"bens causalmente ligados à actividade produtiva da empresa e que com essa actividade mantêm uma relação de imprescindibilidade"*. Em termos latos, são *"bens necessários ao exercício de determinada actividade económica (bens de investimento e bens produtivos)"*.

[25] Neste sentido, recorde-se o Acórdão do TJUE de 3 de setembro de 2015, Processo n.º C-110/14, disponível em www.curia.eu, em que estava em causa um advogado, o qual celebrara o contrato não nessa qualidade, mas sim na de consumidor. Tratava-se de um advogado na Roménia, com vários processos no domínio do direito comercial, que celebrou um contrato de crédito com o Volksbank. O reembolso deste empréstimo foi garantido por uma hipoteca constituída sobre um imóvel que pertencia ao gabinete de advogados em que aquele trabalhava. O contrato de crédito foi assinado pelo advogado, enquanto mutuário e também enquanto representante do seu escritório de advogados, em razão da qualidade de garante hipotecário. No mesmo dia, a hipoteca foi constituída por convenção notarial distinta, entre o Volksbank e o escritório de advogados que estava representado, nesse ato, pelo mesmo advogado.

Posteriormente, o advogado solicitou em tribunal que fosse declarado o caráter abusivo de uma cláusula contratual relativa a uma comissão de risco e, por outro, a anulação dessa cláusula e o reembolso dessa comissão recebida pelo Volksbank, colocando-se então a questão da qualificação. O TJUE considerou aplicável a diretiva, porquanto, apesar da qualidade de advogado, a celebração do contrato de mútuo não estava relacionada com o exercício dessa profissão, não sendo relevante o facto de o imóvel se destinar ao exercício de tal atividade profissional.

[26] A propósito do DL n.º 67/2003, veja-se Pedro Falcão, *O Regime da Venda de Bens de Consumo na Jurisprudência Portuguesa Recente*, cit., p. 1653.

[27] Neste sentido, cf. Luís Manuel Teles de Menezes Leitão, *Caveat Venditor? A Diretiva 1999/44/CE do Conselho e do Parlamento Europeu...*, cit., p. 273, e, do mesmo Autor, *O novo regime da venda de bens de consumo*, cit., p. 42.

dar ao bem for fundamentalmente não profissional, entendimento que nos parece estar de acordo com os objetivos da diretiva[28].

Para além do tipo contratual e do respetivo objeto, é necessário que o locador seja um *profissional* e que o locatário seja um *consumidor*, na aceção das diretivas europeias, destinando assim o bem locado a um fim não profissional.

III. Atendendo a que não se encontra limitação nesse sentido, no Direito interno, estão abrangidos no conceito de locação de bens de consumo tanto os contratos de arrendamento de bens imóveis de consumo, como os contratos de aluguer de bens móveis de consumo[29]. Estão igualmente abrangidos os contratos de aluguer de longa duração e o aluguer operacional de veículos, bem como quaisquer outros contratos especiais de locação[30]-[31], tal como a locação-venda[32], em que a aquisição do direito ocorre automaticamente com o cumprimento de todas as prestações, não dependendo de opção do comprador-locatário[33].

IV. Integra-se no conceito de locação de bens de consumo, em sentido amplo, o regime da locação financeira[34]-[35], quando o contrato seja celebrado entre consumidor e profissional e o bem objeto do contrato seja, também ele, um bem de consumo.

[28] Dário Moura Vicente, *Desconformidade e garantias na venda de bens de consumo: a Directiva 1999/44/CE e a Convenção de Viena de 1980*, cit., p. 128, parece admitir a aplicação da Diretiva a estes casos, ao dar como exemplo *"um uso privado e profissional, como, por exemplo, a venda de um automóvel a um advogado, que o utiliza no exercício da sua profissão e para transportar a família"*.

[29] Neste sentido, cf. também Jorge Morais Carvalho, *Manual de Direito do Consumo*, cit., p. 269.

[30] Cf. Jorge Morais Carvalho, *Manual de Direito do Consumo*, cit., p. 269.

[31] Neste sentido, cf. também João Calvão da Silva, *Venda de bens de consumo...*, cit., p. 54.

[32] Cf. Manuel Januário da Costa Gomes, *Ser ou não ser conforme, eis a questão...*, cit., p. 7.

[33] Cf. João Calvão da Silva, *Venda de bens de consumo...*, cit., p. 54.

[34] Jorge Morais Carvalho, *Manual de Direito do Consumo*, cit., p. 269, refere que se trata de uma forma contratual com *"grande afinidade com a locação (encontrando-se por vezes entre a locação e a compra e venda ou tendo uma forte componente de financiamento)"*.

[35] João Calvão da Silva, *Venda de bens de consumo...*, cit., p. 54, considera que, pelos vícios ou falta de conformidade da coisa locada respondem o vendedor ou empreiteiro, e nao propriamente o locador, que será usualmente um banco, enquanto pelos vícios de direito responderá o locador.

A locação financeira é definida pela lei[36] como *"o contrato pelo qual uma das partes se obriga, mediante retribuição, a ceder à outra o gozo temporário de uma coisa, móvel ou imóvel, adquirida ou construída por indicação desta, e que o locatário poderá comprar, decorrido o período acordado, por um preço nele determinado ou determinável mediante simples aplicação dos critérios nele fixados."*. De acordo com o disposto no artigo 12.º deste regime, o locador não responde pelos vícios do bem locado ou pela sua inadequação face aos fins do contrato, salvo o disposto no artigo 1034.º do Código Civil, acrescentando o artigo 14.º, aplicável a título supletivo, que as despesas de reparação do bem locado incorrem sobre o locatário.

Este regime, deve, no entanto, ser compatibilizado com o regime de venda de bens de consumo, uma vez que o mesmo é também aplicável à locação de bens de consumo, seja esta uma locação financeira ou não. Assim, como veremos, tratando-se de *locação financeira de bens de consumo*, na aceção do DL n.º 84/2021 (e, já assim, aquando da vigência do DL n.º 67/2003), as normas do contrato de locação financeira deverão ceder diante do regime especial de proteção do consumidor, designadamente quando se verifique a falta de conformidade do bem.

Por outro lado, a partir do momento em que o bem seja vendido, será igualmente aplicável o regime da venda de bens de consumo, ainda que a venda seja realizada no quadro da locação financeira, aplicando-se neste caso a garantia prevista para os bens usados[37].

V. Por exclusão de partes, o regime constante do Código Civil, e, bem assim, o regime jurídico do contrato de locação financeira, só terão plena aplicação aos contratos de locação de bens que não sejam bens de consumo, ou seja:

(i) Contratos celebrados entre profissionais;
(ii) Contratos celebrados entre consumidores.

[36] O Regime Jurídico do Contrato de Locação Financeira foi aprovado pelo Decreto-Lei n.º 149/95, de 24 de junho, encontrando-se em vigor com a última redação, dada pelo Decreto-Lei n.º 30/2008, de 25 de fevereiro.

[37] No caso de imóveis, o artigo 23.º do DL n.º 84/2021 estabelece o prazo de 10 anos em relação a faltas de conformidade relativas a elementos construtivos estruturais e de 5 anos, em relação às restantes faltas de conformidade. Para os bens móveis, a garantia é de, por via de regra, 3 anos, mas o n.º 3 do artigo 12.º admite a redução para 18 meses no caso de bens usados, salvo se o bem for anunciado como um bem recondicionado, sendo obrigatória a menção dessa qualidade na respetiva fatura e se mantém aplicável o prazo de garantia de 3 anos.

Com efeito, nestes casos inexistirá a relação de desequilíbrio justificadora da aplicação de regras de proteção do consumidor[38].

3. Âmbito de aplicação.

I. A Diretiva 1999/44 não era aplicável ao contrato de locação de bens de consumo, ainda que, como referido, alguma doutrina já mencionasse a possibilidade de aplicação à locação financeira, dada a proximidade com o contrato de compra e venda. Por conseguinte, a extensão da aplicação deste regime ao contrato de locação de bens de consumo foi da iniciativa do legislador nacional, tendo decorrido, inicialmente, do DL n.º 67/2003[39]-[40].

Com efeito, a redação originária do artigo 1.º do DL n.º 67/2003 determinava, no seu n.º 1, que pelo diploma se procedia *"à transposição para o direito interno da Directiva n.º 1999/44/CE, do Parlamento Europeu e do Conselho, de 25 de Maio, relativa a certos aspectos da venda de bens de consumo e das garantias a ela relativas, com vista a assegurar a protecção dos interesses dos consumidores, tal como definidos no n.º 1 do artigo 2.º da Lei n.º 24/96, de 31 de Julho"*. Contudo, o n.º 2 do mesmo preceito estabelecia a aplicabilidade do diploma, com as necessárias adaptações, *"aos contratos de fornecimento de bens de consumo a fabricar ou a produzir e de locação de bens de consumo"*[41]. Acresce que, pelo n.º 2 do artigo 3.º do DL n.º 67/2003, o regime se aplicava expressamente aos bens imóveis[42], assim como aos bens móveis corpóreos. Como vimos, o alargamento do regime interno aos bens imóveis era autorizado desde logo pela Diretiva 1999/44, solução que foi adotada pelo Direito português. Por outro lado, o diploma interno também aplica este regime tanto aos bens novos, como aos bens usados, aspeto que é igualmente relevante para a relação de locação, uma vez que, muitas vezes, o bem será já um bem usado[43].

[38] Em sentido próximo, ainda que relativamente ao contrato de compra e venda, cf. Pedro Falcão, *O Regime da Venda de Bens de Consumo na Jurisprudência Portuguesa Recente*, cit., p. 1651.

[39] Sublinhando a importância da extensão realizada pelo legislador interno, Pedro Manuel Moreira da Silva Santos, *Responsabilidade civil e garantias no âmbito do Direito do Consumo*, Faculdade de Direito da Universidade do Porto, 2012, p. 22.

[40] Assim, Manuel Januário da Costa Gomes, *Ser ou não ser conforme, eis a questão...*, cit., p. 6.

[41] Assim também Luís Menezes Leitão, *O novo regime da venda de bens de consumo*, cit., pp. 40-41.

[42] Cf. Manuel Januário da Costa Gomes, *Ser ou não ser conforme, eis a questão...*, cit., p. 7.

[43] Jorge Morais Carvalho, *Manual de Direito do Consumo*, cit., p. 265.

Este regime manteve-se substancialmente igual nas sucessivas alterações ao DL n.º 67/2003, nomeadamente através do DL n.º 84/2008, de 21 de maio e do DL n.º 9/2021, de 29 de janeiro.

II. O Decreto-Lei n.º 84/2021, de 18 de outubro, tal como o anterior Decreto-Lei n.º 67/2003, declara a sua expressa aplicação à locação de bens, com as necessárias adaptações[44]. Com efeito, a alínea b) do n.º 1 do artigo 3.º determina a aplicabilidade do diploma aos *"bens fornecidos no âmbito de um contrato de empreitada ou de outra prestação de serviços, bem como à locação de bens, com as necessárias adaptações"*, não diferenciando quanto ao tipo de locação, nem quanto ao tipo de bem objeto do contrato.

Podemos, assim, analisar de forma global o regime consagrado nos dois diplomas. Naturalmente que a questão dos *bens digitais*, que, entre outros aspetos, motivou quer a Diretiva 2019/771, quer o DL n.º 84/2021, não afeta o contrato de locação, uma vez que este, por definição, se refere a bens corpóreos[45].

III. De acordo com o disposto no artigo 1.º do atual DL n.º 84/2021, os aspetos regulados são os seguintes:

(i) Direitos dos consumidores na compra e venda de bens de consumo;
(ii) Regime de proteção dos consumidores nos contratos de fornecimento de conteúdos ou serviços digitais;
(iii) Regime aplicável à compra e venda de bens imóveis em caso de falta de conformidade;
(iv) Responsabilidade direta do produtor em caso de falta de conformidade dos bens, conteúdos ou serviços digitais;
(v) Responsabilidade dos prestadores de mercado em linha;

[44] Do ponto de vista constitucional, poderá discutir-se a validade do disposto nos artigos 5.º e seguintes e nos artigos 22.º e seguintes deste diploma, por eventual inconstitucionalidade orgânica, quando aplicados ao arrendamento de imóveis, na medida em que não observa a reserva de competência da Assembleia da República, prevista no artigo 165.º, n.º 1, alínea h), da Constituição. A ser assim, manter-se-ia a aplicação do diploma exclusivamente à locação de bens móveis.

[45] Neste sentido, Luís Manuel Teles de Menezes Leitão, *Direito das Obrigações*, Volume III – Contratos em Especial, cit., p. 272; Pedro Romano Martinez, *Direito das Obrigações (Parte Especial). Contratos...*, cit., pp. 174 e 175, ainda que refira que, embora tradicionalmente a locação incida sobre coisas corpóreas, *"esta estrutura negocial é perfeitamente adaptável a permissão de gozo sobre coisas incorpóreas."*.

(vi) Regime sancionatório aplicável ao incumprimento dos deveres do profissional.

O DL n.º 84/2021 é aplicável aos contratos que incidam sobre bens móveis ou imóveis, como resulta expressamente do catálogo de definições, nas alíneas c) e d) do artigo 2.º. Contudo, tratando-se de bem imóvel, o conceito é restrito aos *"prédios urbanos para fins habitacionais, entendendo-se como tal qualquer edifício incorporado no solo, com os terrenos que lhe sirvam de logradouro, sendo parte integrante toda a coisa móvel ligada materialmente ao prédio com carácter de permanência"*. Por conseguinte, o contrato de locação que incida sobre um prédio urbano, para fins não habitacionais, bem como sobre um prédio rústico, não é abrangido por este diploma.

IV. A aplicabilidade à locação de bens móveis e a restrição ao arrendamento de prédios urbanos para fins habitacionais[46] é consonante com o conceito de relação de consumo. Com efeito, essencial é que o contrato seja celebrado, de um lado, por um *profissional*, e, de outro, um *consumidor*[47]-[48],

[46] Pedro Manuel Moreira da Silva Santos, *Responsabilidade civil e garantias...*, cit., p. 23, admite expressamente a aplicação do regime ao arrendamento de prédios urbanos.

[47] João Calvão da Silva, *Responsabilidade Civil do Produtor*, Almedina, Coimbra, 1990, pp. 58 ss, já referia tratar-se de um *"conceito nebuloso"*, sendo que, em sentido lato, será *"aquele que adquire, possui ou utiliza um bem ou um serviço, quer para uso pessoal ou privado, quer para uso profissional"*. Por sua vez, em sentido estrito, será apenas *"aquele que adquire, possui ou utiliza um bem ou um serviço para uso privado (pessoal, familiar ou doméstico)"*.

Luís Menezes Leitão, *O novo regime da venda de bens de consumo*, ob. cit., p. 41. Cf. também Paulo Duarte, *O Conceito Jurídico de Consumidor, segundo o Art. 2.º/1 da Lei de Defesa do Consumidor*, em *Boletim da Faculdade de Direito da Universidade de Coimbra*, vol. LXXV, pp. 649-703, não parecendo admitir, a páginas 664 e 665, que o consumidor possa ser uma pessoa coletiva, ainda que tal possa ser admitido em certos casos concretos excecionais.

Para Jorge Morais Carvalho, *Manual de Direito do Consumo*, cit., pp. 23 e 24, as diretivas europeias definem o consumidor como *"a pessoa singular que atua com fins alheios às suas atividades comerciais ou profissionais"*, mas os Estados Membros podem adotar um conceito diverso, desde que mais abrangente.

Ainda neste sentido, referindo o âmbito de aplicação do DL n.º 67/2003, cf. Rui Paulo Coutinho de Mascarenhas Ataíde, *Empreitada de imóveis e relações de consumo*, em *Revista da Faculdade de Direito da Universidade de Lisboa*, Ano LXI, 2020, N.º 2, p. 613.

[48] Relativamente ao conceito de consumidor, veja-se o Acórdão do TJUE de 2 de abril de 2020, no âmbito do Processo n.º C-329/19, no qual se analisou a situação do condomínio Meda, estabelecido em Milão (Itália), o qual, representado pelo seu administrador de condomínio, celebrou um contrato de fornecimento de energia térmica que determinava que, em caso de atraso de pagamento, o devedor incorria em «juros de mora à taxa de 9,25 %, a

devendo o uso dado ao bem ser um uso não profissional[49]-[50]. Como tem sido comummente reconhecido, o conceito de consumidor tem carácter objetivo e é independente dos conhecimentos concretos que a pessoa em questão possa ter, ou das informações de que essa pessoa realmente dispõe[51].

partir do termo do prazo previsto para o pagamento do saldo». Quando foi instado a realizar este pagamento, o condomínio deduziu oposição, alegando que era um consumidor na aceção da Diretiva 93/13, relativa às cláusulas abusivas nos contratos celebrados com os consumidores, e que a cláusula prevista no referido contrato tinha carácter abusivo. O tribunal de reenvio considerou a cláusula abusiva, mas colocou ao TJUE a questão de saber se o condomínio poderia ser considerado consumidor, tendo em conta, desde logo, a circunstância de não se estar diante de uma pessoa singular. Por não estar em causa uma pessoa singular, entendeu-se que de facto o condomínio não podia ser considerado consumidor na aceção daquela Diretiva. Contudo, a *Corte suprema di Cassazione* (Supremo Tribunal de Cassação) interpretava a legislação que transpõe a Diretiva 93/13 para o direito interno no sentido de que as normas de proteção dos consumidores nela previstas se aplicam também a um contrato celebrado com um profissional, por um sujeito de direito como o condomínio no direito italiano. Assim, uma vez que a proteção da Diretiva visa constituir um *mínimo*, nada obsta a que o direito interno assuma um nível de proteção superior, aceitando-se por isso aquela interpretação jurisprudencial.

49 Pelo que, em princípio, o consumidor não poderá ser uma pessoa coletiva. Neste sentido, Rui Paulo Coutinho de Mascarenhas Ataíde, *Empreitada de imóveis e relações de consumo*, cit., p. 613.

50 Nesse sentido, o consumidor pode ser, inclusivamente, um trabalhador, tal como decidido pelo TJUE no seu Acórdão de 21 de março de 2019, Processo n.º C-590/17, disponível em www.curia.eu. Estava em causa a seguinte situação: a empresa EDF concedeu a H. Pouvin, seu trabalhador, e à sua esposa, um empréstimo abrangido pelo programa de ajuda no acesso à habitação, destinado ao financiamento da aquisição da sua habitação principal, no montante de € 57.625,73, reembolsável em 240 mensalidades repartidas por dois períodos de amortização de dez anos, à taxa de 4,75% e de 8,75%, respetivamente. Nos termos do contrato de mútuo, este seria automaticamente resolvido no caso de o mutuário deixar de pertencer, por qualquer motivo, ao pessoal da EDF. Esta cláusula tinha por efeito tornar imediatamente exigível, em caso de cessação do contrato de trabalho, o reembolso do capital do empréstimo, sem que os mutuários tivessem incumprido as suas obrigações. O Tribunal considerou que estavam preenchidas as qualidades de consumidor, em relação ao trabalhador e à sua esposa, bem como de profissional, em sentido amplo, relativamente à empresa.

51 Veja-se o Acórdão do TJUE de 3 de setembro de 2015, Processo n.º C-110/14, disponível em www.curia.eu, no qual se referiu ainda que *"o consumidor se encontra numa situação de inferioridade relativamente ao profissional, no que respeita tanto ao poder de negociação como ao nível de informação, situação esta que o leva a aderir às condições redigidas previamente pelo profissional, sem poder influenciar o conteúdo destas"*, pelo que, mesmo tratando-se de um advogado, tal qualidade não impedia a qualificação como consumidor, desde que a celebração do contrato não estivesse relacionada com a sua atividade profissional.

Tratando-se de um consumidor que utiliza o imóvel para fim não profissional, só resta a hipótese do fim habitacional, já que qualquer outra será relacionada com o exercício de uma determinada atividade. Por outro lado, não estão abrangidos todos os imóveis com fim habitacional, já que em simultâneo se exige a presença do conceito de consumidor[52]. Por isso, se o arrendatário utilizar o imóvel para subarrendamento, por exemplo para férias, esse conceito já não estará presente.

V. O profissional poderá ser ou não uma pessoa coletiva[53]. Assim, tanto será considerado profissional o locador, propriamente dito, como o inter-

[52] O Considerando 22 da Diretiva 2019/771 esclarece que *"A definição de consumidor deverá abranger as pessoas singulares que atuem fora do âmbito da sua atividade comercial, industrial, artesanal ou profissional. No entanto, no caso dos contratos com dupla finalidade, em que o contrato é celebrado para fins tanto parcialmente abrangidos pela atividade comercial da pessoa como parcialmente exteriores a esse âmbito e em que a finalidade comercial é de tal modo limitada que não é predominante no contexto global do contrato, os Estados-Membros deverão igualmente continuar a ser livres de determinar se, e em que condições, essa pessoa deverá ser igualmente considerada um consumidor."*.

[53] No seu Acórdão de 4 de outubro de 2018, Processo C-105/17, disponível em www.curia.eu, o TJUE apreciou o conceito de profissional, a propósito da Diretiva 2005/29/CE do Parlamento Europeu e do Conselho, de 11 de maio de 2005, relativa às práticas comerciais desleais das empresas face aos consumidores no mercado interno. O litígio surgiu na sequência de a Comissão para a defesa dos consumidores da Bulgária ter aplicado coimas a uma pessoa (E. Kamenova) por esta não ter prestado informações aos consumidores em anúncios de venda de bens publicados num sítio Internet. No caso em discussão, um consumidor adquiriu um relógio no sítio Internet, o qual não correspondia às características indicadas no anúncio publicado, pelo que apresentou uma queixa, depois de o fornecedor do relógio ter recusado aceitar a sua devolução, mediante reembolso do montante pago. Verificou-se que aquele vendedor tinha oito anúncios para a venda de vários produtos no referido website.
O Tribunal sublinhou que resulta da jurisprudência que, *"em face de um profissional, o consumidor se encontra numa posição de inferioridade, na medida em que deve ser reputado economicamente mais fraco e juridicamente menos experiente que o seu cocontratante"*, pelo que o conceito de profissional é um conceito funcional, *"que implica apreciar se a relação contratual ou a prática comercial está incluída no âmbito das atividades que uma pessoa realiza a título profissional"*. Como indícios de tal circunstância, poderemos *"verificar se a venda na plataforma em linha foi realizada de forma organizada, se essa venda teve fins lucrativos, se o vendedor tem informações e competências técnicas relativas aos produtos que propõe para venda que o consumidor não tem necessariamente, de forma a colocar-se numa posição mais vantajosa face a esse consumidor, se o vendedor tem um estatuto jurídico que lhe permite praticar atos comerciais, e em que medida a venda em linha está ligada à atividade comercial ou profissional do vendedor, se o vendedor é sujeito passivo de IVA, se o vendedor, atuando em nome de um determinado profissional ou por sua conta, ou por intermédio de outra pessoa que atue em seu nome ou por sua conta, recebeu uma remuneração ou uma participação nos lucros, se o vendedor compra bens novos ou usados para revenda, conferindo, assim, a esta atividade um caráter de regularidade, uma frequência e/ou*

mediário na celebração do contrato de locação, como poderá acontecer com as agências de intermediação ou com os prestadores de serviços digitais. Com efeito, ainda que não no âmbito do contrato de locação, o TJUE já considerou que *"constitui um «profissional», na aceção desta disposição, não só a pessoa singular ou coletiva que atua com fins que se incluem no âmbito da sua própria atividade comercial, industrial, artesanal ou profissional no que respeita aos contratos abrangidos por esta diretiva mas também a pessoa singular ou coletiva que atua como intermediário, em nome ou por conta desse profissional, podendo esse intermediário e o comerciante principal ser ambos qualificados de «profissionais», na aceção desta disposição, sem que seja necessário determinar existência de uma dupla prestação de serviços"*[54]-[55].

simultaneidade em relação à sua atividade comercial ou profissional, se os produtos à venda são todos do mesmo tipo ou do mesmo valor, nomeadamente, se a proposta está concentrada num número limitado de produtos.", sem prejuízo de outros critérios, já que tal implicará uma análise casuística.
Assim, embora a análise deva ser realizada pelo órgão de reenvio, concluiu que *"o simples facto de a venda prosseguir fins lucrativos ou de uma pessoa singular publicar, de forma simultânea, um determinado número de anúncios de venda de bens novos e usados numa plataforma em linha não pode ser, por si só, suficiente para qualificar essa pessoa de «profissional» na aceção dessa disposição. Daqui decorre que uma atividade como a que está em causa no processo principal não pode ser qualificada de «prática comercial»"*.

[54] Acórdão do TJUE de 24 de fevereiro de 2022, no processo C-536/20, disponível em www.curia.eu. Neste caso, tratava-se da venda, através da Internet, de um bilhete para um espetáculo, o qual não se chegou a realizar, com danos para o consumidor que foram solicitados tanto ao intermediário vendedor do bilhete, como ao fornecedor propriamente dito, tendo sido aplicada a Diretiva 2011/83/EU, do Parlamento Europeu e do Conselho, de 25 de outubro de 2011, relativa aos direitos dos consumidores.

[55] Sem prejuízo da aplicabilidade deste regime, são igualmente aplicáveis outros dispositivos, de que constitui importante exemplo a Lei das Cláusulas Contratuais Gerais. No Acórdão de 10 de setembro de 2020, Processo n.º C-738/19, disponível em www.curia.eu, o TJUE apreciou um caso de um arrendamento por parte de uma fundação de um bem imóvel para habitação social. Nos termos do regime aplicável, caso o arrendatário não respeitasse a proibição de subarrendamento, era obrigado a pagar à fundação uma indemnização de € 5.000,00, a título de cláusula penal. Neste caso, com respeito ao disposto no artigo 3.º, n.ºs 1 e 3, e ao artigo 4.º, n.º 1, da Diretiva 93/13/CEE do Conselho, de 5 de abril de 1993, relativa às cláusulas abusivas nos contratos celebrados com os consumidores, o TJUE considerou que *"quando um órgão jurisdicional nacional analisa o caráter eventualmente abusivo de uma cláusula de um contrato celebrado com um consumidor, na aceção destas disposições, há que ter em conta, entre as cláusulas abrangidas pelo âmbito de aplicação desta diretiva, o grau de interação da cláusula em questão com outras cláusulas, em função, nomeadamente, do seu alcance respetivo. Para apreciar o eventual caráter desproporcionadamente elevado do montante da indemnização imposta ao consumidor, na aceção do ponto 1, alínea e), do anexo da referida diretiva, deve ser atribuída uma importância significativa às cláusulas relativas ao mesmo incumprimento"*.

4. O princípio da conformidade.

I. A principal novidade para o Direito interno resultante da Diretiva 1999/44/CE foi a nova lógica de funcionamento do contrato, assente na ideia de conformidade entre o bem vendido ou fornecido e o acordo contratual.

Tal como afirmado no Considerando 7 da Diretiva 1999/44/CE[56], *"o princípio de conformidade com o contrato pode ser considerado como uma base comum às*

[56] No seu Acórdão de 23 de maio de 2019, no âmbito do Processo C-52/18, disponível em www.curia.eu, o TJUE apreciou um pedido de reembolso do preço de compra de uma tenda ao abrigo do exercício, pelo consumidor, do seu direito à resolução do contrato de compra e venda. Neste caso, foi comprada, por telefone, uma tenda de cinco por seis metros, sendo que, no momento da entrega, o consumidor constatou a falta de conformidade e solicitou ao vendedor que procedesse à sua reposição, no seu domicílio, não tendo, no entanto, enviado a tenda. O vendedor não aceitou as reclamações sobre a falta de conformidade da referida tenda, considerando-as infundadas. Ao mesmo tempo, não informou que era necessário um transporte da tenda até à sede do seu estabelecimento, e também não propôs adiantar as despesas de transporte. Como não se corrigiu a desconformidade, o consumidor pediu a resolução do contrato e o reembolso do preço de compra da referida tenda, em contrapartida da restituição da mesma. O Tribunal sublinhou que, embora o artigo 3.º da Diretiva não esclareça em que lugar o bem deve ser posto à disposição do vendedor, o mesmo determina que a reparação ou a substituição deve ser efetuada sem encargos, num prazo razoável e sem grave inconveniente para o consumidor. Assim, admite que o envio de certo tipo de bens para a sede do vendedor, dadas as suas características – por exemplo o tamanho ou o peso – pode ser dissuasor dos direitos do consumidor, enquanto noutros casos tal não se verificaria. De modo que, *"os Estados-Membros continuam a ser competentes para determinar o lugar onde o consumidor tem o dever de colocar à disposição do vendedor um bem adquirido à distância, para que este seja reposto em conformidade em aplicação desta disposição. Esse lugar deve ser adequado para assegurar uma reposição em conformidade sem encargos, num prazo razoável e sem grave inconveniente para o consumidor, tendo em conta a natureza do bem e o fim a que o consumidor o destina. A este respeito, o órgão jurisdicional nacional tem o dever de efetuar uma interpretação conforme à Diretiva 1999/44, incluindo, sendo caso disso, alterar uma jurisprudência assente caso esta se baseie numa interpretação do direito nacional incompatível com os objetivos desta diretiva"*.
Contudo, concluiu também que, apesar de o vendedor estar obrigado a reembolsar o consumidor pelas despesas de transporte em que este incorra, não terá já a obrigação de as adiantar, desde que essas despesas de transporte adiantadas pelos consumidores não constituam um encargo suscetível de dissuadir um consumidor médio de exercer os seus direitos.
Por último, uma vez que o consumidor informou o vendedor da não conformidade do bem adquirido à distância, cujo transporte para a sede do estabelecimento do vendedor corria o risco de constituir, para ele, um grave inconveniente e que pôs esse bem à disposição do vendedor no seu domicílio para ser reposto em conformidade, tem direito à resolução do contrato por falta de uma solução num prazo razoável, dado que o vendedor não tomou nenhuma medida adequada para repor a conformidade do referido bem, incluindo a de informar o consumidor do lugar onde esse mesmo bem deveria ser posto à sua disposição para a referida reposição em conformidade.

diferentes tradições jurídicas nacionais", acrescentando o Considerando 10 que, *"em caso de não conformidade do bem com o contrato, os consumidores devem ter o direito de obter que os bens sejam tornados conformes com ele sem encargos, podendo escolher entre a reparação ou a substituição, ou, se isso não for possível, a redução do preço ou a rescisão do contrato"*[57]-[58].

Nesta linha, no Direito interno, o DL n.º 67/2003 passou a adotar uma lógica diversa do Código Civil. Com efeito, ao nível do Direito interno, quer no âmbito da compra e venda, quer no domínio da locação, o legislador coloca a tónica do problema nos defeitos da coisa (artigos 913.º e seguintes e artigos 1032.º e seguintes do Código Civil)[59], regime este que se mantém aplicável, desde que não se trate de um bem de consumo. Diferentemente, na linha da Diretiva 1999/44, o DL n.º 67/2003 optava pela lógica da existência de uma desconformidade entre o contrato e os bens vendidos ou locados, tal como resulta do disposto no seu artigo 3.º, n.º 1[60]-[61], sob

[57] Luís Manuel Teles de Menezes Leitão, *Caveat Venditor? A Diretiva 1999/44/CE do Conselho e do Parlamento Europeu...*, cit., p. 275, considera que se trata de uma *"garantia legal relativamente aos bens de consumo consistente na imposição da sua conformidade com as descrições constantes do contrato"*.

[58] Carlos Ferreira de Almeida, *Orientações de política legislativa adoptadas pela Directiva 1999/44/CE sobre venda de bens de consumo...*, cit., p. 111, refere que se criou *"um conceito inovador e uniforme de conformidade, aferido pela correspondência entre a coisa entregue* como é *e a coisa* como deve ser, *segundo um conjunto de parâmetros em que naturalmente o maior relevo recai sobre o acordo contratual"*.

[59] Sobre o regime dos artigos 1032.º a 1034.º do CC, cf. Luís Manuel Teles de Menezes Leitão, *Direito das Obrigações*, Volume III – Contratos em Especial, cit., pp. 308 ss, referindo a aplicação do mesmo tanto aos casos de vícios da coisa, em que esta apresenta objetivamente imperfeiçoes suficientemente graves para impedir o fim a que a mesma se destina, como a casos de falta de qualidade, em que, não havendo propriamente defeito, a coisa não é idónea para o fim a que se destina ou não apresenta as qualidades asseguradas pelo locador.
Cf. também Pedro Romano Martinez, *Direito das Obrigações (Parte Especial). Contratos...*, cit., pp. 187 ss.
Cf. ainda João Calvão da Silva, *Responsabilidade Civil do Produtor*, cit., pp. 181 ss e Pires de Lima / Antunes Varela, *Código Civil Anotado*, Volume II, cit., pp. 204 ss e pp. 360 ss.

[60] Também assim no caso da empreitada, como salienta Rui Paulo Coutinho de Mascarenhas Ataíde, *Empreitada de imóveis e relações de consumo*, cit., p. 609, ao afirmar que este regime não exige a culpa do empreiteiro, assentando antes no conceito de desconformidade, que é mais lato do que o conceito civil de defeito.
Cf. Jorge Morais Carvalho, *Manual de Direito do Consumo*, cit., pp. 270 ss; Luís Menezes Leitão, *O novo regime da venda de bens de consumo*, cit., p. 43; Manuel Januário da Costa Gomes, *Apontamentos sobre a garantia de conformidade na venda de bens de consumo*, cit., p. 18, e, do mesmo Autor, *Ser ou não ser conforme, eis a questão...*, cit., pp. 8 e seguintes.

pena de responsabilidade do vendedor. Por sua vez, de acordo com o DL n.º 84/2021, de 18 de outubro, o qual veio revogar o DL n.º 67/2003, o artigo 3.º, n.º 1, alínea b), determina a sua aplicação aos bens fornecidos no âmbito de um contrato de empreitada ou de outra prestação de serviços, bem como à locação de bens, com as necessárias adaptações. O princípio adotado continua assim a ser o da conformidade dos bens, tal como afirmado no artigo 5.º, que estabelece que o profissional deve entregar ao consumidor bens que cumpram os requisitos constantes dos artigos 6.º a 9.º, sem prejuízo do disposto no artigo 10.º.

II. Tanto o DL n.º 67/2003, como o DL n.º 84/2021, estabelecem o princípio da *conformidade do bem de consumo entregue com a garantia contratual*. Assim, reafirma-se o direito do consumidor à qualidade dos bens ou serviços, tal como consagrado no artigo 4.º da LDC, e, bem assim, na Constituição[62]. A conformidade encontra-se relacionada com a entrega do bem: o vendedor tem o dever de entregar ao consumidor bens que sejam conformes com o contrato de compra e venda[63], ainda que, muito frequentemente, só após a entrega, ou por vezes, até após a utilização do bem, é que se consiga concluir pela existência de desconformidade.

O regime aplicável às relações de consumo constitui assim um regime especial face ao consagrado no Código Civil[64], quer em sede de contrato de compra e venda, quer em sede de contrato de locação.

A desconformidade é relativa ao estado material dos bens, não abrangendo, por isso, eventuais vícios de ordem jurídica[65]-[66] e a responsabilidade

[61] Por contraste com o regime do Código Civil, em que há responsabilidade se o vendedor / locador conhecesse ou devesse conhecer os defeitos. Neste sentido, Carlos Ferreira de Almeida, *Orientações de política legislativa adoptadas pela Directiva 1999/44/CE sobre venda de bens de consumo...*, cit., p. 110.

[62] Luís Menezes Leitão, *O novo regime da venda de bens de consumo...*, cit., p. 38.

[63] Pedro Manuel Moreira da Silva Santos, *Responsabilidade civil e garantias...*, cit., p. 34.

[64] Por referência à empreitada, Rui Paulo Coutinho de Mascarenhas Ataíde, *Empreitada de imóveis e relações de consumo*, cit., p. 616.

[65] Rui Paulo Coutinho de Mascarenhas Ataíde, *Empreitada de imóveis e relações de consumo*, cit., p. 617, esclarecendo, todavia, que o conceito é mais amplo do que o de vício, defeito ou falta de qualidade da coisa na aceção do artigo 913.º do CC.

[66] Contra, Luís Manuel Teles de Menezes Leitão, *Caveat Venditor? A Diretiva 1999/44/CE do Conselho e do Parlamento Europeu...*, cit., p. 276, por considerar tal exclusão pelo menos duvidosa, face ao disposto no artigo 1.º, n.º 1, alínea f), da Diretiva 1999/44/CE.

do locador é independente de culpa, ou seja, objetiva[67]-[68]. Se a reparação da desconformidade implicar a privação de uso da coisa, o consumidor terá igualmente direito à correspondente indemnização[69].

III. Por conseguinte, atualmente, o DL n.º 84/2021, tal como o DL n.º 67/2003, assenta na ideia de conformidade, ainda que com uma técnica legislativa mais apurada e que desenvolve com detalhe este conceito. Com efeito, o artigo 5.º, com a epígrafe "Conformidade dos bens", declara que *"o profissional deve entregar ao consumidor bens que cumpram os requisitos constantes dos artigos 6.º a 9.º, sem prejuízo do disposto no artigo 10.º"*. A conformidade resulta, assim, do conjunto destes artigos, exigindo-se em simultâneo o preenchimento de:

(i) Requisitos subjetivos de conformidade (artigo 6.º);
(ii) Requisitos objetivos de conformidade (artigo 7.º)
(iii) Requisitos adicionais de conformidade dos bens com elementos digitais (artigo 8.º); e
(iv) A instalação correta dos bens (artigo 9.º).

No que concerne aos *requisitos subjetivos de conformidade*, os bens devem:

a) Corresponder à descrição, ao tipo, à quantidade e à qualidade e deter a funcionalidade, a compatibilidade, a interoperabilidade e as demais características previstas no contrato de compra e venda;
b) Ser adequados a qualquer finalidade específica a que o consumidor os destine, de acordo com o previamente acordado entre as partes;
c) Ser entregues juntamente com todos os acessórios e instruções, inclusivamente de instalação, tal como estipulado no contrato de compra e venda; e
d) Ser fornecidos com todas as atualizações, tal como estipulado no contrato de compra e venda.

[67] Rui Paulo Coutinho de Mascarenhas Ataíde, *Empreitada de imóveis e relações de consumo*, cit., p. 618.

[68] Neste sentido, cf. Luís Manuel Teles de Menezes Leitão, *Caveat Venditor? A Diretiva 1999/44/CE do Conselho e do Parlamento Europeu...*, cit., p. 265.

[69] Rui Paulo Coutinho de Mascarenhas Ataíde, *Empreitada de imóveis e relações de consumo*, cit., p. 618, referindo o caso da empreitada, com base no artigo 4.º, n.º 1, do DL n.º 67/2003, bem como no artigo 12.º, n.º 4, da Lei n.º 24/96.

Relativamente aos *requisitos objetivos de conformidade*, os bens devem:

a) Ser adequados ao uso a que os bens da mesma natureza se destinam;
b) Corresponder à descrição e possuir as qualidades da amostra ou modelo que o profissional tenha apresentado ao consumidor antes da celebração do contrato, sempre que aplicável;
c) Ser entregues juntamente com os acessórios, incluindo a embalagem, instruções de instalação ou outras instruções que o consumidor possa razoavelmente esperar receber, sempre que aplicável; e
d) Corresponder à quantidade e possuir as qualidades e outras características, inclusive no que respeita à durabilidade, funcionalidade, compatibilidade e segurança, habituais e expectáveis nos bens do mesmo tipo considerando, designadamente, a sua natureza e qualquer declaração pública feita pelo profissional, ou em nome deste, ou por outras pessoas em fases anteriores da cadeia de negócio, incluindo o produtor, nomeadamente na publicidade ou na rotulagem.

Contudo, o profissional não fica vinculado às declarações públicas se demonstrar que não tinha, nem podia razoavelmente ter, conhecimento da declaração pública em causa, ou que no momento da celebração do contrato, a declaração pública em causa tinha sido corrigida de forma igual ou comparável à forma por que tinha sido feita, ou ainda que a decisão de contratar não poderia ter sido influenciada por aquela declaração.

IV. Em consonância com as diretivas europeias, o DL n.º 84/2021 estabelece, no seu artigo 15.º, os direitos do consumidor em caso de desconformidade do bem de consumo:

a) Reposição da conformidade, através da reparação ou da substituição do bem;
b) Redução proporcional do preço; ou
c) Resolução do contrato.

O n.º 2 esclarece que o consumidor pode escolher entre a reparação ou a substituição do bem, *"salvo se o meio escolhido para a reposição da conformidade for impossível ou, em comparação com o outro meio, impuser ao profissional custos desproporcionados, tendo em conta todas as circunstâncias"*, estabelecendo assim uma regra de proporcionalidade em cumprimento do Princípio da boa fé. Para aferir da eventual desproporção, a lei manda atender ao (i) valor que os bens teriam se não se verificasse a falta de conformidade, à (ii) relevância da falta de conformidade; e (iii) à possibilidade de recurso ao meio de reposição da conformidade alternativo sem inconvenientes significativos para o consumidor.

Nesta ordem de ideias, o profissional pode recusar repor a conformidade dos bens *"se a reparação ou a substituição forem impossíveis ou impuserem custos que sejam desproporcionados, tendo em conta todas as circunstâncias"*. Essa eventual desproporção é algo que, como o TJUE tem vindo a afirmar, compete ao órgão jurisdicional interno averiguar.

Nalguns casos, o consumidor poderá optar pela redução proporcional do preço (artigo 19.º) ou pela resolução do contrato (artigo 20.º), nomeadamente quando o profissional não tenha efetuado a reparação ou a substituição do bem ou não a tenha efetuado de acordo com os trâmites legais previstos no artigo 18.º, bem como quando tenha recusado repor a conformidade dos bens ou tenha declarado, ou resulte evidente das circunstâncias, que não vai repor os bens em conformidade num prazo razoável ou sem grave inconveniente para o consumidor. Todas estas situações, previstas na alínea a) do n.º 4 deste preceito correspondem ao incumprimento, pelo profissional, da sua obrigação de garantir a conformidade do bem.

Por sua vez, as alíneas b) e c) do n.º 4 do artigo 15.º referem ainda a possibilidade de reduzir o preço ou resolver o contrato quando a falta de conformidade tenha reaparecido, apesar da tentativa do profissional de repor os bens em conformidade, assim como quando ocorra uma nova falta de conformidade, situações que já não terão relação com o cumprimento da obrigação de conformidade pelo profissional, resultando antes de circunstâncias acrescidas das quais resulta uma nova não conformidade do bem.

Pode ainda acontecer que a desconformidade do bem seja de tal modo grave que, por si só, justifique a imediata redução do preço ou a resolução do contrato de compra e venda, caso em que o consumidor não terá de passar pelo crivo prévio da reparação ou substituição (cf. o disposto no artigo 15.º, n.º 4, alínea d), do DL n.º 84/2021)[70].

O sistema de articulação dos direitos do consumidor consagrado no artigo 15.º é uma clara emanação do princípio da boa fé, concatenando os direitos do consumidor com a proporcionalidade e a razoabilidade dos deveres impostos ao profissional, atendendo assim ao facto de a desconformidade

[70] Acrescenta ainda o n.º 9 deste preceito que o direito à resolução do contrato ou à redução proporcional do preço pode ser exercido quando a falta de conformidade tenha levado ao perecimento ou deterioração do bem por motivo não imputável ao consumidor.

poder não se dever – ainda que também o possa ser – a uma imputação a título subjetivo ao profissional. Proporcionalidade essa que é reforçada pelo n.º 6 do artigo 15.º, no qual se afirma que o consumidor não tem direito à resolução do contrato se o profissional provar que a falta de conformidade é mínima.

Por outro lado, resulta desde sistema a necessidade de atender às circunstâncias do caso concreto, não se podendo assim estabelecer um *sistema rígido* de direitos, mas sim um sistema *flexível e móvel*, em função das circunstâncias de cada caso.

Apesar de o DL n.º 84/2021 não o afirmar, o profissional não pode exigir ao consumidor qualquer valor a título da utilização realizada pelo consumidor do bem. Com efeito, tal como decidido pelo TJUE no seu Acórdão de 17 de abril de 2008[71], "*O artigo 3.º da Directiva 1999/44/CE do Parlamento Europeu e do Conselho, de 25 de Maio de 1999, relativa a certos aspectos da venda de bens de consumo e das garantias a ela relativas, deve ser interpretado no sentido de que se opõe a uma legislação nacional que permite que o vendedor, no caso de ter vendido um bem de consumo não conforme, exija ao consumidor uma indemnização pelo uso do bem não conforme até à sua substituição por um novo bem*". Seria assim manifestamente contrário à boa fé que o vendedor pudesse beneficiar com a desconformidade do bem, obrigando o consumidor a pagar o valor correspondente à utilização do bem, bem esse desconforme com o contrato celebrado.

V. O DL n.º 84/2021 regula ainda aspetos adicionais, no âmbito dos contratos que incidam sobre bens digitais, matéria, portanto, que não será aplicável ao contrato de locação. Assim, o artigo 8.º estabelece os *requisitos adicionais de conformidade dos bens com elementos digitais*, obrigando o profissional a assegurar que as atualizações, incluindo as de segurança, necessárias para colocar os bens em conformidade, são comunicadas e fornecidas ao consumidor, durante o período razoavelmente esperado por este, tendo em conta o tipo e finalidade dos bens e dos elementos digitais, bem como as circunstâncias e natureza do contrato de compra e venda, sempre que o mesmo estipule um único ato de fornecimento do conteúdo ou serviço digital.

VI. O diploma tutela ainda as situações de instalação incorreta dos bens, que reconduz à falta de conformidade, desde que:

[71] Processo n.º C-404/06, disponível em www.curia.eu

a) A instalação seja assegurada pelo profissional ou efetuada sob a sua responsabilidade; ou
b) Quando seja realizada pelo consumidor, a instalação incorreta se deva a deficiências nas instruções de instalação fornecidas pelo profissional, ou, no caso de bens com elementos digitais, a instalação incorreta se deva a deficiências nas instruções de instalação fornecidas pelo profissional ou pelo fornecedor do conteúdo ou serviço digital.

Neste caso, este regime poderá aplicar-se ao contrato de locação, quando dele decorra a necessidade de se proceder à instalação do bem (móvel).

5. Outros aspetos de regime aplicáveis à locação de bens de consumo.

I. No âmbito do tema em estudo, mostra-se relevante destacar as alterações ao Decreto-Lei n.º 57/2008, de 26 de março, referente às práticas comerciais desleais e que transpôs para a ordem jurídica interna a Diretiva n.º 2005/29/CE, do Parlamento Europeu e do Conselho, de 11 de maio, na redação dada pelo DL n.º 9/2021, de 29 de janeiro.

Com efeito, o contrato de locação de bens de consumo é, não raras vezes, celebrado no seguimento da publicação de anúncios referentes aos bens, sendo por isso essencial determinar a disciplina aplicável a esta prática.

O DL n.º 57/2008, de 26 de março, com a nova redação, passou a consagrar uma noção mais ampla de «produto», que abrange também conteúdos e serviços digitais, bem como o dever de o prestador do mercado em linha informar o consumidor se o terceiro que oferece os bens ou serviços através do seu mercado em linha é ou não um profissional. Assim, define produto no seu artigo 3.º, como qualquer bem ou serviço, incluindo bens imóveis, direitos e obrigações. Por seu turno, com a alteração decorrente do Decreto-Lei n.º 109-G/2021, de 10 de dezembro, a qual apenas entrou em vigor em 28 de maio de 2022[72], passa a ser considerado produto qualquer bem ou serviço, incluindo bens imóveis, *conteúdos e serviços digitais*, bem como direitos e obrigações.

Será assim aplicável à locação de bens de consumo a proibição de práticas comerciais desleais (artigos 4.º a 6.º), bem como a proibição de ações ou omissões enganosas (artigos 7.º a 9.º).

[72] Nos termos do artigo 15.º do Decreto-Lei n.º 109-G/2021, de 10 de dezembro.

II. O Decreto-Lei n.º 109-G/2021, de 10 de dezembro, transpõe parcialmente a Diretiva (UE) 2019/2161, relativa à defesa dos consumidores[73], contribuindo para o reforço dos direitos dos consumidores, procedendo a alterações a diversos diplomas, nomeadamente o Decreto-Lei n.º 446/85, de 25 de outubro, o Decreto-Lei n.º 138/90, de 26 de abril, o Decreto-Lei n.º 70/2007, de 26 de março, o Decreto-Lei n.º 57/2008, de 26 de março, o Decreto-Lei n.º 24/2014, de 14 de fevereiro e a Lei n.º 24/96, de 31 de julho.

De referir é ainda a nova alínea n) do artigo 3.º, nos termos da qual se acrescenta o conceito de «Mercado em linha», como sendo *"um serviço com recurso a software, nomeadamente um sítio eletrónico, parte de um sítio eletrónico ou uma aplicação, explorado pelo profissional ou em seu nome, que permita aos consumidores celebrar contratos à distância com outros profissionais ou consumidores"*.

De acordo com a nova redação do artigo 8.º deste diploma – a qual, recorda-se, entrou em vigor a 28 de maio de 2022 – são consideradas ações enganosas em qualquer circunstância, entre outras, a constante na alínea n), ou seja, *"Fornecer resultados de pesquisa em resposta a uma consulta em linha do consumidor sem revelar claramente o pagamento de publicidade ou outro pagamento efetuado especificamente para obter uma classificação superior dos produtos nos resultados da pesquisa"*.

Ainda relevantes para o tema em análise são as novas alíneas cc) e dd) deste artigo 8.º, que proíbem, respetivamente, *"declarar que as avaliações de um produto são apresentadas por consumidores que o utilizaram ou adquiriram efetivamente, sem adotar medidas razoáveis e proporcionadas para verificar que essas avaliações são publicadas por esses consumidores"* e *"apresentar avaliações ou recomendações falsas de consumidores ou instruir uma terceira pessoa singular ou coletiva para apresentar avaliações ou recomendações falsas de consumidores, ou apresentar avaliações do consumidor ou recomendações nas redes sociais distorcidas, a fim de promover os produtos"*.

De destacar é também a nova alínea f) do artigo 10.º, nos termos da qual é considerada informação substancial da proposta contratual ou de convite a contratar a questão de saber, no caso de *"produtos oferecidos nos mercados em linha, se o terceiro que os oferece é ou não um profissional, com base nas declarações prestadas por esse terceiro ao prestador do mercado em linha"*.

[73] Como se refere no texto introdutório, é conhecida como a "Diretiva Omnibus»", tendo vindo a *"introduzir diversas alterações à Diretiva 93/13/CEE, do Conselho, e às Diretivas 98/6/CE, 2005/29/CE e 2011/83/UE, do Parlamento Europeu e do Conselho, com o propósito de assegurar uma melhor aplicação e a modernização das regras da União Europeia em matéria de defesa dos consumidores"*.

De realçar é também o novo artigo 10.º-A deste diploma[74], que estabelece o dever de os mercados em linha informarem os consumidores sobre os principais parâmetros determinantes da classificação das propostas apresentadas em resultado das pesquisas destes e o dever de referirem se as avaliações efetuadas por consumidores que sejam por si disponibilizadas são verificadas e de que forma o são. Contudo, este regime não se aplica a fornecedores de motores de pesquisa em linha, na aceção do n.º 6 do artigo 2.º do Regulamento (UE) 2019/1150, do Parlamento Europeu e do Conselho, de 20 de junho de 2019[75].

Afirma ainda o n.º 4 deste artigo agora aditado que, *"Caso um profissional disponibilize o acesso a avaliações efetuadas por consumidores, são consideradas substanciais as informações sobre se o profissional garante que as avaliações publicadas são efetuadas por consumidores que efetivamente utilizaram ou adquiriram os produtos e sobre os mecanismos ou ferramentas utilizadas para o efeito."*.

III. Com as alterações de dezembro de 2021, o DL n.º 24/2014, de 14 de fevereiro, que estabelece o regime dos contratos celebrados à distância e fora do estabelecimento comercial, passa a aplicar-se também aos contratos em que o fornecedor de bens ou prestador de serviços fornece ou se compromete a fornecer conteúdos digitais, quando não sejam entregues em suporte material, ou em que fornece ou se compromete a fornecer um serviço digital e o consumidor faculte ou se comprometa a facultar dados pessoais, nos termos do Regulamento Geral sobre a Proteção de Dados, sempre com a nota de que este regime só é aplicável a partir de 28 de maio de 2022[76].

Na redação atual da alínea a) do artigo 3.º deste diploma, entende-se por «Bem», *"qualquer coisa móvel corpórea, com exceção dos bens vendidos em*

[74] "Nos casos em que seja possível aos consumidores procurar produtos oferecidos por diferentes profissionais ou por consumidores com base em pesquisas sob a forma de palavra-chave, frase ou outros dados, são consideradas substanciais as informações gerais sobre os principais parâmetros que determinam a classificação dos produtos apresentados ao consumidor em resultado da pesquisa e a importância relativa desses parâmetros em comparação com outros parâmetros".

[75] Trata-se de uma pessoa singular ou coletiva que forneça ou que se proponha a fornecer motores de pesquisa em linha a consumidores.

[76] São excetuadas as seguintes situações: a) Quando os dados pessoais facultados pelo consumidor forem exclusivamente tratados para o fornecimento de conteúdos digitais que não sejam entregues em suporte material ou através de serviço digital; b) Quando sejam necessários para que o fornecedor cumpra os requisitos legais a que se encontra sujeito e não proceda ao tratamento desses dados para quaisquer outros fins.

processo executivo ou qualquer outra forma de venda judicial, incluindo água, gás ou eletricidade quando são postos à venda em volume delimitado ou em quantidade determinada".

Porém, o Decreto-Lei n.º 109-G/2021, de 10 de dezembro, introduz uma importante modificação a este conceito, que passa a comportar duas valências: *i) Qualquer bem móvel corpóreo, incluindo os bens em segunda mão e a água, o gás e a eletricidade quando colocados em venda num volume limitado ou em quantidade determinada; ii) Qualquer bem móvel corpóreo que incorpore ou esteja interligado com um conteúdo ou serviço digital, de tal modo que a falta destes impeça os bens de desempenharem as suas funções («bens com elementos digitais»)"*.

É discutível se este diploma tem aplicação à locação de bens de consumo. Com efeito, se se atender ao disposto no n.º 1 do artigo 2.º, parece ter plena aplicação, porquanto aí se afirma que o decreto-lei é aplicável *"aos contratos celebrados à distância e aos contratos celebrados fora do estabelecimento comercial, tendo em vista promover a transparência das práticas comerciais e salvaguardar os interesses legítimos dos consumidores"*. Ora, como sabemos, o contrato de locação de bens de consumo será, nos dias de hoje, muitas vezes celebrado a distância, ou fora do estabelecimento comercial, nomeadamente com recurso a plataformas digitais.

Porém, no âmbito do artigo 3.º, quando se trata das definições relevantes para a aplicação deste diploma, o legislador refere apenas o contrato de compra e venda, na alínea j), e o contrato de prestação de serviços, na alínea k). Note-se que estas alíneas constam da redação dada em dezembro de 2021.

O contrato de locação não pode ser integrado no contrato de prestação de serviços, sendo antes um contrato pelo qual se disponibiliza a outrem o gozo de uma coisa. Não é, também, um contrato de alienação, motivo pelo qual se não reconduz igualmente à compra e venda. Não obstante, ainda que se entendesse que o contrato de locação não caberia no âmbito literal deste artigo 3.º, parece-nos que o regime manteria a sua aplicação, por interpretação extensiva e sistemática, dada a similitude de situações, assumindo aqui o argumento de maioria de razão retirado do disposto no artigo 939.º do CC[77].

Assim, será aplicável à locação de bens de consumo, designadamente quando haja o recurso a plataformas digitais, o novo n.º 5 do artigo 5.º, nos

[77] Neste sentido, cf. Pedro Falcão, *O Regime da Venda de Bens de Consumo na Jurisprudência Portuguesa Recente*, cit., p. 1650, nota 2.

termos do qual *"quando o contrato for celebrado através de um meio de comunicação à distância com espaço ou tempo limitados para divulgar a informação, o fornecedor de bens ou prestador de serviços deve facultar, nesse ou através desse meio específico, antes da celebração do referido contrato, pelo menos, as informações pré-contratuais relativas às características principais dos bens ou serviços, à identidade do profissional, ao preço total, ao direito de retratação, ao período de vigência do contrato e, se este for de duração indeterminada, às condições para a sua rescisão, referidas nas alíneas a), d), e), f), g), h), i), m) e r) do n.º 1 do artigo anterior, com exceção do modelo de formulário de retratação previsto no anexo I, parte B, referido na alínea n) do mesmo preceito"*. Naturalmente que a aplicação deverá ser feita com as necessárias adaptações, considerando desde logo a circunstância de a expressão "preço" ser lida como valor do aluguer ou renda, consoante o caso.

Ainda importante é o novo artigo 4.º-A, aditado a este diploma, que vem fixar que antes da vinculação do consumidor a um contrato celebrado à distância ou a qualquer proposta correspondente, num mercado em linha, o prestador do mercado em linha deve facultar ao consumidor um conjunto de informações adicionais, de uma forma clara, compreensível e adequada ao meio de comunicação à distância[78].

[78] A) Informações gerais, disponibilizadas numa secção específica da interface em linha que seja direta e facilmente acessível a partir da página onde são apresentadas as propostas, sobre os principais parâmetros que determinam a classificação, na aceção da alínea m) do artigo 3.º do Decreto-Lei n.º 57/2008, de 26 de março, das propostas apresentadas ao consumidor em resultado da pesquisa e a importância relativa desses parâmetros em comparação com outros;
b) Informação inequívoca de que as propostas apresentadas, nomeadamente a disponibilidade e características do bem ou serviço, se referem exclusivamente às do prestador do mercado em linha;
c) Quando aplicável, a informação de que a comparação de propostas se baseia em diferentes circunstâncias, não apresentando essa comparação como um desconto;
d) Informação sobre se o terceiro que oferece os bens, serviços ou conteúdos digitais é ou não um profissional, com base nas declarações prestadas por aquele ao prestador do mercado em linha;
e) No caso de o terceiro que oferece os bens, serviços ou conteúdos digitais não ser um profissional, a informação de que os direitos do consumidor decorrentes do direito da União em matéria de defesa dos consumidores não se aplicam ao contrato celebrado;
f) O modo como as obrigações contratuais são partilhadas entre o terceiro que oferece os bens, serviços ou conteúdos digitais e o prestador do mercado em linha, sem prejuízo da responsabilidade do prestador do mercado em linha ou do terceiro profissional em relação ao contrato ao abrigo de outro direito da União ou nacional, se for o caso, nomeadamente nos termos do disposto do Decreto-Lei n.º 84/2021, de 18 de outubro;

O novo artigo 4.º-B também acrescenta algumas exigências quando o prestador do mercado em linha disponibilize o acesso a avaliações efetuadas por consumidores, o qual passa a ter de: a) assegurar a verificação de existência prévia de transação comercial efetuada por aquele consumidor, sempre que a avaliação esteja anunciada como tendo por base a aquisição prévia do produto ou serviço oferecido; b) identificar de forma clara e inequívoca a avaliação cujos autores tenham recebido algum benefício em troca da sua avaliação, quando disso tenha, ou deva ter, conhecimento; c) garantir que as avaliações são publicadas sem demora e que o seu autor pode, a qualquer momento, editar o seu conteúdo; d) assegurar que todas as avaliações, positivas ou negativas, permanecem disponíveis por idêntico período, não inferior a seis meses.

Encontra-se, pois, reforçada a proteção do locador de bens de consumo, também nos termos deste diploma legal.

g) Nos casos em que o prestador de mercado em linha aplique reduções de preços nas propostas, a informação detalhada sobre a respetiva percentagem de redução e o preço mais baixo anteriormente praticado.

E – Empreitada

EMPREITADA DE BENS DE CONSUMO

Rui Paulo Coutinho de Mascarenhas Ataíde*

Resumo: *A lei portuguesa estende o regime jurídico da venda de bens de consumo aos contratos de empreitada que se formem no âmbito das relações de consumo.*
Estas regras especiais são mais favoráveis ao consumidor do que a lei geral, dado que os meios de defesa do consumidor não exigem a culpa do empreiteiro e apenas requerem a existência de desconformidade da obra, que constitui um conceito mais amplo do que a noção de defeito da lei civil.

Palavras-chave: *empreitada/venda de bens de consumo/meios de defesa do consumidor/desconformidade/culpa*

* Professor Auxiliar da FDUL.

Abstract: *Portuguese law extends the legal regime of the sale of consumer goods to contractor agreements engaged by consumers.*
These special rules are more favorable to the consumers than the general law, since the means of consumer protection do not require the fault of the contractor and merely require the existence of non-conformity of the performance, which is a broader concept than the notion of defect under civil law.

Keywords: */sale of consumer goods/ consumer protection measures/non-conformity/fault*

1. Considerações introdutórias

Ao lado da compra e venda e da locação, o contrato de empreitada assume uma importância prática considerável na vida jurídica corrente das pessoas.

Fabrico de mobiliário, construção de edifícios e outras obras, conservação e remodelação de imóveis, reparação de electrodomésticos, automóveis e outros bens de uso quotidiano, confecção de roupa, são apenas alguns exemplos das inúmeras empreitadas que servem para satisfazer necessidades básicas dos consumidores, à luz das exigências próprias da existência contemporânea.

Torna-se, por isso, compreensível que, sempre por referência à compra e venda enquanto paradigma dos contratos onerosos, se fosse modelando gradualmente um regime específico da empreitada de consumo, à medida que a legislação de defesa do consumidor ganhou crescente densificação.

Tratou-se, contudo, de um processo legislativo complexo e acidentado, formado por várias etapas, iniciado com a Lei de Defesa do Consumidor e que culminou no recente Decreto-Lei n.º 84/2021, de 18 de Outubro, percurso que convém reconstituir, ainda que de forma sucinta, a fim de melhor compreender as soluções actualmente vigentes.

2. O percurso legislativo

I. Logo na sua redacção inicial, o artigo 2.º, n.º 1, da Lei n.º 24/96, de 31 de Julho (Lei de Defesa do Consumidor, doravante designada abreviadamente, por LDC), ao definir "consumidor", referia-se aos bens que lhe fossem "fornecidos", podendo, portanto, ser interpretado como abrangendo de modo implícito não apenas a compra e venda, mas ainda o contrato de empreitada[1].

[1] Interpretando também neste sentido amplo (que incluía a locação) a referência legal a "fornecimento" de bens, António Pinto Monteiro, *Garantias na venda de bens de consumo.*

Por força dessa referência implícita, estavam, inclusive, abarcadas as empreitadas que incidissem sobre imóveis, já então considerados bens de consumo em virtude de o artigo 4.º, n.º 3 da LDC conceder ao respectivo adquirente uma garantia mínima de cinco anos e do artigo 12.º, n.º 2, vincular o consumidor, em se tratando de bem imóvel, a denunciar o defeito no prazo de um ano após o seu conhecimento e dentro dos prazos de garantia previstos nos n.º s 2 e 3 do artigo 4.º.

De todo o modo, como a menção legal de "fornecimento" apenas se adequa, pelo seu significado, às empreitadas que tenham por objecto a construção de obra nova, pareciam estar literalmente excluídas as empreitadas que incidissem sobre coisas pré-existentes, porque aí trata-se não de "fornecer", mas de transformar, reparar, remodelar, conservar ou demolir, conforme os casos.

II. Decorridos três anos, o artigo 1.º, n.º 4, da Directiva n.º 1999/44/CE, do Parlamento Europeu e do Conselho, de 25 de Maio (relativa a certos aspectos da venda de bens de consumo e das garantias a ela concernentes), estabelecia que, para efeitos da sua aplicação, eram considerados igualmente contratos de compra e venda os contratos de *fornecimento* de bens de consumo a fabricar ou a produzir, o que permitia considerar novamente implicados, ainda que de forma indirecta, os contratos de empreitada de criação de obra nova[2].

O recurso ao conceito de *fornecimento* pela Directiva n.º 1999/44/CE foi então compreendido como solução de compromisso, própria de instrumentos de harmonização entre ordens jurídicas cujos tipos negociais (*in casu*, compra e venda e empreitada) conhecem contornos distintos[3].

A transposição da Directiva 1999/94/CE para o Direito português, Estudos de Direito do Consumidor – 5, 2003, p. 128.

[2] Como observava à época Pedro Romano Martinez, *Empreitada de bens de consumo: a transposição da Directiva n.º 1999/44/CE pelo Decreto-Lei n.º 67/2003*, Almedina, Lisboa, 2005, Estudos do Instituto de Direito do Consumo, Vol. 2, 2005, p. 13, esta equiparação ficcionada entre compra e venda e empreitada, deveria entender-se, preferivelmente, como um caso de indiferenciação contratual e uma extensão do regime do primeiro contrato ao segundo.

[3] Neste sentido, Paulo Mota Pinto, *Conformidade e garantias na venda de bens de consumo: a directiva 1999/44/CE e o direito português*, Estudos de Direito do Consumidor/dir. António Pinto Monteiro, Coimbra, n.º 2, 2000, p. 219, para quem o alargamento do conceito de contrato de compra e venda representava uma especificidade técnica própria de um instrumento – como são as directivas – de harmonização de ordens jurídicas em que os tipos negociais "compra e venda" e "empreitada" podem encontrar-se definidos com contornos diversos.

Contudo, bens de consumo eram apenas, nos termos do artigo 1.º, n.º 2, alínea b), da referida Directiva, os bens móveis corpóreos e mesmo esses com as excepções aí previstas. Quer isto dizer que, por via da LDC, o Direito português anterior à Directiva já concedia aos consumidores uma esfera de protecção mais extensa, visto abarcar, ao contrário do diploma europeu, as relações de consumo que incidissem sobre coisas imóveis, embora com a limitação de âmbito acima apontada.

O terceiro momento relevante do referido processo legislativo foi dado pelo Decreto-Lei n.º 67/2003, de 8 de Abril, que transpôs para o ordenamento nacional a Directiva n.º 1999/44/CE.

Logo na sua versão originária, o artigo 1.º, n.º 2 previa a aplicação, com as necessárias adaptações, do regime da compra e venda aos contratos de fornecimento (e de locação) de bens de consumo a *fabricar ou a produzir*. Esta menção, caso fosse interpretada *literalmente*, embora abarcasse a empreitada, teria duas consequências negativas.

Por um lado, somente admitiria as empreitadas de criação de coisas móveis *novas*, porque só estas se podem dizer fabricadas ou produzidas e, por outro, representaria um retrocesso em relação à LDC, porque parecia implicar a exclusão das próprias empreitadas de consumo que incidissem sobre imóveis. De facto, estes bens não são, em rigor, *fabricados* ou *produzidos*, mas *construídos* (em caso de obra nova) ou *reparados*, *conservados*, *remodelados* ou *demolidos* (no caso de a obra incidir sobre coisa já existente).

De todo o modo, o entendimento dominante, apoiando-se no *elemento sistemático*, já apontava no sentido de estarem incluídas as empreitadas de construção de imóveis. Com efeito, em consonância com a LDC, o Decreto-Lei n.º 67/2003 fazia incluir no âmbito dos bens de consumo as coisas imóveis (artigos 3.º, n.º 2 e 5.º, n.ºs 1 e 3), pelo que, aparentemente, apenas estariam afastadas do seu campo de aplicação as empreitadas que incidissem sobre bens imóveis (e móveis) pré-existentes[4].

Além disso, o artigo 2.º, n.º 4 do DL n.º 67/2003 equiparava a desconformidade resultante de *má instalação* do bem de consumo à falta de conformidade do próprio bem, quando a instalação fizesse parte do contrato de

[4] Admitindo logo então a empreitada de construção de imóveis, Pedro Romano Martinez, *Empreitada de bens de consumo: a transposição da Directiva n.º 1999/44/CE pelo Decreto-Lei n.º 67/2003*, pp. 15 e 20 e João Calvão da Silva, *Venda de bens de consumo: decreto-lei n.º 67/2003, de 8 de Abril: directiva 1999/44/CE: comentário*, 3.ª ed. (revista e aumentada), Coimbra, Almedina, 2004, p. 52.

compra e venda e tivesse sido efectuada pelo vendedor, ou sob sua responsabilidade, ou quando o produto, que se previsse ser instalado pelo consumidor, fosse por ele instalado e a má instalação se devesse a incorrecções existentes nas instruções de montagem.

Destarte e na medida em que a má instalação pode derivar igualmente da execução de um contrato de empreitada, também se consideravam abrangidas pelo regime legal as empreitadas que se traduzissem em obras de reparação ou modificação que envolvessem o fornecimento ou a instalação de novos bens que fossem incorporados como partes integrantes ou componentes da coisa preexistente. Seria o caso, por hipótese, em se tratando de imóveis, de a modificação consistir na incorporação de uma piscina ou no fornecimento de louças sanitárias ou elevadores ou, dizendo respeito a coisas móveis, se traduzir, por exemplo, numa reparação que exigisse a instalação de novo *software* adquirido pelo consumidor para substituir o que estava instalado no seu computador[5].

III. A extensão de regime da compra e venda às empreitadas de consumo permitida logo pela versão originária do Decreto-Lei n.º 67/2003, além de materialmente justificada em virtude de a carência de tutela dos consumidores ser equiparável, apresentou ainda a vantagem de evitar as dificuldades que, de outro modo, se poderiam suscitar sobre a qualificação da concreta espécie contratual. Com efeito, a distinção entre empreitada e compra e venda pode tornar-se complexa, sobretudo, quando alguém, obrigando-se a fazer uma coisa, assume, ainda, a obrigação de fornecer os materiais necessários à realização dessa obra.

De facto, em ambos os contratos há ou pode haver transmissão de uma coisa ou outro direito, em ambos há o pagamento de um preço e em ambos há ou pode haver o dever de entregar uma coisa. Como observa MENEZES CORDEIRO, num contrato em que uma das partes transfira para a outra a propriedade de uma coisa em troca de um preço, há pelo menos um elemento de compra e venda; será o caso, por exemplo, de um contraente se

[5] No caso dos imóveis, PEDRO ROMANO MARTINEZ, *Empreitada de bens de consumo: a transposição da Directiva n.º 1999/44/CE pelo Decreto-Lei n.º 67/2003*, p. 22, já preconizava esta solução em face da redacção primitiva do diploma, quando a reparação ou modificação do imóvel correspondesse à instalação de um bem de consumo, por força do disposto no artigo 2.º, n.º 4 e, de igual modo, CARLOS FERREIRA DE ALMEIDA, *Orientações de Política Legislativa Adoptadas pela Directiva 1999/44/CE sobre Bens de Consumo. Comparação com o Direito Vigente*, Themis, 2001, Ano 2, n.º 4, p. 118.

obrigar a construir e fornecer à contraparte uma casa edificada com materiais por si ministrados.

Em última análise, pode sempre admitir-se a existência de um contrato misto, com elementos de compra e venda e empreitada, embora o entendimento dominante nos meios doutrinários e judiciais aponte no sentido de se considerar a existência de empreitada sempre que o prestador tem que elaborar uma coisa nova, ao passo que haverá compra e venda se o contrato tiver por objecto uma coisa já existente[6]. Se ainda assim subsistirem dúvidas, deve qualificar-se o contrato como empreitada se apenas se pode retirar utilidade do bem fornecido depois de este estar montado e instalado, quando esse trabalho estiver dependente de uma determinada preparação técnica.

Deste modo, a equiparação entre compra e venda e empreitada de obra nova obtida de forma implícita por via da referência a contratos de fornecimento de bens de consumo a fabricar ou a produzir, impediu flutuações de qualificação que, de outro modo, seriam inevitáveis e que conduziriam à indevida aplicação de diferentes regimes jurídicos a situações substantivamente idênticas ou, pelo menos, semelhantes.

IV. Em seguida, o novo artigo 1.º-A, n.º 2, do Decreto-Lei n.º 67/2003, aditado pelo Decreto-Lei n.º 84/2008, de 21 de Maio, estendeu expressamente, com as necessárias adaptações, o regime da compra e venda aos bens de consumo fornecidos no âmbito de um contrato de empreitada ou de outra prestação de serviços, bem como à locação de bens de consumo. Por sua vez, o artigo 1.º-B, alínea b), também aditado pelo diploma de 2008, veio definir, de modo explícito, bem de consumo como qualquer bem corpóreo, móvel ou imóvel.

Subsistiu, porém, uma limitação importante. O Decreto-Lei n.º 67/2003, mesmo com a redacção que lhe foi dada pelo Decreto-Lei n.º 84/2008, de 21 de Maio, continuaria a não se aplicar a todas as empreitadas de consumo, uma vez que a extensão de regime operada pelo artigo 1.º-A, n.º 2, apenas abrangia os bens de consumo *fornecidos* no âmbito de um contrato de empreitada, permanecendo, portanto, excluídas as empreitadas de consumo

[6] Neste sentido, António Menezes Cordeiro, *Tratado de Direito Civil*, XII, *Contratos em Especial (2.ª Parte)*, Almedina, Coimbra, 2018, p. 844. Adriano Vaz Serra, *Empreitada*, BMJ n.º 145 (1965), p. 46, propunha que se combinasse os dois contratos em termos de um contrato misto, decomposto em dois contratos distintos, mas reunidos na mesma operação económica.

que tivessem por objecto a mera reparação, conservação ou manutenção de bens móveis ou imóveis pré-existentes, a não ser as que se inserissem no campo de aplicação do artigo 2.º, n.º 4, acima analisado, por representarem a incorporação de elementos novos.

V. O momento subsequente desta evolução legislativa é constituído por dois diplomas. Primeiro, a Directiva (UE) 2019/771 do Parlamento Europeu e do Conselho de 20 de maio de 2019, relativa a certos aspectos dos contratos de compra e venda de bens, que alterou o Regulamento (UE) 2017/2394 e a Directiva 2009/22/CE, tendo ainda revogado a Directiva 1999/44/CE[7]. Segundo, o Decreto-Lei n.º 84/2021 de 18 de Outubro que se encarregou de transpor para a ordem jurídica interna as Directivas (UE) 2019/771 e (UE) 2019/770[8].

Contudo, atendendo a que o Decreto-Lei n.º 84/2021 constitui a legislação em vigor, remete-se o seu exame para a delimitação do âmbito objectivo de aplicação do actual regime legal das empreitadas de consumo (*infra*, **3.2.**).

3. O campo de aplicação do actual regime legal das empreitadas de consumo

A aplicação da disciplina legal que rege as empreitadas de consumo depende da verificação de um determinado conjunto de pressupostos, tanto subjectivos como objectivos.

[7] Apesar de ser um instrumento de harmonização legislativa ainda recente, já existe abundante bibliografia sobre a Directiva 2019/771/UE, de 20 de Maio de 2019. Sem preocupações de exaustividade, Dirk Staudenmayer, "Les directives européennes sur les contrats numériques", Revue des contrats, n.º 4–2019, pp. 125-139, Caroline Caufmann, "New EU Rules on Business-toConsumer and Platform-to-Business Relationships", in: Maastricht Journal of European and Comparative Law, vol. 20 (2019), pp. 1-11, Mafalda Miranda Barbosa, "O futuro da compra e venda (de coisas defeituosas) ", ROA, ano 79.º (2019), pp. 723-751, Jorge Morais Carvalho, "Venda de Bens de Consumo e Fornecimento de Conteúdos e Serviços Digitais – As Diretivas 2019/771 e 2019/770 e o seu Impacto no Direito Português", Revista Electrónica de Direito, Universidade do Porto, Outubro 2019, n.º 3 (vol. 20), pp. 63-87, Kåre Lilleholt, "A Half-built House? The New Consumer Sales Directive Assessed as Contract Law", Juridica Internacional, vol. 28 (2019), pp. 3-8.

[8] Doravante, as disposições legais citadas sem indicação de fonte devem considerar-se reportadas ao Decreto-Lei n.º 84/2021, de 18 de Outubro.

3.1. O âmbito subjectivo

Apenas se pode considerar celebrada uma empreitada de consumo quando a relação contratual se estabelecer entre sujeitos que preencham os conceitos legais de "profissional" e "consumidor".

Segundo o artigo 2.º, alínea o), entende-se por profissional a pessoa singular ou colectiva, pública ou privada, que actue, inclusivamente através de qualquer outra pessoa em seu nome ou por sua conta, para fins relacionados com a sua atividade comercial, industrial, artesanal ou profissional, no que respeita aos contratos abrangidos pelo Decreto-Lei n.º 84/2021.

Por seu lado, a alínea g) define consumidor como a pessoa singular que, no respeitante aos contratos abrangidos pelo Decreto-Lei n.º 84/2021, actue com fins que não se incluam no âmbito da sua atividade comercial, industrial, artesanal ou profissional; note-se, contudo, que o artigo 49.º estabelece que a verificação de um uso profissional dos bens, conteúdos ou serviços não prejudica a aplicação do regime legal, desde que a finalidade comercial não seja predominante no contexto global do contrato, solução que vem na linha do entendimento já dominante no âmbito legislativo anterior, quando o bem ou serviço adquirido servisse essencialmente fins não profissionais[9].

A noção legal diverge do conceito de consumidor acolhido no artigo 2.º., n.º 1 LDC (e da que era adoptada pelo artigo 1.º-B, alínea a), do Decreto-Lei n.º 67/2003), uma vez que este comporta uma interpretação declarativa que abrange as pessoas colectivas ("Considera-se consumidor *todo aquele* a quem sejam fornecidos bens, prestados serviços ou transmitidos quaisquer direitos, destinados a uso não profissional…"). Agravou-se, assim, a discrepância já existente na ordem jurídica portuguesa em torno da noção de consumidor, atendendo às diversas definições que constam de várias fontes para efeitos de aplicação das respectivas disciplinas legais, em consequência, normalmente, da transposição de Directivas europeias para o Direito interno[10].

[9] Rui Ataíde, "A venda de bens de consumo. Meios de tutela do comprador e a responsabilidade directa do produtor", Revista "O Direito", Ano 149.º (2017), II – 2017, pp. 316-317.

[10] Com uma referência bastante desenvolvida à pluralidade de noções de "consumidor", Carlos Lacerda Barata, *Contratos celebrados fora do estabelecimento comercial*, Revista de Direito Civil, I/4, 2016, pp. 861-863 (nota 1).

Admitindo a extensão do consumidor às pessoas colectivas, pronunciaram-se, entre outros, António Menezes Cordeiro, "Da natureza civil do direito do consumo", in: Estudos em memória do Professor Doutor António Marques dos Santos, vol. I, Coimbra, Almedina,

Cumpre ainda ter presente que a qualidade de "consumidor" é do conhecimento oficioso do Tribunal, o qual está obrigado a verificar – sempre que disponha dos elementos necessários – se o comprador reveste essa condição, ainda que este não a tenha expressamente invocado[11].

Em suma, face aos conceitos legais acima examinados e tendo presente a noção de empreitada acolhida no artigo 1207.º do Código Civil, pode considerar-se constituída uma empreitada de consumo quando a obra for encomendada por uma pessoa singular que a destina a um uso não profissional[12], desde que o empreiteiro contratado exerça uma determinada atividade comercial, industrial, artesanal ou profissional que abranja a realização da obra em causa, mediante remuneração.

Estão, assim, excluídos do campo de aplicação da disciplina legal da empreitada de consumo os contratos celebrados entre empreiteiros e donos da obra que sejam ambos profissionais ou não profissionais, assim como as empreitadas contratadas entre empreiteiro não profissional e o dono da obra profissional.

3.2. Âmbito objectivo

Todavia, nem todas as empreitadas de consumo tal como foram delimitadas pela qualidade dos sujeitos da relação contratual, se deixam reger pelo actual regime legal, uma vez que os seus pressupostos objectivos vêm restringir esse universo.

I. Depois de estabelecida a respectiva aplicação aos contratos de compra e venda entre um consumidor e um vendedor (artigo 3.º, n.º 1), o artigo 3.º, n.º 2 da Directiva 2019/771 acrescenta que, para os seus precisos efeitos, os contratos celebrados entre um consumidor e um vendedor para o forneci-

2005, págs. 675-711 (710); António Pinto Monteiro "Sobre o direito do consumidor em Portugal e o anteprojecto de Código do Consumidor", in: Estudos de direito do consumidor, n.º 7 – 2005, págs. 245-262 (254); Carlos Ferreira de Almeida, *Direito do consumo*, Coimbra, Almedina, 2005, pp. 50-53; Paulo Mota Pinto, "Conformidade e garantias na venda de bens de consumo. A Directiva 1999/44/CE e o direito português", p. 214 (nota n.º 45), Rui Ataíde, "A venda de bens de consumo. Meios de tutela do comprador e a responsabilidade directa do produtor", p. 316.

[11] Foi a doutrina estabelecida pelo TJUE (Primeira Secção) em 4 de Junho de 2015 (Froukje Faber contra Autobedrijf Hazet Ochten BV, Processo C-497/13 (ECLI:EU:C:2015:357)).

[12] Sem prejuízo da ressalva já feita sobre o significado do artigo 49.º, que modera a exigência de o fim prosseguido pelo consumidor não ser comercial.

mento de mercadorias a fabricar ou a produzir devem ser igualmente considerados contratos de compra e venda, reproduzindo quase *ipsis verbis* o teor já analisado do artigo 1.º, n.º 4 da Directiva 1999/44/CE.

Esta disposição (em conjunto com a definição de "bens" do artigo 2.º, 5) que os cinge às coisas móveis) significa que se manteve a orientação já proveniente da anterior Directiva de apenas abranger o fornecimento de bens móveis e, dentro destes, somente compreende, em termos implícitos, as empreitadas que se traduzam na criação de obra nova. Deste modo, permaneceram afastadas do seu campo de aplicação as empreitadas de transformação, reparação, remodelação, conservação ou demolição de coisa já existente.

Em relação à Directiva 1999/44/CE, registou-se, porém, uma novidade. A Directiva (UE) 2019/771 consagrou uma noção ampla do contrato de compra e venda (artigo 2.º, 1)), entendido como o contrato ao abrigo do qual o vendedor *transfere ou se compromete a transferir* a propriedade dos bens e o consumidor paga ou se compromete a pagar o respectivo preço. Procurou-se, assim, acolher contratos de compra e venda com e sem eficácia translativa, como é próprio dos instrumentos de harmonização jurídica de ordenamentos que trabalham com modelos distintos daquele tipo contratual, uns atribuindo-lhe eficácia real (*v. g.*, artigo 408.º, n.º 1, CC), outros apenas lhe concedendo eficácia obrigacional (*v. g.*, § 433 (1), BGB).

De todo o modo, ainda que tivesse sido introduzida, nos termos do Considerando 17, para assegurar "clareza jurídica", a nova definição nada acrescentou em termos substantivos em relação ao que já resultava da referência genérica aos contratos de compra e venda que delimitava o campo de aplicação da Directiva 1999/44/CE[13].

II. Por sua vez, a lei interna, livre dos constrangimentos que afectam as Directivas com respeito à qualificação dos tipos contratuais, estabeleceu em termos expressos no artigo 3.º, n.º 1, alínea b), do Decreto-Lei n.º 84/2021 que o regime legal era aplicável aos bens *fornecidos* no âmbito

[13] A noção da Directiva (UE) 2019/771 reproduz de forma quase textual a definição de contrato de compra e venda que já constava do artigo 2.º, 5) da Directiva 2011/83/EU do Parlamento Europeu e do Conselho, de 25 de Outubro de 2011, sobre os direitos dos consumidores (compra e venda é "qualquer contrato ao abrigo do qual o profissional transfere ou se compromete a transferir a propriedade dos bens para o consumidor e o consumidor paga ou se compromete a pagar o respectivo preço, incluindo qualquer contrato que tenha por objecto simultaneamente bens e serviços").

de um contrato de *empreitada* ou de *outra prestação de serviços*, bem como à locação de bens (com as necessárias adaptações), na linha do que já dispunha o artigo 1.º-A, n.º 2, do Decreto-Lei n.º 67/2003.

O legislador português voltou, assim, a não aproveitar a possibilidade de ampliar a aplicação do regime legal às empreitadas de consumo que não envolvam o fornecimento de bens. Embora a Directiva 2019/771 seja de harmonização plena[14], confere-se, não obstante, aos legisladores nacionais certos espaços de opção que lhes permite alargar a aplicação das regras da directiva aos contratos excluídos do âmbito de aplicação da mesma, ou regular de outro modo tais contratos (Considerando 21)[15].

Manteve-se, portanto, a limitação textual assinalada ao campo de vigência do regime legal fixado pelo Decreto-Lei n.º 67/2003. Permanecem literalmente afastadas as empreitadas de consumo que tenham por objecto a mera reparação, conservação ou manutenção de bens móveis ou imóveis pré-existentes, salvo se envolverem a transmissão de um bem (novo ou usado) que seja incorporado na coisa, conforme resulta da hipótese actualmente prevista no artigo 9.º, que dispõe sobre a desconformidade resultante de instalação incorrecta de bens novos, à semelhança do que sucedia ao abrigo do artigo 2.º, n.º 4, do Decreto-Lei n.º 67/2003.

A restrição legislativa baseia-se seguramente no facto de a genuína equiparação jurídica com os contratos de compra e venda apenas se afigurar fundada em relação às empreitadas de obra nova. Com efeito, só nestas se produz também um fenómeno de aquisição da propriedade da coisa a troco do pagamento de um preço, embora por via de um mecanismo jurídico inteiramente distinto do artigo 408.º, n.º 1, que faz depender a eficácia real do mero consenso das partes (ainda que possa ser produzida em momento posterior ao da celebração), ao contrário do que sucede com o regime estabelecido no artigo 1212.º, n.ºs 1 e 2.

[14] O artigo 4.º determina que os Estados-Membros não podem manter ou introduzir no seu direito nacional disposições que concedam um nível diferente (superior ou inferior) de protecção dos consumidores.

[15] Chamando a atenção para essa possibilidade reconhecida aos legisladores nacionais, Paulo Mota Pinto, *Venda de bens de consumo. Apontamento sobre a transposição da diretiva (UE) 2019/771 e o direito português*, Estudos de Direito do Consumidor, N.º 17 – 2021, p. 515. Em Jorge Morais Carvalho, "Venda de Bens de Consumo e Fornecimento de Conteúdos e Serviços Digitais – As Diretivas 2019/771 e 2019/770 e o seu Impacto no Direito Português", pp. 67-70, traça-se um quadro em que são definidas as áreas de livre intervenção dos legisladores nacionais.

Porém, mantêm-se os inconvenientes da solução legal que já eram patentes à luz da legislação anterior. São obviamente idênticas ou, no mínimo, similares, as necessidades de protecção de um consumidor que compra um computador e do consumidor que o entrega para reparar, assim como também são equiparáveis as necessidades de protecção do consumidor que, por hipótese, encarrega o empreiteiro de construir um edifício e daquele que o incumbe de o reconstruir ou remodelar, sem que haja incorporação de elementos novos[16].

Afigura-se, decerto, difícil, sustentar um processo de interpretação extensiva, dado que o legislador não terá dito menos do que queria. Mantém-se, todavia, a necessidade de uma extensão do campo de aplicação do artigo 3.º, n.º 1, alínea b), do Decreto-Lei n.º 84/2021 (que já se afigurava justificada em face da norma contida no artigo 1.º-A, n.º 2, Decreto-Lei n.º 67/2003), em ordem a abranger as empreitadas de consumo em geral, incluindo as que tenham por objecto obras de reparação, limpeza, conservação, transformação e remodelação de móveis e imóveis, por caberem dentro do que possa ter sido a intenção reguladora do legislador, objectivamente interpretada[17].

[16] Perante a versão inicial do Decreto-Lei n.º 67/2003, era já este o entendimento de Pedro Romano Martinez, *Empreitada de bens de consumo*, p. 22, ao salientar a discrepância de resultados: se uma casa fosse construída de raiz, aplicava-se o regime das empreitadas de consumo; se foi totalmente reparada, já se aplicava a disciplina comum.

[17] Neste sentido em face do artigo 1.º-A, n.º 2, Decreto-Lei n.º 67/2003, António Menezes Cordeiro, *Tratado de Direito Civil*, XII, *Contratos em Especial* (2.ª Parte), p. 1000 (além da construção, estão incluídas a reparação e modificação de imóveis), Pedro de Albuquerque/Miguel Assis Raimundo, *Direito das Obrigações. Contratos em especial*, Coimbra, Almedina, 2.ª edição, 2019, Volume II, p. 483, Rui Ataíde, "Empreitada de bens imóveis e relações de consumo", Revista da Faculdade de Direito da Universidade de Lisboa (Lisbon Law Review), 2020, N.º 2, pp. 614-615. Por sua vez, João Cura Mariano, *Responsabilidade Contratual do Empreiteiro pelos Defeitos da Obra*, 7.ª Edição, Coimbra, Almedina, 2020 (e-book), pp. 204-205, actualmente também defende esta solução, revendo a orientação sustentada nas edições anteriores (por exemplo, 5.ª edição, pp. 235-236). Luís Menezes Leitão, *Direito das Obrigações*, Volume III – *Contratos em Especial*, 14.ª edição, Coimbra, Almedina, 2022, p. 554, sustenta o mesmo entendimento em face do DL 84/2021 (orientação que já perfilhava anteriormente).

Na jurisprudência favorável a esta tese, pode destacar-se: RG 14-02-2019 (Alcides Rodrigues) Proc. N.º 995/16, (sendo unânime que o regime do Dec. Lei n.º 67/2003 é aplicável ao contrato de construção de imóvel, desde que o dono da obra seja consumidor, não se vislumbram que razões justificam que o mesmo regime não seja aplicável quando o dono da obra contrata a reparação do imóvel, na medida em que aquilo que releva é que se esteja

III. Definidos os contratos de empreitada abrangidos pelo actual regime legal, a delimitação do seu campo objectivo de aplicação apenas se completa com a identificação dos bens que podem constituir o respectivo objecto.

Uma primeira limitação decorre logo do que se deva entender por "obra" no contexto do artigo 1207.º, do Código Civil, que dá a definição legal de empreitada. Como para estes efeitos, somente devem ser admitidas as obras que se traduzam em determinado *resultado material*[18], apenas estarão abarcadas as coisas corpóreas.

Deste modo e com respeito às coisas móveis, estão abrangidos, em primeiro lugar, os bens móveis corpóreos *tout court* (artigo 2.º, c), i)) e, em segundo lugar, os bens móveis corpóreos que incorporem ou estejam interligados com um conteúdo ou serviço digital, de tal modo que a falta destes impeça os bens de desempenharem as suas funções (artigo 2.º, c), ii), correspondendo aos «bens com elementos digitais».

Consequentemente, o regime dos bens móveis corpóreos, em especial os artigos 5.º a 21.º, aplica-se aos conteúdos ou serviços digitais incorporados em bens ou com eles interligados, e sejam fornecidos pelo profissional ou por um terceiro e, por outro lado, também abrange, além dos bens novos, os bens usados e os recondicionados[19].

perante uma relação de consumo entre o dono da obra e o empreiteiro), RC 15-06-2020 (Sílvia Pires), Proc. N.º 101/18, RP 12-10-2017 (Judite Pires), Proc. N.º 392/13, RP 16-05-2016 (Manuel Domingos Fernandes), Proc. N.º 263/13 e RP 08-05-2014 (Leonel Serôdio), Proc. N.º 298/11.
Em sentido oposto, Calvão da Silva, *Venda de bens de consumo*, 4.ª edição, Coimbra, Almedina, 2010, p. 66, Jorge Morais de Carvalho, *Os contratos de consumo: reflexão sobre a autonomia privada no direito do consumo*, Coimbra, Almedina, 2012, pp. 232-233 e *Manual de Direito do Consumo*, 6.ª edição, Coimbra, Almedina, 2019, pp. 273-274 (exigindo o fornecimento de um bem novo ou, não sendo novo, sofra uma transformação que o permita considerar como um bem distinto), Marisa Dinis, *A empreitada de imóveis: decorrente da compra e venda de consumo*, Revista Portuguesa de Direito do Consumo, N.º 87 (Set. 2016), pp. 92-93 e DIRECÇÃO-GERAL DO CONSUMIDOR, Guia das Garantias na Compra e Venda, Lisboa, 2014, 2.ª edição, p. 13. Na jurisprudência, RC 05-12-2012 (Barateiro Martins) e RL 21-02-2013 (Eduardo Azevedo), Proc. N.º 18886.

[18] O resultado material pode corresponder à criação, modificação ou transformação de uma coisa.

[19] Os bens recondicionados estão definidos de forma inovadora pelo artigo 2.º, e), como os bens que foram objecto de utilização prévia ou devolução e que, após inspecção, preparação, verificação e testagem por um profissional, são novamente colocados para venda no mercado nessa qualidade.

Relativamente aos imóveis, estão unicamente abrangidos os prédios urbanos para fins habitacionais, entendendo-se como tal qualquer edifício incorporado no solo, com os terrenos que lhe sirvam de logradouro, sendo parte integrante toda a coisa móvel ligada materialmente ao prédio com carácter de permanência (artigo 2.º, d)).

4. Aspectos gerais do regime legal da empreitada de bens de consumo

A disciplina instituída pelo Decreto-Lei n.º 84/2021 e pela Lei de Defesa o Consumidor, na parte adaptável ao contrato de empreitada, constitui lei especial com respeito às regras gerais estabelecidas no Código Civil para este tipo contratual. Por consequência, às empreitadas de consumo não serão aplicáveis as disposições gerais do Código que se revelem incompatíveis com os referidos regimes especiais, como sucede, nomeadamente, com as regras dos artigos 1218.º a 1225.º, que regem os defeitos da obra e os meios de tutela do seu dono.

Uma das diferenças mais assinaláveis consiste no carácter objectivo da responsabilidade do empreiteiro de bens de consumo, ao invés da disciplina comum da empreitada, subordinada à presunção de culpa do devedor em caso de incumprimento ou cumprimento defeituoso (artigo 799.º, n.º 1, CC). Em sede de empreitada de consumo, o empreiteiro responde objectivamente perante o consumidor, sem prejuízo do direito de regresso que lhe possa assistir contra o profissional a quem adquiriu os materiais defeituosos com que executou a obra, se esse tiver sido o caso (artigo 41.º). A responsabilidade objectiva do empreiteiro pela desconformidade da obra teve origem logo na versão originária da Lei de Defesa do Consumidor, que a consagrava de forma expressa, mantendo-se de modo implícito durante a vigência do Decreto-Lei n.º 67/2003[20].

Os meios de tutela concedidos ao consumidor são cumuláveis com os remédios gerais, designadamente, com a indemnização dos danos sofridos com o cumprimento imperfeito. Dentro do perímetro indemnizatório que assiste ao consumidor, insere-se, por exemplo, o direito à reparação dos prejuízos causados pela privação de uso da coisa enquanto a sua conformi-

[20] Como observa Calvão da Silva, *Venda de bens de consumo*, 4.ª edição, Almedina, 2010, p. 104, o consumidor pode socorrer-se dos meios legais de tutela que lhe são concedidos, independentemente de culpa do fornecedor. No mesmo sentido, João Cura Mariano, *Responsabilidade Contratual do Empreiteiro pelos Defeitos da Obra*, pp. 213-214, Pedro de Albuquerque/Miguel Assis Raimundo, *Direito das Obrigações. Contratos em especial*, pp. 489-490 e Pedro Romano Martinez, *Empreitada de bens de consumo*, p. 25.

dade é reposta, como será o caso de, por hipótese, o dono da obra ser obrigado, em se tratando de imóvel, a encontrar alojamento alternativo durante a reparação dos defeitos de que padecia a sua habitação. Com efeito, além das regras gerais sobre dever de indemnizar, a reparação do dano da privação de uso encontra ainda cobertura ao abrigo do artigo 12.º, n.º 1, LDC, que atribui ao consumidor o direito ao ressarcimento dos danos patrimoniais (e não patrimoniais) resultantes do fornecimento de bens ou prestações de serviços defeituosos[21]. O entendimento também se afigura como o que melhor defende a prescrição constitucional do artigo 60.º, n.º 1, CRP, que assegura aos consumidores o direito à reparação de danos.

5. O dever de conformidade

O dever nuclear do empreiteiro consiste na entrega da obra em conformidade com o contrato (artigos 5.º e seguintes). Mantém-se assim a orientação inspirada pelo artigo 35.º da Convenção de Viena sobre a Venda Internacional de Mercadorias e já acolhida na Directiva 1999/94/CE[22], de harmonizar a reacção contra os defeitos da coisa através da imposição de uma obrigação de conformidade, ainda que por intermédio de uma técnica legislativa diferente das anteriores. Em lugar de enumerar os critérios relevantes para uma presunção de não conformidade (como no artigo 2.º, n.º 2, do DL n.º 67/2003), ou para uma presunção de conformidade (artigo 2.º,

[21] Para João Cura Mariano, *Responsabilidade Contratual do Empreiteiro pelos Defeitos da Obra*, p. 214, o direito à indemnização consagrado no artigo 12.º, n.º 1, LDC, sujeita-se à regra geral da culpa presumida (artigo 799.º, n.º 1, CC). Contudo, na medida em que estejam em causa prejuízos resultantes da desconformidade do bem (como é o caso do dano da privação de uso), afigura-se-nos inconsistente que a sua reparação dependa de culpa que é dispensada para exigir a reposição dessa conformidade.

[22] Como observa Nuno Manuel Pinto Oliveira, *O direito europeu da compra e venda 20 anos depois. Comparação entre a Directiva 1999/44/CE, de 25 de maio de 1999, e a Directiva 2019/771/UE, de 20 de maio de 2019*, www.revistadedireitocomercial.com, pp. 1218-1224, a Directiva 1999/44/CE, de 25 de Maio de 1999, adoptou conceitos, princípios e regras correspondentes aos conceitos, aos princípios e às regras da Convenção das Nações Unidas sobre a venda internacional de mercadorias, ressalvada a diferença fundamental de a Convenção se aplicar essencialmente aos contratos comerciais e a Directiva se aplicar de modo exclusivo aos contratos de consumo. Por seu lado, a Directiva 2019/771/UE, de 20 de Maio de 2019, inspirando-se, em especial, no anteprojecto de um quadro comum de referência e na proposta de regulamento para um direito europeu comum da compra e venda, actualizou e desenvolveu os conceitos e as estruturas da Directiva 1999/44/CE, de 25 de Maio de 1999.

n.º 2, da Directiva 1999/44/CE), a lei formula agora verdadeiros requisitos de conformidade.

Em termos sistemáticos, o DL 84/2021 separou os critérios de conformidade conforme se trate de bens móveis (artigos 5.º a 21.º), imóveis (artigos 22.º a 25.º) e conteúdos ou serviços digitais (artigos 26.º a 39.º). Como a empreitada apenas pode incidir sobre coisas corpóreas, serão somente examinados os critérios de conformidade dos dois primeiros grupos de bens.

5.1. Requisitos subjectivos e objectivos de conformidade dos bens móveis

Com respeito aos bens móveis, cumpre distinguir entre requisitos subjectivos e objectivos de conformidade. Os requisitos dizem-se subjectivos quando resultam de forma directa da relação entre o dono da obra e o empreiteiro e objectivos por apenas de modo indirecto fazerem parte do contrato, uma vez que estão relacionados, principalmente, com a legítima expectativa do consumidor.

Os requisitos subjectivos estão descritos no artigo 6.º, devendo, a este título, os bens satisfazer diversas exigências.

I. Em primeiro lugar, a obra deve corresponder à descrição, ao tipo, à quantidade e à qualidade e deter a funcionalidade, a compatibilidade, a interoperabilidade e as demais características previstas no contrato (alínea a)[23].

A imposição de os bens terem que corresponder ao tipo e quantidade contratado, significa que a hipótese de *aliud pro alio*, ou seja, a entrega de obra diversa da convencionada, ainda representa uma hipótese de desconformidade.

Havendo, pelo contrário, uma falta total de cumprimento, nem sequer existe uma prestação que se possa considerar desconforme com o contrato, razão pela qual o dono da obra terá que recorrer ao regime estabelecido no artigo 11.º, n.ºs 6 a 8.

[23] Segundo as definições do artigo 2.º, deve entender-se por compatibilidade "a capacidade de os bens, conteúdos ou serviços digitais funcionarem com o *hardware* ou o *software* com que os bens, conteúdos ou serviços digitais do mesmo tipo são normalmente usados, sem necessidade de conversão", por funcionalidade "a capacidade de os bens, conteúdos ou serviços digitais desempenharem as suas funções tendo em conta a sua finalidade" e interoperabilidade "a capacidade de os bens, conteúdos ou serviços digitais funcionarem com hardware ou software diferentes dos normalmente usados com bens, conteúdos ou serviços digitais do mesmo tipo".

Quando a obra não for entregue na data fixada (artigo 11.º, n.º 6), o consumidor tem o direito de solicitar ao empreiteiro a sua entrega num prazo adicional adequado às circunstâncias, assistindo ao consumidor o direito de resolver o contrato se o profissional não entregar a obra dentro desse prazo suplementar (artigo 11.º, n.º 7). O dono da obra não terá contudo que aguardar o decurso do prazo adicional para resolver o contrato, quando i) o empreiteiro se tiver recusado a entregar a obra, ii) se o prazo fixado para a sua entrega for essencial atendendo a todas as circunstâncias que rodearam a celebração do contrato ou se o dono da obra tiver informado o profissional, antes da celebração do contrato, de que a entrega dentro de um determinado prazo ou em determinada data é essencial (artigo 11.º, n.º 8, alíneas a), b) e c).

II. Em segundo lugar, os bens devem ser adequados a qualquer finalidade específica a que o consumidor os destine, de acordo com o previamente acordado entre as partes (alínea b). Ao contrário dos restantes requisitos subjectivos, que têm necessária base contratual, a finalidade específica a que o consumidor destina o bem não tem que constar de uma estipulação contratual, podendo ter sido comunicada antes ou depois da celebração do contrato.

Em terceiro, os bens têm que ser entregues juntamente com todos os acessórios e instruções, inclusivamente de instalação, tal como convencionado (alínea c) e, por fim, devem ainda ser fornecidos com todas as actualizações, tal como estipulado no contrato (alínea d), exigência particularmente importante em relação aos bens tecnológicos e bens com elementos digitais.

III. Os requisitos objectivos de conformidade estão estabelecidos no artigo 7.º, n.º 1, alíneas a) a d).

Em primeiro lugar, devem ser adequados ao uso a que os bens da mesma natureza se destinam, o que corresponde à adequação do bem para servir a utilização normal dos bens do mesmo tipo.

Em segundo, os bens têm que corresponder à descrição e possuir as qualidades da amostra ou modelo que o profissional tenha apresentado ao consumidor antes da celebração do contrato, sempre que aplicável, entendendo-se que o profissional assegura, em relação à coisa entregue, as mesmas qualidades da amostra.

O terceiro parâmetro de conformidade baseia-se no critério das expectativas razoáveis do consumidor, impondo que os bens sejam entregues juntamente com os acessórios, incluindo a embalagem, instruções de instalação ou outras instruções que o consumidor possa razoavelmente esperar receber, sempre que aplicável, de modo que o dono da obra possa utilizar a coisa de forma adequada.

É ainda o critério da habitualidade e das expectativas razoáveis do consumidor que explica a exigência prevista na alínea d). A coisa deve corresponder à quantidade e possuir as qualidades e outras características, inclusive no que respeita à durabilidade, funcionalidade, compatibilidade e segurança, habituais e expectáveis nos bens do mesmo tipo, considerando, designadamente, a sua natureza e qualquer declaração pública feita pelo profissional, ou em nome deste, ou por outras pessoas em fases anteriores da cadeia de negócio, incluindo o produtor, nomeadamente na publicidade ou na rotulagem.

O artigo 7.º, n.º 2 vem, porém, moderar a responsabilidade do profissional prescrita na alínea d), determinando que ele não fica vinculado às declarações públicas a que se refere esta alínea se demonstrar que não tinha, nem podia razoavelmente ter, conhecimento da declaração pública em causa (artigo 7.º, n.º 2, alínea a). Se no momento da celebração do contrato, a declaração pública em causa tinha sido corrigida de forma igual ou comparável à forma por que tinha sido feita (artigo 7.º, n.º 2, alínea b) ou se a decisão de contratar não pudesse ter sido influenciada por aquela declaração (artigo 7.º, n.º 2, alínea c)[24].

[24] O preceituado no artigo 7.º, n.º 2, afigura-se parcialmente incompatível com o disposto no artigo 7.º, n.º 5 da LDC, que deve, em consequência, considerar-se tacitamente revogado, pelo menos na medida em que os âmbitos de aplicação se sobreponham. Paulo Mota Pinto, *Venda de bens de consumo. Apontamento sobre a transposição da diretiva (UE) 2019/771 e o direito português*, pp. 527-528, já alertava no sentido de o legislador nacional ser forçado a abdicar da natureza imperativa da relevância contratual, para efeitos da determinação do padrão de conformidade, das declarações publicitárias, constante do artigo 7.º, n.º 5, da Lei de Defesa do Consumidor. Acrescentava ainda que se tratava de um caso em que, claramente, a Diretiva 2019/771/UE iria determinar uma redução do nível de protecção legalmente assegurado no direito português ao consumidor, pois o profissional passaria a poder provar que não tinha, nem podia razoavelmente ter, conhecimento da declaração pública em causa (feita, por exemplo, por um terceiro importador), que no momento da celebração do contrato, a declaração pública em causa tinha sido corrigida de forma igual ou comparável à forma por que tinha sido feita, ou mesmo, simplesmente que a decisão

5.1.1. Requisitos adicionais de conformidade dos bens com elementos digitais

Quando se tratar do fornecimento de bens com elementos digitais, hipótese que também se pode verificar no âmbito das empreitadas de consumo, a lei impõe requisitos adicionais de conformidade.

Aos requisitos subjectivos e objectivos de conformidade, constantes dos artigos 6.º e 7.º, o artigo 8.º acrescenta um dever de comunicação e fornecimento de actualizações, no caso de o consumidor o poder razoavelmente esperar, em contratos de fornecimento único (artigo 8.º, n.º 1), ou durante o período estipulado, no caso de contratos de fornecimento por um período determinado, o qual não pode ser, no entanto, ser inferior a dois anos (artigo 8.º, n.ºs 2 e 3). De todo o modo, o profissional fica exonerado de responsabilidade pela falta de actualizações se o consumidor não proceder à sua instalação num prazo razoável, desde que o profissional o tenha informado de que as mesmas estavam disponíveis e quais as consequências de não serem instaladas e não exista qualquer deficiência nas instruções de actualização fornecidas (artigo 8.º, n.º 4)[25].

5.1.2. Desconformidade resultante de instalação incorrecta dos bens

Nos termos do artigo 9.º, a desconformidade pode igualmente decorrer da instalação incorrecta dos bens fornecidos no âmbito de uma empreitada de consumo, na linha do que já se previa no artigo 2.º, n.º 4, do DL n.º 67/2003.

O artigo 9.º considera existir falta de conformidade dos bens, resultante de instalação incorrecta, quando a instalação tiver sido realizada pelo profissional ou sob a sua responsabilidade (alínea a) ou quando realizada pelo consumidor, a instalação incorrecta se ficar a dever a deficiências nas instruções de instalação fornecidas pelo profissional ou, no caso de bens com

de adquirir os bens não poderia ter sido influenciada pela declaração pública (porque o consumidor não a pode ter conhecido e ter sido concretamente influenciado por esta).

[25] Segundo o artigo 8.º, n.º 5, não se verifica falta de conformidade quando, no momento da celebração do contrato, o consumidor tenha sido inequivocamente informado de que uma característica particular do bem se desviava dos requisitos constantes do n.º 1 do artigo anterior ou dos requisitos objectivos de actualização do presente artigo, e tenha aceitado, separadamente, de forma expressa e inequívoca, esse desvio. A norma consagra a primazia da autonomia privada, afastando o mecanismo da desconformidade quando o consumidor, sabendo do estado do bem, tiver assentido na sua aquisição nessas condições.

elementos digitais, também pelo fornecedor do conteúdo ou serviço digital (alínea b)).

São casos em que a desconformidade não respeita ao próprio bem vendido, mas antes a prestações de serviços conexas com o mesmo, como a sua instalação pelo profissional ou o fornecimento de instruções para o consumidor a realizar, podendo, no caso de bens com elementos digitais, as instruções deficientes partirem do fornecedor desses elementos. Neste caso, o objecto da garantia estende-se além do próprio bem vendido, para abranger situações de prestações de serviços conexas com esse bem, como a instalação pelo fornecedor ou a prestação de informações sobre como proceder a essa instalação. A importância da instalação para a utilização do bem por parte do consumidor justifica, porém, que a garantia de conformidade que a lei impõe ao profissional se estenda igualmente a essas prestações de serviços.

5.1.3. Os vícios de direito

Embora no âmbito do contrato de empreitada a existência de vícios de direito constitua seguramente uma hipótese rara, a sua eventual verificação também pode gerar desconformidade do bem. Segundo o artigo 10.º, estão, agora, em causa, direitos ou pretensões de terceiros, fundados, mormente, na protecção da propriedade intelectual, que impeçam ou limitem a utilização dos bens nos termos dos artigos 6.º a 8.º.

Quando assim for, o artigo 10.º estabelece que o consumidor tem direito aos meios de ressarcimento por falta de conformidade previstos no artigo 15.º, excepto nas situações previstas em legislação especial nos termos da qual se determine a invalidade ou a resolução do contrato.

5.1.4. A verificação da desconformidade

Resulta dos artigos 5.º e 11.º que a conformidade da obra é averiguada no momento da sua entrega ao consumidor.

O artigo 11.º, n.º 1, estabelece que a entrega ocorre quando o dono da obra ou um terceiro por ele indicado, que não o transportador, adquire a posse física do bem. Se o contrato previr a instalação do bem por conta do profissional, a coisa considera-se entregue quando a instalação se encontrar concluída (artigo 11.º, n.º 2); tratando-se de bens com elementos digitais, a coisa considera-se entregue quando a componente física dos bens seja entregue e o fornecimento do conteúdo ou serviço digital seja realizado, caso se trate de acto único, ou iniciado, caso se trate de fornecimento contínuo (artigo 11.º, n.º 3).

Esta solução significa que a transferência do risco apenas se produz com a entrega, representando assim, em alguns casos, um desvio em relação ao regime geral do risco no contrato de empreitada, acolhido no artigo 1228.º, n.º 1, CC, que, seguindo a regra *res perit domino*, faz correr por conta do proprietário o risco de perecimento ou deterioração da coisa[26].

Com efeito, tendo a empreitada por objecto a construção de imóveis, opera o princípio *superfície solo cedit* consagrado no artigo 1212.º, n.º 2, ou seja, pertence ao dono do solo tudo quanto aceder à superfície. No caso típico de o dono da obra ser dono do terreno ou da superfície, a coisa final é sua propriedade, mesmo quando os materiais sejam fornecidos pelo empreiteiro (artigo 1212.º, n.º 2, 1.ª parte), porque neste caso os materiais vão sendo adquiridos pelo dono à medida que sejam incorporados no solo (artigo 1212.º, n.º 2, 2.ª parte). Logo, o dono da obra adquire a propriedade do imóvel quando o empreiteiro o der por concluído e pronto para entrega, pelo que o risco começa a correr por conta do dono a partir desse momento, por força do estipulado no artigo 1228.º, n.º 1, CC.

Ora, ao exigir a conformidade da coisa no momento da entrega, o DL 84/2021 – à semelhança do que já sucedia perante o artigo 3.º, n.º 1, do DL n.º 67/2003 – faz correr por conta do empreiteiro o risco concernente ao período intercalar entre a conclusão da obra (em que o dono da obra já é proprietário nos termos do artigo 1212.º, n.º 2) e a sua entrega. Não seria de facto compatível com o escopo de defesa do consumidor que o risco já estivesse a correr por sua conta antes ainda de a coisa lhe ser entregue.

5.1.5. Ónus da prova da desconformidade

Segundo as regras gerais de distribuição do ónus da prova, compete ao consumidor demonstrar que a desconformidade da obra já existia no momento em que foi entregue, visto que o empreiteiro não responde pelos defeitos posteriores. Porém, esse esforço probatório está facilitado pelo artigo 13.º, n.º 1, que estabelece a presunção de que as desconformidades que se manifestem no prazo de dois anos a contar da data da entrega do bem,

[26] Tratando-se de empreitada de construção de coisa móvel com materiais fornecidos, no todo ou na sua maior parte, pelo empreiteiro, a solução do DL 84/2021 é compatível com o Código Civil, dado que só a aceitação da coisa (a qual apenas tem lugar evidentemente após a sua entrega) importa a transferência da propriedade para o dono da obra (artigo 1212.º, n.º 1).

já existiam nessa data, salvo quando essa presunção for incompatível com a natureza do bem ou com as características da falta de conformidade; decorrido este prazo, cabe ao consumidor a prova de que a falta de conformidade existia à data da entrega do bem (artigo 13.º, n.º 4).

A solução representa, de todo o modo, um relativo recuo do estatuto do consumidor em relação ao anterior estado de coisas legislativo. Com efeito, ao abrigo do DL n.º 67/2003, o tempo de vigência da presunção de desconformidade (artigo 3.º, n.º 2) correspondia por inteiro ao prazo de garantia legal estabelecido no artigo 5.º, n.º 1, ao passo que, actualmente, a presunção de desconformidade relativa aos bens móveis é inferior ao prazo de três anos em que vigora a garantia legal (artigo 12.º). Este desfasamento significa que, em termos práticos, a garantia apenas vai funcionar nos dois primeiros anos, porque os consumidores comuns não têm meios económicos para custear as perícias necessárias à demonstração da data de origem da desconformidade e, se os tiverem, também não haverá, nas mais das vezes, racionalidade económica que justifique esse encargo, atenta a relação entre o custo de tais exames e o valor de mercado da larga maioria dos bens de consumo[27].

Quando se tratar de bens com elementos digitais, a presunção de desconformidade vigora igualmente pelo prazo de dois anos (artigo 13.º, n.º 2), se os bens resultarem de um acto único de fornecimento; caso se trate de contratos que estabeleçam o fornecimento contínuo de bens ou serviços digitais durante um determinado período, recai sobre o fornecedor o ónus da prova relativo à conformidade do conteúdo ou serviço digital durante o período de três anos ou do período contratual de fornecimento, se for superior (artigo 14.º).

5.1.6. Os meios de tutela do consumidor em caso de desconformidade da obra

I. O profissional é responsável por qualquer falta de conformidade que se manifeste no prazo de três anos a contar da entrega do bem (artigo 12.º), embora, como já se sublinhou, a elevação da garantia legal em um ano tenha sido esvaziada em termos efectivos, visto a presunção de desconformidade se manter em dois anos a contar da entrega do bem.

[27] Seja como for, o legislador interno estava impedido de ir mais além em face do preceituado no artigo 11.º, n.º 1 e 2, da Directiva (UE) 2019/771, que o proibia de introduzir um nível mais elevado de protecção do consumidor.

Em caso de desconformidade, assiste ao dono da obra um importante conjunto de meios de tutela, prescritos no artigo 15.º, n.º 1: reparação ou substituição do bem (alínea a)), redução proporcional do preço (alínea b)) ou a resolução do contrato (alínea c)).

Antes do seu exame em separado, justificam-se algumas considerações de ordem geral.

Em vez da alternatividade de direitos prevista no artigo 4.º, n.º 5, do Decreto-Lei n.º 67/2003, somente limitada pela possibilidade do seu exercício e pela proibição do abuso de direito, estabeleceu-se, agora, uma hierarquia dos remédios aplicáveis que vem pôr termo a um regime que não permitia controlar em termos razoáveis os meios de tutela concretamente escolhidos pelo consumidor.

A solução actual exprime, assim, um ponto de equilíbrio mais adequado entre os interesses do consumidor e os do profissional, nomeadamente quando o consumidor pretende resolver o contrato ou reduzir o preço, podendo o profissional proceder facilmente à reparação ou substituição dos bens. Dá-se, pois, primazia aos meios de tutela que asseguram a prevalência do convencionado, ou seja, o cumprimento do contrato com a entrega de bens conformes[28].

De todo o modo, o artigo 16.º, aproveitando a abertura consentida pelo artigo 3.º, n.º 7, da Directiva (UE) 2019/771 que oferece aos Estados-membros a possibilidade de criarem um meio de defesa específico caso a falta de conformidade dos bens se manifeste dentro de um prazo curto após a entrega, confere ao consumidor o direito de rejeição dos bens quando a falta de conformidade se manifeste no prazo de 30 dias após a entrega. Neste caso, o consumidor pode solicitar a imediata substituição do bem ou a resolução do contrato, faculdade inspirada na figura anglo-saxónica do "right to reject"[29].

Assinale-se que neste caso o contrato de financiamento eventualmente coligado pode extinguir-se por resolução declarada pelo consumidor à instituição de crédito, nos termos do artigo 18.º, n.º 3 do DL n.º 133/2009,

[28] Já nos pronunciámos contra a anterior solução legislativa em Rui Ataíde "A venda de bens de consumo. Meios de tutela do comprador e a responsabilidade directa do produtor", Revista "O Direito", Ano 149.º, II – 2017, pp. 323-325, onde podem ser consultadas outras referências doutrinárias.

[29] Neste último sentido, Sandra Passinhas, *O novo regime da compra e venda de bens de consumo – exegese do novo regime legal*, Revista de Direito Comercial, p. 1488, www.revistadedireitocomercial.com.

de 02 de Junho, que dispôs sobre contratos de crédito a consumidores, transpondo para a ordem jurídica interna a Directiva n.º 2008/48/CE, do Parlamento e do Conselho, de 23 de Abril, relativa a contratos de crédito aos consumidores.

De facto, esta norma permite que, no caso de incumprimento ou de desconformidade no cumprimento de contrato de compra e venda ou de prestação de serviços coligado com contrato de crédito, o consumidor que, após interpelação do vendedor, não tenha obtido deste a satisfação do seu direito ao exacto cumprimento do contrato, pode interpelar o credor para exercer qualquer uma das seguintes pretensões:

a) A excepção de não cumprimento do contrato;
b) A redução do montante do crédito em montante igual ao da redução do preço;
c) A resolução do contrato de crédito.

II. Por seu lado, o artigo 15.º, n.º 7, atribui ao consumidor o direito de recusar o pagamento de qualquer parte remanescente do preço ao profissional até que este cumpra os deveres previstos no DL n.º 84/2021. A disposição significa a consagração, em termos que não são particularmente felizes, da excepção de não cumprimento, visto a recusa de pagamento só estar prevista para uma parte remanescente do preço. Ora, a desconformidade pode revestir-se de uma tal gravidade que equivalha à frustração das utilidades próprias do não cumprimento *tout court*, quando se trate, por hipótese, de uma anomalia que impeça em absoluto o funcionamento do bem; neste caso, a boa-fé que rege a execução da relação contratual (artigo 762.º, n.º 2, do Código Civil) justifica que o consumidor recuse na totalidade o cumprimento da prestação de preço, enquanto a conformidade não for reposta.

Ainda em termos gerais, assinale-se que o artigo 15.º, n.º 10, estabelece a transmissão dos direitos previstos no preceito ao terceiro adquirente do bem a título gratuito ou oneroso. Embora o negócio com o terceiro adquirente já não constitua um contrato de consumo dado que o alienante não é profissional, a disposição visa assegurar a neutralidade da transmissão em relação ao empreiteiro, que fica perante o terceiro na mesma posição jurídica que detinha perante o dono da obra, visto não haver renovação dos prazos legais concedidos ao primeiro adquirente, sendo ainda indiferente o número de alienações, porquanto o empreiteiro responderá sempre perante o último adquirente. De todo o modo, o terceiro adquirente não poderá em rigor exercer todos os direitos concedidos pelo preceito ao dono da obra. Com efeito, apenas este pode requerer a redução do preço e a resolução do contrato, porquanto estes mecanismos repercutem-se no contrato de empreitada, modificando-o ou extinguindo-o, pelo que somente as próprias partes os podem activar.

Registe-se, finalmente, que os meios de tutela do dono da obra gozam de carácter imperativo nos termos do artigo 51.º, n.º 1, que determina a nulidade do acordo ou cláusula que exclua ou limite os direitos conferidos ao consumidor. Trata-se de uma nulidade atípica, não passível de conhecimento oficioso pelo Tribunal e apenas invocável pelo consumidor ou os seus representantes, o qual pode optar pela nulidade de todo o contrato ou pela sua subsistência sem a (s) cláusula (s) nula (s), nos termos dos artigos 16.º, n.º 2 e 3, da Lei 24/96, aplicáveis por remissão do artigo 51.º, n.º 2, do Decreto-Lei n.º 84/2021.

Cabe, agora, analisar em separado os diversos meios de tutela do dono da obra.

A) Reposição da conformidade

Com respeito à reposição da conformidade, o dono da obra pode escolher, nos termos do artigo 15.º, n.º 2, entre a reparação ou a substituição do bem, salvo se o meio escolhido para a reposição da conformidade for impossível ou, em comparação com o outro meio, impuser ao profissional custos desproporcionados, tendo em conta todas as circunstâncias, incluindo o valor que os bens teriam se não se verificasse a falta de conformidade (alínea a), a relevância da falta de conformidade (alínea b) e a possibilidade de recurso ao meio de reposição da conformidade alternativo sem inconvenientes significativos para o consumidor (alínea c).

Por seu lado, o artigo 15.º, n.º 3 permite que o empreiteiro recuse a reposição da conformidade se a reparação ou a substituição dos bens forem impossíveis ou impuserem custos que sejam desproporcionados, tendo em conta todas as circunstâncias, incluindo as que são mencionadas nas alíneas a) e b) do número anterior.

Compete ao consumidor desencadear o processo de responsabilização do profissional, comunicando-lhe a falta de conformidade e colocando o bem à sua disposição e às expensas dele (artigo 18.º, n.º 1). A comunicação da falta de conformidade configura uma verdadeira denúncia do defeito, embora tenha sido eliminado o ónus que gravava o consumidor de denunciar o defeito dentro de determinado prazo após o seu conhecimento (que no âmbito do Decreto-Lei n.º 67/2003, era de dois meses) e da consequente caducidade dos direitos do consumidor, restabelecendo-se a inexistência de obstáculos ao exercício de direitos de que o consumidor dispõe durante o prazo de garantia dos bens.

Segundo o artigo 18.º, n.º 2, o dever de reparar ou substituir o bem deve ser cumprido a título gratuito, num prazo razoável a contar do momento em que o profissional tenha sido informado pelo consumidor da falta de conformidade e sem grave inconveniente para o consumidor, tendo em conta a natureza dos bens e a finalidade a que o consumidor os destina (alíneas a), b) e c)).

O prazo para a reparação ou substituição não deve exceder os 30 dias, salvo nas situações em que a natureza e complexidade dos bens, a gravidade da falta de conformidade e o esforço necessário para a conclusão da reparação ou substituição justifiquem um prazo superior (artigo 18.º, n.º 3). Em caso de reparação, o bem reparado beneficia de um prazo de garantia adicional de seis meses por cada reparação até ao limite de quatro reparações, devendo o profissional, aquando da entrega do bem reparado, transmitir ao consumidor essa informação (artigo 18.º, n.º 4).

Se a reparação impuser a remoção do bem que tenha sido instalado de uma forma compatível com a sua natureza e finalidade antes de a falta de conformidade se ter manifestado, a obrigação do profissional inclui a remoção do bem não conforme e a instalação de bem reparado ou substituto, a suas expensas (artigo 18.º, n.º 5).

Por seu lado, o artigo 18.º, n.º 6 estabelece que, havendo substituição do bem, o profissional é responsável por qualquer falta de conformidade que ocorra no bem sucedâneo, nos termos gerais preceituados no artigo 12.º. Por fim, o artigo 18.º, n.º 7 determina que, em caso de substituição do bem, não pode ser cobrado ao consumidor qualquer custo inerente à normal utilização do bem substituído.

B) Redução proporcional do preço e resolução do contrato

I. De acordo com a hierarquia dos meios de tutela, o dono da obra só pode recorrer à redução proporcional do preço nos termos do artigo 19.º, ou à resolução do contrato, nos termos do artigo 20.º, quando se verificar uma das hipóteses previstas no artigo 15.º, n.º 4, alíneas a), b), c), d)).

Em primeiro lugar, quando o profissional não tiver efectuado a reposição da conformidade da obra de todo ou nos termos exigidos, quando tiver recusado essa reposição ou se declarar, ou resultar evidente das circunstâncias, que não vai repor os bens em conformidade num prazo razoável ou sem grave inconveniente para o consumidor (alínea a)).

Em segundo, se a falta de conformidade reaparecer apesar da tentativa do profissional de repor os bens em conformidade, se ocorrer uma nova falta de conformidade ou quando a gravidade da falta de conformidade justifique a imediata redução do preço ou a resolução do contrato (alíneas b), c), d)).

A redução do preço deve ser proporcional à diminuição do valor dos bens que foram recebidos pelo consumidor, em comparação com o valor que teriam se estivessem em conformidade (artigos 15.º, n.º 5 e 19.º)[30].

O consumidor não tem direito à resolução do contrato se o profissional provar que a falta de conformidade é mínima (artigo 15.º, n.º 6). A resolução é feita por declaração extrajudicial à contraparte mediante qualquer meio susceptível de prova, nos termos gerais (artigo 20.º, n.º 1 e 2). Se a falta de conformidade respeitar a uma parte dos bens, o consumidor tem o direito de resolver o contrato na parte relativa ao bem não conforme ou a quaisquer bens adquiridos conjuntamente com o bem não conforme, caso não seja razoavelmente expectável que o consumidor aceite a manutenção do contrato apenas com os bens conformes (artigo 20.º, n.º 3).

O direito à resolução do contrato ou à redução proporcional do preço ainda pode ser exercido quando a falta de conformidade tenha levado ao perecimento ou deterioração do bem por motivo não imputável ao consumidor (artigo 15.º, n.º 9). Na linha do que já estabelecia o artigo 4.º, n.º 4 do DL n.º 67/2003, estão abrangidos os casos em que o perecimento ou a deterioração sejam consequência de desconformidades que, já existindo no momento da entrega, apenas se manifestaram por força da verificação de certas circunstâncias mais extremas que activaram defeitos ocultos. A norma tem a vantagem para o consumidor de afastar o disposto no artigo 432.º, n.º 2, CC, que proíbe a resolução do contrato pela parte que, por circunstâncias não imputáveis ao outro contraente, esteja impedida de restituir o que houver recebido[31].

No prazo de 14 dias a contar da data em que seja informado da decisão de resolução do contrato, o empreiteiro deve reembolsar o dono da obra de

[30] O teor do artigo 19.º repete desnecessariamente o preceituado no artigo 15.º, n.º 5.

[31] Em RC 16-02-2016 Proc. N.º 12/14 (Arlindo Oliveira), decidiu-se que, no caso do dono da obra já não se encontrar em condições de devolver a obra realizada, pode resolver o contrato, se a impossibilidade de devolução resultar de acto imputável ao empreiteiro, nomeadamente quando ocorre em consequência do defeito existente na obra.

todos os pagamentos recebidos, incluindo os custos de entrega do bem, devendo, ainda, remover os bens a título gratuito, sempre que a resolução do contrato de compra e venda assim o exija (artigo 20.º, n.º 6 e 8); salvo situações em que lhe incumba a recolha do bem, o profissional pode proceder à retenção do reembolso enquanto os bens não forem devolvidos ou o consumidor faça prova do seu envio (artigo 20.º, n.º 7).

5.1.7. Caducidade dos meios de defesa do dono da obra

O artigo 17.º estabelece que os direitos atribuídos ao consumidor pelo artigo 15.º, caducam decorridos dois anos a contar da data da comunicação da falta de conformidade, suspendendo-se nas seguintes situações: a) desde a colocação do bem à disposição do profissional com vista à realização das operações de reparação ou substituição até à reposição da conformidade e disponibilização do bem ao consumidor; b) durante o período temporal em que durar a tentativa de resolução extrajudicial do conflito de consumo que opõe o consumidor ao profissional ou ao produtor.

5.2. O dever de conformidade dos bens imóveis

A existência de um regime especial da empreitada de consumo de bens imóveis permanece como vantagem adicional concedida aos consumidores pelo legislador interno já desde a Lei de Defesa do Consumidor, uma vez que a Directiva 2019/771 continua a limitar o âmbito dos bens de consumo aos bens móveis tangíveis (artigo 2.º, 5)), mantendo a orientação que já constava do artigo 1.º, 2, b) da Directiva 1999/44[32].

Como oportunamente se registou, apenas estão abrangidos os prédios urbanos para fins habitacionais, entendendo-se como tal qualquer edifício incorporado no solo, com os terrenos que lhe sirvam de logradouro, sendo parte integrante toda a coisa móvel ligada materialmente ao prédio com carácter de permanência (artigo 2.º, d)).

Embora se compreenda, atendendo ao próprio conceito de consumidor, a limitação aos prédios urbanos com fins habitacionais, a discriminação dos prédios rústicos, sem prever quaisquer excepções, pode implicar consequências indesejáveis. Por exemplo, o proprietário de um terreno que o cultive para seu próprio consumo e contrate um empreiteiro profissional

[32] Como assinala Sandra Passinhas, *O novo regime da compra e venda de bens de consumo – exegese do novo regime legal*, p. 1517, a regulamentação interna não corresponde à transposição de qualquer directiva europeia.

para lhe construir um armazém onde guardar as alfaias agrícolas (hipótese que parece caber no conceito de prédio rústico do artigo 202.º, n.º 2, primeira parte do Código Civil, porque se trata de uma construção sem autonomia económica), não beneficia do regime específico da lei do consumo, mas apenas da disciplina comum (artigos 1207.º e seguintes, CC), sem que haja fundamento material que suporte os diferentes enquadramentos normativos.

À semelhança do estabelecido para os bens móveis, o artigo 22.º, n.º 1 determina igualmente que o profissional deve entregar ao consumidor bens imóveis que estejam em conformidade com o contrato e que apresentem características de qualidade, de segurança, de habitabilidade, de protecção ambiental e de funcionalidade, de modo a assegurarem a aptidão dos mesmos ao uso a que se destinam durante o período de vida útil técnica e economicamente razoável[33].

Ao contrário da solução adoptada com respeito ao fornecimento de bens móveis, o legislador conservou a técnica das presunções de desconformidade, à semelhança do que já constava do artigo 2.º, n.º 2, do DL n.º 67/2003[34].

O artigo 22.º, n.º 2 configura assim quatro hipóteses de presunções de desconformidade dos imóveis:

a) Quando os bens sejam desconformes com a descrição que deles foi feita ou não possuam as qualidades apresentadas pelo empreiteiro, através de uma amostra ou modelo apresentados ao consumidor.
   O âmbito desta previsão excede o alcance do regime geral previsto no Código Civil sobre os defeitos da obra, porquanto abrange, além do clausulado contratual, as simples declarações de ciência do empreiteiro;
b) Se os bens não forem adequados ao uso específico para o qual o consumidor os destine, desde que o profissional tenha sido informado de tal uso aquando da celebração do contrato e o tenha aceitado;

[33] Diz o artigo 22.º, n.º 3 que as características de qualidade, segurança, habitabilidade, protecção ambiental e de funcionalidade são descritas na ficha técnica da habitação a que se refere o artigo 4.º do Decreto-Lei n.º 68/2004, de 25 de Março.

[34] A técnica das presunções de desconformidade sofreu a crítica de Luís Menezes Leitão, *Direito das Obrigações, III- Contratos em especial*, 12.ª ed., Coimbra, Almedina, 2018, p. 142: "não se vê como se pode presumir uma situação em resultado de um facto negativo, quando corre por conta do vendedor o ónus da prova de ter cumprido a obrigação de entrega dos bens em conformidade com o contrato".

c) Quando não forem adequados às utilizações habitualmente dadas aos bens do mesmo tipo, ou seja, se não permitirem um uso normal;
d) Não apresentarem as qualidades e o desempenho habituais nos bens do mesmo tipo e que o consumidor pode razoavelmente esperar, atendendo à natureza do bem e, eventualmente, às declarações públicas sobre as suas características concretas feitas pelo profissional, pelo produtor ou pelo seu representante, nomeadamente na publicidade.

Também agora a discrepância prevista nesta última alínea entre a obra realizada e as declarações públicas sobre as suas características concretas, em especial, mediante publicidade, releva como indício de desconformidade, representando um novo caso de relevância de declarações que não faziam parte do enunciado negocial, à semelhança do que se assinalou em relação ao estabelecido na alínea a) deste preceito e alargando nessa medida, a esfera de protecção do consumidor em relação à disciplina geral da empreitada estabelecida no Código Civil[35].

Verificado um destes indícios, cabe ao empreiteiro ilidir a presunção de desconformidade. Este regime só não se aplica se, conforme prevê o artigo 22.º, n.º 4, no momento em que for celebrado o contrato, o consumidor tivesse conhecimento da falta de conformidade ou não a pudesse razoavelmente ignorar ou se esta decorrer dos materiais que ele próprio forneceu (designadamente, projectos, estudos, máquinas ou terrenos). Todavia, no âmbito do contrato de empreitada de obra nova, será de verificação rara a hipótese de o consumidor ter (ou dever ter) conhecimento da falta de conformidade quando é celebrado o contrato, dado que a obra vai necessariamente ser realizada após a sua celebração, salvo se a desconformidade resultar dos materiais por si fornecidos[36].

[35] Salientando este desvio em relação às regras gerais sobre empreitada, acolhidas no Código Civil, João Cura Mariano, *Responsabilidade Contratual do Empreiteiro pelos Defeitos da Obra*, p. 211 e Pedro de Albuquerque/Miguel Assis Raimundo, *Direito das Obrigações*, Volume II, p. 487 (sublinhando que no regime geral só se poderia entender do mesmo modo caso se demonstrasse que tais declarações faziam parte integrante do contrato de empreitada, o que nem sempre é fácil). Estamos contudo em crer que a responsabilidade do empreiteiro se poderia sempre afirmar no quadro da *culpa in contrahendo.*

[36] Neste sentido, Rui Ataíde, "Empreitada de bens imóveis e relações de consumo", p. 620 e Pedro de Albuquerque/Miguel Assis Raimundo, *Direito das Obrigações*, Volume II, p. 489, que salientam estar a norma pensada para o paradigma da venda de coisa específica e actual.

5.2.1. Responsabilidade pela desconformidade dos bens imóveis

Segundo o artigo 23.º, o empreiteiro responde perante o dono da obra por qualquer falta de conformidade que exista quando o bem imóvel lhe é entregue e se manifeste no prazo de dez anos, em relação a desconformidades relativas a elementos construtivos estruturais (artigo 23.º, n.º 1, alínea a)), ou no prazo de cinco anos, quanto às restantes faltas de conformidade (artigo 23.º, n.º 1, alínea b)). Foram, assim, reforçados os direitos do consumidor em caso de falta de conformidade dos bens imóveis, alargando-se para 10 anos o respectivo prazo de garantia quando se tratar de desconformidades relativas a elementos construtivos estruturais, mantendo-se o actual prazo de 5 anos quanto às restantes desconformidades.

Ao invés da deficiente solução adoptada em sede de bens móveis (artigos 12.º, n.º 1 e 13.º, n.º 1), o tempo de vigência destas presunções de desconformidade corresponde inteiramente aos prazos de garantia legal. Com efeito, a falta de conformidade que se manifeste nos prazos referidos no artigo 23.º, n.º 1 presume-se existente aquando da entrega do bem imóvel, salvo quanto tal for incompatível com a natureza da coisa ou com as características da falta de conformidade (artigo 23.º, n.º 4). A solução reverte, assim, no encargo imposto ao empreiteiro de demonstrar, durante o período de garantia, que a desconformidade não existia no momento da entrega do bem.

Os prazos fixados no artigo 23.º, n.º 1, alíneas a) e b) suspendem-se a partir da data da comunicação da falta de conformidade pelo empreiteiro ao dono da obra e durante o período em que este estiver privado do uso do bem (artigo 23.º, n.º 3). Havendo substituição do bem imóvel, ou de alguma das suas partes integrantes, o profissional é responsável por qualquer falta de conformidade que ocorra no bem sucedâneo (artigo 23.º, n.º 2).

5.2.2. Os meios de tutela do dono da obra

Divergindo da decisão tomada a respeito dos bens móveis, o legislador manteve, no regime dos imóveis, a ausência de hierarquização dos remédios ao dispor do consumidor, em caso de desconformidade da obra. Com efeito, o artigo 24.º, n.º 1 vem estabelecer que "em caso de falta de conformidade do bem imóvel, o consumidor tem direito a que esta seja reposta, a título gratuito, por meio de reparação ou de substituição, à redução proporcional do preço ou à resolução do contrato".

O artigo 24.º, n.º 2, acrescenta que "o consumidor pode exercer qualquer dos direitos referidos no número anterior, salvo se tal se manifestar impossível ou constituir abuso de direito, nos termos gerais", o que requer um juízo concreto de proporcionalidade, que poderá redundar, em última análise, numa hierarquização prática dos remédios[37].

À semelhança da solução adoptada para os bens móveis, também se eliminou o ónus que impendia sobre o dono da obra de denunciar o defeito dentro de determinado prazo após o seu conhecimento, com a consequente caducidade dos seus direitos.

De todo o modo, participados os defeitos, o artigo 25.º, n.º 1 estabelece que os direitos atribuídos ao consumidor caducam decorridos três anos a contar da data da comunicação da desconformidade. Dá-se contudo a suspensão deste prazo entre a data de comunicação da falta de conformidade ao profissional e a conclusão das operações de reparação ou substituição (artigo 25.º, n.º 1, alínea a)) e durante o período temporal em que durar a tentativa de resolução extrajudicial do conflito de consumo que opõe o consumidor ao profissional ou ao produtor (artigo 25.º, n.º 1, alínea b)).

O artigo 24.º, n.º 3 estabelece ainda que a reparação ou substituição do bem imóvel deve ser realizada dentro de um prazo razoável, tendo em conta a natureza da falta de conformidade, sem grave inconveniente para o consumidor. Por seu lado, os direitos atribuídos em caso de falta de conformidade transmitem-se ao terceiro adquirente do bem imóvel a título gratuito ou oneroso (artigo 24.º, n.º 4).

6. A garantia comercial

Além da garantia legal que responsabiliza o profissional pela conformidade do bem durante os prazos fixados nos artigos 12.º e 23.º (conforme se

[37] Neste último sentido, SANDRA PASSINHAS, *O novo regime da compra e venda de bens de consumo – exegese do novo regime legal*, pp. 1521-1522.
Como sublinhámos em RUI ATAÍDE "A venda de bens de consumo. Meios de tutela do comprador e a responsabilidade directa do produtor", pp. 324-325, a decisão legislativa afigura-se excessivamente favorável ao consumidor, tendo em consideração a diferença fundamental que intercede entre uma actuação que exceda manifestamente os limites impostos pela boa-fé, como é exigido pelo abuso de direito e agir segundo a boa-fé, como determina, por exemplo, o artigo 762.º, n.º 2, CC, solução que permitiria um controlo consideravelmente mais estreito da opção tomada caso a caso pelo consumidor, por ser mais fácil responsabilizar quem actua contra a boa-fé imposta pelo artigo 762.º, n.º 2, do que o titular que excede manifestamente os limites da boa-fé, como exige o artigo 334.º. Segundo JANUÁRIO GOMES, *Ser ou não ser conforme, eis a questão: em tema de garantia legal de conformidade na venda de bens de consumo*, Estudos de Direito das Garantias, Coimbra, 2010, Volume II, p. 135, a actuação do consumidor deve pautar-se pelo princípio da boa-fé.

trate de bens móveis ou imóveis, respectivamente), o empreiteiro pode oferecer de modo voluntário direitos adicionais ao dono da obra, conforme se prevê no artigo 43.º.

É a chamada "garantia comercial" cujo conteúdo pode assegurar benefícios complementares ao consumidor, mormente, a fixação antecipada da indemnização devida pelo incumprimento ou a extensão do prazo da garantia legal.

Segundo o artigo 43.º, n.º 1 e 2, a garantia comercial, gratuita ou onerosa, vincula o garante nos termos das condições previstas na respectiva declaração e da publicidade disponibilizada antes ou no momento da celebração do contrato, sendo ainda vinculativas as condições anunciadas em publicidade anterior ou concomitante ao momento da celebração. Se os termos e condições da declaração de garantia e da publicidade promovida nos termos dos números anteriores não forem coincidentes, o consumidor beneficia das condições mais favoráveis, excepto nos casos em que antes da celebração do contrato a publicidade tenha sido corrigida de uma forma idêntica ou comparável àquela pela qual foi anteriormente efectuada (artigo 43.º, n.º 3).

A garantia comercial tem que ser entregue ao consumidor por escrito ou em qualquer outro suporte duradouro até ao momento da entrega do bem (artigo 43.º, n.º 5), devendo incluir as menções referidas no artigo 43.º, n.º 6.

F – Transportes e turismo

O REGIME EUROPEU DE PROTEÇÃO DOS PASSAGEIROS ENQUANTO CONSUMIDORES NO ÂMBITO DO CONTRATO DE TRANSPORTE AÉREO

CATARINA SALGADO[1]

SUMÁRIO: *1. Introdução e razão de ordem; 2. O Regulamento (CE) n.º 261/2004 do Parlamento Europeu e do Conselho; 3. O Regulamento (CE) n.º 1107/2006 do Parlamento Europeu e do Conselho e os PMR's; 4. A compatibilização entre o regime europeu e a Convenção de Montreal de 1999; 5. A fase pós pandemia; 6. Conclusões.*

RESUMO: *O legislador europeu estabelece um regime de proteção do passageiro do transporte aéreo no que respeita à sua compensação e assistência em caso de recusa de embarque contra a sua vontade e de cancelamento ou atraso considerável dos voos. Por outro lado, são igualmente estabelecidas regras para a proteção e a prestação de assistência às pessoas com deficiência e às pessoas com mobilidade reduzida que viajam por via aérea, quer para as proteger contra discriminações quer para garantir que recebem assistência.*
Pretende-se, com o presente estudo, analisar tais medidas, a sua compatibilização com a Convenção de Montreal de 1999 e a fase pós pandemia que o setor atravessa atualmente.

Palavras-chave: *Aviação civil; Transporte Aéreo; Passageiros; Consumidores*

[1] Professora Auxiliar da Faculdade de Direito da Universidade de Lisboa; anamatossalgado@fd.ulisboa.pt.

THE EUROPEAN LEGAL FRAMEWORK FOR PASSENGER PROTECTION OF PASSENGERS AS CONSUMERS UNDER THE AIR TRANSPORT CONTRACT

Abstract: *The European legislator establishes a system to protect air passengers as regards compensation and assistance in the event of denied boarding against their will and of cancellation or long delay of flights. In addition, there are also rules for the protection of and provision of assistance to disabled persons and persons with reduced mobility travelling by air, both to protect them against discrimination and to ensure that they receive assistance. The aim of this study is to analyse these measures, their compatibility with the 1999 Montreal Convention and the post-pandemic phase currently being experienced by the sector.*

Keywords: *Civil aviation; Air transport; Passengers; Consumers*

1. Introdução e razão de ordem

Ao longo dos tempos, o direito aéreo foi evoluindo, passando por várias fases, todas elas importantes e intrinsecamente ligadas aos vários momentos da história mundial.

A partir da década de 90, passou a revestir de cada vez maior importância a regulação da responsabilidade do transportador aéreo, atenta a necessidade de proteção dos interesses dos passageiros, que cada vez mais passaram a utilizar estes serviços.

Ao nível europeu, o regime da proteção dos passageiros aéreos encontra-se previsto essencialmente nos Regulamentos (CE) n.º 261/2004 e n.º 1107/2006, ambos do Parlamento Europeu e do Conselho.

Cabe-nos, no presente estudo, analisar o regime jurídico aí contido, bem como a sua compatibilização com a Convenção de Montreal de 1999.

Por outro lado, após em outra sede[2] termos analisado o impacto da pandemia provocada pelo covid-19 no setor da aviação civil, consideramos pertinente proceder a idêntica análise, agora na perspetiva do impacto do alívio das restrições, no período que podemos apelidar de pós pandemia.

[2] Cfr. Catarina Salgado, "O impacto da Pandemia na aviação civil – um novo 11/9?" in Revista da Faculdade de Direito da Universidade de Lisboa, 2020, n.º 1, pp. 117-148.

A importância da questão para o tema em apreço prende-se com o facto de atualmente se verificar uma clara afetação dos passageiros, nomeadamente em sede de atrasos e cancelamentos de voos.

Finalmente, retiraremos as competentes conclusões do presente estudo.

2. O Regulamento (CE) n.º 261/2004 do Parlamento Europeu e do Conselho

O Regulamento (CE) n.º 261/2004, do Parlamento Europeu e do Conselho, veio harmonizar ao nível da União Europeia regras que não se encontravam contempladas na Convenção de Montreal de 1999, concernentes à compensação e assistência aos passageiros aéreos em caso de recusa de embarque contra a sua vontade e de cancelamento ou atraso considerável dos voos.

Elevaram-se, assim, os níveis de proteção e os direitos dos passageiros aéreos, que são verdadeiros consumidores dos serviços respetivos, apesar de a sua qualificação no Regulamento não resultar clara, já que apenas em alguns Considerandos, como é o caso claro do Considerando (1), se vislumbra a assimilação do passageiro ao conceito de consumidor[3].

O artigo 3.º, número 1, do Regulamento limita o seu âmbito de aplicação aos passageiros que partem de um aeroporto localizado no território de um Estado-Membro a que o Tratado se aplique[4] e aos passageiros que partem de um aeroporto localizado num país terceiro com destino a um aeroporto situado no território de um Estado-Membro a que se aplique o Tratado, caso a

[3] Neste sentido, veja-se Ignacio Arroyo Martínez, *Curso de Derecho Aéreo*, Thomsom Civitas, 2006, p.198, e Hugo Ramos Alves, *Direito aéreo – Uma introdução*, AAFDL, 2019, pp. 545-546. No sentido da ideia de consumerização do direito do transporte ao nível da União Europeia, cfr. Olena Bokareva, "Eu passenger and travel law: regional harmonization and implications for the international regime", in *Temas de Direito dos Transportes* (coord. M. Januário da Costa Gomes), vol. IV, Almedina, 2019, p. 587.

[4] Nos termos do artigo 355.º do Tratado sobre o Funcionamento da União Europeia (TFUE), o direito da União não é aplicável aos países e territórios enumerados no anexo II do TFUE, sendo estes considerados países terceiros para efeitos do Regulamento. Por outro lado, nos termos do artigo 355.º do TFUE, as disposições dos Tratados não deixam de se aplicar aos territórios franceses ultramarinos, mormente Guadalupe, Guiana Francesa, Martinica, Reunião, Maiote, assim como a São Martinho (a ilha de São Martinho faz parte das ilhas Leeward, no mar das Caraíbas, que inclui 2 lados independentes, o lado norte francês, denominado Saint-Martin, e o lado sul neerlandês, Sint Maarten), aos Açores, à Madeira e às ilhas Canárias. Estes territórios fazem, assim, parte de um Estado-Membro ao qual se aplica o Tratado na aceção do regulamento.

transportadora aérea operadora seja uma transportadora da EU, ressalvando-se os casos em que os passageiros tenham recebido benefícios[5] ou uma compensação[6] e lhes tenha sido prestada assistência[7] nesse país terceiro.

O Regulamento não se aplica, nos termos do número 3 do artigo 3.º, aos passageiros com viagens gratuitas ou com tarifa reduzida não disponível, direta ou indiretamente, ao público. Porém, o regulamento é aplicável aos passageiros que viajem com bilhetes emitidos com base num programa de passageiros frequentes ou outro programa comercial.

Nos termos do número 4, o Regulamento não se aplica igualmente aos passageiros que viajam de helicóptero, uma vez que o mesmo só tem aplicação a passageiros transportados em operações com aeronaves motorizadas de asa fixa.

Nos termos do número 5, o Regulamento aplica-se às transportadoras aéreas operadoras, na aceção do Considerando (7) e do artigo 2.º b), ou seja, às transportadoras que operaram ou pretendem operar um voo, quer seja em aeronave própria, alugada em regime de *dry lease* ou *wet lease*, ou de qualquer outra forma. Neste caso, o Regulamento aplica-se ao locatário que efetivamente opera a aeronave, e não ao locador que disponibiliza a aeronave, com ou sem tripulação, mas sem qualquer responsabilidade operacional.

Finalmente, nos termos do número 6 e do Considerando (16), o Regulamento é aplicável aos voos efetuados no âmbito de um pacote turístico, exceto nos casos em que um pacote turístico é cancelado por motivos alheios ao cancelamento do voo. Não obstante, não são afetados os direitos conferidos aos passageiros ao abrigo da Diretiva (UE) 2015/2302 do Parlamento

[5] Os benefícios poderão consistir na atribuição de um vale de viagem.

[6] A propósito da indemnização, questionou-se se toda e qualquer indemnização recebida, nos termos da legislação aplicável ao país terceiro, valeria para efeitos de impedir o passageiro de exigir a aplicação dos direitos constantes deste Regulamento. Ora, o TJUE considerou não ser de admitir que um passageiro possa ser privado da proteção concedida pelo Regulamento n.º 261/2004, na mera hipótese de poder beneficiar de uma determinada indemnização num país terceiro, sem que se demonstre que esta última responde à finalidade da indemnização garantida por esse regulamento e que as condições a que tal benefício está sujeito, bem como as diferentes modalidades da sua execução, são equivalentes às previstas pelo referido regulamento. Cfr. Processo C-257/14, van der Lans, ECLI:EU:C:2015:618, n.º 28, disponível em https://eur-lex.europa.eu/legal-content/PT/TXT/HTML/?uri=CELEX:62014CJ0257&from=PT.

[7] A assistência deverá ser entendida como sendo a disponibilização de refeições, bebidas, alojamento em hotel e facilitação de meios de comunicação.

Europeu e do Conselho[8], relativa às viagens organizadas e aos serviços de viagem conexos, pelo que os viajantes gozam de direitos em relação tanto ao organizador da viagem, nos termos da Diretiva, como à transportadora aérea operadora, nos termos do Regulamento. No entanto, com vista a evitar o enriquecimento sem causa, o artigo 14.º, número 5, da Diretiva (UE) 2015/2302, apesar de prever que qualquer direito a indemnização ou a redução de preço nos termos da diretiva não afeta os direitos dos viajantes nos termos do regulamento, a indemnização ou redução de preço concedida nos termos da regulamentação relativa aos direitos dos passageiros e ao abrigo dessa diretiva devem ser deduzidas uma da outra.

A primeira situação que confere direitos aos passageiros nos termos do Regulamento n.º 261/2004 é a recusa de embarque, entendendo-se como tal, nos termos do artigo 2.º, alínea j), a recusa de transporte de passageiros num voo, apesar de estes se terem apresentado no embarque nas condições estabelecidas para o efeito, exceto quando haja motivos razoáveis para recusar o embarque, tais como razões de saúde, de segurança ou a falta da necessária documentação de viagem.

Desta forma, o conceito de "recusa de embarque" não se limita às situações de excesso de reservas, aplicando-se a todas as situações em que o transporte é negado ao passageiro, não obstante este satisfazer todas as condições para o mesmo. As razões que motivaram a recusa não importam, por isso, para a aplicação do Regulamento.[9]

[8] A Diretiva (UE) 2015/2302 do Parlamento Europeu e do Conselho, de 25 de novembro de 2015, relativa às viagens organizadas e aos serviços de viagem conexos, veio alterar o Regulamento (CE) n.º 2006/2004 e a Diretiva 2011/83/UE do Parlamento Europeu e do Conselho e revogou a Diretiva 90/314/CEE do Conselho, a qual é expressamente referida no número 6 do artigo 3.º do Regulamento n.º 261/2004. Assim, dever-se-á entender que as referências feitas por este Regulamento serão à Diretiva que atualmente regula a matéria das viagens organizadas.

[9] Veja-se, por exemplo, o Processo C-22/11, Finnair, ECLI:EU:C:2012:604, mormente o n.º 26, nos termos do qual foram considerados relevantes para efeitos da aplicação do Regulamento, a recusa de embarque por motivos de reorganização de voos, decorrente de uma greve do pessoal do aeroporto. Disponível em https://eur-lex.europa.eu/legal-content/PT/TXT/PDF/?uri=CELEX:62011CJ0022&from=EN. Outro caso será aquele em que a transportadora substitui, por qualquer motivo, o avião inicialmente destinado ao transporte por outro de menor capacidade. Cfr. Hugo Ramos Alves, "Em tema de direitos dos passageiros no contrato de transporte aéreo", in *Estudos de Direito Aéreo* (coord. Dário Moura Vicente), Coimbra Editora, 2012, p. 311; Daniel Morais, "Recusa de embarque injustificada no transporte aéreo internacional de passageiros: (des)equilíbrio dos interesses em presença?", in

Assim, nos termos do artigo 4.º, quando tiver motivos razoáveis para prever que vai recusar o embarque para num voo, uma transportadora aérea operadora deve, em primeiro lugar, apelar a voluntários que aceitem ceder as suas reservas a troco de benefícios, em condições a acordar entre o passageiro em causa e a transportadora aérea operadora, além da prestação da assistência prevista no artigo 8.º[10]. Se o número de voluntários for insuficiente para permitir que os restantes passageiros com reservas possam embarcar, a transportadora aérea operadora pode então recusar o embarque a passageiros contra sua vontade[11]. Não obstante, nos termos do artigo 11.º, a transportadora deve dar prioridade ao transporte das pessoas com mobilidade reduzida e de quaisquer pessoas, ou cães-guias devidamente certificados, que os acompanhem, bem como das crianças não acompanhadas. No caso de recusa do embarque a passageiros contra sua vontade, a transportadora aérea operadora deve compensá-los imediatamente nos termos do artigo 7.º e prestar-lhes assistência nos termos dos artigos 8.º e 9.º.

A segunda situação prevista no Regulamento é a do cancelamento de um voo, previsto no artigo 5.º e definido no artigo 2.º alínea l) como a não realização de um voo que anteriormente estava programado e em que, pelo menos, um lugar foi reservado.

O cancelamento ocorre, por isso, quando a programação inicial do voo não é efetivada e o reencaminhamento dos passageiros desse voo é feito através da inclusão dos mesmos num outro voo que também já estava programado.

Questão importante é a de saber quando é que se deve entender que um voo foi cancelado.

Em primeiro lugar, para este efeito, deverá considerar-se "voo" uma operação de transporte aéreo realizada por uma transportadora aérea que fixa o seu itinerário. Este conceito deverá diferir do conceito de "viagem", que é alheio ao Regulamento n.º 261/2004, que está ligado à pessoa do passageiro, que escolhe o seu destino e para ele se desloca por meio de voos

Revista de Direito Comercial, 2017, p. 497; Patricia Márquez Lobillo, *Denegación de embarque en el transporte aéreo de pasajeros*, Madrid, Parcial Pons, 2013, p. 33.

[10] O artigo 8.º confere o direito de escolher entre o reembolso, o reencaminhamento ou a alteração da reserva para uma data posterior.

[11] Quanto aos critérios que implicitamente presidem à priorização dos passageiros por parte das transportadoras, veja-se Maria José Morillas Jarillo, Maria Victoria Petit Lavall e Maria Jesus Guerrero Lebrón, *Derecho aéreo y del espacio*, Madrid, Marcial Pons, 2014, p. 629.

operados por transportadoras aéreas, comportando assim normalmente as partes "ida" e "volta".[12]

E bem assim, o termo "itinerário" seria o percurso a efetuar pelo avião, do aeroporto de partida até ao aeroporto de chegada, segundo uma cronologia estabelecida, pelo que, para que se possa considerar que um voo foi efetuado, não basta que o avião tenha partido em conformidade com o itinerário previsto, mas ainda que chegue ao seu destino como consta do itinerário. Desta forma, ainda que tenha havido descolagem, se o avião regressou posteriormente ao ponto de partida, sem chegar ao destino que constava no itinerário, leva a que não se possa considerar que o voo foi efetuado conforme previsto inicialmente.[13]

Conclui-se, portanto, que, para que um voo seja cancelado para efeitos do Regulamento n.º 261/2004, não será necessária uma decisão expressa por parte da transportadora de o cancelar, mas tão só a não efetivação desse voo.

Por outro lado, também não chegará, para se concluir que um voo foi cancelado, a mera indicação de "cancelado" constante do painel de partidas do aeroporto ou dada pelo pessoal da transportadora aérea. Ou até o facto de os passageiros levantarem as suas bagagens ou receberem novos cartões de embarque. Isto porque tais situações podem ser imputáveis a erros de qualificação ou a fatores específicos do aeroporto em causa, ou ainda ao tempo de espera e à necessidade de os passageiros em questão passarem uma noite num hotel.[14]

Não obstante, nos termos do artigo 5.º, número 4, recai sobre a transportadora aérea o ónus da prova relativamente à questão de saber se e quando foi o passageiro informado do cancelamento do seu voo.

Desta forma, em caso de cancelamento de um voo, o passageiro tem direito a receber da transportadora aérea operadora assistência nos termos do artigo 8.º, podendo optar pelo reembolso do preço do bilhete ou pelo reencaminhamento num voo alternativo. Além disso, a transportadora deverá

[12] Neste sentido, veja-se Proc. C-173/07 Emirates Airlines, n.ºs 40 e 41. Disponível em https://eur-lex.europa.eu/legal-content/PT/TXT/?uri=CELEX%3A62007CJ0173

[13] Cfr. Processo C-83/10, Sousa Rodríguez e.a., ECLI:EU:C:2011:652, n.ºs 28 e 29. Disponível em https://www.blook.pt/caselaw/EU/TJUE/481982/. Cfr. ainda Maria José Morillas Jarillo, Maria Victoria Petit Lavall e Maria Jesus Guerrero Lebrón, *Derecho aéreo y del espacio*, Madrid, Marcial Pons, 2014, pp. 630-631.

[14] Cfr. Processos apensos C-402/07 e C-432/07, Sturgeon e.a., ECLI:EU:C:2009:716, n.º 37. Disponível em https://eur-lex.europa.eu/legal-content/pt/ALL/?uri=CELEX:62007CJ0402.

proporcionar ao passageiro refeições e bebidas em proporção razoável com o tempo de espera. Mas nos casos de reencaminhamento em que a hora de partida razoavelmente prevista do novo voo for, pelo menos, o dia após a partida que estava programada para o voo cancelado, a transportadora deverá oferecer ao passageiro alojamento em hotel e transporte entre o aeroporto e o hotel, nos termos das alíneas b) e c) do número 1 do artigo 9.º.

Por outro lado, o passageiro deverá receber da transportadora aérea operadora uma compensação nos termos do artigo 7.º, salvo se (i) tiver sido informado do cancelamento pelo menos duas semanas antes da hora programada de partida, ou (ii) tiver sido informado do cancelamento entre duas semanas e sete dias antes da hora programada de partida e se lhe tiver sido oferecido reencaminhamento que lhe permitisse partir até duas horas antes da hora programada de partida e chegar ao destino final até quatro horas depois da hora programada de chegada, ou (iii) tiver sido informado do cancelamento menos de sete dias antes da hora programada de partida e se lhe tiver sido oferecido reencaminhamento que lhe permitisse partir até uma hora antes da hora programada de partida e chegar ao destino final até duas horas depois da hora programada de chegada.

Todavia, a compensação não é obrigatória se a transportadora provar, nos termos do artigo 5.º , número 3, que o cancelamento se ficou a dever a circunstâncias extraordinárias que não poderiam ter sido evitadas mesmo que tivessem sido tomadas todas as medidas razoáveis.[15]

[15] Neste caso, a transportadora aérea deverá provar simultaneamente a existência e a ligação entre as circunstâncias extraordinárias e o cancelamento, e o facto de o cancelamento não poder ter sido evitado, apesar de terem sido tomadas todas as medidas razoáveis. Nos termos do Considerando (15) do Regulamento, existirão circunstâncias extraordinárias sempre que o impacto de uma decisão de gestão do tráfego aéreo, relativa a uma determinada aeronave num determinado dia provoque um atraso considerável, um atraso de uma noite ou o cancelamento de um ou mais voos dessa aeronave, não obstante a transportadora aérea em questão ter efetuado todos os esforços razoáveis para evitar atrasos ou cancelamentos. Estas circunstâncias poderão advir, em especial, de casos de instabilidade política, condições meteorológicas incompatíveis com a realização do voo em causa, riscos de segurança, falhas inesperadas para a segurança do voo e greves que afetem o funcionamento da transportadora aérea (Considerando (14)). Ainda assim, apesar de as possíveis causas estarem elencadas, ainda que de forma enunciativa, no Considerando (14) do Regulamento, deverão ser sempre analisadas de forma casuística, quer as efetivamente elencadas quer outras, como é o caso da colisão com aves, colisão com um drone, o comportamento de um passageiro desordeiro ou o congestionamento do aeroporto devido a condições meteorológicas desfavoráveis, não consistindo em formas automáticas de exculpação. Veja-se, a título de exemplo, Processo C-549/07, Wallentin-Hermann, ECLI:EU:C:2008:771, n.ºs 17, 22, 23, 25, disponível

Uma terceira situação que confere direitos aos passageiros nos termos do Regulamento n.º 261/2004 é o atraso. No entanto, contrariamente ao que acontece com o cancelamento, nem o artigo 2.º nem o artigo 6.º definem o seu conceito, ainda que explicitem a partir de quando se deve considerar o atraso relevante.

Com efeito, o que deva entender-se por atraso é uma questão que já remonta aos tempos da Convenção de Varsóvia, pois nem esta, nem a Convenção de Montreal, nem o Regulamento n.º 261/2004 definem tal conceito.

Não obstante, no caso do transporte de pessoas, o atraso não poderá incluir as situações de cancelamento de voo ou de recusa de embarque, já que esses casos estão igualmente tipificados e definidos, acrescendo o facto de, não se chegando a realizar o transporte, estarmos perante uma situação de incumprimento do contrato e não de uma mora ou atraso[16].

Ainda assim, o que deva entender-se por atraso não se afigura uma questão pacífica.

Pode entender-se o atraso como o incumprimento de um horário específico previsto contratualmente para o voo[17], mas também poderá impor-se uma determinada diferença, considerada anormal ou excessiva entre o período de tempo efetivamente gasto na viagem e o que deveria ter sido gasto nos termos do horário previsto anteriormente. Neste segundo entendimento, impunha-se naturalmente concretizar qual a diferença horária que deveria ser considerada anormal ou excessiva para configurar uma situação de atraso, para efeitos da responsabilidade da transportadora.

em https://curia.europa.eu/juris/document/document.jsf;jsessionid=2029530E341B540CC0A46C26EF7B4A69?text=&docid=209355&pageIndex=0&doclang=PT&mode=lst&dir=&occ=first&part=1&cid=467334; Processo C-315/15, Acórdão Marcela Pešková e Jiří Peška contra Travel Service a.s., n.º 24, disponível em https://eur-lex.europa.eu/legal-content/PT/TXT/?uri=CELEX%3A62015CJ0315; Processo C-74/19, Acórdão LE contra Transportes Aéreos Portugueses SA, n.º48, disponível em https://eur-lex.europa.eu/legal-content/pt/TXT/?uri=CELEX%3A62019CJ0074. Assim, será fundamental que a transportadora prove que a circunstância alegada não é inerente ao exercício normal da atividade da transportadora e que escapa ao controlo efetivo da transportadora, devido à sua natureza ou origem.

[16] A propósito da Convenção de Varsóvia, mas aplicando-se igualmente às demais fontes aqui referidas, veja-se Carlos Neves de Almeida, *Do contrato de transporte aéreo e da responsabilidade civil do transportador aéreo*, Almedina, 2010, pp. 521-533.

[17] Neste sentido, ainda que considere apenas o atraso que causar efetivamente danos ao passageiro, Nuno Calaim Lourenço, "A limitação da responsabilidade do transportador aéreo internacional no transporte de pessoas", *in Temas de Direito dos Transportes*, vol. I (coord. M. Januário da Costa Gomes), Almedina, 2010, p. 492.

Desta forma, nos termos do artigo 6.º, número 1, do Regulamento, quando tiver motivos razoáveis para prever que em relação à sua hora programada de partida[18] um voo se vai atrasar (i) duas horas ou mais, no caso de quaisquer voos até 1500 quilómetros; ou (ii) três horas ou mais, no caso de quaisquer voos intracomunitários com mais de 1500 quilómetros e no de quaisquer outros voos entre 1500 e 3500 quilómetros; ou (iii) quatro horas ou mais, no caso de quaisquer voos não abrangidos nos casos anteriores, a transportadora aérea operadora deve oferecer aos passageiros refeições e bebidas em proporção razoável com o tempo de espera. Mas quando a hora de partida razoavelmente prevista for, pelo menos, o dia após a hora de partida previamente anunciada, deverá ser oferecido o alojamento em hotel e o transporte entre o aeroporto e o alojamento. Já no caso de o atraso ser de, pelo menos, quatro horas, a transportadora deve oferecer ao passageiro a possibilidade de reembolso do preço do bilhete.

Nos termos do artigo 10.º, aquando do reencaminhamento, se a transportadora colocar o passageiro numa classe superior àquela para que o bilhete foi adquirido, a mesma não pode exigir qualquer pagamento suplementar. Porém, se colocar o passageiro numa classe inferior àquela para a qual que o bilhete foi adquirido, a transportadora deverá reembolsar no prazo de sete dias, (i) 30% do preço do bilhete para todos os voos até 1500 quilómetros; ou (ii) 50% do preço do bilhete para todos os voos intracomunitários com mais de 1500 quilómetros, com exceção dos voos entre o território europeu dos Estados-Membros e os departamentos ultramarinos franceses, e para todos os outros voos entre 1500 e 3500 quilómetros; ou (iii) 75% do preço do bilhete para todos os voos não abrangidos nas alíneas a) ou b), incluindo os voos entre o território europeu dos Estados-Membros e os territórios ultramarinos franceses.

Quanto à compensação pecuniária referida no artigo 7.º, devida nos casos de recusa de embarque e de cancelamento do voo, a mesma difere consoante o tipo e a extensão do voo. Assim, o passageiro deve receber uma

[18] Note-se que o legislador comunitário tomou posição relativamente à questão de saber se o atraso deve ser aferido à partida ou à chegada do voo. A propósito da Convenção de Varsóvia, houve quem considerasse que o atraso deveria ter em conta a hora de chegada ao destino, quando esta fosse mais tardia do que a hora anunciada previamente pela transportadora, já que numa situação em que o voo se atrasasse, quer na hora da partida ou durante o voo, mas em que o passageiro chegasse ao destino à hora prevista, não haveria justificação para responsabilizar civilmente a transportadora, já que a hora de chegada ao destino contratualmente prevista teria sido respeitada. Cfr. Carlos Neves de Almeida, *Do contrato de transporte aéreo e da responsabilidade civil do transportador aéreo*, Almedina, 2010, p. 521.

compensação no valor de (i) 250 euros para todos os voos até 1500 quilómetros; (ii) 400 euros para todos os voos intracomunitários com mais de 1500 quilómetros e para todos os outros voos entre 1500 e 3500 quilómetros; (iii) 600 euros para todos os voos não abrangidos nos casos anteriores.

Quando for oferecido aos passageiros reencaminhamento para o seu destino final num voo alternativo, cuja hora de chegada não exceda a hora programada de chegada do voo originalmente reservado (i) em duas horas, no caso de quaisquer voos até 1500 quilómetros; ou (ii) em três horas, no caso de quaisquer voos intracomunitários com mais de 1500 quilómetros e no de quaisquer outros voos entre 1500 e 3500 quilómetros; ou (iii) em quatro horas, no caso de quaisquer voos não abrangidos nos casos anteriores, a transportadora aérea operadora pode reduzir a compensação em 50%.

Porém, nos termos do artigo 12.º, a prestação de tal compensação não preclude o direito a uma indemnização suplementar, nomeadamente quer por via da aplicação da Convenção de Montreal quer nos termos da legislação nacional do Estado membro em causa.

Trata-se aqui da previsão de uma verdadeira indemnização, de natureza ressarcitória, impondo por isso a necessidade da verificação dos pressupostos da responsabilidade civil, distinta da que ocorre nos casos de compensação pecuniária previstos no Regulamento, já que esta última é conferida aos passageiros que reúnam as condições objetivas previstas para a mesma.[19]

Será o caso em que um passageiro sofra um dano específico devido a um atraso, um cancelamento de um voo ou uma recusa de embarque contra a sua vontade.

Com efeito, uma realidade é, por exemplo, o prejuízo que genericamente um atraso causará de forma idêntica em todos os passageiros e cuja reparação pode ser feita através da assistência a todos os interessados mediante o oferecimento de bebidas, refeições, alojamento e chamadas telefónicas. Caso diferente seão os eventuais prejuízos específicos individuais de certos passageiros, em virtude das circunstâncias inerentes ao motivo da sua deslocação, cuja reparação exige a apreciação, caso a caso, da extensão dos danos causados. Consequentemente, só pode ser objeto de indemnização *a posteriori*, individualizada, não se encontrando prevista no Regulamento n.º 261/2004, mas estando legitimada através do seu artigo 12.º.[20]

[19] Neste sentido, cfr. Hugo Ramos Alves, *Direito aéreo – Uma introdução*, AAFDL, 2019, pp. 559-563.

[20] A este propósito, vejam-se, a título exemplificativo, Acórdão de 10 de janeiro de 2006, IATA e ELFAA, C-344/04, EU:C:2006:10, n.º 43, disponível em https://eur-lex.europa.

Também terá aplicação o artigo 12.º do Regulamento n.º 261/2004 no caso de o passageiro ter sofrido danos não patrimoniais, seja com base nos artigos 17.º e 19.º da Convenção de Montreal[21], seja com base na legislação nacional dos Estados membros[22].

Nos termos do artigo 14.º do Regulamento, a transportadora aérea deve garantir que na zona de registo dos passageiros seja afixado, de forma claramente visível para os passageiros, o seguinte texto: "Se lhe tiver sido recusado o embarque ou se o seu voo tiver sido cancelado ou estiver atra-

eu/legal-content/PT/TXT/PDF/?uri=CELEX:62004CJ0344&from=LV; Acórdão de 29 de julho de 2019, Rusu, C-354/18, EU:C:2019:637, n.º 31, disponível em https://eur-lex.europa.eu/legal-content/PT/TXT/PDF/?uri=CELEX:62018CJ0354&from=GA; e Acórdão de 03 de setembro de Niki Luftfahrt GmbH, contra ON, C-530/19, ECLI:EU:C:2020:635, n.ºs 38 e 39, disponível em https://curia.europa.eu/juris/document/document.jsf?text=regulamento%2B261%252F2004%2Bindemniza%25C3%25A7%25C3%25A3o%2Bsuplementar&docid=230605&pageIndex=0&doclang=PT&mode=req&dir=&occ=first&part=1&cid=1213889#ctxl.

[21] No sentido de considerar que o artigo 17.º da Convenção de Montreal inclui a responsabilidade da transportadora por danos morais, lesões psíquicas ou mentais, veja-se Pablo Mendes De Leon e Werner Eyskens, "The Montreal Convention: Analysis of Some Aspects of the Attempted Modernization and Consolidation of the Warsaw System", in *Journal of Air Law and Commerce*, Vol. 66, 2001, pp. 1164-1165; e Alessandro Zampone, "La convenzione di Montreal del 1999 sul trasporto aereo nell'interpretazione della corte di giustizia europea", in *Rivista Diritto dei Trasporti*, Edizioni AV, 2020, p. 37. Cfr. ainda, ao nível da jurisprudência nacional, Ac. TRL de 17/10/2017, Proc. 29811/15.0T8LSB.L1-1, disponível em http://www.dgsi.pt/jtrl.nsf/33182fc732316039802565fa00497eec/d965d49dc8b85d75802581d3004f36ca?OpenDocument.

[22] No sentido de que a Convenção de Montreal não prevê a ressarcibilidade do dano puramente não patrimonial, na medida em que, nos termos desta Convenção, o transportador só responde por danos do foro psicológico causados ao passageiro se estes estiverem associados a danos emergentes de ofensa à sua integridade física, cfr. Carlos Neves de Almeida, *Do contrato de transporte aéreo e da responsabilidade civil do transportador aéreo*, Almedina, 2010, pp. 508-521. Porém, o mesmo autor admite essa possibilidade "a título de exceção nas situações em que o objeto do contrato vise permitir à parte lesada uma satisfação do foro espiritual, ou seja, paz de espírito, condições pessoais de bem-estar, lazer, descanso, entretenimento, e prazer, gozo ou realização intelectual", concebendo igualmente a ressarcibilidade do dano não patrimonial "em caso de dano material proveniente da destruição, perda ou avaria de bagagens, quando tal implique, igualmente, a violação de um interesse do foro psicológico, afetivo ou intelectual, ao qual a lei competente dispense tutela efetiva", como será o caso da profanação de cadáver ocorrida durante o período de transporte aéreo de restos mortais, a morte de um animal doméstico de elevado valor afetivo, ocorrida durante o período de transporte aéreo ou a perda, destruição ou avaria de uma peça de arte original e única. Cfr. "Contrato de transporte aéreo de passageiros", in *Estudos de Direito do Consumo* (coord. Rui Ataíde e Carlos Barata), Vol. V, AAFDL, 2017, pp. 325-326.

sado pelo menos duas horas, peça no balcão de registo ou na porta de embarque o texto que indica os seus direitos, em especial no que diz respeito a indemnização e a assistência". Por outro lado, a transportadora que recusar o embarque, cancelar um voo, ou tiver um atraso de, pelo menos, duas horas, deve distribuir a cada passageiro em causa um impresso com as regras de indemnização e de assistência previstas no Regulamento. Deve ainda haver meios alternativos de informação adequados aos passageiros invisuais e deficientes visuais.

Finalmente, nos termos do artigo 15.º, as obrigações da transportadora para com os passageiros previstas no Regulamento não podem ser limitadas ou excluídas, nomeadamente através de derrogação ou de cláusula limitativa do contrato de transporte sendo que, se tal acontecer e o passageiro aceitar, terá direito a instaurar posteriormente uma ação com vista a obter uma compensação adicional.

3. O Regulamento (CE) n.º 1107/2006 do Parlamento Europeu e do Conselho e os PMR's

O Regulamento n.º 1107/2006 veio estabelecer regras para a proteção e a prestação de assistência às pessoas com deficiência e às pessoas com mobilidade reduzida (PMR's) que viajam por via aérea, quer para as proteger contra discriminações quer para garantir que recebem assistência.

O Regulamento aplica-se às pessoas com deficiência e às pessoas com mobilidade reduzida que utilizem ou pretendam utilizar serviços aéreos comerciais de passageiros, com partida, destino ou trânsito num aeroporto situado no território de um Estado membro a que se aplique o Tratado.

Nos termos do artigo 2.º, alínea a), entende-se por "pessoa com deficiência" ou "pessoa com mobilidade reduzida", qualquer pessoa que se encontre limitada na sua mobilidade quando utiliza um meio de transporte devido a qualquer incapacidade física (sensorial ou locomotora, permanente ou temporária), incapacidade ou deficiência intelectual, ou a qualquer outra causa de incapacidade, ou idade, e cuja situação exija uma atenção adequada e a adaptação do serviço disponibilizado a todos os passageiros às suas necessidades específicas.

Note-se que tal conceito é inovador face à legislação internacional em matéria de responsabilidade da transportadora aérea.[23]

[23] No sentido de que a obesidade do passageiro pode constituir motivo de aplicação deste Regulamento, veja-se Massimiliano Piras, "La responsabilità del gestore aeroportuale nel

Este Regulamento aplica-se às pessoas com deficiência e às pessoas com mobilidade reduzida que utilizem ou pretendam utilizar serviços aéreos comerciais de passageiros, com partida, destino ou trânsito num aeroporto situado no território de um Estado membro da União Europeia.

Aplica-se ainda aos passageiros que partem de um aeroporto situado num país terceiro com destino a um aeroporto situado no território de um Estado membro, desde que a transportadora seja uma transportadora aérea comunitária.

Por outro lado, a aplicação deste Regulamento não afeta a aplicação de outros direitos conferidos aos passageiros pela legislação comunitária, nomeadamente pela Diretiva 90/314/CEE do Conselho, de 13 de junho de 1990, relativa às viagens organizadas, férias organizadas e circuitos organizados, e pelo Regulamento n.º 261/2004.

Não obstante, se o mesmo facto der origem ao mesmo direito de reembolso ou de reencaminhamento ao abrigo de vários diplomas, o passageiro apenas poderá gozar esse mesmo direito uma vez, sob pena de enriquecimento sem causa[24].

Um dos direitos consagrados no Regulamento n.º 1107/2006 é a proibição de recusa de transporte. Com efeito, nos termos do artigo 3.º, a transportadora aérea, os seus agentes ou os operadores turísticos não podem recusar, com fundamento na deficiência ou na mobilidade reduzida, a aceitar uma reserva para um voo com partida num aeroporto ao qual se aplique o Regulamento, ou a embarcar uma pessoa com deficiência ou uma pessoa com mobilidade reduzida num aeroporto ao qual se aplique o regulamento, desde que a pessoa em causa tenha um bilhete e uma reserva válidos, ressalvados os motivos de segurança justificados e legalmente previstos.

Desta forma, antes de aceitar reservas para pessoas com deficiência ou pessoas com mobilidade reduzida, a transportadora aérea, os seus agentes e os operadores turísticos devem verificar se há uma razão justificada por motivos de segurança que impeça essas pessoas de viajar nos voos em questão.[25]

Tais motivos são, pois, o respeito pelas normas de segurança aplicáveis estabelecidas pelo direito internacional, comunitário ou nacional, ou outras

transporto delle persone disabili e com mobilità ridotta", *in Temas de Direito dos Transportes*, vol. V (coord. M. Januário da Costa Gomes, Almedina, 2020, p. 671.

[24] Cfr. artigo 1.º, número 4, e Considerando (3) do Regulamento n.º 1107/2006.

[25] Cfr. Considerando (2) do Regulamento.

estabelecidas pela Autoridade que tenha concedido o certificado de operador aéreo à transportadora aérea em causa, podendo nesta situação ser exigido que podem exigir que o passageiro seja acompanhada por outra pessoa capaz de lhe prestar a assistência necessária, ou ainda o caso em que as dimensões da aeronave ou das suas portas tornem fisicamente impossível o embarque ou o transporte da pessoa com deficiência ou da pessoa com mobilidade reduzida em causa.[26]

No entanto, se tal acontecer, ainda que a recusa de embarque seja legítima, a transportadora aérea, o seu agente ou o operador turístico devem para propor uma alternativa aceitável ao passageiro e à pessoa que o acompanhe, tendo direito a reembolso ou reencaminhamento, cumprindo todos os requisitos de segurança, nos termos do artigo 8.º do Regulamento n.º 261/2004.

As transportadoras aéreas ou os seus agentes, bem como os operadores turísticos, devem colocar imediatamente à disposição do público, em formato acessível e pelo menos nas mesmas línguas que para os demais passageiros, as regras de segurança que aplicam ao transporte de pessoas com deficiência e de pessoas com mobilidade reduzida, bem como as eventuais restrições ao seu transporte ou ao transporte do seu equipamento de mobilidade devido às dimensões da aeronave.

De igual forma, quando tenham sido aplicados os motivos que permitem derrogar a proibição de recusa de embarque, o passageiro em causa deve ser informado imediatamente e posteriormente por escrito dos fundamentos dessa decisão, no prazo de cinco dias a contar da formulação do pedido.

Outro direito importante consagrado no Regulamento n.º 1107/2006 é o direito do passageiro a ter assistência especial gratuita.[27]

Tal assistência especial consiste em permitir o transporte de cães auxiliares reconhecidos na cabine das aeronaves; o transporte do equipamento médico e de um máximo de duas peças de equipamento de mobilidade por pessoa com deficiência ou pessoa com mobilidade reduzida, incluindo cadeiras de rodas elétricas, sujeito à condição de pré-aviso de 48 horas e a eventuais limitações de espaço a bordo da aeronave, bem como à aplicação da legislação relevante relativa a mercadorias perigosas; a comunicação das informações essenciais necessárias para apanhar os voos, em formatos acessíveis; a realização de todos os esforços razoáveis para que a atribuição dos lugares se efetue de forma a satisfazer as necessidades das pessoas com

[26] Cfr. artigo 4.º, número 1, do Regulamento.

[27] Cfr. artigos 7.º e 10.º do Regulamento.

deficiência ou com mobilidade reduzida, mediante pedido e segundo as prescrições de segurança e a disponibilidade; a assistência na deslocação às instalações sanitárias, se solicitado; e no caso de a pessoa com deficiência ou uma pessoa com mobilidade reduzida ser assistida por um acompanhante, a transportadora aérea deverá fazer todos os esforços razoáveis para atribuir ao acompanhante um lugar próximo dessa pessoa.[28]

Nos termos do artigo 8.º, incumbe à entidade gestora do aeroporto assegurar a prestação da assistência especial às pessoas com deficiência e às pessoas com mobilidade reduzida, sem encargos suplementares, pelo que se suscita a questão de saber qual a fonte aplicável no caso de um dano ser provocado por esta ou pelos seus agentes durante as operações de embarque ou desembarque.

Poderá afirmar-se que a responsabilidade atribuída ao operador aeroportuário pelas operações de embarque e desembarque deve ser interpretada como uma obrigação de fornecer os meios, pessoal e organização necessários para as atividades de assistência. Por outro lado, poderá considerar-se a aplicação da Convenção de Montreal de 1999, havendo uma terceira hipótese de aplicação das regras gerais da responsabilidade extracontratual.[29]

Finalmente, nos termos do artigo 12.º do Regulamento, no caso de perda ou dano de cadeira de rodas, de equipamento de mobilidade ou de outro dispositivo de assistência durante a manipulação no aeroporto ou durante o transporte a bordo da aeronave, o passageiro será indemnizado nos termos das regras do direito internacional, comunitário e nacional.

4. A compatibilização entre o regime europeu e a Convenção de Montreal de 1999

O artigo 1.º, número 1, do Regulamento n.º 261/2004 prevê que o mesmo estabelece os direitos mínimos do passageiro nas situações aí previstas, ou seja, de recusa de embarque, cancelamento ou atraso de um voo e a eventual alteração de classe no caso do reencaminhamento.

Como vimos, os direitos que assistem ao passageiro traduzem-se na assistência de alojamento em hotel e respetivo transporte, refeições e bebi-

[28] Cfr. Anexo II ao Regulamento.

[29] Sobre esta questão, Massimiliano Piras, "La responsabilità del gestore aeroportuale nel transporto delle persone disabili e com mobilità ridotta", in Temas de Direito dos Transportes, vol. V (coord. M. Januário da Costa Gomes, Almedina, 2020, pp. 681-683.

das, assistência através de reembolso ou reencaminhamento, informação e compensação pecuniária.

Por outro lado, a União Europeia é parte contratante na Convenção para a Unificação de Certas Regras Relativas ao Transporte Aéreo Internacional, assinada em Montreal em 1999, encontrando-se a sua legislação harmonizada com aquela Convenção através do Regulamento (CE) n.º 2027/97, com a redação dada pelo Regulamento (CE) n.º 889/2002.[30]

Desta forma, conclui-se que essas regras, concatenadas com os Regulamentos (CE) n.º 261/2004 e n.º 1107/2006, integram o pacote de medidas da União Europeia destinadas a proteger os direitos dos passageiros aéreos.

Porém, suscita-se a questão de saber se o direito à compensação pecuniária previsto nos referidos Regulamentos comunitários é compatível com o direito à indemnização prevista na Convenção de Montreal.

Tal questão surge sobretudo a propósito, por um lado, do artigo 6.º do Regulamento n.º 261/2004 e por outro dos artigos 19.º, 22.º e 29.º da Convenção de Montreal.

Com efeito, o artigo 6.º do Regulamento dispõe que, em caso de atraso considerável de um voo, a transportadora deve oferecer assistência aos passageiros, não prevendo a possibilidade de se eximir dessas obrigações nos casos de circunstâncias que não poderiam ter sido evitadas mesmo que tivessem sido tomadas todas as medidas razoáveis, possibilidade essa que consta do artigo 19.º da Convenção. Além disso, o artigo 22.º, número 1, fixa o limite da responsabilidade da transportadora em caso de dano causado por atraso. Por outro lado, o artigo 29.º da Convenção prevê que as ações por danos, qualquer que seja o seu fundamento, só podem ser intentadas sob reserva das condições e limites previstos na mesma Convenção.

Ora, deverá entender-se que os artigos 19.º, 22.º e 29.º da Convenção se limitam a reger as condições em que, posteriormente ao atraso de um voo, podem ser propostas, pelos passageiros interessados, ações destinadas a obter a reparação individualizada dos danos, isto é, uma indemnização, por parte das transportadoras responsáveis, pelos danos causados por esse atraso.

Não se pretende, assim, fazer subtrair as transportadoras a qualquer outra forma de intervenção, nomeadamente à assistência, de forma uniforme e imediata, face aos prejuízos constituídos pelos inconvenientes devidos aos atrasos no transporte aéreo de passageiros.

[30] Cfr. Decisão 2001/539/CE do Conselho, de 5 de abril de 2001, relativa à celebração pela Comunidade Europeia da Convenção de Montreal, JO L 194 de 18.7.2001, p. 39.

Assim, as medidas de assistência uniformes e imediatas constantes do Regulamento não obstam a que os passageiros interessados, caso esse atraso lhes cause ainda danos específicos que confiram direito a indemnização, possam, por outro lado, propor ações de indemnização pelos referidos danos, nas condições fixadas na Convenção de Montreal.

E neste pressuposto conclui-se que as medidas previstas no Regulamento e as que constam da Convenção não são incompatíveis entre si, antes pelo contrário, complementam-se, ao nível da proteção dos interesses dos passageiros, porquanto revestem de natureza diferente.[31]

5. A fase pós pandemia

A pandemia provocada pelo covid-19 causou um impacto inigualável ao nível do setor da aviação civil mundial e indiretamente em todas as áreas de atividade que se encontram intimamente ligadas ao transporte aéreo.[32]

Com efeito, as restrições de viagens levaram ao cancelamento dos voos de passageiros e o custo do envio de carga por via aérea aumentou significativamente, assistindo-se ao parqueamento de frotas inteiras nos aeroportos por um período alargado.

Num momento posterior, as transportadoras aéreas assistiram a uma redução drástica do número de voos, levando-as a recorrer ao lay-off simplificado, colocando a maioria dos seus trabalhadores em casa e reduzindo os custos salariais, e os restantes a trabalhar com horário reduzido, além de alguns programas de licenças sem vencimento. Por outro lado, as contratações foram suspensas e os contratos a termo certo não foram renovados.

De igual forma, as empresas de *handling* (assistência em escala) e os serviços prestados nos aeroportos reduziram os seus recursos humanos de

[31] Neste sentido, veja-se Acórdão TJUE (Grande Secção), de 10 de Janeiro de 2006, Processo C-344/04, n.ºs 34-48, disponível em https://curia.europa.eu/juris/showPdf.jsf?text=&docid=57285&pageIndex=0&doclang=PT&mode=lst&dir=&occ=first&part=1&cid=1328558. Veja-se ainda Maria José Morillas Jarillo, Maria Victoria Petit Lavall e Maria Jesus Guerrero Lebrón, *Derecho aéreo y del espacio*, Madrid, Marcial Pons, 2014, pp. 650-651; Nuno Calaim Lourenço, "A limitação da responsabilidade do transportador aéreo internacional no transporte de pessoas", *in Temas de Direito dos Transportes*, vol. I (coord. M. Januário da Costa Gomes), Almedina, 2010, pp. 424-425.

[32] Sobre o impacto da pandemia na aviação civil, veja-se Catarina Salgado, "O impacto da pandemia na aviação civil – um novo 11/9?" e Hugo Ramos Alves, "Sobre a repercussão do COVID-19 no Direito Aéreo", ambos *in Revista da Faculdade de Direito da Universidade de Lisboa*, 2020, n.º 1, respetivamente, pp. 117-148 e pp. 237-260.

forma intensa, por forma a manterem os mínimos proporcionais ao tráfego existente já que, mesmo após a retoma formal da atividade de transporte aéreo, as restrições, por um lado, e o medo generalizado da população, por outro, retraíam o regresso a tempos pré-pandémicos.

O setor deparava-se, pois, com o grande desafio de reconquistar a confiança dos passageiros, não bastando por isso retomar os voos, mas também assegurar que os mesmos continuassem a oferecer um grau de confiança aos passageiros, de forma a que se considerasse que não teriam um risco acrescido de contágio, ou que esse risco seria minimizado.

E consequentemente surgiu a necessidade de preparar os recursos humanos e materiais para a tão desejada retoma efetiva do setor.

Ou seja, não bastaria que os passageiros retomassem a confiança no transporte, mas também que, no momento em que tal acontecesse, e que seria algo incerto, tanto as transportadoras como os demais intervenientes no setor, como as empresas de *handling* e os serviços prestados nos aeroportos que outrora haviam reduzido o número de trabalhadores, estivessem preparados para repor os respetivos recursos, por forma a estarem aptos a oferecer os serviços de antigamente.

E assim, apesar de não serem atingidos os números prévios à pandemia, o desejo de voltar à nova "normalidade" impulsionou em 2022 o início da retoma do setor da aviação civil, devolvendo ao mercado passageiros sedentos de fugir a tempos de clausura.

Apesar de desejado, não se tratou, no entanto, de um momento totalmente calculado, já que as expectativas recaíam sobretudo para o ano de 2024.

O enorme aumento da procura de voos exigia uma mudança significativa por parte das empresas do setor que estavam em pleno processo de restruturação, na sequência da crise financeira provocada pela pandemia.

Deste modo, impunha-se que o aumento de passageiros e respetivas bagagens fossem acompanhados de um aumento de recursos humanos e também materiais e logísticos (ao nível do reforço de frotas e de rotas), para os quais nem as transportadoras, nem os agendes de *handling*, nem os demais serviços prestados no aeroporto (como é o caso do serviço de migração) estavam preparados.

Este contexto veio inevitavelmente provocar distúrbios no setor, que são elevados em qualquer momento, tornando-se ainda de maior relevância e nefastos numa fase em que se almeja a recuperação total de um mercado que foi extremamente fustigado num passado recente.

Destaca-se a falta de recursos humanos, quer nas transportadoras quer nos demais intervenientes no setor, já que uma vez mais se recorda que foi necessário proceder a um ajustamento de pessoal proporcional ao desaparecimento total ou quase total de voos verificado dois anos antes.

Era necessário, pois, que empresas nada restabelecidas da crise financeira recuperassem esses trabalhadores que, por força da crise e da incerteza, em muitos casos divergiram para outras atividades e até para outros locais.

Tal necessidade mantém-se e persiste aos dias de hoje.

Consequentemente, geram-se diariamente inúmeras situações de atrasos e de cancelamentos de voos, atrasos e perdas de bagagens, e ainda de aglomerações de passageiros nos aeroportos causando dificuldades de escoamento dos mesmos, com reflexo na sua indisposição e até na perda de voos de ligação.

Por outro lado, o panorama internacional vivido desde o final de fevereiro de 2022 não veio, efetivamente, ajudar.

A guerra na Ucrânia, na sequência da invasão da Rússia, veio provocar, entre outros, o aumento dos preços em geral e dos combustíveis em especial, além da retração natural no que concerne a viagens para territórios próximos da zona de conflito.

Tal conjuntura não permitiu, nem permite até ao momento, a redução dos preços por forma a propulsionar a retoma total, pelo menos idêntica a tempos pré-pandemia.

Desta forma, antevêem-se tempos difíceis para o setor da aviação civil e para os seus consumidores.

6. Conclusões

Por todo o exposto, podemos retirar as seguintes conclusões:

I. O Regulamento (CE) n.º 261/2004, do Parlamento Europeu e do Conselho, veio harmonizar ao nível da União Europeia regras que não constavam da Convenção de Montreal de 1999, relativas à compensação e assistência aos passageiros aéreos em caso de recusa de embarque contra a sua vontade e de cancelamento ou atraso considerável dos voos.

Foram, desta forma, elevados os níveis de proteção e os direitos dos passageiros aéreos, que devem ser considerados verdadeiros consumidores dos serviços respetivos.

No que concerne ao conceito de "recusa de embarque", o mesmo não se limita às situações de excesso de reservas, aplicando-se a todas as situações em que o transporte é negado ao passageiro, apesar de este satisfazer todas as condições para o efeito, pelo que as razões que motivaram a recusa não importam para a aplicação do Regulamento.

A transportadora aérea pode recusar o embarque a passageiros contra sua vontade, mas deve dar prioridade ao transporte das pessoas com mobilidade reduzida e de quaisquer pessoas, ou cães-guias devidamente certificados, que os acompanhem, bem como das crianças não acompanhadas. Ainda assim, a transportadora aérea deve compensar imediatamente os passageiros cujo embarque foi recusado contra a sua vontade e prestar-lhes assistência.

Quanto ao cancelamento de um voo, ocorre quando a programação inicial do voo não é efetivada e o reencaminhamento dos passageiros desse voo é feito através da inclusão dos mesmos num outro voo que também já estava programado.

Para que um voo seja cancelado não será necessária uma decisão expressa por parte da transportadora de o cancelar, mas tão só a não efetivação desse voo, mas também não chegará a mera indicação de "cancelado" constante do painel de partidas do aeroporto ou dada pelo pessoal da transportadora aérea, ou o facto de os passageiros levantarem as suas bagagens ou receberem novos cartões de embarque. Recai, no entanto, sobre a transportadora aérea o ónus da prova relativamente à questão de saber se e quando foi o passageiro informado do cancelamento do seu voo.

Nesse caso, o passageiro tem direito a receber assistência da transportadora aérea, podendo optar pelo reembolso do preço do bilhete ou pelo reencaminhamento num voo alternativo. Por outro lado, o passageiro deverá receber da transportadora aérea uma compensação, salvo algumas exceções.

Relativamente ao atraso, contrariamente ao cancelamento, o Regulamento n.º261/2004 não define o seu conceito, ainda que explicite a partir de quando se deve considerar o atraso relevante.

Nos casos em que o atraso é relevante, a transportadora aérea deve oferecer aos passageiros refeições e bebidas em proporção razoável com o tempo de espera e alojamento em hotel e o transporte entre o aeroporto e o alojamento, nos casos aplicáveis. Existe ainda a possibilidade de reembolso do preço do bilhete, aplicável em certas situações.

Em caso de reencaminhamento, se a transportadora colocar o passageiro numa classe superior àquela para que o bilhete foi adquirido, a mesma não pode exigir qualquer pagamento suplementar, mas se colocar o passageiro numa classe inferior àquela para a qual que o bilhete foi adquirido, a deverá reembolsá-lo no prazo de sete dias, numa percentagem sobre o preço do bilhete.

Não obstante, a prestação de tal compensação nos termos do Regulamento não impede o direito a uma eventual indemnização suplementar, de natureza ressarcitória.

II. Por sua vez, o Regulamento n.º 1107/2006 estabeleceu regras para a proteção e a prestação de assistência às pessoas com deficiência e às pessoas com mobilidade reduzida (PMR's) que viajam por via aérea, com o propósito de as proteger contra discriminações e garantir que recebem assistência.

Um dos direitos aí estabelecidos consiste na proibição de recusa de transporte, salvo razões de segurança, pelo que, antes de aceitar reservas para pessoas com deficiência ou pessoas com mobilidade reduzida, a transportadora aérea, os seus agentes e os operadores turísticos devem verificar se há uma razão justificada por motivos de segurança que impeça essas pessoas de viajar nos voos em questão. No entanto, se tal acontecer, deverá ser proposta uma alternativa aceitável ao passageiro e à pessoa que o acompanhe, tendo direito a reembolso ou reencaminhamento, cumprindo todos os requisitos de segurança.

Por outro lado, consagra-se o direito do passageiro com deficiência e com mobilidade reduzida a ter assistência especial gratuita, incumbindo à entidade gestora do aeroporto assegurar a prestação dessa mesma assistência.

Finalmente, existe uma previsão específica para o caso de perda ou dano de cadeira de rodas, de equipamento de mobilidade ou de outro dispositivo de assistência durante a manipulação no aeroporto ou durante o transporte a bordo da aeronave, caso em que o passageiro será indemnizado nos termos das regras do direito internacional, comunitário e nacional.

III. As medidas de assistência uniformes e imediatas constantes dos Regulamentos comunitários em apreço não obstam a que os passageiros interessados, caso esse atraso lhes cause ainda danos específicos que confiram direito a indemnização, possam, por outro lado, propor ações de indemnização pelos referidos danos, nas condições fixadas na Convenção de Montreal de 1999.

Desta forma, as medidas previstas nos Regulamentos e as que constam da Convenção de Montreal não são incompatíveis entre si, complementando-se até, ao nível da proteção dos interesses dos passageiros, porquanto revestem de natureza diferente.

IV. A pandemia provocada pelo covid-19 causou um impacto inigualável ao nível do setor da aviação civil mundial, provocando uma redução drástica do número de voos e a consequente redução de recursos humanos.

Com o alívio das restrições, o setor deparava-se com o grande desafio de reconquistar a confiança dos passageiros, tendo a tarefa de assegurar que os voos continuariam a oferecer um grau de confiança aos passageiros, de forma a que se considerasse que não teriam um risco acrescido de contágio, ou que esse risco seria minimizado.

Tal obrigou a que as transportadoras e os demais intervenientes no setor, que no tempo da pandemia haviam reduzido o número de trabalhadores, estivessem preparados para repor os respetivos recursos, por forma a estarem aptos a oferecer os serviços de antigamente. Porém, a ainda lenta recuperação e fase de restruturação decorrente da crise financeira e a falta de trabalhadores que, entretanto, haviam dispersado, concorreram para as atuais inúmeras situações de atrasos e de cancelamentos de voos, atrasos e perdas de bagagens, e ainda de aglomerações de passageiros nos aeroportos causando dificuldades de escoamento dos mesmos.

Continuam a aguardar-se, desta forma, melhores tempos para o setor da aviação civil e para os seus consumidores.

Bibliografia

Almeida, Carlos Neves de, *Do contrato de transporte aéreo e da responsabilidade civil do transportador aéreo*, Almedina, 2010.

"Contrato de transporte aéreo de passageiros", in *Estudos de Direito do Consumo* (coord. Rui Ataíde e Carlos Barata), Vol. V, AAFDL, 2017.

Alves, Hugo Ramos, *"Em tema de direitos dos passageiros no contrato de transporte aéreo", in Estudos de Direito Aéreo* (coord. Dário Moura Vicente), Coimbra Editora, 2012.

Direito aéreo – Uma introdução, AAFDL, 2019.

"Sobre a repercussão do COVID-19 no Direito Aéreo", *in Revista da Faculdade de Direito da Universidade de Lisboa*, 2020, n.º 1.

Arroyo Martínez, Ignacio, *Curso de Derecho Aéreo*, Thomsom Civitas, 2006.

Bokareva, Olena, "Eu passenger and travel law: regional harmonization and implications for the international regime", in *Temas de Direito dos Transportes*, vol. IV (coord. M. Januário da Costa Gomes), Almedina, 2019.

Lourenço, Nuno Calaim, "A limitação da responsabilidade do transportador aéreo internacional no transporte de pessoas", *in Temas de Direito dos Transportes*, vol. I (coord. M. Januário da Costa Gomes), Almedina, 2010.

MÁRQUEZ LOBILLO, Patricia, *Denegación de embarque en el transporte aéreo de pasajeros*, Madrid, Parcial Pons, 2013.

MENDES DE LEON, Pablo, e EYSKENS, Werner, "The Montreal Convention: Analysis of Some Aspects of the Attempted Modernization and Consolidation of the Warsaw System", in *Journal of Air Law and Commerce*, Vol. 66, 2001.

MORAIS, Daniel, "Recusa de embarque injustificada no transporte aéreo internacional de passageiros: (des)equilíbrio dos interesses em presença?", in *Revista de Direito Comercial*, 2017.

MORILLAS JARILLO, Maria José; PETIT LAVALL, Maria Victoria; GUERRERO LEBRÓN, Maria Jesus, *Derecho aéreo y del espacio*, Madrid, Marcial Pons, 2014.

PIRAS, Massimiliano, "La responsabilità del gestore aeroportuale nel transporto delle persone disabili e com mobilità ridotta", in *Temas de Direito dos Transportes*, vol. V (coord. M. Januário da Costa Gomes, Almedina, 2020.

SALGADO, Catarina, "O impacto da pandemia na aviação civil – um novo 11/9?" *in Revista da Faculdade de Direito da Universidade de Lisboa*, 2020, n.º 1.

ZAMPONE, Alessandro, "La convenzione di Montreal del 1999 sul trasporto aereo nell'interpretazione della corte di giustizia europea", in *Rivista Diritto dei Trasporti*, Edizioni AV, 2020.

TRANSPORTE EM VEÍCULOS DESCARACTERIZADOS

SOBRE A (PRETENSA) NECESSIDADE DE RECONFIGURAÇÃO DOGMÁTICA DO SERVIÇO DE TRANSPORTE

António Barroso Rodrigues[1]

Sumário: *§ 1. A emergência da atividade de transporte em veículos descaracterizados. Delimitação da investigação. § 2. O enquadramento legal da atividade em Portugal;*

[1] Assistente convidado na Faculdade de Direito da Universidade de Lisboa. Investigador do Centro de Investigação de Direito Privado. Advogado.
Abreviaturas mais utilizadas: Ac./ac. – Acórdão; anot. – anotação; AT – *Allgemeine Teil*; B2B – *Bussiness-to-Bussiness*; B2C – *Bussiness-to-Consumer*; BGB – *Bürgerliches Gesetzbuch*; BMJ – Boletim do Ministério da Justiça; BT – *Besondere Teil*; C2C – *Consumer-to-Consumer*; CC – Código Civil; CCit – Código Civil italiano; CCom – Código Comercial; cf. – conferir; CMT – certificado de motorista de táxi; coord. – coordenação; CP – Código Penal; CRP – Constituição da República Portuguesa; CT – código do trabalho; DL – Decreto-Lei; EuCML – *Journal of European Consumer and Market Law*; HGB – *Handelsgesetzbuch*; i.e. – *id est*, isto é; LOTT – *Ley de Ordenación de los Transportes Terrestres*; MMR – *Multimedia und Recht*; MüKoBGB – *Münchener Kommentar zum BGB; MükoHGB – Münchener Kommentar zum HGB*; n.º/n.ºs – número/números; NVwZ – *Neue Zeitschrift für Verwaltungsrecht*; OIT – Organização Internacional do Trabalho; OVG – *Oberverwaltungsgericht*; p. e p. – previsto e punido; p./pp. – página e páginas; p.ex. – por exemplo; PBefG – *Personenbeförderungsgesetz*; RJSPTP – regime jurídico do serviço público de transporte de passageiros; ROA – Revista da Ordem dos Advogados; *ss.* – seguintes; STJ – Supremo Tribunal de Justiça; TC – Tribunal Constitucional; TJUE – Tribunal de Justiça da União Europeia; TNC – *Transport Network Companies*; Trad. – tradução; TRC – Tribunal da Relação de Coimbra; TRG – Tribunal da Relação de Guimarães; TVDE – Transporte Individual e Remunerado de Passageiros em Veículos Descaracterizados a partir de Plataforma Eletrónica; V./v. – *vide*; v./vol. – volume; v.g. – *verbi gratia*; e Vol. – volume.
A referência a um artigo (ou a vários) sem indicação do diploma a que pertencem deve-se entender como reportado(s) à Lei n.º 45/2018, de 10 de agosto (retificada pela Declaração de Retificação n.º 25-A/2018, de 10 de agosto).

2.1. Considerações gerais. Noção; 2.2. A crise na qualificação da atividade e a relação jurídica de consumo emergente. A decisão fundamental do TJUE no caso C-134/15 (Asociación Profesional Elite Taxi vs Uber Systems Spain SL); 2.3. O regime jurídico atual da atividade TVDE; a) Breve nota história; o enquadramento prévio ao novo regime jurídico; b) A Lei n.º 45/2018, de 10 de agosto (Lei TVDE); c) A formação e execução contratual; em especial, a complexidade e pluralidade negocial inerente § 3. Aspetos problemáticos. Algumas notas; 3.1. A responsabilidade civil emergente; 3.2. Sobre a relação jurídica entre a empresa e o trabalhador; breve apontamento; 3.3. A relação jurídica complexa de consumo; § 4. Considerações finais.

§ 1. A emergência da atividade de transporte em veículos descaracterizados. Delimitação da investigação

I. A atividade do transporte atravessa globalmente um novo ciclo, disruptivo. Sob o impulso da nova economia de partilha (*Sharing Economy*) o sector foi surpreendido com uma onda transformativa do seu modelo de atividade, condenando as formas tradicionais de exploração económica à obsolescência. Por arrastamento, a necessidade de atualização do quadro legal é manifesta. E o fenómeno não é único. Na verdade, esta rutura é também sentida noutros sectores, designadamente no de arrendamento, de curta duração ou de restauração, cujo modelo base que também se encontra geralmente subjacente, i.e., um de *proximidade*, *bilateral* e *materializado*, está, de igual forma, em crise[2].

Concentremo-nos no primeiro sector mencionado (o de transportes). Para este efeito, cumpre delimitar com maior rigor o escopo da presente investigação, atendendo à sua limitada economia. Ora, para tal importa previamente considerar algumas distinções essenciais no enquadramento da matéria: é dogmática estabelecida[3] – e, sem surpresa, a regulação legislativa

[2] Sobre o ponto, v., entre outros, Jorge Coutinho de Abreu, *Empresas Virtuais (Esboços)*, Estudos em Homenagem ao Prof. Doutor Inocêncio Galvão Telles, Vol. IV, Almedina: Coimbra (2003), 599-609 (602-603), Patrícia Fragoso Martins, *Sharing economy, competition and regulation: the case of Uber in the case-law of the Court of Justice of the European Union*, UNIO EU Law Journal, Vol. 5, n.º 1 (2019), 55-67, Finn Makela/Derek McKee/Teresa Scassa, *The "Sharing Economy" through the Lens of Law*, em Law and the "Sharing Economy", University of Ottawa Press (2018), 1-14 e Christian Solmecke/Bonny Lengersdorf, *Rechtliche Probleme bei Sharing EconomyHerausforderungen an die Gesetzgebung auf dem Weg in eine geteilte Welt*, MMR 2015, 493.

[3] Cfr., por todos, Carlos Lacerda Barata, *Contratos de transporte terrestre*, 627-628 (com referências em nota 26).

acompanha a tripla bifurcação que será de seguida mencionada – distinguir-se, quanto (*a*) ao *objeto*, o transporte de *passageiros* e o de *mercadorias*, (*b*) quanto à *via* ou *modo*, o *terrestre* (rodoviário, ferroviário), *marítimo* e o *aéreo* e, por fim, quanto (*c*) ao *espaço*, o transporte *nacional* e *internacional*. Pois bem, as mais recentes formas de exploração desta atividade, mencionadas *supra*, conquistam paradigmaticamente espaço no contexto do transporte de *passageiros*, *terrestre rodoviário* e *nacional*. As novas facetas deste serviço são múltiplas e mutáveis[4]: destacamos, de momento, os serviços de *intermediação eletrónica* estabelecidos no quotidiano, nomeadamente através do (*i*) aluguer de veículos entre particulares, (*ii*) o *carsharing*, permitindo o aluguer desmaterializado de curta duração de um veículo, (*iii*) o *carpooling*, mediante o qual se reparte os custos de transporte entre um condutor e outros passageiros com um trajeto comum[5] e, por fim, (*iv*) o transporte de passageiros em veículos com condutor. Concentremo-nos neste último serviço, em especial quando é operado num modelo *individual* e *particular* com recurso a *veículos descaracterizados*.

II. Em particular, são as empresas de transporte em rede (*Transportation Network Companies*) os responsáveis finais pela mutação do sistema tradicional de transporte público/particular, em especial quanto à sua *forma* da respetiva exploração[6] (destaca-se, no plano nacional, plataformas como a *Uber* e a *Bolt*).

Quanto a estas empresas, importa notar que o início da atividade das TNC nos vários ordenamentos antecipou a necessária regulação legal da matéria ou desconsiderou, de todo, aquela existente[7]. A utilização de

[4] Com um elenco semelhante, v., ARAYA PÉREZ, *La sentencia del Tribunal de Justicia de la Unión Europea de 20 de Diciembre de 2017 (caso Uber) y su influencia en la iniciativa legislativa portuguesa*, Estudos de Direito do Consumidor, Vol. 14 (2018), n.º 1, 63-64.

[5] Sobre o conceito, v. ARAYA PÉREZ, *'Carpooling': C2C en el transporte de pessoas*, Revista Aranzadi de derecho y nuevas tecnologías, n.º 37, 2015, 161-184.

[6] São onze os operadores de plataforma eletrónica de TVDE autorizados a operar no território português, entre as quais se destaca as conhecidas *Uber* e *Bolt*; cf., a lista publicada a 19-Jul-2021 em imt-tvde.pt, em cumprimento com o disposto no número 4 do artigo 17.º da Lei n.º 45/2018, de 10 de agosto. Sobre o conceito de *operador de plataforma eletrónica*, v., o artigo 16.º da referida Lei e, ainda, *infra*, § 2., 2.3., b).

[7] O fenómeno é, por vários, intitulado de "*Ubergate*" representando um exercício económico revolucionário mediante a desconsideração do regime legal em vigor, nas suas várias vertentes, particularmente, e a título meramente exemplificativo, nos ramos do Direito comercial (em matéria de concorrência), laboral (quanto ao vínculo estabelecido entre os motoristas

veículos descaracterizados, *rectius*, de *veículos não identificados como públicos*, é indiciária deste aspeto. Sem prejuízo, o que caracteriza este serviço – sendo esse, frisa-se, o verdadeiro motivo da sua autonomia – é o recurso a uma *plataforma digital* por onde se operacionaliza o negócio (em termos de formação, celebração, modificação, cumprimento e demais formas de extinção das obrigações emergentes, *etc.*), com singela exceção (cumpre frisar) do transporte em si. Esta característica criou o espaço necessário ao aparecimento de um novo sujeito no âmbito das relações geradas, rompendo com a anterior pluralidade mínima de dois, *i.e.*, de *transportador/transportado*: o *operador da plataforma eletrónica*. Este é uma nova figura a considerar, cujo papel que desempenha neste contexto negocial está longe de ser pacífico.

§ 2. O enquadramento legal da atividade em Portugal[8]

2.1. Considerações gerais. Noção.

III. Em Portugal, o transporte de passageiros consubstancia uma prestação de serviço (*locatio operis*), *inominada* (1154.º CC). A omissão da regulação deste contrato no Código Civil foi, sem dúvida, intencional, beneficiando da regulação concorrente e anterior no campo comercial. Sem prejuízo, encontramos pontuais menções no nosso Código a este contrato, as quais não permitem, todavia, gizar um modelo global, a saber:

- 46.º/3 – referência à lei reguladora da «constituição e transferência de direitos sobre os meios de transporte submetidos a um regime de matrícula»;
- 504.º/ 2 e 3 – regulação dos beneficiários de responsabilidade pelos danos causados por veículos em virtude de contrato de transporte (oneroso e gratuito);

TVDE e os operadores), administrativo (de regulação da atividade do operador de plataforma), civil (de enquadramento negocial da relação jurídica estabelecida e da responsabilidade dos agentes), fiscal (quanto à tributação do serviço) e criminal; cf., com um elenco semelhante e complexivo, Patrícia Fragoso Martins, *Sharing economy*, 57.

[8] V., sem propósito exaustivo, entre nós, Jorge Morais Carvalho, *Uber in Portugal*, EuCML Reports (1-2/2015), 63-65, *Developments on Uber in Portugal*, EuCML (4/2015), 157-158, *O contrato de transporte em veículo descaracterizado*, Revista de Direito Comercial (2018), 1191-1224 ; e Joana Campos Carvalho, *Enquadramento Jurídico da Atividade da Uber em Portugal*, Revista de concorrência e regulação, Vol. 7, n.º 26 (2016), 221-238.

- 508.º/2 e 3 – estabelecimento de limites máximos de responsabilidade por referência ao veículo utilizado em transporte;
- 755.º/1, a) e 2 – extensão do direito de retenção ao transportador e determinação do beneficiário em caso de transportes sucessivos;
- 797.º – transferência do risco, aquando da entrega do bem, ao transportador nas obrigações de envio;
- 890.º/1 – concretização do início da contagem do prazo do direito à diferença de preço na venda de coisas que hajam de ser transportadas de um lugar para outro;
- 922.º – menção às coisas que devem ser transportadas no âmbito da venda de coisas defeituosas; e
- 938.º/1, a) – regulação da venda de coisa em viagem perdida após a sua entrega ao transportador.

Ora, a lacuna na previsão deste contrato na legislação civil funda-se essencialmente em dois motivos: por um lado, a sua omissão respeita a variável natureza do negócio, consoante o meio de transporte empregue (i.e., se pública ou privada), por outro, este contrato apresenta em regra uma natureza exclusivamente comercial, à qual o Código Civil é alheio (arts. 366 e ss. CCom[9])[10].

Sem prejuízo, cumpre notar que o enquadramento desta atividade não se esgota nos meandros da comercialidade, nem na pura relação civil: quando um profissional presta este serviço a um sujeito, destinado a *um uso não profissional*, (*i.e.*, a um *consumidor*[11]) emerge, por acréscimo à relação particular

[9] No Código Comercial de 1888 pode-se ler: «[o] contrato de transporte por terra, canais ou rios considerar-se-á mercantil quando os condutores tiverem constituído empresa ou companhia regular e permanente.». A matéria encontra rudimentos no Código Comercial de 1833 (170.º e ss) e no Código Civil de 1867 (1410.º e 1411.º), como nos dá nota MENEZES CORDEIRO, *Introdução ao Direito dos Transportes*, ROA Ano 68, Vol. I, (2008), 139-172 (155).

[10] Neste sentido, v. a anotação de PIRES DE LIMA/ANTUNES VARELA ao art. 1155.º CC, em *Código civil anotado*, Vol. II, 4.ª ed., Coimbra Editora: Coimbra (2011), 784-785. A exclusividade da relevância comercial deste contrato é criticado por CARLOS LACERDA BARATA, *Contratos de Transporte Terrestre*, 627 (nota 11); cfr., ainda, a propósito, CARLOS FERREIRA DE ALMEIDA, *O contrato de transporte no Código Civil*, *Revista dos Tribunais*, Ano 87 (Abr. 1969), 145-151 (147).

[11] Cfr., em linha, a noção avançada pelo art. 2.º/1 da Lei n.º 24/96, de 31 de julho, na sua redação atual (Lei de defesa do consumidor). É verdadeiramente inglória a tarefa de (tentar) avançar uma noção de consumidor. Na verdade, tanto no plano legislativo, como no doutrinal, as divergências são tão acentuadas quanto ao significado do conceito que se torna

(oposta à comercial), uma *relação jurídica de consumo*. Nestes termos, a legislação referente ao Direito do consumo é também necessariamente chamada à colação. Retomaremos esta matéria adiante.

Cumpre dar nota de outro aspeto. A regulação existente deste contrato no nosso território (e a sua manifesta necessidade de atualização) não acompanhou, por sinal, os esforços enveredados noutros ordenamentos, os quais geralmente optaram pela sua integração no respetivo Código Civil em vigor (é o que sucede em Itália e no Brasil; cf. arts. 1678.º a 1702.º do Código Civil italiano e arts. 730.º a 756.º do Código Civil brasileiro, respetivamente) ou mediante a criação de diplomas avulsos, complementares ou não à matéria entretanto codificada (de que são exemplo a Alemanha, França e Espanha[12]; cf., além Reno, a Lei relativa ao transporte de pessoas, *Personenbeförderungsgesetz* – em complemento ao respetivo código comercial, *Handelsgesetzbuch* –, o *Code des transports*, em terras Francas, e a *Ley de Ordenación de los Transportes Terrestres*, em Espanha).

IV. Retomemos, de momento, a noção de contrato de transporte.

Nas várias definições que lhe são apontadas, o *contrato de transporte* inclui a obrigação principal de *deslocar*, a qual recai sobre o transportador,

indesejável propor dogmaticamente uma definição (cf., a propósito da confusão verdadeiramente babélica, Adelaide Menezes Leitão, *Comércio Eletrónico e Direito do Consumo*, *Liber Amicorum* Mario Frota, A causa dos direitos dos consumidores Almedina: Coimbra, 2012, 31-39). Cumpre notar, a este propósito, a investigação de Fernando Baptista de Oliveira, *O conceito de consumidor. Perspetivas nacional e comunitária*, Almedina: Coimbra (2009). Na verdade, o tema tem sido retomado pela generalidade dos estudos que se dedicam à matéria, entre os quais se destaca, sem propósito exaustivo, Carlos Ferreira de Almeida, *Direito do Consumo*, Almedina: Coimbra (2005), *Direito dos Consumidores*, Almedina: Coimbra (2000) e em *Negócio Jurídico de Consumo*, Separata do BMJ 347 (1985), 5-32; Jorge Morais Carvalho, *Manual de Direito do Consumo*, 7.ª ed., Almedina: Coimbra (2021), 29-45, entendimento seguido por David Falcão, *Lições de Direito do Consumo*, 2.ª ed., Almedina: Coimbra (2020), 15-24. Como é sabido, as várias definições que lhe são apontadas (e a legislação comunitária apologista do termo não avança uma noção última) visam funcionalmente distinguir este sujeito, desfavorecido no *iter* negocial, do *profissional* (cf., com nota desta natureza funcional do conceito, Joaquim de Sousa Ribeiro, *O problema do contrato. As cláusulas contratuais gerais e o princípio da liberdade contratual*, Almedina: Coimbra, 2003, 478-479, nota 566). Mais sedutora, por fim, é a noção de consumidor em *sentido estrito*, tal como nos dá nota Calvão da Silva (*Venda de bens de consumo*, 4.ª ed., Almedina: Coimbra, 2010, 55-56).

[12] A menção existente no código civil espanhol título é materialmente remissiva para outros diplomas (arts. 1601.º a 1603.º), como nos dá nota Carlos Lacerda Barata, *Contratos de Transporte Terrestre*, 624 (nota 16).

mediante uma eventual contrapartida a cargo do expedidor/transportado. O *dever de deslocar*, ao abrigo de um determinado critério espácio-temporal é, nesta medida, o único efeito obrigacional essencial do contrato de transporte[13]. Note-se que a *onerosidade* do contrato, exigindo a realização de uma contrapartida a cargo da contraparte, não é elemento essencial do mesmo se tipo *civil*, contrariamente ao de tipo comercial. Por outro lado, uma vez que o interesse do credor se concentra no efeito útil deste serviço, nomeadamente na entrega do objeto no local de destino, esta consubstancia, em regra, uma *obrigação de resultado* (*Leistungserfolg*)[14].

[13] Com este apelo, v., Carlos Lacerda Barata, *Contratos de Transporte Terrestre*, 621 (com referências na nota 6). Em geral, sem propósito exaustivo, cf., Menezes Cordeiro, *Introdução ao Direito dos Transportes*, ROA Ano 68, Vol. I, (2008), 139-172 (139-140) e (com A. Barreto Menezes Cordeiro), *Direito Comercial*, 4.ª ed., Almedina: Coimbra (2016); Pedro Pais de Vasconcelos/Pedro Leitão Pais de Vasconcelos, *Direito Comercial*, Vol. I, 2.ª ed., Almedina: Coimbra (2020); Francisco Costeira da Rocha, *O contrato de transporte de mercadorias. Contributo para o estudo da posição jurídica do destinatário no contrato de transporte de mercadorias*, Almedina: Coimbra (2000), 24 e ss.; José Engrácia Antunes, *O contrato de transporte*, O direito, Ano 141, Vol. III (2009), 539-566, *Direito dos contratos comerciais*, Almedina: Coimbra (2009), 725-758; Carlos Ferreira de Almeida, *Contratos* II, 5.ª ed., Almedina: Coimbra (2021), 177-182; e Castelo-Branco Bastos, *Direito dos transportes*, n.º 2, Cadernos IDeT, Almedina: Coimbra (2004).
Além-Reno, o contrato de transporte (*Beförderungsvertrag*) encontra-se disperso em vários atos legislativos: o código comercial alemão prevê o transporte de bens (*Güter*) (§§ 407 e ss. HGB), com exceção daquele realizado por via marítima (§ 481 (1) HGB; abrangendo surpreendentemente o transporte de passageiros, §§ 536 e 537 HGB). Sobre a sistemática do código comercial alemão, v. Canaris, *Handelrecht*, 24.ª ed., C.H.Beck: Munique (2006), § 31, 484 e ss e a anot. de Thume ao § 407 HGB (4.ª ed, 2020) em *MükoHGB*, Vol. VII, n.ºs 122-124; destaca-se, em todo o caso, como vimos, a Lei relativa ao transporte de pessoas (PBefG). Esta lei também tem, por sua vez, um campo de aplicação restrito, não se aplicando, p. ex., ao transporte ferroviário; sobre estes e outros aspetos, cf. a anot. ao § 1 PBefG por Heinze/Fehling/Fiedler, *PBefGKommentar* (2.ª ed., 2014), n.ºs 1-4.

[14] Cf., por todos, dando nota do entendimento maioritário a nível doutrinal e jurisprudencial, com referências completas, Carlos Lacerda Barata, *Contratos de Transporte Terrestre*, 624-625 (nota 18). Recentemente, v., ainda, o ac. do TRC, de 14-Nov-2017 (Isaías Pádua), TRG, de 27-Abr-2017 (Maria Nogueira) e de 06-Jun-2019 (Maria Sampaio).
Da nossa parte, não se advinha qualquer motivo que obste à admissibilidade (naturalmente excecional) de uma obrigação de meios neste campo. Afinal, a responsabilidade do transportador pode ser licitamente limitada à falta de utilização dos meios idóneos à obtenção do resultado pretendido, sem nunca o garantir. Isto é particularmente relevante quando esse resultado fuja ao controlo do devedor mais precavido e previdente (p. ex., em serviços de transporte com contornos difíceis ou perigosos, tal como a entrega de uma encomenda num pico de uma montanha).

2.2. A crise na qualificação da atividade e a relação jurídica de consumo emergente; a decisão fundamental do TJUE no caso C-134/15 (*Asociación Profesional Elite Taxi vs Uber Systems Spain SL*)

V. Em moldes gerais, o transporte de passageiros em veículos descaracterizados de tipo *oneroso* caracteriza-se pela presença das obrigações principais *supra*mencionadas, nomeadamente a de deslocar e a correspetiva de pagar o preço devido. Nesta relação acresce um novo elemento (em concreto, um novo *sujeito*), ao qual já tivemos oportunidade de fazer referência: o *operador da plataforma eletrónica*. No contexto da relação trilateral (re)ajustada (entre transportado/condutor/operador de plataforma), e na

Noutro campo (mas destinado a um efeito equivalente), sabemos que o pressuposto da culpa, onde esta matéria assenta, é *maleável*, dentro de certos limites (487.º/2, *in fine*, «na falta de outro critério legal»): neste sentido, por vezes o legislador exige um grau de culpa superior para se responsabilizar o agente (cfr., em caso de mora do credor, 814.º/1, 815.º/1, na responsabilidade do doador, 956.º/2, 957.º, do comodante, 1134.º, do achador, 1323.º/6, pelo rompimento da promessa de casamento, 1594.º/2, do cônjuge administrador, 1681.º/1, e do herdeiro pela sonegação de bens da herança, 2096.º/1). Em idêntica medida e do prisma *convencional* (*i.e.*, não diretamente da lei em sentido *imediato*), é válida uma *convenção* ou *cláusula* que também ajuste este requisito, (*i*) *desagravando-o*, nos moldes previamente mencionados, ou seja, exigindo o dolo para se responsabilizar o agente – cf., por todos, atendendo ao art. 809.º CC, PINTO MONTEIRO, *Cláusulas limitativas e de exclusão de responsabilidade civil*, Almedina: Coimbra, 1985, 434 e PESSOA JORGE, *A limitação convencional da responsabilidade civil*, BMJ 281 (1978), 5-32 (17-18) e, em linha, confrontando o § 276 (3) BGB, LARENZ, *Lehrbuch des Schuldrechts*, I, AT, § 31, III, 552-556) –, ou, ainda, (*ii*) *por alteração do critério da sua apreciação*, particularmente para um mais vantajoso (assim, MENEZES CORDEIRO, *Tratado*, VI, 497; na Alemanha, MEDICUS, *Schuldrecht*, I, AT, § 31, 169). Este é um enquadramento que favorece a legitimidade das partes para ajustem os contornos do juízo de censura da conduta (do devedor) quanto ao seu *objeto imediato* (não se vinculando ao resultado da sua conduta), e, por inerência, modelando as regras de risco; em linha, sobre a relação entre o juízo de censura e as regras de risco, v., NUNO AURELIANO, *O Risco nos contratos de Alienação*, Almedina: Coimbra (2009), 60-61.

Em suma, nada obsta a que as partes possam acordar que seja o credor a suportar o risco do insucesso do resultado do transporte. Neste último caso, para o devedor se exonerar de responsabilidade basta demonstrar que empregou todos os meios ao seu alcance. A obrigação torna-se, portanto, de meios (*Leistungshandlung*). Neste sentido, numa conclusão que não podemos deixar de acompanhar, MARIA DE LURDES PEREIRA/PEDRO MÚRIAS afirmam «[i]nsistimos que uma obrigação é de meios ou de resultado conforme dispuser a respectiva fonte, em especial a convenção das partes. Certas actividades prestam-se mais a um ou a outro caso, mas a natureza da actividade não é por si determinante, servindo sobretudo de contexto interpretativo»; (*Obrigações de meios, obrigações de resultado e custos da prestação*, in Centenário do Nascimento do Professor Doutor Paulo Cunha: estudos em homenagem (Coord. António Menezes Cordeiro), 2012, 999-1018 (1010).

generalidade dos modelos gizados, este operador funciona, em primeira linha, como um *intermediário* do negócio. Vejamos.

A atuação do operador de plataforma na fase inicial de formação do negócio satisfaz a necessidade de transporte do passageiro mediante a disponibilização do serviço pré-existente, assegurado por terceiro (o condutor). Todavia, como se indicia pela mera aparência, a intervenção deste operador extravasa a mera *intermediação*: o negócio não se forma nos moldes tradicionais já que o operador da *plataforma eletrónica* exerce uma influência determinante no transporte. Entre outros aspetos, é este sujeito quem assegura a disponibilidade de um determinado condutor e controla qualidade do serviço. Fundamentalmente, é também perante o operador da plataforma (e não ao condutor) que o transportado realiza o pagamento do preço da respetiva viagem.

Pois bem, a intervenção deste novo sujeito (o operador da plataforma) no quadro da relação jurídica gerada colocou inicialmente em causa a *qualificação*, em si, do negócio como de *transporte*. Aliás, os vários operadores de plataforma, conquanto TNC's, tentaram inicialmente evitar esta qualificação a todo o custo. O motivo é compreensível no contexto da legislação em vigor na União Europeia: procuravam furtar-se aos condicionalismos económicos inerentes à regulação deste contrato pelo direito interno de cada Estado-Membro, em particular a potencial subordinação a um quadro legal não harmonizado entre os vários países. Esse quadro legal suspeitava-se (tal como posteriormente se veio a confirmar) ser de natureza *restritiva* à sua atividade, promovendo um *modelo concorrencial* com as demais, pré-existentes. Por outras palavras, ao não ser qualificado como de transporte, o serviço prestado poder-se-ia refugiar na qualidade de *serviço da sociedade de informação*[15], evitando as regras internas de cada Estado-Membro. Nesse caso, seria de exercício livre e alheio à regulação nacional, embora com uma obediência mínima aos Tratados (cf., 56.º (1) e 58.º (1) TFUE),

[15] Sobre o conceito, v. o artigo 2.º, a) da Diretiva 2000/31/CE, mencionada de forma completa na nota seguinte: remete-se, por sua vez, para os serviços mencionados no n.º 2 do artigo 1.º da Directiva 83/34/CEE (alterada pela Diretiva 98/48/CE, do Parlamento Europeu e do Conselho, de 20 de julho de 1998, entretanto revogada pela Diretiva (UE) 2015/1535 do Parlamento Europeu e do Conselho, de 9 de setembro de 2015, relativa a um procedimento de informação no domínio das regulamentações técnicas e das regras relativas aos serviços da sociedade da informação). É fundamental a investigação de Dário Moura Vicente, *Problemática Internacional da sociedade de informação*, Almedina: Coimbra (2005), para cujo levantamento bibliográfico exaustivo nesta matéria se remete (*idem*, 407-435).

bem como à Diretiva relativa aos serviços do mercado interno e à Diretiva sobre o comércio eletrónico[16]. Esta qualificação correspondia, aliás, ao entendimento do Tribunal de Justiça da União Europeia num famoso caso relativo à venda de lentes de contacto.

> Neste caso (C-108/09, *Ker-Optika*), a venda online deste produto médico foi qualificada como um serviço de sociedade de informação, permitindo-se a respetiva comercialização em estabelecimentos não especializados em instrumentos médicos, contrariamente àquilo que a legislação húngara impunha. Recentemente, o TJUE chegou a confirmar este seu entendimento quanto à operação de plataformas com vista a alojamento de curta duração (C-390/18, *Airbnb Ireland UC, et al.*), qualificando-as, de idêntica forma, como um mero *serviço da sociedade de informação.*

Não foi, curiosamente, este o entendimento do TJUE quanto à atuação das plataformas eletróncias no contexto do serviço transporte de passageiros, numa decisão fundamental de 20 de dezembro de 2017[17], a qual importa conhecer.

[16] Diretiva 2006/123/CE, do Parlamento Europeu e do Conselho, de 12 de dezembro de 2006, relativa aos serviços no mercado interno (JO 2006, L 376, p. 36; cf., nesta Diretiva o respetivo considerando 21, arts. 2.º/2, d) e 9.º/1) e, ainda, a Diretiva 2000/31/CE, do Parlamento Europeu e do Conselho, de 8 de junho de 2000, relativa a certos aspetos legais dos serviços da sociedade de informação, em especial do comércio eletrónico, no mercado interno (JO 2000, L 178, p. 1), respetivamente.

[17] Proc. C-434/15, *Professional Association Elite Taxi* vs. *Uber Systems Spain SL*. A decisão encontra-se bem documentada pela doutrina, nacional e estrangeira. Veja-se, a propósito, Araya Pérez, *La sentencia del Tribunal de Justicia de la Unión Europea de 20 de Diciembre de 2017 (caso Uber) y su influencia en la iniciativa legislativa portuguesa*, Estudos de Direito do Consumidor, Vol. 14 (2018), n.º 1, 53-94 e, com menção curiosa ao contexto político que rodeou a decisão, Miguel Sousa Ferro, *Uber Court: a look at recent sharing economy cases before the CJEU*, UNIO – EU Law Journal, Vol. 5, N.º 1, Jan. 2019, 68-75 (69). Seguiram-se outras decisões, nomeadamente em França (C-320/16; *Uber France SAS*), na qual se manteve o entendimento do processo *supra*mencionado (cf., §§ 15-29), estando em causa a admissibilidade da aplicação de uma sanção penal para quem «organizar um sistema que estabelece a ligação entre clientes e pessoas que fornecem prestações de transporte rodoviário de passageiros a título oneroso com veículos de menos de dez lugares, sem dispor de uma habilitação para o efeito». Em Portugal, o entendimento foi mantido na qualificação da atividade do grupo TAP no âmbito do procedimento relativo à respetiva reprivatização indireta do capital social (C-563/17, *Associação Peço a Palavra*, et. al., §§ 28-33). O TJUE considerou que a atividade desenvolvida pela TAP não consubstancia um serviço da sociedade de informação, mas um «serviço no domí-

Abreviando os contornos do caso, uma associação profissional de motoristas de táxi de Barcelona (*Asociación Profesional Elite Taxi*) intentou uma acção contra a *Uber Systems Spain SL* no tribunal comercial de Barcelona (*Juzgado de lo Mercantil no 3 de Barcelona*). A referida associação invocou que as atividades desenvolvidas por esta empresa consubstanciavam práticas de *concorrência desleal* ao abrigo do direito interno, atendendo, sem prejuízo do demais, aos rigorosos requisitos de acesso à profissão de motorista de táxi (cfr., a *Ley* 19/2003 del Taxi e o *Regulamento Metropolitano del Taxi*), aos quais esta nova atividade não obedecia. A seu favor, a Uber invocava o facto de prestar tão-somente um serviço de intermediação desmaterializado (via aplicação eletrónica) entre motoristas não profissionais (os quais inclusive utilizam o seu veículo pessoal) e os utilizadores finais. A instância espanhola submeteu a matéria de qualificação do serviço à apreciação do TJUE ao abrigo do mecanismo do reenvio prejudicial (267.º TFUE). O TJUE reconheceu, com base (*i*) no papel do operador de plataforma na *criação da oferta* (inexistente por os motoristas não profissionais não poderem prestar aquele serviço autonomamente) e (*ii*) na respetiva influência *determinante* e *modeladora* nas condições do serviço[18], que o serviço por si prestado *globalmente* integra tanto elementos de serviço da sociedade de informa-

nio dos transportes», pelo que não foi analisada a compatibilidade das condições estabelecidas no caderno de encargos no âmbito daquele procedimento (nomeadamente as obrigações de serviço público, assim como as de manutenção e de desenvolvimento do centro de operações nacional desta sociedade após a reprivatização). Existiram outras tentativas de recurso ao TJUE nesta matéria, nomeadamente na Bélgica (cf., o pedido do *Nederlandstalige rechtbank van koophandel Brussel*, rejeitado mediante o Despacho do Tribunal de 27-Out-2016, proc. n.º C-526/15, *Uber Belgium BVBA vs Taxi Radio Bruxellois NV*) e na Alemanha (cf. o pedido do *Bundesgerichtshof*, com desistência posterior pelo próprio, decidido pelo Presidente do TJUE de 12-Abr-2018, proc. n.º C-371/17, *About BV vs Richard Leipold*).

[18] Existem outros argumentos, nomeadamente aqueles constantes da opinião do Advogado-Geral Maciel Szpunar quanto a este processo (C-434/15): «[d]e facto, a Uber não limita a ligar a oferta à procura: cria essa oferta. Também regula as suas características essenciais e organiza o seu funcionamento» (§ 43); também dá nota deste e outros aspetos, Miguel Sousa Ferro, *Uber Court: a look at recent sharing economy cases before the CJEU*, 70 (nota 11). O entendimento tem sido mantido pelo TJUE em decisões posteriores, baseadas sistematicamente nos dois argumentos mencionados no texto. Pois bem, a distinta qualificação da atividade dos operadores de plataforma eletróncia (concentradas na atuação da *Airbnb* e da *Uber*) suscita, como bem se entende, grandes reservas doutrinárias (cf., neste sentido, Miguel Sousa Ferro, *Uber Court: a look at recent sharing economy cases before the CJEU*, 75). A dualidade de critérios sobre a qual assenta, nomeadamente a vertente da criação da oferta e o do exercício de uma influência dominante, são determinantes, mas não exclusivos. Não justifica a cisão de resultado, por um lado, na qualificação da atividade de empresas intermediárias de serviços de reserva de hotéis e companhias aéreas, daquela, por outro,

ção (na referida componente de intermediação), como de transporte, sendo, no entanto, este o último o principal (em linha com as conclusões alcançadas no acórdão de 15-Out-2015[19]). Ao considerar este serviço como um que tem lugar no «domínio dos transportes» (58.º/1 TFUE), o Tribunal determinou que cabe aos Estados-membros regulamentar internamente as condições em que este serviço é prestado.

VI. Em linha com a decisão previamente mencionada e com base na manifesta necessidade de ajustamento dos quadros legais a esta nova realidade, emergiu um ímpeto reformista, transversal a vários ordenamentos.

Deixamos uma breve nota das alterações que ocorreram em (*a*) França, (*b*) na Alemanha, (*c*) em Itália e (*d*) em Espanha, em momento prévio à análise do caso português.

a) França tomou a vanguarda na atualização do seu quadro legal, beneficiando de um regime jurídico que permitiu desde cedo enquadrar a atividade das «viaturas de turismo com *chauffeur*» (VTC)[20]. Destaca-se, neste campo, a «Lei *Thévenoud*» (Lei n.º 2014-1104, de 01 de outubro), a qual regula globalmente a atividade de transporte por veículos com condutor (incluindo o sector táxi e os VTC). Recentemente, mediante o Decreto n.º 2017-483, de 6 de abril de 2017 (conhecido pela lei *Grandguillaume*), foi profundamente revisto o enquadramento da atividade de transporte público particular de pessoas (T3P), alterando o *Code des Transports*. Os condicionalismos no acesso à atividade equiparam os VTC aos demais modelos tradicionais de exploração do transporte de passageiros.

b) Os tribunais alemães foram diversas vezes chamados a pronunciar-se sobre a legalidade da atividade da Uber, em particular atendendo à sua conformidade (ou falta dela) com a Lei relativa ao transporte de pessoas (PBefG),

desenvolvida pelas plataformas de TVDE. Em sentido oposto, v. a opinião do Advogado-Geral Maciel Szpunar, no âmbito do referido processo (C-434/15, § 59).

[19] Proc. n.º C-168/14, *Grupo Itevelesa SL e o.* vs. Oca *Inspección Técnica de Vehículos SA e Generalidad de Cataluña.*

[20] Destaca-se, inicialmente, a lei de desenvolvimento e modernização dos serviços turísticos (Lei n.º 2009-888, de 22 de julho). Seguiram-se outras tentativas de atualização, entre as quais destacamos o controverso, e, entretanto, revogado «Decreto dos quinze minutos», (Decreto n.º 2013-1251, de 27 de dezembro, relativo à reserva prévia de veículos de turismo com condutor), mediante o qual se proibia a cobrança de qualquer valor ao passageiro nos primeiros quinze minutos de serviço.

bem como em matéria relativa à concorrência legal (*Gesetz gegen den unlauteren Wettbewerb*, UWG). As instâncias administrativas alemãs em Hamburgo e Berlim decidiram que a atividade desenvolvida pela *UberPop* não reunia os requisitos necessários para o desenvolvimento da sua atividade[21]. Recentemente destaca-se uma alteração àquela Lei, pela reforma de 16 de abril de 2021 (*Gesetz zur Modernisierung des Personenbeförderungsrechts*). Com esta reforma foram, entre outros aspetos, aditados de dois novos parágrafos (1a e 3) ao campo de aplicação da PBefG[22].

c) Em Itália, sem prejuízo do enquadramento do contrato de transporte no ivil italiano, do qual já demos nota, o transporte público "não agendado" é regulado pela Lei n.º 21, de 15 de janeiro de 1992 (*Legge quadro per il trasporto di persone mediante autoservizi pubblici non di linea*). Nesta lei regula-se tanto o serviço táxi (art 2.º da referida Lei), como o serviço de aluguer com condutor (*servizio di noleggio con conducente, ncc*; cfr. art. 3.º também da referida Lei). Ora, a evolução foi controversa nas instâncias italianas, destacando-se, a dois momentos, a proibição decretada pelos tribunais milaneses quanto ao funcionamento de um sistema de repartição de custos de viagem em curso (conhecido por *UberPOP*) e a posterior a proibição de utilização deste serviço (*Uber Black*

[21] Cfr., as decisões, do tribunal administrativo de primeira instância (*Verwaltungsgericht*) de Hamburgo de 27-Ago-2014 (proc. n.º 5 E 3534/14) e de Berlim, de 16-Set-2014 (proc. n.º 11 L 353.14). Ambas as decisões foram confirmadas pela segunda instância, i.e., pelo tribunal superior em matéria administrativa (*Oberverwaltungsgericht*; cf., as decisões do OVG, de 24-Set-2014, e a de OVG Berlim-Brandeburgo de 10-Abr-2015). Em Genebra destaca-se uma proibição de exercício da atividade pela Uber em 2015, cfr., Jessica Kim Sommer, UBER in Switzerland. EuCML, 3/2015, 116-118. Sobre a matéria, v. Markus Ludwigs, *Rechtsfragen der Sharing Economy am Beispiel der Modelle Uber und Airbnb*, NVwZ 2017, 1646.

[22] Confira-se o escopo da reforma: [*Lei relativa ao transporte de pessoas*] § 1. Campo de aplicação. (1) As disposições da presente lei são aplicáveis ao transporte com carácter comercial de pessoas por metro de superfície, autocarro e veículos motorizados, mediante remuneração ou com carácter comercial. São consideradas remuneração as vantagens económicas visadas indiretamente para a eficiência económica de uma actividade remunerada promovida desta forma. (1a) É considerado transporte de pessoas para efeitos do parágrafo 1, frase 1 quando a celebração e execução do transporte se encontre sob controlo organizacional e contratual. [...] (3) As disposições da presente lei são também aplicáveis à intermediação de transporte nos termos do parágrafo 1. Considera-se intermediação para efeitos da frase 1 a actividade de operadores de plataformas eletrónicas cujo principal propósito seja o da conclusão de um contrato de transporte sujeita à autorização constante na secção 2 e os quais não sejam transportadores nos termos do parágrafo 1, frase 1. [tradução nossa].

app) pelas instâncias de Roma[23]. Considerou-se, em ambos os casos, que a atividade consubstanciava um ato de concorrência desleal (art. 2598.º/3 CCit)[24].

d) Espanha reenquadrou em 2013 a atividade de aluguer de veículos com condutor (pela lei 9/2013, de 4 de julho, a qual alterou a LOTT): a atividade foi qualificada como uma de *transporte de passageiros*, criou-se a necessidade de uma autorização prévia ao início da atividade e foi introduzido um *numerus clausus* no acesso à profissão. Aliás, em 2014, numa decisão polémica, o tribunal de comércio de Madrid (*Juzgado de lo Mercantil n.º 2 de Madrid*) suspendeu cautelarmente a atividade de uma das empresas destacadas em todo o país[25]. Essa proibição duraria até março de 2016. Atualmente, a retoma da atividade de transporte mediante *vehículos con conductor* é manifesta, com exceção de algumas cidades, tal como Barcelona. Entretanto, em 2015, surgiu uma nova alteração legislativa (Real Decreto 1057/2015, de 20 de novembro), desta vez incidente sobre o Regulamento referente à LOTT (Real Decreto 1211/1990, de 28 de setembro), num sentido geral de maior restrição ao acesso e exercício da atividade.

VII. A discussão quanto ao enquadramento devido da matéria permanece em aberto e o atraso legislativo na regulação da matéria continua a ser corrigido por uma intervenção musculada e (apenas) reactiva pelos Estados-Membros. Retrata esta dinâmica, a qual permanece atual, a recente proibição do exercício da atividade da Uber em Bruxelas com efeitos a partir do dia 26 de novembro de 2021, bem como a proposta por parte da Comissão Europeia, atendendo aos apelos da OIT, apresentada no dia 9 de dezembro de 2021, entre outros documentos, de uma Diretiva destinada a melhorar as condições de trabalho através de plataforma eletrónica (cf., o procedimento 2021/0414/COD)[26].

[23] Com análise da primeira decisão, v. Alessio Di Amato, *Uber and the Sharing Economy*, The Italian Law Journal, Vol. 2, n.º 1 (2016), 177-190. V, ainda, no geral, Edoardo Caruso, *Regolazione del trasporto pubblico non di linea e innovazione tecnologica. Il caso Uber*, Il diritto dell'economia, vol. 31, n.º 95 (1, 2018), 223-264.

[24] Cf., a decisão do Tribunal de Milão, de 2-Jul-2015 (N.R.G. 35445/2015 + 36491/2015) e a do Tribunal de Roma, de 07-Abr-2017 (R. G. 25857/2017), respetivamente. De destacar a posterior decisão do Tribunal Constitucional italiano sobre os limites regionais de regulação da matéria, atendendo ao enquadramento prévio feito desta atividade (cf. o ac. da *Corte Costituzionale*, de 15-Dez-2016, n. 265).

[25] Proc. n.º 707/2014, de 9 de dezembro.

[26] Nessa proposta visa-se facilitar a presunção da natureza laboral do vínculo entre (note-se) o operador da plataforma de TVDE e os motoristas de TVDE, bem como, consequentemente, garantir aos trabalhadores o direito ao salário mínimo, garantir a negociação

2.3. O regime jurídico atual da atividade TVDE

a) Breve nota história; o enquadramento prévio ao novo regime jurídico

VIII. O transporte em veículo descaracterizado a partir de plataforma eletrónica é uma inovação recente no nosso sistema. Na verdade, o quadro legal existe até 2018 não o contemplava, pelo menos diretamente.

Em momento prévio à entrada em vigor da Lei que atualmente regula a atividade TVDE (a Lei n.º 45/2018, de 10 de agosto), o panorama legislativo era o seguinte: por um lado, o regime jurídico do serviço público de transporte de passageiros (aprovado em anexo à Lei n.º 52/2015, de 09 de setembro) excluía do seu âmbito de aplicação o *transporte em táxi* (art. 2.º/2, b), i) RJSPTP). Ora, o transporte em táxi encontra-se regulado pelo Decreto-Lei n.º 251/98, de 11 de agosto, na sua redação atual. É com este regime que a atividade TVDE apresentava maiores semelhanças. Afinal, considera-se "transporte em táxi" aquele que é efeituado por meio de um táxi, "ao serviço de uma só entidade, segundo itinerário da sua escolha e mediante retribuição" (cfr. art. 2.º, b) do referido Decreto-Lei n.º 251/98, de 11 de agosto, o qual regulamenta o acesso à actividade e ao mercado dos transportes em táxi), condições inteiramente preenchidas pela atividade TVDE.

Até ao momento da aprovação da Lei TVDE (Lei n.º 45/2018, de 10 de agosto), a atividade encontrava-se a ser exercida em Portugal sem a adstrição a qualquer requisito (legal) mínimo de acesso ou de exercício, sem prejuízo das condicionantes voluntariamente assumidas pelas empresas dedicadas à atividade. A concorrência desleal com o sector táxi era manifesta e fundamentou, numa primeira fase, o recurso direto aos tribunais.

Veja-se, a este propósito, os requisitos gerais de acesso à atividade táxi, os quais podem ser considerados triplamente como referentes à (*i*) *entidade*, (*ii*) ao *condutor* e ao *veículo* e, por fim (*iii*) ao *licenciamento*. Em suma, quanto ao primeiro requisito, apenas pode ser exercer o transporte em táxi uma sociedade (comercial ou cooperativas, estabelecimento individual de responsabilidade limitada ou um empresário em nome individual; cf., o art. 3.º/1 do Decreto-Lei n.º 251/98, de 11 de agosto), mediante a obtenção da respetiva licença (titulado por *alvará*; cfr. art. 3.º/2 do referido DL), com inerentes custos administrativos.

coletiva, a protecção do tempo de trabalho, o direito a férias, licenças e descontos, entre outros aspectos.

Em segundo lugar, a *viatura* em causa deve obedecer a um conjunto de requisitos, nomeadamente em termos de tipo, nacionalidade da matrícula, idade, lotação (art. 10.º/2 e 3 do referido DL e a densificação constante da Portaria n.º 277-A/99, de 15 de abril, na sua redação atual) e ainda em sede de licenciamento (art. 12.º do referido DL) e contingentes máximos (art. 13.º do referido DL). O condutor, por sua vez, deve estar habilitado para o efeito, através da obtenção de um certificado de motorista de táxi (CMT). A obtenção do CMT carece, por sua vez, da verificação de um conjunto exigente de requisitos (cf. o art.º 5.º/1 do regime jurídico de acesso e exercício da profissão de motorista de táxi, aprovado pela Lei n.º 6/2013, de 22 de janeiro). A estes requisitos acresce a necessidade de existência de um seguro de responsabilidade civil profissional (agravado, cf. art. 13.º do Decreto-Lei n.º 291/2007, de 21 de agosto, na sua redação atual) e a sujeição a inspeções agravadas, enquanto «automóveis ligeiros licenciados para transporte público de passageiros», face aos somente «automóveis ligeiros de passageiros» (cfr. art. 2.º do Decreto-Lei n.º 144/2012, de 11 de julho, na sua redação atual). Como se facilmente se constata, os requisitos inerentes ao exercício desta atividade foram (e permanecem) múltiplos e pesados.

Neste contexto, foi deduzida pela Associação Nacional dos Transportes Rodoviários em Automóveis Ligeiros (ANTRAL) uma providência cautelar contra a empresa *Uber*, Inc., visando a cessação da sua atividade em Portugal. Alegou-se, em suma, existir uma manifesta iniquidade no seu exercício perante as restrições impostas ao sector táxi. A providência foi decretada sem audiência prévia da empresa requerida e posteriormente, a 25 de junho de 2015, o mesmo tribunal de primeira instância da Comarca de Lisboa manteve as medidas cautelares existentes; esta decisão seria, aliás, posteriormente confirmada pela Relação de Lisboa, no seu acórdão de 27 de abril de 2017[27]. Nesta decisão entendeu-se que a «não observância de Leis de interesse público, como seja ao licenciamento da atividade de transporte rodoviário [...] gera uma concorrência desleal, com os atinentes danos financeiros, num mercado que o Legislador quis regulado de um

[27] (Rui da Ponte Gomes), proc. n.º 7730-15.0T8LSB.L1-8. Cumpre precisar a evolução temporal deste processo. A decisão inicial, de 25 de junho de 2015, havia subido inicialmente, tendo o Tribunal da Relação de Lisboa julgado parcialmente procedente a apelação da empresa *Uber* e decretado a descida dos autos para devida fundamentação de parte da matéria de facto. Supridas as insuficiências daquela primeira decisão, o tribunal da primeira instância manteve a sua decisão a 15 de julho de 2017, tendo sido essa a decisão confirmada finalmente pelo Tribunal da Relação de Lisboa no dia 27 de abril de 2017.

determinado modo», motivo pelo qual se negou provimento ao recurso interposto pela operadora da plataforma eletrónica.

Ora, acompanhando esta iniciativa, o legislador rapidamente procurou rever os quadros legais de enquadramento da atividade TVDE.

O impulso inicial da revisão legislativa foi da iniciativa do XX Governo Constitucional, mediante a Proposta de Lei n.º 50/XIII/2 de 10-Jan-2017. A proposta final da Assembleia da República (Decreto n.º 201/XIII) foi vetada pelo Presidente da República no dia 29 de abril de 2018, essencialmente por dois motivos, nomeadamente pela falta de regulação do regime legal diretamente concorrente com esta atividade (ou seja, o sector Táxi), bem como pelas alegadas e injustificadas assimetrias existentes no regime proposto (p. ex., a falta de contingentes e de tarifas tabeladas, tal como sucede no sector Táxi). O Decreto foi reapreciado (convertido no Decreto da Assembleia da República n.º 226/XIII) e posteriormente promulgado, dando origem à atual Lei n.º 45/2018, de 10 de agosto[28].

Em resultado de um moroso processo aprovou-se tanto o regime jurídico da atividade de transporte individual e remunerado de passageiros em veículos descaracterizados a partir de plataforma eletrónica (TVDE), como o das plataformas eletrónicas que organizam e disponibilizam aos interessados a modalidade de transporte TVDE, pela Lei n.º 45/2018, de 10 de agosto (cf. o respeito art. 1.º/1 e 2). Importa aprofundar este regime.

b) A Lei n.º 45/2018, de 10 de agosto (Lei TVDE)

IX. A Lei n.º 45/2018, de 10 de agosto (doravante Lei TVDE) veio a estabelecer o regime jurídico da atividade TVDE em Portugal[29]. Na verdade,

[28] Recorda-se que o regime jurídico foi retificado pela Declaração de Retificação n.º 25-A/2018, de 10 de agosto, a qual republicou integralmente em anexo a Lei n.º 45/2018, de 10 de agosto.

[29] Cumpre notar a adaptação feita desta Lei na Região Autónoma da Madeira, pelo Decreto Legislativo Regional, n.º 14/2020/M, publicado no Diário da República n.º 193/2020, I Série, de 10 de fevereiro de 2020. Foram, em concreto e entre outros aspetos, revistas as regras de formação dos condutores (art. 7.º), impostos continentes (art. 40.º) e adaptadas as competências atribuídas aos serviços do Estado para as entidades localmente competentes. A regulamentação daquele Decreto Legislativo Regional foi aprovada pelo Decreto Regulamentar Regional n.º 1/2021/M, de 25 de janeiro, publicado no Diário da República, I Série, de 1 de janeiro. Nos Açores, o regime jurídico do acesso e exercício da atividade de aluguer de veículos de passageiros sem condutor foi aprovado pelo Decreto-Lei n.º 181/2012, de 6 de agosto, recentemente regulamentado pelo Decreto-Legislativo Regional n.º 18/2022/A, de 29 de julho.

o legislador avançou uma definição do contrato de transporte em causa, a qual não foi a mais feliz: o contrato diz-se (1.º/1 da Lei TVDE) *individual* (mas pode beneficiar vários passageiros[30]), *remunerado* (embora discutivelmente possa ser gratuito[31]), de *passageiros* (não obstante abranja, à partida, o transporte de bagagens e animais, 8.º/2 e 3) em *veículo descaracterizado* (apesar de este se encontrar necessariamente identificado por um dístico, 12.º/7), a partir de *plataforma eletrónica* (sem embargo de se recorrer materialmente a uma aplicação informática dedicada, 16.º, parte final).

A referida Lei apresenta a seguinte sistemática:

- *Capítulo I (Disposição Inicial)*;
- *Capítulo II (Serviço de transporte)*;
  - *Secção I (Disposições gerais)*;
  - *Secção II (Exercício da atividade).*
- *Capítulo III (Plataformas eletrónicas)*;
- *Capítulo IV (Resolução de litígios)*;
- *Capítulo V (Supervisão, fiscalização e regime sancionatório);*
- *Capítulo VI (Taxas e contribuição)*; e
- *Capítulo VII (Disposições finais e transitórias).*

Após a delimitação do âmbito de aplicação desde regime jurídico, o qual não inclui *todas* as plataformas eletrónicas, nem expressamente as atividades de *carpooling* ou de *carsharing* (art. 1.º/3 e 4 da Lei TVDE), regula-se a atividade dos principais intervenientes nesta atividade, nomeadamente a do (1) *operador de TVDE* (arts. 2.º a 4.º, 9.º, 14.º), a de (2) *motorista de TVDE* (10.º a 13.º, 15.º) e de (3) *operador de plataforma eletrónica de TVDE* (16.º a 21.º). A estes elementos deve-se aditar o (4) *utilizador* do serviço, o qual pode não corresponder a quem efetivamente o serviço é prestado, designado (por nós) de (5) *cliente*[32].

[30] Cfr., tanto a possibilidade de subscrição múltipla do serviço por vários utilizadores (2.º/2 da Lei TVDE), como a menção a vários passageiros ou utilizadores (art. 8.º/1, a), 12.º/6, 20.º/1 da Lei TVDE). Os conceitos de passageiros ou utilizadores não devem ser utilizados em sinonímia, como veremos, mas revelam a potencial pluralidade de partes.

[31] Em resultado direto da aplicação de descontos, utilização de *vouchers* e de montantes de crédito reconhecidos ao utilizador. Nota-se, no entanto, em abono das melhores práticas de concorrência leal, o progressivo abandono de semelhantes políticas, as quais podem colocar em crise, ainda que forma circunstancial, a natureza onerosa do serviço de TVDE.

[32] O utilizador do serviço é também um elemento importante a considerar. Este pode coincidir com o sujeito que usufrui do serviço, ou não (assim, Jorge Morais Carvalho, *O contrato de transporte em veículo descaracterizado*, 1194, o qual designa estoutro sujeito de

Desta forma, rapidamente se contrata que a atividade de TVDE pode perfeitamente envolver a intervenção de cinco entidades distintas, as quais desempenham papeis diferentes[33]. Vejamos em maior detalhe cada um destes agentes.

1. [*operador de TVDE*] O operador de TVDE é a entidade que presta o serviço TVDE a um utilizador final, através de um motorista[34]. O acesso à atividade de operador de TVDE é restrito a *pessoas coletivas*, devidamente licenciadas para efeito pelo Instituto da Mobilidade e dos Transportes, I.P., (3.º) e que se mostrem *idóneas* para o efeito (4.º). Por outro lado, o seu âmbito espacial de atuação é circunscrito ao território nacional (2.º/1).

Sobre o serviço prestado por esta entidade recaem um conjunto de obrigações, paralelas à principal de transportar, entre as quais se destaca a de

passageiro). Neste último caso estamos perante um *contrato a favor de terceiro* (p. ex., o recurso do serviço de um pai a favor do seu filho); veja-se, a propósito, que a noção de serviço TVDE avançada pelo regime jurídico existente contempla que o serviço termina, para além do abandono do veículo pelo utilizador, por «qualquer outra causa que implique a cessação de fruição do veículo pelo utilizador» (art. 2.º/3 Lei TVDE). Ambos os sujeitos não beneficiam de um regime expresso que os vise, pelo menos diretamente. Também por este motivo, o regime existente é alvo de críticas (v., entre outros, Jorge Morais Carvalho, *O contrato de transporte em veículo descaracterizado*, 1193).

33 A relação jurídica estabelecida entre os vários intervenientes não se ajusta aos modelos atuais documentados para os tipos contratuais equivalentes. É um complexo negocial próprio que deve ser estudado atendendo a esta particularidade. Essa especialidade decorre, claro está, da adição do elemento do *operador de plataforma eletrónica*, mas não só. Pois bem, uma pluralidade de partes superior à mínima (de dois) não é fenómeno estranho, nem raro, no contexto da prestação de serviço de transporte. Afinal, no contrato de transporte de mercadorias, além do transportador e do expedidor (ao invés do transportado no transporte de passageiros) surge com frequência um terceiro elemento, designadamente o *destinatário*. A doutrina diverge no enquadramento deste terceiro elemento no contexto das relações (trilaterais) geradas: a figura do contrato a favor de terceiro é manifestamente aquela mais sugestiva, atendendo à titularidade do direito de crédito (do terceiro), embora a possível emergência de obrigações que vinculem este sujeito se oponham àquela conclusão inicial. Retomaremos a análise ao complexo negocial inerente ao serviço TVDE adiante.

34 Cumpre notar a falta de rigor na utilização do conceito de *prestador* no regime jurídico em causa: por vezes, surge associado a obrigações do operador de plataforma eletrónica (6.º/6, com a menção «outros prestadores de serviço»), ao operador de TVDE, ao qual cabe aceitar a proposta do utilizador (cf. o art. 7.º, quando se prevê que os serviços não podem ser «recusados pelo prestador» com base discriminatória» e no art. 15.º/5, consagrando-se a possibilidade de os «prestadores de serviço» aplicarem uma tarifa dinâmica). Por outro lado, o legislador menciona a figura dos «operadores de serviço de TVDE», nos quais se incluem supomos, tanto os operadores de TVDE, como os respetivos motoristas (14.º/1).

prestar o serviço, elencando-se taxativamente as causas de recusa (8.º[35]) ou concretizando-se obrigações pré-existentes, tal como a de base constitucional inerente à proibição da ilícita discriminação (7.º)[36].

2. [*motorista de TVDE*] O motorista é o sujeito que conduz o veículo TVDE (art. 10.º/1) e realiza, nesta medida, o transporte *material* do utilizador (ou do cliente por este designado). A qualidade de motorista TVDE é restrita aos sujeitos que preencham um conjunto de requisitos, cumulativos, entre os quais se destaca a realização de um curso de formação rodoviária para motoristas[37], a obtenção do certificado de motorista TVDE[38] e a celebração de um contrato escrito exclusivamente com o operador de TVDE (art. 10.º/2, b), d) e e) da Lei TVDE)[39]. Este último aspeto é crítico.

[35] Naturalmente que estas causas de recusas apenas podem ser concretizadas através do motorista TVDE, não sendo possível determinar previamente à realização do serviço todas, ou quase todas, as causas de recusa elencadas naquele preceito (art. 8.º), entre as quais, a título exemplificativo, o facto de a via se encontrar intransitável, o passageiro apresente um comportamento suspeito de perigosidade ou, ainda, o animal de companhia ser perigoso.

[36] Cfr. art. 13.º CRP. A pretexto da aplicação das regras constitucionais ao direito privado, cumpre notar que a *autonomia privada, rectius,* o seu corolário da *liberdade contratual* (na modalidade de celebração do negócio, *Abschlussfreiheit*) tem limites, cf., a investigação de Paulo Mota Pinto (*Autonomia privada e discriminação – Algumas notas,* Direitos de Personalidade e Direitos Fundamentais. Estudos, Geslegal: Coimbra (2018), 123-183). O ilustre Professor conclui que a liberdade de celebração não implica uma «proibição de arbítrio, ou imperativo de razoabilidade» mas apenas a proibição de ofensa, por aquele espaço de liberdade, da dignidade da pessoa humana (*idem,* 154-157). A questão é marcadamente relevante no contexto da desigualdade negocial, em regra, inerente no direito do consumo (assim, a propósito da *igualdade substancial,* v. Ana Prata, *A tutela constitucional da autonomia privada,* Almedina: Coimbra, 2017, 99-101). O papel dos princípios fundamentais como imperativo de tutela no domínio contratual também se encontra documentado por Claus-Wilhelm Canaris, em *Direitos Fundamentais e Direito Privado* (trad. de Ingo Sarlet e Paulo Mota Pinto), Almedina: Coimbra (2003), 73.

[37] Este requisito é dispensado para quem seja titular de certificado de motorista de táxi (10.º/7). O curso referido no texto encontra-se regulamentado pela Portaria n.º 293/2018, de 31 de outubro.

[38] Cf., ainda o disposto no artigo 32.º/2 da Lei TVDE. O modelo do certificado foi aprovado pela Deliberação n.º 1204/2018, de 31 de agosto, do Conselho Diretivo do Instituto da Mobilidade e dos Transportes, I.P., publicado no Diário da República, Série II, n.º 212, de 5 de novembro de 2018.

[39] Elencámos apenas alguns dos requisitos. A estes acresce, em particular, a *idoneidade* do motorista (arts. 10.º/2, c) e 11.º). O elenco de crimes relevante neste contexto (i. e., mediante condenação do motorista por decisão transitada em julgado), enquanto causas de falta de idoneidade, é manifestamente extenso, já que considera, por exemplo, qualquer crime

O legislador evita *qualificar* o vínculo jurídico que se estabelece entre o motorista e o operador de plataforma, além da simples inscrição na plataforma, se bem que previne a formação de uma situação de *dependência funcional* (cf. a restrição quanto à utilização de veículos TVDE pela plataforma eletrónica, 12.º/2). Por outro lado, numa lógica de repartição de responsabilidade, onera o operador de plataforma eletrónica com o controlo dos limites de duração da atividade e, ainda, com a conservação dos respetivos registos (10.º/12, 13.º/2 e 3 e 20.º/3).

Num segundo nível, o próprio veículo a ser utilizado obedece a um conjunto rígido de exigências, entre as quais se destaca[40] a limitação quanto ao *tipo* (automóvel ligeiro de passageiros), *idade* (inferior a sete anos),

contra a integridade física. Este elenco consta do artigo 11.º da Lei TVDE. Neste aspeto o presente regime não acompanha a eliminação deste requisito do regime jurídico do táxi (cf. a revogação do art. 5.º do Decreto-Lei n.º 251/98, de 11 de agosto, pelo artigo 5.º da Lei n.º 5/2003, de 22 de janeiro). Mais: as nossas instâncias têm-no interpretado extensivamente, de forma surpreendente. Neste sentido, no ac. do TRP, de 17-Jul-2020 (NUNO PIRES SALPICO) entendeu-se que a condenação pela prática de um crime de tráfico de estupefaciente (p. e p. pelo art. 21.º/1 do Decreto-Lei n.º 15/93, de 22 de janeiro, na sua redação atual) também consubstancia uma causa de falta de idoneidade, já que o bem jurídico em causa, pode-se ler naquele acórdão, é a saúde humana, reconduzida à integridade física. Sem prejuízo, a identificação do bem jurídico tutelado por aquela norma incriminadora é uma questão complexa, atendendo, entre outros aspetos, ao tipo de crime em causa, de perigo abstrato. A matéria, reconhece-se, encontra-se longe de pacífica. Em todo o caso, é usual indicar-se que o bem jurídico em causa naquele crime é o da *saúde pública* (assim, fundamentalmente, o ac. TC, n.º 426/91, de 06-Nov-1991, seguido pelo STJ no seu ac. de 01-Jun-2011, SANTOS CABRAL, e de 02-Out-2014, HELENA MONIZ), o qual não se esgota nos bens jurídicos pessoais (vida e integridade física dos consumidores). Esta vertente fundamenta, aliás, a sua previsão em legislação extravagante, fora das amarras do Código Penal, onde a tutela dos crimes contra a integridade física estritamente pessoal se encontra sistematicamente enquadrada (cf. arts. 143.º a 152.º-B do CP). A doutrina acompanha de perto este entendimento; cf., entre outros, MORAIS ROCHA, *Droga – Regime jurídico*, Livraria Petrony: Lisboa (1994), 61-62. A questão não é menor, atendendo à (discutível) possibilidade de isenção de responsabilidade penal quando as pessoas visadas estejam determinadas (cf. EDUARDO MAIA COSTA, *O crime de tráfico de estupefacientes: o direito penal em todo o seu esplendor*, Revista do Ministério Público, Ano 24, n.º 94, 91-108, 98 e ss.) ou, com relevância para o presente estudo, não se considerar (como supomos) inexistir idoneidade do motorista de TVDE pela condenação pela prática deste crime.

[40] Cf. o disposto no artigo 12.º. É mencionada a necessidade de um seguro de responsabilidade civil e acidentes pessoais, mas este requisito é, como se sabe, *pessoal*; cfr., por todos, ANTUNES VARELA, *Das Obrigações em Geral*, Vol. I, 10.º ed., Coimbra Editora: Coimbra, 2000, 666.

inspeção (agravadas, porquanto necessariamente realizada um ano após a data da primeira matrícula e em seguida anualmente) e *identificação* (mediante a apresentação de um dístico[41]). Por outro lado, nega-se um conjunto de prerrogativas associadas ao sector táxi, particularmente em sede da *formação* do contrato, como veremos (art. 5.º/3), na exibição de publicidade e na permissão de circulação nas faixas de rodagem e vias reservadas ao transporte público de passageiros (vulgo, as faixas *Bus*; 12.º/8 e 9).

3. [*operador de plataforma eletrónica de TVDE*] O operador de plataforma é encarado essencialmente como um *intermediário* do serviço TVDE, materializado entre o condutor ao serviço de um operador TVDE e um utilizador[42].

[41] O modelo do dístico foi aprovado pela Deliberação n.º 1205-A/2018, de 15 de outubro, do Conselho Diretivo do Instituto da Mobilidade e dos Transportes, publicada no Diário da República, Série II, n.º 212, de 5 de novembro de 2018.

[42] Esta qualificação sujeita o presente regime a pesadas críticas, como nos dá nota, com referências, Jorge Morais Carvalho, *O contrato de transporte em veículo descaracterizado*, 1194 (nota 8), Patrícia Fragoso Martins, *Sharing economy*, 58 e Joana Campos Carvalho, *Enquadramento jurídico*, 228. A doutrina é maioritária no reconhecimento da existência de um papel verdadeiramente contratual do operador de plataforma TVDE.
Sem prejuízo da bondade do propósito, não é essa a função que decorre da legislação em vigor, embora (cumpre reconhecer) num sentido que colide com o papel secundário reconhecido pelas instâncias europeias (v., *supra*, o por nós já analisado ac. do TJUE, de 20 de dezembro de 2017). Aliás, a perceção pública dos efeitos e sujeitos deste contrato não condiciona a *qualificação* legal emergente, nem o respetivo regime. De facto, rebatendo, em concreto, alguns dos argumentos utilizados para apelar a uma função que extravasa a de intermediação por parte dos operadores das plataformas eletrónicas não é, como facilmente se constata, determinante o *sentido usual* da declaração do utilizador (236.º; no sentido de contratar *com o* operador da plataforma, p.ex., a empresa *Uber*; assim Jorge Morais Carvalho, *O contrato de transporte em veículo descaracterizado*, 1195-1196, acompanhando o entendimento inicial de Joana Campos Carvalho, *Enquadramento jurídico*, 226 e ss). Afinal, o sentido da declaração, embora possa condicionar o tipo de contrato visado, esbarra com o regime injuntivo que reconhece necessariamente a este contraente um papel de exclusiva intermediação (16.º). Por outro lado, o papel de intermediação é perfeitamente coadunável com o desconhecimento *inicial* do operador de TVDE pelo utilizador ou da identidade do motorista, já que os elementos essenciais à concretização do negócio dependem essencialmente dos fatores preço, percurso e tempo estimado. De facto, nessa hipótese (de o contrato ser celebrado com o operador de TVDE e não com o da plataforma, como pretendido) está em causa uma falsa perceção das regras jurídicas pelo utilizador com (discutível) relevância sobre a pessoa do declaratário (e o seu papel no negócio), bem como sobre o objeto do contrato (ou seja, neste caso o *objeto jurídico*; cf. a anot. de Ana Prata ao art. 251.º em *Código Civil anotado*, Vol. I, Almedina: Coimbra, 2017, 303). Neste último caso, o *erro* (de direito) permite apenas (é importante frisar este ponto) *anular* o negócio (em sentido idêntico ao erro na declaração,

Este sujeito é necessariamente uma pessoa coletiva (16.º e 17.º/4). O acesso à atividade está sujeito a licenciamento (17.º/1) e à demonstração da *idoneidade* do (pretenso ou atual) operador de plataforma eletrónica (18.º). Sobre esta entidade recaem um conjunto de obrigações, aparentemente incompatíveis com aquele papel inicial, de mera intermediação.

> Veja-se, por exemplo, que o operador da plataforma deve possibilitar o acesso a um veículo capaz de transportar passageiros com mobilidade reduzida, sendo, ainda, *obrigatório* o transporte de cães guia e de instrumentos de apoio a pessoas com mobilidade reduzida ou crianças (6.º/1 e 5).

Por outro lado, são impostas regras quanto ao tempo máximo de espera por este veículo e ao preço aplicável (art. 6.º/2 a 4). Estas obrigações devem ser contextualizadas no papel de *intermediação* que este assume, condicionando de raiz o serviço a ser desempenhado. Claramente que estes deveres poderiam recair exclusivamente sobre os operadores de TVDE. Todavia, a presente redação permite que o operador de TVDE seja pessoal e conjuntamente responsável com operador TVDE perante o utilizador pelo serviço prestado, como veremos.

A título pessoal (e, por sinal, exclusivo), o operador de plataforma deve fornecer de forma transparente toda a informação relativa ao serviço TVDE, nomeadamente a relativa às condições aplicáveis, preço, forma de acompanhamento em tempo real da viagem, de avaliação do serviço, de apresentação de uma reclamação, bem como deve identificar o motorista e o veículo e informar quanto aos termos da emissão da fatura (19.º/1 a 3). Talvez a obrigação mais polémica foi o estabelecimento de uma contribuição especial que incide sobre este operador: a *contribuição de regulação e supervisão* (30.º)[43].

4. [*utilizador e cliente*] O *utilizador* é o sujeito que submete o pedido de transporte, através da plataforma eletrónica (2.º/3 e 5.º/1). Este é, em regra,

247.º CC), verificados os respetivos requisitos. Não permite, naturalmente, configurar um novo contrato, à margem da Lei TVDE, invocando-se, pura e simplesmente, desconhecer-se o verdadeiro papel do operador da plataforma eletrónica de TVDE ou pretendendo-se surpreendentemente *outro*, sem consagração legal (cf., neste sentido, expressamente quanto à relevância do erro de direito, MENEZES CORDEIRO em anot. ao art. 251.º do CC, em *Código Civil Comentado – I- Parte Geral*, Almedina: Coimbra, 2020, 742).

[43] Esta contribuição incide sobre 5% do valor da taxa de intermediação cobrada pelo operador de plataforma eletrónica (esta percentagem foi, note-se, corrigida pela Declaração de Retificação n.º 25-A/2018, de 10 de agosto).

o beneficiário material do transporte, mas tal pode não suceder. Nesta última hipótese, cumpre distinguir o utilizador, inscrito junto da plataforma eletrónica e com quem o operador de TVDE celebra, a final, a prestação de serviço, de quem beneficia do mesmo, designado de *cliente* (ou *clientes*). É, por exemplo, possível reservar o serviço TVDE a favor de um *terceiro* (*i. e.*, a favor de um cliente que não utilizador) A figura do utilizador, o qual fica vinculado à obrigação principal de pagamento do preço, é sempre necessária (e eventualmente plural, admitindo-se a existência de vários utilizadores para um mesmo serviço, 2.º/3, *in fine*)[44], por oposição à do cliente, meramente eventual.

O regime TVDE não contempla um regime especial que vise o utilizador, para além, claro, da obrigação de pagamento do preço.

c) A formação e execução contratual; em especial, a complexidade e pluralidade negocial inerente

X. A formação do contrato de prestação de serviço TVDE assume uma especial complexidade. Em particular, identificam-se momentos-chave, ainda enquadráveis no modelo tradicional de perfeição negocial, com base em declarações, condicionantes das obrigações emergentes para os sujeitos visados. Nesta sede, podemos considerar três momentos determinantes e sucessivos, os quais desembocam na celebração do contrato, a saber: (*a*) o acesso do utilizador à plataforma; (*b*) as propostas negociais existentes por parte dos operadores TVDE; e, por fim, (*c*) a aceitação por parte do utilizador. Vejamos.

O contrato em causa depende da existência inicial de uma proposta negocial (vulgo, *oferta*), *recipienda*, feita pelo operador de TVDE, de prestação deste serviço. Por este motivo, a celebração do contrato de prestação de serviço TVDE não se afasta tanto pelo prisma da autoria, como pelo do destinatário do modelo tradicional de uma proposta dirigida pelo transportador ao público em geral, como veremos[45].

[44] Em sentido contrário, sem motivo aparente, v. Jorge Morais Carvalho, *O contrato de transporte em veículo descaracterizado*, 1194.

[45] Contra, v. Jorge Morais Carvalho, *O contrato de transporte em veículo descaracterizado*, 1199 e ss., 1222. O ilustre Professor afirma, ao invés, que a proposta negocial é realizada, não pelo operador TVDE, mas pelo próprio operador da plataforma eletrónica. Discordamos deste enquadramento. Em primeiro lugar, como veremos, é o utilizador que, mediante seleção, condiciona os termos pretendidos do serviço. Posteriormente, àqueles parâmetros pode corresponder uma proposta negocial ou não por parte do operador TVDE (aceite pelo motorista

O recurso aos meios eletrónicos permite *personalizar* a oferta que o cliente procura (p. ex., a determinação do local de destino, da hora de início, do local de recolha e do veículo requerido em concreto), ou seja, fornece o meio que possibilita ao utilizador determinar qual a proposta negocial existente que seja do seu interesse. A plataforma eletrónica facilita, por outro lado, a indicação *cómoda, rápida* e *transparente* dos elementos essenciais das propostas disponíveis, nomeadamente quanto ao *preço, tempo* de duração estimado, *rota* sugerida e *identificação* do condutor e do veículo, bem como outros elementos eventuais (tal como a aplicação de descontos, promoções, gratuitidades). Todos estes elementos caracterizam a natureza *discriminatória* e *circunstancial* da proposta de serviço TVDE pelo transportador[46]. A isto não se opõe o facto de ocorrer com base em processos inteiramente automatizados do lado do operador TVDE.

Pois bem, quanto esta proposta negocial exista (e isso pode não suceder em determinados períodos de maior afluência ao serviço, em determinadas zonas geográficas ou em certos intervalos horários) – note-se necessariamente que apenas se considera aquela ajustada às condições requeridas pelo utilizador – basta a aceitação por parte do utilizador para a perfeição negocial, se este cumprir com os demais requisitos inerentes[47]. E essa

a seu cargo, 2.º/3 da Lei TVDE) ou não, mas, nunca, por parte do operador da plataforma em si. Por este motivo, quando um utilizador solicita um serviço cujo pedido não é possível acolher (ou apenas é possível de ser acolhido em circunstâncias ilegais) existe um vazio negocial, sem prejuízo da pertinência desta fase jurídica no espetro pré-contratual (227.º CC). Aliás, é possível constatar nos «termos gerais de utilização» das plataformas eletrónicas que estas geralmente se apresentam como *agentes* para os «terceiros que prestadores de serviço» (incluindo os de transporte).

[46] Por este motivo o serviço de TVDE afasta-se da tradicional contratação *em linha*, a qual se caracteriza pela imodificabilidade das condições do negócio; cf., neste sentido, António Pinto Monteiro, *Responsabilidade Civil na Negociação Informática*, em Direito da Sociedade da Informação, Separata do Vol. I, Coimbra Editora: Coimbra (1999), 229-239 (232).

[47] Carlos Lacerda Barata, *Contratos de Transporte Terrestre*, 632, 642. Contra, Jorge Morais Carvalho, *O contrato de transporte em veículo descaracterizado*, 1201. Afinal, como veremos, os contratos celebrados por esta via serão, em regra, *de adesão* (5.º/2), cujas cláusulas por natureza são formuladas com *generalidade* e *indeterminação*, entre outros aspetos; cf., Carlos Mota Pinto, *Teoria Geral do Direito Civil*, 5.ª ed., Gestlegal: Coimbra, 2020, 645; sobre os contratos de adesão, v., também deste Autor, o estudo de 1973 dedicado ao tema, *Contratos de adesão. Uma manifestação da moderna vida económica*, Separata da Revista de Direito e de Estudos Sociais, Coimbra, Ano XX, Abr-Dez (n.ºs 2-3-4), 119-148. Por sua vez, apontando as características da *pré-disposição, unilateralidade* e da *rigidez* nas cláusulas incluídas naqueles contratos, motivo, aliás, da sua qualificação enquanto de *adesão*, v. António Pinto

aceitação concretiza-se geralmente através de um *click* final pelo utilizador na aplicação, mediante a qual este declara que aceita as condições inerentes à proposta gizada[48].

Como iniciado, este modelo, quanto à *formação*, ainda se radica naquele tradicionalmente subjacente ao contrato de transporte (ancorado na contraposição entre as declarações negociais de *proposta* e *aceitação*). Aqui o regime não inova, e bem.

De facto – cumpre insistir neste ponto – o pedido de transporte submetido diretamente pelo utilizador não se conforma numa verdadeira proposta negocial. Ora, sendo apenas um mecanismo de filtragem daquelas ofertas negociais pré-existentes na plataforma nada obsta à formação do negócio com base numa proposta *não recipienda* feita pelo *transportador* e dirigida ao público em geral (*i. e.*, uma oferta ao público; mencionada, mas não regulada no art. 230.º/3 CC), ainda que circunscrita aos utilizadores inscritos junto da mesma plataforma eletrónica[49].

Este momento não se confunde com aquele inicial em que se emite a proposta negocial[50], nem, por sinal, com aquele em que se inicia a prestação do serviço de transporte (ou seja, o cumprimento da obrigação principal que vincula o operador de TVDE), já em plena execução contratual. Quanto a este último aspeto, o legislador viu-se obrigado a definir *quando*

Monteiro, *Contratos de adesão: o regime jurídico das cláusulas contratuais gerais instituído pelo Decreto-Lei n.º 446/85, de 25 de outubro*, ROA, Ano 46, 1986, 733-769 e em *Contrato de adesão e cláusulas contratuais gerais: problemas e soluções*, Estudos em Homenagem ao Prof. Doutor Rogério Soares, Boletim da Faculdade de Direito: Coimbra, 2001, 1103-1132.
Embora esta natureza não se oponha a uma oferta personalizada, contribui certamente para qualificá-la como uma oferta ao público em geral (cf. a figura prevista no art. 230.º/3 CC, mas não densificada). Proíbem-se, em todo o caso, as demais formas tradicionais de celebração do negócio, reservadas ao sector táxi, de recolha de passageiros na via pública, mediante solicitação no local (*hailing*) ou em praças reservadas a outros veículos (cf. 5.º/3).

[48] Sobre este tipo de contratação em contrato, denominada de contratação *clip wrap*, v., com referências, Ana Rita Simões de Oliveira, *A contratação eletrónica: as cláusulas contratuais gerais*, Universidade de Coimbra (Coimbra), 24 e ss.

[49] Assim, José Engrácia Antunes, *Direito do Consumo*, Almedina: Coimbra, 2019, 120-121 (nota 230); o ilustre Professor aparenta excluir deste modelo formativo a contratação eletrónica, a propósito daquilo que designa como "modelos formativos especiais" (*ibidem*).

[50] No modelo tradicional de perfeição contratual é necessária a antecedência de uma das declarações (a proposta ou oferta) à outra (a aceitação ou em nova proposta, seguindo-se os respetivos termos), denunciando que os interesses em presença foram devidamente regulados; cf., por todos, Manuel de Andrade, *Teoria Geral da Relação Jurídica*, II, Coimbra (1983), 39.

se inicia a prestação inerente à obrigação de transporte. Ora, a prestação (de transporte) considera-se em curso deste a aceitação pelo motorista TVDE de um pedido de transporte, resolvendo a antiga questão de saber quem deve suportar o custo associado ao *interregnum* que medeia a aceitação do pedido de transporte e a entrada do utilizador no veículo, bem como a relativa à admissibilidade de uma desvinculação unilateral pelo cliente do serviço até à entrada na viatura ao serviço TVDE. Atualmente, esse custo é imputável ao utilizador do serviço TVDE, porquanto se considera que essa desistência contratual produz durante a plena execução contratual[51], e, por isso, nega-se a liberdade de resolução unilateral do contrato pelo utilizador sem custos associados.

> Veja-se, neste sentido, a noção de serviço de TVDE constante na Lei 45/2018 de 10 de agosto (art. 2.º/3): «*A prestação de um serviço de TVDE inicia-se com a aceitação, por um motorista ao serviço de um operador, de um pedido de transporte* entre dois pontos *submetido por um ou mais utilizadores* numa plataforma eletrónica e termina com o abandono pelo utilizador desse veículo, depois de realizado o transporte para o destino selecionado, ou por qualquer outra causa que implique a cessação de fruição do veículo pelo utilizador.» [itálico nosso]

A *forma* deste contrato não é livre[52]. O que não deve surpreender. O serviço de TVDE só pode ser contratado através de plataforma eletrónica (5.º/1) – afastando-se a potencial relevância de comportamentos sociais típicos à margem daquele meio (*i. e.*, de relações contratuais de facto, *faktischen Vertragsverhältnisse*[53]) – e isso, entre nós, naturalmente implica o recurso à forma escrita. Afinal, a plataforma opera no meio digital e a

[51] Neste sentido, v. Jorge Morais Carvalho, *O contrato de transporte em veículo descaracterizado*, 1202.

[52] Não se acompanhou, por sinal, o modelo geral do contrato de transporte, onde impera a liberdade de forma (219.º), sem prejuízo da comum exigência da guia de transporte no transporte de mercadorias; cf., o art. 3.º do Decreto-Lei n.º 239/2003, de 10 de abril; este decreto-lei estabelece o regime jurídico do contrato de transporte rodoviário nacional de mercadorias e revoga (cf. o respetivo art. 26.º) os artigos 366.º a 393.º CCom na parte aplicável ao contrato de transporte rodoviário de mercadorias.

[53] A matéria, já clássica do Direito das obrigações, é da autoria de Haupt (*Über faktische Vertragsverhältnisse*, 1941, a obra seria incluída em *Festschrift für Siber*, Vol. II, Leipzig, 1942, 5 e ss.).

contratação eletrónica inerente corresponde à forma escrita por *equivalência legal* expressa[54].

Mais: é geralmente necessária uma inscrição prévia do utilizador numa plataforma eletrónica mediante através da qual posteriormente se subscreve o serviço. E essa adesão a uma plataforma TVDE é anterior (frisa-se) à contratação do serviço em si TVDE e consubstancia, em si, um negócio. Estoutro negócio apenas se materializa, portanto, entre o operador de plataforma eletrónica e o utilizador. A função deste contrato é essencial: este instrumentaliza o posterior e eventual serviço solicitado *indiretamente* pelo utilizador (porquanto este é feito *através* da plataforma eletrónica) a um motorista, ao serviço de um operador TVDE. Este negócio inicial não se encontra especialmente regulado pela Lei TVDE[55]. O serviço TVDE não é, portanto, a mera execução contratual do primeiro, mas um tipo contratual autónomo, *necessariamente posterior* e *vinculado* ao primeiro, o qual se encontra, contrariamente ao primeiro, densificado na lei vigente.

Nesta linha, a autonomia manifesta entre os tipos contratuais referidos está implícita na sistemática da Lei TVDE e nas várias referências aos serviços distintos prestados por cada sujeito (p. ex., com esta distinção, 21.º/1).

Em concreto, a autonomia do contrato celebrado entre (note-se) o utilizador e o operador de TVDE decorre de um conjunto de aspetos que importa considerar, nomeadamente (*i*) o regime autonomizar os contratos (de adesão) celebrados *por via* (note-se) da plataforma eletrónica entre os operadores TVDE e os utilizadores (5.º/2), (*ii*) em virtude do reconhe-

[54] Neste sentido, no Decreto-Lei n.º 7/2004, de 7 de janeiro, na sua redação atual, dispõe-se (art. 26.º/1): «[a]s declarações emitidas por via electrónica satisfazem a exigência legal de forma escrita quando contidas em suporte que ofereça as mesmas garantias de fidedignidade, inteligibilidade e conservação»; de igual forma, o regime jurídico dos documentos eletrónicos e da assinatura digital (aprovado pelo Decreto-lei n.º 290-D/99, de 02 de agosto) dispõe (cf., o respetivo 3.º): «[o] documento eletrónico satisfaz o requisito legal de forma escrita quando o seu conteúdo seja suscetível de representação como declaração escrita». Sobre a contratação eletrónica, em particular a distinção entre a contratação eletrónica e automática no campo da formação do contrato, v. Paula Costa e Silva, *A Contratação Automatizada*, em Direito da Informação, Vol. IV, Coimbra Editora: Coimbra (2003), 289-305 (290). A matéria revela grande interesse, em particular perante a necessidade de aprofundamento do regime do negócio celebrado sem intervenção humana (cfr. art. 33.º no Decreto-Lei n.º 7/2004, de 7 de janeiro, na sua redação atual).

[55] Jorge Morais Carvalho entende estarmos na presente de um «contrato-quadro prévio», o qual permite enquadrar o eventual contrato celebrado entre o utilizador e o operador de plataforma TVDE (*O contrato de transporte em veículo descaracterizado*, 1199).

cimento legal expresso de que as plataformas eletrónicas prestam apenas um «serviço de intermediação entre utilizadores e operadores de TVDE» (16.º) e de que (*iii*) o motorista está necessariamente vinculado (apenas[56]) ao operador TVDE (10.º/2 e 10). Por outro lado, (*iv*) é o operador de TVDE quem fixa livremente com o utilizador a tarifa a cobrar pelo serviço, sem prejuízo da eventual «taxa de intermediação» reverter a favor do operador de plataforma TVDE (15.º/1, 3 e 4, *b*); veja-se ainda que (*v*) o recibo da viagem é emitido em nome do operador de TVDE[57] e, por fim, (*vi*) o legislador determina que o operador de plataforma eletrónica «é solidariamente responsável perante os utilizador pelo cumprimento das obrigações resultantes do contrato» (20.º/1), o que implica uma extensão inicial da responsabilidade que não visava constitutivamente a plataforma eletrónica[58].

É, como vimos, discutível se esta qualidade (de mero intermediário) corresponde ao verdadeiro papel das plataformas de TVDE, considerando o entendimento do TJUE e da nossa doutrina maioritária. Da nossa parte, era manifesta a possibilidade de consagração de um modelo negocial distinto, afastado do puro papel de intermediação, porventura trilateral e, nessa medida, detentor da complexidade (ainda que *atípica*) necessária ao enquadramento das relações jurídicas estabelecidas entre o operador de plataforma eletrónica de TVDE e o utilizador, bem como entre o primeiro e o motorista de TVDE[59]. Simplesmente, atendendo ao quadro legal vigente, não podemos deixar de reconhecer um papel *principal* de intermediação ao

[56] Aliás, o operador de plataforma TVDE não pode ser proprietário de veículo TVDE, nem financiar ou ser parte interessada em negócio relativo à aquisição, aluguer, *leasing* ou outra forma de utilização de veículos TVDE (art. 12.º/2).

[57] Cfr., o elenco *exemplificativo* (cfr. art. 15.º/8, "entre outros") dos elementos da fatura eletrónica do serviço, a ser emitida pela plataforma eletrónica.

[58] No mesmo sentido, a responsabilidade dos prestadores de mercado em linha assenta na ausência de uma relação contratual entre o profissional e o consumidor, podendo o prestador em causa ser (ou não) *parceiro contratual do profissional* (arts. 44.º e 46.º do Decreto-Lei n.º 84/2021, de 18 de outubro). Este *prestador* pode ser definido como a pessoa singular ou coletiva que forneça um serviço com recurso a software, nomeadamente um sítio eletrónico, parte de um sítio eletrónico ou uma aplicação, explorado pelo profissional ou em seu nome, o qual permita aos consumidores celebrar contratos à distância (cfr. als. m) e n) do art. 2.º do referido Decreto-Lei).

[59] Neste sentido, v. MARGHERITA COLANGELO/MARIATERESA MAGGIOLINO, *Uber: A new challenge for regulation and competition law?*, Market and Competition Law Review (Setembro 144, 2017) 14-15.

operador de plataforma. Este é um ponto que certamente justifica um revisitar do regime, no futuro[60].

XI. Nesta panóplia de relações contratuais, cumpre recordar os vários contratos inerentes a este serviço, a saber[61], a título principal, (*i*) a *prestação de serviço* TVDE, celebrada entre o utilizador e um operador de TVDE; a título instrumental, (*ii*) o contrato prévio celebrado entre o utilizador e o operador de plataforma eletrónica de TVDE[62], (*iii*) o contrato *necessariamente* celebrado entre o motorista TVDE e o operador de TVDE (cf. art. 10.º/2, proémio, e 10), (*iv*) o contrato celebrado entre o operador de TVDE e o de plataforma eletrónica de TVDE[63] e, por fim, (*v*) o contrato *eventualmente* celebrado entre o utilizador e o cliente final.

Os vínculos jurídicos previamente mencionados podem ser esquematicamente representados da seguinte forma:

[60] É este o alerta da nossa doutrina; cf., entre outros, Joana Campos Carvalho, *Enquadramento Jurídico da Atividade da Uber em Portugal*, 7, (supomos) Miguel Sousa Ferro, *Uber Court: a look at recent sharing economy cases before the CJEU*, 70, Jorge Morais Carvalho, *O contrato de transporte em veículo descaracterizado*, 1199 e ss., 1222.

[61] Foram tentados outros enquadramentos, distantes daquele enunciado, p. ex., a tríade contratual de Joana Campos Carvalho; *A protecção do consumidor na Sharing Economy*, em I Congresso de Direito do Consumo, coord. Jorge Morais Carvalho, 115-129, (121-122).

[62] Esse contrato concretiza apenas os termos de adesão à plataforma eletrónica. Tentou-se gizar um contrato para pessoa a nomear (452.º); cf., Joana Campos Carvalho, *Enquadramento Jurídico da Atividade da Uber em Portugal*, 7.

[63] Qualificando-o como um contrato de *mandato* (1157.º e ss. CC), porquanto tem em vista a celebração de contratos em nome do operador de TVDE e de um conjunto de elementos essenciais e instrumentais para aquele efeito (entre o qual, principalmente, a cobrança do preço), v., Joana Campos Carvalho, *Enquadramento Jurídico da Atividade da Uber em Portugal*, 6. Não é determinante, para o afastamento daquela qualificação, o argumento de que falta a invocação dessa circunstância (ou seja, de que o operador da plataforma atua por conta do operador de TVDE). De facto, o art. 1178.º CC admite outra estipulação em sentido diverso e é, por sinal, o que ocorre no contrato para pessoa a nomear, quando exista procuração e o mandatário não é obrigado a revelar inicialmente a pessoa do mandante (453.º/2 CC; cf., neste sentido e por todos, a anot. ao art. 1178.º por Pires de Lima e Antunes Varela, *Código Civil anotado*, Vol. II, 4.ª ed., Coimbra Editora: Coimbra, 823). Tentaram-se, ainda, outras qualificações, nomeadamente a de contrato de franquia (cf., com afastamento deste enquadramento, o já referido ac. TJUE, C-320/16 *Uber France*, § 22).

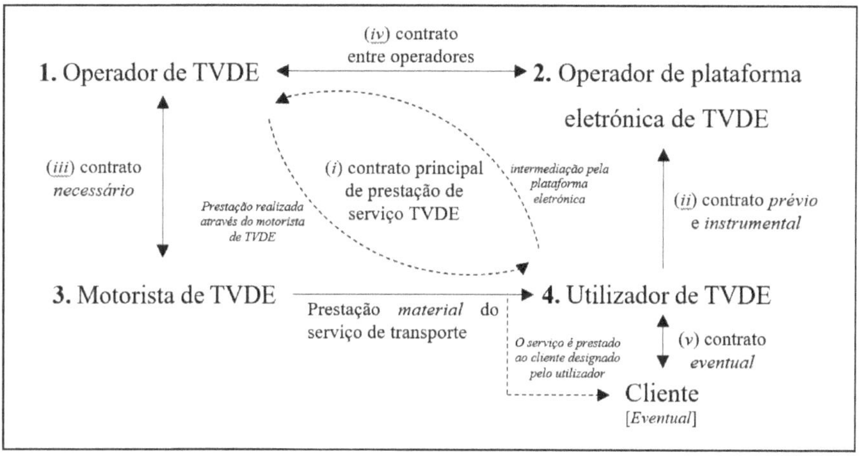

Por este motivo, embora o *contrato eletrónico*[64] subjacente ao serviço TVDE (cf., tipo *i.*, *supra*) seja, em regra, realizado entre um *comerciante* e um *consumidor* (B2C; *Bussiness-to-Consumer*), acompanhando de resto aquele também em regra celebrado entre o utilizador e o operador da plataforma eletrónica (cf., *supra*, *ii*) existem outros contratos, dos quais cumpre dar nota, por serem de tipo eletrónico entre profissionais (B2B; *Bussiness-to-Bussiness*, v., *supra*, *iii* e *iv*) e entre consumidores (C2C; *Consumer-to-Consumer*, cf., *supra*, *v*), ou não.

d) Quadro legal aplicável

XII. No que respeita ao enquadramento legal da prestação de serviço TVDE, esta não se esgota na Lei TVDE. E este aspeto é diretamente reconhecido pelo legislador. De facto, ressalva-se, quanto aos contratos de adesão celebrados pelo utilizador, a aplicação da legislação sobre cláusulas contratuais gerais (Decreto-Lei n.º 446/85, de 25 de outubro, na sua redação atual)[65] e «demais legislação aplicável em matéria de protecção dos consumi-

[64] Sobre o conceito, com referências, v. João Pedro Leite Barros, *Os contratos de consumo celebrados pela Internet. Um estudo de Direito comparado luso-brasileiro*, Estudos de Direito do Consumo, Vol. V (coord. Rui Ataíde/Carlos Lacerda Barata), AAFDL: Lisboa (2017), 493-549 (502-504).

[65] Ora, a correspondência incita naquele preceito (5.º/2 da Lei TVDE) incorre numa perniciosa confusão conceptual: nem todos os contratos de adesão integram cláusulas contratuais gerais. O primeiro é mais amplo que o segundo, já que se as cláusulas contratuais gerais levam necessariamente à existência de contratos de adesão, estes últimos coexistem com cláusulas personalizadas. Dá-nos nota deste aspeto António Pinto Monteiro, num enten-

dimento que não podemos deixar de acompanhar: «[n]a verdade o contrato de adesão é concluído *através de cláusulas contratuais gerais*; mas pode acontecer que falte às cláusulas pré-formuladas o requisito da generalidade (ou o da indeterminação), caso em que haverá *contrato de adesão* (estando presentes as características da pré-disposição, unilateralidade e rigidez) sem se poder falar de cláusulas contratuais gerais»; *Contratos de adesão/cláusulas contratuais gerais*, Estudos de Direito do Consumidor, Centro de Direito do Consumo, n.º 3, 2001, 131-163 (136-137); em linha, v., ainda, MAFALDA MIRANDA BARBOSA, *Os contratos de adesão no cerne da protecção do consumidor*, Estudos de Direito do Consumidor, Centro de Direito do Consumo, n.º 3, 2001,389-424 (393). Sobre a matéria, ainda, com referências, JORGE MORAIS DE CARVALHO, *Os contratos de consumo*, 85-93.

Pois bem, tanto a lei TVDE, como o próprio regime das cláusulas contratuais gerais, são omissos quanto a regime aplicável aos contratos de adesão que não disponham de cláusulas contratuais gerais. Para o ilustre Professor o *silêncio eloquente* não obsta à aplicação daquele regime jurídico (o das cláusulas contratuais gerais), devidamente adaptado. Falta-nos, de facto, um preceito que corresponda ao antigo § 24a. (2) da *AGB-Gesetz* (*Gesetz zur Regelung des Rechts der Allgemeinen Geschäftsbedingungen*), integrada, com devidas adaptações, no Código Civil alemão com a modernização do Direito das obrigações (§§ 305-310 BGB).

Com esta figura (dos contratos de adesão com cláusulas *individuais*) não se confunde o problema, necessariamente prévio a este, de saber se as cláusulas são efetivamente *gerais*. Não é, neste contexto, determinante saber se constam de um contrato destinado a um número indeterminado de sujeitos ou, ao invés, de um contrato individualizado (cf., neste sentido, o disposto nos arts. 1.º/2 e 4.º da LCCG; em linha, cf., também, o ac. STJ, de 13-Set-2016, ALEXANDRE REIS). A figura não deixa de levantar questões práticas, p. ex., a utilização posterior generalizada de um contrato inicialmente individual (assim, afastando a generalidade, segundo ALMENO DE SÁ, *Cláusulas Contratuais Gerais e Diretiva sobre cláusulas abusivas*, 2.ª ed., Almedina: Coimbra, 205, 214-215), bem como a celebração de um contrato *ad hoc* dirigido a um contraente determinado, em que se exclui qualquer possibilidade de negociação. Este último contrato não é considerado, além-Reno, como sujeito a este regime, paralelo ao nosso. Apesar de inexistir uma negociação individual (*Einzelnen ausgehandelt*), as cláusulas não são *gerais*; cf. a anot. de BASEDOW ao § 305 BGB, *MükoBGB*, Vol. II (8.ª ed., de 2019), n.º 34. Em todo caso, nada obsta à presença de cláusulas contratuais gerais que resultem do preenchimento personalizado de *suplementos dependentes* (*unselbständige Ergänzung*) deste contrato, os quais visam apenas completar a informação necessária à sua perfeição (v.g., os elementos de identificação dos contraentes); mais complexo é saber se o mesmo entendimento de mantém no enquadramento de *suplementos independentes* (*selbständige Ergänzungen*), personalizados para cada contraente, ainda que derivado de um número restrito de alternativas; cf. a anot. de BASEDOW ao § 305 BGB, *MükoBGB*, Vol. II, 8.ª ed., de 2019, n.ºs 15-16). Cumpre, portanto, distinguir uma fase constitutiva, de elaboração do clausulado (onde importa saber se as cláusulas são gerais e dotadas de abstração), de uma posterior, de negociação (quando o negócio pode ser de mera adesão na sua ausência, ou seja, perante a imposição unilateral das cláusulas): apenas na ausência em ambos os momentos da intervenção conformativa do clausulado por um dos contraentes se pode falar de *contratos de adesão com cláusulas contratuais gerais*.

dores» (5.º/2 e 21.º/1). Quanto a este último aspeto, optou-se por não elencar exaustivamente a legislação aplicável. O tipo aberto deve ser integrado.

Sabemos que se inclui[66]:

a) o regime da Lei da defesa do consumidor (Lei n.º 24/96, de 31 de julho, na sua redação atual); e

b) o regime das práticas comerciais desleais (Decreto-Lei n.º 57/2008, de 26 de março, na sua redação atual)[67].

Quando estejamos perante um contrato onde constem cláusulas contratuais gerais, a remissão genérica para aquele regime deve ser concretizada. De momento, destacamos a iniquidade da aposição de cláusulas de exclusão ou limitação de responsabilidade – as quais constavam numa versão inicial dos «Termos de Utilização» de uma das mais famosas plataformas de TVDE – das quais nos deu também nota António Pinto Monteiro (*Cláusulas Limitativas e de Exclusão de Responsabilidade Civil*, Almedina: Coimbra, 76-77), em manifesto combate às assimetrias regulativas da distribuição dos interesses dos contraentes. A matéria ingressou, embora apenas num escopo meramente remissivo, no Decreto-Lei mencionado pela primeira das norma em causa (5.º/2) e acompanha, por sinal, a regulação existente em vários países, nossos congéneres.

[66] Com semelhante elenco, v. Carlos Lacerda Barata, *Contratos de transporte terrestre*, 638 e Jorge Morais Carvalho, *O contrato de transporte em veículo descaracterizado*, 1211.

[67] Cf., Luís Menezes Leitão, *As práticas comerciais desleais*, *Liber Amicorum* Mário Frota, A causa dos direitos dos consumidores, Almedina: Coimbra (2012), 369-386.

Não se aplica, cumpre notar, o regime da venda de bens de consumo e das garantias a ela relativas (Decreto-Lei n.º 67/2003, de 08 de abril, recentemente alterado pelo Decreto-lei 9/2021, de 29 de janeiro). Neste sentido, v. Araya Pérez, *La sentencia*, 72 (nota 23), entendimento seguido por Jorge Morais Carvalho, *Uber in Portugal*, 65, *O contrato de transporte em veículo descaracterizado*, 1213. A leitura deste último Autor baseia-se numa interpretação literal do disposto no art. 1.º-A/2 daquele Decreto-Lei, quando se exige a presença de um *bem de consumo*; cf., a respetiva referência «aos *bens* de consumo fornecidos no âmbito de um contrato de empreitada ou *de outra prestação de serviços*». A este argumento podemos indicar, por acréscimo, a desnecessidade de aplicação de um regime funcionalmente destinado à apreciação de conformidade de bens, particularmente importante no contexto da venda de bens, empreitada ou locação, mas não no contrato de transporte. Afinal, a existir este mecanismo de tutela, este seria referente à viatura e isso, por sinal, é desnecessário. Os defeitos referentes à viatura, os quais impeçam a realização do serviço TVDE, constituem risco próprio do devedor da obrigação de transporte (ou seja, do operador de TVDE) e não oneram o utilizador. É também de considerar que o novo regime referente à venda de bens de consumo, conteúdos e serviços digitais (aprovado pelo Decreto-Lei n.º 84/2021, de 18 de outubro) não se refere a um profissional que não disponibilize um *serviço* que não seja digital no contexto dos prestadores de mercado em linha, como seria o caso. Contra, Carlos Lacerda Barata, *Contratos de Transporte Terrestre*, 639, defende a aplicação deste regime com as necessárias adaptações.

Existe, ainda, um conjunto considerável de regras aplicáveis a este contrato, o qual não assenta na necessidade de protecção do consumidor. Afinal, o serviço de TVDE pode ser também subscrito por um utilizador que não seja um *consumidor* (tornando-se *B2B*)[68]. Estamos, ainda[69], no campo do Direito privado. Destacamos, de momento, o seguinte:

c) o regime relativo à contratação eletrónica e aos documentos eletrónicos à assinatura digital (Decreto-Lei n.º 7/2004, de 7 de janeiro, e o Decreto-lei n.º 290-D/99, de 02 de agosto, respetivamente);

d) o regime relativo aos contratos celebrados à distância e fora do estabelecimento comercial (Decreto-Lei n.º 24/2014, de 14 de fevereiro), apenas no que concerne aos requisitos de celebração do contrato (art. 2.º/2, m)), de forma a garantir a transparência na comunicação das características essenciais do serviço, custos associados, duração mínimas e obrigações associadas do consumidor (art. 4.º/1, d), e), f), h), i), q) e u) *ex vi* art. 5.º/2), bem como indicação da existência de obrigação de pagamento (5.º/3 e 4); e

e) a regulação do livro de reclamações eletrónico (art. 5.º-B do Decreto-lei n.º 156/2005, de 15 de setembro, na sua redação atual, *ex vi* o art.º 19.º/2,b) Lei TVDE).

Na ausência de uma disposição específica sobre um determinado aspeto do regime, o intérprete é forçado a retomar o regime-base da matéria, nomeadamente o contrato de transporte regulado no Código Comercial (366.º a 393.º CCom). Todavia, este regime é também, por sua vez, lacunar, particularmente no que respeita às regras de formação do contrato. Nesse

[68] Por este motivo, Jorge Morais Carvalho, *O contrato de transporte em veículo descaracterizado*, 1211, defende uma interpretação restritiva do disposto no n.º 2 do art. 5.º da Lei TVDE, nomeadamente «observam (...) demais legislação aplicável em matéria de proteção dos consumidores *na parte que for aplicável*» (o itálico representa o aditamento feito pelo Autor mencionado).
Supõe-se propositada a utilização do conceito de *utilizador*, evitando a sua sobreposição com o de *consumidor*, embora nunca quanto aos operadores (aliás, na determinação do foro competente para a resolução de litígios, 21.º/1 e 2, apenas o utilizador pode revestir a qualidade de consumidor).

[69] É pacífico o enquadramento do Direito do consumo no ramo do Direito privado, sendo a sua característica determinante a protecção do consumidor, enquanto contraente desfavorecido (assim, v. António Menezes Cordeiro, *Da natureza civil do direito do consumo*, O direito, Coimbra, Ano 136, n.º 4 (2003), 605-640; e, ainda, recentemente Pedro Romano Martinez, *Introdução ao Estudo do Direito*, AAFDL: Lisboa, 2021, 433).

caso, cumpre recorrer, em novo grau, às regras constantes no Código Civil (217.º e ss CC)[70].

XIII. Em matéria de preço (15.º), este é fixado de duas formas, alternativas, a saber: mediante um *preço fixo*, determinado previamente ao início do serviço, apenas, ou (por acréscimo ao anterior) mediante um *preço variável*, o qual tem em conta a distância percorrida e/ou o preço empregue (art. 15.º/1 e 6). Apenas a primeira modalidade de preço é vinculativa (15.º/7)[71]. A este valor acresce as tarifas aplicáveis e a eventual «taxa de intermediação» cobrada pela plataforma, bem como a tarifa dinâmica a ser estabelecida diretamente pelos operadores de TVDE (art. 15.º/5[72]). A obrigação de pagamento do preço é realizada necessariamente através da plataforma eletrónica e mediante meios eletrónicos, a quem incumbe o envio da posterior fatura eletrónica (art.º 15.º/7 e 8).

XIV. Por fim, quanto à resolução de litígios, ressalva-se a aplicação da legislação nacional e comunitária (21.º/1), sendo os tribunais judiciais portugueses competentes para conhecer os litígios emergentes desta matéria. Admite-se, em alternativa, o recurso aos meios extrajudiciais de resolução de litígios (21.º/2 e 22.º/1). De notar, por fim, que o regime contraordena-

[70] Carlos Lacerda Barata, *Contratos de Transporte Terrestre*, 630.

[71] Para Jorge Morais Carvalho (*O contrato de transporte em veículo descaracterizado*, 1209) também o preço variável, fixado por estimativa, é vinculativo, salvo a existência de causas não imputáveis ao transportador. Não se adere a este entendimento. Afinal, o legislador optou por vincular o operador da plataforma apenas ao preço *pré-determinado* (15.º/6) e uma *estimativa* é, por definição, um valor não final e não vinculativo. Aliás, se o valor do serviço em resultado do cálculo dos elementos e dos fatores de ponderação em causa for *inferior* ao estimado é este o montante manifestamente a ser pago pelo utilizador. Nada justifica que na hipótese inversa (ou seja, a de o preço final ser *superior* aquele que foi estimado) não seja também o valor final aquele também imputável ao utilizador.
Por outro lado – e não é isto que está em causa na hipótese anterior –, o cálculo erróneo do preço inicial ou com base em estimativa defeituosa por parte da plataforma (mera intermediária no serviço) não obriga o utilizador a pagar outro montante, atendendo à protecção de que é alvo. Sem prejuízo, o incumprimento desta obrigação deve tutelar quem é, a final, o lesado, nomeadamente o operador de TVDE.

[72] Contra, indicando ser operador da plataforma quem compete a aplicação de uma tarifa dinâmica, v. Jorge Morais Carvalho, *O contrato de transporte em veículo descaracterizado*, 1206. Embora esta leitura seja reconhecidamente a mais adequada ao modelo económico atual entra em direta contradição com o texto legal. O ilustre Professor entende ser ainda possível a fixação de um preço ajustado para cada utilizador (*idem*, 1207).

cional associado é pesado e coliga (de forma quase global) ao incumprimento das obrigações previstas a prática concomitante de uma contraordenação, num modelo verdadeiramente punitivo e, por sinal, desnecessário.

§ 3. Aspetos problemáticos. Algumas notas.

3.1. As obrigações em causa e a responsabilidade pela sua falta de cumprimento

XV. Como podemos constatar, são várias as obrigações que vinculam cada um dos sujeitos visados ao longo de todo o *iter* que acompanha a prestação de serviço TVDE.

Do lado conducente à prestação do serviço de transporte em si, a responsabilidade encontra-se repartida pelos vários intervenientes de forma *solidária*[73], mas não (note-se) quanto a todas as obrigações previstas. O escopo de responsabilidade é de uma complexidade crescente, atendendo à qualidade do sujeito: pelas obrigações que vinculam o motorista TVDE (em particular, pelo cumprimento dos requisitos de acesso e exercício da atividade, incluindo aqueles referentes ao veículo) responde também o operador de TVDE (9.º/1). Por sua vez, pelas obrigações que oneram o operador de TVDE (e o motorista TVDE) responde também, em idêntico modelo de *solidariedade*, o operador de plataforma eletrónica (14.º/1 e 3, 20.º/1). Ora, quando a responsabilidade de um sujeito abrange o incumprimento de obrigações que devam ser *cumpridas* por terceiros (é o caso da responsabilidade do operador de TVDE pelos requisitos respeitantes aos veículos e motoristas, 9.º/1, bem como do operador de plataforma por estas obrigações e pelas próprias do operador de TVDE, 14.º/1[74]), o seu propósito é exclusivamente o de garantir a satisfação do crédito *indemnizatório* no plano externo (perante o lesado). Por outras palavras, pretende-se garantir a eliminação dos prejuízos causados, mediante a responsabilização de sujeitos por esta falta de cumprimento, para além dos inicialmente (ou materialmente) vinculados. Se a responsabilidade do obrigado inicial é meramente

[73] Com o presente não se afasta a intervenção de responsáveis *subsidiários*, como é o caso das entidades seguradoras.

[74] A expressão «operadores de serviço de TVDE», utilizado uma única vez neste número em toda a lei, visa agregar tanto os operadores de TVDE como os motoristas TVDE.

subjetiva (798.º e ss), estoutra é manifestamente *objetiva*, i. e., independentemente de culpa[75].

Desta forma, e a título meramente exemplificativo, pelo pagamento de um serviço fora das condições definidas, responde solidariamente perante o lesado o motorista TVDE, o operador TVDE, ao qual esteja associado, e o operador de plataforma eletrónica de TVDE.

Em todo o caso, o regime é omisso quanto à (*i*) repartição interna desta responsabilidade (solidária), bem como (*ii*) quanto à possibilidade de aplicação de outros modelos de responsabilidade, eventualmente em concurso com este.

Quanto ao primeiro aspeto, a vertente externa de solidariedade dos agentes não consolida a sua responsabilidade. Cumpre reparti-la no plano interno e isso obedece, em geral, ao critério da *culpa* de cada um dos agentes (497.º/2, 524.º CC) ou, na falta desta, ao do contributo causal de cada agente (v., o lugar paralelo do art. 507.º/1 CC).

O segundo aspeto é mais complexo. Na verdade, importa conhecer a complexidade negocial inerente à prestação de serviço TVDE. Como vimos, este contrato não se confunde com os demais vínculos jurídicos estabelecidos entre outros sujeitos que não diretamente o operador TVDE e o utilizador. Para estes, a responsabilidade emergente deve ser analisada no contexto do respetivo tipo contratual.

Adentro do contrato de prestação de serviço TVDE podemos considerar outros *modelos* de responsabilidade, ressalvada que se encontra a do operador de plataforma eletrónica (20.º/1)[76], tal como, sem propósito exaustivo, (*a*) a responsabilidade do *operador de TVDE*, em virtude de um acidente de viação, perante os lesados na qualidade de *detentor* do veículo (503.º/1 CC), em concurso com a sua qualidade (de forma exclusiva) de *comitente* (500.º/1 CC[77]) ou, ainda, a sua responsabilidade objetiva, caso se considere o moto-

[75] É discutível a presença conceptual, neste caso e noutros, de uma *responsabilidade obrigacional objetiva*. O ponto pode ser confrontado nos manuais de referência, para os quais se remete; sem prejuízo, sendo favorável a esta ideia, com referências, v. ALMEIDA COSTA, *Direito Das Obrigações*, 12.ª ed., Almedina: Coimbra, 2009, 611 (nota 2), 658, 1039 (nota 1).

[76] Cfr., a propósito, T.G. LOCKS, *Travelers Beware: Tort Liability in the Sharing Economy*, Washington Journal of Law Technology & Arts, Vol. 10, /4/2015), 329-342.

[77] À qual acresce a responsabilidade por factos lícitos, pelas ordens e instruções fornecidas, *in instruendo*, na escolha do representante, *in eligendo*, e na vigilância ou fiscalização dos seus actos, *in vigilando*. Fora das hipóteses enumeradas é discutível a responsabilidade culposa a

rista TVDE como o seu *auxiliar* (800.º/1 CC). Cumpre explorar também a responsabilidade do *motorista TVDE* (*b*) de tipo delitual (483.º/1 CC), bem como aquela decorrente da perigosidade da atividade de condução em si (i.e., por *culpa presumida*, 493.º/2 CC[78]). É matéria que justifica uma investigação autónoma.

Não se nega, ainda, a relevância dos comportamentos de qualquer um dos intervenientes no contexto de uma das relações contratuais nas quais figure como *terceiro*. Trata-se, certamente, da qualidade de *terceiro-lesante* (por oposição à de *terceiro-lesado*) e a título *principal*. A matéria é já clássica do ramo do Direito das Obrigações, e funda-se na afirmação da ausência de relatividade do vínculo obrigacional do prisma da *eficácia* (e não do estrutural, onde apenas figuram o credor e o devedor, nessa qualidade, ainda que vários)[79]. Em idêntica medida deve ser considerado globalmente o regime de responsabilidade *in contrahendo* (227.º/1)[80], e, por fim e em espelho, na fase pós-contratual, o regime da *culpa post pactum finitum*.

título *delitual* da pessoa coletiva, tal como o é o operador de TVDE, necessariamente (2.º/1). Aponta-se geralmente, embora ambas as críticas tenham sido posteriormente vencidas, a insusceptibilidade ontológica de culpa das pessoas coletivas e a impossibilidade normativa de esta praticar atos lícitos, porquanto os poderes conferidos a quem atua em seu nome ou por sua conta se encontram necessariamente limitados à prática de atos lícitos.

[78] No famoso Assento do STJ de 1979 (1/08, de 21-Nov-1979) negou-se esta possibilidade. Afirmou-se: «[o] disposto no art. 493.º/2 do código civil não tem aplicação em matéria de acidentes de circulação terrestre». Simplesmente, a mais recente interpretação do preceito, a qual acompanhamos, abona a favor da solução vertida no texto, v., com referências, CALVÃO DA SILVA, *A responsabilidade civil do produtor*, Almedina: Coimbra (1990), 368 (nota 2).

[79] A figura também se encontra extensivamente tratada nos manuais de referência, para os quais se remete. Em particular, cumpre dar nota da investigação de EDUARDO SANTOS JÚNIOR, *Da responsabilidade civil por lesão do direito de crédito*, Almedina: Coimbra, 2003, apelando à natureza extracontratual da responsabilidade emergente (p. 265, 412 e ss). A propósito, RUDOLF KRASSER, *Der Schutz vertraglicher rechte gegen eingriffe dritter*, Carl Heymanns Verlag KG (1971), 119-215.

[80] Importa considerar duas fases pré-contratuais, nomeadamente os preliminares contratuais em si, distinta da fase da formação do negócio. V, a fundamental obra de JHERING, *Culpa in contrahendo oder Schadensersatz bei nichtigen oder nicht zur perfection gelangten vertägenm* em JhJb, Vol. IV (1861) ou, na tradução portuguesa, *Culpa in contrahendo, ou indemnização em contratos nulos ou não chegados à perfeição* (trad. Paulo Mota Pinto), Almedina: Coimbra (2008), e 2.ª ed, Gestlegal: Coimbra (2020). Entre nós, dando nota deste aspeto, v. DÁRIO MOURA VICENTE, *Da Responsabilidade Pré-Contratual em Direito Internacional Privado*, *passim*, e em *Culpa na formação dos contratos*, Separata de comemorações dos 35 anos do código civil e dos 25 anos da reforma de 1977, Coimbra Editora: Coimbra (2007), 265-284.

3.2. Sobre a relação jurídica entre a empresa e o trabalhador; breve apontamento

XVI. Colocam-se sérias dúvidas quanto ao enquadramento da relação jurídica que se estabelece entre o motorista TVDE e o operador de TVDE. Esta indeterminação corresponde, aliás, a uma das principais queixas do sector[81]. O legislador optou por não gizar uma solução clara, deixando a discussão em aberto.

Lá fora a matéria assume outros contornos, já que as dificuldades de qualificação dos vínculos negociais têm outros sujeitos por referência. Este aspeto é surpreendentemente descurado por alguma doutrina portuguesa. Na verdade, noutros países é na relação direta que se estabelece entre o motorista TVDE e a operadora das plataformas eletrónicas (e não perante, tal como nós, o primeiro e o operador de TVDE) onde a dificuldade se situa[82]. Ora, Portugal não acompanha, nesta medida, pelo menos à primeira vista, esta preocupação, por ter considerado um outro elemento necessário ao serviço de TVDE: o *operador de TVDE* em si. Insiste-se neste ponto. Sendo o operador de TVDE uma pessoa necessariamente coletiva (2.º/1, *in fine*) afasta-se a natureza laboral do vínculo estabelecido com a plataforma eletrónica. Afinal, como é sabido, apenas as pessoas *singulares* prestam trabalho (11.º CT).

Em suma, segundo a nossa Lei TVDE a ligação funcional entre os motoristas TVDE e os operadores de plataforma reduz-se a uma mera «inscrição junto da plataforma eletrónica» (10.º/1) e o contrato (de trabalho ou de prestação de serviço) celebra-se, ao invés, entre o motorista de TVDE e a quem este presta o serviço, leia-se, o próprio operador de TVDE (cf., art. 10.º/2, *in fine*, «[o] motorista de TVDE, que presta serviço ao operador de TVDE (...)»). Nesta medida, não são (aparentemente) determinantes as soluções existentes noutros países, tal como a previsão legal italiana da natureza laboral da relação entre os motoristas e as plataformas[83], nem,

[81] Sobre o tema, v. MARIANA LEITE DA SILVA, *O estatuto jurídico-laboral do motorista no contexto da atividade de TVDE: em particular, o caso da Uber*, Questões laborais, Almedina: Coimbra, Ano 26 (2019), n.º 54 (Jan-Jun 2019), 157-193 e JOÃO LEAL AMADO/TERESA COELHO MOREIRA, *A lei sobre o TVDE e o contrato de trabalho: sujeitos, relações e presunções*, Prontuário de Direito do Trabalho, Lisboa, n.º 1, 2019, I, Centro de Estudos Judiciários, 87-111.

[82] Fundamental, o relatório final de DE GROEN W/KILHOFFER Z., WESTHOFF L./POSTICA D./SHAMSFAKHR F., *Plataformas digitais laborais na UE: mapas e modelos de negócio* (2021) para a Direção-Geral do Emprego, Assuntos Sociais e Inclusão.

[83] Mediante o Decreto-Lei n.º 101, de 3 de Setembro de 2019.

por sinal, a pura omissão da matéria no direito espanhol[84]. Em todo o caso, cumpre notar a multiplicação das decisões das instâncias superiores de vários países sempre no sentido de reconhecer a natureza laboral do vínculo (novamente, entre as plataformas e os motoristas TVDE). Podemos destacar algumas decisões, nomeadamente em França e no Reino Unido[85].

A intervenção do operador da plataforma, mesmo que qualificado como *intermediário* à luz da nossa lei, extravasa em determinados aspectos este papel, como vimos: a sua preocupação em assegurar tanto a qualidade do serviço, como a sua remuneração traduz isso mesmo. É por isso sem surpresa que se toma conhecimento da mais recente iniciativa da União Europeia nesta matéria: torneando as preocupações suscitadas pela regulação assimétrica da matéria por cada Estado-Membro, foi proposta pela Comissão Europeia a regulação unitária da matéria, mediante uma nova Diretiva, da qual já demos nota.

Feita esta breve ressalva, e retomando o regime jurídico em vigor em Portugal, a lei TVDE contempla expressamente a qualificação da relação jurídica estabelecida entre o operador de TVDE e o motorista tanto como uma prestação de serviço, como um contrato de trabalho.

A favor da primeira qualificação (de prestação de serviço) veja-se a menção no n.º 2 do artigo 10.º ao «motorista de TVDE, que *presta serviço* ao operador

[84] No que respeita ao direito espanhol, Yolanda Maneiro Vázquez, *La jurisprudencia del tribunal de justicia en materia de economía de plataformas: a propósito de Uber*, Temas Laborales, n.º 151 (2020), 175-192 (191-192). V., ainda, com referências, Anna Fabrellas/Sergi Duran, *Sharing economy vs. uber economy y las fronteras del Derecho del Trabajo*, Revista para ele Análisis del Derecho, n.º (2016), 1-44.

[85] Cf. a *Cour de Cassation* (Câmara de Trabalho), de 4-Mar-2020, n.º 19-13.316 – o tribunal manteve o entendimento tido em 2018 quanto à natureza também contratual da empresa gestora da plataforma digital e os seus estafetas (CS, Câmara de Trabalho, de 28-Nov-2018, n.º 17-20.079) – e, no Reino Unido, a decisão do *Supreme Court* [2021] UKSC 5. O mesmo percurso tem sido seguido em algumas cidades europeias, tal como em Genebra e em Bruxelas, onde a qualificação da relação laboral pelas instâncias entre os motoristas TVDE e os operadores das plataformas é clara. De notar, ainda, a aplicação em Espanha da "*Ley Rider*" (Real Decreto-Ley 9/2021, de 11 de maio), a qual, introduzida em Agosto do ano corrente, reconheceu o estatuto de trabalhador a todos aqueles que realizam entregas através de plataformas digitais e, com isso, provocou uma fortíssima vaga de despedimentos. A reforma legislativa acompanha, por sinal, o entendimento do Tribunal Supremo, na sua famosa decisão de 25 de Setembro de 2020 (rec. 4746/2019); cf., com análise desta decisão, Adriáns Signes, *Comentario a la Sentencia del Tribunal Supremo español que considera a los Riders empleados laborales*, LaBoUR Law Issues, Vol. 6, n.º 2, 2020, 1-13.

de TVDE» (itálico nosso). Por sua vez, a favor da segunda qualificação, note-se que esta possibilidade é expressamente contemplada pelo legislador no n.º 12 do mesmo artigo, quando se menciona o «motorista vinculado por contrato de trabalho».

Nada obsta, portanto, como muitos pretendem, à celebração de um contrato de prestação de serviço entre estes operadores. Sem prejuízo, o legislador considera necessário a *forma escrita* (contrariamente ao princípio da liberdade de forma que caracteriza este contrato, atípico[86], e, por sinal, o de trabalho, 110.º CT). Mais: prevenindo a eventual *fuga* ao contrato de trabalho, o regime prevê, de forma tautológica, os indícios que presumem a existência de contrato de trabalho (12.º CT *ex vi* o art. 10.º/10 da Lei TVDE). Por acréscimo – constituindo nesta sede uma inovação do regime – considera-se, numa redação não inteiramente feliz, que «os equipamentos e instrumentos de trabalho são todos os que sejam pertencentes ao beneficiário *ou por ele explorados por aluguer ou qualquer outra modalidade de locação*» (itálico nosso).

§ 4. Considerações finais

XVII. O regime jurídico relativo ao serviço TVDE em Portugal é recente. A sua juventude não nos permitiu dar a conhecer os ditames essenciais da *praxis* na sua aplicação, tão pouco a voz dos nossos tribunais na matéria. No geral, o regime pauta-se por apostar na *desmaterialização* da atividade – note-se, em concreto, que o contrato se forma através da plataforma eletrónica, por onde se completam outros aspetos do regime, entre os quais o pagamento, a emissão de fatura e até a reclamação do serviço (2.º/3, 15.º/7 e 8, 19.º/2). *Funcionalmente* é manifesta a tentativa de equiparação desta atividade com a do sector táxi, cujo enquadramento legal foi manifesta fonte de inspiração. Todavia, também neste ponto a equiparação feita entre os sectores, a qual alcança outros campos (tal como resulta clarividente no âmbito das medidas de contenção pandémica[87]) não tem sido a mais feliz, sendo inexplicavelmente rejeitada em aspetos essenciais[88].

[86] No sentido, da ausência de um «modelo regulativo típico» na lei; cf., a propósito do significado deste conceito, Pedro Pais de Vasconcelos, *Contratos Atípicos*, Almedina: Coimbra (1995), 207-211.

[87] A proliferação legislativa no contexto da crise provocado pelo coronavírus (COVID-19) com relevância para o sector TVDE é manifesta: conta-se o Despacho n.º 3547-A/2020, de 22 de março (§§ 3 e 15), Decreto-Lei n.º 2-B/2020, de 02 de Abril (arts. 11.º/1 e 33.º,

Existem, por outro lado, pontos que justificam uma investigação autónoma. Em particular, destaca-se o sistema pesado de responsabilidade dos vários agentes, bem como, em momento prévio, a qualificação dos vínculos estabelecidos entre as partes. Quanto a este último aspeto, os critérios funcionais utilizados pelo TJUE na qualificação do serviço prestado pelas plataformas eletrónica como também um de transporte (e não apenas de intermediação), acompanhando, de resto, o entendimento doutrinário maioritário, é contrariado pelo nosso regime. As mais recentes iniciativas nesta matéria, tanto nacionais[89] como internacionais (com destaque para a proposta de uma nova Diretiva nesta matéria) vão, aliás, neste sentido. A revisão do regime impõe-se[90]. Quando ocorrer, cumpre dar nota da (embora crescentemente abandonada) possibilidade de sistematização da matéria no Código Civil, acompanhando um dos melhores exemplos nesta matéria além-Reno[91] e, por outro lado, deixar o apelo a que a nova regulação da matéria seja feita com respeito do plano inovador da atividade dos operadores das plataformas eletrónicas. Na verdade, a reforma que se antecipa do regime, destinada a acentuar a protecção do consumidor e do motorista TVDE, não deve servir de pretexto para se gerar novas iniquidades, desta vez a desfavor da atividade (meritória) das TNC's.

bem como § 14 do respetivo anexo), Decreto-Lei n.º 2-C/2020, de 07 de Abril (art. 33.º), Decreto-Lei n.º 20/2020, de 01 de Maio (cfr., o aditamento do art.º 13.º-A ao Decreto-Lei n.º 10-A/2020, de 13 de março, pelo respetivo art. 3.º).

[88] Retrata este último aspeto o recente apoio disponibilizado pelo Governo para fazer face ao aumento dos preços dos combustíveis. Este apoio, suportado pelo Fundo Ambiental, foi negado ao sector TVDE, contrariamente ao sector táxi (cfr., a Resolução do Conselho de Ministros, n.º 153/2021, de 12 de novembro).

[89] Houve uma iniciativa governativa que se dirigia ao reconhecimento da relação laboral entre as plataformas e o prestador de atividade, entretanto gorada com a dissolução da Assembleia da República (cf., a Proposta de Lei criada a respeito da *agenda do trabalho digno e de valorização dos jovens no mercado de trabalho*, aprovada em Conselho de Ministros no dia 21 de outubro de 2021).

[90] Por outro lado, atendendo à data de entrada em vigor da presente Lei TVDE, no dia 1 de novembro de 2018 (33.º), a matéria deveria ser avaliada pelo IMT, I.P., volvidos três anos, ou seja, no dia 1 de novembro de 2021 (31.º/1 da Lei TVDE). Essa avaliação, mediante a elaboração de um relatório final fundamentado, não ocorreu na data devida e ainda não é pública.

[91] A propósito, v. Claus-Wilhelm Canaris, *A transposição da Directiva sobre compra de bens de consumo para o direito alemão*, Estudos de Direito do Consumidor, CDC, Faculdade de Direito da Universidade de Coimbra, n.º 3/2001, 49-68.

DIREITO REAL DE HABITAÇÃO PERIÓDICA: DO BEM DE CONSUMO, À REALIDADE

José Luís Bonifácio Ramos*

Sumário: *1. Considerações Gerais. 2. Direito Real de Habitação Periódica Enquanto Sintoma de Modernidade. 3. A Especialidade do Objecto. 4. A Duração. 5. Direitos e Obrigações do Utente. 6. Direitos e Obrigações do Proprietário. 7. Assembleia de Utentes. 8. Causas Extintivas. 9. A Natureza Jurídica. 10. Conclusões*

1. Considerações Gerais

Agradecendo o honroso convite da Comissão Organizadora, no sentido de participar na elaboração da obra colectiva *Estudos de Direito do Consumo*, assumo o encargo de estudar o direito real de habitação periódica. Se, como procuraremos demonstrar, é um direito ligado à modernidade dos direitos reais, não deixa de ser verdade que estamos defronte de um regime que muito tem evoluído, motivado em grande parte, por questões atinentes ao direito do consumo. Faz, por isso, pleno sentido que o IDC insira a temática atinente aos direitos reais de habitação periódica, nestes Estudos, organizados em conjunto com o CIDP da Faculdade de Direito da Universidade de Lisboa.

* Texto elaborado no âmbito dos Estudos de Direito de Consumo, organizados pelo Instituto de Direito do Consumo (IDC) da Faculdade de Direito de Lisboa.

Se atentarmos na origem e subsequente evolução do respectivo regime jurídico, constatamos, sem dificuldade de maior, que as questões conexas com o direito do consumo[1] estiveram sempre presentes. Com efeito, o incremento do turismo e a necessidade de regular o uso e fruição de imóveis, por curtos períodos, em zonas de vilegiatura ou de veraneio, mostraram a necessidade de regular uma actividade, no intuito de proteger o indivíduo que contrata com o titular de um imóvel destinado a gozo de férias. Em especial, o indivíduo que não preferiu o alojamento num estabelecimento hoteleiro, em virtude dos custos mais elevados[2], mas escolheu usar um apartamento, por um curto período de tempo, geralmente em gozo de férias, numa estância balnear.

Estaremos, assim, defronte de um contrato de prestação de serviços cujo objecto será um imóvel, geralmente um apartamento mobilado, destinado a alojar um ou vários indivíduos, por curtos períodos de tempo, ao longo de um ano civil. Se o apartamento deve estar em razoável estado de conservação, com os electrodomésticos e outros equipamentos a funcionar, ocorrem, naturalmente, um conjunto de aspectos que interessa acautelar, no intuito de de proteger o sujeito que contratou, o verdadeiro consumidor, no sentido de gozar um período de férias determinado. Em boa verdade, no sentido de salvaguardar a protecção do consumidor, a União Europeia fez aprovar duas directivas. A primeira, a Directiva 94/47/CE[3], alude à necessidade de evitar indicações enganosas ou incompletas nas informações que digam respeito à venda de direitos de utilização a tempo parcial de um ou mais bens imóveis. A segunda, a Directiva 2008/122/CE[4], dilucida aspectos, motivados por relatórios direccionados, no intuito de implementar o *acquis* de protecção do consumidor[5], de remover lacunas susceptíveis de agravar

[1] Acerca do direito do consumo e da especial protecção do consumidor, Calvão da Silva, *Responsabilidade Civil do Produtor*, Coimbra, 1990, pp. 61 e segs.

[2] Sobre os interesses económicos e sociais do direito de habitação periódica, Jorge Wahl Silva, "Tempo Compartido de la Copropriedad a la Multipropiedad?" in *Revista Chilena de Derecho*, Vol 23, n.º 1, 1996, p. 129.

[3] Cf. Directiva 94/47CE do Parlamento e do Conselho de 26 de Outubro de 1994 relativa à protecção dos adquirentes quanto a certos aspectos dos contratos de aquisição de um direito de utilização a tempo parcial de bens imóveis.

[4] Cf Directiva 2008/122/CE do Parlamento e do Conselho de 14 de Janeiro de 2009 sobre a protecção do consumidor relativamente a determinados aspectos dos contratos de utilização periódica de bens, de aquisição de produtos de férias de longa duração, de revenda e troca.

[5] No que concerne a este tópico, Albrecht Rothacher enfatiza a importância do Relatório da Comissão sobre o Mercado Interno e a adesão de novos Estados membros, onde era desta-

distorções da concorrência e de inflingir danos ao consumidor. Ademais, acautelando a informação pré-contratual e o próprio clausulado, de modo a evitar práticas comerciais enganosas e agressivas, bem como diversas outras práticas desleais das empresas para com os consumidores, tendo em conta a entrada em vigor, em 2005, de uma outra Directiva, especialmente dirigida às práticas comerciais desleais[6].

As directrizes inovadoras, não só promovidas pelas directivas, já mais recentemente, tiveram impacto no direito positivo português. Em especial, no diploma que substituiu, em 1993, os anteriores Decretos-Lei[7]. Interessa sublinhar que o respectivo preâmbulo salienta medidas direccionadas à protecção do adquirente consumidor. Designadamente a necessidade de proporcionar ao consumidor uma informação atempada e pormenorizada sobre o direito real de habitação periódica a adquirir, estabelecendo a obrigatoriedade de o alienante fornecer um documento, complementar do contrato, com indicações precisas e exaustivas. Bem como o direito de resolver o contrato de aquisição, sem sofrer qualquer penalização, durante um prazo de 14 dias, de modo a promover decisões aquisitivas menos sugestionadas por técnicas agressivas de promoção e comercialização. Também a obrigatoriedade de o proprietário das unidades de alojamento prestar caução, no intuito de defender os direitos do adquirente ou do promitente adquirente. E, como corolário protector dos adquirentes consumidores, uma tipificação adequada dos ilícitos contra-ordenacionais, com a devida actualização dos montantes das coimas aplicáveis.

Ademais, como era expectável, o teor das duas directivas implicaram especiais modificações no conteúdo do Decreto-Lei 275/93. Em conformidade, por causa das virtualidades protectivas[8], a transposição da Directiva

cado o *acquis* atinente à protecção do consumidor. Cf. "Consumer Protection in Central and Eastern Europe and EU Accession" in *Journal for Labour and Social Affairs in Eastern Europe*, Vol. 2, n.º 2, 1999, pp. 187 e segs.

[6] Cf. Directiva 2005/29/CE do Parlamento e do Conselho, de 11 de Maio de 2005, relativa às práticas comerciais desleais das empresas para com os consumidores no mercado interno. De modo mais vasto, acerca de modificações no direito da união europeia, tendo em vista da protecção dos direitos dos consumidores, Zabia Vernadaki, "Consumer Protection and the Reform of the European Consumer Acquis" in *International Company and Commercial Law Review*, n.º 21, 2010, pp. 316 e segs.

[7] Cf. Decretos-lei n.º 355/81 de 31 de Dezembro, n.º 130/89 de 19 de Abril e o Decreto-Lei 275/93 de 5 de Agosto.

[8] Acerca das vantagens do regime nacional, em confronto com o preceituado na Directiva de 2004, Januário da Costa Gomes, "Sobre o Direito de Arrependimento do Adquirente de

de 1994, implicou a necessidade de introduzir alterações no regime vigente, por meio da entrada em vigor do Decreto-Lei n.º 180/99 de 22 de Maio. No entanto, porque a Comissão Europeia havia concluído que a anterior Directiva não havia sido transposta na sua integralidade[9], foram alterados outros preceitos, de acordo com o preceituado no Decreto-Lei n.º 22/2002 de 31 de Janeiro. Mais tarde, apreciando o conteúdo da Directiva de 2008, houve que aprovar ainda um outro diploma, o Decreto-Lei n.º 37/2011 de 10 de Março, destinado a aperfeiçoar alguns aspectos conexos com a protecção do consumidor. Nomeadamente, a informação pré-contratual dos consumidores e o prazo para o exercício do direito de retratação, sem indicação de motivo ou pagamento de encargos correspondentes. Todavia, porque houve a necessidade de concretizar, de modo mais adequado, a transposição da Directiva de 2008, o Decreto-Lei n.º 245/2015 de 20 de Outubro introduziu a sexta alteração, no Decreto-Lei n.º 275/93, no intuito de concretizar e de melhor densificar, uma vez mais, a especialíssima protecção dos consumidores. Particularmente no tocante à proibição de entrega de sinais ou outras contrapartidas, nos contratos de revenda, anteriormente à conclusão do negócio ou antes de, por qualquer outro meio, se ter posto fim ao contrato de revenda.

2. Direito Real de Habitação Periódica enquanto sintoma de modernidade

Tendo em conta o rápido desenvolvimento de um serviço vocacionado para o turismo, concorrente com a actividade hoteleira, compreende-se o cuidado direccionado à protecção do consumidor, mas, de igual sorte, à atribuição de um direito real de gozo, em detrimento do instituto da locação ou de uma via marcadamente associativa[10]. Em conformidade, não se

Direito Real de Habitação Periódica (Time-Sharing) e a sua Articulação com Direitos Similares noutros Contratos de Consumo" in *Revista Portuguesa de Direito do Consumo*, n.º 3, 1995, p. 71.

[9] A insuficiência de transposição, não foi apenas detectada apenas no direito português. Assim, no tocante aos ordenamentos holandês, austríaco, francês e espanhol, Alicia Aparicio e Miguel Gómez Jené, "Hacia una Modificación de la Directiva de Timesharing", in *Revista Española de Derecho Internacional*, Vol 67, 2005, pp. 2 e segs.

[10] Acerca deste dilema e das vantagens da contitularidade real, Marina Petrone, *Multiproprietà, Individuazione dell' Oggetto e Schemi Reali Tipici*, Milão, 1985, pp. 3 e segs. José Lobo Moutinho e Luís Bernardes, "Estudo sobre o Direito Real de Habitação Periódica" in *Direito e Justiça*, Vol. 7, 1993, pp. 412 e segs.

pretende um acordo de prestação de serviços com a unidade hoteleira ou até com a empresa de alojamento local, mas antes um direito subjectivo de gozo de natureza real. Contudo, se a opção pela realidade contribui para a segurança, interessa lembrar que a escolha por algum dos direitos de gozo pré-existentes suscitavam inconvenientes. Na verdade, no tocante ao regime de propriedade horizontal, a aquisição de um apartamento, além de ser uma opção muito onerosa, implicaria encargos inerentes ao exercício da propriedade, algo desajustado para quem pretendia gozar férias, por um limitado período de tempo, num determinado local, diverso da residência habitual[11]. Por seu turno, quanto à compropriedade, existem aspectos, no respectivo regime jurídico, v.g. a faculdade de requerer a divisão de coisa comum, que revelam desconformidades face aos interesses em presença[12].

Por isso, surgiu, em diversos ordenamentos jurídicos, um novo tipo de direito real, destinado a atribuir o gozo sobre uma unidade de alojamento, situada num empreendimento ou complexo turístico. Em boa verdade, o novo tipo real nem sempre foi reconhecido, *ab initio*, pelo legislador, mas, de quando em vez, por via jurisprudencial[13]. Assim, apenas, num segundo momento, o direito real seria reconhecido, enquanto tal, na legislação ordinária, tanto mais que diversos CC, mesmo aqueles que entraram em vigor em pleno século XX, não o reconheciam.

Ao assumir a necessidade de criar um novo direito real e, em conformidade, acautelar o estruturante princípio da tipicidade[14], o legislador sublinhou, entre as vantagens do novo regime de propriedade fraccionada por quotas de partes temporais, uma protecção mais adequada do que uma mera protecção legal de tipo obrigacionista[15]. Logo, porque o investimento em habitação própria de férias não está ao alcance de todos, este direito real, também sujeito a registo e oponível erga omnes, consolida a segurança de direitos individuais, designadamente quanto ao uso e exploração do empreendimento turístico. Ademais, no intuito de acautelar padrões mínimos de qualidade exigíveis em empreendimentos turísticos, estabeleceu-se, a

[11] Cf. Henrique de Mesquita, "Uma Nova Figura Real: O Direito de Habitação Periódica" in *Revista de Direito e Economia*, Ano 8, n.º 1, 1982, p. 43.

[12] Cf. Henrique de Mesquita, "Uma Nova Figura..." in op. cit., p. 46.

[13] Isso sucedeu no ordenamento jurídico italiano. Cf. Nuccia Parodi, "Multiproprietà" in *Trattato dei Diritti Reali*, Milão, 2011, pp. 457-8.

[14] Acerca da tipicidade, enquanto princípio estruturante da realidade, vidé nosso *Manual de Direitos Reais*, 2.ª ed., Lisboa, 2020, pp. 118 e segs.

[15] Cf. Decreto-Lei n.º 355/81.

partir de 1993[16], que apenas 60% das unidades de alojamento do empreendimento podiam ser exploradas em regime de direito real de habitação periódica.

A adaptabilidade do legislador, ao criar novos tipos legais, cuja utilidade e necessidade tem sido amplamente reconhecida, em face das insuficiências dos outros tipos reais, designadamente o condomínio ou a compropriedade, face às exigência da vida moderna, em especial do sector vocacionado para o turismo, desmente, só por si, o declínio[17], a crise[18] ou o sub-desenvolvimento da dogmática da realidade[19]. Antes reitera uma modernidade e adaptabilidade, por nós antes detectada, enquanto identidade dos direitos reais, enquanto sub-ramo do direito civil. Aliás, isso justificou, numa outra oportunidade, que destacássemos o direito real de habitação periódica, como um dos exemplos paradigmáticos da impressiva aceitabilidade do devir denotada pelos direitos reais[20]. Logo, independentemente do entusiasmo que o desenvolvimento desta figura tenha merecido, em termos de uma prognose optimista[21], devemos atentar, por nossa parte, nos traços principais do respectivo regime jurídico.

3. A Especialidade do Objecto

O direito real de habitação periódica só pode ser compreendido se atentarmos, com especial cuidado, no objecto sobre o qual incide o conjunto de poderes a exercer pelo respectivo titular. Com efeito, este direito real não é susceptível de incidir sobre todas as coisas corpóreas. Antes apenas sobre uma especial categoria de imóveis. Por conseguinte, mais do que é exigível ao direito real de condomínio, onde os respectivos direitos devem incidir sobre um edifício, constituído por unidades independentes, distintas e isoladas entre si, com saída própria, para uma parte comum do prédio ou para a via pública[22], no direito real de habitação periódica devem existir unidades de alojamento integradas em hóteis-apartamentos, aldeamentos

[16] Cf. Decreto-Lei n.º 275/93.

[17] Cf. Menezes Cordeiro, *Direitos Reais*, Vol. I, Lisboa, 1979, pp. 50-1.

[18] Cf. Oliveira Ascensão, *A Tipicidade dos Direitos Reais*, Lisboa, 1968, p. 13.

[19] Cf. José Alberto Vieira, *Direitos Reais*, Coimbra, 2008, p. 45.

[20] Vide nosso *Direitos Reais e Bens Culturais Móveis*, Cascais, 2020, p. 9.

[21] Acerca deste tópico, Mel Weinberger, "Timesharing for the Next Century" in *Solo and Small Firm Lawyer*, Vol. 16, n.º 3, 1999, pp. 38 e segs.

[22] Cf. artigo 1415.º CC.

turísticos e apartamentos turísticos[23]. Acresce que, sobre aquelas unidades de alojamento, para além do direito de propriedade ou de condomínio, só podem ser constituídos pelo respectivo titular, direitos reais de habitação periódica[24].

As unidades devem ser independentes, distintas e isoladas entre si, com saída própria para uma parte comum ou para a via pública. Também devem inserir-se num empreendimento turístico em que, pelo menos, trinta por cento das unidades de alojamento afectas à exploração turística, não sejam constituídos direitos reais de habitação periódica ou direitos de habitação turística. Em conformidade, a exploração turística, integrada num empreendimento[25], deve compatibilizar-se, no mesmo edifício, conjunto de edifícios ou conjunto imobiliário, objecto de uma única descrição no registo predial[26], com as supra-mencionadas unidades de alojamento, sujeitas a uma declaração de comunicação prévia ao Turismo de Portugal, I.P, acompanhada de uma série de elementos descritivos do empreendimento e dos respectivos titulares[27]. Todavia, se o Turismo de Portugal, IP, não se pronunciar no prazo de 30 dias a contar da apresentação da comunicação prévia, o proprietário das unidades pode promover a constituição dos direitos reais de habitação periódica, nos termos e de acordo com as declarações inscritas na comunicação prévia[28].

4. A Duração

Devemos ainda realçar os aspectos atinentes ao prazo e ao período de efectivo uso e fruição. Assim, o direito de habitação periódica é, de modo geral, perpétuo, mas o título constitutivo pode consagrar um limite de duração. Nesta hipótese, assumindo o direito um carácter temporário, o período de vigência, fixado por acordo entre as partes, deve respeitar um período mínimo de um ano[29], a contar da sua constituição ou da data de abertura ao público, se o empreendimento estiver em construção, em vez

[23] Cf. artigo 1.º Decreto-Lei n.º 257/93.
[24] Cf. artigo 2.º Decreto-Lei n.º 275/93.
[25] Cf. n.º 1 do artigo 4.º Decreto-Lei n.º 257/93.
[26] Cf. n.º 2 do artigo 8.º do Decreto-Lei n.º 275/93.
[27] Cf. artigo 5.º do Decreto-Lei n.º 275/93.
[28] Cf. n.º 5 do artigo 5.º do Decreto-Lei n.º 275/93.
[29] Cf. artigo 3.º do Decreto-Lei n.º 275/93.

do período de quinze anos, previsto em legislação anterior[30], algo consabidamente exagerado.

Além do prazo de vigência do uso e fruição, constante de acordo entre as partes ou nos termos da norma subsidiária referida, importa mencionar o período de efectiva utilização, em cada ano civil, pelo titular do direito real de habitação periódica. Em boa verdade, como decorre do *nomen juris*, um direito verdadeiramente parcelar. Logicamente, o utente[31] não pode usar e fruir a unidade de alojamento, durante todo o ano civil, mas, apenas, de uma parte dele. O período de efectiva utilização é determinado ou determinável em cada cada ano[32], devendo todos eles possuir a mesma duração[33]. De qualquer modo, o último período de tempo de cada ano pode terminar no ano subsequente ao do seu início e o proprietário deve reservar um período anual de sete dias seguidos, destinado a serviços de reparação, conservação limpeza e outros fins do empreendimento turístico[34].

5. Direitos e Obrigações do Utente

O utente pode habitar a unidade de alojamento, pelo período fixo contratualmente designado, fruir as instalações e equipamentos de uso comum e ainda beneficiar dos serviços prestados pelo titular do empreendimento[35]. Todavia, em caso de impossibilidade de utilização da unidade de alojamento, no decurso período fixado, em virtude de motivos de força maior ou caso fortuito motivado por circunstâncias anormais e improvisíveis, alheias ao utente, pode exigir, o uso e fruição de alojamento alternativo, de categoria idêntica ou superior, num local próximo do empreendimento objecto do contrato[36].

Ele tem o direito de participar na assembleia geral, podendo deliberar e votar por escrito. Designadamente, no que concerne à eleição do presidente da assembleia, do revisor oficial de contas ou da empresa de auditoria, à aprovação do parecer sobre o relatório de gestão e contas relativo à

[30] Cf. o artigo 3.º do diploma supra-citado, na redacção do Decreto-Lei n.º 37/2011 de 10 de Março.

[31] É o termo escolhido por Carvalho Fernandes, em contraposição a usuário, relativo ao titular do direito de uso e habitação. Cf. *Lições*...op. cit., p. 453.

[32] Cf. n.º 2 do artigo 3.º do Decreto-Lei n.º 275/93.

[33] Cf. n.º 3 do artigo 3.º do Decreto-Lei n.º 275/93.

[34] Cf. n.ºs 4 e 5 do artigo 3.º

[35] Cf. alíneas a) e b) do n.º 1 do artigo 21.º.

[36] Cf. alínea c) do n.º 1 do artigo 21.º.

utilização das prestações periódicas, à apreciação do programa de administração e conservação do empreendimento para o ano subsequente, à proposta de alteração da prestação periódica e à destituição e substituição da administração do empreendimento[37].

O utente pode ainda onerar ou transmitir livremente o direito a outrem, mediante declaração das partes no certificado predial, com reconhecimento presencial das assinaturas do constituinte do ónus ou do alienante[38]. Logo, não se considera admissível qualquer restrição à transmissibilidade ou oneração, inserta no título constitutivo, atenta a natureza injuntiva do artigo 12.º. Por outro lado, a transmissão do direito de habitação periódica, sujeita apenas, a documento particular, é necessariamente inscrita no registo predial. Daqui resulta a diferença entre o plano de constituição de um direito real de habitação periódica e o da subsequente transmissão ou oneração[39]. Mas, no tocante a acto entre vivos, implica uma declaração das partes, inscrita no certificado predial, e tem por consequência a cessão dos direitos e obrigações do utente, perante o proprietário do empreendimento ou cessionário da exploração, sem necessidade de obter a sua concordância, de acordo com o preceituado nos números 1 e 4 do artigo 12.º.

Pode ainda renunciar ao direito real de habitação periódica, mediante declaração inscrita no certificado predial, com reconhecimento presencial de assinatura[40]. Tal declaração será notificada ao proprietário do empreendimento e à Turismo de Portugal, IP, produzindo efeitos após o decurso do prazo de seis meses, desde as notificações nele previstas. Aliás, se recordarmos o conteúdo das directrizes comunitárias, isso faz sentido, dado ter sido sinalizada a necessidade de remover entraves à livre transmissibilidade e à circulação de bens e serviços. Em suma, a oneração, a transmissão e a renúncia ao direito de habitação periódica não implica a anuência ou a autorização, por parte do proprietário do empreendimento, onde se localiza a unidade de alojamento.

Quanto a obrigações, o pagamento da prestação pecuniária periódica continua a ser o principal encargo do utente[41]. Tal prestação, uma verdadeira

[37] Cf. artigos 34.º, 35.º.º e 36.º.

[38] Cf. n.º 1 do artigo 12.º.

[39] Cf. acórdão do STJ de 4 de Março de 2004.

[40] Cf. n.º 1 do artigo 42.º.

[41] Era essa a opinião de Carvalho Fernandes, *Lições de Direitos Reais*, 6.ª ed., Lisboa, 2009, p. 485.

obrigação real[42] ou ónus real[43], destina-se a compensar as despesas com os serviços de utilização e exploração turística, contribuições, impostos e outras importâncias previstas no título constitutivo. Deve permitir o acesso ao proprietário ou ao gestor, no sentido de praticar actos de conservação e limpeza. Bem como remunerar a gestão do empreendimento que, todavia, não pode ultrapassar 20% do total da prestação periódica[44]. Deve ainda agir como um bom pai de família, estando-lhe especialmente vedada a utilização da unidade de alojamento e das partes destinadas ao uso comum, para fins diversos daqueles a que se destinam, bem como a prática de actos vedados pelo título constitutivo ou pelas normas reguladoras do funcionamento do empreendimento[45].

6. Direitos e Obrigações do Proprietário

Quanto aos direitos do proprietário, avulta o recebimento da prestação periódica entregue por cada utente. Ela pode, como se afigura compreensível e razoável, variar consoante a época do ano a que se reporta o direito real[46]. De outro modo, a falta de recebimento daquela prestação permite desencadear um regime que acautela os interesses em presença[47]. Em conformidade, até dois meses antes do início do período atinente ao exercício do direito, o proprietário pode opor-se ao exercício[48], por parte do utente incumpridor. O proprietário também pode afectar a unidade de alojamento à exploração turística, durante o período correspondente a esse direito, caso em que se considera liquidada a prestação devida[49]. Ademais, ao contrário da falta do pagamento do cânon superficiário, as prestações ou indemnizações, a que acrescem juros moratórios, podem originar a instauração de uma acção executiva, nos termos e para os efeitos do disposto na alínea d) do artigo 46.º do Código de Processo Civil[50].

[42] Cf. Carvalho Fernandes, *Lições*...op. cit., p. 486.

[43] Cf. Oliveira Ascensão, *Direito Civil: Reais*, op. cit., p. 520.

[44] Cf. n.º 4 do artigo 22.º.

[45] Cf. n.º 2 do artigo 21.º.

[46] Cf. n.º 3 do artigo 22.º.

[47] Carvalho Fernandes manifesta anuência a este regime. Cf. *Lições*...op. cit., p. 486. Diversamente, Oliveira Ascensão considerou estel regime jurídico violentamente protectivo do proprietário. Cf. *Direito Civil: Reais*, 5.ª ed., Coimbra, 1993, p. 520.

[48] Cf. n.º 3 do artigo 23.º.

[49] Cf. n.º 4 do artigo 23.º.

[50] C. n.º 2 do artigo 23.º.

Ainda em contraste com o direito de superfície, o proprietário do empreendimento não goza do direito de preferência na venda ou dação em cumprimento dos direitos parcelares de habitação periódica[51]. Também não pode constituir outros direitos reais sobre as unidades de alojamento[52]. Noutra perspectiva, quanto às obrigações[53], entendemos destacar, a par de outras, as seguintes: administração, conservação e limpeza das unidades de alojamento, do seu equipamento e recheio e das instalações e equipamento de uso comum; assegurar as reparações indispensáveis, em momento e condições que minimizem o sacrifício de uso e fruição do utente; pagamento de contribuições, taxas, impostos e encargos anuais que incidam sobre a propriedade; afectar, à constituição de um fundo de reserva, uma percentagem não inferior a 4% do valor da prestação periódica pagas, destinada exclusivamente à realização de obras de reparação e de conservação das das intalações e equipamentos de uso comum e das respectivas unidades de alojamento, seu mobiliário e equipamento; prestar caução de boa administração e conservação do empreendimento a favor dos utentes; organizar anualmente as contas respeitantes à utilização das prestações periódicas pagas pelos titulares dos direitos e das dotações do fundo de reserva; elaborar um relatório de gestão e submeter ambos à apreciação da empresa de auditoria ou do revisor oficial de contas; elaborar e submeter à assembleia geral o programa de administração e conservação do empreendimento para o ano subsequente.

Porém, se o proprietário ceder a exploração do empreendimento, tranferindo, em consequência, para o cessionário os poderes e deveres a ela ligados, ainda assim a responsabilidade do proprietário, perante os titulares dos direitos reais de habitação periódica, pela boa administração e conservação do empreendimento, permanece, ainda que de modo subsidiário[54]. Ademais, a cessão de exploração deve ser notificada à Turismo de Portugal, I P e aos titulares dos direitos de habitação periódica, sob pena de uma correspondente ineficácia[55].

[51] Como recorda Mónica Jardim, se esta matéria surge omissa, no diploma actual, o Decreto-Lei n.º 130/89 regulava, antes, esta matéria, de acordo com o preceituado no artigo 13.º. Cf. "Direito Real de Habitação Periódica" in *Estudos de Direitos Reais e de Registo Predial*, Coimbra, 2018, p. 176.

[52] Cf. n.º 1 do artigo 2.º.

[53] As obrigações do proprietário encontram-se consagradas na secção VI, relativa à administração e conservação do empreendimento, artigos 25.º e seguintes.

[54] Cf. n.º 2 do artigo 25.º.

[55] Cf. n.º 3 do artigo 25.º.

7. Assembleia de Utentes

Sendo o direito de habitação de habitação periódica um regime de propriedade fraccionada por quotas, faz sentido que, à semelhança do direito de propriedade horizontal ou condomínio, exista uma assembleia geral. Pois, a unidade de alojamento apresenta alguma similitude com a fracção autónoma do direito de propriedade horizontal. Ainda que apresente diferenças importantes. Desde logo, no condomínio ou propriedade horizontal, o conjunto dos direitos dos condóminos esgota os poderes que incidem sobre o edifício[56], ao passo que, no direito de habitação periódica, só uma parte é composta por unidades de alojamento. Daí que, para além dos utentes, existem pretensões deveras relevantes por parte do proprietário do edifício. Compreensivelmente, será a ele que cabe a administração e a conservação das unidades de alojamento, recheio, electrodomésticos e outros equipamentos, bem como das instalações e equipamentos de uso comum do imóvel[57]. Em conformidade, a assembleia de utentes não tem competência para eleger o administrador, ao invés do que sucede direito de condomínio. Mas pode apreciar o programa de administração e conservação do empreendimento, no regime de direito real de habitação, para o ano subsequente[58]. Pode ainda destituir a administração, se o proprietário ou o cessionário da exploração deixarem de cumprir a obrigação de boa administração ou houver cumprimento negligente da mesma. Entendendo-se por incumprimento da obrigação de administrar, designadamente, a não convocatória da assembleia geral de utentes; não aprovação do relatório de gestão do exercício anterior; não comparecimento do proprietário do empreendimento ou o cessionário da exploração na assembleia geral; não constituição do fundo de reserva; não constituição ou caducidade do fundo de reserva[59].

Ainda no tocante à assembleia geral, convocada pelo presidente ou pela entidade responsável pela administração do empreendimento, ressalta, no conjunto das suas competências[60], o seguinte: eleger o presidente da assembleia; pronunciar-se sobre o relatório de gestão e as contas respeitantes à utilização das prestações periódicas; eleger o revisor oficial de contas ou a

[56] Neste sentido, Carvalho Fernandes, *Lições*...op. cit., p. 480.

[57] Cf. n.º 1 do artigo 25.º.

[58] Cf. alínea c) do n.º 2 do artigo 34.º.

[59] Cf. n.º 2 do artigo 36.º.

[60] Cf. artigo 34.º.

empresa de auditoria que apreciará o relatório de gestão e as contas do empreendimento; deliberar sobre a alteração da prestação periódica.

8. Causas Extintivas

Relativamente às causas extintivas específicas do direito real de habitação periódica, devemos destacar o direito de resolução sem indicar o motivo, o direito de retratação, também designado direito ao arrependimento do adquirente. Por conseguinte, apesar das exigências no sentido de proporcionar ao adquirente, enquanto consumidor, um dever especial de informação, no sentido de propiciar uma escolha consciente e cautelosa[61], o utente pode resolver o contrato, sem indicação do motivo e sem quaisquer encargos, no prazo de catorze dias, a contar da data de celebração do contrato ou da data em que lhe é entregue o contrato ou o formulário de resolução[62]. Ademais, caso tenha sido associado, ao contrato, um contrato de adesão a sistemas de troca, o prazo para resolução será idêntico, em ambos os contratos, e contado do mesmo modo[63]. Interessa mencionar a existência de um eventual contrato de crédito, celebrado com o vendedor ou um terceiro, que cessará, também sem pagamento de indemnização ou encargos, caso tenha lugar a resolução antes mencionada[64]. Algo que sucede, de modo equivalente, nos contratos-promessa de alienação de um direito real de habitação periódica[65].

Resolvido o contrato, o vendedor deve restituir ao adquirente todas as quantias recebidas até à data de resolução, considerando-se automaticamente resolvidos todos os contratos acessórios, sem pagamento de encargo ou indemnização. Em conformidade, é acessório qualquer contrato de utilização periódica de bens ou um contrato de aquisição de um produto de férias de longa duração, sendo esses serviços prestados por profissional ou por terceiro com base num acordo entre este último e o profissional[66].

O direito de resolução sem indicar o motivo é irrenunciável, por parte do adquirente ou promitente-adquirente, sendo nula qualquer conven-

[61] Expressão de Mónica Jardim, a merecer nossa concordância. Cf. "Direito Real de Habitação..." op cit., p. 181.

[62] Cf. n.º 1 do artigo 16.º.

[63] Cf. n.º 3 do artigo 16.º.

[64] Cf. n.º 6 do atigo 16.º.

[65] Cf. n.º 1 do artigo 19.º.

[66] Cf. n.º 9 do artigo 16.º.

ção que o exclua ou o limite[67], de algum modo. Em conformidade, o utente dispõe de um verdadeiro direito potestativo de natureza extintiva, cuja singularidade radica no posicionamento peculiar da respectiva contratação. Com efeito, ao entender-se o utente, enquanto consumidor, a quem importa proteger[68], compreende-se a função deste direito de retratação ou de arrependimento[69]. Ainda que, como sustenta Januário Gomes, o direito de retratação nem seja exclusivo do Direito de Consumo, nem represente algo típico do *status* do consumidor[70]. De qualquer modo, em face da agressividade da promoção turística, numa óptica empresarial dirigida ao utente-consumidor, compreende-se o reforço das garantias de resolução, nos países membros da união europeia[71]. Porém, a par da resolução, naturalmente mais favorável ao utente, interessa destacar a renúncia ao direito real de habitação periódica. Logo, o titular do direito de habitação periódica pode a ele renunciar, mediante declaração inscrita no certificado predial, com reconhecimento presencial de assinatura[72].

Acerca de outras causas extintivas, se, como anota Rui Pinto Duarte, o diploma é omisso quanto à eventual perda total do edifício onde se localiza o empreendimento, faz sentido aplicar, analogicamente, as regras atinentes ao usufruto[73]. Ademais, ao invés daquele direito e de outros direitos menores de gozo, a reunião do direito de habitação periódica e da propriedade, na mesma pessoa, não extingue o direito menor. Ele subsiste e até pode coexistir com a propriedade pois, como estipula o artigo 35.º, o proprietário do empreendimento pode ser titular de direitos reais de habitação periódica, participando na assembleia, em conformidade com a titularidade dos respectivos direitos.

[67] Cf. n.º 1 do artigo 20.º.

[68] Cf. Ramon Mullerat, "Time Sharing in Europe: Present and Future" in *International Company and Commercial Law Review*, n.º 13, 2002, pp. 50 e segs. Zabia Vernadaki, "Consumer..." in op. cit., pp. 316 e segs.

[69] Cf. José Lobo Moutinho e Luís Bernardes, "Estudo..." in op. cit., pp. 326 e segs.

[70] Cf. Januário Costa Gomes, "Sobre o Direito de Arrependimento..." in op. cit., p. 80.

[71] Cf. Mario Trimarchi, "La Multiproprietà" in *Il Diritto dell' Unione Europea*, coord. por Antonio Tizzano, Vol. I, Turim, 2000, pp. 251-2.

[72] Cf. n.º 1 do artigo 42.º.

[73] Cf. Rui Pinto Duarte, *Curso*...op. cit., p. 232.

9. A Natureza Jurídica

O direito de habitação periódica comporta múltiplas abordagens, designadamente a perspectiva própria do Direito de Consumo[74], do Direito dos Contratos[75], do Direito Comparado[76] ou do próprio Direito Internacional Privado[77]. Porém, independentemente destas importantes abordagens que concorrem para confirmar a crescente interdisciplinaridade de aspectos muito relevantes da dogmática jurídica, isso não representa um entrave intransponível no sentido de aquilatar a autonomia do respectivo regime jurídico e de reflectir, com algum cuidado, sobre a respectiva natureza jurídica.

Em boa verdade, não devemos sentir qualquer condicionamento pela qualificação legislativa. Ou seja, enquanto direito real de habitação periódica. Pois, como sabemos, a tipicidade atribui o monopólio da criação de direitos reais ao legislador, mas não o monopólio da qualificação de direitos. Assim, em face do uso e fruição de uma unidade de alojamento e, por conseguinte, no aproveitamento jurídico de uma coisa imóvel corpórea, será inadiável reconhecer que não estamos perante um caprichoso ou anódino *nomen juris*. Antes defronte de um direito real que, por ser um direito de uso e de fruição, é um direito de gozo.

Deve ainda ser prefigurado como direito real de gozo típico. Por conseguinte, não recondutível a outro tipo, constante de um qualquer catálogo pré-existente. Em conformidade, embora haja semelhanças com o direito de habitação[78], o direito de condomínio[79] ou o direito de superfície, parece ser quase consensual a defesa da respectiva autonomia, defronte dos outros direitos reais[80]. Aliás, em virtude de uma perspectiva sistemática, faz sentido iniciar o respectivo estudo depois de abordar o direito de superfície e

[74] Cf. Ramon Mullerat, "Time-Sharing...in op. cit., pp. 50 e segs.

[75] Cf. Mercedes Sabido Rodríguez, *Régimen Jurídico de los Contratos Turísticos Internacionales: La Protección del Turista- Consumidor*, Madrid, 2020, pp. 15 e segs.

[76] Cf. Ana Padesca, *Multipropriedad, Time-Sharing y Habitación Periódica en la Unión Europea, Suiza, Turquia, Estados Unidos de América y Argentina*, Cáceres, 2000, n.ed., pp. 23 e segs. Curtis Berger, "Timesharing in the United States" in *The American Journal of Comparative Law*, n.º 38, 1990, pp. 131 e segs.

[77] Cf. Erik Jayme, "Time-Sharing-Verträge im Internationalem Privat- und Verfahrensrecht" in *IPRax*, n.º 4, 1995, pp. 234 e segs.

[78] Cf. Santos Justo, *Direitos Reais*...op. cit., p. 435.

[79] Cf. Carvalho Fernandes, *Lições*...op. cit., p. 451.

[80] Cf. Oliveira Ascensão, *Direito Civil: Reais*...op. cit., p. 514; Menezes Leitão, *Direitos Reais*... op. cit., p. 409, José Alberto Vieira, *Direitos*...op. cit., p. 864; Marina Petrone, *Multiproprietà*... op. cit., pp. 80 e segs.

o direito de condomínio, tendo em conta os elementos de similitude existentes. Com efeito, no tocante à superfície, também existe um direito de uso e fruição de uma obra já existente. Por seu turno, quanto à propriedade horizontal ou condomínio, será necessário haver um edifício, sobre o qual podem incidir direitos de uso e fruição e, inclusivamente, uma organização, de onde sobressai a assembleia com poderes deliberativos. Ainda que o a habitação periódica não seja recondutível a qualquer daqueles direitos, mas antes justifica e impõe, de modo incontornável, a sua autonomização perante os outros direitos reais menores de gozo.

10. Conclusões

Em síntese, o incremento da actividade turística e a necessidade de regular o uso e fruição de imóveis, numa actividade distinta da actividade hoteleira, esteve na base do surgimento do direito real de habitação periódica. Que, desde o início, teve por intuito acautelar os direitos dos consumidores. Designadamente, evitar informações enganosas e incompletas, ou consolidar o *acquis* atinente à protecção do consumidor. Depois, em momento ulterior, o direito de resolver o contrato sem qualquer consequência desfavorável ou a obrigatoriedade de prestar caução por parte do proprietário das unidades de alojamento.

Ademais, o direito de habitação periódica confirma a modernidade e a abertura ao devir dos direitos reais, enquanto sub-ramo do direito civil. Enfatiza a especialidade do objecto, os direitos e obrigações de ambas as partes, o proprietário e o utente, bem como a existência de uma assembleia geral, com poderes relevantes no tocante, em especial, à destituição da administração. Por seu turno, no tocante às causas extintivas, sobressai a irrenunciabilidade do direito do utente a resolver o contrato sem indicar o motivo. Além da incontornável identidade e autonomia do direito de habitação periódica enquanto incontornável e autêntico direito real de gozo.

Bibliografia

Aparicio, Alicia e Miguel Gómez Jené, "Hacia una Modificación de la Directiva de Timesharing", in *Revista Española de Derecho Internacional*, Vol 67, 2005, pp. 2 e segs.

Ascensão, Oliveira, *A Tipicidade dos Direitos Reais*, Lisboa, 1968.

Ascensão, Oliveira, *Direito Civil: Reais*, 5.ª ed., Coimbra, 1993.

BERGER, Curtis, "Timesharing in the United States" in *The American Journal of Comparative Law*, n.º 38, 1990, pp. 131-151.

CORDEIRO, Menezes, *Direitos Reais*, Vol. I, Lisboa, 1979.

DUARTE, Rui Pinto, *Curso de Direitos Reais*, 4.ª ed., Cascais, 2020.

FERNANDES, Luís Carvalho, *Lições de Direitos Reais*, 6.ª ed. Lisboa, 2009.

GOMES, Januário da Costa, "Sobre o Direito de Arrependimento do Adquirente de Direito Real de Habitação Periódica (Time-Sharing) e a sua Articulação com Direitos Similares noutros Contratos de Consumo" in *Revista Portuguesa de Direito do Consumo*, n.º 3, 1995, pp. 70-86.

JARDIM, Mónica, "Direito Real de Habitação Periódica" in *Estudos de Direitos Reais e de Registo Predial*, Coimbra, 2018, pp. 157-183.

JAYME, Erik, Jayme, "Time-Sharing-Verträge im Internationalem Privat- und Verfahrensrecht" in *IPRax*, n.º 4, 1995, pp. 234-236.

JUSTO, António Santos, *Direitos Reais*, 7.ª ed., Lisboa, 2020.

LEITÃO, Luís Menezes, *Direitos Reais*, 6.ª ed., Lisboa, 2017.

MESQUITA, Henrique de, "Uma Nova Figura Real: O Direito de Habitação Periódica" in *Revista de Direito e Economia*, Ano 8, n.º 1, 1982, pp. 39-69.

MOUTINHO, José Lobo e Luís Bernardes, "Estudo sobre o Direito Real de Habitação Periódica" in *Direito e Justiça*, n.º 7 e n.º 8, 1993 e 1994, pp. 407-416 e pp. 295-361.

MULLERAT, Ramon, "Time Sharing in Europe: Present and Future" in *International Company and Commercial Law Review*, n.º 13, 2002, pp. 50-52.

PADESCA, Ana, *Multipropriedad, Time-Sharing y Habitación Periódica en la Unión Europea, Suiza, Turquia, Estados Unidos de América y Argentina*, Cáceres, 2000, n.ed.

PARODI, Nuccia, "Multiproprietà" in *Trattato dei Diritti Reali*, Milão, 2011, pp. 457-8.

PETRONE, Marina, *Multiproprietà, Individuazione dell' Oggetto e Schemi Reali Tipici*, Milão, 1985.

RAMOS, J. L. Bonifácio, *Manual de Direitos Reais*, 2.ª ed., Lisboa, 2020.

RAMOS, J. L. Bonifácio, *Direitos Reais e Bens Culturais Móveis*, Cascais, 2020.

RODRÍGUEZ, Mercedes Sabido, *Régimen Jurídico de los Contratos Turísticos Internacionales: La Protección del Turista- Consumidor*, Madrid, 2020.

ROTHACHER, Albrecht, "Consumer Protection in Central and Eastern Europe and EU Accession" in *Journal for Labour and Social Affairs in Eastern Europe*, Vol. 2, n.º 2, 1999, pp. 187-190.

SILVA, Calvão da, *Responsabilidade Civil do Produtor*, Coimbra, 1990, pp. 61 e segs.

SILVA Jorge Wahl, "Tempo Compartido de la Copropriedad a la Multipropiedad?" in *Revista Chilena de Derecho*, Vol 23, n.º 1, 1996, pp. 127-142.

TRIMARCHI, Mario, "La Multiproprietà" in *Il Diritto dell' Unione Europea*, coord. por Antonio Tizzano, Vol. I, Turim, 2000, pp. 251-2.

VERVADAKI, Zabia, "Consumer Protection and the Reform of the European Consumer Acquis" in *International Company and Commercial Law Review*, n.º 21, 2010, pp. 316-322.

VIEIRA, José Alberto, *Direitos Reais*, 3.ª ed., Coimbra, 2020.

WEINBERGER, Mel, "Timesharing for the Next Century" in *Solo and Small Firm Lawyer*, Vol. 16, n.º 3, 1999, pp. 38-42.

VIAGENS TURISTICAS E VIAGENS ORGANIZADAS

MIGUEL MIRANDA
RAQUEL MEIRELES

RESUMO: *As viagens têm vindo a ser alvo de regulação pela Comissão Europeia, através de sucessivas Diretivas, de forma a garantir uma maior proteção aos cidadãos e uma maior homogeneidade de conceitos, garantias, deveres e obrigações aplicáveis nos vários Estados Membros. Neste estudo pretende-se refletir e estabelecer as principais distinções entre as viagens organizadas, os serviços conexos de viagem e a venda de serviços avulsos, perspetivadas na ótica da responsabilidade civil das Agências de Viagens e Turismo (AVT), no contexto do regime jurídico sobre o contrato de viagem organizada. O contexto de anomalia pandémica vivido mundialmente, desde o início do ano de 2020, trouxe grandes desafios no que toca à realização de viagens e ao cumprimento das obrigações contratuais que gravitam no setor económico do turismo, testando de forma repentina e dramática o quadro legal vigente, o que levou a Comissão Europeia a proferir várias comunicações aos Estados Membros e avisos com orientações para interpretação da legislação europeia em matérias de direitos dos viajantes. Considerando que o (ainda atual) contexto pandémico traduz um claro exemplo de aplicação de circunstâncias inevitáveis e excecionais às relações constituídas que foram surpreendidas e agitadas por um evento extraordinário, o presente estudo procura refletir e dar a conhecer, numa abordagem prática, alguns dos impactos que se sentiram na atividade das agências de viagens.*

SUMÁRIO: *I. As viagens organizadas e os serviços de viagens conexos; II. As obrigações das agências de viagens e turismo; III. A responsabilidade das agências de viagens e turismo; IV. O cancelamento da viagem por iniciativa do viajante; V. Resolução dos contratos de viagem organizada devido à pandemia Covid-19; Conclusão.**

* Abreviaturas: AVT – Agência de Viagens e Turismo; CC – Código Civil; CDC – Centro de Direito do Consumo; Cit. – Citação; Cfr. – Confrontar; CPMCS – Confederação Portuguesa

I. As viagens organizadas e os serviços de viagens conexos

Os conceitos de viagem turística e de viagem organizada, bem como a legislação aplicável, têm vindo a ser objeto de algumas alterações a nível europeu com o objetivo de adaptar o respetivo quadro legislativo à evolução do mercado[1], a fim de o tornar mais adequado ao mercado interno, tentando eliminar as ambiguidades e colmatar as lacunas jurídicas existentes.

"O objetivo da Diretiva é contribuir para o bom funcionamento do mercado interno e alcançar um nível de defesa do consumidor elevado e o mais uniforme possível, através da aproximação das disposições legislativas, regulamentares e administrativas dos Estados-Membros em matéria de contratos celebrados entre viajantes e operadores, relativos a viagens organizadas e serviços de viagem conexos." [2]

Atualmente, em Portugal, estes tipos de viagem encontram-se regulados pelo D.L. n.º 17/2018, de 8 de março, que estabelece o regime de acesso e de exercício da atividade das agências de viagens e turismo[3], o qual no seu art. 2.º elenca as definições/conceitos para efeitos do mencionado diploma legal. Este diploma aboliu a expressão "viagens turísticas"[4] e introduziu o conceito de "serviços de viagens conexos" e a figura do "viajante"[5].

dos Meios de Comunicação Social; Diretiva – Diretiva (UE) 2015/2302 do Parlamento Europeu e do Conselho; D.L. – Decreto-Lei; EM – Estados Membros; FGVT – Fundo de Garantia de Viagens e Turismo; MNE – Ministério dos Negócios Estrangeiros; OMS – Organização Mundial de Saúde; RAL – Resolução Alternativa de Litígios; RDC – Revista de Direito do Consumo; RFDUL – Revista da Faculdade de Direito da Universidade de Lisboa; RNAVT – Registo Nacional das Agências de Viagem e Turismo; RPCD – Revista Portuguesa de Direito do Consumo; TdP – Turismo de Portugal.

[1] A este respeito Joaquim Sousa Ribeiro – "O contrato de viagem organizada, na lei vigente e no anteprojeto do código do consumidor" in Homenagem da Faculdade de Direito de Lisboa ao Professor Doutor Inocêncio Galvão Teles 90 anos, págs. 551 a 553; e Miguel Miranda – "O contrato de viagem organizada", Livraria Almedina, abril 2000, págs. 29 a 33.

[2] *Cfr.* preâmbulo do DL n.º 17/2018, de 8 de março.

[3] Que transpôs para o Direito Português a Diretiva (UE) 2015/2302 Do Parlamento Europeu e do Conselho de 25 de novembro de 2015, relativa às viagens organizadas e aos serviços de viagem conexos, que altera o Regulamento (CE) n.o 2006/2004 e a Diretiva 2011/83/UE do Parlamento Europeu e do Conselho e revoga a Diretiva 90/314/CEE do Conselho.

[4] Expressão existente no D.L. n.º 209/97, de 13 de agosto e a qual constituía a epigrafe do seu capítulo IV, considerando-se "viagens turísticas as que combinem dois serviços dos seguintes serviços: transporte, alojamento, serviços turísticos não subsidiários do transporte", e incluíam as viagens organizadas e viagens por medida.

[5] Manuel Januário da Costa Gomes, "sobre viagens organizadas e "férias estragadas". Breves notas", in: *Liber Amicorum* Mário Frota – a causa dos direitos dos consumidores, Almedina Editora, 2012, pág. 387-407, refere que se considera "consumidor", na ótica da diretiva Dire-

As viagens organizadas e os serviços de viagem conexos têm sempre subjacente um contrato[6], ou seja, um acordo de vontades pelo qual as partes se obrigam, neste caso, a agência de viagens e turismo[7] a prestar serviços de viagens (previamente propostos e orçamentados) e o viajante a pagar o preço respetivo, o qual tem de observar várias especificidades previstas na legislação em análise e que são objeto de análise deste estudo.

O contrato de viagem organizada[8]/[9] caracteriza-se pela combinação de dois ou mais serviços[10] para efeitos da mesma viagem ou férias, com duração superior a 24 horas, previamente selecionados e vendidos conjun-

tiva 90/314/CEE do Conselho, de 13 de Junho de 1990, "*a pessoa que adquire ou se compromete a adquirir a viagem organizada*", bem como "*qualquer pessoa em nome da qual o contratante principal se compromete a adquirir a viagem organizada*", e ainda "*qualquer pessoa a quem o contratante principal ou um dos outros beneficiários cede a viagem organizada*".
Com a introdução da figura do "viajante" e respetiva definição, esclareceu-se que é "*qualquer pessoa que procure celebrar um contrato ou esteja habilitada a viajar com base num contrato de viagem, nomeadamente os consumidores, as pessoas singulares que viajem em negócios, bem como os profissionais liberais, os trabalhadores independentes, ou outras pessoas singulares, desde que não estejam abrangidas por um acordo geral para a organização de viagens de negócios*".

[6] Negócio jurídico bilateral constituído por duas ou mais declarações de vontade convergentes, tendentes à produção de um resultado jurídico unitário.

[7] "...apenas as pessoas inscritas no Regime Nacional das Agências de Viagens e Turismo ou que operem nos termos do art. 10.º podem, por regra, exercer em território nacional as atividades previstas no art. 3.º n.º 1..." – Elsa Dias Oliveira, A proteção de passageiros aéreos no âmbito de viagens organizadas, Revista da Faculdade de Direito da Universidade de Lisboa, número 2, 2020, pág. 235.

[8] Art. 2.º n.º 1 al. p) do D.L. n.º 17/2018, de 8 de março. *Tratam-se, na sua generalidade, de pacotes de viagem previamente organizados, das quais consta o itinerário, com datas predefinidas, que não permitem alterações e muitas vezes são realizadas em grupo, podendo também de tratar-se de pacotes a pedido ou segundo escolha do viajante*. Veja-se a este respeito *Viagens* organizadas, pacotes de férias e serviços de viagem conexos na UE – Your Europe (europa.eu) (04.10.2021).

[9] Sobre este conceito, escrevem Elsa Dias Oliveira, "*Contrato de viagem organizada*", *Novo Coronavirus e gestão da crise contratual, Contratos em especial e responsabilidade, 2.º, Videocast*, CIDP, 2020 (*in https://www.cidp.pt/Archive/Docs/f956034234341.pdf*), págs. 16 ss.; Elsa Dias Oliveira, A proteção de passageiros aéreos..., *cit.*, págs. 233 e ss.; Hugo Ramos Alves, Direito Aéreo. Uma Introdução, Associação Académica da Faculdade de Direito de Lisboa Editora, Lisboa 2019, págs. 570 e ss..

[10] São "serviços de viagem", nos termos do art. 2.º n.º 1 al. m) do D.L. n.º 17/2018, de 8 de março: o transporte de passageiros, o alojamento, o aluguer de carros e veículos a motor, qualquer serviço turístico que não seja parte integrante dos mencionados serviços (por ex. *tours*).

tamente, ou a pedido e escolha do viajante[11], desde que sejam objeto do mesmo contrato; bem como as viagens em que, apesar da celebração de vários contratos, os serviços sejam adquiridos num único ponto de venda e tenham sido escolhidos antes de o viajante aceitar o pagamento; ou sejam vendidos/faturados por um preço global; e sempre que seja aposta a denominação "viagem organizada" ou similar; assim como aqueles que sejam combinados após a celebração de um contrato em que são dadas várias hipóteses de escolha ao viajante; ou adquiridos a vários operadores *online* quando os dados do viajante são transferidos automaticamente de um operador para outro e nos quais o último contrato seja celebrado após menos de 24 horas da confirmação da primeira reserva.

Por seu lado, o contrato de serviços conexos[12], caracteriza-se pela combinação de dois serviços diferentes para efeitos da mesma viagem ou férias que não constituam uma viagem organizada, resultando na celebração de contratos distintos com diferentes operadores de serviços, caso um operador facilite a escolha e o pagamento separados de cada serviço de viagem pelo viajante; ou de forma direcionada, a aquisição de pelo menos um serviço adicional a outro operador, quando o segundo contrato seja celebrado até 24 horas após a confirmação da primeira reserva[13].

Nos termos do disposto no art. 34.º do D.L. n.º 17/2018, de 8 de março, o viajante não beneficia, neste caso, dos direitos que se aplicam exclusiva-

[11] As denominadas "viagens à medida", ou seja, viagens desenhadas de acordo com as pretensões e desejos do viajante. Não se trata de um pacote previamente organizado e proposto ao viajante, mas de um pacote que se organiza em função daquele, que à luz da legislação anterior levantavam discussões sobre a sua inclusão, ou não, no regime jurídico das viagens organizadas.
Veja-se, Miguel Miranda, "O Contrato de Viagem Organizada", cit., págs.109 a 114; e Joaquim de Sousa Ribeiro "O Contrato de Viagem Organizada...", cit., págs. 560 a 565.

[12] Art. 2.º n.º 1 al. n) do D.L. n.º 17/2018, de 8 de março. Os serviços de viagem conexos têm uma relação de subsidiariedade relativamente às viagens organizadas, devendo numa primeira análise ver se o caso concreto se enquadra numa viagem organizada e, em caso negativo, então poderemos enquadrar nos serviços de viagem conexos. O enquadramento do caso concreto numa destas tipologias terá relevância sobretudo na apuração da responsabilidade das agências de viagens e turismo perante o viajante. Veja-se a este respeito *Viagens organizadas, pacotes de férias e serviços de viagem conexos na UE – Your Europe (europa.eu)* (04.10.2021).

[13] Por exemplo, quando ao fazer uma reserva de um serviço de viagem online, posteriormente são enviadas sugestões para reserva de outros tipos de viagem, com respetivos links para as páginas dos operadores e o viajante faz a reserva no período de 24 horas após a primeira (o viajante adquire viagem junto de companhia aérea *online* e recebe informações sobre alojamento decidindo reservar também esses serviços).

mente aos serviços de viagem organizada, contudo, beneficiam de proteção em caso de insolvência.

Não constituem uma viagem organizada nem serviços de viagem conexos as que tiverem duração inferior a 24 horas, exceto se incluírem dormida; as viagens nas quais as AVT se limitem a intervir como intermediárias na venda de serviços avulsos a pedido do cliente; nem as que sejam adquiridas com base num acordo geral para a organização de viagens de negócios[14].

Encontram-se ainda excluídas destes tipos de contrato (viagem organizada e serviços de viagem conexos) a combinação dos serviços[15] que não representarem uma proporção significativa do valor, ou seja, que não se traduzam num valor superior a 25% do preço total da viagem[16], e não forem publicitados como constituindo uma característica essencial da combinação ou da viagem nem representarem de outro modo uma tal característica.

Por último, excluem-se do conceito de viagem organizada os serviços que forem escolhidos e adquiridos apenas depois de ter sido iniciada a execução de um serviço de viagem.

II. As obrigações das agências de viagens e turismo

O acesso e o exercício da atividade de AVT, em Portugal, está dependente da sua inscrição no RNAVT (tal como definido na alínea b) do n.º 2 do artigo 8.º do D.L. n.º 92/2010), da subscrição do FGVT (nos termos do art. 38.º do D.L. n.º 17/2018, de 8 de março), bem como da contratação

[14] "A relação contratual estabelecida entre uma agência e uma pessoa coletiva ou singular no âmbito da sua atividade comercial, empresarial, artesanal ou profissional, com vista à aquisição de uma pluralidade de serviços de viagens e/ou serviços de viagem conexos por um período determinado." Art. 2.º n.º 1 al. a) do D.L. n.º 17/2018, de 8 de março.

[15] Conforme estipulado no considerando 18 da Diretiva (EU) 2015/2302 – "*Outros serviços turísticos que não são parte integrante do transporte de passageiros, do alojamento, ou do aluguer de veículos a motor ou de determinados motociclos, podem, por exemplo, ser bilhetes para concertos, eventos desportivos, excursões ou parques de diversões, visitas guiadas, passes de esqui e aluguer de equipamento desportivo, como o equipamento de esqui, ou tratamentos termais. No entanto, se esses serviços forem combinados com apenas um outro tipo de serviço de viagem, por exemplo o alojamento, a combinação só poderá dar lugar à criação de uma viagem organizada ou de serviços de viagem conexos se esses serviços representarem uma proporção significativa do valor da viagem organizada ou do serviço de viagem conexo, ou se forem publicitados como constituindo uma característica essencial da viagem ou das férias ou representarem de outro modo tal característica.*".

[16] A Diretiva (EU) 2015/2302, no considerando 18 esclarece que "*Se outros serviços turísticos representarem 25% ou mais do valor da combinação, deverá considerar-se que representam uma proporção significativa do valor da viagem organizada ou do serviço de viagem conexo.*".

de um seguro de responsabilidade civil (nos termos do art. 41.º do D.L. n.º 17/2018, de 8 de março), conforme disposto nos arts. 6.º a 9.º do D.L. n.º 17/2018, de 8 de março.

Ao promoverem e venderem serviços de viagens, designadamente os enquadráveis nas "viagens organizadas" e nos "serviços de viagem conexos", as AVT têm de observar diversos requisitos e obrigações, desde logo, numa fase pré-contratual em que têm de prestar informações que permitam ao viajante tomar uma decisão consciente, na fase contratual onde têm de cumprir com o mencionado e entregar documentação ao viajante e, na fase de execução do contrato, garantindo a assistência ao viajante.

Entendemos que sobre a AVT recai uma obrigação de resultados, o que se entende pelo facto de exercer essa atividade a título profissional, ao contrário do viajante, que por não ter conhecimentos especiais, se limita a procurar o apoio técnico especializado que lhe garanta a prestação de um serviço, frequentemente de lazer e descanso.

Obrigações de informação[17]

Antes da venda de uma viagem, as AVT têm a obrigação de prestar informações, por escrito ou qualquer meio adequado, quando esteja em causa uma viagem ao estrangeiro, relativas à necessidade de documentação civil, passaportes, vistos e prazos legais para a obtenção, formalidades sanitárias[18] e, caso a viagem se realize no território de Estados-Membros da União Europeia ou do Espaço Económico Europeu, a documentação exigida para a obtenção de assistência médica ou hospitalar em caso de acidente ou doença (arts. 15.º e 16.º do D.L. n.º 17/2018, de 8 de março).

Informações pré-contratuais

Nas viagens organizadas, a AVT tem a obrigação de prestar informações ao viajante antes da celebração do contrato, sendo as AVT retalhistas responsáveis pelas mesmas juntamente com as organizadoras perante o viajante, a fim de facilitar a comunicação.

[17] Luís Espírito Santo – "O Contrato de Viagem Organizada", Almedina, setembro 2016, pág. 41, refere que *"trata-se da aplicação, neste domínio, do direito à informação, clara e particularizada, que deverá ser fornecida ao consumidor, no quadro geral dos contratos de adesão (art. 6.º do DL n.º 446/85, de 25 de outubro e alterações legislativas subsequentes e art. 8.º n.º 1 da Lei de Defesa do Consumidor)."*

[18] As formalidades sanitárias têm tido especial relevância desde março 2020 devido às sucessivas restrições, alterações e diferentes medidas adotadas no âmbito da pandemia da Covid19.

A AVT é obrigada a fornecer a informação normalizada, através das fichas informativas (constantes do anexo II ao D.L. n.º 17/2018, de 8 de março), bem como as informações respeitantes às principais características da viagem organizada[19], a denominação comercial, endereço, número de inscrição no RNAVT e contactos da AVT, o preço total da viagem organizada com taxas e impostos incluídos (ou indicação dos eventuais custos adicionais), as modalidades do pagamento, informação de que o viajante pode rescindir o contrato a qualquer momento antes da viagem[20], entre outros expressamente previstos no art. 17.º do D.L. n.º 17/2018,de 8 de março.

As mencionadas informações pré-contratuais têm caráter vinculativo, fazem parte integrante do contrato e não podem ser alteradas salvo acordo expresso das partes, conforme estipulado no art. 19.º do D.L. n.º 17/2018, de 8 de março, o qual deve ser interpretado em conjugação com os arts. 227.º do C.C[21].

A AVT tem de comunicar ao viajante de forma clara, compreensível e bem visível qualquer alteração às condições pré-contratuais antes da celebração do contrato de viagem organizada.

Se a AVT omitir informações relativas a taxas, encargos e outros custos adicionais o viajante pode recusar-se a pagá-los (art. 19.º n.º 3 do D.L. n.º 17/2018, de 8 de março).

Teor do Contrato de Viagem Organizada e documentos a fornecer

Nos termos do art. 20.º do D.L. n.º 17/2018, de 8 de março, o contrato considera-se celebrado com a entrega ao viajante do documento de reserva,

[19] Consideram-se características principais da viagem organizada: O destino ou destinos, o itinerário e os períodos de estadia, com as respetivas datas e, caso o alojamento esteja incluído, o número de noites; Os meios, as características e as categorias de transporte, os locais, as datas e as horas da partida e do regresso, a duração, as escalas e as correspondências; A hora aproximada da partida e do regresso, no caso de não ter ainda sido fixada a hora exata; A localização, as principais características e a categoria turística do alojamento segundo as regras do país de destino; As refeições fornecidas; As visitas, excursões ou outros serviços incluídos no preço total acordado para a viagem organizada; A realização de serviços de viagem em grupo, e, sempre que possível, o tamanho aproximado do grupo, caso não se depreenda do contexto; A língua em que outros serviços turísticos são prestados, caso o benefício da sua prestação dependa de uma comunicação oral eficaz; Se a viagem ou as férias são, em geral, adequadas para pessoas com mobilidade reduzida; A pedido do viajante, informações exatas sobre a adequação da viagem ou das férias, tendo em conta as suas necessidades.

[20] Veja-se ponto IV *infra* cancelamento por iniciativa do viajante.

[21] Veja-se, Miguel Miranda "O Contrato de Viagem Organizada", cit., págs. 137 a 146.

programa, caso exista, e respetivas informações normalizadas, desde que se tenha verificado o pagamento, ainda que parcial, da viagem.

O contrato deve conter os elementos constantes das informações pré-contratuais, já referidas, e as mencionadas no art. 20.º do D.L. n.º 17/2018, de 8 de março, entre os quais se destacam a indicação de que a AVT é responsável pela correta execução de todos os serviços, nos termos do art. 35.º do D.L. n.º 17/2018, de 8 de março, bem como a prestar assistência de acordo com o art. 30.º do mencionado diploma, as informações relativas à proteção em caso de insolvência[22] da AVT, informação sobre as entidades RAL, a possibilidade de cessão da sua posição contratual e respetivos termos, o fornecimento de cópia do contrato num suporte duradouro, antes do início da viagem organizada, com a devida antecedência, a agência de viagens e turismo deve fornecer ao viajante os recibos necessários, cupões ou bilhetes, as informações sobre os horários de partida previstos e, se aplicável, a hora-limite para o registo, bem como os horários previstos das escalas, das correspondências e da chegada.

O ónus da prova sobre o cumprimento das obrigações supra recai sobre as AVT (art. 21.º do D.L. n.º 17/2018, de 8 de março).

Alteração dos termos do contrato

Há situações excecionais nas quais a AVT pode alterar certos termos do contrato de viagem organizada, desde que respeite as seguintes condições:

- **Alteração do preço** (art. 23.º do D.L. n.º 17/2018, de 8 de março) – a AVT só pode aumentar o preço até 20 dias seguidos antes da data da viagem, nas seguintes situações: devido a variações no custo do transporte (resultantes do preço do combustível ou energia), de impostos ou taxas que incidem sobre os serviços incluídos na viagem organizada, de taxas de câmbio; se tal estiver expressamente previsto no contrato e indicar que o viajante tem direito à redução do preço, correspondente à diminuição de custos das mesmas variações, tendo de ser comunicado e justificado ao viajante. Caso o aumento exceda

[22] Sobre a proteção em caso de insolvência, Maria Oliveira, "O Novo Regime Juridico das Viagens Organizadas", in Estudos de Direito do Consumidor, CDC, FDUC, págs. 131 e ss., refere que "*não obstante a diretiva conferir aos Estados-Membros uma ampla margem de discricionariedade quanto à forma de transposição do art. 17.º relativo à proteção na insolvência de organizadores e retalhistas, o certo é que são impostas regras com as quais s Estados-Membros têm de se conformar...*".

8% do preço total da viagem, o viajante poderá aceitar a alteração ou resolver o contrato, sem qualquer penalização.

- **Alteração de outros termos da viagem organizada** (art. 24.º do D.L. n.º 17/2018, de 8 de março) – a AVT só pode alterar outros termos do contrato, se tal estiver expressamente previsto no contrato, ou a alteração for insignificante. Caso a alteração seja respeitante a alguma das principais características da viagem, o viajante poderá aceitar a alteração ou resolver o contrato, sem qualquer penalização.

Em qualquer das situações a AVT deve comunicar ao viajante, sem demora injustificada e de forma clara, compreensível e bem visível, em suporte duradouro, as alterações propostas e o seu impacto no preço, um prazo razoável para que o viajante tome e comunique a sua decisão, as consequências pela falta de resposta e, quando aplicável, a viagem de substituição proposta e respetivo preço.

O viajante pode aceitar uma viagem organizada de substituição, a qual deverá ser de qualidade equivalente ou superior.

Se o viajante optar pela resolução do contrato e correspondente reembolso, a AVT deve proceder à devolução integral dos pagamentos efetuados no prazo de 14 dias.

Rescisão do contrato de viagem organizado pela agência

A AVT pode *rescindir* o contrato de viagem, nos termos do art. 27.º do D.L. n.º 17/2018, de 8 de março, se o número de pessoas inscritas for inferior ao número indicado no contrato, a qual deve ser comunicada ao viajante, se a viagem tiver duração superior a 6 dias, 20 dias antes do início da viagem, se a duração for de 2 a 6 dias, 7 dias antes, e se for inferior a 2 dias, 48 horas antes; ou se a AVT for impedida de o executar devido a circunstâncias inevitáveis e excecionais[23].

A resolução do contrato pelos motivos mencionados confere o direito ao reembolso integral dos valores pagos pelo viajante, a ser realizado no prazo de 14 dias, mas não o direito a uma indemnização adicional. Pelo contrário, os viajantes poderão ter direito a reclamar uma indemnização por danos

[23] Consideram-se "*circunstâncias inevitáveis e excecionais,* qualquer situação fora do controlo da parte que a invoca e cujas consequências não poderiam ter sido evitadas mesmo que tivessem sido tomadas todas as medidas razoáveis", nos termos do art. 2.º n.º 1 al. c) do D.L. n.º 17/2018, de 8 de março. A resolução deve ser comunicada sem demora injustificada.

patrimoniais e não patrimoniais, designadamente pelo "dano das férias arruinadas"[24] em virtude de verem as suas perspetivas de descanso e lazer defraudadas.

Incumprimento do contrato

Considera-se que há incumprimento do contrato de viagem organizada quando se verifique qualquer falta de conformidade na execução de algum serviço de viagem incluído no contrato, o qual deve ser comunicado pelo viajante à AVT sem demora injustificada.

A AVT deve assegurar o suprimento da mencionada falta de conformidade, exceto quando tal implique custos desproporcionados face aos serviços afetados e à relevância da mesma, o que confere o direito à restituição da diferença de preço entre as prestações dos serviços previstos e o dos efetuados, bem como a receber uma indemnização.

Se a falta de conformidade afetar uma parte significativa dos serviços de viagem, a AVT pode propor alternativas adequadas de qualidade equivalente ou superior, sem custos suplementares para o viajante. Caso os serviços alternativos sejam de qualidade inferior aos previstos, o viajante tem direito a uma redução adequada do preço da viagem. Se os serviços propostos forem incompatíveis com os contratados ou se a redução do preço for inadequada, o viajante pode recusar os mesmos. Se a AVT conseguir encontrar alternativas ou o viajante os recusar nos termos *supra*, aquele tem o direito a uma redução do preço e ou a uma indemnização por danos.

O viajante pode suprir a falta de conformidade e solicitar o respetivo reembolso das despesas incorridas à AVT se esta não assegurar o suprimento em tempo útil, sendo que se o incumprimento afetar consideravelmente a execução da viagem organizada, o viajante pode resolver o contrato sem pagar uma taxa de rescisão, podendo ainda solicitar uma redução adequada do preço e uma indemnização por danos[25]. Se estiver em causa o transporte de passageiros e a falta de conformidade afetar consideravelmente a viagem organizada, a AVT deve fornecer um meio de transporte equivalente que possibilite o regresso do viajante.

O direito do viajante para apresentar reclamações destinadas a exigir a redução do preço e/ou a indemnização por danos decorrentes do incumpri-

[24] Sobre o dano das férias arruinadas, ver Miguel Miranda, "O Contrato de Viagem...", cit., págs. 228 a 232.

[25] *Ibidem.*

mento, nos termos do art. 29.º do D.L. n.º 17/2018, de 8 de março, prescreve no prazo de 2 anos.

Assistência ao viajante

Se o viajante tiver dificuldades, ou não puder completar a viagem organizada por motivos que não lhe sejam imputáveis, a AVT deve dar-lhe assistência, através do fornecimento de informações adequadas sobre os serviços de saúde, as autoridades locais e assistência consular, bem como ajudando a efetuar comunicações à distância e a encontrar soluções alternativas de viagem, nos termos do art. 30.º n.º 1 do D.L. n.º 17/2018, de 8 de março[26].

Se a dificuldade tiver sido causada pelo viajante (seja a título de dolo ou a título de negligência), a AVT pode cobrar uma taxa razoável pela assistência, até ao limite dos gastos por si suportados.

Caso o viajante não possa regressar devido a circunstâncias inevitáveis e excecionais[27], a AVT deve assegurar os custos de alojamento necessários, se possível de categoria equivalente, por um período não superior a três noites[28] [29]. Contudo, se nos termos da legislação europeia em matéria de direitos dos passageiros for previsto um período de alojamento superior para os transportes relevantes para o regresso do viajante, aquele período pode ser aumentado nos termos da mencionada legislação.

[26] Veja-se Elsa Dias Oliveira, "*A proteção de passageiros aéreos no âmbito de viagens organizadas*", RFDUL n.º 2, 2020, págs. 248 a 250.

[27] Nos termos do n.º 6 do art. 30.º do D.L. n.º 17/2018, de 8 de março "*não se aplica às pessoas com mobilidade reduzida, nem aos respetivos acompanhantes, às grávidas e às crianças não acompanhadas, nem às pessoas que necessitem de cuidados médicos específicos, desde que a agência de viagens e turismo tenha sido notificada dessas necessidades específicas pelo menos 48 horas antes do início da viagem organizada.*" Se o prestador de serviços de transporte em causa não puder invocar tais circunstâncias nos termos da legislação aplicável da União, a AVT também não as pode invocar.

[28] A agência de viagens e turismo retalhista é solidariamente responsável por esta obrigação, sem prejuízo do direito de regresso, nos termos gerais aplicáveis. *cfr.* n.º 4 do art. 30.º do D.L. n.º 17/2018, de 8 de março.

Esta limitação de custos não se aplica às pessoas com mobilidade reduzida, nem aos respetivos acompanhantes, às grávidas e às crianças não acompanhadas, nem às pessoas que necessitem de cuidados médicos específicos, desde que a AVT tenha sido notificada dessas necessidades específicas pelo menos 48 horas antes do início da viagem organizada.

[29] Sobre este aspeto no âmbito da pandemia da Covid19, ver Elsa Dias Oliveira, "O Contrato de Viagem..." cit..

III. A responsabilidade das agências de viagens e turismo[30]

Nas viagens organizadas, as AVT ("retalhista" e "organizadora") são responsáveis perante os seus clientes[31] pela execução dos serviços de viagem incluídos no contrato de viagem organizada, ainda que os serviços devam ser prestados por terceiros[32], sem prejuízo do direito de regresso.

As AVT organizadoras são solidariamente responsáveis com as agências retalhistas[33] perante o viajante (art. 35.º n.º 1, 2, e 3 do D.L. n.º 17/2018, de 8 de março).

Nos restantes serviços de viagem[34], as AVT respondem pela correta emissão dos títulos de alojamento e de transporte e ainda pela escolha

[30] Dispõe o considerando (22) da Diretiva 2015/2302 que: "*A principal característica das viagens organizadas reside em haver um operador responsável, enquanto organizador, pela correta execução da totalidade da viagem organizada. Só nos casos em que intervenha outro operador enquanto organizador de uma viagem organizada, poderá o primeiro operador, normalmente uma agência de viagens tradicional ou em linha, intervir como mero retalhista ou intermediário e não ser responsável enquanto organizador. Determinar se um operador age na qualidade de organizador de uma determinada viagem organizada deverá depender da sua participação na organização da viagem em causa, e não da forma como descreve a sua atividade. Para determinar se um operador é um organizador ou um retalhista, deverá ser indiferente que o operador intervenha no lado da oferta ou se apresente como um agente que atua por conta do viajante.*"

[31] Luís Espirito Santo, "O Contrato de viagem...", cit., pág. 55, refere que "*A regra essencial é a de que as agências são responsáveis perante os seus clientes pelo pontual cumprimento das obrigações resultantes do fornecimento de viagens turísticas (correspondente ao regime geral basilar dos artigos 406.º e 762.º, n.ºs 1 e 2 do Código Civil) e, tratando-se de viagens organizadas, são responsáveis perante os seus clientes, ainda que os serviços devam ser executados por terceiros – sem prejuízo do ulterior direito de regresso.*"

[32] Como refere Januário da Costa Gomes, "Sobre Viagens Organizadas e Férias Estragadas", Liber *Amicorium*, Mário Frota, 2012 "*o art. 29.º da LAV * agrava a responsabilidade da agência de viagens relativamente ao regime geral ou comum do art. 799.º/1 do CC, que estabelece uma presunção de culpa do devedor. Na verdade, a responsabilidade da agência de viagens configura uma responsabilidade objetiva, respondendo a agência, independentemente de culpa, pelo bom resultado da viagem*"; *embora faça referência à legislação anterior, o princípio mantém-se no art. 35.º do DL n.º 17/2018, de 8 de março.

[33] No considerando (23) da diretiva é referido que: "A Diretiva 90/314/CEE atribuiu aos Estados-Membros poder discricionário para estabelecerem se os retalhistas, os organizadores ou ambos devem ser responsáveis pela correta execução da viagem organizada. Em alguns Estados-Membros, esta flexibilidade deu origem a dúvidas sobre a questão de saber qual é o operador responsável pela execução dos serviços de viagem pertinentes. Por conseguinte, a presente diretiva deverá deixar claro que os organizadores são responsáveis pela execução dos serviços de viagem incluídos no contrato de viagem organizada, salvo se o direito nacional previr a responsabilidade de ambos (organizador e retalhista)."

[34] Que não se enquadrem nas viagens organizadas.

culposa dos prestadores de serviços, caso estes não tenham sido sugeridos pelo cliente.

As AVT que intervenham como intermediárias em vendas ou reservas de serviços de viagem avulsos são responsáveis pelos erros de emissão dos respetivos títulos, mesmo nos casos decorrentes de deficiências técnicas nos sistemas de reservas que lhes sejam imputáveis, sendo ainda responsáveis por quaisquer erros devido a deficiências técnicas no sistema de reservas que lhes sejam imputáveis e, se tiverem aceite proceder à reserva de uma viagem organizada ou de serviços de viagem que façam parte de serviços de viagem conexos, pelos erros cometidos durante o processo de reserva.

As AVT não são responsáveis por erros na reserva que sejam imputáveis ao viajante ou que sejam causados por circunstâncias inevitáveis e excecionais.

Assim, não estando em causa uma viagem organizada, mas apenas a intermediação, a responsabilidade da AVT poderá ser afastada nos termos supra.

Tratando-se de um serviço de transporte (de avião[35], comboio[36], autocarro[37], ou barco[38]) aplicam-se os regulamentos comunitários, havendo, igualmente uma harmonização a nível europeu.

No que concerne a outro tipo de "serviços avulsos", a legislação da União Europeia em matéria de defesa do consumidor não regula as condições e as consequências do cancelamento de eventos ou de serviços específicos (eventos desportivos e culturais, aluguer de automóveis, alojamento, etc.). "Por conseguinte, os direitos dos viajantes dependem do direito nacional e das cláusulas do contrato celebrado, nomeadamente no que respeita à

[35] Regulamento (CE) n.º 261/2004 do Parlamento Europeu e do Conselho, de 11 de fevereiro de 2004, que estabelece regras comuns para a indemnização e a assistência aos passageiros dos transportes aéreos em caso de recusa de embarque e de cancelamento ou atraso considerável dos voos e que revoga o Regulamento (CEE) n.º 295/91.

[36] Regulamento (CE) n.º 1371/2007 do Parlamento Europeu e do Conselho, de 23 de outubro de 2007, relativo aos direitos e obrigações dos passageiros dos serviços ferroviários.

[37] Regulamento (UE) n.º 1177/2010 do Parlamento Europeu e do Conselho, de 24 de novembro de 2010, relativo aos direitos dos passageiros do transporte marítimo e por vias navegáveis interiores e que altera o Regulamento (CE) n.º 2006/2004.

[38] Regulamento (UE) n.º 181/2011 do Parlamento Europeu e do Conselho, de 16 de fevereiro de 2011, respeitante aos direitos dos passageiros no transporte de autocarro e que altera o Regulamento (CE) n.º 2006/2004.

política de anulação do prestador de serviços (por exemplo, reserva reembolsável ou não reembolsável)".[39]

Em Portugal, aplicar-se-ão as cláusulas contratuais em conjugação com a legislação nacional aplicável aos contratos, designadamente com o princípio da liberdade contratual nos termos do art. 405.º do CC, o princípio do *pacta sunt servanda* previsto no art. 406.º do CC, sendo certo que as partes poderão resolver o contrato caso se verifique uma alteração anormal das circunstâncias em que o contrato foi celebrado, nos termos do art. 437.º CC[40].

IV. A "rescisão" da viagem por iniciativa do viajante[41]

Nos termos do art. 25.º do D.L. n.º 17/2018, de 8 de março, o viajante pode cancelar a todo tempo, antes do início da viagem, podendo ter de pagar uma taxa de rescisão adequada e justificável, nos termos estipulados no contrato[42], ou, caso tal não esteja expressamente definida, calculada com base na antecedência da rescisão relativamente ao início da viagem e nas economias de custos e receitas esperadas em resultado da reafectação dos serviços de viagem.

Se o cancelamento se dever a circunstâncias inevitáveis e excecionais no local de destino ou na sua proximidade imediata que afetem consideravel-

[39] *Cit. https://ec.europa.eu/info/live-work-travel-eu/consumer-rights-and-complaints/resolve-your-consumer-complaint/european-consumer-centres-network-ecc-net/faq-cancellations-individually-booked-accommodations-car-rental-and-events-due-covid-19_pt* (04.10.2021).

[40] Sendo esta alteração anormal das circunstâncias, de certa forma, equivalente às circunstâncias inevitáveis e excecionais previstas no D.L. n.º 17/2018, de 8 de março.

[41] A diretiva especifica, no seu considerando (31) que: Os viajantes deverão também poder rescindir o contrato de viagem organizada em qualquer altura antes do início da viagem organizada, mediante o pagamento de uma taxa de rescisão adequada, tendo em conta as economias de custos previsíveis e justificáveis e as receitas resultantes da reafectação dos serviços de viagem. Deverão ter também o direito de rescindir o contrato de viagem organizada sem o pagamento de uma taxa de rescisão sempre que circunstâncias inevitáveis e excecionais afetem significativamente a execução da viagem organizada. Isso poderá abranger, por exemplo, situações de guerra, outros problemas sérios de segurança como o terrorismo, riscos significativos para a saúde humana como sejam surtos de doenças graves no destino da viagem, ou catástrofes naturais como inundações, terramotos, ou condições meteorológicas que impossibilitem viajar em segurança para o destino acordado no contrato de viagem organizada.

[42] Conforme refere Elsa Dias de Oliveira, "A proteção de passageiros ...", *Cit.*., pág. 239, "*Estas e outras informações, para além de contribuírem para um maior esclarecimento do viajante relativamente ao contrato que pretende celebrar, garantem a previsibilidade dos termos do contrato.*".

mente a realização da mesma ou o transporte de passageiros para o destino, o viajante tem direito ao reembolso integral dos pagamentos efetuados.

O reembolso deve ser realizado no prazo de 14 dias pela AVT organizadora, sendo a AVT retalhista solidariamente responsável, sem prejuízo do seu direito de regresso.

Alternativamente, o viajante pode ceder a sua posição contratual, desde que informe a AVT por escrito até 7 dias antes da data prevista para a partida. A cessão pode implicar custos, os quais devem ser devidamente apresentados e comprovados pela agência, nos termos do art. 22.º do D.L. n.º 17/2018, de 8 de março.

O viajante goza ainda da possibilidade de direito de retratação, conforme disposto no art. 26.º do D.L. n.º 17/2018, de 8 de março, relativamente a contratos celebrados fora do estabelecimento[43], durante o prazo de 14 dias e sem ter de invocar qualquer fundamento.

V. Resolução dos contratos de viagem organizada devido à pandemia da covid 19

Feito o enquadramento jurídico do contrato de viagem organizada, serviços conexos e venda de serviços avulsos, parece-nos relevante abordar a questão que, desde março de 2020, tem sido o grande desafio para as AVT e mesmo para os viajantes, que é o impacto da Pandemia da Covid 19 nas viagens.

A situação de pandemia provocada pela Covid19 é um dos exemplos de circunstâncias inevitáveis e excecionais, a qual levou a que diversos viajantes solicitassem a rescisão do contrato sem pagamento de qualquer taxa de rescisão. [44]

Como é consabido, com a rápida propagação da doença da Covid19, a nível mundial, os Estados foram obrigados a decretar várias medidas para contenção da mesma, medidas essas que não foram uniformes e que geraram dúvidas quanto aos direitos dos viajantes.

Na sua grande maioria as viagens organizadas são marcadas com muita antecedência, pelo que muitos viajantes, de repente, depararam-se com a impossibilidade de viajar, e outros, que tinham iniciado as viagens, não puderam regressar aos seus países de origem.

[43] Nos termos do Decreto-Lei n.º 24/2014, de 14 de fevereiro, na sua redação atual.

[44] Como refere Elsa Dias Oliveira, "A proteção de passageiros...", cit., pág. 245.

Há que distinguir o período anterior à pandemia; o período pré-pandemia, correspondente ao início do ano de 2020 (meses de janeiro e fevereiro), em que já se ouvia falar do vírus SARS-COV-2 e da doença da COVID19, supostamente circunscrita à região de Wuhan na China, tendo sido declarada como Emergência de Saúde Pública de âmbito internacional, pela OMS, em 30.01.2020, após terem sido registados casos em 18 países; e o período após ter sido declarada a Pandemia da Covid19, em 11.03.2020, bem como as respetivas restrições aplicadas a nível mundial para enquadrar no conceito de circunstâncias inevitáveis e excecionais[45] que permitem o cancelamento das viagens e as respetivas consequências.

Se nos meses de janeiro e fevereiro de 2020 já era do conhecimento geral a existência do vírus SARS-CoV-2, a verdade é que se desconhecia as proporções que veio a tomar e naquele momento parecia que, apesar de algumas pessoas manifestarem receio, não seria justificável o cancelamento das viagens (por parte dos viajantes) com base em circunstâncias inevitáveis e excecionais, pelo menos quando as mesmas tinham como destino países sem casos registados ou nos quais se verificasse um número muito residual[46] [47].

[45] Elsa Dias Oliveira, "O Contrato de Viagem Organizada", cit., pág. 17, refere que "*Diria que poderíamos estar, de facto, perante estas circunstâncias inevitáveis e excecionais. Para além disso, e para além de os viajantes não poderem ter previsto há meses atrás a situação em que íamos estar atualmente, a verdade é que as agências de viagens também não podiam prever.*"

[46] Aliás, a informação disponibilizada em 11.03.2020, através do Portal das Comunidades do MNE, era a seguinte: A evolução do número de casos diagnosticados e a disseminação da doença por novo coronavírus (COVID-19) ao longo das últimas semanas recomendam a adoção de medidas preventivas e uma ponderação cuidada quanto à realização de deslocações, em especial às regiões mais afetadas. Neste quadro, desaconselha-se a realização de qualquer viagem à província chinesa de Hubei, a diversas regiões de Itália e de viagens não essenciais aos seguintes locais: República Popular da China (https://www.portaldascomunidades.mne.pt/pt/conselhos-aosviajantes/c/china/rep-popular-da-china); Irão (https://www.portaldascomunidades.mne.pt/pt/conselhos-aos-viajantes/i/irao); Coreia do Sul (às cidades de Daegu e Cheongdo e à província de Gyeongsang-buk). (https://www.portaldascomunidades.mne.pt/pt/conselhos-aos-viajantes/c/coreia-do-sul). (11.03.2020)

[47] Recomenda-se aos cidadãos que consultem os Conselhos aos Viajantes (https://www.portaldascomunidades.mne.pt/pt/conteudos/pt/conselhos-aos-viajantes) referentes aos países de destino em virtude de constantes alterações locais em países cujas autoridades estão a implementar medidas adicionais de proibição de entrada. Os viajantes devem ainda seguir atentamente as recomendações e orientações publicadas pela Direção-Geral da Saúde (https://www.dgs.pt/coronavirus/home.aspx), pela Organização Mundial da Saúde

Porém, à medida que o vírus se foi propagando e começaram a aparecer os primeiros casos em quase todos os países e, principalmente, após a declaração da pandemia da COVID19 pela OMS, os conselhos aos viajantes foram-se alterando com o aumento exponencial de casos e devido às restrições sanitárias que foram sendo impostas pelos Estados com o intuito de controlar a propagação da doença, tendo-se começado a assistir a sucessivos cancelamentos por iniciativa dos viajantes, das companhias aéreas, das agências de viagens. Situação que gerou incertezas na interpretação e aplicação da legislação vigente, bem como um risco de insolvência massiva dos operadores e que levou à adoção de medidas por parte dos Governos Nacionais dos EM e da Comissão Europeia.

Em Portugal, assim como noutros EM, numa tentativa de "*...encontrar um equilíbrio entre a sustentabilidade financeira dos operadores económicos e os direitos dos consumidores...*"[48], foram adotadas medidas de caráter temporário e excecional, através do D.L. n.º 17/2020, de 23 de abril[49], que entrou em vigor no dia 24.04.2020 cujos efeitos se aplicariam a viagens e ou reservas que se realizassem no período de 13.03.2020 até 30.09.2020[50], permitindo que os reembolsos correspondentes aos cancelamentos das mesmas fossem efetuados através de vale, na sua generalidade (com exceção das pessoas que se encontrassem em desemprego, as quais tiveram direito ao reembolso no prazo de 14 dias).

Os vales emitidos ao abrigo do diploma mencionado eram válidos até 31.12.2021 e, caso não fossem utilizados até àquela data, seriam reembolsá-

(https://www.who.int/emergencies/diseases/novel-coronavirus-2019) e pelas autoridades de saúde dos países de destino, nomeadamente no que diz respeito às medidas de higiene. Em virtude das medidas adotadas em Itália, a Embaixada de Portugal e os consulados honorários naquele país, embora em funcionamento, poderão ter as suas atividades condicionadas. Recomenda-se ainda que se informem junto das companhias aéreas quanto ao eventual cancelamento de voos e junto das autoridades do país de destino quanto a eventuais restrições de entrada e à circulação que possam ter sido adotadas em resposta ao COVID-19, em especial no caso de o viajante ter efetuado deslocações recentes a áreas afetadas.

[48] Ver preambulo do D.L. n.º 17/2020, de 23 de abril

[49] Dispõe o art. 4.º da Diretiva "*Salvo disposição em contrário na presente diretiva, os Estados-Membros não podem manter nem introduzir no direito nacional disposições divergentes das previstas na presente diretiva, nomeadamente disposições mais ou menos estritas que tenham por objetivo garantir um nível diferente de proteção do viajante.*".

[50] Com efeito, no caso das viagens organizadas, objeto do art. 3.º do D.L. n.º 17/2020, de 23 de abril, apenas produziram efeitos até dia 04.09.2020, uma vez que tal norma foi revogada pelo art. 6.º do D.L. n.º 62-A/2020, de 03 de setembro.

veis no prazo de 14 dias, estando previsto que o incumprimento imputável às AVT permitia aos viajantes acionar o FGVT[51], nos termos dos arts. 37.º e ss. do D.L. n.º 17/2018, de 8 de março.

Contudo, a Recomendação (UE) 2020/648 da Comissão de 13 de maio de 2020, veio esclarecer que: "*A Diretiva (UE) 2015/2302 do Parlamento Europeu e do Conselho («Diretiva Viagens Organizadas») prevê que, caso uma viagem organizada seja cancelada devido a «circunstâncias inevitáveis e excecionais», os viajantes têm o direito de obter o reembolso total de quaisquer pagamentos efetuados no âmbito dessa viagem, sem demora injustificada e, em todo o caso, no prazo de 14 dias após a rescisão do contrato. Neste contexto, o organizador pode propor o reembolso do viajante na forma de um vale. Todavia, esta possibilidade não priva os viajantes do seu direito ao reembolso em numerário. De igual modo, sempre que são propostas alterações a um contrato de viagens organizadas (por exemplo, adiamento) ou que é proposta uma viagem organizada de substituição, e essas alterações, ou a viagem organizada de substituição resultem em que o viajante aceite uma viagem organizada de qualidade ou custo inferiores, ou na rescisão do contrato, um vale pode ser igualmente proposto pelo organizador, desde que os viajantes não sejam privados do seu direito ao reembolso em numerário.*"

Apesar de, tendencialmente, as restrições devido à pandemia da COVID19 estarem a ser abolidas ou, pelo menos, se assistir a uma diminuição progressiva dessas medidas, e cada vez se sentir menos os seus efeitos nas viagens, a verdade é que ainda ocorrem situações complexas, havendo uma grande desconformidade das restrições e exigências de país para país, assim como avanços e recuos das mesmas de acordo com a maior ou menor propagação da pandemia, aparecimento de novas variantes e variações no nível de risco. Passamos a dar alguns exemplos práticos:

Há países que exigem um certificado digital de vacinação para entrada em território nacional, o qual tem de ter mais de 14 dias desde a última toma da vacina, emitido por um país da UE.

Contudo, não aceitam "Certificados Digitais Covid" da UE que se baseiem numa declaração de cura da doença e/ou num ciclo de vacinação de apenas uma dose (exceto se for da vacina *Janssen*), independentemente de o viajante já ter tido anteriormente Covid-19, havendo casos de viajantes que

[51] Para acionamento do FGVT os viajantes devem enviar um requerimento escrito dirigido ao TdP e juntar uma sentença judicial ou arbitral; uma decisão do Provedor do cliente da APAVT; ou solicitar a intervenção da Comissão Arbitral, conforme disposto no art. 39.º do D.L. n.º 17/2018, de 8 de março.

se viram impossibilitados de entrar nesses países e que, consequentemente, não puderam usufruir das suas férias.

Ora, nestas situações, os viajantes fazem a viagem de ida (porque de acordo com as regras do país de partida o certificado é válido) mas chegam ao destino e não lhes é permitida a entrada, sendo obrigados a regressar ao país de origem. Como consequência direta, o viajante perde os demais serviços contratados e tem de alterar ou pagar o voo de regresso. Quem é o responsável?

Entendemos que, em primeiro lugar, haverá que aferir se a AVT forneceu todas as informações sobre os requisitos necessários para a realização da viagem organizada, designadamente, as formalidades sanitárias do país de destino[52]. Se a AVT cumpriu com as suas obrigações, e apesar de alertado, o viajante tenha realizado a viagem (sem observar os requisitos obrigatórios) parece-nos que o risco terá de correr por conta deste, embora a agência tenha que prestar assistência aos viajantes, nos termos do art. 30.º do D.L. n.º 17/2018, de 8 de março, e possa cobrar uma taxa como estipulado no n.º 2 do mencionado artigo. Se a AVT se eximisse da sua obrigação de prestar as devidas informações ao viajante poderia ser responsabilizada, nos termos do art. 35.º do D.L. n.º 17/2018, de 8 de março.

Outra situação que ocorre com alguma frequência prende-se com o facto de nas viagens que foram canceladas por motivos relacionados com a pandemia da COVID19, as AVT tentarem obter os reembolsos junto dos prestadores de serviços para posteriormente procederem à devolução do valor pago pelo viajante. Podem fazê-lo? Conforme mencionamos atrás, quando está em causa uma viagem organizada, a AVT retalhista é responsável perante o viajante e cabe-lhe a ela reembolsar, se interpelada para o efeito, podendo posteriormente exercer o seu direito de regresso sobre o operador/prestador de serviços. Caso estejam em causa outro tipo de serviços, a responsabilidade da AVT encontra-se excluída nos termos do art. 35.º n.º 4, 5, 6 e 7 do D.L. n.º 17/2018, de 8 de março. Ora, todas as situações têm que ser detalhadamente analisadas para aferir a responsabilidade e as obrigações das AVT.

Conclusão

A legislação relativa às Viagens Organizadas e Serviços de Viagens Conexos visa uma grande proteção do viajante, garantindo que sejam prestadas

[52] Nos termos do art. 17.º n.º 1 al. f) do D.L. n.º 17/2018, de 8 de março.

as informações contratuais, bem como as que permitam realizar a viagem, estipulando os casos em que é possível haver lugar à rescisão do contrato por parte das AVT e do viajante, e as respetivas consequências, permitindo que o viajante resolva o contrato de viagem organizada mediante o pagamento de uma taxa de rescisão prevista ou justificada pela AVT, sem aplicação de taxa no caso de se verificarem circunstâncias inevitáveis e excecionais no local de destino, ou cedendo a sua posição contratual mediante mera comunicação à AVT.

Nestes contratos, a AVT tem de garantir a assistência aos viajantes, a proteção em caso de insolvência e a responsabilização das AVT perante os viajantes, ainda que os serviços sejam executados por terceiros (sem prejuízo do direito de regresso).

Em princípio, a *rescisão* do contrato por motivo relacionado com a pandemia da Covid19 enquadra-se nas circunstâncias inevitáveis e excecionais. Tem-se, porém, assistido a uma grande discussão acerca do tema, em face das recentes alterações legislativas aos avanços e recuos das medidas de controlo da doença, bem como às restrições aplicáveis, de modo unilateral, por cada país, devido à evolução do contágio e ao surgimento de novas variantes da doença.

Em suma, haverá sempre que atender ao momento em que foi feita a reserva e ter em consideração o concreto pacote de serviços contratado, para equacionar, entre outros, se a mencionada alteração das circunstâncias seria ou não expectável e, consequentemente, se haverá lugar ao reembolso integral dos valores pagos.

Outubro de 2021

PLATAFORMAS EM LINHA, ALOJAMENTO LOCAL E PROTECÇÃO DOS CONSUMIDORES

Adelaide Menezes Leitão*

Sumário: *O presente estudo analisa os problemas trazidos pela plataformas em linha na economia partilhada, em especial no alojamento local, no contexto da proposta de Regulamento relativa a um mercado único dos serviços digitais e da legislação portuguesa de protecção dos consumidores e de responsabilidade civil.*

Palavras-chave: *plataformas em linha, economia partilhada, alojamento local, protecção dos consumidores, responsabilidade civil*

Abstract: *This paper analyses online platforms in the sharing economy, especially in local accommodation, in the context of the proposal for a Regulation on a single market for digital services and the portuguese legal framework for consumer protection and civil liability.*

Keywords: *online platforms, sharing economy, local accomodation, consumer protection, civil liability*

1. Novos problemas jurídicos das plataformas em linha

Na era de turismo globalizado, as pessoas oscilam entre trabalho e férias com uma mobilidade que as companhias aéreas de baixo custo vieram

* Professora Associada da Faculdade de Direito da Universidade de Lisboa.

democratizar. As soluções de alojamento em férias, mas também em deslocações de trabalho e de estadias de estudo, no estrangeiro e nacionais, alteraram-se significativamente com os empreendimentos turísticos a sofrerem grande concorrência por unidades de alojamento local que modificaram as cidades, especialmente os seus centros históricos, num contexto de incremento da chamada economia de partilha (*sharing economy*)[1].

Por sua vez, o arrendamento tradicional, numa era de crescente mobilidade, tem sido substituído por formas alternativas de arrendamentos temporários com novos contratos de prestação de serviços de alojamento. As referidas mudanças resultam do papel das plataformas digitais ao permitiram o acesso a informação disponível para o encontro entre oferta e procura, designadamente, no caso alojamento local, entre proprietários e consumidores. A existência de plataformas digitais, no mercado de alojamento, tem efeitos concorrenciais importantes, levantando algumas questões quando surgem problemas na relação entre os titulares de alojamentos e os consumidores.

No domínio das plataformas digitais salientam-se, entre outras, a airbnb, a booking, a hotels e a trivago, sendo que se regista uma tendência no sentido de uma enorme concentração das próprias plataformas digitais no mercado de turismo, de que é exemplo a edreams que, para além do mercado de viagens de avião, se expande também para o alojamento em empreendimentos turísticos e alojamento local, acoplando-se aos serviços do booking que, por sua vez, integram a Booking holdings Inc com a priceline, a Kayak, a Agoda, a Rentalcars e a Opentable.

[1] David D. Evans/Richard Schmalensee, *Matchmakers: The New Economics of Multisided Platforms*, Harvard Business Review Press, 2016, defendendo a ideia que as plataformas digitais são *matchmakers* que põem em contacto grupos de consumidores, Arun Sundararajan, *The sharing Economy, The end of employment and the rise of Crow-based Capitalism*, MIT Press, 2016, preconizando que a partilha não é novidade, já é nova a ideia de partilha lucrativa que põe em causa a organização económica centrada nas sociedades com consequências muito signoficativas na relação de trabalho, Andrew McAfee/Erik Brynjolfsson, *Machine, Platform, Crowd: Harnessing our digital Future, Norton*, 2017, alertando para as consequências das novas tecnonologias como as plataformas, a inteligência artificial, os big data, as impressoras 3D, entre outras. Cfr. Sofia Ranchordas, *Does Sharing mean Caring?, Regulating Innovation in the Sharing Economy*, 2015, vol. 16 Minnesota Journal of Law, Science and Tecnology, 413, Benjamim G. Edelman/Damien Geradin, *Efficiencies and Regulatory Shortcuts: how should we regulate companies like Airbnb and uber*, 19 Stanford Technology Law Review, 299, Vassilis Hatzopoulos/Sofia Roma, *Caring for Sharing? The Collaborative Economy under EU Law*, Common Market Law Review, 54, 1, 2017, 81-127.

A tendência é de cruzamento das plataformas conjugando, entre outros, serviços de viagens de avião, de alojamento e de aluguer de automóveis. Com efeito, o consumidor deixou de necessitar dos serviços de uma agência de viagens tendo agora a comodidade de as escolhas serem integralmente realizadas por si, através da comparação de ofertas como uma informação importante. Este poder de escolha do consumidor apresenta-se como um elemento positivo da existência das plataformas electrónicas, mas não esconde os riscos da mera posição de intermediação destas plataformas[2], não sendo claro para o consumidor com quem está a contratar.

Ora, a protecção do consumidor pressupõe uma identificação clara do profissional, sob pena de se subverter toda a legislação de defesa do consumidor. A esta dificuldade junta-se a circunstância de certas plataformas não colocarem em contacto profissionais e consumidores, mas consumidores entre si, desvanecendo deste modo a fronteira entre produção e consumo.

Uma das questões fundamentais na utilização das plataformas digitais reside no facto de o consumidor desconhecer muitas vezes, na prática, com quem está a celebrar contrato: se com o titular da plataforma digital, se, diferentemente, com os proprietários de alojamentos ou com as companhias aéreas. Coloca-se, neste ponto, a possibilidade de existência de relações trilaterais, com utilização de cláusulas contratuais gerais pelas plataformas digitais, pelos empreendimentos turísticos, pelos titulares de alojamentos locais, pelas companhias aéreas, que, se conjugadas, podem ser muito desfavoráveis aos consumidores, designadamente quando o consumidor pretenda reclamar dos serviços prestados ou exercer direitos legais.

Um outro problema com consequências bastantes problemáticas, em matéria de tutela jurídica, reside na deslocalização de algumas destas plataformas digitais para ordenamentos fora do espaço jurídico europeu, colocando inúmeras dificuldades à instauração de acções judiciais. Não é por acaso que, em resultado da pandemia e do cancelamento de inúmeros voos e viagens turísticas, um número exorbitante de reclamações surgiram em relação às plataformas digitais, sem qualquer resolução cabal pelas mesmas, manifestando uma total displicência em relação ao consumidor. Verifica-se, assim, uma imunidade material destas entidades, que operam no mercado,

[2] Bram Devolder (ed), *The Platform Economy, Unravelling the Legal Status of Online Intermediaries*, Intersentia, Cambridge, Antwerp, Chicago, 2019, 83, referindo-se a uma categoria contratual triangular.

por vezes, em violação dos direitos dos consumidores, evidenciando-se um *deficit* de aplicação prática da legislação de protecção do consumidor.

Acresce ainda que, não raro, são oferecidos nas plataformas electrónicas contratos complementares[3], especialmente de seguro automóvel, em que o cliente, no momento da celebração directa com o prestador de serviços, é informado que o seguro celebrado é incompleto, obrigando-o à celebração de um novo contrato de seguro. Ora, todas estas práticas são certamente muito lesivas para os consumidores, pelo que caberia ao legislador, europeu ou nacional, a criação de legislação que sancionasse estes comportamentos. A nova economia de partilha exige novos modelos e novas áreas de regulação. Nestes termos, as plataformas electrónicas têm um papel decisivo no comércio electrónico e no mercado digital, mas necessitam de uma regulação e de uma fiscalização efectiva, sob pena de os direitos dos consumidores estarem constatemente ameaçados. As plataformas funcionam no mercado digital como comerciantes pelo que têm de estar sujeitas à responsabilidade do produtor.

Há inúmeras questões que podem ser colocadas em relação às plataformas: o seu papel, a sua dimensão, como actuam em relação aos direitos dos consumidores, as exigências de regulação, entre outras[4]. A responsabilidade civil destas entidades deve depender de uma categorização das plataformas digitais[5]. Acresce que as plataformas digitais funcionam, cada vez mais, associadas a mecanismos de inteligência artificial, que possuem um *dark side* na dimensão da privacidade e da autonomia dos consumidores.

Efectivamente, os consumidores possuem uma espécie de *alter ego* na Internet, na medida em que o seu comportamento é registado por *cookies* e utilizado para publicidade mais personalizada. Este tipo de registo da *pegada* do consumidor na rede pode implicar, no entanto, problemas de exclusão social e de igualdade e contribuir para o excesso de publicidade. Assim, a tecnologia subjacente à Internet levanta problemas ao nível da privacidade,

[3] Uwe Blauroch/Martin Schmidt Kessel/Katherine Erler, *Plattformen-Geschäfts Modelle und Verträge*, Nomos, Baden-Baden, 2018.

[4] Reiner Schulze/Dirk Staudenmayer (eds), *Digital Revolution: chalenges for Contract Law in Practice*, Nomos, 2015, analisando a responsabilidade obrigacional, delitual e o próprio conceito de consumidor em transformação devido a novas possibilidades como as impressoras 3d, a economia de partilha e a internet das coisas.

[5] Geraint Howells, *Online Platforms and Consumer Protection*, 7th Petar Sarcevic, Consumer Protection in Transition, Digital Transformation and Better Enforcement, 23-25 September, Croatia (online).

da autonomia, do direito a não ser manipulado, publicidade, dos interesses económicos e do comportamento do consumidor.

Estas novas questões exigem uma reflexão sobre a responsabilidade na Directiva das práticas comerciais desleais, mas poderão igualmente exigir um novo quadro regulatório para a inteligência artificial. A nível europeu deve-se poderar se se deve deixar a protecção do consumidor entregue exclusivamente à legislação da União da Europeia, ou se é possível organizar a sociedade civil europeia de modo a favorecer um *empowerment* dos consumidores. Este combate mais alargado às práticas desleais possui uma dimensão política e individual, ainda que a dimensão colectiva da monitorização do ambiente digital e da detecção de práticas comerciais desleais seja a mais importante[6]. A inteligência artificial, para além de poder ser usada como um poder acrescido dos profissionais, também o pode ser para conceder mais poder, designadamente no combate às práticas comerciais desleais, por parte dos consumidores no mercado digital.

Ora, o equilíbrio de forças entre profissionais e consumidores pressupõe o acesso à tecnologia e ao código para conhecimento do funcionamento da inteligência artificial. Por outro lado, a inteligência artificial também pode ser colocada ao serviço do direito, designadamente no desenvolvimento de mecanismos que permitam detectar cláusulas abusivas e *data privacy policies*. Neste contexto, é de salientar a criação da *claudette.eui.eu,* um sistema automático de detecção de cláusulas contratuais gerais abusivas *online*. Estamos no domínio da *machine learning* na medida em que um sistema informático multilingue analisa as cláusulas contratuais gerais de acordo com o quadro legislativo da Directiva das Cláusulas Contratuais Gerais e do Regulamento Geral de Protecção de Dados, em termos da repectiva avaliação de conformidade, através de uma espécie de semáforo que distingue se as cláusulas são potencialmente abusivas, se há risco, ou se não possuem qualquer problema. Este programa contou com a colaboração de Hans-Wolfgang Micklitz, Nicolas Petit e Giovani Sartor[7].

Nas plataformas digitais e no comércio electrónico continuam a utilizar-se cláusulas contratuais abusivas, sendo fundamental analisar a sua validade

[6] Hans Micklitz, *Consumer Empowerment through Legal Tech*, 7th Petar Sarcevic, Consumer Protection in Transition, Digital Transformation and Better Enforcement, 23-25 September (online).

[7] Hans Micklitz, *Consumer Empowerment through Legal Tech*, 7th Petar Sarcevic, Consumer Protection in Transition, Digital Transformation and Better Enforcement, 23-25 September, Croatia (online).

à luz do Regulamento Geral de Protecção de Dados. Porém, existirão sempre zonas de fronteira, sobretudo quando as cláusulas contratuais gerais utilizam cláusulas gerais e conceitos indeterminados. A inteligência artificial não compreende categorias abertas como a boa fé[8].

O mercado digital pressupõe a existência de transacções entre partes que incluem profissionais, consumidores, utilizadores, *service providers* e intermediários, surgindo por vezes situações de conflitos de interesses. Acresce que a internet, como todas as redes (*network effects*) revela uma tendência para o monopólio. Entidades como o facebook ou a amazon inserem-se nestes monopólios digitais, sendo certo que os monopólios fomentam situações de abuso[9]. O Mercado Digital pressupõe, assim, um enorme desafio tecnológico[10].

2. A legislação actual e futura da União Europeia

É, neste contexto, que surgiu uma proposta de Regulamento do Parlamento Europeu e do Conselho relativa a um mercado único dos serviços sigitais e que altera a Directiva 2000/31/CE, com soluções jurídicas para as redes sociais, os mercados digitais e as plataformas online que operam na União Europeia, designadamente sobre os efeitos destas plataformas sobre os direitos dos consumidores e a concorrência[11]. Esta legislação pretende

[8] Hans Micklitz, *Consumer Empowerment through Legal Tech*, 7th Petar Sarcevic, Consumer Protection in Transition, Digital Transformation and Better Enforcement, 23-25 September, Croatia (online).

[9] Jürgen Basedow, *Towards a Digital Markets Act of the European Union*, 7th Petar Sarcevic, Consumer Protection in Transition, Digital Transformation and Better Enforcement, 23-25 September, Croatia (online).

[10] Hans Micklitz, *Consumer Empowerment through Legal Tech*, 7th Petar Sarcevic, Consumer Protection in Transition, Digital Transformation and Better Enforcement, 23-25 September, Croatia (online).

[11] Um dos temas mais estudados respeita, com efeito, à responsabilidade da plataforma pelo incumprimento do fornecedor. Christoph Bush, Gerhard Dannemann, Hans Schulte-Nölke, Aneta Wiewiórowska-Domagalska, Fryderyk Zoll (eds), *Discussion Draft of Directive on online Platforms Commentary*, 2011, Jagiellonian University Press, 2019. Novos conceitos têm sido desenvolvido para as plataformas com *rankings* e sistemas de reputação (com eventuais *fake reviews*) na qual surge uma dimensão relevante da confiança, Hans Schulte-Nölke, *Platformverträge und Vertrauenschutz, Vertrauenschutz im Digitalen Zeitalter* (eds. Uwe Blaurock/Felix Mautzsch), Nomos 2020. No mesmo sentido, Busch/Dannemann/Schulte-Nölke, *Ein neues Vertrags- und Verbraucherrecht für Online-Plattformen im Digitalen Binnenmarkts*, Multimedia und Recht, 2016, 787 ss, com apelo a áreas como as práticas comerciais desleais, a responsabilidade do produtor e a responsabilidade

actualizar a Directiva sobre Comércio Electrónico (Directiva 2000/31/CE, de 8 de Junho de 2000), visando reequilibrar os direitos e as responsabilidades dos utilizadores, das plataformas intermediárias e o papel das autoridades públicas e baseia-se nos valores europeus, incluindo a liberdade de expressão e de informação, a democracia, o direito de empresa e a igualdade e não discriminação. Caso as plataformas atinjam mais de 10% da população da UE (45 milhões de utilizadores) serão consideradas como tendo natureza sistémica (art. 25.º) e estarão sujeitas não apenas a obrigações específicas de controlo dos seus próprios riscos, como também à supervisão reforçada de uma nova estrutura de supervisão o Comité Europeu de Serviços Digitais (art. 47.º).

Para aplicação do Regulamento, os Estados Membros deverão designar uma ou várias autoridades competentes e um coordenador de serviços digitais (art.º 38.º). Os coordenadores nacionais dos serviços digitais, a designar pelos Estados-Membros têm poderes de investigação e de aplicação de sanções (art.º 42.º), devendo colaborar entre si, com as outras autoridades nacionais competentes, com a Comissão e o Comité (art.º 38.º/2). O Comité Europeu de Serviços Digitais tem o poder de aconselhar a Comissão a aplicar as medidas do artigo 51.º relativamente às plataformas de maior dimensão, que as pode sancionar directamente (arts. 59.º e 60.º).

A proposta de Regulamento dos Seviços Digitais vem no seguimento do Regulamento UE 2019/1150, do Parlamento Europeu e do Conselho, de 20 de Junho de 2019, relativo à promoção da equidade e da transparência para os utilizadores profissionais de serviços de intermediação em linha, e estabelece regras harmonizadas que definem e proíbem as práticas desleais dos *gatekeepers*, plataformas com um número igual ou superior a 45 milhões de utilizadores, como a Amazon, Apple, Facebook, Google e Microsoft, e fornece um mecanismo de aplicação baseado em investigações de mercado que garante o cumprimento das obrigações estabelecidas. Os *gatekeepers* serão sujeitos a deveres acrescidos, pois têm impacto no mercado interno, ainda que se possa recorrer para o Tribunal de Justiça da

da confiança, sendo as plataformas um degrau da economia da confiança. Outros autores em substituição da *Vertrauenshaftung* referem-se a uma *Netzwerkhaftung*, FABIAN VILGERTSHOFER, *Online-Plattformen und Vertragliche Haftung*, C. H. Beck, 2019, 67. Neste domínio o interessante trabalho de WOLFGANG SEILER, *Verbraucherschutz auf Elektronischen Märkten*, Mohr Siebeck, 2006, em que analisa o paradigma económico, o paradigma do direito especial e o paradigma do direito europeu, sendo a economia de rede um novo paradigma europeu e nacional.

União Europeia sobre a atribuição desse estatuto. O combate aos abusos no mercado digital compete essencialmente à Comissão no quadro do direito da concorrência e de uma *economic approach*. Porém, discute-se se a Comissão tem capacidade para esta missão, sendo criticável que as autoridades de supervisão nacional assim como o *private enforcement* não possuam qualquer papel neste combate[12].

Nos termos da Proposta de Regulamento dos Serviços Digitais (art. 2/h) apresenta-se um conceito de plataforma em linha como um prestador de um serviço de armazenagem em servidor que, a pedido de um destinatário do serviço, armazene e divulgue informações ao público, a menos que essa atividade seja um elemento menor e meramente acessório de outro serviço, que, por razões técnicas objetivas, não possa ser utilizado sem esse outro serviço, e que a sua integração no outro serviço não constitua uma forma de contornar a aplicabilidade do Regulamento.

Segundo a proposta de Regulamento, no que refere às disposições aplicáveis a todos os prestadores de serviços intermediários, estes devem criar um ponto único de contacto que permita a comunicação direta, por via eletrónica, com as autoridades dos Estados-Membros, a Comissão e o Comité (art. 10.º). Por sua vez, os prestadores de serviços intermediários que não possuam um estabelecimento na União mas que ofereçam serviços na União, devem designar, por escrito, uma pessoa singular ou coletiva como seu representante legal num dos Estados-Membros em que o prestador ofereça os seus serviços (art. 11.º/1). Os prestadores de serviços intermediários devem incluir nos seus termos e condições informações sobre quaisquer restrições que imponham em relação à utilização do seu serviço no que diz respeito às informações prestadas pelos destinatários do serviço. Essas informações devem incluir informações sobre quaisquer políticas, procedimentos, medidas e instrumentos utilizados para efeitos de moderação de conteúdos, incluindo a tomada de decisões algorítmicas e a análise humana. Devem ser apresentadas em linguagem clara e inequívoca e ser disponibilizadas ao público num formato facilmente acessível (artigo 12.º/1) Os prestadores de serviços intermediários devem ainda publicar, pelo menos uma vez por ano, relatórios claros, facilmente compreensíveis e pormenorizados sobre qualquer atividade de moderação de conteúdos em que tenham participado durante o período pertinente. (art. 13.º/1).

[12] Jürgen Basedow, *Towards a Digital Markets Act of the European Union*, 7th Petar Sarcevic, Consumer Protection in Transition, Digital Transformation and Better Enforcement, 23-25 September, Croatia (online).

No que se refere às disposições adicionais aplicáveis aos prestadores de serviços de armazenagem em servidor, incluindo plataformas em linha, os prestadores de serviços de armazenagem em servidor devem criar mecanismos que permitam a qualquer cidadão ou entidade notificá-los da presença, no seu serviço, de elementos específicos de informação que o cidadão ou a entidade considere ser conteúdo ilegal. Esses mecanismos devem ser de fácil acesso e utilização, e permitir a apresentação de notificações exclusivamente por meios eletrónicos. (art. 14.º/1). Quando um prestador de serviços de armazenagem em servidor decidir remover ou bloquear o acesso a elementos específicos de informação fornecidos pelos destinatários do serviço, independentemente dos meios utilizados para detetar, identificar ou remover ou bloquear o acesso a essas informações e do motivo da sua decisão, deve informar o destinatário, o mais tardar no momento da remoção ou do bloqueio do acesso, da decisão e apresentar uma exposição clara e específica dos motivos dessa decisão (art. 15.º/1).

No que se refere às disposições adicionais aplicáveis às plataformas em linha, a Proposta de Regulamento exclui da sua aplicação as que sejam micro ou pequenas empresas (art. 16.º). As plataformas em linha devem proporcionar aos destinatários do serviço, durante um período mínimo de seis meses acesso a um sistema interno eficaz de tratamento de reclamações que permita a apresentação eletrónica e gratuita de reclamações contra as decisões de remoção ou bloqueio, de suspensão ou cessação da prestação do serviço, no todo ou em parte, aos destinatários, de suspensão ou encerramento da conta dos beneficiários tomadas pela plataforma em linha com o fundamento de que as informações fornecidas pelos destinatários constituem conteúdo ilegal ou incompatível com os seus termos e condições (art. 17.º/1).

Os destinatários do serviço visados por estas decisões têm o direito de selecionar qualquer organismo de resolução extrajudicial de litígios que tenha sido certificado para resolver litígios relativos a essas decisões, incluindo as reclamações que não tenham podido ser resolvidas através do sistema interno de tratamento de reclamações referido. As plataformas em linha devem colaborar, de boa-fé, com o organismo selecionado com vista à resolução do litígio e ficam vinculadas pela decisão por ele tomada (art. 18.º/1). Prevêem-se ainda regras relativas a sinalizadores de confiança (art. 19.º), medidas e protecção contra a utilização abusiva (art. 20.º), notificação e suspeitas de crime (art. 21.º), rastreabilidade de comerciantes (art. 22.º), obrigações de apresentação de relatórios de transparência dos fornecedores de plataformas em linha (art. 23.º) e transparência da publicidade em linha (art. 24.º).

Prevêem-se, além disto, obrigações adicionais para as plataformas em linha de muito grande dimensão no que se refere à gestão de riscos sistémicos, considerando-se como tal as plataformas em linha que prestam os seus serviços a um número médio mensal de destinatários ativos do serviço na União igual ou superior a 45 milhões (art. 25.º/1). A estas plataformas em linha de grande dimensão aplicam-se obrigações de avaliação de riscos (art. 26.º), atenuação de riscos (art. 27.º), auditorias independentes (art. 28.º), sistemas de recomendação (art. 29.º), transparência acrescida na publicidade em linha (art. 30.º), acesso a dados e controlo (art. 31.º), designação de responsáveis pela conformidade (art. 32.º), e obrigações de apresentações de relatórios de transparência (art. 33.º).

Nas conclusões de Jürgen Basedow, o regime proposto pela União Europeia para o combate dos abusos no mercado digital é problemático, na medida em que assenta em inversões do ónus da prova relativamente aos *gatekeepers*, sendo que esta regulação tem de ser articulada com o Direito de concorrência europeu. Acresce que esta regulação não deve ser aplicada apenas aos *gatekeepers* mas também às plataformas de dimensão mais pequena, muito em especial nas plataformas digitais de alojamento local[13].

Estamos, deste modo, confrontados com a emergência de uma sociedade digital, que a pandemia de covid19 veio acelarar, que coloca novos desenvolvimentos para a responsabilidade civil[14]. Emergem questões relativas às características novas, à distribuição do risco, à colocação de produtos e serviços no mercado, com a especial importância de identificação do lesante. A responsabilidade civil encontra-se, assim, perante novos desafios que advêm da internet das coisas, da inteligência artificial, do papel das plataformas digitais, sendo fundamental descortinar se devemos melhorar os regimes de responsabilidade existentes ou se, diferentemente, se devem criar novos regimes de responsabilidade para as novas características do mercado digital.

[13] Jürgen Basedow, *Towards a Digital Markets Act of the European Union*, 7th Petar Sarcevic, Consumer Protection in Transition, Digital Transformation and Better Enforcement, 23-25 September, Croatia (online).

[14] Christian Twigg-Flesner, *Options for New Liability System for Digital Consumer Transactions – Legal Disruption or Timely Modernisation?*, 7th Petar Sarcevic, Consumer Protection in Transition, Digital Transformation and Better Enforcement, 23-25 September, Croatia (online).

A correcção ou melhoramento dos regimes existentes deve assentar numa maior coerência, na familariedade dos sistemas e na existência de valores fortes, com provas dadas. Diferentemente, a criação de novos regimes insere-se num quadro regulatório em que a coerência é muitas vezes posta em causa, apesar de ser este o padrão do Direito do Consumo, com a emergência de legislação nova à acrescer ao clássico Direito Civil. As soluções feitas à medida dos novos problemas comportam algum risco de disrupção do sistema jurídico, porquanto a coerência é menos relevante nestas soluções individualizadas do que no Direito Privado em geral[15].

Por outro lado, a existência de uma pluralidade de partes na sociedade digital cria uma responsabilidade em rede (*network liability*), que reflecte a multiplicidade e interacção entre as partes, reduz o ónus da prova e permite ao consumidor reagir contra qualquer membro da rede, de forma semelhante à responsabilidade no regime das viagens organizadas, em que o organizador surge como uma espécie de responsável de primeira linha (*front line liability*). Esta multiplicidade de intervenientes na rede exige, assim, duas abordagens distintas: a primeira, em que é reequacionada a responsabilidade do produtor nas transacções do consumidor no ambiente digital[16] e, a segunda, em que surgem novas modalidades de responsabilidade.

3. O alojamento local celebrado através de plataformas digitais: legislação portuguesa aplicável

A figura do alojamento local configura uma actividade regulada pelo Decreto-Lei n.º 128/2014, de 29 de agosto, com uma última alteração pela Lei n.º 62/2018, de 22 de agosto, tendo a figura ultrapassado o âmbito turístico e obtido igualmente um papel preponderante nas estadias de curta duração de estudantes e trabalhadores em mobilidade. A Portaria n.º 262/2020, de 6 de Janeiro, estabelece as condições de funcionamento e identificação dos estabelecimentos de alojamento local.

[15] Christian Twigg-Flesner, *Options for New Liability System for Digital Consumer Transactions – Legal Disruption or Timely Modernisation?*, 7th Petar Sarcevic, Consumer Protection in Transition, Digital Transformation and Better Enforcement, 23-25 September, Croatia (online).

[16] Christian Twigg-Flesner, *Options for New Liability System for Digital consumer Transactions – Legal Disruption or Timely Modernisation?*, 7th Petar Sarcevic, Consumer Protection in Transition, Digital Transformation and Better Enforcement, 23-25 September, Croatia (online).

A primeira questão que se pode discutir é os contrato de alojamentos local, *maxime* os celebrados em plataformas digitais, são verdadeiros contratos de consumo. Ora, ainda que as pessoas que oferecem alojamentos locais não sejam os clássicos profissionais e, frequentemente, não estejam sujeitas às exigências típicas de licenciamento das unidades hoteleiras, à luz da legislação portuguesa devem ser tratados como profissionais e os utilizadores como consumidores com toda a protecção que a lei lhes concede[17].

Para além das regras inscritas no regime do alojamento local e que protegem consumidores e clientes enquanto hóspedes, impõe-se, assim, saber se o contrato de alojamento local pode ser caracterizado como um contrato de consumo. Ora, nos termos do artigo 2.º/1 da Lei de Defesa do Consumidor considera-se consumidor todo aquele a quem são fornecidos bens, prestados serviços ou transmitidos quaisquer direitos (elemento subjectivo), destinados a uso não profissional (elemento teológico) por pessoa que exerça com carácter profissional uma actividade económica que vise a obtenção de benefícios (elemento relacional)[18].

Levantam-se problemas relativamente ao elemento teológico, porque o alojamento local pode ser contratado para uso profissional (por exemplo para a realização de uma reunião de negócios). Também o elemento relacional pode levantar alguns problemas na medida em que se pressupõe o exercício com carácter profissional de uma actividade económica que visa a obtenção de lucro, o que pressupõe uma certa estabilidade ou permanência dessa actividade, não relevando actos isolados. Assim, particulares que entre si ofereçam serviços a título ocasional utilizando plataformas colaborativas, poderiam não ser automaticamente considerados prestadores de serviços profissionais[19].

Apesar disto, o Decreto-Lei n.º 128/2014 parece apontar para o exercício profissional desta actividade, na medida em que se exige o registo do estabelecimento, a declaração de início de actividade apresentada junto da Autoridade Tributária, requisitos de qualidade exigentes e disponibilização de livro de reclamações. Deste modo, o legislador considera que o titular do alojamento local é sempre um profissional, levando a considerar preenchido

[17] Adelaide Menezes Leitão, *A protecção dos consumidores no regime do alojamento local, I Congresso do Alojamento Local* (coord Luís Menezes Leitão), Almedina, Coimbra, 2020, 35 e ss.

[18] Adelaide Menezes Leitão, *A protecção dos consumidores no regime do alojamento local,* 35 e ss.

[19] Adelaide Menezes Leitão, *A protecção dos consumidores no regime do alojamento local,* 35 e ss.

o elemento relacional. Assim sendo, a qualificação do contrato de alojamento local como contrato de consumo vai depender de o cliente pretender dar um uso profissional ou privado. O que significa que na maioria dos casos estes contratos são de consumo, aplicando-se a legislação de consumo, independentemente da sua celebração através das plataformas digitais[20].

Deste modo, ao contrato de alojamento local celebrado entre profissionais e consumidores são aplicáveis os direitos constitucionais do consumidor elencados no artigo 60.º da CRP e desenvolvidos na Lei de Defesa do Consumidor. Por exemplo, aplica-se o artigo 8.º/1 da Lei de Defesa do Consumidor (Lei n.º 24/96, de 31 de Julho) no que se refere ao direito à informação, mas também quanto a outros direitos do consumidor, como sejam o direito à qualidade dos bens e serviços, à proteção da saúde e segurança física, à proteção dos interesses económicos e à prevenção e reparação de danos[21], designadamente em caso de cumprimento defeituoso.

Para além da Constituição e da Lei de Defesa do Consumidor, consideramos ser ainda de aplicar ao contrato de alojamento local a seguinte legislação de defesa do consumidor:

- o Código da Publicidade e o diploma sobre práticas comerciais desleais (Decreto-Lei n.º 57/2008, de 26 de Março) que, a título de exemplo, considera enganosa a prática comercial que omita informação essencial para a defesa do consumidor (art. 9.º/1), sendo essencial, nos termos do art. 10.º c), a indicação do preço, incluindo impostos e taxas, ou o modo de cálculo deste, quando não puder ser determinado no momento da declaração[22];
- o regime das clausulas contratuais gerais, que permite invalidar cláusulas do contrato de alojamento local contrárias à boa fé ou proibidas nos termos dessa legislação;

[20] Adelaide Menezes Leitão, *A protecção dos consumidores no regime do alojamento local*, 35 e ss.

[21] Ana Teresa Moreira Ferreira da Mota, *A protecção do consumidor em face do fenómeno do consumo de colaboração*, 34.

[22] Adelaide Menezes Leitão, *Publicidade e Tutela do Consumidor*, Estudos em Memória do Prof. Doutor J. L. Saldanha Sanches, (organizadores Paulo Otero, Fernando Araújo, João Taborda da Gama), Coimbra Editora, Coimbra, Setembro 2011, 9-10, Adelaide Menezes Leitão, *Direito da Publicidade e Concorrência Desleal – Um estudo sobre as práticas comerciais desleais*, Direito Industrial, vol. IV, Almedina, Coimbra, 2005, 267-284 e *Práticas Comerciais Desleais como impedimento à outorga de Direitos Industriais?*, Direito Industrial, vol. VII, Almedina, Coimbra, 2010, 265-283, igualmente publicado nos Estudos em Homenagem ao Professor Doutor Carlos Ferreira de Almeida, vol. I, Almedina, Coimbra, 2011, 549-567.

- o regime dos contratos celebrados à distância (Decreto-Lei n.º 24/2014, de 14 de fevereiro),[23] em especial no caso da sua celebração através de plataformas digitais;
- a legislação sobre viagens organizadas (Decreto-lei n.º 17/2018, de 8 de março)[24], se o alojamento local for oferecido no contexto de pacotes turísticos;
- as regras relativas à venda de bens de consumo e respectivas garantias, de acordo com o regime do Decreto-Lei n.º 67/2003, de 8 de abril, com alterações do Decreto-Lei 84/2008, de 21 de Maio e as recentes alterações do Decreto-Lei n.º 84/2021, de 12 de outubro;
- o regime de resolução de litígios de consumo em linha, nos termos do Regulamento 524/2013 do Parlamento Europeu e do Conselho, de 21 de maio de 2013, bem como os mecanismos de resolução extrajudicial de litígios de consumo nos termos da Lei n.º 144/2015, de 8 de setembro; e
- a recente legislação que obriga à arbitragem necessária pelos centros de arbitragem e, por opção expressa do consumidor, nos conflitos de consumo com valor inferior a cinco mil euros (Lei n.º 63/2019, de 16 de Agosto)[25].

A título exemplificativo, o regime dos contratos celebrados à distância (Decreto-Lei n.º 24/2014, de 14 de fevereiro) estabelece a obrigação de o titular do alojamento local cumprir regras relativas à informação pré-contratual (art. 4.º), às formalidades em torno da celebração do contrato (art. 5.º) ou à confirmação (art. 6.º). A aplicação deste diploma que transpõe a Directiva dos Direitos dos Consumidores (Directiva 2011/83/UE), que regula os contratos celebrados à distância e fora do estabelecimento comercial, é sobretudo relevante em sede do direito de resolução. Com efeito, o artigo 17.º, n.º 1, k) do Decreto-Lei n.º 24/2014, de 14 de fevereiro, prevê

[23] Jorge Morais Carvalho/João Pedro Pinto Ferreira, *Contratos celebrados à distância e fora do estabelecimento comercial: anotação ao Decreto-Lei n.º 24/2014, de 14 de fevereiro*, Almedina, Coimbra, 2014.

[24] Adelaide Menezes Leitão, *O contrato de viagem organizada e a protecção do passageiro aéreo*, Estudos de Direito Aéreo, (coordenação Dário Moura Vicente), Coimbra Editora, Coimbra, 2012.

[25] Adelaide Menezes Leitão, *A protecção dos consumidores no regime do alojamento local*, *I Congresso do Alojamento Local* (coord Luís Menezes Leitão), Almedina, Coimbra, 2020, 35 e ss.

como excepção ao direito de livre resolução os contratos de prestação de serviços de fornecimento de alojamento para fins não residenciais.

Neste ponto, admite-se que possa haver acordo entre as partes, sendo comum as plataformas digitais, sobretudo o *booking*, estabelecerem diferenças de preços se o pagamento é imediato sem possibilidade de cancelamento, ou se o cancelamento até determinada data é possível. O facto de o cancelamento ser gratuito não significa que o pagamento não seja imediato, podendo ainda ser um pagamento diferido para o momento da prestação do alojamento local[26].

O artigo 18.º do referido diploma estabelece regras relativas ao pagamento por cartão de crédito e débito, designadamente para solucionar situações de fraude na utilização do cartão de crédito. O artigo 19.º/4 do regime dos contratos celebrados à distância ou fora do estabelecimento comercial admite que o fornecedor possa prestar um serviço ao consumidor de qualidade e preço equivalentes, desde que essa possibilidade tenha sido prevista antes da celebração do contrato ou no próprio contrato e o consumidor o tenha previsto expressamente. Ora, esta é normalmente a solução em casos de *overbooking*, em que o titular do alojamento ou a plataforma digital deve arranjar alojamento alternativo de qualidade equivalente ou, se isso não for possível, compensar os hóspedes e indemnizá-los[27].

Pode ainda discutir-se se o contrato de alojamento local celebrado nas plataformas *online* está abrangido pelo artigo 14.º da Directiva do Comércio Electrónico (Directiva 2000/31/CE do Parlamento Europeu e do Conselho, de 8 de Junho de 2000). Esta questão coloca-se quer em relação ao direito europeu quer em relação ao direito norte-americano. Havendo uma categoria triangular de contrato, o Tribunal de Justiça da União Europeia tem afastado a Uber da imunidade que resulta do artigo 14.º da Directiva do Comércio Electrónico, por considerar que há um envolvimento da própria plataforma na prestação de serviço de transporte. Neste sentido, as suas decisões de 20 de dezembro de 2017 e de 10 de abril de 2018 assentam na argumentação de que a Uber não fornece apenas uma aplicação, mas que é antes um verdadeiro e completo serviço de transporte. Sem a Uber não haveria mercado para os condutores não profissionais oferecerem os seus serviços de transporte, ao que acresce ser a própria Uber que determina as

[26] ADELAIDE MENEZES LEITÃO, *A protecção dos consumidores no regime do alojamento local, I Congresso do Alojamento Local* (coord Luís Menezes Leitão), Almedina, Coimbra, 2020, 35 e ss.

[27] ADELAIDE MENEZES LEITÃO, *A protecção dos consumidores no regime do alojamento local*, 35 e ss.

condições relativamente às quais os condutores oferecem os seus serviços. Em relação à Airbnb considera-se que não está abrangida na *Section* 230 *Comunications Decency Act*[28]. No que nos concerne, somos de parecer que a legislação do comércio electrónico, em especial o Decreto-Lei n.º 7/2004, de 7 de janeiro, e respectivas alterações devem ser devidamente aplicados às plataformas digitais.

Coloca-se, assim, em relação ao estatuto legal das plataformas *online*, como a Airbnb e a Uber, a questão da dimensão da sua responsabilidade civil, bem como questões de Direito de Trabalho, da Segurança Social e Direito Fiscal, que a economia de partilha origina[29]. As plataformas invocam que contribuem para o surgimento de novos mercados e para a inovação, nos quais se esbatem as fronteiras entre produção e consumo, profissionais e consumidores e trabalhadores e empregadores. Neste último domínio, veja-se a Directiva recentemente aprovada pelo Parlamento Europeu sobre os direitos dos trabalhadores das plataformas digitais. Assim, estas novas oportunidades de negócio não podem ficar à margem de regulação, designadamente nesta nova configuração triangular entre a plataforma, o fornecedor e o consumidor.

É necessário que que a legislação aplicável permita ao consumidor uma tutela efectiva dos seus direitos, sob pena de uma total desprotecção. Com efeito, apesar da diversidade de legislação aplicável de defesa do consumidor, o comportamento generalizado das plataformas tem sido a sua total desresponsabilização, pelo que é fundamental alargar a responsabilidade do produtor ou criar uma nova modalidade de responsabilidade do intermediário que as abranja.

4. O alojamento local na plataforma em linha da Airbnb

A Comissão Europeia solicitou à Airbnb que efetuasse uma série de alterações à sua plataforma de modo a respeitar a legislação da União de defesa do consumidor, em particular a Directiva sobre práticas comerciais desleais. Com efeito, numa pesquisa inicial nesta plataforma, os preços não

[28] Bram Devolver (eds), *The platform Economy, Unravelling the Legal status of Online Intermediaries*, Intersentia, Cambridge, Antwerp, Chicago, 2019, 83.

[29] Miguel Patrício, A "Nova" Economia de Partilha e o Alojamento Local, *I Congresso do Alojamento Local* (coord Luís Menezes Leitão), Almedina, Coimbra, 2020, 11 e ss, e Cláudia Madaleno, *A relação entre o proprietário e o titular da plataforma informática, I Congresso do Alojamento Local* (coord Luís Menezes Leitão), Almedina, Coimbra, 2020, 49 e ss.

eram transparentes, uma vez que outras taxas eram acrescentadas numa fase mais avançada[30].

A Comissão defendeu que a empresa deveria alterar a forma como apresentava as informações sobre os preços desde o início da pesquisa na plataforma, de modo a garantir que os consumidores pudessem ver o preço total dos imóveis, incluindo todas as taxas e encargos, nomeadamente taxas de serviço e limpeza, ou, se não fosse possível calcular previamente o preço final, informar claramente o consumidor de que poderão ser aplicadas taxas suplementares. Por outro lado, a Comissão também entendeu que a Airbnb não deveria fixar o tribunal competente em caso de litígio num país diferente do da residência do consumidor, e que não deveria privar os consumidores dos seus direitos legais básicos. Acresce que a Comissão determinou que plataforma não poderia decidir, de forma unilateral e injustificada, as condições que vigoram em caso de rescisão do contrato, nem, igualmente, privar os consumidores do direito fundamental a processar um anfitrião em caso de danos pessoais ou patrimoniais. Com efeito, a Comissão Europeia considerou que a Airbnb não poderia alterar unilateralmente as condições de utilização, sem antes ter informado claramente os consumidores e lhes ter dado a possibilidade de rescindir o contrato, e, também, que a rescisão ou a suspensão do contrato deveria ser explicada aos consumidores e regida por regras claras, não podendo privá-los do direito a uma indemnização adequada ou do direito de recurso. Por último, a Comissão impôs que a Airbnb disponibilizasse, no seu sítio, uma ligação acessível para a plataforma de Resolução de Litígios em Linha, juntamente com todas as informações necessárias sobre a resolução de litígios, ao abrigo do Regulamento 524/2013 sobre resolução de litígios de consumo em linha[31].

Actualmente, as plataformas electrónicas (booking e Airbnb) já possuem esta ligação à plataforma de Resolução de Litígios em Linha. De facto, as referidas plataformas passaram a incorporar vários aspectos da legislação europeia de consumo. Porém, as plataformas digitais têm mantido a tendência para, nos seus termos e condições, se apresentarem exclusivamente como um fornecedor da plataforma e um intermediário, excluindo a sua responsabilidade por danos sofridos pelos hóspedes em caso de incumprimento, o que nos parece lesivo da protecção dos consumidores. Levantam-se, ainda, outras questões que respeitam à necessidade de uma maior

[30] ADELAIDE MENEZES LEITÃO, *A protecção dos consumidores no regime do alojamento local*, 35 e ss.

[31] ADELAIDE MENEZES LEITÃO, *A protecção dos consumidores no regime do alojamento local*, 35 e ss.

protecção dos consumidores, designadamente nas políticas de pagamento, não permitindo que sejam feitas cativações de montantes em contas em caso da opção de cancelamento gratuito, bem como sobre protecção de dados pessoais, em especial bancários em situações em que aumentam os ciberataques[32].

5. Conclusão

A proposta de Regulamento relativa a um mercado único dos serviços digitais permite apertar o cerco às plataformas em linha, abrangendo-as no seio da regulação europeia, ainda que se mantenha alguma indefinição no quadro da sua responsabilidade pelo incumprimento de serviços, que deve ser futuramente esclarecida, para completa salvaguarda dos direitos dos consumidores.

[32] Adelaide Menezes Leitão, *A protecção dos consumidores no regime do alojamento local*, 35 e ss.

A TUTELA DO PASSAGEIRO/CONSUMIDOR NO TRANSPORTE FERROVIÁRIO E RODOVIÁRIO

Daniel de Bettencourt Rodrigues Silva Morais*

Sumário: *1. Transporte ferroviário, transporte rodoviário e proteção do consumidor; 2. Informação e assistência ao passageiro; 3. A assistência a passageiros com deficiência ou com mobilidade reduzida; 4. A proteção do passageiro em caso de supressão/cancelamento,* overbooking, *atraso ou perda de correspondência; 5. A responsabilidade do transportador em caso de morte e ferimento do passageiro; 6. Responsabilidade do transportador por danos causados às bagagens e animais; 7. Exercício dos direitos; 8. Considerações finais.*

1. Transporte ferroviário, transporte rodoviário e proteção do consumidor

Há muito que se assiste no Direito da União Europeia a uma preocupação crescente com a proteção dos direitos dos passageiros no âmbito do Direito material dos Transportes. Trata-se de uma tendência que se verifica tanto nos transportes terrestres quanto no transporte marítimo[1] e aéreo[2], e que se encontra plasmada num conjunto de Regulamentos "que

* Professor Auxiliar da Faculdade de Direito de Lisboa.

[1] Cfr. o Regulamento (UE) n.º 1177/2010, do Parlamento Europeu e do Conselho, de 24 de novembro de 2010, relativo aos direitos dos passageiros do transporte marítimo e por vias navegáveis interiores, que alterou o Regulamento (CE) n.º 2006/2004, e foi publicado no Jornal Oficial da União Europeia, L 334, de 17 de dezembro de 2010.

[2] Veja-se o Regulamento (CE) n.º 261/2004, do Parlamento Europeu e do Conselho, de 11 de fevereiro de 2004, que estabelece regras comuns para a indemnização e a assistência aos

marcam um ponto de encontro entre o Direito dos Transportes e o Direito do Consumo"[3]. Apesar de, na maioria das vezes, para além de assumir a qualidade de "mero" passageiro, este ser, igualmente, um consumidor, os Regulamentos em causa são de aplicação universal, não exigindo expressamente que o passageiro também seja consumidor para poder beneficiar da sua proteção. De qualquer forma, subjaz-lhes, claramente, uma lógica consumerista, como se pode retirar de vários dos seus considerandos[4].

Através do contrato de transporte o transportador obriga-se a deslocar ou a fazer deslocar pessoas (ou mercadorias alheias) de um lugar para outro, mediante remuneração, assumindo, como obrigação principal, uma obrigação de resultado[5]. Essas pessoas devem ser transportadas com "segurança, conforto, higiene, tranquilidade e dignidade", o que permite afirmar que o Direito dos Transportes é um Direito de pessoas"[6]. A existência de uma cláusula de incolumidade surge, por isso, como a mais importante caraterística do contrato de transporte, sendo uma decorrência natural da obrigação de deslocação. Isto significa que se encontra no mesmo plano hierárquico que esta para efeitos de responsabilidade do transportador em caso de incumprimento[7]. Os elementos do contrato de transporte são, por isso, o objeto da prestação a cargo do transportador, ou seja, a deslocação de pessoas (incólumes) ou de mercadorias; o objeto da prestação a cargo do passageiro, que se traduz no pagamento do preço do transporte; o meio

passageiros dos transportes aéreos em caso de recusa de embarque e de cancelamento ou atraso considerável dos voos, e que revoga o Regulamento (CEE) n.º 295/91. Publicado no Jornal Oficial da União Europeia, L 46, de 17 de fevereiro de 2004.

[3] Como aponta Manuel Januário da Costa Gomes, "O regime europeu do transporte marítimo de passageiros. Entre o regulamento «marítimo» da responsabilidade do transportador e o regulamento «consumerista» dos direitos dos passageiros", in. M. Januário da Costa Gomes (coord.), *Temas de Direito dos Transportes*, Vol. III, pp. 7-61, em particular, p. 9.

[4] Cfr. Hugo Ramos Alves, *Direito Aéreo – Uma introdução*, Lisboa, AAFDL, 2019, pp. 545 e 549.

[5] Pedro Pais de Vasconcelos/Pedro Leitão Pais de Vasconcelos, *Direito Comercial*, Vol. I, 2.ª ed., Coimbra, Almedina, 2020, p. 295.

[6] A afirmação é de António Menezes Cordeiro, "Introdução ao Direito dos Transportes", in M. Januário da Costa Gomes (coord.), *I Jornadas de Lisboa de Direito Marítimo. O contrato de transporte marítimo de mercadorias*, Coimbra, Almedina, 2008, pp. 7-39, em particular, p. 38.

[7] Neste sentido, cfr. Hugo Ramos Alves, "A disciplina europeia da sobrereserva: entre o dever de proteção e a pena legal", in *Temas de Direito dos Transportes*, Vol. V, Coimbra, Almedina, 2020, pp. 361-411, em particular, pp. 367-368. Em sentido contrário, na doutrina italiana, cfr. Alfredo Antonini, *Corso di Diritto dei Trasporti*, terza edizione, Milano, Giuffrè, 2015, pp. 230-231, que aponta a proteção do passageiro como uma das "obrigações instrumentais e acessórias do transportador".

de transporte através do qual será realizada a prestação; a viagem (locais de partida e de destino) e, eventualmente, o itinerário a seguir; e o tempo de execução da prestação[8].

Para além da obrigação principal, podem apontar-se diversas obrigações acessórias assumidas pelo transportador no âmbito da celebração de um contrato de transporte. É o caso, nomeadamente do dever de informação; do dever de assistência aos passageiros, que assume particular importância quando estes têm mobilidade reduzida; e do dever de transporte das bagagens[9].

Os Regulamentos mencionados, em que o Direito dos Transportes se encontra com o Direito do Consumo, contemplam soluções específicas para alguns casos de incumprimento ou cumprimento defeituoso da prestação por parte do transportador. O dano resultante deste incumprimento não se confunde com aquele que resulta da verificação de um acidente e que se traduz num dano na pessoa do passageiro ou da sua bagagem[10]. De qualquer forma, ambos se encontram disciplinados nos Regulamentos relevantes em matéria de transporte terrestre ferroviário e rodoviário[11].

No que se refere ao *transporte ferroviário*, a União Europeia visa recuperar a quota de mercado para o caminho de ferro, no transporte de passageiros e mercadorias, o que tem feito através de um programa de investimentos em infraestruturas ferroviárias e de políticas de incentivo à separação contabilística entre a infraestrutura e a operação de transporte. Com isto pretende-se uma abertura do mercado, estimulando, assim, a concorrência. Na realidade, os principais problemas existentes no setor ferroviário resultavam de uma situação de ausência de concorrência até ao momento em que foram emanadas as Diretivas relativas à liberalização do mesmo, a partir dos anos noventa[12]. Apesar dos objetivos ambiciosos da União Europeia neste setor,

[8] Cfr. Antonini, *op. cit.*, p. 220 e ss.

[9] Cfr. Antonini, *op. cit.*, p. 230 e ss.

[10] Segundo Antonini, *op. cit.*, p. 266, um acidente é "qualquer acontecimento desfavorável, suscetível de incidir negativamente na execução do transporte, causando um dano ao objeto material do mesmo (pessoas ou coisas), ao veículo que o realiza ou a terceiros" (a tradução é nossa).

[11] O mesmo não acontece no âmbito do transporte marítimo, por exemplo, o que levou Januário da Costa Gomes a concluir que os dois instrumentos relevantes na matéria – o Regulamento n.º 292/2009 e o Regulamento n.º 1177/2010 – deveriam ser cindidos "num corpo legislativo único, coerente e harmónico em termos de técnica legislativa (...)" (*op. cit.*, p. 61).

[12] Desde que o setor foi aberto à concorrência, em 2001, surgiram três pacotes, denominados pacotes ferroviários, num espaço de dez anos. Em abril e dezembro de 2016 foi apro-

em 2010, o transporte ferroviário representava apenas 7% do tráfego terrestre de passageiros na União Europeia[13].

Em matéria de proteção dos passageiros, releva o Regulamento (CE) n.º 1371/2007, relativo aos direitos e obrigações dos passageiros dos serviços ferroviários[14-15-16]. Trata-se de um Regulamento que será revogado pelo Regulamento (UE) n.º 2021/782 a partir de 7 de junho de 2023[17]. Também resulta dos considerandos destes Regulamentos a lógica consumerista que lhes subjaz[18]. O RSF aplica-se a todas as viagens e serviços ferroviários na Comunidade que sejam fornecidos por uma ou mais empresas ferroviárias titulares de uma licença (artigo 2.º). Trata-se de um Regulamento que recebe

vado um quarto pacote, relativo ao pilar técnico e ao pilar de mercado, com vista a concluir o espaço ferroviário europeu único. Resulta do Livro Branco de 2011, da Comissão Europeia, com o título: "Roteiro do espaço único europeu dos transportes – rumo a um sistema de transportes competitivo e económico em recursos" [COM(2011) 144] o objetivo de garantir que a maior parte do transporte de passageiros de médio curso seja realizado por via ferroviária até 2050. Por outro lado, a curso prazo, ou seja, até 2030, pretende-se triplicar a extensão da rede ferroviária de alta velocidade. Finalmente, a longo prazo, o objetivo será a conclusão da rede ferroviária europeia de alta velocidade (o documento encontra-se disponível em: https://eur-lex.europa.eu/legal-content/PT/ALL/?uri=celex%3A52011DC0144, consultado a 1 de outubro de 2021).

[13] Cfr. *Relatório sobre a aplicação do Regulamento (CE) n.º 1371/2007 do Parlamento Europeu e do Conselho, de 23 de outubro de 2007, relativo aos direitos e obrigações dos passageiros dos serviços ferroviários*, COM(2013) 587 final, p. 3. Disponível em: https://eur-lex.europa.eu/resource.html?uri=cellar:09b46d53-0897-11e3-a352-01aa75ed71a1.0022.01/DOC_1&format=PDF (consultado a 1 de outubro de 2021).

[14] Regulamento n.º 1371/2007 do Parlamento Europeu e do Conselho, de 23 de outubro de 2007, relativo aos direitos e obrigações dos passageiros dos serviços ferroviários, publicado no Jornal Oficial da União Europeia, L 315, de 3 de dezembro de 2007. No plano interno, releva o Decreto-Lei n.º 58/2008, de 26 de março, que foi republicado com as alterações que lhe foram introduzidas pelo Decreto-Lei n.º 124-A/2018, de 31 de dezembro.

[15] De agora em diante designado por RSF.

[16] Para uma análise mais desenvolvida da proteção do passageiro no transporte ferroviário, cfr. o nosso texto (que seguimos de perto em alguns pontos da nossa exposição) "Notas sobre a proteção do passageiro no transporte ferroviário", *Revista de Direito Comercial*, 2021-02-21, pp. 351-430, disponível em https://www.revistadedireitocomercial.com/notas-sobre-a-protecao-do-passageiro-no-transporte-ferroviario.

[17] Regulamento (UE) n.º 2021/782, do Parlamento Europeu e do Conselho, de 29 de abril de 2021, relativo aos direitos e obrigações dos passageiros dos serviços ferroviários, publicado no Jornal Oficial da União Europeia, L 172, de 17 de maio de 2021. A revogação em causa resulta do seu artigo 40.º.

[18] Cfr. a título de exemplo, os considerandos 2 e 3 do RSF e os considerandos 2 a 5 do Regulamento n.º 2021/728.

e complementa, no âmbito da União Europeia, as Regras CIV da COTIF, no que se refere ao transporte ferroviário de passageiros[19].

No âmbito *do transporte rodoviário de passageiros*, merece especial referência o Regulamento (UE) n.º 181/2011, do Parlamento Europeu e do Conselho, de 16 de fevereiro de 2011, respeitante aos direitos dos passageiros no transporte de autocarro[20], que alterou o Regulamento (CE) n.º 2006/2004[21]-[22] Este visa "garantir aos passageiros um elevado nível de protecção, comparável ao de outros modos de transporte, independentemente do local em que viajem", por isso "deverão ser plenamente tidas em conta as exigências de defesa dos consumidores em geral" (considerando 1). O passageiro dos serviços de transporte de autocarro é visto como a parte mais fraca, devendo ser-lhe concedido um nível mínimo de pro-

[19] A COTIF (*Convenção Internacional Relativa ao Transporte de Passageiros e Mercadorias por Caminho de Ferro*) de 9 de maio de 1980, foi aprovada para ratificação na ordem jurídica portuguesa pelo Decreto n.º 50/85, de 27 de novembro e inclui diversas regras uniformes, nomeadamente as Regras Uniformes Relativas ao Contrato de Transporte Internacional Ferroviário de Passageiros (CIV) que constituem o seu apêndice A. A COTIF foi alterada pelo Protocolo de 3 de junho de 1999, conhecido por Protocolo de Vilna, assinado por Portugal em 9 de dezembro do mesmo ano e aprovado pelo Decreto n.º 3/2004. Apesar de a versão autêntica ser em francês (artigo 45.º, n.º 1 COTIF), a tradução para português surge em anexo aos referidos Decretos. Em 23 de junho de 2011, a União Europeia acedeu à COTIF, nos termos do artigo 38.º desta Convenção.

[20] De agora em diante designado por RTA.

[21] Publicado no Jornal Oficial da União Europeia, L 55, de 28 de fevereiro de 2011. O transporte em autocarros é visto como um modo de transporte flexível, na medida em que, em contraste com os comboios e aviões, permite facilmente embarcar e desembarcar passageiros em qualquer local, com um mínimo de infraestruturas fixas. Este transporte detém uma quota de 9,2% de todos os transportes terrestres de passageiros da UE e constitui o modo mais importante de transporte terrestre de passageiros a seguir aos veículos particulares (81,7%) [cfr. *Relatório da Comissão ao Parlamento Europeu e ao Conselho, sobre a aplicação do Regulamento (UE) n.º 181/2011, respeitante aos direitos dos passageiros no transporte de autocarro e que altera o Regulamento (CE) n.º 2006/2004*, COM(2016) 619 final, p. 2. Disponível em: https://eur-lex.europa.eu/legal-content/PT/ALL/?uri=CELEX:52016DC0619, consultado a 1 de outubro de 2021].

[22] Na ordem jurídica portuguesa, foi publicado o Decreto-Lei n.º 9/2015, de 15 de janeiro, que estabelece as condições que devem ser observadas no contrato de transporte rodoviário de passageiros e bagagens, reportando-se ao contrato de transporte, às obrigações do operador e aos direitos e obrigações dos passageiros. Este diploma aplica-se ao transporte rodoviário nacional, bem como ao transporte rodoviário internacional, na parte que se refere à operação em território nacional. Publicado no Diário da República, Série I, de 15 da janeiro de 2015.

teção (considerando 2). O RTA aplica-se aos passageiros de serviços regulares de categorias não especificadas de passageiros, sempre que o ponto de embarque e desembarque esteja situado no território de um estado membro (artigo 2.º)[23].

Ainda no que se refere aos passageiros que viajam de autocarro é de salientar os direitos adicionais que resultam da Diretiva (UE) n.º 2015/2302, do Parlamento Europeu e do Conselho, de 25 de novembro de 2015, relativa às viagens organizadas e aos serviços de viagem conexos[24]. Estabelece o artigo 2.º, n.º 8 RTA que as suas disposições não afetam os direitos dos passageiros estabelecidos pela Diretiva n.º 90/314/CEE do Conselho, de 13 de junho de 1990, relativa às viagens organizadas e circuitos organizados, entretanto revogada pela referida Diretiva (UE) n.º 2015/2302, e não deverão aplicar-se aos casos de cancelamento de circuitos organizados por motivos distintos do cancelamento do serviço de transporte em autocarro. Na nossa ordem jurídica, a Diretiva (UE) n.º 2015/2302 foi transposta pelo Decreto-Lei n.º 17/2018, de 8 de março, diploma que não será aqui aprofundado por exorbitar o âmbito específico do transporte de autocarro e atendendo ao teor sucinto deste texto[25].

Saliente-se, por fim, o Regulamento (CE) n.º 2006/2004 que prevê um quadro adequado no âmbito do qual os organismos nacionais de aplicação podem cooperar mutuamente e defender os interesses coletivos dos consumidores num contexto transfronteiriço e que também não será aqui objeto de uma análise mais detida[26].

[23] De acordo com o artigo 3.º, alínea a) do Regulamento, serviços regulares "são serviços que asseguram o transporte de passageiros em autocarro com frequência e percurso determinados, e em que os passageiros podem ser tomados e largados em paragens previamente estabelecidas".

[24] A Diretiva (UE) n.º 2015/2302, de 25 de novembro de 2015, altera o Regulamento (CE) n.º 2006/2004 e a Diretiva n.º 2011/83/EU do Parlamento Europeu e do Conselho e revoga a Diretiva n.º 90/314/CEE do Conselho. Publicada no Jornal Oficial da União Europeia, L 326, de 11 de dezembro de 2015.

[25] Para maiores desenvolvimentos sobre a temática das viagens organizadas e do regime jurídico resultante do Decreto-Lei n.º 17/2018, cfr. Hugo Ramos Alves, *Direito Aéreo – Uma introdução*, cit., p. 568 e ss.

[26] Regulamento (CE) n.º 2006/2004, do Parlamento Europeu e do Conselho, de 27 de outubro de 2004, relativo à cooperação entre as autoridades responsáveis pela aplicação da legislação de defesa do consumidor, («regulamento relativo à cooperação no domínio da defesa do consumidor», publicado no Jornal Oficial da União Europeia, L 364, de 9 de dezembro de 2004).

2. Informação e assistência ao passageiro

A lógica consumerista que carateriza cada vez mais o Direito material dos Transportes emanado pela União Europeia traduz-se na existência de um direito do passageiro a ser informado, que tem vindo a ser progressivamente reforçado. Trata-se de um direito que assume particular importância nas situações "patológicas" em que o transporte não pode ser executado em conformidade com o que foi acordado entre o transportador e o passageiro e naqueloutras em que a realização do transporte não é possível[27].

No *transporte ferroviário*, as empresas ferroviárias (e os vendedores de bilhetes que propõem contratos de transporte um nome de uma ou mais empresas ferroviárias) devem facultar ao passageiro, quando este o solicitar, pelo menos as informações relativas a: condições gerais de transporte, viagens mais rápidas, viagens e tarifas mais baixas, acessibilidade, condições de acesso e existência a bordo de condições para as pessoas portadoras de deficiência e para as pessoas com mobilidade reduzida, acessibilidade e condições de acesso para bicicletas, disponibilidade de serviços a bordo, procedimentos para a apresentação de queixas e outros aspetos previstos na Parte I do Anexo II, por remissão do artigo 8.º, n.º 1 RSF. Por outro lado, resulta da Parte II do mesmo anexo que, durante a viagem, as empresas ferroviárias devem informar os passageiros dos seguintes aspetos: serviços a bordo, estação seguinte, atrasos, principais correspondências e questões relativas à segurança (*ex vi* do artigo 8.º, n.º 2). Na forma de prestar as informações referidas deve ser dispensada uma atenção particular às necessidades das pessoas com deficiência e às pessoas com mobilidade reduzida (artigo 8.º, n.º 3 RSF, o mesmo resultando do 20.º, n.º 3 RTA).

Ainda no transporte ferroviário, as empresas ferroviárias (ou as autoridades competentes responsáveis por um contrato publico de serviço ferroviário) tornam públicas as decisões de suprimir serviços, pelos meios adequados e antes da respetiva aplicação (artigo 7.º RSF). Por outro lado, o artigo 29.º RSF estabelece que, ao venderem bilhetes, as empresas ferroviárias, os gestores de estações e os operadores turísticos devem informar os passageiros dos seus direitos e obrigações de acordo com o Regulamento. Para tanto, devem utilizar uma síntese do RSF, preparada pela Comissão Europeia em todas as línguas oficiais da União Europeia, que lhes será disponibilizada. As mesmas entidades devem informar os passageiros de maneira adequada nas estações e a bordo do comboio sobre a forma de

[27] Cfr. Antonini, *op. cit.*, p. 232.

contactar o organismo ou organismos designados pelos Estados Membros como responsáveis pela execução do Regulamento (organismos nacionais de aplicação), nos termos do artigo 30.º. Este organismo deverá tomar as medidas necessárias para garantir o respeito pelos direitos dos passageiros[28].

O Regulamento n.º 2021/782 virá reforçar consideravelmente os direitos dos passageiros em matéria de informação. Veja-se, por exemplo, o alargamento das informações previstas na Parte I (a facultar antes da viagem) e na Parte II (a facultar durante a viagem) do Anexo II (*ex vi* do artigo 9.º, n.ºs 1 e 2). Estas passam a incluir aspetos como perturbações e atrasos previstos e em *tempo real* e informação facultada antes da compra sobre se o bilhete constitui um bilhete único; por outro lado, a informação relativa aos serviços a bordo elenca serviços como Wi-Fi e sanitários. Resulta, de facto, do artigo 9.º, n.º 3 do novo Regulamento que as informações referidas nos n.ºs 1 e 2 do preceito devem ser facultadas aos passageiros se possível com base em informações de viagem em tempo real, fazendo uso das tecnologias de comunicação adequadas. Por outro lado, o artigo 10.º, n.º 1 determina que os gestores de infraestrutura difundem em tempo real os dados sobre as chegadas e partidas de comboios às empresas ferroviárias, aos vendedores de bilhetes, aos operadores turísticos e aos gestores de estações[29].

No *transporte de autocarro* o transportador tem de informar os passageiros em caso de cancelamento ou de atraso na partida de um serviço regular, comunicando-lhes a hora prevista de partida. Se os passageiros perderem um serviço de correspondência dentro do horário, devido a um cancela-

[28] Em Portugal, esta tarefa incumbe à Autoridade da Mobilidade e dos Transportes (AMT), que veio substituir o Instituto da Mobilidade e dos Transportes, I.P., na sequência do Programa de Assistência Económica e Financeira de 2014, nos termos do Decreto-Lei n.º 78/2014, de 14 de maio. A informação relativa aos organismos nacionais de aplicação do RSF encontra-se disponível em: https://ec.europa.eu/transport/sites/default/files/2007_1371_national_enforcement_bodies.pdf (consultado a 20 de outubro de 2021).

[29] De acordo com o considerando 12 do Regulamento n.º 2021/782, "o acesso a todas as informações em tempo real, incluindo às informações sobre as tarifas, torna as viagens ferroviárias mais acessíveis a novos clientes e oferece-lhes um leque mais vasto de opções de viagem e tarifas. As empresas ferroviárias deverão dar acesso às informações sobre as viagens e a possibilidade de efetuar ou anular reservas a outras empresas ferroviárias, aos vendedores de bilhetes e aos operadores turísticos que vendam os seus serviços a fim de facilitar a utilização dos serviços ferroviários. Os gestores de infraestrutura deverão difundir em tempo real os dados sobre as chegadas e partida de comboios às empresas ferroviárias e aos gestores de estações, bem como aos vendedores de bilhetes e aos operadores turísticos, a fim de facilitar a utilização dos serviços ferroviários".

mento ou a um atraso, o transportador (ou o organismo gestor do terminal, se for o caso) deve efetuar todas as diligências razoáveis para informar os passageiros das correspondências alternativas (artigo 20.º RTA).

Por outro lado, resulta do artigo 24.º RTA, sob a epígrafe "direito a informações de viagem", que os transportadores e os organismos gestores dos terminais prestam aos passageiros informações adequadas durante toda a viagem, nas respetivas esferas de competência. Acresce que essas informações deverão ser prestadas em formatos acessíveis, a pedido, se isso for viável.

Finalmente, à semelhança do que acontece no RSF, o artigo 25.º RTA determina que, nas respetivas esferas de competência, os transportadores e os organismos gestores dos terminais garantem que sejam prestadas aos passageiros informações adequadas e compreensíveis sobre os seus direitos ao abrigo do Regulamento, o mais tarde no momento da partida. Tais informações serão prestadas nos terminais e, se aplicável, na internet. Se for viável, as pessoas com deficiência e com mobilidade reduzida podem pedir que as informações sejam prestadas num formato acessível. No âmbito dessas informações incluem-se os contactos do organismo ou organismos de aplicação designados pelos Estados Membros para proceder à execução do Regulamento nos termos do artigo 28.º, n.º 1[30]. Para dar cumprimento ao dever de informação referido, os transportadores e os organismos gestores dos terminais podem utilizar uma síntese das disposições do RTA elaborada pela Comissão Europeia nos mesmos moldes que ficaram referidos a propósito do RSF.

Em matéria de assistência, no *transporte ferroviário*, o reforço dos direitos dos passageiros "em caso de atrasos, perda de correspondência ou anulação de um serviço deverá conduzir a maiores incentivos ao mercado de transporte ferroviário de passageiros, em benefício dos passageiros"[31]. De igual modo, na mesma matéria, *no transporte de autocarro* "os inconvenientes causados aos passageiros em caso de cancelamento ou de atraso significativo para a sua viagem deverão ser reduzidos (...). Se os transportadores não prestarem a devida assistência aos passageiros, estes deverão ter direito a compensação financeira"[32]. Por outro lado, "(...) em caso de morte, danos

[30] Em Portugal essa tarefa cabe à AMT. A informação relativa aos organismos nacionais de aplicação dos diversos Estados Membros encontra-se disponível em: https://ec.europa.eu/transport/sites/default/files/2011_0181_national_enforcement_bodies.pdf (consultado a 20 de outubro de 2021).

[31] Considerando 13 do RSF.

[32] Considerando 16 do RTA.

não patrimoniais, extravio ou danos das bagagens devido a um acidente decorrente da utilização do autocarro, os passageiros deverão ter direito a assistência no que diz respeito às suas necessidades práticas imediatas e na sequência de um acidente. Essa assistência deverá incluir, quando necessário, os primeiros socorros, o alojamento, a alimentação, o vestuário e os transportes"[33].

Embora existam diferenças no regime aplicável aos diversos meios de transporte no que se refere à assistência, as suas linhas gerais são semelhantes e, por vezes, iguais. Em traços gerais, quando prevista, tal assistência traduz-se, como resulta dos considerandos mencionados, na oferta gratuita aos passageiros de refeições, bebidas e alojamento. O tema será desenvolvido nos pontos seguintes.

3. A assistência a passageiros com deficiência ou com mobilidade reduzida

Há muito que o legislador se vem mostrando progressivamente mais sensível aos direitos das pessoas com deficiência. É nessa linha que, no plano internacional, foi aprovada a *Convenção Sobre os Direitos das Pessoas com Deficiência*, celebrado no seio da ONU, e concluída em Nova Iorque em a 13 de dezembro de 2006, tendo iniciado a sua vigência a nível internacional no dia 3 de maio de 2008[34]. Esta particular atenção quanto à situação destas pessoas reflete-se em diversas disposições normativas relevantes nos diplomas da União Europeia, nomeadamente no RTA (artigos 9.º a 18.º) e no RSF (artigos 19.º a 25.º)[35].

Neste âmbito, relativamente às pessoas portadoras de deficiência ou às pessoas com mobilidade reduzida, o transportador deve estabelecer regras

[33] Considerando 6 do RTA.

[34] Em Portugal, esta Convenção foi aprovada e ratificada, juntamente com o seu Protocolo Adicional, pelas Resoluções da Assembleia da República n.º 56/2009 e n.º 57/2009, e pelos Decretos do Presidente da República n.º 71/2009 e n.º 72/2009, de 30 de julho.

[35] A «pessoa com deficiência ou pessoa com mobilidade reduzida» é definida como "qualquer pessoa que se encontre limitada na sua mobilidade quando utiliza um meio de transporte devido a qualquer incapacidade física (sensorial ou locomotora, permanente ou temporária), a uma incapacidade ou deficiência intelectual ou a qualquer outra causa de incapacidade ou à idade, e cuja situação exija uma atenção adequada e a adaptação dos serviços disponibilizados a todos os passageiros às suas necessidades específicas" [artigos 3.º, n.º 15 RSF e 3.º, alínea j) RTA]. Trata-se de uma definição que, segundo Januário da Costa Gomes, poderá dar lugar a dificuldades aplicativas (*op. cit.*, p. 40).

de acesso não discriminatórias sem custos adicionais, não pode recusar o transporte nem exigir que seja acompanhada por outra pessoa e deve garantir a acessibilidade às infraestruturas e aos meios de transporte. O seu dever de assistência também se manifesta no embarque e desembarque do veículo de transporte, bem como durante a permanência do passageiro no mesmo, se tal for solicitado com a antecedência prevista; na ausência desse pedido, o transportador ou o gestor da infraestrutura deverá efetuar todas as diligências razoáveis para o cumprimento dessa finalidade. Ainda de notar que o transportador responde pelos danos causados em cadeiras de rodas ou em dispositivos de assistência, sendo a indemnização igual ao custo de substituição ou reparação dos equipamentos, sem quaisquer limites relativos ao *quantum* indemnizatório[36_37].

A *Convenção Sobre os Direitos das Pessoas com Deficiência* é mencionada no considerando 8 do RTA, embora não o seja no RSF, por este ter uma data anterior à data de entrada em vigor da mesma.

Em linha com a *Convenção Sobre os Direitos das Pessoas com Deficiência*, o Regulamento n.º 2021/782 procederá a um alargamento desses direitos, introduzindo algumas novidades na matéria, quando for aplicável[38]. Nesse sentido, veja-se, por exemplo, as referências expressas aos cães-guia que acompanham o passageiro e que passam também a estar incluídos no preceito relativo à indemnização pelo equipamento de mobilidade e dispositivos de assistência. Neste caso, a indemnização deverá abranger o custo de substituição, em caso de perda, ou do tratamento dos ferimentos. Por outro lado, tenha-se em atenção a preocupação com a formação do pessoal,

[36] Para uma descrição sumária destes direitos dos passageiros com deficiência ou com mobilidade reduzida, cfr. Antonini, *op. cit.*, p. 233.

[37] Trata-se de um regime legal que se coaduna com os princípios gerais que resultam do artigo 3.º da Convenção, a saber: a) O respeito pela dignidade inerente, autonomia individual, incluindo a liberdade de fazerem as suas próprias escolhas, e independência das pessoas; b) Não discriminação; c) Participação e inclusão plena e efectiva na sociedade; d) O respeito pela diferença e aceitação das pessoas com deficiência como parte da diversidade humana e humanidade; e) Igualdade de oportunidade; f) Acessibilidade; g) Igualdade entre homens e mulheres; h) Respeito pelas capacidades de desenvolvimento das crianças com deficiência e respeito pelo direito das crianças com deficiência a preservarem as suas identidades. Sobre a Convenção cfr. Joaquim Correia Gomes / Luísa Neto / Paula Távora Vítor (coord.), *Convenção Sobre os Direitos das Pessoas Com Deficiência – Comentário*, Lisboa, Imprensa Nacional, 2020. *E-book* disponível em: https://cijeup.pt//client/files/0000000001/cdpdl_1618.pdf (consultado a 8 de outubro de 2021).

[38] A Convenção é mencionada no considerando 27 do Regulamento.

a quem incumbe prestar assistência direta a pessoas com deficiência e a pessoas com mobilidade reduzida, bem como do pessoal que trabalha, nas estações e a bordo dos comboios, em contacto direto com os passageiros.

Pelo contrário, o RTA já se reporta à Convenção mencionada, visto que esta já se encontrava em vigor aquando da sua aprovação. Nesse sentido, em matéria de assistência, veja-se o artigo 13.º, que estabelece que, sob reserva das condições não discriminatórias normativamente previstas de acesso para o transporte de pessoas com deficiência ou com mobilidade reduzida, os transportadores e os organismos gestores dos terminais têm de prestar, nesses terminais, e durante a viagem pelo menos a assistência prevista no anexo I. Resulta da parte a) do anexo I, nomeadamente que o transportador deve transportar um cão-guia credenciado a bordo do autocarro, se for o caso. No entanto, ao contrário do que resulta do novo regulamento em matéria de transporte ferroviário, o RTA não tem uma previsão específica relativa à indemnização por danos causados aos cães-guia, conforme se retira de uma leitura do artigo 17.º.

Ainda relativamente ao RTA, em matéria de formação, resulta do artigo 16.º que os transportadores ou os organismos gestores dos terminais estabelecem procedimentos de formação relacionados com a deficiência e asseguram que o pessoal que presta assistência direta a pessoas com deficiência ou com mobilidade reduzida, bem como o pessoal que lida diretamente com os passageiros recebe a formação que se encontra prevista no anexo II, relativamente a pessoas com deficiência ou com mobilidade reduzida.

4. A proteção do passageiro em caso de supressão/cancelamento, *overbooking*, atraso ou perda de correspondência

No *transporte ferroviário*, a matéria em análise é regulada pelo artigo 32.º do Anexo I do RSF, aplicável por remissão do artigo 15.º. Resulta deste preceito que o transportador será responsável perante o passageiro pelo prejuízo decorrente do facto de a viagem não prosseguir no mesmo dia, ou de a sua prossecução não ser razoavelmente exigível no mesmo dia devido às circunstâncias dadas, por motivos de supressão, atraso ou perda de correspondência. Esta indemnização somente inclui as despesas razoáveis de alojamento e as que forem ocasionadas por notificação enviada às pessoas que esperam o passageiro. Trata-se de uma responsabilidade objetiva do transportador, que é atenuada pelo facto de este poder ficar dela isento, quando a supressão, o atraso ou a perda de correspondência resultem de uma das causas previstas no artigo 32.º, n.º 2[39]. Devido a algumas insuficiências deste regime, o RSF complementa-o com disposições adicionais no seu Capítulo IV (artigos 15.º a 18.º).

Se se verificar um atraso superior a sessenta minutos, o passageiro pode escolher entre o reembolso total do bilhete ou, nas situações em que a viagem já se iniciou, o regresso ao ponto de partida ou o prosseguimento da viagem em condições de transporte equivalentes, na primeira oportunidade ou numa data posterior da sua conveniência (artigo 16.º RSF) [40]. O mesmo se aplicará, por maioria de razão, quando o transporte for anulado. O reembolso do preço do bilhete constitui uma resolução do contrato[41].

Um passageiro confrontado com um atraso superior a sessenta minutos pelo qual não tenha sido reembolsado nos termos do artigo 16.º, poderá pedir uma compensação económica à empresa ferroviária, sem perder o direito ao transporte (artigo 17.º). Apesar da terminologia utilizada pelo legislador comunitário, estas compensações não são verdadeiras indemnizações, não se tratando, sequer, de situações de responsabilidade em sentido estrito, mas, pelo contrário, enquadram-se na preocupação do legislador comunitário de estabelecer um sistema de garantias mínimas, de acordo com a lógica consumerista que carateriza o RSF[42]. Na verdade, o passageiro nem sequer tem de demonstrar a existência de um dano, para poder beneficiar das atribuições pecuniárias em causa.

Tal compensação é calculada segundo uma percentagem do preço do bilhete. Ou seja, corresponde a 25% do preço do bilhete, em atrasos de

[39] A saber: a) Circunstâncias alheias à exploração ferroviária que, não obstante a diligência requerida segundo as particularidades do caso, o transportador não pudesse evitar e a cujas consequências não pudesse obviar; b) Uma falta do passageiro; c) Um comportamento de um terceiro que, não obstante a diligência requerida segundo das particularidades do caso, o transportador não pudesse evitar e a cujas consequências não pudesse obviar. Nesta situação não é considerado um terceiro outra empresa que utilize a mesma infraestrutura ferroviária, embora o direito de regresso não seja afetado.

[40] O atraso é entendido como "a diferença horária entre a hora a que o passageiro deveria chegar de acordo com o horário publicado e a hora real ou prevista da sua chegada" (artigo 3.º, n.º 12 RSF).

[41] Neste sentido, cfr. Antonini, *op. cit.*, pp. 244-245.

[42] Sobre a questão, cfr. Daniel Morais, *op. cit.*, p. 372 e ss. A propósito do regime idêntico do artigo 19.º do Regulamento n.º 1177/2010, Januário da Costa Gomes afirma que está em causa uma situação de responsabilidade objetiva. Por outro lado, entende que, na medida em que a "indemnização" não depende da prova de qualquer dano por parte do passageiro, ela é devida como pena de fonte legal, somente pelo facto de se verificarem os requisitos de aplicação da norma (*op. cit.*, p. 57).

60 a 119 minutos, e a 50% desse preço, em atrasos iguais ou superiores a 120 minutos. Esta compensação somente encontra dois limites: por um lado as empresas ferroviárias podem estabelecer um limite mínimo abaixo do qual não serão pagas quaisquer atribuições, limite esse que não poderá exceder os € 4 (artigo 17.º, n.º 3); por outro lado, um atraso inferior a sessenta minutos será irrelevante (n.º 4 do mesmo preceito).

Para além destas causas de isenção da *responsabilidade* do transportador em caso de atraso no que se refere à compensação em causa, as condições gerais de transporte não podem prever outras, *v.g.*, por motivo de força maior, ou por uma das causas previstas no artigo 32.º, n.º 2 das Regras Uniformes CIV[43]. Esta solução legal será alterada com o Regulamento n.º 2021/782, que contempla um conjunto de causas de isenção da *responsabilidade* do transportador para estas situações no seu artigo 19.º, n.º 10. De notar que são expressamente contempladas "graves crises de saúde pública", como é o caso de uma pandemia[44].

[43] Foi esta a posição do TJUE num acórdão de 26 de setembro de 2013 (Caso C-509/11). Disponível em:
http://curia.europa.eu/juris/document/document.jsf?text=Regulamento%2B1371%252F2007&docid=142215&pageIndex=0&doclang=pt&mode=req&dir=&occ=first&part=1&cid=22440712#ctx1.
Nas suas conclusões, o Advogado-Geral Niilo Jääskinen (parágrafos 32 a 38) entendeu que seria inadmissível a interpretação do art. 17.º, n.º 1 RSF à luz do princípio geral da União Europeia, relativo à força maior, tendo em conta os objetivos do Regulamento de proteção do consumidor. Não seria, por isso, admissível a aplicação analógica de preceitos como o artigo 5.º, n.º 3 do Regulamento n.º 261/2004/CE, que contempla diversas situações de exclusão da *responsabilidade* do transportador em caso de cancelamento do voo. Neste sentido, aponta, igualmente, o artigo 6.º do RSF, que estabelece a natureza imperativa das obrigações, para com os passageiros, nele previstas. Conclui-se, por isso, que, se o legislador tivesse pretendido limitar a aplicabilidade do artigo 17.º com fundamento em força maior, isso teria sido indicado no texto do Regulamento. Foi este o entendimento sufragado pelo Tribunal.

[44] Veja-se, a este propósito, o considerando 37, relativo às situações de atraso, que reza assim: "Contudo, as empresas ferroviárias não deverão ser obrigadas a pagar indemnização se puderem provar que o atraso foi causado por circunstâncias extraordinárias como condições meteorológicas extremas ou catástrofes naturais de grandes proporções que pudessem em perigo o funcionamento seguro dos serviços. Qualquer evento desta natureza deverá ter caráter de catástrofe natural excecional, distinta de condições meteorológicas sazonais normais, tais como as tempestades outonais ou a ocorrência periódica de inundações urbanas causadas por marés ou degelo. *Além disso, uma empresa ferroviária não deverá ser obrigada a pagar uma indemnização se puder provar que o atraso foi causado por uma grande crise de saúde pública, como uma pandemia.* Além disso, caso o atraso seja causado pelo passageiro ou por certos atos de terceiros, as empresas ferroviárias não deverão ser obrigadas a indemnizar pelo atraso.

Resulta do artigo 18.º RSF que, em caso de atraso, os passageiros têm direito à informação relativa à situação e à hora prevista de partida e de chegada. Por outro lado, têm direito à assistência contemplada no mesmo artigo, devendo ser-lhes gratuitamente oferecidas refeições, bebidas e, se for necessário, alojamento e transporte entre a estação ferroviária e o alojamento[45]. Se o comboio ficar bloqueado na linha, resulta ainda do preceito referido que aos passageiros será gratuitamente facultado o transporte do comboio para a estação ferroviária, para o ponto de partida num transporte alternativo ou para o destino final do serviço. Por último, de forma a facilitar a prova da situação, a pedido do passageiro, as empresas ferroviárias devem apor no bilhete uma certificação de que o serviço ferroviário sofreu um atraso, originou uma perda de correspondência ou foi anulado, consoante o caso (artigo 18.º).

No *transporte de autocarro*, o artigo 19.º do RTA prevê que, em caso de atraso superior a cento e vinte minutos, cancelamento ou sobrelotação (*overbooking*), será dada aos passageiros uma alternativa semelhante àquela que já referimos quanto ao transporte ferroviário, ou seja, o passageiro pode escolher entre o reembolso total do bilhete ou, nas situações em que a viagem já se iniciou, o regresso ao ponto de partida ou o prosseguimento da viagem em condições de transporte equivalentes, na primeira oportunidade (embora não numa data posterior da sua conveniência, como acontece no RSF)[46]. Se a referida alternativa não for oferecida ao passageiro, este terá

As empresas ferroviárias deverão provar que não poderiam prever nem evitar tais acontecimentos, nem evitar o atraso, mesmo que tivessem sido tomadas todas as medidas razoáveis, incluindo a manutenção preventiva adequada do seu material circulante. As greves de pessoal da empresa ferroviária, as ações ou omissões de outros operadores ferroviárias que utilizem a mesma infraestrutura, do gestor da infraestrutura ou dos gestores das estações não deverão afetar a responsabilidade pelos atrasos. As circunstâncias em que as empresas ferroviárias não são obrigadas a pagar indemnizações deverão ser objetivamente justificadas. Se dispuserem de uma comunicação ou de um documento do gestor da infraestrutura ferroviária, de uma autoridade pública ou de outro organismo independente das empresas ferroviárias em que se indiquem as circunstâncias nas quais se baseiam para estarem isentas da obrigação de pagar indemnização, as empresas ferroviárias deverão dar conhecimento dessas comunicações ou documentos aos passageiros e, se for pertinente, às autoridades competentes" (o itálico é nosso).

[45] Em matéria de assistência, recorde-se que se impõe a necessária articulação com o artigo 32.º do Anexo I do Regulamento.

[46] Sobre os problemas relacionados com o *overbooking* e, de uma forma mais ampla, com a recusa de embarque, embora no transporte aéreo, cfr. Daniel Morais, "A recusa de embarque injustificada no transporte aéreo internacional de passageiros: (des)equilíbrio dos interesses

direito a uma compensação no montante de 50% do preço do bilhete, que se soma ao reembolso desse preço[47]. Em caso de cancelamento ou de atraso na partida, o passageiro tem ainda direito a ser informado acerca da situação (artigo 20.º RTA).

Se o autocarro deixar de estar operacional durante a viagem, o transportador proporcionará a continuação do serviço noutro veículo a partir do local em que o veículo tenha ficado parado ou o transporte desse local para um local de espera ou terminal adequados de onde os passageiros possam prosseguir a sua viagem (artigo 18.º RTA).

Por outro lado, se o percurso tiver uma duração programada superior a três horas, o transportador deverá oferecer gratuitamente aos passageiros, quando se verifique um cancelamento ou um atraso superior a noventa minutos, refeições, bebidas e alojamento se for necessário (artigo 21.º RTA). No entanto, o transportador não terá de oferecer alojamento ao passageiro se provar que o cancelamento ou o atraso foram causados por "condições meteorológicas muito difíceis ou por grandes catástrofes naturais" que possam pôr em risco o funcionamento dos serviços de autocarro de uma forma segura (artigo 23.º, n.º 2 RTA). Trata-se de uma solução diferente da que resulta do RSF, que tem um regime unitário em matéria de atraso, enquanto o RTA estabelece direitos distintos dos passageiros consoante o alcance do atraso e a duração programada do percurso.

Apesar dos direitos que o RTA reconhece ao passageiro em caso de cancelamento e atraso (Capítulo IV, artigos 19.º a 23.º), este poderá sempre recorrer ao direito nacional relativo à responsabilidade do transportador em caso de incumprimento e por cumprimento defeituoso, nas situações de cancelamento, *overbooking*, atraso e perda de correspondência (22.º RTA)[48]. No RSF, a falta de uma previsão expressa neste sentido no seu Capítulo IV (relativo aos atrasos, perda de correspondências e anulações), ao contrário do que acontece no Capítulo III (relativo à responsabilidade das empresas ferroviárias pelos passageiros e suas bagagens), poderia causar algumas

em presença?", *Revista de Direito Comercial*, 2-11-2017, pp. 480-542, disponível em: https://www.revistadedireitocomercial.com/recusa-de-embarque-injustificada-no-transporte-aereo-internacional).

[47] Sobre a natureza desta compensação já nos pronunciámos, a propósito do RSF.

[48] Como faz notar Antonini, *op. cit.*, p. 261. No mesmo sentido, cfr. o considerando 15 do RTA: "o presente regulamento não deverá limitar os direitos dos transportadores a procurarem obter reparação por parte de qualquer pessoa, incluindo terceiros, ao abrigo da legislação nacional aplicável".

dúvidas quanto à possibilidade de se recorrer ao regime geral resultante do direito nacional. No entanto, esse recurso parece-nos admissível, na medida em que não existe uma separação estanque entre a tutela consumerista e a tutela ressarcitória do passageiro, reconhecendo, embora, a diferente natureza das compensações que possam ser arbitradas ao passageiro por ambas as vias[49]. Por isso e em suma, quando a tutela consumerista não funciona ou se mostra insuficiente, resta o recurso à tutela ressarcitória.

É a ausência de uma separação estanque entre ambas as vias de tutela do passageiro referidas que nos leva a analisar a responsabilidade do transportador em caso de morte e ferimento do passageiro, bem como a sua responsabilidade por danos causados às bagagens e aos animais, num texto inserido nuns *Estudos de Direito do Consumo*. Como referimos[50], os Regulamentos sobre os direitos dos passageiros no âmbito dos transportes terrestres tratam de ambas as matérias; por outro lado, não exigem que estes assumam a qualidade de consumidores para beneficiar da sua proteção. Por isso, mais do que da tutela do *consumidor*, trata-se da tutela do *passageiro* no Direito dos Transportes Terrestres.

5. A responsabilidade do transportador em caso de morte e ferimento do passageiro

No *transporte ferroviário*, em caso de morte e ferimento do passageiro, a responsabilidade do transportador é regulada pelos artigos 26.º e ss CIV, aplicáveis no âmbito comunitário *ex vi* do artigo 11.º RSF[51]. O mesmo preceito ressalva as próprias disposições do Regulamento, que, assumem um caráter complementar, e a "*legislação nacional* aplicável que garanta aos passageiros indemnização adicional por danos"[52]. De acordo com o artigo 8.º, n.º 2 da COTIF, na ausência de estipulação da Convenção, é aplicável o

[49] Em sentido contrário, realizando, aparentemente, uma separação rígida entre ambas as formas de tutela do passageiro, veja-se Hugo Ramos Alves, *Direito Aéreo – Uma introdução*, cit., p. 549, nota 1884, atendendo ao teor das críticas que dirigiu ao texto por nós publicado em matéria de recusa de embarque e já citado em nota anterior [cfr. "A recusa de embarque injustificada no transporte aéreo internacional de passageiros: (des)equilíbrio dos interesses em presença?" cit.]. Sobre a questão, cfr., igualmente, o nosso texto "Notas sobre a proteção do passageiro no transporte ferroviário", cit., pp. 374-375.

[50] Cfr. o ponto n.º 1.

[51] Neste ponto faremos referência aos preceitos das Regras CIV, sendo que a sua numeração no Anexo I do RSF é a mesma.

[52] O itálico é nosso.

direito nacional; entende-se por "direito nacional", o direito do Estado no qual o interessado faz valer os seus direitos, *incluindo as regras relativas aos conflitos de leis* (artigo 8.º, n.º 3 COTIF).

Resulta do artigo 26.º, n.º 1 CIV que o transportador será responsável: a) Pelo prejuízo que resulte da morte, de ferimento ou de qualquer outro dano causado à integridade física ou psíquica de um passageiro; b) Por motivo de acidente relacionado com a exploração ferroviária; c) Ocorrido durante a permanência do passageiro nos veículos ferroviários, à entrada para ou à saída dos mesmos em qualquer infraestrutura utilizada.

Os danos causados à "integridade psíquica" do passageiro englobam os prejuízos resultantes do choque causado pelo acidente. Por outro lado, o facto de estar em causa um acidente "relacionado com a exploração ferroviária" tem de ser articulado com a previsão do artigo 26.º, n.º 2, alínea a). A referência ao acidente "relacionado com a exploração ferroviária" no artigo 26.º, n.º 1 representa um limite adicional à responsabilidade do transportador. Assim, se não se souber a causa do acidente, ou não se conseguir determinar tal causa com alguma probabilidade, o transportador não responderá pelos danos; se se souber a causa do acidente, e esta não estiver relacionada com a exploração ferroviária, o transportador somente ficará isento da sua responsabilidade se demonstrar que agiu com a diligência requerida segundo as particularidades do caso[53].

Quando o acidente se relaciona com a exploração ferroviária, o transportador não pode invocar defeitos do veículo ferroviário para afastar a sua responsabilidade, mesmo que não esteja em causa a sua frota. Por outro lado, nos termos do artigo 51.º, o transportador é responsável pelos seus agentes e pelas pessoas a cujos serviços recorre para a execução do transporte, sempre que estes atuem no exercício das suas funções. Entre essas pessoas, encontram-se os gestores de infraestrutura por quem o transportador responde.

Trata-se de uma responsabilidade objetiva do transportador, embora mitigada, na medida em que o acidente tem de ocorrer durante a permanência do passageiro no veículo ferroviário, à sua entrada ou à sua saída e tem de estar relacionado com a exploração ferroviária[54].

[53] No mesmo sentido, cfr. Michela Comuzzo, "La responsabilità del vettore ferroviario nel trasporto di persone", in Rocco Lobianco (a cura di) *Compendio di Diritto Ferroviario*, Milano, Giuffrè, 2012, pp. 103-120, em particular pp. 110-111.

[54] Neste sentido, Michela Comuzzo, *op. cit*, pp. 109-111.

Para além da causa de isenção de responsabilidade prevista no artigo 26.º, n.º 2, alínea a), são ainda de apontar as seguintes causas de isenção: a) Falta do passageiro [n.º 2, alínea b) do mesmo preceito]; b) Ser o acidente devido ao comportamento de um terceiro, que, apesar da diligência requerida segundo as particularidades do caso, o transportador não pudesse evitar e a cujas consequências não pudesse obviar; para este efeito não se considera terceiro outra empresa que utilize a mesma infraestrutura ferroviária, sem prejuízo do direito de regresso [artigo 26.º, n.º 2, alínea c)][55]. Ainda quanto a esta segunda causa de isenção, resulta do artigo 26.º, n.º 3, que, se, apesar de o acidente se dever ao comportamento de um terceiro, o transportador não ficar totalmente isento de responsabilidade – por exemplo, porque não agiu com a devida diligência – responderá pela totalidade, dentro dos limites previstos nas Regras CIV, podendo, posteriormente, exercer o seu direito de regresso contra esse terceiro.

Deve-se entender que vigora no RSF um princípio de exclusividade no que se refere à determinação das causas de isenção da responsabilidade do transportador, ainda que o direito nacional possa ser mais benéfico para o passageiro[56]. No entanto, à semelhança do artigo 11.º RSF, resulta do artigo 26.º, n.º 4, que as Regras CIV não são exclusivas em matéria de responsabilidade do transportador, na medida em que não afetam a responsabilidade que possa caber ao transportador por danos que não estejam previstos no artigo 26.º, n.º 1 (por exemplo, o ressarcimento de danos não patrimoniais sofridos pelos familiares de uma vítima mortal).

Se estiverem em causa transportadores subsequentes, em caso de morte e de ferimento de passageiros será responsável o transportador a quem cabia a prestação de serviço de transporte durante a qual o acidente ocorreu, nos termos do contrato, ficando excluída a responsabilidade solidária (artigo 26.º, n.º 5)[57]. Pelo contrário, se o transportador recorrer a um

[55] Embora não haja uma referência expressa nesse sentido, não pode deixar de se entender que, havendo um concurso de culpas, o transportador também será responsabilizado.

[56] Neste sentido, cfr. a decisão da *Cour de Cassation* (1ère chambre civile), de 11 de dezembro de 2019 (n.º 1040). Disponível em: www.courdecassation.fr (consultado a 11 de outubro de 2021). A não ser esta a decisão, o propósito uniformizador do Regulamento seria posto em causa, devido a uma remissão mais frequente para a legislação nacional. O tribunal entendeu que o artigo 11.º RSF não poderia ser invocado para sustentar o contrário.

[57] Trata-se de uma opção criticável, pois não há responsabilidade solidária de todos os transportadores subsequentes, não se tendo conseguido um acordo nessa matéria, em 1999. Essa seria, no entanto, uma solução que melhor asseguraria a proteção, quer do passageiro, permitindo-lhe ser compensado de uma forma mais simples e célere, quer dos transporta-

transportador substituto[58], sempre que ambos sejam responsáveis, a sua responsabilidade será solidária (artigo 39.º, n.º 4 *ex vi* do artigo 26.º, n.º 5). O transportador contratual pode sempre recorrer a um transportador substituto ainda que tal faculdade não lhe seja reconhecida no contrato de transporte, embora não deixe de ser responsável pela totalidade do transporte (artigo 39.º, n.º 1). Por outro lado, o transportador substituto somente será responsável pela parcela do transporte por si efetuada.

Se o passageiro falecer, e a morte for imediata, a indemnização inclui as despesas necessárias, posteriores ao óbito, nomeadamente, as relativas ao transporte do corpo e ao funeral (artigo 27.º, n.º 1). Também têm direito a indemnização as pessoas que o passageiro tinha obrigação de alimentar e que, devido à sua morte, ficaram privadas do seu sustento. A ação por perdas e danos de pessoas a quem o passageiro assegurava o sustento, sem a isso ser obrigado por lei, ficam sujeitas ao direito nacional (artigo 27.º, n.º 2). As indemnizações atribuídas às pessoas referidas no artigo 28.º, n.º 2, devem ser pagas em capital, embora também o possam ser através da atribuição de uma renda, se o direito nacional o permitir e os interessados o pedirem (artigo 30.º, n.º 1). Todos os danos referidos são danos patrimoniais.

Se estiver em causa um ferimento ou qualquer outro dano causado à integridade física ou psíquica (que engloba o choque com o acidente) do passageiro, a indemnização compreende as despesas necessárias, nomeadamente, relativas ao tratamento e ao transporte [artigo 28.º, alínea a)], bem como a reparação do prejuízo causado pela incapacidade total ou parcial para o trabalho, ou por um acréscimo das necessidades do passageiro [artigo 28.º, alínea b)]. Neste último caso, a indemnização também deverá ser paga em capital, embora possa sê-lo através da atribuição de uma renda, nos moldes já referidos, previstos no artigo 30.º, n.º 1. Resulta, ainda, do artigo 27.º, n.º 1, alínea b), que, se sobrevier a morte, às despesas indicadas acrescem àquelas que resultam do artigo 27.º, n.º 1, alínea a). Mais uma vez, estão em causa danos patrimoniais.

Para além da previsão do artigo 26.º, n.º 4, o caráter não exclusivo do regime das Regras CIV em matéria de responsabilidade também resulta do

dores subsequentes, que ficariam protegidos contra riscos inquantificáveis (cfr. *Explanatory Report CIV UR*, n.º 2 dos comentários gerais ao Capítulo I do Título IV).

58 Nos termos do artigo 3.º, alínea b) CIV: "Para efeitos das presentes Regras Uniformes, o termo: b) «transportador substituto» designa um transportador que não celebra o contrato de transporte com o passageiro mas a que o transportador referido na alínea a) confia, no todo ou em parte, a execução do transporte ferroviário".

artigo 29.º CIV, que determina que caberá à lei nacional regular se, e em que medida, o transportador deve indemnizar outros danos corporais, além dos previstos nos artigos 27.º e 28.º. Estes preceitos visam, particularmente, os danos patrimoniais resultantes de danos físicos ou psíquicos, o artigo 29.º visa os danos morais. Na alteração de 1999, levada a cabo pelo Protocolo de Vilna, somente se visou uma simplificação da redação do preceito[59]. Na sua versão original, o artigo 29.º reportava-se a "outros danos", enumerando alguns deles, tais como o *pretium doloris* pelos danos físicos e morais, bem como o dano estético[60].

As Regras Uniformes CIV estabelecem, no artigo 30.º, n.º 2, um montante mínimo de 175.000 unidades de conta, que o limite ressarcitório deve respeitar, somente aplicável quando o direito nacional prevê um limite ressarcitório inferior[61]. Este limite aplica-se somente ao conjunto das indemnizações a pagar por virtude de danos patrimoniais causados às pessoas que eram sustentadas pelo passageiro, devido a uma obrigação de alimentos, se este falecer, bem como devido à sua incapacidade total ou parcial para o trabalho ou a um acréscimo das suas necessidades. Em caso de morte, ficam, assim, excluídas as despesas necessárias consecutivas ao óbito, como as do transporte do corpo e do funeral; e, em caso de ferimento ou qualquer outro dano à integridade física ou psíquica, as despesas necessárias, como as que se reportam ao tratamento e ao transporte.

O artigo 48.º determina que o transportador perde o direito de invocar os limites de responsabilidade se se provar que o prejuízo resulta do ato ou omissão cometidos pelo transportador "quer com a intenção de causar

[59] Cfr. *Explanatory Report CIV UR*, comentário único ao artigo 29.º. Os *Explanatory Reports* que se encontram disponíveis no *site* da OTIF (Organização Intergovernamental para os Transportes Internacionais Ferroviários, instituída pelo artigo 1.º COTIF) são elementos úteis para uma adequada interpretação das regras CIV. Disponíveis em: http://otif.org/en/?page_id=180 (consultados a 12 de outubro de 2021).

[60] Nas Regras CIV de 1980 o artigo 29.º tinha a seguinte redação: "O direito nacional determinará se e em que medida o caminho de ferro deverá indemnizar outros prejuízos além dos previstos nos artigos 27.º e 28.º designadamente os prejuízos de ordem moral e física (*pretium doloris*) e estética".

[61] A unidade de conta relevante é o Direito de Saque Especial, conforme definido pelo Fundo Monetário Internacional (artigo 9.º COTIF). No dia 12 de outubro de 2021, um Direito de Saque Especial valia € 1,22000. Ou seja, nesta data, 175.000 unidades de conta equivaleriam a € 213.500. Para a determinação do valor do Direito de Saque Especial, cfr. https://bpstat.bportugal.pt/serie/12533639.

o dano, quer inconsideradamente e com a consciência de que prováveis danos daí resultassem"[62].

Como salienta Antonini[63], embora, em geral, os limites ressarcitórios no que se refere à responsabilidade do transportador, sejam justificados pela necessidade de favorecer a indústria de transportes, visto que esta desenvolve uma atividade essencial para a economia geral, a sua existência é, tendencialmente, excluída no transporte de pessoas, com vista a uma tutela mais eficaz dos seus direitos fundamentais, como o direito à vida e à incolumidade individual, que deverão prevalecer. Neste sentido, embora as Regras Uniformes CIV não consagrem propriamente um teto ressarcitório, procuram garantir um *quantum* mínimo nas indemnizações nas situações em que é aplicável a lei de um país que consagra limites a esse *quantum* indemnizatório, adotando uma solução de compromisso.

O artigo 6.º RSF estabelece a injuntividade das obrigações dos transportadores para com os passageiros, sendo inadmissível a sua exclusão, bem como restrição. No entanto, as empresas ferroviárias podem propor condições contratuais mais favoráveis para o passageiro, o que significa que o Regulamento é "*one way mandatory*"[64].

As Regras Uniformes CIV em matéria de responsabilidade do transportador em caso de ferimento ou de morte do passageiro são inaplicáveis se os danos ocorrerem durante a parte do transporte que, de acordo com os termos do contrato de transporte, não era ferroviário (artigo 31.º, n.º 1 CIV)[65].

[62] Num texto anterior ("Notas sobre a proteção do passageiro no transporte ferroviário", cit., p. 403) defendemos que se trata de uma expressão que abrange tanto o dolo eventual, quanto a negligência consciente, que são equiparadas no que se refere à preclusão da limitação da responsabilidade, tornando-se, por isso, irrelevante aferir se o agente se conformou com a verificação do resultado. Para tanto invocámos a posição de Ricardo Branco, "A conduta antijurídica do transportador e a preclusão da limitação da responsabilidade", in M. Januário da Costa Gomes (coord.), *Temas de Direito dos Transportes*, Vol. I, Coimbra, Almedina, 2010, pp. 292-384, em particular p. 352. Tendo feito, entretanto, estudos mais aprofundados sobre a questão – embora ainda não publicados –, afastamo-nos, hoje, desta posição, entendendo que a expressão em causa abrange somente as atuações intencionais.

[63] Antonini, *op. cit.*, pp. 271-272. Aparentemente em sentido contrário, na nossa doutrina, a propósito da responsabilidade do transportador por morte ou lesão pessoal de um passageiro, Januário da Costa Gomes salienta que a previsão de limites de responsabilidade do transportador constitui uma caraterística natural do universo do Direito dos Transportes (*op. cit.*, p. 32).

[64] Na expressão feliz de Januário da Costa Gomes, a propósito do regime idêntico do Regulamento n.º 1177/2010, no seu artigo 6.º (*op. cit.*, 43).

[65] Trata-se de uma descontinuidade na situação em que as Regras CIV se aplicam ao segmento de transporte realizado por meios não ferroviários, nos termos do contrato, tendo a

Pelo contrário, tais Regras Uniformes aplicam-se se os veículos ferroviários forem transportados por *ferry-boat* – situação conhecida pela expressão "*roll on-roll off o ferry*" ou "*transroulage*") e estiverem em causa danos causados por acidentes relacionados com a exploração ferroviária, ocorridos durante a permanência do passageiro nos veículos mencionados, ou à entrada ou saída dos mesmos (artigo 31.º, n.º 2 CIV). As Regras Uniformes também se aplicarão se, por circunstâncias excecionais, a exploração ferroviária for provisoriamente interrompida e os passageiros forem transportados por outro meio de transporte (artigo 31.º, n.º 3 CIV).

O RSF também apresenta algumas especificidades no que se refere à responsabilidade das empresas ferroviárias pelos passageiros, regulada no seu Capítulo III.

O artigo 13.º RSF determina que, em caso de ferimentos ou de morte de um passageiro, a empresa ferroviária deve pagar os adiantamentos que lhe permitam fazer face a necessidade económicas imediatas, proporcionalmente ao dano sofrido em caso de morte. Tais adiantamentos nunca devem ser inferiores a € 21.000 por passageiro e podem ser deduzidos dos montantes pagos posteriormente com base no Regulamento. Trata-se de um valor não reembolsável, a não ser nos casos em que o dano tenha sido causado por negligência ou por culpa do passageiro, ou quando a pessoa que tiver recebido o adiantamento não for a pessoa com direito a indemnização. Segundo o mesmo preceito, os adiantamentos nunca poderão ser entendidos como o reconhecimento da responsabilidade, como se retira do facto de resultarem de uma imposição legal[66].

Por outro lado, de acordo com o artigo 14.º RSF, ainda que conteste a sua responsabilidade por danos corporais causados a um passageiro, a empresa ferroviária deve fazer todos os esforços razoáveis para prestar assistência a um passageiro que peça uma indemnização a terceiros.

No transporte de autocarro, a indemnização e a assistência em caso de acidente vêm reguladas no Capítulo III do RTA (artigos 7.º e 8.º).

Resulta do artigo 7.º que, se se verificar um acidente decorrente da utilização do autocarro, os passageiros têm direito a uma indemnização por morte que inclui as despesas razoáveis com o funeral ou por danos não patrimoniais, bem como por extravio ou danos das bagagens. Se se verificar

função de complementar o transporte ferroviário (artigo 1.º CIV). Neste caso, somente a responsabilidade estará sujeita a regras diversas.

[66] Neste sentido. cfr. Januário da Costa Gomes, *op. cit.*, p. 28.

a morte do passageiro, terão direito a indemnização, no mínimo, as pessoas em relação às quais o passageiro tivesse ou pudesse ter uma obrigação legal de alimentos. O direito à indemnização, bem como o respetivo montante, é estabelecido nos termos da legislação nacional aplicável. *Na determinação da legislação nacional aplicável,* "deverão ser tidos em conta o Regulamento (CE) n.º 864/2007 do Parlamento Europeu e do Conselho, de 11 de julho de 2011, relativo à lei aplicável às obrigações extracontratuais («Roma II»), e o Regulamento (CE) n.º 593/2008 do Parlamento Europeu e do Conselho, de 17 de junho de 2008, sobre a lei aplicável às obrigações contratuais (Roma I)"[67].

À semelhança do que acontece nas Regras CIV, o RTA estabelece, ainda no mesmo preceito, um limite mínimo de € 220.000 para o teto indemnizatório, que deverá ser respeitado se a lei nacional aplicável estabelecer um limite inferior. Trata-se de um limite que não difere muito daquele que resulta das Regras CIV.

O artigo 8.º que tem por epígrafe "necessidades práticas imediatas dos passageiros", prevê que, em caso de acidente que resulte da utilização do autocarro, o transportador deverá prestar uma assistência razoável e proporcionada a tais necessidades, que se traduz, se necessário for, em alojamento, alimentação, vestuário, transporte e prestação de primeiros socorros. No entanto, mais uma vez porque é legalmente imposta, esta assistência não tem a natureza de um reconhecimento de responsabilidade.

O artigo 6.º RTA determina que, apesar da proibição de cláusulas derrogatórias das obrigações que resultam do RTA perante os passageiros, os transportadores podem oferecer aos passageiros condições contratuais mais favoráveis.

Tal como é usual em matéria de transportes, ainda que a execução das obrigações que resultam do RTA seja confiada pelo transportador contratual a um transportador de facto, ou a qualquer outra pessoa, o transportador, agente de viagens, operador turístico ou organismo gestor do terminal será responsável pelos atos e execuções do transportador de facto[68]. Acresce

[67] Considerando 5 do RTA.

[68] O RTA define o «transportador» como "uma pessoa singular ou coletiva, que não seja um operador turístico, um agente de viagens ou um vendedor de bilhetes, e que oferece serviços de transporte regulares ou ocasionais ao público em geral" [artigo 3.º, alínea e)]. Por outro lado, o «transportador de facto» é "uma pessoa singular ou coletiva distinta do transportador, que efectua de facto a totalidade ou parte do transporte" [artigo 3.º alínea f)]. A contraposição entre o transportador contratual e o transportador de facto assume parti-

que o transportador de facto também está sujeito às disposições do Regulamento (artigo 5.º).

6. Responsabilidade do transportador por danos causados às bagagens e animais

Como ficou referido anteriormente, o transporte das bagagens surge como uma obrigação acessória do transportador, na medida em que não tem uma existência contratual autónoma[69]. Pode estar em causa a bagagem de mão (volumes de mão) ou a bagagem despachada, sendo a primeira a que o passageiro transporta consigo e a segunda a que este confia à custódia do transportador[70].

No âmbito do *transporte ferroviário*, mais uma vez, a matéria em análise vem regulada no artigo 11.º RSF, que remete para as Regras CIV. Tal como as Regras Uniformes CIM[71], que constituem o apêndice B da COTIF, o regime relativo à responsabilidade do transportador por danos causados às bagagens nas Regras CIV foi influenciado pela CMR[72_73].

O artigo 12.º, n.º 1 CIV permite aos passageiros levar consigo objetos fáceis de transportar, designados como *volumes de mão*, acrescentando ainda que os mesmos poderão levar objetos que causem transtorno (*v.g.* bicicletas e pranchas de *windsurf*) nos termos das condições específicas constantes das condições gerais de transporte; pelo contrário, serão excluídos do trans-

cular relevância da Convenção de Montreal, no âmbito do transporte aéreo, sendo as relações entre ambos reguladas nos artigos 39.º a 48.º.

[69] O caráter acessório da obrigação de transportar as bagagens resulta do ponto n.º 1 do comentário ao artigo 16.º, n.º 1 CIV, no *Explanatory Report CIV UR*.

[70] Cfr. Antonini, *op. cit.*, p. 239. Embora no âmbito dos transportes terrestres o RSF e o RTA não tenham uma definição de bagagem, no âmbito do transporte aéreo, o artigo 4.º, n.º 1 da Convenção de Varsóvia na sua versão original, bem como o artigo 17.º, n.º 2 da Convenção de Montreal utilizam a expressão "objetos pessoais" relativamente à bagagem que fica à guarda do passageiro, a propósito da bagagem não registada. Isto aponta no sentido de que a bagagem diz respeito a objetos de uso pessoal do passageiro, que se contrapõem, por exemplo, a objetos transportados com finalidades comerciais (cfr. Carlos Neves de Almeida, *Do contrato de transporte aéreo e da responsabilidade civil do transportador aéreo*, Coimbra, Almedina, 2010, pp. 26).

[71] Regras Uniformes Relativas ao Contrato de Transporte Internacional Ferroviário de Mercadorias.

[72] Cfr. *Explanatory Report CIV UR*, n.os 1 e 4 dos comentários gerais às Regras CIV.

[73] *Convenção Relativa ao Contrato de Transporte Internacional de Mercadorias por Estrada*, assinada em Genebra, a 19 de maio de 1956 conhecida pela sigla "CMR", tendo em conta a sua denominação francesa: *Convention relative au contrat de transport international de* ***M****archandises par* ***R****oute.*

porte objetos ou animais que possam importunar os passageiros ou causar danos. Assim, o conceito de "volumes de mão" assume um teor mais amplo do que aquele com que é comummente utilizado, englobando, igualmente, os referidos objetos que causem transtorno.

O artigo 5.º RSF determina que as empresas ferroviárias devem permitir aos passageiros o transporte de bicicletas nos comboios, com a possibilidade de exigir pagamento, se tais bicicletas forem facilmente manuseáveis, se isso não prejudicar o serviço ferroviário em causa e na condição de o material circulante o permitir.

Em caso de morte e de ferimento de passageiros, o transportador também responde pelo prejuízo resultante da perda total ou parcial ou da avaria dos objetos que o passageiro use ou transporte consigo como volumes de mão ou *animais* (artigo 33.º, n.º 1 CIV), sendo igualmente aplicável o artigo 26.º CIV, por remissão. Trata-se, mais uma vez, de uma responsabilidade objetiva do transportador, ainda que mitigada. Neste caso, existe um limite ressarcitório de 1.400 unidades de conta (Direito de Saque Especial), por cada passageiro[74].

Nos restantes casos, que não envolvam a morte ou um ferimento do passageiro, o transportador somente é responsável pelo prejuízo resultante da perda total ou parcial ou da avaria de objetos, volumes de mão ou animais cuja guarda cabia ao passageiro se esse prejuízo tiver sido causado por uma falta do transportador (artigo 33.º, n.º 2 CIV). Este regime deve ser articulado com o estatuído no artigo 15.º, nos termos do qual a guarda dos volumes de mão e dos animais que o passageiro transportar consigo fica a seu cargo[75].

Recorde-se, ainda, a propósito da responsabilidade do transportador pelos danos causados aos volumes de mão e aos animais, o regime, já analisado no ponto anterior, dos artigos 48.º CIV ("Perda do direito de invocar os limites de responsabilidade") e 51.º CIV ("Pessoas pelas quais o transportador é responsável"). O artigo 48.º somente se aplica nas situações contempladas no artigo 33.º, n.º 1 CIV, conforme resulta do artigo 33.º, n.º 2.

[74] O que equivale, no dia 12 de outubro de 2021, a € 1.708, atendendo a um valor do Direito de Saque Especial de € 1,22000, nesta data (cfr. https://bpstat.bportugal.pt/serie/12533639).

[75] Relativamente a estes volumes e aos animais, o dever de custódia do transportador fica bastante atenuado. No entanto, não se pode dizer que seja excluído, cabendo ao transportador usar da máxima diligência, tomando todas as medidas adequadas para garantir o transporte em segurança dos volumes de mão e dos animais (cfr. Michela Comuzzo, *op. cit.*, p. 116).

Quanto à *bagagem despachada*, o artigo 12.º, n.º 2 CIV determina que o passageiro pode expedir objetos de acordo com as condições gerais de transporte, nomeadamente bagagem, objetos e animais. O transporte de veículos por ocasião do transporte de passageiros aproxima-se do transporte de bagagens (artigo 12.º, n.º 3 CIV) embora seja objeto de uma regulamentação autónoma. No entanto, a opção do legislador poderia ter sido diversa, sujeitando este transporte ao transporte de mercadorias[76].

O artigo 16.º, n.º 1 CIV determina que a senha de bagagens entregue ao passageiro deve incluir as obrigações contratuais relativas ao encaminhamento de bagagens; no entanto, à semelhança do que é usual em matéria de Direito dos Transportes, a ausência irregularidade ou perda da senha de bagagens não afeta a existência nem a validade das convenções relativas ao encaminhamento dessas bagagens[77]. Se a entrega não for efetuada ao portador da senha de bagagens, este poderá exigir que o dia e hora em que a tenha solicitado seja mencionada nessa senha. A senha de bagagens também é importante na medida em que faz fé, até prova em contrário, do registo das mesmas e das condições do seu transporte (artigo 16.º, n.º 3). Presume-se, também, até prova em contrário, que as bagagens estavam em aparente bom estado no momento em que ficaram a cargo do transportador e que o número e o peso das mesmas correspondia às indicações contidas nessa senha (artigo 16.º, n.º 4).

Sendo "central" concretizar o período abrangido pelo transporte para a determinação da responsabilidade do transportador, relativamente às bagagens, esse "arco temporal" resulta do artigo 36.º, n.º 1 CIV: presume-se a sua responsabilidade pelo prejuízo resultante de perda total ou parcial e da avaria das bagagens que ocorrem a partir do momento em que delas se

[76] Cfr. Antonini, *op. cit.*, p. 241. Nas Regras CIV, o transporte de veículos mereceu uma regulamentação autónoma, tendo em conta que o seu transporte constitui um setor de atividade comercial dinâmica que tem conhecido um desenvolvimento e uma mudança contínuos. Pelo contrário, no transporte internacional, a quantidade de bagagem despachada transportada está a diminuir constantemente (cfr. *Explanatory Report CIV UR*, comentário geral ao título III). Nesta matéria relevam, particularmente, os artigos 23.º a 25.º e 44.º a 47.º CIV cuja análise extravasa o âmbito sucinto da análise realizada neste texto.

[77] No entanto, a entrega das bagagens faz-se contra a entrega da respetiva senha (artigo 22.º, n.º 1 CIV) e, na sua falta, o transportador só será obrigado a entregar as bagagens a quem justificar o seu direito, podendo ser exigida uma caução se tal justificação for considerada insuficiente (artigo 22.º, n.º 4 CIV).

encarregou e até à sua entrega[78]. O transportador responde, igualmente, por qualquer atraso verificado na entrega. Trata-se de uma responsabilidade objetiva, mitigada, no entanto, pela existência de situações em que o transportador poderá ficar dela isento. À semelhança do que ocorre no artigo 17.º, n.º 2 CMR, o artigo 36.º, n.º 2 CIV consagra um conjunto de causas liberatórias que permitirão ao transportador ficar isento da sua responsabilidade[79]. Neste caso, a prova de que a perda, a avaria ou o atraso na entrega tiveram por motivo uma das causas liberatórias cabe ao transportador (artigo 37.º, n.º 1 CIV). Por outro lado, o transportador também ficará isento da sua responsabilidade se demonstrar que existe a possibilidade de a perda ou a avaria terem resultado dos riscos específicos inerentes a um dos factos liberatórios previstos no artigo 36.º, n.º. 2 CIV[80].

Tal como acontece em relação à CMR, estamos perante uma verdadeira presunção de causalidade e, logo, de irresponsabilidade do transportador, na medida em que basta ao transportador demonstrar a existência de um nexo causal abstrato entre os factos liberatórios e o dano para ficar isento da sua responsabilidade. Pelo contrário, no que se refere às causas liberatórias, este terá de demonstrar a existência de um nexo causal concreto entre os mesmos e o dano[81]. O regime probatório relativo aos factos liberatórios não se aplica nas situações de atraso, como contrapartida do regime mais favorável de que beneficia o transportador, neste caso, no que se refere aos limites ressarcitórios.

Se estiverem em causa transportadores subsequentes (sucessivos), ao tomar a seu cargo as bagagens com a respetiva senha, o transportador torna-se parte do contrato de transporte quanto ao encaminhamento das bagagens ou ao transporte dos veículos, de acordo com o estipulado nessa senha. Ao assumir as obrigações decorrentes desse contrato, o transportador torna-se solidariamente responsável pela execução do transporte na sua

[78] Januário da Costa Gomes reporta-se "à determinação do *arco temporal* do transporte", como "uma questão central em qualquer regime de transporte" (*op. cit.*, p. 15).

[79] Tal como acontece na CMR em matéria de transporte rodoviário, trata-se das situações clássicas de existência de: uma falta (culpa) do passageiro, uma ordem deste que não resulte de uma falta do transportador, um defeito as próprias mercadorias, ou de circunstâncias que o transportador não pudesse evitar e a cujas consequências não pudesse obviar (ou seja, situações de força maior e caso fortuito).

[80] A saber: ausência ou defeito da embalagem, natureza especial das bagagens, e expedição como bagagem de objetos excluídos do transporte.

[81] Cfr. *Explanatory Report CIV UR*, comentário ao artigo 37.º.

totalidade até à entrega. Trata-se de uma solução que contrasta com aquela que vingou no que se refere à responsabilidade do transportador em caso de morte ou ferimento do transportador, em que a responsabilidade solidária é excluída (artigo 26, n.º 5 CIV).

Presume-se a perda de um volume se este não for entregue ao passageiro ou colocado à sua disposição nos catorze dias seguintes ao pedido de entrega, efetuado nos termos do artigo 22.º, n.º 3 CIV, ou seja, no local de destino, a contar do momento em que tenha decorrido o tempo acordado e, se for o caso, o tempo necessário para as operações efetuadas pela alfândega ou por outras autoridades administrativas. É o que resulta do artigo 40.º, n.º 1 CIV[82].

A perda poderá ser total ou parcial. Neste caso, o limite ressarcitório dependerá de o montante do prejuízo ser ou não provado. Se o for, a indemnização não poderá exceder oitenta unidades de conta por quilograma de peso bruto em falta *ou* mil e duzentas unidades de conta por volume, sendo a modalidade da indemnização determinada pelas condições gerais de transporte. Por outro lado, se esse montante do prejuízo não for provado, a indemnização não poderá exceder vinte unidades de conta por quilograma de peso bruto em falta *ou* trezentas unidades de conta por volume, sendo a modalidade também determinada pelas condições gerais de transporte. O transportador deve deverá restituir o preço do transporte das bagagens e outras quantias que tenham sido desembolsadas relativas ao transporte do volume perdido, bem como os direitos aduaneiros e os impostos sobre consumos específicos já pagos (artigo 41.º CIV).

Tal como a perda, a avaria poderá ser total ou parcial, consoante a totalidade ou somente uma parte das bagagens fica depreciada. Nesta situação, o limite do *quantum* indemnizatório é definido por remissão para o regime da perda total ou parcial, consoante a avaria é total ou parcial (artigo 42.º CIV).

[82] Neste caso, se no decurso do ano seguinte ao pedido de entrega o volume for considerado reencontrado o transportador deve prevenir o interessado se for conhecida a sua morada ou quando for possível conhecê-la. Nos trinta dias seguintes à receção deste aviso, o interessado pode exigir que o volume lhe seja entregue, devendo pagar as despesas relativas ao transporte desde o local de expedição até ao local da entrega e restituir a indemnização recebida, após serem deduzidas as despesas que tenham sido incluídas na mesma. De qualquer forma, mantém o direito à indemnização prevista no artigo 43.º CIV por atraso na entrega. Se o volume não for reclamado no prazo referido ou se for encontrado passado mais de um ano sobre o pedido de entrega, o transportador poderá dispor do mesmo, de acordo com as leis e disposições em vigor no local onde se encontra o volume (artigo 40, n.ºs 2 a 4 CIV).

Por último, se se verificar uma situação de atraso na entrega das bagagens, o transportador terá de pagar uma indemnização por um período indivisível de vinte e quatro horas, e até ao máximo de catorze dias[83]. Neste caso, é necessário determinar o limite da indemnização a que o transportador fica obrigado, bem como a possibilidade de acumular esta indemnização com as indemnizações arbitradas em caso de perda e de avaria. Mais uma vez, o regime depende do facto de o interessado provar que do atraso resultou um prejuízo, incluindo uma avaria. Se o conseguir fazer, o limite ressarcitório será fixado em 0,80 unidades de conta por quilograma de peso bruto em falta *ou* em catorze unidades de conta por volume entregues com atraso. Pelo contrário, se não ficar provado um prejuízo com o atraso, o limite em causa será de 0,14 unidades de conta por quilograma de peso bruto em falta *ou* de 2,80 unidades de conta por volume entregue com atraso (artigo 43.º, n.º 1 CIV).

Quanto ao segundo problema enunciado, se se verificar uma perda total das bagagens a indemnização em caso de atraso não poderá ser acumulada com a prevista relativamente a essa perda; se estiver em causa uma perda parcial, a indemnização por atraso será paga em relação à parte que não for perdida (artigo 43.º, n.os 2 e 3 CIV). Por outro lado, a indemnização em caso de atraso não se poderá acumular com aquela que é atribuída numa situação de avaria, se esta última tiver como causa o atraso; se a avaria não resultar de um atraso na entrega, ambas as indemnizações se podem acumular (artigo 43.º, n.º 4 CIV). Nas situações em que as indemnizações se acumulem, o limite do *quantum* indemnizatório será aquele que se encontra previsto em caso de perda total das bagagens (artigo 43.º, n.º 5 CIV).

O artigo 48.º CIV também se aplica no que se refere à responsabilidade do transportador por danos causados nas bagagens ou no transporte de animais, o que significa que os limites de responsabilidade previstos nas Regras CIV, bem como as disposições de direito nacional que estabelecem tais limites, não serão aplicáveis, se se provar que o prejuízo resulta de "acto ou omissão cometidos pelo transportador quer com a intenção de causar o dano, quer sem consideração e com a consciência de que prováveis danos daí resultassem".

No *transporte de autocarro*, o artigo 7.º RTA determina que os passageiros têm direito a indemnização por extravio ou danos das bagagens, devido a acidentes decorrentes da utilização do autocarro. Sendo o montante da

[83] Após os quais se presume a perda, como vimos anteriormente.

indemnização determinado nos termos da legislação nacional aplicável, se este contemplar um limite ressarcitório máximo, o mesmo nunca poderá ser inferior a € 1200 por volume de bagagem[84]. Pelo contrário, recorde-se que a indemnização será sempre igual ao custo de substituição ou reparação do equipamento extraviado ou danificado, se estiverem em causa cadeiras de rodas ou outros equipamentos de mobilidade ou dispositivos de assistência.

7. Exercício dos direitos

No que se refere ao exercício dos direitos do passageiro que ficaram referidos, *no transporte ferroviário*, em caso de responsabilidade do transportador por danos que sejam causados à sua pessoa ou às suas bagagens, o artigo 11.º RSF remete para o Capítulo VI das Regras CIV (artigos 54.º a 60.º). Semelhante remissão não resulta do artigo 15.º RSF, no que se refere à responsabilidade do transportador por atrasos, perda de correspondências e anulação, embora se trate de um aspeto não nos parece determinante no sentido de excluir a aplicação do título VI, nesta última matéria, quando for invocado o artigo 32.º CIV, para o qual o referido artigo 15.º RSF remete. Não faremos uma análise pormenorizada do Capítulo VI das Regras CIV, com o seu regime em matéria de exercício de direitos, atendendo ao teor sucinto deste texto[85].

Quanto aos direitos do passageiro que não resultam do Anexo I – que procedeu à incorporação praticamente da totalidade das Regras CIV no RSF – nomeadamente relativos à assistência e informação em geral, bem como quanto àqueles que lhes são reconhecidos nas situações de atraso, perda de correspondência e anulação, releva o artigo 27.º RSF. De acordo com este preceito, as empresas ferroviárias devem criar um mecanismo de tratamento de queixas para os direitos e obrigações que resultam do Regulamento, facultando aos passageiros todas as informações sobre os seus contactos e a sua língua ou línguas de trabalho. A queixa poderá ser apresentada em qualquer empresa ferroviária implicada e a resposta deverá ser dada, de modo fundamentado, no prazo de um mês a contar da data de apresentação da queixa. Em casos justificados, o prazo poderá ser até três

[84] Neste caso não se recorre, por isso, à determinação do limite por referência a determinado número de unidades de participação por quilograma de peso bruto em falta.

[85] Para uma análise do regime em causa, cfr. Daniel Morais, "Notas sobre a proteção do passageiro no transporte ferroviário", cit., pp. 418-426.

meses, devendo o destinatário da queixa informar o passageiro de quando poderá ter resposta. Trata-se de um regime que espelha as considerações tecidas no considerando 18 nos termos do qual "os passageiros dos serviços ferroviários deverão poder apresentar queixa a qualquer empresa ferroviária relativamente aos direitos e obrigações conferidos pelo presente regulamento, e ter o direito de receber uma resposta num prazo razoável".

O artigo 28.º determina que, para além de definir normas de qualidade do serviço e aplicar um sistema de gestão de qualidade, as empresas ferroviárias devem controlar o seu próprio desempenho à luz das normas de qualidade de serviço, nomeadamente publicando, todos os anos, um relatório sobre o seu desempenho em termos de qualidade do serviço a ser disponibilizado no seu sítio internet e no sítio da Agência Ferroviária Europeia. Este relatório anual deve incluir o número e o tipo de queixas recebidas, as queixas tratadas, os tempos de resposta e as medidas eventualmente tomadas para a situação ser melhorada (artigo 27.º, n.º 3 RSF).

Se entenderem que se verifica uma infração do RSF, os passageiros podem apresentar queixa junto do organismo nacional de aplicação, a quem incumbe a execução do Regulamento, ou junto de qualquer outro organismo competente designado por um Estado Membro (artigo 30.º, n.º 2 RSF). Ainda com vista a garantir o cumprimento das obrigações que resultam do RSF, o artigo 32.º do Regulamento determina que os Estados Membros estabelecem um regime de sanções aplicável em caso de infração das suas disposições, tomando todas as medidas necessárias para garantir que tal regime seja aplicado. Essas sanções têm uma função dissuasiva e devem ser proporcionadas e efetivas.

Também no que se refere ao *transporte de autocarro*, os transportadores devem estabelecer um mecanismo para tratamento das reclamações relativas aos direitos e obrigações resultantes do RTA (artigo 26.º). O artigo 27.º RTA determina que, sem prejuízo dos pedidos de indemnização por morte ou lesões corporais dos passageiros e extravio ou danos das bagagens, contemplados no artigo 7.º RTA, se um passageiro pretender apresentar uma reclamação ao transportador deve fazê-lo no prazo de três meses a contar da data da prestação do serviço regular ou da data em que tal serviço deveria ter sido prestado. O transportador terá o prazo de um mês a contar da receção da reclamação para informar o passageiro de que a mesma foi aceite, rejeitada ou ainda se encontra em análise. De qualquer forma, o prazo para a apresentação da resposta não poderá ultrapassar os três meses a contar da data de receção da reclamação.

Ainda a propósito das reclamações, estabelece o artigo 28.º, n.º 3 RTA que qualquer passageiro poderá apresentar uma reclamação ao organismo nacional de aplicação, nos termos do direito nacional, ou a quaisquer outros organismos competentes designados por um Estado Membro, por alegada infração do Regulamento. O mesmo preceito permite que tais Estados decidam que o passageiro apresente inicialmente a reclamação ao transportador, agindo, nesse caso, o organismo nacional de aplicação, ou outro organismo competente, como instância de recurso para as reclamações que não sejam resolvidas nos termos do artigo 27.º RTA. Atualmente, de dois em dois anos, os organismos de aplicação do RTA devem apresentar um relatório sobre as atividades realizadas nesse período de tempo, que deve incluir, designadamente, uma descrição das medidas tomadas para aplicar o Regulamento e estatísticas sobre as reclamações e sanções aplicadas (artigo 29.º).

Finalmente, com vista a assegurar o respeito pelas disposições do RTA, o seu artigo 31.º determina que os Estados Membros estabelecem o regime de sanções aplicável em caso de infração de tais disposições, tomando todas as medidas necessárias para assegurar a sua aplicação. Essas sanções terão o mesmo teor que as mencionadas no RSF, ou seja, têm uma função dissuasiva e devem ser proporcionadas e efetivas.

8. Considerações finais

No RSF e no RTA, que foram aqui analisados de forma mais detida, o Direito dos Transporte cruza-se com o Direito do Consumo. No entanto, em nossa opinião isso não significa que se deva realizar uma separação estanque entre a tutela consumerista e a tutela ressarcitória do passageiro ao proceder a uma análise do tema. Verifica-se que existe uma certa homogeneidade no que se refere à tutela consumerista do passageiro, embora com pequenas diferenças que se prendem com a diversidade dos meios de transporte em causa. Por outro lado, a tutela ressarcitória revela-se mais assimétrica, tendo em conta a ausência de uma convenção de direito uniforme em matéria de transporte em autocarro. Pela importância que o transporte ferroviário assumirá cada vez mais no futuro, e pela relevância que o transporte de autocarro já assume, em particular para pessoas mais frágeis[86], a efetividade dos direitos reconhecidos no contexto da União

[86] Em particular, estudantes e pessoas idosas com pensões baixas; cfr. *Relatório* de aplicação do RTA p. 3.

Europeia aos passageiros é fundamental, para que não se trate de *law in the books*, mas de *law in action*[87].

[87] O relatório da AMT relativo ao RTA para o biénio 2017-2018, permitiu constatar que os operadores procuram, sempre que justificável, satisfazer as reclamações dos utentes, e seguir as suas orientações, o que tem evitado a necessidade de atuações sancionatórias (cfr. as conclusões do referido relatório, pp. 35-36). Disponível em: https://www.amt-autoridade.pt/media/2790/relatorio_direito_passageiros_modo_rodoviario_2017-2018.pdf (consultado a 20 de outubro de 2021).

G – Seguros

SEGURO DE RESPONSABILIDADE CIVIL AUTOMÓVEL

Francisco Rodrigues Rocha*/**

Resumo: *O presente estudo analisa o regime jurídico do seguro de responsabilidade civil automóvel da perspectiva do consumidor. Após uma parte geral, em que faz um conspecto*

* Professor auxiliar convidado da Faculdade de Direito da Universidade de Lisboa. Advogado na GPA.

** Abreviaturas: ASF = Autoridade de Supervisão de Seguros e Fundos de Pensões; BMJ = *Boletim do Ministério da Justiça*; CA = *Code des assurances* (França); CAP = *Codice delle assicurazioni private*, aprovada pelo Decreto-Legislativo de 7-set.-2005, n.º 209 (Itália); CC = Código Civil, aprovado pelo Decreto-Lei n.º 47.344, de 25-nov.-1966, sucessivamente alterado até à Lei n.º 85/2019, de 3-set.; CCom = Código Comercial, aprovado por Carta de Lei de 28-jun.-1888 e sucessivamente alterado; CE = Código da Estrada, aprovado pelo Decreto-Lei n.º 114/94, de 3-mai., sucessivamente alterado até ao Decreto-Lei n.º 2/2020, de 14-jan.; CJ = *Colectânea de Jurisprudência*; DSA I = Directiva n.º 76/166/CEE do Cons., de 24-abr.-1972, relativa à aproximação das legislações dos Estados-membros respeitantes ao seguro de responsabilidade civil que resulta da circulação de veículos automóveis e à fiscalização do cumprimento da obrigação de segurar esta responsabilidade; DSA II = Directiva n.º 84/5/CEE do Cons., de 30-dez.-1983, relativa à aproximação das legislações dos Estados-membros respeitantes ao seguro de responsabilidade civil que resulta da circulação de veículos automóveis; DSA III = Directiva n.º 90/232/CEE do Cons., de 14-mai., relativa à aproximação das legislações dos Estados-membros respeitantes ao seguro de responsabilidade civil relativo à circulação de veículos automóveis, chamada Terceira Directiva sobre o Seguro Automóvel; DSA IV = Directiva n.º 2000/26/CE, do PE e do Cons., de 16-mai., relativa à aproximação das legislações dos Estados-membros respeitantes ao seguro de responsabilidade civil relativo à circulação de veículos automóveis e que altera as Directivas n.º 73/239/CEE e 88/357/CEE do Cons., chamada Quarta Directiva sobre o Seguro Automóvel; DSA V = Directiva n.º 2005/14/CE, do PE e do Cons., de 11-mai., que altera as Directivas n.º 72/166/CEE, 84/5/CEE, 88/357/CEE e 90/232/CEE do Cons. e a Directiva n.º 2000/26/CE relativas ao seguro de responsabilidade civil resultante da circulação de

geral dos termos em que possa um tal regime ser visto como e interpretado da perspectiva da protecção do consumidor, isolam-se alguns aspectos representativos, em que se fazem sentir razões "consumerísticas", em particular a regularização dos sinistros e o veículo de substituição.

Palavras-chave: *seguro automóvel – consumidor – prazos de regularização de sinistros – viatura de substituição*

Abstract: *The present study analyses the legal regime of the motor insurance from the consumer perspective. After a general part, in which an overview of the terms in which such regime can be seen and interpreted from the consumer protection perspective, some aspects which are considered representative and in which consumer law preoccupations are more present are isolated, namely the regularisation of losses and the substitutive vehicle.*

veículos automóveis, chamada Quinta Directiva sobre o Seguro Automóvel; DSA consolidada = Directiva n.º 2009/103/CE do PE e do Cons., de 16-set., relativa ao seguro de responsabilidade civil que resulta da circulação de veículos automóveis e à fiscalização do cumprimento da obrigação de segurar esta responsabilidade (versão codificada); EASF = Estatutos da Autoridade de Supervisão de Seguros e Fundos de Pensões, aprovados pelo Decreto-Lei n.º 1/2015, de 6-jan., alterado pelo Decreto-Lei n.º 59/2018, de 2-Ag.; FGA = Fundo de Garantia Automóvel; RJASR (ou LAS) = Regime Jurídico de Acesso e Exercício da Actividade Seguradora e Resseguradora, também conhecido por Lei de Acesso e Exercício da Actividade Seguradora, aprovado pela Lei n.º 147/2015, de 9 de Setembro; RJCS (ou LCS) = Regime Jurídico do Contrato de Seguro, também conhecido por Lei do Contrato de Seguro, aprovado pelo e em anexo ao Decreto-Lei n.º 72/2008, de 16-abr., objecto da Declaração de Rectificação n.º 32-A/2008, 12-jun., e alterado pela Lei n.º 147/2015, de 9-set.; RJDSR (ou LDS) = Regime Jurídico da Distribuição de Seguros e de Resseguros, também conhecido por Lei da Distribuição de Seguros, aprovado pela e em anexo à Lei n.º 7/2019, de 16-jan.; LAORVA = *Loi relative à l'assurance obligatoire de la responsabilité en matière de véhicules automoteurs*, de 21-nov.-1989 (Bélgica); LRCSCVM = *Ley sobre responsabilidad civil y seguro en la circulación de vehículos a motor*, aprovada pelo Real Decreto Legislativo n.º 8/2004, de 29-out. (Espanha); RSORCA 75 = Regime do Seguro Obrigatório de Responsabilidade Civil Automóvel, aprovado pelo Decreto-Lei n.º 165/75, de 28-mar., cuja entrada em vigor foi adiada *sine die* pelo Decreto-Lei n.º 373/76, de 19-mai., e revogado pelo artigo 30.º do Decreto-Lei n.º 408/79, de 25-set. (RSORCA 1979); RSORCA 79 = Regime do Seguro Obrigatório de Responsabilidade Civil Automóvel, aprovado pelo Decreto-Lei n.º 408/79, de 25-set., revogado pelo artigo 40.º do Decreto-Lei n.º 522/85, de 31-dez. (RSORCA 85); RSORCA 85 = Regime do Seguro Obrigatório de Responsabilidade Civil Automóvel, aprovado pelo Decreto-Lei n.º 522/85, de 31-dez., sucessivamente alterado até ao Decreto-Lei n.º 83/2006, de 3-mai., e revogado pelo artigo 94.º/1 *a*) do Decreto-Lei n.º 291/2007, de 21-ag. (RSORCA 07); RSORCA 07 ou simplesmente RSORCA = Regime do Sistema de Seguro Obrigatório de Responsabilidade Civil Automóvel, aprovado pelo Decreto-Lei n.º 291/2007, de 21-ag., objecto da Declaração de Rectificação n.º 96/2007, de 19-out., e alterado pelo Decreto-Lei n.º 153/2008, de 6-ag.

Keywords: *motor insurance – consumer –claims handling deadlines – substitute vehicle*

Sumário: *1. Introdução; 2. Um "consumidor" de seguro automóvel?; 3. Da regularização dos sinistros; 3.1. Âmbito; 3.2. "Princípios base" da gestão de sinistros; 3.3. Diligência e prontidão do segurador. Proposta razoável; 4. Veículo de substituição; 5. Pagamento da indemnização; 6. Conclusão.*

1. Introdução

I. A importância do seguro automóvel ou, mais correctamente, de veículos terrestres a motor é, desde há algum tempo, inegável. A sua generalizada obrigatoriedade também.

II. Mais do que analisar todas as dimensões do seguro automóvel[1], o que não seria sequer possível num estudo deste jaez, interessam-nos, aqui,

[1] A bibliografia sobre o tema é muito vasta, ainda que não possa deixar de assinalar-se que continuam franjas do regime por carecer de tratamento doutrinário. Em todo o caso, vd., entre nós, a título meramente ilustrativo, Dario Martins de Almeida, *Manual de acidentes de viação*, 3.ª ed., Almedina, Coimbra, 1987, *per totum*, J. C. Moitinho de Almeida, *O regime jurídico do seguro obrigatório da responsabilidade civil originada na circulação terrestre de veículos a motor: seus problemas fundamentais*, no *I Congresso Nacional de Seguros. Lisboa 25/29 Outubro 1971*, promovido pelo Grémio dos Seguradores com o apoio do Centro de Documentação e Informação de Seguros, s/d, Lisboa, 323-329, Maria José Capelo, *A intervenção do responsável civil na acção de indemnização fundada em acidente de viação*, *Sub Judice* 17 (2000), 31-43, Maria Manuela Sousa Chichorro, *O contrato de seguro obrigatório de responsabilidade civil automóvel*, Wolters Kluwer/Coimbra Ed., Coimbra, 2010, *per totum*, Heitor Eurico Consciência, *Seguro obrigatório de responsabilidade civil automóvel*, Almedina, Coimbra, 2003, *per totum*, *id.*, *Sobre acidentes de viação e seguro automóvel. Leis, doutrina e jurisprudência*, 3.ª ed., Almedina, Coimbra, 2005, 104-107, António Menezes Cordeiro, *Direito dos seguros*, 2.ª ed., Almedina, Coimbra, 2017 (reimpr.), 855-901, José C. Fernandes/Carla Dias de Oliveira, *Acidentes de viação*, Nova Causa, s/l, 2016 (reimpr.), *per totum*, Raul Guichard, *Acerca da responsabilidade civil objectiva por danos causados por veículos de circulação terrestre*, RCEJ 9 (2006), 201-239, Maria Clara Lopes, *Seguro de responsabilidade civil automóvel – Art. 7.º do D. L. 522/85. 1. – Breves notas aos seus n.ºs 1 e 2*, *SPAIDA Boletim Informativo* I (1987) 1, 4, *ead.*, *Seguros obrigatórios de responsabilidade civil. Interrupção da prescrição em relação apenas a um dos intervenientes no contrato de seguro – segurado ou seguradora – e seus efeitos em relação ao outro interveniente e ao terceiro lesado, beneficiário do contrato*, *TJ* 32/33 (1987), 1-5, *ead.*, *Seguro obrigatório de responsabilidade civil automóvel*, INCM/CEJ, Lisboa, 1987, *per totum*, *ead.*, *Seguro obrigatório de responsabilidade civil automóvel*, *Textos* (1991-1992/1992-1993), CEJ, Lisboa, s/ano (mas, pelo menos, 1994), 217, *ead.*, *Responsabilidade civil extracontratual*, Rei dos Livros, Lisboa, 1997, 80-171, Américo Marcelino, *Acidentes de viação e responsabilidade civil*, 11.ª ed., Petrony, Lisboa, 2012, *passim*, Carlos Marques, *O organismo de*

indemnização no âmbito da Quarta Directiva Automóvel, Fórum – Revista semestral do Instituto de Seguros de Portugal VII/17 (2003), 51-55, João Valente Martins, *A prática dos seguros. Como as seguradoras regularizam os sinistros,* QJ, Lisboa, 2008, 35 ss. ou 109-118, Filipe Albuquerque Matos, *O contrato de seguro obrigatório de responsabilidade civil automóvel: breves considerações,* nos *Estudos dedicados ao Prof. Doutor Mário Júlio de Almeida Costa,* UCP, Lisboa, 2002, 601-624, *id., O fundo de garantia automóvel: um organismo com uma vocação eminentemente social,* nos *Estudos dedicados ao Professor Doutor Luís Alberto Carvalho Fernandes,* vol. I, UCP, Lisboa, 2011, 559-582, *id., O contrato de seguro obrigatório de responsabilidade civil automóvel. Alguns aspectos do seu regime jurídico, BFD* 77 (2001), 377-410, *id., O contrato de seguro obrigatório de responsabilidade civil automóvel, BFD* 78 (2002), 329-364, *id., Os proprietários e condutores de veículos à luz do binómio direcção efectiva e interesse próprio. Acórdão do Supremo Tribunal de Justiça de 29.1.2014, Proc. 249/04, CDP* 47 (2014), 42-55 (a pp. 38-42 transcrição do acórdão), *id., O seguro de provas desportivas – um seguro de responsabilidade civil automóvel com contornos especiais,* nos *Estudos em homenagem ao Prof. Doutor Manuel Henrique Mesquita,* vol. II, org. Diogo Leite de Campos, Coimbra Ed., Coimbra, 2009, 143-167, *id., O regime de regularização de sinistros definido no Dec.-Lei n.º 291/2007, de 21 de Agosto,* nos *Estudos Comemorativos dos 20 anos da FDUP,* vol. I, org. Helena Mota *et al.*, Almedina, Coimbra, 2017, 509-534, *id., Princípio do indemnizatório e seguros de danos: algumas questões, Julgar* 43 (2021), 44-46, Maria José Rangel de Mesquita, *Direito administrativo dos seguros,* no *Tratado de Direito Administrativo Especial,* vol. II, coord. Paulo Otero/Diogo Costa Gonçalves, Almedina, Coimbra, 2009, *passim, ead., A proposta de 4.ª Directiva Automóvel: que contributo para a mobilidade territorial do cidadão europeu?,* nos *Estudos jurídicos e económicos em homenagem ao Professor João Lumbrales,* FDUL/Coimbra Ed., Lisboa, 2000, 741-778, *ead., A Quinta Directiva Automóvel e a ordem jurídica portuguesa – subsídios para a modificação do Direito nacional, Nos 20 anos do Código das Sociedades Comerciais. Homenagem aos Profs. Doutores A. Ferrer Correia, Orlando de Carvalho e Vasco Lobo Xavier,* vol. III – *Vária,* Coimbra Ed./FDUC, Coimbra, 2007, 559-637, *ead., O regulamento geral e a protecção das vítimas da circulação comunitária e internacional de veículos automóveis, CDP* 6 (2004), 16-27, *ead., Sistema de Certificado Internacional de Seguro Automóvel e Direito da União Europeia: a protecção das vítimas de acidentes transnacionais,* em *Direito da União Europeia e Transnacionalidade – Acção Jean Monnet,* QJ, Lisboa, 2010, 245-263, Jorge Sinde Monteiro, *Estudos sobre a responsabilidade civil,* I – *Introdução,* II – *Responsabilidade por culpa, responsabilidade objectiva, seguro de acidentes (propostas de alteração aos artigos 503.º a 508.º do Código Civil e ao Decreto-Lei n.º 408/79, de 25 de Setembro; considerações em torno da criação de um seguro social de acidentes de trabalho e de trânsito),* Almedina, Coimbra, 1983, *per totum, id., Seguro de responsabilidade civil automóvel. Nova Directiva Comunitária, RDE* IX (1983) 2, 363-365 (texto da diretiva a pp. 365-369), *id., Ac. STJ de 8 Novembro de 2018 (ECLI:PT:STJ:2018:770.12.3TBSXL.L1.S1.AD). Obrigação de segurar, responsabilidade civil e direito de regresso do Fundo de Garantia Automóvel, RFDCPULP* 12 (2018), 114-148, *max.* 142-148, Jorge Sinde Monteiro/Maria José Rangel de Mesquita, *Insurance Law in Portugal,* texto originalmente publicado como monografia na *International Encyclopaedia of Laws/Insurance Law,* Kluwer Law International, Alphen aan den Rijn, 2010, 102-109, Arnaldo Filipe da Costa Oliveira, *Seguro obrigatório de responsabilidade civil automóvel. Síntese das alterações de 2007 – DL 291 / 2007, 21 Ago.*, Almedina, Coimbra, 2008, *per totum,* José António de França Pitão, *Seguro de responsabilidade civil resultante da circulação de veículos automóveis – Anotado (Decreto-Lei n.º 291/2007, de*

especificamente, os aspectos de regime determinados por razões de protecção do consumidor.

Analisaremos, assim, sumariamente, o conceito de "consumidor" de seguro automóvel (2.), a fim de nos concentrarmos nalgumas figuras ou

21 de Agosto) anotado. Remissões, legislação complementar, jurisprudência e doutrina, Almedina, Coimbra, 2008, *per totum*, *id.*, *Seguro automóvel obrigatório anotado e legislação complementar*, Quid Juris, Lisboa, 2019, *per totum*, Luís Poças, *Seguro automóvel. Oponibilidade de meios de defesa aos lesados*, Almedina, Coimbra, 2018, *per totum*, José Carlos Brandão Proença, *A conduta do lesado como pressuposto e critério de imputação do dano extracontratual*, Almedina, Coimbra, 1997, 285-331 e *passim*, *id.*, *Acidentes de viação e fragilidade por menoridade (para uma nova conformação normativa)*, em *Juris et de Jure. Nos 20 anos da Faculdade de Direito da Universidade Católica Portuguesa – Porto*, coord. Manuel Afonso Vaz/J. A. Azeredo Lopes, UCP, Porto, 1998, 95-115, *id.*, *Ainda sobre o tratamento mais favorável dos lesados culpados no âmbito dos danos corporais por acidentes de viação*, nos *Estudos dedicados ao Prof. Doutor Mário Júlio de Almeida Costa*, UCP, Lisboa, 2002, 809-837, *id.*, *Responsabilidade pelo risco do detentor do veículo e conduta do lesado: a lógica do "tudo ou nada"? Acórdão do Supremo Tribunal de Justiça de 6.11.2003, Proc. 565/03, CDP* 7 (2004), 25-31 (acórdão a pp. 19-25), *id.*, *Natureza e prazo de prescrição do "direito de regresso" no diploma do seguro obrigatório de responsabilidade civil. Acórdão do Supremo Tribunal de Justiça de 18.10.2012, Proc. 56/10, CDP* 41 (2013), 33-44 (acórdão a pp. 29-33), Carlos Lopes do Rego, *Regime das acções de responsabilidade civil por acidentes de viação abrangidos pelo seguro obrigatório, RMP* 8/29 (1987), 61-100, Alice Bethencourt Reis/Francisco Côrte Real, *Breves notas sobre a alínea b) do n.º 1 e a alínea a) do n.º* 2 [do artigo 7.º do RSCORCA 85], *SPAIDA Boletim Informativo* I (1987) 1, 4-5, Joaquim de Sousa Ribeiro, *O ónus da prova da culpa na responsabilidade civil por acidente de viação*, nos *Estudos em homenagem ao Prof. Doutor J. J. Teixeira Ribeiro*, II – *Iuridica*, *BFD* n.º especial, Coimbra, 1979, *passim*, Francisco Rodrigues Rocha, *Do princípio indemnizatório no seguro de danos*, Almedina, Coimbra, 2015, 81-83[381], 96-97 ou 163-165, *id.*, *Sub-rogação do segurador e prescrição – comentário ao Acórdão do Tribunal da Relação de Évora de 10 de Março de 2016, proc. n.º 436/12.4TBMRA.E1, RDES* LVII (2016) 1/4, 396-398, João Calvão da Silva, *Concorrência entre risco do veículo e facto do lesado: o virar de página? Anotação [ao acórdão do Supremo Tribunal de Justiça de 4 de Outubro de 2007], RLJ* 137/3946 (2007), 49/1-64/2 (acórdão a pp. 35/1-49/1), Adriano Garção Soares, *As normas comunitárias e o seu reflexo no Direito português relativo ao seguro obrigatório de responsabilidade civil automóvel*, no *II Congresso Nacional de Direito dos Seguros. Memórias*, coord. António Moreira/M. Costa Martins, colab. Teresa Coelho Moreira, Almedina, Coimbra, 2001, 129-137, Adriano Garção Soares/Maria José Rangel de Mesquita, *Regime do Sistema do Seguro Obrigatório de Responsabilidade Civil Automóvel. Anotado e comentado*, Almedina, Coimbra, 2008, *per totum*, Nuno Almeida de Araújo Sobreira, *Seguro obrigatório de responsabilidade civil automóvel. Direito de regresso da seguradora e sub-rogação do FGA*, dissertação de mestrado, FDUC, Coimbra, 2014, 62-63, 66-68 e 101-103 e *passim*, José Vasques, *Contrato de seguro. Notas para uma teoria geral*, Coimbra Ed., Coimbra, 1999, *passim*, *id.*, *Direito dos seguros. Regime jurídico da actividade seguradora*, Coimbra Ed., Coimbra, 2005, *passim*, José Alberto Vieira, *O dever de informação do tomador de seguro em contrato de seguro automóvel*, nos *Estudos em memória do Professor Doutor António Marques dos Santos*, vol. I, coord. Jorge Miranda/Luís de Lima Pinheiro/Dário Moura Vicente, Almedina, 2005, 1019-1022.

aspectos de regime, que possam ser tidos como mais significativos, da perspectiva da protecção do consumidor: a regularização dos sinistros (3.), o veículo de substituição (4.) e o pagamento da indemnização (5.)[2].

2. Um "consumidor" de seguro automóvel?[3]

A palavra "consumidor" aparece somente seis vezes no RSORCA, duas das quais no preâmbulo[4] e quatro nos artigos 12.º/3, 45.º/1 e 64.º/9 *a*), posto que somente no artigo 45.º/1 tenha um significado relevante em termos normativos para efeito da identificação de um "consumidor" de seguro automóvel[5]. O cenário não é melhor no RJCS, no qual a palavra aparece apenas quatro vezes, mais precisamente nos artigos 3.º, 9.º/1 e 19.º/2[6].

[2] Teria sido possível seleccionar outros aspectos de regime, como o constante do artigo 24.º/2 do RSORCA que impõe ao segurador um dever especial de esclarecimento (neste sentido, F. Albuquerque Matos, *O regime de regularização* cit., 512). Atentas as finalidades do presente estudo, um levantamento exaustivo não é possível.

[3] Sobre este tema, mas sem referência ao RSORCA, nos pronunciámos também, em termos que aqui seguimos, em Francisco Rodrigues Rocha, *Protecção do consumidor no Direito dos seguros. Algumas notas, RDFMC* (2021) 3, 799-842.

[4] Na referência às entidades consultadas: entre outras, a Associação Portuguesa para a Defesa dos Consumidores e a Associação dos Consumidores da Região Autónoma dos Açores.

[5] Com efeito, nos artigos 12.º/3 e 64.º/9 *a*), a alusão a "consumidor" ocorre por respeito ao índice de preços no consumidor para efeito de determinação do capital seguro ou do rendimento mensal do lesado para cálculo de indemnização por danos patrimoniais.

[6] Ocorre também duas vezes no preâmbulo do Decreto-Lei n.º 72/2008, de 16-Abr., que aprovou o RJCS: uma ao remeter para a "Lei de Defesa do Consumidor"; outra ao referir ser "uma solução de protecção do consumidor" o disposto no artigo 16.º/2 do RJCS. No RJASR aparece uma vez no artigo 17.º/1; neste diploma nota-se outrossim a preocupação em delimitar o leque de sujeitos abrangidos, sem recurso à noção de consumidor: assim, exemplificativa e exemplarmente, segundo o artigo 22.º, "[o] objetivo principal da supervisão é a proteção dos *tomadores de seguros, segurados* e *beneficiários*" (sublinhado nosso); também no artigo 21.º: "A supervisão compreende, nomeadamente, (...) a verificação (...) da atuação das mesmas [i.e. empresas de seguros e de resseguros] no seu relacionamento com os *tomadores de seguros, segurados, beneficiários* e *terceiros lesados*". Embora a ASF disponha de um Portal do Consumidor e publique o *Guia de seguros e fundos de pensões* (3.ª ed., ASF, Lisboa, 2015) centrado na figura do consumidor, os seus Estatutos, aprovados pelo Decreto-Lei n.º 1/2015, de 6-Jan., são também parcimoniosos no que toca a referências a consumidores (apenas 5 e em contextos relativos a cooperação com outras instituições ou o índice de preços no consumidor). No RJDSR aparece o termo consumidor 5 vezes: artigos 26.º/4, 52.º/1, 78.º/4 e nos pontos 1 *b*) e *c*) do anexo a que se refere o artigo 13.º/1 *a*) e 3 *a*). O termo surge, todavia, noutras leis seguradoras: assim, no Decreto-Lei n.º 222/2009, de 11-Set., objecto da Declaração de Rectificação n.º 77/2009, de 12-Out., fala-se 16 vezes de consumidor por referência

É visivelmente pouco para dois diplomas, um com 95, outro com 217 artigos, respectivamente. Por trás desta parcimónia, esteve, cremos, uma opção intencional e ponderada do legislador.

É, com efeito, problemático falar de "consumidor" por respeito a todos os sujeitos que possam ser titulares de posições jurídicas por referência a um contrato de seguro[7]. Comecemos pelo tomador. De acordo com o artigo 2.º/1 da LDC, é consumidor "todo aquele[8] a quem sejam fornecidos bens, prestados serviços ou transmitidos quaisquer direitos, destinados a uso não profissional, por pessoa que exerça com carácter profissional uma

a contratos de seguro e usa-se 1 vez no preâmbulo a expressão "consumidores de contratos de seguros".

Olhando para outros ordenamentos jurídicos, também o VVG é comedido no uso da expressão correspondente, que surge, porém, no § 214 (1) 1 e (5). O mesmo vale para o CA: artigos L112-2-1, R250-1 ou R431-51, além das remissões para o *Code de la consommation*. Similarmente para o CAP: artigos 5.º/3, 7.º, 120.º/5, 121.º-*octies*, 131.º, 132.º-*bis*/1 e 3, 136.º/3 e 3-*bis* e 138.º Na LS o termo não aparece.

[7] E não só. No direito dos valores mobiliários, é muito discutida a qualificação como consumidor do investidor. Sobre o tema, *e.g.* A. Barreto Menezes Cordeiro, *Manual de Direito dos valores mobiliários*, Almedina, Coimbra, 2018, 94 ss. ou 111 ss., ou João Artur Pereira Serra, *A proteção do consumidor de serviços financeiros. Em especial sobre uso de informação enganosa na captação de investimento*, FDUL, Lisboa, 2018, *passim*. A qualificação do fiador como consumidor é também debatida: cf. *e.g.* Manuel Januário da Costa Gomes, *Assunção fidejussória de dívida. Sobre o sentido e o alcance da vinculação como fiador*, Almedina, Coimbra, 2000, 584 ss., ou Nuno Manuel Pinto Oliveira, *O caso das fianças revisitado – Em torno do acórdão do STJ de 9 de Julho de 2015*, *Julgar* (2016) 1, 1-59, ou, na jurisprudência, TJUE 17-Mar.-1998, proc. n.º C-45/96 (*Bayerische Hypotheken- und Wechselbank* v. *E. Dietzinger*).

[8] Seja pessoa física ou colectiva, embora o ponto seja debatido (cf., por ex., João Calvão da Silva, *Venda de bens de consumo*, 4.ª ed., Almedina, Coimbra, 2010, 56). O direito da UE mostra, contudo, uma tendência a restringir o conceito às pessoas singulares, que se manifesta, de igual modo, no direito português que o transpõe (cf. *e.g.* os artigos 3.º *a*) do Decreto-Lei n.º 57/2008, de 26-Mar., 3.º *c*) do Decreto-Lei n.º 24/2014, de 14-Fev., 2.º *e*) do Decreto-Lei n.º 95/2006, de 29-Mai., 4.º/1 *a*) da LCC ou 2.º *f*) do RJSPME, mas, neste último caso, com equiparação das microempresas a consumidores *ex* artigos 76.º/2, 94.º/2, 100.º/1 e 117.º/7). Outros direitos, como o francês, também (artigo preliminar do *Code de la consommation*). O ADC considerava consumidor apenas pessoas singulares (artigo 10.º), mas estendia, com ressalvas, o mesmo regime às pessoas colectivas e às pessoas singulares que actuassem no âmbito da sua actividade profissional (artigo 11.º). Sobre o tema, entre nós, com indicações, Ana Prata, *Contratos de adesão e cláusulas contratuais gerais*, 2.ª ed., Almedina, Coimbra, 2021, 502 ss., ou também, recentemente, Nuno Manuel Pinto Oliveira, *Contrato de compra e venda*, vol. I – *Introdução. Formação do contrato*, GestLegal, Coimbra, 2021, 129 ss.

actividade económica que vise a obtenção de benefícios"[9]. Apesar da coexistência de noções díspares, introduzidas por leis diversas[10], trata-se a do artigo 2.º/1 da LDC da noção central, de referência, no ordenamento jurídico português, que outros diplomas reproduzem[11], para a qual remetem[12] ou cujos conceitos de consumidor, aí não definidos, são interpretados em consonância com a noção exarada na LDC (assim, na secção III e nos artigos 20.º e 26.º/2 da LCCG[13], nos artigos 5.º/5 ou 8.º/2 *b*) da LSPE[14], nos artigos 25.º/4 e 27.º da LCE[15], ou nos artigos 1.º, 2.º/1 e 2 e 7.º/2 e 3 do Decreto-Lei n.º 222/2009). Mas, mesmo perante um tão amplo conceito, subsistem dúvidas, pois, por via do contrato de seguro, não se obriga o segurador, em rigor, ao fornecimento de bens (cf. os artigos 874.º e 939.º do CC), à prestação de serviços (cf. o artigo 1154.º do CC)[16], nem, em princípio, à transmissão de direitos[17], antes "cobre um risco determinado do tomador do seguro ou de outrem, obrigando-se a realizar a prestação con-

[9] Cf. A. Menezes Cordeiro, *Da natureza civil do Direito do consumo, O Direito* 136 (2004) 4, 606-607, 615, 637-639, Paulo Duarte, *O conceito jurídico de consumidor, segundo o art. 2.º/1 da Lei de defesa do consumidor, BFD* 75 (1999), 661 ss., Fernando Baptista de Oliveira, *Do conceito de consumidor: Algumas questões e perspectivas de solução, EDC* 8 (2006/2007), 468-551, *id.*, *O conceito de consumidor. Perspectivas nacional e comunitária*, Almedina, Coimbra, 2009, *passim*, J. Morais de Carvalho, *Manual de Direito do consumo*, 7.ª ed., Almedina, Coimbra, 2019, 29 ss., *id.*, *O conceito de consumidor no direito português, EDC* 14 (2018), 193-194, David Falcão, *Lições de Direito do consumo*, pref. Jorge Morais Carvalho, 2.ª ed., Almedina, Coimbra, 2020, 16 ss.

[10] Cf., por ex., o artigo 4.º/1 *a*) da LCC: "a pessoa singular que, nos negócios jurídicos abrangidos pelo presente decreto-lei, atua com objetivos alheios à sua atividade comercial ou profissional"; ou o artigo 3.º *l*) do Decreto-Lei n.º 29/2006, de 15-Fev.: "o cliente final de electricidade".

[11] Cf. o artigo 1.º-B *a*) da LVBC.

[12] Cf. os artigos 3.º *b*) do Decreto-Lei n.º 134/2009, de 2-Jun., e 1.º-B *a*) da LVBC.

[13] Ana Prata, *Contratos de adesão* cit., 97 nt. 272 e 502 ss.

[14] F. Baptista Oliveira, *O conceito de consumidor* cit. (nt. 5), 77.

[15] Anotação, não assinada, ao artigo 27.º, na *Lei do Comércio Electrónico anotada*, Ministério da Justiça – Gabinete de Política Legislativa e Parlamento, Coimbra Ed., Coimbra, 2005, 109.

[16] Que, no entanto, acessoriamente, pode o segurador prestar: M. Lima Rego, *Contrato de seguro* cit., 274. O segurador é, a nível de direito institucional de seguros, tido por prestador de serviços, por ex. ao abrigo do regime de livre prestação de serviços; é-o também para efeito do artigo 2.º *c*) da Directriz n.º 2000/31/CE.

[17] Seguimos, neste tocante, P. Romano Martinez, *Direito dos Seguros – Apontamentos*, Principia, Cascais, 2006, 53, que escreve: "importa ter em conta que consumidor é «[...] aquele a quem sejam fornecidos bens, prestados serviços ou transmitidos quaisquer direitos, destinados a uso não profissional [...]» (...) e, por via de um contrato de seguro, não se fornecem bens, não se prestam serviços nem se transmitem direitos".

vencionada em caso de ocorrência do evento aleatório previsto no contrato" (artigo 1.º do RJCS). Não obstante, para apurar da qualidade de consumidor, deve colocar-se a tónica mais no destinatário (do que no profissional ou na prestação por este realizada), e nos fins para que contrata[18], e considerar, por analogia, que a vinculação e a prestação a cargo do segurador cabem na referência a serviços prestados[19].

O principal óbice reside, contudo, no seguinte. No seguro, o sujeito mais "vulnerável"[20] não tem forçosamente de ser o tomador[21], *i.e.* a parte no contrato com o segurador. Dependendo das circunstâncias, tanto pode sê-lo o tomador, como o segurado ou o beneficiário da prestação de seguro[22]. Isto significa que, a entender-se por consumidor apenas a parte no contrato[23], a protecção para o mesmo prevista não se aplicaria aos segurados

[18] No direito francês, a noção de consumidor no CConsom, introduzida pela lei Hamon, de 17-Mar.-2014, é neutra no que toca ao tipo de prestação realizada ao consumidor: "consommateur: toute personne physique qui agit à des fins qui n'entrent pas dans le cadre de son activité commerciale, industrielle, artisanale, libérale ou agricole" (artigo preliminar). O mesmo se diga da definição de consumidor no § 13 do BGB: "Verbraucher ist jede natürliche Person, die ein Rechtsgeschäft zu Zwecken abschließt, die überwiegend weder ihrer gewerblichen noch ihrer selbständigen beruflichen Tätigkeit zugerechnet werden können".

[19] Cf. também P. Romano Martinez, *Direito dos Seguros – Apontamentos* cit., 53-54: "apesar de o contrato de seguro não corresponder a um negócio jurídico por via do qual se prestem serviços em sentido técnico (...), não pode deixar de se tutelar o consumidor de seguros".

[20] Usamos deliberadamente, entre aspas, a expressão. Sobre o tema, recentemente, o volume temático da *RFDUL* LXII (2021) 2 (no prelo).

[21] Sobre a expressão: Francisco Rodrigues Rocha, *Do princípio indemnizatório no seguro de danos*, Almedina, Coimbra, 2015, 33.

[22] Pedro Romano Martinez, anotação ao artigo 12.º, na *LCSAnot*^{4}, 70.

[23] O ponto não é, no entanto, pacífico. A redacção do 2.º/1 da LDC não limita o conceito de consumidor à parte contratual (fá-lo, diversamente, o § 13 do BGB). Na doutrina, Carlos Ferreira de Almeida, *Os direitos dos consumidores*, Almedina, Coimbra, 1982, 216-217, entendendo, também com base na Convenção aprovada na xiv Conferência da Haia e na Convenção de Viena, em atenuação do efeito relativo das obrigações, que "as referências legais ao consumidor (...) se devem estender a um determinado círculo de pessoas que têm relação de convivência com o sujeito directo da relação jurídica", dando o ex. da compra de uma bebida pelo marido que, bebida por si e pela esposa, fez ambos adoecer; Fernando Baptista de Oliveira, *O conceito de consumidor. Perspectivas nacional e comunitária*, pref. Fernando de Gravato Morais, Almedina, Coimbra, 2009, 85-87, adere à doutrina de C. Ferreira de Almeida, que desenvolve: não apenas relações de conveniência com o sujeito da relação jurídica, mas também perante "adquirente-comprador (...) que pode ser um estranho", dando o ex. da compra de uma prenda de aniversário, sublinhando a diferença de redacção entre a LDC 81 e a LDC 96; J. Morais de Carvalho, *Direito do consumo* cit., 33 (igual nesta parte a *id., O conceito de consumidor no direito português, EDC* 14 (2018), 194-195), estende o conceito

não tomadores nem aos beneficiários. O problema mais se complica no caso, por ex., de um seguro de grupo, contratado pelo tomador para fins profissionais, em que, por conseguinte, o tomador não pode ser qualificado como consumidor, ainda que o segurado se encontre numa posição de inferioridade[24]-[25].

Nos seguros de responsabilidade civil, o problema ganha também específicos contornos. O lesado, titular de um direito de crédito indemnizatório contra o segurado, é um terceiro em relação ao contrato de seguro, que dispõe de acção directa contra o segurador[26]. Aqui, embora o dever de indemnizar que vincula o segurador seja um dever primário de prestar[27], da perspectiva do lesado trata-se do cumprimento de um dever de indemnizar delitual de fonte legal e o "dano a atender" é o disposto na "lei geral" (artigos 138.º/2 e 146.º/3 do RJCS). Ora, a responsabilidade civil, ressarcitória que é por princípio, com dificuldade poderia ser vista como "consumerística", pelo menos no que concerne à circunscrição dos danos indemnizáveis. Não obstante, existem certos aspectos que podem como tal ser classificados, como sejam o previsto no RSORCA para a regularização do sinistro.

a "relações não contratuais"; José Engrácia Antunes, *Direito do consumo*, Almedina, Coimbra, 2019, 55-56, escreve não repugnar, em "desvio ao princípio geral da eficácia relativa dos contratos", "considerar extensível a proteção legal a outros indivíduos pertencentes ao círculo do consumidor", aqueles a que chama *consumidores materiais* ou *de facto*, como as pessoas que tenham com ele ligações familiares ou pessoais de convivência e utilizado os bens para fins particulares, ou as pessoas a quem os bens se destinavam afinal.

24 Em França, tem a jurisprudência considerado o segurado nos seguros de grupo consumidor, não obstante tenha sido o seguro contratado pelo tomador para fins profissionais. Sobre o ponto, com indicações, Bernard Beignier/Sonia Ben Hadj Yahia, *Droit des assurances*, 3.ª ed., LGDJ, Paris, 2018, 373-375. Entre nós, M. Lima Rego, *Contrato de seguro* cit., 863, equaciona a possibilidade de que, nos seguros de grupo, "os terceiros-segurados possam gozar [de protecção adicional] em virtude da sua qualidade de consumidores".

25 Ainda assim, há quem, como Yvonne Lambert-Faivre/Laurent Leveneur, *Droit des assurances*, 14.ª ed., Dalloz, Paris, 2017, 199, opte por falar expressamente de "consommateurs d'assurance", categoria na qual incluem tomadores, segurados e terceiros, reconhecendo, no entanto, fazê-lo "[h]ors des préoccupations proprement consuméristes" e "au sens large, et non pas étroit que le mot consommateur a maintenant en droit de la consommation".

26 Por determinação da lei, não por fonte contratual, como sucede na estipulação ou contrato a favor de terceiro. Sobre o tema, em geral, M. Lima Rego, *Contrato de seguro* cit., 634 ss.; no campo do seguro automóvel, F. Albuquerque Matos, *O contrato de seguro obrigatório. Breves considerações* cit., 601-624, J. Alves de Brito, *Contrato de seguro por conta de outrem. O seguro por conta de outrem nos seguros de danos*, FDUL, Lisboa, 2005, 157-160[763], ou M. Lima Rego, *Contrato de seguro* cit., 635-636[1731] ou 678.

27 M. Lima Rego, *Contrato de seguro* cit., 647-648.

Por isso, sem prejudicar a aplicação dos regimes de protecção do consumidor sempre que tomador, segurado ou beneficiário possam ser como tal qualificados, optou o RJCS por um esquema diverso. Nele, evitando-se a referência expressa a consumidor, teve-se a preocupação de enumerar outros sujeitos envolvidos além do tomador[28]. Isto não significa que o legislador não tenha reconhecido ou reconheça que o tomador possa ser consumidor[29], mas apenas que, perante as incertezas de que o fossem também

[28] Assim, aparece 45 vezes a expressão "tomador do seguro ou segurado" ou similar (8 vezes no preâmbulo e nos artigos 1.º, 8.º/3, 17.º/2, 24.º/1, 3 e 4, 25.º/5, 33.º/1, 38.º/2, 44.º/1 e 2, 46.º/1, 91.º/1 e 4, 93.º/1, 94.º/1 *c*) e 2, 98.º/1 e epígrafe, 126.º/1, 132.º/2, 133.º/1, 136.º/2, 144.º/1 e 2, 147.º/1, 158.º/2, 163.º, 178.º/5, 180.º/3, bem como na designação da subsecção ii da secção ii do capítulo ii do título i); aparece também referência a tomador do seguro e beneficiário ou expressão similar (artigos 33.º/1, 37.º/3 *c*), 198.º/1, 199.º/1 e 2); a tríade "tomador do seguro, segurado e beneficiário" ou similar aparece também (além do preâmbulo, nos 13.º/1, 17.º/2, 37.º/2 *b*) e *f*), 87.º/1, 100.º/1 e 2, 127.º/1 e 2, 196.º, 199.º/4, 205.º/1 e 4, 212.º/1 e 2, bem como na combinação entre os n.os 1 e 2 do artigo 126.º); referência a segurado e beneficiário aparece também (por ex. nos artigos 83.º ou 164.º/2); é, ainda, feita referência a pessoa segura e beneficiário (artigos 181.º/1, 193.º, 198.º/2 *b*), *c*) e *d*) e 3, 201.º/3 *a*)), bem como a terceiros com direitos ressalvados no contrato e beneficiário (artigos 91.º/2 ou 108.º/3). Sobre a identificação dos sujeitos envolvidos no seguro: José Alves de Brito, *Contrato de seguro por conta de outrem. O seguro por conta de outrem nos seguros de danos*, FDUL, Lisboa, 2005, *passim*, Margarida Lima Rego, *Contrato de seguro e terceiros. Estudo de Direito civil*, Coimbra Ed., Coimbra, 2010, *passim*, ou Miguel Duarte Santos, *O beneficiário nos seguros de pessoas*, *RCR* VII/25 (2016), 215 ss.

[29] Pelo contrário, conforme denotam o preâmbulo e os artigos 3.º, 9.º/1 ou 19.º/2 do RJCS. Também a doutrina reconhece, sem excepções, que o tomador pode ser consumidor; menos, porém, estendem a qualificação a outros sujeitos, como o segurado ou o beneficiário: em sentido afirmativo, ainda que com nuances discursivas, *v.g.* Eugénia Silva, *Guia do consumidor de seguros*, coord. Rui Portugal/Rui Fidalgo, 2.ª ed. rev., Instituto do Consumidor/ISP, s/l, 2002, *per totum*, José Manuel Machado de Castro, *Evolução e perspectivas de protecção do segurado*, no *III Congresso Nacional de Seguros. Memórias*, coord. António Moreira/M. Costa Martins/Teresa Coelho Moreira, Almedina, Coimbra, 2003, 276 (considerando o segurado dentro do género consumidor), Luís Silveira Rodrigues, *A protecção do consumidor de seguros*, no *II Congresso Nacional de Direito dos Seguros. Memórias*, coord. António Moreira/M. Costa Martins/Teresa Coelho Moreira, Almedina, Coimbra, 2001, 233-243, M. J. Rangel de Mesquita, *Direito administrativo dos seguros* cit., 401-402 (escreve a p. 401: "Uma das preocupações do legislador subjacentes ao direito vigente em matéria de seguros reporta-se à protecção do consumidor, na sua qualidade específica de, em especial, tomador do seguro e segurado (ou pessoa segura) e de beneficiário"), Fernando Gonçalves de Oliveira, *Os seguros e o consumidor*, *RPDC* 59 (2009), 19-41, M. Lima Rego, *Contrato de seguro* cit., 863, Fátima Baptista, *A protecção do consumidor de seguros*, *RMP* 149 (2017), 103-139, *ead.*, *Cláusulas abusivas nos contratos com consumidores*, nos *E(I)DC* V (2017), 26-32.

outros sujeitos envolvidos no seguro, optou por enumerá-los *singulatim* em vez de remeter, de forma geral, para um conceito de consumidor de seguros.

3. Da regularização dos sinistros

O capítulo III do título II do RSORCA, intitulado "Da regularização[30] dos sinistros" e composto por 16 artigos (do 31.º a 46.º) – que foi também objecto da Norma Regulamentar n.º 16/2007-R, de 20-Dez.[31], é permeado por considerações de protecção do consumidor. Elas não se manifestam, é certo, com a mesma intensidade em todos os seus artigos, nem, dentro destes, em todas as suas normas, mas, no cômputo geral, é possível afirmá-lo.

Centrar-nos-emos na análise, primeiro, do âmbito de aplicação da disciplina do capítulo III (3.1.), depois nos princípios base da gestão de sinistros (3.2.), na diligência e prontidão do segurador (3.3), no prazo para pagamento da indemnização (3.4.) e, por fim, nos códigos de conduta (3.5).

3.1. Âmbito

I. O regime de regularização de sinistros não se aplica a sinistros cujos "danos indemnizáveis totais" excedam o capital mínimo legalmente estabelecido para o seguro obrigatório de responsabilidade civil automóvel (artigo 32.º/1 do RSORCA), portanto € 5.000.000 por acidente para danos corporais e € 1.000.000 por acidente para danos materiais. A referência a "danos indemnizáveis" refere-se à relação de responsabilidade civil; noutros termos, o segurador não está, em princípio, obrigado a indemnizar acima do capital mínimo legal seguro (nem, em geral, acima do capital seguro contratado, quando superior ao legal), de maneira que a referência a "indemnizáveis" não visa a obrigação do segurador, mas a do responsável

[30] O termo por assim dizer tradicional era "regulação" e o verbo usado "regular", conforme constava do artigo 439.º, § 1.º, do CCom e como ainda hoje vemos em matéria de avarias grossas (artigos 652.º do CCom 74.º, 953.º, 954.º e 957.º do CPC). O termo "regularização" consta também do RJCS (além do preâmbulo, vd. os artigos 65.º/1 *f*) e 127.º/2), embora "liquidação" e "liquidar" também aí apareçam (artigos 65.º/3, 66.º *c*), 68.º e 69.º; no contexto da compensação de créditos com o prémio: 54.º/5; no contexto dos fundos de investimento: 206.º/3 *b*) e *d*)). O termo regularização não constava também do CC, embora, desde a Lei n.º 13/2019, de 12-Fev., tenha passado a constar do artigo 1041.º/7, em matéria de locação ("regularização de dívida").

[31] Que se manteve, após a aprovação do RJCS. Cf. também J. A. França Pitão, *Seguro automóvel obrigatório* cit., 140.

civil, seu segurado[32]. O preceito aplica-se mesmo que haja várias vítimas cujos danos não superem os referidos valores[33]. Quando os superem, será, ao invés, aplicável o regime geral dos artigos 102.º e 104.º do RJCS.

II. Se do acidente resultarem "danos em mercadorias" ou "em outros bens transportados nos veículos intervenientes nos sinistros"[34] não se aplica todo o regime da regularização de sinistros (artigos 31.º a 46.º)[35], mas apenas os artigos 38.º (proposta razoável) e 40.º (resposta fundamentada), sendo o prazo do artigo 36.º/1 *e*) – para que remete o artigo 38.º/1 – é alargado de 30 a 60 dias úteis[36]. Idêntica solução vale para "sinistros relativamente aos quais se formulem pedidos indemnizatórios de lucros cessantes decorrentes da imobilização desses veículos"[37] (artigo 32.º/2): a expressão "desses veículos" suscita alguma perplexidade, pois antes fala-se genericamente, sem distinguir, de "veículos intervenientes nos sinistros"; parece

[32] Diferentemente, confundindo o alcance da limitação constante do artigo 32.º/1, J. A. França Pitão, *Seguro automóvel obrigatório* cit., 141.

[33] Por ex. uma vítima com danos corporais de € 2.500.000, outra com danos corporais de € 3.000.000.

[34] J. A. França Pitão, *Seguro automóvel obrigatório* cit., 140, dá 2 exs.: veículo de caixa aberta envolvido em acidente que transportava mercadoria frágil, partida por força da colisão; condutor que transportava no banco traseiro do veículo objectos pessoais danificados pelo embate.

[35] Note-se que "os danos causados nos bens transportados no veículo seguro", quer durante o transporte, quer em operações de carga e descarga encontram-se excluídos da garantia do seguro obrigatório de responsabilidade civil automóvel (artigo 14.º/4 *b*)). Luís Poças/Patrícia Assunção Soares/Teresa Alves da Nóbrega, *Meios de defesa oponíveis pelo Fundo de Garantia Automóvel*, nos *40 anos. Fundo de Garantia Automóvel*, ASF, Lisboa, 2021, 129, explicam esta exclusão por considerarem que "o instituto da responsabilidade civil (bem como o inerente seguro) destinam-se a ressarcir danos provocados na esfera de terceiros, e não na do próprio responsável". Aqui é, no entanto, necessário ter em conta que o artigo 32.º/2 se refere mais amplamente a "veículos intervenientes nos sinistros" (ou seja, o veículo seguro do responsável e o outro ou os outros que intervieram no acidente), que não, como o 14.º/4 *b*), a "veículo seguro", de maneira que a razão de ser do 32.º/2 deve encontrar-se não apenas no entendimento acabado de citar, mas também e sobretudo na heterogeneidade deste tipo de danos e na consequente (presumível) maior morosidade na sua avaliação. Note-se também que o artigo 32.º é aplicável aos seguros com coberturas facultativas de danos próprios, ainda que apenas quando os sinistros se tenham devido a choque, colisão ou capotamento (artigo 92.º).

[36] O n.º 2 do artigo 32.º, contrariamente ao 36.º/1 *e*) do RSORCA, não especifica. Entendemos, contudo, deverem os preceitos ser lidos conjuntamente.

[37] J. A. França Pitão, *Seguro automóvel obrigatório* cit., 142, dá o seguinte ex.: paralisação do veículo embatido durante 1 semana, que, por isso, deixou de fazer entregas com a mercadorias com as quais obtinha ganhos para o seu negócio.

que o legislador tinha em vista um certo tipo de veículos, como sejam os de transporte de mercadorias. Parece-nos ser esta a melhor interpretação e que mais acautela os interesses predominantes em jogo, os do lesado.

A restrição constante do n.º 2 do artigo 32.º não se aplica, porém, aos danos próprios dos e aos veículos intervenientes, caso contratada uma cobertura facultativa deste jaez e quando estejam em causa sinistros devidos a choque, colisão ou capotamento (artigo 92.º).

III. Um aspecto sobre o qual não estão, por vezes, os intervenientes no acidente de viação informados é que não é necessário que hajam chegado a "acordo sobre os factos ocorridos aquando do sinistro" para que se aplique o regime de regularização (célere) dos sinistros previsto nos artigos 31.º a 46.º (artigo 31.º do RSORCA). A razão de ser assenta na frequente falta de ponderação dos intervenientes no momento do acidente[38]. Conclusão diferente será se pensarmos em termos de Convenção IDS: para que esta se aplique, sim, é necessário que os intervenientes hajam preenchido a declaração amigável de acidente automóvel (DAAA).

3.2. "Princípios base" da gestão de sinistros

Sob uma epígrafe mais ampla do que o que efectivamente regula, trata o artigo 33.º[39] da informação a prestar ao tomador de seguros em matéria de regularização de sinistros e de aspectos de política regulatória neste domínio. Contrariamente ao que se passa designadamente no RJCS, o RSORCA (como o RJDSR ou o RJFP) ocupa-se também de matéria institucional.

Assim, deve o segurador, à data da celebração do contrato, prestar, por escrito, "informação relevante relativamente aos procedimentos que adopta em caso de sinistro" (artigo 33.º/1), a qual deve estar disponível ao público e ser legível, simples e objectiva[40] "quanto aos prazos a que se

[38] Assim também J. A. França Pitão, *Seguro automóvel obrigatório* cit., 142 ("naquele momento, geralmente os intervenientes não atuam com a necessária lucidez, devendo ponderar-se sobre as circunstâncias em que o acidente ocorreu, suas causas e nexo de causalidade com os danos ocorridos, para daí aferir a responsabilidade e dar início ao processo de negociação com vista à regularização do sinistro").

[39] Correspondente ao artigo 20.º-C do RSORCA 85, aditado pelo Decreto-Lei n.º 83/206, de 3-Mai.

40 Trata-se este de um aspecto importante, que podemos identificar como de Direito do consumo. Existem vários lugares paralelos: cf., neste volume, o nosso *Débitos directos*, nts. 29 e 30.

compromete"[41], tendo em conta a tipologia dos sinistros (artigo 33.º/2 e 3). Os referidos "procedimentos" devem constar de "manual interno de regularização de sinistros": a referência legal a "interno" permite demarcar a "informação relevante" mencionada no n.º 1 do mesmo artigo; trata-se apenas da "informação relevante", que não de toda.

O segurador deve regularmente proceder a auditorias internas que permitam avaliar a *qualidade*, nas diversas fases, do processo de regularização dos sinistros, com especial "incidência" naqueles cuja responsabilidade foi total ou parcialmente declinada (artigo 33.º/5).

Os métodos de avaliação dos *danos materiais* decorrentes de um sinistro "utilizados" pelo segurador devem ser "razoáveis, adequados e coerentes" (artigo 33.º/6). Para os *danos pessoais*, vale a tabela aprovada pela Portaria n.º 377/2008, de 26-Mai., com as alterações constantes da Portaria n.º 352/2007, de 23-Out., que fixou os "critérios e valores orientadores" para efeitos de apresentação aos lesados por acidente automóvel de proposta razoável para indemnização do dano corporal.

3.3. Diligência e prontidão do segurador. Proposta razoável

I. A liquidação da obrigação do segurador está sujeita, para os seguros em geral, ao disposto nos artigos 102.º a 104.º do RJCS[42]. Assim, "o segurador obriga-se a satisfazer a prestação contratual a quem for devida, após a confirmação do sinistro e das suas causas, circunstâncias e consequências" (artigo 102.º/1 do RJCS)[43]. Como refere A. Menezes Cordeiro, este regime pode "dar azo a dilações, acrescidas, para mais, pelos trinta dias graciosamente atribuídos pelo artigo 104.º", não sendo justo que a lei "seja tão severa com a mora no pagamento dos prémios e que permita atrasos no da indemnização"[44]. O devedor não pode provocar o vencimento do prazo por

[41] Isto é, se diferentes, no sentido de inferiores, aos legais; porque, se não, é eufemístico dizer que o segurador se compromete, uma vez que resultam imperativamente da lei.

[42] Cujas normas são relativamente imperativas: artigo 13.º/1 do RJCS.

[43] No caso de divergência na determinação das causas, circunstâncias e consequências do sinistro, esse apuramento pode ser cometido a peritos árbitros nomeados pelas partes (artigo 50.º/1 do RJCS), cujo parecer vinculará todas as partes envolvidas (artigo 50.º/2 do RJCS; cf. também, sobre arbitragem, o artigo 122.º do RJCS). Sobre estes dois preceitos: J. Pereira Morgado, anotação ao artigo 50.º, *LCSAnot*[4], 279-281, J. Alves de Brito, anotação ao artigo 122.º, *LCSAnot*[4], 429-430, e P. Romano Martinez, comentários complementares ao artigo 122.º, *LCSAnot*[4], 430.

[44] *Direito dos seguros* cit., 754.

interpelação, apenas podendo apressá-la fornecendo toda a informação possível sobre o sinistro ao segurador. O *dever* do segurador de apuramento das causas e consequências do sinistro, a montante da de pagar a "indemnização", parece comportar-se, quanto ao tempo do cumprimento, como uma obrigação de prazo natural (artigo 777.º/2 do CC)[45]. Apesar de ser, as mais das vezes, ilíquida, pode o segurador incorrer em mora no cumprimento da obrigação de pagar a "indemnização" por lhe ser a iliquidez imputável (artigo 805.º/3, 1.ª prt., do CC), nomeadamente por violação do dever acessório de "regularização" do sinistro, diligentemente (artigo 487.º/2 do CC; cf. também o 6:103 do PDECS), sem demora injustificada, por imposição da boa fé (artigos 334.º e 762.º/2 do CC)[46], reforçado pelo quadro dito "regulatório" que sobre o segurador impende (e da auto-regulação que dele decorra: cf. o artigo 5.º *e*) do RJASR[47]-[48]).

[45] Vd. *e.g.* P. Romano Martinez, anotação ao artigo 777.º, no *Código Civil comentado*, II – *Das Obrigações em geral*, coord. A. Menezes Cordeiro, Almedina, Coimbra, 2021, 973 ss. As partes, contudo e também, podem recorrer a perícia arbitral (artigo 50.º/1 do RJCS), cuja notificação da decisão final dará, nessa hipótese, início ao decurso dos 30 dias do prazo do artigo 104.º do RJCS. De acordo com Pedro de Albuquerque/Miguel Assis Raimundo, *Direito das obrigações. Contratos em especial*, vol. II – *Contrato de empreitada*, 2.ª ed., Almedina, Coimbra, 2019 (reimpr.), 306 ss., entendemos, de igual modo, não impedir o disposto no artigo 777.º/2 do CC ao credor a fixação de prazo tecnicamente razoável para o cumprimento da obrigação, com as inerentes consequências, designadamente a mora do segurador (salvo se, em juízo, este contestar a razoabilidade do prazo fixado e for a sua pretensão julgada procedente). Nas palavras dos autores citados, adaptadas ao caso em apreço: "[o] entendimento diverso e corrente sobre o ponto fomenta, manifestamente, a inércia do [segurador]". Crítico também P. Romano Martinez, anotação ao artigo 777.º, no *Código Civil comentado*, II – *Das Obrigações em geral*, coord. A. Menezes Cordeiro, Almedina, Coimbra, 2021, 977-978, considerando que "o prevalecer-se da necessidade de recorrer a tribunal pode envolver abuso do direito".

[46] A. Menezes Cordeiro/A. Barreto Menezes Cordeiro, anotação ao artigo 806.º, no *Código Civil comentado* cit., II, 1039-1040, ou M. J. Almeida Costa, *Direito das Obrigações* cit., 1009-1010.

[47] Vd. F. Luís Alves, *Direito dos seguros* cit., 187 ss. Que impõe que a política de tratamento do segurador "no quadro do respectivo relacionamento com os tomadores de seguros, segurados, beneficiários ou terceiros lesados" preveja "[a] gestão célere e eficiente dos processos relativos a tomadores de seguros, segurados, beneficiários ou terceiros lesados, designadamente *em matéria de sinistros* e de reclamações" (cursivo n/). O incumprimento do dever de aprovar, por escrito, e implementar uma política de tratamento de reclamações (artigos 154.º do RJASR e 4.º e 5.º da Norma Regulamentar n.º 10/2009; política que deve ser divulgada ao público) é sancionado com contra-ordenação grave punível com coima de € 15.000 a € 1.500.000 (artigo 370.º *x*) do RJASR). As "reclamações" – no sentido de *complaints*, não de *claims* – dizem já respeito a problema distinto da regularização ou "gestão" de sinistros

II. No âmbito do seguro obrigatório de responsabilidade civil, encontramos, em benefício do terceiro lesado, um regime de regularização do sinistro (artigos 33.º a 40.º do RSORCA) diferente do do RJCS (artigo 102.º).

Assim, sempre que lhe seja comunicado pelo tomador, segurado ou terceiro lesado[49] um sinistro automóvel coberto "por um contrato de seguro" (artigo 36.º/1 do RSORCA), deve o segurador:

(*i*) proceder ao "primeiro contacto" com o tomador, segurado ou terceiro lesado no prazo de 2 dias úteis, "marcando as peritagens que devam ter lugar";

(*ii*) concluir as peritagens[50] no prazo dos 8 dias úteis seguintes ao fim do prazo mencionado na alínea (*i*) (portanto: 2 + 8 = 10.º dia[51]);
ou
concluir as peritagens no prazo "máximo" dos 12 dias úteis seguintes ao fim do prazo mencionado na alínea (*i*) (portanto: 2 + 12 = 14.º dia)

(cf. o ponto 6 das *Orientações relativas ao tratamento de reclamações por mediadores de seguros* da EIOPA, sob a referência EOPA-BoS-13/164 e o artigo 3.º *a*) da Norma Regulamentar n.º 9/2010, que separam claramente a gestão de reclamações da regularização de sinistros).

[48] Na Parte Uniforme das Condições Gerais e Especiais Uniformes da Apólice de Seguro Obrigatório de Incêndio, aprovado pela Norma Regulamentar do ISP n.º 16/2008-R, de 18-Dez., a cl. 24.ª/1 determina que "[a]s averiguações e peritagens necessárias ao reconhecimento do sinistro e à avaliação dos danos, devem ser efectuados pelo segurador com a adequada prontidão e diligência, sob pena de responder por perdas e danos". Os n.os 2 e 3 da mesma cláusula regulam situações correspondentes, respectivamente, ao n.º 1 do artigo 102.º e ao artigo 104.º do RJCS.

[49] Qualquer um dos três. Para a reclamação por terceiro lesado: artigo 34.º/3 do RSORCA. Vd. também F. Albuquerque Matos, *O regime de regularização* cit., 515.

[50] Que consistirão as mais das vezes, como indica J. A. de França Pitão, *Seguro automóvel* cit., 152, na recolha de imagens (por ex. fotografias dos veículos e do local do sinistro; estas imagens podem ser ou ter sido também fornecidas logo na e com a participação do sinistro) e na avaliação dos danos, "muitas vezes efetuada na oficina onde o veículo sinistrado se encontra imobilizado ou onde o seu proprietário pretende efetuar a reparação". Acrescentaríamos: nem sempre o é em oficinas onde o dono pretenda reparar o veículo; se o mesmo não tiver sofrido danos significativos, o que não será incomum, a peritagem pode ocorrer – e não raro ocorre – no lugar onde o dono tenha o veículo, por ex. à porta de sua casa ou do local de trabalho. As peritagens são normalmente feitas por empresas especializadas neste tipo de serviços, contratadas para o efeito por seguradores. Dependerá do contrato de peritagem se os peritos tenham ou não poderes de representação do segurador.

[51] Com um quadro esquemático dos prazos e diligências a empreender, A. Valente Martins, *A prática dos seguros* cit., 112 ss.

e notificar tomador, segurado ou terceiro lesado[52], caso tenha sido necessária a desmontagem do veículo sinistrado[53];

(iii) disponibilizar os relatórios das peritagens no prazo de 4 dias úteis após concluídas as peritagens e os relatórios de averiguação "indispensáveis à sua compreensão"[54];

(iv) comunicar a "assunção" ou não da responsabilidade no prazo de 30 dias úteis, após o prazo em *(i)* (2+30 = 32.º dia), deste facto informando, por escrito, o tomador ou segurado e o terceiro lesado, mencionando ainda que o proprietário do veículo "tem a possibilidade de dar ordem de reparação, caso esta deva ter lugar, assumindo este o custo da reparação até ao apuramento das responsabilidades pela empresa de seguros e na medida desse apuramento"[55].

[52] Pergunta-se se o devam ser todos estes sujeitos ou apenas o que tiver participado o sinistro. À letra, poderiam bem ser todos, uma vez que a forma verbal "devem" e o adjectivo "notificados" estão no plural, o que seria indício de que o "ou" é disjuntivo inclusivo. Mas talvez faça pouco sentido duplicar a um segurador (ou perito) – que já tantas tem de fazer – notificações. Pensamos que apenas aquele cujo veículo está a ser objecto de peritagem (cf. 36.º/1 *f*) do RSORCA).

[53] Como refere J. A. de França Pitão, *Seguro automóvel* cit., 152, por ex. por ter havido danos na zona do motor, mas o perito não consegue identificar todas as peças danificadas. O saber quando seja "necessária a desmontagem do veículo sinistrado" pode ser problemático, por não ser fácil aquilatar quando seja efectivamente "necessária" (por um lado, uma colisão, muitas vezes, tem impacto indirecto sobre peças no interior do veículo; por outro, o veículo está preparado para certo impacto sem que, além do normal desgaste, haja danos sobre as peças) senão quando a participação o refira (e o lesado, por não ser técnico, pode não saber bem se há danos no interior do veículo), e por haver o risco digamos moral de o segurador (ou o perito) não se dar ao trabalho, exigente, de o fazer ou não ter interesse (pois por esta via seriam encontrados outros danos). Em todo o caso, o papel aqui do segurador ou do perito não é o de descobrir danos, mas o de averiguar se os reclamados, na participação, correspondem à realidade; o segurador não é o lesado, nem o participante.

[54] Aqui não se percebe se este segmento é explicativo, caso em que seria ele mesmo dispensável, se discrimina entre relatórios de averiguação, no sentido de que apenas valham os indispensáveis à compreensão dos relatórios de peritagens. Inclinamo-nos para o primeiro sentido. De acordo com J. A. de França Pitão, *Seguro automóvel* cit., 152, após a disponibilização do relatório considera-se "terminada a fase de avaliação dos danos".

[55] Este é um segmento problemático. Não se percebe por que não assuma o segurador os custos de reparação, a partir do momento em que ele próprio se reconheça responsável. Se, por ex., o lesado não tiver capacidade económica para pagar ou adiantar a reparação do seu veículo, esta "possibilidade" de que o segurador deve informá-lo corre o risco de revelar-se "platónica". Acresce que o legislador parece manifestar certo desfavor pela reparação em oficina indicada pelo lesado, conforme se depreende do artigo 42.º/6 do RSORCA.

Os prazos sob (*ii*) só começam a contar a partir do dia em que existe "disponibilidade da oficina e autorização do proprietário do veículo", caso o segurador não detenha a "direcção efectiva da reparação" (artigo 36.º/2). Existe tal "direcção efectiva" quando o segurador "indica" ou propõe a oficina para realização da peritagem, quando o lesado o aceita e quando a peritagem é efectuada em tal oficina (artigo 36.º/3).

Se o segurador assumir a responsabilidade, contrariando a declaração de participação do sinistro em que o tomador ou segurado não se considere responsável, estes podem apresentar, dentro de 5 dias úteis a contar da comunicação sob (*iv*), as "informações" que entenderem convenientes para uma melhor apreciação do sinistro (artigo 36.º/5), devendo a decisão final do segurador ser comunicada aos mesmos no prazo de 2 dias úteis após apresentação das informações. O regime é talvez excessivamente exíguo: por um lado, não deveria contemplar apenas informações, mas também considerações de direito, pois a decisão do segurador tem-nas por base e podem estar erradas; evitar-se-ia, assim, que os lesados tivessem depois de recorrer a tribunais ou a meios alternativos de resolução de litígios, resolvendo um eventual litígio num momento precoce[56] (a ser assim, naturalmente, deveria o segurador dispor de mais prazo para responder); por outro lado, deveria a lei especificar que a "decisão final" do segurador deve ser fundamentada e deve considerar, pelo menos, as novas "informações" apresentadas pelos interessados; por fim, à imagem do que ocorre na al. *f*) do n.º 1 do artigo 36.º, também aqui o segurador, comunicada a sua "decisão", deveria informar os interessados do direito que, ao abrigo do n.º 5 do artigo 36.º do RSORCA lhes assiste.

Os prazos referidos em (*ii*) a (*iv*) podem ser reduzidos a metade havendo declaração amigável (4/6, 2, 20, respectivamente)[57]; duplicam em caso de

[56] Esta solução teria o inconveniente de transformar os seguradores numa espécie de "instância" para-judiciária, mas resolveria o problema da "opacidade" do processo de regularização de sinistros por seguradores (a qual é com relativa frequência notada: em STJ 1-Mar.-2016, consta, por ex., que: "é facto notório que a resolução das indemnizações por sinistros automóveis (...) passa-se exclusivamente entre seguradoras").

[57] Segundo RCb 12-Jan.-2016, a propósito de um seguro de danos próprios, a declaração em causa não se basta com uma única declaração do tomador do seguro. Isto teria como consequência a não aplicação a este tipo de seguros da redução dos prazos a metade do artigo 36.º/8 *ex* artigo 92.º do RSORCA. O ponto é discutível. O artigo 92.º define as condições em que o artigo 36.º, entre outros, se aplica ao seguro de danos próprios: "desde que [os danos próprios sofridos pelos veículos seguros] tenham ocorrido em virtude de choque, colisão ou capotamento". A razão de ser deste segmento não é clara. Em todo o caso, qualquer uma das

"factores climatéricos excepcionais" ou "número de acidentes excepcionalmente elevado em simultâneo" (artigo 36.º/6). Todos os prazos acima referidos se suspendem se existirem suspeitas fundadas de fraude (artigo 36.º/8)[58].

O segurador tem o dever de "proporcionar" ao tomador ou segurado e ao terceiro lesado "informação regular" sobre o andamento do processo de regularização do sinistro (artigo 36.º/7): deve fazê-lo *motu proprio*, não apenas a pedido das partes; está em causa informação relevante no âmbito do dito processo.

Trata-se de prazos relativamente imperativos, pois dispostos em favor de tomadores, segurados e terceiros lesados[59]. A modificação destes prazos, que são de caducidade (298.º/2 do CC), só pode fazer-se se mais vantajosa para os sujeitos em cujo benefício foram dispostos (artigo 330.º/2 do CC)[60].

III. Existe ainda um regime próprio para a regularização de sinistros que envolvam danos corporais. Nestes, comunicado o sinistro coberto por "um seguro" e "que envolva danos corporais", o segurador deve:

(*i*) informar o lesado "se entende necessário" proceder a exame de avaliação do dano corporal por perito médico designado pelo segurador, em prazo não superior a 20 dias a contar do pedido de indemnizar por si efectuado ou, caso o pedido indemnização ainda não haja sido formulado, 60 dias desde a comunicação do sinistro;

três situações não pressupõe forçosamente que esteja envolvido outro veículo além daquele que se encontra coberto por seguro de danos próprios (diversamente, a aplicação do regime disposto nos artigos 664.º ss. do CCom e da CB 10, pressupõe que a abalroação se tenha dado entre navios). Portanto, pelo artigo 92.º do RSORCA não há impedimento à aplicação do artigo 36.º/8 *a*). Passando ao artigo 36.º/8 *a*): a sua razão de ser é a de que, havendo "declaração amigável", o segurador ou os peritos escusam de empreender ulteriores esforços e tempo a aquilatar se os factos ou os danos são os referidos por uma ou pela outra parte e qual delas tenha razão. Ora, em caso de danos próprios, é natural que tais esforços e dispêndio de tempo não se verifiquem. Contudo, não existe, para o segurador, o conforto de duas declarações convergentes, por parte de pessoas que têm interesses, em princípio, opostos, mas sim apenas de uma, que, no seu interesse, pode falsear, incrementando, a grandeza dos danos. Por esta última razão, inclinamo-nos a considerar que o artigo 36.º/8 *a*) do RSORCA não deve aplicar-se aos seguros de danos próprios.

[58] A tónica não deve ser colocada no segurador encontra-se a levar a cabo, mas na razão para o fazer.

[59] Assim também F. Albuquerque Matos, *O regime de regularização* cit., 516 ss.

[60] Algo diversamente, F. Albuquerque Matos, *O regime de regularização* cit., 519[16].

(*ii*) disponibilizar ao lesado o exame de avaliação do dano corporal da alínea (*i*) em 10 dias a contar da sua recepção, bem como dos relatórios de averiguação "indispensáveis à sua compreensão";

(*iii*) comunicar a "assunção" ou não da responsabilidade dentro de 45 desde o pedido de indemnização, "caso tenha entretanto sido emitido o relatório de alta clínica e o dano seja totalmente quantificável", informando por escrito "daquele facto" – ou seja, da dita "assunção" – o tomador ou segurado e o terceiro lesado;
Se não tiver sido ainda emitido relatório de alta clínica ou o dano não for *totalmente* quantificável, a "assunção" assume a forma de "proposta provisória", que indica especificamente os montantes de despesas já havidas e o prejuízo resultante de períodos de incapacidade temporária já decorridos;

(*iv*) se aceite a "proposta provisória", o segurador efectua a "assunção" da responsabilidade "consolidada" no prazo de 15 dias desde o conhecimento pelo segurador do relatório de alta clínica ou desde a data a partir da qual o dano deva considerar-se totalmente quantificável, se posterior.

O artigo 37.º/3 estabelece ainda que: "[à] regularização dos danos corporais é aplicável o previsto no artigo anterior no que não se encontre fixado no presente artigo (...)". Isto é estranho se pensarmos que o artigo 36.º está pensado para danos materiais; e é-o também se pensarmos que o n.º 4 do artigo 37.º vale para regularização de danos materiais e corporais em simultâneo. Parece, no entanto, que o legislador está a pensar nas normas dos n.os 4, 5, 6, 7 e 8. Neste caso, os prazos previstos no artigo 36.º contam-se desde a apresentação do pedido de indemnização pelo terceiro lesado e a duplicação do prazo do artigo 36.º/6 *b*) passa a ter como limite máximo 90 dias.

Nos sinistros em que haja danos corporais e materiais, a aplicação dos prazos do artigo 36.º está dependente de autorização do lesado (artigo 37.º/4 e 5).

IV. Depois das fases descritas, trate-se de danos materiais ou corporais, e caso a responsabilidade assumida pelo segurador não seja contestada e o dano seja quantificável no todo ou em parte, deve o segurador formular uma "proposta razoável" (artigos 38.º e 39.º).

Em caso de incumprimento pelo segurador do *dever de apresentação duma proposta razoável* de indemnização, no caso de a responsabilidade não ser contestada e de o dano sofrido ser quantificável, no todo ou em parte, são devidos juros no *dobro* da taxa legal sobre o montante da indemnização fixado pelo tribunal (artigo 38.º/2, 1.ª prt.), ou, em alternativa, sobre o montante da indemnização proposto "para além do prazo" pelo segurador, que seja aceite pelo lesado, e a partir do fim desse prazo (artigo 38.º/2, 2.ª prt.). Se o montante proposto nos termos da proposta "razoável" for manifestamente insuficiente, são devidos juros no *dobro* da taxa legal, sobre a diferença entre o montante oferecido e o montante fixado na decisão judicial, contados a partir do dia seguinte ao final dos prazos previstos no artigo 36.º/1 e 5, até à data da decisão judicial ou até à data estabelecida na decisão judicial (artigo 38.º/3). Também o artigo 39.º/2 e 3 contém norma paralela para os danos corporais, acrescentando-se aí que, quando a proposta houver sido feita nos termos "substanciais e procedimentais" previstos no sistema de avaliação e valorização dos danos corporais por utilização da Tabela Indicativa para Avaliação de Incapacidades Permanentes em Direito Civil (Decreto-Lei n.º 352/2007, de 23-Out., bem como a Portaria 377/2008, de 26-Mai., alterada pela Portaria n.º 679/2009, de 25-Jun.)[61], os juros são devidos apenas à taxa legal e sobre a diferença entre o montante "oferecido" e o fixado na decisão judicial e, relativamente aos danos não patrimoniais, a partir da data da decisão que torne líquidos os montantes devidos (artigo 39.º/3)[62]. Estes juros duplos de que temos falado durante estes períodos de tempo não inviabilizam que, segundo as regras gerais, corram juros à taxa legal durante os períodos de tempo em que tais juros não corram a favor do lesado.

[61] A jurisprudência maioritária considera, com razão, valerem tais valores apenas na fase negocial, pré-judicial, com vista à formulação de proposta razoável, não afastando o regime dos artigos 562.º ss. do CC, sendo ainda referido que na elaboração da Portaria não participaram organismos de defesa dos sinistrados, a subalternidade hierárquica normativa da Portaria em questão perante o CC e o facto de a determinação da indemnização requerer que se atenda às circunstâncias concretas do caso, não se bastando com tabelas e montantes predefinidos. Vd. *e.g.* STJ 7-Fev.-2012, proc. n.º 48/2002.L2.S2.87, REv 21-Jun.-2011, proc. n.º 1115/02.6 TAFAR. E1, STJ 7-Jul.-2009, proc. n.º 205/07.3GTL RA.C1 ou RPt 6-Fev.-2014, proc. n.º 403/10.2TBPNF.P1.A7. Na doutrina, por todos, A. Menezes Cordeiro, *Direito dos seguros* cit., 754.

[62] Segundo A. Menezes Cordeiro, *Direito dos seguros* cit., 754, o legislador procurou, através do 39.º/3, "limitar o problema [dos atrasos na indemnização] penalizando, a nível de juros, os seguradores que, chamados a cobrir os danos de um acidente, não apresentem uma "proposta razoável" ou indiquem um montante "manifestamente insuficiente". Porém, o Governo da época, visando respaldar os seguradores, veio preparar e publicar, sob a forma de portaria (...), os tais "valores razoáveis". Fixou valores miseráveis".

V. Caso o segurador não reconheça a responsabilidade, deve formular e enviar uma resposta fundamentada. Tal resposta deve ser fundamentada em *todos* os pontos invocados no pedido indemnizatório quando a responsabilidade haja sido rejeitada, não tenha sido claramente identificada ou os danos não sejam totalmente quantificáveis (artigo 40.º/1).

O artigo 40.º/2 do RSORCA, por sua vez, prevê, além dos juros devidos desde o primeiro dia de atraso sobre o montante da proposta razoável para danos corporais (artigo 39.º/2), o pagamento de *juros compulsórios legais*, que reverterão a meias para o ISP, em 200 € por cada dia de atraso[63].

4. Veículo de substituição

I. Trata-se este de um tema com enorme repercussão prática[64]. Este dever do segurador de disponibilizar ao lesado um veículo de substituição[65] constitui, da perspectiva do lesado, em face do crédito indemnizatório de que é titular, um "mecanismo" de *reconstituição natural*[66] (artigo 566.º/1 do CC), que, todavia, é apenas *parcial*, uma vez que, através dele, não são todos

[63] RGm 10-Set.-2013 (Espinheira Baltar), proc. n.º 2463/12.2TBBRG.G1.

[64] Basta pensar que, em pesquisa efectuada no motor de busca de jurisprudencia.csm.org.pt, a 11 de Novembro de 2021, encontrámos 429 resultados, ou seja, 429 arestos de tribunais superiores nos quais a expressão "veículo de substituição" aparece. Noutra pesquisa, em dgsi.pt, pela jurisprudência dos Julgados de Paz, encontrámos, na mesma data, 169 decisões. É, no entanto, necessário notar que, pela análise que empreendemos, muito poucos são os arestos que se debruçam especificamente sobre o veículo de substituição enquanto problema jurídico, ou seja, em que é discutida a interpretação do regime jurídico do veículo de substituição. Em todo o caso, o levantamento feito permite reforçar a conclusão de que é, na prática, muito frequente o recurso e a disponibilização pelas companhias seguradoras de veículo de substituição. Escrevemos reforçar a conclusão que não concluir, porque, em rigor, para saber se é muito frequente ou não, bastaria saber quantos sinistros ocorrem em Portugal cobertos por contrato de seguro, por ano, mês ou dia, e em quantos destes é necessária a imobilização do veículo sinistrado para reparação, para sabermos quão frequente seria o recurso a veículos de substituição, visto que os seguradores estão obrigados à disponibilização do mesmo (artigo 42.º/1 do RSORCA). Segundo o Relatório Anual de Segurança Rodoviária 2019, da ANSR, disponível em ansr.pt, em 2019 registaram-se 35.704 acidentes com vítimas; do número total de acidentes sem vítimas não existem dados rigorosos, porém, admitindo que, em parte apreciável destes casos – que não, obviamente, em todos –, haja imobilização do veículo sinistrado e cobertura dos danos por seguro válido, pode facilmente concluir-se que seja, de resto, relativamente frequente a disponibilização de veículos de substituição.

[65] Que, por ser um dever, não consente, a nosso ver, que se chame "veículo de cortesia" ao veículo de substituição, como não raras vezes se sói, na prática seguradora, fazer com intuito, diríamos, publicitário.

[66] Assim também F. Albuquerque Matos, *O regime de regularização* cit., 529.

os danos ressarcidos[67]. Garante-se, assim, ao lesado uma mobilidade após o acidente idêntica à que teria, não fosse a ocorrência do sinistro, em obediência ao disposto no artigo 562.º do CC ("reconstituir a situação que existiria, se não se tivesse verificado o evento que obriga à reparação")[68].

De acordo com o artigo 42.º/1:

"Verificando-se a imobilização do veículo sinistrado, o lesado tem direito a um veículo de substituição de características semelhantes a partir da data em que a empresa de seguros assuma a responsabilidade exclusiva pelo ressarcimento dos danos resultantes do acidente, nos termos previstos nos artigos anteriores".

"Veículo sinistrado" [69] pode ser, à letra, qualquer um dos dois ou mais envolvidos no acidente. Aqui quer significar o veículo sinistrado *do lesado*; noutros termos, o ou os veículos sinistrados, dentre os envolvidos no acidente, cujos danos devem ser ressarcidos a título de responsabilidade civil pelo segurado, que se inserem na cobertura de um dos seguros de responsabilidade civil automóvel envolvidos e que o respectivo segurador haja aceito pagar.

Pressuposto da indemnização por veículo de substituição é que se "[tenha] verifica[do] a imobilização do veículo sinistrado". A palavra "imobilização" só surge no RSORCA uma outra vez fora do artigo 42.º: no artigo 32.º a propósito de pedidos indemnizatórios de lucros cessantes decorrentes da imobilização de veículos[70]. Está em causa o veículo não poder ser usado como meio de transporte.

Não é claro quem seja, para este efeito, "lesado". Para ser ele o destinatário da indemnização prevista no artigo 42.º/1, deve ser o proprietário ou ter sobre o veículo algum direito que faça constituir na sua esfera um crédito indemnizatório (cf. *e.g.* o artigo 6.º/1: usufruto, venda com reserva de propriedade ou locação financeira).

O lesado tem direito a um veículo de substituição de "características semelhantes", entenda-se, ao veículo sinistrado. De "características semelhantes" não significa exactamente iguais, até porque um juízo de

[67] Mas apenas o de privação de uso. Cf. também António Abrantes Geraldes, *Temas da Responsabilidade Civil*, vol. I – *Indemnização do dano de privação do uso*, 3.ª ed., Almedina, Coimbra, 2007, 50.

[68] F. Albuquerque Matos, *O regime de regularização* cit., 529.

[69] A palavra "sinistrado" só aparece 2 vezes no RSORCA: no artigo 42.º/1 e no 27.º/1 *d*).

[70] O termo aparece também noutros domínios, como por ex. o do arresto de navios no artigo 1.º da CB 1952.

igualdade absoluta seria difícil de fazer, seria moroso, seria custoso para o segurador ao nível de toda a informação que teria de reunir e processar e poderia até afinal concluir-se não existir no mercado sucedâneo para o veículo sinistrado[71]. Este juízo de semelhança ou de similitude impõe-se por força do princípio indemnizatório, nas suas vertentes positiva e negativa, da responsabilidade civil, o mesmo é dizer, que seja eliminado todo o dano causado, mas apenas o dano, não além dele. Ora, se o lesado tivesse ao seu dispor um veículo de características diferentes, piores ou melhores, do que o sinistrado, estaria a ser indemnizado a menos ou a mais do que deveria. Claro está que são toleradas margens de enriquecimento (temos mais dúvidas de que o devam ser de "empobrecimento" do lesado, atenta a finalidade do regime), no sentido em que o veículo de substituição tenha características ligeiramente superiores – como normalmente sucede – ao seu próprio veículo sinistrado[72].

De acordo com o artigo 42.º/1 do RSORCA, o direito a veículo de substituição só se constitui na esfera do lesado "a partir da data em que a empresa de seguros assuma a responsabilidade exclusiva pelo ressarcimento dos danos resultantes do acidente, nos termos previstos nos artigos anteriores". Não basta, portanto, que o segurador haja "assumido" a responsabilidade; tem de o ter feito de forma *exclusiva*. É duvidoso se isto signifique que o lesante segurado tenha de ter sido também responsável exclusivo pelo ressarcimento dos danos resultantes do acidente, na relação de responsabilidade civil, o que significaria que, na prática, caso houvesse concurso da culpa do lesado, (artigos 505.º e 570.º do CC), não haveria lugar a veículo de substituição, ou ainda que, em caso de colisão de veículos, com repartição da responsabilidade na proporção do risco, também não assistiria ao lesado este direito. A palavra "exclusivo" ou similar, de resto, só aparece 2 vezes no articulado do RSORCA[73], o que dificulta a tarefa do intérprete (sobretudo quando, em virtude do segmento final do n.º 1 do artigo 42.º "nos termos previstos nos artigos anteriores", seria de esperar que o conceito viesse aí expressamente definido). Já a palavra "assumir" ou

[71] Por ex., um veículo automóvel de marca X, a gasolina, com determinada cilindrada, com pneus Y, com X anos, com X quilómetros, com idêntico desgaste de peças, etc.

[72] Cf. Paulo Mota Pinto, *Interesse contratual negativo e interesse contratual positivo*, vol. I, Almedina, Coimbra, 2008, 755 ss.

[73] Além do artigo 42.º/1, também no 51.º/6, a propósito, no entanto, de diferente problemática, no âmbito da cobertura providenciada pela FGA: "exclusiva responsabilidade do interveniente sem seguro".

similar aparece 15 vezes, em especial nos artigos 37.º/1 *c*), 2 *a*) e *b*), 40.º/1, 42.º/1, 43.º/1 e 50.º/3; ela tem aí o sentido de reconhecimento da responsabilidade. Pensamos não poder, na solução a dar-se ao caso, prescindir-se de que o seguro é um contrato e que a medida da "responsabilidade" do segurador acompanha, em princípio, a do segurado (artigos 137.º, 138.º/1 e 2 e 146.º/3 do RJCS). Assim sendo, o que está em causa é que o segurador tenha assumido exclusivamente a responsabilidade imputada ao segurado, seja este responsável pelo ressarcimento da totalidade ou apenas por parte dos danos.

O veículo de substituição tem de estar "coberto por um seguro de cobertura igual ao seguro existente para o veículo imobilizado, cujo custo fica a cargo da empresa de seguros responsável" (artigo 42.º/4 do RSORCA).

Sempre que a reparação seja efectuada em oficina indicada pelo lesado (cf. o artigo 36.º/1 *f*) do RSORCA), o segurador disponibiliza o veículo de substituição pelo período estritamente necessário à reparação, "tal como indicado no relatório da peritagem" (artigo 42.º/6 *ibid.*). Este regime suscita várias perplexidades. Uma delas é o fazer-se "fé" num relatório de peritagem, que é mero documento particular (cf. o artigo 376.º/1 do CC), elaborado por uma empresa de peritagem contratada pelo segurador, que dificilmente poderá ser imparcial e que tenderá a favorecê-lo.

5. Pagamento da indemnização

I. Existe, também nesta matéria, um regime geral do contrato de seguro e um especial para o seguro de responsabilidade civil de veículos terrestres a motor.

De acordo com o regime geral, a obrigação do segurador "vence-se decorridos 30 dias sobre o apuramento dos factos a que se refere o artigo 102.º" (artigo 104.º do RJCS). Tais "factos" são os mencionados no n.º 1 do artigo 102.º: a ocorrência do sinistro e das suas causas, circunstâncias e consequências. A letra da lei refere-se a "vence-se", mas é discutível se o prazo seja aqui certo porque incertas as condições de que depende. Por isso, pendemos, embora não sem reservas, a considerar que se trata de um caso de exigibilidade (cf. o artigo 805.º/1 do CC), que não de vencimento *ex re* (artigo 805.º/2 *a*) do CC; cf. também o artigo 80.º/1 e 2 do Anteprojecto Menezes Cordeiro ou o 6:104 (3) do PDECS)[74].

[74] Cf., sobre o preceito, não parecendo tomar resolutamente partido, J. Alves de Brito, anotação ao artigo 104.º, *LCSAnot*[4], 403-404 (diversamente em anteriores edições). A. Menezes

II. No seguro automóvel, deve o segurador "responsável" proceder ao pagamento da indemnização decorrente do sinistro ao lesado no prazo de 8 dias úteis a contar da data da "assunção" da responsabilidade, "nos termos das disposições identificadas nos n.os 1 dos artigos 38.º e 39.º, e mediante a apresentação dos documentos necessários ao pagamento" (artigo 43.º/1 do RSORCA). O preceito em apreço corresponde ao artigo 20.º-L do RSORCA 85, na redacção dada pelo Decreto-Lei n.º 83/2006, de 3 de Maio, com algumas diferenças: (*i*) o RSORCA prevê a possibilidade de acordo em contrário, o Decreto-Lei n.º 83/2006 não; (*ii*) o lapso "a contar a partir" foi corrigido no RSORCA; (*iii*) alterou-se a expressão, não isenta de dúvidas, "apresentação dos respectivos documentos comprovativos" por "apresentação dos documentos necessários ao pagamento" no artigo 43.º/1 do RSORCA. O "acordo em contrário" admitido no artigo 43.º/1 do RSORCA deve apenas o que seja mais favorável ao lesado, de harmonia com a imperatividade mínima da solução que vale para os seguros em geral (artigo 104.º *ex* 13.º/1 do RJCS) e em consonância com o sentido do n.º 2 do artigo 43.º do RSORCA, que permite pagamentos "em prazos mais dilatados" mas apenas a "terceiros prestadores de serviços", que não aos lesados. A expressão "documentos necessários ao pagamento" deve ser interpretada em consonância com o artigo 12.º *d*) do Decreto-Lei n.º 57/2008 e com o 22.º *o*) da LCCG[75]. Se o lesado não apresentar os "documentos necessários ao pagamento", o segurador pode licitamente recusar o cumprimento, sem incorrer em mora (cf. o artigo 804.º/1 do CC).

O pagamento pelo segurador a "terceiros prestadores de serviços" não tem de fazer-se nos mesmos prazos que o pagamento aos lesados[76], uma vez

Cordeiro, *Direito dos seguros* cit., 754-755, lamentando o regime do artigo 102.º/1 conjugado com o 104.º, entende que a "indemnização devia ser paga logo que os danos sejam conhecidos", sob pena de se vencerem juros de mora. O regime especial de vencimento do artigo 4.º do Decreto-Lei n.º 62/2013, de 10-Mai., que revogou *ex* artigo 13.º, n.º 1, o antecessor Decreto-Lei n.º 32/2003, de 17-Fev., não se aplica ao contrato de seguro (artigo 2.º/2 *c*) do Decreto-Lei n.º 62/2013). A participação do sinistro não pode, pois, valer como interpelação para pagar, susceptível de fazer o segurador incorrer em mora, perante o teor dos artigos 102.º/1 e 104.º do RJCS, ao contrário do que acontece no Decreto-Lei n.º 62/2013 (e já acontecia no Decreto-Lei n.º 32/2003).

[75] Sobre o ponto, o nosso *Protecção do consumidor no Direito dos seguros. Algumas notas*, *RDFMC* 3 (2021), 835 ss. Para o caso de perda total, o legislador dá um ex. dos documentos necessários: entrega do documento único automóvel ou do título de registo de propriedade e do livrete do veículo (artigo 43.º/4 do CC).

[76] Aqui se nota claramente que o regime visa essencialmente proteger o lesado, aliviando o prazo quando de pagamento a lesados se não trate.

verificadas duas condições: (*i*) o prazo de pagamento que seja mais dilatado do que aquele a fazer ao lesado tenha sido convencionado com tais terceiros (ou decorra da lei); e (*ii*) da dilação do prazo de pagamento não decorra um "agravamento das condições de ressarcimento dos danos sofridos pelo lesado" (artigo 43.º/2 do RSORCA). Trata-se de uma solução que faz sentido, sob pena de os referidos prestadores poderem licitamente recusar-se a realização a prestação acordada (artigo 428.º do CC). Por "terceiros prestadores de serviços" entendam-se aqueles que prestem serviços relacionados com a "regularização" do sinistro[77], que não sejam o tomador segurado (que terceiro não é), nem o terceiro lesado.

III. É discutível se estamos aqui perante um caso de vencimento ou de exigibilidade. Estando o prazo de 8 dias úteis dependente de uma cadeia de outros prazos, poderia pensar-se, embora de forma não decisiva, que se trataria de um caso de exigibilidade. O n.º 3 do artigo 43.º esclarece, no entanto, que está em causa o vencimento (artigo 805.º/2 *a*) do CC), pois fica, desde então, o segurador obrigado ao pagamento de uma indemnização correspondente aos "juros legais" (artigo 806.º/1 e 2 do CC). A taxa de juros é agravada para o "dobro da taxa legal", que é nestes casos a civil[78].

IV. A este propósito, discute-se se a prestação do segurador seja, quando pecuniária (cf. artigos 102.º/3, 138.º/2 e 146.º/3 do RJCS), de valor ou de valuta[79]. A questão não é despicienda, uma vez que, fora do contexto do

[77] Por ex., peritos, garagistas, sociedades de aluguer de veículos.

[78] Em RGm 10-Set.-2013 (Espinheira Baltar), proc. n.º 2463/12.2TBBRG.G1, participado o sinistro ao segurador em 23-Ag.-2011 e feita a peritagem em 31-Ag.-2011, a resposta do segurador do lesante de não assunção da responsabilidade só se deu por carta datada de 4-Nov.-2011 recebida em 7-Nov.-2011. O segurador veio argumentar que o regime de indemnização forfeitária de € 200 por dia, constante do artigo 40.º/2 do RSORCA só se aplicaria na fase extrajudicial, valendo o regime geral do artigo 806.º do CC na fase judicial. A Relação decidiu, e bem, que o regime do artigo 40.º/2 do RSORCA vale tanto para a fase extrajudicial como para a judicial.

[79] Vd. *e. g.* Maria da Graça Trigo, *Incumprimento da obrigação de indemnizar (interpretação do regime do artigo 805.º, n.º 3, do Código Civil, com base na análise da jurisprudência)*", nos *Estudos dedicados ao Prof. Doutor Mário Júlio Brito de Almeida Costa,* UCP, Lisboa, 2002, 965-966. O Anteprojecto Menezes Cordeiro dispunha, no artigo 79.º, que "a indemnização deve ser paga, logo que o seu montante se torne líquido, no estabelecimento (...) onde o contrato se tenha por celebrado". No artigo 80.º: "1. Participado o sinistro, e dispensadas as demais informações exigíveis, a mora do segurador não depende de interpelação. 2. O segurador responde por

seguro automóvel, entre o dia do sinistro e o da realização da prestação do segurador pode decorrer muito tempo e o atraso provocar danos ao segurado, incluindo os resultantes de uma eventual desvalorização monetária[80]. Podem, neste particular, divisar-se duas orientações: a de que constitui uma *dívida de valor* e a que é uma *dívida de dinheiro* ou *de valuta*. De acordo com a primeira tese, a interpretação contrária é mais restritiva (para o segurado)[81], a obrigação do segurador é um dever de indemnizar referido ao ressarcimento do dano sofrido pelo segurado, e o facto de ser estipulado um máximo de cobertura da indemnização não é idóneo a transformar a obrigação de ressarcimento numa obrigação duma soma predeterminada[82]. Os sequazes da enunciada construção costumam frisar que, no momento em que se liquide o crédito (ilíquido) indemnizatório, a dívida de valor converte-se em dívida de dinheiro[83]. De acordo com a *tese da dívida de dinheiro* ou *de valuta*, a dívida do segurador apresenta-se como sendo balizada pelo seguro e reportada ao momento do dano, pelo que a partir da ocorrência do sinistro, por determinação das partes no contrato, é tida como dívida de dinheiro, e, portanto, sujeita ao princípio do nominalismo monetário (artigo 550.º do CC). Uma *tese*, a que chamaremos de *intermédia*, advoga, por seu turno, que a solução para o problema da qualificação da dívida pecuniária do segurador não passa tanto pela natureza do débito, dado que é a lei que, nos seguros de coisas, estabelece o momento ao qual se refere a determinação

juros moratórios à taxa legal, acrescida de 3%, podendo o beneficiário provar que, por via dela, sofreu danos superiores".

[80] Vd. Gaetano Castellano/Sergio Scarlatella, *Le assicurazioni private*, 2.ª ed., UTET, Turim, 1981, 374.

[81] Nestes termos, Ubaldo Bellini, anotação ao artigo 1905, em *Nuova rassegna di giurisprudenza sul Codice civile*, Giuffrè, Milão, 1994, 3958-3960.

[82] Assim, Federico Roselli, anotação ao artigo 1905, em *Le assicurazioni – L'assicurazione nei codici; le assicurazioni obbligatorie; l'intermediazione assicurativa*, org. Antonio la Torre, 2.ª ed., Giuffrè, Milão, 2007, 170-171. Vd. também, sobre este aspecto, U. Bellini, anotação ao artigo 1905, cit., 3959 (e a jurisprudência aí reproduzida no sentido desta tese: Cass. 8-Nov.-1980, n.º 5999, e Cass. 11-Dez.-1980, n.º 6395).

[83] Acto idóneo a operar esta transmutação seria, por ex., a determinação do dano por árbitros, acrescentando-se, ainda, amiúde, que tal efeito dar-se-á quando, entre as partes, não haja controvérsia quanto ao *an debeatur*, discutindo-se apenas o débito do segurador; já quando exista controvérsia quanto ao *an debeatur*, a decisão arbitral não operará a liquidação da obrigação, antes dispensa as partes de ulterior e dispendiosa verificação do dano, assim como que, no caso de a discussão quanto ao *an debeatur* ser favorável ao lesado/segurado, a dívida (de valor) do segurador era expressa à data em determinada soma e que deverá ser correctamente actualizada até à data da decisão judicial.

da medida da indemnização[84], e, nos seguros de responsabilidade civil, é a vontade das partes que, com a previsão dum capital máximo de cobertura, estabelece o limite da prestação do segurador[85]. Donde resulta que, nos seguros de coisas, a lei impede que a conversão em moeda do débito do segurador seja computada em momento posterior ao sinistro. Da mesma forma, resulta que, nos seguros de responsabilidade civil, caso em que a desvalorização indubiamente incide sobre a entidade do ressarcimento devido pelo segurado ao terceiro lesado, e portanto reflexamente sobre a prestação do segurador, esta não pode superar o capital máximo de cobertura assumido pelo segurador: nem a solução pode ser diferente nos seguros obrigatórios, nos quais é expressamente previsto que o terceiro lesado goza de acção directa sobre o segurador, "entro i limiti delle somme per le quali è stata stipulata l'assicurazione"[86]. A especificidade desta construção reside em considerar poder a *desvalorização monetária* ser valorada como *componente do dano causado pela mora no pagamento da indemnização*, incluindo acima do capital máximo de seguro[87].

Quanto aos *seguros de responsabilidade civil*[88], a questão é resolvida, no direito português, pelos artigos 138.º/2 e 146.º/3 do RJCS, para os seguros facultativos e obrigatórios, respectivamente. O artigo 138.º/2, com efeito, manda atender ao "disposto na lei geral" no que concerne ao apuramento do dano, *i.e.*, aos artigos 562.º e ss. do CC[89]: não obstante, *ictu oculi,* curar o preceito apenas da determinação do dano, parece-nos que as regras atinentes à obrigação de indemnizar trazidas à colação implicam que a indemnização, de acordo com a teoria "mommseniana" da diferença, consista numa *dívida de valor* (cf. o artigo 566.º/2 do CC)[90], salvo convenção em con-

[84] Cf. os artigos 1905, 1.º co., e 1908, 1.º co., do *Codice civile.* No sentido do texto, Bianchi Pitter, anotação aos artigos 1905 e 1908, *Commentario breve al Codice civile,* 1798-1799 e 1800--1801.

[85] Giovanna Volpe Putzolu, *L'assicurazione privata contro gli infortuni nella teoria del contratto di assicurazione,* Giuffrè, Milão, 1968, 414.

[86] G. Volpe Putzolu, *L'assicurazione* cit., 414, aduzindo, neste sentido, o artigo 18 da Lei n.º 990, de 24-Dez.-1969, n.990.

[87] Assim, G. Volpe Putzolu, *L'assicurazione* cit., *ibidem.*

[88] Para outra ocasião reservamos o tratamento do problema quanto aos seguros reais.

[89] A redacção do preceito é mais problemática, ao referir-se a "dano a atender para efeito do princípio indemnizatório", confundindo o "princípio indemnizatório" dos seguros (de danos) com o princípio indemnizatório da responsabilidade civil. Sobre o tema, com ulterior bibliografia, F. Rodrigues Rocha, *Do princípio indemnizatório* cit., 77 ss.

[90] Cf., por ex., J. Antunes Varela, *Das Obrigações* cit., I, 972-973.

trário nos seguros facultativos. Mesmo correspondendo o dever do segurador a um dever de prestar, o crédito do lesado corresponde a um dever de indemnizar, que o segurador satisfará nos termos da obrigação contratual assumida com o segurado. Daqui resultará, também, a aplicação do artigo 805.º/3 do CC neste caso: tratando-se de responsabilidade por facto ilícito ou pelo risco, o devedor constitui-se *em mora desde a citação,* a menos que já então haja mora por o crédito se ter tornado *líquido*[91]; e também do artigo 806.º/3 do CC.

Liquidada a obrigação e feito e seu cômputo e actualização nos termos dos artigos 562.º ss. do CC, a dívida de valor comportar-se-á como uma vera obrigação pecuniária, sujeita ao nominalismo monetário (artigo 550.º do CC) e, em caso de inadimplemento, a juros moratórios legais (artigo 806.º/1 do CC; no caso do seguro automóvel: 43.º/3 do RSORCA), podendo, no entanto, o credor provar que a mora lhe causou danos superiores aos juros e exigir indemnização suplementar correspondente, quando se trate de responsabilidade por facto ilícito ou pelo risco (artigo 806.º/3 CC)[92].

[91] Cf., por ex., RLx 16-Abr.-2009 (Teresa Prazeres Pais), proc. n.º 5611/03.0TVLSB.L1-8.

[92] Sobre os problemas de articulação da indemnização do artigo 806.º/3, 2.ª prt., com os artigos 805.º/2, 483.º e 566.º do CC, *e.g.* Nuno Pinto Oliveira, *Obrigação de indemnizar a mora do devedor. Acórdão de Uniformização de Jurisprudência n.º 4/2002, de 9 de Maio. P. 1508/01 – 1.ª Secção, CDP* 1, 27 ss., ou M. da Graça Trigo, *Incumprimento da obrigação de indemnizar* cit., 961 ss. O artigo 805.º/3 do CC visa obviar ao facto de, tendo o lesado peticionado na acção declarativa de condenação que intentou contra o lesante certo valor pecuniário – que é o que sucede na grande maioria dos casos, na *praxis* forense e judiciária –, a condenação não ter tido em conta a desvalorização ocorrida entre o momento da propositura da acção e a data da sentença condenatória – conforme prevê o artigo 566.º/2 do CC –, pelo que o legislador fixou um montante indemnizatório predeterminado para esse período, em lugar da aplicação da actualização nos termos do artigo 566.º/2 do CC, e, ainda, com a possibilidade de correcção *ex* artigo 806.º/3 do CC (embora nada obste a que o lesado prefira, em vez da aplicação *interim* do artigo 805.º/3 – com a eventual correcção do artigo 806.º/3 –, a aplicação do artigo 566.º/2 do CC). O problema coloca-se, sobretudo, entre a data da propositura da acção e o momento da fixação do *quantum indemnitatis* (liquidação, que se dará, em regra – salvo pedido genérico, entretanto não liquidado (artigos 569.º do CC e 556.º/1 *b*) do CPC), com a sentença condenatória definitiva): uma vez liquidada, a dívida de valor comportar-se-á, porém, como uma dívida de valuta, uma obrigação pecuniária, sujeita a desvalorização, embora passível de correcção pelo artigo 806.º/3 do CC. Nos casos em que a sentença condenatória tenha actualizado o montante do dano *ex* artigo 566.º/2 do CC, então não se aplicará o artigo 806.º/3 do CC, mas a regra geral de que só vencem juros moratórios com a liquidação da obrigação, *i. e.*, portanto, com a data da sentença (contra a qualificação da dívida de valor "liquidada" como dívida de valuta, M. da Graça Trigo, *Incumprimento da obrigação de indemnizar* cit., 1000-1001). Na jurisprudência, em termos consímiles ao propugnado (além

6. Conclusão

O regime de regularização de sinistros no domínio do seguro automóvel é, em parte sob impulso do direito da UE, mais favorável aos lesados do que o que é disposto em geral para o contrato de seguro. Manifestam-se aqui preocupações que identificámos como podendo ser de protecção do "consumidor", embora com as ressalvas que tecemos a considerar como tal o lesado. O legislador de 2008 conhecia a solução do RSORCA e o anteprojecto Menezes Cordeiro sustentava a aplicação de regime também mais favorável aos lesados, mas, possivelmente perante a heterogeneidade de situações que nos mais variados seguros podem estar em causa, optou-se pelo actual regime dos artigos 102.º e 104.º, dos quais resulta um quadro de soluções que tem, todavia, sido objecto de não despiciendas críticas[93].

Lisboa, 30 de Outubro de 2021.

da jurisprudência anterior ao AUJ 4/2002, cujo levantamento se encontra no cit. estudo de M. da Graça Trigo), STJ 9-Mai.-2002 (AUJ n.º 4/2002), *DR* I série A, n.º 146, de 27-Jun.-2002, e, na sua esteira, STJ 22-Set.-2005 (Lucas Coelho), proc. n.º 03B668, STJ 25-Fev.-2003 (Moreira Camilo), proc. n.º 03A3045, STJ 20-Nov.-2003 (Moreira Camilo), proc. n.º 03A3450, STJ 26-Fev.-2004 (Salvador da Costa), proc. n.º 04B410, STJ 13-Jul.-2004 (Salvador da Costa), proc. n.º 04B2616, STJ 22-Set.-2005 (Lucas Coelho), proc. n.º 03B2668, STJ 14-Set.-2006 (Salvador da Costa), proc. n.º 07B2382, STJ 13-Set.-2007 (Salvador da Costa), proc. n.º 07B2382, STJ 4-Mar.-2008 (Fonseca Ramos), proc. n.º 08A183, STJ 21-Mai.-2008 (Maria dos Prazeres Pizarro Beleza), proc. n.º 08B1567, STJ 25-Jun.-2008 (Souto de Moura), proc. n.º 06P1398, STJ 16-Set.-2008 (Garcia Calejo), proc. n.º 08A2094, STJ 13-Jan.-2009 (Hélder Roque), proc. n.º 08A3823, STJ 26-Mai.-2009 (Paulo Sá), proc. n.º 3413/03.2TBVCT.S1, STJ 25-Jun.-2009 (Garcia Calejo), proc. n.º 459/05.0TBMCD.S1, STJ 14-Jul.-2009 (Fonseca Ramos), proc. n.º 630-A/1996.S1, STJ 8-Out.-2009 (Oliveira Rocha), proc. n.º 1362/06.1TBCVD.S1, STJ 22-Out.-2009 (João Bernardo), proc. n.º 3138/06-7TBMTS.P1.S1, STJ 12-Nov.-2009 (Oliveira Rocha), proc. n.º 258/04.6TBMRA.E1.S1, STJ 9-Set.-2010 (João Bernardo), proc. n.º 2572/07.0TBTVD.L1, STJ 14-Out.-2010 (Lopes do Rego), proc. n.º 170/1995.C1.S1, STJ 23-Nov.-2010 (Hélder Roque), proc. n.º 456/06.8TBVGS.C1.S1, STJ 21-Mar.-2013 (António Leones Dantas), proc. n.º 391/07.2TTSTRE.E1.S1. Indúbia a aplicação do artigo 805.º/3, 2.ª prt., do CC, também aos danos não patrimoniais, conquanto aí, mais frequentemente, assistamos na *praxis* judiciária a sentenças condenatórias actualizadoras do *quantum indemnitatis* (até porque *ex aequitate*: artigo 496.º/3 do CC): vd., a título ilustrativo, STJ 26-Mai.-1993, *CJ/STJ* I, t. 2, 130, RPt 5-Nov.-2002, proc. n.º 534/99, ou STJ 25-Jun.-2008 (Souto de Moura), proc. n.º 06P1398. Ao contrário do amiúde propugnado por lesantes – assumindo a posição de recorrentes –, a actualização do peticionado *quantum indemnitatis* não está *ipso facto* contida na decisão condenatória: cf., por ex., *ex multis*, STJ 13-Jan.-2009 (Hélder Roque), proc. n.º 08A3823.

[93] Vd. A. Menezes Cordeiro, *Direito dos seguros* cit., 754.

SEGUROS DE RECHEIO DE HABITAÇÃO*

José Vasques

Sumário: *1. Introdução; 2. Seguro de incêndio; 3. Outros danos em coisas; 4. Grupos de ramos ou modalidades e riscos acessórios; 5. Riscos acessórios; 6. Outros ramos e modalidades; 7. Vendas associadas.*

1. Introdução

O regime jurídico do contrato de seguro[1] não regula especialmente todos os seguros suscetíveis de serem qualificados como *seguros de danos*[2], tendo adotado a técnica de estabelecer, além de um *regime comum*[3], uma parte geral dos *seguros de danos*[4], complementada por regras específicas de alguns seguros, a saber, do *seguro de responsabilidade civil*, do *seguro de incêndio*, dos *seguros de colheitas e pecuário*, do *seguro de transporte de coisas*, do *seguro de crédito*,

* A natureza e a economia do texto, justificam que o tema «Seguros de recheio de habitação» tenha sido sujeito a tratamento tópico, determinando que se tenham escolhido determinados pontos de vista em detrimento de outros, o que tudo determina o seu caráter introdutório e lacunar.

[1] O regime jurídico do contrato de seguro (RJCS) foi aprovado pelo Decreto-Lei n.º 72/2008, de 16 de abril, ao qual pertencem todas as disposições citadas sem outra indicação; em todos os diplomas legais citados, as referências devem entender-se feitas, salvo indicação em contrário, para a sua redação em vigor à data da publicação deste texto.

[2] Nem se aplica aos contratos de seguro com regimes especiais constantes de outros diplomas, quando com eles sejam incompatíveis, cfr. artigo 2.º

[3] Artigos 1.º a 122.º

[4] Artigos 123.º a 136.º

do *seguro-caução*, do *seguro de proteção jurídica* e do *seguro de assistência*[5] [6], não prevendo, portanto, disposições especificamente aplicáveis a um conjunto de outros seguros, nomeadamente ao *seguro de recheio de habitação.*

Quando, além do referido no parágrafo anterior, se atenta na lista dos ramos incluídos nos seguros Não-vida, prevista pelo regime jurídico do acesso e exercício à atividade seguradora e resseguradora[7], torna-se claro que em nenhum dos regimes citados se prevê expressamente um *seguro de recheio de habitação.*

O *seguro de recheio de habitação* – independentemente do âmbito concreto que lhe seja fixado –, consoante se analise sobre a perspetiva do regime jurídico do contrato de seguro ou do regime jurídico de acesso e exercício da atividade seguradora e resseguradora, é classificável como *seguro de danos*[8] e como seguro dos ramos Não-vida[9] [10] [11].

[5] Respetivamente, artigos 137.º a 148.º, 149.º a 151.º, 152.º a 154.º, 155.º a 160.º, 155.º a 160.º, 161.º, 163.º, 165.º e 166.º, 162.º a 164.º e 166.º 173.º, 167.º a 172.º, e 174.º

[6] O RJCS segue a mesma técnica ao regular os *seguros de pessoas* (artigos 175.º a 217.º), aos quais se aplica igualmente, quando necessário com adaptações, o regime comum (artigos 1.º a 122.º), bem como as disposições comuns (artigos 175.º a 182.º) que lhes são próprias; atendendo ao âmbito deste texto, nele apenas se fará referência aos riscos relativos a acidentes pessoais (artigos 210.º a 212.º).

[7] O regime jurídico de acesso e exercício da atividade seguradora e resseguradora (RJAEASR) foi aprovado e publicado como anexo I da Lei n.º 147/2015, de 9 de setembro; o artigo 8.º do RJAEASR prevê que os seguros Não-vida incluem os seguintes ramos: *a)* Acidentes, *b)* Doença, *c)* Veículos terrestres, *d)* Veículos ferroviários, *e)* Aeronaves, *f)* Embarcações marítimas, lacustres ou fluviais, *g)* Mercadorias transportadas, *h)* Incêndio e elementos da natureza, *i)* Outros danos em coisas, *j)* Responsabilidade civil de veículos terrestres motorizados, *k)* Responsabilidade civil de aeronaves, *l)* Responsabilidade civil de embarcações marítimas, lacustres ou fluviais, m) Responsabilidade civil geral, *n)* Crédito, *o)* Caução, *p)* Perdas pecuniárias diversas, *q)* Proteção jurídica e *r)* Assistência.

[8] Artigo 123.º e segs.

[9] Artigo 8.º do RJAEASR; não se cuida neste texto da questão de saber se os contratos de seguro que os seguradores estão autorizados a celebrar devem poder ser classificados entre os enumerados pela lei ou se a enumeração dos seguros incluídos no ramo Não-vida e dos seguros e operações incluídos no ramo Vida, operada pelo regime jurídico de acesso e exercício da atividade seguradora e resseguradora, é meramente exemplificativa, mas sempre se dirá que, sendo a autorização para o exercício da atividade seguradora *concedida ramo a ramo* (artigo 48.º, n.º 4), e só podendo o segurador exercê-la *no âmbito do ramo em que atua, nos termos do regime jurídico de acesso e exercício da atividade seguradora* (artigo 16.º, n.º 1, segunda parte, do RJCS), não parece possível deixar se considerar taxativas aquelas enumerações – sobre este ponto, embora com posição contrária, v. MARGARIDA LIMA REGO, *Contrato de seguro e terceiros. Estudo de direito civil*, págs. 283-284, louvando-se em JOSÉ ANTÓNIO VELOSO,

A taxonomia legal dos ramos Não-vida oscila entre os que referenciam os *riscos* (acidentes[12], doença[13], incêndio e elementos da natureza[14], responsabilidade civil de veículos terrestres motorizados[15], de aeronaves[16] ou de embarcações marítimas, lacustres e fluviais[17], responsabilidade civil geral[18], crédito[19], caução[20], perdas pecuniárias diversas[21], proteção jurídica[22] e assistência[23]), e os que identificam o objeto de riscos (veículos terrestres[24] e ferroviários[25], aeronaves[26], embarcações marítimas, lacustres e fluviais[27] e outros danos em coisas[28]).

No regime jurídico do contrato de seguro alude-se ao *seguro de riscos relativos à habitação*[29], mas apenas para referir o *valor do imóvel seguro ou a proporção segura do mesmo*, e não o *recheio de habitação* ou o seu seguro; a referência

«Risco, transferência de risco, transferência de responsabilidade na linguagem dos contratos e da supervisão de seguros», *in* Ruy de Albuquerque e António Menezes Cordeiro (coords.), *Estudos em Memória do Professor Doutor José Dias Marques*, Coimbra, Almedina, 2007, págs. 277-354.

[10] Sobre a compatibilização destas duas classificações v. a nossa anotação ao artigo 123.º *in* Pedro Romano Martinez *et al.*, *Lei do contrato de seguro anotada*, 4.ª ed., Coimbra, Almedina, 2020 (2009), págs. 431-434.

[11] É possível, ainda, recorrer a outras classificações para proceder ao enquadramento dos seguros de recheio de habitação, designadamente à dicotomia grandes riscos – riscos de massa (artigo 5.º, n.os 2 e 4, do RJAEASR), ou seguros celebrados com consumidores – seguros celebrados com não-consumidores (artigo 3.º do RJCS), mas a sua relevância (porventura maior no segundo exemplo) não pode aqui ser desenvolvida.

[12] Artigo 8.º, alínea *a)*, do RJAEASR.

[13] Artigo 8.º, alínea *b)*, do RJAEASR.

[14] Artigo 8.º, alínea *h)*, do RJAEASR.

[15] Artigo 8.º, alínea *j)*, do RJAEASR.

[16] Artigo 8.º, alínea *k)*, do RJAEASR.

[17] Artigo 8.º, alínea *l)*, do RJAEASR.

[18] Artigo 8.º, alínea *m)*, do RJAEASR.

[19] Artigo 8.º, alínea *n)*, do RJAEASR.

[20] Artigo 8.º, alínea *o)*, do RJAEASR.

[21] Artigo 8.º, alínea *p)*, do RJAEASR.

[22] Artigo 8.º, alínea *q)*, do RJAEASR.

[23] Artigo 8.º, alínea *r)*, do RJAEASR.

[24] Artigo 8.º, alínea *c)*, do RJAEASR.

[25] Artigo 8.º, alínea *d)*, do RJAEASR.

[26] Artigo 8.º, alínea *e)*, do RJAEASR.

[27] Artigo 8.º, alínea *f)*, do RJAEASR.

[28] Artigo 8.º, alínea *i)*, do RJAEASR.

[29] Artigo 135.º, n.º 1 – e a mesma expressão é também usada no preâmbulo do Decreto-Lei n.º 72/2008.

é, porém, útil, porquanto permite distinguir, relativamente ao imóvel seguro, se o mesmo se destina a habitação ou a outra finalidade ou uso[30], nomeadamente comercial, industrial ou outro – distinção naturalmente relevante para efeitos da apreciação do risco pelo segurador[31] [32]; os seguros que têm por objeto o *recheio de habitação* podem também abranger o edifício ou fração autónoma onde aquele se encontre colocado[33], e daí que fosse preferível a designação *seguros relativos à habitação*, abrangendo, assim, quer a habitação enquanto lugar físico de residência quer o seu conteúdo[34].

[30] Artigo 151.º, alínea *b)*.

[31] Artigo 24.º, n.º 1.

[32] O regime jurídico do contrato de seguro, por razões de uniformização terminológica, adotou a designação *segurador*, enquanto o regime jurídico de acesso e exercício da atividade seguradora e resseguradora – e, em regra, todo o direito institucional – usa *empresa de seguros* (além destas expressões, são também correntes *seguradora* e *companhia de seguros*); segue-se neste texto a dicotomia contratual-institucional.

[33] Artigo 151.º, alínea *d)*.

[34] Uma alusão a riscos relativos à habitação ocorre também no *Plano de contas para as empresas de seguros*, aprovado como anexo da Norma regulamentar da Autoridade de Supervisão de Seguros e Fundos de Pensões n.º 10/2016-R, de 15 de setembro de 2016, publicada no *Diário da República*, 2.ª série, n.º 186, de 27 de setembro, o qual, numa tabela de ramos Não-vida, sob o ramo *Outros danos em coisas*, alude a *riscos múltiplos habitação*; por comodidade de referência, reproduz-se um excerto da Tabela I daquele *Plano de contas*:

Tabela I
Ramos Não Vida
......
32 Outros danos em coisas
......
327 Riscos múltiplos
3271 Riscos múltiplos habitação
......

A designação *riscos múltiplos*, utilizada pelo Plano de contas para descrever a espécie *327 Riscos múltiplos* (e é usada, também, na subespécie *3271 Riscos múltiplos habitação*) do ramo *32 Outros danos em coisas*, não corresponde à designação (seguro de) *riscos múltiplos* ou *multirriscos* – usada pelos seguradores para referir seguros que garantem bens contra incêndio e outros riscos –, uma vez que, conforme se refere adiante no texto, o ramo *Outros danos em coisas* não abrange os danos causados por incêndio [artigo 8.º, alínea *i)*, parte final, do RJAEASR], afigurando-se que o Plano de contas não está, neste ponto, harmonizado com o RJAEASR – a economia do texto não permite a análise deste ponto; cfr., também o que vai adiante referido no texto acerca de *grupos de ramos* e de *riscos acessórios*.

O *seguro de recheio de habitação* é, portanto, como *subtipo* do *tipo* primário *contrato de seguro*, um contrato socialmente típico, não dispondo de regime legal privativo que o predique de *legalmente típico*; independentemente do que precede, a ideia do *tipo* ou *subtipo* convêm à noção de *seguro de recheio de habitação*, sendo a fluidez das suas notas distintivas que demonstra, admitindo a *sua graduação, e mesmo a ausência de umas, se compensada pela forte presença de outras*[35], a natureza aberta do *tipo*.

Atendendo aos riscos que podem afetar o *recheio de habitação* (e, quando seja o caso, também o edifício ou fração autónoma), uma primeira análise parece indicar que são os ramos *Incêndio e elementos da natureza*[36] e *Outros danos em coisas*[37] aqueles que podem acomodar danos sofridos pelo *recheio de habitação* – mas veremos, adiante, que outros ramos ou modalidades são frequentemente associados a estes seguros.

A já referida técnica, adotada pelo regime jurídico do contrato de seguro, exigiria que se buscasse o regime jurídico do *seguro de recheio de habitação* entre as disposições legais do *regime comum*, relativas à formação do contrato[38], à forma do contrato e apólice de seguro[39], à vigência do contrato[40], ao seu conteúdo[41], às suas vicissitudes[42], ao sinistro[43], e à sua cessação[44], bem como nas disposições da parte geral dos *seguros de danos*, onde avultam o afastamento e mitigação do sinistro[45] e o princípio indemnizatório[46]; dada, no entanto, a importância dos ramos *Incêndio* e *Outros danos em coisas* relativa-

[35] Neste sentido, ainda que apenas relativamente ao *tipo*, v. Margarida Lima Rego, *Contrato de seguro e terceiros. Estudo de direito civil*, Coimbra, Wolters Kluwer-Coimbra Editora, 2010, pág. 34.

[36] Artigo 8.º, alínea *h)*, do RJAEASR.

[37] Artigo 8.º, alínea *i)*, do RJAEASR.

[38] Artigos 16.º a 31.º, que abarcam as importantíssimas disposições relativas aos deveres de informação do segurador e ao dever de declaração inicial do risco, respetivamente nos artigos 18.º a 23.º e 24.º a 26.º; para uma introdução a estes pontos (bem como aos tratados nos artigos referidos nas notas seguintes) cfr. as respetivas anotações *in* Pedro Romano Martinez *et al.*, *Lei do contrato de seguro anotada*; v., também, Luís Poças, *O dever de declaração inicial do risco no contrato de seguro*, Coimbra, Edições Almedina, 2013.

[39] Artigos 31.º a 38.º

[40] Artigos 39.º a 42.º

[41] Artigos 43.º a 61.º

[42] Artigos 91.º a 98.º

[43] Artigos 99.º a 104.º

[44] Artigos 105.º a 118.º

[45] Artigos 126.º e 127.º

[46] Artigos 128.º a 136.º

mente ao *seguro de recheio de habitação*, optou-se por tratar no seu contexto alguns dos aspetos do regime deste seguro[47].

2. Seguro de incêndio

Quanto ao ramo *Incêndio e elementos da natureza*, estabelece a lei que o mesmo abrange os danos sofridos por outros bens que não os veículos terrestres ou ferroviários, as aeronaves, as embarcações ou as mercadorias transportadas, quando causados por incêndio, explosão, tempestade, elementos da natureza, energia nuclear ou aluimento de terras[48], o que o torna

[47] Não sendo possível, num texto com estas caraterísticas, abordar, ainda que superficialmente, todos os aspetos do regime jurídico do *seguro de recheio de habitação*, tratam-se apenas os que, ainda que com um critério discutível, se afiguram mais relevantes, porventura com desenvolvimentos nem sempre equivalentes – deficiência que se procura colmatar através das remissões e indicações bibliográficas não exaustivas, que vão indicadas nas notas de pé de página.

[48] O conteúdo descritivo do ramo *Incêndio e elementos da* natureza estabelecido pelo RJAEASR, não coincide com o âmbito que o RJCS fixa ao *seguro de incêndio* (artigo 150.º), compreendendo-se neste último os danos causados por ação do incêndio (n.º 1), assim como os causados no bem seguro em consequência dos meios empregados para combater o incêndio, assim como os danos derivados de calor, fumo, vapor ou explosão em consequência do incêndio e ainda remoções ou destruições executadas por ordem da autoridade competente ou praticadas com o fim de salvamento, se o forem em razão do incêndio ou de qualquer dos factos anteriormente previstos (n.º 2) e, salvo convenção em contrário, os danos causados por ação de raio, explosão ou outro acidente semelhante, mesmo que não seja acompanhado de incêndio (n.º 3); a distinção resulta de o primeiro se referir ao *ramo* e o segundo ao *seguro*, nada impedindo que este último alargue o seu âmbito até o fazer coincidir com o ramo, sem que deixe de poder designar-se como *seguro de incêndio*; importa ainda referir quanto ao âmbito do *seguro de incêndio* {que foi adotado pela Norma Regulamentar do Instituto de Seguros de Portugal (hoje Autoridade de Supervisão de Seguros e Fundos de Pensões) n.º 16/2008-R, de 18 de dezembro de 2008, publicada no *Diário da República*, 2.ª série, n.º 5, de 8 de janeiro de 2009; excederia o âmbito deste texto discutir o caráter *relativamente imperativo* que o supervisor expressamente fixou no artigo 2.º, n.º 2, daquela Norma à cláusula 2.ª, n.ºs 1 e 2 (substancialmente correspondentes ao artigo 150.º, n.ºs 1 e 2), da referida apólice, registando-se apenas que as *definições legais* são consideradas pela doutrina como *normas jurídicas não autónomas* [cfr., por exemplo, HANS KELSEN, *Teoria pura do direito*, 6.ª ed., Coimbra, Arménio Amado Editora, 1984 (1960), tradução de JOÃO BAPTISTA MACHADO, págs. 91-92, e KARL ENGISCH, *Introdução ao pensamento jurídico*, 10.ª ed., Lisboa, Fundação Calouste Gulbenkian, 2008 (1956), tradução (da 8.ª ed., de 1983) de JOÃO BAPTISTA MACHADO, pág. 39, e, entre nós, JOÃO BAPTISTA MACHADO, *Introdução ao direito e ao discurso legitimador*, Coimbra, Almedina, 2004 (1982), pág. 110] ou *regras semânticas* [cfr., por exemplo, CARLOS E. ALCHOURRÓN e EUGENIO BULIGYN, «Definiciones y normas» *in* EUGENIO BULIGYN *et al.*, (eds.), *El linguaje del derecho. Homenaje a Geraro R. Carrió*, Buenos Aires, Abeledo-

adequado à proteção, contra esses riscos, dos conteúdos genericamente qualificáveis como *recheio de habitação*, bem como dos edifícios ou frações onde se encontrem; estamos, assim, perante um *seguro de incêndio*[49], tendo por objeto o conjunto de coisas que compõem o *recheio de habitação*, incluindo ou não ao edifício ou fração onde se encontrem; uma vez que o seguro contra o risco de incêndio das frações autónomas e partes comuns de edifícios em propriedade horizontal é obrigatório, a empresa de seguros que pretenda comercializar esse seguro deve comunicar as respetivas condições gerais e especiais da apólice à entidade supervisora, a qual, no exercício das suas atribuições, pode impor, por norma regulamentar, a utilização de cláusulas ou apólices (ou partes de apólices) uniformes[50 51].

-Perrot, 1983, págs. 22 e segs., citado por José Lamego, *Elementos de metodologia jurídica*, Coimbra, Almedina, 2016, pág. 44], e que, em comentário ao artigo 12.º do regime jurídico do contrato de seguro Pedro Romano Martinez, *in* Pedro Romano Martinez *et al.*, *Lei do contrato de seguro anotada*, pág. 69, observa que *as normas que determinam o regime aplicável – como as que remetem para outros diplomas (p. ex. arts. 3.º e 4.º) – e as de qualificação – como as que definem um tipo de seguro (p. ex., arts. 76.º ou 173.º) ou remetem para o regime do contrato de seguro (p. ex., art. 207.º) –, não são incluídas no elenco das imperativas, mas parece não ser possível celebrar um seguro fora do contexto nelas estabelecido*}, que o mesmo se alarga para lá da simples previsão do *seguro contra o risco de incêndio* estabelecida pelo artigo 1429.º do Código Civil quanto aos edifícios em propriedade horizontal, determinando a sua obrigatoriedade *quer quanto às frações autónomas, quer relativamente às partes comuns*, bem como do seguro dos imóveis afetos à caução prestada por entidades empregadoras relativamente ao pagamento das pensões de acidentes de trabalho em que tenham sido condenadas (artigo 84.º, n.º 5, Lei n.º 98/2009, de 4 de setembro de 2009, que regulamenta o regime de reparação de acidentes de trabalho e de doenças profissionais, incluindo a reabilitação e reintegração profissionais, nos termos do artigo 284.º do Código do Trabalho, aprovado pela Lei n.º 7/2009, de 12 de fevereiro) ou, ainda, do seguro a celebrar pelas concessionárias da exploração de jogos de fortuna ou azar relativamente aos edifícios e outros bens que pertençam ao Estado ou que para este sejam reversíveis (artigo 106.º, n.º 1, do Decreto-Lei n.º 422/89, de 2 de dezembro que disciplina os jogos de fortuna ou azar) – exceção a esta âmbito restrito é prevista pela Base XVIII, n.º 1, alínea *b)*, do Decreto-Lei n.º 152/2006, de 3 de agosto, que aprova as bases da concessão, em regime de serviço público, da atividade de receção, movimentação, armazenagem, expedição e transporte de matérias-primas alimentares e produtos conexos, relativamente à efetiva cobertura dos riscos seguráveis inerentes à concessão, nomeadamente quanto às instalações, equipamentos e outros bens.

[49] Artigos 149.º a 151.º; do ponto de vista do direito institucional dos seguros, o seguro de incêndio integra-se no ramo *Incêndio e elementos da natureza*, cfr. artigo 8.º, alínea *h)*, do RJAEASR.

[50] Artigo 39.º, n.os 1 e 2, do RJAEASR – sobre a obrigatoriedade do seguro contra o risco de incêndio e a norma regulamentar que aprova a parte uniforme das condições gerais da

Pela sua relevância, importa referir-se que, além dos elementos mínimos que devem constar das apólices de seguro em geral[52], a apólice de seguro de incêndio deve precisar[53]:

a) o tipo de bem, o material de construção e o estado em que se encontra, assim como a localização do prédio e o respetivo nome ou a numeração identificativa;

b) o destino e o uso do bem;

c) a natureza e o uso dos edifícios adjacentes, sempre que estas circunstâncias puderem influir no risco;

d) o lugar em que os objetos mobiliários segurados contra o incêndio se acharem colocados ou armazenados.

Entre os múltiplos aspetos relevantes no *seguro de incêndio* (e, no que aqui importa, no *seguro de recheio de habitação*) destaca-se o da determinação do capital seguro, importando notar que cabe ao tomador do seguro indicar ao segurador, quer no início, quer durante a vigência do contrato, o valor da coisa, direito ou património a que respeita o contrato, para efeito da determinação do *capital seguro*[54], o qual representa o valor máximo da prestação a

apólice de seguro obrigatório de incêndio para as frações autónomas e as partes comuns de edifícios em propriedade horizontal v., acima, nota 48.

[51] O *seguro de incêndio* é o único seguro obrigatório integrável no que designamos *seguros relativos à habitação*; dependendo das políticas associadas à habitação admite-se a existência de outros seguros com ela relacionados – sirva de exemplo o seguro, conhecido em França como *assurance habitation* (que se poderia traduzir como *seguro da habitação*), que o inquilino é obrigado a celebrar a fim de cobrir os riscos locativos em que possa incorrer por danos causados ao locado [previsto pelo artigo 7.º, alínea *g)*, da *Loi n.º 89-462 du 6 juillet 1989 tendant à améliorer les rapports locatifs et portant modification de la loi n.º 86-1290 du 23 décembre 1986* – tradução da nossa responsabilidade]:

Article 7	Artigo 7.º
Le locataire est obligé:	O inquilino é obrigado a:
......	......
g) De s'assurer contre les risques dont il doit répondre en sa qualité de locataire et d'en justifier lors de la remise des clés puis, chaque année, à la demande du bailleur. [...]	*g)* Segurar os riscos pelos quais deve responder na qualidade de inquilino e a demonstrá-lo aquando da entrega das chaves e depois, todos os anos, a pedido do locador. [...]
......	......

[52] Artigo 37.º

[53] Artigo 151.º

[54] Artigo 49.º, n.º 2.

pagar pelo segurador[55]; o capital seguro deve corresponder ao valor que seria necessário para substituir os bens que compõem o recheio de habitação[56] [57], devendo notar-se que o dano a atender para determinar a prestação devida pelo segurador é o sofrido pelo valor do interesse seguro ao tempo do sinistro, sem prejuízo de poder ser acordada a fixação de um valor de reconstrução ou de substituição do bem ou a não consideração a depreciação do valor do interesse seguro em função da vetustez ou do uso do bem [*cláusula* (ou *seguro*) *de valor em novo*[58] [59]], mas não devendo esse valor ser manifestamente infundado[60].

[55] Artigos 49.º, n.º 1, e 128.º

[56] Os seguradores tendem a solicitar informações mais detalhadas acerca do recheio de habitação quando o seu valor seja elevado ou quando, ainda que considerado em verbas globais, inclua objetos valiosos, nomeadamente, obras de arte, joias ou antiguidades.

[57] No caso do seguro de edifícios ou frações o capital seguro deve corresponder ao valor de reconstrução, uma vez que o valor de mercado inclui componentes especulativas não seguráveis.

[58] Sobre a *cláusula de valor em novo* v., por todos, MARIA LUISA MUÑOZ PAREDES, *El seguro a valor nuevo*, Madrid, Bosch, 1998, JOSÉ VASQUES, *Contrato de seguro*, Coimbra, Coimbra Editora, 1999, pags. 151 e 218-219, e FRANCISCO RODRIGUES ROCHA, *Do princípio indemnizatório no seguro de danos*, Coimbra, Almedina, 2015, págs. 197-198 e 200-203.

[59] A designação *seguro de valor em novo* – que já utilizámos, cfr. ob. cit., págs. 151 e 218-219, mas v., também, MARIA LUISA MUÑOZ PAREDES na obra citada na nota anterior – parece-nos hoje de evitar, uma vez que não estamos perante um *seguro* específico em que o valor em novo assuma papel proeminente, tratando-se, apenas, de uma *cláusula* atinente a um aspeto concreto, admitindo-se, no entanto, que a expressão possa ser utilizada por comodidade de referência [como, por exemplo, em FRANCISCO RODRIGUES ROCHA, ob. cit., *v.g.* nas págs. 200-203, como se depreende, não só do uso (preferível) de *seguros com cláusula de valor em novo* (pág. 199), como da afirmação de que *o chamado seguro de valor em novo é uma* cláusula de determinação da prestação do segurador por referência ao valor em novo *do interesse objeto do contrato de seguro* (pág. 203) – pese embora a tese, que não acompanhamos, segundo a qual, no caso de invalidade da *cláusula de valor em novo* (mas a que parece subjacente, como se verá, o *seguro de valor em novo*), *o contrato transformar-se-á em seguro de valor real à data do sinistro* (pág. 200), salvo se, pela *transformação* se pretende significar *redução* (artigo 292.º do Código Civil), que se afigura ser o enquadramento correto].

[60] Artigo 131.º, n.os 1 e 2 – a *cláusula de valor em novo* constitui uma exceção ao *princípio indemnizatório*; exceção que concorre com o designado *seguro em primeiro risco* (que não podemos desenvolver neste texto), o qual, em termos gerais e abstraindo das modalidades que possa adotar, consiste em o seguro incidir sobre o valor declarado pelo tomador do seguro, pretendendo segurar parcialmente um bem ou conjunto de bens, sem incorrer em *subseguro*, isto é, sem que o segurador responda pela dano na proporção entre o valor declarado e o valor do objeto seguro (artigo 134.º); sobre o *seguro em primeiro risco* v. MARIA LUISA MUÑOZ PAREDES, *El seguro a primeiro riesgo*, Madrid, Editoriales de Derecho Reunidas, 2002.

À correta determinação do capital seguro está associado outro aspeto essencial do regime, a saber, o relativo à aplicação do *princípio indemnizatório*[61], que exprime a ideia de que *o segurado deve ser ressarcido do prejuízo que efetivamente sofreu, não podendo o seguro constituir fonte de rendimento para os lesados*[62], a qual recebe apoio legal na previsão de que *a prestação devida pelo segurador está limitada ao dano decorrente do sinistro até ao montante do capital seguro*[63] de acordo com o qual, se o capital seguro exceder o valor do interesse seguro, a prestação devida pelo segurador está limitada ao dano decorrente do sinistro (*sobresseguro*[64]) ou, se o capital seguro for inferior ao valor do objeto seguro, o segurador só responde pelo dano na respetiva proporção (*subseguro*[65]).

61 Artigos 128.º a 136.º; sobre o *princípio indemnizatório* v., por todos, José Vasques, *Contrato de seguro*, págs. 145-151, Arnaldo Costa Oliveira, anotações aos artigos 132.º e 135.º *in* Pedro Romano Martinez *et al.*, *Lei do contrato de seguro anotada*, págs. 456-460 e 466-469, Margarida Lima Rego, *Contrato de seguro e terceiros. Estudo de direito civil*, págs. 251-271, e Francisco Rodrigues Rocha, *Do princípio indemnizatório no seguro de danos*, *maxime* págs. 53-115 e 134-144.

62 José Vasques, *Contrato de seguro*, pág. 145; fundando o princípio indemnizatório *na finalidade ressarcitória da responsabilidade civil* v. Pedro Romano Martinez, comentários complementares ao artigo 128.º *in* Pedro Romano Martinez *et al.*, *Lei do contrato de seguro anotada*, pág. 449, e, em sentido contrário, Francisco Rodrigues Rocha, ob. cit., págs. 81-85, oferecendo o autor uma análise detalhada das diversas teses que fundamentam aquele princípio nas págs. 53-93.

63 Artigo 128.º; ainda com maior ênfase, o artigo 26.º da *Ley de contrato de seguro* espanhola, aprovada pela *Ley 50/1980*, de 8 de outubro, prevê (tradução da nossa responsabilidade):

Artículo veintiséis.	Artigo 26.º
El seguro no puede ser objeto de enriquecimiento injusto para el asegurado. Para la determinación del daño se atenderá al valor del interés asegurado en el momento inmediatamente anterior a la realización del siniestro.	O seguro não pode ser objeto de enriquecimento injusto para o segurado. Para a determinação do dano atender-se-á ao valor do interesse segurado no momento imediatamente anterior ao sinistro.

Sobre a interpretação deste artigo v. Abel B. Veiga Copo, *Tratado del contrato de seguro*, Cizur Menor, Civitas-Thomson Reuters, 2009, págs. 149-150.

64 Artigos 132.º e 128.º; José Vasques, *Contrato de seguro*, págs. 145-146, Arnaldo Costa Oliveira, anotação ao artigo 132.º, *in* Pedro Romano Martinez *et al.*, *Lei do contrato de seguro anotada*, págs. 456-460, e Francisco Rodrigues Rocha, *Do princípio indemnizatório no seguro de danos*, págs. 93-106.

65 Artigo 134.º; exemplificando o funcionamento da designada *regra proporcional*, caso o recheio de habitação tenha um valor real de 100 mas tenha sido indicado como capital seguro 70, no caso de ocorrer um sinistro cujos danos ascendam a 40, o segurador apenas indemnizaria o segurado em 28 (70 % de 40) – sobre o subseguro v., por todos, José Vasques,

Outro aspeto da maior relevância relativamente ao *seguro de recheio de habitação* é o relativo à atualização do capital seguro; tal atualização pode ser indexada ou convencionada, isto é, resultar da aplicação dos índices publicados pela Autoridade de Supervisão de Seguros e Fundos de Pensões ao abrigo do previsto no regime jurídico do contrato de seguro[66], os quais, embora a lei refira apenas que *o valor do imóvel seguro ou a proporção segura do mesmo é automaticamente atualizado de acordo com os índices publicados*, aquela autoridade de supervisão publica trimestralmente, incluindo, além do índice a considerar relativamente aos edifícios, índices aplicáveis ao recheio de habitação e um índice global, abrangendo recheio de habitação e edifícios[67]; ou resultar de um critério (normalmente uma percentagem) acordado entre o tomador do seguro e o segurador, o qual será aplicado, com periodicidade também acordada, para atualizar o capital ou capitais seguros.

Independentemente da atualização indexada ou convencionada do capital seguro, importa sublinhar que compete sempre aos tomadores de seguros certificarem-se dos valores a segurar, tendo em conta, entre outras, as eventuais variações regionais face aos índices de âmbito nacional e as alterações dos bens seguros[68].

3. Outros danos em coisas

Outros riscos suscetíveis de afetar o recheio de habitação podem acolher-se ao ramo *Outros danos em coisas.*

A lei não especifica quais são os eventos suscetíveis de causar *danos em coisas*, limitando-se a referir que se trata de danos sofridos por outros bens que não os veículos terrestres, veículos ferroviários, aeronaves, embarcações marítimas, lacustres ou fluviais, ou mercadorias transportadas, causados por evento distinto do incêndio[69], pelo que os riscos cobertos pelo contrato são definidos pelas partes ao abrigo da liberdade contratual, com os limites que

ob. cit., págs. 145-146, Arnaldo Costa Oliveira, anotação ao artigo 135.º, ob. cit., págs. 466-469, Francisco Rodrigues Rocha, ob. cit., págs. 134-106.

66 Artigo 135.º, n.º 1.

67 Cfr., por exemplo, Norma Regulamentar n.º 1/2021-R, de 2 de março, que estabelece os índices trimestrais de atualização de capitais para as apólices do ramo «Incêndio e elementos da natureza» com início ou vencimento no segundo trimestre de 2021, publicada no *Diário da República*, 2.ª série, n.º 52, de 16 de março.

68 Neste sentido v. o preâmbulo da Norma Regulamentar referida na nota anterior.

69 Artigo 8.º, alínea *i)*, do RJAEASR.

resultam das disposições absoluta ou relativamente imperativas do regime jurídico do contrato de seguro, bem como os decorrentes da lei geral[70] [71].

Da descrição legal do ramo *Outros danos em coisas* apenas se conclui que abrange danos em *bens*, com exceção dos veículos terrestres e ferroviários,

[70] Artigo 11.º, mas v., também artigo 45.º, n.º 1, e artigo 10.º do RJAEASR; sem prejuízo das disposições absoluta ou relativamente imperativas que são identificadas nos artigos 12.º e 13.º do RJCS, não pode daí deduzir-se, sem mais, que as restantes são supletivas, uma vez que as disposições identificas naqueles artigos não correspondem a um elenco exaustivo, podendo a imperatividade de outras regras resultar da sua interpretação, cfr. Pedro Romano Martinez, anotação ao artigo 12.º *in* Pedro Romano Martinez *et al.*, *Lei do contrato de seguro anotada*, págs. 69-70; importa notar que, em regra, o caráter imperativo ou supletivo das regras legais resulta das próprias disposições (por qualificação legal) ou da interpretação dessas disposições; a qualificação legal de uma disposição como imperativa ou supletiva pode constatar-se a partir de uma disposição que enumere as regras predicadas de certa natureza ou da ocorrência na disposição em questão de quaisquer dos elementos de que tradicionalmente resulta o caráter supletivo ou imperativo (*salvo convenção em contrário, na falta de estipulação das partes* ou, em sentido contrário, *não admitindo convenção em sentido diverso, não pode ser convencionada* ou outras semelhantes); na ausência destes últimos elementos, a qualificação há de resultar da interpretação da disposição segundo os critérios da essencialidade da norma para o regime em causa e do seu contexto sistemático.

[71] A abrangência do ramo *Outros danos em coisas* é positivamente denotada pelo *Plano de contas para as empresas de seguros*, o qual, na tabela de ramos Não-vida, sob o ramo *Outros danos em coisas*, alude a um alargado conjunto de seguros (incluindo uma modalidade residual, *328 Outros*):

Tabela 1
Ramos Não Vida

......

32 Outros danos em coisas
321 Agrícola
3211 Agrícola – incêndio
3212 Agrícola – colheitas
322 Pecuário
323 Roubo
324 Cristais
325 Deterioração de bens refrigerados
326 Avaria de máquinas
327 Riscos múltiplos
3271 Riscos múltiplos habitação
3272 Riscos múltiplos comerciantes
3273 Riscos múltiplos industrial
3274 Outros
328 Outros

......

das aeronaves e embarcações marítimas, lacustres ou fluviais, e das mercadorias transportadas, e que esses *danos em coisas* são causados por evento distinto do incêndio, pelo que uma descrição mais minuciosa resulta, por um lado, da regulamentação contabilística[72] e, por outro, da análise dos seguros de recheio de habitação disponíveis no mercado; não sendo possível proceder a uma análise exaustiva, referir-se-á apenas que são particularmente relevantes os riscos de roubo[73] [74], de quebra ou rotura de cristais, de riscos elétricos, de danos por água, de inundações, de tempestades, de atos de vandalismo, de queda ou quebra de antenas ou painéis solares, da queda de granizo ou neve, de aluimento de terras ou de fenómenos sísmicos.

[72] Cfr. nota anterior.

[73] O risco de *roubo* tende a divergir da noção própria do direito penal (artigo 210.º do Código Penal, aprovado pelo *Decreto*-Lei n.º 48/95, de 15 de março), e é frequentemente associada, autonomamente ou sob a mesma designação, ao risco de furto (artigo 203.º do Código Penal); ainda que relativo ao seguro automóvel, o Acórdão do Tribunal da Relação de Coimbra, de 9 de julho de 2003, recolhido na *Coletânea de Jurisprudência*, ano 28 (2003), tomo 4, n.º 169, págs. 5-8, decidiu que:

> *I – Não se distinguindo na linguagem corrente entre o "furto de veículo" e o "roubo" do mesmo, a mera inclusão nas "condições gerais" do contrato de seguro da cobertura do risco de "roubo" não é suficiente – sem o cumprimento dos deveres de comunicação e informação (art. 5.º e 6.º do DL 446/85) sobre a noção técnico jurídica do que se entende por "roubo" – para interpretar tal termo "roubo" na sua aceção jurídico-penal.*
>
> *II – Em tal hipótese – até por se dever optar pela interpretação que não favoreça o contraente que estipulou a condição geral – o risco coberto com o termo "roubo" deve considerar-se verificado com a mera subtração que envolva violência contra o próprio veículo (v.g. quebra dos vidros, rebentamento das fechaduras, etc.).*

[74] A *Ley de contrato de seguro* espanhola dedica três artigos ao *seguro contra el robo*, e define-o no seu artigo 50.º nos seguintes termos (tradução da nossa responsabilidade):

Artículo cincuenta.	Artigo 50.º
Por el seguro contra robo, el asegurador se obliga, dentro de los límites establecidos en la Ley y en el contrato a indemnizar los daños derivados de la sustracción ilegítima por parte de terceros de las cosas aseguradas.	No seguro de roubo, o segurador obriga-se, dentro dos limites estabelecidos na lei e no contrato, a indemnizar os danos resultantes da subtração ilegítima por terceiros das coisas seguradas.
La cobertura comprende el daño causado por la comisión del delito en cualquiera de sus formas.	A cobertura abrange o dano causado pela comissão do delito em qualquer das suas formas.

Sobre o seguro de roubo no direito espanhol (e referindo-se à questão suscitada na nota anterior) v. ABEL B. VEIGA COPO, *Tratado del contrato de seguro*, págs. 524-533.

4. Grupos de ramos ou modalidades e riscos acessórios

Importa fazer referência àquilo que a lei designa *grupos de ramos ou modalidades*[75], bem como aos *riscos acessórios*[76]; uma vez que em ambas as situações estamos perante a confluência num único contrato de seguro de riscos incluídos em vários ramos.

Reconhecendo a tipicidade social da celebração de contratos de seguro associando dois ou mais ramos (ou dois ou mais riscos incluídos em diferentes ramos), a lei prevê que as empresas de seguros podem ser autorizadas a exercer atividade relativamente aos grupos de ramos ou modalidades nela previstos[77]; no que aqui releva, refere-se o grupo de ramos *Incêndio e outros danos*, que integra os ramos *Incêndio e elementos da natureza* e *Outros danos em coisas*[78], cujo âmbito e aplicação a um *seguro de recheio de habitação* foram considerados nos parágrafos precedentes.

[75] Artigo 12.º do RJAEASR.

[76] Artigo 11.º do RJAEASR.

[77] Artigo 12.º, proémio, do RJAEASR; se relativamente à designação *grupos de ramos* não parecem suscitar-se dificuldades de maior, correspondendo os *ramos* aos elencados no artigo 8.º, já quando às *modalidades* devem notar-se algumas dúvidas: a lei refere-se a *modalidades* quando distingue *modalidades de prestações convencionadas, prestações indemnizatórias, combinações dos dois tipos de prestações* [artigo 8.º, alínea *a)*], prevalecendo o mesmo sentido em outras disposições [artigo 8.º, alínea *b)*], mas alude também a *modalidades* para descrever riscos [artigo 8.º, alínea *n)*, quando enuncia os riscos integrados no ramo Crédito (insolvência, crédito à exportação, vendas a prestações, crédito hipotecário e crédito agrícola), ou na alínea *p)* do mesmo artigo, quando elenca os riscos incluídos no ramo *Perdas pecuniárias diversas* (riscos de emprego, insuficiência de receitas, mau tempo, perda de lucros, persistência de despesas gerais, despesas comerciais imprevistas, perda de valor venal, perda de rendas ou de rendimentos, outras perdas comerciais indiretas, perdas pecuniárias não comerciais, ou outras perdas pecuniárias], mas adota um outro sentido quando distingue entre a caução direta e a caução indireta [artigo 8.º, alínea *o)*] ou entre assistência a pessoas em dificuldades no decurso de deslocações ou ausências do domicílio ou do local de residência habitual e assistência a pessoas em dificuldades em circunstâncias distintas [artigo 8.º alínea *r)*], prevalecendo este último sentido também na referência à *modalidade pessoas transportadas* [artigo 12.º, alíneas *b), c)* e *d)*], ainda que por remissão para o artigo 8.º, alínea *a)*, onde esta última *modalidade* é apenas uma das enunciadas, com um sentido que varia entre as *modalidades das prestações* (que, na mesma disposição, são também referidas, mais propriamente, como *tipos de prestações*) e essa modalidade específica – tudo visto, parece dever entender-se que o legislador utiliza no artigo 12.º a expressão *modalidade* para designar um seguro (e, consequentemente, um risco) autonomizado dentro de determinado ramo.

[78] Artigo 12.º, alínea *e)*, e 8.º, alíneas *h)* e *i)*, do RJAEASR – relacionado com este ponto v., acima, nota 34, parte final.

5. Riscos acessórios

O regime jurídico do acesso e exercício da atividade seguradora e resseguradora prevê a possibilidade de o segurador, além de um *risco principal*, poder também cobrir, através de um único contrato de seguro, *riscos acessórios* incluídos noutros ramos, sem necessidade de obtenção de autorização específica para a cobertura destes[79], ao contrário do que sucede relativamente ao exercício da atividade quanto aos *grupos de ramos ou modalidades*, o qual depende de autorização[80], ao que acresce que aqueles *grupos de ramos ou modalidades* são taxativamente previstos pela lei.

A possibilidade de, além de um *risco principal*, o segurador poder também cobrir, através de um único contrato de seguro, *riscos acessórios* incluídos noutros ramos, depende, no entanto, de:

a) o segurador ter obtido autorização para cobrir o *risco principal*;
b) o *risco principal* estar incluído num ramo Não-vida;
c) os *riscos acessórios* estarem ligados ao *risco principal*, dizerem respeito ao objeto coberto face ao *risco principal* e serem garantidos através do contrato que cubra o *risco principal*;
d) os *riscos acessórios* não estarem compreendidos no ramo Vida[81] nem nos ramos Crédito[82], Caução[83] ou Proteção jurídica[84], salvo, quanto a este último ramo, o mesmo seja acessório do ramo Assistência, caso em que devem ser cumpridas as condições previstas na alínea anterior e uma das seguintes condições:
    i) o *risco principal* relacionar-se apenas com a assistência prestada a pessoas em dificuldades durante deslocações ou ausências do domicílio ou do local de residência habitual[85];
    ii) o seguro dizer respeito a riscos resultantes da utilização de embarcações marítimas ou relacionadas com essa utilização.

Admitindo a lei que *a empresa de seguros que tenha obtido autorização para cobrir um risco principal de um ramo Não Vida pode também cobrir riscos acessórios incluídos noutro ramo Não Vida, sem necessidade de obtenção de autorização específica*

[79] Artigo 11.º, n.º 1, do RJAEASR.
[80] Artigo 12.º, proémio, do RJAEASR.
[81] Artigo 9.º do RJAEASR.
[82] Artigo 8.º, alínea *n)*, do RJAEASR.
[83] Artigo 8.º, alínea *o)*, do RJAEASR.
[84] Artigo 8.º, alínea *q)*, do RJAEASR.
[85] Artigo 8.º, alínea *r)*, subalínea *i)*, do RJAEASR.

para a cobertura destes[86], nada impede que a empresa de seguros autorizada a exercer atividade relativamente aos *grupos de ramos ou modalidades* legalmente previstos, possa *também cobrir riscos acessórios incluídos noutro ramo Não Vida, sem necessidade de obtenção de autorização específica para a cobertura destes* – devendo aliás notar-se que o mesmo resultado poderia ser atingido, sem recurso aos grupos de ramos, através do mecanismo dos *riscos acessórios.*

O ramo *Outros danos em coisas,* em conjunto com o ramo *Incêndio e outros danos,* constitui o grupo de ramos *Incêndio e outros danos*[87], muitas vezes comercializado sob a designação *seguro multirriscos.*

As condições gerais e especiais das apólices de *grupos de ramos* ou que incluam *riscos acessórios,* na medida em que incluam a cobertura[88] contra o risco de incêndio das frações autónomas e partes comuns de edifícios em propriedade horizontal, são obrigatoriamente comunicadas à entidade supervisora[89].

Relevam neste contexto os comummente designados *seguros multirriscos,* enquanto *grupo de ramos ou modalidades* a que a lei se refere sob a denominação *seguro de incêndio e outros danos*[90]. Importa notar que, dependendo da organização dos ramos e modalidades na economia do grupo, apenas estão

[86] Artigo 1.º, n.º 1, do RJAEASR.

[87] Artigo 12.º, alínea *e),* do RJAEASR.

[88] Aparecem muitas vezes confundidas ou utilizadas em sinonímia as expressões *coberturas* e *garantias* (e o mesmo sucede com os verbos *cobrir* e *garantir*); em rigor, as *coberturas* são as situações (*riscos*) objeto do contrato (isto é, as situações que estão cobertas pelo contrato ou que o segurador cobre), enquanto as *garantias* correspondem às prestações convencionadas que o segurador se obriga a realizar (são aquilo que o segurador *garante*), e que vêm a corresponder a indemnizações ou pagamentos de capitais, como se vê do conteúdo típico do contrato de seguro (artigos 1.º, 137.º, n.º 1, 138.º, n.º 1, e 139.º do RJCS, os sublinhados foram adicionados):

> *Por efeito do contrato de seguro, <u>o segurador cobre um risco</u> determinado do tomador do seguro ou de outrem, <u>obrigando-se a realizar a prestação convencionada</u> em caso de ocorrência do evento aleatório previsto no contrato* [...].

e, assim,

> *No seguro de responsabilidade civil, <u>o segurador cobre o risco de</u>* [...].

mas

> *O seguro de responsabilidade civil <u>garante a obrigação de indemnizar</u>* [...].

ou ainda, embora de forma menos elegante, utilizando declinações de cobertura ou de garantia:

> *Salvo convenção em contrário, <u>a garantia cobre</u> a responsabilidade civil do* [...].

[89] Cfr., acima, notas 48 e 50.

[90] Artigo 12.º, alínea *e),* do RJAEASR.

sujeitas a comunicação às autoridades de supervisão as cláusulas, apólices ou partes uniformes de apólices[91] relativas a seguros obrigatórios.

Os *seguros de recheio de habitação* são, em regra celebrados com consumidores[92], mas poderão igualmente ser celebrados com tomadores de seguros que exerçam atividade profissional que envolva, por exemplo, o arrendamento de edifícios ou frações, os quais, bem como, eventualmente, os respetivos recheios de habitação, pretendam proteger através de seguros.

6. Outros ramos e modalidades

Ficou já referido que, além dos ramos *Incêndio* e *Outros danos em coisas*, outros ramos e modalidades são frequentemente associados nos seguros de *recheio de habitação*; entre eles podem assinalar-se o ramo *Acidentes*, na modalidade *acidentes pessoais*, bem como os ramos *Responsabilidade civil geral*, *Proteção jurídica* e *Assistência*, aos quais se farão apenas breves referências.

A cobertura dos acidentes pessoais[93], isto é, *o risco da verificação de lesão corporal, invalidez, temporária ou permanente, ou morte da pessoa segura, por causa súbita, externa e imprevisível*[94] é frequentemente incluído no seguro de recheio de habitação, tendo por objeto as pessoas do tomador do seguro ou segurado e os membros do respetivo agregado familiar que residam no local onde está colocado o recheio de habitação; o âmbito das coberturas é variável, podendo ser circunscrito a acidentes ocorridos na habitação.

[91] Artigo 39.º, n.os 1 e 2, do RJAEASR; v., também, Norma regulamentar n.º 16/2008-R, de 18 de dezembro, que aprova a parte uniforme das condições gerais e das condições especiais uniformes, da apólice de seguro obrigatório de incêndio, publicada no Diário da República, 2.ª série, n.º 5, de 8 de janeiro de 2009.

[92] A lei define *consumidor* como *todo aquele a quem sejam fornecidos bens, prestados serviços ou transmitidos quaisquer direitos, destinados a uso não profissional, por pessoa que exerça com carácter profissional uma atividade económica que vise a obtenção de* benefícios, cfr. artigo 2.º, n.º 1, da Lei n.º 24/96, de 31 de julho, que estabelece o regime legal aplicável à defesa dos consumidores; sobre as especificidades relativas aos consumidores e o regime jurídico do contrato de seguro v. artigos 3.º, 9.º, n.º 1, e 19.º, n.º 2, deste último regime, bem como as anotações a estes artigos por Pedro Romano Martinez, Arnaldo da Costa Oliveira e Eduarda Ribeiro *in* Pedro Romano Martinez *et al.*, *Lei do contrato de seguro anotada*, 4.ª ed., Coimbra, Almedina, 2020, págs. 46-47, 62-65 e 110-116.

[93] Os seguros de acidentes pessoais são incluídos pelo regime jurídico do contrato de seguro entre os seguros de pessoas, enquanto o RJAEASR os considera entre os ramos Não-vida, mas a divergência é mais aparente que real – sobre este ponto v. o nosso comentário ao artigo 123.º *in* Pedro Romano Martinez *et al.*, *Lei do contrato de seguro anotada*, págs. 431-434, *maxime* o quadro da pág. 433.

[94] Artigo 210.º

No contexto dos seguros de recheio de habitação, a cobertura de *responsabilidade civil* abrange os danos causados pelos bens seguros existentes no local do risco; quando o seguro inclua o edifício ou fração onde estão colocados os bens seguros, a cobertura abrange também a responsabilidade civil do proprietário.

A *proteção jurídica* cobre os custos de prestação de serviços jurídicos, nomeadamente de defesa e representação dos interesses do segurado, assim como as despesas decorrentes de um processo judicial ou administrativo[95] [96], sendo normalmente circunscrita, no seguro de recheio de habitação, aos sinistros abrangidos por esse seguro; atendendo ao potencial conflito de interesses que pode ocorrer, a lei estabelece que a gestão dos sinistros dessa cobertura pode, alternativamente, competir a pessoal distinto ou a empresa juridicamente distinta, possibilitando ainda a livre escolha de advogado pelo tomador do seguro[97].

A cobertura de *assistência* consiste em o segurador prestar ou proporcionar auxílio ao segurado no caso de este se encontrar em dificuldades em consequência de um evento aleatório[98]; a noção ampla adotada pela lei, permite que a concretização do que signifique *prestar ou proporcionar auxílio* se decline numa extensa lista de possibilidades, mesmo que, no caso, associadas ao recheio de habitação (e também ao edifício ou fração, quando seja seguro) e a um conjunto de pessoas seguras, normalmente correspondentes ao agregado familiar do tomador do seguro.

7. Vendas associadas[99]

Face ao reconhecimento que as *vendas associadas são uma estratégia comum utilizada pelos distribuidores de seguros*, que podem proporcionar benefícios,

[95] Artigo 167.º

[96] Sobre o seguro de proteção jurídica v. os comentários de Leonor Cunha Torres aos artigos 167.º a 171.º e os comentários complementares de José Alves de Brito ao artigo 168.º *in* Pedro Romano Martinez *et al.*, *Lei do contrato de seguro anotada*, págs. 523-529.

[97] Artigo 168.º

[98] Artigo 173.º

[99] Sobre as *vendas associadas* v. a nossa anotação ao artigo 24.º da Lei n.º 7/2019, de 16 de janeiro, que aprova o regime jurídico da distribuição de seguros e de resseguros, transpondo a Diretiva (UE) 2016/97, altera a Lei n.º 147/2015, de 9 de setembro, que aprova o regime jurídico de acesso e exercício da atividade seguradora e resseguradora, bem como o regime processual aplicável aos crimes especiais do setor segurador e dos fundos de pensões e às contraordenações cujo processamento compete à Autoridade de Supervisão de Seguros e Fundos de Pensões, e revoga o Decreto-Lei n.º 144/2006, de 31 de julho, *in* Pedro Romano

mas *podem também constituir práticas em que os interesses dos clientes não são devidamente tidos em conta*[100], a lei vem estabelecendo procedimentos especialmente aplicáveis àquele tipo de vendas[101].

Os procedimentos que vêm de referir-se não impedem, no entanto, a distribuição de produtos de seguros que cubram vários tipos de riscos, designadamente os designados *seguros multirriscos*[102].

MARTINEZ e FILIPE ALBUQUERQUE MATOS (org.), *Lei da distribuição de seguros anotada*, Coimbra, Almedina, 2019, págs. 246-250, que seguimos neste texto; v., também, na mesma obra, as anotações de LUÍS POÇAS e MAFALDA MIRANDA BARBOSA, respetivamente a págs. 250-253 e 253-254.

[100] Considerando (53) da Diretiva (UE) 2016/97 do Parlamento Europeu e do Conselho, de 20 de janeiro de 2016, sobre a distribuição de seguros (reformulação), publicada no *Jornal Oficial da União Europeia*, série L, n.º 26, de 2 de fevereiro de 2016.

[101] A preocupação do legislador português com as *vendas associadas* remonta, pelo menos, à lei de defesa do consumidor, que estabelece o princípio segundo o qual é vedado ao fornecedor ou prestador de serviços fazer depender o fornecimento de um bem ou a prestação de um serviço da aquisição ou da prestação de um outro ou outros (artigo 9.º, n.º 6, da Lei n.º 24/96, de 31 de julho, que estabelece o regime legal aplicável à defesa dos consumidores) e, ainda que referindo-se a *vendas ligadas*, ao regime aplicável contratos celebrados à distância e aos contratos celebrados fora do estabelecimento comercial (Decreto-Lei n.º 24/2014, de 14 de fevereiro, artigo 27.º); é também possível encontrar manifestações daquele princípio, especificamente aplicável à celebração de contratos de seguro, designadamente, no diploma que estabelece medidas de proteção do consumidor na celebração de contratos de seguro de vida associados ao crédito à habitação (Decreto-Lei n.º 222/2009, de 11 de setembro), e no regime dos contratos de crédito relativos a imóveis [Decreto-Lei n.º 74-A/2017, de 23 de junho, *maxime* nos artigos 10.º, n.º 7, 11.º, n.os 2, al. *b)*, e 5, 14.º, n.º 3, alínea *a)*, 24.º, n.os 2 e 3].

[102] Considerando (53), parte final, da Diretiva (UE) 2016/97, bem como o seu artigo 24.º:

Artigo 24.º

Vendas associadas

......

5 – *O presente artigo não impede a distribuição de produtos de seguros que cubram vários tipos de riscos (apólices de seguros multirriscos).*

......

SEGUROS DE VIDA ASSOCIADOS AO CRÉDITO À HABITAÇÃO.
BREVE ANÁLISE DO DECRETO-LEI N.º 222/2009, DE 11 DE SETEMBRO

José Alves de Brito*

Sumário: *1. Generalidades. 2. Quadro jurídico complementar ao Decreto-Lei n.º 222/2009. 3. Critérios de análise do Decreto-Lei n.º 222/2009. 4. Tying e bundling. 5. União de Contratos. 6. Deveres de informação e de esclarecimento. 7. Conteúdo mínimo da proposta: vigência do contrato de seguro. 8. Conteúdo mínimo da proposta: capital seguro. 9. Conteúdo mínimo da proposta: montante em dívida. 10. Conteúdo mínimo da proposta: pluralidade de mutuários. 11. Seguros de vida associados ao crédito à habitação. Temas actuais: risco, seguro de crédito, designação beneficiária onerosa e resgate.*

1. Aprovado a 11 de Setembro de 2009, e contando já com mais de dez anos de vigência, o Decreto-Lei n.º 222/2009 tem por objecto o estabelecimento de medidas de protecção do consumidor na celebração de contratos de seguro de vida *associados*[1] ao crédito à habitação[2]/[3] (artigo 1.º)[4].

* Professor Auxiliar da Faculdade de Direito da Universidade de Lisboa. Centro de Investigação de Direito Privado – CIDP.

[1] ABREVIATURAS: ASF – Autoridade de Supervisão de Seguros e Fundos de Pensões; BGB – *Bürgerliches Gesetzbuch*; CC – Código Civil; CDP – *Cadernos de Direito Privado*; C&R – *Revista da Concorrência e Regulação*; ISP – Instituto de Seguros de Portugal; LCCG – Lei das Cláusulas Contratuais Gerais, aprovada pelo Decreto-Lei n.º 446/85, de 25 de Outubro; LCS – Lei do Contrato de Seguro, aprovada em anexo ao Decreto-Lei n.º 72/2008, de 16 de Abril; LDSR – Lei da Distribuição de Seguros e de Resseguros, aprovada em anexo à Lei n.º 7/2019, de 16 de Janeiro; LMS – Lei da Mediação de Seguros, aprovada pelo Decreto-Lei n.º 144/2006, de 31 de Julho; PEICL – *Principles of European Insurance Contract Law*; RDFMC – *Revista de Direito*

Não obstante o intuito do legislador (a protecção do consumidor), o regime arvorado pelo citado diploma legal não se deixa surpreender com facilidade, apresentando, mesmo para o jurista não iniciado, algumas dificuldades de vulto, cuja dilucidação importa empreender. Com este objectivo em vista, percorremos o regime pretérito e ensaiaremos uma explanação

Financeiro e dos Mercados de Capitais; RGAS – Regime Geral da Actividade Seguradora, aprovado pelo Decreto-Lei n.º 147/2015, de 9 de Setembro; RL – Relação de Lisboa; RLJ – *Revista de Legislação e de Jurisprudência*; RP – Relação do Porto; STJ – Supremo Tribunal de Justiça; TAE – Taxa Anual Efectiva; TAEG – Taxa Anual Efectiva Global; TAER – Taxa Anual Efectiva Revista; VVG – *Versicherungsvertragsgesetz* 2008.

A expressão seguros de vida *associados* ao crédito à habitação não parece conter um sentido unívoco. Podemos certamente excluir que os seguros associados ao crédito à habitação tenham necessariamente que ver com a *união de contratos* prevista no artigo 3.º do Decreto-Lei n.º 222/2009, de 11 de Setembro (preceito que, em grande medida, constitui uma réplica do disposto nos artigos 4.º, n.º 1, al. *o*) e 18.º do Decreto-Lei n.º 133/2009, de 2 de junho, que transpõe para a ordem jurídica interna a Directiva n.º 2008/48/CE, do Parlamento e do Conselho, de 23 de Abril, relativa a contratos de crédito aos consumidores). Na economia do diploma, os seguros de vida *associados* ao crédito à habitação aparentam ter que ver com o âmbito de aplicação material do Decreto-Lei n.º 222/2009, que se estende aos contratos de seguro que resultem de uma imposição das instituições de crédito como condição necessária à celebração de contratos de crédito à habitação bem como àqueles que resultem de uma opção do consumidor (artigo 2.º, n.º 1 parte final).

[2] Neste contexto, a referência obrigatória é para o regime do Decreto-Lei n.º 74-A/2017, de 23 de Junho, que transpõe parcialmente a Directiva 2014/17/UE, relativa a contratos de crédito aos consumidores para imóveis destinados à habitação. O Decreto-Lei n.º 74-A/2017 procedeu à revogação integral de todo um conjunto de diplomas (cfr. artigo 46.º do Decreto-Lei n.º 74-A/2017), mas manteve em vigor, conquanto parcialmente revogado, o Decreto-Lei n.º 349/98 de 11 de Novembro, que estabelece o regime jurídico de concessão de crédito à habitação própria. Sobre o crédito ao consumo em geral, cfr. A. Menezes Cordeiro, *Direito Bancário*, 6.ª ed., Coimbra, 2016, pp. 703 e ss. Especificamente sobre a disciplina relativa a contratos de crédito aos consumidores para aquisição de imóveis para habitação *vide*, a título meramente exemplificativo, Sandra Passinhas, «O novo regime do crédito aos consumidores para imóveis de habitação», *Estudos de Direito do Consumidor*, n.º 14, 2018, pp. 415 e ss.; Gabriela Sousa, «Formação do contrato no regime dos contratos de crédito relativos a imóveis (Decreto-Lei n.º 74-A/2017, de 23 de Junho)», *Estudos de Direito do Consumidor*, n.º 17, 2021, pp. 41 e ss. e ainda, no que concerne à questão de saber o que permanece em vigor no âmbito do Decreto-Lei n.º 349/98, Pinto Duarte, *O Novo Regime do Crédito Imobiliário a Consumidores (Dec.-Lei n.º 74/2017). Uma Apresentação*, Coimbra, 2018, p. 77 e ss.

[3] Para efeitos de densificação desta noção supomos ser admissível levar em linha de conta a al. *e*) do n.º 1 do artigo 4.º do Decreto-Lei n.º 74-A/2017, nomeadamente a menção aí realizada, entre outros acordos de financiamento, ao mútuo.

[4] Os artigos referenciados sem outra indicação pertencem ao Decreto-Lei n.º 222/2009.

das soluções do Decreto-Lei n.º 222/2009, levando em linha de conta, tanto quanto possível, os diplomas relevantes que orbitam em torno do tema[5].

2. O escopo do diploma (ao menos formalmente: cfr. artigo 2.º, n.º 2) surge indissocialvelmente ligado a um acréscimo de protecção do consumidor face ao sistema regulatório e legislativo pregresso, visando (*i*) uma *maior* transparência no processo de formação dos contratos de seguro de vida[6]/[7]; (*ii*) uma *maior* adequação dos mesmos à finalidade de garantia do empréstimo[8] e ainda (*iii*) um *reforço* da informação ao consumidor. As medidas tendentes a realizar cada um dos objectivos acima assinalados não encontram, porém, uma concretização clara, sendo possível notar, desde já, que a "fronteira" entre o reforço da informação e a maior transparência no processo de formação do contrato afigura-se, em alguma medida, de complexa dilucidação[9].

[5] Cfr. ainda a Lei n.º 75/2021, de 18 de Novembro, que reforça o acesso ao crédito e contratos de seguro por pessoas que tenham superado ou mitigado situações de risco agravado de saúde ou de deficiência, proibindo práticas discriminatórias e consagrando o direito ao esquecimento (alterando a Lei n.º 46/2006, de 28 de Agosto e a LCS). O respectivo projecto (Projecto de Lei n.º 691/XIV/2.ª) e respectivos pareceres encontram-se disponível em *www.parlamento.pt*. Na doutrina, quanto a esta temática, cfr. por exemplo, Calvão da Silva, «Apólice "Vida Risco – Crédito à Habitação»: as pessoas com deficiência ou risco agravado de saúde e o princípio da igualdade na Lei n.º 46/2006», in RLJ, ano 136, n.º 3942, Jan./Mar., 2007, pp. 158 e ss. e Leonor Torres, «Art. 15.º», *Lei do Contrato de Seguro Anotada*, 4.ª ed., Coimbra, 2020, pp. 79 e ss.

[6] O Decreto-Lei n.º 222/2009 não menciona expressamente quais os riscos cobertos; se parece claro que apenas está compreendido o risco relativo à morte (e já não o risco atinente à sobrevivência), não é líquido o que concluir quanto aos seguros complementares dos seguros de vida (cfr. a menção à incapacidade para o trabalho e a morte por doença ou a invalidez em consequência de acidente ou doença – al. *a*) do n.º 1 do artigo 184.º da LCS). Uma excepção a este estado de coisas encontra-se apenas no artigo 5.º, n.º 5, que alude aos riscos de morte ou invalidez em caso de pluralidade de mutuários. De todo o modo, cfr. a alusão de Gravato Morais, *Contratos de Crédito aos Consumo*, Coimbra, 2007, pp. 363 e 364, relativa aos seguros conexos aos contratos de crédito e aos seguros complementares do ramo vida.

[7] É, aparentemente, esse o sentido a atribuir ao termo «desses contratos» (artigo 2.º, n.º 2), conquanto este trecho surja imediatamente a seguir à menção à protecção do consumidor na sua relação com a *instituição de crédito* e com a empresa de seguros. Da leitura do diploma fica claro que nada se estabelece quanto aos "processos" de formação dos contratos de crédito propriamente ditos.

[8] O termo «empréstimo» encontra-se vertido no texto da lei.

[9] Com efeito, a linha de força assinalada em (*iii*) encontra-se vertida no artigo 4.º e o ponto (*ii*) tem tradução na disciplina dos artigos 3.º e 5.º; não é claro, assim, se será possível asso-

Assim, admitindo que as três linhas de força apontadas não fornecem um critério operativo na apreensão das soluções fundamentais do diploma, propõe-se uma outra sistematização que atenda e contemple os vários aspectos em que se declina o regime jurídico ora em análise[10]/[11]; importará, contudo, em primeiro lugar, que se atenda ao quadro normativo complementar precedente ou coevo a Setembro de 2009[12].

Neste particular, um desdobramento possível considera, por um lado, as regras emanadas pela ASF, e por outro, as regras ditadas pelo legislador ordinário. Deste modo, encontramos:

a) A Norma Regulamentar ISP n.º 6/2008-R, de 24 de Abril: tendo em vista o reforço dos mecanismos de informação aos tomadores de seguro (no caso de seguro individual) ou dos segurados (na hipótese de seguro de

ciar alguma regra que tenha que ver com o ponto (*i*), ou seja, com a maior transparência no processo de formação do contrato. Poder-se-á, porventura, apontar o artigo 6.º (cuja epígrafe reza «Celebração e regime de outros contratos de seguro de vida).

[10] Arnaldo Oliveira, «Seguro de vida associado ao crédito à habitação. A "acordadíssima" jurisprudência relativa à cobertura de invalidez, seguida de ponto de situação do quadro regulatório aplicável», RDES, ano LVI, n.os 1-3, Jan.-Set. 2015, p. 236, opina que a ideia central do Decreto-Lei n.º 222/2009 se centra na obrigatoriedade de a instituição de crédito informar e esclarecer desde o início o mutuário sobre o que se impõe a título de contrato de seguro de vida associado ao crédito à habitação. Esta ideia situa-se em linha com a expendida pelo Autor no sentido de que nos encontraríamos aqui perante um seguro obrigatório em sentido impróprio, isto é, num contrato cuja obrigatoriedade não resulta da regulação pública mas de uma imposição privada (cfr. p. 193). A ideia de uma obrigatoriedade translatícia ou em sentido impróprio já tem sido questionada a propósito do artigo 82.º, n.º 1 da LCS, nomeadamente quanto ao sentido a dar à expressão "adesão obrigatória em virtude de relação estabelecida com o tomador do seguro" (e assim: se o segurado pode denunciar o vínculo resultante da adesão, na sequência de alterações ao contrato de seguro de grupo, mormente nos casos de adesão obrigatória em sentido impróprio).

[11] No que concerne aos clausulados, *vide*, por exemplo as condições gerais e especiais da Apólice Ocidental Crédito Imobiliário Vida Base, disponíveis em *www.ocidental.pt*.

[12] Cumpre destacar a publicação, em Junho de 2009, do Decreto-Lei n.º 133/2009, de 2/6, relativo aos contratos de créditos aos consumidores, cujo âmbito de aplicação material escapa, todavia, ao financiamento de aquisição imobiliária (cfr. artigo 2.º, n.º 1, al.s *a*) e *b*)). Mas também aí se faz sentir a ligação inelutável entre contratos de seguro e contratos de crédito. A este título veja-se a definição da TAEG, que inclui os prémios de seguro, quando «esses serviços forem necessários para a obtenção de todo e qualquer crédito ou para a obtenção do crédito nos termos e condições de mercado (artigo 4.º, n.º 1, al. *g*)). Na doutrina, *vide*, por exemplo, Engrácia Antunes, *Direito do Consumo*, Coimbra, 2019, pp. 206 e ss. e especificamente no que respeita à citada al. *g*), Gravato Morais, *Crédito aos Consumidores*, Coimbra, 2009, p. 31 (aludindo a um critério da necessidade dos seguros para a obtenção do crédito, donde a inclusão do montante do prémio no custo total do crédito).

grupo). O normativo regia os contratos de seguro com cobertura de morte, de invalidez e ou de desemprego[13] associados a contratos de mútuo, estabelecendo, *grosso modo*, deveres de informação[14]/[15] mas também regras relativas ao ajustamento do capital seguro[16];

[13] Quanto à adequação da designação destes contratos como "seguros de protecção ao crédito", cfr. Arnaldo Oliveira, *op. cit.*, pp. 252 e 253 (*payment protection insurance*) e Miguel Duarte Santos, «O beneficiário nos seguros de pessoas», C&R, ano VII, n.º 25, Jan.-Mar. 2016, p. 251, nota 192.

[14] Não ficava claro sobre que entidade impendia tal dever de informar (instituição de crédito ou segurador?), sendo, contudo, certo que os elementos a transmitir deveriam ser plasmados não só no texto contratual (*rectius*, na apólice) mas também comunicados previamente, em termos de uma informação pré-contratual. Seja como for, há que reconhecer, como enuncia Arnaldo Oliveira, *op. cit.*, p. 238, que o pretérito ISP não era a entidade legalmente habilitada a fixar deveres às instituições de crédito.

[15] Tal como na realidade sucede com o regime vigente (cfr. artigos 5.º, n.º 4 e 6.º, n.º 3), determinava-se uma explicitação quanto à existência de uma relação entre o capital seguro e o capital em dívida emergente do contrato de mútuo e, sendo a resposta positiva, o modo como essa relação evoluiria ao longo do período que decorreria até à data da "maturidade" prevista para o contrato de duração mais longa. Aferindo-se uma conexão ou relação entre o capital seguro nas referidas três coberturas (morte, invalidez, desemprego) e o capital em dívida, deveria ser discriminado o critério de ajustamento do prémio do seguro, designadamente se o seu ajustamento (em regra, para um valor inferior) ocorreria de forma imediata e automática à alteração do capital seguro ou apenas na data aniversária do contrato de seguro. Como se pode constatar, as diferentes hipóteses a que a norma se reportava montavam a três, ou seja: (*i*) contrato de seguro sem relação ou identificação entre o valor seguro e o capital em dívida; (*ii*) contrato de seguro com identificação entre o valor seguro e o capital em dívida, mas com ajustamento do prémio apenas na data aniversária (do seguro) e (*iii*) contrato de seguro com identificação entre o valor do seguro e o capital em dívida com ajustamento automático e imediato do premio (em função da variação do capital em dívida).

[16] Visava-se, sobretudo, o modo de concretizar o ajustamento do prémio nos casos em que o contrato de seguro estabelecia uma relação entre capital seguro e capital em dívida. O sujeito incumbido de proceder ao ajustamento do prémio dependia da integração do segurador no mesmo grupo económico que as instituições de crédito mutuantes. Deste modo, constatando-se tal integração, o *segurador* deveria envidar as diligências necessárias de molde a recolher junto daquelas instituições a informação relativa ao capital em dívida; pelo contrário, topando-se com uma resposta negativa, os *tomadores do seguro* deveriam transmitir aos seguradores, atempadamente, a informação necessária relativa às alterações do capital em dívida. Como facilmente se depreende, a dificuldade em assacar deveres às instituições de crédito terá criado uma situação anómala porquanto não ficava claro se os tomadores de seguro haveriam de ser identificados com os mutuários (no caso do seguro individual) ou poderiam mesmo ser reconhecidos como o mutuante (no caso dos seguros de grupo). Aparentemente, pressupunha-se (porventura não sem razão) que os seguros de vida de grupo

b) A Circular ISP n.º 02/2010, de 25 de Fevereiro: no essencial, acautela a obrigatoriedade de os seguradores comunicarem aos tomadores de seguro (no seguro individual) ou aos segurados (nos seguros de grupo) a hipótese de revisão do contrato de seguro existente, em conformidade com o conteúdo mínimo[17] para o seguro de vida regulado pelo Decreto-Lei n.º 222/2009[18] e

c) A Circular ISP n.º 2/2012, de 1 de Março: relativa aos seguros de protecção ao crédito, restritos[19] à cobertura de incapacidade temporária em razão de acidentes e doença e de desemprego involuntário, estabelecendo deveres de diligência dos seguradores em matéria de desenho de produtos,

teriam essencialmente lugar quando as instituições mutuantes pertencessem ao mesmo grupo económico do segurador.

[17] Antecipando noções, este conteúdo mínimo desdobra-se em três vectores: (*i*) a identidade entre o capital seguro e o capital em dívida emergente do contrato de crédito (a lei não refere a hipótese de um sobresseguro, de resto uma disposição primacialmente desenhada para os seguros de danos, cfr. artigo 132.º da LCS; atalha-se o problema por via do precipitado no artigo 9.º); (*ii*) a coincidência entre contrato de crédito à habitação e contrato de seguro quanto à produção de efeitos – vigência temporal e (*iii*) regras relativas ao seguro a duas cabeças (cfr. artigo 5, n.os 5 e 6)

[18] *Vide* os pontos 1 e 5 da Circular ISP n.º 02/2010. O preâmbulo desta circular esclarece (na senda da Norma ISP n.º 6/2008-R) que a evolução do capital seguro pode ser a seguinte: o capital seguro acompanha imediatamente a evolução a evolução do capital em dívida, mas, por isso mesmo, o único beneficiário do contrato de seguro é a instituição de crédito, a quem deverá ser paga a prestação em caso de verificação do sinistro (*rectius*, o capital seguro); o capital seguro não acompanha automática e imediatamente a evolução do capital em dívida, realizando-se apenas anualmente e, assim, verificando-se o sinistro, parte do capital seguro é pago ao mutuante e o remanescente aos beneficiários designados ou aos herdeiros do *de cujus*; ou o capital seguro não acompanha o montante de capital em dívida mantendo-se inalterado durante a vigência do contrato de crédito à habitação, consequentemente, em caso de sinistro, o capital seguro é pago à instituição de crédito e, extinta a dívida, aos beneficiários discriminados no seguro ou, na sua falta, aos herdeiros legais (quando a esta última modalidade, cfr., hoje, em termos equivalentes – que não idênticos –, o artigo 6.º, n.º 3).

[19] Ao aludir à cobertura de um conjunto de riscos, geralmente (e, portanto, não exclusivamente) à incapacidade e desemprego, o preâmbulo da circular parece não excluir liminarmente os seguros de vida, mas logo o ponto 8 apenas menciona apenas aquelas duas coberturas (cfr. p. 5 da Circular n.º 2/2012). Gravato Morais, *Contratos de Crédito aos Consumo*, cit., pp. 364 e 365, parece entender que a expressão «seguros de protecção de pagamentos» não inclui os seguros de vida, visto que nestes seguros apenas seriam visados os riscos relativos à incapacidade temporária absoluta para o trabalho por doença ou acidentes, conquanto por período superior a 30 dias, e ainda o desemprego involuntário.

de informação e esclarecimentos pré-contratual, de redacção de apólices e, ainda, de práticas de subscrição[20].

d) Decreto-Lei n.º 51/2007, de 7 de Março: com várias alterações subsequentes à sua publicação[21], e finalmente revogado pelo Decreto-Lei n.º 74-A/2017, de 26 de Agosto. Esse normativo previa que as instituições de crédito estariam impedidas de fazer depender a celebração ou renegociação dos contratos relativos a imóveis da aquisição de outros produtos ou serviços financeiros, com isto proibindo as designadas vendas associadas obrigatórias (*tying*). A concatenação desse diploma com a disciplina do Decreto-Lei n.º 222/2009 não é inequívoca[22] mas, de todo o modo, pelo menos até 2009, certo é que a disponibilização ou a proposta do contrato de crédito apenas em conjunto com outros produtos financeiros distintos (no caso, com a exigência de contratação concomitante de um contrato de seguro), não sendo o contrato de crédito disponibilizado ao consumidor separadamente[23], estava vedada.

e) Decreto-Lei n.º 171/2008, de 26 de Agosto: com uma formulação original (denominado "princípio da intangibilidade do contrato de seguro") este diploma estabeleceu que o reembolso antecipado total tendo em vista a transferência do crédito para outra instituição de crédito, em condições que não afectassem os riscos abrangidos pelos contratos de seguro celebrados para a garantia da obrigação de pagamento no âmbito do contrato de mútuo, não prejudicaria a validade[24] dos contratos de seguro, sem prejuízo da substituição do beneficiário (precisamente, o novo mutuante). A *ratio* desta regra, presente, actualmente, no n.º 2 do artigo 24.º do Decreto-Lei

[20] Miguel Duarte Santos, *op. cit.*, p. 251, menciona que, no caso dos seguros de protecção ao crédito, não se verifica apenas que o cumprimento da prestação devida ao abrigo do contrato de crédito será assegurada pelo segurador em caso de verificação do sinistro, mas ainda a própria alteração da prestação devida. Se bem percebemos, coloca-se, então, a tónica no solvimento da dívida dos mutuários com o pagamento pelo segurador, mas o ponto não resulta claro.

[21] Cumpre dar nota do Decreto-Lei n.º 88/2008, de 29 de Maio, e do Decreto-Lei n.º 192/2009, de 17 de Agosto.

[22] Quer dizer: durante a vigência do Decreto-Lei n.º 51/2007, e até 2017 (data da sua revogação), o primeiro dos diplomas referidos impunha a sua conjugação com o regime do Decreto-Lei n.º 222/2009, não ficando, porém, claro se o regime era de proibição do *tying tout court* ou de uma proibição de *tying mitigado*, nos termos que veremos adiante sob o ponto 4.

[23] Seguimos, quase literalmente, a definição hoje apresentada pela al. *w*) do artigo 4.º do Decreto-Lei n.º 74-A/2017.

[24] Afigura-se que seria mais correcto mencionar a eficácia ao invés da validade.

n.º 74-A/2017, tem que ver com o intuito de impedir a prática de associar[25] a "mobilidade" do empréstimo à celebração de um novo contrato de seguro, o que constituía um obstáculo residual à transmissão do crédito[26]/[27].

3. Tudo visto, numa tentativa de delimitarmos a vasta mole de matérias reguladas no Decreto-Lei n.º 222/2009, é possível apresentar os seguintes critérios:

a) Seguros de vida em regime de *tying*[28] e seguros de vida em regime de *bundling*[29];

b) Seguros de vida como garantia de pagamento à instituição de crédito (seguros temporários)[30] e seguro de vida para protecção familiar[31];

[25] A expressão é a do preâmbulo do Decreto-Lei n.º 171/2008.

[26] Cfr., de novo, o final do 4.º considerando do citado preâmbulo. O tipo de situações que se pretende, na prática, obtemperar não é cristalino. Poderia estar em causa a "perda" do prémio já pago ou, de forma singular ou conjunta com esta situação, a necessidade de realização de um segundo prémio. Quanto à perda do prémio, parece ser de assinalar, após a aprovação da LCS, o preceituado no artigo 107.º: sempre que o contrato cesse antes do período de vigência estipulado, há lugar ao pagamento do prémio calculado *pro rata temporis*.

[27] Como se constata, a matéria não se relaciona com a transmissão do contrato de seguro prevista, hoje, nos artigos 95.º e 197.º da LCS. O acento tónico deve ser colocado na circunstância de o contrato de seguro de vida associado ao crédito à habitação conter uma designação beneficiária irrevogável; ora, de acordo com o n.º 1 do artigo 199.º da LCS, a pessoa que designa o beneficiário (isto é, formalmente, o mutuário) não pode alterar a designação beneficiária quando tenha expressamente renunciado a esse direito (cfr., por exemplo, o artigo 7.º das Condições Especiais da Ocidental Crédito Imobiliário Vida Base). Em termos resumidos, forçoso é concluir que aquilo que não é permitido ao abrigo da LCS é admissível à luz do artigo 4.º do Decreto-Lei n.º 171/2008 (cfr., hoje, o artigo 24.º, n.º 2 do Decreto-Lei n.º 74-A/2017). Arnaldo Oliveira, *op. cit.*, p. 234, exprime esta mesma ideia com o seguinte exemplo: verificando-se a amortização antecipada do contrato de crédito à habitação celebrado com a Instituição de crédito *x*, e programada a subscrição do contrato de crédito *y*, o segurador não pode exigir ao mutuário a autorização expressa da instituição *x* para a alteração da cláusula beneficiária. É interessante ainda notar que o *votum mortis* de algum modo obstaculizado pelo n.º 3 do artigo 43.º da LCS não ganha, no caso vertente, particular relevo. Sobre o ponto *vide* J. C. Moitinho de Almeida, *O Contrato de Seguro no Direito Português e Comparado*, Lisboa, 1971, p. 342 e Lima Rego, *Contrato de Seguro e Terceiros. Estudo de Direito Civil*, Coimbra, 2010, p. 625, nota 1701.

[28] Genericamente, referindo-se ao pretérito artigo 27.º do Decreto-Lei n.º 24/2014, de 14 de Fevereiro, e numa lógica de complementaridade entre dois seguros, Francisco Luís Alves, *Direito dos Seguros. Cessação do Contrato. Práticas Comerciais*, 2.ª ed., 2015, pp. 217 e ss.

[29] Sobre isto, cfr. nota 37 e o texto junto à aludida nota.

[30] Apresentando como um dos exemplos possíveis de seguro temporário o seguro sobre a vida do mutuário a favor do mutuante, Inês de Oliveira Martins, *O Seguro de Vida Enquanto*

c) Seguros de vida comercializados pela instituição de crédito e seguros de vida não comercializados pela instituição de crédito[32];
d) Seguros individuais e seguros de grupo.

Cumpre recordar que os critérios acima alinhados não são estanques. Dito de outro modo: um seguro de vida pode ser simultaneamente comercializado por outrem que não a instituição de crédito e visar a protecção familiar[33] ou, como é frequente, destinar-se à garantia do pagamento e ser comercializado pela instituição que concede o crédito. Genericamente, as sucessivas regras plasmadas no Decreto-Lei n.º 222/2009 impõem uma delimitação mais precisa dos respectivos pressupostos (veja-se, por exemplo, o que sucede nos diferentes números do artigo 4.º: as diversas regras pressupõem uma diversa previsão legal[34]).

Tipo Contratual Legal, Coimbra, 2010, p. 88 e José Vasques, *Contrato de Seguro. Notas para uma Teoria Geral*, Coimbra, 1999, p. 76 (seguro como garantia de empréstimos do segurado). Como indica J. C. Moitinho de Almeida, *O Contrato de Seguro no Direito Português e Comparado*, cit., p. 315, nos seguros temporários, o segurador assume o compromisso de entregar ao beneficiário ou aos herdeiros do segurado um certo capital (fixo ou decrescente) *caso o segurado faleça dentro de determinado prazo*. Decorrido tal prazo, permanecendo o segurado vivo, o segurador fica liberto conservando os prémios recebidos (como se depreende, o contraste é, pois, com o seguro de vida inteira). A relação dos seguros temporários com a concessão de crédito é destacada por Manuel Carvalho Correia, *Colectânea Apontamentos Sobre Seguros*, s/l, 1979, p. 240, em termos que justificam uma desenvolvida citação: «Certas pessoas activas e empreendedoras, que desejariam fundar uma importante empresa, exigindo grande capital, têm às vezes dificuldades em conseguir um grande empréstimo e, mesmo que não tivessem tais dificuldades, não se atreveriam a fazê-lo, pelo receio de morrer dentro de curto prazo e deixar, por isso, a família a contas com graves dificuldades financeiras. Neste caso, o seguro temporário desse capital, durante esse curto prazo, dará àquelas pessoas de iniciativa a tranquilidade precisa, pois que se tivessem a infelicidade de falecer durante o prazo seguro, a seguradora pagará imediatamente o capital e a família ficará livre de dificuldades. Além disso, como muito bem se compreende, a existência da garantia do seguro facilitará ainda, em regra, a obtenção do empréstimo desejado». No direito estrangeiro, confronte-se, por exemplo, a distinção entre *Risikolebensversicherung auf den Todesfall* e *lebenslange Todesfallversicherung* (cfr. Helmut Heiss/Ulrike Mönnich, «Vor §§ 150-171», *Münchener Kommentar zum Versicherungsvertragsgesetz*, Band 2, München, 2011, Rn.13, p. 1322 e Rn. 19, p. 1324).

[31] A expressão, que aqui seguimos, foi cunhada por Arnaldo Oliveira, *op. cit.*, p. 228 e *passim*.

[32] Arnaldo Oliveira, *op. cit.*, p. 230, alude às "vendas por canal não bancário", escorando, se bem entendemos, uma referência a tais vendas na parte final do n.º 1 do artigo 2.º (cfr. *op. cit.*, p. 230, nota 49).

[33] Cfr. Arnaldo Oliveira, *op. cit.*, p. 230, nota 50.

[34] A estatuição do n.º 3 do artigo 4.º pressupõe que a «celebração do contrato de crédito à habitação se encontre subordinada à condição de contratação de um seguro de vida», mas já o n.º 5 apenas respeita à «contratação de seguro proposto pela instituição de crédito».

4. Verdadeiro tópico problemático que suscita, ulteriormente, novas questões relativas aos pressupostos das diversas previsões legais é, contudo, a delimitação que extrema, por um lado, seguros de vida em regime de *tying* e, por outro lado, seguros de vida em regime de *bundling*. Para além de se tornar necessário determinar cronologicamente a admissibilidade do *tying* (matéria que conheceu uma resposta explícita apenas em 2017, através do disposto no artigo 11.º do Decreto-Lei n.º 74-A/2017), é necessário conciliar o presente problema com a matéria da união de contratos, porquanto o contrato de crédito e o contrato de seguro de vida constituem uma unidade económica, precisamente «se a instituição fizer depender a celebração do contrato de crédito à habitação da celebração de um contrato de seguro de vida» (artigo 3.º, 2 parte final). Cura-se, como é facilmente constatável, de um trecho de alcance não inequívoco, mormente quando confrontado ou comparado com a redação acolhida no n.º 1 do artigo 11.º do Decreto-Lei n.º 74-A/2017. Os resultados interpretativos alcançados determinarão, depois, em maior ou menos medida, a aplicabilidade de alguns dos preceitos espalhados ao longo do Decreto-Lei n.º 222/2009[35].

Em termos formais, a temática do *tying* dos seguros de vida pode ser apresentada em três fases. Cronologicamente encontramos:

Primeira fase – o período que medeia até 17 de Agosto de 2009, data de publicação do Decreto-Lei n.º 192/2009, que altera o Decreto-Lei n.º 51/2007 (*período da proibição*). Com efeito, o artigo 9.º, n.º 1 do Decreto-Lei n.º 51/2007, na redacção dada pelo Decreto-Lei n.º 192/2009, vedava que o segurador fizesse depender a celebração ou a renegociação[36] dos contratos de crédito relativos a imóveis da aquisição de outros produtos ou serviços financeiros, o que é o mesmo que dizer que a instituição de crédito não poderia limitar a disponibilização ou a proposta do contrato de crédito à aquisição concomitante de um seguro de vida. Já em sentido contrário, o *bundling*, isto é, a disponibilização do contrato de crédito em condições mais favoráveis em razão da contratação concomitante de um seguro de vida, era consentido, conquanto o mutuante devesse, neste caso, apresentar

[35] Veja-se num exemplo, o intróito do n.º 3 do artigo 4.º (já citado) ou o n.º 1 do artigo 5, referente ao conteúdo mínimo das propostas de contratos de seguro de vida associadas ao crédito à habitação.

[36] A inclusão no âmbito da proibição do *tying* na renovação resultou do artigo 3.º, n.º 2, do Decreto-Lei n.º 171/2008, de 26 de Agosto.

ao consumidor, de modo claro e expresso, a TAE que reflectia a redução de comissões e demais custos e a TAER[37].

Segunda fase – o período que medeia entre 11 de Setembro de 2009, data de publicação do Decreto-Lei n.º 222/2009[38] e 23 de Junho de 2017, data de publicação do Decreto-Lei n.º 74-A/2017[39] (*período da indefinição*). Arnaldo Oliveira[40] sustenta que com a publicação do Decreto-Lei n.º 222/2009 se manteve a proibição do *tying*, provinda já de 2007, o que parece escorar no preceituado no artigo 4.º, n.º 3, al *d*), ou seja, no dever de a instituição de crédito, na fase pré-contratual, informar o mutuário quanto à possibilidade de contratar um seguro alternativo[41], isto é, de um contrato de seguro cujo segurador não pertença ao grupo económico ou societário do mutuante.

Formalmente, são admissíveis dúvidas quanto ao entendimento proposto. Em termos cronológicos, o Decreto-Lei n.º 222/2009 é posterior ao Decreto-Lei n.º 192/2009, sempre se podendo aduzir que subordinar a celebração do contrato de crédito à habitação à contratação de um seguro de vida[42] pode consistir, precisamente, em não disponibilizar separadamente o acesso ao crédito (fazendo-o, ao invés, depender da aquisição de outros produtos ou serviços financeiros).

[37] Arnaldo Oliveira, *op. cit.*, p. 231, reporta-se a esta dicotomia nos moldes de uma proibição de imposição directa do segurador pelo banco (*tying*) *versus* uma imposição indirecta do segurador (*bundling*) em que o fim comum (imposição de certo contrato de seguro) é alcançado através da penalização do montante do *spread* e de outras condições contratuais.

[38] Rigorosamente, este diploma só viria a entrar em vigor 90 dias após a sua data de publicação – cfr. artigo 12.º.

[39] Normativo com entrada em vigor a 1 de Janeiro de 2018, conforme o preceituado no artigo 47.º

[40] *Op. cit.*, p. 237.

[41] A mesma alínea acolhe outra hipótese: os interessados podem «dar em garantia um ou mais seguros de vida de que já sejam titulares», ou seja, não estaria em causa a contratação de um novo contrato de seguro (celebrado com um segurador que não o da preferência da instituição de crédito), mas ao invés, um "aproveitamento" de um contrato de seguro já existente. Nota-se aqui, também, alguma hesitação quanto à realidade em causa. Aparentemente, estaria em causa uma nova designação beneficiária (que substituiria a antiga), mas não é possível asseverar ser esse um meio necessário, porquanto o Decreto-Lei n.º 222/2009 é, também ele, arredio a mencionar qualquer designação beneficiária irrevogável a favor das instituições de crédito mutuantes. Sempre se poderia assim questionar se o presente trecho seria complacente com um "penhor de seguros" (cfr. artigo 196.º da LCS).

[42] Destaque-se que é este o pressuposto de aplicação da disciplina do n.º 3 do artigo 4.º, o qual prevê, precisamente, o dever de informar os mutuários quanto à possibilidade de optar pela contratação de um segurador da sua preferência.

Seria possível considerar que os casos em que a instituição de crédito faz depender a celebração do contrato de crédito à habitação da celebração de um contrato de seguro de vida (mormente de um seguro de vida cujo segurador pertença ao grupo societário do mutuante)[43] são, afinal, contrabalançados pela dependência (genética e funcional) do contrato de seguro de vida face ao contrato de crédito e, em acréscimo, à necessidade de o mutuante informar o mutuário quanto à possibilidade de contratar o seguro noutro segurador distinto do proposto, se tal contrato oferecer as mesmas condições de "garantia"[44]. A seguir-se outro entendimento, supomos que seria necessário restringir o direito à informação quanto à possibilidade de contratação de um seguro alternativo às hipóteses de *bundling*, o que por certo redundaria numa intervenção legislativa de âmbito circunscrito e, de algum modo, contraditada, por diversos outros elementos dispersos na lei[45]/[46].

Terceira fase – o período que medeia entre 23 de junho de 2017, data de publicação do Decreto-Lei n.º 74-A/2017, em diante (*período da clarificação*). A solução que viria a ser consagrada no artigo 11.º do diploma de 2017 encontra apoio na Directiva 2014/17/UE do Parlamento Europeu e do Conselho de 4 de Fevereiro de 2014, em cujo artigo 12.º se pode ler: «Os Estados-Membros autorizam as vendas associadas facultativas mas proíbem as vendas obrigatórias» (n.º 1) contudo, «Os Estados-Membros podem autorizar os mutuantes a exigir que o consumidor constitua uma apólice de

[43] Cuja exigência passaria, então, a ser admitida. Cfr. artigo 4.º, n.º 3.

[44] Na economia do Decreto-Lei n.º 222/2009, os predicados mínimos que o seguro de vida alternativo deve respeitar concernem à descrição das coberturas e demais requisitos mínimos que a instituição de crédito deve também indicar – cfr. artigo 4.º, n.º 3, al. *c*).

[45] Repare-se, no preâmbulo do Decreto-Lei n.º 222/2009, a alusão, no primeiro considerando, à prática de as instituições de crédito exigirem como condição *sine qua non* da concessão de crédito (e não apenas do seu custo) a contratação, em paralelo, de um seguro de vida. Também a preocupação, aí explícita, em torno da existência de um contrato de seguro de vida como modo de obtemperar a execução da hipoteca pouco parece ter que ver com os motivos em torno da admissibilidade do *bundling*.

[46] O artigo 5.º, n.º 1, dispõe que o conteúdo mínimo imposto às propostas de seguro de vida associadas ao crédito à habitação se aplica quando (*i*) a oferta do crédito se encontra subordinada à condição de contratação de um seguro de vida ou quando (*ii*) a instituição de crédito pretenda propor aos mutuários a contratação, ainda que facultativa, de um seguro de vida. É questionável se a primeira previsão tem o alcance de se reportar ao *tying* e a segunda ao *bundling*, mas é esta segunda previsão que inexiste no artigo 4.º, n.º 3 cujo normativo respeitaria às práticas de *tying*.

seguro adequada relacionada com o contrato de crédito. Em tais casos, os Estados membros asseguram que o mutuante aceite a apólice de seguro de um prestador que não seja o prestador da sua preferência se essa apólice de seguro tiver um nível de garantia equivalente ao da apólice proposta pelo mutuante»[47]/[48].

Neste ensejo, o artigo 11.º do Decreto-Lei n.º 74-A/2017 veda ao mutuante fazer depender a celebração ou renegociação dos contratos de crédito relativos a imóveis da realização de vendas associadas obrigatórias, com excepção, porém, da exigência que o consumidor constitua um ou mais contratos de seguro adequados[49], com a salvaguarda da opção, pelo mutuário, da apresentação de um seguro alternativo, caso esse seguro salvaguarde um nível de garantia equivalente ao proposto pelo mutuante (*tying* mitigado). Já no caso do *bundling* mas agora na esteira da solução previamente acolhida no artigo 9.º, n.º 2 do Decreto-Lei n.º 51/2007[50], o mutuante deve-

[47] O considerando 25.º da Directiva dita ser justificável que os mutuantes exijam aos consumidores uma apólice de seguro adequada para garantir o reembolso do crédito (portanto, um seguro de vida) ou que segure o bem dado em garantia (um seguro de coisas), conquanto deva ser dada a hipótese de o consumidor escolher o seu próprio segurador, se o seu contrato contiver um nível de garantia equivalente. Parece existir alguma homologia com a permissão de os mutuantes proporem ou contratualizarem um pacote com uma conta de pagamento, uma conta de poupança, os quais podem ser utilizados para reembolsar o crédito (*vide*, de novo, o considerando 25.º). Torna-se relevante assinalar que a dicotomia entre o seguro de vida e o seguro de coisas/danos é reiterada no considerando 50, mas aí, curiosamente, o seguro de vida é identificado com os demais encargos necessários para a obtenção do crédito e o seguro de coisas (*rectius*, o seguro contra incêndio) como um encargo para a obtenção do crédito nos termos e condições comercializadas. O *tying* e o *bundling* estariam, assim, identificados com tipos contratuais distintos.

[48] O contraste imediato é com o artigo 29.º do Decreto-Lei n.º 133/2009.

[49] A previsão de um ou mais contratos de seguros deve ser lida em consonância com o considerando 25 da Directiva 2014/17/UE. O mutuante pode exigir a constituição de um contrato de seguro de vida ou de um contrato de seguro do bem dado em garantia, pelo que se constata que o universo considerado pelo Decreto-Lei n.º 74-A/2017 é mais vasto do que o considerado pelo Decreto-Lei n.º 222/2009. Este respeita apenas aos seguros de vida (eventualmente, com coberturas complementares), aquele também aos seguros de danos associados aos contratos de crédito. No sentido da maior amplitude do Decreto-Lei n.º 74-A/2017 denote-se a al. *a*) do n.º 3 do artigo 14.º: no contexto do dever de assistência ao consumidor alude-se ao seguro de vida do consumidor e de outros intervenientes no contrato de crédito e ao seguro sobre o imóvel, em reforço da garantia da hipoteca.

[50] Na redacção dada pelo Decreto-Lei n.º 192/2009.

rá apresentar uma TAEG que reflicta a redução das comissões ou de outros custos decorrente, por exemplo, da contratação de um contrato de seguro[51].

Em resumo, tomando em consideração as soluções do Decreto-Lei n.º 74-A/2017, constata-se que este se reporta aos contratos de seguro de vida *e* aos contratos de seguro de coisas (*v.g.*, de incêndio)[52], seja no regime de *tying* seja no de *bundling*. O juízo de comparabilidade no *tying* joga-se na análise entre a proposta do segurador da preferência da instituição de crédito e a proposta de seguro alternativo do mutuário[53]; no *bundling*, esse juízo faz-se confrontando a(s) TAEG que reflicta(m) a redução de comissões e outros custos[54]. Especificamente no que respeita ao *tying*, a possibilidade de

[51] Como refere Arnaldo Oliveira, *op. cit.*, p. 231, os outros produtos financeiros a que os normativos se referem inclui o seguro porquanto este é uma mera espécie do género "produtos ou serviços financeiros".

[52] Aos contratos de seguro da coisa hipotecada aplica-se a disciplina estabelecida no artigo 702.º do CC. Caso o contrato de seguro não seja realizado no tempo devido, ou seja, resolvido por falta de pagamento do prémio, o credor tem a possibilidade de segurá-la à custa do devedor. Quanto às soluções estabelecidas por este preceito, *vide* A. Menezes Cordeiro, «Art. 702.º», *Código Civil Comentado II – Das Obrigações em Geral*, Coimbra, 2021, p. 864 (destacando como o regime do artigo 701.º do CC pode ser amenizado através da celebração de um contrato de seguro) e Pires de Lima/Antunes Varela, *Código Civil anotado*, Vol. I, 4.ª ed., Coimbra, 1987, p. 725. Veja-se ainda Eduarda Ribeiro/Arnaldo Oliveira, «Novo regime do contrato de seguro. Aspectos mais relevantes da perspectiva do seu confronto com o regime vigente», *Fórum* n.º 25, 2008, pp. 41 e 42 e Pedro Romano Martinez, «Art. 97.º», *Lei do Contrato de Seguro Anotada*, cit., p. 381 (destacando a diversidade de soluções entre o artigo 97.º da LCS e o disposto no artigo 702.º do CC). No que respeita às cláusulas de credor hipotecário, cfr. A. Fonseca e Silva, «Credor hipotecário», *Dicionário de Seguros*, Lisboa, 1994, p. 123 e «Interesse de terceiros», *Dicionário de Seguros*, cit., pp. 197-198. Compreende-se a relevância do seguro de incêndio (ou, frequentemente, a exigência de um seguro multirriscos habitação) uma vez que, como realça Tapia Hermida, «El notario ante las ventas agrupadas de préstamos hipotecarios con otros productos financieros y seguros», *Reflexiones en las Vísperas de la Entrada en vigor de la Ley Reguladora de los Contratos de Crédito Inmobiliario*, 2020, p. 134, este seguro atende ao valor do imóvel que constitui, precisamente, a garantia hipotecária de restituição do mútuo. Com efeito, pouca valia teria a hipoteca se a coisa dada em garantia perecesse sem qualquer sucedâneo pecuniário.

[53] Quanto ao sentido da expressão «a celebração do contrato de crédito à habitação se encontra subordinada à condição de contratação de um seguro de vida», note-se a dificuldade em acantonar a previsão ao *bundling*: neste, como o contrato de crédito também é disponibilizado separadamente (conquanto não nos mesmos termos) torna-se árduo entender que a celebração do contrato de crédito está *subordinada* à contratação de um seguro de vida.

[54] O mutuário pode comparar as TAEG disponibilizadas por diferentes instituições de crédito (comparação de duas TAEG que incluam o custo do crédito mais o prémio do seguro).

emanação de uma portaria relativa aos requisitos de comparabilidade, escudada na Directiva 2014/17/UE[55], não encontrou, ainda, qualquer concretização, o que não facilita a completa operacionalização do sistema[56].

5. Pela sua intersecção com a matéria acima exposta, cumpre deixar algumas breves reflexões em tema de união de contratos de crédito à habitação e con-

Em tese, poderá também aferir se a opção pela contratação de outros serviços ou produto financeiros "oferecidos" pelo mutuante como forma de redução de comissões e outros custos do contrato de crédito é ou não atractiva, para o que deverá comparar a TAEG que reflita essa redução de custos com aquilo que despenderá caso contrate o crédito com o mutuante com o qual entabulou negociações, mais o prémio do seguro que será devido caso ajuste um contrato com outro segurador que não o proposto pelo mutuante. Quanto à menção de um seguro "obrigatório" também no caso de *bundling* (menção que permitirá pensar também, em tese, na possibilidade de apresentar um seguro alternativo) *vide* o artigo 11.º, n.º 4 da Directiva 2014/17/UE.

[55] Cfr. o considerando 25 parte final e a menção à possibilidade de os Estados-Membros poderem normalizar, total ou parcialmente, a cobertura proporcionada pelos contratos de seguro de molde a facilitar a comparação pelos consumidores.

[56] O conteúdo previsto para a portaria desdobra-se em três aspectos: (*i*) afixação de um prazo máximo para a apreciação da equivalência pelo mutuante; (*ii*) o conteúdo aceitável para a recusa pelo mutuante e (*iii*) a possibilidade de uma entidade terceira independente reexaminar a recusa. Um dos pontos mais complexos relaciona-se com a possibilidade de reexame da recusa por terceira entidade, podendo, em tese, discutir-se que entidade seria essa (a autoridade de supervisão?; uma entidade ou comissão *ad hoc*?; o provedor do cliente?) e se, uma vez aferida a menor bondade da recusa, pelo mutuante, do seguro alternativo apresentado pelo mutuário, se tal seguro poderia ser imposto ao mutuante. Uma análise completa desta temática não pode esquecer a questão em torno do pressuposto de aplicação do n.º 3 do artigo 4.º do Decreto-Lei n.º 222/2009. Se efectivamente se entender que esta regra inclui os seguros de vida em regime de *tying* («sempre que a celebração do contrato de crédito à habitação se encontra subordinada à condição de contratação de um seguro de vida», reza o normativo) então, pelo menos para o ponto acima assinalado em (*ii*), e no que respeita aos seguros de vida, a emanação da portaria é, de algum modo, dispensável, porquanto o mutuante já deve fornecer ao mutuário uma descrição das coberturas e demais requisitos mínimos a que o seguro de vida deve obedecer, de molde a ser aceite pela instituição de crédito (al. *c*) do n.º 3 do artigo 4.º do Decreto-Lei n.º 222/2009). O mesmo é dizer que é necessário perscrutar o âmbito de aplicação do Decreto-Lei n.º 222/2009 e do Decreto-Lei n.º 74-A/2017. Enquanto o primeiro apenas respeita aos seguros de vida em caso de morte (e eventual cobertura complementar de invalidez) o segundo cura não só desses seguros mas também dos seguros da coisa dada em garantia (recorde-se a redação do artigo 11.º, n.º 1: «um ou mais contratos de seguro»); para este seguros a publicação de uma portaria não encontra um sucedâneo mínimo.

tratos de seguro de vida[57]. A validade e a eficácia do contrato de seguro de vida depende da validade e eficácia do contrato de crédito à habitação nos termos de uma dependência unilateral, sempre que se conclua existir uma unidade económica entre aqueles dois contratos. Admitindo que o ponto de partida é o de tutelar o consumidor, mormente velando que este não seja compelido a pagar prémios de seguro após a extinção de contrato de créditos, a subordinação é apenas do contrato de seguro *vis-à-vis* o contrato de crédito, sendo a hipótese contrária (dependência recíproca) excluída[58]. O modelo eleito[59] afasta-se, neste particular, do acolhido no artigo 18.º, n.os 1 e 2 do Decreto-Lei n.º 133/2009, aproximando-se porventura mais, com alterações estilísticas, da redacção outrora acolhida no artigo 12.º, n.º 1 do Decreto-Lei n.º 359/91, de 21 de Setembro[60]. Ao invés, a fonte da formulação acolhida para identificar a existência de uma união de contratos existe filia-se já, indiscutivelmente, na subalínea *ii*) da alínea *o*) do artigo 4.º do Decreto-Lei n.º 133/2009[61]/[62].

Na solução de Setembro de 2009, considera-se que existe uma união de contratos de crédito e de seguro de vida, com subordinação deste último[63], se

[57] Tecendo considerações de alcance mais largo, mas cuja leitura permanece actual, cfr. Ferreira de Almeida, *Os Direitos dos Consumidores*, Coimbra, 1982, pp. 143 e ss. *maxime* p. 145 (unidade de actuação).

[58] Possivelmente, tomou-se também em conta a duração habitual dos contratos de crédito à habitação, salvaguardando a sua manutenção em vigor, a despeito de uma qualquer invalidade ou ineficácia do contrato de seguro. No sentido desta solução, veja-se o argumento indiciário que de algum modo é extraível da hipótese de *bundling* consagrada no artigo 9.º, n.º 4 do Decreto-Lei n.º 51/2007, na redacção do Decreto-Lei n.º 192/99, e, hoje, no artigo 11.º, n.º 4 do Decreto-Lei n.º 74-A/2017.

[59] Cura-se de uma união interna com subordinação unilateral. A união ou coligação de contratos é funcional, necessária e sem identidade de sujeitos partes no contrato de crédito e no contrato de seguro de vida. Sobre estes critérios, cfr., por exemplo, Romano Martinez, *Direito das Obrigações. Apontamentos*, 5.ª ed., Lisboa, 2017, p. 164.

[60] Cfr. a revogação do Decreto-Lei n.º 359/91 pelo Decreto-Lei n.º 133/2009 (artigo 33.º).

[61] Sobre o contrato de crédito coligado veja-se ainda Jorge Morais Carvalho, *Manual de Crédito ao Consumo*, 4.ª ed., Coimbra, 2017, p. 393 e ss.

[62] A exigência da destinação do crédito à aquisição do imóvel é (meramente) pressuposta e não exigida *expressis verbis* (cfr. subalínea *ii*), da al. *o*) do artigo 4.º do Decreto-Lei n.º 133/2009).

[63] Emulando a linguagem da distribuição de seguros, o produto de seguros é, pois, acessório de um bem ou serviço que não seja um seguro, como parte de um pacote ou do mesmo acordo – cfr. artigo 26.º, n.º 3 da LDSR. De acordo com o estatuído na norma, no caso de acessoriedade do seguro, o mediador deve oferecer ao cliente a possibilidade de "comprar" o bem ou o serviço [principal] separadamente, mas logo se ressalva, precisamente, o caso

ambos os contratos constituírem *objectivamente* uma unidade económica, o que o legislador, na esteira do Decreto-Lei n.º 133/2009, exemplifica mediante a apresentação de quatro hipóteses: (*i*) se o contrato de seguro de vida for proposto pela instituição de crédito; (*ii*) se o contrato de seguro de vida for proposto por terceiro, mas o segurador tiver recorrido à instituição de crédito para preparar ou celebrar o contrato de seguro de vida; (*iii*) se o contrato de seguro de vida for expressamente mencionado no contrato de concessão de crédito e (*iv*) se a instituição de crédito fizer depender a celebração do contrato de crédito à habitação da celebração de um contrato de seguro de vida[64]/[65].

A primeira hipótese aparenta compreender os casos em que a instituição de crédito pertence ao mesmo grupo societário que o segurador, considerando que não se pode aqui, como sucede no Decreto-Lei n.º 133/2009, identificar um mesmo sujeito que revista uma dupla qualidade[66]/[67]; também a expressão «seguro de vida proposto» pela instituição de crédito poderá ser entendida *cum grano salis* porquanto, tecnicamente, nos seguros, a proposta de contrato é for-

em que o produto de seguros é acessório de um acordo de crédito na acepção do ponto 3 do artigo 4.º da Directiva 2014/17/UE, invertendo assim a regra do n.º 3 (cfr. artigo 26.º, n.º 4 da LDSR). Sobre as dúvidas suscitadas pelo artigo 26.º e para a identificação de uma união interna com dependência unilateral, cfr. Luis Poças, «Art. 26.º», *Lei da Distribuição de Seguros Anotada* (org. P. Romano Martinez/F. Albuquerque Matos), Coimbra, 2019, pp. 250 e ss.

[64] Não parece estultícia questionar como poderá reagir uma instituição de crédito que fez depender a celebração do contrato de crédito da celebração um contrato de seguro de vida caso esse mesmo contrato seja inválido ou ineficaz. Seja como for, na ausência de uma previsão legal expressa, não se antolha que o mutuante possa exigir o imediato cumprimento da obrigação em razão da ineficácia do contrato de seguro de vida. Cfr. o artigo 780.º, n.º 1 do CC e a previsão expressa do n.º 2 do artigo 702.º (conquanto, esta, para o seguro da coisa hipotecada, o que não inclui o seguro de vida).

[65] É possível sustentar que parte do regime do Decreto-Lei n.º 222/2009 se encontra dependente da verificação de alguma destas quatro previsões; veja-se, designadamente, o que ocorre no artigo 4.º.

[66] No âmbito da primeira previsão da subalínea *ii*) da al. *o*) do artigo 4.º do Decreto-Lei n.º 133/2009, a doutrina tem identificado um caso em que o fornecedor e o financiador mutuante coincidem. Cfr. Jorge Morais Carvalho, *Manual de Crédito ao Consumo*, cit., p. 394 e Gravato Morais, *Crédito aos Consumidores*, cit., p. 35.

[67] Veja-se, designadamente, o que decorre 47.º, n.º 1, do RGAS. Supõe-se que nesta primeira hipótese também poderão recair os casos em que o imóvel para habitação seja adquirido à instituição de crédito, titular deste. Quanto aos designados adiantamentos sobre apólices, cfr. J. C. Moitinho de Almeida, *O Contrato de Seguro no Direito Português e Comparado*, cit., pp. 338 e ss.

mulada pelo tomador[68] do seguro, e, assim, melhor teria sido se se tivesse mencionado apenas a *apresentação* do contrato de seguro pela instituição de crédito[69].

Também a segunda previsão deve partir da concretização das hipóteses apresentadas pelo Decreto-Lei n.º 133/2009[70], cinzelada, no entanto, pelas especificidades da área dos seguros. No caso de o contrato de seguro de vida ser proposto por terceiro (não pela instituição de crédito mas por um segurador), consubstancia-se a unidade económica contratual[71] caso o segurador tenha recorrido à mutuante para preparar ou celebrar o contrato de seguro de vida. Aqui, o contrato de seguro será proposto por certo segurador (pertencente ou não ao grupo económico ou societário da instituição de crédito e, outrossim, sob as vestes de um seguro individual ou de grupo[72]) em moldes que retomam o tema da distribuição de seguros. Com efeito, se o segurador recorre à instituição de crédito para *preparar* ou *celebrar* o contrato de seguro de vida, reentra-

[68] Alude a esta matéria, recordando que o segurador é o destinatário de uma proposta contratual, A. Menezes Cordeiro, *Direito dos Seguros*, 2.ª ed., Coimbra, 2016, pp. 705 e ss. (com a ressalva, porém, de que a proposta de seguro pode consubstanciar uma verdadeira proposta contratual ou apenas uma declaração inicial do candidato a tomador). Para uma alusão à formulação de uma proposta pelo tomador do seguro veja-se o artigo 27.º da LCS. Na doutrina vejam-se ainda as menções de M. Lima Rego, «O contrato e a apólice de seguro», *Temas de Direito dos Seguros*, 2.ª ed., Coimbra, 2012, pp. 24 e ss. ao «modelo da proposta» e ao «modelo do convite a contratar».

[69] Neste sentido, *vide* a referência ao «contrato de seguro apresentado pela instituição de crédito» contida no n.º 6 do artigo 4.º. Supomos, no final de contas, que a expressão «se o contrato de seguro de vida for *proposto* pela instituição de crédito» deva ser lida sem um sentido técnico-jurídico preciso ou particularmente rigoroso, podendo nela acomodar-se vários tipos de situações. Também não parece de excluir que este seguro de vida proposto pelo mutuante ponha em campo um seguro individual embora, por via de regra, o caso seja de seguro de grupo, em que a instituição de crédito surge como o tomador do seguro e os mutuários como pessoas seguras. Assim, usualmente o ponto andará em torno da adesão dos mutuários (sobre isto, na perspectiva dos contratos de crédito ao consumo, Gravato Morais, *Contratos de Crédito ao Consumo*, cit., p. 367 e ss. e p. 366, nota 538). Quanto à posição do aderente no seguro de grupo vida contributivo, cfr. Acórdão do STJ de 13 de Novembro de 2016 (Júlio Gomes), proc. n.º 1445/13.1TVLSB.L2.S1, in *www.dgsi.pt*.

[70] Mais especificamente, da segunda hipótese da subalínea *ii*) da alínea *o*) do artigo 4.º do Decreto-Lei n.º 133/2009. Morais Carvalho, *Manual de Crédito ao Consumo*, cit., pp. 394 e ss. indica que esse caso redunda na hipótese em que se verifica a utilização do vendedor por parte do financiador para a negociação ou celebração do contrato de crédito, situação em que, face ao consumidor, num dado momento, aparece apenas uma só pessoa.

[71] Sobre esta, *vide* ainda as referências que lhe faz Ferreira de Almeida, *Direito do Consumo*, Coimbra, 2005, pp. 191 e ss.

[72] Supomos que não terá sido propósito do legislador acantonar a contração de seguros de grupo à primeira previsão e a celebração de seguros individuais à segunda.

-se, naturalmente, no âmbito da mediação de seguros, seja na perspectiva da lei pretérita (*vide* artigo 5.º, al. *c*) da LMS[73]) seja no enquadramento que lhe é dado pela lei nova (cfr. artigo 4.º, al. *a*) da LDSR)[74]. O desenho desta previsão permite assim que a instituição de crédito aja nas vestes de agente de seguros (artigo 8.º, n.º 2 da Lei n.º 7/2019 e artigo 9.º, n.º 1, al. *a*) da LDSR)[75] e, por isso, em razão da aliança das qualidades de mutuante e de mediador[76], admite-se a existência de uma união dos contratos de crédito e de seguro[77].

Numa terceira previsão, e sempre tomando por guião a sucessão de hipóteses apresentada pela subalínea *ii*) da alínea *o*) do artigo 4.º do Decreto-Lei n.º 133/2009[78], considera-se existir uma unidade económica entre o contrato de crédito e o contrato de seguro de vida se este último for expressamente mencionado no contrato de crédito à habitação. Pode, porventura, concluir-se que

[73] Por mediação entendia-se qualquer actividade que consistisse em apresentar ou propor um contrato de seguro ou praticar outro acto preparatório da sua celebração, em celebrar o contrato de seguro, ou em apoiar a gestão e execução desse contrato, em particular em caso de sinistro. A celebração do contrato de seguro pelo mediador surgia circunscrita pelas cautelas traçadas pela al. *a*) do artigo 29.º da LMS.

[74] Quando contraposto à antiga delimitação de mediação, o conceito de distribuição de seguros é mais dilatado, mas mantém-se a restrição quanto à celebração de contratos (cfr. artigo 24.º, n.º 1, al. *a*), da LDSR). Genericamente, quanto à distribuição de seguros, vejam-se as valiosas considerações de Francisco Rocha, «O novo regime jurídico da distribuição de seguros e de resseguros: a Directiva (UE) n.º 2016/97, de 20-Jan. e a Lei n.º 7/2019, de 16-Jan., que a transpôs», RDFMC, Vol. 1, 2019, n.º 2, pp. 169 e ss.

[75] Ao abrigo da LMS, de mediador de seguros ligado – *vide* artigo 8.º, al. *a*). Quanto ao registo automático dos pregressos mediadores de seguros ligados na categoria de agentes de seguros, cfr. artigo 8.º, n.º 2 da Lei n.º 7/2019 e, na doutrina, José Vasques, «Art. 8.º Lei 7/2019», *Lei da Distribuição de Seguros Anotada*, cit., pp. 37 e ss.

[76] O reconhecimento da possível actuação da instituição de crédito nas vestes de mediador é feita explicitamente no n.º 1 do artigo 4.º. Naturalmente, é questionável se o requisito da mediação é, sequer, exigível para efeitos desta segunda previsão. As fronteiras entre a primeira previsão e segunda são, na realidade, ténues. A instituição de crédito pode apresentar-se nas vestes de mediador em virtude de o segurador pertencer ao grupo societário daquela mas tal não é, tudo indica, um requisito exigível para a aplicação do artigo 3.º, n.º 2, segunda previsão.

[77] É de assinalar que esta convergência de qualidades se distancia um tanto do quadro traçado pelo Decreto-Lei n.º 74-A/2017. O intermediário de crédito (pessoa singular ou colectiva) surge apresentado como aquele que não actua na qualidade de mutuante e não se limita a apresentar, directa ou indirectamente, um consumidor a um mutuante (cfr. al. *l*) do n.º 1 do artigo 4.º).

[78] Cfr. ainda a subalínea *ii*) da al. *n*) do artigo 3.º da Directiva 2008/48/CE, do Parlamento Europeu e do Conselho de 23 de Abril de 2008.

a lógica imanente a esta previsão se distancia do seu preceito fundador[79], sendo de equacionar uma possível (mera) reprodução das coordenadas vertidas no diploma relativo ao crédito ao consumidor[80].

Inovando face ao direito matriz, a quarta hipótese respeita aos casos em que a instituição de crédito faz depender a celebração do contrato de crédito à habitação da celebração de um contrato de seguro de vida. De sentido não inequívoco, podendo ou não admitir-se que apresenta uma conexão estreita com o tópico do *tying* e contemporizando com uma eventual sobreposição com as hipóteses já descritas (mormente, com a hipótese descrita em *i*)[81]), certo é que uma parcela relevante dos deveres de informação pré-contratuais são feitos depender da verificação desta hipótese, pois, por exemplo, se a instituição de crédito se limita a preparar ou celebrar o contrato de seguro de vida (hipótese *ii*)), o mutuante não tem, aparentemente, de declarar que os mutuários interessados tem a possibilidade de optar pela contratação de um seguro da sua preferência, não recaindo sob a previsão do incumprimento dos deveres de informação (artigo 9.º, n.º 1).

[79] Como destaca Gravato Morais, *Crédito aos Consumidores*, cit., p. 36, esta hipótese é, na economia do Decreto-Lei n.º 133/2009, algo contraditória uma vez que se encontra, em certa medida, consumida pelo requisito posto pela subalínea *i*) da al. *o*) do artigo 4.º desse diploma (que exige a destinação do fim: o crédito concedido deve servir exclusivamente para financiar o pagamento do preço do contrato de fornecimento de bens ou de prestação de serviços específicos). Em síntese: a previsibilidade no contrato de mútuo do destino do crédito permite identificar, nesse diploma, um novo caso de unidade económica. No contexto, porém, do Decreto-Lei n.º 222/2009, cumpre assinalar que o destino do crédito à habitação não tem que ver com o financiamento à contratação de um seguro de vida mas apenas, *grosso modo*, com a aquisição de imóveis. Uma vez que o contrato de crédito não visa o contrato de seguro de vida, é questionável por que razão o contrato de seguro será expressamente mencionado no mútuo, não sendo de excluir que uma das razões seja, precisamente, a de sublinhar a subordinação do contrato de crédito à celebração de um seguro de vida.

[80] Quanto à relevância do por vezes designado sujeito-*pivot*, cfr. F. Pereira Coelho, *Contratos Complexos e Complexos Contratuais*, Coimbra, 2014, p. 157, nota 354 (e notas 431 e 433). No contexto específico do Decreto-Lei n.º 222/2009, é necessário tomar em conta a dicotomia seguro de grupo/seguro individual. Caso seja contratado um seguro de grupo, a instituição de crédito é parte no contrato de crédito (como mutuante) e no contrato de seguro (como tomador); sendo o seguro individual, o consumidor é parte no contrato de crédito (como mutuário) e no contrato de seguro (como contraparte do segurador, portanto, como tomador).

[81] De certa sorte, a lei favorece a sobreposição, *v.g.* quando alude ao «valor dos prémios de seguro que propõe». Cfr. a al. *f*) do n.º 3 do artigo 4.º que tem por pressuposto o seguinte: que «a celebração do contrato de crédito se encontre subordinada à condição de contratação de um seguro de vida».

6. O cumprimento de deveres de informação e de esclarecimento pré-contratuais pela instituição de crédito é feita depender de uma qualquer intervenção do mutuante no acto de contratação do seguro de vida. Em acréscimo aos deveres de informar resultantes dos artigos 78.º[82] e 87.º da LCS e dos resultantes dos artigos 30.º e 31.º da LDSR, o mutuante deverá informar os mutuários acerca de certos conteúdos nos casos de (aparente) concretização de uma de quatro hipóteses possíveis: (*i*) contrato de seguro cuja celebração a instituição de crédito *proponha ou aconselhe* (n.º 2 do artigo 4.º); (*ii*) celebração de contrato de crédito à habitação *subordinada* à condição de contratação de um seguro de vida[83] (n.º 3 do artigo 4.º); (*iii*) opção, pelos mutuários, pela contratação do seguro *proposto* pela instituição de crédito (n.º 5 do artigo 4.º) e (*iv*) opção pela contratação do seguro *apresentado* pela instituição de crédito (n.º 6 do artigo 4.º).

Não obstante a *vis* atractiva da temática da união de contratos, supomos não ser de identificar rigidamente as quatro hipóteses acima traçadas com as quatro hipóteses desenhadas no artigo 3.º (com possível ressalva do caso hipotisado no artigo 4.º, n.º 3). Basta, para o efeito, tomar em conta duas ordens de considerações: o contrato de seguro que a instituição de crédito proponha ou aconselhe (hipótese *i*)) parece recair na primeira previsão do artigo 3.º, n.º 2 («se o seguro de vida for proposto pela instituição de crédito»), mas esta primeira hipótese tem também em conta o aconselhamento («aconselhe» é a terminologia do artigo 4.º, n.º 2), o qual não encontra guarida nas previsões do artigo 3.º[84]. A esta primeira consideração há que aditar não ser de excluir que o âmbito de aplicação da hipótese (*iii*) surja na sequência da verificação da hipótese (*ii*), porquanto, se, nesta última, a instituição de crédito deve declarar que os interessados têm o direito de optar pela contratação do seguro junto do segurador da sua preferência (artigo 4.º, n.º 3, al. *d*)) não é de excluir que o mutuário venha afinal, de caso pensado, a optar pelo contrato de seguro (eventualmente) "proposto" pela

[82] Este preceito prevê que o tomador do seguro (no caso, a instituição de crédito) informe os segurados sobre as coberturas e as suas exclusões; o n.º 2 do artigo 4.º prevê que o mutuante preste todos os esclarecimentos relativa à informação concernente às exclusões do contrato, com relevo para as doenças e patologias pré-existentes.

[83] A quarta hipótese do artigo 3.º, n.º 2, não menciona a subordinação à condição de contratação, mas faz depender a celebração do contrato de crédito à habitação da celebração de um seguro de vida.

[84] Este «aconselhe» não parece ter que ver com o aconselhamento que se encontra na al. *b*) do n.º 2 do artigo 21.º da LDSR (e, anteriormente, na al. *a*) do n.º 2 do artigo 32.º da LMS).

instituição de crédito (cfr. artigo 4.º, n.º 3, al. *c*)), mas, com isso, prejudicada fica a recondução da hipótese (*iii*) do artigo 4.º à primeira hipótese traçada para a união de contratos (artigo 3.º, n.º 2, primeira parte)[85].

O sentido a extrair do citado artigo 4.º parece ser então o seguinte: a instituição de crédito só tem de cumprir os deveres de informação pré-contratuais caso tenha, de algum modo, apresentado, proposto ou aconselhado certo contrato de seguro de vida. Com efeito, salvo na hipótese em que a celebração do contrato se encontra subordinada à contratação de um seguro de vida (caso em que subsiste o dever de informação previsto no n.º 3 do artigo 4)[86], se a instituição de crédito não tiver qualquer intervenção quanto ao contrato de seguro ajustado pelo mutuário, também sobre ela não pesam, naturalmente, quaisquer deveres de informação[87].

Aparenta ter um alcance mais lato (*rectius*, sujeitando mais frequentemente a instituição de crédito ao seu cumprimento) o dever de esclarecimento. Sempre que o mutuante se disponha a conceder crédito à habitação e, para o efeito, proponha ou aconselhe a celebração de certo contrato de

[85] Dito de outro modo: apesar de textualmente a hipótese (*i*) do artigo 3.º, n.º 2 e a hipótese (*iii*) do artigo 4.º, n.º 5, coincidirem («proposto» é o vocábulo comum), supomos que o n.º 5 pode ser "lido" como a continuação lógica do n.º 3 do artigo 4.º. Quando a instituição de crédito subordina a celebração do contrato à contratação de um seguro de vida, propõe o "seu" contrato de seguro (*vide*, aliás, neste âmbito a menção «da al. *f*) do n.º 3, ao «valor dos prémios de seguro que propõe») informando que o mutuário pode optar por um seguro alternativo; porém, na sequência da prestação de informação, o mutuário pode optar ou não pelo seguro do mutuante. Se a resposta for positiva, o mutuante que subordina o crédito ao seguro deve ainda cumprir os deveres de informação mencionados no n.º 5 do artigo 4.º.

[86] Este pressuposto parece dever ser aproximado da primeira previsão do artigo 2.º, n.º 1: «contratos de seguro de vida (...) que resultem de uma imposição das instituições de crédito como condição necessária à celebração dos contratos de crédito à habitação». Questão diversa é a de saber se a segunda previsão deste artigo (opção do consumidor) pode, e em que termos, ser conjugada com qualquer das três primeiras previsões do artigo 3.º, n.º 2.

[87] Afigura-se ser este o caso quando o contrato de seguro ajustado pelo mutuário foi contratado com um segurador não pertencente ao grupo económico ou societário da instituição de crédito e em que esta instituição não tenha sido sequer mediador. Se o seguro de vida como reforço da garantia do contrato de crédito à habitação resulta de uma opção do consumidor nos termos do artigo 2.º, n.º 1, segunda parte (ou de uma opção pelo "seguro alternativo" de acordo com a al. *d*) do n.º 3 do artigo 4.º), então não se vislumbra razão para recaíam deveres de informação sobre o mutuante. Supomos ser esta também a opinião de Arnaldo Oliveira, *op. cit.*, p. 243 e ss., quando, ao versar o tema dos deveres de informação e de esclarecimento, escreve: «menção em contraponto ao regime de vendas por canal não bancário».

seguro (artigo 4.º, n.º 2)[88], cabe à instituição de crédito prestar aos candidatos a mutuários todos os esclarecimentos exigíveis (esclarecimento espontâneo) mas também os solicitados por estes (esclarecimento não automático ou a pedido). O conteúdo do dever de esclarecimento tem sobretudo em vista a informação relativa às exclusões do contrato de seguro e a existência de períodos de carência[89], mas estende-se também à explicitação das consequências jurídicas destes elementos contratuais, compreendendo também as regras inerentes ao pagamento dos prémios de seguro[90] e a obrigatoriedade de vinculação do contrato à anuidade, salvo justa causa.

Nos casos em que a celebração do contrato de crédito à habitação se encontre subordinada à celebração de um contrato de seguro de vida, a instituição de crédito deve prestar certas informações pré-contratuais ao candidato a mutuário (artigo 4.º, n.º 3, al.s *a*) a *f*)). O teor das diversas alíneas é, na prática, reproduzido, sem mais, no anexo à Instrução n.º 45/2012 do Banco de Portugal[91], ou seja, no anexo I da ficha de informação normalizada de contratos de crédito à habitação, de crédito conexo e de outro crédito hipotecário[92], o qual é complementado pelo anexo III à Instrução n.º 45/2012 – as notas gerais e as notas especiais de preenchimento do modelo de ficha normalizada. Assim, na prática, a ficha de informação entregue ao mutuário reproduz, sem maiores aditamentos, as menções

[88] Não é de excluir que o mutuante proponha ou aconselhe certo contrato de seguro de vida na sequência de "condicionamento" prévio do contrato de crédito à celebração do seguro, reentrando-se, assim, na órbita do n.º 3 do artigo 4.º Mas pode certamente a instituição de crédito aconselhar certo contrato de seguro sem a verificação de tais condicionantes. Arnaldo Oliveira, *op. cit.*, p. 245, parece conceder maior destaque aos deveres de informação vislumbrando o dever de esclarecimento como consequência dos primeiros («Estes deveres de informação vêm fornecidos, como é evidente, do correspondente dever de esclarecimento (...)»), aproximando, ademais, tal dever ao dever especial de esclarecimento (seu sucedâneo na venda por canal não bancário). Quanto ao dever especial de esclarecimento *vide* o artigo 22.º da LCS e o pretérito artigo 31.º da LMS.

[89] Existe uma sobreposição no que respeita ao conteúdo do dever especial de esclarecimento previsto no n.º 2 do artigo 22.º da LCS.

[90] Cfr. artigos 54.º a 57.º da LCS. Para os contratos de seguro de vida comuns, as consequências do não pagamento do prémio no seguro de vida são as previstas nos artigos 202.º e ss. da LCS (distanciando-se, assim, dos efeitos previstos no artigo 58.º e ss. da LCS).

[91] A previsão legal respeitante à emissão desta ficha normalizada surge no n.º 7 do artigo 4.º.

[92] Cfr. *https://www.bportugal.pt/instrucao/452012-0.*

do n.º 3 do artigo 4.º[93]/[94], sendo de destacar que a descrição das coberturas e demais requisitos mínimos a que o seguro de vida deve obedecer (de molde a recolher a aceitação do mutuante) surge prevista no ponto 7.1.3 e 7.1.4[95]/[96]/[97]. No essencial, tudo se joga na tentativa de permitir ao candidato a mutuário optar pelo segurador da sua preferência[98] e, por isso, a instituição de crédito deve elucidar que o interessado tem a possibilidade de

[93] Tome-se, a título de exemplo, a al. *b*) do n.º 3 do artigo 4.º: o preceito reza que a instituição de crédito deve «Esclarecer que, em caso de sinistro, que se encontre abrangido pela cobertura da apólice de seguro contratada, o capital seguro é pago à instituição de crédito para antecipação total ou parcial da amortização do empréstimo». No campo 7.1 da ficha normalizada pode ler-se «Em caso de sinistro que se encontre abrangido pela cobertura da apólice de seguro contratada, o capital seguro é pago à instituição de crédito para antecipação total ou parcial da amortização do empréstimo».

[94] O teor da al. *a*) é reproduzido na primeira linha do ponto 7.1; a al. *b*) é transcrito na segunda linha do ponto 7.1; a al. *d*) é copiada na terceira linha do ponto 7.1; a segunda parte da al. *e*) é transcrita, com pequenas alterações, na quarta linha do ponto 7.1 [visa-se, se bem percebemos, regular o caso em que, no decurso do contrato de crédito à habitação, o mutuário tem interesse em substituir o seguro de vida apresentado como garantia. Tal será possível desde que o novo contrato de seguro (contratado junto de outro segurador que não o da preferência do mutuante] contemple os mesmos requisitos de garantia e, por isso, pode ler-se na ficha normalizada o seguinte: «Na vigência do contrato de crédito à habitação, o cliente tem o direito de substituir o contrato de seguro de vida que tenha celebrado como garantia daquele empréstimo por um novo contrato de seguro de vida, desde que a apólice contemple as coberturas e os requisitos mínimos abaixo indicados. No caso de o seguro de vida ter sido contratado no âmbito de vendas associadas facultativas, deve ser ponderado o impacto da substituição desse contrato de seguro no contrato de crédito à habitação»). Finalmente, a primeira parte da al. *e*) encontra-se espelhado na quinta linha do ponto 7.1.

[95] Na ficha normalizada encontramos o seguinte «7.1.3 Coberturas [mínimas exigidas] [inserir] e 7.1.4. Outros requisitos mínimos exigidos [inserir]. Trata-se, pois, da concretização da menção às «coberturas e requisitos mínimos abaixo indicados» que podemos encontrar na terceira linha do ponto 7.1. (*vide* p. 2 da ficha normalizada) cuja informação deve ser dada a conhecer ao abrigo da al. *c*) do n.º 3 do artigo 4.º.

[96] Não parece possível determinar com exactidão se, e em que medida, a instituição de crédito pode "elevar" as exigências relativas às coberturas e outros requisitos mínimos como modo de dificultar a opção do candidato a mutuário pelo seguro alternativo (cfr. as al.s *c*) e *d*) do n.º 3 do artigo 4.º).

[97] Quanto ao teor da al. *f*) do n.º 3 do artigo 4.º cfr. o ponto 7.1.7 da ficha normalizada.

[98] Neste sentido, conquanto pretendendo, se bem entendemos, aludir ao conjunto de regras previstas no 4.º, Arnaldo Oliveira, *op. cit.*, pp. 243 e 244, relevando que o mutuante enquanto "impositor" de uma "obrigação" de seguro deve informar sobre o que o contrato de seguro deve ser.

realizar tal opção, se certos requisitos mínimos forem preenchidos (al. *c*) do n.º 3 do artigo 4.º).

Sempre tendo presente o condicionalismo da subordinação[99], caso os interessados optem pelo seguro desta, a instituição de crédito deve fornecer uma cópia do contrato de seguro na fase pré-contratual[100], indicando ainda um conjunto de informações relativas à identificação do segurador, do seguro e dos seus custos (n.º 5 do artigo 4.º). Caso esteja em campo a contratação de um seguro individual, o conteúdo integral do contrato de seguro de vida deve constar de documento a entregar pelo mutuante conjuntamente com o contrato de crédito; mas, sendo o seguro de grupo (como será a regra), apenas a informação prevista no artigo 78.º da LCS deverá ser introduzida em tal documento (n.º 6 do artigo 4.º). Estaremos já, do que é permitido inferir, num momento cronológico posterior à fase pré-contratual[101] sob pena de uma certa redundância[102]; de todo o modo, do encadeamento do documento corporizando a conteúdo integral do contrato de seguro (ou a informação do artigo 78.º da LCS) com o contrato de crédito deve resultar «clara a ligação entre os contratos»[103]. Em remate, prevê-se que a prova do cumprimento dos deveres de informação pré-contratuais, ou da entrega do documento previsto no n.º 6, compete à instituição de crédito.

[99] A instituição de crédito pode, porém, não subordinar a celebração do contrato de crédito à habitação à contratação de um seguro de vida; a ser assim, deverá proceder em conformidade com o nr. 3 do ponto II do Anexo II à Instrução n.º 45/2012 relativo às «notas específicas para o preenchimento do modelo de ficha de informação normalizada. a. Contratos de crédito à habitação» (p. 3).

[100] Esta imposição contrasta com o regime da LCS; de acordo com o artigo 34.º da LCS, nos seguros de riscos de massa a apólice (na realidade, é a esta que se parece reportar o legislador quando se refere à «cópia do contrato de seguro» no n.º 5 do artigo 4.º) deve ser entregue aquando da celebração do contrato ou num prazo de 14 dias.

[101] A lei menciona a entrega de documento contendo o conteúdo integral do contrato de seguro de vida – ou as informações previstas no artigo 78.º da LCS – juntamente com o contrato de crédito (firmado).

[102] Arnaldo Oliveira, *op. cit.*, pp. 244 e 245, questiona se, depois de entregue a minuta, tem o mutuante de entregar de novo o contrato, nos termos do n.º 6 do artigo 4.º. Com base na distinção entre condições gerais, especiais e particulares (cfr. artigo 37.º, n.º 1, da LCS) sustenta que a instituição de crédito terá apenas de entregar as condições particulares (na realidade, a "parte" do contrato que ainda não foi entregue ao abrigo do n.º 5 do artigo 4) juntamente com a indicação expressa da medida em que aquilo que já foi confiado ao mutuário *ex vi* do n.º 5 dá cumprimento ao previsto no n.º 6.

[103] Esta "ligação" será a que resulta da subordinação da celebração do contrato de crédito à habitação à contratação de um seguro de vida e não já da "ligação" mais ampla pressuposta nas quatro previsões do artigo 3.º, n.º 2.

7. Diversamente dos deveres de informação, cujo núcleo essencial[104] resulta da circunstância de a contratação do seguro se apresentar como uma imposição[105] do mutuante, o designado «conteúdo mínimo das propostas de contrato de seguro de vida associadas ao contrato de crédito à habitação» aplica-se ainda que a instituição de crédito se limite a propor a contratação, ainda que facultativa, de um seguro de vida[106]/[107].

Estabelece-se, neste particular, em primeiro lugar (n.º 2 do artigo 5.º), a ligação entre a vigência temporal do contrato de seguro e a vigência do contrato de crédito. Por regra, tal dependência ou ligação é genética e extintiva, o que significa que o contrato de seguro não pode produzir efeitos em data anterior ao início da produção de efeitos do contrato de crédito à habitação (por certo, por entender-se não existir justificação para o pagamento dos prémios de seguro pelo consumidor antes do início da vigência do contrato de crédito à habitação)[108] e, também como regra,

[104] Com a possível ressalva do n.º 2 do artigo 4.º.

[105] Para utilizar a expressão mencionada na primeira parte do n.º 1 do artigo 2.º. A dicotomia aí apresentada (imposição *versus* opção do consumidor) não é de molde a facilitar a tarefa do intérprete, resultando difícil apurar se a «imposição» se traduz necessariamente em fazer depender a celebração do contrato de crédito à contração de um seguro de vida. Não é ainda por certo despropositado cogitar se nesta dicotomia não vinha, afinal, aparelhada a distinção entre *tying* e *bundling*. Por último, repara-se que a alternativa posta pelo n.º 1 do artigo 2.º não se aproxima do meridianamente mais claro n.º 2 do artigo 7.º (contrato de seguro celebrado através do mutuante ou celebrado com um segurador escolhido pelo consumidor).

[106] Aparentemente em regime de *bundling* ou mesmo fora deste, portanto, sem repercutir a contratação do seguro na redução de comissões e outros custos do contrato. Naturalmente, a primeira eventualidade será mais frequente. Note-se que a contratação facultativa de um seguro de vida surge contraposta à «oferta do crédito à habitação (...) subordinada à condição de contratação de um seguro de vida».

[107] Arnaldo Oliveira, *op. cit.*, p. 240, suscita a dúvida quanto à extensão da regra relativa à dependência da vigência do contrato de seguro face ao contrato de crédito à habitação nos seguros contratados fora do canal bancário. Entende que tal regra compreende também tais seguros, não só quando os mesmos se cingem ao pagamento da dívida à instituição de crédito, mas igualmente aos seguros de protecção familiar. Sustentando os princípios do artigo 5.º, n.º 2, como corolários lógicos da previsão de ajustamento do capital seguro e do prémio decorrentes da Norma Regulamentar ISP n.º 6/2008, então, de forma a obviar a ganhos injustificados do segurador, também as soluções deste preceito devem, na opinião do Autor, estender-se à comercialização de seguros fora do canal bancário.

[108] Uma vez que o "objecto" do Decreto-Lei n.º 222/2009 tem que ver com as medidas de protecção do consumidor (cfr. artigo 1.º), não parece ter sido tido em vista o início da cobertura antes do início da vigência do contrato de crédito à habitação (o que, em tese, favoreceria o consumidor mas poderia ter de ser harmonizado com a ideia de um risco meramente

ressalvado o caso de sinistro[109], findo o contrato de crédito à habitação (quer tal resulte na data prevista previamente acordada para a amortização final das prestações devidas ou de uma amortização antecipada[110]), findo deverá também ser o contrato de seguro. A amortização antecipada do contrato de crédito merece uma atenção especial, porquanto o legislador determina a proibição das cláusulas de penalização que tenham por base a resolução antecipada do contrato de seguro na sequência da amortização antecipada do mútuo[111].

As excepções a esta dependência extintiva são diversas: em caso de cessação do contrato de crédito à habitação em virtude de mudança de regime de crédito ou, em particular, na hipótese de «transferência do empréstimo para outra instituição»[112]; caso exista declaração expressa do mutuário de que pretende usar o mesmo seguro de vida como garantia do novo contrato de crédito, o contrato de seguro não cessará[113]/[114]. De ponderar, será, nesta última circunstância, qual o fenómeno aqui tido em vista, mormente se se cura de um caso de alteração da cláusula beneficiária ou de uma hipótese de transmissão do seguro. Relativamente a esta última, pode observar-se que as soluções compostas nos n.os 2 e 3 do artigo 95.º da LCS[115] parecem

futuro), mas sim a contrapartida a que tal cobertura importa, o pagamento do prémio (cfr. artigo 51.º da LCS). A solução legal parece ter como pano de fundo a ideia *no premium, no risk* (artigo 59.º da LCS), conquanto, em geral, no seguro de vida seja necessário tomar em conta a abertura para a liberdade contratual, conforme o disposto no artigo 202.º, n.º 1 da LCS.

[109] A ressalva consta do corpo do n.º 2, mas terá sido pensada para os casos em que exista um único mutuário. Verificando-se uma pluralidade de mutuários, no caso de o contrato de seguro determinar a antecipação da percentagem acordada em caso de morte ou de invalidez de um deles, o contrato de seguro subsistirá.

[110] Decorrente ou não de uma transferência do empréstimo para outra instituição de crédito. Cfr. artigo 5.º, n.º 3.

[111] Arnaldo Oliveira, *op. cit.*, p. 240, nota 63, destaca esta proibição como um avanço regulatório face ao já enunciado no artigo 19.º da LCCG.

[112] A expressão é a da lei.

[113] Na perspectiva do mutuário, o contrato de seguro não cessou, pelo que divisamos uma ressalva à dependência extintiva. Do ponto de vista do novo mutuante pode, contudo, dizer-se, em certo sentido, que o contrato de seguro de vida produz(iu) efeitos em data anterior ao novo contrato de crédito à habitação.

[114] De acordo com a al. *e*) do n.º 3 do artigo 4.º a instituição de crédito deve informar o mutuário quanto à possibilidade de o mesmo contrato de seguro constituir a garantia do empréstimo transferido.

[115] Já o regime específico para o seguro de vida (o artigo 197.º, n.º 1 relativo à cessão da posição contratual) adequa-se mal, mesmo perante a hipótese de um contrato de seguro de vida

ter em vista apenas os seguros de coisas, com eventual extensão aos seguros de responsabilidade civil[116]; a este óbice, e porventura de forma mais decisiva, cumpre acrescentar que a realidade tida em vista nestas regras se traduz (o mais das vezes) numa alienação de certa coisa segura[117] a que a lei associa a transmissão do seguro respectivo[118]. Tal contexto não parece subsistir na designada «transferência do empréstimo», que pressuporá a satisfação e extinção do crédito do primeiro mutuante com constituição do débito face ao novo mutuante[119]/[120]; porventura cônscio das dificuldades técnico-jurídicas que se colocam a uma ideia de transmissão do seguro, o n.º 2 do citado artigo 24.º do Decreto-Lei 74-A/2017, reitera[121] que o «reembolso antecipado total com vista à transferência do crédito para mutante diverso não prejudica a validade dos contratos de seguro, sem prejuízo da substituição do beneficiário dos contratos de seguro pelo novo mutuante (...)», o que revela ter-se seguido um caminho outro, qual seja, o da modificação do beneficiário do contrato de seguro de vida.

de grupo em que a instituição de crédito se apresente como o tomador e o mutuário como a pessoa segura. Na prática, estará apenas em causa a amortização antecipada do crédito à habitação de um dos (vários) mutuários da instituição de crédito, sendo discutível em que medida o preceito cura de cessões da posição contratual meramente parciais, isto é, circunscritas a uma só das pessoas ligadas à mutuante por um vínculo que não seja o de segurar.

[116] Como admite Romano Martinez, «Art. 95.º», *Lei do Contrato de Seguro Anotada*, cit., p. 379.

[117] A lei refere a transmissão do *bem* seguro, o que aparenta ter um sentido mais vasto. Quanto ao *quid* possível dos seguros de danos retenha-se o artigo 123.º da LCS, que o reporta a coisas, bens imateriais, créditos e quaisquer outros direitos patrimoniais. Considerando a aproximação entre o seguro de vida em garantia do crédito à habitação e os seguros de crédito (sobre a qual *vide* adiante), é de destacar a previsão de transmissibilidade da cessão contratual a terceiro enunciada no artigo 9.º, n.º 3, do Decreto-Lei n.º 183/88 de 24 de Maio.

[118] A opção da lei portuguesa segue, com certas especialidades, o sistema da substituição (*substitution approach*), sobre o qual *vide* Helmut Heiss/Leander Loacker, «Article 12:202 Transfer of Property», *Principles of European Contract Law (PEICL)*, 2.nd ed., org. Basedow/Birds/Clarke/Cousy/ Heiss/Loacker, Köln, 2016, p. 283.

[119] Quanto às regras de transmissão da hipoteca, cfr. o artigo 727.º do CC.

[120] O pano de fundo muito recuado é, claro está, o da consideração de uma hipotética extinção do risco seguro em face da extinção do crédito do (primeiro) mutuante. Referem-se a esta problemática, na perspectiva do interesse do adquirente da coisa segurada, que justifica o afastamento da regra relativa à ausência de risco (artigo 12:101 dos PEICL), Helmut Heiss/Leander Loacker, «Article 12:202 Transfer of Property», cit., p. 280. Dando, pelo contrário, por primordial o decesso do mutuário: a morte deste não importa, após o reembolso do mútuo pelo segundo mutuante, consequências negativas para a primeira instituição.

[121] Cfr. o pretérito n.º 1 do artigo 4.º do Decreto-Lei n.º 171/2008.

A lei não concede uma solução cristalina no que tange à possibilidade de uma "sobrevigência" do contrato de seguro para além da cessação do contrato de crédito à habitação, sendo assim questionável se o interesse do mutuário na permanência do contrato de seguro após a amortização do crédito será atendível. Em tema de união de contratos, esclarece-se (n.º 3 do artigo 3.º) que o disposto sobre essa forma de coligação negocial «não prejudica a possibilidade de o tomador do seguro[122] optar por um contrato de seguro com cobertura de dano morte superveniente à cessação do contrato de crédito, em benefício de pessoa distinta do credor hipotecário», o que demonstra que o contrato de seguro pode salvaguardar um benefício a favor de outrem que não o mutuante[123] caso porventura a morte sobrevenha após a cessação do contrato de crédito[124].

Uma vez que o espírito do preceito tem a protecção do consumidor por desígnio regente (*rectius*, evitando que o pagamento do prémio do seguro se estenda para além da vigência do contrato de crédito), nada obsta a que mutuante e mutuário fixem uma duração total para o contrato de seguro inferior ao prazo estabelecido para o crédito à habitação[125]. Tal constitui

[122] Como se pode concluir, a regra padece de uma circunstância que perpassa por outros preceitos do diploma: atende-se apenas a uma das configurações possíveis do contrato de seguro de vida, no caso, o seguro individual. Por certo, no seguro de grupo o tomador do seguro (a instituição de crédito) não optaria por um seguro em benefício de pessoa distinta do credor hipotecário após a cessação do contrato de crédito.

[123] Por exemplo, os filhos do mutuário, com isso aproveitando, de certa sorte, um contrato de seguro já existente. Pode questionar-se, então, qual será, por exemplo, o capital seguro, mas parece, para isso, que haverá que associar a regra do n.º 3 do artigo 3.º ao disposto no n.º 3 do artigo 6.º (isto é, a ideia da fixação de um capital seguro superior ao capital mutuado).

[124] É, pois, necessário conjugar, o n.º 2 do artigo 5.º com o n.º 3 do artigo 3.º Merece ser destacado que uma das hipóteses identificadas para a união de contratos (o caso em que a instituição de crédito faz depender a celebração do contrato de crédito à habitação da contratação de um seguro de vida) constitui uma das duas alternativas postas a aplicação das regras relativas ao conteúdo mínimo das propostas de contratos de seguro de vida: precisamente, a «subordinação à condição de um seguro de vida» (na terminologia algo diversa do n.º 1 do artigo 5.º).

[125] A lei reporta-se a um prazo do contrato de seguro inferior ao do contrato de crédito. Uma vez que o n.º 2 do artigo 4.º estabelece a regra da anuidade do contrato de seguro, a menção a um prazo parece ter que ver com a duração total do contrato após as prorrogações (cfr. artigo 41.º da LCS).

o sentido da parte final do n.º 3 do artigo 3.º, em homenagem à liberdade contratual[126].

8. Tendo em vista o fim de garantia do contrato de seguro, o n.º 2 do artigo 23.º do Decreto-Lei n.º 349/98 estabelecia, na sua redacção originária, que, sendo os empréstimos garantidos por hipoteca da habitação adquirida, em reforço de tal garantia poderia ser constituído seguro de vida do mutuário e cônjuge[127], de valor não inferior ao montante do empréstimo. O Decreto-Lei n.º 222/2009 veio alterar a letra do artigo 23.º, supostamente de caso pensado[128], mencionando agora (tão somente) a constituição do seguro de vida ou outras garantias adequadas ao risco de empréstimo.

No âmbito do regime estabelecido pelo Decreto-Lei n.º 222/2009, e no intuito de prevenir o pagamento, pelo mutuário, de um prémio de seguro superior, determina-se que o capital seguro é igual ao capital em dívida[129] decorrente do crédito à habitação, ao longo de toda a sua vigência. Porém, dada a previsão dos seguros ditos de protecção familiar, a opção, pelo mutuário, de contratar um seguro em que o capital seguro é superior ao montante em dívida permanece, mas determina, contudo, a constituição de um regime de determinação dos beneficiários subsidiários[130], com isso se

[126] Essa solução será, pois, acordada e não imposta pelo mutuante. Poderão ter sido tidos em conta os casos em que a amortização do crédito à habitação se encontra num período final, dispensando-se, por isso, o seguro.

[127] Parece entender-se que apenas um dos cônjuges será o mutuário, o que pode não corresponder à realidade. Cfr. artigo 5.º, n.os 5 e 6.

[128] A letra da lei é praticamente idêntica na antiga e na novel redacção, com excepção dos tempos verbais (pode/poderá) e a supressão da oração intercalada relativa ao «valor do capital seguro não inferior ao montante do empréstimo». A admitir-se, hoje, a existência um contrato de seguro de vida com um capital seguro inferior ao montante do empréstimo, ela poderá ser aproximada de uma ideia de redução do prémio do seguro (o que favorece o mutuário) e numa ponderação adequada da instituição de crédito. O n.º 2 do artigo 6.º contemporiza com a celebração de quaisquer outros seguros de vida em detrimento do subordinado ao artigo 5.º, caso exista declaração assinada pelo mutuário. Em aparente concretização de tal permissão, o preâmbulo do diploma ressalva a liberdade do consumidor de optar por soluções diversas das consagradas no Decreto-Lei n.º 222/2009, mas logo recua quando ressalva «e susceptíveis de proteger as famílias contra infortúnios para além da cobertura mínima objecto do presente decreto-lei».

[129] A lei menciona expressamente o capital, mas não pode ter querido alhear-se, por exemplo, dos juros resultantes do contrato de mútuo. O sexto parágrafo do preâmbulo alude, mais correctamente, ao montante em dívida à instituição de crédito.

[130] A norma não exige a identificação dos beneficiários subsidiários, donde, na ausência de designação explícita, bastará a indicação dos herdeiros legais.

prevenindo qualquer incremento injustificado do património da instituição de crédito[131]/[132].

9. Estabelecendo o contrato firmado com o segurador um capital seguro igual ao montante mutuado[133], haverá que manter a correlação (a igualdade) entre essas duas variáveis. Por via de regra, o valor devido à instituição de crédito será progressivamente menor[134] razão pela qual, em grande medida, se alude, no preâmbulo, à «actualização do primeiro [o capital seguro] *pari passu* com a evolução do segundo [o montante devido ao mutuante], com o consequente dever de reflectir essa actualização no cálculo do prémio[135]/[135]».

[131] Assim, mesmo no âmbito do Decreto-Lei n.º 222/2009, parece manter-se o princípio de fixação do capital seguro pelo tomador (*rectius*, pelo mutuário). Assim, a primeira parte do n.º 2 do artigo 49.º da LCS não pode ser exemplificada mediante o n.º 4 do artigo 5.º.

[132] Como veremos, das três hipóteses contempladas pela Circular ISP n.º 2/2010 manter-se-ão em vigor as previstas nas al.s *a*) e *c*).

[133] Divisando-se no seguro de vida associado ao crédito à habitação um seguro com prestações indemnizatórias esta igualdade ou equivalência entre capital seguro e valor mutuado decorreria, de forma implícita, da regra relativa ao sobresseguro (cfr. artigo 132.º da LCS). Admitindo esta qualificação, Inês de Oliveira Martins, *O Seguro de Vida Enquanto Tipo Contratual Legal*, cit., 329, nota 621. Contra, Miguel Duarte Santos, *op. cit.*, p. 239, p. 239, nota 121. O n.º 2 do artigo 175.º da LCS admite que o contrato de seguro de pessoas tenha em vista prestações de natureza predeterminada não dependentes do efetivo montante do dano e prestações de natureza indemnizatória, o que, porventura, solucionaria parte da questão. Todavia, é forçoso reconhecer que tal dicotomia tem sido considerada viável sobretudo no que respeita aos seguros de saúde e de acidentes pessoais e não tanto ao seguro de vida. Quanto a este último haveria, não obstante, de ressalvar, em certa concepção, o *key-person insurance* (sobre a discussão *vide* Lima Rego, *Contrato de Seguro e Terceiros*, cit., p. 600, nota 1632 e o ponto da situação nos Estados Unidos no que respeita às denominadas *creditor policies* realizado por Muriel L. Crawford, *Life & Health Insurance Law*, 8th ed., Boston/Massachusetts, 1998, p. 132). Como se intui, o presente ponto apresenta uma conexão muito sensível com a questão de identificação do segurado nos seguros de vida associados ao crédito à habitação. *Vide*, por exemplo, Inês de Oliveira Martins, «Pluralidade subjectiva no contrato de seguro e determinação da qualidade dos intervenientes – Ac. do STJ de 13.11.2018, Proc. 1699/16.1T8PNF.P2.S2», CDP 64, Out./Dez. 2018, p. 77/II.

[134] Cfr., no entanto, as medidas excepcionais contidas nos n.os 1 e 3 do artigo 4.º do Decreto-Lei n.º 10-J/2020, de 26 de Março (moratória), e o disposto no Decreto-Lei n.º 107/2020, de 31 de Dezembro.

[135] Menor, por regra, em razão da diminuição do valor em dívida. Cfr., nesta linha de raciocínio, a parte final do n.º 1 do artigo 8.º. Importará, todavia, não esquecer que a possibilidade de verificação da morte do mutuário é tanto maior quanto mais perto do final do contrato de crédito à habitação (a 20, 30 ou 40 anos) nos situemos; tal circunstância traduz-se no agravamento do prémio contrabalançando a diminuição do capital seguro.

A instituição de crédito deverá assim informar o segurador acerca da evolução do valor devido ao abrigo do contrato de crédito à habitação, o que se advinha claro nos casos de grupos societários, mas é ainda estendido pela lei aos seguradores não pertencentes a qualquer grupo económico da primeira (cfr. n.os 1 e 2 do artigo 7.º)[137]. Na sequência de tal comunicação, o segurador deve proceder de imediato[138] à correspectiva actualização do capital seguro, com efeitos referidos à data de cada alteração do valor em dívida ao abrigo do crédito à habitação[139], creditando ou restituindo[140] ao mutuante[141] as quantias pagas no ínterim ao abrigo do contrato de seguro[142]/[143].

Em remate final, prevê-se que o segurador deva reflectir no cálculo dos prémios a totalidade das actualizações do capital seguro, com efeitos reportados à data de cada uma das actualizações do capital, este, por sua vez, referente ao valor em dívida ao mutante (n.º 2 do artigo 8.º e n.º 1 do artigo 7.º)[144]. Não determinando, prudentemente, a regularidade do ajustamento

[136] De forma não totalmente clara, o n.º 2 do artigo 9.º determina que o incumprimento do dever de propor o seguro de vida com o conteúdo mínimo (o que, *ictu oculi*, abrange o n.º 4 do artigo 5.º e a correspondente operacionalização dessa regra através do n.º 1 do artigo 7.º) torna inoponíveis ao mutuário quaisquer cláusulas incompatíveis com aquele conteúdo mínimo. Teria sido preferível uma redação mais clara, explicitando, por exemplo, que a não actualização do capital seguro determina a responsabilidade civil do incumpridor (o que não se alcança que decorra do n.º 2 do artigo 9.º ou do n.º 3 que, formalmente, apenas respeita ao não ajustamento do montante do prémio, pese embora o n.º 4 que, assim, esclarece o lato alcance do n.º 3).

[137] Este regime não será aplicável nos seguros ditos de protecção familiar (artigo 6.º, n.º 3).

[138] A inovação legal parece ter posto em crise o disposto na al. *b*) da Circular ISP n.º 02/2010, que previa a possibilidade de uma actualização do capital seguro não imediata, mas apenas anual.

[139] No limite, a actualização poderia ser mensal.

[140] Creditando se o montante em dívida acrescer, restituindo se este decrescer.

[141] A lei menciona expressamente «o segurado» identificando este com o mutuário. Supõe-se, no entanto, que esta identificação não será inteiramente conclusiva para a resposta a dar à questão enunciada na nota 132.

[142] A seguir-se uma lógica própria dos seguros de danos, uma não actualização do capital seguro poderia dar lugar à cobrança de sobreprémios, cuja restituição, todavia, se limita aos dois anos anteriores ao pedido de redução o contrato (n.º 2 do artigo 132.º da LCS). Esta restrição não está presente no Decreto-Lei n.º 222/2009.

[143] No regime pretérito (Norma ISP n.º 6/2008) o sujeito passivo que deveria desenvolver a acção tendente ao ajustamento do capital seguro era o segurador (no seguro de grupo relativo ao segurador do grupo da instituição de crédito) e, nos restantes casos, o mutuário.

[144] Esta actualização do montante do prémio em função da evolução do capital seguro poderia assim ter natureza automática e imediata tornando obsoleta a menção a um ajustamento

dos prémios[145], a lei estabelece que o incumprimento do ajustamento do prémio na sequência das actualizações do capital seguro, quando imputável ao segurador, determina a responsabilidade civil deste e possibilita que o mutuário exija a sua correcção a todo o tempo[146] a par da resolução do contrato de seguro, na hipótese de seguro individual, ou do vínculo resultante da adesão, nos seguros de grupo[147]/[148].

10. Numa redacção algo mais complexa (e ainda em tema de conteúdo mínimo do contrato), a lei rege a hipótese de pluralidade de mutuários[149] e o direito de opção por contrato de seguro a "duas cabeças"[150] quando se

do prémio na data aniversária ou de renovação do contrato contida na al. *c*) do n.º 1 do artigo 3.º da Norma Regulamentar ISP n.º 6/2008.

[145] ARNALDO OLIVEIRA, *op. cit.*, p. 239, aponta que a frequência de tal ajustamento será, no mínimo, anual por tal ser o regime regra de vigência do contrato de seguro na LCS (cfr. o artigo 40.º, sendo possível aditar o n.º 2 do artigo 4.º do Decreto-Lei n.º 222/2009), devendo, todavia, os prémios incorporar o plano de amortizações ordinárias ou acertos no vencimento, quanto a amortizações extraordinárias.

[146] O objectivo último parece ser a correção do prémio devido pelo mutuário.

[147] Esta resolução do seguro individual só dificilmente poderia ser extraída da LCS (cfr. artigo 116.º): ARNALDO OLIVEIRA, *op. cit.*, p. 240, menciona uma analogia com o n.º 4 do artigo 37.º da LCS, mas supomos que tal só teria ganho de causa se se considerasse que de acordo com a antiga Norma Regulamentar ISP n.º 6/2008-R, das "condições" do contrato de seguro deveria constar o critério de ajustamento do prémio. Em tema de resolução da adesão (a segunda alternativa posta pela parte final do n.º 3 do artigo 9.º) é de salientar, por exemplo, a menção a uma *denúncia* do vínculo no artigo 82.º da LCS.

[148] Um juízo global sobre a eficácia de todo este sistema, do ponto de vista dos interesses do mutuário consumidor, é difícil de realizar. Haverá que notar que o esquema traçado pelo artigo 7.º (e 8.º) pressupõe uma comunicação estreita entre o mutuante e o segurador, permanecendo, de algum modo, o mutuário exterior ao referido circuito. Não é de esperar que o consumidor neófito se mantenha atento às intrincadas nuances aqui estabelecidas.

[149] Quanto aos casos discutidos na jurisprudência, cfr., por exemplo, o Acórdão do STJ de 17 de Outubro de 2019 (ABRANTES GERALDES), proc. 293/17.4T8PVZ.P1.S1 e Acórdão da RL de 23 de Setembro de 2021 (NUNO LOPES RIBEIRO), proc. 68/20.3T8CSC.L1-6, disponíveis em www.dgsi.pt (interpelação por falta de pagamento do prémio realizada a apenas um dos cônjuges).

[150] Cfr. ARNALDO OLIVEIRA, *op. cit.*, p. 242. J. C MOITINHO DE ALMEIDA, *O Contrato de Seguro no Direito Português e Comparado*, cit., p. 318, explica que os contratos de seguro a duas cabeças são acolhidos nos seguros em caso de morte e nos seguros mistos. Nos primeiros, o segurador realizará a prestação quando um dos segurados falecer. Veja-se, por exemplo, conquanto exemplificando com os seguros de vida inteira e os seguros mistos simples, PEDRO MARTÍNEZ, *Teoria e Prática dos Seguros*, 2.ª ed., Lisboa, s/d, p. 346 (acolhendo a termi-

verifique, concomitantemente, a previsão, no contrato de crédito à habitação, da amortização antecipada total ou parcial do mútuo em razão da morte ou invalidez de um dos mutuários[151] (n.os 5 e 6 do artigo 5.º).

No caso de pluralidade de mutuários[152], prevendo o contrato de mútuo a amortização total ou parcial do crédito em caso de morte ou invalidez de um dos mutuários[153]/[154], o mutuante não pode exigir a celebração de um contrato de seguro de vida por cada um dos mutuários, sendo, ao invés, admitida a contratação de um contrato de seguro a "duas cabeças"[155], de acordo com duas modalidades possíveis: (*i*) o contrato de seguro contempla a amortização total do mútuo na sequência da morte ou invalidez de um deles[156] ou (*ii*) tal contrato prevê apenas à amortização antecipada da percentagem[157] do montante em dívida por sinistro, de acordo com o livremente estabelecido pelas partes, verificando-se a morte ou a invalidez de qualquer deles[158]/[159]. Também aqui, de certa sorte, o contrato de seguro segue o que dimana do contrato de crédito à habitação[160], conquanto a lei, de forma inovadora, dimane um comando aos seguradores: a disponibili-

nologia alternativa seguros conjuntos). *Vide* ainda Maurice Picard/André Besson, *Traité Général des Assurances en Droit Français*, Tome IV, Paris, 1945, pp. 46 e ss.

151 Cfr. Arnaldo Oliveira, *op. cit.*, p. 242 e p. 243.

152 O n.º 6 do artigo 5.º refere o seguinte: «Na situação referida no número anterior (...)»; pois bem, tal situação remete, precisamente, para a expressão «Em caso de pluralidade de mutuários» e não para a primeira hipótese prevista na segunda parte do referido n.º 5 (a antecipação total da amortização do empréstimo).

153 A hipótese regra terá que ver com a constituição do matrimónio e subsequente contratação do mútuo por ambos os cônjuges.

154 Hipótese, portanto, de cumulação de pluralidade de mutuários com previsão de amortização antecipada do crédito no contrato de mútuo.

155 Com um prémio de seguro porventura inferior.

156 Será assim caso o contrato de crédito à habitação determine a amortização antecipada total da verba mutuada em caso de morte ou invalidez de um dos mutuários.

157 Por exemplo, 95% para o primeiro mutuário e 5% para o segundo. Cfr. este exemplo em Gravato Morais, *Contratos de Crédito ao Consumo*, cit., p. 369.

158 Supomos que as expressões «de um deles» e «de qualquer deles» sejam equivalentes (cfr. artigo 5.º, n.º 5).

159 Esta leitura poderia explicar a nova redacção dada ao artigo 23.º, n.º 2, do Decreto-Lei n.º 349/98 que não exige agora a constituição de um seguro de vida de «valor não inferior ao montante do empréstimo».

160 Esta proeminência do contrato de crédito à habitação face ao seguro de vida encontra uma expressão indirecta quando, na lei, se veda à instituição de crédito que exija aos mutuários dois contratos de seguro.

zação de um contrato de seguro a "duas cabeças" é um ditame inescapável e, por essa razão, a proibição de exigência de dois contratos de seguro pela instituição de crédito[161] estende-se às empresas que explorem o ramo vida, *rectius* o ramo previsto na al. *a*) do artigo 9.º do RGAS[162]/[163].

11. Não obstante a complexa teia de regras dispostas no Decreto-Lei n.º 222/2009, necessário é reconhecer-se que o diploma deixa em aberto um conjunto vasto de questões. Efectivamente, muitas das luzes e sombras em torno do seguro de vida associado ao crédito à habitação permanecem actuais após a publicação do diploma.

Tema clássico é o da identificação do risco coberto pelo seguro de vida associado ao crédito à habitação[164], para o qual a definição de sinistro explícita no contrato de seguro de vida pode dar um contributo. Com efeito, constatada a identificação frequente entre sinistro e a verificação do risco coberto na apólice[165], se o contrato de seguro identificar o sinistro com a morte do mutuário[166], não será de divisar, sem mais, o risco coberto com o incumprimento do reembolso do montante mutuado mas, ao invés, com o aproximar da morte do(s) mutuário(s).

[161] Com a ressalva da parte final do n.º 6: «(...) excepto na parte em que aqueles contratos não desonerem por inteiro os segurados da dívida do contrato de crédito». Aqui recai a hipótese em que, em caso de sinistro, a totalidade da dívida de um dos cônjuges é satisfeita na íntegra, mas a do outro cônjuge é realizada apenas parcialmente.

[162] Depondo no sentido de que até 2009 os seguradores que comercializassem seguros de vida associados ao crédito à habitação não estariam obrigados a comercializar seguros a duas cabeças, Arnaldo Oliveira, *op. cit.*, p. 242.

[163] Quanto à questão da protecção exclusiva pelo contrato de seguro de um dos mutuários, cfr. Gravato Morais, *Manual de Crédito ao Consumo*, cit., p. 368.

[164] A questão é discutida no país irmão. Veja-se um exemplo do designado seguro de vida prestamista em *https://www.bb.com.br/docs/pub/emp/mpe/dwn/SVGPNv.pdf.*

[165] Neste sentido, por exemplo, Engrácia Antunes, *Direito dos Contratos Comerciais*, Coimbra, 2009, p. 725, designando sinistro como a verificação total ou parcial do evento ou eventos compreendidos no risco coberto pelo contrato de seguro.

[166] Seguindo assim a noção algo remissiva contida no artigo 99.º da LCS. Já as condições especiais – empréstimos da Ocidental prevêem, no artigo 5.º, entre as "garantias" do seguinte: «(...) o Segurador garante o pagamento do Capital Seguro aos beneficiários designados em função da ocorrência de uma das seguintes situações: morte da Pessoa Segura (...)». O artigo 183.º da LCS apresenta uma noção de seguro de vida em torno da cobertura, pelo segurador, de um risco relacionado com a morte ou a sobrevivência da pessoa segura.

Desenvolvendo um pouco o tema, aquando da discussão em torno da natureza jurídica do contrato, JÉRÔME KULLMANN[167] explica que a cobertura decorrente do contrato não consiste no bom fim do crédito, que pode não ser posto em perigo pela realização do risco coberto pelo contrato (seja este a incapacidade, a invalidez, a morte ou o desemprego). Com efeito, mesmo da perspectiva da instituição de crédito, o entendimento seria similar, porquanto o evento que desencadeia o dever de prestar do segurador não se encontra dependente da cessação de pagamentos pelo mutuário ou, mesmo desenhando-a, por exemplo na hipótese de invalidez do mutuário, o segurador não questiona o mutuante sobre a verificação de uma perda decorrente de tal cessação. Em termos simplificados: essa perda não é um evento aleatório que seja tido em consideração no contexto do designado *assurance emprunteur*[168]/[169].

É por vezes questionado, ainda assim, se o seguro associado ao crédito à habitação não seria de reconduzir ao seguro de crédito[170]. O ponto surge ilustrado, de alguma forma, no artigo VII.146 do *Code de Droit Ecónomique* belga, código que determina que o contrato de seguro anexo ao contrato de crédito apenas pode revestir uma das seguintes modalidades: (*i*) seguro «solde restant dû» ou seguro «décès temporaire à capital constant» ou (*iii*)[171] um seguro-caução[172].

[167] Cfr. *Traité de Droit des Assurances. Les Assurances de Personnes*, Tome 4, Paris, 2007, pp. 793 e ss. Quanto à conjugação das regras dos *assurances emprunteurs* com as normas relativas aos seguros de grupo *vide* o artigo L. 141-4 do *Code des Assurances.*

[168] A jurisprudência portuguesa, ao invés, parece arvorar como central o incumprimento, *vide*, por exemplo, o Acórdão da RP de 5 de Março de 2015 (LEONEL SERÔDIO), proc. 834/13.6TVPRT.P1, in *www.dgsi.pt* onde se pode ler o seguinte: «(...) o Banco, em caso de decesso do mutuário e até ao limite do capital em dívida naquela ocasião, recebe este capital da seguradora, evitando as vicissitudes de um hipotético incumprimento no caso de, pela morte, os herdeiros do mutuário não poderem honrar as obrigações do mútuo».

[169] Esta ideia de "automaticidade" afigura-se de algum modo contida no n.º 5 do artigo 5.º

[170] Admitindo que, ao abrigo da liberdade contratual, segurador e instituição de crédito identifiquem o risco com o não pagamento da dívida pelo mutuário na sequência da morte ou invalidez, JÉRÔME KULLMANN, *Traité de Droit des Assurances*, Tome 4, cit., p. 802. Deste modo, contemporiza-se com a ideia que o seguro de crédito pode levar a um resultado equivalente ao *assurance emprunteur.*

[171] A hipótese (*ii*), não mencionada no texto acima, respeita à exigência de um seguro que cobra o risco de degradação do imóvel dado em garantia, portanto de um seguro de incêndio ou multiriscos habitação. Destaque-se que, no direito belga (artigo VII.147), as vendas associadas obrigatórias (*ventes liées*) são proibidas, mas admitidas as vendas facultativas (*ventes groupées*). O regime dos contratos de seguro que garantem o reembolso do capital

Também na Alemanha o ponto ganha acuidade, apresentando-se entre os seguros de crédito a modalidade designada por *Konsumentenkreditversicherung*, referente a "crédito parcelado"[173]/[174], espécie distinta da figura denominada *Restschuldversicherung*[175], o seguro que constitui o nosso objecto. Supomos que será indeclinável a aceitação da liberdade contratual, mormente a possibilidade de, em abstracto, pactuar um seguro de crédito como meio de protecção do mutuante credor, pois, no seguro associado ao crédito à habitação, a ideia de garantia ganha destaque e com isso, inevitável é chamar à colação uma possível falta ou atraso no pagamento de obrigações pecuniárias (artigo 161.º, n.º 1, al. *a*) da LCS e artigo 3.º, n.º 1, al. *c*) do Decreto-Lei n.º 183/88, de 24 de Maio). Pese embora essa circunstância, não parece ser possível olvidar que os factos que tipicamente dão azo ao dever de prestar do segurador de créditos não incluem a morte ou a invalidez

de um crédito é vertido nos artigos 212 e ss. da *Loi relative aux assurances* de 30 de abril de 2014 e no *Arrêté royale Réglementant certains contrats d'assurance visant à garantir le remboursement du capital d'un crédit hypothécaire*. Sistematicamente, os artigos 212 e ss. da lei do contrato de seguro belga encontram-se inseridas no capítulo V do título IV relativo ao seguro de pessoas.

[172] Quanto à qualificação do seguro-caução como uma modalidade de seguro de crédito, cfr., por exemplo, A. Menezes Cordeiro, *Direito dos Seguros*, cit., p. 834.

[173] Cfr. as referências de Franz Büchner/Gerrit Winter, *Grundriss der Individualversicherung*, 9. Aufl., Karlsruhe, 1986, p. 152. Torna-se relevante a consulta das *Allgemeine Bedingungen für die Restkreditlebensversicherung*, disponíveis em www.gdv.de/resource/blob/6352/a99f3ccb874206b71c2645a74d4fdc9c/allgemeine-bedingungen-fuer-die-restkreditlebensversicherung-absicherung-des-todesfallrisikos-0-pdf-data.pdf.

[174] Cfr. por exemplo, Heinrich Greulich, *Le Assicurazioni del Credito (Germania)*, Milano, 1971, pp. 53 e ss.

[175] Reimer Schmidt, *Versicherungsalphabet*, 8. Aufl., Karlsruhe, 1991, p. 280, usa a designação *Restschuldlebensversicherung* mas são também usuais as alternativas *Restkreditversicherung* ou *Kredit-Lebensversicherung*. Definindo *Restschuldversicherung* na perspectiva dos seguros temporários relativos ao risco de morte, Gerrit Winter, *Lebensversicherung*, Bruck/Möller, *Kommentar zum Versicherungsvertragsgesetz und zu den Allgemeinen Versicherungsbedingungen unter Einschluss des Versicherungsmittlerrechts*, 8. Aufl., Band V/2, 1988, Anm. C 176, p. 383: «Die Restschuldversicherung ist eine Risikolebensv[ersicherung] zur Kreditsicherung». Cfr. ainda o acolhimento expresso da figura no § 7d VVG (na doutrina, cfr. Baroch Castellvi, «§ 7d», *Versicherungsvertragsgesetz Handkommentar*, 4. Aufl., Baden-Baden, 2020, Rn. 1, p. 210, dando nota de que o risco coberto é o incumprimento de pagamentos especialmente decorrente da morte, incapacidade para o trabalho e desemprego da pessoa segura). A transposição no direito alemão do artigo 12.º da Directiva 2014/17/UE pode ser confrontada no § 492b do BGB.

da pessoa segura[176]/[177]/[178]. Na ausência de lei expressa[179], os óbices à inclusão do seguro de crédito – ou do seguro-caução – entre os seguros alternativos ao *seguro de vida* associado ao crédito à habitação[180] são, pois, de monta, o que torna avisada a sua exclusão do âmbito de investigação.

Carecem ainda de análise – e de correspondente estudo autónomo – as temáticas relativas à estipulação beneficiária como acto oneroso[181] e ao

[176] Os factos geradores do sinistro previstos na lei portuguesa no seguro de crédito excluem tais eventos do catálogo previsto no artigo 4.º do Decreto-Lei n.º 183/88. É certo que o artigo 161.º da LCS apresenta, ao invés, uma enumeração meramente exemplificativa, mas haverá que ponderar que em tal preceito se arrumam, numa única regra, os riscos seguráveis e os factos geradores do sinistro (realidades que o Decreto-Lei n.º 183/88, de forma artificiosa ou não, distingue – cfr. artigos 3.º e 4.º). Não existe, assim, uma pertinência insofismável na aproximação das figuras, tanto mais que os pressupostos do dever de prestar no seguro de crédito se mantêm distintos (no direito alemão, evidenciando que o seguro de crédito, como garantia do pagamento, não se confunde com o seguro de vida, pois a verificação do sinistro pressupõe, neste, a insolvência, a concordata extrajudicial, a execução infrutuosa ou a improbabilidade de pagamento por circunstâncias particularmente adversas, Heinrich Greulich, *Le Assicurazioni del Credito (Germania)*, cit., p. 56).

[177] O argumento poderá apresentar-se menos persuasivo no caso do seguro-caução (cfr. artigo 162.º da LCS).

[178] Note-se que o segurador que explore os ramos créditos e caução (al.s *n*) e *o*) do artigo 8.º do RGAS) deve estar autorizado a explorar o ramo não vida (cfr. artigo 20.º do Decreto-Lei n.º 183/88 e n.º 1 do artigo 16.º da LCS), mas não poderá exercer em simultâneo a actividade do ramo vida (al. *a*) do artigo 9.º e n.º 2 do artigo 48.º do RGAS).

[179] Diversamente, portanto, do direito belga.

[180] O mesmo se diga quanto à configuração de uma figura compósita, misto dos seguros de danos e de pessoas, *rectius*, vida.

[181] J. C. Motinho de Almeida, *O Contrato de Seguro no Direito Português e Comparado*, cit., p. 366, enuncia que o seguro de vida pode ser um meio de obtenção de crédito, bastando para tal que ocorra a prévia renúncia à revogação da cláusula beneficiária para que ao terceiro seja proporcionado ao menos o valor de resgate. Na doutrina francesa, André Besson, in M. Picard/A. Besson, *Les Assurances Terrestres, Tome Premier, Le Contrat d'assurance*, 5e ed. par André Besson, Paris, 1982, p. 806, classifica a atribuição a título oneroso em garantia como um *droit de gage* (mas *vide* algo diversamente p. 779, onde se exige «la volonté de l'assuré de ceder son assurance en nantissement»). Chamando a atenção para a necessária sincronia entre o vencimento do contrato e do crédito, Jean Bigot, *Traité de Droit des Assurances. Les Assurances de Personnes*, Tome 4, cit., p. 431 e ainda pp. 436 e ss. onde se distinguem diversas modalidades de constituição em garantia: (*i*) *nantissement du contrat* (artigo 2355 do *Code Civil*); (*ii*) *désignation du créancier comme bénéficiaire*; (*iii*) *cession du bénéfice du contrat*; (*iv*) *cession du contrat*; (*v*) *cession de la créance du contractant à titre de garantie*; (*vi*) *délégation.* Mais sintéticos eram Raymond Feyaerts/Jean Ernault, «Traité Général des Assurances Terrestres», *Les Novelles, Droit Commercial*, Tome V, *Les Assurances*, Vol. I, Bruxelles, 1966,

direito ao resgate[182] nos seguros de vida. Em suma: tópicos cuja revisitação é sempre justificada, *maxime*, quando conjugados com o tema dos seguros de vida associados ao crédito à habitação.

pp. 252 e ss. Na doutrina portuguesa distinguindo a transmissão fiduciária em garantia da cláusula beneficiária irrevogável em garantia, que surge cumulada, por vezes, com um penhor de direitos, Lima Rego, *O Contrato de Seguro e Terceiros*, cit., pp. 617 e ss. e nota 1683, dando também ênfase à complexa delimitação entre a cessão da posição contratual de tomador de seguro e cláusula beneficiária a favor do credor. Com interesse, acompanhem-se ainda as referências menos recentes de J. C. Motinho de Almeida, *O Contrato de Seguro no Direito Português e Comparado*, cit., pp. 393 e ss., e Raul Lima Simões, *Crédito Bancário*, Lisboa, 1930, pp. 231 e ss. Reportando-se à aceitação como garantia da posição de um beneficiário de um seguro, que, em princípio, põe em jogo as regras do penhor de créditos, *vide* A. Menezes Cordeiro, *Direito Bancário*, cit., p. 819 (delimitando esta operação do "seguro certo", ou seja, o valor ínsito na posição de beneficiário quando a mesma reflicta um simples mecanismo de capitalização).

182 No que concerne ao seguro de vida com designação do credor como beneficiário, Jean Bigot, *Traité de Droit des Assurances. Les Assurances de Personnes*, Tome 4, cit., p. 445, sustenta que o credor, na qualidade de beneficiário, não dispõe dos direitos de resgate e de solicitar adiantamentos, salvo dispondo de um mandato do tomador (no direito português, cfr. artigos 194.º e 195.º da LCS). Também em tema de seguro temporário, Manuel Carvalho Correia, *Colectânea Apontamentos Sobre Seguros*, cit., p. 240, esclarece que este não pode ser resgatado ou reduzido. A discussão pode ser acompanhada, de modo não necessariamente convergente, em Lima Rego, *O Contrato de Seguro e Terceiros*, cit., p. 582 e pp. 617 e ss. Quanto ao artigo 97.º da LCS, que não se circunscreve aos seguros de vida, cfr., por exemplo, Francisco Luís Alves, *Direito dos Seguros. Cessação do Contrato. Práticas Comerciais*, cit., pp. 121 e ss.

SEGURO DE SAÚDE: REGIME LEGAL E NOVOS DESENVOLVIMENTOS

Francisco Luís F. R. Alves*

Sumário: *I – Enquadramento público e privado; 1. A proteção da saúde; 2. Cartão europeu de seguro de doença; 3. Distinção entre seguro de saúde e planos de saúde; 4. A autonomia privada e as suas limitações; II – O contrato de seguro de saúde no RJCS; 5. A noção de seguro de saúde; 6. O seguro de saúde enquanto seguro de pessoas; 7. Deveres de informação; 8. Declaração inicial de risco; 9. A continuidade de cobertura do risco em diferente segurador (a "transferência de seguro"); 10. Os exames médicos e a divulgação das informações; 11. O impacto das regras da discriminação nos seguros de saúde; 12. A pluralidade de seguros de saúde; 13. A duração dos contratos de seguro de saúde; 14. A cobertura do risco; 15. As doenças preexistentes; 16. Seguros de grupo; 17. Sinistro; 18. A cessação do contrato e a cobertura posterior; 19. A resolução: da justa causa à livre resolução; III – Novos desenvolvimentos; 20. Os dados de saúde e a proteção de dados; 21. O projeto de seguro de saúde vitalício; 22. Os inquéritos da ASF e perspetivas futuras para o seguro de saúde; Notas finais.*

* Mestre em Direito (pré-Bolonha). Diretor de Assessoria Jurídica e Advogado. Responsável de Conduta de Mercado das empresas de seguros em Portugal do Grupo Fidelidade. Membro da Direção da AIDA Portugal. Coordenador da Subcomissão Consumidores da APS. As opiniões expressas no presente trabalho apenas vinculam o próprio autor. O presente artigo corresponde a uma atualização e profundo desenvolvimento do artigo publicado em 2009 na Revista Fórum, n.º 27, do Instituto de Seguros de Portugal (atual Autoridade de Supervisão de Seguros e Fundos de Pensões – "ASF"), tendo-se aumentado em cerca de três vezes a dimensão de texto.

Nota prévia

Escrevemos, pela primeira vez, sobre seguro de saúde em 2009. Desde esse momento, ainda que o essencial do regime jurídico do contrato de seguro[1] não se tenha alterado, muitos desenvolvimentos ocorreram em termos da expansão e relevância do seguro de saúde, bem como em algumas questões jurídicas que impactam sobre a execução do mesmo. Estas são razões, mais do que suficientes, para voltarmos a escrever sobre o seguro de saúde e tentar contribuir para a sua compreensão.

I. Enquadramento público e privado

1. A proteção da saúde

1.1. O Estado tem como incumbência a proteção da saúde[2], sendo esta efetuada nos dias atuais tanto através do Serviço Nacional de Saúde[3] como através de um serviço privado. É no serviço privado de saúde que os seguros ganham relevo, devido aos custos associados a esses serviços[4], cofinanciando tais custos e, portanto, tornando mais fácil a sua utilização.

O Serviço Nacional de Saúde português é universal e geral e entendemos que os seguros vêm efetuando um trajeto de alargamento de cobertura[5] no

[1] Referência a preceitos legais sem indicação da Lei a que pertencem significa que se está a mencionar o Regime Jurídico do Contrato de Seguro, aprovado pelo Decreto-Lei, n.º 72/2008, de 16 de abril. Quando se faz menção ao mesmo utiliza-se apenas "RJCS".

[2] O artigo 25.º, n.º 1, da Declaração Universal dos Direitos Humanos já antes da Constituição Portuguesa dispunha que: «Toda a pessoa tem direito a um nível de vida suficiente para lhe assegurar e à sua família a saúde e o bem-estar, principalmente quanto à alimentação, ao vestuário, ao alojamento, à assistência médica e ainda quanto aos serviços sociais necessários, e tem direito à segurança no desemprego, na doença, na invalidez, na viuvez, na velhice ou noutros casos de perda de meios de subsistência por circunstâncias independentes da sua vontade». O artigo 35.º da Carta dos Direitos Fundamentais da União Europeia, que tem o mesmo valor de Tratado, dispõe também no sentido que «todas as pessoas têm o direito de aceder à prevenção em matéria de saúde e de beneficiar de cuidados médicos, de acordo com as legislações e práticas nacionais. Na definição e execução de todas as políticas e acções da União é assegurado um elevado nível de protecção da saúde humana».

[3] Que adiante designaremos de forma abreviada por SNS e cujo Estatuto foi aprovado pelo Decreto-Lei n.º 52/2022, de 4 de agosto.

[4] Sobre o mercado de seguros de doença e os vários tipos de cobertura, V. INSTITUTO DE SEGUROS DE PORTUGAL, *Relatório do Sector Segurador e Fundos de Pensões*, Lisboa, 2002, págs. 173 a 181.

[5] Como assinala RAFAEL URRIOLA URBINA os processos de reforma dos sistemas de saúde estão em marcha em todo o mundo. Cfr. Sobre o papel dos seguros na saúde *Financiamento*

mesmo sentido, atendendo ao número de pessoas seguras abrangidas, que em 2021 já eram mais de três milhões[6].

Onde o SNS seja insuficiente, os serviços privados[7] podem complementar. Será a junção destes dois serviços que faz a universalidade da proteção da saúde, já que caso as pessoas que estão abrangidas por um contrato de seguro de saúde recorressem unicamente ao SNS, provavelmente agravaria as dificuldades[8] em períodos de espera e a proteção efetiva da saúde dos cidadãos.

Segundo O. D. DICKERSON, uma má proteção da saúde produz dois tipos de perdas financeiras. A perda relativamente à saúde da própria pessoa e inerentes gastos para a recuperação e aquilo que deixa de produzir por afetar a capacidade de trabalho[9]. Daí que uma boa proteção da saúde tenha essa dupla vantagem, proteger a própria pessoa e contribuir para o bem geral[10].

1.2. O artigo 64.º, n.º 1, da Constituição da República Portuguesa[11] fixa os limites e o âmbito da proteção da saúde. O primeiro elemento a reter é que para além de todos terem o direito à proteção da saúde, também há um dever de a defender e promover.

O direito à proteção da saúde é realizado através de um serviço nacional de saúde universal, geral e tendencialmente gratuito [art. 64.º, n.º 2, alínea

y equidade en salud: el seguro público chileno, Revista de la Cepal, n.º 87, Dezembro de 2005, págs. 61 a 77.

[6] V. Estatísticas de seguros no portal da ASF, em www.asf.com.pt, onde o ramo doença, na soma de seguros individuais e de grupo, aparece em 2021 com 3.322.534 pessoas seguras. Em https://www.asf.com.pt/ISP/Estatisticas/seguros/estatisticas_anuais/historico/ES2021/C6.pdf é possível aceder diretamente à informação.

[7] Sobre o setor privado como alternativa ao setor público, V. MANUEL ANTUNES, *A Doença da Saúde*, 3.ª Edição, Quetzal Editores, Lisboa, 2001, págs. 53 a 59.

[8] Sobre a insatisfação com o SNS como fator para a contratação de seguros privados de saúde, nomeadamente ao nível das listas de espera, V. JOAN COSTA e JAUME GARCIA, *Demand for private health insurance: is there a quality gap?*, Economics and Business working papers series, 2001, em https://econpapers.repec.org/paper/upfupfses/531.htm (recolhido em novembro de 2021).

[9] V. do autor, *Health insurance*, Richard D. Irwin, Inc, Illinois, 1959, pág. 5.

[10] É por isso referido na obra de FRANÇOIS EWALD e JEAN-HERVÉ LORENZI, *Encyclopédie de l'Assurance*, Economica, Paris, 1998, pág. 612, que «o risco de saúde é hoje em dia um risco político, um risco politizado, um risco que implica a intervenção do poder público».

[11] Sobre o artigo 64.º da CRP V. JORGE MIRANDA e RUI MEDEIROS, *Constituição Portuguesa Anotada, Tomo I*, Coimbra Editora, Coimbra, 2005, págs. 650 a 662; e GOMES CANOTILHO e VITAL MOREIRA, *Constituição da República Portuguesa Anotada*, volume I, 4.ª edição revista, Coimbra Editora, Coimbra, 2007, págs. 823 a 831.

a)], mas este direito pode ser alcançado tanto através dos meios públicos como privados[12].

O n.º 3 do art. 64.º elenca nas incumbências prioritárias do Estado a garantia de acesso de todos os cidadãos aos cuidados da medicina preventiva, curativa e de reabilitação [alínea a)], bem como a gestão racional que garanta uma eficiente cobertura de todo o país em recursos humanos e unidades de saúde [alínea b)], socialização dos custos [alínea c)][13] e ainda a disciplina e fiscalização das formas empresariais e privadas da medicina, articulando-as com o serviço nacional de saúde [alínea d)], o que demonstra que o Estado gere a saúde num pressuposto de complementaridade entre o público e o privado.

1.3. A Lei de Bases da Saúde[14] reafirma o direito à proteção da saúde de todas as pessoas na sua Base 1, mas foi a Base 27[15] relativa a seguros de saúde que trouxe maiores novidades.

A primeira parte do n.º 1 desta Base prevê deveres de informação pré-contratual para os seguradores que já decorrem diretamente do artigo 18.º do RJCS, mas é na segunda parte que está a maior novidade quando refere que nestes deveres inclui-se *«(...) informação expressa quanto à eventual inter-*

[12] Sobre a aplicabilidade dos preceitos constitucionais de forma directa às relações privadas V. Jorge Bacelar Gouveia, *Manual de Direito Constitucional*, Vol. II, Almedina, Coimbra, 2005, págs. 1100 a 1106; e Vieira de Andrade, *Os direitos fundamentais na Constituição Portuguesa de 1976*, 3.ª ed., Almedina, Coimbra, 2004, pág. 263.

[13] Sobre a socialização dos custos de saúde e numa relação com o setor privado da saúde V. Gomes Canotilho e Vital Moreira, *Ob. Cit.*, pág. 828, quando referem que «a socialização dos custos parece ser uma "orientação" política geral da Constituição, que deve irradiar para os cuidados prestados pelo sector privado (como sucede com as comparticipações pelas despesas com a aquisição de medicamentos, para além da dedução de despesas de saúde para efeitos de IRS)». Podemos acrescentar a este propósito que as despesas com seguros de saúde também podem ser deduzidas em sede de IRS, o que traduz um incentivo ao recurso a essa via para proteção da saúde.

[14] Aprovada pela Lei n.º 95/2019, de 4 de setembro.

[15] Refere a Base 27 o seguinte:

«1 – A subscrição de um seguro ou plano de saúde deve ser precedida da prestação, pelo segurador, de informação, clara e inteligível quanto às condições do contrato, em especial no que diz respeito ao âmbito, exclusões e limites da cobertura, incluindo informação expressa quanto à eventual interrupção ou descontinuidade de prestação de cuidados de saúde caso sejam alcançados os limites de capital seguro contratualmente estabelecidos.

2 – Os estabelecimentos de saúde informam as pessoas sobre os custos a suportar pela prestação de cuidados de saúde ao abrigo de seguros e planos de saúde, incluindo os da totalidade da intervenção proposta, salvo quando justificadamente não dispuserem dos elementos necessários à prestação dessa informação».

rupção ou descontinuidade de prestação de cuidados de saúde caso sejam alcançados os limites de capital seguro contratualmente estabelecidos». Tal menção, sendo suficientemente concretizadora e objetiva quanto ao pretendido é diretamente aplicável, não carecendo de uma outra lei que regulamente esta previsão. Assim, não estando esta obrigação diretamente prevista no RJCS, é uma menção obrigatória a inserir nas informações pré-contratuais a disponibilizar aos potenciais tomadores de seguros ou pessoas seguras[16].

O n.º 2 da Base 27 prevê deveres de informação aplicáveis aos estabelecimentos de saúde[17], os quais devem informar as pessoas sobre «(...) os custos a suportar pela prestação de cuidados de saúde ao abrigo de seguros e planos de saúde, incluindo os da totalidade da intervenção proposta, salvo quando justificadamente não dispuserem dos elementos necessários à prestação dessa informação»[18].

[16] Pode essa menção ser inserida em Condições Gerais ou Especiais, desde que a disponibilização das mesmas seja efetuada também para cumprir deveres de informação pré-contratuais.

[17] Estes deveres estão na linha do previsto em Parecer da Entidade Reguladora da Saúde sobre a transferência de doentes oncológicos, de 2017, em https://www.ers.pt/media/3340/parecer_percursosterapeuticos.pdf (recolhido em setembro de 2021), onde se refere que: «(...) cumpre à entidade prestadora de cuidados de saúde informar os utentes sobre os cuidados de saúde que estão abrangidos pelo contrato celebrado com o subsistema ou companhia de seguros, sobre as responsabilidades financeiras destas entidades e dos próprios utentes, no que diz respeito ao pagamento do preço devido pelos cuidados prestados (...)». Também a Ordem dos Médicos, em 18 de fevereiro de 2009, aprovou um conjunto de medidas com regras de conduta no âmbito oncológico, acessíveis em https://ordemdosmedicos.pt/medidas-de-accao-para-a-prestacao-de-cuidados-de-qualidade-em-oncologia/ (recolhido em outubro de 2021), referindo que «as Instituições que diagnosticam e tratam o cancro devem adoptar formas de organização adequadas às características dos doentes e da patologia oncológica, de forma a garantir a globalidade e continuidade da prestação de cuidados. Caso não o possam fazer, devem referenciar imediatamente o doente a outra Instituição que reúna as condições necessárias». Neste documento refere-se também que a violação destas regras de conduta deve ser considerada falta técnica e disciplinar grave (ponto 12 das Medidas).

[18] Um acórdão do Supremo Tribunal de Justiça, de 06-05-2018, Proc. 1250/13.5TVLSB.L1.S1 (relator Maria do Rosário Morgado) já se tinha pronunciado antes da aprovação da Lei de Bases da Saúde em sentido semelhante, ao referir que:
«*I – O utente assume a qualidade de consumidor na relação com o prestador de cuidados de saúde, nos termos da Lei n.º 24/96, de 31 de julho que aprovou o regime legal aplicável à defesa do consumidor (Lei do Consumidor).*
II – O utente tem o direito a ser informado atempadamente pelo prestador dos cuidados de saúde sobre os serviços e valores a pagar;

A inserção desta redação destina-se a permitir às pessoas perceber se o capital contratado no seguro é suficiente para a prestação dos cuidados de saúde, nomeadamente se será possível completar todos os tratamentos ou intervenções ao abrigo do seguro. Utiliza de uma forma pouco precisa a expressão «seguros e planos de saúde», quando a epígrafe da Base 27 é apenas «seguros de saúde», e corre o risco de misturar os seguros de saúde com os planos de saúde se forem entendidos como cartões de desconto, onde não pode existir assunção de risco que está reservado às entidades legalmente autorizadas como é o caso dos seguradores[19].

Num sentido corrente, um seguro de saúde tem por vezes vários planos para escolha, pelo que poderá ter sido essa a intenção do legislador ao mencionar «planos de saúde». De todo o modo, é uma menção desnecessária, já o relevante é que seja um seguro.

2. Cartão europeu de seguro de doença

O Regulamento (CE) n.º 631/2004, de 31 de março de 2004, que alterou o Regulamento (CEE) n.º 1408/71, de 14 de junho[20], veio criar as bases do cartão europeu de seguro de doença, que apesar da denominação não é, verdadeiramente, um seguro.

Trata-se de um cartão gratuito que não pressupõe qualquer contrato com uma empresa de seguros. É meramente garantido o acesso aos cuidados de saúde de que a pessoa possa necessitar durante uma estadia temporária em qualquer um dos 27 países da UE, bem como na Islândia, no Liechtenstein, na Noruega e na Suíça, nas mesmas condições e ao mesmo custo (em alguns países, gratuitamente) que as pessoas cobertas pelo sistema de saúde público do país onde se encontram.

III – Se o utente – com conhecimento do prestador de cuidados de saúde – celebrou um determinado contrato de seguro que financia a prática de atos médicos em determinado estabelecimento hospitalar, deve ser esclarecido pelo prestador sobre a possibilidade de vir a ter que suportar algum custo, relativamente aos cuidados de saúde que lhe vierem a ser ministrados».

[19] Cfr. artigo 3.º do Regime Jurídico de Acesso e Exercício da Atividade Seguradora e Resseguradora, aprovado pela Lei n.º 147/2015, de 9 de setembro.

[20] Para informação mais detalhada e acesso à legislação comunitária, consultar o sítio de internet da Comissão Europeia em https://ec.europa.eu/social/main.jsp?catId=559&langId=pt& (acedido em setembro de 2021).

3. Distinção entre seguro de saúde e planos de saúde

Os seguros de saúde distinguem-se de uma outra realidade com que por vezes se confunde, os planos de saúde.

O termo "Plano de Saúde" não faz parte da redação do RJCS, sendo por vezes utilizado pelos seguradores para distinguir as várias opções, em planos com conjunto de coberturas, que integram o contrato de seguro.

O nome "Plano de Saúde" é também utilizado por empresas que disponibilizam cartões que permitem o acesso a serviços privados de saúde sem a componente de risco que é típica e exclusiva dos seguradores.

Estes planos de saúde são, a mais das vezes, meros cartões de descontos. O cliente paga um determinado valor, por regra mensal, para ser detentor de um cartão que lhe permite aceder aos prestadores de saúde privados da rede pagando um valor bem mais reduzido do que se não tivesse o cartão. Este valor a cargo do cliente pode ser confundível com o valor de copagamento ou franquia que fica a cargo da pessoa segura num seguro. No entanto, nesta situação, não é suposto que a entidade comercializadora do cartão suporte parte dos custos como ocorre tipicamente com os seguradores.

As entidades que exploram este tipo de produto de planos de saúde não podem mencionar que se trata de um seguro, sob pena de se tratar de publicidade enganosa[21] e, da mesma forma, os seguradores não podem comercializar este tipo de cartões sem algum elemento típico de seguro, porque tem como objeto exclusivo a atividade seguradora. Tal significa que um produto de seguros deve ser concebido sempre com alguma componente de risco[22].

[21] Cfr. artigo 11.º do Código da Publicidade e o artigo 7.º, n.º 1, alínea a) do DL 57/2008, de 26 de março, relativo às práticas comerciais desleais, o qual dispõe que: «É enganosa a prática comercial que contenha informações falsas ou que, mesmo sendo factualmente correctas, por qualquer razão, nomeadamente a sua apresentação geral, induza ou seja susceptível de induzir em erro o consumidor em relação a um ou mais dos elementos a seguir enumerados e que, em ambos os casos, conduz ou é susceptível de conduzir o consumidor a tomar uma decisão de transacção que este não teria tomado de outro modo: a) A existência ou a natureza do bem ou serviço;». Sobre esta matéria V., com maior detalhe, a nossa obra, *Direito dos Seguros: Cessação do contrato. Práticas comerciais*, 2.ª Ed. Almedina, Coimbra, 2015, págs. 191 a 202.

[22] V. entendimento da Autoridade de Supervisão de Seguros e Fundos de Pensões, publicado na Revista Fórum, n.º 31, 2012, acessível em www.asf.com.pt, onde se refere: «(...) considerando que se encontram disponíveis no mercado diversos cartões de descontos relativos a cuidados de saúde que não têm a natureza de seguros de saúde, por não garantirem qualquer risco, entendemos dever sublinhar que, nos termos do artigo 8.º do Decreto-

4. A autonomia privada e as suas limitações

4.1. A autonomia privada tem a sua raiz nos princípios estruturantes do próprio direito, já que é a autonomia que permite a realização de atos ou negócios jurídicos. A relação entre um segurador e um tomador deriva em termos constitucionais do disposto no art. 61.º da Constituição da República Portuguesa, relativo à liberdade de iniciativa privada, concretizando-se em termos civis no art. 405.º do Código Civil[23], o que possibilita às partes ajustarem num contrato de seguro o que entenderem.

4.2. O princípio da liberdade contratual está também presente no RJCS, no seu art. 11.º, pelo que as partes podem acordar sobre o conteúdo do contrato, com os limites constantes do próprio RJCS ou os decorrentes da lei geral.

4.3. Os limites devem sempre ser olhados na perspetiva em que a celebração, o conteúdo e a execução do contrato devem ser feitos de boa fé[24], já que o Direito[25] vela para que as relações contratuais sejam justas[26] e que uma parte não retire um proveito desproporcionado e infundado da obrigação da outra parte[27].

-Lei n.º 94-B/98, as empresas de seguros "[...] são instituições financeiras que têm por objecto exclusivo o exercício da actividade de seguro directo e de resseguro [...]", pelo que a comercialização autónoma de tais produtos não é compatível com o objeto social das empresas de seguros». Esta referência ao Decreto-Lei n.º 94-B/98, entretanto revogado, deve agora ser entendida como sendo ao artigo 47.º, n.º 1, do regime jurídico de acesso e exercício da atividade seguradora e resseguradora, aprovado pela Lei n.º 147/2015, de 9 de setembro.

[23] Dispõe o preceito que: «*1 – Dentro dos limites da lei, as partes têm a faculdade de fixar livremente o conteúdo dos contratos, celebrar contratos diferentes dos previstos neste Código ou incluir nestes as cláusulas que lhes aprouver. 2 – As partes podem ainda reunir no mesmo contrato regras de dois ou mais negócios, total ou parcialmente regulados na lei.*».

[24] Sobre a Boa fé, V. a obra de Menezes Cordeiro, *Da Boa Fé no Direito Civil*, Almedina, Coimbra, 2007.

[25] A boa fé, como refere Menezes Cordeiro, «traduz, até aos confins da periferia jurídica, os valores fundamentais do sistema (...)». Cfr. Do autor, *Tratado de Direito Civil Português*, Parte Geral, Tomo I, Almedina, Coimbra, 2005, pág. 404.

[26] João Calvão da Silva refere que um dos valores fundamentais do direito «é o da justiça contratual, o da justiça comutativa ou equilíbrio (equivalência) justo e razoável das prestações e das contraprestações emergentes do contrato, por maneira que "quem diz contratual, diz justo"». Cfr. Do autor, *Banca, Bolsa e Seguros*, Tomo I, 2.ª Ed., Almedina, Coimbra, 2007, pág. 176.

[27] Daí que o Código Civil preveja a figura do enriquecimento sem causa (art 473.º e segs.). Uma relação jurídica que logo de início se desenvolva através de regras de conduta de boa fé tem condições para ter continuidade devido à confiança estabelecida entre as partes.

4.4. No domínio contratual, o Decreto-Lei n.º 446/85, de 25 de outubro (LCCG – Lei das Cláusulas Contratuais Gerais)[28], constitui um limite a ser observado nos contratos de seguro (art. 3.º do RJCS)[29]. Dispõe aquele diploma, no seu art. 15.º, que «são proibidas as cláusulas contratuais gerais contrárias à boa fé», constituindo este o aspeto nevrálgico para a apreciação[30] do equilíbrio das partes[31] nos contratos em que sejam inseridas

Sobre esta matéria V. MANUEL CARNEIRO DA FRADA, *Teoria da Confiança e Responsabilidade Civil*, Almedina, Coimbra, 2004, págs. 431 e segs. e CARLOS FERREIRA DE ALMEIDA, *Contratos I*, 4.ª Ed., Almedina, Coimbra, 2008, págs. 219 a 221.

[28] Sobre a importância das cláusulas contratuais gerais refere-se JOÃO CALVÃO DA SILVA no sentido em que «permitem a racionalização da contratação em massa com milhares de pessoas, ganhando tempo e poupando incomodidades aos clientes que desejam ser atendidos depressa e bem». Cfr. Do autor, *Ob. Cit.*, págs. 162 e 163. Para maior detalhe sobre o tema V. também do mesmo autor págs. 159 e segs.; ALMENO DE SÁ, *Cláusulas contratuais gerais e Directiva sobre cláusulas abusivas*, 2.ª ed., Almedina, Coimbra, 2001; MENEZES CORDEIRO, *Manual de Direito Bancário*, 3.ª ed., Almedina, Coimbra, 2006, págs. 363 a 403; MENEZES CORDEIRO, *Tratado de Direito Civil Português*, Parte Geral, Tomo I, Almedina, Coimbra, 2005, págs. 613 a 652; OLIVEIRA ASCENSÃO, *Cláusulas contratuais gerais, cláusulas abusivas e boa fé*, Revista da Ordem dos Advogados, ano 60, II, Lisboa, 2000, págs. 573 e segs.; OLIVEIRA ASCENSÃO, *Cláusulas contratuais gerais*, cláusulas abusivas e o novo Código Civil, 2003, em http://www.fd.ul.pt/Portals/0/Docs/Institutos/ICJ/LusCommune/AscensaoJoseOliveira6.pdf (Recolhido em maio de 2009) e CARLOS FERREIRA DE ALMEIDA, *Contratos I*, 4.ª Ed., Almedina, Coimbra, 2008, págs. 175 a 200. Na doutrina mais recente V. ANA PRATA, *Contratos de Adesão e Cláusulas contratuais gerais*, 2.ª Ed., Almedina, Coimbra, 2021; ANA FILIPA MORAIS ANTUNES, *Comentário à Lei das Cláusulas Contratuais Gerais – Decreto de Lei N.º 446/85, de 25 de Outubro*, Coimbra, Editora, 2013; ANA CALMEIRO, *Das Cláusulas Abusivas no Contrato de Seguro*, Almedina, Coimbra, 2014.

[29] Sobre as cláusulas contratuais em específico no contrato de seguro, V. MOITINHO DE ALMEIDA, *Contrato de Seguro – Estudos*, Coimbra Editora, 2009, págs. 77 a 113.

[30] O artigo 16.º da LCCG refere que para apreciação das cláusulas que sejam contrárias à boa fé «devem ponderar-se os valores fundamentais do direito, relevantes em face da situação considerada, e, especialmente: a) A confiança suscitada, nas partes, pelo sentido global das cláusulas contratuais em causa, pelo processo de formação do contrato singular celebrado, pelo teor deste e ainda por quaisquer outros elementos atendíveis; b) O objectivo que as partes visam atingir negocialmente, procurando-se a sua efectivação à luz do tipo de contrato utilizado».

[31] Neste equilíbrio, entende o legislador que para ser atingido, quando haja dúvidas funciona o art. 11.º, n.º 2, da LCCG prevalecendo o sentido mais favorável ao aderente. Sendo possível manter o equilíbrio das partes, mesmo com a exclusão de uma cláusula abusiva, o contrato manter-se-á. Nesse sentido V. o acórdão do Tribunal da Relação de Guimarães, de 31-10-2012, Proc. 295/10.1TBFLG.G1 (relator Isabel Rocha), onde se refere no sumário que: «*I – Excluída uma cláusula geral de um contrato de seguro de saúde que configura um contrato de adesão, por não ter sido comunicada ao tomador e segurados, deve por regra subsistir o contrato singular,*

estas cláusulas, fornecendo ainda a lei elencos de cláusulas relativamente e absolutamente proibidas que são por essa via abusivas[32].

4.5. A Lei de Defesa do Consumidor ("LDC" – Lei n.º 24/96, de 31 de junho) vem também dispor no sentido de que o consumidor «tem direito à proteção dos seus interesses económicos, impondo-se nas relações jurídicas de consumo a igualdade material dos intervenientes, a lealdade e a boa fé, nos preliminares, na formação e ainda na exigência dos contratos» (art. 9.º, n.º 1, da LDC). Particulariza ainda o seu âmbito de proteção, pretendendo também prevenir abusos resultantes de contratos pré-elaborados através de uma redação clara e precisa, bem como a inserção de cláusulas que originem significativo desequilíbrio entre as partes (art. 9.º, n.º 2, da LDC). A inobservância do referido fica sujeita ao regime das cláusulas contratuais gerais (art. 9.º, n.º 3, da LDC)[33].

não ocorrendo, nesse caso, a nulidade do contrato, desde que o mesmo contenha todos os elementos típicos dos contratos deste tipo.
II – Embora a eliminação dessa cláusula de exclusão de cobertura do mesmo contrato de seguro possa criar um relativo desequilíbrio das respectivas prestações, não se pode considerar que tal desequilíbrio atenta gravemente contra a boa-fé, tanto mais que essa eliminação derivou das más práticas negociais da seguradora sancionadas pela Lei».
Quanto à aplicação do artigo 11.º da Lei das Cláusulas Contratuais Gerais, num sentido mais favorável ao aderente num seguro de saúde V. o Acórdão do Tribunal da Relação de Lisboa, de 11-05-2019, Proc. 11619/18.3T8LSB.L1-7 (relator Diogo Ravara), acessível em www.dgsi.pt.

[32] V. arts. 17.º a 22.º. Note-se, ainda, que o artigo 21.º daquela lei teve uma alínea aditada pela Lei n.º 32/2021, de 27 de maio, com particular impacto na generalidade de seguros comercializados junto de consumidores, já que refere a nova alínea i) que são cláusulas absolutamente proibidas as que «se encontrem redigidas com letra inferior a tamanho 11 ou a 2,5 milímetros e com um espaçamento entre linhas inferior a 1,15». Sobre as implicações desta alteração pode ser consultado, com maior detalhe, Luís Poças, *Os novos requisitos formais das cláusulas contratuais gerais (Lei 32/2021)*, em Revista de Direito Comercial, acessível https://www.revistadedireitocomercial.com/os-novos-requisitos-formais-das-clausulas-contratuais-gerais, 30-06-2021 (recolhido em setembro de 2021).

[33] Sobre os contratos pré-formulados V. Menezes Cordeiro, *Tratado de Direito Civil Português*, Parte Geral, Tomo I, Almedina, Coimbra, 2005, págs. 659 a 664. No direito espanhol, V. sobre a ténue diferença entre contratos de adesão e condições gerais de contratação Abel Veiga Copo, *Condiciones en el contrato de seguro*, 2.ª Ed., Editorial Comares, Granada, 2008, págs. 49 a 57.

II. O contrato de seguro de saúde no RJCS

5. A noção de seguro de saúde

5.1. O contrato de seguro de saúde tem tido desenvolvimentos ao nível da sua utilização e nas coberturas, bem como da sua construção jurídica e técnica.

Ao nível da utilização, num sentido mais prático, encontramos no mercado seguros de saúde em que se disponibilizam as coberturas:

a) Com copagamento na utilização da rede, em que a Pessoa Segura suporta um determinado valor mais reduzido de forma direta junto do prestador de cuidados de saúde. Pode ser encarado contratualmente, também, como uma franquia. Num exemplo típico, na utilização de uma cobertura de ambulatório, com uma consulta médica, a Pessoa Segura suporta, por exemplo, cerca de 12 € ou 15 €, ficando o remanescente a cargo do Segurador;

b) Com reembolso, em que o pagamento da totalidade da despesa é suportado inicialmente pela Pessoa Segura, que solicita posteriormente o reembolso de parte desse valor ao Segurador. Normalmente é suportado pelo Segurador apenas uma percentagem[34] e em dimensão inferior à que suportaria com a utilização da rede mencionada na anterior alínea[35].

É habitual que os seguradores tenham tabelas negociadas[36] com os prestadores de cuidados de saúde da sua rede, pelo que o controlo dos custos pode ser maior quando existe a utilização da rede.

5.2. Quanto às coberturas tem-se assistido no mercado segurador a um maior incentivo à prevenção[37], ao nível de check-ups programados, coberturas de assistência e promoção de boas práticas na proteção da saúde[38].

[34] Por exemplo 70%.

[35] De todo o modo, é matéria a acordar entre as partes.

[36] Quando esgotados os capitais de uma determinada cobertura, a Pessoa Segura, dependendo do contratado, normalmente também poderá beneficiar da aplicação dessa tabela com preços negociados.

[37] V. entrevista aos principais operadores do mercado, onde é colocado o enfoque na necessidade de apostar na prevenção, em *Revista Seguros e & Cidadania da APS – O presente o futuro da atividade seguradora*, n.º 6, págs. 14 a 21 e V., igualmente, o estudo de doenças na carteira de seguros de saúde, págs. 22 a 24, onde se conclui na pág. 24 que: «As conclusões destes estudos revelam sobretudo a importância de reforçar a aposta na prevenção e no diagnóstico precoce, assim como de acompanhar a evolução científica e tecnológica dos tratamentos

Nas coberturas com fim preventivo coloca-se a questão de saber qual o seu enquadramento nos elementos típicos do contrato de seguro, já que, para existir um contrato de seguro, é necessário que esteja presente o elemento da «aleatoriedade» previsto no artigo 1.º do RJCS.

Estas coberturas preventivas, como é o caso do check-up programado, têm o intuito de identificar precocemente alguma doença cujo tratamento precoce poderá minorar os seus efeitos na saúde da pessoa. Provavelmente, dependendo do contratado, a identificação de uma doença no check-up pode originar o acionamento de outras coberturas do contrato. Assim, é uma cobertura instrumental, enquanto acessória, de outras coberturas e que tem um relevo social de fácil perceção. De modo semelhante, quando se trate de consultas de rotina, no quadro dos parâmetros médicos aconselháveis, sem qualquer sintoma que justificasse, por si, uma deslocação ao médico, existe também este contexto de proteção da saúde, que leva à identificação de doenças ou correção de práticas que as evitem. Embora as coberturas relacionadas com a prevenção tenham uma perspetiva mais forte de mera prestação de serviços, as suas finalidades últimas serão:

a) Evitar o próprio sinistro (entendido como a própria doença que desencadeia o acionamento de coberturas para o seu tratamento);
b) Tratar com maior taxa de sucesso a pessoa, fazendo também com que a mesma e o Segurador tenham menos custos.

Em conclusão, os produtos de seguros de saúde devem ser configurados para terem coberturas onde estejam preenchidos o elemento típico da aleatoriedade, mas, no nosso entendimento, são admissíveis outras coberturas em que esse elemento não seja tão essencial por serem instrumentais de outras coberturas ou das próprias quando utilizadas com finalidades diferentes. Na prática, muitas vezes o segurador não terá conhecimento se uma determinada consulta era de rotina ou porque existia algum sintoma de doença, pelo que fica do lado da pessoa segura essa avaliação[39].

5.3. De um ponto de vista mais conceptual e jurídico, em termos gerais, David Bickelhaupt define seguro de saúde como aquele que se aplica às

relacionados com a doença oncológica, de maneira a permitir ao setor acompanhar estas tendências, respondendo aos desafios inerentes a uma população mais envelhecida».

[38] Podem ser consultadas, a título exemplificativo, os produtos do mercado dos principais operadores em www.fidelidade.pt (ou www.multicare.pt); www.medis.pt e www.tranquilidade.pt.

[39] Respeitando os limites da prática médica, para que não existam gastos de saúde excessivos e desnecessários que podem estar excluídos do contrato.

formas de seguro que dão proteção contra o impacto financeiro da doença ou acidente[40].

Em Portugal, MOITINHO DE ALMEIDA, antes do revogado Decreto-Lei n.º 176/95, de 26 de julho, e do atual regime do contrato de seguro, referia que o seguro de doença podia ser considerado um seguro de pessoas independentemente de qualquer prejuízo sofrido e noutros casos seria um seguro contra danos (pagamento de despesas médicas)[41].

Atualmente, no âmbito do Regime Jurídico de Acesso e Exercício da Atividade Seguradora e Resseguradora (RJASR), aprovado pela Lei n.º 147/2015, de 9 de setembro (na sua versão atual), o seguro de saúde tem a sua situação clarificada, estando integrado nos Ramos Não vida, conforme se poderá observar no artigo 8.º, alínea b) através do Ramo Doença, o qual compreende três tipos de modalidades: a) Prestações convencionadas; b) Prestações indemnizatórias; c) Combinações dos dois tipos de prestações. O artigo 12.º, alínea a), do RJASR permite ainda exploração do seguro de saúde no grupo de ramos «Seguro de acidentes e doença».

5.4. O artigo 213.º do RJCS vem referir que «no seguro de saúde, o segurador cobre riscos relacionados com a prestação de cuidados de saúde». É uma noção que se centra apenas na cobertura, não fazendo alusão aos aspetos conceptuais do contrato de seguro, pelo que não deixa de acolher os elementos gerais do conteúdo típico mencionados art. 1.º do RJCS, com as especificidades das coberturas do seguro de saúde.

Sobre a noção de seguro de saúde, JOSÉ ALVES DE BRITO pronuncia-se no sentido de que a mesma «remete, no essencial, para o convencionado pelas partes no contrato»[42] e que a expressão «prestação de cuidados de

[40] Cfr. Do autor, *General Insurance*, 11.ª Ed., Irwin, Illinois, 1983, pág. 252, acrescentado, embora com um âmbito mais alargado devido às particularidades do seguro de saúde nos Estados Unidos, que «o seguro de saúde tem o propósito de cobrir a perda de rendimentos e as despesas para fazer à doença ou acidente». No âmbito do contrato de seguro italiano CACCAVIELLO, MAISTO e PERCUOCO definem a doença «cada alteração do estado de saúde não dependente de acidente». Para maiores desenvolvimentos, V. dos autores, *Le assicurazioni: manuale teorico-pratico per operatori legali, commercialisti e assicuratori*, Edizioni Simone, Napoli, 1995, págs. 207 e seguintes. Em França, Véronique Nicolas, Droit Des Contrats D'Assurance, Economica, Paris, 2012, págs. 484 e 485, alude ao seguro de saúde como um seguro destinado a limitar as despesas financeiras a cargo da Pessoa Segura.

[41] Cfr. MOITINHO DE ALMEIDA, *O Contrato de Seguro no Direito Português e Comparado*, Livraria Sá da Costa, Lisboa, 1971, pág. 402.

[42] Cfr. PEDRO ROMANO MARTINEZ e outros, *Lei do Contrato de Seguro Anotada*, 3.ª Edição, Almedina, Lisboa, 2016, pág. 577.

saúde» compreende não só as modalidades tradicionais de seguro de doença, que já mencionámos a propósito do constante no RJASR, como também «as despesas resultantes de tratamentos e outras realidades (parto e outras). É orientação que, no seguro de saúde, distingue o seguro de doença em sentido clássico (a alteração involuntária do estado de saúde) do seguro de despesas médicas»[43], em que nem sempre existirá uma alteração do estado de saúde.

Por nós, consideramos que seguro de saúde é o seguro de pessoas que dá cobertura aos riscos relacionados com a saúde que visem o tratamento ou recuperação da mesma, nos termos contratualmente fixados, e que pode abranger a prevenção quando se traduza numa mitigação dos riscos.

5.5. A título exemplificativo refira-se que em Espanha o seguro de doença também conhece várias designações, atendendo às coberturas que estão em causa, embora em Portugal essa distinção seja meramente doutrinal e em Espanha seja legal, distinguindo a lei do contrato de seguro espanhola, no seu art. 105.º, os «Seguros de enfermedad y de asistencia sanitária»[44], bem como o «seguro de dependencia»[45] que teve um tratamento autónomo através da Ley 39/2006, de 14 de dezembro.

6. O seguro de saúde enquanto seguro de pessoas

6.1. O artigo 175.º vem fixar o objeto do seguro de pessoas[46], compreendendo os riscos relativos à saúde e podendo garantir prestações de valor

[43] *Idem*. Sobre o conceito clássico de seguro de doença como estando relacionado com a afetação da saúde através da própria doença ou acidente, V. JEAN BIGOT, *Traité de Droit dês Assurances*, Tome 3, LGDJ, 2002, págs. 110 a 112.

[44] Refere o art. 105.º da lei espanhola (Lei n.º 50/1980, de 8 de Outubro) que «Cuando el riesgo asegurado sea la enfermedad, el asegurador podrá obligarse, dentro de los límites de la póliza, en caso de siniestro, al pago de ciertas sumas y de los gastos de asistencia médica y farmacéutica. Si el asegurador asume directamente la prestación de los servicios médicos y quirúrgicos, la realización de tales servicios se efectuará dentro de los límites y condiciones que las disposiciones reglamentarias determinan». Sobre o seguro de enfermedad V. JOSE LUIZ PEREZ TORRES, *Tratado General de Seguros*, Tomo II, Consejo General de Agentes y Corredores de España, 1986, págs. 287 a 292.

[45] Sobre o seguro de dependência em Espanha V. com interesse ABEL VEIGA COPO, *El seguro de dependencia*, Editorial Comares, Granada, 2008, que ressalta a importância do seguro de dependência para quem precisa de cuidados de saúde em idade mais avançada em interligação com o setor público.

[46] Abrange a cobertura de riscos relativos à vida, à saúde e à integridade física de uma pessoa ou grupo de pessoas (art. 175.º, n.º 1). No domínio do direito italiano ANTIGONO

predeterminado não dependente do efectivo montante do dano e prestações de natureza indemnizatória.

Fazendo a associação com as prestações constantes do Ramo Doença Regime Jurídico de Acesso e Exercício da Atividade Seguradora e Resseguradora (RJASR)[47], podemos ter prestações convencionadas e prestações indemnizatórias.

6.2. O seguro de saúde pode ser contratado como seguro individual ou de grupo (artigo 176.º), sendo individual quando esteja em causa uma das seguintes situações:

a) Uma pessoa individualmente considerada;

b) Agregado familiar;

c) Conjunto de pessoas vivendo em economia comum.

A extensão do seguro individual ao agregado familiar e às pessoas em economia comum é uma especificidade, já que são valorados laços tendencialmente permanentes e que não devem ser encarados como, por exemplo, o vínculo de um trabalhador a uma empresa.

7. Deveres de informação

7.1. Os deveres de informação previstos nos artigos 18.º e 22.º têm particular relevo no contrato de seguro de saúde, nomeadamente no que se refere ao risco a cobrir, exclusões e limitações de cobertura, valor do prémio correspondente, montante máximo a que o segurador se obriga, e a respetiva duração do contrato, que atualmente na sua maior parte terá a duração de um ano, sendo renovável por igual período.

O artigo 23.º vem explicitar as consequências do incumprimento dos deveres de informação, podendo o mesmo dar lugar cumulativamente ou isoladamente a:

- Responsabilidade civil;
- Resolução do contrato.

A responsabilidade civil opera nos termos gerais, ou seja, de acordo com o regime previsto no Código Civil e com os respetivos danos que tenham sido causados.

Donati, Giovanna Volpe Putzolu definem «o seguro contra danos de pessoas (acidentes e doença)» como «garantindo o ressarcimento do segurado decorrentes de uma lesão corporal ou de um estado de doença, que provoca a morte, a deficiência permanente total ou parcial ou uma incapacidade temporária». Cfr. *Manuale di diritto delle assicurazioni*, oitava edizione aggiornata, Giuffré Editore, Milano, 2006, pág. 209.

[47] Aprovado pela Lei n.º 147/2015, de 9 de setembro.

A resolução do contrato tem um prazo para ser exercida de 30 dias a contar da receção da apólice[48], mas há exceções que impedem a resolução, a saber:

- Não ter o incumprimento afetado razoavelmente a decisão de contratar;
- Tenha sido acionada a cobertura por terceiro.

7.2. Caso exista desconformidade entre as informações prestadas sobre o pretendido e oferecido pelas partes e aquilo que consta na apólice, o tomador tem 30 dias a contar da receção da apólice para invocar as divergências que resultem do documento escrito ou outro suporte duradouro (artigo 35.º), já que é a apólice com os seus elementos contratuais mínimos que fixa a base do contrato, refletindo o acordado entre as partes (artigo 37.º).

8. Declaração inicial de risco

8.1. O artigo 24.º vem dispor sobre esta matéria, sendo importante para a aferição de preexistências. Influi não só sobre o prémio como no âmbito de cobertura do próprio contrato.

Relativamente às informações com reflexo na apreciação do risco, refere Carlos Harten que as circunstâncias que devem ser declaradas não são aquelas que têm certa influência na duração da vida do segurado, ou que potencialmente podem causar a morte ou invalidez, mas sim todas as que interferem com a saúde[49].

A lei portuguesa adota uma aceção ampla e flexível da declaração de risco, para que sejam abrangidas todas as circunstâncias que possam refletir-se na apreciação do risco, pelo que deve o tomador ou pessoa segura declarar todas as circunstâncias que conheça e deva ter razoavelmente por significativas para a apreciação do risco[50].

[48] Os efeitos constam do artigo 23.º, n.º 3 do RJCS.

[49] Cfr. Do Autor, *El Deber de declaración del riesgo en el contrato de seguro*, Ratio Legis, Salamanca, 2007, pág. 76. Sobre a declaração inicial do risco em geral V. Luís Poças, *O Dever de Declaração Inicial do Risco no Contrato de Seguro*, Almedina, Coimbra, 2013; Luís Poças, *O dever de descrição exata e completa do risco a segurar*, em Revista Jurídica de Seguros, 2015, págs. 162 a 187; António Menezes Cordeiro, *Direito dos Seguros*, Almedina, Coimbra, 2013, págs. 573 a 586; Júlio Manuel Vieira Gomes, *O dever de informação do (candidato a) tomador do seguro na fase pré-contratual, à luz do Decreto-Lei n.º 72/2008, de 16 de Abril*, em Estudos em Homenagem ao Professor Doutor Carlos Ferreira de Almeida, Almedina, Coimbra, 2011, págs. 387 a 445.

[50] Tem-se aqui que recorrer ao conceito corrente de homem médio para aferir sobre o que é razoável conhecer e declarar, no sentido de avaliar o que um homem médio considera ser

Isto suscita o problema das situações clínicas não diagnosticadas mas existentes anteriormente ao contrato[51]. Os questionários médicos não têm

relevante para um segurador. No entanto, este critério poderá ficar mitigado pela subjetividade da apreciação concreta, quanto ao que seria exigível a determinada pessoa declarar, estando de boa fé, mas sempre amparado por um critério também subjetivo de razoabilidade quanto aos elementos que deva ter por significativos para a apreciação do risco pelo segurador. No âmbito da vigência do Código Comercial entendia a jurisprudência que: *«Constituem motivo de anulabilidade do contrato de seguro as omissões e declarações inexactas que, objectivamente analisadas por um declaratário normal colocado na posição da seguradora (o declaratário real), sejam essenciais para a apreciação do risco por parte desta, sendo susceptíveis de determinar uma diferente decisão por parte da seguradora relativamente à proposta que lhe foi apresentada»*. Cfr. Acórdão do Tribunal da Relação do Porto de 06-11-2007, Proc. 0724884 (Relator: Guerra Banha) em www.dgsi.pt (recolhido em outubro de 2021). Já abordando o RJCS, o acórdão do Supremo Tribunal de Justiça, de 29-06-2017, Proc. 225/14.1TBTND.C1.S1 (Relator: Maria dos Prazeres Pizarro Beleza) em www.dgsi.pt (recolhido em outubro de 2021), pronuncia-se em sentido semelhante ao referir que: *«Nos seguros de saúde, o que o n.º 1 do art. 24.º do RJCS exige ao tomador ou ao segurado é que revele as circunstâncias relativas à saúde do segurado que conhecem no momento da declaração e que, para um segurador medianamente cuidadoso na avaliação dos riscos que assume, são objectivamente de considerar relevantes para a decisão de contratar, ou para a definição concreta do conteúdo dos contratos»*.

[51] Aqui terá que ser apurado, de acordo com cada situação concreta, se a pessoa segura não poderia ignorar aquela doença, bem como observar o que estiver no contrato atendendo ao princípio da autonomia privada, mas se considerássemos uma interpretação extensiva do princípio de cobertura das doenças preexistentes conhecidas da pessoa segura, que por regra e desde que não excluídas por acordo, se consideram abrangidas pelo contrato (art. 216.º, n.º 1), então o mesmo se dirá para a cobertura das doenças não conhecidas segundo a regra de quem pode o mais pode o menos.

É um risco normal para o segurador que, no cálculo do prémio, deverá considerar que pode existir uma maior utilização das garantias do contrato devido à manifestação de uma doença que se venha apurar que a pessoa já detinha há vários anos mas que não sabia. Imagine-se a este propósito os casos de cancro que muitas vezes apenas são detetados após alguns anos. O diagnóstico tardio já é lesivo para a pessoa segura, pelo que, até pela função social do segurador e do próprio seguro de saúde, entendemos que deverão os riscos ser cobertos. No domínio do revogado o art.º 429.º do Código Comercial, entendeu o Supremo Tribunal de Justiça, em acórdão de 24-04-2007, Proc. 07S851 (Relator: Silva Salazar) que «as declarações inexactas e as declarações reticentes determinam apenas anulabilidade do contrato de seguro, desde que respeitem a factos ou circunstâncias conhecidas pelo segurado ou por quem fez o seguro e que fossem susceptíveis de, se conhecidas pela outra parte, influir sobre a existência ou as condições do contrato», o que coloca o enfoque no facto de as circunstâncias serem ou não conhecidas pelo declarante. No mesmo sentido V. Acórdão do STJ, de 02-12-2008, Proc. 08A3737 (Relator: Sebastião Póvoas) referindo que a «Declaração inexacta é a declaração errada que tanto pode ser dolosa como negligente: já a declaração reticente traduz-se na omissão de factos ou circunstâncias que, importando para a avaliação do risco,

que ser absolutamente exaustivos[52], pelo que se o tomador ou pessoa segura conhecer outra circunstância que possa afetar o prémio e âmbito de cobertura do contrato deve declará-la. O RJCS optou pelo regime do "questionário aberto" em vez do "questionário fechado", situação em que caso existisse alguma situação de saúde não questionada o tomador do seguro ou Pessoa Segura não teriam que a declarar[53].

Apesar deste dever de declaração de risco abrangente, para além do questionário, o legislador desvaloriza em prol da segurança contratual a omissão de resposta a pergunta do questionário, a resposta imprecisa, a questão formulada em termos demasiado genéricos, a incoerência ou contradição evidente nas respostas ao questionário, o facto omitido ou inexato conhecido pelo representante do segurador e as circunstâncias públicas e notórias do segurador (n.º 3 do artigo 24.º).

O segurador não pode prevalecer-se das imprecisões e omissões do questionário depois de aceitar o contrato, o que confere um dever de maior cuidado ao mesmo na análise do risco e aceitação do contrato, pois já não poderá vir a invocar aquelas omissões ou inexatidões para anular o mesmo[54].

8.2. No entanto, quando existam omissões ou inexatidões dolosas[55] o contrato torna-se anulável mediante declaração enviada pelo segurador ao tomador do seguro, não tendo que cobrir os riscos de um sinistro que

são do conhecimento do tomador do seguro e interessam ao segurador». É o que decorre atualmente também do artigo 24.º, n.º 1, do RJCS, devendo o tomador ou segurado declarar todas as circunstâncias que conheça e razoavelmente deva ter por significativas para a apreciação do risco pelo segurador. V. os dois acórdãos em www.dgsi.pt (acedidos em setembro de 2021).

[52] Refere Moitinho de Almeida que os inquéritos são por natureza incompletos. Cfr. *Estudo sobre o Contrato de Seguro*, Parte I, Grémio dos Seguradores, 1970, pág. 27. Acrescenta ainda na página 28 da mesma obra que «o questionário traduz-se numa facilitação concedida pelo segurador ao segurado e não parece justo, assim, que possa redundar em prejuízo daquele».

[53] Sobre a distinção dos regimes de questionário aberto e fechado V., com mais detalhe, Marisa Silva Monteiro, *O Contrato de Seguro de Saúde: contributo para a reflexão acerca da delimitação do tipo à luz do elemento risco e da prática do questionário pelo confronto entre os modelos do questionário aberto e fechado*, em Estudo de Direito do Consumidor, n.º 15, Coimbra, 2019, págs. 169 a 254.

[54] Embora o revogado artigo 429.º do Código Comercial referisse como consequência a nulidade, a jurisprudência considerava que existia, na verdade, uma anulabilidade.

[55] Sobre omissões dolosas num seguro de saúde V. o acórdão do Tribunal da Relação de Lisboa, de 21-05-2020, Proc. 7397/17.1T8ALM.L1-2 (relator Gabriela Cunha Rodrigues), onde é referido que:

ocorra até 3 meses após ter tomado conhecimento da omissão ou inexatidão (artigo 25.º)[56].

Quando existam omissões ou inexatidões negligentes nos termos do artigo 26.º, o legislador distingue a situação de ausência de sinistro da situação de ocorrência de sinistro.

Na primeira, o segurador dispõe de um prazo de 3 meses para tomar uma de três decisões:

- Manter o contrato por nada fazer no prazo indicado;
- Propor alteração do contrato;
- Cessar o contrato demonstrando que não celebraria o contrato se conhecesse os riscos em causa.

Na segunda situação, em caso de sinistro, o segurador pode cobri-lo numa base proporcional ao prémio recebido para o risco (caso o facto omitido fosse conhecido pelo segurador).

8.3. As omissões ou inexatidões negligentes têm um tratamento diferenciado[57], prevendo o artigo 26.º diferentes soluções consoante tenha ou não existido sinistro.

«(...) III – Se o segurado omitiu dolosamente informações sobre a sua saúde que eram relevantes para a apreciação do risco pela seguradora, concede-se a esta o direito de opor a anulabilidade do contrato, nos termos do artigo 25.º, n.º 1, do Regime Jurídico do Contrato de Seguros.
IV – O dolo previsto no citado artigo 25.º é o «dolo-vício» ou «dolo-artimanha», por contraposição ao «dolo-culpa», pelo que o segurador terá de demonstrar que o dolo o conduziu ao erro e que, se conhecesse o erro, não teria celebrado o contrato, remetendo-se para o regime dos artigos 253.º e 254.º do Código Civil».

[56] As consequências adicionais à anulabilidade estão previstas nos n.os 4 e 5 do artigo 25.º no que toca à perda do valor prémio pelo Tomador do Seguro. Sobre a anulabilidade por resposta inverídica a um segmento do questionário V. o Acórdão do Tribunal da Relação de Lisboa, de 28-06-2018, Proc. 1462-16.0T8LSB.L1-2 (relator Maria José Mouro), em www.dgsi.pt.

[57] Ao nível do seguro de vida também as omissões negligentes têm um tratamento diferente já que decorridos 2 anos a contar da celebração do contrato, beneficia o tomador da incontestabilidade constante do art. 188.º, n.º 1, não podendo o segurador prevalecer-se de omissões ou inexatidões negligentes na declaração inicial de risco. No entanto, por via do seu n.º 2, tal regime não é extensível às coberturas associadas ao seguro de vida como é o caso da cobertura de acidente, bem como a de invalidez, a não ser que o contrato disponha diferentemente (imperatividade relativa), acolhendo-se aqui uma estipulação que seja mais favorável ao tomador. Assim, o regime dessas coberturas complementares seguirá o respetivo regime, como se o seguro tivesse sido contratado autonomamente, a não ser que o contrato disponha diferentemente.

Quando não exista sinistro, após o segurador ter tomado conhecimento das omissões ou inexatidões pode tomar duas posições alternativas no prazo de 3 meses:

a) Propor alteração do contrato, que para produzir efeitos deve ser aceite[58];
b) Cessar o contrato, desde que demonstre que em caso algum celebra contratos para a cobertura de riscos relacionados com o facto omitido ou declarado inexatamente[59].

Quando exista sinistro e a omissão ou inexatidão tenha influência sobre o mesmo, o n.º 4 do preceito prevê duas soluções:

a) Cobertura numa base proporcional ao prémio recebido para o risco em causa, ou seja, se o risco equivale ao valor 100 e só recebeu prémio por 50, então só irá cobrir metade dos custos do sinistro;
b) Devolução do prémio e a inerente não cobertura do sinistro, mas tendo o segurador que demonstrar que nunca teria celebrado o contrato se conhecesse o facto omitido.

Existindo sinistro, é determinante a existência de causalidade[60] entre o facto omitido e o evento ocorrido que determina o acionamento do contrato.

8.4. A proposta de seguro de saúde efetuada por pessoa singular[61], nos termos do artigo 27.º (valor do silêncio do segurador)[62], tem-se por aceite pelo segurador se este nada disser no prazo de 14 dias após a receção da proposta no local próprio, em impresso do segurador, devidamente preenchido, e restante documentação que tenha sido exigida.

[58] O prazo fixado pelo segurador para aceitação pelo tomador não pode ser inferior a 14 dias, mas também não deve exceder os 20 dias, a não ser que o segurador conceda maior prazo, já que o n.º 2 do preceito vem fixar esse prazo para a produção de efeitos da não resposta, ou seja, caso não responda no prazo de 20 dias o contrato cessa.

[59] Neste caso o contrato só cessa os seus efeitos 30 dias após o envio da declaração.

[60] Sobre a essencialidade da causalidade, V. a anotação de Arnaldo Oliveira na obra de vários autores *Lei do Contrato de Seguro Anotada*, 3.ª Ed., Almedina, Coimbra, 2016, pág. 164, bem como Alfredo de Gregorio e Giuseppe Fanelli, *Il Contrato di Assicurazione*, Giuffrè Editore, Milano, 1987, págs. 84 a 77. Sobre o nexo de causalidade em geral V. Francisco Pereira Coelho, *O problema da causa virtual na responsabilidade civil*, Almedina, Coimbra, 2008.

[61] Só é assumida a tutela do consumidor nos termos previstos na Lei n.º 24/96, de 31 de julho.

[62] Como o artigo 218.º do Código Civil refere que «o silêncio vale como declaração negocial, quando esse valor lhe seja atribuído por lei, uso ou convenção», para os seguros individuais o RJCS confere-lhe esse valor, da mesma forma que já o fazia o Decreto-Lei n.º 176/95, de 26 de julho, em particular no seu artigo 17.º.

Nesta situação, o contrato assume as condições contratuais e a tarifa em vigor na data da celebração atendendo ao que foi proposto, pelo que demonstrando o segurador que em caso algum celebra contratos com as características constantes da proposta, o silêncio deste não produz efeitos, sem prejuízo de eventual responsabilidade civil[63].

No seguro de grupo contributivo em que o segurado seja pessoa singular e o tomador seja mediador com poderes de representação é previsto também um efeito para o silêncio, pelo que se no prazo de 30 dias o segurador não notificar o proponente da recusa ou necessidade de recolher informações essenciais à avaliação do risco, considera-se a adesão efetuada nos termos propostos (art. 88.º, n.º 1 do RJCS).

O silêncio[64] é, assim, uma das formas de conclusão do contrato de seguro de saúde enquanto contrato individual[65], como bem assinala o Acórdão do Tribunal da Relação do Porto quando refere que «Da interpretação das normas do art. 426.º do CCom e 17.º do Regime Jurídico do Contrato de Seguro pode concluir-se que o contrato de seguro surge, tornando-se perfeito, a partir de três momentos distintos:

- o primeiro, o momento da emissão da apólice pela seguradora;
- o segundo, pela aceitação da seguradora da proposta de seguro;
- o terceiro, pelo decurso do prazo de 15 dias após a recepção da proposta pela seguradora e no silêncio desta»[66].

9. A continuidade de cobertura do risco em diferente segurador (a "transferência de seguro")

9.1. Ao longo da vida da Pessoa Segura é natural que a mesma não tenha sempre os seus riscos garantidos junto do mesmo segurador. Embora, por vezes, se mencione a existência de uma transferência de seguro de saúde, neste processo de continuidade de garantia do risco, na verdade, aquilo que ocorre é a contratação de um novo seguro.

[63] A eventual responsabilidade civil refere-se aos danos provocados pela frustração de expectativas derivado da violação do dever de resposta por parte do segurador.

[64] Sobre o valor declarativo do silêncio, V. Paulo Mota Pinto, *Declaração tácita e comportamento concludente no negócio jurídico*, Almedina, Coimbra, 1995, págs. 631 a 689.

[65] O contrato de seguro de grupo terá outras especificidades, não sendo já tutelado um consumidor mas uma empresa, entendeu o legislador que a proteção deve ser diferente e desigual para levar a um tendencial equilíbrio no contrato.

[66] Cfr. Acórdão datado de 08-04-2008, Proc. 821756 (Relator: Vieira e Cunha), em www.dgsi.pt. A referência à sigla "CCom" significa "Código Comercial".

Quando um tomador de seguro decide mudar de segurador, celebrando novo contrato com este, pode ocorrer, principalmente, uma de duas situações:

a) Não existe garantia de continuidade do risco, sendo aplicáveis as exclusões de preexistências quanto a problemas de saúde manifestados durante o anterior contrato; ou
b) Existe garantia de continuidade na cobertura do risco, sendo acautelada a não aplicação de exclusão de preexistência ocorrida no contrato anterior ou outros.

A análise de risco efetuada a cada situação concreta pelo segurador ou as práticas de subscrição de cada um determinará qual das opções será utilizada.

9.2. O RJCS não prevê esta situação específica, nem nos artigos específicos do seguro de saúde, nem na sua parte geral. O artigo 95.º faz apenas referência à transmissão de seguro no sentido de ser o tomador do seguro a transmitir a sua posição contratual, o que não é aqui aplicável. O artigo 97.º, n.º 2, do RJCS faz menção à transferência de seguro, mas é apenas para situações em que existe transmissão do bem, pelo que também não é aqui relevante.

No artigo 6.º do Decreto-Lei n.º 158/2002, de 2 de julho (Regime Jurídico dos Planos de Poupança Reforma e Educação) prevê-se a situação da transferência dos planos poupança, sendo definido um prazo para que tal ocorra[67]. Contando que o novo segurador pretenda garantir a continuidade do risco, esta é uma matéria que poderá merecer aprofundamento legal em sede de RJCS, com as devidas adaptações[68], na matéria das preexistências. Com efeito, o alargamento do número de pessoas com garantias de seguro de saúde faz com que as pessoas seguras pretendam manter as garantias como

[67] Sobre esta matéria V. o nosso *O Regime Jurídico do Planos Poupança Reforma*, Revista de Direito e de Estudos Sociais (Separata), Janeiro-Dezembro 2016, Ano LVII (XXX da 2.ª Série, N.º 1-4, Almedina, Coimbra, págs. 327 a 378.

[68] O seguro de saúde tem, essencialmente, base contratual com algumas especificidades legais, pelo que, na prática, são realidades diferentes. Nos PPR existe um conteúdo contratual muito semelhante com base na lei, em que a pessoa (o participante) apenas transfere um valor que estava aplicado. Num seguro de saúde apenas antevemos (embora não seja impossível outra solução) que apenas seja garantida uma não aplicação de preexistências, já que cada segurador tem as suas condições contratuais e seria muito complexo assumir as condições contratuais de outro. Note-se que, nos seguradores, cada produto tem uma parametrização informática e todo um mundo de detalhes que a mais das vezes não é diretamente visível e que uma multiplicidade de condições contratuais também tornaria a tarefa da gestão de sinistro mais difícil e lenta.

se não tivessem mudado de segurador, onde este não poderia aplicar o regime do agravamento do risco [artigo 215.º, alínea a)][69].

Na prática, a aceitação pelo segurador de uma proposta de seguro de saúde, entendida como um novo contrato com salvaguarda das preexistências ocorridas no anterior contrato, reflete-se, habitualmente, numa previsão em sede de Condições Particulares, o que poderá estar restringido a apenas algumas das coberturas.

Como as coberturas, bem como o seu âmbito e limites, variam de segurador para segurador e mesmo de produto para produto[70] do mesmo segurador, não teremos uma transferência de seguro propriamente dita[71], embora se aceite e perceba o seu sentido corrente enquanto continuidade de garantia do mesmo risco por diferente segurador se garantidas as doenças detetadas na vigência desse contrato anterior. Dificilmente um segurador assume as condições contratuais, de forma plena, de outro segurador, mas existem similitudes em coberturas de ambulatório e internamento que

[69] Neste sentido, quando o Tomador do Seguro decide mudar de segurador, em particular quando tenham sido detetadas várias doenças ao longo do tempo, deve ponderar se vale a pena, ainda que o prémio seja mais baixo, se não forem aceites essas preexistências pelo novo segurador. Há também que ter em consideração que essas doenças detetadas, que tenham originado pagamento de cuidados de saúde, terão feito com que o anterior segurador, no quadro de um seguro anual renovável, tenha aumentado prémios para fazer refletir a sinistralidade no prémio, pelo que será natural que o novo segurador, no quadro de avaliação do risco também tenha em conta no prémio o maior potencial de sinistralidade (caso aceite as doenças preexistentes detetadas no anterior contrato).

[70] Note-se que quando um tomador de seguro muda, no mesmo segurador, para outro produto com mais garantias ou capitais, só não será aplicada a exclusão das preexistências (quando tenham surgido na decorrência do contrato que estava em vigor) aos capitais da mesma cobertura no contrato antigo. Assim, tipicamente, novas coberturas e capitais estão sujeitas a preexistências. A não ser assim, seria suficiente um tomador do seguro ter um seguro com capitais baixos (pagando também um prémio de seguro baixo) e quando tivesse um problema de saúde mais grave (de que ainda não tivesse dado conhecimento ao Segurador) pediria antecipadamente um aumento de capitais ou alteração para produto com mais garantias. Para além das questões relativas a omissões negligentes ou dolosas, tal situação levaria ao desequilíbrio dos contratos afetando os princípios da técnica seguradora.

[71] Embora, na prática, o termo "transferência de seguro" seja um termo corrente e mais fácil de utilizar, o mesmo deverá ser entendido, por regra, como um contrato que permite dar continuidade à garantia da cobertura do risco, o que acontece na generalidade dos contratos nos vários ramos (por exemplo, automóvel), sem que se possa referir que há uma transferência de seguro simplesmente porque foi efetuado um novo contrato de seguro obrigatório de responsabilidade civil automóvel junto de outro segurador.

podem permitir um acordo entre as partes quanto a uma aplicação mais restrita das preexistências[72].

Nesta cobertura, da continuidade da cobertura por diferente segurador, poderá ainda ser relevante uma nova realidade, a dar os primeiros passos, o *Open Insurance.*

A EIOPA[73] tem estudado o assunto e no Brasil[74] já existiram maiores desenvolvimentos no sentido de serem partilhados dados entre seguradores, com o devido consentimento dos titulares dos dados. O *Open Insurance* tem algumas similitudes com o direito à portabilidade dos dados previsto no artigo 20.º do Regime Geral sobre a Proteção de Dados, mas vai mais além. O Open Insurance pretende operacionalizar e padronizar a partilha de dados através da integração de sistemas, o que poderá vir a trazer várias vantagens no futuro no campo dos seguros de saúde.

10. Os exames médicos e a divulgação das informações

10.1. Como já vimos, a declaração de risco (artigo 24.º) é um momento essencial na formação do contrato e na determinação do seu conteúdo ou decisão de não contratação por parte do segurador, sendo que num seguro de saúde está em causa a declaração sobre o estado da saúde. Os exames médicos[75] (artigo 177.º) são um meio auxiliar essencial na avaliação do risco[76].

[72] Recorde-se que nos termos do artigo 216.º, n.º 1, do RJCS, "As doenças preexistentes, conhecidas da pessoa segura à data da realização do contrato, consideram-se abrangidas na cobertura convencionada pelo segurador, podendo ser excluídas por acordo em contrário, de modo genérico ou especificadamente". Embora a regra seja a cobertura das doenças preexistentes, na prática a regra é a exclusão devido à previsão contratual de exclusão de doenças preexistentes.

[73] Cfr. https://www.eiopa.europa.eu/browse/digitalisation-and-financial-innovation/open-insurance_en (acedido em novembro de 2022).

[74] Cfr. a iniciativa da SUSEP em https://www.gov.br/susep/pt-br/assuntos/open-insurance (acedido em novembro de 2022).

[75] Caso abranjam testes genéticos e utilização dessa informação deve-se observar o disposto na Lei n.º 12/2005, de 26 de janeiro, dispondo o seu artigo 12.º, n.º 2 que «as companhias de seguros não podem pedir a realização de testes genéticos aos seus potenciais segurados para efeitos de seguros de vida ou de saúde ou para outros efeitos». Sobre os testes genéticos no direito comparado V. David Bardey e Philippe de Donder, *Tests génétiques et assurance santé une tension exacerbée,* em Risques n.º 103, Paris, 2015, págs. 75 a 80.

[76] V. sobre este assunto Marcel Fontaine, *Droit des Assurances,* Troisiéme édition, Larcier, Bruxelles, 2006, pág. 474.

10.2. A realização de exames médicos tem duas vertentes, a saber:

a) Informação antes dos exames, através da entrega de documento, com um conjunto de elementos[77] que permitem ao potencial segurado conhecer a identificação dos exames, onde podem ser realizados, o respectivo custo e a pessoa ou entidade que vai receber o resultado dos exames e relatórios dos actos que existam (artigo 178.º, n.º 1);
b) Informação posterior aos exames, sobre quando e a quem será fornecida (artigo 178.º, n.ºs 3 a 6).

10.3. A questão que se suscita quanto à informação prévia à realização dos exames é a de saber qual a consequência da violação do dever de informação por parte do segurador, ao qual cabe fazer prova do seu cumprimento.

Atendendo a que a não realização de exames exaustivos não prejudica o dever geral do proponente de declarar todas as circunstâncias que conheça, que possam ter influência no prémio, consideramos que o incumprimento dos vários deveres de informação por parte do segurador apenas tem reflexo[78] prático na informação relativa ao custo dos exames. Nessa situação o segurador deverá assumir o custo dos mesmos caso estes não tenham sido comunicados, ou seja, o ónus de informar constante do artigo 178.º, n.º 2, relativamente aos deveres do segurador constantes das quatro alíneas do n.º 1 do artigo 178.º só tem aplicabilidade prática na alínea c)[79].

No que se refere ainda à violação do dever de informar sobre a discriminação exaustiva sobre os exames a realizar, consideramos que de forma mais remota será sustentável a existência de responsabilidade civil do segurador quanto a exames que a pessoa não quisesse efetuar, seja por uma questão de dignidade ao realizar um exame incomodativo, seja por uma questão de privacidade e que na situação concreta do exame não tivesse conseguido evitar.

[77] O segurador fica com o ónus da prova relativamente à comunicação de todos os elementos constantes do artigo 178.º, n.º 1.

[78] Relativamente às informações constantes da alínea a) e b) do art. 178.º, a não informação leva à impossibilidade prática de realizar os exames, mas se a falta de informação não afetar a realização dos exames, a única sanção a aplicar será a da responsabilidade geral, conforme prevê o art. 23.º, n.º 1.

[79] A alínea c), do n.º 1, vem dispor que antes da realização dos exames o segurador deve entregar ao candidato «Informação sobre o regime de custeamento das despesas com a realização dos exames e, se for o caso, sobre a forma como o respectivo custo vai ser reembolsado a quem o financie».

Em resumo, o incumprimento do dever de informar por parte do segurador leva-o a um dever de indemnizar nos termos gerais relativamente aos elementos que não comunicou e cuja informação era determinante para o proponente decidir sobre se realizava os exames, seja pelos exames que estejam em causa, seja pelo custo dos mesmos[80].

10.4. A comunicação do resultado dos exames médicos, sendo um direito dos segurados ou proponentes, tem um conjunto de regras que devem ser respeitadas de modo a proteger a confidencialidade dos dados[81]. Temos aqui que distinguir duas situações:

a) Quando o contrato é aceite sem qualquer restrição ou agravamento, em que o segurador só informa a pessoa segura ou a quem esta indique quando solicita expressamente o resultado dos exames médicos (art. 178.º, n.º 3);
b) Quando o contrato não é aceite ou é aceite em condições especiais (art. 178.º, n.º 5), em que entendemos que para além dos resultados poderem ser solicitados pelo proponente ou segurado (art. 178.º, n.º 6), por força do artigo 15.º, o segurador é obrigado a fundamentar, sem que exista solicitação nesse sentido, sobre os efeitos dos resultados médicos que derivaram numa recusa de celebração ou agravamento do respetivo prémio[82].

[80] No caso do custo o valor a indemnizar e reembolsar ao proponente será o do valor despendido com os exames, já no caso da discriminação dos exames há um grau de indeterminação sobre a indemnização devido à subjetividade do sofrimento e transtorno causado.

[81] Sobre a confidencialidade e o acesso a dados pessoais de saúde por parte de empresas de seguros do ramo «vida» e familiares dos titulares dos dados V. a Deliberação n.º 72/2006, de 30 de maio, da Comissão Nacional de Protecção de Dados (CNPD), acessível em http://www.cnpd.pt/bin/decisoes/2006/htm/del/del072-06.htm (recolhido em Maio de 2009). Sobre o entendimento da CNPD relativamente à disponibilização de elementos clínicos às empresas de seguros para efeitos de faturação V. Deliberação n.º 88/2006, de 19 de Junho, acessível em http://www.cnpd.pt/bin/decisoes/2006/htm/del/del088-06.htm (recolhido em maio de 2009).

[82] Refere o disposto no artigo 15.º, n.º 4 que «Sem prejuízo do disposto no número anterior, em caso de recusa de celebração de um contrato de seguro ou de agravamento do respetivo prémio em razão de deficiência ou de risco agravado de saúde, o segurador deve, com base nos dados obtidos nos termos do número anterior, prestar ao proponente, sem dependência de pedido nesse sentido, informação sobre o rácio entre os fatores de risco específicos e os fatores de risco de pessoa em situação comparável mas não afetada por aquela deficiência ou risco agravado de saúde, nos termos dos n.os 3 a 6 do artigo 178.º». Sobre a discriminação V. ainda a Lei n.º 46/2006, de 28 de agosto, que constituiu o impulso do artigo 15.º do RJCS e

A comunicação dos resultados médicos, de acordo com o previsto no artigo 178.º, n.º 4, deveria ser feita por um médico[83]; salvo se as circunstâncias forem já do conhecimento da pessoa segura ou se puder supor, à luz da experiência comum, que já as conhecia. No entanto, há que enquadrar este artigo. Quando em 2008 foi aprovado o RJCS, estava vigente a versão originária da Lei n.º 12/2005, de 26 de janeiro, a qual dispunha no seu artigo 3.º, n.º 3, que «o acesso à informação de saúde por parte do seu titular, ou de terceiros com o seu consentimento, é feito através de médico, com habilitação própria, escolhido pelo titular da informação».

Esta disposição foi revogada, pelo que a redação atual daquele artigo 3.º, n.º 3, prevê que «o acesso à informação de saúde por parte do seu titular, ou de terceiros com o seu consentimento ou nos termos da lei, é exercido por intermédio de médico, com habilitação própria, se o titular da informação o solicitar». Esta parte final coloca como determinante a escolha do titular dos dados. Assim, se quiser receber diretamente os dados, por regra[84], tal poderá ocorrer.

Desta forma, o artigo 178.º, n.º 4, do RJCS terá que ser lido em conjunto com a Lei n.º 12/2005, de 26 de janeiro, bem como com a Lei de Bases da Saúde[85], a qual expressamente prevê o direito de acesso direto à informação

que prevê como contraordenação a existência de discriminação na contratação de seguros, particularmente seguros de vida associados ao crédito habitação.

[83] Esta previsão representa também uma opção diferente face à facultatividade expressa no artigo 7.º da Lei n.º 26/2016, de 22 de agosto (que regula o acesso aos documentos administrativos), o qual refere no seu n.º 1 que «O acesso à informação de saúde por parte do seu titular, ou de terceiros com o seu consentimento ou nos termos da lei, é exercido por intermédio de médico se o titular da informação o solicitar, com respeito pelo disposto na Lei n.º 12/2005, de 26 de janeiro». Sobre a informação de saúde V., por exemplo, Sérgio Deodato, *A proteção da informação de saúde*, Revista Forum de Proteção de Dados (CNPD), Lisboa, 2017, págs. 60 a 69.

[84] Podem existir situações excecionais em que tal acesso direto não proteja convenientemente o titular dos dados, pelo que o artigo 3.º, n.º 2, prevê que «O titular da informação de saúde tem o direito de, querendo, tomar conhecimento de todo o processo clínico que lhe diga respeito, salvo circunstâncias excepcionais devidamente justificadas e em que seja inequivocamente demonstrado que isso lhe possa ser prejudicial, ou de o fazer comunicar a quem seja por si indicado».

[85] Também a Lei de Bases da Saúde, aprovada pela Lei n.º 95/2019, de 4 de setembro, reafirma na Base 2 o princípio que já decorria da alteração à Lei n.º 12/2005, de 26 de janeiro, quando dispõe que:

"1 – Todas as pessoas têm direito:

sem necessidade de intermediação de médico, sendo uma matéria que se justificará ponderar em futura revisão do RJCS[86].

Voltando apenas à leitura do artigo 178.º, ainda assim existem situações em que se prevê que a pessoa possa receber os dados sem intermédio de médico. É disso exemplo se o proponente tiver declarado previamente ao segurador ter diabetes e o resultado dos exames confirmar essa circunstância. Do mesmo modo, se forem efetuados exames que detetem uma doença e que a pessoa segura toma medicação para a mesma, poderá o segurador supor que esta já conhecia a doença.

Quanto ao meio através do qual o médico ou segurador efetua a comunicação do resultado dos exames, tal aspeto não é determinado diretamente pela lei, mas atendendo ao princípio de obrigação de confidencialidade que subjaz a esta matéria, a comunicação pode ser efetuada por qualquer meio desde que garanta a mesma. Por exemplo, a transmissão por telefone não será um meio suscetível de comunicação, se não for possível verificar a identidade da pessoa, já que não garantidas as regras de confidencialidade e proteção de dados[87].

11. O impacto das regras da discriminação nos seguros de saúde

11.1. O regime legal relativo à discriminação em seguros de saúde, sem prejuízo de outras fontes[88], assenta nas disposições seguintes:

a) O artigo 15.º do RJCS
b) Os artigos 5.º a 7.º da Lei n.º 14/2008, de 12 de março

(...) g) A aceder livremente à informação que lhes respeite, sem necessidade de intermediação de um profissional de saúde, exceto se por si solicitado;".
Embora já decorresse da lei a regra de a intervenção do médico apenas se verificar em situações excecionais ou quando não fosse possível apurar a vontade do titular da informação, a Base 2 deixa clara a desnecessidade da intermediação de um profissional de saúde.

[86] Sobre a matéria de acesso a dados de saúde no quadro de um contrato de seguro V., no direito comparado (Bélgica), Claude Devoet, *Assurance maladie privée: questions choisies*, em Bulletin des Assurances, n.º 412-3, Antuérpia, 2020, págs. 242 a 250.

[87] Note-se que os dados de saúde, ao abrigo do artigo 9.º do Regulamento Geral sobre a Proteção de Dados, constituem uma categorial especial de dados que merecem uma especial proteção.

[88] A Lei n.º 46/2006, de 28 de agosto, também é relevante para enquadramento do tema da discriminação, mas não se relaciona, ao menos diretamente, com seguros de saúde.

Esta é uma matéria com muito detalhe, já tratada por nós noutros artigos[89], pelo que se pretende aqui apenas dar pequenas notas no que é mais diretamente aplicável aos seguros de saúde.

11.2. Relativamente ao artigo 15.º do RJCS, a ASF entende que o mesmo é aplicável aos seguros de saúde, tendo emitido entendimento nesse sentido, ao referir que: *«(...) considerando que o Art.º 216.º do RJCS é limitado pelo regime especial da proibição das práticas discriminatórias previsto no já referido Art.º 15.º, as exclusões com invocação de pré-existências só serão admissíveis se forem justificadas nos termos da lei, nomeadamente nos termos do previsto no n.º 3 deste último artigo. (...)»*[90].

Embora se perceba o entendimento da ASF, os seguros de saúde representam uma realidade muito própria, já que são contratos em que, como já referimos, são tendencialmente de utilização sucessiva e em que podem estar em causa despesas relacionadas com uma determinada preexistência. O regime legal não proíbe a existência de exclusão de preexistências, cuja não cobertura é facilmente percebida por um Tomador do Seguro.

No nosso entendimento, tal matéria carece de maior clarificação legal para adaptação às especificidades do seguro de saúde. Apenas situações de agravamento de prémio com fundamento numa preexistência ou a aplicação de um período de carência serão situações mais claras de necessidade de aplicação do artigo 15.º, com informação sobre o rácio aplicável. Se numa situação limite, um seguro de saúde apenas se destine a cobrir despesas

[89] Este tema tem muitos detalhes, já abordados por nós em dois artigos, para os quais remetemos, ou seja, *A discriminação e a avaliação do risco nos seguros*, em Revista de Direito e de Estudos Sociais, Ano 52, n.ºs 3-4 (25 da 2.ª Série) (Julho-Dezembro, 2011), Almedina, Coimbra, 2012, págs. 213 a 315 e *O regime jurídico da discriminação aplicável aos seguros: presente e futuro*, em Revista Fórum, n.º 31, Ano XIV, Instituto de Seguros de Portugal, Lisboa, 2012, págs. 28 a 59 (acessível em www.asf.com.pt). Esta matéria será afetada pela denominada Lei n.º 75/2021, de novembro, denominada "Lei do Esquecimento", que altera o 15.º e adita dois artigos ao RJCS. Sobre esta Lei n.º 75/2021, V. Luís Poças, A Lei 75/2021, o direito ao esquecimento e os seguros, *Revista de Direito Comercial*, 2022, acessível em: www.revistadedireitocomercial.com (acedido em novembro 2022).

[90] V. entendimento publicado, a 12 de fevereiro de 2010, no sítio de internet da ASF em www.asf.com.pt (acedido em outubro de 2021), onde também se refere quanto à abrangência da potencial discriminação que abrange: «(...) a aplicação de condições diferenciadas que não se esgotam no mero agravamento tarifário, abrangendo esta última situação a diferenciação ao nível das franquias e/ou dos escalões de indemnização, dos períodos de carência e das exclusões de coberturas específicas, bem como outros casos que impliquem uma diferenciação ou tratamento menos vantajoso face a outra pessoa em situação comparável (...)».

com uma determinada doença e a pessoa já tenha essa doença antes da contratação, sendo assim preexistente, a pessoa estará fora do mercado-alvo[91] do produto (caso exista uma exclusão de doenças preexistentes, como habitualmente existe). Nesta situação, aplicar o artigo 15.º do RJCS poderá ser um exercício difícil e desprovido de sentido.

11.3. Quanto às previsões da Lei n.º 14/2008, de 12 de março, que trata da matéria da discriminação em razão do género, são particularmente relevantes os artigos 5.º a 7.º. O artigo 5.º impede que o segurador recolha informação relativamente a uma situação de gravidez. Esta previsão é ainda coordenada com o previsto no artigo 7.º, o qual dispõe que «Os custos relacionados com a gravidez e a maternidade não podem resultar numa diferenciação de prémios e prestações dos contratos de seguro e outros serviços financeiros»[92].

Assim, não só não é possível aos seguradores questionarem, antes da contratação, sobre uma eventual situação de gravidez, como os custos relacionados com gravidez e maternidade não podem ser imputados apenas às Pessoas Seguras que possam beneficiar dessas coberturas. Tal significa que esses custos têm que ser repartidos nos prémios para toda a carteira[93], sendo imputados também a homens, bem como mulheres em idades em que a gravidez e maternidade não seja um objetivo ou preocupação.

12. A pluralidade de seguros de saúde

12.1. Tal como na generalidade dos seguros de danos (art. 133.º), o art. 180.º, n.º 1, enquanto regra para os seguros de pessoas prevê a possibilidade de cumulação de seguros, ainda que estejam dependentes da verificação de um mesmo evento, abrangendo tal princípio os seguros de saúde.

12.2. No entanto, se para os restantes seguros de pessoas existe a condição do tomador do seguro ou segurado informar o segurador da existência

[91] Note-se que o Regulamento Delegado n.º 2017/2358, de 21 de setembro de 2017, que complementa a Diretiva (UE) 2016/97 do Parlamento Europeu e do Conselho no que diz respeito aos requisitos de supervisão e governação de produtos aplicáveis às empresas de seguros e aos distribuidores de seguros, prevê no seu artigo 5.º a obrigação de definir um mercado-alvo para cada produto.

[92] Esta é solução que decorre de uma imposição da Diretiva 2004/113/CE, de 13 de dezembro de 2004, em particular do previsto nos seus artigos 4.º e 5.º.

[93] No sentido de a tarifa dever ser comum aos dois géneros V. o entendimento da ASF, publicado no Relatório de Regulação e Supervisão da Conduta de Mercado – 2009, Instituto de seguros de Portugal, Lisboa, 2010, pág. 50.

ou da contratação de seguros relativos ao mesmo risco, essa obrigação não se aplica aos seguros de saúde [art. 215.º, alínea b)].

Deste modo, o tomador ou segurado solicita as prestações indemnizatórias ao segurador que pretender, de acordo com o âmbito das coberturas que tiver contratado.

Esta exceção não tem paralelo em qualquer outro tipo de seguro e demonstra a preocupação superior do legislador com o seguro de saúde na proteção da saúde do cidadão, dando um cariz ainda mais social à função dos seguradores.

13. A duração dos contratos de seguro de saúde

13.1. Embora em Portugal exista uma clara predominância nos contratos de seguro renováveis por um ano, estes podem ser feitos com longa duração[94], o que fixa o conteúdo do contrato por um período que dá mais garantias ao segurado, ainda que seja natural um prémio também maior devido à previsibilidade de custos em idade mais avançada e a eventual impossibilidade, se tal for ajustado, de o segurador alterar as coberturas e aumentar o prémio anualmente de acordo com a utilização que seja feita do contrato[95].

Estaremos perante um contrato de saúde de longa duração quando este tenha uma duração de pelo menos cinco anos (art. 113.º), sendo que a apólice, para além dos elementos mencionados pelo art. 37.º, deve, quando seja o caso, precisar, em caracteres destacados: a) A extinção do direito às garantias; b) A eventual extensão da garantia para além do termo do contrato; c) O regime de evolução e adaptação dos prémios na vigência do contrato (art. 179.º).

13.2. Quando nada seja referido no contrato relativamente ao prazo do mesmo, vem o artigo 40.º do RJCS resolver essa omissão fixando que o contrato vigora pelo prazo de 1 ano. Se nada for dito relativamente às prorrogações funciona o mesmo princípio, pelo que dispõe o artigo 41.º que, no final do contrato com a vigência de 1 ano, prorroga-se sucessivamente sempre pelo período de mais um ano.

[94] O que poderá corresponder ao seguro de dependência existente em Espanha, dependendo das condições contratuais que sejam ajustadas, e que se destina a precaver situações de prémios demasiado elevados em idade avançada e providenciar coberturas ajustadas a quem por exemplo necessita do apoio de uma 3.ª pessoa.

[95] Uma previsão contratual que estipulasse que após uma determinada utilização das garantias do contrato em determinado ano, daria lugar a um ajustamento proporcional do prémio poderá ter o mesmo resultado que um seguro anual renovável.

14. A cobertura do risco

14.1. O artigo 42.º vem fixar uma grande amplitude relativamente à data de início de cobertura, já que pode ser fixada uma data anterior à celebração do contrato, mas com uma condição e uma limitação:

a) A condição: Existir pagamento do prémio relativamente ao período fixado (artigo 59.º);
b) A limitação: Não cobertura de sinistros anteriores à data de celebração do contrato quando o tomador do seguro ou o segurado deles tivesse conhecimento nessa data (artigo 44.º, n.º 2).

Ao nível de um seguro de saúde não vemos que seja fácil fixar uma data de cobertura anterior à data de celebração do contrato, pois o tomador (pessoa singular) ou o segurado, caso tenham algum problema de saúde, terão em princípio conhecimento directo dos seus efeitos durante o prazo anterior à celebração do contrato, pelo que existindo um sinistro anterior conhecido pelo tomador, o segurador não o deve cobrir. Assim, se existir uma fratura de um osso não seria razoável o tomador ou segurado invocar desconhecimento.

Relativamente a doenças que ainda não se manifestaram, o tomador não tem interesse em estar a pagar um prémio relativamente a um período pelo qual não teve conhecimento de qualquer problema de saúde, pois no limite então teria que pagar os prémios desde o início da sua vida.

De todo o modo, conforme se verá pelo regime constante do art. 216.º[96], ficam abrangidos os eventos que, embora possam ser diagnosticados como tendo começado antes da celebração do contrato, sejam desconhecidos por não terem qualquer manifestação externa[97] que permita ao segurador invocar que o tomador ou segurado não poderiam deixar de conhecer[98].

Mas há um aspeto importante que não se poderá deixar de considerar: a regra é que o contrato vigora para o futuro, sendo a exceção a cobertura de período anterior ao da celebração do contrato e cuja fixação está dependente de um interesse legítimo do tomador ou segurado. É o princípio imposto pelo artigo 43.º n.º 1 do RJCS, pois o segurado deve ter um interesse digno de proteção legal relativamente ao risco coberto, sob pena de nulidade do

[96] V. Ponto 15.

[97] Por manifestação externa entendemos não só o que é visível como o mal-estar provocado pelo acidente ou doença, embora em caso de acidente ainda seja mais difícil sustentar o não conhecimento.

[98] A apreciação terá que ser feita caso a caso e face às provas existentes para apurar se houve alguma omissão na declaração.

contrato, pelo menos relativamente ao período temporal anterior à celebração do contrato.

As circunstâncias que ditam a cobertura de um período anterior ao da celebração do contrato devem ser apreciadas pelo segurador atendendo às justificações concretas apresentadas pelo tomador do seguro, que demonstrem um interesse legítimo e enquadrado no respeito pelas várias disposições legais sobre o âmbito de cobertura de um contrato de seguro.

Interessa afinal apurar a existência de uma álea[99] relativamente ao período anterior à celebração do contrato, pelo qual importe receber o prémio para cobertura do risco.

14.2. Os riscos a cobrir também dependem do capital fixado[100], pelo que embora o artigo 49.º do RJCS mencione que cabe ao tomador do seguro indicar o valor a segurar, o mais comum é o tomador escolher entre os produtos existentes no segurador o que mais lhe convém, atendendo aos capitais, franquias e coberturas.

Em princípio, quanto maiores os capitais, maior o prémio, quanto maiores as franquias, menor o prémio; e quanto mais coberturas existirem, tendencialmente maior será também o prémio. Em suma, quanto maior o risco, atendendo aos elementos de cada segurado e ponderados todos os fatores relacionados com a amplitude dos gastos monetários a suportar pelo segurador, maior será o prémio. Um seguro de saúde com um prémio mensal de 20 euros não terá – com o mesmo segurador – a mesma cobertura de risco que um seguro de saúde cujo prémio se fixe em 40 euros.

14.3. Após o início do contrato de um seguro de saúde, caso exista um agravamento do risco relacionado exclusivamente com a saúde, este não

[99] Sobre a álea no contrato e na mutualidade, V. Françoise Chapuisat, *Le Droit des Assurances*, Presses Universitaires de France, Paris, 1995, págs. 12 a 14. Sobre a mutualidade enquanto elemento típico do contrato de seguro pronunciava-se Pedro Martinez no sentido que «pela mutualidade, muitos pagam os prémios estabelecidos, para que somente alguns sejam indemnizados dos prejuízos que sofreram». Cfr. do autor, *Teoria e Prática dos Seguros*, Lisboa, 1953.

[100] Nem poderia ser de outra forma, já que o prémio pago depende das coberturas e capitais contratados. Ainda assim, os tribunais já se pronunciaram sobre a questão dos limites da responsabilidade do segurador. V., por exemplo, o Acórdão do Tribunal da Relação de Lisboa, de 06-07-2018, Proc. 7983/15.4T8LSB.L1-6 (relator Maria de Deus Correia), onde se refere que: *«I – No âmbito de um contrato de seguro de saúde, a Seguradora só poderá ser responsabilizada a pagar o valor máximo dentro das coberturas existentes na apólice em questão.*
II – Não pode a Seguradora ser responsabilizada por danos que embora sofridos pelo Segurado não resultam do incumprimento do contrato de seguro».

deverá ser comunicado ao segurador [art. 215.º, al. a)]. Esta situação é uma derrogação do princípio constante dos artigos 91.º a 94.º de que o contrato em vigor deve refletir o risco atual[101].

É o reconhecimento natural que com o envelhecimento a pessoa segura tende a agravar o seu risco, não devendo ser prejudicada por esse facto. A adequação do prémio ao risco coberto tem um momento próprio para atualização, que é o da renovação do contrato, em que podem ser alteradas as condições contratuais e o prémio, desde que respeitado o pré-aviso.

14.4. Já quando exista uma diminuição do risco (art. 92.º) nada impede que seja comunicado, por ser favorável ao tomador ou segurado, sendo que tal circunstância deve-se refletir no prémio através da diminuição respetiva do mesmo. A lei deixa em aberto a data a partir da qual deve ser feito o ajustamento no prémio e o estorno do prémio já pago.

Na primeira situação relativa ao ajustamento do prémio, não se justifica alteração contratual aos períodos de vencimento e renovação, pelo que poderá ser feita atualização no primeiro recibo a ser emitido desde que a comunicação da diminuição de risco seja anterior. Na segunda situação sobre o estorno, parece-nos que deverá existir estorno calculado a partir da data da comunicação, já que estando o prémio pago e sabendo o segurador que o risco que cobre é menor, está a receber prémio sem risco.

Assim, do mesmo modo que para os seguros em geral, caso não tenha existido declaração de risco consentânea com a realidade e exista sinistro, o segurador cobre na proporção do prémio que recebeu, também deverá estornar o prémio proporcional que não esteja a cobrir risco[102].

15. As doenças preexistentes

15.1. A regra quanto às doenças preexistentes e conhecidas da pessoa segura é que estão cobertas se não forem excluídas pelo próprio contrato, de modo genérico ou especificamente (art. 216.º, n.º 1)[103].

[101] Ainda que tenha existido dolo no agravamento do estado de saúde (por exemplo, automutilações), tal não terá que ser comunicado já que a causa que dá lugar ao agravamento não é valorada pelo segurador.

[102] Entre os exemplos que poderemos dar para a verificação da diminuição de risco e que normalmente provocam exclusões nos contratos ou agravamentos no prémio identificamos o consumo de álcool, tabaco ou drogas, bem como circunstâncias relacionadas com o trabalho. O mineiro que muda de profissão ou o barman de um bar de fumadores têm uma diminuição do risco de saúde.

[103] Sobre as cláusulas de condição preexistente V. ROBERT H. JERRY, *Understanding Insurance Law*, Second Edition, Mathew Bender, 1996, pág. 429.

Atendendo a que estão em causa doenças conhecidas da pessoa segura, esta tem a obrigação de as declarar antes da celebração do contrato, sob pena de se aplicar o regime previsto no art. 25.º, já que este é também, como não poderia deixar de ser, o momento para aferir a existência de alguma preexistência[104].

Nas exclusões por acordo de modo genérico podem as partes simplesmente referir que se excluem todas as coberturas que dêem lugar à prestação de cuidados de saúde relacionadas de modo direto ou indireto com aquela doença[105]. Nas exclusões de modo específico as partes podem acordar, por exemplo, em retirar das coberturas do contrato a fisioterapia, se essa for a cobertura de maior utilização associada à doença e que se prolongará por vários anos. Remetendo o art. 216.º, n.º 1, para o acordo entre as partes, dentro da autonomia privada, o facto de serem exclusões genéricas ou específicas torna-se redundante, tendo apenas a função de clarificar e estimular o acordo entre as partes.

O facto de o preceito obrigar a um acordo entre as partes para a exclusão, faz com que surja na apólice, de forma expressa, a exclusão em causa, para que a pessoa segura não presuma a sua cobertura. Atendendo a que cabe ao segurador decidir sobre os riscos que pretende cobrir, esta exclusão por acordo entre as partes tem, assim, essencialmente uma função informativa.

15.2. O art. 216.º, n.º 2, vem prever a possibilidade de existência de um período de carência não superior a um ano para a cobertura de doenças preexistentes. Caso o segurador tenha dúvidas se uma doença voltará a ter manifestações, fixa contratualmente o prazo ajustado à doença em causa, que caso venha a ter manifestações nesse prazo o segurador não terá que cumprir as prestações, podendo também ser ajustado que caso tenha a

[104] Neste sentido V., também, o entendimento da ASF de 2020, acessível em www.asf.com.pt (consultado em outubro de 2021), o qual refere: «(...) a doença pré-existente deve ser aferida face à data do início do contrato de seguro, sendo que a respetiva alegação e prova sempre caberão à empresa de seguros, nos termos do n.º 2 do artigo 342.º do Código Civil».

[105] É exemplo recente a exclusão relativa a doenças infetocontagiosas decorrentes de epidemias ou pandemias, onde se enquadrava a COVID 19, embora alguns seguradores não tenham feito uma aplicação da exclusão em todas situações. V., por exemplo, a Fidelidade – Companhia de Seguros, S.A., através da Multicare, que assegurou despesas dos seus segurados que recorreram aos hospitais privados no âmbito da pandemia de covid-19, mesmo que não tivessem sido referenciados pelo Serviço Nacional de Saúde (SNS), na notícia do Jornal o Público em: https://www.publico.pt/2020/04/15/sociedade/noticia/multicare-vai-pagar-despesas-segurados-privados-1912347 (acedida em setembro de 2021).

doença alguma manifestação nesse prazo, então ficará definitivamente excluída das coberturas do contrato.

Mas, dependendo do sentido que for dado ao conceito de "período de carência", pode também ser ajustado no contrato que apenas não são cobertos os riscos durante o período de carência, pelo que decorrendo o prazo de um ano fica a doença plenamente coberta pelo contrato.

16. Seguros de grupo

16.1. O contrato de seguro de grupo cobre riscos de um conjunto de pessoas ligadas ao tomador do seguro por um vínculo que não seja o de segurar (artigo 76.º do RJCS).

No mercado português de seguros de saúde, o seguro de grupo tem tanta importância como o seguro individual[106] já que muitas empresas[107] oferecem seguros de saúde para os seus trabalhadores e assumem o pagamento do prémio no todo ou em parte[108], ficando o remanescente do valor do prémio a cargo do segurado trabalhador, o qual pode, caso esteja previsto nas condições contratuais, ou seja, aceite pelo tomador do seguro e segurador, incluir na cobertura do seguro os membros do agregado familiar.

16.2. A pluralidade de segurados não faz só por si a designação e a aplicação das regras do seguro de grupo, pois nos termos do artigo 176.º, n.º 2, «o seguro que respeite a um agregado familiar ou a um conjunto de pessoas vivendo em economia comum é havido como seguro individual».

Também não é o facto de se efetuar o pagamento do prémio ao segurador ou à entidade tomadora com a qual tenha algum vínculo[109] que determina se o segurado está num contrato de seguro de grupo, pois no seguro contributivo pode ser acordado que os segurados paguem diretamente ao segurador a respetiva parte do prémio (artigo 77.º, n.º 3, do RJCS), contra-

[106] V. Estatísticas de Seguros em www.asf.com.pt, onde consta que o número de pessoas seguras por seguro individual e seguro de grupo é semelhante.

[107] Também podem ser empresários em nome individual, o que determina a palavra "grupo" é o conjunto de pessoas ligadas ao tomador.

[108] O artigo 77.º, n.º 1, distingue seguro de grupo contributivo do não contributivo. O n.º 2 do mesmo preceito acrescenta que «o seguro de grupo diz-se contributivo quando do contrato de seguro resulta que os segurados suportam, no todo ou em parte, o pagamento do montante correspondente ao prémio devido pelo tomador do seguro».

[109] O seguro de grupo não tem necessariamente que ter apenas as entidades patronais como tomadoras do seguro. É comum no seguro de pessoas uma entidade bancária assumir a posição de tomadora do seguro.

riando a regra de o prémio ser pago pelo tomador do seguro (artigo 51.º, n.º 1, e 80, n.º 1, do RJCS)[110].

Para que o segurado não tenha dúvidas relativamente a estes e outros aspetos, o RJCS confere-lhe proteção informativa idêntica às situações em que o segurado contrate diretamente o seguro assumindo também a posição de tomador, sendo que o segurador pode assumir, desde que conste no contrato, a prestação dos deveres informativos previstos no artigo 78.º, n.ºs 1 e 2, do RJCS.

Quando caiba ao tomador do seguro informar os segurados, para além de se aplicar os artigos 18.º a 21.º com as devidas adaptações, deve facultar informação sobre as coberturas contratadas e as suas exclusões, as obrigações e os direitos em caso de sinistro, bem como sobre as alterações ao contrato, de acordo com espécimen elaborado pelo segurador (artigo 78.º, n.º 1, do RJCS)[111].

16.3. O segurado, quando existam alterações contratuais das quais discorde, pode denunciar o vínculo através de declaração escrita, enviada com uma antecedência de 30 dias, em regra, ao tomador do seguro (artigo 82.º)[112]. Mas a manutenção do vínculo não depende apenas da vontade do

[110] A falta de pagamento do prémio por parte do tomador do seguro leva à resolução automática do contrato (artigo 80.º, n.º 2) e no seguro contributivo em que o segurado pague o prémio diretamente ao segurador a ausência de pagamento do prémio leva na prática à exclusão do daquele, pois deixa de estar coberto pelo contrato (artigo 80.º, n.º 2).

[111] Caso exista um incumprimento deste dever de informar, o artigo 79.º do RJCS prevê que «O incumprimento do dever de informar faz incorrer aquele sobre quem o dever impende em responsabilidade civil nos termos gerais». Assim, como por regra esse dever recai sobre o tomador do seguro, a não ser que o contrato preveja que cabe ao segurador, os efeitos desse incumprimento não se refletem na esfera do segurador tal como é afirmado pela jurisprudência, já que existirá responsabilidade civil do Tomador do Seguro e será nessa sede que a Pessoa Segura será indemnizada. Neste sentido V. o acórdão do Tribunal da Relação de Coimbra, de 07-12-2017, Proc. 64/14.0TBLMG.C1 (relator Luís Cravo), acessível em www.dgsi.pt, onde se refere que:

«1 – O contrato de seguro de grupo caracteriza-se pelo facto da sua formação se registar em dois momentos distintos: num primeiro momento, é celebrado um contrato entre a seguradora e o tomador de seguro, e, num segundo momento, concretizam-se as adesões dos membros do grupo.

2 – O dever de informação e esclarecimento do aderente a um contrato de seguro de grupo recai sobre o tomador de seguro.

3 – O incumprimento desta obrigação/dever por parte do tomador do seguro não é oponível à seguradora, pelo que a cláusula geral não comunicada não se pode ter por excluída do âmbito da adesão ao seguro».

[112] Excetuam-se as situações de adesão obrigatória a seguro obrigatório como o de acidentes de trabalho.

segurado, já que caso este venha a sair da empresa (tomador do seguro), esta pode excluí-lo[113]. Diremos que será uma imposição pois a ligação ao tomador do seguro cessa nos termos do que se encontra previsto no artigo 76.º, deixando de existir fundamento para a manutenção da adesão[114].

O artigo 83.º, n.º 1, 2.ª parte, prevê a situação de exclusão do segurado apenas como uma possibilidade: quando este não pague o prémio num seguro de grupo contributivo, pelo que pode o tomador assumir a manutenção das garantias do contrato apesar desse incumprimento.

17. Sinistro

17.1. O artigo 99.º, na linha do artigo 1.º[115], vem dar a noção de sinistro referindo que «corresponde à verificação, total ou parcial, do evento que desencadeia o acionamento da cobertura do risco prevista no contrato»[116]. É uma noção na qual se permite perfeitamente enquadrar o sinistro do contrato de seguro de saúde[117], já que a utilização das garantias do contrato pode não estar relacionada com um evento súbito e imprevisto. O sinistro num seguro de saúde será, assim, qualquer utilização das garantias do

[113] No entanto, o segurado, quando e nas condições que o contrato o preveja pode manter a cobertura do contrato (art. 85.º).

[114] O artigo 83.º, n.º 1 refere «o segurado pode ser excluído», mas esta possibilidade de exclusão apenas funciona caso não exista pagamento do prémio, já que em caso de cessação do vínculo o segurado deve ser excluído do seguro de grupo.

[115] Dispõe o artigo 1.º que o segurador obriga-se a realizar a prestação convencionada em caso de ocorrência do evento aleatório previsto no contrato.

[116] As apólices uniformes contêm conceitos semelhantes, até porque foram revistas com base no conceito do artigo 99.º do RJCS. Por exemplo a Apólice Uniforme do Seguro Obrigatório de Responsabilidade Civil Automóvel (Norma Regulamentar n.º 14/2008-R, de 27 de novembro) dispõe que Sinistro é «a verificação, total ou parcial, do evento que desencadeia o accionamento da cobertura do risco prevista no contrato, considerando-se como um único sinistro o evento ou série de eventos resultante de uma mesma causa», sendo que a Apólice Uniforme de Seguro Obrigatório de Incêndio aprovada pela Norma n.º 16/2008 – R, de 18 de Dezembro, reproduz totalmente o conceito do artigo 99.º do RJCS.

[117] No entanto, atendendo a que os artigos 12.º e 13.º do RJCS, relativos às disposições imperativas, não menciona o artigo 99.º é possível sustentar que contratualmente será possível configurar o conceito diferentemente. Ainda assim, atendendo a que a técnica legislativa do RJCS apontou para não inserir artigos com conceitos nas disposições imperativas daqueles artigos 12.º e 13.º (V., por exemplo, o próprio conceito de seguro de saúde do artigo 213.º que não consta do elenco), consideramos que o conceito de sinistro, embora possa ter outros desenvolvimentos e detalhes nas condições contratuais, deverá ter por base o conceito legal.

contrato[118] ainda que esteja em causa um evento previsível, como seja uma consulta e análises de check-up anual[119].

17.2. O seguro de saúde tem a particularidade de poder ser considerado um seguro de sinistros evolutivos[120] na aceção dada por MARCEL FONTAINE[121], mas por nós preferimos considerá-lo um *seguro de sinistros sucessivos*, podendo existir vários sinistros ao longo do tempo a partir do mesmo evento ou de vários, e cuja origem ou desenvolvimento pode ter várias manifestações no tempo ou agravar-se ao longo do mesmo através também de vários eventos. Por natureza, a saúde tende a deteriorar-se com o evoluir da idade, pelo que a probabilidade da pessoa segura utilizar as garantias do contrato é cada vez maior. Por exemplo, numa anuidade, pode a pessoa segura ter uma gripe que dá origem a diversos gastos de saúde ao longo do tempo, enquanto não está curada, ou pode ter várias vezes gripes durante um ano que dão origem a um ou mais gastos.

É um seguro que está preparado e tem como pressuposto a existência de várias utilizações das garantias do contrato sem que o segurado seja prejudicado contratualmente, com agravamentos ou obrigação de reposição de capital.

18. A cessação do contrato e a cobertura posterior

18.1. A cessação do contrato[122] determina em termos gerais a extinção das obrigações do segurador e do tomador (artigo 106.º), mas o seguro de saúde tem regras próprias que correspondem a uma extensão do disposto no artigo 106.º, n.º 2, na medida em que prevê este preceito que o segurador deve efetuar a prestação decorrente da cobertura do risco, desde que

[118] JOSÉ VASQUES acolhe o conceito de Claude-J. Berr e Hubert Groutel que entendem que «sinistro é a realização do risco previsto no contrato». Cfr. JOSÉ VASQUES, *Contrato de Seguro*, Coimbra Editora, Coimbra, 1999, pág. 285.

[119] O regime ambulatório quando corresponda a consultas de rotina, sem que exista um evento que determine e crie a necessidade, constitui uma vertente de prestação de serviços que não tem correspondência com um conceito de sinistro enquanto concretização de um evento incerto e aleatório.

[120] «Sinistros evolutivos» é a designação também utilizada por ARNALDO OLIVEIRA em *Lei do Contrato de Seguro Anotada*, 3.ª Ed., Almedina, Coimbra, 2008, pág. 355.

[121] A propósito da extensão da garantia no tempo, *Ob. Cit.*, págs. 410 e seguintes.

[122] Nos termos do artigo 105.º o contrato cessa por caducidade, revogação, denúncia e resolução.

o sinistro seja anterior ou concomitante com a cessação e ainda que este tenha sido a causa da cessação do contrato.

Para os seguros de saúde dispõe especificamente o artigo 217.º[123] que *«em caso de não renovação do contrato ou da cobertura e não estando o risco coberto de forma proporcional por um contrato de seguro posterior, o segurador não pode, nos dois anos subsequentes e até que se mostre esgotado o capital seguro no último período de vigência do contrato, recusar as prestações resultantes de doença manifestada, de outros cuidados de saúde relacionados ou outro facto ocorrido na vigência do contrato, desde que cobertos pelo seguro»*[124]. Para a aplicação desta solução existe, no entanto, a condição de o segurador ser informado nos 30 dias imediatos ao termo do contrato, salvo justo impedimento.

Consideramos que caso a doença já seja manifestamente do conhecimento do segurador e seja a mesma de carácter prolongado, se deve dispensar a formalidade de comunicação da doença, mas deve o segurador ser informado da não contratação de seguro posterior para que esteja ciente dos riscos que cobre.

Se houver seguro posterior, ainda que a doença se tenha manifestado durante o contrato anterior, já terá que ser o novo contrato[125] a cobrir as despesas, desde que o risco esteja abrangido por este contrato[126]. Esta reda-

[123] Sobre este preceito V. Arnaldo Oliveira e Eduarda Ribeiro, *Novo regime jurídico do contrato de seguro: aspectos mais relevantes da perspectiva do seu confronto com o regime vigente*, Revista Fórum, n.º 25, Lisboa, 2008, pág. 42 e, com maior desenvolvimento, o Francisco Luís F. Ribeiro Alves, *Direito dos Seguros: cessação do contrato, práticas comerciais*, 2.ª Ed., Almedina, Coimbra, 2015, págs. 128 a 132. O artigo 217.º foi alterado em 2021 pela Lei n.º 75/2021, de 18 de novembro, a qual previu ainda uma regulamentação, no seu artigo 7.º, da prestação de cuidados de saúde relacionados por parte do segurador cessante, nos termos do artigo 217.º do RJCS.

[124] Trata-se do risco de «posteridade» abordado por José Alves de Brito, *Lei do Contrato de Seguro Anotada*, 3.ª Ed., Almedina, Coimbra, 2016, pág. 579.

[125] Atendendo a que o art. 217.º é de imperatividade relativa (art. 13.º, n.º 1) pode ser estabelecido um regime mais favorável ao tomador ou segurado, pelo que o contrato anterior pode prever a existência de pluralidade de seguros, ficando na liberdade de escolha do tomador ou segurado qual a apólice que opta para o pagamento das prestações de cuidados de saúde.

[126] O que normalmente não estará coberto, já que regra geral os seguradores inserem nas suas condições contratuais a exclusão das doenças preexistentes. Sobre esta matéria, V. o entendimento da Autoridade de Supervisão de Seguros e Fundos de Pensões (ASF), publicado em *Relatório de Regulação e Supervisão da Conduta de Mercado – 2012*, Instituto de Seguros de Portugal, Lisboa, 2013, pág. 52, acessível em www.asf.com.pt (consultado em outubro de 2021), onde se refere:

«Cessação de contrato de seguro de doença e pagamento de despesas médicas

ção do artigo 217.º implica que não seja só suficiente o risco estar seguro em contrato posterior, para que o segurador anterior fique dispensado de qualquer prestação, sendo também necessário que o novo segurador garanta pelo menos os mesmos capitais nas coberturas aplicáveis. Atendendo aos deveres de declaração de risco parece-nos que só serão abrangidos esses custos no novo contrato desde que devidamente compensados no prémio fixado.

18.2. Estas informações devem constar de forma bem visível e destacada no contrato anual renovável (art. 214.º), ou seja, que:

a) O segurador apenas cobre o pagamento das prestações convencionadas ou das despesas efetuadas em cada ano de vigência do contrato; e
b) Em caso de não renovação do contrato ou da cobertura, as condições de indemnização, de acordo com o disposto no art. 217.º.

18.3. O contrato pode terminar no termo do período de vigência estipulado (art.109.º) ou caducar por causas específicas, que no caso do seguro de saúde será com a extinção do risco por morte do segurado (art. 110.º, n.º 2)[127], pois este terá sempre interesse na sua saúde, embora possa deixar de ter interesse em algumas coberturas específicas[128]. Enquanto há um ser humano há um interesse na sua manutenção, sendo esta uma decorrência do princípio da dignidade humana que constitui o fundamento da Constituição da República Portuguesa.

Quando um segurado tenha contratado um seguro de doença que exclui doenças pré-existentes, vigorando, à data, outro contrato da mesma natureza previamente celebrado com outro segurador e que entretanto cessou, o novo segurador não está obrigado a cobrir as despesas médicas que resultem de doença manifestada durante o período de vigência do contrato anterior.
De acordo com o artigo 217.º do regime jurídico do contrato de seguro (RJCS), aprovado pelo Decreto-Lei n.º 72/2008, de 16 de abril, cabe ao segurador que é parte no contrato de seguro anterior (e que cessou) assegurar as prestações relativas às despesas médicas resultantes de doença manifestada ou outro facto ocorrido na vigência do contrato, durante o período de dois anos, desde que o risco não se encontre coberto por contrato de seguro posterior e seja informado da doença nos 30 dias imediatos ao termo do contrato, até que se mostre esgotado o capital seguro no último período de vigência do contrato.
Ora, a exclusão de doenças pré-existentes na nova apólice configura uma situação subsumível à expressão "não estando o risco coberto por contrato de seguro posterior" constante do n.º 1 daquele preceito legal».

[127] Enquanto causa especificamente relacionada apenas com o seguro de saúde, pois em termos gerais uma mudança de residência para o estrangeiro também pode levar ao mesmo efeito.

[128] A cobertura de parto poderá já não interessar para uma mulher de 70 anos. A caducidade de uma cobertura terá assim que ser aferida de acordo com cada situação concreta.

18.4. O contrato pode ser denunciado por qualquer das partes com uma antecedência de 30 dias relativamente à data da renovação (artigos 112.º e 115.º, n.º 1)[129]. Esta é também a antecedência mínima para propor a renovação com alteração das condições contratuais.

Em matéria de seguro de saúde há uma limitação à denúncia por parte do segurador que decorre do previsto no artigo 114.º, n.º 4, o qual refere que «presume-se abusiva a denúncia feita na iminência da verificação de um sinistro ou após a verificação de um facto que possa desencadear uma ou mais situações de responsabilidade do segurador».

Como aponta Romano Martinez a este propósito, «pretende-se evitar comportamentos abusivos – já proibidos nos termos gerais – como a denúncia num seguro de saúde depois de detetada uma doença ou na iminência do parto»[130].

Embora este juízo, quando exista conflito, deva ser feito por um Tribunal de acordo com as circunstâncias concretas de cada caso, consideramos que o artigo 114.º vem facilitar a tarefa de apreciação do abuso contrário à boa fé, por dar dois critérios: iminência de sinistro ou responsabilidade no âmbito do acionamento de alguma garantia que acarrete gastos para o segurador.

De igual modo, embora o artigo 114.º não esteja pensado para os contratos anuais renováveis, o legislador considerou a proteção do segurado protegendo-o também da denúncia abusiva, mas de um modo mais restrito através do disposto no art. 217.º do RJCS, já que a expectativa para um segurado num contrato com a duração de 1 ano é forçosamente diferente da expectativa do segurado que celebre contrato com duração superior a 5 anos[131].

19. A resolução: da justa causa à livre resolução

19.1. Sem prejuízo das referidas causas de cessação, o artigo 116.º prevê o conceito de justa causa para a resolução do contrato de seguro, que estará associada à fundada perda de confiança[132]. Face à indeterminação do con-

[129] O artigo 84.º tem igual regime para o seguro de grupo.

[130] Cfr. Lei do Contrato de Seguro Anotada, 3.ª Ed., Almedina, Coimbra, 2016, pág. 380.

[131] Todavia, o legislador com a previsão do art. 217.º vem reconhecer a tendência de um contrato de seguro de saúde anual e com renovação automática se prolongar por vários anos, pelo há aqui uma tutela da confiança do segurado nos seguros de saúde.

[132] Tal como refere Pedro Romano Martinez, *Lei do Contrato de Seguro Anotada, 3.ª Ed. Cit.*, pág. 382.

ceito e ausência de um elenco de situações que constituam justa causa para a resolução, a exemplo do que se verifica no Código do Trabalho[133], a justa causa será uma figura jurídica de difícil aplicação prática.

O incumprimento das condições contratuais por parte do segurador quando possam colocar em causa a utilidade do próprio contrato[134], dependendo da situação concreta, poderá constituir justa causa para a resolução, mas não sendo essa uma situação aceite pelo segurador, o tomador só conseguirá o estorno do prémio já pago através da utilização das vias judiciais ou instâncias de resolução alternativa de litígios, como é o caso dos Julgados de Paz[135].

Parece-nos que o conceito de justa causa não terá sido a área em que a lei mais pautou a proteção do tomador, pois se a justa causa for invocada pelo segurador este deixa de prestar as garantias do contrato, mas se for invocada pelo tomador, como o prémio nos seguros é pago antecipadamente, apenas pode solicitar o estorno do prémio, que será ou não processado, dependendo do juízo efetuado pelo segurador. Assim, em situações de discordância relativamente à existência de justa causa o tomador fica numa posição mais débil.

De todo o modo, consideramos que, ainda que o contrato cesse por justa causa invocada pelo tomador, será de aplicar o regime do artigo 217.º pois a não continuidade do contrato será da responsabilidade do segurador, pelo que este deve continuar a assegurar as garantias do contrato caso não exista um contrato de seguro posterior com as mesmas coberturas e capitais.

Situação diferente já será quando a justa causa seja invocada pelo segurador, por exemplo com fundamento em fraude ou falsas declarações que afetem a cobertura que o tomador pretenda acionar após a cessação do contrato. Consideramos que o princípio da boa fé não impõe qualquer prestação ao segurador nestas situações.

[133] Aprovado pela Lei n.º 7/2009, de 12 de fevereiro, podendo sobre a justa causa observar-se o artigo 351.º.

[134] Por exemplo, a ausência de resposta a sucessivos pedidos de pré-autorização para uma operação urgente abrangida pelas coberturas do contrato, bem como atos ou omissões que de uma forma geral possam afetar de forma grave a saúde do segurado.

[135] No setor segurador é relevante o CIMPAS – Centro de Informação, Mediação e Arbitragem de seguros, que é também competente para dirimir questões relacionadas com seguros de saúde.

19.2. Atendendo às especificidades[136] próprias do contrato de seguro de saúde, que normalmente é um contrato de sinistros sucessivos[137], não é possível às partes acordarem a resolução do contrato após uma sucessão de sinistros[138], pelo que vem o n.º 3 do artigo 117.º estipular que, salvo disposição legal em contrário, a resolução após sinistro, a exercer pelo segurador, não pode ser convencionada nos seguros de saúde.

Os gastos associados aos seguros de saúde são, regra geral, necessários[139], daí estarem cobertos, independentemente das utilizações anteriores do contrato, até ao limite do capital para cada cobertura. Para evitar um uso desnecessário e inconsciente do contrato, é habitual ficar a cargo do segurado uma franquia ou co-pagamento que pretende levar a uma utilização ponderada das coberturas do contrato.

A preocupação por parte do segurado em não usar desnecessariamente o contrato estimula a lealdade e relações de boa fé com o segurador.

19.3. O tomador pessoa singular pode resolver o contrato sem invocar justa causa nos contratos de seguro de saúde com uma duração igual ou superior a seis meses, nos 30 dias imediatos à data da receção da apólice (art. 118.º, n.º 1), contando-se o prazo da data da celebração do contrato desde que as informações a constar na apólice constem de suporte duradouro. Caso não constem, então o prazo conta-se a partir do momento em que receba a informação nesses moldes (art. 118.º, n.º 2). Este regime tem a exceção de os segurados não poderem usar esta faculdade no âmbito de um seguro de grupo (art. 118.º, n.º 3)[140].

[136] Como refere Arnaldo Oliveira, «a consagração do RJCS da desaplicação parcial do regime do agravamento do risco aos seguros de saúde – art. 215.º, a) – é o desenvolvimento do veio de protecção dos consumidores iniciado com o art. 21.º do RTS (...) e que o art. 217.º veio desenvolver». Cfr. *Lei do Contrato de Seguro Anotada*, 3.ª. Ed., Almedina, Coimbra, 2016, pág. 515.

[137] O contrato de seguro de saúde pressupõe a possibilidade de utilização repetida do contrato, ainda que enquadrada no âmbito dos seus capitais máximos e coberturas.

[138] Presume-se que existe sucessão de sinistros quando ocorram 2 sinistros no espaço temporal de 12 meses ou no decurso de uma anuidade para os contratos anuais (artigo 117.º, n.º 2).

[139] O que não invalida que também existam utilizações das garantias do contrato sem qualquer fundamento ou necessidade.

[140] No entanto, caso o contrato seja celebrado à distância e o tomador do seguro seja um consumidor, poderá o aderente de um seguro de grupo contributivo beneficiar do regime previsto no Decreto-Lei n.º 95/2006, de 29 de maio, e dispor de 14 dias para a resolução ao abrigo do artigo 20.º daquele regime.

III. Novos desenvolvimentos

20. Os dados de saúde e a proteção de dados

20.1. O acesso e tratamento de dados de saúde são imprescindíveis para um segurador celebrar o contrato e dar cumprimento às suas obrigações no pagamento de sinistros. No momento da celebração é habitualmente apresentado à pessoa um questionário sobre a sua saúde, pelo que logo a partir desse momento o segurador acede e trata de dados de saúde[141].

Os dados relativos à saúde são considerados categorias especiais de dados no Regulamento Geral de Proteção de Dados (RGPD)[142], pelo que merecem uma especial proteção[143], e podem incluir uma multiplicidade[144]

[141] O RGPD, no seu artigo 4.º, 15), define como "«Dados relativos à saúde», dados pessoais relacionados com a saúde física ou mental de uma pessoa singular, incluindo a prestação de serviços de saúde, que revelem informações sobre o seu estado de saúde". No artigo 2.º da Lei n.º 12/2005, de 26 de janeiro, refere-se que «*(...) a informação de saúde abrange todo o tipo de informação directa ou indirectamente ligada à saúde, presente ou futura, de uma pessoa, quer se encontre com vida ou tenha falecido, e a sua história clínica e familiar*». Com maior detalhe sobre o que se deve entender sobre dados de saúde V. as considerações do Grupo de Trabalho do Artigo 29, no documento "*Health Data in Apps and Devices*", de 2015, acessível em http://ec.europa.eu/justice/article-29/documentation/other-document/files/2015/20150205_letter_art29wp_ec_health_data_after_plenary_annex_en.pdf (acedido em setembro de 2021). Nos termos da lei de execução nacional relativa à proteção de dados, a Lei n.º 58/2019, de 8 de agosto, a proteção dos dados de saúde são extensíveis aos dados de saúde das pessoas falecidas, referindo o artigo 17.º que: «Os dados pessoais de pessoas falecidas são protegidos nos termos do RGPD e da presente lei quando se integrem nas categorias especiais de dados pessoais a que se refere o n.º 1 do artigo 9.º do RGPD, ou quando se reportem à intimidade da vida privada, à imagem ou aos dados relativos às comunicações, ressalvados os casos previstos no n.º 2 do mesmo artigo». Sobre esta matéria V. Luís Poças, *O tratamento de dados de pessoas seguras falecidas*, Revista de Direito e de Estudos Sociais, Almedina, 2019, N.ºs 1-4, págs. 237-280.

[142] Cfr. artigo 9.º, n.º 1, Regulamento (UE) 2016/679 do Parlamento Europeu e do Conselho, de 27 de abril de 2016, relativo à proteção das pessoas singulares no que diz respeito ao tratamento de dados pessoais e à livre circulação desses dados, acessível em: https://eur-lex.europa.eu/legal-content/PT/TXT/?uri=celex%3A32016R0679 (acedido em setembro de 2021).

[143] Já na revogada Lei n.º 67/98, de 26 de outubro, o artigo 7.º determinava que os dados de saúde eram dados sensíveis. Também se considera que estes dados integram a categoria de dados relativos à vida privada. Neste sentido V. acórdão do Tribunal Constitucional n.º 355/97, acessível em http://www.tribunalconstitucional.pt/tc/acordaos/19970355.html (acedido em setembro de 2021).

[144] No sentido de o conceito ter um sentido amplo V. acórdão do Tribunal de Justiça da União Europeia de 06-11-2003, Proc. n.º C-101/01, acessível em https://eur-lex.europa.eu/legal-content/PT/TXT/PDF/?uri=CELEX:62001CJ0101&from=IT (acedido em setem-

de informações relativos à saúde física e mental de uma pessoa. O seu tratamento é proibido a não ser que exista um dos fundamentos de licitude referidos no n.º 2 do artigo 9.º do RGPD e que permitem o tratamento de dados de saúde. O consentimento é o mais conhecido, mas existem outros como o tratamento de dados para efeitos de proteção social, medicina preventiva ou do trabalho, para a avaliação da capacidade de trabalho do empregado, o diagnóstico médico e a prestação de cuidados ou tratamentos de saúde. Estes últimos têm como condição serem tratados por ou sob a responsabilidade de um profissional sujeito à obrigação de sigilo profissional, nos termos do direito da União ou dos Estados-Membros ou de regulamentação estabelecida pelas autoridades nacionais competentes.

Embora aparentemente o consentimento permitisse o tratamento dos dados de saúde pelos seguradores, como este é tido como uma *«manifestação de vontade, livre, específica, informada e inequívoca (...)»*, o mesmo poderá não ser suficiente no contexto de um contrato de seguro[145]. Atendendo a que é necessário que seja totalmente livre no sentido de não ser imposto se o cliente pretender a contratação, poderá não ser o fundamento mais linear, até porque o consentimento poderá ser retirado[146] a qualquer momento, o que traria problemas na execução do contrato e cumprimento das obrigações do segurador no pagamento de sinistros. Por essa razão, não tem sido aceite tal fundamento pela Comissão Nacional de Proteção de Dados[147], embora esta admita o tratamento dos dados de saúde por segu-

bro de 2021). Sobre o que é abrangido pelos dados de saúde V., com interesse, as Orientações da CNPD, de 13 de novembro de 2020, em https://www.cnpd.pt/media/5hwfr0zd/orienta%C3%A7%C3%B5es_decreto_8_2020.pdf (acedido em setembro de 2021).

[145] Cfr. notícias com divulgação da posição da CNPD não considerando o consentimento com fundamento suficiente no quadro de seguros de saúde, por exemplo, em https://observador.pt/2019/05/22/trabalho-e-seguros-mais-prejudicados-por-falta-de-lei-de-protecao-de-dados/ (acedido em setembro de 2021).

[146] Sobre o âmbito e limites do consentimento V. o detalhado documento de 2020 com as Diretrizes 05/2020 do European Data Protection Board, acessível em https://edpb.europa.eu/sites/default/files/files/file1/edpb_guidelines_202005_consent_pt.pdf (acedido em setembro de 2021). De qualquer forma, nas situações em o fundamento para o tratamento dos dados seja o consentimento o artigo 61.º, n.º 2, da Lei n.º 58/2019, de 8 de agosto, relativo à renovação do consentimento, veio considerar que não seria necessário renovar o consentimento caso a sua caducidade «seja motivo de cessação de contrato em que o titular de dados seja parte, o tratamento de dados é lícito até que esta ocorra».

[147] Cfr. audição da CNPD relativa à Proposta de Lei que deu origem à Lei n.º 58/2019, em https://www.parlamento.pt/ActividadeParlamentar/Paginas/DetalheAudicao.aspx?BID=

radores no âmbito do fundamento da proteção social[148], mas nem esse será um fundamento claro.

De todo o modo, diremos que esta discussão é mais jurídica do que prática, já que no caso de um seguro que possa implicar o tratamento de dados de saúde, a sua contratação é indissociável do consentimento. Quem contrata um seguro sabe que o segurador terá conhecimento dos seus dados de saúde quando utilize as garantias no âmbito de uma consulta ou para efeitos de uma cirurgia e caso venha a retirar o consentimento, naturalmente que o segurador fica impedido proceder aos pagamentos necessários sem os poder enquadrar na cobertura correta e deduzindo os capitais gastos em cada cobertura. Não nos parece que exista, de facto, uma desproteção da pessoa que esteja segura por um seguro de saúde se a mesma estiver devidamente informada e tiver dado o seu consentimento, desde que se tratem apenas os dados necessários[149] à finalidade em causa. Atendendo à função social dos seguros e de forma mais vincada no seguro de saúde que protege o direito fundamental do direito à saúde, o fundamento da proteção social poderá dar um suporte mínimo enquanto não existe outra solução legal.

Deveria o RGPD, desde logo, prever a situação específica dos seguros que impliquem o tratamento de dados de saúde, da mesma forma que se previu que no artigo 9.º, n.º 2, alínea h) que «a prestação de cuidados

110794. Existe também declarações da presidente da CNPD à comunicação social que originaram a notícia seguinte:
«A CNPD lembra que "não há base legal suficiente" no regulamento que legitime o tratamento dos dados de saúde pelas seguradoras sem o consentimento dos segurados, o que poderia colocar em risco seguros como os de saúde, e defende ser necessário o legislador nacional enquadrar essas atividades na legislação que está a ser preparada pelo parlamento e que aguarda aprovação.
Mas, ao contrário do que o setor segurador temia, e anunciou publicamente há um ano, esta falta de legitimidade de tratamento dos dados pelas seguradoras não bloqueou esta atividade no primeiro ano de execução do regulamento: "Em rigor, esses tratamentos não estão a ser feitos de modo legítimo", advertiu Filipa Calvão.
A CNPD defende que o pedido de consentimento que as seguradoras têm feito junto dos clientes "não é pertinente, nem juridicamente relevante", e diz que é preciso um enquadramento que legitime esse tratamento de dados». V. este texto em https://observador.pt/2019/05/22/trabalho-e-seguros-mais-prejudicados-por-falta-de-lei-de-protecao-de-dados/ (acedido em setembro de 2021).

[148] Cfr. Parecer n.º 20/2018 da CNPD, acessível em https://www.cnpd.pt/decisoes/historico-de-decisoes/?year=2018&type=4&ent= (acedido em setembro de 2021).

[149] Princípio da minimização dos dados, conforme decorre do artigo 5.º, n.º 1, alínea c) do RGPD.

ou tratamentos de saúde» constituía uma exceção à proibição do n.º 1 do mesmo artigo. Um seguro de saúde tem uma finalidade relacionada, pelo que mesmo esta alínea poderia ter feito referência expressa aos seguros[150].

A não previsão dos seguros origina que se pratiquem atos inúteis e se recolham consentimentos que nem o próprio cidadão compreende, aumentando-se a carga burocrática apenas para cumprir requisitos formais de licitude que já decorrem da natureza do contrato. Se alguém participa um sinistro a um segurador e remete documentação, tal como relatórios médicos, exames ou fotografias, está à espera de que alguém proceda à sua análise e afira sobre o seu enquadramento nas garantias da apólice de seguro. Existiu, por isso, uma desconexão entre o RGPD e a realidade.

A Lei n.º 58/2019, de 8 de agosto, que corresponde à lei nacional de proteção de dados, que adapta e desenvolve algumas das regras do RGPD também não resolveu a questão, ao contrário do que foi feito noutros ordenamentos jurídicos[151].

Com efeito, dispõem o artigo 9.º, n.º 4, do RGPD que "*Os Estados-Membros podem manter ou impor novas condições, incluindo limitações, no que respeita ao tratamento de (...) dados relativos à saúde*", o que legitimava e ainda legitima a ação do legislador nacional. O RGPD dá margem para que o legislador nacional considere autorizados estes tratamentos de dados de saúde da

[150] Apenas no Considerando 53 do RGPD se identifica uma referência aos seguros de saúde, permitindo que sejam os Estados-Membros a regular tal situação, quando refere: «*As derrogações à proibição de tratamento de categorias especiais de dados pessoais deverão ser igualmente permitidas quando estiverem previstas no direito da União ou dos Estados-Membros e sujeitas a salvaguardas adequadas (...). Essas derrogações poderão ser previstas por motivos sanitários, incluindo de saúde pública e de gestão de serviços de saúde, designadamente para assegurar a qualidade e a eficiência em termos de custos dos procedimentos utilizados para regularizar os pedidos de prestações sociais e de serviços no quadro do regime de seguro de saúde, ou para fins de arquivo de interesse público, para fins de investigação científica ou histórica ou para fins estatísticos. Uma derrogação deverá também permitir o tratamento desses dados pessoais quando tal for necessário à declaração, ao exercício ou à defesa de um direito, independentemente de se tratar de um processo judicial ou de um processo administrativo ou extrajudicial*».

[151] Embora o artigo 29.º daquela lei verse sobre tratamento de dados de saúde e dados genéticos, não faz qualquer menção a seguros. No Reino Unido o legislador optou por incluir os seguros numa lista de interesse público, que constitui uma das exceções previstas no Regulamento. Em Espanha introduziu-se a menção aos seguros em conjunto com a exceção que permite o tratamento dos dados se for necessário para efeitos de diagnóstico médico, prestação de cuidados ou tratamentos de saúde. Por sua vez, a Irlanda também listou um conjunto de atividades que considerava autorizadas a tratar as categorias especiais de dados, que abrange os dados de saúde, onde integrou os seguros.

forma que entenda. É importante que o faça, para o que o RGPD traga proteção onde é devida e não burocracia quando mais se precisa.

20.2. Muitas outras questões se poderiam colocar quanto ao impacto das regras de proteção de dados nos seguros de saúde, mas iremos apenas dar uma pequena nota quando ao direito ao esquecimento[152]. O artigo 17.º do RGPD prevê o direito ao apagamento dos dados em determinadas situações, referidas no n.º 1[153]. No entanto, este direito conhece várias limitações, sendo as mais relevantes as indicadas no n.º 3 daquele artigo e que abrange situações, com relevância para os seguros, como:

- Ao cumprimento de uma obrigação legal[154] que exija o tratamento prevista pelo direito da União ou de um Estado-Membro a que o responsável esteja sujeito [alínea b)];

[152] Sobre esta matéria V., por exemplo, o nosso artigo *Quem quer ser esquecido?*, em Jornal de Negócios, 2017, acessível em https://www.jornaldenegocios.pt/opiniao/colunistas/detalhe/quem-quer-ser-esquecido (acedido em setembro de 2021); Rui Ataíde, *Direito ao esquecimento*, Revista de Direito Civil, Lisboa, ano 3 n.º 2, 2018, págs. 285 a 295; Vitor Palmela Fidalgo em anotação ao artigo 17.º do RGPD, em Barreto Menezes Cordeiro (coord.), Comentário ao Regulamento Geral de Proteção de Dados e à Lei n.º 58/2019, Almedina, Coimbra, 2021, págs. 185 a 195.

[153] Prevê este número o seguinte: «1. O titular tem o direito de obter do responsável pelo tratamento o apagamento dos seus dados pessoais, sem demora injustificada, e este tem a obrigação de apagar os dados pessoais, sem demora injustificada, quando se aplique um dos seguintes motivos:
a) Os dados pessoais deixaram de ser necessários para a finalidade que motivou a sua recolha ou tratamento;
b) O titular retira o consentimento em que se baseia o tratamento dos dados nos termos do artigo 6.º, n.º 1, alínea a), ou do artigo 9.º, n.º 2, alínea a) e se não existir outro fundamento jurídico para o referido tratamento;
c) O titular opõe-se ao tratamento nos termos do artigo 21.º, n.º 1, e não existem interesses legítimos prevalecentes que justifiquem o tratamento, ou o titular opõe-se ao tratamento nos termos do artigo 21.º, n.º 2;
d) Os dados pessoais foram tratados ilicitamente;
e) Os dados pessoais têm de ser apagados para o cumprimento de uma obrigação jurídica decorrente do direito da União ou de um Estado-Membro a que o responsável pelo tratamento esteja sujeito;
f) Os dados pessoais foram recolhidos no contexto da oferta de serviços da sociedade da informação referida no artigo 8.º, n.º 1».

[154] Por exemplo, no seguro automóvel se o tomador do seguro pedir o apagamento dos dados relativos à sinistralidade que deva constar no certificado de tarifação, que é um documento com previsão legal (artigo 20.º do Decreto-Lei n.º 291/2007, de 21 de agosto), tal pedido não será admissível.

- Para fins de arquivo de interesse público, para fins de investigação científica ou histórica ou para fins estatísticos [alínea d)];
- Para efeitos de declaração, exercício ou defesa de um direito num processo judicial [alínea e)].

Na prática, um pedido de apagamento de dados de saúde após a cessação de um contrato de seguro de saúde pode colocar vários problemas, de que podemos dar os seguintes exemplos:

a) Ao nível da subscrição – análise de potencial fraude[155] ou omissões dolosas na declaração inicial de risco, para que não se dê a situação de um contrato ser rejeitado ou agravado pela indicação de várias patologias e o tomador pedir o apagamento dos dados para efetuar nova proposta sem a indicação de tais patologias e ter o contrato aceite ou sem agravamentos;
b) Ao nível do tratamento estatístico – os princípios da técnica seguradora obrigam a uma análise da sinistralidade para possibilitar a cobrança de prémios adequados aos riscos, podendo os titulares dos dados ser protegidos pela anonimização dos dados[156] e pelo princípio da minimização;
c) Para defesa em tribunal quanto a sinistros rejeitados – nestas situações existem dados de saúde relacionados com exames e relatórios médicos que fundamentaram a decisão de recusa e que, se eliminados, podem dificultar a defesa em tribunal.

Assim, o direito ao apagamento ou esquecimento dos dados conhece várias limitações, já que existem várias situações que podem legitimar a recusa de apagamento dos dados por parte de um segurador.

21. O projeto de seguro de saúde vitalício

21.1. Em 2010 a ASF colocou em consulta pública um anteprojeto de regime especial dos seguros de saúde com cobertura graduada e dos seguros de saúde vitalícios[157], que daria outras hipóteses de contratação para além do regime comum de base contratual assente no RJCS.

[155] Recorde-se que nos termos dos artigos 23.º e 24.º da Norma Regulamentar 10/2009, de 7 de julho, emitida pela ASF, os seguradores devem ter uma Política Anti-Fraude, devendo ter mecanismos para identificação e avaliação do risco de fraude.

[156] Cfr. artigos 89.º e 5.º, n.º 1, alínea c), do RGPD, respetivamente.

[157] Cfr. https://www.asf.com.pt/NR/rdonlyres/FB813AA4-B23F-4321-899B-7C72DF7F6C3F/0/NIConsultap%C3%BAblicaSegVitfn230610.pdf (acedido em setembro de 2021). Sobre seguros de saúde vitalícios V., com interesse, o artigo de JOANA MENDES, *Seguros de*

Este anteprojeto não chegou a ser concretizado em lei ou decreto-lei, mas, apesar do tempo decorrido, é um referencial para alterações que possam vir a ocorrer no futuro[158], conforme abordaremos no ponto seguinte a propósito das iniciativas mais recentes da ASF.

Em breves traços, o anteprojeto previa a existência de um seguro de saúde de cobertura graduada e o seguro de saúde vitalício propriamente dito. O seguro de saúde assente no RJCS seria o nível 1 de contratação, o seguro de saúde de cobertura graduada o nível 2 e o seguro de saúde vitalício o nível 3[159].

21.2. Relativamente ao seguro de saúde de cobertura graduada, previsto nos artigos 4.º a 11.º, apresentava como principais características:

- A restrição das situações em que o segurador pode prever a exclusão de doenças preexistentes da cobertura;
- A limitação dos deveres de declaração inicial do risco pelo tomador do seguro ao preenchimento de questionário fornecido pelo segurador para o efeito ("questionário fechado");
- A limitação a 8 dias o prazo máximo para o segurador poder negar a autorização para a realização de exame ou ato médico ou clínico;
- A previsão de um mecanismo de arbitragem com base em motivo de natureza médica, quando exista oposição do segurador à efetivação de determinada cobertura;
- A fixação do prazo máximo de 14 dias para o segurador proceder ao pagamento das comparticipações ou das despesas, a contar da data da apresentação dos documentos necessários ao pagamento;
- A extensão de 2[160] para 3 anos do prazo para o segurador efetuar as prestações resultantes de doença manifestada durante a vigência do contrato, após a cessação do mesmo e não existindo contrato posterior a cobrir o risco.

saúde vitalícios: Estudo de práticas e direito comparado, em Revista Fórum, n.º 27, Ano XIII, Instituto de Seguros de Portugal, Lisboa, 2009, págs. 45 a 71.

[158] A ASF tem manifestado preocupação com a longevidade no quadro dos seguros saúde. V. o artigo da Presidente do Conselho de Administração da ASF, MARIA C. AGUIAR, *Os desafios dos seguros de saúde e da supervisão*, em Cadernos de Economia, Ordem dos Economistas Portugueses, abril/maio, 2020, págs. 55 a 57.

[159] Cfr. Nota Informativa da ASF em https://www.asf.com.pt/NR/rdonlyres/FB813AA4-B23F-4321-899B-7C72DF7F6C3F/0/NIConsultap%C3%BAblicaSegVitfn230610.pdf (acedido em setembro de 2021).

[160] Cfr. artigo 217.º do RJCS.

21.3. O seguro de saúde vitalício tinha o seu regime previsto nos artigos 12.º a 27.º, mas aplicava subsidiariamente o regime e regras do seguro de cobertura graduada.

Apresentava, entre outras, como principais características[161] as seguintes:

- O nivelamento dos prémios para toda a potencial vigência do contrato, sendo o mesmo "repartido" (nivelado) desde o início do contrato, ou seja, fazendo com que um tomador do seguro pagasse mais enquanto era jovem para não pagar mais quando fosse mais velho, onde os gastos de saúde podem ser superiores;
- A atualização anual dos prémios ficaria limitada ao valor que resultasse da aplicação dos índices de evolução do custo médio da prestação dos cuidados de saúde no âmbito da atividade seguradora, relevantes para cada mutualidade;
- Caso o tomador do seguro pretendesse cessar o contrato durante a sua vigência (deixando, por exemplo, de pagar os prémios), teria direito, conforme o que esteja previsto no contrato, e até à excussão das respetivas provisões técnicas, à redução do contrato aos níveis de cobertura garantidos pelos prémios pagos, ou à constituição de uma conta individual de cuidados de saúde, à qual é afeto o montante das provisões, gerida num regime de capitalização e destinada à aquisição de seguros de saúde anuais renováveis.

O que resultava de mais importante deste regime era a previsão de estabilidade do contrato, conferindo segurança ao longo do tempo relativamente a elementos essenciais de uma apólice: o prazo e prémio.

Permitia, também, situado no tempo de 2010, resolver um problema de mercado quanto à ausência de contratos de seguros sem limite de idade. Esta situação veio sendo atenuada ao longo dos anos com o aumento das idades limites ou mesmo, em alguns produtos, com a retirada de idade limite das apólices.

No entanto, a questão quanto ao nivelamento mantém a sua utilidade, reforçada pela maior longevidade das pessoas[162]. No quadro das práticas de

[161] Cfr. o detalhe dado pela Nota Informativa da ASF em: https://www.asf.com.pt/NR/rdonlyres/FB813AA4-B23F-4321-899B-7C72DF7F6C3F/0/NIConsultap%C3%BAblicaSegVitfn230610.pdf (acedido em setembro de 2021).

[162] A presidente do Conselho de Administração da ASF, Margarida Corrêa de Aguiar, mencionou que: «*Os seguros de saúde enfrentam novos desafios. Fica aqui uma nota sobre alguns deles. Um desafio é a longevidade. Aliás, a longevidade é uma variável transversal à oferta seguradora. Neste particular, Portugal é um dos países que tem registado ganhos crescentes na esperança de vida, não*

mercado, embora se possam estabelecer vários prazos para os contratos, o habitual é que os contratos sejam anuais renováveis, pelo que mesmo um contrato sem limite de idade vai simplesmente ter o prémio[163] aumentado anualmente. Ao nível da técnica seguradora tal é inevitável, já que é natural que se calcule a sinistralidade de cada idade. Não existindo pagamento de prémio em excesso, quando o Tomador do Seguro seja mais jovem, será difícil compensar os seus riscos em idade mais avançada[164].

22. Os inquéritos da ASF e perspetivas futuras para o seguro de saúde

A ASF desenvolveu um conjunto de inquéritos, através de Consulta Pública[165], de modo a avaliar a necessidade de uma maior regulação do seguro de saúde. Refere a ASF no documento de Consulta pública que pretendia «recolher informação que permitisse identificar as suas necessidades e a sua avaliação deste tipo de seguro e, por outro lado, enquadrar os desafios futuros, procurando-se um efetivo acompanhamento nestas matérias por parte do supervisor».

No elenco de matérias questionadas está a eventual necessidade de uma regulamentação específica para os seguros de saúde; a necessidade de criar seguros vitalícios ou a necessidade de a lei limitar a faculdade de a seguradora excluir a pessoa segura do contrato devido à sua idade; coberturas que devem ser disponibilizadas nos seguros de saúde; âmbito de aplicação das doenças preexistentes; "produto de padrão mínimo"; uma padronização das definições e coberturas; e aspetos fundamentais para a portabilidade entre seguradoras dos contratos de seguro de saúde individuais.

As questões indiciam que está sob análise, entre outros aspetos, a necessidade de legislar ou regulamentar o conteúdo do contrato de seguro,

acompanhado, no entanto, de ganhos na qualidade de vida nas idades mais avançadas, pós reforma. É também um dos países mais envelhecidos do mundo». Cfr. da autora, *Os desafios dos seguros de saúde e da supervisão*, em Cadernos de Economia, abril-maio, 2020, pág. 56.

[163] Também existe a hipótese de serem aumentadas as franquias por cada utilização das garantias do contrato no sentido de repartir os custos entre segurador e tomador do seguro. Desta forma, o prémio ficaria em níveis mais próximos do habitual para Pessoas Seguras mais jovens, mas as coberturas seriam inferiores.

[164] Uma alternativa ao financiamento direto pelo Tomador do Seguro seria o Estado financiar os custos com prémios de seguros a partir de uma determinada idade.

[165] Cfr. https://www.asf.com.pt/NR/rdonlyres/3AC24F57-5AAC-4955-9F75-7F3D4CB28E7D/0/NotadeEnquadramentoConsultaP%C3%BAblicaSegurosdeSa%C3%BAde.pdf (acedido em setembro de 2021).

incluindo-se um conjunto de limitações ou obrigações ao mercado segurador que são pouco habituais em seguros não obrigatórios. Recordamos que apenas as Condições Gerais e Especiais dos seguros obrigatórios estão sujeitas a registo junto da ASF[166]. Nos restantes seguros, onde se integra o seguro de saúde não deve existir um pedido sistemático desses e outros elementos. A ASF apenas pode exigir «a comunicação não sistemática das condições gerais e especiais das apólices, das tarifas, das bases técnicas e dos formulários e outros impressos que aquelas empresas se proponham utilizar nas suas relações com os tomadores de seguros ou segurados ou com empresas cedentes ou retrocedentes»[167].

Neste sentido, qualquer regulamentação que surja deverá conformar-se com aquela regra, já que a mesma tem por base o quadro legal comunitário[168].

A imposição de coberturas ou tarifas obrigatórias para explorar seguros facultativos não é uma tradição do regime português[169] e mesmo em seguros obrigatórios a tarifa é definida por cada segurador.

Assim, ainda que possam vir a existir ajustamentos e desenvolvimentos de legislação ou regulamentação, uma das quais por base legal atendendo ao previsto no artigo 7.º da Lei n.º 75/2021, de 18 de novembro, para regulamentar o artigo 217.º do RJCS relativo às situações de não renovação do contrato ou da cobertura, parece-nos que qualquer intervenção terá que ser cuidadosamente ponderada para que não se limite a concorrência e livre iniciativa dos seguradores. Algumas soluções podem ser alcançadas pela emissão de Circulares da ASF e como é observável pelos produtos disponibili-

[166] Cfr. artigo 39.º do Regime Jurídico de Acesso e Exercício da Atividade Seguradora e Resseguradora (RJASR), aprovado pela Lei n.º 147/2015, de 9 de setembro.

[167] Cfr. artigo 40.º, n.º 1, do RJASR.

[168] Cfr. artigo 181.º da Diretiva 2009/138/CE, de 25 de novembro de 2009, relativa ao acesso à atividade de seguros e resseguros e ao seu exercício (Solvência II).

[169] Essa maior regulação é possível de encontrar em regimes comparados como o brasileiro ou chinês, onde existe regulação sobre o conteúdo contratual, coberturas e tarifas. V., a versão atualizada da Lei brasileira 9.656, de 3 de junho 1998 (dispõe sobre os planos e seguros privados de assistência à saúde), acessível em http://www.planalto.gov.br/ccivil_03/leis/L9656compilado.htm (acedido em novembro de 2021) e relativamente à China as Administrative Measures for Health Insurance (Health Insurance Measures), aprovadas pela respetiva autoridade de supervisão (China Banking and Insurance Regulatory Commission – CBIRC), em 2019 e acessíveis em http://www.cbirc.gov.cn/cn/view/pages/ItemDetail.html?docId=853579&itemId=928&generaltype=0, podendo consultar-se um resumo em inglês dos principais conteúdos em https://www.mondaq.com/china/healthcare/865822/cbirc-issues-newly-revised-health-insurance-regulations (acedido em novembro de 2021).

zados no mercado[170], as soluções com novas coberturas para doenças graves, incluindo oncológicas, ou a cobertura de saúde mental demonstram que também o mercado segurador evolui para servir melhor as pessoas seguras.

Caso a opção seja retomar o projeto do seguro de saúde vitalício, com algumas melhorias atendendo aos novos desenvolvimentos, há que ter presente que a disponibilização de um produto naqueles termos carece do interesse de seguradores e tomadores de seguro para aquela solução. Atendendo a que o seguro de saúde não deixa de ser complementar do Serviço Nacional de Saúde, fica sempre a questão até que ponto os tomadores de seguro estão disponíveis para pagar mais quando são mais jovens e com menos recursos para acautelar o futuro. Provavelmente terá que se encarar os seguros de saúde da mesma forma que os Planos Poupança Reforma, para proteger o futuro. Nesse sentido, se a direção for esta, terá que existir um reforço da literacia para que esse tipo de produtos seja devidamente valorizado e comercializado no mercado[171].

Notas finais

Do enquadramento público e privado, bem como da análise ao RJCS, podemos constatar a importância que o seguro de saúde tem para a proteção do cidadão.

O RJCS, embora ainda deixe um largo espaço para a liberdade contratual entre as partes, contém vários preceitos que protegem o tomador do seguro ou pessoa segura. A título exemplificativo vejam-se as matérias das preexistências e da cessação que visam alargar o âmbito de cobertura de cada contrato, seja pelo seu objeto, seja pelo tempo de cobertura.

Para além da oferta no mercado dos seguros de saúde anuais e renováveis, a oferta de seguros de saúde de longa duração é um desafio que merecerá um estudo cuidado, de forma a permitir a exploração deste tipo de seguros num quadro equilibrado, economicamente sustentável e adequado à proteção dos consumidores.

O mercado tem-se ajustado e melhorado a sua oferta ao longo dos anos. Neste âmbito tem existido um reforço na proteção da doença, com o alargamento de coberturas e novas soluções de proteção para doenças graves. As novas tecnologias têm, cada vez mais, contribuído para a utilização do

[170] V., por exemplo, os seguros de saúde da Fidelidade/Multicare, em www.fidelidade.pt.

[171] Sendo certo que caso exista muito interesse num produto de seguro de saúde vitalício dificilmente os seguradores não estarão interessados também em comercializá-lo.

seguro numa vertente preventiva, no sentido de as pessoas adotarem hábitos de vida saudáveis e identificarem qualquer doença precocemente. Neste sentido, o futuro do seguro de saúde será um misto das coberturas clássicas associadas à doença e das relacionadas com prevenção, assistência e deteção precoce de doenças.

As Consultas Públicas da ASF demonstram também que a mesma está atenta a estas evoluções e que continuará a acompanhar os comportamentos do mercado. Ainda que, de momento, não se identifiquem problemas que justifiquem uma intervenção legislativa ou regulatória no futuro, é possível que a mesma ocorra e já existiu uma relativa ao artigo 217.º do RJCS[172] por via da Lei n.º 75/2021, de 18 de novembro.

Em qualquer situação, o seguro de saúde continuará a desempenhar um papel essencial na proteção daquilo que as pessoas mais valorizam.

[172] A alteração é acompanhada da previsão da existência de uma regulamentação no artigo 7.º da Lei n.º 75/2021, de 18 de novembro: «*O Governo, no prazo de um ano após a entrada em vigor da presente lei, regulamenta a prestação de cuidados de saúde relacionados por parte do segurador cessante, nos termos do artigo 217.º do regime jurídico do contrato de seguro, aprovado em anexo ao Decreto-Lei n.º 72/2008, de 16 de abril*».

O ESTATUTO DO CONSUMIDOR NO REGIME PORTUGUÊS DO CONTRATO DE SEGURO

Filipe Albuquerque Matos

O Tema que constitui objecto de análise deste estudo – O Estatuto do consumidor no regime português do contrato de seguro – trata-se de uma matéria cujo tratamento patenteia uma inequívoca actualidade e utilidade prática.

Constitui um dado incontestável da prática negocial desenvolvida no universo dos seguros, que os modelos convocados, quer para a contratação, quer para a distribuição neste sector, estão longe de corresponder ao figurino tradicional, que radicava num contacto directo e pessoal entre a seguradora / distribuidor e o tomador dos seguros, e no âmbito do qual o conteúdo do contrato resultava da livre definição do mesmo pelas partes.

Ao invés, nas sociedades europeias ocidentais, onde a economia de mercado impõe indelevelmente as suas exigências regulativas, as relações negociais por esta engendradas obedecem, por regra, a esquemas de contratação padronizados, no contexto dos quais não existe um contacto directo entre a seguradora e o tomador, e o conteúdo do contrato deixa de se encontrar na livre disponibilidade das partes.

Em face deste cenário que sumariamente acabámos de descrever, não causa particular estranheza a relevância assumida pelo regime jurídico das cláusulas contratuais gerais[1] no âmbito da contratação desenvolvida no sector

[1] No nosso ordenamento jurídico, a disciplina das cláusulas contratuais gerais encontra-se estatuída no Decreto-Lei n.º 446/85, de 25 de Outubro, regime esse particularmente inspi-

dos seguros, assim como se revela simples compreender as razões pelas quais a disciplina jurídica da distribuição dos seguros foi recentemente alterado[2].

Na verdade, um tal cenário jurídico policromado, que constituí o enquadramento normativo da prática negocial entretecida no universo securitário, além de constituir uma inegável manifestação da relevância assumida pelo momento material no contexto das fontes de Direito[3], permite ainda explicar a atrás aludida actualidade e utilidade prática dos estudos desenvolvidos em torno da posição assumida pelos consumidores no contexto do regime jurídico do contrato de seguro.

Apesar dos regimes jurídico-positivos respeitantes às cláusulas contratuais gerais e à distribuição de seguros não se poderem qualificar como diplomas normativos específicos do Direito do Consumo[4] [5], a verdade é que

rado pela AGB-Gesetz (Gesetz Zur Regelung des Rechts der Allgemeinen Gescaftsbedingungen) de 9 de Dezembro de 1976, que entrou em vigor 1 de Abril de 1977.

[2] O regime da distribuição dos seguros e dos resseguros encontra-se hoje regulado na Lei n.º 7/2019, de 16 de Janeiro, que transpôs para o nosso ordenamento jurídico a Directiva (UE) 2016/97 tendo, entretanto, procedido à revogação da disciplina anteriormente contida na Lei n.º 147/2015, de 9 de Setembro. Ora, como decorre do considerando 6 da Directiva da Distribuição dos Seguros, um dos seus objectivos fundamentais reside precisamente em assegurar uma igualdade de tratamento dos operadores que actuam no mercado da distribuição, sujeitando-os às mesmas exigências, independentemente do tipo de canal utilizado, em nome da protecção dos consumidores.

[3] Como sugestivamente considera Castanheira Neves "Nenhum direito se constitui senão em referência condicionante à realidade histórico-social (a uma determinada realidade histórico-social) que bem se poderá dizer o pressuposto material da sua constituição", Cfr, Neves, A. Castanheira, *Fontes do Direito. Contributo para a Revisão do seu Problema*, in Digesta, Escritos acerca do Direito, do Pensamento Jurídico, da sua Metodologia e outros, 2.º Vol., Coimbra, 1995, pgs. 56-57.

[4] Utilizamos a expressão Direito do consumo e não direito do consumidor, por entendermos que o núcleo de matérias alvo das preocupações deste universo jurídico gravita fundamentalmente em torno da categoria da relação jurídica de consumo e não em volta dos sujeitos da mesma. Na doutrina nacional discute-se se a melhor designação para a disciplina jurídica reservada às questões do consumo será a de Direito de Consumo ou de Direito do Consumidor. Enquanto a primeira denominação assume uma feição manifestamente objectivista, centrando-se na categoria do acto de consumo, a segunda tem um pendor subjectivista e gravita antes em torno da categoria do consumidor, enquanto o sujeito principal das preocupações do universo consumerista. A favor da opção pela categoria Direito do Consumo, Cfr, Almeida, Carlos Ferreira de, *Direito do Consumo*, Coimbra, 2005, pg. 51, Martinez, Pedro Romano, *"Anteprojecto do Código do Consumidor" – Contratos em Especial*, in Estudos do Instituto de Direito do Consumo, Vol.III, 2006, pg. 57 e ss., Carvalho, Jorge Morais de, *Os Contratos de Consumo. Reflexão sobre a Autonomia Privada no Direito do Consumo*, Coimbra, 2012, pg. 21 e ss. Em sentido oposto, manifestando preferência pela designação

a disciplina de qualquer um deles se encontra perpassada por exigências de ordem pública de protecção[6], no âmbito das quais o consumidor enquanto parte contratualmente mais débil[7] reivindica uma protecção reforçada. O mesmo se pode afirmar relativamente à disciplina legal da responsabilidade civil do produtor consagrada no Decreto-Lei n.º 383/89, diploma este que apesar de fortemente influenciado por exigências consumeristas[8], não se traduz, contudo, num regime privativo do Direito do Consumo.

Direito do Consumidor, Cfr, MONTEIRO, A. PINTO, *"Sobre o Direito do Consumidor em Portugal e o Anteprojecto do Código do Consumidor"*, in Estudos do Instituto de Direito do Consumo, Vol. III, 2006, pg. 37 e ss., ASCENSÃO, J. OLIVEIRA, *"Direito Civil e Direito do Consumidor"*, in Themis, Revista da Faculdade de Direito da Universidade Nova de Lisboa, Edição Especial – Código Civil Português (Evolução e Perspectivas Actuais), 2008, pg. 167.

[5] Negando que o regime das Cláusulas Contratuais Gerais se dirija exclusivamente aos consumidores depõe a disciplina prevista nos art.os 17.º a 19.º do Decreto-Lei n.º 446/85, de 25 de Outubro, que se refere às listas negras e cinzentas no âmbito das relações entre empresários e entidades equiparadas. Na doutrina, por todos, Cfr, MARTINS, INÊS OLIVEIRA, *O Controlo do Conteúdo Das Cláusulas Contratuais Gerais No Contrato de Seguro,* in Estudos de Direito do Consumidor, ano 10, 2016, pg. 224.

[6] Acerca da categoria da Ordem Pública de Protecção, Cfr, SILVA, J. CALVÃO DA, *Sinal e Contrato-Promessa, 15.ª Edição,* Coimbra, 2020, pg. 64. No âmbito do sistema financeiro, onde actualmente nos deparamos com os comummente designados conglomerados financeiros, o autor faz também alusão ao conceito de Ordem pública de protecção, querendo com o mesmo reportar-se ao complexo normativo destinado a garantir a tutela dos aforradores, depositantes, investidores e segurados ou beneficiários de seguros, vide, SILVA, J. CALVÃO, *A Progressiva Integração da Actividade Financeira,* in II Congresso de Direito Bancário, Coimbra, 2017, pg. 374. A propósito da relevância da categoria da ordem pública de protecção no universo dos seguros, atenta a prática recorrente da celebração dos contratos de seguro com base no modelo das cláusulas contratuais gerais, cfr, CARBAJAL, LUIZ ALBERTO M., *Tranparencia, Certeza Contractual Y Cláusulas Abusivas en el Mercado Peruano de Seguros, Retos Y Desafíos del Contrato de Seguro: Del Necessario Aggiornamento a la Metamorfosis del Contrato,* in Libro Homenaje al Profesor Ruben Stiglitz, Pamplona, 2020, pg. 619.

[7] Cumpre explicitar que a debilidade da parte mais fraca a proteger por estes diplomas inspirados por exigências de ordem pública de protecção, tal como sucede com o regime jurídico das cláusulas contratuais gerais, não se confunde com *o desnível de poder económico* de uma parte face à outra, cfr, a este propósito, Ribeiro, Joaquim Sousa, O Problema do Contrato, As Cláusulas Contratuais Gerais e o Princípio da liberdade Contratual, Coimbra, 1999, pg. 330 e ss, Martins, Inês Oliveira, O Controlo de Conteúdo ..., ob. cit, pgs. 225 e 226 (especialmente nota 9).

[8] Uma tal influência manifesta-se de modo significativo no regime estatuído no art.º 8.ºdo Decreto-Lei n.º 383/89, onde se estabelece a propósito do ressarcimento dos danos causados em coisas, um tratamento mais favorável quanto aos danos causados em coisas destinadas ao Consumo privado e às quais o consumidor lhe atribua uma tal destinação, Cfr, sobre

Rigorosamente, todas as considerações tecidas acerca destes regimes jurídicos co-envolventes da normatividade vigente em matéria de contrato de seguro se podem e devem considerar extensivas à disciplina normativa típica do contrato de seguro. Como teremos ocasião de referir mais adiante, a disciplina jurídica vertida no anexo do Decreto-Lei n.º 72/2008, de 16 de Abril, não se centra no binómio seguradora enquanto profissional e tomador de seguro como consumidor, sendo que, no entanto, não se manifesta irrelevante na economia de um tal diploma legal a circunstância do tomador assumir simultaneamente o estatuto de consumidor.

Apesar de todo o arsenal normativo atrás mencionado não se poder considerar especifica e exclusivamente integrado no universo do direito do consumo[9], ninguém pode, porém, contestar que no epicentro dos regimes jurídicos definidos naqueles diplomas normativos se encontra a categoria jurídica da Vulnerabilidade. Importa ainda referir especificamente a propósito do Direito do Consumo, que sendo este, mercê da sua matriz europeia, um "direito de mercado que não renegando uma ideia de vulnerabilidade, não consegue, todavia, responder às diversas matrizes com que esta se apresenta. A adopção do padrão metrológico do consumidor médio ensombra a multidimensionalidade do fenómeno da vulnerabilidade e deixará, eventualmente, desprotegidos consumidores colocados numa situação de vulnerabilidade agravada"[10].

a matéria, Silva, J. Calvão da, *Responsabilidade Civil do Produtor*, Coimbra, 1990, pg. 697 e ss. Em termos mais genéricos, referindo-se às principais temáticas ou linhas estruturantes que enquadram o regime da responsabilidade civil do produtor, o autor considera que "A responsabilidade civil do produtor insere-se na moderna e vasta temática da protecção do consumidor (*consumer protection, verbraucherschutz*), sendo um dos seus mais significativos aspectos se não mesmo o mais significativo.", ob, ant, cit, pg. 27 e ss.

[9] Por todos, Cfr, Monteiro, António Pinto, *O Anteprojecto do Código do Consumidor*, in Revista de Legislação e de Jurisprudência, ano 135.º (2006), n.º 3937, pg. 191.

[10] Cfr, Passinhas, Sandra, O Lugar da Vulnerabilidade no Direito do Consumidor Português, in Estudos de Direito do Consumidor, n.º 15, 2019, pg 257. Atenta a centralidade ocupada pela categoria da vulnerabilidade no contexto do Direito dos Seguros, não admira que no projecto de reforma da lei do contrato de seguro alemã (*Entwurf eines Gesetzes zur Reform des Versicherungsvertragsrechts*) que culminou com a entrada em vigor em 2008 do novel regime jurídico, se tenha atribuído um particular destaque à necessidade de tutela não apenas do *consumidor,* mas também, e ainda mais genericamente à protecção do *contraente débil*, Cfr, a este propósito, Landini, Sara, *Il Uovo Diritto Del Contrato Di Assicurazione In Germania: Uma Prima Visione D'Insieme*, in Assicurazioni, 2007(n.º 3), pg. 480. Também a propósito da relevância da vulnerabilidade no âmbito dos modernos ordenamentos jurídicos ocidentais e do modo como o Tribunal Europeu dos Direitos do Homem tem enfrentado esta questão,

Desta feita, uma protecção adequada das situações de vulnerabilidade, e de um modo particular, das situações de vulnerabilidade agravada, pode não encontrar na legislação específica do Direito do Consumo uma resposta adequada e cabal, revelando-se antes necessário convocar princípios e institutos fundamentais do Direito Civil e do Direito Comercial[11] (os Princípios da Boa-Fé, da Confiança e da Tutela da Aparência, bem como os regimes do falta e vícios da vontade, da usura, da simulação), assim como disposições legais de outros regimes jurídicos, ainda que não especificamente consumeristas[12], onde tais exigências se encontrem vertidas, entre os quais se contam precisamente as disciplinas reservadas às Cláusulas Contratuais Gerais e do Contrato de Seguro.

Ponderadas estas breves considerações iniciais, pensamos, porém, que se torna mister num estudo com o teor do presente trabalho, dedicar um capítulo prévio ao modo como na lei, na dogmática e na jurisprudência portuguesa surge configurada a categoria subjectiva do consumidor, tarefa essa que empreenderemos já de seguida.

Em busca de uma Noção de Consumidor

Como ficou evidenciado na exposição introdutória, o ordenamento jurídico português dedica, em vários diplomas legais, na senda da generalidade das ordens jurídicas dos países da União Europeia, uma particular atenção à figura do consumidor, integrando-se a respectiva tutela jurídica no quadro mais amplo da comummente designada ordem pública de protecção.

Uma abordagem em torno da categoria jurídica do consumidor implica, desde logo, que se tenha em conta a multiplicidade de perspectivas ou enfoques[13] que um mesmo ordenamento jurídico convoca a propósito da

vide, Barbera, Mariacaterina, *La Vulnerabilidade Como Categoria Em Construcción...*, in Revista de Derecho Comunitario Europeo, ano 62, 2019, pg. 238 e ss.

[11] Nesta sede, pode também assumir particular relevo o papel desempenhado por princípios fundamentais de Direito Público, como o princípio da igualdade de tratamento, cumprindo neste âmbito destacar a importância crucial da legislação antidiscriminação., Cfr, Passinhas, Sandra, *O Lugar da Vulnerabilidade...*, ob. cit, pg. 257.

[12] A este propósito, não podemos esquecer que uma das características fundamentais do Direito do Consumo é a sua natureza interdisciplinar, vide, Monteiro, António Pinto, Harmonização Legislativa e Protecção do Consumidor (A Propósito do Anteprojecto do Código do Consumidor Português), in Themis, 2008, edição especial, pgs. 201 e 202.

[13] A fragmentariedade constitui uma nota normalmente associada à tutela jurídica dispensada pelos ordenamentos jurídicos ao universo do consumo, e uma tal nota representa, por seu turno, um obstáculo à autonomização dogmática do Direito do Consumo como um

delimitação dos contornos de uma tal figura, tendo em conta a importância assumida por um tal sujeito numa constelação diversificada de sectores ou ramos do Direito.

Antes de procedermos à análise das especificidades suscitadas pelas relações de consumo no âmbito do contrato de seguro, e à abordagem da relevância assumida pela categoria jurídica do consumidor no âmbito de outros contextos normativos, cumpre levar em linha de conta a noção de consumidor contida no art.º 2.º n.º 1 da Lei n.º 24/96, de 31 de Julho, atenta a posição de centralidade ocupada por um tal diploma legal em matéria de defesa dos consumidores.

Neste preceito deparamo-nos verdadeiramente com uma delimitação legal do âmbito da *relação jurídica de consumo*[14], porquanto a noção do consumidor aí plasmada, e que surge avançada na sua parte inicial apenas se revela perceptível, tendo em conta, não somente o quid sobre que versa a relação jurídica, quanto também o outro sujeito da mesma.

No essencial, podemos concluir do preceito legal em análise que, consumidor é a parte da relação jurídica que atribui um destino não profissional ("uso não profissional")[15] aos bens ou aos serviços que lhe tenham sido fornecidos ou aos direitos a si transmitidos por um profissional[16], profissional esse que no âmbito da relação de consumo exerce a sua actividade com objectivos económicos de obtenção de benefícios.

Em face das notas caracterizadoras da posição do consumidor acabadas de mencionar, afigura-se-nos claro voltar a explicitar que o legislador teve

ramo específico do direito sobre esta matéria, Cfr, Monteiro, António Pinto, Harmonização Legislativa e Protecção ..., ob. cit, pgs 185 e 186, Carvalho, J. Morais de, *Os Contratos de Consumo, Reflexão sobre a Autonomia Privada no Direito do Consumo,* Coimbra, 2012, pg. 40.

[14] Na doutrina faz-se menção ao elemento relacional do conceito de consumidor, ao lado dos elementos subjectivo, objectivo e teleológico, Cfr, Monteiro, António Pinto, *Harmonização Legislativa e Protecção...*, ob. cit., pg. 196, Passinhas, Sandra, O Lugar da Vulnerabilidade..., ob.cit,, pgs 264-265, Carvalho, J. Morais, *Os Contratos de Consumo...*, ob, cit., pg. 26 e ss, no mesmo sentido, vide ainda, Abeleira, Teresa Estévez, *Análisis De La Noción de Consumidor En El Derecho Português Desde La Perspectiva Del Derecho Espanol,* in Estudos de Direito do Consumidor, n.º 10, 2016, pgs. 44-45 (a autora para alcançar uma noção de Consumidor considera imprescindível levar em consideração a categoria das relações de consumo).

[15] No art.º 2.º n.º 1 da Lei n.º 24/96, de 31 de Julho, a expressão utilizada para caracterizar a posição do consumidor na relação jurídica é precisamente a de uso não profissional.

[16] Socorrendo-nos da terminologia legal, o fornecimento dos bens ou serviços e a transmissão de direitos têm de ser efectuados por "pessoa que exerça com carácter profissional uma actividade económica que vise a obtenção de benefícios".

como propósito evidenciar a posição de *vulnerabilidade* na qual aquele se encontra colocado na relação, posição essa que reclama do ordenamento jurídico uma protecção reforçada.

Apesar de haver um consenso generalizado na doutrina e na jurisprudência acerca da posição de vulnerabilidade ou debilidade em que se encontra o consumidor no âmbito da dita relação, é também nesses contextos que essa mesma ideia de vulnerabilidade tem suscitado uma vigorosa discussão em torno da delimitação do respectivo âmbito, debatendo-se aí com particular acuidade se ainda nos encontramos situados perante uma relação de consumo nas hipóteses em que o adquirente de bens, serviços ou direitos lhes atribua uma destinação múltipla, ou seja quando se verifique uma utilização dos mesmos, quer para fins profissionais, quer para fins pessoais[17].

Apesar de formalmente este tipo de adquirente não poder ser considerado como consumidor, atenta a letra da lei, certo é que a teleologia do n.º 1 do art.º 2.º da Lei n.º 24/96 não exclui a possibilidade de qualificar como consumidor quem adquira o bem para fins profissionais e simultaneamente lhe dê uma utilização pessoal, uma vez que nestas últimas situações aquele passa a ser igualmente consumidor, e como tal tido por particularmente vulnerável, vulnerabilidade essa que pode inclusivamente registar-se também quanto à destinação profissional que é atribuída ao bem.

Na verdade, mesmo quando um adquirente de bem, serviço ou direito intervenha na relação jurídica na qualidade de profissional, tal não significa necessariamente que deixe de ser considerado como vulnerável, na medida em que o objecto do negócio celebrado pode revelar-se absolutamente estranho ao cerne ou ao núcleo central da actividade profissional por si exercida.

Bem vistas as coisas, no âmbito das sociedades hodiernas profundamente marcadas pela pluralidade de saberes, e correspectiva especialização técnica, a emergência de situações de vulnerabilidade no contexto de relações pro-

[17] A este propósito, Morais de Carvalho dá o exemplo da "...pessoa que adquire um automóvel para utilizar no exercício da sua actividade profissional quer na sua vida privada", e considera que o melhor critério para determinar se o bem se trata de um bem de consumo será o do "...uso predominantemente dado ao bem", Cfr, CARVALHO, JORGE MORAIS, *Os Contratos de Consumo...*, ob. cit., pg. 29. Em sentido diferente, considerando que a utilização mista ou plúrima implica o afastamento da qualificação de consumidores, Cfr, LEITÃO, A. MENEZES, *Caveat Venditor? A Directiva 1999/44/CE do Conselho e do Parlamento Europeu sobre a venda de Bens de Consumo e garantias associadas e suas Implicações no regime jurídico da Compra e Venda,* in Estudos em Homenagem ao Prof. Doutor Inocêncio Galvão Telles, Vol. I., Coimbra, pg. 273.

fissionais não constitui uma realidade susceptível de ser qualificada como marginal ou excepcional[18].

Todas as dificuldades atrás mencionadas acerca da ideia nuclear de vulnerabilidade que perpassa transversalmente qualquer noção de consumidor que seja susceptível de ser adaptada aos mais variados diplomas legais, tem-se feito sentir não apenas no universo dogmático, mas também, de modo significativo, a nível jurisdicional.

Reportando-nos assim à discussão que tem vindo a ser travada no plano jurisdicional a propósito da delimitação da categoria jurídica do consumidor, torna-se mister fazer referência à posição assumida pelo Supremo Tribunal de Justiça nos seus acórdãos de uniformização de jurisprudência n.ºs 4/2014 e 4/2019.

Não obstante a posição assumida pelo Supremo Tribunal de Justiça nestes arestos se reportar a uma questão bem específica, a saber: o âmbito de efectivação do direito de retenção do promitente-comprador nas hipóteses de promessas com eficácia meramente obrigacional em sede de processo de insolvência, a verdade é que os critérios aí discutidos e a orientação neles eleita como solução preferível centram-se precisamente em torno do

[18] A este propósito, veja-se o exemplo avançado por Jorge Morais de Carvalho de "...um pequeno comerciante de sapatos que adquira um computador num hipermercado...", vide, Carvalho, J. Morais, *Os Contratos de Consumo...*, ob. cit., pg. 33. Razão pela qual o autor defenda, de iure condendo, que a melhor solução "...passa por não restringir a noção de consumidor às pessoas físicas, abrangendo também os profissionais – pessoas físicas ou jurídicas – que, na relação jurídica em concreto, não tenham conhecimentos especiais no que respeita ao seu objecto", Cfr, Carvalho, J. Morais, ob. cit., pg. 34. No mesmo sentido, Cfr, Ataíde, Rui de Mascarenhas, *Empreitadas de Bens imóveis e relações de consumo*, in Revista da Faculdade de Direito da Universidade de Lisboa, 2020, n.º 2, pgs. 613-614. Alves, Paula Ribeiro, *Contrato de Seguro à Distância – Contrato Electrónico*, Coimbra, 2009, pg. 32. Colocando em destaque a particular vulnerabilidade do adquirente, seja o mesmo uma pessoa física ou uma pessoa singular, o anteprojecto do Código do Consumidor Português previa no seu art.º 11.º, n.º 1 "...que em certos casos, reunidos determinados pressupostos, possa estender-se às pessoas colectivas o regime que em princípio está reservado ao consumidor. Quer dizer, as pessoas colectivas não são consumidores, mas, em certos casos, se provarem que não dispõem nem devem dispor de competência específica para a transacção em causa e que a solução está de acordo com a equidade, podem beneficiar do regime que a lei reserva ao consumidor"., vide, Monteiro, António Pinto, *Harmonização Legislativa....*, ob. cit., pg. 196. De resto, e nos termos do n.º 2 do art.º 11.º do mesmo anteprojecto encontrava-se também previsto que o regime reservado aos consumidores se deveria estender às pessoas singulares que não fossem consumidores, quando se encontrassem preenchidos os pressupostos atrás mencionados.

conceito de consumidor, acabando assim por se revelar de carácter genérico a abordagem desenvolvida nos acórdãos mencionados.

Antes, porém, de abordarmos a problemática da opção por um dos conceitos possíveis de adoptar sobre a categoria jurídica de consumidor, importa fazer uma referência, conquanto muito breve, à questão da relevância assumida por esta categoria jurídica no contexto temático versado nos Acórdãos n.ºs 4/2014 e 4/2019, porquanto aí ficou definido que a efectivação do direito de retenção do promitente comprador no âmbito do processo de insolvência quando as promessas assumem eficácia meramente obrigacional, apenas poderá ter lugar nas hipóteses em que o promitente comprador assuma a qualidade de consumidor.

Apesar do Acórdão Uniformizador nº 4/2014 ter eleito o conceito de consumidor como categoria nuclear para efeitos de aplicabilidade da disciplina prevista no art.º 759.º, n.º 2 do Código Civil, certo é que o mesmo não procedeu a uma uniformização do conceito de consumidor[19].

Na verdade, a tarefa de uniformização do conceito de consumidor veio a ser realizada pelo Acórdão n.º 4/2019, onde nos deparamos com uma discussão em torno de duas perspectivas ou concepções diversas: uma concepção ampla e uma concepção restrita de consumidor[20].

[19] Neste sentido, Cfr, Silva, J. Calvão, *Sinal e Contrato-Promessa,* 15.ª edição, Coimbra, 2020, pg. 168. No mesmo sentido se pronunciou o Acórdão do Supremo Tribunal de Justiça de 18/09/2018:" O conceito de consumidor não foi objecto de uniformização no AUJ n.º 4/2014 n.º 1210/11.OTYVNG-D.11.5.1. Porém, existe quem considere que o Acórdão de uniformização de Jurisprudência n.º 4/2014 acolheu uma concepção ampla de consumidor, em virtude de quanto ficou exposto na sua nota 10.ª. Numa tal nota considerou-se consumidor aquele "que utiliza os andares para seu uso próprio e não para revenda". De acordo com o entendimento vertido no acórdão recorrido, o Acórdão uniformizador atrás mencionado acolheu uma concepção ampla de consumidor, na medida em que o aresto apenas afasta esta qualidade quando se registe um escopo de revenda por parte do promitente-comprador. Razão pela qual, o dito acórdão recorrido considerou como consumidor o promitente comprador que, em concreto, era um cabeleireiro que exercia na fracção objecto do contrato a sua actividade profissional. Na realidade, uma tal conclusão apenas se revela aceitável para quem coloque o enfâse na inexistência de um escopo de revenda. Porém, em sentido diverso se pronunciou o Acórdão de uniformização de jurisprudência n.º 4/2019, que procedeu à delimitação do conceito de consumidor para efeitos de aplicação do critério definido no Acórdão de uniformização de Jurisprudência n.º 4/2014 e que acolheu uma orientação restritiva.

[20] Enquanto no Acórdão fundamento, cujo relator foi o Conselheiro João Camilo, teve acolhimento uma concepção restrita de consumidor, no acórdão recorrido em que a qualidade de relator coube ao Conselheiro Júlio Gomes, adoptou-se, ao invés, uma concepção ampla de consumidor.

Em termos sucintos, dir-se-á que segundo a perspectiva ampla de consumidor, apenas não será qualificado como consumidor aquele que compra o imóvel para o revender ou para lhe atribuir uma outra finalidade lucrativa (ex: arrendamento), e assim sendo, será atribuída uma tal qualidade aquele que relativamente aos imóveis que são objecto do contrato-promessa não desenvolva actividades lucrativas regulares e permanentes respeitantes ao sector imobiliário[21].

De modo bem diverso, na concepção restrita de consumidor o mesmo é perspectivado como alguém que adquire bens unicamente para satisfação de necessidades pessoais ou familiares ficando, deste modo, imediatamente excluída daquela categoria a pessoa que adquirir coisas ou bens para fins profissionais.

Segundo este entendimento restritivo, mesmo se o promitente comprador não adquirir o bem imóvel para revenda, ou outra finalidade lucrativa duradoura como o arrendamento, mas exerça aí, porém, uma actividade profissional, ainda que não relacionada com o sector imobiliário, então ter-se-á de considerar necessariamente afastado do âmbito da categoria de consumidor[22].

Apesar da discussão acerca da noção de consumidor travada no acórdão de Uniformização de Jurisprudência n.º 4/2019 se encontrar particularmente condicionada pela concreta problemática que lhe deu origem, em virtude do conflito judicial se reportar a um contrato de promessa de compra e venda que tinha por objecto uma fracção autónoma, a verdade é que não deixam de se encontrar reflectidas nessa mesma discussão as linhas ou considerações gerais que enquadram a problemática atinente à definição de um conceito de consumidor.

Bem vistas as coisas, o Acórdão de Uniformização de Jurisprudência n.º 4/2019 evidenciou bem a grande dúvida que a propósito da noção de consumidor continua a pairar no plano doutrinal, dúvida essa já atrás mencionada e reconduzida à questão de saber se quem exerce uma actividade económica fica, por força dessa circunstância, impedido de ser qualificado como consumidor, mesmo quando o bem, serviço ou direito adquiridos não

[21] Na hipótese que estava na base do Acórdão de uniformização de Jurisprudência n.º 4/2019, o imóvel era destinado ao exercício da profissão de dentista pelo promitente comprador.

[22] Para uma análise mais desenvolvida sobre as concepções ampla e restrita de consumidor discutidas no âmbito do Acórdão de Uniformização de Jurisprudência n.º 4/2019, Cfr, Silva, J. Calvão, *Sinal...*, ob. cit., pg. 169 e ss.

digam especificamente respeito ao núcleo essencial das respectivas atribuições profissionais.

Neste tipo de situações, que são susceptíveis de ocorrer, quer em relação às pessoas singulares, quer em relação às pessoas colectivas[23], não deixa de se poder registar uma posição de vulnerabilidade por parte do adquirente dos bens, serviços e direitos, mau grado a aquisição dos mesmos ocorrer no âmbito do exercício da respectiva actividade profissional.

Partindo do pressuposto que o *telos* subjacente à tutela do consumidor radica na sua situação de vulnerabilidade e, atenta a profunda especialização do saber que se regista nas modernas sociedades, onde a técnica e a ciência desempenham um papel nuclear, poder-se-á então admitir que a concepção ampla de consumidor, mesmo sem obter acolhimento na letra da lei, se manifesta defensável de *iure condendo.*

Porém, não podemos ignorar que a noção de consumidor prevalecente no nosso ordenamento jurídico positivo é a de consumidor em sentido estrito, tal como se pode constatar pela disciplina de vários institutos (venda de bens de consumo, contratos celebrados à distância e fora de estabelecimento comercial, crédito a consumidores, contratos de crédito relativos a imóveis), já para não falar no conceito supletivo de consumidor consagrado no art.º 2.º, n.º 1 da Lei n.º 24/9 de 31 de Julho[24], tendo uma tal concepção sido acolhida pelo Acórdão Uniformizador n.º 4/2019.

Todavia, em face das considerações teleológicas expostas, a opção a tomar em torno de uma concepção restrita ou de uma concepção ampla de consumidor está longe de ser uma questão encerrada, não obstante a importante

[23] Relativamente às pessoas colectivas, tendo em conta o princípio da especialidade do fim (art.º 160.º), torna-se muito difícil conceber a existência de entes destinados ao exercício de fins que não correspondam a funções profissionais. Porém, mesmo a propósito das pessoas colectivas, deparamo-nos com decisões jurisdicionais que admitem a qualidade de consumidor das mesmas, Cfr, *Sentença do Julgado de Paz de Santa Maria da Feira de 25 de Julho de 2007 (Processo 123/2007)*. Na doutrina, também há quem defenda a extensão do conceito de consumidor às pessoas colectivas, Cfr, Rodrigues, Luís Silveira, *"Os Consumidores e a Sociedade de Informação"*, in Direito da Sociedade da Informação, Vol. III, 2002, pg. 300 (o autor circunscreve a qualidade de consumidor aquelas pessoas morais que não exerçam uma actividade profissional, nem tenham um fim económico, sendo que tais situações muito raramente ocorrerão, tal como já atrás tivémos ocasião de sublinhar).

[24] Cfr, neste sentido, *Acórdão de Uniformização de Jurisprudência, n.º 4/2019,* in www.dgsi.pt, que seguiu de perto, a este propósito, a posição de Calvão da Silva, (Venda de Bens de Consumo, 4.ª ed., Coimbra, 2020, pg. 55 e ss).

tomada de posição jurisprudencial do Acórdão de Uniformização de Jurisprudência do S.T.J. n.º 4/2019 num universo temático tão relevante.

O Estatuto do Consumidor na Lei do Contrato de Seguro Portuguesa

Após esta breve incursão em torno da categoria jurídica de consumidor, na qual se procedeu a uma abordagem muito sumária sobre a relevância assumida pelo estatuto daquele em vários institutos, com vista a proceder à respectiva delimitação, torna-se este o momento adequado para nos centrarmos no tema alvo da nossa intervenção – O estatuto jurídico do consumidor no regime jurídico do contrato de seguro.

Começaremos por sublinhar que a lei do contrato de seguro não é um diploma susceptível de ser incluído no comummente designado universo do Direito do Consumo, ou seja, o regime jurídico do Decreto Lei n.º 72/2008, de 16 de Abril não se encontra centrado na tutela do tomador do seguro perspectivado unicamente na qualidade de consumidor.

Para além de não ser uma disciplina jurídica tipicamente consumerista, à semelhança, de resto, quanto sucede com o diploma das cláusulas contratuais gerais, a lei do contrato de seguro não elevou sequer a categoria subjectiva do consumidor a elemento distintivo nuclear dos tipos fundamentais de seguros que definem a respectiva estrutura sistemática.

Na verdade, em lugar da clássica *summa divisio* seguros de danos (art.º 123-174 do Decreto-Lei n.º 72/2008) seguros de pessoas (art.º 175-217 do Decreto-Lei n.º 72/2008), que constituiu a grande bissectriz da sistemática adoptada pela lei do contrato de seguro, este novel regime jurídico poderia ter acompanhado a tendência de algumas modernas legislações[25], que optaram pela distinção fundamental entre seguros celebrados com consumidores e seguros concluídos com não consumidores.

Caso a nova lei portuguesa do contrato de seguro tivesse seguido uma tal tendência de organização sistemática, teria dado um sinal evidente das suas preocupações consumeristas.

Não tendo, porém, partilhado a opção do legislador sueco dos seguros, o que se questiona verdadeiramente é se o regime jurídico do contrato de

[25] Neste sentido se orientou a actual lei sueca dos seguros. Na doutrina, regista-se também uma certa tendência no sentido de defender a existência de regimes diferenciados em função da qualidade de consumidor do tomador do seguro, Cfr, Suárez, Francisco Tirado, *"Anotaciones Al Deber De Declaración Del Riesgo En El Contrato De Seguro"*, in Revista Espanola de Seguros, n.º 61, pg. 129 e ss.

seguros de 2008 se traduz num diploma normativo indiferente às solicitações e desafios colocados aos seguros pela moderna sociedade de consumo.

Antes de entrarmos numa análise mais detalhada da matéria abrangida pela problemática acabada de enunciar, importa começar por referir que o elemento sistemático não permite retirar, por si só, conclusões peremptórias sobre o modo como as várias matérias do direito dos seguros se encontram disciplinadas, em termos substanciais, na lei do contrato de seguro.

Em face destas breves considerações, cumpre agora verdadeiramente indagar se subjacente à disciplina do Decreto Lei n.º 72/2008 de 16 de Abril se encontram preocupações de tutela do consumidor.

Basta ter com conta a formulação do art.º 3.º da Lei do contrato de seguro para nos apercebermos da importância regulativa assumida por diplomas de índole consumerista, tais como a Lei da defesa do consumidor, o regime dos contratos celebrados à distância e a legislação sobre as cláusulas contratuais gerais[26], no âmbito da disciplina jurídica do contrato de seguro.

Na verdade, nesta norma jurídica remissiva, o legislador dos seguros considera que os regimes contidos nos múltiplos diplomas normativos com preocupações de índole consumerista vigentes no Direito positivo Português fazem parte integrante da disciplina do contrato de seguro, porquanto as regras dos diplomas atrás mencionados se aplicam aos seguros nos termos neles previstos.

Desta feita, o legislador dos seguros terá considerado que não existem razões justificativas para replicar no Decreto-Lei n.º 72/2008, de 16 de Abril as soluções plasmadas em legislação dispersa que tutelam questões do consumo[27].

Importa ainda explicitar que, para além desta regra remissiva, nos deparamos também com outras normas previstas igualmente na parte geral do regime do contrato de seguro que a propósito de matérias específicas de índole consumerista, ora remetem para a respectiva legislação especial, ora reproduzem determinados preceitos previstos em leis do consumo.

[26] Reportamo-nos à lei n.º 24/96 de 31 de Julho (com as recentes modificações introduzidas pelo Decreto-Lei n.º 59/2021, de 14 de Julho), ao Decreto Lei n.º 95/2006 (que sofreu várias alterações sendo a última de 2012, através do Decreto-Lei n.º 242/2012, de 7 de Novembro), e ao Decreto Lei n.º 446/85 de 15 de Outubro (alterado pelos Decretos Lei n.º 220/95 de 31 de Agosto e 249/99 de 7 de Julho e mais recentemente pela Lei n.º 32/2021, de 27 de Maio e pelos Dec.-Lei n.ºs 108/2021, de 7 de Dezembro e 109-G/2021 de 10 de Dezembro).

[27] Neste sentido, Cfr, MARTINEZ, PEDRO ROMANO, *Lei do Contrato de Seguro Anotada,* 3.ª edição, Coimbra, 2016, anotação ao art.º 3.º, pg. 41.

Como exemplo paradigmático do reforço remissivo face à remissão geral do art.º 3.º da Lei do contrato de Seguro, para determinadas disposições de índole consumeristas, considere-se o art.º 19.º, a propósito dos contratos de seguro celebrados à distância[28], e como hipótese normativa cujo teor reproduz integralmente o conteúdo de outros preceitos contidos em diplomas dedicados a matérias de direito do consumo, tenha-se em conta o art.º 33.º da Lei do Contrato de Seguro, uma vez que este preceito limita-se a replicar quanto se encontrava já previsto no art.º 7.º, n.º 5 da Lei n.º 24/96, no tocante às mensagens publicitárias[29].

Ainda no contexto das disposições introdutórias do regime do contrato de seguro, torna-se mister fazer menção ao preceito dedicado ao problema da integração das lacunas – art.º 4.º – que acabou por transmitir para o plano legislativo um entendimento que a este propósito já desde há muito vem sendo sufragado na doutrina e na jurisprudência, a saber: a lei comercial e a lei civil constituem os diplomas normativos que suprem a ausência de regulamentação expressa da disciplina jurídica positiva do direito dos seguros para múltiplas questões suscitadas num tal universo[30].

Em face da qualificação do contrato de seguro como comercial pelo art.º 425.º do Código Comercial, poder-se-ia ser tentado a defender a orien-

[28] Como a este propósito sublinha Eduarda Ribeiro, esta disposição tem "...uma finalidade essencialmente informativa e de consolidação do regime aplicável ao contrato de seguro, mas cujo teor decorreria da natural articulação com estes regimes". Cfr, RIBEIRO, EDUARDA, *Lei do Contrato de Seguro Anotada...*, ob. cit., pg. 102.

[29] Cumpre explicitar que o art.º 33.º da Lei do Contrato de Seguro acaba por conferir maior amplitude ao preceito da lei n.º 24/96 por si reproduzido, uma vez que o regime contido no n.º 5 do art.º 7.º deste diploma legal "...passa a ser aplicável às mensagens publicitárias relativas ao contrato de seguro independentemente de *o tomador do seguro ou o beneficiário ser ou não consumidor nos termos legalmente previstos*" (o sublinhado é nosso, Cfr, VASQUES, JOSÉ, *Lei do Contrato de seguro Anotada...*, ob. cit., anotação ao art.º 33.º da Lei do Contrato de Seguro, pg. 211.

[30] Apesar deste preceito legislativo não encontrar paralelo no Código Comercial, certo é que a solução pelo mesmo plasmada não pode ser qualificada propriamente como uma inovação. Com efeito, o art.º 4.º da lei do contrato de seguro limita-se a reproduzir aquele critério geral que pontifica no âmbito da integração das lacunas, de acordo com o qual, as questões ou as matérias que não encontram uma expressa disciplina legislativa, devem ser resolvidas de acordo com os critérios jurídicos fixados em normas que tenham uma particular atinência ou afinidade com as questões a disciplinar, Cfr, MARTINEZ, PEDRO ROMANO, *Lei do Contrato...*, ob. cit., anotação ao art.º 4.º da Lei do Contracto de Seguro, pg. 41: "Não se inova relativamente ao que seria a solução comum; evita-se, contudo alguma dúvida neste âmbito".

tação segundo a qual as lacunas da disciplina positiva deste contrato deveriam ser supridas pelo regime de Direito Comercial[31].

Porém, uma tal solução nunca foi pacificamente acolhida na doutrina e na jurisprudência, tendo em conta que múltiplas das questões suscitadas pelo contrato de seguro apenas encontravam resposta adequada na legislação civilística.

Ora, se a atinência ou ligação do contrato de seguro com o direito civil sempre foi muito forte, torna-se mister reconhecer que tais ligações têm-se revelado ainda mais evidentes no âmbito da contratação desenvolvida nos hodiernos e comummente designados seguros de riscos de massa, os quais se contrapõem aos seguros de grandes riscos. Como é amplamente sabido, o tomador do seguro ou os seus beneficiários encontram-se naquele tipo de seguros, ao invés de quanto sucede nestes últimos, numa posição de manifesta inferioridade económico-social face às seguradoras, e a tutela de uma tal debilidade reivindica uma resposta adequada do *Direito Civil*[32].

[31] Particularmente debatida na dogmática e na jurisprudência na vigência do Código Comercial foi a remissão genérica contida no art.º 19.º do Decreto Lei n.º 408/79 a propósito do exercício do Direito de regresso das seguradoras, porquanto o legislador para além das hipóteses aí abrangidas, admita ainda a efectivação de um tal direito nos termos da lei geral, não fazendo, contudo, menção específica a que diplomas se estava a querer referir. Tendo em conta as dúvidas de enquadramento jurídico do contrato de seguro (apesar do disposto no art.º 425.º do código comercial), na medida em que este tipo contratual sempre apresentou fortes ligações com o direito civil, a jurisprudência balanceava entre considerar a remissão do art.º 19.º do Decreto Lei 408/79 como efectuada, ora para a lei comercial, ora, para a lei civil. Atentas as dificuldades de qualificação da natureza jurídica do contrato de seguro mencionadas, e considerada ainda a matriz subsidiária do Direito Civil face ao Direito Comercial, a jurisprudência dominante sufragava, no entanto, que a lei geral para a qual remetia o preceito pretérito da lei do seguro obrigatório de responsabilidade civil automóvel de 79, se tratava do Código Comercial, cfr, Acórdão do Tribunal da Relação do Porto de 17/11/ 1988, in Colectânea de Jurisprudência, ano XIII, V, pg. 192, no mesmo sentido na doutrina, Soares, Garção, Seguro Obrigatório de Responsabilidade Civil Automóvel, anotado, Coimbra, 2001, pg. 31. Acerca desta problemática, vide ainda, o nosso estudo, *O Contrato de Seguro Obrigatório de Responsabilidade Civil Automóvel. Alguns Aspectos do Seu Regime Jurídico*, in Boletim da faculdade de Direito, Coimbra, 2002, pgs. 352-353 (especialmente nota 34, da pg. 353).

[32] Cfr, neste sentido, Martinez, Pedro Romano, *Lei do Contrato de Seguro...*, ob. cit., pg. 41. "... nos seguros de riscos de massa e particularmente nos seguros que correspondam a relações jurídicas de consumo, a natureza comercial é substancialmente atenuada, podendo afirmar-se que prevalecem muitas das características típicas do Direito Civil...".

Uma tal conclusão afigura-se evidente para quem, como nós, repudia claramente a autonomia dogmática do direito do consumo face ao seu direito matricial, que é, sem sombra de dúvidas, o Direito Civil[33].

Atenta a enorme importância da categoria dos riscos de massa, em virtude da proliferação nas sociedades hodiernas dos seguros obrigatórios, a *suma divisio* seguros de riscos de massa/seguros de grandes riscos tem assumido uma relevância crescente, e o regime jurídico do contrato de seguro não deixou de atribuir uma particular importância a uma tal distinção.

Como teremos ocasião de sublinhar, o tratamento jurídico dispensado pela lei do contrato de seguro aos seguros de riscos de massa revela claramente uma preocupação acrescida pela protecção dos tomadores, atenta a sua maior debilidade económica e social.

Imperatividade Absoluta e Imperatividade Relativa das Normas da Lei do Contrato de Seguro: uma distinção com relevo no âmbito da política de protecção do consumidor

Para além das disposições iniciais do regime do contrato de seguro mencionadas no capítulo anterior como manifestações paradigmáticas da sensibilidade revelada por uma tal legislação às exigências e aos desafios da sociedade de consumo, torna-se mister debruçarmo-nos agora sobre outras disposições do Decreto-Lei n.º 72/2008 dirigidas a regular questões nucleares do direito dos seguros, no âmbito das quais se revelam igualmente preponderantes as exigências regulativas da ordem pública de protecção.

Tomando então como ponto de referência a distinção entre seguros de risco de massa e seguros de grandes riscos[34], nos art.os 12.º e 13.º da lei do contrato de seguro, importa sublinhar que o legislador procedeu à enumeração

[33] Seguimos de perto, a este propósito, a posição de Calvão da Silva que quanto ao exemplo alemão de inclusão no BGB da directiva 1999/44 e de outras directivas relativas a contratos, considerou ter-se realizado uma homenagem "...ao denominado " Direito Privado do Consumo", consciência crítica e consciência moral do Direito Civil, que é a parte nevrálgica vivificadora, rejuvenescedora e eticizadora do Direito do homem comum e suposto contraente mais fraco...", Cfr, SILVA, J. CALVÃO DA, *Venda de Bens de Consumo*, 4.ª ed, Coimbra, 2010, pg. 43. Em sentido diverso se pronuncia Pinto Monteiro, considerando que a opção do legislador alemão de incluir a legislação relativa ao direito do consumidor no Código Civil sendo um caminho possível, não correspondeu, no entanto, ao "...passo mais adequado e correcto", Cfr, MONTEIRO, A. PINTO, *O Anteprojecto do Código...*, ob.cit, pg. 193.

[34] Acerca da relevância da distinção entre seguros de riscos de massa e seguros de grandes riscos no âmbito dos art.os 12.º e 13.º da lei do contrato de seguro, Cfr, MARTINEZ, PEDRO ROMANO, Lei do Contrato de Seguro..., ob. cit., pgs. 64 e ss., TELLES, JOANA GALVÃO, *Liber-*

de dois tipos de normas com níveis díspares de vinculatividade a nível da conformação do conteúdo do contrato de seguro: no primeiro preceito encontram-se previstas as normas absolutamente imperativas, e no segundo dos artigos mencionados estão elencadas as normas relativamente imperativas.

Não constituindo a categoria das normas imperativas uma novidade jurídica, pois desde há muito no universo civilístico se procede à destrinça entre normas imperativas e normas supletivas, certo é que no contexto dos seguros passou a admitir-se um elenco de normas – normas dotadas de imperatividade relativa – até então aí desconhecido, apesar de um tal tipo de disposições ter já obtido acolhimento noutros ramos do Direito onde a preocupação com a tutela da parte contratualmente mais fraca se revela mais intensa, tal como sucede com o Direito do Trabalho[35].

Por regra, as tradicionais normas imperativas tolhem de tal modo a autonomia privada das partes, que as impedem de proceder à modelação do conteúdo do contrato em sentido diverso do estatuído em tal tipo de disposições. Porém, em nome de exigências de ordem pública de protecção[36] passaram a admitir-se também no universo dos seguros normas imperativas dotadas de uma *imperatividade mínima*, ou seja, em causa encontram-se disposições cujo sentido regulativo pode ser alterado pelas partes, sempre que a convenção das mesmas estabeleça um regime mais favorável para o

dade contratual e seus Limites- Imperatividade Absoluta e Imperatividade Relativa, in Temas de Direito dos Seguros, 2.ª Ed. Coimbra, 2016, pg. 110 e ss.

[35] A protecção legal dos trabalhadores é fundamentalmente garantida a partir de mínimos. Como a este propósito sustenta Bernardo Xavier "O Direito do Trabalho é imperativo, garante um estatuto mínimo ao trabalhador, podendo dizer-se que tem tendência a favorecer os trabalhadores", Cfr, Xaveir, Bernardo Lobo, *Manual de Direito do Trabalho* 4.ª edição, Lisboa, 2020, pg. 293. A garantia alcançada por estas normas de imperatividade mínima para os trabalhadores, permitirá atingir níveis de protecção laboral mais fortes por outras vias (autonomia privada e colectiva), Cfr, ainda sobre a matéria, Carvalho, M. Rosário Palma, *Da Autonomia Dogmática do Direito do Trabalho, Coimbra,* 2001, pg. 926 e ss, Brito, Pedro Madeira de, *A Fundação do Princípio do Tratamento mais favorável para o trabalhador no Direito do Trabalho,* in Revista de Direito e de Estudos Sociais, 2020, (Janeiro, Dezembro), pg. 135 e ss.

[36] As normas imperativas ao estabelecerem um regime intangível reduzem significativamente o espaço reservado à autonomia das partes, e tais limitações decorrentes da imperatividade surgem muitas vezes expressamente formuladas (ex: é nula convenção em contrário "sendo que, na ausência de um tal tipo de indicação explícita, o elemento essencial para determinar se uma norma tem conteúdo imperativo está relacionado com a identificação da natureza dos interesses protegidos", Cfr, Carvalho, Jorge Morais de, *Reflexão sobre normas imperativas,* in Liber Amicorum Manuel Simas Santos, Lisboa, 2016, pg. 748.

tomador do seguro, do segurado ou do beneficiário do seguro que o estatuído nas mencionadas disposições.

Podemos então afirmar com propriedade que estas normas definem um regime jurídico intangível, tido como um reduto inatacável, na medida em que segundo a perspectiva do legislador a normatividade estatuída em tais disposições garante um nível de protecção adequado à parte tida como contratualmente mais fraca. No entanto, se as partes, por acordo, vierem a definir um regime mais favorável para o tomador de seguro, que é tido como a parte contratualmente mais fraca, então a disciplina jurídica que foi fixada pelo legislador não deve ser aplicada, porquanto a mesma já não corresponde à melhor forma de proteger os contraentes.

Encontramo-nos assim situados num universo normativo que pode ser qualificado como um *tertium genus* de normas jurídicas, que se situam precisamente a meio termo entre as normas supletivas e as normas imperativas.

Tendo em conta as características mencionadas a propósito das normas dotadas de imperatividade relativa (art.º 13.º do Código Civil), não temos dúvidas em afirmar que existe nesta técnica legislativa um núcleo de preocupações comum àquele que se faz sentir no comummente designado Direito do Consumo, a saber: o propósito de proteger a parte mais vulnerável na relação contratual.

Não obstante a manifesta afinidade entre as normas imperativas elencadas no art.º 13.º da lei do contrato de seguro e as normas tipicamente consumeristas, sempre se dirá que o âmbito das primeiras se revelará em princípio mais amplo, porquanto a aplicação das várias disposições previstas naquele preceito do Decreto Lei n.º 72/2008 não se encontra exclusivamente dependente da existência de uma concreta relação de consumo.

Razão pela qual, também em relação às normas dotadas de uma imperatividade relativa se pode afirmar que não estando em causa regimes privativos do Direito do Consumo, os mesmos não deixam, porém, de partilhar um conjunto de exigências comuns a este universo específico, acreditando-se ainda que a maioria das normas elencadas no art.º 13.º da Lei do Contrato de Seguro são aplicáveis no âmbito das relações jurídicas do consumo.

Sendo certo que a propósito das normas dotadas de imperatividade relativa as afinidades com o Direito do Consumo se revelam mais intensas, a verdade é que mesmo no tocante às normas enumeradas no art.º 12.º da lei do contrato de seguro nos deparamos com preceitos cuja disciplina aí estatuída tem propósitos que extravasam a mera lógica contratual, visando fundamentalmente desempenhar objectivos sociais, mormente os consubstanciados na protecção da parte mais débil da relação contratual.

Sem pretender levar a cabo uma análise exaustiva dos preceitos mencionados no art.º 12.º do regime do contrato de seguro, pois tal extravasar manifestamente o âmbito desta exposição, tenha-se, no entanto, em conta a disciplina fixada no art.º 16.º, mormente no seu número 2, para podermos concluir que a sanção da nulidade do contrato aí prevista para as hipóteses em que o contrato de seguro tenha sido celebrado por uma seguradora não legalmente autorizada para exercer a respectiva actividade, se revela um critério manifestamente protector da posição do tomador de seguro.

Na verdade, uma tal solução além de acautelar eficazmente a posição do tomador, não deixa de proteger, de modo significativo, interesses públicos ponderosos, ligados à transparência e regularidade do funcionamento do mercado segurador.

Importa, nesta sede deixar explicitado que a nulidade acabada de mencionar se traduz numa nulidade atípica, uma vez que o art.º 16.º, n.º 2 do Decreto-Lei n.º 72/2008 impõe à seguradora não autorizada o encargo de assumir as obrigações decorrentes do contrato de seguro, como se o negócio por si celebrado fosse válido. Apenas não terá lugar a obrigação de cobertura dos riscos que foi assumida pela seguradora, nas situações em que se registe má-fé do tomador do seguro[37].

Este breve itinerário em volta do regime constante do art.º 16 n.º 2 da lei do contrato de seguro, permite-nos claramente concluir que a nulidade atípica aí prevista constitui um critério inspirado nas exigências regulativas da dita ordem pública de protecção.

Prosseguindo então a análise, conquanto breve e sumária em torno da imperatividade absoluta delineada no art.º 12.º do regime do contrato de seguro, não pode deixar de se evidenciar que, apesar das profundas limitações aí impostas à liberdade contratual das partes[38] terem fundamentalmente em vista a protecção da posição da parte contratualmente

[37] Nas situações em que se verifique a má-fé do tomador do seguro, deixarão de valer as razões justificativas para a protecção do tomador do seguro, uma vez que ao assumir uma postura contrária a exigências ético-jurídicas fundamentais, presume-se que este não se encontre numa posição de debilidade negocial que justifique verdadeiramente a protecção que lhe deve ser assegurada na generalidade das relações de seguro.

[38] Liberdade contratual que constitui a regra fundamental em sede de modelação do conteúdo do contrato de seguro, tal como *expressis verbis* decorre do disposto no art.º 11.º do Decreto Lei n.º 72/2008.

mais fraca, deparamo-nos, no entanto, com preceitos, tal como sucede com os artigos respeitantes ao pagamento do prémio do seguro (art.os 59.º e 61.º da lei do contrato de seguro), que visam acautelar primordialmente os interesses das seguradoras, mormente a solvabilidade económico-financeira das mesmas.

Com efeito, as profundas derrogações estabelecidas no art.º 61, n.º 1 da lei do contrato de seguro ao regime da mora[39], decorrentes do efeito da resolução automática de um tal contrato, pretendem fundamentalmente tutelar a posição das seguradoras[40 41].

Para terminar estas breves considerações gerais em torno das normas dotadas de imperatividade absoluta, cumpre ainda sublinhar que o legislador no n.º 2 do art.º 12.º do Decreto Lei n.º 72/2008 reconhece plena liberdade contratual às partes a propósito da fixação do prémio do seguro no contexto dos seguros de grandes riscos.

Regressando agora ao regime do pagamento do prémio, onde se regista o efeito conjugado da exigência de pagamento prévio do prémio do seguro (art.º 59.º do Decreto-Lei n.º 72/2008) com a resolução automática do contrato por falta de pagamento que pontifica no universo dos seguros de riscos de massa, podemos então, com facilidade, concluir que a disciplina

[39] Cfr, a este propósito, MORGADO, J. PEREIRA, *Lei do Contrato de Seguros Anotada*, PEDRO ROMANO MARTINEZ E OUTROS, *Anotação ao art.º 61 da Lei do Contrato de Seguro...*, ob. cit., pg. 273.

[40] Para uma análise mais aprofundada desta problemática, Cfr, o nosso estudo, *Em Tempo de Pandemia um Regime Excepcional e Temporário em Matéria de Prémios de Seguros. O Decreto Lei n.º 20-F/2020, de 12 de Maio*, in Liber Amicorum Pedro Pais Vasconcelos, in www.revistadedireitocomercial.com, 2021, pg. 631 e ss. A propósito das incongruências entre os regimes do pagamento do prémio designados pelo legislador como disciplinas comum e especial, tendo em conta o disposto no art.º 12.º n.º 2, bem como nos art.os 57.º, n.º 2, al. a) e b) e 58 da lei do contrato de seguro, cfr, ob.ant.cit., pg. 637 e ss.

[41] Em sentido diferente se pronuncia Joana Galvão Telles a propósito do regime do pagamento do prémio consagrado no art.º 59.º e 61.º da lei do contrato de seguro qualificando tais normas como "...normas que visam proteger o tomador do seguro", apesar de também reconhecer que as mesmas prosseguem o interesse processual de reduzir a Litigiosidade judicial, Cfr, TELLES, JOANA GALVÃO, *Liberdade Contratual e seus Limites – Imperatividade Absoluta ... ob.cit*, pg. 113. Importa explicitar que na doutrina nacional, por influência da categoria germânica das meras incumbências ou encargos (*obliegenheiten*), se sustenta que o encargo do pagamento do prémio não deverá ser concebido como um dever, mas antes como um ónus. Em face das regras do "*no premium no cover*" e da resolução automática do seguro por falta de pagamento do prémio há quem sustente, em virtude da inexigibilidade judicial do pagamento, que o mesmo deve ser perspectivado como um ónus e não como um dever.

definida no art.º 2.º n.º 1 do Decreto Lei n.º 20-F/2020 de 12 de Maio, onde se consagra, a título excepcional e transitório, a regra de imperatividade relativa do regime do pagamento do prémio para aquele tipo de seguros, bem como a estatuída no n.º 2 deste preceito a propósito das modalidades convencionais de pagamento aí previstas se traduzem em "...soluções claramente mais favoráveis para o tomador do seguro..."[42].

Desta feita, o afastamento da regra da resolução automática do contrato de seguro por falta de pagamento do prémio prevista no art.º 61.º, n.º 1 da Lei do Contrato de Seguro constitui uma medida tida como particularmente vantajosa para os tomadores de seguro, razão pela qual, o trânsito da regra da imperatividade absoluta prevista no art.º 12.º, n.º 1 do Decreto Lei n.º 72/2008 para a consagração, a título excepcional, da imperatividade relativa no art.º 2.º n.º 1 do Decreto Lei n.º 20-F/2020, de 12 de Maio, representou uma medida claramente inspirada no princípio de protecção da parte mais fraca, medida essa que teve uma justificação adicional nestes tempos de pandemia.

Em face das considerações sumárias anteriormente expostas acerca do regime de pagamento dos prémios de seguro que se encontra estatuído em termos gerais para os seguros de riscos de massa, não temos dúvidas em sustentar que se trata de uma disciplina que tutela mais intensamente a posição das seguradoras, encontrando-se, de resto, esta nossa posição confortada com a história legislativa recente nesta matéria[43]. Porém, este entendimento que sufragamos parte claramente do pressuposto que o encargo do pagamento do preço corresponde a um autêntico dever e não a um ónus jurídico.

Importa, no entanto, frisar que na doutrina há quem sufrague esta última qualificação[44], partindo da consideração que em face do incumprimento do pagamento do prémio não se revela possível a exigibilidade judicial do mesmo. Ora, de acordo com uma tal óptica, poder-se-á até admitir que as derrogações ao regime da mora estatuídas na Lei do Contrato de Seguro atrás mencionadas consubstanciam afinal uma disciplina particularmente protectora dos tomadores do seguro.

[42] Cfr, o nosso estudo, *Em tempo de Pandemia...*, ob. cit., pg. 631.

[43] Cfr, a este propósito, o nosso estudo, *Em Tempo de Pandemia...*, ob. cit., pg. 654 e ss.

[44] Cfr, Rego, Margarida Lima, *Contrato de Seguros e Terceiros. Estudo de Direito Civil*, Coimbra, 2010, pgs 314e ss

Na senda desta orientação, chega mesmo a sufragar-se que o comummente designado dever de pagamento do preço do prémio corresponde a uma obrigação natural. Segundo Margarida Lima Rego, apenas a circunstância do cumprimento dificilmente se poder qualificar como um "dever de justiça" no momento em que vier a ocorrer o cumprimento, faz suscitar dúvidas quanto à sua inclusão na categoria da obrigação natural[45].

Para finalizar agora a nossa exposição em torno da omnipresença de exigências consumeristas no âmbito das normas dotadas de imperatividade relativa elencadas no art.º 13.º do Decreto-Lei n.º 72/2008, cumpre explicitar que o raio de incidência das mesmas se reporta aos seguros de riscos de massa, porquanto o n.º 2 de um tal preceito exclui os seguros de grandes riscos do âmbito da sua interferência regulativa, o que bem se compreende, pela circunstância de em relação aos tomadores deste tipo de seguros não se fazerem sentir, por regra, as especiais necessidades de protecção registadas a propósito da generalidade dos tomadores dos seguros de riscos de massa.

Desta feita, não é permitido em sede dos seguros de grandes riscos a celebração de acordos entre os contraentes destinados a estabelecer um regime mais favorável para os tomadores do seguro no tocante à disciplina estatuída nas normais indicadas no n.º 1 do art.º 13.º da lei do contrato de seguro. Uma tal conclusão vem apenas confirmar que o princípio de tratamento mais favorável do tomador de seguro, particularmente inspirado naqueloutra regra fundamental do tratamento mais favorável do trabalhador, apenas se justifica naquelas relações contratuais de seguro no âmbito das quais o tomador tenha uma posição desnivelada face à seguradora, surgindo como a parte contratualmente mais fraca, sendo que uma tal realidade negocial não se regista, por regra, no âmbito dos seguros de grandes riscos.

Os Deveres de Informação na Lei do Contrato de Seguro e a Protecção do Consumidor

Num estudo onde se pondera a relevância assumida pelo direito do consumo no regime jurídico-positivo do contrato de seguro, torna-se absolutamente necessário dirigir a nossa atenção para o modo como o legislador de 2008 enfrentou a questão dos encargos informativos que recaem sobre

[45] Cfr, Rego, Margarida Lima, *O Prémio*, in Temas de Direito dos Seguros, Coimbra, 2.ª edição, 2016, pg. 285. Para uma análise mais desenvolvida acerca da natureza jurídica do pagamento do prémio em face do novo regime do contrato de seguro, Cfr, o nosso estudo, *Em tempos de Pandemia...*, ob. cit., pg 64 e ss.

as partes com vista a tentar eliminar, ou pelo menos, a conseguir reduzir o desnivelamento técnico-social existente entre as mesmas[46].

Como sublinha sugestivamente Sandra Passinhas a propósito de uma resposta político-legislativa adequada do direito do consumidor: "A adequada resposta político-legislativa será aquela que conseguir repor, pelo menos parcialmente, o equilíbrio que permite acertar o encontro de consumo como equitativo...a resposta dada pelo Direito do Consumidor basta-se, as mais das vezes, com exigências procedimentais (pense-se, por exemplo, nos deveres de informação, de comunicação ou de assistência"[47].

Ora, tendo em conta ,como sucessivamente se tem vindo a insistir ao longo do trabalho, que na economia negocial do contrato de seguro a seguradora assume uma posição de manifesta supremacia económico-social, impondo-se, em nome de exigências consumeristas, a tutela da parte contratualmente mais fraca, ou seja, a protecção dos tomadores de seguro, não admira que as nossas atenções se voltem para o quadro dos deveres ou exigências informativas que o Decreto Lei n.º 72/2008 fez recair sobre as seguradoras.

Referimo-nos aos deveres de informação que impedem sobre as seguradoras, e não aos encargos informativos respeitantes aos tomadores dos seguros ou aos segurados, entre os quais se destaca, pela sua enorme relevância, o dever de declaração inicial do risco, que actualmente se encontra regulado nos art.^{os} 24.º a 26.º do Decreto-Lei n.º 72/2008, mas cujo regime jurídico originário se encontrava já plasmado no art.º 429.º do Código Comercial.

Curiosamente, este dever de declaração inicial do risco estava relacionado com uma realidade distante das exigências e solicitações do universo onde a tutela do consumidor assume uma particular preponderância. Na verdade, a obrigação[48] imposta ao tomador do seguro ou ao segurado

[46] Para além dos deveres de informação, cujo objectivo fundamental se dirige a suprir o desnivelamento técnico-social entre as partes, Sinde Monteiro elenca ainda um conjunto de outros meios de tutela convocados com frequência no âmbito dos novos modos de contratação surgidos no universo consumerista, entre os quais se destacam as sanções penais, as exigências acrescidas de forma e os especiais direitos de revogação ou resolução a favor do consumidor, Cfr, MONTEIRO, J. SINDE, *Responsabilidade por Conselhos, Recomendações ou Informações*, Coimbra, 1989, pgs. 373-375 (em particular, notas 108, 109, 110, 113, 114, 116).

[47] Cfr, PASSINHAS, SANDRA, *O Lugar da Vulnerabilidade...*, ob. cit., pg. 262.

[48] Apesar de comummente designado por dever de declaração inicial do risco, esse encargo do tomador do seguro ou do segurado não é pacificamente reconhecido como uma autêntica obrigação, havendo antes quem o conceba como um ónus, Cfr, neste sentido, GOMES, JÚLIO, *O Dever de Informar do (Candidato a) Tomador do seguro na fase Pré-Contratual à luz do De-*

de informarem as seguradoras das circunstâncias por si conhecidas e tidas como significativas para avaliação do risco, tem como propósito fundamental repor o desnível informativo existente quanto a estas últimas, permitindo assim que as seguradoras se encontrem em condições de formar a sua vontade de celebrar o contrato de seguro de modo julgado normal e são.[49]

Rigorosamente, importa a propósito do dever de declaração inicial do risco, explicitar que o tomador do seguro no tocante às informações tidas por significativas para a avaliação do risco a segurar, não pode ser considerado como a parte contratualmente mais fraca. Antes pelo contrário, a propósito do conhecimento das circunstâncias atinentes aos riscos do *quid* (pessoas/coisas) a segurar, impõe-se reconhecer a manifesta superioridade do tomador do seguro face às seguradoras.

Apesar do tomador do seguro dever ser qualificado no âmbito da economia contratual como a parte contratualmente mais débil, certo é que quanto à problemática em análise, poder-se-á até falar de uma situação de "monopólio informativo "da sua parte, não fora a circunstância das possibilidades abertas pela ciência estatística e pela informática[50] [51], permitirem

creto Lei n.º 72/2008 de 16 de Abril, in Estudos em Homenagem ao Professor Doutor Carlos Ferreira de Almeida, Vol. II, Coimbra, 2011, pgs. 402-403. De acordo com o nosso entendimento, o dever de declaração inicial do risco corresponde a um dever jurídico, Cfr, o nosso estudo, *Uma Outra Abordagem em Torno das Declarações Inexactas e Reticentes no âmbito do Contrato de Seguro. Os Arts.24.º A 26.º do Decreto-Lei N.º 72/2008, de 16 de Abril*, in Estudos em Homenagem ao Prof. Doutor Jorge de Figueiredo Dias, Vol. IV, Coimbra, 2010, pgs. 616-620.

[49] Para além do desnível informativo, que constitui o fundamento material de surgimento dos deveres de informação, impõe-se ainda um outro pressuposto, que justifique a exigibilidade, do ponto de vista normativo, da informação, pressuposto esse que se funda na perspectiva de Sinde Monteiro, numa particular necessidade de protecção da parte informativamente desfavorecida, Cfr, Monteiro, J. Sinde, *Responsabilidade por Conselhos*, ..., ob. cit., pg. 360. Ora, no âmbito da declaração inicial do risco, o dever de informar que recai sobre o tomador ou sobre o segurado tem precisamente em vista permitir à seguradora formar a sua vontade de um modo considerado esclarecido e são.

[50] Os contributos da Estatística para o desenvolvimento da técnica seguradora e correspectivo abandono do empirismo reinante em vários aspectos decisivos do regime do contrato de seguro (entre os quais se destaca a fixação do prémio a pagar), afirmaram-se, de modo significativo, no âmbito dos seguros de vida. Como, a este propósito sublinha Luís Poças, o enunciado por *Poisson* da Lei dos Grandes Números, "...garante através do progressivo aumento de observações estatísticas, um gradual aumento da margem de confiança, que tenderá a reproduzir a realidade", Cfr, Poças, Luís, *Seguro Financeiro: Os Ramos "Crédito" e "Caução"*, in Cadernos de Direito Privado, n.º 55, 2016, pg. 6 (especialmente nota 15).

[51] Poderá neste contexto falar-se, de modo paradoxal e sugestivo de um "...risco decorrente do "excesso" de informação relevante recolhida e tratada", Cfr, Patrício, Miguel, *Análise*

actualmente às seguradoras aceder ao conhecimento de um conjunto de informações importantes quanto ao risco a segurar.

Porém, e não obstante a seguradora se encontrar nos dias de hoje numa situação bastante mais confortável que outrora no tocante ao conhecimento das circunstâncias relevantes do risco a segurar[52], a verdade é que nesta sede tem de se continuar a reconhecer a existência de um desnivelamento de posições entre as partes do contrato de seguro, que se revela manifestamente mais desfavorável para a seguradora.[53]

De resto, o recurso frequente na prática securitária ao questionário[54] representa um inequívoco sinal de que as seguradoras se encontram numa posição de inferioridade no tocante à informação relevante para a celebração do contrato de seguro.

Económica do Risco Aplicada à Actividade Seguradora, in Revista da Faculdade de direito da Universidade de Lisboa, 2020, n.º 2, pg. 475. Este risco resulta segundo o autor das potencialidades abertas pela sofisticação das tecnologias aplicadas à recolha e tratamento de dados, entre as quais põe em destaque a análise de "*big data*", bem como os avanços registados no universo da inteligência artificial e da "*deep machinelearning*" no contexto segurador *(as insurtechs)*. De acordo com os cânones conformadores da análise económica do direito, este risco decorrente do excesso de informação é susceptível de colocar em perigo a mutualização enquanto princípio estruturante da actividade seguradora.

[52] Para além de todas as possibilidades de conhecimento que têm sido abertas às seguradoras pelas novas tecnologias da informação e pela ciência da estatística, certo é que no âmbito da própria assimetria informativa existente na fase pré-contratual do contrato de seguro, também se pode identificar uma *situação de ambivalência*, onde se registam factores que beneficiam o segurador. Na verdade, não podemos ignorar que o segurador conhece perfeitamente "...o leque de circunstâncias relevantes, em abstracto, para a apreciação do risco, embora desconheça aquelas que, em concreto, caracterizam o risco proposto. Por seu turno, o proponente conhece de forma privilegiada as características desse risco mas não sabe exactamente qual a relevância a atribuir a todas elas para efeito da declaração do risco", cfr, Poças, Luís Poças, O Dever de Declaração Inicial do Risco no Contrato de Seguro, Coimbra, 2013, pg. 119. Ora, é precisamente neste ambiente de "ambivalência informativa", que assume uma particular relevância a característica fundamental do contrato de seguro como um contrato de uberrima fides.

[53] A propósito da caracterização da seguradora como a parte informativamente mais desfavorecida, Luis Poças explicita três razões fundamentais que justificam a situação de desfavor informativo em que a mesma se encontra: A *inacessibilidade material*, a *inacessibilidade legal* e a *inacessibilidade económica* a um conjunto de dados tidos como relevantes para a apreciação do risco, Cfr, Poça, Luís, *O Dever de Declaração Inicial...*, ob. cit, Coimbra, 2013, pg. 116 e ss.

[54] Em face da nossa lei, o recurso ao questionário pelas seguradoras não é obrigatório, revestindo antes carácter eventual, conforme decorre expressamente do disposto no art.º 24.º n.º 2 do Decreto Lei n.º 72/2008, sendo que no âmbito da actividade seguradora a sua utilização corresponde a uma prática habitual.

Desta feita, os tomadores de seguro numa multiplicidade de contratos por si concluídos, tais como os seguros de vida, de riscos múltiplos e de responsabilidade civil automóvel..., possuem a qualidade de consumidores, sendo que, no entanto, o dever de declaração do risco que sobre os mesmos recai não se enquadra no âmbito das preocupações típicas da tutela do consumidor.

No quadro regulativo do comummente designado Direito do Consumo integram-se antes os deveres de informação que são desconhecidos do velho código de Veiga Beirão, e que foram introduzidos pelo Decreto Lei n.º 72/2008, através dos seus art.os 18.º a 22, no âmbito do ciclo de formação dos contratos .

Com o objectivo de suprir a situação de inferioridade informativa dos tomadores de seguros face aos seguradores[55] relativamente ao âmbito

[55] Cumpre explicitar que os encargos informativos a cargo das seguradoras deverão ser cumpridos em relação aos vários segurados constantes da apólice, mesmo nas hipóteses em que apenas uma das pessoas seguradas tenha assumido a qualidade formal de parte contratante, ou seja, a qualidade de tomador de seguro. Como exemplo paradigmático das dificuldades de determinação do âmbito subjectivo do dever de informação da seguradora nestas hipóteses de várias pessoas seguras, tenha-se em consideração a questão decidida pelo acórdão do Supremo Tribunal de Justiça de 13 de Novembro de 2018 a propósito de dois contratos de seguro de vida relativos a dois contratos de mútuo bancário, cujas propostas de adesão foram assinadas por ambos os membros de um casal, apesar de apenas um dos cônjuges ter figurado como tomador. Tendo em conta que os dois segurados intervieram directamente na contratação dos seguros e que os contratos visavam a protecção de um interesse paralelo de ambos, então qualquer um dos cônjuges teria a expectativa de assumir a qualidade de tomador de seguro por conta de outrem, devendo assim evitar-se a perda de vantagens do estatuto de tomador de seguro para o cônjuge que não assumiu formalmente uma tal qualidade, razão pela qual a cláusula que limita a qualidade de tomador a um dos cônjuges: "Deve, pois, ser reputada nula (art.º 12.º do RJCCG), integrando-se a lacuna daí resultante de acordo com as regras da boa-fé considerando-se que ambos os segurados que intervêm no contrato têm, conforme a materialidade a ele subjacente, igual qualidade de tomadores", Cfr, Martins, Inês Oliveira, *Pluralidade Subjectiva no Contracto de Seguro e determinação da qualidade dos intervenientes-Ac. do S.T.J. de 13.11.2018, Proc. 1699/16.1T8PNF.P2.S2,* in Cadernos de Direito Privado, n.º 64 (Outubro-Dezembro 2018), pg. 85. Em função de tais considerações, a seguradora encontrava-se obrigada a efectuar a cada um dos cônjuges a notificação para pagamento dos prémios, bem como a intenção de resolver o(s) contrato(s) por falta de pagamento. Ora, foi precisamente esta a orientação perfilhada pelo Supremo Tribunal de Justiça no Acórdão de 13 de Novembro de 2018, ao considerar que ambos os cônjuges celebraram os contratos de seguro, e assim neles participaram como tomadores-seguros, independentemente da terminologia usada pelos contraentes. Como a propósito de uma tal orientação sublinha Inês Oliveira Martins "Esta argumentação no plano da qualificação é

normativo, condições de vigência e eficácia dos contratos de seguro, especificidades relativas às prestações das partes, entre as quais se destacam as atinentes ao prémio a pagar..., o legislador dos seguros, através de uma complexa e densificada grelha de deveres informativos, no âmbito da qual procede à distinção entre deveres de informação (art.º 18.º a 21.º da lei do contrato de seguro) e deveres de esclarecimento (art.º 22.º do regime do contrato de seguro), propõe-se alcançar finalidades inscritas como prioridades do Direito do Consumo.[56]

reforçada por referência a razões de ulterior vulnerabilidade das partes do contrato em causa...assim, saliente-se que se está perante um contrato de adesão, cujos termos os tomadores não lograram influenciar, o que concita uma intervenção acrescida da boa-fé, impondo à contraparte-segurador deveres de informação acrescidos. Invoca-se ainda a tutela que os tomadores merecem dada a sua qualidade de consumidores, acautelada, em geral, pelas normas de defesa dos consumidores..., Cfr, Martins, Inês Oliveira, *Pluralidade Subjectiva...*, ob. cit., pg. 73. Todas estas considerações não podem deixar de levar em linha de conta o disposto no art.º 33.º do Decreto Lei de 21 de Outubro de 1907 que impunha às seguradoras o dever de informar os segurados das consequências do não cumprimento dos prémios do seguro. Apesar de uma tal norma ter sido revogada pela lei que aprovou o regime jurídico do contrato de seguro, certo é que não se pode, de modo algum, aceitar que a disciplina manifestamente mais favorável aos tomadores de seguro estatuída pelo Decreto Lei n.º 72-A/2008, venha permitir ao segurador exonerar-se do dever de proceder ao aviso do cônjuge do tomador que não assumiu formalmente a posição de tomador (mas que é um verdadeiro segurado), das consequências decorrentes do não pagamento do prémio do seguro.

[56] Esta distinção entre deveres de informação e deveres de esclarecimento corresponde a um binómio bem consolidado na moderna dogmática do Direito dos Seguros. Para uma análise de uma tal distinção na jurisprudência francesa, Cfr, Pimbert, Agnès, *Opposabilité des Documents Contratuels ou Manquement au Devoir de Conseil: L´Exclusion de Garantie Gagne à Tous Les Coups!*, in Revue Générale du Droit des Assurances, 2019, n.º 3, pg. 25 e ss., Mayaux, Luc, *Devoir D´Information et de Conseil: L´Assurer n´est pas Responsable Envers L´Emprunteur, ni Personnellement ni du Fait de la Banque*, in Revue Générale du Droit des Assurances, 2019, n.º 6, pg. 40 e ss. A distinção entre deveres de informação e deveres de esclarecimento encontra-se particularmente dependente das circunstâncias do caso e da natureza do contrato. Com efeito, apesar de em termos abstractos não ser de admitir a existência de deveres de informação (ex: a inexistência, em termos gerais, de um dever da seguradora informar os tomadores acerca da existência de um contrato), tal não invalida, que em face de certas situações concretas, possa surgir um dever especial de informação acerca da existência de um negócio jurídico; ou seja, um dever de esclarecimento (ex: informação a prestar pela seguradora aos parentes de uma vítima mortal por acidente de viação acerca da existência de um seguro de vida subscrito por esta última na mesma companhia de seguros onde havia sido também celerado um seguro de danos corporais por acidentes de trabalho, seguro este que veio a ser accionado na sequência da morte da vitima),

Uma análise, mesmo que breve, de uma tal grelha de deveres de informação permite-nos considerar que apesar de subjacente à delimitação da mesma se encontrarem preocupações pedagógicas louváveis, certo é que tais preocupações foram acauteladas de modo particularmente intenso, tendo a disciplina nesta sede estatuída acabado por vir a tornar-se particularmente complexa e densa, como se pode constatar pela *sibilina distinção entre deveres de informação e deveres de esclarecimento,* distinção essa à qual o art.º 23.º da lei do contrato de seguro vai ao ponto de fazer associar consequências de regime jurídico não despiciendas.

Esta opção legislativa de fazer depender a produção de efeitos jurídicos (indemnização de prejuízos versus resolução do contrato de seguro) de uma distinção conceptual de contornos híbridos, tal como sucede com o binómio deveres de informação/deveres de esclarecimento atrás mencionado, está longe de corresponder a um critério pacífico e consensual.

Com efeito, não é possível ignorar que a distinção entre os deveres de informação e os deveres de esclarecimento constitui uma autêntica *vexata questio,* revelando-se muito difícil encontrar arrimos dogmáticos[57] que permitam com clareza levar a cabo uma tal tarefa distintiva. Saber onde termina o dever de informação e começa o dever de esclarecimento corresponde, na maioria dos casos, a uma tarefa particularmente complexa. Procedendo a um confronto entre a disciplina reservada aos deveres de informação nos art.os 18.º e ss do Decreto Lei n.º 77/2008 e aqueloutra dispensada aos deveres de esclarecimento (art.º 22 da lei do contrato de seguro), podemos eleger como critério distintivo tendencial a ideia, de acordo com a qual, os deveres de esclarecimento correspondem, no fundo, a deveres de informação especialmente qualificados, ou seja, a exigências de informação que impõem das seguradoras uma atitude pró-activa.[58] [59]

Cfr, Pélissier, Anne, *L'Assureur A-T-Il un Devoir d'Information sur l'Existence d'un Contrat?,* in Revue Générale du Droit des Assurances, 2019, n.º 2, pg. 17 e ss.

[57] Socorremo-nos nesta sede dos ensinamentos de Sinde Monteiro, de acordo com os quais, os conselhos visam de, uma forma geral, "...permitir a uma pessoa não agir contrariamente aos seus interesses...", enquanto as informações pretendem tão somente "...possibilitar ao credor o conhecimento ou exercício dos seus direitos"., cfr, Monteiro, J. Sinde, Responsabilidade por Conselhos ...ob.cit., pg 359 (especialmente nota 65).

[58] Esta ideia de pró-actividade mencionada em texto pretende fundamentalmente transmitir uma dimensão absolutamente nuclear dos deveres de esclarecimento, traduzida na centralidade da posição do proponente do seguro. Na verdade, a seguradora deve levar em linha de conta o concreto perfil/posição do candidato a tomador do seguro, aconselhando-o, em função de tais atributos, a contratação de uma modalidade de seguro adequada à res-

Bem vistas as coisas, o critério distintivo atrás mencionado apresenta particulares debilidades, não obstante as dúvidas pelo mesmo suscitadas poderem ser atenuadas quando estiverem em causa contratos de seguro cuja contratação obedeça ao modelo das cláusulas contratuais gerais[60], porquanto na dúvida sobre a qualificação de um dever como de informação ou de esclarecimento, a mesma será resolvida no sentido mais favorável ao

pectiva situação. Importa, porém, sublinhar, a este propósito, que sobre o proponente do seguro recai um ónus de informação acerca dos elementos tidos por relevantes para a contratação. Este ónus de informação a cargo do tomador do seguro, que contraria claramente o pressuposto de que o mesmo em sede de deveres de esclarecimento se encontra numa posição meramente passiva, revela-se bem evidente na contratação dos seguros baseada no arquétipo das Cláusulas Contratuais Gerais, Cfr, Pimbert, Agnès, *Opposabilité des documents contratuels*...ob. cit., pg. 27 (uma tal solução revela-se clara no Direito Francês, em face do novo regime da distribuição instituído pela *ordennance* n.º 2018-361 de 16 de Maio de 2018). No Direito Português, o art.º 22.º, n.º 1, in fine, do Decreto-Lei n.º 72/2008 evidencia também que os esclarecimentos a prestar pelas seguradoras devem tomar em consideração o perfil e as concretas necessidades do tomador do seguro.

59 A propósito do modo de cumprimento dos deveres de esclarecimento, cumpre distinguir entre as informações espontaneamente prestadas pelas seguradoras e as respostas dadas pelas mesmas a solicitações ou perguntas que lhe foram dirigidas pelos tomadores, apesar de comummente se associar aos deveres de esclarecimento apenas a nota da espontaneidade da sua prestação., Cfr, Monteiro, J. Sinde, Responsabilidade por Conselhos..., ob. cit, nota 65, pg. 359.

60 Como atrás deixámos explicitado, o recurso ao modelo de contratação baseado nas cláusulas contratuais gerais revela-se particularmente frequente no âmbito dos seguros obrigatórios, sendo que mesmo fora de tais contextos securitários específicos uma tal realidade negocial se revela omnipresente. Como sublinha Inês Oliveira Martins "A técnica da mutualização dos riscos não é sequer pensável sem a estandardização dos clausulados...E, mesmo em seguros que transcendam aquela técnica, o interesse do segurador em delimitar o risco que acolhe a sua esfera determina a pré-elaboração do conteúdo dos clausulados...", Cfr, Martins, Maria Inês Oliveira, *O Controlo do conteúdo das Cláusulas Contratuais Gerais...*, ob. cit., pg. 223-224. Claramente fora do âmbito deste modelo de contratação estandardizada encontram-se os seguros de grandes riscos que, por regra, são resultado de negociações concretas e individualizadas. Importa, nesta sede, esclarecer que no âmbito dos regimes jurídicos relativos às cláusulas contratuais gerais, entre as quais se destaca a Directiva sobre cláusulas abusivas nas relações com consumidores (Directiva 13/1993, de 5 de Abril) assume uma particular relevância o cumprimento de exigências de transparência, entre as quais se destacam os deveres de informação a cargo das seguradoras, que, como atrás evidenciámos recorrem, com frequência, ao esquema de contratação baseado em cláusulas contratuais gerais. Cfr, Vílchez, Francisco Pertíñez, *Tutela de los Consumidores Y Cláusulas Abusivas en el Contrato de Seguro,* in Retos Y Desafios del Contrato de Seguro: Dell Necesario Aggiornamento a la Metamorfosis del Contrato, in Libro Homenaje al Professor Rubén Stiglitz, Pamplona, 2020, pg. 589 e ss.

aderente, de acordo com o art.º 11.º, n.º 2 do Decreto Lei n.º 446.º/85[61], o que implica enquadrá-lo no âmbito dos deveres de informação.

Não obstante o art.º 11.º, n.º 2 do Decreto Lei n.º 446/85 não ser de aplicação restrita ao universo dos contratos celebrados com consumidores, a verdade é que a respectiva convocação para um tal universo específico não suscita quaisquer dificuldades.

Regressando ao binómio distintivo deveres de informação/deveres de esclarecimento, importa explicitar que o regime estatuído no art.º 23.º do Decreto Lei n.º 72/2008, ao fazer corresponder à violação dos deveres de informação o direito à indemnização dos prejuízos causados ao tomador, bem como o direito deste à resolução do contrato, e ao associar ao desrespeito dos deveres de esclarecimento tão somente o direito à indemnização pelos danos sofridos, então não restam dúvidas em afirmar que o regime estatuído pelo legislador a propósito dos deveres de informação e dos deveres de esclarecimento se revela mais favorável ao tomador do seguro quando estivermos colocados perante o primeiro grupo de deveres.

Em face de todas as considerações acabadas de expor, frisamos, de novo, a ideia já atrás explicitada, de acordo com a qual não representa uma opção correcta fazer associar a classificações dogmáticas de contornos híbridos, tal como sucede com a distinção deveres de informação/deveres de esclarecimento, consequências de regime jurídico bem diferenciadas.

Uma análise atenta do regime consagrado em matéria de deveres de informação na Lei do Contrato de Seguro, confronta-nos não apenas com os deveres gerais de informação e de esclarecimentos previstos nos art.os 18.º a 22.º, como ainda com deveres específicos de informação previstos a propósito de determinadas modalidades de seguros, entre as quais se destacam os seguros de vida[62], onde a componente financeira tem um peso preponderante, e onde, como é sabido, se regista um enorme nível de iliteracia finan-

[61] Como a propósito deste critério interpretativo contido no art.º 11.º, n.º 2 do Dec.-Lei n.º 446/85 considera sugestivamente Almeno de Sá: "Trata-se de um auxiliar hermenêutico, cujo núcleo de sentido se traduz, substancialmente em fazer prevalecer os interesses do cliente sobre os interesses do utilizador. ...", Cfr, Sá, Almeno de, *Cláusulas Contratuais Gerais e Directiva sobre Cláusulas Abusivas*, 2.ª Ed., Coimbra, 2005, pg. 67. Cumpre explicitar, que esta regra da *ambiguitas* contra *stipulatorum* não é aplicável no âmbito do controlo abstracto, tal como resulta expressis verbis do disposto no n.º 3 do art.º 11.º do diploma das cláusulas contratuais gerais.

[62] Nesta modalidade de contrato de seguro acrescem aos deveres de informação mencionados no art.º 18.º, as informações que são devidas pelas seguradoras no art.º 185.º. Como a este propósito sublinha Eduarda Ribeiro, este preceito "Enumera a informação adicional, para

ceira dos investidores. Neste contexto, tem-se, na verdade, sedimentado a ideia que mesmo quando a actividade de aconselhamento do distribuidor de seguros se integre numa relação não remunerada, o profissional quando dá conselhos ou transmite informações tem de cumprir os seus deveres de esclarecimento[63] com a diligência que é devida a um profissional medianamente sagaz e prudente.

Ainda a propósito da política legislativa seguida pelo Decreto Lei n.º 72/2008 no sentido de reforçar os encargos informativos das seguradoras com o objectivo de tornar mais intensa a tutela do tomador de seguro, por ser este a parte contratualmente mais fraca, importa fazer menção para a emergência, em vários diplomas atinentes ao direito dos seguros, de deveres de informação cujo objecto se traduz noutros deveres de informação ("*deveres de informação de segundo grau*"), por um lado, e de deveres respeitantes ao exercício de direitos cujo âmbito de exercício assume contornos nebulosos, por outro.

Como exemplo paradigmático *de deveres de informação de segundo grau*, considere-se o art.º 24.º n.º 4 do Decreto Lei n.º 72/2008, que obriga a seguradora no momento da celebração do contrato a informar o tomador do seguro sobre a existência a seu cargo de um dever de declaração inicial do risco, cujo âmbito se encontra precisamente definido no n.º 1 do mesmo preceito legal. Por seu turno, o não acatamento pelas seguradoras de um tal

além da prevista na parte geral, artigos 18.º e 20.º, que o segurador deve dar a conhecer antes da celebração do contrato.
Deste modo, na fase da formação do contrato, devem ser conhecidos do tomador, a fórmula de cálculo e a participação nos resultados; a definição de cada cobertura e as opções possíveis; os valores de resgate e de redução, a natureza das coberturas e as penalizações em caso de resgate, redução ou transferência do contrato; a discriminação dos prémios de cada cobertura; o rendimento mínimo garantido e a taxa de juro mínima garantida; os valores de referência utilizados nos contratos de capital variável e o número das unidades de participações; a natureza dos activos representativos dos contratos de capital variável, a informação fiscal aplicável; e ainda, a possibilidade da pessoa segura aceder aos dados médicos de exames realizados", cfr, Ribeiro Eduarda, Lei do contrato..., ob. cit, anotação ao art.º 185.º da Lei do Contrato de Seguro, pgs. 505-506.

[63] Cfr, neste sentido, Devoet, Claude, *La Publicité, L'information et le Conseil por les Produits d'Assurance Investissement au Regard de la Réglementation "Priips",* In European Journal of Consummer Law-Revue Eurooéenne de Droit de la Consommation, 2015, I, pg. 9. Estas considerações foram expendidas pelo autor a propósito do Regulamento (UE) n.º 1286/2014, relativo a documentos de informação fundamental para pacotes de produtos de investimento de retalho e de produtos de investimento com base em seguros (PRIIPS) .

dever de informação de *segundo grau* é susceptível de fazer desencadear responsabilidade civil sobre aquelas.

Apesar das louváveis intenções pedagógicas subjacentes à previsão deste tipo de deveres de informação, suscitam-se-nos, no entanto, as maiores dúvidas quanto à viabilidade da sua efectiva concretização na prática da actividade seguradora.

Atenta a circunstância de muitos dos contratos de seguro concluídos no moderno tráfico jurídico de massas terem cláusulas contratuais gerais, sobretudo quando estejam em causa seguros de celebração obrigatória, torna-se muito dificil para as seguradoras cumprirem o dever constante do art.º 24.º n.º 4 do Decreto Lei n.º 72/2008, cujo âmbito e respectivos contornos jurídicos não se revelam fáceis de concretizar.

Na verdade, o efectivo cumprimento destes deveres de informação de segundo grau revela-se bem mais compatível com um tipo de contratação concreta e individualizada que se encontra, na realidade, ausente na generalidade dos contratos de seguro.[64]

Para além disso, a sanção jurídica prevista para o não cumprimento dos deveres de informação pelas seguradoras, a saber: a responsabilidade civil, não corresponde, de modo algum, a uma solução aceitável pacificamente, desde logo, pela manifesta dificuldade de se proceder à prova da existência de nexo de causalidade entre o não cumprimento do dever previsto no art.º 24.º n.º 4 do Decreto Lei n.º 72/2008 e os danos sofridos pelo tomador do seguro. Para além disso, torna-se particularmente complexo identificar, atento o regime jurídico definido nos art.os 24.º a 26.º da lei do contrato de seguro, a existência do dano sofrido pelos tomadores de seguro[65], que,

[64] Cfr, neste sentido, o nosso estudo, Uma Outra Abordagem em Torno..., ob. cit., pgs. 620 e 621.

[65] Acerca das dificuldades práticas de determinação da existência de danos do tomador do seguro em face do regime estatuído nos art.os 25.º a 26.º da lei do contrato de seguro, Cfr, Gomes, Júlio, *O Dever de Informar do (candidato a)...*, ob. cit., pg. 420 e ss (apesar do autor ter louvado o critério consagrado no n.º 4 do art.º 24.º do decreto Lei n.º 72/2008, pela sua relevância pedagógica e preventiva). Maiores cepticismos relativamente à consagração deste dever de informação de segundo grau e sobre a correspondente imposição de um dever de indemnizar às seguradoras pelo não cumprimento de uma tal obrigação, Cfr, o nosso estudo, *Uma Outra Abordagem em Torno...*, ob.cit, pgs. 621 e 622 (colocámos sobretudo em destaque a dificuldade de fazer recair sobre a seguradora um dever de indemnizar, atentos os problemas suscitados pela exigência de nexo de causalidade entre: "..a omissão do dever de informação mencionado no preceito em análise e os prejuízos sofridos pelo tomador na sequência da violação da obrigação referida.", vide, ob.ant.cit, pg. 621).

como é sabido, constitui um pressuposto fundamental para o surgimento da responsabilidade civil.

Por seu turno, no tocante aos deveres de informação cujo objecto respeita às concretas condições de exercício de determinados direitos com contornos algo nebulosos, refira-se a hipótese prevista no art.º 27.º n.º 2 do Decreto Lei n.º 291/2007, cuja exequibilidade prática se revela igualmente difícil de garantir, atentas as especificidades do modo de contratação dos seguros atrás mencionadas.

Para além disso, do ponto de vista substantivo, o exercício do direito de regresso pelas seguradoras em algumas hipóteses previstas no art.º 27.º n.º 1 do Decreto Lei n.º 291.º/2007, tal como sucede com a contemplada na al. c) deste preceito, representa uma autêntica *vexata questio*, tendo inclusivamente uma tal problemática já sido objecto de um Acórdão de Uniformização de Jurisprudência[66].

Determinar se para o exercício pelas seguradoras do seu direito de regresso nas situações previstas no art.º 27.º n.º 1 al. c) se torna necessário que as mesmas façam a prova de que o acidente se ficou a dever ao consumo excessivo de álcool, ou se tal prova do nexo de causalidade entre a alcoolémia e os danos não se revela necessária, atenta a automaticidade que caracteriza esta situação típica de direito de regresso, corresponde a uma situação jurídica com contornos técnicos particularmente complexos.

Razão pela qual, exigir das seguradoras que informe os candidatos a tomadores de seguro no momento da celebração do contrato dos termos em

[66] Reportamo-nos ao Acórdão de Uniformização de Jurisprudência n.º 6/2020, de 28 de Maio de 2002, que a propósito do art.º 19.º, al. c) do Decreto-Lei n.º 522/85, se pronunciou no sentido de dever ser exigível a prova do nexo de causalidade entre o estado de alcoolémia do condutor e o acidente cujo efeito lhe é imputável. A propósito desta problemática questão da condução com excesso de álcool tivemos ocasião de nos pronunciar em sentido desfavorável ao acolhido no Acórdão de Uniformização, sendo que a nova redacção dada ao preceito então aplicável à situação (art.º 19.º, al. c)) do Decreto-Lei n.º 522/85)através do Decreto-Lei n.º 291/2007, (que corresponde ao art.º 27.º, al. c)) deste mesmo diploma, permite-nos concluir, sem hesitações, que o exercício do direito de regresso pela seguradora se deve exercer de modo automático, indo assim de encontro à posição por nós sempre sufragada. Importa referir que ao tempo em que foi lavrado o Acórdão uniformizador, a doutrina também se encontrava particularmente dividida sobre o entendimento acerca do modo de efectivação da causa de direito de regresso prevista no art.º 19.º, al. c) do Decreto-Lei n.º 522/85 (matéria hoje tratada no art.º 27.º, al. c) do Decreto-Lei n.º 291/2007), havendo quem claramente se orientasse no sentido da solução acolhida no Acórdão de Uniformização de Jurisprudência, Cfr, MONTEIRO, J. SINDE, *Cadernos de Direito Privado*, n.º 2, 2003, pg. 40 e ss.

que se encontra delimitado o regime do direito de regresso previsto no art.º 27.º do Decreto Lei n.º 72/2008, poderá revelar-se uma tarefa particularmente ingrata para as seguradoras, porquanto a generalidade dos proponentes do seguro não dispõem, enquanto meros leigos, da preparação técnica necessária para poderem compreender o alcance dos esclarecimentos prestados por aquelas.

Convocamos então nesta sede as críticas já atrás expendidas a propósito do dever de informação de segundo grau previsto no art.º 24.º n.º 4 do Decreto Lei n.º 72/2008, suscitando-se-nos assim estes preceitos as maiores reservas quanto à sua exequibilidade prática, não obstante os louváveis e genuínos propósitos pedagógicos que possam estar por detrás dos mesmos.

Todo este arrazoado de considerações, leva-nos a concordar inteiramente com Luís Poças quando considera que "... a operacionalização do princípio da transparência pode traduzir-se, na prática, num "princípio da opacidade", na medida em que, como referimos já, a prolixidade da informação exigida ao profissional desencoraja a efectiva apreensão da mesma pelo consumidor. Por outro lado, uma perspectiva económica sublinha que o benefício, para o consumidor, da aquisição de informação adequada sobre o conteúdo das condições contratuais é, em regra, baixo, e excedido pelos custos que essa aquisição implica".[67]

A Emergência de Seguros de Responsabilidade Civil Profissional no Âmbito das Sociedades de Consumo

Ficaria incompleta uma exposição sobre a temática em análise – o estatuto do consumidor no universo do direito dos seguros – se não fosse efectuada uma referência, conquanto muito sumária, ao enorme impacto provocado pela nova organização sócio-profissional das sociedades de consumo no contexto do direito dos seguros.

As profundas alterações provocadas pela revolução industrial nas estruturas laborais e sociais, determinaram o trânsito de uma sociedade baseada numa economia agrícola e de subsistência para um novo paradigma social dinamizado pelo sector da indústria, e com esse trânsito registaram-se efectivamente mudanças significativas, decorrentes sobretudo da afirmação do princípio da especialização dos saberes e das competências técnicas.

Desde esse marco histórico incontornável que se assistiu a uma tendência crescente e imparável de diversificação dos conhecimentos, que pro-

[67] Cfr, Poças, Luís, *O Dever de Declaração...*, ob. cit, pg. 201.

vocou, por seu turno, alterações significativas na orgânica das empresas, as quais passaram a possuir complexos organigramas funcionais, sendo que do ponto de vista social, as relações humanas foram deixando de ser caracterizadas pela nota da pessoalidade, em que se cruzavam fundamentalmente os "eus pessoais" dos seus protagonistas, para passarem a ser modeladas sobretudo a partir do status ocupado por cada um na teia da complexificada estrutura social, relacionando-se deste modo as pessoas através das suas máscaras ou dos seus "eus-sociais".[68]

No fundo, a moderna estrutura das sociedades de consumo, que determinou a caracterização das mesmas como sociedades massificadas (no âmbito das quais, as pessoas se aproximam pelo que têm de diferente e as relações entre elas são marcadas fundamentalmente pela nota de anonimato), provocou assim uma autêntica revolução coperniciana no modo como passou a ser concebido o exercício de certas actividades profissionais, rompendo-se com paradigmas tradicionais que pontificaram ao longo de vários séculos.

Podemos assim pacificamente identificar as características da *anonimização, especialização e diversificação* das relações sociais, como dimensões omnipresentes nas actividades desenvolvidas nos mais diversos sectores das hodiernas sociedades ocidentais, passando as mesmas a ser fundamentalmente perspectivadas como meras prestações de serviços.

Em face da atrás mencionada compreensão das actividades profissionais como meros serviços, deixando de se lhes encontrar associadas as clássicas dimensões de estrita pessoalidade que nos remetiam para diferentes horizontes: o altruísmo, a convivialidade fraterna e até a caridade, abre-se claramente o campo para uma mais fácil e maior afirmação da responsabilidade de certos profissionais, entre os quais se destacam os Médicos.

Manifestação paradigmática desta mudança de perspectiva encontra-se na transição do arquétipo do paternalismo clínico para o modelo do con-

[68] No contexto europeu, onde a crise dos mercados financeiros causou efeitos particularmente nefastos no sector dos seguros, sobretudo no âmbito dos seguros com forte componente financeira, como os seguros do ramo vida, ganha progressivamente força a ideia que o reforço das exigências éticas no relacionamento dos profissionais das empresas constitui um factor relevante para a superação da crise que actualmente atravessa o sector segurador. Nesta sede, coloca-se em destaque a importância da adopção de regras de *corporate governance* relativas ao *risk management, à accountability*, à transparência, à equidade (*fairness*), bem como à responsabilidade social das empresas. Cfr, neste sentido, MANGHETI, GIOVANNI, *Considerazioni sulla Crisi delle Assicurazioni Europee*, in Assicurazioni, 2003, n.º 2, pgs. 194 e 195.

sentimento informado[69] ocorrida em sede de responsabilidade civil médica, mudança essa inspirada nas exigências e reivindicações consumeristas norte americanas da década de 60 do século passado, que foram tendo progressivamente eco nas sociedades da Europa Ocidental[70].

Bem vistas as coisas, o modelo do consentimento informado centrado no paciente perspectivado como uma esfera autónoma de direitos e de obrigações coloca como reivindicação fundamental aos ordenamentos jurídicos a parificação das posições do médico e do doente, envolvendo assim necessariamente o abandono da compreensão do médico como uma entidade superior e da relação estabelecida entre este e o paciente como uma relação, por natureza, desnivelada.

Idêntica mudança de atitude, embora não sentida tão intensamente, se regista no âmbito do exercício da actividade dos advogados, onde o mandato forense tem, de modo progressivo, deixado de ser coberto unicamente pelo manto da *fidúcia*,[71] suscitando-se antes nesta sede múltiplas situações de denúncia pelos mandatários, fundadas na falta de conformidade ética e legal da actuação dos advogados, assumindo uma particular relevância,

[69] Acerca das características destes modelos do *paralelismo clínico e do consentimento informado*, e do mencionado percurso de transição do primeiro para o segundo, Cfr, Olivera, Guilherme, O fim da "arte silenciosa"(O dever de informação dos médicos), *in Revista de legislação e Jurisprudência*, Ano 128º (nº 3852), pgs 70 e ss. Pereira, André Dias, *Os Direitos dos Pacientes e Responsabilidade Médica*, Coimbra, 2015, pg 397 e ss.

[70] Para uma análise mais desenvolvida das razões justificativas da transição do paradigma do paternalismo clínico para o modelo do consentimento informado, Cfr, o nosso estudo, *Responsabilidade Civil Médica – Breves Considerações acerca da Prova da Culpa*, in Responsabilidade Civil em Saúde. Diálogo com o Prof. Doutor Jorge Sinde Monteiro, E-book do Centro de Direito Biomédico da Faculdade de Direito da Universidade de Coimbra, 2021, pg. 102 e ss.

[71] O ordenamento jurídico português admite claramente a responsabilidade civil dos advogados, como resultava, com clareza, do disposto no art.º 96.º, n.º 1 do Decreto-Lei n.º 84/84, de 16 de Março (primeiro Estatuto da Ordem dos Advogados), onde se dispunha que "(a) responsabilidade disciplinar é independente da responsabilidade civil ou criminal", sendo que no actual estatuto (Lei n.º 145/2015, de 9 de Setembro), existem regras específicas sobre a responsabilidade civil dos advogados (art.º 104 e 213, n.º 14 da Lei n.º 145/2015) e que basicamente correspondem a normas (art.º 37.º) do regime jurídico das sociedades de advogados (entretanto revogado pela Lei n.º 145/2015). Ora, esta admissibilidade da responsabilidade civil destes profissionais do foro *contrasta*, de modo significativo, com a regra britânica da irresponsabilidade do advogado, que apenas surge afastada em caso de comportamento doloso, Cfr, a este propósito, Videira, Celina, *O Seguro de Responsabilidade Civil Profissional dos Advogados*, in Revista de Concorrência e de Regulação, Ano VII, n.º 25, pgs. 167-168.

a propósito das irregularidades legais crescentemente invocadas pelos mandantes, a discussão acerca do lugar a reconhecer no contexto de tais relações à perda de chance[72].

[72] Discussão intimamente ligada à problemática da relevância jurídica da perda de chance é aqueloutra da configuração de alguns actos ou diligências praticadas pelos advogados como autênticas obrigações de resultado, entendimento esse que se afasta claramente da concepção tradicional, para a qual os deveres dos advogados eram pacificamente concebidos como obrigações de meios (ex: a obrigação típica do advogado, numa acção judicial, de representar o seu cliente). No elenco dos comportamentos dos advogados susceptíveis de serem qualificados como obrigações de resultados refiram-se, desde logo, os actos de interposição de recurso dentro do prazo legalmente estabelecido, a comparência às audiências preliminares e às sessões de julgamento..., Cfr, a este propósito, Videira, Celina, *O Seguro de Responsabilidade Profissional...*, ob. cit, pg. 185. O dano da perda de chance, que basicamente tem de ser configurado como uma expectativa gorada de obter um ganho ou de evitar a perda de uma vantagem pré-existente levanta particulares dificuldades no tocante à sua ressarcibilidade, tendo, desde logo, em conta as aporias suscitadas por uma tal categoria, em face dos cânones à luz dos quais tradicionalmente são tratados os pressupostos do nexo de causalidade e do dano. Com efeito, torna-se inviável admitir o ressarcimento da perde de chance em face dos quadros dogmáticos da causalidade adequada, e suscitam-se muitas dúvidas quanto á qualificação da perda de chance como dano: dano emergente ou lucro cessante? Em face deste ambiente de grande discussão doutrinal acerca dos contornos da perda de chance e das dificuldades suscitadas quanto à admissibilidade do seu ressarcimento, a jurisprudência nacional tem-se mostrado dividida sobre esta última questão. Com efeito, deparamo-nos com alguns arestos que admitem claramente a ressarcibilidade do dano da perda de chance no âmbito das responsabilidades profissionais, mormente em sede de responsabilidade civil do advogado (Acórdão do S.T.J de 28 de Setembro de 2010, in www.dgsi.pt, Acórdão do S.T.J de 5 de fevereiro de 2013, in www.dgsi.pt), e com outras decisões proferidas em sentido manifestamente contrário (Acórdão do S.T.J de 26 de Outubro de 2010, in www.dgsi.pt e Acórdão do S.T.J de 18 de Outubro de 2012, in dgsi.pt). Por seu turno, no âmbito da responsabilidade civil médica, a ressarcibilidade do dano da perda de chance de sobrevivência ou de cura é ainda raramente admitida na nossa jurisprudência, sendo que já nos deparámos com decisões jurisprudenciais que se orientaram claramente nesse sentido, tal como sucedeu com a sentença da 1.ª secção Cível da Instância Central do Tribunal da Comarca de Lisboa, de 23 de Julho de 2015, sentença essa qualificada por Rute Teixeira Pedro como exemplar, Cfr, Pedro, Rute Teixeira, *A perda de Chance na Responsabilidade Civil Médica – Uma Breve Visão Panorâmica no Fim da Segunda Década do Séc. XXI*, in Responsabilidade Civil em Saúde. Diálogos com o Prof. Doutor Jorge Sinde Monteiro, in e-book do Centro de Direito Biomédico da Faculdade de Direito da Universidade de Coimbra, Maio 2021, pg. 422. No plano doutrinal importa referir que Sinde Monteiro considera defensável, já desde finais da década de 80 do século passado, a ressarcibilidade do dano da perda de chance, uma vez verificados um conjunto de requisitos específicos, dos quais se deve fazer dependente a consistência e a relevância jurídica desta categoria jurídica, Cfr, Monteiro, J. Sinde, *Responsabilidade por conselhos...*, ob. cit., pg. 298, no mesmo sentido, Pedro, Rute Teixeira, *A Respon-*

Em face de quanto ficou sumariamente exposto, o clima de litigância e conflito em que muitas relações profissionais se encontram frequentemente envolvidas tem colocado a questão da responsabilidade dos profissionais como um assunto inscrito na ordem do dia dos ordenamentos jurídicos dos países civilizados.

Seguramente sem incorrer em grande margem de erro, poder-se-á afirmar que no contexto das responsabilidades profissionais tem assumido um particular destaque a responsabilidade civil médica, desde logo, em virtude do interesse dogmático e jurisprudencial que a mesma vem concitando.

Seja por força de um aumento crescente da litigância judicial suscitada por determinadas actividades profissionais, seja em virtude da imposição de uma obrigação legal de celebrar contratos de seguro[73] [74], certo é que este

sabilidade Civil do Médico. Reflexões sobre a Noção de Perda de Chance e a tutela do Doente Lesado, Coimbra, 2008, pg. 441 e ss., A Perda de Chance na Responsabilidade Civil Médica..., ob. cit, pgs. 420-421. Importa ainda referir que na doutrina nacional, esta problemática da perda de chance tem sido alvo de um vivo debate, destacando, aqui, a título exemplificativo, alguns importantes estudos dedicados à mesma, Pinto, Paulo Mota, *"Perda de Chance Processual"*, in Revista de legislação e Jurisprudência, ano 145.º, 2016 (Março-Abril), pg. 174 e ss., Gomes, Júlio, *"Ainda sobre a figura do dano da perda de oportunidade ou perda de chance"*, in Cadernos de Direito Privado, número especial 2, 2012, pg. 17 e ss.

[73] No tocante ao exercício da actividade de advogado, tenha-se, desde logo, em conta o disposto no art.º 104.º, n.º 3 do Estatuto (Lei n.º 145/2015), que impõe, sem margem, para dúvidas a obrigação de um seguro de celebrar em grupo à ordem dos advogados. No tocante ao seguro obrigatório de responsabilidade civil do advogado (art.º 104.º, n.º 1 e n.º 3 do Estatuto) e das sociedades de advogados (art.º 213.º, n.º 14 do estatuto), apesar de formalmente se encontrar prescrita a obrigação legal de celebrar o seguro, certo é que tais disciplinas legais (art.º 104.º, n.º 3 e 213, n.º 14.º do Estatuto) apontam mais no sentido de se tratar de um ónus, na medida em que desses preceitos parece resultar que é dada a opção ao advogado e às sociedades de advogados de celebrarem ou um seguro de responsabilidade ou assumirem uma responsabilidade ilimitada pelos danos resultantes do exercício da sua actividade, beneficiando contudo, nesta última hipótese, do seguro de grupo da ordem dos advogados. Cfr, sobre esta problemática, Videira, Celine, *O Seguro de Responsabilidade Profissional...*, pgs. 180-182.

[74] No âmbito da prestação de cuidados de saúde têm-se assistido a um aumento significativo dos seguros celebrados pelos profissionais de saúde, tendência essa decorrente em muitas situações da imposição legal do dever de contratar, tal como sucede, a título meramente exemplificativo com a obrigação de segurar que recai sobre os centros de enfermagem (Portaria n.º 801/2010), e o dever de celebrar seguro que se impôs na portaria n.º 287/2012 às clínicas e aos consultórios médicos. Desta feita, apesar de em texto nos termos referido apenas à responsabilidade profissional dos médicos, certo é que a responsabilidade civil que as seguradoras são chamadas continuamente a garantir estende-se igualmente

ambiente teve um impacto significativo no universo dos seguros, desde logo no que respeita à celebração de contratos de seguro de responsabilidade profissional.

Verdadeiramente, os seguros de responsabilidade civil profissional assumem uma estrutura bifronte no tocante à tutela dos interesses que visam acautelar, a saber; por um lado, a *protecção dos particulares* que recorrem aos serviços dos profissionais e ficam com a garantia que pelos montantes dos prejuízos por si sofridos na sequência de tais serviços não responde apenas o património do profissional, mas também o da seguradora, e por outro, *a tutela dos profissionais* que celebram o contrato de seguro, na medida em que tornam indemne o seu património na eventualidade de sobre si recair a obrigação de indemnizar.

Tendo em conta a importância assumida pelos seguros de responsabilidade profissional na tutela dos interesses dos terceiros lesados, pode então falar-se, com propriedade, que tais seguros desempenham uma notável uma função social, sobretudo quando estejam em causa seguros de realização obrigatória[75]. Importa, no entanto, a este propósito, deixar bem claro que o regime dos seguros de responsabilidade civil profissional é aplicável aos credores/lesados, quer estes[76] sejam consumidores, quer os mesmos não patenteiem uma tal qualidade.

à actividade de outros profissionais de saúde, impondo uma tal realidade vivenciada no sector da saúde, que quando nos reportemos aos seguros concluídos nesta área, se fale mais genericamente de seguros de responsabilidade civil dos profissionais de saúde, abrangendo-se nesta categoria: "...os trabalhadores envolvidos em acções cujo objectivo principal é a melhoria do estado de saúde dos indivíduos ou das populações, incluindo os prestadores directos de cuidados e os prestadores das actividades de suporte", tendo em conta a definição contida na lei de bases da saúde (base 28, n.º 1), Cfr, a este propósito, MARTINS, INÊS OLIVEIRA, *Seguro de Responsabilidade Civil dos Profissionais de Saúde: entre a Autonomia Privada e a Protecção Social*, in Responsabilidade Civil em Saúde. Diálogos com o Prof. Doutor Jorge Sinde Monteiro, eBook do Centro de Direito Biomédico da Faculdade de Direito da Universidade de Coimbra, Maio 2021, pg. 293. Porém, a referência limitada em texto à problemática da responsabilidade civil médica encontra a sua razão justificativa na circunstância de ter sido em relação à actividade destes profissionais de saúde que a questão da sua responsabilização assumiu uma maior acuidade, em virtude de ao longo de séculos apenas se ter admitido, e até em termos manifestamente excepcionais, a responsabilidade moral dos médicos.

[75] Neste sentido, Cfr, MARTINS, INÊS OLIVEIRA, *Seguro de Responsabilidade Civil dos Profissionais...*, ob. cit., pg. 297.

[76] Referimo-nos quer aos credores, quer aos lesados, na medida em que os seguros de responsabilidade civil profissional, mormente os seguros de responsabilidade civil médica tanto podem garantir a responsabilidade civil extracontratual, como a responsabilidade contratual

De quanto desta importância crescente assumida pelos seguros de responsabilidade civil profissional, não admira que o novo regime do contrato de seguro[77] tenha dispensado um tratamento autónomo no universo dos seguros de danos aos seguros de responsabilidade civil nos art.ºs 137.º e ss, apesar de não se ter estatuído na secção onde este preceito se encontra integrado uma disciplina especial quanto aos seguros de responsabilidade profissional (seja dos profissionais de saúde, seja de outros profissionais).

Em face de quanto ficou exposto, e à semelhança de quanto já ficou anteriormente clarificado a propósito da disciplina das cláusulas contratuais gerais, e da responsabilidade civil do produtor, também no tocante aos seguros de responsabilidade civil profissional, não podemos afirmar que nos encontramos perante regimes legais típicos e específicos de Direito do Consumo.

Verdadeiramente no contexto dos seguros de responsabilidade civil profissional, não se pode deixar de constatar a enorme influência exercida pela teia de relações sociais engendradas pela sociedade de consumo para a emergência de tais realidades jurídicas, sendo que a conformação do conteúdo jurídico das mesmas não se encontra intrinsecamente dependente do binómio consumidor/não consumidor.

em que venham a incorrer estes profissionais. Nesta sede, importa explicitar que no âmbito do exercício privado da medicina o regime jurídico, por regra, convocado é o da responsabilidade civil contratual, enquanto em relação à actividade dos médicos no serviço nacional de saúde se aplicam, por força da lei n.º 67/2007, as regras da responsabilidade civil extracontratual.

[77] O art.º 137.º do novo regime do contrato de seguro, que se encontra integrado numa secção denominada de seguro de responsabilidade civil constitui uma novidade, porquanto o código comercial não tinha nenhuma secção especial dedicada aos seguros de responsabilidade. Na verdade, "O seguro de responsabilidade civil integra-se entre os seguros de patrimónios (por oposição aos seguros de coisas, ambos integrando os seguros de danos), que se dirigem à componente passiva do património (evitando o seu aumento)...", Cfr, Vasques, José, *anotação ao art.º 137.º da Lei do Contrato de Seguro anotada...*, ob.cit, pgs. 143-144.

A RESPONSABILIDADE CIVIL DOS ADVOGADOS

João Luís Marques Bernardo

Resumo: *I. Os advogados estão sujeitos a um regime deontológico emergente, no essencial, dos artigos 88.º a 113.º do Estatuto da Ordem dos Advogados (Lei n.º 145/2015, de 9.9.) e do Código de Deontologia dos Advogados Europeus; II – A sua violação pode desencadear responsabilidade civil; III – Que tem natureza obrigacional, mesmo nos casos em que o advogado violou os deveres que sobre ele impendiam na sequência de nomeação no âmbito do apoio judiciário; IV – Tem, todavia, natureza delitual quando emerge de violação de deveres de conduta gerais, como os de urbanidade ou correção; V – Nos casos mais frequentes em que o advogado contrata com o cliente a defesa dos interesses deste em tribunal, é celebrado entre os dois um contrato de mandato, ainda que com especificidades; VI – O vulgar cidadão que, para fins não profissionais, contrata com um advogado a defesa dos seus interesses jurídicos, deve ser considerado consumidor, estando, nomeadamente, a relação de consumo abrangida pelo regime da Lei n.º 24/96, de 31.7.; VII – Mas não deve ser assim considerado se o contrata para defesa dos seus direitos profissionais, quer diretos, quer indiretos ou laterais; VIII – Como se referiu no Acórdão do Supremo Tribunal de Justiça de 2.10.2008, processo n.º 08B2443, "a advocacia, como muitas outras, é uma profissão em que o risco duma solução ou de outra tem de ser percebido e assumido pelo cliente, risco esse que, por si só e mesmo que lhe cause danos, não abre caminho à indemnização. Esta só deverá ter lugar quando se tenha ultrapassado a discutibilidade das soluções ou o risco do pleito, podendo-se, então, concluir que os danos não são de imputar à natureza da atividade desenvolvida, mas a conduta, então negligente para estes efeitos, do próprio advogado."; IX – Relativamente à causalidade e aos danos tem-se colocado, com frequência, a questão da perda de chance; X – Tendo-se vindo a formar jurisprudência no sentido de que: Deve ser fixada indemnização pela perda de chance desde que a probabilidade de verificação do resultado que se perdeu* *seja real, séria e credível; A indemnização não se reporta a este resultado, constituindo antes uma realidade a se; Para se aferir daquela probabilidade, há que fazer um julgamento dentro do julgamento; Na fixação do quantum indemnizatório há que recorrer, se minguarem elementos determinantes, à figura da equidade, nos termos do artigo 566.º, n.º 3 do Código Civil; XI – Esta orientação jurisprudencial, no que respeita ao referido naquele primeiro parágrafo, culminou com a prolação do Acórdão Uniformizador de Jurisprudência do Supremo Tribunal de Justiça, de 26.01.2022, publicado no Diário da República n.º 18/2022, I Série, com a seguinte fixação jurisprudencial: "O dano da perda de chance processual, fundamento da obrigação de indemnizar, tem de ser consistente e sério, cabendo ao lesado o ónus da prova de tal consistência e seriedade."; XII – No que respeita ao montante da indemnização, há que atender ao teto de € 250.000, que resulta, verificados os requisitos ali referidos, do n.º 2 do artigo 104.º do EOA; XIII – Nos casos em que há, entre o cliente e o advogado, uma relação de consumo, importa atentar na alusão à "reparação de danos", constante do n.º 1 do artigo 60.º da Constituição da República Portuguesa; XIV – Tal preceito deve, contudo – conforme jurisprudência do Tribunal Constitucional – ser interpretado no sentido de conceder ao legislador ordinário liberdade para se afastar do ressarcimento da totalidade dos danos, só não a admitindo se o limite fixado não for justificado face aos interesses em presença, ou dele resultar um ressarcimento irrisório ou desprezível; XV – Assim, a inconstitucionalidade do preceito só se poderá verificar quanto interpretado no sentido da imposição do teto dos € 250.000 à responsabilidade do advogado que negligentemente causa prejuízo de muitos milhões de euros.*

Sumário: *1. A deontologia a que estão sujeitos os advogados; 2. A responsabilidade civil pela violação das normas deontológicas; 3. Natureza do contrato celebrado entre o advogado e o seu cliente: contrato de mandato ou contrato atípico; contrato de consumo nalguns casos; 4. Natureza obrigacional ou extraobrigacional da responsabilidade civil; 5. A aferição da culpa do advogado ; 6. A causalidade e o dano: a questão da perda de chance e o Acórdão Uniformizador de Jurisprudência proferido em 5.7.2021; 7. O limite indemnizatório constante do artigo 104.º, n.º 2 do Estatuto da Ordem dos Advogados, a questão da sua constitucionalidade face ao artigo 60.º, n.º 1 da Constituição da República Portuguesa e a posição do Tribunal Constitucional a este respeito.*

1. Os advogados estão sujeitos a um regime deontológico emergente, no essencial, dos artigos 88.º a 113.º do Estatuto da Ordem dos Advogados (Lei n.º 145/2015, de 9.9.) e do Código de Deontologia dos Advogados Europeus.

A sua violação pode desencadear responsabilidades de vária ordem, entre as quais, a civil.

2. Tem esta natureza obrigacional ou delitual?

a) Nos casos mais vulgares em que o advogado contrata com o cliente o tratamento ou a defesa dos interesses jurídicos deste, e não cumpre ou cumpre mal – quer no respeitante aos deveres principais, quer relativamente aos deveres acessórios – estamos perante responsabilidade obrigacional.

b) Mas se o advogado violou os deveres que sobre ele impendiam na sequência de nomeação no âmbito do apoio judiciário?

A Lei n.º 34/2004, de 29.7 alude sempre a "nomeação" pela Ordem sem a sujeitar a aceitação por parte do causídico que apenas pode pedir escusa nos casos ali referidos.

Falta aqui o encontro de vontades que está na essência do conceito de contrato.

Mas, no meu modo de ver, vem ao de cima o entendimento de que, rigorosamente, a dicotomia não seria entre a responsabilidade contratual ou não contratual, mas entre responsabilidade obrigacional, por um lado, e responsabilidade delitual ou aquiliana por outro.

Além estaria a violação duma obrigação em sentido técnico, como se define no artigo 397.º do Código Civil, que pode ou não emergir de contrato e aqui a violação de direitos desligados de intersubjetividade. Não é, pois, o contrato que constitui a pedra de toque da distinção.[1]

Sufragando tal conceptualização, temos, a meu ver claramente, que ainda no caso de nomeação de patrono em apoio judiciário, a responsabilidade civil é obrigacional. Ainda que não por efeito de contrato, ele ficou vinculado a uma prestação para com a pessoa que patrocina.

Valendo contra o advogado, nomeadamente, a presunção de culpa e as regras de prescrição.

c) Nos casos, porém, dos deveres de urbanidade e correção, quer para com os magistrados, quer para com os colegas ou ainda para com qualquer outro interveniente processual (artigos 110.º, n.º 1 e 112.º, n.º 2 do EOA), não se pode dizer que sobre o advogado impenda qualquer adstrição a uma prestação.

Trata-se antes de deveres de conduta gerais, escapando à definição daquele artigo 397.º.

[1] Este entendimento foi recebido pelo Supremo Tribunal de Justiça, entre outros, no Ac. de 24.4.2003, processo n.º 03B3693 com texto, como os demais que se vão referir, disponível em www.dgsi.pt.

Aqui, a responsabilidade emergente da violação de tais deveres é delitual.

3. Nos casos mais frequentes em que o advogado contrata com o cliente a defesa dos interesses deste em tribunal, temos então o regime de responsabilidade civil obrigacional.

Mas convocando as regras do mandato, por o contrato ter tal natureza?

Sustentam alguns autores que estes contratos não têm essa natureza porque:

Nos casos de constituição obrigatória de advogado, este pode praticar atos que o mandante não poderia o que não se coadunaria com a figura típica do mandato;

Nos termos da alínea a) do artigo 1161.º do Código Civil, o mandatário é obrigado a praticar os atos compreendidos no mandato, segundo as obrigações do mandante e esta submissão não seria compatível com a discricionariedade técnica de que goza o causídico.

Por força do artigo 44.º, n.º 2 do Código de Processo Civil, o advogado pode substabelecer os poderes que lhe foram confiados, sem que precise de autorização do mandante, o que não está em sintonia com o que resulta dos artigos 1165.º e 264.º, n.º 1 e 2 do Código Civil.

Aqui temos, logo à partida, a designação legal.

Entre outros, os artigos 66.º, n.º 3 e 67.º do Estatuto da Ordem dos Advogados e, bem assim, 43.º e seguintes do Código de Processo Civil são expressos na designação de "mandato".

Havendo que atender à referência à unidade do sistema jurídico referida no n.º 1 do artigo 9.º do Código Civil. "A norma não existe isolada, integra-se e enquadra uma ordem, um sistema que se desenvolve também na racionalidade e interligação dos seus elementos. A interpretação de uma norma convoca também o sistema em que tal norma se integra, a relação de um concreto preceito com as demais disposições, mais próximas ou mais distantes – tradicionalmente designadas pela doutrina como o contexto da lei e os lugares paralelos." (Comentário ao Código Civil, Parte Geral, Universidade Católica Editora, 48).

Creio, na verdade, haver aqui que distinguir entre a conceptualização do contrato de mandato constante daquele artigo 1157.º e o seu regime jurídico.

Naquela, cabe – parece-nos inquestionável – o contrato como o que vimos referindo.

O seu regime jurídico pode ser elástico – lembremo-nos do artigo 405.º, n.º 2, ainda que ali estejamos perante manifestações de vontade das partes

– e nesta elasticidade podem ser compreendidas normas especiais que se afastem nalguns pontos dos preceitos subsequentes ao mesmo artigo 1157.º.

O contrato não perde a sua natureza, antes fica sujeito a algumas especificidades.[2]

4. Relativamente à natureza do contrato, há ainda que perguntar se estamos perante um contrato de consumo.

Uma constante referencial de todas as definições de consumidor, assenta na ideia de integração numa relação entre fornecedor e fornecido.

Não há uma caraterística inerente à pessoa que lhe confira, em abstrato, o estatuto de consumidor.

É certo que há fornecimentos de bens e serviços praticamente universais entre nós (energia elétrica, água, recolha de lixo, tratamento de águas residuais, serviços postais, etc.), de tal sorte que se tende a associar logo à pessoa tal estatuto. Mas sem rigor: Só é consumidor quem constitua a parte passiva duma relação de consumo.

Nesta relação de consumo constitui também uma constante referencial a profissionalidade da parte ativa, contraposta a não profissionalidade da parte passiva.

Está aqui bem ínsita a ideia que subjaz a toda a estatuição específica sobre o consumo: Uma parte que, pela sua profissionalidade é mais forte e uma parte que pela sua não profissionalidade é mais fraca. Esta disparidade de "presença contratual" leva mesmo a que se conceba o direito do consumo como o direito reportado à "defesa do consumidor".

Para alem da profissionalidade/não profissionalidade, temos o objeto contratual. É também uma constante a inclusão nele, não só de bens, como também de serviços.

Já podemos, então, partir para a primeira dedução, dentro do tema que aqui nos traz:

O advogado é um profissional, ninguém o questiona (cfr-se, nomeadamente, os artigos 70.º e 74.º do EOA).

[2] Tem sido este o entendimento constante do Supremo Tribunal de Justiça, como, exemplificativamente, se pode ver nos Acórdãos de 30.5.2013, processo n.º 2531/05.7TBBRG.G1.S1, 9.12.2014, processo n.º 1378/11.6TVLSB.L1.S1 e 17.06.2021, processo n.º 15017/14.0T2SNT.L1. Na doutrina, com abordagem específica do tema, pode ver-se Rui Ataíde, Direito dos Contratos II, Mandato, 81 onde, numa expressão feliz, designa o mandato judicial como "modalidade especial de mandato".

Na sua atividade fornece serviços através de mandato forense, consulta jurídica e outros, pelo que estamos dentro do objeto próprio da relação de consumo.

E o vulgar cidadão – situemo-nos para já neste – que procura um advogado com finalidade não profissional (por exemplo, o herdeiro, pessoa singular, que pretende saber dos seus direitos ou exercê-los) preenche a parte passiva da relação.

Este é, então, um consumidor.

A partir da elaboração deste núcleo, a meu ver de indiscutibilidade, exige-se uma ponderação sobre possível ampliação.

Se o advogado é procurado por alguém para defesa dos seus direitos profissionais (v.g. profissional que pretende demandar a empresa empregadora) vem ao de cima a discussão sobre o conceito lato de consumidor.

A Lei n.º 24/96, de 31.7 define no artigo 2.º, n.º 1, consumidor como "todo aquele a quem sejam fornecidos bens, prestados serviços ou transmitidos quaisquer direitos, destinados a uso não profissional, por pessoa que exerça com carácter profissional uma atividade económica que vise a obtenção de benefícios."

O Decreto-Lei n.º 24/2014, de 14.2 define consumidor, para efeitos deste normativo, como "a pessoa singular que atue com fins que não se integrem no âmbito da sua atividade comercial, industrial, artesanal ou profissional".

Este Decreto-Lei transpôs a Diretiva n.º 2011/83/EU do Parlamento e do Conselho, de 25.10.2011, que, no artigo 2.º, define, para efeitos dela mesma:

"Consumidor: qualquer pessoa singular que, nos contratos abrangidos pela presente diretiva, atue com fins que não se incluam no âmbito da sua atividade comercial, industrial, artesanal ou profissional;

Profissional: qualquer pessoa singular ou coletiva, pública ou privada, que, nos contratos abrangidos pela presente diretiva, atue, incluindo através de outra pessoa que atua em seu nome ou por sua conta, no âmbito da sua atividade comercial, industrial, artesanal ou profissional."

Não podemos deixar de concluir que estamos perante o conceito restrito de consumidor, ficando de fora os casos em que o adquirente/utilizador age com objetivo profissional.[3]

[3] No Supremo Tribunal de Justiça a discussão tem sido acesa, mas a propósito da graduação de créditos em insolvência como se pode ver no Acórdão Uniformizador de Jurisprudência de 12.2. 2019, publicado no Diário da República II, série de 25.7.2019.

Aqui pode-se ainda pode distinguir-se entre os casos em que os bens ou serviços visam o exercício da profissão e os que o visam apenas lateral ou indiretamente. Consoante, por exemplo, um advogado compre um código civil ou um quadro para decorar a sala de espera dos clientes.

A definição da Lei de Defesa do Consumidor reporta-se a "uso não profissional" e será difícil conceber a compra do quadro fora do uso profissional.

Outrossim, a *"ratio"* da defesa do consumidor radica-se na ideia de proteção da parte mais débil e não será, a meu ver, curial considerar a não debilidade aquando da compra do código e considerá-la na compra do quadro.

Recuso, então, a ampliação do conceito de consumidor àquele que procura o advogado para defesa dos seus direitos profissionais, quer diretos, quer indiretos ou laterais (v.g. o profissional em conflito com a empregadora). Mas se o procurar fora deste quadro (v.g. o herdeiro que quer exercer os seus direitos), então estamos, a meu ver, perante uma relação de consumo.

5. O Estatuto da Ordem dos Advogados alude especificamente à "Responsabilidade civil profissional" no artigo 104.º.

Os pressupostos desta são aferidos, em primeira linha, tendo em conta o que a lei dispõe, em geral, para a responsabilidade obrigacional e para a delitual.

6. a) A culpa, também aqui, deve ser apreciada" na falta de outro critério legal, pela diligência de um bom pai de família, em face das circunstâncias de cada caso", conforme estatui o n. .º2 do artigo 487.º do Código Civil.

Este reportar às circunstâncias de cada caso significa "que o próprio padrão a ter em conta varia em função do condicionalismo da hipótese e designadamente do tipo de atividade em causa, não podendo o modelo ser o mesmo conforme se trata da construção de um imóvel ou da condução de um processo judicial; ali o paradigma será um tipo normal de construtor, aqui um tipo normal de advogado." (Galvão Telles, Direito das Obrigações, 353).

Ali existem, todavia, especificidades que não relevam, a meu ver, no plano geral, de sorte que se não justifica trazer para aqui a argumentação então explanada.
Mas nos Tribunais da Relação o entendimento pende nitidamente para o conceito restrito: Vejam-se, exemplificativamente, os Acórdãos da Relação de Lisboa de 12-10-2017, processo n.º 6776-15.3T8ALM.L1-8, de 26-03-2019, processo n.º 13132/16.4T8LRS.L1-7, de 11-02--2020 processo n.º 491/11.4 TVLSB.L1-1, de 22-05-2018, processo n.º 13213/15.1T8LSB.L2-1 e de 17.6.2021, processo n.º 69388/20.3YPRT.L1.

Na concretização desta diligência, há que atender logo à alínea b) do artigo 100.º do mencionado Estatuto, a qual determina que, nas relações com o cliente, constitui dever do advogado "estudar com cuidado e tratar com zelo a questão de que seja incumbido, utilizando para o efeito todos os recursos da sua experiência, saber e atividade."

Mas não pode deixar de se entender este preceito como encerrando uma independência técnica. A utilização de "todos os recursos da sua experiência, saber e atividade" pressupõe um campo de manobra dentro da qual o advogado age com liberdade, fazendo *jus* precisamente ao que enforma as suas qualidades profissionais.

Outrossim, conforme consta do Acórdão do Supremo de 2.10.2008, processo n.º 08B2443:

"Como todos constatamos no dia-a-dia, o direito não aponta, por regra, soluções unívocas. As soluções adotadas correspondem, com frequência, apenas à que é entendida como assente na melhor construção jurídica, não encerrando a ideia de que a contrária ou incompatível esteja necessariamente errada.

Corolariamente, não pode exigir-se ao advogado que adote, em cada processo, a solução que, afinal, vier a ser acolhida pelo tribunal. Dentre as várias possíveis, ele apostará, tendo sempre em conta os interesses dos seus clientes, naquela que lhe parecer mais subsistente, com mais possibilidades de vingar em juízo.

A advocacia, como muitas outras, é uma profissão em que o risco duma solução ou de outra tem de ser percebido e assumido pelo cliente, risco esse que, por si só e mesmo que lhe cause danos, não abre caminho à indemnização. Esta só deverá ter lugar quando se tenha ultrapassado a discutibilidade das soluções ou o risco do pleito, podendo-se, então, concluir que os danos não são de imputar à natureza da atividade desenvolvida, mas a conduta, então negligente para estes efeitos, do próprio advogado."

b) Relativamente à causalidade e aos danos, tem vindo a lume, com frequência, a questão da perda de *chance*.

O advogado, que acordou com o cliente a interposição de recurso, deixa negligentemente passar o prazo e não tem lugar, por isso, conhecimento pelo tribunal superior.

Não se sabe se o recurso obteria provimento e o causídico é demandado pelo cliente para ressarcimento dos prejuízos aferidos como se tal provimento tivesse lugar.

Esta figura da perda de *chance* vem sendo apreciada desde há muito tempo, principalmente em França.[4]

Especificamente no que diz respeito a negligência dos advogados, tem afluído com particular frequência aos tribunais.

Vindo-se a formar consistentemente jurisprudência no sentido de que:

Deve ser fixada indemnização pela perda de *chance* desde que a probabilidade de verificação do resultado que se perdeu seja real, séria e credível;

A indemnização não se reporta a este resultado, constituindo antes uma realidade *a se;*

Para se aferir daquela probabilidade, há que fazer um julgamento dentro do julgamento;

Na fixação do *quantum* indemnizatório há que recorrer, se minguarem elementos determinantes, à figura da equidade, nos termos do artigo 566.º, n.º 3 do Código Civil.[5]

[4] Escreveu-se no Acórdão do Supremo Tribunal de Justiça de 22.10.2009, processo n.º 409/09.4YFLSB:
"A figura da perda de chance tem tido tratamento circunstanciado noutros países, com destaque para a França, principalmente nos casos de tratamento médico em que se coteja o resultado da actuação clínica negligente com o estado do paciente se não fora ela (Cfr-se Yvonne Lambert-Faivre, Droit Du Dommage Corporel, Systèmes d'Indemnization, 685 e seguintes). Nessa conformidade, surge-nos a definição da Cour de Cassation (1.ª Chambre Civil, Acórdãos de 21.11.2006, 4.6.2007 e 14.5.2009) de que "só constitui uma perda de chance reparável, o desaparecimento actual e certo duma eventualidade favorável". Fica-nos aqui uma definição particularmente clara sobre o que seja a figura que vimos abordando. Mas não podemos ir, perante ela, mais longe, na perspectiva da temática, que aqui nos importa, porque se, por um lado, se exige que o desaparecimento seja actual e certo, por outro, a "éventualité favorable" abre caminho a particulares incertezas.
Para aquele Tribunal, a indemnização constitui a regra desde que – como se refere no Tratado de Responsabilidad Civil coordenado por Reglero de Campos, I, 321 – a perda de oportunidade de ganho seja real e séria e não demasiado hipotética. Vindo tais ideias já – sempre parafraseando esta obra, agora a páginas 785 – da decisão do Conselho de Estado francês, de 3.8.1928, que concedeu indemnização em caso de concurso público perdido porque havia uma possibilidade "séria e real de vitória".
Concedendo a indemnização, vêm entendendo, porém, os franceses que, perante a perda de chance, a insegurança sobre esta deve levar a uma diminuição do montante indemnizatório em comparação com o que seria devido no caso de o conteúdo daquela se ter efectivamente verificado (por todos, o Ac. da Cour de Cassation de 16.7.1998, 1.ª Chambre Civil, em que se acentuou que "la réparation d'une perte de chance doit être mesurée à la chance perdue et ne peut être égale à l'avantage qu'aurait procuré cette chance si elle s'était réalisée", e, bem assim, Yvonne Faivre, ob. e loc. citados)."

[5] Muito exemplificativamente, podem-se ver os Acórdãos do STJ de 23.4.2020, 5.5.2020, 7.10.2020, 17.11, 2020, 16.12.2020, 16.12.2020 e 21.1.2021, processos n.ºs 34545/153 T8LSB.L1.S2, 27354/15 1T8LSB.L1.S2, 2036/17.3T8VRL.G1.S1, 13132/18.0T8LSB.C1.S1, 17592/165.T8SNT.L1.S1, 1976/17.48VRL.G1.S1 e 21.1.2021, 1314/17.6T8PVZ.P1.S1, respetivamente.

Esta orientação jurisprudencial, no que respeita ao referido naquele primeiro parágrafo, culminou com a prolação do Acórdão Uniformizador de Jurisprudência de 26.01.2022, publicado no Diário da República n.º 18/2022, I Série, com a seguinte fixação jurisprudencial:

"O dano da perda de chance processual, fundamento da obrigação de indemnizar, tem de ser consistente e sério, cabendo ao lesado o ónus da prova de tal consistência e seriedade."

Decerto que o julgamento dentro do julgamento é particularmente falível, principalmente nos casos em que o tribunal superior só pode conhecer de questões que sejam levantadas nas alegações.

Se o advogado deixa passar o prazo de recurso, não há alegações e não se sabe se nelas, ele levantaria as questões A, B ou C. Sendo certo que a maior parte das questões que normalmente um recurso encerra não são de conhecimento oficioso.

Mas não se podem situar os tribunais em patamar mais firme, tendo também aqui de julgar segundo a probabilidade.

c) No que respeita ao montante da indemnização, merece atenção especial o limite consignado na lei.

O artigo 104.º do EOA começa por dispor que o advogado "com inscrição em vigor deve celebrar e manter um seguro de responsabilidade civil profissional...com capital de montante não inferior ao que seja fixado pelo Conselho Geral e que tem como limite mínimo € 250.000."

Ressalva o regime aplicável às sociedades de advogados e o disposto no artigo 38.º da Lei n.º 2/2013, de 10.1.

Depois, no n.º 2, dispõe que:

"Quando a responsabilidade civil profissional do advogado se fundar na mera culpa, o montante da indemnização tem como limite máximo o correspondente ao fixado para o seguro referido no número anterior, devendo o advogado inscrever no seu papel timbrado a expressão "responsabilidade limitada".

Ao advogado que não celebrar o seguro aludido em 1 ou que declare não pretender qualquer limite para a sua responsabilidade civil profissional, não se aplica o limite do n.º 1.

Mas, celebrando-o e apondo no papel timbrado a aludida expressão, estamos no âmbito de previsão daquele n.º 2.

Encerra este uma cláusula limitadora do montante indemnizatório, não emergente da negociação das partes, antes imposta *"ex lege"*.

Resistirá ela face às regras relativas aos direitos dos consumidores?

A Constituição da República dispõe sobre os direitos dos consumidores no artigo 60.º, aludindo no n.º 1, além do mais, à "reparação de danos".

Podia, então, questionar-se se a integralidade da reparação não estaria incluída nesta disposição, naufragando, por inconstitucionalidade, aquela norma do n.º 2 do artigo 104.º, quando conduzisse a redução de indemnização por superior àqueles € 250.000.

À semelhança de outras situações, o Tribunal Constitucional tem, a meu ver justificadamente, interpretado a limitação constitucional como concedendo grande liberdade ao legislador ordinário.

Escreveu-se, na verdade, no Acórdão n.º 117/08, de 20.2, processo n.º 1046/06:

No acórdão n.º 650/2004, publicado no Diário da República, I Série-A, de 23 de Fevereiro, o Tribunal já teve oportunidade de apreciar, por confronto com este mesmo parâmetro, normas que estabelecem limitações no cálculo do montante a que os consumidores têm direito como indemnização por danos decorrentes do incumprimento ou deficiente cumprimento da prestação por parte do fornecedor ou prestador do serviço, mas que não constituam danos à vida, integridade e saúde.

...

O Tribunal entendeu que a Constituição não impõe que a obrigação de indemnizar tenha de ser configurada de modo a que venha sempre a ser ressarcida a totalidade dos danos calculados nos termos gerais da responsabilidade civil, quer do ponto de vista qualitativo (p. ex.: exclusão de danos não patrimoniais ou de lucros cessantes), quer do ponto de vista quantitativo (limitações a forfait do montante da indemnização). O legislador dispõe, em princípio, da liberdade de conformar mais ou menos limitativamente o regime da responsabilidade civil, seja definindo condições para a obrigação de indemnização, seja limitando os danos ressarcíveis. Ponto é, como se disse no acórdão "que, no estabelecimento desses limites, de uma parte, não se venha a tornar desprovido de significado o «núcleo» do direito consagrado na parte final do n.º 1 do artigo 60.º da Constituição, ou seja, que o direito à reparação dos danos dos consumidores, na prática, não venha ser impossibilitado de operar; de outra, que dos limites fixados não resulte um ressarcimento irrisório ou desprezível e, por fim, que, a haver limitações à reparação integral dos prejuízos, sejam elas justificadas pelos interesses em presença".

Nos casos, extremamente raros, em que o advogado, negligentemente, causa prejuízo de muitos milhões de euros, os € 250.000 poderão ser considerados irrisórios ou desprezíveis, sem justificação face aos interesses em presença.

Mas, afora tais casos, o teto fixado não é afetado pela norma constitucional.

H – Serviços bancários

CONTRATO DE CONTA E RELAÇÃO NEGOCIAL BANCÁRIA

MIGUEL PESTANA DE VASCONCELOS*

SUMÁRIO: *1. Introdução; 2. O contrato de abertura de conta; 2.1. A conta bancária; 2.2. O conteúdo contratual em especial; 2.3. O extrato; 2.4. As modalidades de contas quanto aos sujeitos e regras de movimentação; 2.4.1. A conta solidária; 2.4.2. A conta conjunta; 2.4.3. A conta mista; 3. O contrato bancário geral; 3.1. A relação bancária e a sua fonte; 3.2. O conteúdo geral; 3.3. Os serviços de serviços de pagamento como elemento integrante do conteúdo mínimo do contrato; 3.4. O elemento fiduciário; 3.5. Os deveres de informação, proteção do património e de aconselhamento em especial; 3.5.1. Desenvolvimento; 3.6. Potenciais conflitos de interesse; 3.7. A cessação do contrato; 4. A qualificação.*

1. Introdução

I. Um sujeito, pessoa coletiva ou singular (o cliente), celebra um conjunto amplo de contratos bancários. Eles são do maior relevo tanto na vida das empresas como dos consumidores em geral. As relações económicas, mesmo as mais simples, hoje, passam pelo tráfego bancário e fazem-se em moeda escritural.[1] Que estes contratos são centrais, e uma exigência geral,

* Juiz Conselheiro do Tribunal de Contas. Professor Catedrático da Faculdade de Direito da Universidade do Porto.

[1] A chamada "bancarização" da vida económica atual. Cfr. JOSE MIGUEL EMBID IRUJO, *La cuenta corriente bancaria*, in: Direito bancário (Actas do Congresso comemorativo do 150.º aniversário do Banco de Portugal), RFDUL, Coimbra Editora, 1997, p. 70.

decorre logo dos serviços mínimos[2] que a lei impõe aos bancos, ou seja, a abertura de conta, para que qualquer pessoa possa participar nesse tráfego imposto pela vida moderna.

Contudo, a relação de um sujeito com o banco não se esgota num único contrato de abertura de conta. Ela passa pela celebração de múltiplos contratos, de conta corrente, de cheque, de cartões, de transferências, de crédito, que se celebram logo, aquando da abertura da conta, ou podem vir a ser concluídos entre as partes no desenvolvimento da sua relação, em regra de muito longo prazo.

II. Temos desta forma uma realidade a analisar em dois planos: o primeiro, é o da conta bancária em si, e sua caracterização; o segundo, a extensão e complexidade do conteúdo do contrato inicial que é concluído entre o cliente, consumidor ou empresa, com o seu banco. É este negócio que funda a relação de longo prazo entre as partes na qual se inserem um feixe de direitos e deveres dos contraentes, de forma direta, ou dos contratos que venham ente elas a ser celebrados entre banco e cliente.

III. Nesta exposição começaremos pelo contrato de abertura de conta em si. Trata-se de um o recorte em termos analíticos de uma parte – mas a parte nuclear – do contrato bancário geral que liga as partes. Subsequentemente, o foco será alargado para o conteúdo deste contrato. Desde já adiantamos que se trata de um contrato-quadro. E também que a relação bancária não é uma relação corrente de negócios, mas antes uma relação de fonte contratual (ver *infra* n.º 3).

[2] As operações incluídas nos referidos serviços mínimos bancários são: "depósitos, levantamentos, pagamentos de bens e serviços, débitos diretos e transferências, incluindo ordens permanentes, no interior da União Europeia, e transferências através de aplicações de pagamento operadas por terceiros" [art. 1.º, n.º 2, al. a), iv) (relativo às operações incluídas) do Dec-Lei n.º n.º 27-C/2000, de 10/3, elenco esse que foi alargado pela Lei n.º 44/2020, de 19/8, que alterou a referida norma].

2. O contrato de abertura de conta

2.1. A conta bancária[3]

I. Pode definir-se conta bancária, em sentido técnico, com Conceição Nunes[4], como "um registo, organizado numa base pessoal, cronológico e sintético das operações de entrega e reembolso de fundos, constitutivas, modificativas ou extintivas do crédito unitário ao reembolso".[5] Ela assenta num contrato entre o banco e o cliente celebrado mediante o recurso a cláusulas contratuais gerais que, como se referiu, mas melhor será demostrado *infra* em texto, funda a relação bancária entre as partes. É, pois, regido pela lei, por estas e pelos usos.[6] Esse contrato deve conter toda a informação necessária e ser redigido "de forma clara e precisa" (art. 77.º, n.º 5 RGICSF). Trata-se de um negócio legalmente atípico, embora socialmente típico.

II. Com a abertura de conta é atribuído ao cliente o número da conta de pagamento, o IBAN (*International Bank Account Number*), que consiste no código internacional de identificação das contas bancárias. Em Portugal, o IBAN tem 25 carateres, iniciando-se com PT50, seguido do NIB (Código de Identificação Bancária) que corresponde o BBAN (*Basic Account Number*) português[7]. Um dos aspetos mais relevantes consiste nos instrumentos de acesso à conta que a permitem mobilizar: a assinatura (p. ex., para o saque de cheques) e os mecanismos de acesso eletrónico, hoje até os mais relevantes: os códigos e as palavras passe (*passwords*)[8].

[3] Ver, sobre ela, Pestana de Vasconcelos, *Direito bancário*, 4.ª ed., Almedina, Coimbra, 2022, pp. 99, ss. (que aqui seguimos de perto).

[4] Fernando Conceição Nunes, *Depósito e conta*, in: *Estudos em homenagem ao Professor Doutor Inocêncio Galvão Telles*, vol. II, *Direito bancário* (organizado pelos Professores Doutores António Menezes Cordeiro, Luís Menezes Leitão e Januário da Costa Gomes), Almedina, Coimbra, 2002, p. 79.

[5] Estamos a analisar a conta de dinheiro, fundos. Há, como se verá, outras contas junto do banco, como a de valores mobiliários." Cfr. J. Simões Patrício, *Direito bancário privado*, Quid Juris, Lisboa, 2004 p. 136.

[6] J. A. Engrácia Antunes, *Direito dos contratos comerciais*, Almedina, Coimbra, 2009, p. 486; A. Menezes Cordeiro, *Da compensação no direito civil e no direito bancário*, Almedina, Coimbra, 2003, p. 202.

[7] Cfr. www.bportugal.pt/page/iban.

[8] Ver para as formas de autenticação, Pestana de Vasconcelos, *Direito bancário*, cit., pp. 487, ss..

III. Deve distinguir-se a conta básica, central, ou numa outra expressão, conta de giro[9] , por vezes designada nas cláusulas contratuais gerais como "conta de referência", por contraposição às outras contas, as "contas associadas", de dinheiro ou de valores mobiliários.[10]

Na realidade, o cliente pode ser titular de outras contas que tenham por objeto dinheiro com o banco, desde logo as contas onde se inscrevem depósitos a prazo, relativas a operações de crédito, a cartões de crédito[11]. Os movimentos delas podem depois refletir-se na conta básica. Assim, p. ex., decorrendo o prazo de um depósito, a quantia será creditada na conta básica, o mesmo sucedendo também com a conta de cartão de crédito. Será a esta conta básica ou de giro que nos passamos a referir, porque é ela que desencadeia a relação entre o cliente com o banco.

IV. É a conta (de giro) que permite aos sujeitos participarem no moderno tráfego económico em que a grande generalidade das transações se realizam através do sistema bancário, recorrendo a moeda escritural. Este assenta na existência de uma série de contas, dentro dos mesmos bancos e em bancos diferentes, entre as quais se faz a circulação de dinheiro (moeda escritural). Na conta de giro são registados a crédito os diversos movimentos, decorrentes das entregas de moeda, legal ou escritural, que o banco está vinculado a aceitar, e a débito os levantamentos, ou mobilizações que o titular da conta faça nos termos negocialmente definidos.

V. O mecanismo a que se recorre para o funcionamento da conta é o da conta corrente em sentido contabilístico[12]. Não há lugar verdadeiramente à constituição de créditos e contra-créditos que possibilitem o recurso à compensação em sentido jurídico (art. 847.º n.º 1), mas simplesmente de um variar do saldo, por ação, e só, do titular da conta. Pode ir-se, e quase sempre se vai, para além disso e inserir-se nesse contrato uma verdadeira conta corrente (até porque nos contratos o banco se reserva o direito de aí

[9] *Girokonto*, cfr. F. Peterek, *Kontobeziehung*, in: S. Kümpel/A. Wittig, *Bank- und Kapitalmarktrecht*, 4.ª ed., Otto Verlag, Colónia, 2011, p. 746.

[10] De dinheiro ou não.

[11] Cfr. M. Januário Costa Gomes, *Contratos comerciais*, Almedina, Coimbra, 2012, p. 116.

[12] Sobre esta, ver Carlos Ferreira de Almeida, *O contrato de conta corrente e a conta corrente bancária*, in: Estudos em homenagem ao Prof. Doutor José Lebre de Freitas, vol. II, Coimbra Editora, Coimbra, 2013, pp. 37, ss..

debitar a comissão de conta). Mas esse aspeto, em termos analíticos, será visto mais à frente.

VI. Importa ainda a este propósito destacar que a instituição de crédito tem deveres de identificação dos clientes e respetivos representantes, nos termos definidos pela Lei de Combate ao Branqueamento de Capitais e ao Financiamento do Terrorismo (Lei n.º 83/2017, de 18/8), tendo aqui especial relevo a determinação da identidade dos beneficiários efetivos[13]. Este consiste na "pessoa ou pessoas singulares que, em última instância, detêm a propriedade ou o controlo do cliente e ou a pessoa ou pessoas singulares por conta de quem é realizada uma operação ou atividade, de acordo com os critérios estabelecidos no artigo 30.º" da Lei n.º 83/2017, de 18/8 [art. 2.º, n.º 1, al. h) da Lei n.º 83/2017, de 18/8].

2.2. O conteúdo contratual em especial

I. Do contrato de conta em si decorrem um conjunto de direitos e obrigações, definindo-se, entre outros aspetos, aqueles relativos ao registo dos diversos negócios concluídos entre banco e cliente. O banco obriga-se a registar de forma precisa, ordenada e rigorosa, recorrendo ao instrumento técnico da conta, as diversas operações realizadas entre ele e o cliente, no âmbito específico dessa conta[14] (o cliente pode ser titular de mais do que uma conta, em especial de contas de depósitos a prazo). Obriga-se igualmente a informar periodicamente a outra parte dos diversos movimentos, a crédito e a débito, de forma discriminada, e do respetivo saldo, através do envio de um extrato onde aparecem todos esses elementos. Como contrapartida do serviço prestado, o banco tem direito a uma comissão[15], denominada geralmente comissão de manutenção de conta (pode ter uma outro nome)[16], que poderá dispensar em determinadas condições.

[13] Quanto aos deveres das instituições de crédito (de entre outras entidades obrigadas), nomeadamente o dever de identificação (art. 23.º e segs), ver arts. 11.º e segs. da da Lei n.º 83/2017, de 18/8.

[14] J. Simões Patrício, *Direito bancário privado*, cit, p. 136, p. 159.

[15] Ver a Carta Circular do Banco de Portugal 24/2014/DSC, de 10.03.2014, relativa às "boas práticas a observar pelas instituições de crédito para a simplificação e padronização do comissionamento de contas de depósito à ordem".

[16] Sobre ela, ver M. Pestana de Vasconcelos, *Taxas negativas sobre saldos de contas de depósitos bancários e comissões*, Liber amicorum Pedro Pais de Vasconcelos, Revista de Direito Comercial, 2020 (www.revistadedireitocomercial), pp. 182, ss. (que aqui se segue).

Face a este regime, o contrato de abertura de conta deve ser qualificado um contrato de prestação de serviços socialmente típico.

2.3. O extrato

I. Dos diversos movimentos da conta tem o banco que informar periodicamente o cliente (p. ex., uma vez por mês, ou a seguir a um número mínimo de movimentos na conta). Fá-lo através do extrato que lhe envia[17]. O cliente deverá verificar se não há algum erro, devendo comunicar tal facto à instituição de crédito dentro do período de tempo previsto no contrato. Não o fazendo, no que diz respeito à correção das inscrições na conta, o silêncio vale, por acordo das partes, como aprovação.

Este dever está previsto nos contratos, assim como as consequências da não reclamação dentro de um determinado período de tempo (p. ex., 15 dias) após a sua receção

Mas mesmo que não o estivesse, a conta corrente consiste numa modalidade de contrato de prestação de serviços[18], pelo que se deveria aplicar aqui o art. 1161.º, al. d) e o art. 1163.º (art. 1156.º), relativo à prestação de contas e aprovação da execução do contrato. A aprovação nestes termos significará o reconhecimento da exatidão das contas[19].

2.4. As modalidades de contas quanto aos sujeitos e regras de movimentação

I. Titulares de conta são pessoas singulares ou coletivas, os centros de interesses coletivos sem personalidade jurídica, podendo as contas podem ser singulares, com só um titular, ou coletivas, com mais do que um titular. Estas últimas, em função das condições da sua mobilização, dividem-se em solidárias, conjuntas e mistas. Passa-se à sua análise.

[17] Que lhe está obrigado, por força do art. 7.º do Aviso do BP n.º 4/2009 (existindo também este dever nos contratos), a enviar. Ver os elementos que tal extrato deve conter nessa mesma disposição.

[18] Reconduzindo esta parte do contrato bancário geral à conta corrente típica, ver C. Ferreira de Almeida, *O contrato de conta corrente e a conta corrente bancária*, cit., pp. 42-43 (este contrato – o bancário geral – é depois qualificado como "um contrato-quadro normativo misto com traços de contrato de conta corrente e de prestação de serviços", *ob. últ. cit.*, p. 43).

[19] Assim, L. Menezes Leitão, *Direito das obrigações, vol. III, contratos em especial*, 9.ª ed., Almedina, Coimbra, 2014, p. 405.

2.4.1. A conta solidária

I. Esta conta carateriza-se por poder ser movimentada por qualquer dos seus titulares[20]. Trata-se de um caso de solidariedade ativa. A razão de ser da adoção deste regime específico decorre do acordo das partes, a que o banco é, em regra, estranho. Logo que sejam satisfeitas as condições de mobilização da conta, o banco terá de cumprir. Outro aspeto é saber se essa mobilização da conta não consubstancia um incumprimento do acordo interno entre os contitulares. Mas trata-se já de um aspeto específico das relações entre eles.

2.4.2. A conta conjunta

I. A conta conjunta só pode ser movimentada por todos os seus titulares[21]. Ela pode ser originariamente conjunta, quando foi logo constituída nesses termos, ou só mais tarde vir a ter estas características, por acordo das partes, ou devido a um outro facto, como, p. ex., a morte do seu titular, sucedendo-lhe mais do que um herdeiro.

2.4.3. A conta mista

A forma de movimentação desta conta depende daquilo que for definido pelas partes. Assim, p. ex., pode a conta ser movimentada conjuntamente por dois dos seus titulares e isoladamente um dos outros titulares.[22]

3. O contrato bancário geral

3.1. A relação bancária e a sua fonte

I. Como se começou por colocar em relevo *supra*, a relação de um sujeito com o banco não se esgota num único contrato de abertura de conta. Ela passa pela celebração de múltiplos contratos, de conta corrente, de cheque, de cartões, de transferências, de crédito, etc.. A questão que se coloca é a de saber se, para além desses contratos singulares, as partes, banco e

[20] Designada *Oder-Konto* (traduzido: conta ou), na doutrina e prática bancaria alemã, cfr. C. W. Canaris, *Bankvertragsrecht*, cit., p. 152.

[21] Designada *Und-Konto* (traduzido: conta e), na doutrina e prática bancaria alemã, cfr. C. W. Canaris, *Bankvertragsrecht*, cit., p. 156.

[22] Assim, p. ex., exigindo-se sempre a assinatura de A *e* B e também a de C *ou* de D. Cfr. José Maria Pires, *Elucidário de direito bancário*, Coimbra Editora, Coimbra, 2002, p. 535.

cliente, não estariam ligados por um contrato, denominado, contrato bancário geral[23], que fundaria a relação de negócios entre eles.

II. A doutrina dominante, com razão, sustenta hoje a segunda posição. É igualmente aquela que cremos correta[24]. Na verdade, tendo em conta a autonomia privada, tudo passa por saber se as partes celebram esse contrato inicial com o conteúdo complexo que se lhe aponta, ou não o fizeram, limitando-se a uma abertura de conta em sentido estrito.

Pois bem, decorre dos contratos, compostos quase na sua integralidade por cláusulas contratuais gerais, devendo, para mais, nos termos do art. 77.º n.º 5 RGICSF "conter toda a informação necessária e ser redigidos de forma clara e concisa", que eles têm um conteúdo muito mais amplo do que a simples abertura de conta. Na verdade, como melhor se demonstrará, faz parte do conteúdo - socialmente - típico do contrato para além da abertura de conta em si, sempre, pelos menos, o regime de serviços de pagamentos e, a disciplina pré-determinada um conjunto de outros contratos que as partes podem vir a celebrar. Vejamos mais em detalhe.

[23] Neste sentido: Klaus J. Hopt, *Die rechtliche Beziehungen zwischen Bank und Kunden*, in: Herbert Schimanski/Herman-Josef Bunte/Hans-Jürgen Lwowski, *Bankrechts--Handbuch*, Band I, 4.ª ed., C. H. Beck, Munique, 2011, § 1, pp. 2, ss.; idem, *Bankgeschäfte (mit Börsen- und Kapitalmarktrecht)*, in: Baumbach/Hopt, *Handelsgesetzbuch*, 35.ª ed., C. H. Beck, Munique, 2012, pp. 1713, ss.; Michael Martinek/*Staudingers Kommentar zum Bürgerlichen Gesetzbuch mit Einführungsgesetz und Nebengesetzen, Buch 2, Recht der Schuldverhältnisse §§ 657-704 (Geschäftsbesorgung)*, Sellier - de Gruyter, Berlim, 2006 (*neubearbeitung* 2006, von Andreas Bergmann, Michael Martinek, Dieter Reuter, Olaf Werner), § 675, p. 388. Para a sua crítica, ver, em particular, C. W. Canaris, *Bankvertragsrecht, Erster Teil*, 3.ª ed., Walter de Gruyter, Berlim/Nova Iorque, 1988, pp. 4, ss.. Para uma análise detalhada da questão na doutrina e jurisprudência alemã, ver Franz Häuser, *Geschäftsbeziehung und Bankvertrag*, in: Peter Derleder/Kai-Olivier Knops/Heinz Georg Bamberger, *Handbuch zum deutschen und europäischen Bankrecht*, 2.ª ed., Springer, Berlim/Heidelberga, 2009, § 2, pp. 25, ss.. Entre nós, António Pedro de Azevedo Ferreira, *A relação negocial bancária. Conceito e estrutura*, Quid Juris, Lisboa, 2005.
Noutro sentido, C. W. Canaris, *Bankvertragsrecht*, cit., pp. 2, ss., pp. 8, ss.. Este Autor sustenta que se trata de uma relação obrigacional legal sem deveres primários de prestação, donde decorrem deveres laterais. Entre nós, nesse sentido, M. Carneiro da Frada, *Teoria da confiança e responsabilidade civil*, Almedina, Coimbra, 2004, pp. 575, ss, nota 614; idem, *A relação bancária. Reflexões em torno de um conceito chave*, Cadernos de Direito Privado, n.º 63, julho-setembro, 2018, pp. 23, ss..

[24] Ver M. Pestana de Vasconcelos, *Direito bancário*, cit., pp. 77, ss..

3.2. O conteúdo geral

I. Do contrato consta a abertura de conta, onde se incluem todos os elementos de identificação do – novo – cliente perante o banco (ver *supra* número 2), a conta corrente e alguns dos elementos de mobilização a crédito e a débito da conta: depósitos num sentido amplo, débito direto, cartão de débito e transferências bancárias. Estes serviços de pagamento são o seu núcleo mínimo[25].

II. Para além disso, estão aí previstas as condições dos diversos contratos que o banco pode vir, mas não tem que o fazer, a celebrar com os clientes (mas a celebração pode ser realizada de imediato), de cartão de crédito, cheque, depósitos a prazo, muito frequentemente a abertura de crédito. Pode também daí decorrer a conta de valores mobiliários. Banco e cliente, decidindo concluir esses negócios (p. ex., cheques, cartões de crédito), fazem-no por referência a esse contrato inicial, eventualmente completando o seu conteúdo com alguns aspetos que venham depois a acordar. O significa que se alarga *ab initio* a amplitude do relacionamento entre os contraentes.

III. O contato bancário geral mantém-se independentemente de quantos negócios forem depois concluídos entre as partes (que se podem ir celebrando e extinguindo, voltando a celebrar e voltando a extinguir, como, p. ex., os diversos contratos de crédito, os contratos de câmbio, os cartões de crédito, etc.), desde o início da relação, que funda, ao momento é que ela se extingue.

Há, pois, um contrato que tem um efeito de permanência na relação entre as partes e sem o qual os outros não se poderiam concluir. O seu início e o seu fim.

3.3. Os serviços de serviços de pagamento como elemento integrante do conteúdo mínimo do contrato

I. Os serviços de pagamento são aqueles que permitam depositar ou levantar numerário numa conta de pagamento, bem como todas as operações necessárias para a gestão dessa conta [art. 4.º, al. a) e b) RSP]. Eles abrangem a transferências, cartões de débito e crédito, débitos diretos, sem que a lei preveja um regime específico para cada uma destas figuras. Pelo contrário, estabelece-se um regime global unitário para todas elas (o Regime

[25] Sobre eles, ver M. Pestana de Vasconcelos, *Direito bancário*, cit., 449, ss..

Jurídico dos Serviços de Pagamento e da Moeda Eletrónica – RSP, aprovado pelo Dec.-Lei n.º 91/2018, de 12/11[26].

Como se começou por acentuar, as transferências, cartões de débito (mas não de crédito) e débitos diretos constituem o conteúdo – socialmente típico – do contrato bancário geral, desde logo por serem essenciais à mobilização da conta. A conta bancária funciona aqui como conta de pagamento ("uma conta detida em nome de um ou mais utilizadores de serviços de pagamento, que seja utilizada para a execução de operações de pagamento"[27]) para efeitos desta disciplina.

II. Em termos subjetivo deve distinguir-se o utilizador, o ordenante e o beneficiário. O primeiro é a pessoa física ou jurídica que utiliza um serviço de pagamento como ordenante, beneficiário ou em ambas as qualidades, como sucede se a transferência bancária for realizada para uma outra conta do mesmo sujeito. [art. 2.º, eee) RSP]. O ordenante, por sua vez, consiste na pessoa física ou jurídica que, sendo titular de uma conta de pagamento, autoriza uma ordem de pagamento a partir dessa conta. Na eventualidade de não existir uma conta de pagamento, trata-se, simplesmente, de uma pessoa física ou jurídica que emite uma ordem de pagamento [art. 2.º, mm) RSP].

O beneficiário, por fim, é a uma pessoa singular ou coletiva que seja a destinatária prevista dos fundos que foram objeto de uma operação de pagamento [art. 2.º, e) RSP].

III. Um dos traços fundamentais do diploma é o da distinção entre as operações de pagamento de caráter isolado (arts. 82.º e segs. RSP), e aquelas que têm por base um contrato-quadro (arts. 89.º e segs. RSP). Estas são as mais vulgares.

Isto é, no seio do contrato-quadro inicial que constitui a relação jurídica bancária, aparentemente inserir-se-ia um outro contrato-quadro, ou este contrato-quadro seria celebrado em execução do primeiro (sendo, por assim dizer, um contrato-quadro de segundo grau). Mas não é assim. Os serviços de pagamento inserem-se no contrato inicial, fazendo parte do

[26] Stefan Grundmann, *European Law and Principles on commercial and investment banking contracts: an advanced area of codification*, in: Towards and european civil code (org.: Arthur Hartkamped, Martijn W. Hesselink; Ewoud H. Hondius, Chantal Mak & C. Edgar du Perron), fourth revised and expanded edition, Kluwer Law, The Netherlands, 2011, p. 792.

[27] Art. 2.º, al. g) RSP.

seu conteúdo, e constituem mesmo a parte mais relevante dele. O contrato-quadro, inicial, é único. Simplesmente, parte dele é composto pelos serviços de pagamento.

3.4. O elemento fiduciário

I. As exigências da boa fé no seio do contrato bancário geral são especialmente acentuadas[28]. Com efeito, ele pressupõe e exige durante a sua vigência uma forte relação de confiança entre as partes, tendo por isso um caráter fiduciário marcado. Essa característica traz para o seu centro a boa fé (art. 762.º, n.º 2). Ela é fonte de um conjunto de deveres de conteúdo diverso que estão ao serviço da sua manutenção.

Importa ter presente que há elementos de conformação da relação bancária que decorrem do RGICSF, com particular relevo para o art. 74.º, uma vez que impõe aos "administradores e os empregados das instituições de crédito atuar com respeito consciencioso dos interesses que lhes estão confiados." Haverá desta forma que recorrer a este critério para concretizar os diferentes deveres decorrentes da boa fé na relação contratual. Ele confere-lhe uma especial intensidade, uma vez que se poderá falar mesmo aqui em certa medida de um dever de tutela dos interesses do outro.[29]

3.5. Os deveres de informação, proteção do património e de aconselhamento em especial

I. Do contrato emergem deveres de informação[30]-[31], proteção do património e de aconselhamento com uma menor ou maior amplitude. Alguns deles decorrem logo da lei em termos gerais, como o dever de informação (art. 77.º RGICSF), ou em âmbitos mais restritos, como no crédito ao consumo (art. 6.º e art. 7.º do Dec.-Lei n.º 133/2009, de 2/6 – dever de assistência ao consumidor). Por outro lado, o art. 74.º RGICSF conforme se disse,

[28] Inserindo-os no âmbito da relação de negócios, C. W. Canaris, *Bankvertragsrecht*, cit., p. 9.

[29] M. Martinek/*Staudingers Kommentar*, cit, § 675, p. 388. Como aponta este Autor, o caráter de tutela de interesses de um vínculo bancário tem uma especial intensidade (*Die Interessewahrungscharakter einer Bankverbindung ist von besonder Intensität*).

[30] Quanto a estes, em geral, entre nós, ver Jorge Sinde Monteiro, *Responsabilidade por conselhos, informações ou recomendações*, Almedina, Coimbra, 1989.

[31] Há diferentes diplomas que consagram deveres de informação específicos. Não são esses aqui objeto da nossa análise, embora lhe vamos fazendo referência ao longo da exposição das diferentes matérias.

contribui para moldar a relação entre o banco e os seus clientes[32]. Nessa medida, o "respeito consciencioso dos interesses que lhes estão confiados", que passará muitas vezes pelo cumprimento deste tipo de deveres.

Sublinhe-se, por ora que, no âmbito do crédito ao consumo, afirma-se o dever de assistência ao consumidor (art. 7.º, n.º 1 do Dec.-Lei n.º 133/2009, de 2/6). O credor e, se for o caso, o intermediário de crédito devem "esclarecer de modo adequado o consumidor", para que este fique em "posição que lhe permita avaliar se o contrato de crédito proposto se adapta às suas necessidades e à sua situação financeira". Eles devem "explicitar as características essenciais dos produtos propostos", assim como "os efeitos específicos deles decorrentes para o consumidor."[33]

III. No âmbito dos serviços de pagamento, a lei impõe um conjunto extenso de deveres de informação aos prestadores de serviços, tanto para as operações de pagamento de caráter isolado, como para os contratos-quadro. Isto quer na fase pré-contratual, quer na contratual (art. 76.º, n.º RSP).

A disciplina aplica-se tanto a consumidores, a que a lei equipara as microempresas (art. 76.º, n.º 2 RSP), como aos profissionais. Consiste num caso em que a lei alarga o conceito de consumidor através da via da equiparação. Repare-se que consumidor não deixa de ser, na linha das noções comunitárias decorrentes da diretivas, uma pessoa singular que atua, nos contratos de serviços de pagamento[34] previsto no RSP com objetivos alheios às suas atividades comerciais, empresariais ou profissionais [art. 2.º, al. f) RSP]. Contudo, a lei estende depois o mesmo regime protetor às microempresas.

O regime é imperativo, a não ser se a contraparte do prestador se serviços não for um consumidor ou um microempresa (art. 76.º, n.º 3 RSP).[35]

[32] A Diretiva 2014/65/UE do Parlamento europeu e do Conselho relativa aos mercados de instrumentos financeiros e que altera a Diretiva 2002/92/CE e a Diretiva 2011/61/EU (JO L 173/346), introduz alterações relevantes nesta matéria.

[33] Ver ainda o art. 77.º, n.º 2 RGICSF.

[34] E nos contratos celebrados com os emitentes de moeda eletrónica.

[35] Consiste numa "empresa que, no momento da celebração do contrato de prestação de serviços de pagamento, seja uma empresa de acordo com a definição constante do artigo 1.º e dos n.os 1 e 3 do artigo 2.º do anexo à Recomendação n.º 2003/361/CE, da Comissão, de 6 de maio". [art. 2.º, ee) RSP].

III. Temos por fim outros deveres de informação que decorrem da posição do banco como intermediário financeiro tendo por fonte o CVM. É comum que um sujeito abra uma conta bancária onde se inclui igualmente – ou se venha depois a constituir, mas no quadro da relação base decorrente do contrato bancário geral –, uma conta de valores mobiliários e depois se faça investimentos em valores mobiliários ou noutros instrumentos financeiros, como derivados. Por vezes, um produto bancário, como um empréstimo, pode vir acompanhado por um instrumento financeiro, como um *swap* de taxas de juro. O banco atua, quer como instituição de crédito, quer como intermediário financeiro.

Eles dão lugar a contratos distintos com regras específicas. Mas integram-se, como os outros contratos (bancários em sentido estrito), neste quadro específico da relação contratual bancária. Por essa razão, os deveres prévios de informação, avaliação de conhecimento, e outros, tendo fontes específicas, na CVM, vão ainda integrar-se nesta relação base.[36]

3.5.1. Desenvolvimento

I. Os deveres de informação, aconselhamento e mesmo de proteção do património do cliente, ainda que não estejam diretamente previstos na lei, resultam – ou podem resultar –, da boa fé. O seu nascimento e conformação dependem das circunstâncias concretas, nomeadamente da duração da relação contratual, dos negócios em si, e, em particular, da qualidade da contraparte do banco. É diverso ser um consumidor e aqui muitas vezes teremos já regras específicas (p. ex., o crédito ao consumo), um pequeno comerciante, ou uma sociedade anónima. Neste último caso, os referidos deveres são mais limitados. Esta tem os conhecimentos necessários para se tutelar.[37]

[36] A responsabilidade do banco por violação de dever de informação como intermediário financeiro tem dado lugar a uma ampla jurisprudência. Ver, recentemente, p. ex., o acórdão do STJ de 30/4/2019 (Maria dos Prazeres Beleza), in: www.dgsi.pt.

[37] E, nesse sentido, cremos que, efetivamente, um dever *geral* de aconselhamento, esclarecimento e aviso não existe. Assim, Joachim Siol, *Beratungs-, Warn- und Aufklärungspflichten der Bank, Anlagevermittlung und Propekthaftung*, in: H. Schimanski/H.-J. Bunte/H.-J. Lwowski, *Bankrechts-Handbuch*, Band I, 4.ª ed., C. H. Beck, Munique, 2011, § 43, p. 1051; Andreas Fandrich/Thomas Hofmann, *Kreditsvertragsrecht*, in: Münchener Anwalts Handbuch, Bank- und Kapitalmarktrecht (herausgegeben von Andreas Fandrich und Ines Karper), C. H. Beck, Munique, 2012, § 5, pp. 274, ss.. Depende dos elementos do caso em concreto, donde se destaca, como se refere, a contraparte do banco.

II. Para o demonstrar, é necessário destacar alguns aspetos.

A participação de um sujeito não só na vida comercial, mas, na verdade, em quase todos os aspetos do dia-a-dia, passa pelo relacionamento com o banco (num exemplo simples: pagamento com cartão, débito em conta, transferências, etc.).

Pelo que um sujeito, como se viu, necessita mesmo de ter uma relação duradoura com um banco (nada obsta, claro, a que seja mais do que uma com bancos diversos).

Este disponibiliza-lhe um conjunto de serviços financeiros, e é a ele que o cliente se dirige para se informar, para pedir aconselhamento.

É isso que ele espera do banco, e o banco sabe-o. É esse o sentido de ser o "seu" banco. O "seu" especialista no comércio bancário. O cliente espera que o banco o auxilie a defender os seus interesses patrimoniais[38]. Há neste contrato um elemento de tutela de interesses do cliente assente numa relação de confiança intensa.

É nesse quadro que surgem deveres de informação, de aconselhamento, de proteção, para usar os termos da lei, dos "interesses que lhes estão confiados" (art. 74.º RGICSF). Mais do que numa simples relação corrente de negócios[39] entre dois comerciantes. O que tem um enorme relevo na génese e na determinação do conteúdo dos diversos deveres que recaem neste caso sobre o banco.

Acrescente-se que eles não exigem para a sua constituição em concreto uma ação do cliente, mas, muitas vezes, uma iniciativa da instituição de crédito. Em particular, quando esta saiba que o cliente não tem capacidade para tomar as iniciativas necessárias[40].

Este aspeto necessita de ser precisado. É que não basta um *déficit* de informação por parte do cliente. Sabendo da sua existência, das suas insu-

[38] Evidentemente: com o *limite nos próprios e legítimos interesses* do banco. Não se espera que um banco conceda crédito a quem não preenche os seus critérios para o efeito, por mais que isso seja no interesse do cliente.

[39] M. Martinek/*Staudingers Kommentar*, cit, § 675, p. 388.

[40] Outra coisa, é saber se existe, como sucede no âmbito da intermediação financeira (sempre que o banco estiver a atuar como tal, como é óbvio, terá de o observar), algum dever de avaliação do caráter adequado do negócio, em termos idênticos ao que está consagrado no CVM. Em termos gerais, na relação bancária esse dever não existe.

ficiências, é ele que deverá procurar as informações[41], e aconselhamento,[42] adequados para formular o seu juízo.[43]

Mas se para além desse "desnível de informação" se verificar igualmente uma "particular necessidade de protecção" (Sinde Monteiro)[44],[45] que o impeça de colocar as perguntas adequadas, ou que tal não lhe seja "exigível"[46], é então necessária a iniciativa do banco. Este último ponto é especialmente evidente no que toca a factos de que o cliente, não tem, nem deveria ter, conhecimento[47].

Importa ainda, neste quadro, advertir que uma coisa é a existência destes deveres cuja extensão e intensidade, como se viu, dependem, no caso concreto, de diversos factores, como a duração da relação, os negócios anteriormente celebrados, e, em especial, da situação de maior ou menor debilidade do cliente, outra são as decisões que cada um, cumpridos os deveres do banco (na medida e com a extensão que existam), têm que tomar[48]. Essas são da sua inteira responsabilidade, assim como são seus os riscos que corre.

III. Como é claro, não decorrem somente deveres para o banco. O cliente, tendo por base essa relação de confiança, vê recair sobre ele um conjunto

[41] Assim, J. Sinde Monteiro, *Responsabilidade por conselhos, informações ou recomendações*, cit., p. 360.

[42] Cfr. J. Siol, *Beratungs-, Warn- und Aufklärungspflichten der Bank, Anlagevermittlung und Propekthaftung*, cit., § 43, p. 1055.

[43] Imposta referir, que como refere J. Sinde Monteiro (*Responsabilidade por conselhos, informações ou recomendações*, cit p. 364) as separações entre a mera informação e o aconselhamento podem ser "ténues", em especial a "*mise en garde*" que "equivalerá muitas vezes a um autêntico conselho".

[44] J. Sinde Monteiro, *Responsabilidade por conselhos, informações ou recomendações*, cit., p. 360. A afirmação deste Autor é realizada no âmbito da responsabilidade pré contratual, mas que cremos ser, por maioria de razão, transponível para este caso, tendo em conta a intensificação que a confiança existente entre as partes neste contrato postula.

[45] O desnível de proteção será comum por razões de natureza técnica.

[46] J. Sinde Monteiro, *Responsabilidade por conselhos, informações ou recomendações*, cit., p. 362.

[47] Um outro exemplo (referido em L. Menezes Leitão, *Informação bancária e responsabilidade*, cit., p. 231) é aquele em que o banco venha a fazer débitos na conta do cliente, débitos esse que este último "razoavelmente" ignorava.

[48] E o nível em geral baixo de literacia financeira dos consumidores. Este aspeto é sublinhado no considerando 4 do Diretiva 2014/17/UE do Parlamento europeu e do Conselho de 4 de fevereiro de 2014 relativa aos contratos de crédito aos consumidores para imóveis de habitação e que altera as Diretivas 2008/48/CE e 2013/36/UE e o Regulamento (UE) n.º 1093/2010 (in: JO L 60/34).

de deveres de lealdade, de informação. Mais intensos, também, do que se tratasse de uma relação de negócios.

3.6. Potenciais conflitos de interesse

I. O incumprimento de deveres de informação ou esclarecimento por parte do banco radicam por vezes na formação insuficiente dos funcionários bancários – os seus auxiliares. Dada a complexidade de alguns produtos, este será muitas vezes o caso. Caberá à instituição de crédito demonstrar que os seus funcionários têm a competência necessária para prestarem esse conjunto de informações, tendo em atenção que os produtos, muitas vezes, nem sequer são elaborados pelo próprio banco, mas por terceiros.

Situação distinta é a remuneração dos funcionários do banco estar ligada ligada à "venda" de produtos bancários, quando não de forma direta, por via de comissões, por via indireta, ligado à manutenção do seu contrato de trabalho (a apresentação de resultados). Quando assim for, é claro que se está numa situação, para aquele agente, de *conflito de interesses*, havendo que retirar daí as devidas consequências.[49]

A lei procura em âmbitos específicos obstar a que se verifiquem conflitos de interesse, impondo ao banco a adoção de medidas de remuneração que os evitem, como sucede no âmbito regime dos contratos de crédito relativos a imóveis. Todavia, sempre que eles não existam (ou não sejam respeitados), verificando-se a situação de dependência da remuneração da "venda" de produtos bancários, é legítimo presumir, com base nas regras da experiência, que esses deveres não foram na íntegra respeitados, cabendo depois ao banco demonstrar que o foram.

[49] Detetando este problema, a Diretiva 2014/17/UE do Parlamento europeu e do Conselho de 4 de fevereiro de 2014 relativa aos contratos de crédito aos consumidores para imóveis de habitação e que altera as Diretivas 2008/48/CE e 2013/36/UE e o Regulamento (UE) n.º 1093/2010, cit.. Refere-se no Considerando 31: "Um aspeto essencial para garantir essa confiança dos consumidores é a obrigação de assegurar um elevado nível de imparcialidade, honestidade e profissionalismo no setor, *uma gestão adequada de conflitos de interesses, incluindo os que resultam da remuneração*, e a obrigação de defender os interesses do consumidor na consultoria prestada." (itálico nosso). Mais à frente no considerando 35: a "forma como os mutuantes, os intermediários de crédito e os representantes nomeados remuneram o seu pessoal deverá constituir um dos aspetos-chave para garantir a confiança dos consumidores no setor financeiro." A diretiva vem estabelecer "regras de remuneração do pessoal, com o objetivo de limitar práticas de venda inadequadas e de garantir que a forma de remuneração do pessoal não impede o cumprimento da obrigação de ter em conta os interesses dos consumidores".

II. Ora dando corpo a essas preocupações o Dec-Lei n.º 74-A/2017 (que transpõe a Diretiva 2014/17/UE do Parlamento europeu e do Conselho de 4 de fevereiro de 2014) veio impor aos mutuantes, no âmbito dos contratos abrangidos pelo diploma, a adoção de políticas de remuneração dos trabalhadores envolvidos na elaboração, comercialização e concessão de contratos de crédito regulados, que não coloquem em causa o cumprimento dos deveres de conduta previstos no artigo 74.º do RGICSF e medidas destinadas a evitar conflitos de interesse, nomeadamente estabelecendo que a remuneração, incluindo eventuais comissões, não depende, direta ou indiretamente, de qualquer aspeto relacionado com os pedidos de crédito aprovados ou contratos de crédito celebrados, designadamente do seu número ou percentagem mensal ou anual por trabalhador, montantes, tipo, taxa aplicável [art. 5.º, n.º 1, als. a) e c) do Dec-Lei n.º 74-A/2017].

Este dever veio depois a ser consagrado de forma genérica no art. 77.º-F do RGICSF: de forma a "evitar potenciais prejuízos para os clientes e minimizar o risco de conflitos de interesses, as instituições de crédito adotam uma política de remuneração e de avaliação específica para todos os seus colaboradores, que tenham contacto direto ou indireto com clientes no âmbito da comercialização ao retalho de produtos e instrumentos financeiro", sendo especificamente vedada a "atribuição de qualquer tipo de remuneração ou efetuada qualquer avaliação que tenha por base um qualquer incentivo à comercialização ao retalho de produtos ou instrumentos financeiros específicos" (ns. 1 e 3 do art. 77.º-F do RGICSF).

Devem as instituições de crédito ainda assegurar que assegurar que as "medidas relativas a remuneração, objetivos de vendas ou de outro tipo não são suscetíveis de incentivar as pessoas em causa a privilegiar os seus próprios interesses ou os interesses das instituições de crédito em detrimento dos interesses dos clientes" (art. 86.º-B, n.º 2 do RGICSF).

Estas últimas normas foram aditadas ao RGICSF pela Lei n.º 35/2018, de 20/7, que procedeu à alteração das regras de comercialização de produtos financeiros e de organização dos intermediários financeiros, e transpõe as Diretivas 2014/65, 2016/1034 e 2017/593.

3.7. A cessação do contrato

I. As causas de cessação do contrato, que é o contrato de abertura de conta, estão previstas no contrato inicial. Diga-se, de todo o modo, que, sendo este um contrato duradouro, as disposições que se deverão aplicar (com as devidas adaptações), em geral, são aquelas previstas no regime do contrato de agência naquela parte em que traduzem as regras gerais aplicáveis à cessação dos contratos duradouros[50]: o acordo das partes, a caducidade, a denúncia com pré-aviso, se o contrato tiver sido celebrado por tempo indeterminado, e a resolução com justa causa.

4. A qualificação

O contrato pode ser analiticamente decomposto em dois elementos. O seu conteúdo mínimo, donde decorre um conjunto de direitos e deveres para as partes, e os conteúdos dos restantes contratos que as partes poderão vir a celebrar (não todos, p. ex., a locação financeira não está aqui incluída): cheque, cartão de crédito, depósitos a prazo, conta de valores mobiliários, descoberto em conta, etc.

Visto o seu conteúdo, parcialmente qualificado: é um contrato organizatório, complexo, com produção de efeitos imediatos, direitos e obrigações para as partes, correspondentes a tipos de prestação de serviços, com elementos normativos.

Deve ser qualificado como contrato-quadro.[51]

Ele é o contrato organizatório por excelência, dele decorrendo, quer efeitos diretos para as partes, direito e obrigações, quer o conteúdo dos negócios que elas podem estar, ou não, obrigadas a celebrar.

É a categoria dogmática que, apesar revelar por vezes alguns aspetos um pouco fluídos, se caracteriza por ter um núcleo suficientemente definido para de forma adequada permitir enquadrar este contrato, ou melhor, de forma mais precisa, conjunto complexo de contratos.

Porto, 30 de outubro de 2021

[50] Assim, A. Pinto Monteiro, *Direito comercial. Contratos de distribuição comercial*, Almedina, Coimbra, 2002, p. 130.

[51] Acerca do contrato-quadro, ver: Maria Helena Brito, *O contrato de concessão comercial*, Almedina, Coimbra, 1990, pp. 197, ss.; M. Pestana de Vasconcelos, *Dos contratos de cessão financeira (factoring)*, BFD, Studia Iuridica, Coimbra Editora, Coimbra, 1999, pp. 161, ss.; Maria Raquel Guimarães, *O contrato-quadro no âmbito de utilização de meios de pagamento electrónicos*, Coimbra Editora, Coimbra, 2011, pp. 59, ss..

DEPÓSITOS. FUNDO DE GARANTIA DE DEPÓSITOS

Catarina Granadeiro[1]

Sumário: *I. Introdução ao tema do Depósito com especial enfoque na modalidade de Depósito Bancário; II. A Supervisão Comportamental do Banco de Portugal. Avisos, Instruções e Cartas Circulares do Banco de Portugal com o fito de Proteção do Depositante; III. Fundo de Garantia de Depósitos e IV. Dimensão Europeia do Fundo de Garantia de Depósitos – EDIS, o passo que falta para a convergência bancária.*

I. Introdução ao tema do Depósito com especial enfoque na modalidade de Depósito Bancário

O depósito vem regulado no artigo 1185.º e seguintes do Código Civil[2], como o contrato pelo qual uma das partes entrega uma coisa, móvel ou imóvel, à outra a fim de esta a guardar e restituir quando for exigida. A prestação principal do depósito consiste, assim, no dever de custódia de uma coisa.

[1] Assistente convidada da Faculdade de Direito da Universidade de Lisboa e Advogada no Departamento Jurídico do Banco BPI. A autora gostaria de agradecer o convite para participar nesta prestigiante obra que lhe foi dirigido pelo Professor Doutor Rui Ataíde. Gostaria igualmente de agradecer o conhecimento transmitido, a disponibilidade e amizade do Mestre Carlos Lacerda Barata e a revisão rigorosa da sua irmã, a Dra. Joana Granadeiro. Um agradecimento sincero é igualmente devido ao Dr. Alexandre Lucena e Vale, à Dra. Isabel Garcias e ao Dr. Nuno Alves do Departamento jurídico do Banco BPI. Por fim, a autora gostaria igualmente de agradecer à Dra. Ana Diniz por todas as discussões profícuas sobre o tema do EDIS.

[2] Exceto onde identificado, a referência a artigos tem-se por feita ao Código Civil Português aprovado pelo Decreto-Lei n.º 47344/66, de 25 de novembro.

O depósito constitui um contrato de prestação de serviço com utilização bastante frequente na vida quotidiana, visto corresponder a necessidades insuperáveis de providenciar a segurança das coisas, sempre que os seus titulares, por circunstâncias da mais variada ordem, não estejam em condições de as assegurar diretamente[3].

Do ponto de vista dogmático, no nosso Código Civil, o depósito é desenhado como um contrato real *quoad constitutionem*[4] que se perfaz com a *traditio*[5]. A disciplina legal procede à distinção entre o depósito regular e irregular. O depósito irregular vem definido no artigo 1205.º do Código Civil como o depósito que tem por objeto coisas fungíveis. *A contrario*, o depósito regular será aquele que tem por objeto coisas não fungíveis, seja pela sua própria natureza, seja porque as partes estipularam a não-fungibilidade[6].

O depósito irregular ao qual é dedicada a Secção V do Capítulo XI do Código Civil[7], tem o seu regime determinado, por força da remissão do artigo 1206.º, "*na medida do possível*" pelas regras do mútuo.

Aplicam-se aos depósitos irregulares, nomeadamente o depósito de dinheiro, as normas do mútuo relativas à forma (sendo um depósito bancário, a remissão é para as disposições do mútuo bancário[8]), as relativas à transferência da propriedade (artigo 1144.º) e ao risco (artigo 796.º). A esta modalidade contratual não podem, contudo, ser aplicadas as disposições do

[3] Rui Ataíde, *Contrato de depósito*, AAFDL, Lisboa, 2021, 11.

[4] A sua constituição exige a entrega da coisa. Vide Carlos Lacerda Barata, *Contrato de Depósito Bancário*, Almedina, Separata de Estudos em homenagem ao Prof. Doutor Inocêncio Galvão Telles, Vol.2 (2002), 29.

[5] A *traditio* da coisa poderá ser feita de forma simbólica ou por via da *traditio brevi manu* Cfr. Rui Ataíde, *Contrato de depósito*, cit.14. Este autor dá como exemplo da *traditio brevi manu* a conversão de um comodato num contrato de depósito.

[6] Rui Ataíde considera infeliz a noção legal de depósito irregular dado que o mesmo pode também incidir sobre coisas fungíveis *ex rerum natura* mas tratadas como infungíveis pelos contraentes. Na sua opinião, com a qual concordamos, teria sido preferível definir o depósito irregular como aquele que, incindindo sobre coisas fungíveis, concede ao depositário a faculdade de dispor da coisa e restituir outro tanto, do mesmo género, qualidade e quantidade (in Rui Ataíde, *Contrato de depósito*, cit.20).

[7] Este capítulo, cuja epígrafe é 'Depósito', por nele estar contida a disciplina legal desta modalidade contratual, vai dos artigos 1185.º ao 1206.º do Código Civil.

[8] Nos termos do artigo único do Decreto-Lei n.º 32765, de 29 de abril de 1943 (Contrato de mútuo celebrado por escrito particular), os contratos de mútuo, seja qual for o seu valor, quando feitos por estabelecimentos bancários autorizados podem provar-se por escrito particular, ainda que a contraparte não seja comerciante.

mútuo relativas ao benefício do prazo (artigo 1147.º), nem tão-pouco a presunção de onerosidade (artigo 1145.º n.º 1)[9].

Quando o depósito é realizado junto de um banco, estamos perante um depósito bancário[10].

Atendendo à natureza do seu comércio, assim como à segurança e demais vantagens que costumam oferecer, as instituições bancárias são historicamente os depositários por excelência das espécies monetárias e outros bens de elevado valor. É possível constituir junto dos bancos depósitos regulares, de que são exemplo os depósitos de joias, valores diversos ou títulos de crédito[11] e irregulares[12], como é o caso dos depósitos de dinheiro.

Em sentido amplo, o depósito bancário é o contrato pelo qual uma pessoa (depositante) entrega a um banco (depositário) uma soma de dinheiro ou bens móveis, para que este os guarde e restitua quando o depositante o solicitar. Em sentido estrito, a expressão "depósito bancário" abrange

[9] Pestana de Vasconcelos, *Direito Bancário,* 3.ª edição, Almedina (2021), 127-178 e Rui Ataíde, *Contrato de depósito*, cit. 44.

[10] Quando ao depósito bancário, ver: Pestana de Vasconcelos, *Direito Bancário,* 3.ª edição, Almedina (2021), J.G.Pinto Coelho, *Operações de Banco, I – Depósito Bancário,* Lisboa, 1962, Carlos Lacerda Barata, *Contrato de Depósito Bancário,* Almedina, Separata de Estudos em homenagem ao Prof. Doutor Inocêncio Galvão Telles, Vol.2 (2002), Antunes Varela, *Depósito Bancário,* R.B., n.º 21, Janeiro/Março 1992 e Menezes Cordeiro, *Manual de Direito Bancário,* 5.ª edição, Almedina, Coimbra (2001), 609 e ss.

[11] Discute-se se todos estes depósitos constituem depósitos regulares como observa Carlos Lacerda Barata (in *Contrato de Depósito Bancário,* cit. 10), que entende que a configuração jurídica dos depósitos em cofre de segurança não é isenta de dúvidas sendo que várias qualificações têm sido adiantadas: locação, depósito, contrato misto ou contrato sui generis. Pestana de Vasconcelos, *Direito Bancário,* 3.ª edição, Almedina (2021), 134-135, entende igualmente que com respeito aos depósitos em cofre-forte a melhor configuração será a de um contrato misto, com elementos de depósito e locação e ainda, acessoriamente, prestação de serviço: iluminação e limpeza do local do cofre ou do acesso ao mesmo. Para as várias posições doutrinárias sobre este tema, vide Paula Ponces Camanho, *Do Contrato de Depósito* Bancário, Almedina, Coimbra (1998), 76.

[12] Discute-se na doutrina e jurisprudência a natureza jurídica do depósito irregular e, em especial, do depósito bancário. Embora a terminologia nos leve a assumir que estamos perante um contrato de depósito puro e duro, há quem entenda que o depósito bancário partilha elementos do depósito comum, do mútuo e, nalguns casos, da prestação de serviço. Não entraremos aqui em detalhe sobre esta divisão doutrinária que, por si só, seria merecedora de um capítulo autónomo, remetendo o leitor para aprofundar esta questão em Carlos Lacerda Barata, *Contrato de Depósito Bancário*, cit. 25 e ss., Rui Ataíde, *Contrato de depósito*, cit.47 ss., Pestana de Vasconcelos, *Direito Bancário,* cit.127-128 e Paula Ponces Camanho, *Do Contrato de Depósito* Bancário, cit. 208-210.

somente a entrega de numerário[13] e refere-se aos depósitos de dinheiro ou pecuniários. É sobre esta última aceção de depósito que se centrará o presente artigo.

Enquanto elementos identificativos do contrato de depósito bancário em sentido estrito, identificam-se a entrega de uma quantia em dinheiro[14] pelo depositante ao banco, a transferência da propriedade sobre esse valor e a constituição da obrigação de devolver igual quantia mediante pedido de devolução pelo depositante. Como elementos eventuais temos a estipulação de prazo ou de pré-aviso, consoante a modalidade de depósito como veremos *infra* quando tratarmos do Decreto-Lei n.º 430/91, de 2 de novembro, e a estipulação de juros[15].

O contrato de depósito bancário não tem uma disciplina unitária no ordenamento jurídico português[16], ao contrário do que sucede nalgumas legislações europeias[17], constando por isso de normas dispersas.

O Código Comercial será o ponto de partida nesta matéria, ao prever o depósito bancário no seu artigo 407.º. Nos termos desta disposição, os depósitos feitos em bancos ou sociedades reger-se-ão pelos respetivos estatutos[18], em tudo o que não se ache previsto neste capítulo e mais disposições aplicáveis.

Esta disposição pouco adianta relativamente à caraterização do contrato de depósito bancário que será, assim, aquela que decorrer da lei, das cláusulas contratuais gerais a que os bancos recorrem, ao abrigo da autonomia

[13] Cfr. Paula Ponces Camanho, *Do Contrato de Depósito* Bancário, cit.69-72.

[14] O depósito pode ser pecuniário, aquele que tem por objeto dinheiro, que passa a ser propriedade do banco. Na maior parte das vezes o depósito terá por objeto moeda escritural e, portanto, não há transmissão da propriedade de coisas corpóreas, como as notas. Consiste simplesmente numa variação de saldos, ou, de forma mais precisa, dos créditos pecuniários face ao banco, Cfr. Pestana de Vasconcelos, *Direito Bancário*, cit.133.

[15] Cfr. Carlos Lacerda Barata, *Contrato de Depósito Bancário*, cit. 47.

[16] Para além das normas elencadas de seguida neste artigo, outras existem que fazem referência ao depósito bancário, mas que nada prescrevem (diretamente) sobre o regime jurídico destes contratos: é o caso dos artigos 1680.º do Código Civil e dos artigos 362.º a 365.º e 407.º do Código Comercial.

[17] Em Itália, por exemplo, o depósito bancário aparece regulado no Código Civil (*Codice Civile*) no seio dos contratos bancários, sendo assim um negócio típico.

[18] Tal como explica Carlos Lacerda Barata, *Contrato de Depósito Bancário*, cit. 21, a referência aos estatutos tem sido interpretada como uma remissão para os usos, numa interpretação que este autor não acompanha porque divorciada do regime dos usos em matéria de fontes de direito. Para outros autores, nomeadamente Rui ataíde, *Contrato de depósito*, cit.46 esta remissão é feita para o regime legal vigente da figura no direito português.

privada[19] (já que consubstancia uma contratação em massa[20]) e dos usos bancários[21].

Destaca-se, no regime legal do depósito bancário, o Decreto-Lei n.º 430/91, de 2 de novembro, que define as regras de constituição dos depósitos e cujo artigo 1.º n.º 1 prevê as seguintes modalidades[22] de depósitos, assente no critério da disponibilização das quantias depositadas: depósitos à ordem[23], depósitos com pré-aviso[24], depósitos a prazo, depósitos a prazo não mobilizáveis[25] e depósitos constituídos em regime especial (os quais, segundo o artigo 2.º n.º 1 são todos os que não são enquadráveis

[19] O artigo 405.º do Código Civil permite que as partes possam fixar livremente o conteúdo dos contratos e, até, criar contratos diferentes dos previstos na lei, sendo a prática bancária determinante para apurar o regime de um dado contrato bancário. Não obstante ser este o princípio, hoje em dia a contratação bancária carateriza-se por ser uma contratação ditada ou de formulário. Esta nota peculiar deriva do facto de o Banco ter uma posição dominante que impõe as suas condições ao outro contraente, o qual pode aceitar ou rejeitar em bloco as condições oferecidas, mas não as pode modificar. Cfr. Paula Ponces Camanho, *Do Contrato de Depósito* Bancário, cit.32-33.

[20] Não obstante a transversalidade do princípio da liberdade contratual em matéria de depósitos bancários tal como referido na nota de rodapé anterior, a área dos contratos bancários é uma daquelas em que hoje se assiste ao fenómeno da contratação em massa, em que existe um clausulado pré-estabelecido por uma das partes (banco), clausulado este que é igual para todos os contratos do mesmo tipo. No sentido de caraterizar a atividade bancária como 'atividade de massa' e os contratos bancários como 'contratos de adesão', vide Soares da Veiga, *Direito Bancário*, Coimbra, Livraria Almedina, 1994, 156-157.

[21] Para os autores que entendem que a terminologia 'estatutos' se refere aos usos bancários tal como explanado na nota de rodapé 18.

[22] Para Carlos Lacerda Barata, os depósitos bancários não se reduzem a uma única modalidade. Podemos proceder a várias classificações dos depósitos bancários atendendo a diferentes critérios como, por exemplo, o do grau de disponibilidade para o depositante (ou tempo do reembolso), o do fim visado por este ou do número de titulares do depósito, cfr. Carlos Lacerda Barata, *Contrato de Depósito Bancário*, cit. 16 e ss.

[23] Os depósitos à ordem são exigíveis a todo o tempo (artigo 1.º n.º 2 do DL n.º 430/91, de 2 de novembro).

[24] Diferente é a situação dos depósitos com pré-aviso em que a obrigação de devolução não está sujeita a termo tal como nos depósitos à ordem A distinção entre os depósitos com pré-aviso e depósitos à ordem está no modo de provocar o vencimento da obrigação de restituição.

[25] Os depósitos a prazo, em qualquer das modalidades que podem revestir, caraterizam-se pelo facto de a obrigação de devolução estar sujeita a termo, podendo ser ou não mobiliáveis antecipadamente.

nas alíneas a) a d) do n.º 1 do artigo 1.º, ou previstos em normas legais extravagantes ou regulamentares[26]).

Existem outras classificações possíveis do leque de depósitos bancários existentes, que assentam noutros critérios. Nos casos em que os depósitos bancários são simultaneamente produtos financeiros, i.e., com garantia de capital e uma rendibilidade associada à evolução de instrumentos ou variáveis financeiras ou económicas relevantes, é comum fazer-se a seguinte destrinça entre: (i) os *depósitos simples* que são depósitos a taxa fixa ou variável (neste último caso indexados a índices de referência do mercado monetário, comumente a Euribor), (ii) os *depósitos estruturados* (anteriormente conhecidos por depósitos indexados), que são depósitos bancários cujas caraterísticas diferem dos simples por a sua rendibilidade estar associada, total ou parcialmente, à evolução de outros instrumentos ou variáveis financeiras[27] e (iii) os *depósitos duais* que são produtos que resultam da comercialização combinada de dois ou mais depósitos, simples e/ou estruturados.

É ainda frequente no acervo normativo do depósito bancário identificarmos referências aos 'depósitos indexados'. Esta é uma terminologia legal que deixou de existir com a alteração promovida pela Lei n.º 35/2018, de 20 de julho[28], passando a designar-se as realidades anteriormente abrangidas por este conceito, por depósitos estruturados[29].

[26] De que é exemplo de vulto os depósitos constituídos para fins específicos como é o caso das contas poupança-reformados (PPR's) reguladas pelo Decreto-Lei n.º 138/86, de 14 de junho. Encontramos no nosso ordenamento jurídico outros exemplos como as contas poupança-condomínio reguladas pelo Decreto-Lei n.º 269/94, de 25 de outubro e o regime das contas poupança-habitação regulado pelo Decreto-Lei n.º 27/2001, de 3 de fevereiro. Para além destes exemplos tipificados na lei, as Instituições de Crédito com base nos contratos celebrados com os seus clientes, podem livremente criar contas de depósito com finalidades ou destinatários específicos, como é o caso das contas poupança-jovem ou das contas poupança-emigrante, às quais podem estar associadas vantagens, nomeadamente a isenção de pagamento de comissão de manutenção de conta, movimentação através de cartões e concessão de crédito.

[27] Como sejam, por exemplo, uma ação ou um cabaz de ações, um índice ou cabaz de índices acionistas, um índice ou cabaz de índices de mercadorias, etc. Inserem-se igualmente nesta modalidade de depósitos, os depósitos em que a respetiva rendibilidade se encontre associada a indexantes de mercado monetário quando a mesma não seja efetuada de forma simples.

[28] Que transpõe para a ordem jurídica portuguesa a Diretiva 2014/65/EU, do Parlamento Europeu e do Conselho, relativa aos mercados de instrumentos financeiros que sufraga uma definição de depósito estruturado.

[29] No artigo 2.º al. a) da referida lei é definido «Depósito estruturado» como um depósito, nos termos definidos no Regime Geral das Instituições de Crédito e Sociedades Financeiras,

Para além do regime legal suprarreferido, o depósito bancário é igualmente regulado por normas emanadas pelo Banco de Portugal[30]. Há um acervo de avisos[31], instruções[32] e cartas circulares[33] do Banco de Portugal que balizam determinados aspetos da relação dos clientes bancários com as instituições de crédito nomeadamente no domínio do contrato de depósito, aspeto que desenvolveremos na secção II do presente estudo.

Os depósitos estruturados, suprarreferidos, estão ainda sujeitos ao regime do Regulamento (UE) n.º 1286/2014 do Parlamento Europeu e do Conselho de 26 de novembro de 2014 que contém as disposições sobre os documentos de informação fundamental para pacotes de investimento de retalho e de produtos de investimento com base em seguros, também conhecidos por PRIIPs (doravante as referências a este Regulamento serão feitas apenas a 'PRIIPs').

Por fim, o depósito bancário é igualmente regulado pelos moldes contratuais pré-estabelecidos pelas instituições de crédito, assente no princípio da autonomia privada suprarreferido.

A receção de depósitos é tão central na atividade das instituições de crédito (na qual se incluem os bancos) que o Regime Geral das Instituições de Crédito e Sociedades Financeiras (doravante 'RGICSF')[34] define instituição de crédito como a empresa cuja atividade consiste em receber do público depósitos ou outros fundos reembolsáveis e em conceder crédito por conta própria. O RGICSF alicerça a definição de instituição de crédito nas duas principais atividades desenvolvidas pela banca tradicional: receção de

aprovado pelo Decreto-Lei n.º 298/92 de 31 de dezembro, cuja rendibilidade está associada, total ou parcialmente, à evolução de instrumentos financeiros ou de outras variáveis financeiras ou económicas relevantes, designadamente: (i) um índice ou uma combinação de índices, com exclusão de depósitos com taxa variável cujo retorno está diretamente ligado a um índice de taxa de juro como a Euribor ou a Libor, (ii) um instrumento financeiro ou uma combinação de instrumentos financeiros, (iii) uma mercadoria ou uma combinação de mercadorias ou outros ativos não fungíveis físicos ou não físicos ou (iv) uma taxa de câmbio de divisas ou uma combinação de taxas de câmbio de divisas.

[30] Estas normas podem igualmente ser emanadas pelas instituições comunitárias, como a EBA e o BCE.

[31] Quando o presente texto se referir singularmente a Aviso seguido do seu número, refere-se aos Avisos do Banco de Portugal.

[32] Quando o presente texto se referir singularmente a Instrução seguido do seu número, refere-se às Instruções do Banco de Portugal.

[33] Quando o presente texto se referir singularmente a Carta Circular seguido do seu número, refere-se às Cartas Circulares do Banco de Portugal.

[34] Artigo 2.º-A do Decreto-Lei n.º 298/92, de 31 de dezembro (RGICSF).

depósitos e concessão de crédito. Destas duas atividades, a receção de depósitos é, contudo, a mais central para a definição de um banco na medida em que existem outras instituições de crédito, que não são bancos, a conceder crédito, mas quando existe simultaneamente captação de depósitos estamos geralmente perante um banco[35].

O conceito de instituição de crédito não se subsume à figura dos bancos. Há outras tipologias de instituições de crédito que podem desenvolver as atividades do catálogo: as caixas económicas, as caixas de crédito agrícola mútuo, instituições financeiras de crédito, instituições de crédito hipotecário, sociedades de factoring e sociedades de garantia mútua, bem como outras empresas que sejam qualificadas como instituições de crédito pela lei e que caibam neste conceito.

No que tange à atividade de receção de depósitos, o RGICSF define igualmente o princípio da exclusividade[36], nos termos do qual apenas as instituições de crédito podem exercer a atividade de receção do público de depósitos ou outros fundos reembolsáveis, para utilização por conta própria.

Pelo escopo do presente estudo, a nossa análise centrar-se-á nas instituições de crédito que sejam simultaneamente bancos.

A recolha de poupança pelos bancos, através dos contratos de depósito, é essencial para a sua aplicação nas operações de crédito. Os depósitos bancários constituem a principal forma de financiamento das instituições bancárias[37] [38].

[35] Podemos estar também perante uma Caixa Económica ou uma Caixa de Crédito Agrícola Mútuo. Contudo, a atividade e volume de ativos dos bancos – quer a nível de depósitos quer a nível de crédito – é muito superior ao desenvolvido por estas duas tipologias de instituições de crédito. Consequentemente, não está incorreta a ideia que aqui sufragamos de que a captação de depósitos e concessão de crédito, em simultâneo, se subsume na grande maioria das vezes à atividade desenvolvida por um banco. Nesse sentido também Pestana de Vasconcelos, *Direito Bancário*, cit.25, nota de rodapé 26.

[36] Artigo 4.º do Decreto-Lei n.º 298/92, de 31 de dezembro (RGICSF).

[37] Cfr. Paula Ponces Camanho, *Do Contrato de Depósito Bancário*, cit. 16-19, Pinto Coelho, *Operações de Banco, I – Depósito Bancário*, Lisboa, 1962, 26 e Antunes Varela, *Depósito Bancário*, R.B., n.º 21, janeiro/março 1992, 46 nota de rodapé 2.

[38] Atualmente, as instituições bancárias não se limitam a este tipo de operações de recolha do capital dos aforradores e distribuição do capital (respetivamente, operações passivas e ativas). Outras operações são atualmente desenvolvidas pelas mesmas e consistem na prestação de determinados serviços a favor do público. Muitas instituições bancárias inserem-se em grandes grupos económicos que incluem seguradoras e gestoras de ativos, atuando os bancos como intermediários na venda de vários produtos consoante o nível de apetite e

É da articulação destes dois tipos de operações – de captação de depósitos (enquadrada nas operações passivas) e de concessão de crédito (enquadrada nas operações ativas[39]) – que resulta o benefício obtido pelo banco no desenvolvimento da sua atividade[40]. Tal benefício existe porque a taxa de juro que o banco paga nas operações passivas é inferior aquela que o banco cobra nas operações ativas[41].

Não obstante a relevância do exposto, importa acrescentar que a função dos bancos não se limita à intermediação de crédito. Ao desempenharem esta função, os bancos atuam como criadores de moeda, ocupando um relevante papel de interesse público.

Quando se refere que os bancos criam moeda, não estamos aqui a falar de moeda com efeito liberatório legal, composta, como se sabe, por notas e moedas, cuja criação está sujeita ao monopólio estatal. Os bancos criam *moeda escritural*, que consiste em saldos de contas bancárias. Tecnicamente, são créditos pecuniários, cujo objeto é a moeda legal. Para dar um exemplo corrente, pense-se na transferência bancária de uma conta para outra: o crédito do titular que faz a transferência diminui nesse montante e o crédito do beneficiário, no mesmo ou noutro banco, aumenta nesse valor. A concessão de um crédito, decorrente, por exemplo, de um empréstimo concedido pelo banco cria moeda, porque vai levar à constituição de um crédito a favor do mutuário (que fica adstrito à entrega da quantia acrescida de juros, inserindo-se no ativo do banco e não no passivo) e do correspondente depósito. Nessa medida, é a concessão de crédito que cria moeda e que, portanto, gera os depósitos (*loans make deposits*), ou seja, os novos créditos a eles correspondentes. De forma simplificada: a concessão de crédito é que gera o depósito e conduz à criação de *moeda escritural*[42].

Por força do exposto, é frequente dizer-se que a liquidez monetária, confiada ao banco através de depósitos e/ou outros produtos e a ampla gama de instrumentos aptos a transferir de um sujeito para o outro várias formas de

sofisticação dos seus clientes. Podem igualmente fazê-lo ao abrigo de várias modalidades de *placement*: venda assessorada, consultadoria, venda com aconselhamento, etc.

[39] Uma análise da qualificação destas operações poderá ser lida em Carlos Lacerda Barata, *Contrato de Depósito Bancário*, cit. 8 e ss.

[40] Cfr. J. Calvão da Silva, *Direito Bancário*, Almedina, Coimbra, 2001, 113.

[41] Cfr. Paula Ponces Camanho, *Do Contrato de Depósito Bancário*, cit. 57.

[42] Cfr. Pestana de Vasconcelos, *Direito Bancário*, cit. 30-31.

disponibilidade monetária, comportam a criação de novas formas de circulação do dinheiro, internas à dinâmica própria do sistema bancário[43].

Nesse sentido, e é aqui que radica a função de interesse público dos bancos, as facilidades de depósito permitem em última análise que os bancos injetem liquidez em todo o sistema financeiro. O contrato de depósito, não sendo um contrato recente e apesar de, nos dias de hoje, rivalizar com outras formas de canalização de poupanças que não passam necessariamente por um prestador de serviços financeiros clássico – tenha-se em consideração, a recente popularidade dos cripto ativos – não deixa de ser matricial para a atividade bancária e para o sistema financeiro como um todo, na medida em que nem os particulares nem as empresas pretendem conservar grandes somas de numerário sem as depositar numa instituição bancária, beneficiando em contrapartida de um conjunto de serviços que esta instituição lhes pode proporcionar – desde o *homebanking*, à intermediação em operações financeiras, ao pagamento programado de vencimentos, entre outros.

Neste artigo, far-se-á referência ao depósito bancário como agregando todas as realidades de depósito referenciadas nesta primeira secção, procurando-se analisar diversas questões práticas do mesmo aos dias de hoje bem como o seu tratamento normativo na ótica de proteção do depositante/consumidor. Será igualmente feita referência ao Fundo de Garantia de Depósitos nacional, instituído em 1992, e ao terceiro pilar da União Bancária que prevê, num desejável futuro próximo, a criação de um Sistema Europeu de Seguro de Depósitos (SESD).

II. A Supervisão Comportamental do Banco de Portugal. Avisos, Instruções e Cartas Circulares do Banco de Portugal com o fito de Proteção do Depositante

Tal como explanado na secção anterior, os Bancos, enquanto captadores de aforro e entidades privilegiadas na concessão de crédito, desenvolvem uma atividade de interesse público na medida em que a atividade bancária em geral e o crédito em particular desempenham um papel central no desenvolvimento da economia.

Nessa medida, enquanto criadores e comercializadores de produtos financeiros, estão sujeitos a dois tipos complementares de supervisão: (i) a supervisão comportamental, cuja perspetiva é a da proteção dos clientes[44]

[43] Cfr. Paula Ponces Camanho, *Do Contrato de Depósito Bancário*, cit. 24.

[44] Em Portugal existem três organismos encarregados da supervisão comportamental no setor financeiro: o Banco de Portugal, que regula e fiscaliza a venda de produtos e serviços

e (ii) a supervisão prudencial, cuja perspetiva é a da salvaguarda da solidez das instituições financeiras[45].

O legislador nacional incumbiu o Banco de Portugal do exercício da supervisão comportamental da atuação das instituições de crédito, sociedades financeiras, instituições de pagamento e instituições de moeda eletrónica no âmbito dos mercados em que são comercializados os chamados produtos e serviços bancários de retalho, ou seja, depósitos, produtos de crédito (com exceção daqueles que tenham por finalidade o financiamento de operações sobre instrumentos financeiros em que intervenha a instituição mutuante), serviços de pagamento e serviços de moeda eletrónica[46].

A regulação e a fiscalização da conduta das instituições de crédito nos mercados bancários de retalho e a própria organização e funcionamento destes mercados são genericamente considerados como fatores de importância crucial para a estabilidade financeira, atento o papel fundamental que a supervisão da conduta das instituições nesses mercados assume para a confiança que os clientes bancários nelas depositam.

A presente análise centra-se precisamente nesta atuação do Banco de Portugal na mitigação do 'risco comportamental'. No caso particular dos depósitos bancários, a sua função é assegurar a tutela do consumidor promovendo a transparência, a não discriminação, a completude da informação prestada aos depositantes e a redução da assimetria de informação entre as instituições financeiras e os seus clientes.

Para alcançar este desiderato, o Banco de Portugal pode, nos termos do artigo 76.º do RGICSF[47], estabelecer por Aviso regras de conduta que

bancários (depósitos e créditos), para além de fazer a supervisão dos meios de pagamento, a Autoridade de Supervisão de Seguros e Fundos de Pensões, que tem competências semelhantes em relação aos produtos seguradores, e a Comissão do Mercado de Valores Mobiliários que regula e fiscaliza a venda ao público de valores mobiliários, bem como o funcionamento dos respetivos mercados. Fonte: Livro Branco sobre a regulação e supervisão do setor financeiro, Banco de Portugal, 20.
(disponível em: https://www.bportugal.pt/sites/default/files/anexos/pdf-boletim/livro_branco_web.pdf).

[45] Livro Branco sobre a regulação e supervisão do setor, Banco de Portugal, 20.
(disponível em: https://www.bportugal.pt/sites/default/files/anexos/pdf-boletim/livro_branco_web.pdf).

[46] Livro Branco sobre a regulação e supervisão do setor financeiro, Banco de Portugal, 93.
(disponível em: https://www.bportugal.pt/sites/default/files/anexos/pdf-boletim/livro_branco_web.pdf).

47 Decreto-Lei n.º 298/92, de 31 de dezembro (RGICSF).

considere necessárias para complementar e desenvolver as regras fixadas neste Regime Geral. As regras compreendidas no RGICSF[48] definem a matriz de princípios a ser observada na atuação das instituições de crédito junto dos seus clientes. Contudo, o essencial da supervisão comportamental é definido por regulamentação secundária. Nesse sentido, a presente secção debruça-se sobre essa regulamentação emanada pelo Banco de Portugal no âmbito do seu poder de supervisão comportamental relativamente à captação de depósitos pelas instituições de crédito portuguesas.

O primeiro regulamento[49] que merece referência[50] é o Aviso do Banco de Portugal n.º 4/2009[51] que estabelece um conjunto de deveres de infor-

[48] A Supervisão Comportamental corresponde ao Título VI sendo o mesmo compreendido por onze artigos: o artigo 73.º sob epígrafe 'Competência técnica' estabelece que as instituições de crédito devem assegurar elevados níveis de competência técnica, garantindo uma organização empresarial adequada, o artigo 74.º sob epígrafe 'Outros deveres de conduta' impõe sobre os seus administradores e empregados um acervo de deveres sendo que o artigo 75.º sob epígrafe 'Critério de diligência' detalha os deveres que impendem sobre os administradores das instituições de crédito de forma específica. O artigo 76.º sob epígrafe 'Poderes do Banco de Portugal' define o poder normativo do supervisor, o artigo 77.º inserido no Capítulo II referente às relações com clientes, sob epígrafe 'Dever de informação e de assistência' estabelece o dever de informação com clareza sobre a remuneração oferecida, em particular, na concessão de crédito. O artigo 77.º-A sob epígrafe 'Reclamações dos clientes' estabelece o poder do Banco de Portugal para receber reclamações fundadas no incumprimento das normas que regem a atividade das instituições de crédito. O artigo 77.º-B define, sob epígrafe 'Códigos de conduta' que as instituições de crédito devem adotar códigos desta natureza e publicá-los na página de internet, o artigo 77.º-C define regras em matéria de publicidade e o artigo 77.º-D os poderes de intervenção do Banco de Portugal em matéria de publicidade. Por fim, os artigos 77.º-E e 77.º F definem regras específicas, no caso particular dos depósitos para os depósitos estruturados em matéria de deveres informativos e de conflitos de interesses, estabelecendo-se regras específicas de remuneração e avaliação dos colaboradores que intervenham na comercialização destes produtos.

[49] Os avisos e instruções do Banco de Portugal são lei em sentido material, revestindo a natureza de regulamentos. Têm fundamento na lei orgânica do Banco de Portugal, assim como em diversas disposições do RGICSF. Cfr. Pestana de Vasconcelos, *Direito Bancário*, cit. 56-57.

[50] A referência aos regulamentos listados é feita de forma sumária aos seus pontos mais relevantes na impossibilidade de transcrever, no presente estudo, o seu conteúdo na íntegra. Para maior desenvolvimento, deverá ser consultado o respetivo texto normativo disponibilizado em: https://www.bportugal.pt/legislacao-e-normas.

[51] O presente Aviso tem por base legal o referido artigo 76.º do RGICSF, mas também os n.ºs 1, 4 e 6 do artigo 77.º desse mesmo instrumento legal. Nos termos do n.º 1 do artigo 77.º as instituições de crédito devem informar com clareza os clientes sobre a remuneração que oferecem pelos fundos recebidos e os elementos caraterizadores dos produtos oferecidos. O Banco de Portugal regulamenta por Aviso – *in casu*, pelo presente Aviso para os depósi-

mação a prestar pelas instituições de crédito no âmbito da atividade de receção, do público, de depósitos bancários simples e disponibiliza uma ficha de informação normalizada para depósitos que deve ser entregue ao cliente em momento anterior ao da abertura da conta de depósito. O presente Aviso aplica-se a todas as modalidades de depósitos previstas no Decreto-Lei n.º 430/91 de 2 de novembro identificados na secção I.

Nos termos deste Aviso[52], em momento anterior à contratação dos depósitos abrangidos pelo presente regulamento, as instituições de crédito devem disponibilizar aos clientes uma ficha de informação normalizada. Estas fichas devem ser elaboradas de acordo com os anexos I e II do referido Aviso. Além do exposto e ainda em momento prévio à contratação, as instituições de crédito devem disponibilizar aos seus clientes um exemplar das condições gerais[53] do contrato a celebrar.

Posteriormente, durante a vida dos contratos de depósito, as instituições de crédito devem prestar aos seus clientes informação relativa a todos os movimentos a débito e a crédito, através da disponibilização de extrato que inclua o conjunto de elementos elencados no presente Aviso[54]. Segundo entendimento do Banco de Portugal, os clientes não podem renunciar ao direito de informação ínsito neste normativo[55].

Em complemento, a Carta Circular do Banco de Portugal n.º 62/2011/DSC[56] densifica o dever de prestação de informação aos depositantes de depósitos abrangidos pelo Aviso n.º 4/2009, no que diz particular respeito à taxa de juro aplicável a reforços de capital em depósitos simples, não à

tos abrangidos pelo Decreto-Lei n.º 430/91, de 2 de novembro – os requisitos mínimos que as instituições de crédito devem satisfazer na divulgação ao público das condições em que prestam os seus serviços. O n.º 6 estabelece que o Banco de Portugal estabelece por aviso – através dos anexos ao presente Aviso – regras imperativas sobre o conteúdo dos contratos entre as instituições de crédito e os seus clientes, tendo em vista garantir a transparência das condições de prestação dos correspondentes serviços.

[52] Artigo 4.º do Aviso n.º 4/2009.

[53] Artigo 5.º do Aviso n.º 4/2009.

[54] Artigo 7.º do Aviso n.º 4/2009. Quanto à periodicidade da prestação de informação e ao meio de prestação da informação, *vide* Artigos 8.º e 9.º do mesmo Aviso.

[55] Embora não resulte diretamente da lei, o Banco de Portugal já exerceu o seu poder sancionatório relativamente a instituições de crédito que, a solicitação dos clientes, cessaram de proceder ao envio e/ou disponibilização digital destes extratos. Consubstancia-se nessa medida como um direito indisponível por parte do cliente bancário de depósitos e, nessa medida, uma manifestação da tutela do consumidor.

[56] Acessível em: https://www.bportugal.pt/cartacircular/0622011dsc

ordem, nos casos em que seja aplicável. Impõe igualmente requisitos de transparência adicionais na relação com os clientes destes produtos de depósito, quando as instituições de crédito pretendam impor uma remuneração pelos reforços de capital.

Ainda sobre os deveres de informação a cargo das instituições de crédito na sua atividade de captação de depósitos, importa referir o Aviso do Banco de Portugal n.º 5/2009 que estabelece os deveres de informação a observar pelas instituições de crédito na comercialização de produtos financeiros complexos, entendendo-se como tais os depósitos indexados que, tal como explanado *supra*, desde a alteração promovida pela Lei n.º 35/2018, de 20 de julho, se designam por depósitos estruturados[57] e depósitos duais[58].

Sucessivamente, o Aviso n.º 5/2009 pugna igualmente pela informação esclarecida dos clientes, estabelecendo que em momento anterior ao da celebração de contratos relativos aos produtos financeiros complexos, as instituições de crédito devem entregar aos clientes um prospeto informativo relativo a estes produtos com os modelos constantes dos Anexos I e II do presente Aviso. Em acréscimo, as instituições de crédito que comercializem estes produtos devem fornecer extratos periódicos com os elementos listados neste Aviso[59].

No que tange aos produtos financeiros complexos que se qualifiquem como depósitos estruturados, a informação pré contratual[60] resulta de normativo comunitário dos PRIIPs e impõe, a entrega de um Documento de Informação Fundamental (DIF)[61] e um formulário de informação ao depositante (FID). Nos últimos anos, o principal agente transformador do âmbito material de intervenção da supervisão comportamental bancária tem

[57] Os depósitos estruturados são depósitos a prazo cuja remuneração está associada, total ou parcialmente, à evolução de instrumentos financeiros ou de variáveis económicas ou financeiras relevantes, como, por exemplo, o preço de uma ação ou de um cabaz de ações, o valor de índices acionistas ou a cotação de taxas de câmbio. A sua definição consta da Diretiva 2014/65/UE do Parlamento Europeu e do Conselho, de 15 de maio, relativa aos mercados de instrumentos financeiros e que altera a Diretiva 2002/92/CE, de 9 de dezembro.

[58] Encontram-se definidos no Artigo 1.º n.º 2 al. b) do Aviso n.º 5/2009 como os produtos financeiros resultantes da comercialização combinada de dois ou mais depósitos bancários.

[59] Artigo 5.º do Aviso n.º 5/2009. Quanto à periodicidade da prestação de informação e ao meio de prestação da informação, *vide* Artigos 7.º e 8.º do mesmo Aviso.

[60] Mais informação sobre este ponto está acessível em: https://clientebancario.bportugal.pt/pt-pt/estruturados

[61] Regulamento (UE) n.º 1286/2014 e Regulamento Delegado (UE) 2017/653, tal como desenvolvido neste texto mais adiante.

sido o legislador comunitário[62]. O mesmo alargou a intervenção das autoridades de supervisão a matérias como a qualificação e competências dos funcionários das instituições, a prevenção de conflitos de interesses nas relações com os clientes, a prestação de serviços de consultadoria relativamente aos depósitos estruturados e a monitorização da criação e da comercialização de produtos e serviços bancários de retalho por parte das instituições supervisionadas. Estas normas, bem mais intrusivas que as que existiam previamente sobre o modelo de negócio das instituições comercializadoras, complementam o quadro normativo sobre a transparência da informação, o qual era tido por insuficiente para garantir a cabal salvaguarda dos interesses públicos tutelados pela supervisão (nomeadamente, a tutela do consumidor, a confiança dos clientes nas instituições financeiras e a estabilidade financeira).

Assim, na medida em que as instituições de crédito sejam produtoras ou prestem consultoria sobre depósitos estruturados, estão igualmente sujeitas ao acervo de regras contratuais e pré-contratuais bem como à obrigatoriedade de apresentação de informação nos termos da regulamentação dos PRIIPs.

Posto que as disposições do presente Regulamento Comunitário se sobreponham ou conflituem com regras ínsitas em Regulamentos do Banco de Portugal, devem prevalecer as primeiras considerando-se as segundas tacitamente revogadas. A definição do mosaico normativo aplicável aos produtos que comercializam é uma tarefa por vezes hercúlea a cargo das instituições de crédito e que justifica a criação de departamentos vocacionados para as relações com o supervisor e de cumprimento normativo.

Importa ainda referir o Aviso do Banco de Portugal n.º 6/2009 que estabelece regras relativas às caraterísticas a que devem obedecer os depósitos bancários, desde os mais simples aos que revestem a forma de produtos complexos. O presente Aviso define o conjunto de variáveis passíveis de serem utilizadas como determinantes da taxa de remuneração dos depósitos[63] e estabelece a garantia ao depositante do reembolso do capital depositado,

[62] Nomeadamente na Diretiva do Crédito Hipotecário e na Diretiva 2014/65/UE do Parlamento Europeu e do Conselho, de 15 de maio de 2014, relativa aos mercados de instrumentos financeiros.

[63] O Banco de Portugal publica a remuneração – Taxa anual nominal bruta (TANB) – dos depósitos indexados e duais comercializados até 31 de dezembro de 2017 e depósitos estruturados comercializados a partir de 1 de janeiro de 2018 que já chegaram ao seu termo: https://clientebancario.bportugal.pt/consulta-de-remuneracao-de-indexados-e-duais

no vencimento ou em caso de mobilização antecipada, se permitida contratualmente. A temática da garantia de capital vem tratada no artigo 4.º do presente Aviso e espelha uma preocupação transversal do legislador na tutela do consumidor/depositante, na medida em que aí se refere que nos depósitos com pré-aviso, a prazo, a prazo não mobilizáveis antecipadamente e constituídos em regime especial, o montante a entregar ao depositante não pode ser inferior ao montante depositado[64].

Falaremos novamente sobre este Aviso *infra*, ainda nesta secção, a propósito da análise do fenómeno das taxas de juro negativas (*negative interest rates*).

No ensejo de assegurar a transparência, a não discriminação, a completude da informação prestada aos depositantes e a redução da assimetria de informação entre as instituições financeiras e os seus clientes, o Banco de Portugal emanou igualmente o Aviso n.º 8/2009 que estabelece os requisitos mínimos de informação que devem ser satisfeitos na divulgação das condições gerais com efeitos patrimoniais dos produtos e serviços financeiros disponibilizados ao público pelas instituições de crédito e sociedades financeiras com sede ou sucursal em território nacional.

Neste instrumento consagra-se o dever de divulgação de um preçário completo e permanentemente atualizado nos balcões e na Internet, em local bem visível e de acesso direto[65]. O constante deste Aviso em matéria de preçário é complementado pela Instrução n.º 21/2009, que divulga os quadros dos folhetos que compõem o preçário bem como as respetivas instruções de preenchimento, os prazos de envio ao Banco de Portugal e outros aspetos de caráter operacional[66].

Neste Aviso consagra-se igualmente a obrigação de difusão de informação sobre as comissões e principais despesas[67] praticadas pelas instituições de crédito no Portal do Cliente Bancário[68], plataforma que é gerida pelo Banco de Portugal. Igualmente relevante é a proibição de cobrança de

[64] No n.º 2 do artigo 4.º refere-se igualmente que além do limite previsto no número anterior e exposto no presente texto, nos depósitos com pré-aviso, a prazo e constituídos em regime especial (referidos, respetivamente, nas alíneas b), c) e e) do n.º 1 do artigo 1.º do Decreto-Lei n.º 430/91, de 2 de Novembro), caso seja permitida contratualmente a mobilização antecipada e a mesma se verifique, total ou parcialmente, o montante a entregar ao depositante não pode, em quaisquer circunstâncias, ser inferior ao montante depositado.

[65] Artigo 3.º e 4.º do Aviso n.º 8/2009.

[66] Acessível em: https://www.bportugal.pt/instrucao/212009.

[67] Artigo 6.º do Aviso n.º 8/2009.

[68] Acessível em: https://clientebancario.bportugal.pt/.

comissões que não estejam previstas no preçário, que tenham valor superior ao ali indicado ou cuja criação ou alteração não tenha sido objeto de prévia comunicação ao Banco de Portugal; caso se pretenda a respetiva alteração, a sua aplicação aos clientes com contratos já celebrados impõe o cumprimento de um dever de comunicação por parte da instituição e ao cumprimento de um prazo de pré-aviso determinado[69].

Outro instrumento a que deve ser dado destaque nesta sede é o Aviso do Banco de Portugal n.º 10/2008 que estabelece os deveres de informação e transparência a serem observados pelas instituições de crédito e sociedades financeiras na publicidade de produtos e serviços financeiros, o qual fixa as dimensões mínimas dos carateres a usar na publicidade a produtos e serviços financeiros através de diferentes meios de difusão. Mais uma vez é explícito o fito de tutela do consumidor, assegurando que as instituições de crédito, no âmbito da publicitação dos seus produtos, respeitam os princípios de transparência e rigor que permitem uma adequada avaliação dos encargos, remunerações e riscos subjacentes. Só estando devidamente informados poderão os clientes bancários comparar adequadamente as alternativas disponíveis no mercado e formular juízos conscientes sobre os compromissos que assumem.

Apesar da sua apresentação genérica, o presente Aviso fixa regras específicas para a publicidade dos depósitos, nomeadamente no que diz respeito à publicitação de uma taxa de juro associada ao mesmos[70]. Versa igualmente sobre o realce a ser dado a determinadas informações publicitárias relativas a depósitos. Em acréscimo, define as regras publicitárias aplicáveis aos produtos financeiros complexos o que compreende as modalidades de depósitos referidas a propósito da explanação do Aviso n.º 5/2009[71].

A Carta Circular do Banco de Portugal n.º 33/2009/DSB, de 23-3-2009 estabelece o entendimento conjunto do Banco de Portugal e da CMVM quanto à supervisão de produtos financeiros complexos, de acordo com o DL n.º 211-A/2008, de 3 de novembro. Estabelece especificamente que, em matéria de deveres de informação na publicidade e comercialização de depósitos, simples, estruturados (aqui refere-se explicitamente aos depósitos

[69] Artigo 5.º n.ºs 2 e 3 do Aviso n.º 8/2009.

[70] Na impossibilidade de verter a globalidade das diretrizes publicitárias dos depósitos neste texto, remetemos o leitor para o ponto 16.º do Aviso n.º 10/2008, disponível em: https://www.bportugal.pt/sites/default/files/anexos/cartas-circulares/10-2008a.pdf.

[71] *Vide* ponto 17 do Aviso n.º 10/2008, disponível em: https://www.bportugal.pt/sites/default/files/anexos/cartas-circulares/10-2008a.pdf.

indexados, mas a sua interpretação atualista implica que se leia depósitos estruturados) ou duais é ao Banco de Portugal que compete a supervisão, nos termos da delimitação de competências que aí é operada[72].

Em linha com o panorama legislativo em matéria de branqueamento de capitais e financiamento do terrorismo, nomeadamente a Lei n.º 83/2017, de 18 de agosto[73] e a Lei n.º 97/2017, de 23 de agosto[74], avulta o Aviso do Banco de Portugal n.º 2/2018.

Este Aviso define regras de controlo dos depósitos em numerário realizados por terceiros em contas na titularidade de clientes das instituições de crédito, obrigando à implementação de um registo informatizado e centralizado destes depósitos[75].

Em particular, no caso de depósitos em numerário realizados por terceiros em contas na titularidade de clientes, as entidades financeiras procedem à conferência do nome do depositante e do tipo, número, data de validade e entidade emitente do respetivo documento de identificação, sempre que o montante a depositar seja igual ou superior a € 10.000[76]. São abrangidas todas as modalidades de depósito previstas no artigo 1.º do Decreto-Lei n.º 430/91 de 2 de novembro, bem como qualquer outra conta de pagamento na aceção da alínea q) do artigo 2.º do Regime Jurídico dos Serviços de Pagamento e da Moeda Eletrónica[77].

Por fim, há um tema que não gostaríamos de deixar de tratar neste estudo na medida em que afeta igualmente a relação das instituições de crédito com os seus depositantes e que diz respeito às taxas de juro negativas e o seu impacto nos contratos de depósito bancário.

A missão do Banco Central Europeu (doravante 'BCE'), na condução da política monetária da União, tal como definida nos tratados, é a manu-

[72] Esta delimitação a favor do Banco de Portugal consta da secção II. 1. A Carta Circular poderá ser acedida aqui: https://www.bportugal.pt/sites/default/files/anexos/cartas-circulares/33-2009-dsb.pdf.

[73] Relativa à prevenção da utilização do sistema financeiro para efeitos de branqueamento de capitais e de financiamento do terrorismo.

[74] Regula a aplicação e a execução de medidas restritivas aprovadas pela Organização das Nações Unidas (ONU) ou pela União Europeia e estabelece o respetivo regime sancionatório.

[75] Artigo 14.º do Aviso n.º 2/2018.

[76] Artigo 31.º do Aviso n.º 2/2018.

[77] Decreto-Lei n.º 91/2018, de 12 de novembro que aprova o Regime Jurídico dos Serviços de Pagamento e da Moeda Eletrónica. Conta de pagamento é definida por: uma conta detida em nome de um ou mais utilizadores de serviços de pagamento que seja utilizada para a execução de ordens de pagamento.

tenção da estabilidade dos preços[78]. Para este efeito, dispõe de medidas convencionais, que passam pela regulação das taxas de juro[79] e medidas não convencionais, complementares das primeiras e que se destinam a assegurar o funcionamento adequado do mecanismo de transmissão da política monetária[80].

No âmbito das medidas convencionais indicadas, o BCE fixa três taxas de juro: i) a taxa de facilidade permanente de depósitos (*deposit facility*), pela qual remunera os depósitos dos bancos *overnight,* ii) a taxa para as operações principais de refinanciamento (*main refinancing operations* ou MRO), através da qual concede liquidez ao sistema bancário[81] e iii) a taxa de facilidade permanente de concessão de liquidez *overnight*, que constitui o valor que o BCE cobra pela cedência de liquidez aos bancos pelo prazo de um dia (*marginal lending facility*)[82].

Em 2014, o BCE, tendo como pano de fundo as crises financeiras e orçamentais, fixou as taxas de juro de facilidade permanente de depósitos – pelas quais o BCE remunera os depósitos dos bancos *overnight* – em valores negativos. O recurso a taxas negativas levou à necessidade de se reanalisarem os quadros tradicionais, e estruturantes, do Direito Bancário, tais como o mútuo, o depósito, os juros e as comissões[83].

Esta definição em valores negativos teve o objetivo de criar um incentivo negativo ao depósito do excesso de liquidez junto do banco central que passa a ter um custo, fomentando dessa forma a concessão de crédito a consumidores e empresas.

[78] Cfr. Artigos 127.º n.º 1 e 282.º n.º 2 do Tratado de Funcionamento da União Europeia.

[79] O Conselho do BCE define as taxas de juro oficiais do Eurosistema, ou seja, as taxas de juro a que o Eurosistema cede liquidez ao sistema bancário e absorve liquidez do sistema bancário.

[80] Sobre as medidas não convencionais de política monetária *vide* Catarina Granadeiro, *A revisão judicial das decisões da política monetária do BCE, Revista de Direito Civil*, Lisboa, ano 4, n.º 4 (2019), 837-858.

[81] A taxa que os bancos pagam pelos empréstimos que solicitam ao Banco Central Europeu pelo período de uma semana.

[82] Esta explicação consta do próprio sítio do BCE, onde se dedica uma secção à explicação das '*Key ECB interest rates*': policy_and_exchange_rates.

[83] Pestana de Vasconcelos, *Taxas negativas sobre saldos de contas de depósitos bancários e comissões*, Revista de Direito Comercial (2020.03.08), 165, disponível em: https://static1.squarespace.com/static/58596f8a29687fe710cf45cd/t/5e64f65f190266288c51a3a2/1583674977603/2020-04+-+165-190+-+LA-PV.pdf.

As taxas definidas pelo BCE têm impacto no mercado interbancário e de concessão de crédito e, nessa medida, nos mútuos bancários[84]. Entrando as taxas de juro em valores negativos, a sua simples aplicação matemática levaria a que fosse o banco a ter de pagar ao creditado. Não analisaremos neste contexto o impacto destas taxas de juro sobre os contratos de mútuo[85]; o ponto que aqui se discute é o de saber se as ditas taxas negativas podem ser aplicadas aos próprios depósitos, em que o banco deixa de ser o credor e passa a ser o devedor das quantias depositadas. Neste sentido, os depositantes teriam de pagar ao banco uma quantia determinada em função da aplicação de uma taxa (por sua vez, indiretamente ligada às taxas do BCE) sobre o saldo de conta de depósito.

Os depósitos bancários, como vimos *supra*, podem ser remunerados, uma vez que se corporizam – embora de forma limitada nos depósitos simples – numa disponibilização de capital ao banco, que o poderá depois utilizar nas suas operações ativas. Como vimos na listagem de Avisos *supra*, o Aviso do Banco de Portugal n.º 6/2009 estabelece a disciplina da remuneração dos depósitos, a qual pode ser definida com recurso a uma taxa fixa ou a um indexante – *maxime* a Euribor – ou fazer a remuneração depender integralmente da evolução de outros instrumentos ou variáveis económicas ou financeiras, mas cuja fonte seja independente da instituição depositária[86].

Em qualquer caso, há dois limites que têm de ser respeitados: o capital não pode ser atingido[87] e a taxa de remuneração nunca pode ser negativa[88]. Consequentemente, se a taxa de remuneração do depósito for composta por uma parte fixa e outra indexada à Euribor, entrando o indexante em valores negativos, a taxa pode descer até zero, mas não a partir daí. Nunca há diminuição do capital.

[84] As taxas utilizadas no mercado interbancário são o referencial da Euribor, taxa essa que, por sua vez, constitui o indexante utilizado em diferentes contratos de crédito.

[85] Sobre este tema, remetemos para o artigo de Catarina Monteiro Pires, *Mútuo Bancário e Euribor Negativa*, Revista de Direito Civil (2017).

[86] Artigo 3.º n.º 1 do Aviso n.º 6/2009, Cfr. Pestana de Vasconcelos, *Taxas negativas sobre saldos de contas de depósitos bancários e comissões*, cit. 177.

[87] Artigo 4.º do Aviso n.º 6/2009.

[88] Artigo 3.º n.º 4 do Aviso n.º 6/2009. Tal como explicado por Pestana de Vasconcelos, verifica-se uma sobreposição entre o artigo 4.º e 3.º n.º 4 do referido Aviso porque uma 'taxa de remuneração' negativa não atinge o capital (aliás, uma remuneração negativa é uma contradição nos seus próprios termos), Cfr. Pestana de Vasconcelos, *Taxas negativas sobre saldos de contas de depósitos bancários e comissões*, cit. 178.

A solução nacional diverge da sufragada por muitos países europeus onde os bancos têm estado a transferir os efeitos negativos das taxas aos depositantes. Na Alemanha, por exemplo, são aplicadas taxas negativas de 15% relativamente a todos os depósitos e 50% aos depósitos de empresas não financeiras (com base no saldo médio dos depósitos)[89].

Diferentemente, já não na ótica do relacionamento banco/depositantes, mas no prisma bancos/BCE, tal como explanado *supra* a propósito das taxas de juros aplicadas pelo BCE, os depósitos constituídos pelas instituições de crédito junto do Banco Central Europeu, têm um custo atualmente fixado em 1,5%[90]. Este custo consubstancia uma medida de política monetária que tem a motivação própria já discutida: a de estimular as instituições de crédito depositantes a investir esses fundos no desenvolvimento da atividade económica, evitando-se a estagnação de liquidez.

No relacionamento banco/depositante, a taxa aplicada aos depósitos bancários visa compensar os bancos pelo custo que esse serviço representa a que acresce o lucro da sua atividade[91].

Estes dois prismas de relacionamento são diametralmente opostos. No contexto *sub judice* banco/depositantes, os bancos não podem repercutir as taxas de juro negativas na medida em que não pode haver diminuição do capital. Por outras palavras: os bancos que operam em Portugal, por força da restrição ínsita no Aviso do Banco de Portugal n.º 6/2009, não podem cobrar taxas negativas aos seus clientes pelos seus depósitos. Em sentido contrário, se os bancos portugueses necessitarem de recorrer às facilidades de depósito do BCE, estão obrigados ao pagamento da taxa identificada *supra*.

Atualmente vivemos uma situação em que existe excesso de liquidez nos bancos, em virtude de um esforço de aforro coletivo muito visível por parte dos seus clientes. Os bancos na sua gestão de liquidez investem uma parte significativa destes recursos na concessão de crédito. Outro tanto canalizam para outras aplicações, com maior e menor risco, sendo uma das aplicações mais seguras o recurso às facilidades de depósito do BCE. Sucede que, como vimos, esse recurso tem um custo para os bancos – custo este

[89] Cfr. Pestana de Vasconcelos, *Taxas negativas sobre saldos de contas de depósitos bancários e comissões*, cit. 167.

[90] Essa fixação consta do anúncio das decisões de política monetária: https://www.ecb.europa.eu/press/pr/date/2021/html/ecb.mp211028~85474438a4.en.html.

[91] Cfr. Pestana de Vasconcelos, *Taxas negativas sobre saldos de contas de depósitos bancários e comissões*, Cit.168-169.

que não pode ser refletido nas contas de depósito dos seus clientes, consubstanciando uma perda pelos mesmos suportada.

Para além dos juros, as comissões bancárias[92] constituem uma outra fonte de proveito dos bancos. Com a descida das taxas de juro e a redução dos *spreads*, o peso das comissões nos resultados bancários tem vindo a aumentar de forma constante.

As comissões de gestão de conta dizem respeito a uma atividade permanente do banco e só são devidas se disserem respeito a serviços efetivamente prestados[93]; para além disso, devem ser razoáveis pugnando-se por um equilíbrio em termos económicos entre o serviço prestado e o valor da comissão, que implica que o ponto de partida deverá ser sempre o custo efetivo do serviço[94].

A proibição de uma remuneração negativa no depósito nada tem a ver com a comissão pela conta. São realidades jurídicas diferentes: uma coisa é a retribuição do capital, o juro, não podendo este (o capital) ser atingido; outra, é o custo que a conta em si representa, com determinado saldo, para o banco[95].

No âmbito das 'Boas práticas a observar pelas instituições de crédito para a simplificação e padronização do comissionamento de contas de depósito à ordem', o Banco de Portugal emitiu a Carta Circular n.º 24/2014/DSC[96]. Nela se admite a cobrança de comissão pela manutenção da conta em si, tanto no âmbito de uma conta base, como de contas específicas. A comissão pode ser fixada livremente pelas instituições de crédito[97], devendo respeitar os princípios da razoabilidade e proporcionalidade. Porém, dispõe o Banco

[92] O Decreto-Lei n.º 58/2013, de 8 de maio define comissões no seu artigo 3.º al. f) como as prestações pecuniárias exigidas aos clientes pelas instituições como retribuição por serviços por elas prestados, ou subcontratados a terceiros, no âmbito da sua atividade. Distinguem-se dos juros porque estes são a contrapartida da disponibilização do capital por um determinado período de tempo, Cfr. Pestana de Vasconcelos, *Taxas negativas sobre saldos de contas de depósitos bancários e comissões*, cit.180.

[93] Artigo 7.º da Lei n.º 66/2015, de 6 de julho.

[94] Cfr. Pestana de Vasconcelos, *Taxas negativas sobre saldos de contas de depósitos bancários e comissões*, cit.181.

[95] Cfr. Pestana de Vasconcelos, *Taxas negativas sobre saldos de contas de depósitos bancários e comissões*, cit. 182.

[96] Disponível em: https://www.bportugal.pt/sites/default/files/anexos/cartas-circulares/24-2014-dsc.pdf.

[97] Ponto 3 (b) da Carta Circular n.º 24/2014/DSC.

de Portugal que os bancos não devem fazer o montante da comissão variar em função de saldos médios em conta[98].

A Carta Circular é anterior à fixação de taxas negativas pelo BCE[99] que consubstancia uma medida sem precedentes. Nessa medida, essa realidade não foi, nem podia ter sido, equacionada pelo Banco de Portugal aquando da emissão da carta circular[100].

Posteriormente, já em 2019, o Banco de Portugal esclareceu junto da Associação Portuguesa de Bancos que o estabelecido sobre boas práticas relativas ao comissionamento de contas de depósito ínsito na Carta-Circular n.º 24/2014/DSC não se aplica a contas na titularidade de clientes institucionais de natureza financeira, tais como bancos, outras instituições de crédito, intermediários financeiros e fundos de investimento. No que tange a estes clientes, os bancos podem aplicar comissões em função de saldos médios de conta desde que não se perca, naturalmente, o horizonte da razoabilidade e proporcionalidade.

Deste enquadramento regulatório resulta que os bancos não podem repercutir junto dos seus depositantes, que não se qualifiquem como clientes institucionais de natureza financeira, os custos suportados pela utilização das facilidades de depósito do BCE.

Este entendimento não merece censura no que diz respeito aos consumidores e às pequenas e médias empresas, cuja tutela tem inclusive consagração constitucional[101]. Não obstante, somos do entendimento que o mesmo deve ser revisto quando estejam em causa grandes clientes institucionais, que não sejam do universo financeiro, com depósitos de elevado montante.

Este circunstancialismo pode, em última análise, não apenas deturpar as regras de concorrência no mercado bancário[102] – na medida em que os con-

[98] Ponto 3 (c) da Carta Circular n.º 24/2014/DSC.

[99] A Carta Circular é de março de 2014 tendo as taxas sido fixadas em valores negativos em junho de 2014.

[100] Acessível em: https://www.ecb.europa.eu/press/pr/date/2014/html/pr140605_3.en.html.

[101] Os consumidores são protegidos pelo princípio da tutela do consumidor financeiro (artigo 60.º n.º 1 da Constituição da República Portuguesa). As pequenas e médias empresas dispõem de proteção constitucional (artigo 86.º n.º 1 da Constituição da República Portuguesa) e de um conjunto de proteções legais.

[102] Há uma dimensão que convém ser destacada: a existência desta restrição a nível nacional leva a que muitas instituições e empresas estrangeiras depositem os fundos em Portugal em vez de no seu país mãe para tirar partido deste regime, com prejuízo para os bancos portugueses.

géneres bancários europeus não estão limitados por semelhante restrição nacional – como deturpar o próprio propósito da política monetária que é o de estimular a atividade económica.

Há estudos económicos que suportam o entendimento de que a repercussão destas taxas negativas junto dos clientes empresariais, que detêm depósitos elevados, leva-os a investir essas quantias, para não serem penalizados, enquanto os bancos mantêm os seus níveis de crédito. Por isso concluem que essa repercussão não só não prejudica o mecanismo de transmissão da política monetária como o amplia[103]: o comportamento racional dos agentes económicos com liquidez levá-los-á a dirigirem os seus recursos para onde forem menos penalizados. Não sendo penalizados de todo, como sucede por força do exposto traduzido na impossibilidade de calibrar as comissões de manutenção de conta, de depósito e de remuneração pelas taxas de juro negativas, não há incentivo para a aplicação da liquidez sendo este um resultado indesejável do atual enquadramento legislativo[104].

III. Fundo de Garantia de Depósitos

Como vimos na secção anterior, o Banco recolhe as poupanças, dotando-se de recursos financeiros através de depósitos, de que fica devedor e, por outro lado, concede crédito por via de diversos contratos através dos quais se aplicam esses recursos. A restituição do capital no mútuo, na abertura de crédito, na antecipação bancária e no desconto é realizada a prazo (muitas vezes a longo, e muito longo prazo, v.g. crédito à habitação).

[103] Cfr. PESTANA DE VASCONCELOS, *Taxas negativas sobre saldos de contas de depósitos bancários e comissões*, cit. 188-189, que cita o estudo de C.ALTAVILLA/L.BURLON/M.GIANETTI/S. HOLTON, *Is there a zero lower bound? The effects of negative policy rates on banks and firms*, ECB Working Paper Series No 2289/June 2019, 2 (in: www.ecb.europa.eu/pub/pdf/scpwps/ecb.wp2289~1a3c04db25.en.pdf) parafraseando os autores num excerto que considero pertinente: "*Not only do sound banks pass the negative rates on the corporate depositors, but the mechanism is enhanced by the fact that firms whose deposits are more exposed to negative rates decrease their liquid asset holdings and start investing more in fixed assets (both tangible and intangible). Thus, in contrast to the conventional wisdom, we find that, when banks are sound, the NIRP can effectively stimulate the real economic activity by influencing the behaviour of both banks and firms*".

[104] Este tema, por si, seria merecedor de um artigo dedicado exclusivamente à sua análise. A presente exposição não se pretende, contudo, exaustiva. O fito da presente secção é a de permitir ao leitor uma compreensão geral dos pontos matriciais da supervisão comportamental do Banco de Portugal no que diz respeito à captação de depósitos pelas instituições de crédito, com vista à tutela do depositante enquanto parte tendencialmente mais vulnerável da relação bancária.

A instituição é por isso, devedora a pronto e credora a prazo (o chamado *maturity mismatch*[105]).

Nessa medida, o banco nunca tem liquidez suficiente para satisfazer todos os créditos dos seus depositantes se eles os solicitarem ao mesmo tempo. Não tem, geralmente, sequer liquidez para responder a pedidos de levantamento superiores a determinado valor. Por essa razão, os bancos são extremamente vulneráveis à chamada "corrida" aos bancos (*run to the banks*), que consiste essencialmente em todos os depositantes, ou pelo menos um número pouco usual deles (que ultrapasse as reservas de caixa e/ou o montante que o banco possa obter rapidamente junto de outros bancos), exigirem ao mesmo tempo a restituição das quantias aí depositadas (como sucedeu em 2007 no caso *Northern Rock*[106]). Mais do que isso: tem efeitos sistémicos, dadas as relações interbancárias (devido à exposição creditória e debitória recíproca dos bancos entre si) e provoca a desconfiança generalizada no sistema bancário como um todo, gerando uma "corrida geral" a todos os bancos[107].

A confiança assume, no sistema bancário um papel verdadeiramente genético e funcional. Esta tem por objeto os bancos ou, se se quiser, o sistema bancário no seu todo, assim como o próprio supervisor bancário[108].

Conhecida a estrutura típica da atividade bancária e sendo tão gravosas as consequências da sua perturbação, num desenvolvimento histórico em

[105] Cfr. L. Pestana Vasconcelos, *Direito Bancário*, Livraria Almedina, 3.ª Edição, 2021, p.26 que cita Franklin Allen / Elena Carleti, *The roles of banking in financial systems*, in: the Oxford handbook of banking (edited by Allen N. Berger, Philip Molyneux and John O.S.Wilson), Oxford University Press, Oxford, 2010, p.43.

[106] Em setembro de 2007, houve uma corrida ao levantamento de depósitos junto do Banco *Northern Rock* depois de ter sido anunciado que o mesmo teria pedido ajuda financeira urgente ao *Bank of England* (o equivalente inglês ao Banco de Portugal). Esta ajuda foi concedida e anunciada ao público a 14 de setembro de 2007 e, no dia seguinte, longas filas de depositantes formaram-se à porta dos balcões deste banco para levantar o seu dinheiro. Um relato muito interessante sobre este evento e as suas repercussões no sistema financeiro poderá ser acedido aqui: Hyun Song Shin, *Reflections on Northern Rock: the Bank Run that Heralded the Global Financial Crisis*, Journal of Economic Perspectives – Volume 23, Number 1, Winter 2009, 101-119 (https://www.bis.org/publ/shin_2009.pdf).

[107] Cfr. Pestana Vasconcelos, *Direito Bancário*, cit. 25-27.

[108] Francisco Rodrigues Rocha, Marta Boura, *Fundo de Garantia de Depósitos. Apreciação sumária do anteprojeto de código da atividade bancária*, Revista de direito financeiro e dos mercados de capitais, Vol.3 (2021), No. 10 (219-241), disponível em: https://blook.pt/publications/publication/91fda6c2bb16/, 220.

que as várias crises financeiras vividas tiveram um papel preponderante[109], tornou-se necessária a criação de instrumentos de regulação e de fomento da confiança[110] nas instituições de crédito: o fundo de garantia de depósitos é um dos seus mais fundamentais elementos.

O Fundo de Garantia de Depósitos (doravante 'FGD') garante o reembolso dos depósitos constituídos nas instituições de crédito suas participantes caso se verifique uma situação de indisponibilidade de depósitos nalguma dessas Instituições. O FGD pode também intervir no âmbito da execução de medidas de resolução aplicadas a instituições de crédito que nele participem. A nossa análise cinge-se, contudo, ao seu relevo na garantia dos depósitos que são a temática da presente exposição.

O FGD foi criado e regulado em Portugal em 1992, pelo Decreto-Lei n.º 298/92, de 31 de dezembro que aprovou o RGICSF. Veio apenas a iniciar a sua atividade em 1994, após a realização de vários trabalhos de natureza técnica e organizativa desencadeados com a nomeação da primeira Comissão Diretiva do Fundo em 21 de fevereiro de 1994[111].

A nível europeu, a primeira Diretiva relativa ao estabelecimento de um sistema de garantia de depósitos em todos os Estados-Membros foi publicada em 1994[112] inserindo-se num contexto de desenvolvimento da atividade das instituições de crédito no espaço comunitário[113], sendo reconhecida pelo legislador europeu a importância de, a par desse desenvolvimento, reforçar a estabilidade do sistema bancário e assegurar a proteção dos aforradores. Esta Diretiva veio reconhecer que o exercício da atividade de uma instituição de crédito noutro Estado Membro não poderia ser suficientemente alcançado se não existisse um nível mínimo de harmonização

[109] Muitos se recordarão de, num passado recente (2008), se assistir à queda do gigante financeiro *Lehman Brothers* e os impactos dessa queda no sistema bancário e financeiro a nível mundial.

[110] Para Pestana de Vasconcelos, mais do que qualquer outra atividade, a atividade bancária assenta na confiança, que é um bem extremamente frágil. Mesmo um banco sólido, com um volume de ativos (ilíquidos) bastante superior ao passivo é, a esta luz, muito vulnerável. Cfr. Pestana de Vasconcelos, *Direito Bancário*, cit. 27.

[111] O cronograma do surgimento do FGD é explicado no seu sítio na internet: https://www.fgd.pt/historial-do-fgd

[112] Diretiva 94/19/CE do Parlamento Europeu e do Conselho, de 30 de maio de 1994, relativa aos sistemas de garantia de depósitos.

[113] Foram introduzidas nesta sequência alterações ao seu regime por via da transposição desta Diretiva, o que foi concretizado pelo Decreto-Lei n.º 246/95, de 14 de setembro.

na proteção de depósitos, sendo essa proteção considerada tão importante como a consagração do mercado único bancário.

Esta Diretiva foi alterada em 2009[114], de modo a dar resposta à urgência de uma proposta de convergência relativa aos sistemas de garantia de depósitos, tendo como objetivos o aumento do nível de cobertura do sistema e a diminuição dos prazos de reembolso[115].

Por fim, em 2014 foi publicada a DGSD[116], já numa perspetiva de *Single Rulebook*. Pretendia-se, com este ato legislativo europeu, alargar o âmbito de cobertura e torná-lo mais claro, diminuir os prazos de reembolso, reforçar a informação e os requisitos de financiamento dos sistemas de garantias de depósitos[117].

A DGSD veio substituir o conceito de proteção mínima por uma proteção uniforme, no valor de 100 000 euros. Procurou-se com esta decisão eliminar distorções de mercado, que suscitavam transferências de fundos dos depositantes para instituições de crédito sedeadas em países que consagravam níveis de proteção superiores[118].

O regime do FGD foi sofrendo alterações impostas pela União Europeia, no quadro da União Bancária[119] e de aprofundamento da convergência entre Estados Membros. Estas várias alterações foram sendo refletidas, por via de transposição, no regime do FGD a nível nacional, nomeadamente no RGICSF. Neste ponto importa referir que se encontra em discussão o Código

[114] Diretiva 2009/14/CE, do Parlamento Europeu e do Conselho, de 11 de março de 2009.

[115] Esta diretiva foi transposta para o ordenamento jurídico nacional através do Decreto-Lei n.º 162/2009, de 20 de julho.

[116] Diretiva 2014/49/UE, de 16 de abril de 2014 relativa aos sistemas de garantia de depósitos. DGSD é a sigla porque é conhecida esta Diretiva e que por extenso se refere a *Deposit Guarantee Schemes Directive*.

[117] Esta Diretiva foi transporta para o ordenamento jurídico nacional pela Lei n.º 23-A/2015, de 26 de março.

[118] Livro Branco sobre a regulação e supervisão do setor financeiro, Banco de Portugal, 27 (disponível em: https://www.bportugal.pt/sites/default/files/anexos/pdf-boletim/livro_branco_web.pdf).

[119] Cfr. Francisco Rodrigues Rocha, Marta Boura, *Fundo de Garantia de Depósitos. Apreciação sumária do anteprojeto de código da atividade bancária*, cit. 222-223. Estes autores fazem referência a outras alterações do FGD puramente nacionais: o DL n.º 31-A/2012, de 10 de fevereiro que regulou os privilégios creditórios que assistem aos depósitos abrangidos pelos fundos de garantia e o Decreto-lei n.º 106/2019, de 12 de agosto, que transferiu para o FGD a vertente de garantia de depósitos do Fundo de Garantia do Crédito Agrícola Mútuo.

da Atividade Bancária[120] que substituirá o RGICSF e, nessa medida, com a dignidade que já lhe é reconhecida neste último, dedicar-se-á ao FGD um título autónomo. Tratando-se, contudo, de um mero projeto legislativo à data de elaboração do presente artigo, as referências que forem feitas na presente secção terão por base o direito constituído, ou seja, o RGICSF.

Ao nível da regulamentação secundária, há igualmente um acervo de Avisos e Instruções do Banco de Portugal[121] que estabelecem, nomeadamente, as contribuições a que estão adstritas as instituições participantes, cujo conhecimento é relevante para a compreensão cabal das regras de funcionamento do FGD, mas que não serão desenvolvidos neste estudo.

Tal como resulta do artigo 154.º do RGICSF, o FGD é uma pessoa coletiva de direito público com autonomia administrativa financeira e património próprio que funciona junto do Banco de Portugal, que lhe concede os serviços técnicos e administrativos necessários para o seu bom funcionamento.

O FGD é financiado pelas instituições que nele participam que são, obrigatoriamente: i) as instituições de crédito com sede em Portugal autorizadas a receber depósitos e ii) as instituições de crédito com sede em países que não sejam membros da União Europeia relativamente aos depósitos captados pelas suas sucursais em Portugal, exceto se estiverem cobertos por um sistema de garantia do país de origem[122] em termos que o Banco de Portugal considere equivalentes aos proporcionados pelo FGD.

Os recursos do FGD são compostos pelas contribuições iniciais das instituições de crédito participantes, pelas contribuições periódicas destas mesmas instituições, rendimentos da aplicação de recursos, liberalidades e quaisquer outras receitas, rendimentos ou valores que provenham da sua atividade ou que por lei ou contrato lhe sejam atribuídos, incluindo o produto das coimas aplicadas às instituições de crédito[123].

[120] Poderá aceder-se ao respetivo anteprojeto aqui: https://www.bportugal.pt/sites/default/files/anexos/documentos-relacionados/anexo_i_-_anteprojeto_de_codigo_da_atividade_bancaria_-_consulta_publica.pdf.

[121] Remete-se para o Aviso do Banco de Portugal n.º 11/94, para o Aviso do Banco de Portugal n.º 9/2009, para a Instrução do Banco de Portugal n.º 23/2019 e para a Instrução do Banco de Portugal n.º 25/2009. Sobre o impacto destes normativos e as sucessivas alterações aos mesmos *vide* Francisco Rodrigues Rocha, Marta Boura, *Fundo de Garantia de Depósitos. Apreciação sumária do anteprojeto de código da atividade bancária*, cit. 223.

[122] Cfr. artigo 156.º RGICSF.

[123] Cfr. artigo 159.º RGICSF.

O aspeto mais relevante do seu regime diz respeito ao seu âmbito de aplicação, isto é, a questão de saber: que depósitos estão cobertos e qual o limite da garantia. Nos termos do artigo 164.º do RGICSF, estão abrangidos até ao limite definido no artigo 166.º, ou seja, € 100 000: os depósitos constituídos em Portugal ou noutros Estados Membros da União Europeia junto de instituições de crédito com sede em Portugal e os depósitos constituídos em Portugal junto de sucursais de instituições de crédito com sede em países terceiros, na medida em que não sejam cobertos por um sistema de garantia do país de origem em termos considerados pelo Banco de Portugal como equivalentes aos do FGD.

As instituições de crédito participantes devem prestar ao público, de forma facilmente compreensível, todas as informações pertinentes sobre o FGD e, em particular, sobre o âmbito da garantia prestada, as suas exclusões e os prazos para reembolso dos depósitos. Estas informações deverão ser prestadas antes da celebração do contrato de depósito sendo que no formulário de informação do depositante (o chamado FID) deverá constar informação relativa à proteção do depósito, informando o cliente bancário sobre se o depósito contratado é ou não elegível para a garantia prestada pelo FGD[124].

Quanto às circunstâncias que desencadeiam o reembolso, o FGD reembolsará os depositantes afetados no caso de se verificar uma situação de indisponibilidade dos depósitos numa instituição de crédito participante[125].

O RGICSF lista igualmente, no seu artigo 165.º, os depósitos excluídos que podem ser de forma sumária agrupados em quatro grupos: (i) depósitos constituídos por determinados sujeitos[126], (ii) depósitos decorrentes de

[124] Cfr. artigo 157.º RGICSF.

[125] Nos termos do artigo 167.º n.º 7 do RGICSF, considera-se que há indisponibilidade dos depósitos numa das seguintes situações: i) A instituição de crédito participante, por razões diretamente relacionadas com a sua situação financeira, não efetuou o reembolso de depósitos vencidos e exigíveis nas condições legais e contratuais aplicáveis e o Banco de Portugal verificou, no prazo máximo de 5 dias úteis após tomar conhecimento dessa ocorrência, que a instituição não mostra ter possibilidade de reembolsar os depósitos nesse momento nem tem perspetivas de vir a fazê-lo nos dias mais próximos e ii) caso o Banco de Portugal tenha tornado pública a decisão que revoga a autorização da instituição de crédito participante, caso tal publicação ocorra antes da verificação referida na alínea anterior.

[126] A saber: depósitos em nome e por conta de i) instituições de crédito, ii) empresas de investimento, iii) instituições financeiras, iv) empresas de seguros e de resseguros, v) instituições de investimento coletivo, vi) Fundos de pensões (com exceção das contas de depósito de fundos de pensões cujos associados sejam pequenas ou médias empresas), vii) Entidades

operações em relação às quais tenha sido proferida uma condenação penal transitada em julgado, pela prática de atos de branqueamento de capitais, (iii) depósitos cujo titular não tenha sido identificado de forma satisfatória para os requisitos de branqueamento vigentes e (iv) depósitos de pessoas e entidades que, nos dois anos anteriores à data em que se verificar a indisponibilidade dos depósitos tenham tido uma participação direta ou indireta, igual ou superior a 2% do capital social da instituição de crédito visada exceto se existir prova de que para tal não contribuíram[127].

O escopo das exclusões foi discutido em 2010, a propósito de duas providências cautelares movidas contra o FGD na única circunstância histórica em que o mesmo foi acionado: para reembolso dos depósitos de clientes do Banco Privado Português (BPP)[128].

Um último aspeto de regime diz respeito à efetivação do reembolso, comprovada a indisponibilidade dos depósitos nos termos *supra* definidos. O mesmo deverá ter lugar dentro dos seguintes prazos: i) uma parcela até 10 000 euros, no prazo máximo de sete dias úteis e ii) o remanescente, até ao limite de 100 000 euros, no prazo máximo de 10 dias úteis[129].

Uma matéria que costuma gerar algumas dúvidas diz respeito à salvaguarda dos saldos das contas de depósitos com mais do que um titular – as contas coletivas, conjuntas ou solidárias. Na ausência de previsão expressa em contrário, presume-se para efeitos do reembolso que os saldos pertencem aos vários titulares conjuntamente (e não solidariamente), sendo reembolsado a cada titular a parte que lhe é imputável até ao limite de 100 000 euros[130].

do setor público administrativo nacional e estrangeiro (com exceção das contas de depósito de autarquias locais com um orçamento anual igual ou inferior a 500 000 EUR) e viii) Organismos supranacionais ou internacionais.

[127] Esta exclusão não consta do anteprojeto de código da atividade bancária, nomeadamente da norma funcionalmente equivalente ao artigo 165.º do RGICSF, o artigo 394.º do ACAB. Sobre esta alteração vide Francisco Rodrigues Rocha, Marta Boura, *Fundo de Garantia de Depósitos. Apreciação sumária do anteprojeto de código da atividade bancária*, cit. 230.

[128] Sobre a discussão judicial em torno das exclusões e outros temas relacionados com o reembolso, *vide* os comunicados síntese do FGD feitos em 2010 pela sua comissão diretiva: https://www.fgd.pt/comunicados

[129] Na impossibilidade de listar todas as regras de efetivação do reembolso constantes do artigo 167.º do RGICSF, referimos apenas as mais importantes, nomeadamente os prazos para reembolso.

[130] É este o entendimento sufragado pelo FGD nos termos da Q&A 15 que disponibiliza no seu sítio na internet: https://www.fgd.pt/perguntas-frequentes. Com menor relevo prático,

Outro tema quente, que gerou muitas dúvidas junto dos clientes bancários que constituíram contas em bancos digitais, em alternativa à banca tradicional, com a oferta de um conjunto de soluções de baixo custo diz respeito à questão de saber se esses depósitos se encontram salvaguardados pelo FGD. No caso particular do *Revolut*[131], que muito se popularizou junto das camadas mais jovens, o mesmo recebe depósitos de várias geografias, mas para o mercado europeu tem sede na Lituânia e licença bancária europeia. Nessa senda, os depósitos constituídos pelos clientes bancários portugueses estarão cobertos pelo FGD existente neste Estado-Membro, que por força da DGSD tem o teto de 100 000 euros por depositante individual.

Outra temática de interesse diz respeito à tutela dos depósitos de um titular, que detenha vários depósitos em mais de uma instituição de crédito participante no FGD. Nestes casos, o FGD garante o reembolso da totalidade dos seus depósitos em cada instituição de crédito, até ao limite máximo de 100 000 euros por depositante em cada instituição. Assim, cada conta desse titular em determinada Instituição de Crédito participante está protegida até ao limite máximo previsto nas regras do fundo – isto independentemente de o cliente já ter sido reembolsado pelo FGD quanto a depósitos que detenha noutra entidade participante que esteja igualmente em situação de indisponibilidade[132].

Por fim, é de referir igualmente que os juros dos depósitos são igualmente incluídos nos saldos dos depósitos abrangidos pela garantia do FGD e são contados até à data em que se verificar a indisponibilidade dos depósitos[133].

Este enquadramento geral permite o entendimento do escopo, funções e exclusões do Fundo de Garantia de Depósitos em Portugal na tutela da posição do depositante, soluções na sua maioria comuns aos demais Estados-Membros na medida em que parte deste acervo de regras resulta da transposição de Diretivas Comunitárias.

esclarece ainda a respeito de contas com mais do que um titular, que os depósitos numa conta à qual tenham acesso várias pessoas na qualidade de membros de uma associação ou de uma comissão especial desprovidas de personalidade jurídica são agregadas como se tivessem sido constituídas por um único depositante, sendo reembolsados até ao limite de 100 000 euros.

[131] Sobre este serviço: https://www.revolut.com/pt-PT

[132] É este o entendimento sufragado pelo FGD nos termos da Q&A 14 que disponibiliza no seu sítio na internet: https://www.fgd.pt/perguntas-frequentes.

[133] É este o entendimento sufragado pelo FGD nos termos da Q&A 13 que disponibiliza no seu sítio na internet: https://www.fgd.pt/perguntas-frequentes.

IV. Dimensão Europeia do Fundo de Garantia de Depósitos – EDIS, o passo que falta para a convergência bancária

A União Bancária é um componente fundamental da União Económica e Monetária da União Europeia. Foi criada em resposta à crise financeira de 2008/2011 e à subsequente crise da dívida soberana na zona Euro.

Esta crise veio enfatizar insuficiências severas, tanto a nível do sistema financeiro, como na resposta europeia a crises de amplitude sistémica, cuja génese (conforme viria a ser reconhecido pelos decisores políticos na Cimeira do Euro, de junho de 2012) esteve na influência recíproca entre risco bancário e risco soberano (*o negative feedback loop*). Por conseguinte, a crise veio realçar a necessidade de uma melhor arquitetura de regulamentação, supervisão e resolução do setor financeiro na União Europeia, como condição necessária ao aprofundamento da integração dos sistemas bancários dos Estados Membros.

Foram definidos três pilares da União Bancária: a criação de um mecanismo único de supervisão (o MUS)[134], a criação de um mecanismo único de resolução (o MUR)[135] e a criação de um Mecanismo Único de Garantia de Depósitos (o chamado Sistema Europeu de Seguro de Depósitos (SESD) que é comumente conhecido pelo seu acrónimo inglês EDIS (*European Deposit Insurance Scheme)*), ao qual faremos referência com essa designação neste artigo.

O MUS e o MUR – que contemplaram, no essencial, e resumidamente, a transferência para o nível europeu dos poderes e competências de supervisão prudencial e de resolução das instituições de crédito, embora com a participação das respetivas autoridades nacionais, encontram-se já em

[134] Em março de 2013 foi alcançado um acordo político entre o Parlamento e o Conselho sobre a criação do primeiro pilar da União Bancária, o Mecanismo Único de Supervisão que abrange todos os bancos da área do euro. O MUS encontra-se operacional desde novembro de 2014, tendo sido integrado no BCE que é responsável pela supervisão direta dos maiores e mais significativos grupos bancários, continuando os supervisores nacionais a supervisionar todos os outros bancos, sob a responsabilidade, em última instância, do BCE.

[135] Em março de 2014, foi alcançado um acordo político entre o Parlamento e o Conselho sobre a criação do segundo pilar da União Bancária, o Mecanismo Único de Resolução. O principal objetivo do MUR é garantir que as insolvências de bancos na União Bancária sejam geridas eficientemente, com custos mínimos para os contribuintes e a economia real. Caso seja necessário intervir uma autoridade central – o Conselho Único de Resolução (CUR) – ficará responsável pela decisão de iniciar a resolução de um banco, ao passo que, de um ponto de vista operacional, a decisão será executada em cooperação com as autoridades nacionais de resolução.

funcionamento, mas a plena realização da União Bancária exige ainda a implementação do terceiro pilar[136].

Em novembro de 2015, a Comissão Europeia apresentou uma proposta legislativa de constituição do Mecanismo Único de Garantia de Depósitos. A proposta legislativa da Comissão baseava-se nos sistemas nacionais de garantia de depósitos já existentes e recomendava a introdução gradual do EDIS[137]. A proposta foi concebida como um sistema genericamente neutro em termos de custos para o setor bancário e foram sugeridas salvaguardas e medidas complementares para reduzir os riscos bancários[138], que deveriam evoluir em paralelo à criação do EDIS. A relatora do Parlamento Europeu publicou o seu projeto de relatório sobre o EDIS em novembro de 2016[139]. Os debates realizados posteriormente no Parlamento e no Conselho revelaram posições divergentes no que diz respeito à conceção do sistema na sua fase final.

Este é o pilar para o qual tem sido mais difícil encontrar acordo político, uma vez que na perspetiva de alguns Estados Membros, em última análise pode envolver a excessiva partilha de custos entre sistemas bancários que, *a priori*, se encontrariam em situação financeira bastante distinta (*legacy risks*). O fito do EDIS é, através da prestação a nível supranacional de um nível elevado e harmonizado de garantia de depósitos, minimizar a probabilidade de fenómenos de corrida aos depósitos e deterioração súbita da liquidez do sistema bancário, o que é conseguido por via da mutualização dos riscos bancários à escala da União Europeia, consistente com as responsabilidades de supervisão e resolução[140].

Politicamente, a discussão do EDIS tem sido polarizada e centrada na discussão entre "*risk reduction*" vs. "*risk sharing*": por um lado temos os Estados Membros que entendem que antes de se avançar na criação do EDIS é necessário reduzir ainda mais os riscos do sistema financeiro (como

[136] Fonte: https://www.consilium.europa.eu/pt/policies/banking-union/#.

[137] A comunicação da Comissão ao Parlamento Europeu, '*Towards the completion of the Banking Union*' de 24.11.2015 bem como a explanação dos motivos gerais da proposta poderá ser acedida aqui: https://eur-lex.europa.eu/legal-content/EN/TXT/PDF/?uri=CELEX:52015DC0587&from=en.

[138] Poderá consultar-se o projeto legislativo aqui: https://eur-lex.europa.eu/legal-content/EN/TXT/PDF/?uri=CELEX:52015PC0586&from=EN.

[139] Acessível em: https://www.europarl.europa.eu/doceo/document/ECON-PR-592334_PT.pdf.

[140] Livro Branco sobre a regulação e supervisão do setor financeiro, Banco de Portugal, 35 (disponível em: https://www.bportugal.pt/sites/default/files/anexos/pdf-boletim/livro_branco_web.pdf).

é o caso da Alemanha) e, no outro extremo, os Estados Membros que entendem que já muito foi feito em termos de redução de risco, como seja a criação dos outros dois pilares da União Bancária (o SSM e o SRM) e que, tal como havia sido defendido no relatório dos cinco presidentes[141], de junho de 2015, é necessário prosseguir com a criação do terceiro pilar da União Bancária, com a mutualização total das perdas (é o que defende, entre outros, a Itália).

Desde 2015, o *dossier* do EDIS passou a movimentar-se em vários tabuleiros, na medida em que associado ao EDIS surge um conjunto de outros projetos que contribuem para o aprofundamento da União Bancária como é o caso da harmonização das opções e discricionariedades presentes na DGSD ou o aperfeiçoamento da *framework on crisis management* (i.e. através da melhoria dos mecanismos de resolução de instituições de pequena e média dimensão com um modelo de negócio mais tradicional assente em depósitos) e que, sendo importantes na perspetiva de se avançar na maior integração da União Económica e Monetária, são utilizados como contrapartida para se avançar no EDIS.

A motivação tradicional para o EDIS[142] reside na observação de que a integração financeira justifica não só a centralização da regulação, supervisão e resolução bancárias, como também a garantia de depósitos, uma vez que a simples coordenação entre as autoridades nacionais pode também entrar em colapso durante as crises financeiras. Acresce que, depois da elevação para a esfera supranacional dos dois primeiros pilares da União Bancária, só a centralização da Garantia de Depósitos pode resolver o desalinhamento de incentivos entre autoridades europeias e nacionais.

Um caso paradigmático para ilustrar este conflito é o do banco Fortis, um banco sistemicamente importante na Holanda e Bélgica, duas economias perfeitamente integradas. Não obstante, quando a crise financeira global levou o banco à beira da insolvência, as autoridades belgas quiseram salvar

[141] Referimo-nos aqui ao Relatório de Jean Claude Juncker em coordenação com Donald Tusk, Jeroen Dijsselbloem, Mario Draghi e Martin Schulz com o título "*Completing Europe's Economic and Monetary Union*", disponível em: https://ec.europa.eu/info/sites/default/files/5-presidents-report_en.pdf.

[142] Sobre os argumentos económicos a favor do EDIS vide Ettore Panetti, *The Economics of the European Deposit Insurance Scheme*, artigos Banco de Portugal (outubro de 2019), 71, disponível em:
https://www.bportugal.pt/sites/default/files/anexos/papers/re201913_eng.pdf.

todo o banco, ao passo que as autoridades holandesas queriam dividir o banco para devolver o controlo nacional sob a parte holandesa da sua atividade.

Existe a possibilidade de as autoridades responsáveis pelo Fundo de Garantia nacional terem uma tendência para culpabilizar as autoridades centrais por não reconhecerem a força dos seus bancos. Por outro lado, há que considerar também que a autoridade central pode não internalizar totalmente os custos de uma situação de corrida aos bancos nas finanças públicas locais e na estabilidade financeira nacional.

Outro argumento económico frequentemente aduzido pelos defensores do EDIS é o de que a ausência de uma Garantia de Depósitos à escala europeia pode gerar distorções na governação empresarial dos bancos multinacionais. As autoridades centrais e Fundos de Garantia locais tenderão a encorajar a expansão transfronteiriça dos bancos domésticos através de filiais em vez de sucursais, devido ao facto de as primeiras estarem sujeitas à proteção dos fundos de garantia locais ao contrário das segundas.

Por outro lado, crê-se que a integração financeira fomenta o 'contágio' financeiro. Em termos gerais, entende-se que os problemas financeiros de uma entidade (um banco, uma região ou um país) são transmitidos a outras entidades. Consequentemente, na região ou país em causa, da mesma forma que as corridas aos depósitos consubstanciam o 'lado negro' da transformação da maturidade desses produtos, o contágio ao setor financeiro de outras regiões integradas, consubstancia igualmente o 'lado negro' da integração financeira[143].

Atentos estes argumentos, a proposta legislativa do EDIS, que implica a coordenação entre os Fundos de Garantia nacionais e um Fundo de Garantia Europeu, compreende uma edificação por três etapas ao largo de oito

[143] Sobre este argumento, a literatura económica concentra-se em três canais de contágio financeiro: i) o contágio financeiro que deflagra da integração dos bancos entre si, por força da sua consolidação transfronteiriça ou por força do seu recurso ao mercado interbancário a que recorrem para se protegerem contra choques de liquidez idiossincráticos. Este contágio pode dar-se igualmente pela difusão de informação de que há deficiências nos balanços dos bancos com raízes noutros países, ii) Em segundo lugar, pode haver um contágio financeiro por via das dívidas soberanas nacionais, se os bancos tiverem uma carteira de diferentes dívidas soberanas para diversificar este risco, no caso de as mesmas partilharem uma mesma moeda e/ou um contexto institucional comum, levando este choque ao risco de redenominação e, por fim iii) o contágio financeiro pode dar-se mesmo que os sistemas bancários nacionais ou dívidas soberanas não estejam internacionalmente integradas, quando o estão os mercados de capitais. Sobre estes argumentos económicos *vide* Ettore Panetti, *The Economics of the European Deposit Insurance Scheme*, cit., 71-73.

anos[144]. A relatora do Parlamento Europeu, Esther de Langue, no relatório desta instituição *supra*referido neste texto, adotou uma posição mais restrita, cautelosa e condicional do que a Comissão sufragando apenas duas fases de implementação e um cronograma distinto.

A fim de facilitar consensos, a Comissão publicou, em outubro de 2017[145], uma Comunicação adicional em que sugere alguns eixos de convergência para a aprovação do EDIS, consubstanciando importantes desvios no desenho e substância do mesmo face à proposta legislativa de 2015. Uma das ideias centrais passa pela introdução mais gradual do EDIS ao invés de uma implementação por três fases ainda que se reitere a incompletude da União Bancária sem o terceiro pilar.

Nas orientações políticas da nova Comissão, a Presidente Von der Leyen enfatizou a necessidade de um Sistema de Garantia de Depósitos para a Europa. Esta posição foi, desde então reforçada, por um artigo de opinião do Ex-Ministro das Finanças, Olaf Scholz, sobre os objetivos da União Bancária em que considera como significativamente relevante o passo do EDIS. Em dezembro de 2020, as três instituições da UE chegaram a acordo sobre as prioridades legislativas, incluindo o EDIS, no documento de trabalho correspondente[146].

A opinião dos vários *stakeholders* europeus encontra-se dividida sobre qual a melhor forma de consecução do EDIS, ainda que exista consenso sobre a necessidade de existir um Sistema Europeu de Garantia de Depósitos: este é o passo em falta para completar a União Bancária. Os próximos tempos serão decisivos para o futuro deste diploma.

A França é um importante Estado Membro na discussão política deste pacote e afirmou o seu *stance* aquando da presidência do Conselho no pri-

[144] Numa primeira fase de 'resseguro', o recém-criado EDIS proporcionaria um montante específico de assistência à liquidez e absorveria um montante específico da perda final do esquema nacional em caso de pagamento ou resolução. Numa segunda fase, de 'co-seguro', que duraria quatro anos, o esquema nacional não teria de ser esgotado antes de se aceder ao EDIS. O EDIS absorveria uma parte progressivamente maior de quaisquer perdas ao longo desses quatro anos, em caso de pagamento e/ou resolução. Os regimes nacionais e europeus cofinanciariam a intervenção. Por fim, a terceira e última fase de 'seguro total' em que o EDIS substituiria completamente os sistemas nacionais e seria o único esquema de garantia para depósitos de bancos da zona euro.

[145] Acessível em:
https://eur-lex.europa.eu/legal-content/PT/TXT/PDF/?uri=CELEX:52017DC0592&from=PT.

[146] Acessível em:
https://eur-lex.europa.eu/legal-content/PT/TXT/PDF/?uri=CELEX:52017DC0592&from=PT.

meiro semestre de 2022. Nomeadamente tome-se em linha de conta as ideias transmitidas pelo Presidente do Banco de França no seu discurso no Eurofi Financial fórum[147] que enfatiza a relevância deste pacote legislativo para o projeto de convergência bancária. Para além de reforçar os objetivos de uma maior integração da União Bancária, entende que a completude do terceiro pilar é relevante pois de um ponto de vista *micro*, é uma questão de estratégia para a melhor e mais eficaz atuação dos Grupos Bancários e Financeiros pan-europeus[148], e ao nível *macro*, promove a partilha de risco. A discussão continua, neste último ponto, focada nos mecanismos de estabilização públicos nomeadamente a ausência de uma política fiscal comum. A este respeito, um dos pontos principais do seu discurso refere a necessidade de encontrar alternativas mais 'realistas' para o EDIS. Defende que ao alterarmos o nome e conteúdo poderíamos ganhar novamente *momentum* no calendário europeu e progredir na edificação da União Bancária[149]. Sugere o avanço com a designação de 'Mecanismo Comum de Depósitos' que seria, essencialmente, um sistema de apoio de liquidez (sem partilha de perdas) entre Fundos de Garantia nacionais juntamente com uma ideia nova nos termos da qual as filiais estrangeiras das entidades participantes seriam filiais do Fundo de Garantia de origem.

Nessa senda, o primeiro passo seria no sentido de aumentar as alternativas de financiamento disponíveis aos fundos de garantia de depósitos nacionais e, num segundo momento fornecer uma salvaguarda para os países '*host*' (anfitriões) de forma a não suportarem isoladamente os custos de uma crise idiossincrática. No fundo, o que está em causa é a possibilidade de o custo associado ao reembolso dos depósitos de filiais de grupos ban-

[147] Realizado em Ljubljana, Eslovénia, em setembro de 2021. O discurso de François Villeroy de Galhau está disponível em: *The Banking Union – time to move forward again*, disponível em: https://www.bis.org/review/r210921a.htm.

[148] Que, desta forma, poderiam beneficiar de um efeito de escala e combater eficazmente a concorrência de países terceiros nomeadamente dos Estados Unidos.

[149] Texto original em EN: "*On the "third pillar" of the Banking Union, we must acknowledge the intractable oppositions to a fully-fledged EDIS and adopt a more realistic approach. By changing the name and the content, perhaps we could regain momentum and willingness to make progress together. We could call it the "Common deposit mechanism". It would combine a well-known idea with a new one: (i) the well-known idea of a liquidity support system between national DGSs, – and obviously ensuring that each of them is funded as expected – combined with (ii) a renewed approach, in which foreign subsidiaries would be affiliated to the home DGS. The first leg of this new tool would already provide increased funding possibilities. The second leg would provide a serious safeguard to host countries, as they would not bear the cost in the event of an idiosyncratic crisis.*"

cários *cross border* serem cobertos pelos fundos de garantia de depósito do Estado-Membro *home* (casa mãe ou sede dos bancos) (atualmente, os depósitos de filiais de grupos *cross border* são suportados pelo FGD do Estado-Membro *host*, e os depósitos das sucursais de grupos *cross-border* são garantidos pelo FGD do Estado-Membro *home*)[150].

Uma das questões que se coloca é a de saber se abdicar da mutualização de riscos implica, em moeda de troca, a desoneração dos Estados Membros *host* (anfitriões) pelo reembolso dos depósitos das filiais de grupos bancários transfronteiriços que passariam a ser reembolsados pelo FGD do Estado membro *home* (casa mãe).

Poder-se-á inferir deste discurso que a França pretendia, muito provavelmente, imprimir um novo desenho na discussão do EDIS, que será certamente muito distinto daquele que foi pensado pelo legislador em 2015. Em termos estruturais, algo parece certo: o modelo a implementar não assentará na mutualização de riscos, pelo menos numa fase inicial.

A questão que se coloca neste contexto é se nestes moldes em que o EDIS mais não é que um mecanismo de prestação de liquidez, entre fundos de garantia nacionais, se se satisfaz integralmente o projeto de criação de uma genuína União Bancária[151]. Em acréscimo, e com relevância central para o presente estudo, se esta configuração do EDIS tutela verdadeiramente os consumidores depositantes ao assegurar um nível elevado e harmonizado de proteção, independentemente do Estado Membro em que estejam localizados.

É de notar que a existência de um maior *pool* de liquidez é importante para satisfazer necessidades imediatas de reembolso dos depositantes numa situação de insolvência. No entanto, não se suprime com este mecanismo o elo ao soberano e à sua capacidade financeira enquanto mecanismo de proteção (*backstop*) para cumprir essa responsabilidade, podendo dar-se o caso de, no processo de insolvência da instituição, o montante a recuperar

[150] Considere-se a este respeito o exemplo do grupo Banco Popular que tinha uma filial em Portugal. Num cenário em que a filial em Portugal fosse excluída da estratégia de resolução inicialmente delineada para o grupo e, por conseguinte, fosse sujeita a um processo de liquidação, teria de ser o FGD português a suportar os custos associados ao reembolso dos depositantes que, no quadro legal, qualificassem para tal. Acabou por não vir a suceder dado que, entretanto, o grupo foi vendido ao Santander. Não deixa, contudo, de ilustrar o equilíbrio difícil *home-host* associado ao desalinhamento entre centros de decisão (a nível europeu) e centros de custos (nacionais), que é um dos tabuleiros em que se joga a discussão do EDIS.

[151] Na aceção inicial gizada no relatório dos 4 Presidentes de 2012.

ser insuficiente para reembolsar o apoio de liquidez obtido, acrescendo ao endividamento público[152]. Por outro lado, não é imaterial o facto de o horizonte temporal para recuperar massa falida ser, em muitos casos, excessivamente longo. A isto deverá acrescer a consideração de que, hoje em dia, os governos têm limitada capacidade para atuar em situações de *stress* do sistema financeiro.

Na ótica de defesa do consumidor, ponto orientador deste texto, a arquitetura inicial do EDIS é sem dúvida a que maior proteção oferece ao cliente bancário nomeadamente por via de harmonização das regras de reembolso, ao nível europeu, em caso de insolvência das instituições de crédito. Assegurar uma proteção uniforme ao depositante em todo o segmento bancário europeu, independentemente da geografia, é um elemento crucial para preservar a confiança dos depositantes e assim evitar corridas aos bancos, tutelando em último *ratio* a estabilidade financeira da União Bancária[153].

O futuro dirá se esse será o rumo que tomará o pacote legislativo do EDIS ou se o mesmo será abandonado por uma solução de compromisso político em que, mais uma vez, os Estados Membros com maior poder económico determinam, a final, o rumo da União Económica e Monetária.

[152] Em caso de resolução de Instituição de Crédito insolvente, o Estado poderá prestar apoio financeiro excecional nos termos do artigo 153.º-J do RGICSF.

[153] Jacopo Carmassi, Sonja Dobkowitz, Johanne Evrad, Laura Parisi, André Silva e Michael Wedow, *Completing the Banking Union with a European Deposit Insurance Scheme: who is afraid of cross-subsidisation?*, ECB Occasional Paper Series, No 208 (Abril 2018), 13.

SERVIÇOS DE PAGAMENTO E INSTRUMENTOS DE PAGAMENTO: EVOLUÇÕES RECENTES

MARIA RAQUEL GUIMARÃES*

SUMÁRIO: *1. Introdução: serviços de pagamento e evolução tecnológica; 2. Instrumentos de pagamento e regime aplicável; 3. Autenticação do utilizador de serviços de pagamento; 4. Operações fraudulentas de pagamento não autorizadas; 5. Operações fraudulentas de pagamento autorizadas ou facilitadas pelo utilizador; 6. Ónus da prova*

1. Introdução: serviços de pagamento e evolução tecnológica

Os serviços de pagamento são elencados no mais recente *Regime Jurídico dos Serviços de Pagamento e da Moeda Electrónica* (RSP 2), Anexo ao Decreto-Lei n.º 91/2018, de 12 de Novembro[1], de uma forma muito ampla,

* Professora Associada da Faculdade de Direito da Universidade do Porto; investigadora do CIJE – Centro de Investigação Jurídico-Económica (U.Porto) e do Grupo de Investigación Reconocido sobre Derecho de las Nuevas Tecnologias y Delincuencia Informática (U.Valladolid). O presente estudo foi realizado no âmbito do Projecto de Investigação *"It's a wonderful (digital) world": O direito numa sociedade digital e tecnológica* desenvolvido pelo CIJE (2018/2022), de que são Investigadoras Principais Rute Teixeira Pedro e Maria Raquel Guimarães.

[1] O RSP 2 veio transpor para o direito interno a Directiva (UE) 2015/2366 do Parlamento Europeu e do Conselho de 25 de Novembro de 2015 relativa aos serviços de pagamento no mercado interno, que altera as Directivas 2002/65/CE, 2009/110/CE e 2013/36/UE e o Regulamento (UE) n.º 1093/2010, e que revoga a Directiva 2007/64/CE, *in JO* L 337/35, 23.12.2015 (DSP 2). Revogou o primeiro *Regime jurídico dos serviços de pagamento e da moeda*

sem alusão às tecnologias utilizadas, abrangendo uma grande variedade de "operações de pagamento" – no sentido da alínea *ii)* do seu artigo 2.º –, como o depósito e levantamento de numerário, a execução de operações de pagamento mediante a transferência de fundos depositados ou a utilização de uma linha de crédito – incluindo débitos directos, operações de pagamento através de cartões e transferências a crédito –, bem como a emissão de instrumentos de pagamento, o envio de fundos e os novos serviços de *open banking* de iniciação de pagamentos e de informação sobre contas[2].

A actividade de prestação de serviços de pagamento tem evoluído de um modo significativo na última década, com a introdução de novas tecnologias, que permitem a criação de instrumentos de pagamento "desmaterializados", mais ágeis e cómodos, e com a consequente *mobilização* dos serviços oferecidos[3]. A *mobilização* dos serviços de pagamento leva a que as operações de pagamento sejam realizadas muitas vezes em redes públicas, através de dispositivos com pequena ou nenhuma capacidade de suportar actualizações de segurança, mediante a utilização de palavras-passe e códigos de acesso inseguros e até gravados no próprio dispositivo, onde aplicações de pagamento e sistemas de *homebanking* convivem com aplicações de redes sociais, jogos, e outras, muitas vezes de origem desconhecida e que funcionam como canais de recolha de dados pessoais.

electrónica (RSP 1), incluído no Decreto-Lei n.º 317/2009, de 30 de Outubro – mais propriamente no seu Anexo I –, e alterado pelo Decreto-Lei n.º 242/2012, de 7 de Novembro. Por sua vez, o RSP 1 havia transposto para o direito nacional a Directiva 2007/64/CE do Parlamento Europeu e do Conselho, de 13 de Novembro de 2007, relativa aos serviços de pagamento no mercado interno, que altera as Directivas 97/7/CE, 2002/65/CE, 2005/60/CE e 2006/48/CE e revoga a Directiva 97/5/CE, *in JO* L 319/1, 5.12.2007 [(DSP 1), revogada, portanto, pela DSP 2] e a Directiva 2009/110/CE, do Parlamento Europeu e do Conselho, de 16 de Setembro, relativa ao acesso à atividade das instituições de moeda eletrónica, ao seu exercício e à sua supervisão prudencial, *in JO* L 267/7, 10.10.2009.

[2] Cfr. o artigo 4.º do RSP 2, bem como as operações excluídas do seu âmbito de aplicação, enumeradas no artigo 5.º. Os novos serviços de iniciação de pagamento e de informação sobre contas são definidos nas alíneas *tt)* e *uu)* do artigo 2.º do RSP 2. Entre nós, para mais desenvolvimentos sobre os serviços de iniciação de pagamento, v. Patrícia Alexandra Paiva Duarte, "Os serviços de iniciação de pagamento no novo RSP", *in RED – Revista Electrónica de Direito*, vol. 25, n.º 2, Junho, 2021, p. 41 ss.

[3] O Banco de Portugal referiu-se em 2019 ao impacto da tecnologia nos serviços de pagamento como um "processo de disrupção tecnológica sem precedentes". *Vide* Banco de Portugal, *Relatório dos Sistemas de Pagamentos – 2019*, Lisboa, 2020, *in* <https://www.bportugal.pt/sites/default/files/anexos/pdf-boletim/rsp2019_0.pdf> (28.11.2021), p. 44 ss.

Verificou-se, por outro lado, a abertura do mercado de pagamentos a prestadores de serviços não tradicionais, que operam com base em informações armazenadas por instituições financeiras ou bancárias, sobrepondo os seus serviços àqueles prestados por estas últimas, criando uma nova "camada" de serviços de pagamento "*over-the-top*" (OTT), hoje já abrangidos pela disciplina vigente dos serviços de pagamento[4].

A utilização de novas tecnologias associadas a instrumentos de pagamento "clássicos" ou de novos instrumentos de pagamento, electronicamente mais sofisticados, para a realização de operações de pagamento à distância e presenciais, obrigam, porém, a repensar as medidas de segurança adoptadas. A intervenção do legislador europeu em 2015 e a subsequente intervenção do legislador nacional três anos mais tarde foram também

[4] Estes novos operadores no mercado dos serviços de pagamento começaram por prestar os seus serviços ao abrigo do princípio da liberdade contratual e sem a cobertura da lei, tendo a decisão de os abranger nas novas regras europeias dos serviços de pagamento sido considerada pela doutrina como uma das alterações mais significativas introduzidas em 2015 pela DSP 2 (cfr. os "considerandos" 27-29). Assim, M.ª Nieves Pacheco Jiménez, "La nueva directiva 2015/2366 de servicios de pago en el mercado interior", *in Revista CESCO de Derecho de Consumo*, n.º 16/2016, p. 141, <https://revista.uclm.es/index.php/cesco> (25.11.2021); Mary Donnelly, "Payments in the digital market: Evaluating the contribution of Payment Services Directive II", *in Computer Law & Security Review*, n.º 32, 2016, pp. 829-832; Reinhard Steennot, "Reduced payer's liability for unauthorized payment transactions under second Payment Services Directive (PSD2)", *in Computer Law & Security Review*, n.º 34, 2018, pp. 954-956; Francisco Mendes Correia, "Uma revolução permanente? A DSP 2 e o novo Direito dos Serviços de Pagamento", *in III Congresso de Direito Bancário*, L. Miguel Pestana de Vasconcelos (coord.), Coimbra, Livraria Almedina, 2018, pp. 388, 394-395; e Maria Raquel Guimarães, "The transposition of PSD2: Decree-Law 91/2018 of 12 November, the Portuguese experience and what may (or may not) change", *in L'attuazione della seconda direttiva sui servizi di pagamento e "open banking" / The Transposition of PSD2 and Open Banking*, a cura di/(Edd.) E. Bani, V. De Stasio, A. Sciarrone Alibrandi, Bergamo, Sestante Edizioni, 2021, pp. 143-144. Nas palavras expressivas do Banco de Portugal, *Relatório dos Sistemas de Pagamentos – 2019*, cit., p. 44, "os bancos deixaram de ter o monopólio de dados sobre os seus clientes e foram obrigados a partilhá-los com novos prestadores de serviços de pagamento devidamente autorizados, o que tornou as contas bancárias numa espécie de 'matéria-prima', sobre a qual poderão ser desenvolvidos serviços inovadores". Para mais desenvolvimentos sobre as questões de privacidade e segurança dos clientes que estes serviços colocam, sobretudo em virtude do processamento de dados bancários em larga escala, ver P.T.J. Wolters / B.P.F. Jacobs, "The security of access to accounts under PSD 2", *in Computer Law & Security Review*, n.º 35, 2019, pp. 29-41.

motivadas por preocupações com a segurança[5]. Desde logo, pretendeu-se reforçar a segurança dos serviços de pagamento oferecidos sobretudo por via electrónica e evitar a intromissão de terceiros com vista à realização de operações fraudulentas. E foi também intenção do legislador diminuir os riscos associados aos pagamentos fraudulentos a suportar pelo utilizador de serviços de pagamento, sempre que estas operações fraudulentas não possam ser evitadas.

Pretendemos neste capítulo abordar as mais recentes regras que regem a execução das ordens de pagamento e as consequências que advêm da não autorização destas ordens pelo utilizador dos serviços de pagamento.

2. Instrumentos de pagamento e regime aplicável

A prestação de serviços de pagamento tem com frequência na sua base a utilização de um instrumento de pagamento, emitido em consequência da celebração de um contrato-quadro de utilização de um instrumento de pagamento. Este contrato-quadro é um contrato não negociado, elaborado unilateralmente, a que o utilizador do instrumento de pagamento adere "em bloco", sob pena de não aceder ao serviço prestado. Está, nesta medida, sujeito ao controlo de inclusão e ao controlo de conteúdo das suas cláusulas que decorre da aplicação do Decreto-Lei n.º 446/85, de 25 de Outubro. O legislador europeu, em 2015, chamou a atenção para os limites que se impõem às cláusulas contratuais gerais que integram os contratos de emissão e de utilização destes instrumentos de pagamento, dizendo que estas "têm de ser objetivas, não discriminatórias e proporcionais", tendo a mesma fórmula sido adoptada pelo legislador nacional em 2018[6].

O RSP 2 define instrumento de pagamento em termos muito latos, enquanto "*dispositivo personalizado ou conjunto de procedimentos acordados entre o utilizador e o prestador de serviços de pagamento e a que o utilizador de serviços de pagamento recorra para emitir uma ordem de pagamento*", ou seja, para desencadear "*o ato (...) de depositar, transferir ou levantar fundos, independentemente de quaisquer obrigações subjacentes entre o ordenante e o beneficiário*"[7]. Cabem nesta

[5] O reforço da segurança dos serviços de pagamentos, sobretudo realizados por via electrónica, é apontado como um dos desígnios da PSD 2 nos seus "considerandos" 95 e 96.

[6] Cfr. o artigo 69.º, n.º 1, alínea *a)*, da DSP 2 e o artigo 110.º, n.º 1, alínea *a)*, do RSP 2. Para mais desenvolvimentos sobre a caracterização deste contrato como um contrato de adesão, ver Maria Raquel Guimarães, *O contrato-quadro no âmbito da utilização de meios de pagamento electrónicos*, Coimbra, Wolters Kluwer/Coimbra Editora, 2011, pp. 261-268.

[7] Cfr. as alíneas *aa)* e *ii)* do artigo 2.º do RSP 2.

noção instrumentos muito díspares, onde se incluem os cartões de pagamento – "instrumentos de pagamento baseados em cartões"[8] –, de crédito ou de débito, mas também os procedimentos acordados para a realização de um pagamento através de *sites* de banca electrónica, aplicações móveis, como o *MB Way*[9], mensagens de correio electrónico, e até procedimentos de emissão de ordens de pagamento através de formulários em papel[10]. O Tribunal Europeu de Justiça teve a oportunidade de se pronunciar no sentido da inclusão destes últimos procedimentos no caso *T-Mobile Austria*, tendo entendido que a noção de instrumento de pagamento "é suscetível de cobrir um conjunto de procedimentos não personalizados, acordados entre o utilizador e o prestador de serviços de pagamento, aos quais o utilizador recorre para iniciar uma ordem de pagamento"[11], abrangendo, portanto, "a emissão de uma ordem de transferência mediante um formulário de transferência com a assinatura manuscrita do ordenante"[12].

Um mesmo dispositivo – como um computador ou um telemóvel – pode conter diferentes instrumentos de pagamento, tantos quantas as aplicações de pagamento que tenha instaladas ou aplicações de *home banking*[13]. Assim, impõe-se ao titular dos diferentes instrumentos de pagamento a sua utili-

[8] A noção de "instrumento de pagamento baseado em cartões" surge na alínea *bb)* do artigo 2.º do RSP 2.

[9] O *MB Way* é uma aplicação móvel, que se anuncia como "o Multibanco no telemóvel", e permite, entre outras operações, "espelhar" um cartão de débito no telemóvel a fim de realizar pagamentos *contactless* em terminais de pagamento electrónico, transferir e receber fundos para/de outros dispositivos móveis, e gerar códigos – enviados por SMS – que, associados a um número de telefone móvel, permitem o levantamento de numerário directamente em caixas automáticas. Cfr. <https://www.mbway.pt/>, (29.11.2021).

[10] Assim, Reinhard Steennot, "Liability for unauthorized payment transactions: the transposition of PSD2 in Belgium", *in L'attuazione della seconda direttiva sui servizi di pagamento e "open banking" / The Transposition of PSD2 and Open Banking*, a cura di/(Edd.) E. Bani, V. De Stasio, A. Sciarrone Alibrandi, Bergamo, Sestante Edizioni, 2021, p. 175, e Maria Raquel Guimarães / Reinhard Steennot, "Allocation of liability in case of payment fraud: who bears the risk of innovation? A comparison of Belgian and Portuguese law in the context of PSD2", *in European Review of Private Law (ERPL)*, Volume 30, Issue 1, 2022, § 14.

[11] TJUE, Processo C-616/11, *T-Mobile Austria*, 9 de Abril de 2014, ECLI:EU:C:2014:242, § 35. O Tribunal apreciou a noção de "instrumento de pagamento" à luz da Directiva 2007/64/CE (PSD 1), que previa uma noção idêntica à consagrada na DSP 2. Cfr. § 29 ss., em especial §§ 38, 41, 44.

[12] *Idem*, § 38.

[13] Maria Raquel Guimarães / Reinhard Steennot, "Allocation of liability in case of payment fraud...", cit., § 15.

zação nos termos dos contratos-quadro respectivos, devendo ser tomadas "todas as medidas razoáveis" para preservar a segurança das credenciais de segurança que lhes estão associadas[14]. Do mesmo modo, em caso de perda ou extravio do dispositivo, impõe-se ao seu utilizador o dever de comunicar esse extravio, sem atraso injustificado, a cada um dos prestadores dos serviços de pagamento que emitiu os diferentes instrumentos de pagamento[15].

O mesmo instrumento de pagamento pode, por sua vez, incluir diferentes funcionalidades, como acontece nos cartões multifunções – nomeadamente de crédito e de débito –, definidas no contrato-quadro de utilização que gera a emissão do instrumento e fixa os termos da sua utilização[16].

O mesmo acontece com a função *contactless*, também identificada pela sigla NFC – *Near Field Communication* – que alguns cartões ou aplicações de telemóveis contêm. Esta funcionalidade incluída num instrumento de pagamento permite a realização de operações de pagamento sem a necessidade de outro elemento de autenticação do seu titular para além da exibição do próprio cartão – portanto sem a autenticação forte que a lei exige, que analisaremos *infra* –, e está limitada a pagamentos até 50€ e até a um total acumulado de 150€ ou de cinco operações sucessivas, exigindo-se seguidamente a autenticação do titular, nomeadamente através da marcação de um PIN no terminal de pagamento[17]. Trata-se de uma *funcionalidade* incorporada num instrumento de pagamento, que o titular pode escolher utilizar ou não em cada operação, e não de um novo instrumento de pagamento distinto do instrumento de pagamento em que está incorporada.

Nesta medida, não podemos seguir a posição adoptada pelo Tribunal Europeu de Justiça no caso *DenizBank*, e apoiada pelas conclusões advogado-geral, segundo a qual "a utilização da função NFC de um cartão bancário associado a uma conta bancária individual representa um conjunto de procedimentos não personalizados que deve ter sido acordado entre o utili-

[14] Cfr. o artigo 110.º, n.º 1, alínea *a)*, e n.º 2, do RSP 2.

[15] Cfr. o artigo 110.º, n.º 1, alínea *b)*, do RSP 2.

[16] Sobre os cartões *multifunções* ou *multifuncionais*, v. o nosso *As transferências electrónicas de fundos e os cartões de débito. Alguns problemas jurídicos relacionados com as operações de levantamento de numerário e de pagamento por meios electrónicos*, Coimbra, Livraria Almedina, 1999, pp. 64-65.

[17] Cfr. o artigo 11.º do Regulamento Delegado (UE) 2018/389 da Comissão de 27 de Novembro de 2017 que complementa a Diretiva (UE) 2015/2366 do Parlamento Europeu e do Conselho no que respeita às normas técnicas de regulamentação relativas à autenticação forte do cliente e às normas abertas de comunicação comuns e seguras, *in JO* L 69, 13.03.2018, pp. 23-43.

zador e o prestador de serviços de pagamento e que são utilizados para iniciar uma ordem de pagamento, pelo que esta função constitui um 'instrumento de pagamento', na aceção do artigo 4.º, ponto 14, segunda hipótese, da Diretiva 2015/2366"[18].

A função NFC ou "sem contacto" não corresponde a um instrumento de pagamento *ad hoc* mas, como dissemos, a uma funcionalidade incluída nalguns instrumentos de pagamento que permite aligeirar a autenticação do utilizador em determinadas operações, com limites de valores e de frequência de utilização. A natureza do instrumento de pagamento é estabelecida no contrato-quadro de utilização bem como as utilizações que suporta, nomeadamente uma utilização *contactless*. E a natureza do instrumento de pagamento não muda ao fim de cada cinco operações sucessivas ou em função do valor do pagamento ou do valor acumulado de pagamentos, nem sequer o instrumento de pagamento pode ser considerado de forma intermitente como um "instrumento de baixo valor", para efeitos de aplicação das derrogações do artigo 102.º, n.º 1, dependendo do valor de cada pagamento realizado[19]. A não ser assim, teríamos que considerar que também os cartões multifuncionais incorporam diferentes instrumentos de pagamento e mesmo um cartão de crédito, que pode ser utilizado presencialmente, mediante a marcação de um código secreto num terminal de pagamento, e à distância, mediante a indicação do nome do titular, número, e data de validade, acrescidos de um código gerado para a operação em causa e enviado para um dispositivo móvel, incorporaria dois instrumentos de pagamento distintos, consoante a modalidade de utilização[20].

Desde logo, seguindo as considerações do TJUE, o prestador de serviços de pagamento incumpriria a sua obrigação de não enviar um instrumento de pagamento não solicitado ao utilizador sempre que substituísse um cartão de pagamento sem função *contactless* por outro que incorporasse essa função, na medida em que lhe estaria a enviar um novo instrumento de pagamento[21].

[18] TJUE, Processo C-287/19, *DenizBank AG*, 11 de Novembro de 2020, ECLI:EU:C:2020:897, § 75.

[19] Maria Raquel Guimarães / Reinhard Steennot, "Allocation of liability in case of payment fraud...", cit., § 50.

[20] *Idem*, § 16.

[21] Cfr. o artigo 111.º, n.º 1, alínea *b)*, do RSP 2. Assim, Maria Raquel Guimarães / Reinhard Steennot, "Allocation of liability in case of payment fraud...", cit., § 17.

3. Autenticação do utilizador de serviços de pagamento

O RSP 2 exige que a autenticação do utilizador dos serviços de pagamento necessária para autorizar uma operação de pagamento electrónica seja uma autenticação *forte*[22], definida como "*uma autenticação baseada na utilização de dois ou mais elementos pertencentes às categorias conhecimento (algo que só o utilizador conhece), posse (algo que só o utilizador possui) e inerência (algo que o utilizador é), os quais são independentes, na medida em que a violação de um deles não compromete a fiabilidade dos outros, e que é concebida de modo a proteger a confidencialidade dos dados de autenticação*"[23].

No seu artigo 104.º, n.º 2, o RSP 2 estipula ainda que nas operações de pagamento "remotas" a autenticação forte do cliente terá que incluir "*elementos que associem de forma dinâmica a operação a um montante específico e a um beneficiário específico*"[24]. Para estas operações à distância a lei não se basta já com uma autenticação baseada em dois elementos distintos e exige uma ligação "dinâmica" entre os elementos de autenticação exigidos e a operação de pagamento, o seu montante e o seu beneficiário. Pretende-se reforçar os mecanismos de identificação do utilizador dos serviços de pagamento que emite uma ordem de pagamento à distância, nomeadamente através de uma operação de banca electrónica ou mediante a utilização de um cartão de pagamento *online* e, nesta medida, aumentar a sua confiança no comércio electrónico e nas operações de pagamento à distância.

O Regulamento Delegado (UE) 2018/389 da Comissão, de 27 de Novembro de 2017, prevê, porém, a possibilidade de isenção dos requisitos de autenticação forte em algumas situações, como no caso dos pagamentos *contactless*, nos termos já apontados, e das operações de pequeno valor "remotas"[25], ou ainda dos pagamentos a favor de "beneficiários fiáveis",

[22] Cfr. o artigo 104.º, n.º 1, do RSP 2; os artigos 4.º, n.º 1, e 5, n.º 1, do Regulamento Delegado (UE) 2018/389 da Comissão de 27 de Novembro de 2017; e artigo 97.º, n.º 1, da DSP 2.

[23] Cfr. o artigo 2.º, alínea *d)*, do RSP 2.

[24] Ver também o artigo 97.º, n.º 2 da DSP 2. São operações de pagamento "remotas" as operações de pagamento iniciadas "*através da Internet ou através de um dispositivo que possa ser utilizado para comunicação à distância*:" artigo 2.º, alínea *kk)*, do RSP 2; e artigo 4.º, n.º 6, da DSP 2.

[25] Conforme dissemos *supra*, esta isenção de autenticação forte para as operações *contactless* está limitada aos pagamentos até 50€ e até a um total acumulado de 150€ e de cinco operações sucessivas. No caso das operações "remotas" de pequeno valor, a isenção até limitada aos pagamentos até 30€ e ao montante acumulado de 100€ e de cinco operações sucessivas. Cfr. os artigos 11.º e 16.º do referido Regulamento.

devidamente credenciados, ou de operações recorrentes[26], justificadas pelo menor risco que apresentam[27].

O reforço dos requisitos de autenticação do utilizador de serviços de pagamento surge acompanhado no RSP 2 de novas soluções em matéria de pagamentos não autorizados, no sentido de incentivar a utilização de tecnologia mais segura por parte dos prestadores de serviços de pagamento e de promover a confiança dos seus utilizadores, favorecendo o mercado de pagamentos electrónicos.

4. Operações fraudulentas de pagamento não autorizadas

O disposto em matéria de requisitos de autenticação do utilizador para a realização de pagamentos electrónicos leva a que o RSP 2 venha consagrar que "*[s]e o prestador de serviços de pagamento do ordenante não exigir a autenticação forte do ordenante, este não deve suportar quaisquer perdas relativas a operação de pagamento não autorizada, salvo se tiver agido fraudulentamente*"[28]. Acrescenta-se ainda que caso "*o beneficiário ou o seu prestador de serviços de pagamento não aceite a autenticação forte do cliente, reembolsa os prejuízos financeiros causados ao prestador de serviços de pagamento do ordenante*"[29].

Assim, as perdas resultantes das operações de pagamento realizadas fraudulentamente por um terceiro *online*, sem autenticação "dinâmica", mediante a mera indicação dos dados impressos num cartão de crédito ou de débito – nome, número do cartão, data de validade, código de verificação –, ou das transferências não autorizadas efectuadas através da banca

[26] Cfr. os artigos 13.º e 14.º do Regulamento Delegado (UE) 2018/389 da Comissão, de 27 de Novembro de 2017.

[27] Cfr. os "considerandos" 9-12 do Regulamento Delegado (UE) 2018/389.

[28] Cfr. o artigo 115.º, n.º 5, do RSP 2 e o artigo 74.º, n.º 2, da DSP 2. Defendíamos já esta solução à luz do regime de 2009, entretanto revogado, embora não resultasse expressamente da redacção da lei, que não tratava directamente a questão: "(Ainda) a responsabilidade pelo uso indevido de instrumentos de pagamento electrónicos em operações presenciais e à distância, Análise do regime introduzido pelo Anexo I do Decreto-Lei n.º 317/2009, de 30 de Outubro (RSP), e das alterações que se perspectivam face à Proposta de Directiva do Parlamento Europeu e do Conselho, de 24 de Julho de 2013", *in I Congresso de Direito Bancário*, L. Miguel Pestana de Vasconcelos (coord.), Coimbra, Livraria Almedina, 2015, pp. 133-139, e "A fraude no comércio electrónico: o problema da repartição do risco por pagamentos fraudulentos", *in Infracções Económicas e Financeiras: Estudos de Criminologia e de Direito*, José Neves Cruz, Carla Cardoso, André Lamas Leite, Rita Faria (coords.), Coimbra, FDUP/Coimbra Editora, 2013, pp. 592-594.

[29] Cfr. o artigo 115.º, n.º 6, do RSP 2.

electrónica, inserindo apenas o código secreto do titular da conta e uma ou mais coordenadas impressas num cartão-matriz – que têm frequentemente ocupado os nossos tribunais[30] –, nunca serão suportadas pelo titular do cartão ou da conta a menos que este tenha actuado de modo fraudulento, o que equivale a dizer que o prestador do serviço terá que fazer prova desta actuação fraudulenta para imputar as perdas sofridas ao seu cliente[31]. Em todas as demais situações, será o prestador dos serviços de pagamento que arcará com as consequências de não exigir uma autenticação "qualificada", "dinâmica", do seu cliente, a menos que a inexigência de uma autenticação "qualificada" seja devida ao beneficiário de pagamento ou ao seu prestador de serviços de pagamento, hipótese em que serão estes a suportar os prejuízos, como dissemos *supra*.

Também nos casos em que a inexistência de uma autenticação forte se verifica a coberto da lei, como acontecerá nos pagamentos *contactless* dentro dos limites de valores fixados pelo artigo 11.º do Regulamento Delegado (UE) 2018/389, o utilizador do instrumento de pagamento não suportará quaisquer prejuízos decorrentes de operações não autorizadas. A lei não prevê a derrogação desta regra para estas situações e nem sequer a qualificação, muito discutível, dos instrumentos *contactless* como "instrumentos de pagamento de baixo valor" utilizados "de forma anónima" – para os efeitos da alínea *b)* do n.º 1 do artigo 102.º do RSP 2 – confere a possibilidade do disposto no artigo 115.º, n.º 5, ser afastado contratualmente[32]. Nesta medida,

[30] Para uma análise da jurisprudência nacional que tem apreciado as operações não autorizadas de banca electrónica realizadas com recurso a um cartão-matriz, ver MARIA RAQUEL GUIMARÃES, "O *phishing* de dados bancários e o *pharming* de contas. Análise jurisprudencial", *in III Congresso de Direito Bancário*, L. Miguel Pestana de Vasconcelos (coord.), Coimbra, Livraria Almedina, 2018, pp. 405-432.

[31] Haverá nomeadamente uma actuação fraudulenta do utilizador do serviço de pagamento quando foi ele próprio o autor das operações que imputa a um terceiro ou quando este terceiro é um seu cúmplice no esquema fraudulento.

[32] Esta qualificação foi adoptada pelo TJUE, no caso *DenizBank AG* já referido, §§ 89-93. No entanto, parece-nos que o TJUE considerou, indevidamente, como já defendemos *supra*, que a função "sem contacto" do cartão de pagamento constituía um instrumento de pagamento *autónomo* do instrumento de pagamento "personalizado" em que o cartão se traduz. E considerou que este segundo instrumento de pagamento "de baixo valor" seria um instrumento "não personalizado" e, portanto, de "utilização anónima", permitindo que "qualquer pessoa que tenha acesso ao referido cartão po[ssa] efetuar [um] pagamento, dentro do limite máximo autorizado, incluindo sem o consentimento do titular da conta, em caso de perda, furto ou apropriação indevida do cartão" (§ 87). No entanto, os cartões de pagamento com uma função *contactless* não se transformam em títulos ao portador para os efeitos específicos

terá que ser o prestador de serviços de pagamento a suportar o risco da utilização não autorizada dos instrumentos de pagamento *contactless*, risco esse que será certamente compensado pelo aumento da utilização destes instrumentos, potenciado pela facilidade e simplicidade que lhes está associada. Só assim se cumpre o propósito do legislador europeu de "permitir o desenvolvimento de meios de pagamento acessíveis e de fácil utilização para pagamentos de baixo risco, como, por exemplo, os pagamentos de baixo valor através de tecnologia de leitura por aproximação (*contactless*), sejam eles baseados num telemóvel ou não"[33]. Esta foi também a posição assumida expressamente pela Autoridade Bancária Europeia (EBA – *European Banking Authority*) no seu *Single Rulebook* quando questionada sobre quem deveria arcar com os prejuízos em caso de operações isentas de autenticação forte levadas a cabo fraudulentamente[34]. No mesmo sentido teve a oportunidade de se pronunciar também o Banco de Portugal[35].

Não obstante, o Tribunal Europeu de Justiça, no caso *DenizBank*, afirmou, *en passant*, que se "deve considerar que um cliente que escolheu beneficiar de um instrumento de pagamento simplificado e sem necessidade de identificação para os pagamentos de baixo valor, como a função NFC,

da realização de cinco pagamentos até 50€ e com o limite acumulado de 150€, e se, de facto, é possível levar a cabo pagamentos sem autenticação forte, isso não significa que a actuação não autorizada de um terceiro seja lícita, tal como ocorre com a realização de pagamentos *online* mediante a simples indicação dos dados impressos num cartão de pagamento, uma vez que este terceiro não é o titular do cartão. A simplificação, dentro dos limites definidos, da autenticação do titular do instrumento de pagamento não interfere com a sua natureza, como, de resto, resulta claramente do Regulamento Delegado (UE) 2018/389, que distingue, para efeitos da isenção de autenticação forte, as hipóteses de "pagamentos sem contacto no ponto de venda" (artigo 11.º) e de "operações de pequeno valor" (artigo 16.º), cujos valores máximos são, inclusive, distintos: 50€ e 30€, respectivamente [artigo 102.º, n.º 1, do RSP 2 e artigos 11.º e 16.º do Regulamento Delegado (UE) 2018/389]. Sobre o tema, no sentido aqui defendido, v. Maria Raquel Guimarães / Reinhard Steennot, "Allocation of liability in case of payment fraud...", cit., §§ 39, 49, 50.

[33] Cfr. o "considerando" 96 da DSP 2.

[34] EBA, *Single Rulebook Q&A*, Topic "Strong customer authentication and common and secure communication (incl. access)", question 2018_4042: "Unless the payer acted fraudulently, the payer's PSP is liable towards that payer for transactions carried out without SCA. If the PSP of the payee triggers an SCA exemption and the transaction is carried out without an SCA, the payee's PSP will be liable towards the payer's PSP for the financial damage caused", *in* <https://www.eba.europa.eu/single-rule-book-qa/-/qna/view/publicId/2018_4042> (29.11.2021).

[35] Banco de Portugal, *Relatório dos Sistemas de Pagamentos – 2019*, cit., p. 41.

aceitou ficar eventualmente exposto aos efeitos das limitações convencionais da responsabilidade do prestador que são permitidas ao abrigo desta disposição", sem deixar claro que a regra da não imputação de prejuízos ao utilizador quando não tenha havido autenticação forte não admite derrogações contratuais e não se encontra incluída no leque de limitações convencionais previstas para os pagamentos de baixo valor[36]. Ainda que não tenha posto em causa a aplicação do disposto no n.º 2 do artigo 74.º da DSP 2 – e n.º 5 do artigo 115.º do nosso RSP 2 – no caso dos pagamentos "sem contacto", o Tribunal Europeu veio, desnecessariamente, introduzir alguma perturbação na interpretação do preceito.

Nas situações em que a operação fraudulenta de pagamento é realizada com autenticação forte do ordenante, ou autenticação forte "qualificada", sempre que a lei a exige, e resulta do "extravio" do instrumento de pagamento – a lei refere-se à perda, furto, roubo ou a apropriação abusiva de um instrumento de pagamento[37] –, o risco assumido pelo titular do instrumento de pagamento foi reduzido pelo RSP 2 para 50 euros[38]. Preve-se, porém, um agravamento deste valor até ao limite do saldo disponível ou da linha de crédito associada à conta ou ao instrumento de pagamento para os casos em que tenha havido negligência grosseira do seu titular[39].

Se o extravio do instrumento de pagamento não puder ser detectado pelo utilizador antes da realização de uma operação não autorizada – porque o instrumento de pagamento se encontra na sua posse, bem como os demais dispositivos de segurança que lhe estejam associados, como um telemóvel para onde são enviados os códigos dinâmicos necessários às operações ou *tokens* que geram códigos para cada operação individual –, nomea-

[36] TJUE, Processo C-287/19, *DenizBank AG*, 11 de Novembro de 2020, cit., § 91.

[37] Cfr. o n.º 1 do artigo 115.º do RSP 2. Esta hipótese poderá resultar da perda ou furto de um telemóvel através do qual se assegura a recepção dos códigos dinâmicos gerados para cada operação ou do seu acesso por um terceiro através de um *software* malicioso, associados a um esquema de *phishing* pelo qual são obtidas as credenciais de acesso a uma determinada conta bancária *online* ou aplicação de pagamento.

[38] Cfr. o n.º 1 do artigo 115.º do RSP 2. No artigo 72.º, n.º 1, do anterior regime, o RSP 1, previa-se um montante de 150 euros, para circunstâncias idênticas, ainda que para a hipótese de apropriação abusiva de um instrumento de pagamento se exigisse a "*quebra da confidencialidade dos dispositivos de segurança personalizados imputável ao ordenante*".

[39] Cfr. o n.º 4 do artigo 115.º do RSP 2. Acrescenta-se ainda que, nos termos do n.º 3 deste artigo, "*o ordenante suporta todas as perdas resultantes de operações de pagamento não autorizadas, se aquelas forem devidas a atuação fraudulenta ou ao incumprimento deliberado de uma ou mais das obrigações previstas no artigo 110.º, caso em que não são aplicáveis os limites referidos no n.º 1*".

damente em resultado de contratos *online*, sem a utilização "física" do instrumento de pagamento ou como consequência da "duplicação" deste instrumento ou da sua corrupção por via informática, o seu titular já não assumirá qualquer prejuízo pelas operações não autorizadas[40].

Em qualquer das hipóteses de detecção de uma operação não autorizada ou do extravio do instrumento de pagamento, impõe-se, desde logo, ao utilizador a comunicação desses factos, "*logo que [deles] tenha conhecimento*" e "*sem atraso injustificado*", ao prestador dos serviços de pagamento ou à entidade designada no contrato de utilização do instrumento de pagamento[41].

Acresce que a lei impõe ao prestador dos serviços de pagamento o dever de reembolsar *imediatamente* o seu cliente no montante da operação de pagamento não autorizada, logo que esta lhe tenha sido comunicada *ou que, independentemente desta comunicação, dela tenha tido conhecimento* – conforme se acrescentou na revisão do regime, na linha dos deveres de monotorização impostos ao prestador de serviços de pagamento[42]. Esclarece ainda o legislador que "*em todo o caso*", este reembolso deverá ser feito "*o mais tardar até ao final do primeiro dia útil seguinte àquele conhecimento ou comunicação*"[43]. Não distingue a lei consoante o tipo de instrumento de pagamento utilizado para levar a cabo a operação não autorizada, podendo este ser um cartão de débito, crédito, um sistema de *homebanking*, ou telemóvel com uma aplicação associada, ou outro dispositivo semelhante.

[40] Cfr. a alínea *a)* do n.º 2 do artigo 115.º do RSP 2. A mesma solução está prevista para os casos em que as perdas são imputáveis a um trabalhador ou a um agente do prestador do serviço de pagamento (alínea *b)*). Sobre o âmbito de aplicação da primeira hipótese referida, e questionando sobre quem recai o ónus da prova da "*detectabilidade*" da operação não autorizada, v. MARY DONNELLY, "Payments in the digital market...", cit., p. 835, e REINHARD STEENNOT, "Reduced payer's liability for unauthorized payment transactions...", cit., p. 962.

[41] Cfr. a alínea *b)*, n.º 1 do artigo 110.º do RSP 2.

[42] Sobre estes deveres de monotorização, ver MARIA RAQUEL GUIMARÃES / REINHARD STEENNOT, "Allocation of liability in case of payment fraud...", cit., §§ 52-56, e MARIA RAQUEL GUIMARÃES, "Pagamentos electrónicos não autorizados e fraudulentos", *in Cibercriminalidade: novos desafios, ofensas e soluções*, Inês Sousa Guedes e Marcus Alan de Melo Gomes (Eds.), Lisboa, Pactor – Edições de Ciências Sociais, Forenses e da Educação, 2021, pp. 237-238.

[43] Cfr. o artigo 114.º, n.º 1, do RSP 2. Sobre a imposição de um comportamento activo e não meramente reactivo ao prestador de serviços de pagamento, no sentido de tomar a iniciativa do reembolso detectada uma operação não autorizada, independentemente da comunicação do seu cliente, ver MARY DONNELLY, "Payments in the digital market...", cit., p. 834; e MARIA RAQUEL GUIMARÃES, "The transposition of PSD2...", cit., nota 32.

Esta obrigação de reembolso imediato apenas cederá, de acordo com o n.º 2 do artigo 114.º, quando o prestador do serviço de pagamento "*tiver motivos razoáveis para suspeitar de atuação fraudulenta do ordenante e comunicar por escrito esses motivos, no prazo indicado no número anterior, às autoridades judiciárias nos termos da lei penal e de processo penal*"[44].

As regras fixadas para a distribuição das perdas pelas partes nos contratos de utilização de instrumentos de pagamento apenas se aplicam, porém, a operações não autorizadas levadas a cabo *antes* da comunicação ao prestador de serviços do extravio do instrumento de pagamento ou da sua utilização não autorizada. É sobre a instituição prestadora do serviço de pagamento que a lei faz recair a obrigação de "*impedir qualquer utilização do instrumento de pagamento logo que a comunicação prevista na alínea b) do n.º 1 do artigo 110.º tenha sido efetuada*"[45] uma vez que é esta que dispõe de todos os meios técnicos necessários para impedir a sua posterior utilização, quer no país onde foi emitido quer no estrangeiro. Assim, justifica-se que seja esta entidade prestadora de serviços de pagamento que assuma os prejuízos resultantes de operações não autorizadas levadas a cabo *posteriormente* à comunicação do "extravio" do instrumento de pagamento realizada pelo titular respectivo[46].

5. Operações fraudulentas de pagamento autorizadas ou facilitadas pelo utilizador

Muitos dos esquemas fraudulentos levados a cabo com vista à realização de operações de pagamento em benefício de terceiros são realizados com a "colaboração" activa do próprio utilizador do serviço de pagamento (APP – *Authorised Push Payments*), que é induzido, através de métodos de "engenharia social", a participar na sua própria decepção[47].

[44] Em todos os demais casos, o não cumprimento deste dever de reembolso acarreta a obrigação de pagamento de "*juros moratórios, contados dia a dia desde a data em que o utilizador de serviços de pagamento tenha negado que autorizou a operação de pagamento executada, até à data do reembolso efetivo da mesma, calculados à taxa legal, fixada nos termos do Código Civil, acrescida de 10 pontos percentuais, sem prejuízo do direito à indemnização suplementar a que haja lugar*". Cfr. o n.º 10 do artigo 114.º do RSP 2.

[45] Cfr. a alínea *e)* do n.º 1 do artigo 111.º do RSP 2.

[46] Cfr. o n.º 7 do artigo 115.º do RSP 2. Excepcionam-se, também aqui, os casos de actuação fraudulenta do próprio titular.

[47] European Payments Council, *2019 Payment Threats and Fraud Trends Report*, EPC302-19/Version 1.0/Date issued: 9 December 2019, *in* <https://www.europeanpaymentscouncil.

Estes métodos de "engenharia social" podem ser levados a cabo através de qualquer meio de telecomunicação, desde logo pelo telefone, correio electrónico, SMS, redes sociais, com vista a obter as credenciais que permitem o acesso ao serviço de pagamento (*phishing*). A vítima é aliciada através de investimentos falsos, compras ou vendas fantasma, negócios com lucros fáceis, ou de relações românticas. Os esquemas de "engenharia social" têm evoluído rapidamente nos últimos tempos, sobretudo aproveitando a situação de confinamento provocada pela crise pandémica e uma maior propensão para "viver *online*", tendo sido considerados como uma das mais importantes ameaças à segurança dos pagamentos no ano de 2020 pelo *European Payments Council*[48].

Entre nós, estes métodos têm sido ultimamente utilizados em operações fraudulentas realizadas com recurso à aplicação de pagamento móvel *MB Way*, desencadeando, em muitos casos, pagamentos autorizados pelo utilizador do serviço móvel ou, pelo menos, levados a cabo em consequência do acesso que este permite ao serviço. Mantem-se, no entanto, o uso de "engenharia social" com vista a obter as credenciais de acesso a um serviço de *homebanking*.

Os esquemas fraudulentos mais frequentes surgem em resposta a um anúncio de venda de um bem em segunda mão numa plataforma electrónica, visando enganar o vendedor (ou é o próprio terceiro que se anuncia como vendedor de um bem na plataforma electrónica, visando enganar o comprador). Numa primeira modalidade de fraude, a vítima é instruída através de uma conversa telefónica para instalar a aplicação *MB Way* no seu telefone com recurso a uma caixa automática ou, sendo já utilizadora, para efectuar ou receber o pagamento devido, consoante o caso. Depois de inserir o seu cartão de débito e o seu código na caixa automática, é-lhe dito para inserir o número de telefone do falso comprador e o PIN indicado por este, recebendo ele no seu telefone o código de acesso à aplicação *MB Way*.

eu/sites/default/files/kb/file/2019-12/EPC302-19%20v1.0%202019%20Payments%20Threats%20and%20Fraud%20Trends%20Report.pdf> (29.11.2021), p. 17. Seguimos aqui o que dissemos sobre o tema em "Pagamentos electrónicos não autorizados e fraudulentos", cit., pp. 228-229.

[48] European Payments Council, *2019 Payment Threats and Fraud Trends Report*, cit., p. 38. Para uma visão da tipologia que estes esquemas "APP" podem apresentar, ver UK Finance, *Fraud – The Facts 2021, The definitive overview of payment industry fraud*, 2021, *in* <https://www.ukfinance.org.uk/system/files/Fraud%20The%20Facts%202021-%20FINAL.pdf> (29.11.2021), pp. 52-73.

Em alternativa, é inserido o número de telefone do utilizador (que o terceiro conhece porque este lhe foi facultado precisamente para acordarem o pagamento) e o código indicado pelo terceiro, e é pedido ao utilizador o código de verificação recebido por SMS. Em qualquer dos casos, o utilizador está a dar acesso ao terceiro à sua conta bancária, ainda que sem a consciência de o fazer, e não obstante as mensagens que são exibidas em janela durante o processo de adesão no sentido de nunca associar um número de telefone de um terceiro à aplicação e de não facultar o PIN de acesso ao serviço a outras pessoas. Não se trata, nesta medida, exactamente de um "extravio" do instrumento de pagamento nos mesmos moldes que acontecem nos casos de *phishing* "tradicionais" levados a cabo em serviços de *homebanking*, uma vez que o terceiro não acede aos códigos de segurança do utilizador mas antes este cria novos códigos de acesso ao serviço indicados pelo terceiro. Ainda assim, poder-se-á defender que há um "extravio" das novas credenciais de segurança do instrumento de pagamento alteradas inconscientemente pelo titular, para efeitos do artigo 115.º, n.º 1. do RSP 2.

Nestas hipóteses, o risco das operações que venham a ser realizadas pelo terceiro, de levantamento de numerário ou de transferência de fundos, recairá sobre o utilizador que lhe facultou o acesso à sua conta, na medida em que tenha adoptado um comportamento contrário ao expressamente indicado – de forma adequada e eficaz – pelo prestador dos serviços de pagamento e, assim, tenha actuado com negligência grosseira, para os efeitos do art. 115.º, n.º 4, do RSP 2.

A montante desta solução está, portanto, o cumprimento por parte do prestador do serviço de pagamento dos seus deveres de informação no sentido de facultar ao seu cliente a descrição das medidas que este deve adoptar para preservar a segurança do seu instrumento de pagamento. A não se considerarem cumpridos estes deveres de informação, e havendo sempre que apreciar a conduta do utilizador atendendo às particularidades do caso concreto, a este utilizador não poderia, em princípio, ser imputado um juízo de censura para além da negligência leve, com as consequências do n.º 1 do art. 115.º, do RSP 2: suportar perdas até 50 euros.

Uma segunda categoria de operações fraudulentas tem na sua base um esquema ainda mais simples de actuação: no momento em que o utilizador deveria receber um pagamento do terceiro via *MB Way*, para quitação do preço de um bem vendido na sequência de um anúncio numa plataforma electrónica, é instruído, também telefonicamente, para "enviar dinheiro" ao falso comprador em vez de lhe "pedir dinheiro" (ou para aceitar um pedido de dinheiro em vez de um pagamento). Nestas hipóteses, as operações de pagamento fraudulentas são operações mais do que autorizadas pelo utilizador do instrumento de pagamento: são realizadas por ele, devidamente autenticado, e através do seu dispositivo móvel, ainda que sem o esclarecimento que seria necessário para rejeitar a operação. Estas operações fraudulentas não são abrangidas pelo disposto no RSP 2 quanto a operações não autorizadas porque são operações autorizadas. A fraude, nestas hipóteses, tem na sua base a iliteracia informática – senão iliteracia *tout court* – do utilizador, agravada pela pressão da "engenharia social" de que é vítima, e terá que ser resolvido com base nas regras gerais do direito civil, nomeadamente do erro-vício, dolo, ou situação de necessidade.

6. Ónus da prova

A estas disposições sobre os prejuízos provocados por operações de pagamento contestadas pelo utilizador do serviço afectado, acresce o disposto em matéria de prova, com a nova lei a manter sobre o prestador de serviços de pagamento o ónus da prova "*de que a operação de pagamento foi autenticada, devidamente registada e contabilizada e que não foi afetada por avaria técnica ou qualquer outra deficiência do serviço prestado pelo prestador de serviços de pagamento*", esclarecendo que "*a utilização do instrumento de pagamento registada pelo prestador de serviços de pagamento (...) não é necessariamente suficiente, por si só, para provar que a operação de pagamento foi autorizada pelo ordenante, que este último agiu de forma fraudulenta, ou que não cumpriu, com dolo ou negligência grosseira, uma ou mais obrigações previstas no artigo 110.º*"[49]. Uma novidade importante do RSP 2, tal como decorre da directiva transposta, é a imposição ao prestador de serviços de pagamento, nos casos de operações contestadas pelo seu cliente, do ónus da prova da "*existência de fraude, de dolo ou de negligência grosseira da parte do utilizador de serviços de pagamento*", com vista a imputar-lhe os prejuízos causados pelas mesmas operações, nos termos explanados, ainda que, literalmente, o texto da lei prescreva que o prestador de serviços de pagamento "deve apresentar elementos que demonstrem" os graus de culpa indicados, e não utilize a expressão "ónus da prova"[50].

[49] Cfr. os n.ºs 1 e 3 do artigo 113.º do RSP 2.

[50] Cfr. o n.º 4 do artigo 113.º do RSP 2. A importância desta nova regra é salientada também por Reinhard Steennot, "Reduced payer's liability for unauthorized payment transactions...", cit., pp. 962-963, que afirma que, nestes casos, não será suficiente uma presunção de culpa baseada na simples utilização do instrumento de pagamento e das suas credenciais de segurança, exigindo-se outros meios de prova adicionais.

OS NOVOS SERVIÇOS DE INICIAÇÃO DE PAGAMENTOS: ALGUMAS NOTAS SOBRE A RESPONSABILIDADE CIVIL

Francisco Mendes Correia

Sumário: *1. Introdução; 2. Os Serviços de Iniciação de Pagamentos; 3. A responsabilidade dos prestadores de serviços de iniciação por operações não autorizadas; a) Nas relações com o ordenante; b) Nas relações com o prestador de serviços de pagamento que gere a conta; 4) A responsabilidade dos prestadores de serviços de iniciação pela não execução, pela execução incorreta ou pela execução tardia das operações de pagamento; a) Enquadramento sistemático; b) O âmbito dos deveres do prestador do ordenante; c) As pretensões do ordenante em caso de não execução, execução incorreta ou execução tardia de ordens de pagamento.*

Resumo: *Os novos serviços de iniciação de pagamentos foram recentemente consagrados no ordenamento jurídico português, por influência do Direito da União Europeia, ao lado dos (também) novos serviços de informação sobre contas de pagamento. A prestação destes serviços de pagamento implica o acesso por terceiros a contas de pagamento, e gera por isso novos riscos e desafios. O presente artigo aborda alguns aspetos do regime da responsabilidade civil, aplicável à prestação de serviços de iniciação de pagamentos, neste quadro especialmente complexo e desafiante.*

Palavras-Chave: *Direito dos Serviços de Pagamento; Serviços de Iniciação do Pagamento; Acesso a Contas de Pagamento; Responsabilidade Civil; DSP 2*

1. Introdução

A recente consagração legal dos novos serviços de iniciação de pagamentos e de informação sobre contas, pela DSP 2[1], inscreve-se no processo de harmonização europeia do Direito dos Serviços de Pagamento, iniciado timidamente na década de oitenta, numa primeira fase recomendatória, mas que registou uma aceleração e aprofundamento notáveis, já numa dimensão normativa, sobretudo a partir da década de 2000[2].

A DSP 2 enquadra-se na terceira geração de diretivas europeias em matéria de serviços financeiros[3], e aprofunda o âmbito de harmonização do regime jurídico aplicável aos serviços de pagamento, que se estende de forma vertical – abrangendo quase todas as dimensões da contratação e execução de operações de pagamento, desde a fase pré-contratual, até à execução do programa obrigacional, incluindo as perturbações e a cessação do vínculo –, mas também horizontal, abarcando os principais serviços de pagamento.

Se a DSP 1[4] era caracterizada – entre outros aspetos – por estabelecer um quadro jurídico-institucional para a especialização de certas entidades na prestação de serviços de pagamento, diferenciando-as das instituições de crédito (por aplicarem os fundos recebidos de clientes *exclusivamente* para a execução de operações de pagamento e não para utilização por conta própria), e dotando-as de um regime de supervisão mais ligeiro, a DSP 2 – também entre outras novidades – reconhece que a especialização se faz, atualmente, em relação a *fases determinadas* de uma operação de pagamento: a iniciação, por um lado, e a recolha e tratamento da informação gerada pela sua execução, por outro.

É neste quadro que se inscreve o reconhecimento pela DSP 2 de dois *novos* serviços de pagamento – a iniciação do pagamento e a informação sobre contas – e a criação de um regime de supervisão particular, para entidades que apenas pretendam prestar estes serviços.

[1] Diretiva (UE) 2015/2366 do Parlamento Europeu e do Conselho de 25 de novembro de 2015.

[2] Para uma descrição mais aprofundada da evolução normativa no plano europeu, nesta matéria, Francisco Mendes Correia, *Moeda Bancária e Cumprimento – O Cumprimento das Obrigações Pecuniárias através de Serviços de Pagamento*, 2017, Almedina, Coimbra, 528 e ss.

[3] Stefan Grundmann, *European Law and Principles on Commercial and Investment Banking Contracts: An advanced Area of Codification*, em Arthur Hartkamp/Martijn Hesseling/Ewoud Hondius/Chantal Mak/Edgar du Perron (Eds.), "Towards a European Civil Code, 2011, Kluwer Law International, 787-817.

[4] Diretiva 2007/64/CE do Parlamento Europeu e do Conselho de 13 de novembro de 2007.

Sublinhe-se, ainda que sucintamente, que este reconhecimento tem repercussões muito relevantes, a propósito do acesso às contas de pagamento e da titularidade da informação relativa a operações de pagamento. Com efeito, ao permitir que entidades se especializem em iniciar operações de pagamento, a partir de contas geridas *por outras entidades*, ou em recolher e tratar informações que respeitem a uma relação estabelecida entre um utilizador e *outra entidade*, o legislador reconheceu necessariamente que o utilizador pode conceder *acesso* à sua conta de pagamentos a terceiros, dispensando o consentimento do prestador de serviços de pagamento que gere a conta[5].

Assim, é particularmente complexo o quadro em que os prestadores de serviços de iniciação de pagamentos e de informação sobre contas realizam a sua atividade. Devem necessariamente aceder a contas de pagamento geridas por outros prestadores (em Portugal serão bancos, na maior parte dos casos), ora desencadeando uma operação de pagamento, ora acedendo à informação aí disponível. Este acesso não está isento de riscos, na perspetiva do utilizador e do prestador de serviços que gere a conta, já que é protagonizado por um terceiro, aumentando as interações necessárias para a execução de uma operação de pagamento (ex. mensagens trocadas entre prestador de serviços de iniciação e prestador que gere a conta, relativas à confirmação da disponibilidade de fundos) e, consequentemente, de forma inevitável, os pontos de acesso para intervenções fraudulentas.

A restante análise, breve, vai analisar a – também complexa – articulação entre o regime de responsabilidade dos prestadores que gerem a conta, e a responsabilidade dos novos prestadores de serviços de iniciação de pagamentos, perante operações não autorizadas, por um lado, e perante a não execução, a execução incorreta ou a execução tardia de operações, por outro. No entanto, e antes da análise autónoma das soluções aplicáveis a cada uma destas perturbações, impõe-se uma primeira abordagem, ainda que sintética, às principais características dos novos serviços de iniciação de pagamentos.

[5] Sobre esta mudança de paradigma, com maior detalhe, Francisco Mendes Correia, *Uma Revolução Permanente? A DSP 2 e o novo Direito dos Serviços de Pagamento*, em Miguel Pestana de Vasconcelos, *III Congresso de Direito Bancário*, 2018, Almedina, Coimbra, 385-404.

2. Os Serviços de Iniciação de Pagamentos

O RJSPME[6], que transpôs a DSP 2 para o ordenamento jurídico português, define o serviço de iniciação do pagamento como aquele "que consiste em iniciar uma ordem de pagamento a pedido do utilizador de serviços de pagamento relativamente a uma conta de pagamento por si titulada noutro prestador de serviços de pagamento (artigo 2.º, alínea *uu*)[7].

O Considerando 27 da DSP 2 permite enquadrar mais claramente a iniciação de pagamentos: "[e]sses serviços de pagamento têm um papel a desempenhar nos pagamentos efetuados no âmbito do comércio eletrónico criando uma ponte telemática entre o sítio web do comerciante e a plataforma bancária em linha do prestador de serviços de pagamento que gere as contas do ordenante, a fim de iniciar pagamentos através da Internet com base numa transferência a crédito."

A prestação de serviços de iniciação de pagamento não implica, assim, a detenção de fundos do utilizador pelo iniciador: este último apenas acede à conta de pagamento do utilizador (gerida por *outro* prestador), desencadeando por essa via o processo de execução de uma operação de pagamento[8]. Nessa medida, também, justifica-se um regime de supervisão menos intenso, quando comparado com o aplicável à generalidade dos prestadores de serviços de pagamento: os iniciadores de pagamentos não estão sujeitos aos requisitos de fundos próprios aplicáveis às demais instituições de pagamento, quando se dediquem exclusivamente a essa atividade (artigo 51.º/1 do RJSPME), mas devem subscrever um seguro de responsabilidade civil profissional, ou outra garantia equivalente, que será especialmente relevante como salvaguarda de terceiros, que possam exercer as pretensões ressarcitórias que *infra* se analisam (artigo 19.º/6 do RJSPME)[9].

[6] Regime Jurídico dos Serviços de Pagamento e da Moeda Eletrónica, aprovado pelo Decreto-Lei n.º 91/2018, de 12 de novembro.

[7] Para uma abordagem recente e transversal dos novos serviços de iniciação: Patrícia Paiva Duarte, *Os serviços de iniciação de pagamento no novo RSP*, RED, 2021, N.º 2 (Vol. 25).

[8] Considerando 31, DSP 2: "Quando prestar exclusivamente serviços de iniciação de pagamentos, o prestador do serviço de iniciação do pagamento não detém fundos do utilizador em nenhuma fase da cadeira de pagamentos. Quando um prestador de serviços de iniciação de pagamentos pretender prestar serviços de pagamento para os quais detenha fundos do utilizador, deverá obter plena autorização para tais serviços".

[9] Considerando 35, DSP 2. São especialmente relevantes, a este propósito, as Orientações da EBA relativas ao seguro de responsabilidade civil profissional ao abrigo da PSD2 (EBA/GL/2017/08).

Do ponto de vista dos comerciantes, as vantagens são substanciais: por um lado, podem disponibilizar uma alternativa de pagamento, para compras *online*, a consumidores que não disponham de cartões de pagamento, ou que não os pretendam utilizar de forma remota; por outro lado, como o processo de pagamento é realizado com acesso à conta do consumidor, o prestador de serviços de iniciação pode garantir a disponibilidade de fundos, bem como assegurar que a operação foi realmente desencadeada, permitindo assim que o bem ou serviço seja imediatamente disponibilizado[10].

Sublinhe-se, porém, que o prestador de serviços de iniciação de pagamento *acede* efetivamente à conta de pagamento do consumidor. Este acesso deve ser-lhe concedido, sempre que a conta de pagamento for acessível *online* (artigo 106.º/1 do RJSPME), bastando para o efeito o consentimento do titular da conta, e ordenante da operação (artigo 106.º/2 do RJSPME). O fundamento para o acesso à conta do ordenante, pelo prestador de serviços de iniciação é assim o *consentimento* do respetivo titular, dispensando-se o estabelecimento de qualquer relação contratual entre o prestador que gere a conta e o iniciador de pagamentos (artigo 106.º/5 do RJSPME)[11]. Aliás, o prestador que gere a conta apenas pode recusar o acesso a um prestador de serviços de iniciação por "motivos objetivamente justificados e devidamente comprovados relacionados com o acesso fraudulento ou não autorizado à conta de pagamento por parte desse prestador" (artigo 109.º/1 do RJSPME), circunstância essa que será de difícil verificação, numa avaliação *ex ante*.

Refira-se também, por outro lado, que este acesso por terceiros é tanto mais sensível, do ponto de vista da segurança, quanto se processa com as mesmas credenciais de segurança do utilizador, e segundo o mesmo procedimento de autenticação[12]. Muito embora o prestador de serviços de iniciação esteja obrigado a preservar a segurança das credenciais personalizadas do utilizador, transmitindo-as através de canais seguros e eficazes, e não possa armazenar dados de pagamento sensíveis (como as referidas

[10] Considerando 29, DSP 2.

[11] Considerando 29, DSP 2.

[12] Artigo 104.º/6 do RJSPME: "O prestador de serviços de pagamento que gere a conta permite que o prestador do serviço de iniciação do pagamento e o prestador de serviços de informação sobre contas se baseiem nos procedimentos de autenticação facultados pelo prestador de serviços de pagamento que gere a conta ao utilizador de serviços de pagamento, nos termos dos n.os 1 e 3, e, em caso de intervenção do prestador do serviço de iniciação do pagamento, nos termos dos n.os 1, 2 e 3." (cf. também, Considerando 30, DSP 2).

credenciais)[13], o que é certo é que toma conhecimento das referidas credenciais e as utiliza para aceder à conta, aumentando assim o risco de interferência de terceiros.

Independentemente da apreciação global da opção do legislador da União Europeia – de estabelecer uma operação bancária aberta a terceiros –, é inquestionável que o acesso à conta por parte de prestadores de serviços de iniciação *aumenta* os riscos de perturbação no programa obrigacional estabelecido entre o prestador que gere a conta e o utilizador, criando novas instâncias de perigo (ex. a comunicação entre utilizador e iniciador de pagamentos; o armazenamento de dados de pagamento sensíveis pelo iniciador; a comunicação entre iniciador e prestador que gere a conta, etc.).

3. A responsabilidade dos prestadores de serviços de iniciação por operações não autorizadas

a. Nas relações com o ordenante

O quadro normativo de responsabilidade por operações não autorizadas, pensado para o paradigma anterior – de acesso exclusivo à conta pelo próprio utilizador – sofreu algumas alterações, em consequência da opção já referida, de *abertura* da operação bancária a terceiros. As adaptações a este quadro de responsabilidade baseiam-se em dois princípios: por um lado, do ponto de vista do utilizador, a intervenção de um prestador de iniciação não prejudica os termos em que pode exercer o seu direito ao reembolso, que continua a ser dirigido ao prestador que gere a conta[14].

O segundo princípio refere-se à repartição de responsabilidades entre prestadores de serviços de iniciação e prestadores de serviços que gerem a conta: esta repartição deve basear-se na parte da operação que está sob o controlo de cada um dos envolvidos[15].

[13] Artigo 106.º/3, alíneas *b)* e *e)* do RJSPME. Cf. também definição de "dados de pagamento sensíveis" (artigo 2.º, alínea *k)* do RJSME).

[14] Considerando 73, DSP 2: "A fim de garantir um elevado nível de proteção dos consumidores, os ordenantes deverão ter sempre o direito de dirigir o seu pedido de reembolso ao prestador de serviços que gere a sua conta, mesmo em caso de intervenção de um prestador de serviços de iniciação de pagamentos na operação de pagamento".

[15] Considerando 74, DSP 2: No caso dos serviços de iniciação de pagamentos, os direitos e as obrigações dos utilizadores de serviços de pagamento e dos prestadores de serviços de pagamento intervenientes deverão ser adequados aos serviços prestados. Mais especificamente, a repartição de responsabilidades entre o prestador do serviço de pagamento que gere a conta

Estes princípios estão, entre nós, plasmados no regime da perturbação do cumprimento, em matéria de serviços de pagamento, mais especificamente no que se refere a operações não autorizadas.

O primeiro princípio – que estabelece que a pretensão de reembolso do utilizador, perante o prestador que gere a conta, em caso de operações não autorizadas, subsiste e não é perturbada pela intervenção de um prestador de iniciação –, encontra-se concretizado no artigo 114.º/5 do RJSPME: "[c]aso a operação de pagamento seja iniciada através de um prestador do serviço de iniciação do pagamento, o prestador de serviços de pagamento que gere a conta deve reembolsar imediatamente o ordenante do montante da operação de pagamento não autorizada após ter tido conhecimento da operação ou após esta lhe ter sido comunicada e, em todo o caso, o mais tardar até ao final do primeiro dia útil seguinte àquele conhecimento ou operação".

Além disso, nas operações com intervenção de um prestador de serviços de iniciação, o prestador que gere a conta deve também repor a conta na situação em que estaria, na ausência de execução da operação não autorizada (artigo 114.º/7 do RJSPME). Assim, no essencial, a intervenção de um prestador de serviços de iniciação não afeta os dois principais direitos do ordenante, em caso de operações não autorizadas: o reembolso imediato do montante da operação e a reposição da conta no estado em que estaria, na sua ausência.

As exceções a este direito também se mantêm, mesmo com intervenção de um prestador de serviços de iniciação. Do ponto de vista temporal, a comunicação deve ser realizada imediatamente pelo utilizador e dentro de um prazo nunca superior a 13 meses, a contar da data do débito: decorrido esse prazo, extinguem-se os direitos do ordenante reconhecidos pelo RJSPME, não sendo possível o recurso a outros fundamentos de direito nacional, para tutela alternativa (artigo 112.º/1 do RJSPME)[16]/[17]. Por outro

e o prestador do serviço de iniciação do pagamento que intervém na operação deverá obrigá-los a assumir a responsabilidade pelas partes da operação sob o seu controlo."

[16] O Tribunal de Justiça já se pronunciou sobre este regime, à luz da DSP 1, mas em termos transponíveis para a DSP 2: "o regime da responsabilidade do prestador de serviços de pagamento em caso de pagamento não autorizado está subordinado à comunicação, pelo utilizador desses serviços, de qualquer operação não autorizada ao referido prestador" (Ac. TJ, 2-set.-2021, Processo C-337/20, *DM, LR c. Caisse régionale de Crédit agricole mutuel (CRCAM) – Alpes-Provence*, n.º 34). Segundo o Tribunal, a efetivação da responsabilidade do prestador

lado, e à imagem do que ocorre nos casos simples (i.e., sem intervenção de prestadores de iniciação), o prestador que gere a conta não está obrigado ao reembolso imediato, quando o prestador de serviços de iniciação lhe tenha dado conhecimento da existência de motivos razoáveis para suspeitar de "atuação fraudulenta do ordenante", desde que esses motivos tenham sido comunicados por escrito às autoridades judiciárias[18].

Reflexamente, deve sublinhar-se que, nas relações com o prestador de serviços de iniciação, o ordenante *não* goza das pretensões de reembolso ou de reposição da conta, e é duvidoso que possa fazer valer o seu interesse ao reembolso/reposição, através de uma pretensão indemnizatória, em alternativa aos meios de tutela reconhecidos no RJSPME[19].

Para se fundamentar esta opção, poderá sugerir-se que o ordenante já está suficientemente protegido com a intangibilidade da sua pretensão, a exercer contra o prestador que gere a conta, mesmo em caso de intervenção de um iniciador. No entanto, se a preocupação do legislador fosse, exclusivamente, a da tutela dos consumidores, faria mais sentido admitir que a pretensão pudesse ser exercida contra os dois prestadores envolvidos na operação. Por esse motivo, pode sugerir-se que está subjacente à opção do legislador a intenção de favorecer o desenvolvimento dos *novos serviços de pagamento*, o que suscita algumas perplexidades[20].

Repare-se que a opção do legislador concretiza uma clara intenção de proteção do ordenante. Com efeito, a intervenção do prestador de iniciação de pagamentos é atribuível ao ordenante, e não ao prestador que gere a conta de pagamento. No caso paradigmático das compras *online*, o ordenante, confrontado com a opção de pagar através de um prestador de iniciação de pagamentos (em alternativa a outras soluções de pagamento, ou em alternativa a *não* adquirir o bem ou o serviço) escolhe o seu envolvimento,

não pode ter lugar fora do prazo previsto pela Diretiva, nomeadamente através de outros regimes de direito nacional (n.os 35 e 41).

17 O efeito extintivo do artigo 112.º/1 do RJSPME não tem lugar quando o prestador de serviços de pagamento não tenha prestado ou disponibilizado as informações a que está obrigado, nos termos do Capítulo II do Título III do RJSPME.

18 Artigo 114.º/6 do RJSPME.

19 Negando essa possibilidade, no Direito alemão, Langenbucher/Bliesener/Spindler, *Bankrechts-Kommentar*, cit., 631, Rdn. 15. No mesmo sentido, sublinhando que não existe uma obrigação indemnizatória plural, cujos devedores sejam os prestadores envolvidos (i.e., o prestador que gere a conta e o iniciador do pagamento), Sebastian Omlor, *Staudinger BGB – Zahlungsdiensterecht*, 2020, 547, Rdn. 31.

20 Sebastian Omlor, *Staudinger BGB – Zahlungsdiensterecht*, 2020, 548, Rdn. 31.

numa decisão a que é alheio o prestador que gere a conta. Este último não pode influenciar a escolha do prestador de serviços de iniciação de pagamento, nem a decisão de o envolver no processo de emissão da ordem de pagamento[21]. Em tese, seriam assim possíveis outras soluções de repartição do risco – que concretizassem um princípio de autorresponsabilização –, já que é do ordenante a decisão que aumenta o risco de interferência não autorizada.

Sublinhe-se, também, que o ordenante pode exercer os seus direitos, perante o prestador que gere a conta, independentemente da imputação final da operação não autorizada: mesmo nos casos em que se venha a determinar que a operação ficou a dever-se a uma conduta ilícita e culposa do prestador de iniciação, as pretensões de reembolso e reposição da conta são exercidas contra o prestador que gere a conta[22].

Fica porventura mais nítido que, em matéria de operações não autorizadas, os direitos do ordenante são exercidos, perante o prestador que gere a conta, em muitos casos, num quadro de responsabilidade objetiva, i.e., independentemente da prática de uma conduta ilícita e censurável por parte do prestador que gere a conta. Com efeito, o prestador responde perante o ordenante, mesmo quando a operação não autorizada seja imputável (a título censurável) ao prestador de iniciação, recaindo assim sobre aquele primeiro o risco da insolvência[23] deste último.

Neste contexto, por maioria de razão, procedem os argumentos que impõem uma delimitação dos danos imputáveis ao prestador que gere a conta: os "riscos próprios" que o modelo de imputação objetiva pretende alocar ficam acautelados com o reembolso do montante da operação e com a reposição da conta no estado em que estaria, caso não tivesse sido executada. Reflexamente, não se justifica o ressarcimento de danos consequenciais, eventualmente sofridos pelo utilizador[24].

[21] Sebastian Omlor, *Staudinger BGB – Zahlungsdiensterecht,* 2020, 547, Rdn. 30.

[22] Langenbucher/Bliesener/Spindler, *Bankrechts-Kommentar,* 2020, 3.ª ed., Beck, München, 630, Rnd. 13. A justificação para esta opção, no Direito alemão, reside em que, geralmente, o ordenante não consegue determinar se a realização da operação não autorizada é atribuível ao prestador que gere a conta ou ao prestador de iniciação de pagamentos.

[23] Como tem vindo a ser assinalado na Alemanha. Por todos, Langenbucher/Bliesener/Spindler, *Bankrechts-Kommentar,* cit., 630, Rnd. 14; Sebastian Omlor, *Staudinger BGB – Zahlungsdiensterecht,* cit., 547, Rdn. 30 (podendo até discutir-se se.

[24] Para uma fundamentação mais aprofundada desta solução, Francisco Mendes Correia, *Operações não Autorizadas e o Regime Jurídico dos Serviços de Pagamento,* em AAVV, *Estudos de Direito Bancário I,* 2018, Almedina, Coimbra, 353-381 (371-374).

Por fim, e ainda a propósito das relações entre ordenante e prestador que gere a conta, cumpre referir os casos especiais de imputação de perdas ao ordenante, nas operações não autorizadas. Como é sabido, o artigo 115.º do RJSPME prevê algumas instâncias de imputação diferenciada de perdas ao ordenante, em caso de operações não autorizadas, resultantes da utilização de um instrumento de pagamento perdido, furtado, roubado ou da apropriação abusiva de um instrumento de pagamento, sendo a medida dessa imputação determinada pelo grau de censurabilidade da conduta do ordenante[25].

As várias soluções normativas previstas no artigo 115.º do RJSPME não sofreram qualquer alteração expressa, decorrente da consagração do *novo* serviço de iniciação de pagamento. No entanto, por via indireta, a intervenção de um iniciador (na operação não autorizada) pode ter relevância, na aplicação destas normas, porquanto as circunstâncias em que o ordenante àquele recorra sejam determinantes para avaliar a sua conduta. De facto, algumas das normas previstas no artigo 115.º do RJSPME (indubitavelmente, pelo menos, as previstas nos n.os 3 e 4) obrigam o intérprete-aplicador a ponderar a conduta do ordenante, contrastando-a com (pelo menos) os deveres previstos no artigo 110.º do RJSPME. Não se pode, por isso, excluir, que em certas circunstâncias, o envolvimento de um iniciador de pagamentos por parte do ordenante possa consubstanciar uma instância de incumprimento de deveres de segurança (quando, por exemplo, seja manifestamente fraudulenta a *interface* disponibilizada pelo iniciador)[26].

b. *Nas relações com o prestador de serviços de pagamento que gere a conta*

Como decorre da secção anterior, apesar da opção legislativa de *abertura* da operação bancária, manteve-se incólume o regime de responsabilidade por operações não autorizadas, nas relações entre ordenante e prestador que gere a conta de pagamentos. As pretensões centrais de reembolso e

[25] Sobre este tema, Francisco Mendes Correia, *Operações não Autorizadas e o Regime Jurídico dos Serviços de Pagamento*, cit., 367-371. Sublinhando que a disciplina dos contratos de serviços de pagamento revela uma imputação de perdas baseada no âmbito de proteção dos deveres preteridos e, portanto, na conduta das partes, Mafalda Miranda Barbosa, *Serviços de pagamentos, repartição do risco e responsabilidade civil*, Revista de Direito Comercial, 2017, 622-682.

[26] Em sentido contrário, considerando que a possibilidade legalmente prevista de acesso a prestadores de serviços de iniciação funciona como uma exceção ao dever do ordenante zelar pela segurança das suas credenciais, Patrícia Paiva Duarte, *Os serviços de iniciação de pagamento no novo RSP*, RED, 2021, N.º 2 (Vol. 25), 72.

reposição da conta são dirigidas ao prestador que gere a conta *independentemente* da intervenção de um prestador de serviços de iniciação.

A relevância desta intervenção, e das condutas de cada um dos prestadores, é relegada para as relações entre profissionais, em sede de direito de regresso.

Com efeito, o artigo 114.º/8 do RJSPME estabelece que, nos casos em que seja o prestador de serviços de iniciação o responsável pela operação não autorizada, "deve indemnizar imediatamente o prestador de serviços de pagamento que gere a conta, a pedido deste". A pretensão do prestador de serviços que gere a conta abrange "os danos sofridos" ou "os montantes pagos em resultado do reembolso ao ordenante, incluindo o montante da operação de pagamento não autorizada".

A formulação da norma não será a mais feliz, porque da perspetiva do prestador que gere a conta, os montantes reembolsados ao ordenante *constituem* danos. Parece mais rigoroso afirmar-se que o prestador que gere a conta pode imputar ao iniciador *todos os danos sofridos,* que corresponderão, pelo menos, à totalidade dos montantes que pagou ao ordenante em resultado da operação não autorizada e que não dependam de uma conduta própria. Sublinhe-se, de novo: nestes casos, o prestador que gere a conta responde a título objetivo, enquanto o prestador de iniciação responde pela culpa. Este segundo fundamento deve consumir integralmente o primeiro, como título de imputação, viabilizando a reparação *integral* do dano do prestador que gere a conta. Apenas devem excluir-se os danos sofridos pelo prestador que gere a conta e que sejam atribuíveis a condutas próprias (ex. os juros moratórios resultantes de um atraso injustificado no cumprimento da obrigação de reembolso: artigo 114.º/10 do RJSPME).

Perante este quadro normativo, nos casos em que a operação não autorizada seja imputável ao prestador de iniciação, a pretensão do prestador que gere a conta deve aproximar-se de um direito de regresso de base legal. Recorde-se que não existe necessariamente – e não existirá na maioria das situações – qualquer relação contratual entre o prestador que gere a conta e o prestador de iniciação[27]/[28]/[29].

[27] Artigo 106.º/5 do RJSPME: "A prestação de serviços de iniciação de pagamento não depende de uma relação contratual entre o prestador do serviço de iniciação do pagamento e os prestadores de serviços de pagamento que gerem as contas."

[28] Na doutrina alemã, tem-se sugerido que os princípios do contrato com eficácia de proteção de terceiros poderiam constituir um fundamento adequado para as pretensões indemnizatórias entre prestadores de serviços, neste contexto. No essencial, o contrato celebrado

Neste âmbito, i.e., quando a operação de pagamento seja desencadeada por um prestador de serviços de iniciação, e se discuta o direito de regresso do prestador que gere a conta, recai sobre o iniciador o ónus da prova de que, na sua esfera de competência, a operação foi autenticada e devidamente registada, e não foi afetada por qualquer avaria técnica ou por outra deficiência relacionada com o serviço de pagamento por si prestado (artigo 114.º/9 do RJSPME). Em caso de operações não autorizadas, caso o iniciador não consiga desincumbir-se deste ónus probatório, o intérprete-aplicador decidirá como se tivesse ficado provada a falta de autenticação, o deficiente registo ou uma outra deficiência com relevância na autorização da operação de pagamento: verificada a previsão do artigo 114.º/8 do RJSPME – a imputação da operação ao iniciador –, o iniciador responderá perante o prestador que gere a conta.

4. A responsabilidade dos prestadores de serviços de iniciação pela não execução, pela execução incorreta ou pela execução tardia das operações de pagamento

a. *Enquadramento sistemático*

Ainda que ocupem um lugar de destaque – pela sua frequência, relevância económico-social e complexidade jurídica – as operações não autorizadas não são a única modalidade de perturbação das obrigações, no domínio dos serviços de pagamento. O legislador do RJSPME elencou três outras modalidades, conferindo-lhes um regime especial: a não execução, a execução incorreta e a execução tardia de operações de pagamento (artigos 129.º a 135.º do RJSPME).

A não execução corresponde aos casos de incumprimento do dever de executar ordens, estabelecido contratualmente e dobrado pelo disposto no artigo 120.º/1 do RJSPME: estando reunidas as condições previstas no con-

entre o ordenante e o iniciador de pagamentos poderia ter eficácia de proteção do prestador que gere a conta (assim como se afirma a eficácia de proteção em relação ao iniciador de pagamentos, do contrato-quadro celebrado entre ordenante e o prestador que gere a conta). Sobre este tema, por todos, Sebastian Omlor, *Staudinger BGB – Zahlungsdiensterecht*, 2020, 672-674, Rdn. 10-16.

[29] Em sentido diferente, configurando este caso como uma sub-rogação do prestador que gere a conta nos direitos do ordenante, Patrícia Paiva Duarte, *Os serviços de iniciação de pagamento no novo RSP*, RED, 2021, N.º 2 (Vol. 25), 75-76.

trato-quadro celebrado com o ordenante, o prestador "não pode recusar a execução de uma ordem de pagamento autorizada", salvo casos excecionais, previstos na lei. Assim, a não execução a que se referem os artigos 130.º e seguintes do RJSPME corresponde aos casos em que o prestador recebe – diretamente, através de um iniciador ou através de um beneficiário – uma ordem de pagamento, nos termos previstos contratualmente, e não lhe dá execução. Nestes casos, a operação de pagamento considera-se autorizada, porque consentida pelo ordenante (pelo beneficiário ou por um iniciador), mas não chega a ser executada, por parte do prestador que gere a conta.

Os dois outros casos previstos no RJSPME correspondem a instâncias de cumprimento defeituoso da ordem: a execução incorreta e a execução tardia. A primeira categoria é a mais ampla, e abrangerá todos os casos em que falte uma correspondência perfeita entre os elementos da ordem recebida (ex. montante, beneficiário) e da operação executada., incluindo os casos de execução antecipada (ex. execução precoce de uma operação pré-agendada para uma data futura, quando isso corresponda a um interesse do ordenante). A execução tardia corresponderá aos casos em que a ordem seja executada após os prazos legalmente previstos (artigos 123.º e ss. do RJSPME) ou contratualmente acordados.

Na senda da DSP 2, o RJSPME autonomiza as soluções normativas consoante a ordem tenha sido emitida pelo ordenante ou pelo beneficiário. O artigo 130.º regula os casos em que a ordem foi emitida pelo ordenante (ex. transferências), designados na gíria como *push-payments,* enquanto o artigo 131.º trata os casos em que a ordem foi emitida pelo beneficiário (ex. débitos diretos, pagamentos com cartão), os chamados *pull-payments.*

O artigo 132.º estabelece soluções especiais para os casos em que intervenha um iniciador de pagamentos. No entanto, como esta intervenção ocorre por iniciativa do ordenante, o regime aplicável à responsabilidade dos iniciadores de pagamento deve resultar da interpretação combinada dos artigos 130.º e 132.º do RJSPME.

Como se verá em maior detalhe, em caso de intervenção de um iniciador de pagamentos, as soluções normativas do artigo 132.º do RJSPME assentam no princípio acima apresentado, quanto às operações não autorizadas: as pretensões do utilizador mantêm-se incólumes, contra o prestador que gere a conta, *apesar* da intervenção de um iniciador de pagamentos. Assim, a eventual responsabilidade do iniciador, nestas perturbações em matéria de serviços de pagamento, apenas será relevante nas relações entre prestadores (i.e., entre o iniciador e o prestador que gere a conta).

b. O âmbito dos deveres do prestador do ordenante

Antes da análise mais detalhada das pretensões do ordenante contra o seu prestador, em caso de operações não executadas ou executadas defeituosamente, cumpre, no entanto, delimitar a esfera de deveres do prestador que gere a conta. Com efeito, apenas se poderá enquadrar uma determinada vicissitude na previsão dos artigos 130.º e 132.º do RJSPME quando o prestador do ordenante tenha incumprido – por ação ou omissão – um dever próprio, a que estivesse adstrito nos termos da lei ou do contrato.

Desde logo, a responsabilidade do prestador de serviços do ordenante apenas se coloca, como hipótese, quando este tenha recebido uma ordem de pagamento, que atualize o dever de prestar, previsto no contrato-quadro. O prestador do ordenante só está obrigado a prestar quando receba uma ordem de pagamento para o efeito, nos termos acordados contratualmente (artigos 119.º/1 e 120.º/1 do RJSPME).

Acresce que, na esmagadora maioria das operações desencadeadas diretamente pelo ordenante, o seu prestador de serviços não consegue assegurar o crédito da conta do beneficiário: como se compreende, isso apenas acontecerá nos casos em que a conta do beneficiário também seja gerida pelo prestador do ordenante. Assim, na generalidade dos casos, o dever do prestador do ordenante está limitado à prática dos atos jurídicos e materiais necessários a provocar o crédito da conta do *prestador de serviços do beneficiário* (e não do próprio beneficiário), nos termos previstos na ordem de pagamento (ex. montante, identidade do beneficiário, tempo, etc.).

Esta extensão dos deveres do prestador do ordenante é reconhecida pelo legislador, ao transferir a responsabilidade para o prestador do beneficiário, perante este último, nos casos em que ocorra uma perturbação, mas o prestador do ordenante demonstre que provocou o crédito da conta do prestador do beneficiário, nos prazos previstos no artigo 124.º/1 e 2 do RJSPME (artigo 130.º/2 do RJSPME). Assim, as perturbações relevantes, para imputação ao prestador do ordenante, referem-se ao âmbito de deveres compreendido entre a receção da ordem, e o momento em que o prestador do beneficiário tenha recebido o montante da operação.

Por outro lado, o juízo de correspondência – subjacente a uma qualificação de cumprimento perfeito ou de uma perturbação – estabelece-se entre os elementos constantes da ordem, tal como recebida pelo prestador e os termos da sua execução. Quando os termos da ordem não coincidam com a intenção do ordenante, mas a divergência lhe seja imputável, considera-

-se que a ordem foi bem executada pelo prestador, se este a executar nos termos recebidos.

Com efeito, considera-se corretamente executada uma ordem de pagamento, quando o prestador do ordenante tenha provocado o crédito de uma conta determinada segundo o identificador único fornecido pelo ordenante, ainda que não corresponda ao destinatário que o ordenante queria beneficiar (artigo 129.º/1, RJSPME)[30]. Assim, nos casos em que o ordenante se equivoque no identificador único da conta de pagamento do beneficiário a quem pretendia dirigir os fundos (ex. o ordenante digita incorretamente um ou mais números do IBAN do beneficiário), e esse identificador esteja associado a outra conta de pagamento, considera-se corretamente executada a ordem, se o prestador do ordenante provocar o crédito desta última conta, ainda que o respetivo titular seja desconhecido do utilizador[31].

Nestes casos, como se antecipou, a operação considerar-se-á corretamente executada e está afastada a responsabilidade do prestador de serviços pela execução tardia da operação que o ordenante pretendia realizar (caso esta venha efetivamente a realizar-se). Por outro lado, se o identificador único fornecido pelo ordenante não corresponder a qualquer beneficiário, e for impossível executar a ordem de pagamento, está afastada a responsabilidade do seu prestador, pela sua não execução ou execução incorreta (artigo 129.º/2 do RJSPME).

c. *As pretensões do ordenante em caso de não execução, execução incorreta ou execução tardia de ordens de pagamento*

Nas relações entre prestador que gere a conta e ordenante, as pretensões legalmente previstas, em caso de ordens não executadas, ou executa-

[30] Considerando 88 da DSP 2: "A responsabilidade do prestador de serviços de pagamento deverá circunscrever-se à execução correta da operação de pagamento, de acordo com a ordem de pagamento emitida pelo utilizador. Caso os fundos envolvidos numa operação de pagamento cheguem a um destinatário errado, devido a um identificador único incorreto fornecido pelo ordenante, os prestadores de serviços de pagamento do ordenante e do beneficiário não deverão ser responsabilizados, mas deverão ser obrigados a cooperar, envidando esforços razoáveis para recuperar os fundos, designadamente comunicando as informações relevantes".

[31] Nestes casos, o prestador do ordenante deve envidar esforços razoáveis para recuperar os fundos envolvidos na operação, realizando as diligências para esse efeito junto do prestador do beneficiário ou, quando tal se revele infrutífero, fornecendo ao ordenante as informações de que disponha, e que possam ser relevantes para que aquele exerça judicialmente os seus direitos contra o beneficiário (artigo 129.º/3 e 4 do RJSPME).

das incorretamente operam independentemente de culpa. Com efeito, as pretensões do utilizador previstas no RJSPME podem ser exercidas contra o seu prestador independentemente de se provar a respetiva culpa, e não podem ser afastadas pela demonstração de uma conduta diligente por parte do prestador de serviços do ordenante (artigo 130.º/1 do RJSPME)[32].

Além das pretensões legalmente previstas, que funcionam objetivamente, o ordenante poderá ainda invocar o direito a uma indemnização suplementar, nomeadamente por prejuízos consequenciais, mas essa pretensão deverá ser formulada nos termos gerais, aplicáveis à relação obrigacional, estabelecida com o prestador de serviços que gere a conta (artigo 133.º do RJSPME).

A primeira pretensão legalmente prevista refere-se ao reembolso, imediato ("sem atraso injustificado") do montante da operação, nos casos de operações não executadas ou incorretamente executadas (artigo 130.º/3 do RJSMPE)[33]. O crédito da conta do ordenante, que dê cumprimento ao dever de reembolso, deverá ter uma data-valor igual ou anterior à data em que foi debitado o montante da operação afetada pela perturbação (artigo 130.º/4 do RJSPME). A conta do ordenante deve, além disso, ser reposta na situação em que estaria se não tivesse ocorrido a execução incorreta da operação (artigo 130.º/3 do RJSPME).

Em caso de execução tardia, a pretensão principal do ordenante dirige-se ao crédito atempado da conta do beneficiário: nessa medida, o prestador do ordenante fica obrigado a diligenciar junto do prestador do beneficiário, para que a data-valor do crédito da conta do beneficiário corresponda à data-valor que teria sido atribuída, caso a operação tivesse sido atempadamente executada (artigo 130.º/8 do RJSPME).

Em todos os casos de cumprimento defeituoso aqui analisados – não execução, execução incorreta e execução tardia –, o prestador do ordenante é responsável por todos os encargos e juros que sejam exigidos a este último, em consequência da perturbação correspondente (artigo 130.º/9 do RJSPME). Estão aqui em causa, apenas, os encargos e juros cobrados nas relações entre o prestador do ordenante e o ordenante, que deixam de ser

[32] Para o direito alemão, no mesmo sentido, Sebastian Omlor, *Staudinger BGB – Zahlungsdiensterecht*, 2020, 610-611, Rdn. 1-2.

[33] Nestes casos – de não execução ou execução incorreta –, o prestador do ordenante deve ainda, caso lhe seja solicitado, praticar os atos jurídicos e materiais necessários ao rastreio da operação, de forma gratuita, comunicando ao ordenante as informações obtidas (artigo 130.º/7 do RJSPME).

devidos ou devem ser reembolsados (quando já tenham sido cobrados). Os juros e demais prejuízos incorridos nas relações entre o ordenante e terceiros apenas podem ser imputados ao prestador do ordenante nos termos gerais, como indemnização suplementar (artigo 133.º do RJSPME).

Como acima antecipado, estas pretensões não são alteradas, nas relações entre prestador que gere a conta e ordenante, *apesar* da intervenção de um prestador de serviços de iniciação do pagamento, que tenha sido envolvido na operação *pelo próprio ordenante.* Apesar de o artigo 132.º/1 do RJSPME não o estabelecer de forma expressa, deve entender-se que *todas* as pretensões do ordenante, decorrentes do artigo 130.º/3, 7, 8 e 9 se mantêm incólumes, apesar da intervenção de um iniciador de serviços de pagamento.

No entanto, a conduta do iniciador recupera relevância, nas relações com o prestador que gere a conta, em sede de direito de regresso. Com efeito, caso a perturbação seja imputável ao prestador de serviços de iniciação do pagamento, este deve indemnizar imediatamente o prestador que gere a conta, pelas perdas sofridas ou pelos montantes pagos em resultado do reembolso ao ordenante (artigo 132.º/3 do RJSPME). Nestas relações interbancárias, cabe ao iniciador o ónus da prova da receção da ordem pelo prestador que gere a conta, bem como da autenticação do ordenante, do registo da operação, e da ausência de avaria técnica ou outra deficiência que tenha afetado a operação, na medida em que estas vicissitudes se relacionem com a perturbação do cumprimento do serviço de pagamento (artigo 132.º/2 do RJSPME).

DÉBITOS DIRECTOS.
ASPECTOS DE REGIME DE PROTECÇÃO DO CONSUMIDOR

Francisco Rodrigues Rocha*/**

Resumo: *O presente estudo analisa o regime jurídico dos débitos directos da perspectiva do consumidor. Após uma parte geral, em que se sublinha a importância que a protecção*

* Professor auxiliar convidado da Faculdade de Direito da Universidade de Lisboa. Advogado na GPA.

** O presente estudo toma como ponto de partida outro da nossa autoria, *Débitos directos: breves notas*, nos *Estudos de Direito Bancário*, I, coord. António Menezes Cordeiro/Januário da Costa Gomes/Miguel Brito Bastos/Ana Alves Leal, Almedina, Coimbra, 2018, 383-418, agora actualizado em face da aprovação do RJSP II, com desenvolvimentos *i.a.* em matéria de direito ao reembolso ou de mandato electrónico, e funcionalizado à protecção do consumidor. Abreviaturas mais usadas: ADC = autorização de débito em conta; BdP = Banco de Portugal; CC = Código Civil; BIC = Código de Identificação Bancária (*Bank Identifier Code*); CCom = Código Comercial; LDC = Lei de Defesa do Consumidor (Lei n.º 24/96, de 31 de Julho, sucessivamente alterada até à Lei n.º 47/2014, de 28 de Julho); RJPME = Regime Jurídico dos Pagamentos e da Moeda Electrónica (Decreto-Lei n.º 317/2009, de 30 de Outubro, alterado pelo Decreto-Lei n.º 242/2012, de 7 de Novembro e pelo Decreto-Lei n.º 157/2014, de 24 de Outubro); DCP = Directiva n.º 2014/92/UE, de 23 de Julho (Directiva das Contas de Pagamento); DSP I = Directiva n.º 2007/64/CE, do Parlamento Europeu e do Conselho, de 13 de Novembro de 2007, relativa aos serviços de pagamento no mercado interno (Directiva dos Serviços de Pagamento I); DSP II = Directiva (UE) n.º 2015/2366, do Parlamento Europeu e do Conselho, de 25 de Novembro de 2015, relativa aos serviços de pagamento no mercado interno (Directiva dos Serviços de Pagamento II); EPC = *European Payments Council*; IC = instituição(ões) de crédito; IBAN = Número Internacional de Conta Bancária (*International Bank Account Number*); PSP = prestador de serviços de pagamento; RDS = *Revista de Direito das Sociedades*; RJCS = Regime Jurídico do Contrato de Seguro (Decreto-Lei n.º 72/2008, de

do consumidor teve na DSP II e no RJSP II, isolam-se alguns aspectos de regime mais representativos, em matéria de débitos directos, em que se fazem sentir razões de protecção do consumidor: o direito à limitação e ao bloqueio, bem como o direito ao reembolso "condicional" e "incondicional".

Palavras-chave: *débitos directos – consumidor – revogação do débito – reembolso – limitação ou bloqueio do débito directo*

Abstract: *The legal regime for direct debit from a consumer law perspective is analysed in the present study. After a general part, in which the importance of the consumer protection in the PSD II and RJSP II is emphasized, some aspects of the direct debit regime, which are or may be considered to be more representative from a Consumer Law perspective, are isolated: the right to limit or block the direct debit collection, as well as the right to conditional or unconditional refund.*

Keywords: *direct debit – consumer – direct debit withdrawal – refund – limitation or blocking of the direct debit collection*

1. Introdução

I. Está aos dias de hoje muito vulgarizado o pagamento através de débitos directos. As vantagens recíprocas na sua utilização são conhecidas: da perspectiva dos titulares das contas, poupa tempo[1]; da dos beneficiários,

16-Abr.); RJSP(ME) I = Regime Jurídico dos Serviços de Pagamento e da Moeda Electrónica (Decreto-Lei n.º 317/2009, de 30-Out.); RJSP(ME) II = Regime Jurídico dos Serviços de Pagamento e da Moeda Electrónica (Decreto-Lei n.º 91/2018, de 12-Nov.); RSEPA = Regulamento n.º 260/2012, de 14-Mar.-2012 (Regulamento SEPA); SDD = Débitos Directos SEPA (*SEPA Direct Debits*); SEPA = Área de Pagamentos em Euros (*Single Euro Payments Area*); USP = utilizador de serviços de pagamento.

[1] Ilustrativas as palavras que encontramos em RLx 8-Nov.-2012 (P. Martins), proc. n.º 428/11.0TVLSB.L1-2: "Quando se programa o pagamento através de débito directo, visa-se precisamente obter um estado de despreocupação com a realização dos pagamentos sucessivos".

garante maior certeza de que o pagamento, desta forma informatizado, será pontual, evitando custos de interpelação[2].

II. O "quadro" normativo é, todavia, infelizmente, complexo. Há que contar com a legislação da UE e a nacional e é ainda necessário ter em conta a regulamentação e directrizes das autoridades competentes neste domínio, como a ABE, o EPC ou o BdP.

O diploma nuclear nesta matéria é, no entanto, facilmente isolável: o RJSP, aprovado pelo Decreto-Lei n.º 91/2018, de 12-Nov., em transposição da DSP II. Existem, depois, conforme referíamos, outros vários, a ter em consideração, a começar por actos normativos da UE: o Regulamento (CE) n.º 924/2009, de 16-Set., alterado pelo Regulamento (UE) n.º 260/2012, de 14-Mar. (RSEPA), por sua vez alterado pelo Regulamento (UE)

[2] Para um levantamento de decisões judiciais que mencionam o uso de débitos directos – ainda que raras vezes com discussão de problemas jurídicos aos mesmos relativos –, a atestar também a frequência do seu uso quotidiano, permitimo-nos remeter para Francisco Rodrigues Rocha, *Débitos directos: breves notas*, nos *Estudos de Direito Bancário*, I, coord. António Menezes Cordeiro/Januário da Costa Gomes/Miguel Brito Bastos/Ana Alves Leal, Almedina, Coimbra, 2018, 385, nt. 2, a que podemos, a título exemplificativo, juntar o seguinte levantamento, reportado a final de 2019: STJ 19-Jun.-2019 (P. Sá), proc. n.º 21171/18.9T8LSB.L1.S1, 13-Nov.-2018 (A. Reis), proc. n.º 1699/16.1T8PNF.P2.S2, 18-Set.-2018 (O. Geraldes), proc. n.º 2682/16.2T8FAR.E1.S1, 18-Set.-2018 (F. Ramos), proc. n.º 838/15.4T8VRL.G1.S1, 17-Jun.-2018 (T. Gomes), proc. n.º 6155/15.2T8GMR.G1.S2, 22-Fev.-2018 (R. Tching), proc. n.º 10942/14.0T8LSB.L1.S2, 14-Dez.-2017 (Sousa Lameira), proc. n.º 209/13.7TBMGR.C1.S2, 2-Nov.-2017 (F. I. Pereira), proc. n.º 620/09.8TBCNT.C1.S1; RLx 20-Dez.-2018 (D. M. Monteiro), proc. n.º 1260/14.5TBPDL.L1-7, 24-Mai.-2018 (P. Martins), proc. n.º 844/16.1T8MTA.L1-2, 22-Mar.-2018 (T. Soares), proc. n.º 1816/15.9T8AML.L1-6, 19-Set.-2017 (M. da Conceição Saavedra), proc. n.º 67/12.9TCFUN.L1-7; RPt 8-Mar.-2019 (Madeira Pinto), proc. n.º 376/14.2TVPRT.P1, 12-Fev.-2019 (J. Carvalho), proc. n.º 332/17.9T8MCN.P1, 12-Jul.-2017 (F. Caroço), proc. n.º 453/16.5T8FLG.P1, RGm ac. 4-Abr.-2019 (H. Melo), proc. n.º 307/16.5T8PVL.G1, 4-Abr.-2019 (F. Proença Fernandes), proc. n.º 6748/17.3T8VNF.G1, 14-Mar.-2019 (J. Boavida), proc. n.º 4644/16.0T8BR.G1, 17-Mai.-2018 (E. Cunha), proc. n.º 7/17.9T8VCT.G1, 25-Jan.-2018 (F. Fernandes Freitas), proc. n.º 1752/16.1T8BCL.G1, 11-Jan.-2018 (E. Almeida), proc. n.º 353/15.6T8GMR.G1, 26-Out.-2017 (J. Cravo), proc. n.º 838/15.4T8VRL.G1, 28-Set.-2017 (M. de F. Andrade), proc. n.º 6155/15.2T8GMR.G1, 22-Jun.-2017 (M. dos Anjos Nogueira), proc. n.º 183/13.0TBPCR.G1, ac. 9-Fev.-2017 (F. M. Mota Vieira), proc. n.º 920/14.5T8VCT.G1; REv 11-Jul.-2019 (Canelas Brás), proc. n.º 2682/16.2FAR.E2, 8-Fev.-2018 (Canelas Brás), proc. n.º 2682/16.2FAR.E1; JPLx 15-Dez.-2017 (J. Chumbinho), proc. n.º 7/2017-JPLSB; JPCsc 15-Dez.-2017 (M. de Ascensão Arriaga), proc. n.º 7/2017-JPCSC; ou JPSintra 18-Set.-2017 (S. Campos Coelho), proc. n.º 367/2017-JP.

n.º 248/2014, de 26-Fev.; o Regulamento Delegado (UE) n.º 2018/389, de 27-Nov.-2017, que complementou a DSP II no que concerne às normas técnicas para autenticação forte do cliente e às normas abertas de comunicação; ou o Regulamento Delegado (UE) n.º 2017/2055, de 23-Jun., que completou a DSP II no que respeita às normas técnicas de regulamentação para a cooperação e a troca de informações entre autoridades competentes em matéria de estabelecimento e LPS; outros diplomas, como a Directiva n.º 2014/92/UE, de 23-Jul., poderiam ainda ser trazidos à colação. Assumem ainda uma repercussão assinalável, no sector dos serviços de pagamentos, os livros de regras e as orientações emitidas pelo EPC, de que destacamos[3] o *SEPA Direct Debit Core Scheme Rulebook* (que já conta com várias versões; a última de 26-Nov.-2020, com efeitos a 21-Nov.-2021), o *SEPA Direct Debit Business-to-Business Scheme Rulebook* (com várias versões; a última da mesma data e com efeitos no mesmo dia que o primeiro *Rulebook* citado), a *Guidance on Reason Codes for SDD R-Transactions* (já na 5.ª versão, de 27-Mai.-2019), a *Creditor Identifier Overview* (já na 8.ª versão, de 24-Set.-2020), ou as *Guidelines for the Appearance of Mandates for the SEPA Direct Debit Core and Business-to-Business Schemes* (já na 7.ª versão, de 23-Fev.-2021); do lado da ABE, por ex., as *Guidelines for the Security of Internet Payments* de Dez.-2014.

Na DSP II e no RJSP II, fundamentalmente, centrar-se-á o discurso subsequente.

III. Mais do que analisar todas as dimensões dos débitos directos[4], interessam-nos, neste estudo, especificamente, os aspectos de regime determinados por razões de protecção do consumidor.

[3] Abstraindo de outros documentos, também eles relevantes, produzidos pelo EPC, como *clarification letters* (*Clarification Letter on Electronic Mandates to SEPA Direct Debit Scheme Participants*, de 2-Out.-2013) ou *clarification papers* (por ex., o *Clarification Paper on SEPA Direct Debit Core and SEPA Direct Debit Business-to-Business Rulebooks*, de 26-Nov.-2020).

[4] Sobre os débitos directos, com desenvolvimentos sobre o tema em específico, vd., entre nós, *e.g.* Rita Vera-Cruz Pinto Bairros, *A operação de débito directo*, FDUL, Lisboa, 2014, *per totum*, Francisco Mendes Correia, *Moeda bancária e cumprimento. O cumprimento das obrigações pecuniárias através de serviços de pagamento*, Almedina, Lisboa, 2017, 772-804 e *passim*, ou o nosso *Débitos directos* cit., 383-418; na manualística, António Menezes Cordeiro, *Direito bancário*, colab. A. Barreto Menezes Cordeiro, 6.ª ed., Almedina, Coimbra, 2016, ou M. Januário da Costa Gomes, *Contratos comerciais*, Almedina, Coimbra, 2012, 220 ss., *max.* 225 e 247-248. Existem, depois, menções aos débitos directos em estudos vários de direito bancário e, em particular, sobre serviços de pagamento, mas que dedicam uma atenção marginal ao tema.

Analisaremos, assim, sumariamente o conceito de débitos directos (2.), para discorrer, em seguida, da relevância da protecção do consumidor no RJSP II (3.), a fim de nos concentrarmos nas figuras ou aspectos de regime, que podem ser vistos como mais significativos, da perspectiva da protecção do consumidor, *i.e.* o direito à limitação e bloqueio (4.) e o direito ao reembolso, tanto o dito "condicional" (5.) como o "incondicional" (6.).

2. Conceito

I. Os débitos directos são, antes de mais, *serviços de pagamento* (artigos 2.º *vv*)), inseridos num contrato-quadro de serviços de pagamento (artigo 2.º *i*)), funcionalizados à realização de uma *operação de pagamento* (artigo 2.º *ii*)), iniciada pelo *beneficiário*, através de uma conta provisionada para o efeito ou de uma linha de crédito acordada.

Apesar das muitas definições que já lhes foram dadas[5], o legislador define-o como: "um serviço de pagamento que consiste em debitar a conta de pagamento de um ordenante, sendo a operação de pagamento iniciada pelo beneficiário com base no consentimento dado pelo ordenante ao beneficiário, ao prestador de serviços de pagamento do beneficiário ou ao prestador de serviços de pagamento do próprio ordenante" (artigo 2.º *m*) do RJSP II[6]).

A "pagamento" nas expressões "serviço" e "operação de pagamento" deve ser dado um sentido amplo: por um lado, abrange não apenas deslocações pecuniárias *soluendi* como também *credendi* ou *donandi causa*; por outro, pode nem sequer estar em causa o cumprimento de uma obrigação, ainda que seja esta a situação de longe mais frequente.

Nos débitos directos, ao contrário do que sucede nas transferências de créditos, a *iniciativa* da operação de pagamento cabe ao *beneficiário*, que é, por isso, o dador da ordem (cf. o artigo 2.º *ll*) do RJSP II e 2.º/11 do RSEPA). Estranhamente, não é ao beneficiário, mas ao titular da conta debitada ou a debitar, que chama o legislador *ordenante* (artigo 2.º *mm*)). Trata-se de um aspecto que dificulta, de modo não despiciendo, a inteligibilidade do regime: não se quis desviar do figurino da transferência de crédito, mas distorceu-se, assim, o dos débitos directos.

[5] Para uma resenha, vd. o nosso *Débitos directos* cit., 388 ss.

[6] A definição constante do artigo 2.º/2 do RSEPA omite os destinatários do consentimento, mas não os restringe. Neste sentido, já nos pronunciámos em *Débitos directos* cit., 389-390 nt. 21. Diversamente, G. Barillà, *L'addebito diretto*, EduCatt, Milão, 2013, 13.

O pagamento por débito directo pode ser iniciado através de cartão de pagamento ou dispositivo semelhante, caso em que se aplica o regime dos débitos directos, se o cartão ou dispositivo for usado apenas para gerar a informação necessária à realização do débito (considerandos (6) e (23) e artigos 1.º/2 *c*), 5.º/8 e 16.º/4 do RSEPA).

Pressuposto dos débitos directos é o *consentimento* do ordenante (artigos 2.º/2 do RSEPA e 2.º *m*) do RJSP II), vertido na *autorização* (cf. o artigo 103.º/1 do RJSP II[7]; também dita impropriamente "mandato"). Desta há que distinguir a *ordem de pagamento*, que, embora também unilateral, é dada, nos débitos directos, pelo beneficiário. A autorização atribui ao beneficiário um poder potestativo de agir por conta, legitimando-o, enquanto autorizado, a agir sobre a esfera do autorizante. O modelo consagrado é o da *dupla autorização* ao beneficiário e ao PSP do próprio titular da conta a debitar, conforme resultaria, em princípio, das regras gerais sobre interpretação das declarações negociais (*v.g.* artigo 236.º/1 do CC) e da definição de "mandato" no artigo 2.º/21 do RSEPA (cf. também *ibid.* o artigo 5.º/3 *a*), *ii*), 1.ª parte).

A autorização deve ser formalizada (cf. os artigos 2.º/21[8], 5.º/3 *a*) *ii*) e *d*) *ii*), 6, 8, 7.º/1 e 2 do RSEPA as referências ao "mandato" nos pontos 3) *a*) *vi*), *vii*), *ix*) e *xi*), *b*) *iii*), *iv*), *v*), *vi*), *x*), *xv*), *xvii*), *xix*), *xxi*), e *c*) *i*) do Anexo de requisitos técnicos ao RSEPA ou o artigo 117.º/1 *a*) da DSP II), em papel ou em suporte duradouro, disponibilizando, para o efeito, o EPC como, em Portugal, o próprio BdP formulários[9]. O RSEPA prevê regras para os "mandatos electrónicos" (cf. ponto 3) *b*) *iii*), *iv*), *v*) e *vi*) do anexo ao RSPEA), em lugar dos tradicionais em papel. O modelo de "mandato" previsto nos artigos 4.7.2 DS-01 das primeiras versões dos *SEPA Rulebooks Core* e *B2B*[10], bem como nas directrizes do EPC para formato do mandato[11], seguia o

[7] Sobre o preceito, de tautológica redacção, o nosso F. Rodrigues Rocha, *Débitos directos* cit., 394-395 (com indicações).

[8] Que se refere ao "mandato" como "expressão do consentimento e da autorização", "Erteilung der Zustimmung und Autorisierung", "l'expression du consentement et de l'autorisation", "l'espressione del consenso e dell'autorizzazione", "expression of the consent and authorisation", "manifestación del consentimiento y de la autorización", "de uidrukking van instemming en machtiging", "înseamnă exprimarea consimţământului şi a autorizării".

[9] Cf., por ex., as *Guidelines for the Appearance of Mandates for the SEPA Direct Debit (SDD) Core and SDD Business-to-Business (B2B) Schemes.*

[10] Cf. hoje, porém, a regra 4.7.3 DS02 epigrafada "o mandato desmaterializado".

[11] As *Guidelines for the Appearance of Mandates for the SEPA Direct Debit (SDD) Core and SDD Business-to-Business (B2B) Schemes* (EPC392-08), que já vão na 7.ª versão, publicada a 10-Fev.-2021.

figurino tradicional. Em 2-Out.-2013, o EPC emitiu uma *Clarification Letter on Electronic Mandates to SEPA Direct Debit Scheme Participants*[12], na qual referia que os modos de assinatura descritos na regra 4.1 dos *Rulebooks SDD Core* e *BSB* não eram taxativos, podendo ser usados outros que fossem "vinculativos" de acordo com as "leis locais" *i.e.* nacionais. O assunto não ficou resolvido e, assim, em 26-Nov.-2020, o EPC, no ponto 4 do *Clarification Paper on SEPA Direct Debit Core and SEPA Direct Debit Business-to-Business Rulebooks*[13], consignou *i.a.* que "a validade de um mandato electronicamente assinado é primariamente um problema jurídico concernente à relação entre devedor e credor" (p. 14) e que "o Livro de Regras do esquema SDD não prescreve nem limita os modos de assinar mandatos electrónicos de maneira juridicamente vinculativa".

O EPC tem vindo a realçar, no uso de autorizações electrónicas: (1) vantagens para o titular da conta a debitar: (a) não ter de as imprimir, assinar e entregar em mão ou por correio, com os custos de tempo e de dinheiro inerentes; (2) vantagens para o beneficiário: (a) processamento automático ou automatizado; e (b) possibilidade de "armazenagem" e de encontrar rápida e informatizadamente dados do "mandato". A utilização destes "mandatos electrónicos" tem sido, no entanto, problemática, por razões várias, que se reconduzem, no essencial, à técnica e, (só ou sobretudo) por isso, juridicamente difícil equiparação ao documento particular assinado (artigos 373.º e 374.º do CC), que faz prova plena quanto às declarações atribuídas ao seu autor (artigo 376.º/1 *ibid.*)[14].

A matéria foi regulada pelo Regulamento (UE) n.º 910/2014, de 23-Jul., cuja execução na ordem jurídica nacional foi entretanto assegurada pelo Decreto-Lei n.º 12/2021, de 9-Jan., segundo o qual, em suma: (1) a aposição de assinatura electrónica qualificada a um documento electrónico equivale à assinatura autógrafa dos documentos com forma escrita sobre suporte de papel e cria a presunção de que (a) a pessoa que apôs a tal assinatura electrónica qualificada é o seu titular ou é representante com poderes bastantes da pessoa colectiva; (b) a assinatura electrónica qualificada foi aposta

[12] Carta n.º EPC098-13.

[13] Versão 1.3; doc. n.º EPC132-17.

[14] Sem assinatura, a força probatória de um documento particular é livremente apreciada pelo tribunal (artigo 366.º *ibid.*; cf. também STJ 2-Dez.-2013 (Salazar Casanova), proc. n.º 6687/09.1TVLSB.L1.S1 e 31-Mai.-2005 (Ferreira Girão), proc. n.º 05B1094). Monograficamente, sobre o tema, Luís Filipe Pires de Sousa, *O valor probatório do documento eletrónico no processo civil*, 2.ª ed., Almedina, Coimbra, 2017, *passim*.

com a intenção de assinar o documento electrónico; e (c) o documento electrónico não sofreu alteração desde que aposta a tal assinatura (artigo 3.º/2 *ibid.*); (2) o disposto quanto à assinatura electrónica qualificada não obsta à utilização de outro meio de identificação electrónica, de comprovação da integridade, de correcção da origem dos dados ou ainda de atestação temporal de documentos electrónicos, incluindo outras modalidades de assinatura[15], desde que validamente acordados ou aceita pela pessoa a quem for o documento oposto (artigo 3.º/9 *ibid.*[16]). No entanto, é preciso ter em conta[17] que este é um problema que concerne, primeiramente, à relação entre beneficiário e titular da conta a debitar e as convenções sobre provas só vinculam quem nas mesmas figure como parte (artigo 406.º/2 do CC), o que, em princípio, exclui as entidades bancárias[18]. É também necessário ter em conta que as regras de distribuição do ónus da prova "penalizam" outrossim o beneficiário, pois é este quem tem interesse e que, de resto, está onerado com a prova da regular emissão do "mandato" quando o seu banco, instado pelo banco do titular da conta a debitar, lho solicite (cf. os artigos 342.º/1 do CC, 5.º/3 do RSEPA e 80.º e 113.º/1 e 3 do RJSP II[19]), sob pena de a dúvida se resolver contra si (artigo 414.º do CPC) e ter de reembolsar o (seu banco, que tenha reembolsado o banco do) titular da conta debitada,

[15] Por ex., o recurso a OTP, *one-time password*. Este mecanismo tem, de facto, sido apontado como meio alternativo de assinatura, relativamente seguro e eficaz (pense-se por ex. em contratos de seguro do tipo PAYD ou PHYD para veículo automóvel ou para trotineta electrónica celebrados à distância através de telemóvel).

[16] Cf. também o artigo 345.º/1 e 2 do CC que prevê a nulidade de convenções sobre provas em caso de direito indisponível ou excessiva onerosidade de uma das partes em exercer o direito. O artigo 21.º *g*) da LCCG, nas relações com consumidores finais, fere de nulidade as cláusulas contratuais gerais que restrinjam a utilização de meios probatórios legalmente admitidos.

[17] Como o faz o acima cit. *Clarification Paper*, 13-14.

[18] Embora reste a possibilidade de elas aceitarem o uso de modalidades alternativas de qualificação da assinatura nos termos do artigo 3.º/9 do Decreto-Lei n.º 12/2021. Entidades estas, de resto, que estão vinculadas a profusos e extensos deveres dito "regulatórios", como o dever de comprovação dos elementos identificativos dos clientes para efeito de prevenção de branqueamento de capitais e do financiamento do terrorismo, que as obrigam a um certo grau de certeza que se compadece mal com meios alternativos de qualificação de assinaturas ao abrigo de convenções sobre provas (cf. *e.g.* os artigos 24.º e 25.º da Lei n.º 83/2017).

[19] Cf. também o dever de guarda ou custódia que sobre o beneficiário impende por força do artigo 5.º/3 a), ii), 2.ª prt., do RSEPA.

que goza de 8 semanas para pedir o reembolso (artigo 118.º/1 do RJSP)[20]. É, portanto, arriscado para o beneficiário e para a respectiva entidade bancária que sobre a autoria ou eficácia da assinatura de um documento recaiam dúvidas[21]. Entretanto e no entanto, uma forma de reforçar a segurança nos meios alternativos de assinatura na autorização de débito directo passa pelo uso da autenticação forte nos serviços de pagamento em linha, em particular para a "emissão", alteração ou cessação de autorização de débito directo em linha (artigos 2.º *d*) e 104.º do RJSP II, cujo n.º 8 alude também ao uso de outros meios de autenticação electrónica como a assinatura através do certificado digital associado ao cartão do cidadão[22]).

[20] Este é um risco que não ocorre apenas nas autorizações electrónicas. Um ex. prático, que, ademais, retrata um caso real: numa ADD para pagamento da conta mensal de electricidade de uma fracção autónoma em favor da EdP, marido preenche ADD em nome da mulher, sobre conta da própria mulher e no final assina com a própria assinatura dele. A empresa fornecedora de electricidade recebe, aceita e trata a ADD e entrega-a ao seu banco que, comunicada ao banco do titular da conta a debitar, inicia a operação de pagamento por débito directo. Neste caso, a questão da autoria da assinatura coloca-se e, note-se, não estamos no domínio das ADD electrónicas.

[21] Conforme reconhece o EPC a p. 14 do *Clarification Paper* cit.

[22] Cf. da ABE/EBA as *Orientações definitivas sobre a segurança dos pagamentos efetuados através da internet*, de 19-Dez.-2014, doc. n.º EBA/GL/2014/12_Rev1, cujo ponto 7.1 previa precisamente que os PSP fizessem uma autenticação forte do cliente para "a emissão ou a alteração de autorizações eletrónicas de débito direto". Neste documento, estabeleciam-se ainda outros deveres a cargo dos PSP quanto aos débitos directos. Assim: (1) a nível da rastreabilidade, que implementassem processos que garantissem que todas as operações, assim como o fluxo do processo de autorização electrónica de débito directo fossem rastreados adequadamente (ponto 5 *ibid.*); (2) a nível da monotorização de operações, que fossem implementados mecanismos de monitorização de segurança e de autorização para a emissão de autorizações de débito em conta (ponto 10); (3) a nível de protecção de dados sensíveis de pagamento, que fossem protegidos durante o seu armazenamento, tratamento ou transmissão (ponto 11); e, (4) ao nível do acesso do cliente a informação sobre o estado da iniciação e da execução do pagamento, que os PSP confirmassem aos seus clientes a referida iniciação do pagamento e fornecessem atempadamente a informação necessária à verificação de que operação fora iniciada ou executada correctamente (ponto 14). Estas *Orientações* foram, no entanto, revogadas pela própria ABE em 14-Out.-2021, com base no facto de terem sido aprovadas em data anterior à entrada em vigor da DSP II em 2016 e por, desde então, terem sido ultrapassadas pela DSP II e pelos correspondentes "instrumentos" da ABE desenvolvidos ao abrigo da DSP II (exemplificando com as normas técnicas de regulamentação relativas à autenticação forte do cliente e às normas abertas de comunicação comuns e seguras previstas na Directiva (UE) n.º 2015/2366, incluindo no Regulamento Delegado (UE) n.º 2018/389, de 27-Nov.-2017, que a regulamentou, em vigor desde Set.2019).

O "mandato" do RSEPA e dos livros de regras do EPC não consubstancia um contrato de mandato, uma vez que dele não resulta para o credor beneficiário uma obrigação de praticar actos jurídicos (artigo 1157.º do CC), mas uma *autorização*, que atribui a este legitimidade para dar uma ordem de pagamento sobre a conta do ordenante. A iniciativa de promover, por esta via, o pagamento traduz, portanto, para o beneficiário um ónus ou encargo material.

II. A operação de débito directo encontra-se tipicamente decomposta em quatro: (*i*) uma relação de valuta[23], entre ordenante e beneficiário; (*ii*) outra de cobertura, entre o ordenante e o seu PSP, no âmbito de um contrato de serviços de pagamento[24]; (*iii*) outra de cobrança, entre o beneficiário e o seu PSP; (*iv*) outra interbancária, entre PSPs.

As ordens de pagamento, no âmbito de um contrato de serviços de pagamento, são tendencialmente abstractas da relação que lhes subjaza (artigo 2.º *ii*) do RJSP II), sem prejuízo de manifestações, hoje cada vez mais frequentes e extensas, de causalidade, em matéria de branqueamento de capitais, no apuramento da qualidade de consumidor e, ainda, por força da boa fé quando o PSP tenha conhecimento directo de perturbações na relação subjacente; outras brechas traduzem-se na indicação da finalidade da cobrança (pontos 2 *b*), *viii*) e *ix*), e 3 *a*), *xiii*) e *xiv*), do Anexo ao RSEPA) ou o dever de verificação da autorização na hipótese de não ter sido contratualmente previsto o reembolso ao ordenante (artigo 5.º/3 *d*), *ii*), do RSEPA).

3. A protecção do consumidor no RJSP II

I. O RJSP II tem origem no direito da UE. Uma das razões recorrentemente invocada pelos órgãos competentes da UE para legislar, de forma transversal, em vários sectores do direito, tem sido justamente a protecção do consumidor. Não pode, portanto, atento este mais amplo contexto, surpreender que também aqui tenha o legislador da UE[25] e, consequente-

[23] Também dita subjacente. A terminologia, no entanto, embora mais sugestiva do que a referida em texto corrido, tem limitações. Vd. o nosso *Débitos directos* cit., 393 nt. 39.

[24] A cujo abrigo se apurarão os termos em que possa ser ou seja a conta debitada, designadamente se carece de estar devidamente provisionada para o efeito ou se foi uma linha de crédito acordada.

[25] Aliás, de um ponto de vista quantitativo e estatístico, a DSP II, entre considerados e articulado, refere-se 76 vezes a "consumidor(es)". Já a DSP I se referia também aos mesmos 41

mente, o português[26] orientado a escolha de muitas das soluções em função da maior protecção do consumidor.

A importância foi de tal ordem na economia do documento que foi mesmo incluído o conceito de consumidor na extensa lista de definições do RJSP II: *pessoa singular* que, tanto nos contratos de serviços de pagamento como nos "contratos celebrados com os emitentes de moeda electrónica", actua com objectivos alheios às suas actividades comerciais, empresariais ou profissionais (artigo 2.º *f*); cf. também os artigos 4.º/11 da DSP I, 2.º *n*) do RJSP I e 4.º/20 da DSP II). A definição segue a orientação, de espectro geral, do direito da UE de restringir o conceito a *pessoas singulares*[27]. Contudo, tanto

vezes. O RJSP I referia-se também 23 vezes a consumidor. 23 vezes é igualmente o número de vezes que a palavra "consumidor(es)" surge no RJSP II.

[26] Assim, por ex., expressamente no preâmbulo do RJSP II: "Também preocupações relacionadas com a proteção e segurança dos consumidores na utilização desses serviços de pagamento se apresentaram como objetivos fundamentais, preservando a escolha do consumidor em melhores condições de segurança, eficácia e eficiência de custos"; "contribuir para um elevado nível de proteção dos consumidores"; "por forma a garantir os direitos e interesses dos consumidores"; "Mantém-se a opção legislativa prevista na diretiva, de equiparação das microempresas a consumidores, permitindo àquelas entidades beneficiar do mesmo nível de tutela que o diploma atribui aos consumidores".

[27] Também assim, em matéria de contratação à distância relativos a serviços financeiros com consumidores, o artigo 2.º, *e*), do Decreto-Lei n.º 95/2006, de 29-Mai., sucessivamente alterado até ao Decreto-Lei n.º 242/2012, de 7 de Novembro; em matéria de crédito ao consumo, o artigo 4.º, *a*), do Decreto-Lei n.º 133/2009, de 2-Jun., sucessivamente alterado até à Lei n.º 57/2020, de 28-Ag.; em matéria de práticas comerciais desleais, o artigo 3.º, *a*), do Decreto-Lei n.º 57/2008, de 26-Mar.; em matéria de contratos celebrados à distância e fora do estabelecimento, o artigo 3.º, *c*), do Decreto-Lei n.º 24/2014, de 14-Fev.; o conceito de consumidor, para efeito de resolução alternativa de litígios, no artigo 3.º *d*) da Lei n.º 144/2015, de 8-Set., sucessivamente alterada até ao Decreto-Lei n.º 102/2017, de 23-Ag.; ou muito recentemente, naquilo que representa mais um retrocesso imposto pelo direito da UE, o conceito de consumidor no artigo 2.º *g*) do Decreto-Lei n.º 84/2021, de 18-Out., em matéria de compra e venda de bens, conteúdos e serviços digitais; mesmo numa área cujos contornos fogem ao direito do consumo, como seja a da protecção de dados pessoais, o conceito de dados pessoais e de titular dos dados do artigo 4.º/*1)* do RGPD exclui as pessoas colectivas. O ACC restringia, num primeiro momento, o conceito às pessoas singulares no artigo 10.º, mas depois, no 11.º, estendia às colectivas o regime "se prova[ss]em que não disp[unha]m nem deve[sse]m dispor de competência específica para a transacção em causa e desde que a solução se mostre de acordo com a equidade". Sobre o tema, de referência obrigatória, é hoje vasta a bibliografia. Vd., no entanto, sobre o conceito e a sua delimitação, António Menezes Cordeiro, *Da natureza civil do Direito do consumo*, *O Direito* 136 (2004) 4, 606-607, 615 ou 637-639, Paulo Duarte, *O conceito jurídico de consumidor, segundo o art. 2.º/1 da Lei de defesa do consumidor*, *BFD* 75 (1999), 661 ss., Carlos Ferreira de Almeida, *Os direitos*

em matéria de transparência das condições e requisitos de informação, regulada nos artigos 76.º a 99.º no capítulo II do título III do RJSP II (artigo 76.º/2 do RJSP II; cf. o artigo 40.º/2 do RJSP I), como em matéria de direitos e obrigações relativos à prestação e utilização de serviços de pagamento, disciplinada nos artigos 100.º a 136.º que compõem o capítulo III do título III do RJSP II (artigo 100.º/1 do RJSP II; cf. o artigo 62.º/1 do RJSP I), são, no direito português, equiparadas aos consumidores as *microempresas*[28], que são aquelas que, independentemente da sua forma jurídica, no momento da celebração do contrato de serviços de pagamento, exerçam uma actividade económica, empreguem menos de 10 pessoas e cujo volume de negócios anual não exceda € 2.000.000 (artigos 1.º e 2.º/1 e 2 da Recomendação

dos consumidores, Almedina, Coimbra, 1982, 302 ss., *id.*, *Negócio jurídico de consumo*, *BMJ* 347 (1985) 11 ss., *id.*, *Direito do Consumo*, Almedina, Coimbra, 2005, 30-31 e 44 ss., Serafim Froufe, *A noção de consumidor a crédito, à luz do ordenamento comunitário e português*, *SI* 280/282 (1999), 427 ss., *max.* 440, João Antunes Varela, *Direito do consumo*, *EDC* 1 (1999), 402-403, Jorge Pegado Liz, *Introdução ao Direito e à Política do Consumo*, Ed. Notícias, Lisboa, 1999, 208-209, Fernando Baptista de Oliveira, *Do conceito de consumidor: Algumas questões e perspectivas de solução*, *Estudos de Direito do Consumidor* 8 (2006/2007), 468-551, *id.*, *O conceito de consumidor. Perspectivas nacional e comunitária*, pref. Fernando de Gravato Morais, Almedina, Coimbra, 2009, *passim*, João Calvão da Silva, *Responsabilidade civil do produtor*, Almedina, Coimbra, 1990, 58 ss., *id.*, *Compra e venda de coisas defeituosas*, 5.ª ed., Almedina, Coimbra, 2008, 122, *id.*, *Venda de bens de consumo*, 4.ª ed., Almedina, Coimbra, 2010, 70-71, António Pinto Monteiro, *A resposta do ordenamento jurídico português à contratação bancária pelo consumidor*, *RLJ* 143/3987 (2014), 376 ss. = *BCE* LVII (2014) II, 2315-2348, João Cura Mariano, *Responsabilidade contratual do empreiteiro pelos defeitos da obra*, 6.ª ed., Almedina, Coimbra, 2015, 207 ss., Paulo Mota Pinto, *Conformidade e garantias na venda de bens de consumo. A Directiva 1999/44/CE e o direito português*, *EDC* 2 (2000), 214, Sara Larcher, *Contratos celebrados através da Internet. Garantias dos consumidores na compra e venda de bens de consumo*, *EIDC* II (2005), 157 ss., Alexandre de Soveral Martins, *Contratação à distância e contrato de seguro*, *EDC* 10 (2016), 100 nt. 21, Jorge Morais Carvalho, *Os contratos de consumo. Reflexão sobre a autonomia privada no Direito do Consumo*, Almedina, Coimbra, 2012, 22 ss., *id.*, *O conceito de consumidor no Direito português*, *EDC* 14 (2018), 185 ss., *id.*, *Manual de Direito do consumo*, 7.ª ed., Almedina, Coimbra, 2020 (reimpr. 2021), 28-33, Carlos Lacerda Barata, *Contratos celebrados fora do estabelecimento comercial*, *RDC* I (2016) 4, 861-862 nt. 1 = *E(I)DC* V (2017), 41-43 nt. 1, José Engrácia Antunes, *Direito do Consumo*, Almedina, Coimbra, 2019, 53-54, David Falcão, *Lições de Direito do Consumo*, 2.ª ed., Almedina, Coimbra, 2020, 17-22.

[28] Vd., *e.g.*, Maria Raquel Guimarães, *O contrato-quadro no âmbito da utilização de meios de pagamento electrónicos*, Coimbra Ed., Coimbra, 2011, 235-239, ou M. J. da Costa Gomes, *Contratos comerciais* cit., 228. Procede também a uma equiparação, embora especialmente limitada (incluindo apenas as acções enganosas do artigo 7.º/3) do regime de tutela do consumidor às relações entre empresas o artigo 1.º/2 do Decreto-Lei n.º 57/2008, de 26-Mar., alterado pelo Decreto-Lei n.º205/2015, de 23-Set.

n.º 2003/361/CE, de 6-Mai., para que remete o artigo 2.º *ee*) do RJSP II, anterior 2.º *ac*) do RJSP I).

A extensão legal às microempresas do regime aplicável aos consumidores não discrimina, à letra, se para o efeito, aquelas deverão também actuar fora do respectivo âmbito profissional ou se, tal como ocorre com os consumidores, a protecção lhes seja estendida apenas quando ajam fora do respectivo âmbito profissional. Numa lógica de conjunto ou sistema, é necessário ter em conta a restrição que da noção de consumidor do artigo 2.º *f*) do RJSP II consta, que, por princípio, deveria também aplicar-se às pessoas colectivas àquele equiparáveis. Por detrás da equiparação está o facto de as microempresas serem, a nível da assimetria negocial, similares a pessoas singulares, ou seja, a preexistência de uma coincidente "materialidade" que justifica a equiparação de regime. Também os artigos 76.º/2 e 100.º/1 do RJSP II referem que as disposições para que remetem se aplicam a microempresas "do mesmo modo" que a consumidores: ora, se o modo como se aplicam a consumidores não abrange usos profissionais, poderia desvirtuar a equiparação aplicar as mesmas normas a microempresas em caso de uso profissional. A ser assim, a questão desloca-se para o que seja e quando se considere agir uma microempresa, num contrato de serviços de pagamento, com objectivos alheios às suas actividades comerciais, empresariais ou profissionais. Para quem admita que a actuação para fins profissionais coincida com o exercício da actividade de serviços de pagamento, praticamente todas as microempresas serão de equiparar a consumidores; quem entenda bastar que a microempresa actue no âmbito da sua actividade profissional (por ex., a abertura de uma conta da empresa), independentemente de ter ou não conhecimentos específicos na matéria ou exercer a actividade de serviços de pagamento, o leque de microempresas equiparáveis será particularmente reduzido[29]. Independentemente da resposta que seja de dar ao problema em termos gerais ou à luz de outros diplomas, cremos que a equiparação no RJSP entre consumidores e microempresas, expressa-

[29] No segundo sentido, J. Morais Carvalho, *Manual* cit., 36. É essencialmente por esta razão, *i.e.* o de as pessoas colectivas ou jurídicas contratarem bens ou serviços no âmbito da sua actividade, segundo o chamado princípio da especialidade do escopo, para a prossecução dos seus fins (*v.g.* artigos 160.º do CC e 6.º do CSC), que tradicionalmente se excluem as pessoas colectivas do conceito de consumidor: cf., e.g., João Calvão da Silva, *Venda de bens de consumo. Decreto-Lei n.º 67/2003, de 8 de Abril (alterado pelo Decreto-Lei n.º 84/2008, de 21 de Maio). Directiva 1999/44/CE.* Comentário, 4.ª ed., Almedina, Coimbra, 2010, 56.

mente querida pelo legislador português, seria destituída de sentido (normativamente) relevante se se optasse pelo segundo termo da alternativa[30].

Outra perplexidade resulta também do enunciado normativo do n.º 3 do artigo 76.º e do n.º 2 do artigo 100.º, ao permitirem que as partes disponham em contrário, no todo ou em parte, respectivamente, tanto os artigos 76.º a 99.º como os 101.º/2, 103.º/6 e 7, 112.º (quanto ao prazo), 113.º, 115.º, 117.º, 118.º, 121.º, 130.º, 131.º e 132.º do RJSP. A perplexidade advém do seguinte: é que tanto o n.º 3 do artigo 76.º como o n.º 2 do 100.º consideram tais normas supletivas quando o USP "não seja um consumidor". Sucede, porém, que, olhando para a definição do artigo 2.º *f)* do RJSP, "consumidor" não é "microempresa". No entanto, é necessário ter em conta que o n.º 2 do artigo 76.º e o n.º 1 do 100.º equiparam consumidor e microempresa nos correspondentes capítulos, de maneira que, a nosso ver, a menção a "consumidor" no n.º 3 do artigo 76.º e no n.º 2 do artigo 100.º está já a coberto da equiparação. Demonstra-o também o facto de, quando quis exceptuar da equiparação um determinado aspecto de regime, o legislador tê-lo feito, como sucedeu no artigo 100.º/1 em que o artigo 117.º/7 foi afastado da referida equiparação.

II. Também no que respeita ao concurso do capítulo relativo à transparência das condições e dos requisitos de informação (76.º a 99.º) e do respeitante aos direitos e obrigações relativamente à prestação dos serviços de pagamento (100.º a 136.º) com o regime do *crédito ao consumo*, constante do Decreto-Lei n.º 133/2009, de 2-Jun.[31], estabelece-se a primazia deste em relação àquele, em razão da maior protecção conferida ao consumidor[32], bem como que a demais legislação respeitante às *condições de concessão de crédito ao consumo* é aplicável na medida em que não contenha disposições

[30] Faz-nos, pois, sentido uma interpretação da equiparação feita no RJSP que acabe por coincidir, por analogia, com o critério exarado no artigo 11.º/1 do Anteprojecto de Código do Consumidor de 2006, de aplicação do regime disposto para consumidores singulares a pessoas colectivas, se estas provarem não dispor nem deverem dispor de competência específica para a transacção e desde que a solução se mostre de acordo com a equidade. Contra, i.a., STJ 4-Out.-2016 (Nuno Cameira), proc. n.º 2679/13.4TBVCD.P1.S1; no sentido, que reputamos de mais correcto, Nuno Manuel Pinto Oliveira, *Contrato de compra e venda*, vol. I – *Introdução. Formação do contrato*, GestLegal, Coimbra, 2021, 120 ss., *max*. 129-137.

[31] Rectificado pela Declaração de Rectificação n.º 55/2009, de 31 de Julho, e alterado pelo Decreto-Lei n.º 72-A/2010, de 17 de Junho, e pelo Decreto-Lei n.º 42-A/2013, de 28 de Março.

[32] Assim também M. Januário da Costa Gomes, *Contratos comerciais* cit., 228.

não previstas nos respectivos capítulos (artigos 76.º/6 e 100.º/5 do RJSP II). Recorde-se que os serviços de pagamento regulados pelo RJSP abrangem também a execução de operações de pagamento com fundos resultantes ou cobertos por uma *linha de crédito* concedida a um utilizador de serviços de pagamento (artigo 4.º *d*) e do RJSP). Por outro lado, é também permitido às instituições de pagamento e às de moeda electrónica conceder crédito caso esteja relacionado com os serviços de pagamentos e se encontrem preenchidos os requisitos previstos no artigo 15.º do RJSP.

Da mesma forma, o disposto no título III do RJPME, em matéria de transparência das condições e requisitos de informação e de direitos e obrigações relativamente a serviços de pagamento (artigos 76.º a 99.º), não prejudica a aplicação de disposições que contenham *requisitos suplementares* em matéria de informação contratual (artigo 77.º/1 do RJSP I), especificando-se que, nas situações abrangidas pelo Decreto-Lei n.º 95/2006[33], que estabelece o regime jurídico aplicável aos *contratos à distância relativos a serviços financeiros com consumidores*, os artigos 78.º, 83.º, 84.º, 90.º e 91.º do RJSP II prevalecem sobre o disposto nos artigos 9.º[34], 11.º/1, 13.º, 14.º (salvo

[33] Alterado, à data, pelo Decreto-Lei n.º 317/2009, de 30 de Outubro, pela Lei n.º 46/2011, de 24 de Junho, pela Lei n.º 14/2012, de 26 de Março, e pelo Decreto-Lei n.º 242/2012, de 7 de Novembro.

[34] A prevalência do artigo 78.º do RJSP II, anterior 42.º do RJSP I, sobre o 9.º do Decreto-Lei n.º 95/2006 revela-se um tanto artificial, na medida em que o sentido normativo de ambos não se contraria. Assim, segundo o artigo 9.º do Decreto-Lei n.º 95/2006: "1 – Sempre que o consumidor seja português, a informação pré-contratual, os termos do contrato à distância e todas as demais comunicações relativas ao contrato são efectuadas em língua portuguesa, excepto quando o consumidor aceite a utilização de outro idioma. 2 – Nas demais situações, o prestador deve indicar ao consumidor o idioma ou idiomas em que é transmitida a informação pré-contratual, os termos do contrato à distância e as demais comunicações relativas ao contrato". Por seu turno, segundo o artigo 78.º do RJSP II, no que ao idioma se refere: "Todas as informações e condições a prestar pelo prestador de serviços de pagamento ao utilizador de serviços de pagamento no âmbito do presente Regime Jurídico devem: *a*) ser transmitidas em língua portuguesa, exceto quando seja acordada entre as partes a utilização de outro idioma". Na verdade, embora o artigo 42.º do RJPME não distinga entre consumidor português e não português, materialmente as duas soluções são idênticas, levando, na prática, segundo cremos ao mesmo resultado: a regra é a da língua portuguesa, naturalmente para quem a compreenda, designadamente os respectivos nacionais; pode, todavia, acordar-se a transmissão da informação noutra língua, o que sucede designadamente ou quando, sendo nacional português, o consumidor o consinta ou quando, não o sendo, o consinta também.

als. *c*) a *h*)[35]), 15.º (salvo als. *a*), *b*) e *c*) do n.º 1 e o n.º 2[36]) e 16.º (salvo al. *a*)[37]), do Decreto-Lei n.º 95/2006 (artigos 77.º/2 do RJSP II e 17.º/2 do Decreto-Lei n.º 95/2006)[38].

[35] Segundo as als. *c*) a *h*) do artigo 14.º do Decreto-Lei n.º 95/2006, deve ser prestada ao consumidor a seguinte informação sobre o serviço financeiro: (*i*) indicação da eventual existência de outros impostos ou custos que não sejam pagos através do prestador ou por ele facturados; (*ii*) custos adicionais decorrentes, para o consumidor, da utilização de meios de comunicação à distância, quando sejam facturados; (*iii*) período de validade das informações prestadas; (*iv*) instruções relativas ao pagamento; (*v*) indicação da associação do serviço financeiro a instrumentos que impliquem riscos especiais relacionados com as suas características ou com as operações a executar; (*vi*) indicação de que o preço depende de flutuações dos mercados financeiros fora do controlo do prestador e de que os resultados passados não são indicativos dos resultados futuros. Estas três últimas indicações sob (*iv*), (*v*) e (*vi*), segundo cremos, não foram pensadas no para efeito de serviços de pagamento *qua tale*, de modo que dificilmente se lhes aplicarão.

[36] Segundo as als. *a*), *b*) e *c*) do n.º 1 do artigo 15.º do Decreto-Lei n.º 95/2006, deve ser prestada ao consumidor a seguinte informação relativa ao contrato à distância: (*i*) a existência ou inexistência do *direito de livre resolução* previsto no artigo 19.º, com indicação da respectiva duração, das condições de exercício, do montante que pode ser exigido ao consumidor nos termos dos artigos 24.º e 25.º e das consequências do não exercício de tal direito; (*ii*) as *instruções sobre o exercício do direito de livre resolução*, designadamente quanto ao endereço, geográfico ou electrónico, para onde deve ser enviada a notificação deste; (*iii*) a indicação do *Estado ao abrigo de cuja lei* o prestador estabelece relações com o consumidor antes da celebração do contrato à distância. Segundo o n.º 2 do mesmo artigo 15.º, a informação sobre obrigações contratuais a comunicar ao consumidor na fase pré-contratual deve ser conforme à *lei presumivelmente aplicável ao contrato à distância*.

[37] Segundo a al. *a*) do artigo 16.º do Decreto-Lei n.º 95/2006, deve ser prestada ao consumidor informação relativa aos seguintes *mecanismos de protecção*: (*i*) sistema de indemnização aos investidores; (*ii*) sistema de garantia de depósitos.

[38] Não obstante o potencial *concurso* entre ambos os regimes, em matéria de *informação pré-contratual*, implicitamente reconhecido, de resto, pelo artigo 41.º, n.º 2, do RJSPME, o RJSPME regula hoje exclusivamente a matéria por referência à à responsabilidade por operações de pagamento não autorizadas. Com efeito, a matéria relativa ao pagamento por cartão de crédito ou de débito vinha regulada no artigo 10.º do Decreto-Lei n.º 143/2001, de 26 de Abril, tendo este preceito sido, entretanto, revogado pelo Decreto-Lei n.º 317/2009. O artigo 18.º do Decreto-Lei n.º 24/2014, de 14 de Fevereiro, que revogou o Decreto-Lei n.º 143/2001, de 26 de Abril, repôs, porém, o regime do pagamento por cartão de crédito ou de débito revogado desde 2009 (em inadvertida mas frontal oposição ao disposto no artigo 86.º/1 da DSP). A *sui generis* situação foi resolvida pelo artigo 6.º da Lei n.º 47/2016 (diploma que visou, fundamentalmente, alterar a Lei n.º 24/96), que revogou o artigo 18.º do Decreto-Lei n.º 24/2014, de 14 de Fevereiro. Sobre a articulação entre o RJSPME e o dos contratos celebrados à distância, entre nós, Maria Raquel Guimarães, *(Ainda) a responsabilidade pelo uso indevido de instrumentos de pagamento electrónico em operações presenciais e à distância, no I Congresso*

Requisitos suplementares podem ainda resultar, por ex., do regime da *protecção de dados pessoais*[39] (cf. o artigo 136.º/1 a 3 do RJSP II) – cujo tratamento é permitido (sem prejuízo doutras causas legítimas de tratamento), em particular, no que for necessário à salvaguarda da prevenção, da investigação e da detecção de fraudes em matéria de pagamentos (artigo 136.º/1 do RJSP II; já antes 91.º/1 do RJSP I) –, em particular o regime do RGPD de informações a prestar ao titular dos dados (*v.g.* artigos 13.º e 14.º), de que destacamos, ilustrativamente, as informações a facultar quando são recolhidos junto do titular: (a) a identidade e os contactos do responsável pelo tratamento e, se for caso disso, do seu representante; (b) os contactos do encarregado de protecção de dados, se for caso disso; (c) as finalidades do tratamento a que os dados pessoais se destinam, bem como o fundamento jurídico para o mesmo; (e) os destinatários ou categorias de destinatários dos dados pessoais, se os houver; (f) sendo caso disso, o facto de o responsável pelo tratamento transferir dados pessoais para país terceiro ou organização internacional e a existência ou não de uma decisão de adequação adoptada pela Comissão ou a referência às garantias apropriadas ou adequadas e aos meios de obter cópia das mesmas, ou onde foram disponibilizadas; (g) prazo de conservação dos dados pessoais ou, se não for possível, os critérios usados para defini-lo; (h) o direito de acesso aos dados, de rectificação ou de "apagamento", o de limitação do tratamento, o de se opor ao tratamento e o de portabilidade dos dados; (i) possibilidade de revogação do consentimento; (j) direito de reclamação a autoridade de controlo; (k) se a comunicação de dados pessoais é feita ao abrigo de obrigação de fonte legal ou contratual ou se constitui requisito necessário para celebrar o contrato, bem como se o titular está obrigado a fornecer os dados e as eventuais consequências de o não fazer; (l) a existência de decisões automatizadas, incluindo a definição de perfis (artigo 13.º/1 e 2 do RGPD).

Requisitos suplementares podem ainda informações suplementares podem também resultar, por ex., do regime de *prevenção do branqueamento de capitais e do financiamento do terrorismo*, designadamente, no que às infor-

de Direito Bancário, coord. L. Miguel Pestana de Vasconcelos, Almedina, Coimbra, 2015, pp. 133-142 (defendendo também que o regime do artigo 18.º do Decreto-Lei n.º 24/2014 no período em que vigeu deve ser considerado "inaplicável" às relações jurídico-privadas por violação de uma directiva de harmonização plena, aplicando-se, em consequência, o disposto nos artigos 71.º e 72.º do RJSPME).

[39] Possivelmente redobrado caso os dados recolhidos revistam natureza *sensível* (cf. o artigo 7.º da Lei n.º 67/98).

mações pré-contratuais concerne, em matéria de dever de identificação (artigos 23.º ss. da Lei n.º 83/2017, de 18-Ag., anterior artigo 7.º da Lei 25/2008, de 5-Jun.[40], e 18.º ss. do Aviso do BdP n.º 2/2018, anteriores artigos 9.º ss. a 28.º do Aviso do BdP n.º 5/2013).

Por outro lado, na medida em que o contrato de serviços de pagamento é tipicamente (senão mesmo sempre[41]) celebrado com recurso a *cláusulas contratuais gerais*, é ainda aplicável a LCCG, na medida em que o RJPME não disponha de regime especial.

III. Foquemos, a título meramente exemplificativo, alguns aspectos gerais, não restritos aos débitos directos, nos quais se manifestam vectores tipicamente associados ao direito do consumo.

Um primeiro respeita ao *idioma* e *transparência da informação* (artigo 78.º do RJSP).

Tendo em vista assegurar a cognoscibilidade e a transparência da informação[42], as *informações* e "*condições*" a prestar pelo prestador de serviços de pagamento ao utilizador devem:

(*i*) Ser transmitidas em *língua portuguesa*, excepto quando acordado outro idioma (artigo 78.º, *a*), do RJSP II[43]);

[40] Rectificada pela Rectificação n.º 41/2008, de 4 de Agosto, e sucessivamente alterada, até à data, pelo Decreto-Lei n.º 317/2009, de 30 de Outubro, pela Lei n.º 46/2011, de 24 de Junho, pelo Decreto-Lei n.º 242/2012, de 7 de Novembro, pelo Decreto-Lei n.º 18/2013, de 6 de Fevereiro, pelo Decreto-Lei n.º 157/2014, de 24 de Outubro, pela Lei n.º 62/2015, de 24 de Junho, e pela Lei n.º 118/2015, de 31 de Agosto.

[41] Cf., no tocante aos contratos de cartões bancários, Joana Vasconcelos, *Emissão de cartões de crédito*, nos *Estudos do Instituto de Direito do Consumo*, vol. I, Almedina, Coimbra, 2002, 174-175, M. R. Guimarães, *O contrato-quadro* cit., 261 ss., ou M. J. da Costa Gomes, *Contratos comerciais*, 216.

[42] Vd. M. J. da Costa Gomes, *Contratos comerciais* cit., 230.

[43] De resto, o uso de uma língua estrangeira pode conduzir à *exclusão* da(s) cláusula(s), uma vez que, *a priori*, desconhecendo-a o destinatário, é passível de enquadramento na al. *b*) do artigo 8.º da LCCG (assim, em termos que seguimos, M. J. da Costa Gomes, *Contratos comerciais*, 48). Neste sentido já o n.º 6 do Aviso do BdP n.º 11/2001 ("Os contratos devem ser escritos em língua portuguesa"). Cf., paralelamente, no âmbito dos serviços financeiros, o artigo 36.º/2 do RJCS ("A apólice de seguro é redigida em língua portuguesa, salvo no caso de o tomador do seguro solicitar que seja redigida noutro idioma, na sequência de acordo das partes anterior à emissão da apólice"; por seu turno, o artigo 36.º/3 determina que, nos seguros obrigatórios, é entregue versão em português, que prevalece sobre a redigida noutro idioma; cf. também o artigo 21.º/1: "As informações devem ser prestadas (...) em língua portuguesa") e o artigo 6.º/1 do CVM (cf. também, no campo dos produtos financeiros com-

(ii) Ser enunciadas em termos *facilmente compreensíveis* e de forma *clara* e *inteligível* (artigo 42.º, *b*), do RJSP II[44]; cf. também o artigo 5.º/2 da LCCG); e

(iii) Permitir a *leitura fácil* por um leitor de *acuidade visual média*, quando prestadas através de suporte em papel ou doutro suporte duradouro (artigo 78.º, *c*), do RJSP II[45]).

Outro aspecto de regime em que se faz sentir a protecção do consumidor é a *gratuitidade da informação* pré-contratual e contratual fornecida pelo prestador de serviços financeiros (artigos 79.º/1 e 101.º/2), podendo, no entanto, acordar-se encargos – adequados, no sentido de proporcionais, e correspondentes aos custos efectivamente suportados (cf. os artigos 79.º/3 e 101.º/4) – por informações *adicionais* ou pela transmissão de informação

plexos, o artigo 6.º/4 do Regulamento da CMVM n.º 2/2012). No direito do consumo em geral, neste sentido, os artigos 7.º/3 da LDC ("A informação ao consumidor é prestada em língua portuguesa"), 1.º a 3.º do Decreto-Lei n.º 238/86, de 19 de Agosto, com as alterações constantes do Decreto-Lei n.º 42/88, de 6 de Fevereiro (no qual se inspirou o artigo 26.º/1 do ACC), o artigo 26.º do Decreto-Lei n.º 10/2015, de 16 de Janeiro, ou o artigo 7.º, n.º 3 do CPubl. Diversamente, no direito comercial, o artigo 96.º do CCom.

[44] Neste sentido já o n.º 6 do Aviso do Banco de Portugal n.º 11/2001 ("Os contratos devem ser redigidos em língua portuguesa e em linguagem clara, facilmente compreensível por um declaratário normal, e devem dispor de uma apresentação gráfica que permita a sua leitura fácil por um leitor de acuidade visual média"). A compreensibilidade, clareza e inteligibilidade da informação são expressamente reiteradas também, por ex., nos artigos 5.º/5 e 6, 6.º/4 e 9, 7.º/2 do Decreto-Lei n.º 133/2009, nos artigos 21.º/1 e 36.º/1 do RJCS, no artigo 12.º do Decreto-Lei n.º 95/2006., no artigo 7.º/1 do CVM; em termos gerais, o artigo 8.º/1 da LDC. Recentemente também a nova al. *i*) do artigo 21.º da LCCG, introduzida pela Lei n.º 32/2021, de 27-Mai. (sobre a qual, Luís Poças, *Os novos requisitos formais das cláusulas contratuais gerais (Lei 32/2021): implicações, em particular, no contrato de seguro*, *RDCom* (2021), 897 ss.).

[45] Neste sentido já o n.º 6 do Aviso do Banco de Portugal n.º 11/2001 ("(...) devem dispor de uma apresentação gráfica que permita a sua leitura fácil por um leitor de acuidade visual média"). Cf. também a exigência de legibilidade e visível no que respeita ao crédito ao consumo nos artigos 5.º/5 ("As informações normalizadas devem especificar, de modo claro, conciso, legível e destacado, por meio de exemplo representativo (...)"), 5.º/6 ("de modo claro, conciso e visível"), 6.º/4 ("Todas as informações adicionais que o credor queira prestar o consumidor devem ser entregues em documento separado, elaborado de forma clara, concisa e legível"), 6.º/9 ("declaração clara e concisa"), 7.º/2 ("Estes esclarecimentos devem ser fornecidos antes da celebração do contrato de crédito, devem ser entregues ao consumidor em suporte duradouro reprodutível e devem ser apresentados de forma clara, concisa e legível") todos do Decreto-Lei n.º 133/2009, bem como o artigo 36.º/1 do RJCS ("A apólice de seguro é redigida de modo compreensível, conciso e rigoroso, e em caracteres bem legíveis, usando palavras e expressões da linguagem corrente sempre que não seja imprescindível o uso de termos legais ou técnicos").

por vias de comunicação diferentes das acordadas, desde que a pedido do USP (artigo 79.º/2 do RJSP).

Da mesma forma, na pendência do contrato, os encargos inerentes ao cumprimento de obrigações de informação não podem ser cobrados ao USP (artigo 101.º/2), salvo acordo para cobrança de encargos – que têm de ser adequados e correspondentes aos custos suportados (artigo 101.º/4) – resultantes de: (*a*) notificação da recusa justificada de execução de ordem de pagamento; (*b*) revogação de ordem de pagamento; e (*c*) recuperação de fundos (artigo 101.º/3 do RJSP II).

Outro ponto importante concerne aos *encargos*: só podem ser exigidos os que tenham sido facturados pelo respectivo PSP (artigo 101.º/1 do RJSP II), de acordo com o princípio da relatividade dos contratos (artigo 406.º/2 do CC).

Por fim, incumbe ao PSP a *prova* da verificação dos requisitos de informação estabelecidos nos artigos 76.º a 99.º como também 100.º a 136.º (artigo 80.º do RJPME[46]; cf. também os artigos 5.º/3 da LCCG, e 9.º-A/4 da LDC).

IV. Os pontos enunciados, não esgotando todos os possíveis exemplos, que, todavia, não caberiam no escopo do presente trabalho (pense-se, por ex., nos extensos deveres de informação nas operações de pagamento de carácter isolado e nos contratos-quadro previstos nos artigos 83.º ss. e 90.º ss.; no direito do USP a receber gratuitamente, a todo o tempo, a seu pedido, os termos do contrato em papel ou suporte duradouro previsto nos artigos79.º/1 e 92.º; no regime em caso de alteração dos termos do contrato previsto no artigo 93.º; ou no regime do artigo 94.º, no quadro da cessação do contrato, em particular em caso de denúncia), ilustram que a protecção do consumidor foi uma preocupação do legislador da UE e português.

Tais razões de tutela do consumidor fizeram-se também sentir, com premente acuidade, em matéria de débitos directos, conforme mostraremos nas seguintes secções do presente estudo. Que esta foi a "regra" confirma-o a "excepção". No preâmbulo do RJSP, é dito, a propósito do artigo 100.º e do 117.º/7 do RJSP, que se exceptuam da equiparação a consumidores "as microempresas que acordem com o seu prestador de serviços de pagamento a inexistência de direito ao reembolso de operações de débito não

[46] Assim tendo o legislador nacional excedido quanto dispusera já a DSP I, conforme observa M. J. da Costa Gomes, *Contratos comerciais* cit., 231 nt. 787.

autorizadas, possibilitando, desta forma, que as mesmas acedam ao modelo de débitos diretos SEPA B2B". A opção legislativa é apresentada como uma benesse às microempresas, em face das "virtualidades" do sistema SEPA B2B, mas não deixa de ser contraditória, a partir do momento em que se reconhece que o sistema SEPA B2B não é tão vantajoso, para o utilizador, como o SEPA "B2C".

4. A gestão da autorização

Acordado o pagamento através de débito directo, discute-se quem deva guardar a autorização e transmiti-la aos ou a um dos PSP envolvidos para que procedam ao débito na conta. Este processo consome tempo e, também por isso, pode assumir custos.

Existem dois possíveis modelos: um apelidado de "fluxo da autorização do credor" (CMF), outro de "fluxo de autorização do devedor" (DMF). No primeiro é o credor que recebe e guarda o documento em que é dada a autorização e o transmite ao seu PSP; no segundo é o devedor.

No âmbito dos trabalhos preparatórios da DSP II e da entrada em vigor do RSEPA, apresentou o BCE um relatório, datado de 20-Abr.-2014[47], segundo o qual o rácio de débitos directos na UE, antes da "era SEPA", com base no "fluxo da autorização do credor" era de 3 para 1 em relação ao segundo modelo[48]. Do mesmo documento consta, como anexo, a comparação das vantagens e desvantagens dos 2 modelos, no qual se concluiu, em suma, que o menos desvantajoso seria o CMF. Assim, segundo o documento, tem o modelo DMF as seguintes vantagens: (1) controlo *a priori* pelo titular da conta a debitar; (2) não haver margem para transferências não autorizados ou contestados; (3) maior certeza para os beneficiários; (4) menos encargos administrativos para os credores. E as seguintes desvantagens: (1) processo mais complicado e consumidor de recursos; (2) execução do processo mais lenta e pesada; (3) idóneo apenas a relações duradouras; (4) mais encargos administrativos para os bancos daqueles cujas contas são debitadas. O modelo CMF tem as seguintes vantagens: (1) exige significativamente menos recursos e comunicação em caso de transferências não autorizadas; (2) rapidamente "montado" e executado; (3) menos encargos administra-

[47] Intitulado *High Level Requirements for a Consumer No-Refund Direct Debit Scheme in SEPA*, sob a referência n.º ERPB/2014/006. Sobre o ponto também, *i.a.*, *Payment System End-Users Committee (EUC) Position Paper on SEPA Direct Debit*, Jun.-2009, *max.* 10 ss.

[48] *High Level Requirements* cit., 3 nt. 5.

tivos para os bancos dos titulares das contas debitadas; (4) também podem ser usados em operações de pagamento único. E desvantagens: (1) menor certeza para os beneficiários em razão do direito ao reembolso; (2) mais encargos administrativos para os beneficiários.

O RSEPA optou, assim, pelo modelo CMF, em lugar do DMF, em virtude das vantagens que o primeiro trazia ao titular da conta debitada sobretudo, mas também ao "credor" beneficiário. O *SEPA Direct Debit Core Scheme Rulebook* consagra também este modelo[49] e o mesmo fez o *SEPA Direct Debit Business-to-Business Scheme Rulebook*[50].

De acordo com o modelo CMF, é o beneficiário ou terceiro "em seu nome" quem recebe e guarda a autorização entregue pelo ordenante (artigo 5.º/3 *a*), *ii*), 2.ª prt., do RSEPA; cf. também o considerando (76) da DSP II), que é disponibilizado ao PSP do ordenante apenas quando careça de informação sobre a autorização em caso de operação duvidosa.

5. Direito à limitação e bloqueio do débito directo

I. Um dos aspectos de regime em que surgem preocupações de protecção do consumidor é, a nosso ver, o de limitação e bloqueio do débito directo. Pelo direito de limitação, protege-se o consumidor contra uma intromissão na sua esfera que entenda excessiva. Esta protecção, no entanto, não é exclusiva de consumidores, até porque pode ser dogmaticamente reconduzido a um poder consagrado em termos mais gerais, conforme veremos; o que deles é exclusivo é, sim, neste particular, a existência de um regime que não permite ao PSP afastar estes direitos no contrato-quadro e que, além disso, o obriga a deles informar o consumidor (artigo 5.º, §§ 1.º e 2.º, do RSEPA).

A limitação tanto pode ser *inicialmente acordada* com o beneficiário *na relação de valuta* (e consequentemente vertida no mandato: ponto 3 *a*), *viii*), 3 *b*), *xviii*) e 3 *c*), *iv*), do Anexo ao RSEPA), como *unilateralmente* imposta *a posteriori* pelo ordenante *na relação de cobertura*.

Objecto da limitação podem ser, isolada ou conjuntamente: (*i*) o(s) prazo(s) para realizar os débitos directos; (*ii*) a sua periodicidade (por ex., se anual, mensal, semanal ou diária); (*iii*) o montante (máximo) (por ex. no

[49] Mantido na versão 1.0 (EPC016-06), de 26-Nov.-2020, em vigor desde 21-Nov.-2021.

[50] Versão 1.1 (EPC222-07), de 5-Mar.-2020, em vigor desde 1-Abr.-2020. Cf. aí *e.g.* as indicações, a propósito dos "*legacy mandates*" (ADC emitidos antes de o credor ou beneficiário ter completado o processo de mudança para o esquema SEPA B2B), a p. 100.

pagamento de rendas, quotas, prestações fraccionadas de compra e venda cujo montante o ordenante antecipadamente conhece ou cujas possíveis variações são reduzidas e razoavelmente previsíveis); (*iv*) a identidade dos beneficiários, em termos positivos ou negativos (por ex. criando listas positivas ou negativas de beneficiários).

O direito português já previa, antes do RJSP, o direito à limitação (artigo 4.º/1 *a*) do Aviso n.º 10/2003), a que o RJSP I como o II, na esteira das DSP I e II, aludem apenas a propósito do direito ao reembolso (artigos 73.º/1 *a*) e 117.º/1 *a*) respectivamente). A matéria surge, no entanto, expressamente regulada no RSPA (artigo 5.º/3, *d*) *i*) e § 1.º): os PSP não são obrigados a executar uma ordem de limitação de débitos directos, caso "nem o ordenante nem o beneficiário sejam consumidores"; a regra, portanto, permite que, quando ambos não sejam consumidores (mais comum será que o ordenante seja o consumidor, de modo que, na prática, a tónica é colocada sobre este), seja acordado entre o ordenante e o PSP[51] que não é possível ao primeiro dar ordem de limitação de débitos directos. O PSP do ordenante deve informá-lo do direito à limitação antes da conclusão do contrato-quadro (artigo 5.º, § 2.º, do RSEPA; cf. também, para o direito ao reembolso, mas em termos que o citado artigo do RSEPA estende ao direito à limitação e bloqueio, os artigos 90.º/1 e 91.º *e*), *vii*), do RJSP II).

II. A limitação pode ser a ponto tal que leve a um bloqueio do débito de directo. Temos vindo, a este respeito, a falar de *bloqueio* do débito directo, em termos a distinguir, quanto à extensão e consequências, da mera limitação.

O ordenante pode ordenar ao seu PSP que: (*i*) bloqueio (*a*) todos os débitos directos na sua conta de pagamento ou (*b*) todos os iniciados por um ou mais beneficiários concretos; ou (*ii*) autorize apenas os iniciados por um ou mais beneficiários concretos (artigo 5.º/3 *d*), *iii*), do RSEPA). O bloqueio pode também, em tese, dirigir-se a apenas um determinado débito dentre uma sequência de vários.

Do bloqueio do débito directo pode, dependendo do contexto, nomeadamente quando afecte todos os débitos directos de determinado beneficiário, inferir-se a *revogação* da autorização conferida no "mandato" ao beneficiário e ao PSP do ordenante para os débitos aí contemplados.

[51] Ou entre o beneficiário e o seu PSP, hipótese que, embora, julgamos, menos frequente, a letra do artigo 5.º/3 § 1.º do RSPEA permite.

III. Não existe no RJSP II nem no RSEPA norma que regule o *dies ad quem* do exercício dos direitos de limitação ou bloqueio. Deverá, assim, aplicar-se analogicamente o disposto no artigo 121.º/3 do RJSP II.

IV. Os direitos de limitação e bloqueio surgem mais amplamente integrados no direito do ordenante a *dar instituições* ou *ordens* ao seu PSP no âmbito do contrato de serviços de pagamento entre si celebrado[52]. Trata-se, pois, de particular manifestação do direito que, para o mandato (cf. também o artigo 1156.º do CC), é previsto no artigo 1161.º *a*) do CC, segundo o qual é o mandatário, neste caso o PSP do ordenante, obrigado à prática dos actos compreendidos no mandato, segundo as *instruções* do mandante, neste caso o ordenante[53]. Destes direitos deve distinguir-se a *revogação* da autorização perante o beneficiário e nas relações entre este e o ordenante, bem como a modificação unilateral do contrato ao abrigo de um *ius variandi*.

6. Direito ao reembolso. Distinção de figuras afins

I. Efectuada uma operação de pagamento sem *prévia autorização*, fica o PSP do ordenante obrigado a reembolsá-lo imediatamente, repondo a conta debitada no estado em que estaria se a operação não tivesse sido efectuada, com juros moratórios à taxa legal acrescida de 10% desde a data em que o ordenante tiver negado a autorização (artigo 114.º/1, 3 e 10 do RJSP II). Este regime de *reembolso* por *operação não autorizada* tem carácter geral, aplicando-se tanto a transferências de créditos, como a débitos directos.

Do reembolso por *operação não autorizada* há que distinguir o que é previsto especificamente em matéria de débitos directos para *operações autorizadas*. Dentro desta última modalidade há que distinguir consoante seja o reembolso "*condicional*" ou "*incondicional*". Em rigor, não se trata de uma "condição" que sobre o reembolso impenda, mas antes da ausência ou não de justificação[54].

[52] Sobre o ponto, o nosso *Débitos directos* cit., 404-405.

[53] Sobre este dever, em geral, M. Januário da Costa Gomes, *Contrato de mandato*, AAFDL, Lisboa, 1990 (reimpr. 2012), 69-72, Luís Menezes Leitão, *Direito das Obrigações*, vol. III, 12.ª ed., Almedina, Coimbra, 2018, 447 s., António Menezes Cordeiro, *Tratado de Direito Civil*, XII – *Contratos em especial*, 2.ª parte, Almedina, Coimbra, 2018, 567-569, ou Rui Ataíde, *Direito dos Contratos*, II – *Mandato*, AAFDL; Lisboa, 2020, 37-39.

[54] Ou, imprecisamente, mas em termos que estão na base da terminologia mais generalizadamente adoptada, "condições" no sentido de "requisitos" ou "pressupostos" (materializadas, sobretudo, nas als. *a*) e *b*) do n.º 1 do artigo 117.º do RJSP II).

II. Do reembolso é, igualmente, necessário separar o *direito à "rectificação"* (artigo 112.º do RJSP II)[55]. Caso tome conhecimento de uma operação de pagamento não autorizada ou defeituosamente cumprida, susceptível de "reclamação" "nomeadamente ao abrigo dos artigos 130.º e 131.º"[56], tem o USP o direito de obter "rectificação", se: (*a*) comunicar (sem necessidade de específicas exigências formais) ao respectivo PSP, sem atraso injustificado, dentro do prazo (de caducidade: artigo 298.º/2 do CC) de 13 meses a contar da data do débito (artigo 112.º/1 do RJSP II) ou sem dependência deste prazo (mas aplicável o geral de 20 anos: artigo 309.º do CC; cf. o considerando 31 da DSP I) quando o PSP não haja prestado ou disponibilizado informações sobre este direito (artigo 112.º/2 do RJSP II)[57]. O prazo de 13 meses pode ser modificado por acordo, mas apenas fora das relações com consumidores e microempresas (artigo 100.º/2 in fine), desde que não se torne de tal modo curto que impeça, na prática, o exercício atempado do direito (artigo 330.º/1 do CC). Objecto da "rectificação" são as operações de pagamento[58], mas só: (*a*) as não autorizadas e (*b*) as "incorrectamente" executadas. O artigo 112.º/1 estabelece um prazo para o ónus de denúncia das referidas operações, cujo *dies a quo* começa na data do incumprimento (o débito em conta) e cujo *dies ad quem* termina ao fim de 13 meses, sem prejuízo de *supressio* (*Verwirkung*), em momento anterior, por comportamento desconforme à boa fé (artigo 334.º do CC)[59]. O prazo de 13 meses não é de exercício do direito à "rectificação", mas antes de denúncia,

[55] Vd. sobre o ponto, além do nosso *Débitos directos* cit., 406-407 nt. 94, M. Januário da Costa Gomes, *Contratos comerciais* cit., 244, João Calvão da Silva, *Conta corrente bancária: operação não autorizada e responsabilidade civil. Anotação* [ao acórdão do STJ de 18 de Dezembro de 2013], *RLJ* 144/3991 (2015), 322, ou F. Mendes Correia, *Moeda bancária* cit., 764 e 766.

[56] O termo "reclamação" no artigo 112.º/1 do RJSP II, como já antes no 69.º/1 do RJSP I, deixa a desejar, por não estar em sintonia com as outras vezes que o termo aparece no diploma (cf. por ex. os artigos 7.º/1 *d*), 19.º/2 *k*), 91.º *f*), *ii*), 118.º/2, 142.º, 143.º, 146.º, 147.º ou 150.º/1 *r*)).

[57] Justifica-se a solução com o incumprimento do dever do PSP de informar sobre a existência do "direito à rectificação" (artigo 91.º *e*), *v*), do RJSP II), em consonância com o regime da LCCG (artigos 8.º *a*) e *b*) e 91.º/1, com a especificidade de a norma supletiva aplicável não ser a do artigo 112.º/1 do RJSP II). A esta solução subjaz também um entendimento lato da regra *contra non ualentem non agere currit praescriptio*, que inspira, entre outros, os artigos 306.º/1 pr. ou 321.º do CC.

[58] O artigo 69.º/1 era menos claro neste particular. Sobre o tema, o nosso *Débitos directos* cit., 406 nt. 94.

[59] Nestes termos deve ser interpretada a locução "sem atraso justificado", que, na senda das DSP I e II, constava do artigo 69.º/1 do RJSP I e continua a constar do 112.º/1 do RJSP II.

conforme aponta o considerando 31da DSP I[60]. O exaurir-se do prazo de 13 meses não impede o USP de pedir, no âmbito das relações entre si e o beneficiário ou destinatário (distinta da relação entre o USP e o respectivo PSP) e ao abrigo de direito(s) com diferentes prazos de exercício, a restituição das quantias debitadas[61].

O direito à "rectificação", consagrado hoje no artigo 112.º do RJSP II, não corresponde à *rectificação* de erros de cálculo ou de escrita do artigo 249.º do CC[62]. Ela parece antes compreender o direito ao cumprimento e à indemnização por incumprimento, nas suas várias modalidades, do contrato.

III. Conforme veremos, se o direito ao reembolso "condicional" encontra o seu fundamento no quadro da (in)determinação da prestação, o dito "incondicional" é já um direito que apenas aos consumidores (em sentido estrito) cabe em moldes injuntivos (artigos 100.º/1 e 117.º/7 do RJSP II), como forma de reagir contra a falta de ponderação ou a vinculação precipitada do consumidor numa contratação com profissionais.

6.1. Direito ao reembolso "condicional"

I. O ordenante tem direito ao reembolso, pelo respectivo PSP, de uma operação de pagamento *autorizada*, *iniciada* pelo ou através do beneficiário, e já *executada*, se se reunirem dois *requisitos cumulativos*[63].

O primeiro é o de que a autorização, à data da outorga, não especifique o montante exacto da operação de pagamento (artigo 117.º/1 *a*) do RJSP II). A especificação de que o montante tem de ser *exacto* é muito importante: não são exactas apenas as autorizações de montante "em branco"; não são também, por ex., exactas – ou de montante exacto – as limitações na autorização a valores máximos; da autorização tem efectivamente de constar o montante exacto a debitar. Atenta a disseminação, na praxe contratual, de

[60] Este prazo de denúncia (ou comunicação) compreende-se bem nas situações que correspondam a um cumprimento defeituoso; compreende-se menos bem nas que o não sejam.

[61] Por ex. com base em enriquecimento sem causa, no prazo de 3 anos a contar da data em que o credor teve conhecimento do direito que lhe compete e da pessoa do responsável (artigo 482.º do CC).

[62] Cuja aplicação aos serviços de pagamento, que pressuporia fosse o erro ostensivo, não seria isenta de dificuldades (cf. *e.g.* o artigo 129.º do RJSP II).

[63] A conclusão era já pacífica. Ainda assim, na versão em inglês do artigo 76.º/1 da DSP II acrescentou-se, em comparação com o 62.º/1 da DSP I, a palavra "both" para tornar ainda mais clara a natureza cumulativa dos dois requisitos ou, doutra perspectiva, "condições".

autorizações de valor inexactos (em branco ou apenas limites máximos), significa isto que o reembolso condicional tem um alcance maior do que, à partida, poderia pensar-se.

O segundo requisito é o de que o montante da operação de pagamento (ou seja, debitado) exceda o montante[64] que o ordenaria poderia razoavelmente esperar, com base no seu perfil de despesas anterior, nos termos do seu contrato-quadro e "nas"[65] "relevantes"[66] e específicas circunstâncias do caso (artigo 117.º/1 *b*) do RJSP II), que não pode basear-se em razões relacionadas com a taxa de câmbio, se aplicada a de referência acordada com o respectivo PSP nos termos dos artigos 84.º/1 e 91.º *c*), *ii*) (artigo 117.º/2 do RJSP II).

II. O ónus da prova da verificação destes dois requisitos recai sobre o ordenante (artigo 117.º/3 do RJSP II; o texto do artigo 76.º/1 da DSP II é, neste tocante, mais claro do que o da DSP I).

Estas "condições" podem ser modificadas por convenção entre o ordenante e o seu PSP, contanto que em termos mais favoráveis ao consumidor (artigos 100.º/1 e 2 e 117.º/6 e 7 do RJSP II), ou, não sendo consumidor (artigo 100.º/2 do RJSP II)[67], em termos desfavoráveis desde que correspondentes ao figurino previsto no n.º 5 do artigo 117.º, ou seja, caso, *cumulativamente*[68], (*i*) tenha o ordenante dado o consentimento para a execução

[64] Já não forçosamente exacto.

[65] Colocámos entre aspas porque soa estranho, atenta a sequência "com base no" e "nos termos do". Pareceria e logicamente deveria seguir o último sintagma enquanto modelo de complemento circunstancial, de modo que não deveria ser "nas" mas "das", subentendendo-se "e [nos termos] das". Sucede, porém, que concorda, ao invés, com "com base no", subentendendo-se "[com base] nas". É um problema que remonta à "tradução" (mais talvez do que versão) do artigo 62.º/1 *b*) da DSP I e depois do 76.º/1 *b*) da DSP II, onde não se verifica esta alternância entre "com base em" e "nos termos de".

[66] Na versão portuguesa dos artigos 62.º/1 *b*) e 76.º/1 *b*) das DSP I e II, optou-se por "específicas", palavra que tem diverso significado das escolhidas noutras versões, como a francesa e a castelhana "pertinentes", a italiana "pertinenti", a inglesa "relevant" ou a neerlandesa "relevante"; a versão alemã "jeweilige" está mais próxima da portuguesa.

[67] Atenta a redacção do n.º 5 do artigo 117.º, poderia pensar-se que seria em todo o caso supletivo, mesmo para consumidores, sobrepondo-se ao artigo 100.º/2. O artigo 100.º/2 tem, no entanto, um alcance transversal, impedindo que, neste caso, a permissão do artigo 117.º/5 afecte os consumidores, coarctando-lhes o direito ao reembolso condicional.

[68] Era, no entanto, discutível o carácter cumulativo, em razão do teor do considerando 76 da DSP I, que continha a conjunção disjuntiva "ou". A solução é hoje mais explícita, na sequência da DSP II, com a separação em 2 alíneas.

da operação *directamente*[69] ao seu PSP; e (*ii*) o PSP (do ordenante) ou o beneficiário tenham prestado ou disponibilizado ao ordenante, pela forma acordada, informações sobre a futura operação de pagamento, ao menos, 4 semanas antes da data de execução[70].

III. O exercício do reembolso "condicional" pelo ordenante junto do seu PSP[71] está sujeito a um prazo de caducidade (artigo 298.º/2 do CC) de 8 semanas[72] (artigo 279.º *c*) do CC; prazo correspondente, *grosso modo*, a 2 meses) a contar da data do débito dos fundos (artigo 118.º/1 do RJSP II). Trata-se de um prazo de invocação do direito[73], começando a correr, uma vez apresentado o pedido, prazo ordinário de prescrição de 20 anos (artigo 309.º do CC)[74].

O reembolso "condicional" não é automático. O PSP do ordenante dispõe[75] de 10 dias úteis, a contar da recepção do pedido de reembolso ou

[69] Que não indirectamente (através do beneficiário): o artigo 117.º/5 aplica-se às autorizações de débito directo ao PSP do ordenante no âmbito do DMF (no considerando 76 da DSP I, a explicação era a de que esta regra servia para regular sistemas mais antigos do que o SEPA em euros nalguns Estados-membros.

[70] O artigo 117.º/5 vale naturalmente sem prejuízo da possibilidade do ordenante – que sempre tem – de solicitar o reembolso por operações de pagamento não autorizadas ou defeituosamente executadas. Cf. também o considerando 76 da DSP II *in fine*.

[71] O artigo 118.º/1 (e mesmo o 2 e 3) não especifica(m) o PSP que deva reembolsar o montante, que vem, no entanto, mencionado no artigo 117.º/1, 5 e 7 e que resultaria já do princípio da relatividade dos contratos: é o do ordenante, que é quem é titular do direito ao reembolso.

[72] Contadas em dias úteis ou corridos? No RJSP II, a regra é a da continuidade dos prazos (artigo 9.º/1 *ibid.*; o próprio artigo 279.º do CC assenta neste sistema) e, com efeito, quando quis dizer úteis, o legislador fê-lo (artigos 39.º/3 e 5 *a*), 40.º, 58.º/3, 84.º/2 *a*), 118.º/2, 123.º/3 e 142.º/2 e 4 do RJSP II), de maneira que se trata de dias corridos. Problemática, porém, é a discrepância entre a contagem desde prazo de 8 semanas em dias corridos (artigo 118.º/1 do RJSP II), mas a de 10 dias para a resposta do PSP em "dias úteis" (artigo 118.º/2 *ibid.*; o descompasso está também presente no artigo 77.º/1 e 2 da DSP II). Alguma harmonia neste particular seria desejável.

[73] Em termos similares ao que acontece com o direito à rectificação (vd. supra).

[74] Cf. o considerando 31 da DSP I. A DSP I como a II não pretendem regular o prazo de exercício de direitos.

[75] O artigo 74.º/1 do RJSP I referia que o ordenante "tem direito a apresentar o pedido de reembolso"; hoje o artigo 118.º/1 do RJSP II refere apenas que o ordenante "pode apresentar", na linha já do artigo 63.º da DSP I e do 77.º da DSP II, que diziam simplesmente "possa", "can", "kann", "peut"; cf. também o § 675x (74) do BGB: "Ein Anspruch des Zahlers auf Erstattung (...)".

de 10 dias a contar da data em que, tendo o PSP solicitado os respectivos "elementos factuais", os haja recebido do ordenante[76], para: (*i*) reembolsar o montante integral da operação de pagamento; ou (*ii*) recusar-lho, justificando-o e indicando os organismos perante os quais pode o ordenante reclamar (artigos 118.º e 142.º a 145.º do RJSP II).

IV. O direito ao reembolso dito "condicional", na medida em que se constitui na esfera do ordenante *somente* quando verificados os referidos requisitos cumulativos (artigo 117.º/1 *a*) e *b*) do RJSP II), consubstancia – ou, doutra perspectiva, tem a montante – uma *resolução*, *poder potestativo* motivado, de iniciativa unilateral, com eficácia retroactiva, que determina a devolução, portanto, o reembolso[77], do montante integral da operação efectuada (artigo 117.º/4 do RJSP II). Neste sentido aponta também o ónus do ordenante de "fornecer" ao PSP os "elementos factuais" (como dizia o artigo 73.º/2 do RJSP I; ou de provar que as "condições" ou requisitos do reembolso se encontram reunidos, *ut* artigo 117.º/3 do RJSP II), constitutivos do direito ao reembolso exercido, que o fundamentam.

Para aferir o *montante integral*, dá o legislador um critério: o de que a "data-valor do crédito"[78] na conta de pagamento do ordenante não seja posterior à data em que o montante foi debitado (artigo 117.º/4, 2.ª parte, do RJSP II e 76.º/1 da DSP II). A formulação do critério parece, de uma perspectiva jurídica, *sui generis*: transita-se de "montante" a "data-valor" (para aferir o montante), a "data" (que aqui já não parece ser data-valor) e, por fim, a "montante"; e estabelece-se que não possa a "data-valor" ser "posterior" ao montante debitado (nada se dizendo quanto à possibilidade de ser anterior). A ideia fundamental a reter é a seguinte: o exercício do direito ao reembolso dito condicional tem *eficácia retroactiva*, como, de resto, é regra na *resolução* (cf. o artigo 434.º/1 do CC).

[76] Assim, no direito inglês, o artigo 80 (4) do *Payment Services Regulations* de 2017.

[77] Palavra que caracteriza a figura, na doutrina especializada, atendendo a um momento sequencial deste "processo" resolutivo. Recordamos que as expressões "*direito ao reembolso*", "*reembolso*" e similares surgem por referência aos débitos directos no artigo 7.º/2 do RSPEA e no preâmbulo e nos artigos 117.º/1, 5 e 6 do RJSP II. Cf. os termos por que se optou nas versões italiana ("*diritto di rimborso*"), alemã ("*Erstattungsrecht*"), francesa ("*droit à remboursement*"), inglesa ("*refund right*"), castelhana ("*derecho a reembolso*"), holandesa ("*rechten op terugbetaling*") ou romena ("*dret de rambursare*").

[78] Por data-valor entende-se "a data de referência utilizada por um prestador de serviços de pagamento para o cálculo de juros sobre os fundos debitados ou creditados numa conta de pagamento" (artigo 2.º *l*) do RJSP II).

6.2. Direito ao reembolso "incondicional"

Depois de avanços e recuos[79], estabelece hoje o artigo 117.º/6 do RJSP II que:

"Sem prejuízo do disposto nos n.os 1 e 5, o ordenante tem ainda direito ao reembolso incondicional relativamente às operações de débito direto a que se refere o artigo 1.º do Regulamento (UE) n.º 260/2012, do Parlamento Europeu e do Conselho, de 14 de março de 2012, nos prazos fixados no artigo 118.º, devendo observar o disposto no n.º 4".

Trata-se da consagração daquilo a que se tem chamado *direito ao reembolso "incondicional"*, que, como o nome indica, não está sujeito a "condições" ou "requisitos". Não são todas as "operações" de débito directo que permitem o reembolso incondicional[80]: apenas as do artigo 1.º do RSEPA, ou seja, as expressas em euros na UE, aquelas em que o PSP do ordenante e o do beneficiário estejam ambos "situados" na UE ou em que o único PSP envolvido na operação esteja "situado" na UE[81]-[82] (artigos 100.º/4 e 117.º/6 do

[79] Sobre o anquilosado processo, remetemos para o nosso *Débitos directos* cit., 409-410 nt. 102.

[80] E logo por esta via não é ele, em rigor, incondicional: só vale para os as operações do artigo 1.º do RSEPA. O seu carácter "incondicional" consiste, mais exactamente, na desnecessidade de ser o seu exercício justificado.

[81] O preceito em apreço, bem como, de resto, outras traduções consultadas, refere-se apenas a "situado(s)". Parece-nos de interpretar como "sediados".

[82] A disseminação do uso de débitos directos dentro da UE para pagamentos entre diferentes Estados-membros foi, entre outros, estimulada pelo artigo 9.º/2 da RSEPA, que, sob a epígrafe "Acessibilidade para pagamento", veio determinar que os beneficiários que utilizem débitos directos para cobrança junto de titulares de contas de pagamento sitas na UE "não podem especificar" o Estado-membro em que tais contas "devam ser localizadas, desde que as mesmas sejam acessíveis nos termos do artigo 3.º". Pronunciou-se recentemente sobre o preceito em apreço, em termos que merecem a nossa concordância, o TJUE 5-Set.-2019 (*Deutsche Bahn*), proc. n.º C-28/18, ECLI:EU:C:2019:673, declarando que o artigo 9.º/2 do RSEPA proíbe uma cláusula contratual que exclua o pagamento por débito directo em euros sob o esquema pan-europeu SEPA de débito directo quando o titular da conta a debitar não resida no Estado-membro em que o beneficiário tem a sua sede. Em causa, estava uma cláusula inserta nas "condições gerais" do contrato da DB de transporte ferroviário, que permitia o pagamento por cartão de crédito, PayPal, transferência bancária ou débito directo SEPA, mas, neste último caso, apenas se o titular da conta a debitar residisse na Alemanha, desse o seu consentimento ao débito directo numa conta aberta num banco com sede num Estado participante da SEPA, desse uma ordem ao banco para execução do débito directo, se registasse no sítio da Internet da DB e consentisse numa análise de crédito. Sobre o aresto, Stefan Ernst, *Online-Zahlungssystem der Deutschen Bahn unionsrechtswidrig („Verein für Konsumenteninformation")*, em *Entscheidungen zum Wirtschaftsrecht* (2019) 23, 709-710.

RJSP II; cf. também o considerando 1 da DSP II). O artigo 117.º/6 não distingue, para o efeito, entre consumidores (e microempresas) e não consumidores, valendo, por princípio, para todos este direito ao reembolso "incondicional" (cf. o considerando 76 da DSP II; no direito alemão, o § 675x do BGB), ainda que possa ser afastado na contratação com não consumidores (artigo 100.º/2 do RJSP II).

II. O prazo para o pedido de reembolso "incondicional" é, tal como para o "condicional", de 8 semanas a contar da data em que os fundos tenham sido debitados, sob pena de caducidade (118.º/1 do RJSP II).

O PSP não pode recusar o reembolso (artigo 118.º/3 do RJSP II; 77.º/2, § 1.º, da DSP II). Por isso, não se aplica aos reembolsos "incondicionais" o prazo de reembolso de 10 dias do artigo 118.º/2 do RJSP II, cuja razão de ser reside na correcta avaliação pelo PSP do ordenante dos pressupostos do exercício do direito, que, no caso do reembolso "incondicional", é discricionário. A solução é, no entanto, pouco clara à luz da remissão genérica do artigo 76.º, § 2.º, *in fine*, da DSP II para os "prazos" (sem distinguir) do 77.º *ibid.*, embora, à letra, só a respeito do direito do ordenante ao reembolso "incondicional" que não ao dever do PSP ao reembolso propriamente dito (também não resolvem expressamente o problema o artigo L133-25, ii, do *Code monétaire et financier* ou o § 675x (5) do BGB; parece uniformizar os prazos para ambos os casos em 10 dias o artigo 80 das *Payment Services Regulations* de 2017 ao aludir a "any refund").

III. Havendo um direito ao reembolso "incondicional", pergunta-se que interessa haja, duma perspectiva de política legislativa, em continuar a consagrar um reembolso "condicional" e, da perspectiva do *ayant droit*, que interessa tenha em recorrer a esta segunda modalidade, sobretudo quando as consequências da cessação da operação coincidam.

A questão cruza-se com a da interpretação da parte inicial do artigo 117.º/6 do RJSP II, ou seja, de que a regra aí disposta vale "[s]em prejuízo do disposto nos n.os 1 e 5". É o problema clássico do genitivo objectivo e subjectivo. Pergunta-se: o n.º 6 (ou seja, a atribuição de um direito ao reembolso "incondicional") vale sem prejuízo do disposto nos n.os 1 a 5 (que consagram o direito ao reembolso "condicional") em termos de só se constituir na esfera do titular da conta debitada quando não haja direito ao reembolso "condicional"; ou o n.º 6 vale sem prejuízo do disposto nos n.os 1 a 5 em termos de cumular-se com este?

Do artigo 76.º/1, § 3.º da DSP II não parece constar uma subordinação tão ampla a todos os n.os do artigo 76.º respeitantes ao reembolso "condicional", mas apenas ao n.º 3 do mesmo artigo 76.º; n.º 3, de resto, que não respeita ao direito ao reembolso "condicional", mas sim à possibilidade de acordo de não revogação (ou reembolso) em caso de adopção do esquema do DMF. A parte inicial do artigo 117.º/6 do RJSP II não acompanha, portanto, a do 76.º/1, § 3.º, da DSP II. Mas não pode dizer-se que o artigo 76.º/1, § 3.º, da DSP II, nada diga sobre os termos em que o direito ao reembolso "condicional" ou "incondicional" concorram: fá-lo já não na parte inicial do artigo, mas a meio, ao dizer que os Estados-membros asseguram que, "para além do direito a que se refere o n.º 1", *i.e.*, o direito ao reembolso condicional, "o ordenante tenha um direito ao reembolso incondicional"[83]. O problema não fica totalmente resolvido, pois "para além de" ou, mais correctamente talvez, "além de" não significa forçosamente que um remédio e outro concorram em simultâneo, podendo um aplicar-se só depois de esgotado o outro. No direito alemão, o § 675x (2) do BGB estabelece uma condição ao exercício do direito ao reembolso "incondicional": "wenn die Voraussetzungen für eine Erstattung nach Absatz 1 nicht erfüllt sind"; atribui, assim, prevalência ao reembolso "condicional". Julgamos ser também esta a melhor solução, que faria tanto mais sentido quanto, na lógica da DSP II, o reembolso pelo montante integral só cabe na hipótese de reembolso "condicional", se se tiver em conta a sequência em que o § 2.º do artigo 76.º da DSP II aparece, imediatamente depois da consagração do reembolso "condicional" (pr.) e da regra do ónus da prova aplicável apenas ao reembolso "condicional" (§ 1.º), e justamente antes do § 3.º respeitante ao reembolso "incondicional" (assim, os artigos 74.º/2 do RJSP I, 112.º/4 da Proposta n.º 123/XIII, o 79 (4) das *Payment Services Regulations* de 2017 e o § 675x (1) do BGB *in fine*; diferentemente, se bem lemos, o artigo L133-25, IV, do *Code monétaire et financier*). O legislador nacional acabou, porém, por enveredar por outro caminho, fazendo equivaler, quanto ao montante do

[83] Cf. as seguintes versões: "in addition to the right referred to in this paragraph", "zusätzlich zu dem Anspruch nach dem vorliegenden Absatz", "outre le droit visé au présent paragraphe", "oltre al diritto di cui al paragrafo 1", "además del derecho recogido en el apartado 1", "naast het in lid 1 bedoelde recht", "în plus față de dreptul menționat la prezentul alineat".

reembolso, uma e outra figura (cf. o artigo 117.º/6 *in fine*: "devendo observar o disposto no n.º 4")[84].

IV. Ao contrário do "condicional", é o direito ao reembolso "incondicional" discricionário, de modo que constitui dogmático-juridicamente uma *revogação* unilateral[85], com eficácia retroactiva, extintiva dos efeitos do acto jurídico em questão (aspecto ressalvado no artigo 117.º/6 *in fine* e que já resulta da sequência de parágrafos no n.º 1 do artigo 76.º da DSP II). Trata-se também de um *poder potestativo*, de iniciativa unilateral do ordenante, que funciona como uma condição (imprópria) legal e resolutiva.

7. Conclusão

Ilustra o regime dos débitos directos um campo, no seio do Direito bancário ou, para alguns, do Direito dos serviços de pagamento, em que as preocupações com a protecção da parte mais fraca, tidas por típicas do Direito do consumo ou consumidor, se fazem sentir com premência e de forma evidente.

Além de outros aspectos gerais de regime tendentes à protecção do consumidor (por ex. em matéria de deveres de informação), no domínio específico dos débitos directos, tais preocupações fizeram-se sentir, em larga medida, na adopção do modelo do CMF, bem como no regime dos direitos à limitação e bloqueio e, ainda, nos direitos ao reembolso ditos "condicional" e "incondicional".

Lisboa-Cascais, Outubro de 2021.

[84] Pode, no entanto, perguntar-se se, embora tratando-se de responsabilidade civil por factos lícitos, fica o USP constituído no dever de indemnizar o PSP das despesas tidas com a "reversão" da operação (sobre o tema, em geral, Pedro Romano Martinez, *Da cessação do contrato*, 3.ª ed., Almedina, Coimbra, 2015, 119-121). Julgamos que sim (cf., por ex., para o mandato, o artigo 1172.º *a*) a *d*) do CC), podendo, em consequência, o PSP compensar um tal montante no montante integral a reembolsar ao ordenante.

[85] Para um significativo sector da doutrina, denúncia ou espécie de denúncia. Vd., por representativo, P. Romano Martinez, *Da cessação* cit., 55-57, 120 e *passim*.

CRÉDITO À HABITAÇÃO EM PORTUGAL

ISABEL MENÉRES CAMPOS*

SUMÁRIO: *1. Introdução; 2. O quadro legal e regulamentar aplicável; 2.1. Legislação nacional; 2.2. As orientações da EBA; 3. Aspectos relevantes do contrato de crédito à habitação; 3.1. Fase pré-contratual; 3.2. Vigência do contrato; 3.3. Mecanismos pré-judiciais de prevenção do incumprimento do contrato; 4. Satisfação por via judicial; 5. Insuficiência da garantia; 6. Considerações finais.*

1. Introdução.

O interesse pelo tema do crédito hipotecário tem sido crescente, sobretudo num contexto de crise económica global, ocorrida a partir de 2008 e que se prolongou durante vários anos, precipitando-se as situações de incumprimento por parte dos agregados familiares dos empréstimos para aquisição de habitação, contraídos no passado em condições e em circunstâncias completamente diferentes. Na altura, eram apontados, o desemprego, o divórcio e a doença de algum dos mutuários e ainda o sobre-endividamento, como causas do incumprimento e motivos para os agregados familiares deixarem de pagar os seus empréstimos.

Em resultado desses incumprimentos em massa, assomou, a partir de 2009/2009, uma crise no mercado imobiliário, causada por vários factores

* Professora Auxiliar da Escola de Direito do Porto da Universidade Católica Portuguesa. Advogada.

como o aumento da oferta de imóveis, a insolvência dos promotores imobiliários, as dificuldades e as restrições no acesso ao crédito, o sentimento globalmente depressivo que levou as pessoas a adiar a compra de casa. A reforma do arrendamento urbano, ocorrida em Portugal em 2006 (posteriormente aperfeiçoada em 2012)[1] também contribuiu para a queda do mercado imobiliário embora posteriormente se tenha sentido o movimento em sentido contrário. Em consequência da descida generalizada dos preços dos imóveis, em muitos casos de incumprimento, o mutuário acabava por "perder" a sua casa, mantendo uma dívida considerável à instituição de crédito[2].

[1] A partir de 2006 com a reforma do regime do arrendamento urbano então ocorrida, Portugal passou a ter um mercado sustentado de arrendamento e de um leque diversificado de casas para arrendar. Até esta altura, face ao sistema muito protector do inquilino, os proprietários não se dispunham a arrendar os imóveis disponíveis, pois corriam sérios riscos de não conseguir pôr termo aos contratos num curto espaço de tempo, quer porque o regime dos despejos era bastante formalista e moroso, quer porque não era livremente estipulável a cláusula que permitia a celebração de arrendamento com prazo certo.

[2] Geralmente, estes empréstimos são contratados com uma garantia hipotecária. Sendo a hipoteca uma garantia real que assegura um determinado valor que o credor poderá realizar, por via executiva, para satisfazer o seu crédito, assim lhe permitindo um reforço da garantia geral das obrigações que representa todo o património do devedor (artigo 601.º). O credor hipotecário escapa, portanto, ao concurso dos credores comuns, na medida em que a preferência que a hipoteca lhe confere derroga o princípio da *par conditio creditorum* (ou da igualdade dos credores), previsto no artigo 604.º, tendo o direito de ser pago, através do produto da venda da coisa, com prioridade em relação aos demais credores, quer a execução tenha sido movida por si, quer tenha sido movida por terceiro, quer se trate de uma execução universal (insolvência). Desta concepção da hipoteca como direito ao valor resulta que, em princípio, o risco de desvalorização ou de depreciação da coisa corre por conta do proprietário e não por conta do credor hipotecário, embora se reconheça que o credor possa lançar mão de alguns mecanismos que lhe permitam conservar o valor da coisa, como é o caso, por exemplo, os previstos nos artigos 692.º, 701.º e 702.º. Decorre do artigo 697.º que, em caso de incumprimento, tendo sido convencionada garantia hipotecária, o devedor que seja dono da coisa tenha o direito de se opor a que sejam penhorados outros bens enquanto não se reconhecer a insuficiência da garantia. Isto é, todo o património do devedor responde pela dívida, mas, havendo hipoteca, a execução tem de se iniciar com a penhora do bem hipotecado.

O credor e o devedor podem convencionar a limitação da responsabilidade do devedor a alguns dos seus bens, conforme se prevê no artigo 602.º. Esta convenção não é, todavia, usual na contratação bancária, pois raras vezes as instituições de crédito aceitam incluir uma estipulação deste tipo nos empréstimos hipotecários, sendo, pelo contrário, frequente que, perante a dúvida quanto à solvabilidade do devedor, as instituições financeiras, além da responsabilidade patrimonial do devedor e da garantia hipotecária, solicitem ainda a prestação de garantias adicionais, como é o caso da fiança.

Nos últimos dois anos, vivemos um contexto sem precedentes, gerado pela pandemia COVID-19, não se conhecendo ainda o verdadeiro impacto dessa crise no que respeita ao *crédito à habitação*. Por força desta situação excepcional, o legislador veio a consagrar um regime de moratórias do crédito e as instituições financeiras viram-se forçadas a adoptar um conjunto de medidas preventivas, tendo em vista evitar os incumprimentos em massa. É de esperar que o fim das moratórias venha a colocar novamente o problema do incumprimento do crédito à habitação no topo das preocupações, agravado agora também pelo problema da inflação.

O que nos propomos neste curto texto é analisar o regime legal do crédito habitação vigente, sem pretensões de esgotar o tema, mas sobretudo com um intuito de dar conhecer alguns aspectos do seu regime especial.

2. O quadro legal e regulamentar aplicável.

2.1. Legislação nacional.

Os diplomas mais relevantes que disciplinam a matéria do crédito à habitação são o **Decreto-Lei n.º 74-A/2017, de 23 de Junho,** que transpõe para a ordem jurídica nacional a Directiva n.º 2014/17/EU do Parlamento Europeu e do Conselho, de 4 de Fevereiro de 2014, relativa aos contratos de crédito aos consumidores para imóveis de habitação[3], e o **Decreto-Lei n.º 349/98 de 11 de Novembro (com alterações)**, que estabelece o regime da concessão de crédito para aquisição, construção e realização de obras em habitação própria permanente, secundária ou para arrendamento, bem como para aquisição de terrenos para construção de habitação própria no regime geral de crédito.

Para análise do regime do crédito à habitação, são ainda relevantes os seguintes diplomas:

- **Decreto-lei n.º 255/93 de 15 de Julho**: transmissão de imóveis destinados à habitação mediante documento particular em modelo pró-

Sublinhe-se ainda a obrigatoriedade legal de a hipoteca ser submetida a registo predial, sob pena de não produzir efeitos nem sequer entre as próprias partes, nos termos do artigo 686.º, devendo constar do registo, não só o montante do capital concedido, como também as despesas e juros cobertos pela garantia e o montante máximo que a hipoteca garante.

[3] Este diploma sofreu já várias alterações (Lei n.º 32/2018, de 18 de Julho, sobre os juros negativos; Lei n.º 13/2019, de 12 de Fevereiro, sobre os contratos de arrendamento dos imóveis hipotecados e Lei n.º 57/2020, de 28 de Agosto, sobre as comissões bancárias.

prio, quando acompanhada de contrato de mútuo, com ou sem hipoteca, em que a entidade mutuante seja uma instituição de crédito;

- **Decreto-lei n.º 103/2009, de 12 de Maio** (com alterações): linha de crédito extraordinária destinada à protecção da habitação própria permanente em caso de desemprego de, pelo menos, um dos mutuários do crédito à habitação, concedida pelo Estado por um prazo máximo de 24 meses, através da instituição mutuante, tendo o cliente de reembolsar o Estado ao fim desse prazo, através da instituição de crédito onde tem esse empréstimo;
- **Decreto-lei n.º 58/2013, de 8 de Maio**: normas aplicáveis à classificação e contagem do prazo das operações de crédito, aos juros remuneratórios, à capitalização de juros e à mora do devedor;
- **Lei n.º 63/2014 de 26 de Agosto**: condições aplicáveis aos empréstimos destinados à aquisição ou construção de habitação própria de deficientes das forças armadas;
- **Lei n.º 64/2014, de 26 de Agosto**: regime de concessão de crédito bonificado à habitação a pessoa com deficiência;
- **Portaria n.º 385-C/2017**: formação de colaboradores das instituições de crédito;
- **Portaria n.º 385-D/2017**: certificação das entidades formadoras; Decreto-Lei n.º 81-C/2017, de 7 de Julho: intermediário do crédito;
- **Lei n.º 32/2018, de 18 de julho**: Institui a obrigatoriedade de as instituições bancárias refletirem totalmente a descida da taxa Euribor nos contratos de crédito à habitação.

Há ainda normas estabelecidas pelo Banco de Portugal, destacando-se as seguintes:

- **Instrução 19/2017:** Aprova o modelo FINE bem como as instruções a adotar no preenchimento do referido modelo e regulamenta o conteúdo da informação adicional a disponibilizar ao consumidor;
- **Aviso BP n.º 4/2017:** Estabelece procedimentos e critérios a observar na avaliação da solvabilidade dos consumidores pelas entidades que concedem crédito;
- **Aviso BP n.º 5/2017:** Regulamenta várias disposições do Decreto-Lei n.º 74-A/2017, de 23 de junho, estabelece deveres de informação a observar na negociação e celebração de contratos de crédito regulados pelo mesmo diploma;
- **Aviso BP n.º 6/2017:** Regulamenta várias disposições do regime jurídico aprovado pelo Decreto-Lei n.º 81-C/2017, de 07 de julho, rela-

tivas ao processo de autorização para o exercício da atividade de intermediário de crédito, ao registo dos intermediários de crédito junto do Banco de Portugal e às políticas de remuneração das entidades que desenvolvem a atividade de intermediário de crédito ou prestam serviços de consultoria relativamente a contratos de crédito

2.2. As orientações da EBA.

As orientações da European Banking Authority (EBA) sobre a **avaliação da solvabilidade** (Final Guidelines on Creditworthiness Assessment) definem um conjunto de requisitos que, após a transposição da Directiva, as instituições de crédito terão de observar quando aferem a capacidade dos consumidores para cumprirem as obrigações resultantes dos contratos de crédito hipotecário que pretendem celebrar. Entre outros aspectos, a EBA estabelece critérios relacionados com a verificação dos rendimentos do consumidor, com a recolha e o arquivo da informação necessária para esse efeito e com o controlo da veracidade da informação disponibilizada pelos consumidores.

Na avaliação da capacidade para os mutuários solverem a dívida, as instituições de crédito têm o dever de solicitar todos os documentos que possam auxiliar a identificar e a prevenir declarações falsas por parte do mutuário, do fiador ou de outros intervenientes no processo como os intermediários do crédito. Devem ter em consideração todos os factores relevantes que possam influenciar a capacidade de cumprimento das obrigações emergentes do empréstimo, sem causar dificuldades excessivas ou sobre-endividamento, devem definir processos sólidos de avaliação da capacidade do mutuário para cumprir as obrigações decorrentes do contrato de crédito e manter registos actualizados de tais procedimentos, revendo-os com regularidade.

As orientações da EBA sobre o incumprimento de contratos de crédito hipotecário (Final Guidelines on Arrears and Foreclosure) estabelecem também requisitos a observar pelas instituições de crédito, após a transposição da Directiva, na gestão de situações de incumprimento, com o objetivo de evitar a execução judicial destes contratos. São definidos, em particular, requisitos sobre a informação a prestar aos consumidores, a formação dos funcionários das instituições de crédito e o acompanhamento dos consumidores em situação de incumprimento.

Durante o ano de 2020, foram emanadas várias orientações da EBA sobre as moratórias aplicáveis aos empréstimos bancárias, sendo de destacar a que foi divulgada mais recentemente na Carta-Circular do Banco de Portugal CC/2020/00000051 (Orientações da EBA relativas a moratórias legislativas e não-legislativas sobre reembolsos de empréstimos aplicadas à luz da crise COVID-19 – EBA/GL/2020/08).

3. Aspectos relevantes do contrato de crédito à habitação.

O contrato de "crédito à habitação" caracteriza-se por ser uma operação bancária activa, um mútuo de escopo, a longo prazo (o prazo convencionado é superior a cinco anos), concedido a particulares (não a empresas) com a constituição de uma garantia, normalmente a hipoteca de um imóvel, cuja aquisição se financia. Assume foros de tipicidade social e tem alguns elementos caracterizadores: é contrato real *quoad constitucionem* (podendo em alguns casos ser um contrato consensual, quando não há entrega imediata do dinheiro) e constitui a obrigação de restituição da quantia mutuada por parte do mutuante, bem como a obrigação de restituição por parte do mutuário. É um mútuo bancário, o que significa que não só se lhe aplica o regime mercantil, como também o regime próprio das operações bancárias, como é o caso, por exemplo, do Decreto-Lei n.º 58/2013, de 8 de Maio, onde são estabelecidas regras relativas às taxas de juro e às comissões a cobrar na vigência do empréstimo. Além disso, é geralmente classificado como um mútuo de escopo, no sentido de que o empréstimo é concedido com uma certa finalidade, pelo que exige o respeito de um conjunto de medidas de tutela do "consumidor", mas este também fica obrigado a aplicar o dinheiro na finalidade para a qual o empréstimo foi concedido. Estes empréstimos são, em regra, garantidos por hipoteca da habitação adquirida, construída ou objeto das obras financiadas, incluindo o terreno. Podem também ser convencionadas outras garantias, adequadas ao risco do empréstimo pela instituição de crédito mutuante.

A justificação da regulamentação específica do crédito à habitação reside no desequilíbrio contratual que o legislador entende existir entre as partes, desequilíbrio esse que nem sempre acontece, pois não há necessariamente e por regra uma posição de boa fé do mutuário a contrapor-se à má fé do banco, de modo a dizer-se que aquele foi explorado ou enganado por este. Acresce que este tipo de empréstimo se enquadra no âmbito da actividade bancária do mutuante, obedecendo, por conseguinte a um conjunto de regras e deveres de promoção e vigilância do cliente, considerado, de resto, de uma forma certamente redutora, como "consumidor".

O Decreto-Lei n.º 74-A/2017, de 23 de Junho prevê, no artigo 2.º, sobre a epígrafe "âmbito de aplicação", que o diploma se aplica aos contratos de crédito, celebrados com *consumidores* para a aquisição ou construção de habitação própria permanente, secundária ou para arrendamento, aos contratos de crédito para aquisição ou manutenção de direitos de propriedade sobre terrenos ou edifícios já existentes ou projetados, aos contratos de crédito que, independentemente da finalidade, estejam garantidos por hipoteca ou por outra garantia equivalente habitualmente utilizada sobre imóveis, ou garantidos por um direito relativo a imóveis. Abrange ainda os contratos de locação financeira de bens imóveis para habitação própria permanente, secundária ou para arrendamento. O artigo 3.º procede depois a uma delimitação negativa, prevendo uma série de operações excluídas da regulamentação consagrada no diploma.

Analisemos agora as várias fases ou momentos da vigência do contrato de crédito à habitação, arrumando-as em fase pré-contratual, fase de execução ou decurso normal do cumprimento do contrato e fase de extinção do contrato, sendo pertinente, em particular, a análise do regime do incumprimento contratual.

3.1. Fase pré-contratual.

Cabe mencionar, antes de mais, a forma do contrato: o contrato de mútuo bancário deve ser celebrado por documento escrito, conforme resulta do Decreto n.º 32765, de 29 de Abril de 1943, assim como devem ser reduzidas a escrito as estipulações assessórias e contratos conexos. Considerando que, além disso, é constituída, geralmente, garantia de hipoteca, há que respeitar formalidades mais exigentes, estando, por isso, o contrato sujeito a escritura pública ou documento particular autenticado.

Como decorre dos artigos 8.º a 13.º do Decreto-Lei n.º 74-A/2017, na fase de negociações prévias à celebração do contrato, estabelece-se um conjunto de regras e deveres de informação ao mutuário a que a instituição de crédito está obrigada, designadamente a disponibilização de um documento informativo pré-contratual normalizado – a Ficha de Informação Normalizada (FIN) – que integra os aspectos fundamentais que são negociados entre as instituições de crédito e os mutuários. Esta FIN deve incluir certos elementos como as características e as condições do empréstimo (taxas de juro, taxa anual de encargos efectiva, prazos e a totalidade dos custos a ele associados), os planos de amortização da dívida, refletindo, designadamente, o impacto da subida da taxa de juro (se variável)[4]. Entende-se que as instituições de crédito cumprem estes deveres pré-contratuais de informação se demonstrarem ter facultado aos clientes este FIN devidamente preenchida e estes deveres pré-contratuais abrangem quer os contratos conexos, quer as vendas associadas, designadamente seguros.

Do ponto de vista do conteúdo do contrato, há também alguns aspectos a sublinhar.

Quanto ao montante a financiar, a lei não impõe um valor máximo, sendo, todavia, usual os bancos limitarem o capital mutuado a cerca de 85% ou 90% do valor da aquisição. Também não se estabelece qualquer limite de taxa de esforço, sendo frequente situar-se entre os 35% e os 50%; quanto maior for a taxa de esforço, mais difícil será para o mutuário assegurar o pagamento regular do empréstimo.

Na avaliação da taxa de esforço deve tomar-se em consideração o valor das quotas de amortização, para avaliar o desembolso mensal que o mutuário tem de suportar, ou seja, a fracção da prestação que este terá de pagar com vista à restituição do capital mutuado e dos juros correspondentes. Normalmente estas fracções da prestação serão prestações unitárias compostas de capital e juros. Porém, o seu regime não é necessariamente idêntico. Por exemplo, havendo perda do benefício do prazo, por incumprimento ou por outra causa, vence-se a obrigação de restituir o capital, mas não a totalidade dos juros vincendos.

Igualmente, o prazo de reembolso dos empréstimos é livremente acordado entre as partes, podendo ser alterado ao longo de toda a sua vigência, sendo usual fixar-se um prazo entre os 25 e os 50 anos de duração, não excedendo normalmente os 75 de idade do mutuário. Por seu turno, a taxa de juro que é livremente negociada entre a instituição de crédito e o cliente. O artigo 21.º da lei que analisamos estabelece uma relativa liberdade de estipulação, sendo certo que os mutuantes devem assegurar a devida informação sobre a aplicação da taxa de juro aos empréstimos.

Os juros, como é sabido, são a contrapartida pela disponibilidade do capital mutuado, ou seja, são um acessório do crédito[5]. Nestes empréstimos, pode ser convencionada uma taxa de juro variável, composta pelo indexante

[4] Veja-se sobre estes deveres de informação pré-contratual o Aviso do Banco de Portugal n.º 5/2017.

[5] Note-se que os juros são abrangidos pela garantia hipotecária até ao limite de três anos de acordo com o artigo 693.º do Código Civil e, no caso de insolvência, como decorre dos

acrescido de um *spread* (a margem cobrada pelos bancos, que se adiciona à taxa do indexante), ou uma taxa de juro fixa, caso em que a prestação se mantém constante durante o prazo estabelecido no contrato, sendo que geralmente as taxas fixas aplicadas pelos bancos têm como referência as taxas *swap*, acrescidas de um *spread*.

Mais recentemente, em virtude de as taxas de juro estarem há muito tempo em níveis historicamente baixos situação que, em breve, se prevê alterada, há a questão dos juros negativos, que é uma expressão económica que tem a ver com a quantia que o mutuante está obrigado a entregar ao mutuário por aplicação da taxa de juro negativa. Sendo o devedor desta parcela (o banco) também credor do capital, a extinção da obrigação dá-se por compensação, reduzindo-se o valor da prestação mensal seguinte. É o que decorre do regime aditado pelo artigo 21.º-A do Decreto-Lei n.º 74-A/2017, que prevê que a instituição de crédito pode optar pela constituição, a favor do cliente, de um crédito de montante idêntico aos valores negativos apurados, a deduzir aos juros vincendos, a partir do momento em que estes assumam valores positivos, sendo os juros vincendos abatidos ao crédito, até à extinção deste e, se no fim do prazo convencionado para o contrato de crédito ainda existir um crédito a favor do cliente, devem as instituições de crédito proceder ao seu integral ressarcimento.

Por fim, refira-se que, nas operações bancárias, é lícito o anatocismo, ou seja, a capitalização dos juros, de acordo com o artigo 7.º do Decreto-Lei n.º 58/2013. Os bancos podem proceder à capitalização dos juros remuneratórios vencidos e não pagos, desde que referentes a período superior a um mês. Aliás, pode ser convencionada a capitalização automática dos juros, sendo que, quanto aos juros de mora, essa capitalização só é possível no caso de reestruturação ou consolidação de contratos de crédito.

Há ainda que referir a questão das garantias adicionais do empréstimo. Como se disse, estes contratos de mútuo são, em regra, garantidos por hipoteca. No entanto, é frequente convencionar-se, como reforço da garantia, um seguro de vida do mutuário e do seu cônjuge (seguro este que pode cobrir o risco de vida ou de incapacidade total ou parcial para o trabalho) e um seguro vulgarmente designado por *multi-riscos* (que cobre os danos de qualquer natureza ocorridos no imóvel dado em garantia). Adicionalmente, no caso dos mutuários com menores rendimentos, a instituição de crédito

artigos 47.º, n.º 4 a) e 48.º a) do Código da Insolvência, os juros dos créditos abrangidos pela hipoteca são também considerados créditos garantidos.

solicita a indicação de um ou mais fiadores, que se constituem responsáveis solidários, com renúncia ao benefício da excussão prévia[6].

Sobre a responsabilidade remanescente, depois de excutido o objecto da garantia hipotecária, já se discutiu a hipótese de se convencionar antecipadamente a dação em cumprimento ou em pagamento se o devedor não cumprir. Porém, como decorre do artigo 694.º do Código Civil, tal convenção comissória é proibida, pelo que não pode ser prevista nos contratos de mútuo uma cláusula deste tipo, que preveja uma espécie de dação potestativa, convencionada antecipadamente. Isso não impede que, na vigência do contrato, as partes possam, casuisticamente, acordar a dação em cumprimento ou em função do cumprimento, para liquidação total ou parcial da dívida, em condições a definir, em concreto, na altura dessa negociação.

É de salientar também que, sendo o mutuário o proprietário do imóvel, o risco de desvalorização ou depreciação do imóvel corre por conta dele. Por isso, os artigos 16.º e 17.º da Decreto-Lei n.º 74-A/2017 estabelecem regras exigentes quanto à avaliação de solvabilidade do mutuário ("consumidor") e o artigo 18.º cânones sobre a avaliação do imóvel. A intenção do legislador é evitar que, perante o incumprimento e uma vez excutido o objecto da garantia, fique o remanescente da dívida a cargo do mutuário, como sucedeu com frequência no passado de forma bastante saliente. Ou seja, estabelece-se que o empréstimo deve ser concedido tendo em conta a avaliação de solvabilidade que for feita, com base nos critérios especificados no artigo 16.º, que incluem não só a avaliação do imóvel, mas também a análise das circunstâncias financeiras e económicas do consumidor, garantindo-se que o empréstimo concedido é suportável.

3.2. Vigência do contrato

Na fase de vigência do contrato de crédito à habitação, a lei prevê um conjunto de deveres a cargo da instituição de crédito, cujo cumprimento esta tem de permanentemente assegurar.

[6] Muitas vezes, esta fiança é prestada pelos pais dos mutuários, com avançada idade que não raramente vêm a falecer durante a vigência do empréstimo, não deixando qualquer património que cubra a responsabilidade assumida, pelo que, na prática, esta garantia é pouco eficaz, não passando de um mero conforto da instituição de crédito para justificar a aprovação do empréstimo.

Desde logo, no que respeita ao acompanhamento dos seguros associados. Sendo convencionado um ou mais seguros, de vida ou "multi-riscos", a instituição de crédito deve informar a seguradora sobre a evolução do montante em dívida, para que esta possa proceder à atualização do capital seguro[7].

Quanto ao seguimento do empréstimo, há outras obrigações a cargo do mutuante, previstas no artigo 22.º: as informações a prestar ao consumidor durante a vigência do contrato e o dever de, no prazo de 14 dias úteis após o termo do contrato, enviar ao mutuário o distrate para cancelamento da hipoteca, sem necessidade de este ser solicitado. Por outro lado, os artigos 23.º e 24.º determinam os comportamentos a observar no caso de reembolso antecipado, designadamente os limites para os valores da comissão a pagar ao mutuante, seja o reembolso total ou parcial. Essa comissão deve constar clara e expressamente do contrato e tem limites máximos legalmente estabelecidos. Pode, no entanto, ser convencionada entre as partes a isenção de comissão ou o pagamento de uma comissão de montante inferior ao previsto na lei. A cobrança de comissões está, todavia, proibida se o reembolso ocorrer por motivos de morte, desemprego ou deslocação profissional, isto é mudança do local de trabalho do consumidor ou de outro membro do agregado familiar para um local cuja distância do imóvel seja superior a 50 km em linha recta e que implique a mudança da habitação permanente do agregado familiar. A solução justifica-se plenamente, dado que, em tais casos, o reembolso se deve a circunstâncias excepcionais e estranhas à vontade dos mutuários.

Quanto à renegociação do empréstimo, no decorrer da sua vigência, o artigo 25.º prevê a possibilidade de o cliente bancário solicitar a alteração de algumas condições do seu empréstimo à habitação (o *spread*, o prazo do indexante, o regime da taxa de juro, o prazo de amortização ou a modalidade de reembolso), só sendo possível essa alteração havendo acordo entre o cliente bancário e a instituição de crédito. No que respeita, concretamente, às cláusulas que permitem que o banco possa alterar as taxas de juro ou os *spreads* previstos no contrato, estas cláusulas, não sendo proibidas, têm de obedecer também a certas regras, estabelecidas na Carta-Circular do Banco de Portugal n.º 32/2011/DSC, que veio fixar as boas práticas quanto à redacção e ao conteúdo dessas estipulações e estabelecendo princípios

[7] Cfr. Decreto-lei n.º 222/2009, de 11 de Setembro que estabelece as medidas de proteção do consumidor na celebração de contratos de seguro de vida associados ao crédito à habitação.

a observar pelas instituições de crédito no âmbito do eventual exercício dessas prerrogativas contratuais relativas à alteração da taxa de juro.

Acresce que as instituições de crédito não podem unilateralmente agravar os encargos com contratos de crédito destinados à aquisição ou construção de habitação própria permanente, nomeadamente através do aumento dos spreads estipulados, se a renegociação tiver sido determinada por alteração da titularidade do contrato, em virtude de divórcio, separação judicial de pessoas e bens, dissolução da união de facto ou falecimento de um dos cônjuges, desde que a prestação mensal do empréstimo represente uma taxa de esforço para o agregado familiar do novo titular inferior a 55% ou, no caso de existirem dois ou mais dependentes, 60%.

O mesmo sucede se o mutuário arrendar o imóvel hipotecado, em resultado de desemprego de um dos membros do agregado familiar do mutuário ou mudança para um local de trabalho a mais de 50 km de distância que implique a mudança de habitação, sendo que, no contrato de arrendamento deve constar que o imóvel se encontra hipotecado em garantia de um contrato de crédito à habitação e que o arrendatário está obrigado a depositar o valor da renda na conta do cliente bancário associada ao empréstimo. Tem-se em vista, com esta medida, a protecção do consumidor que está em dificuldades ulteriores à celebração do empréstimo, que podem afectar a sua capacidade de cumprimento do mesmo. Não se impede, assim, o arrendamento, o que acontecia, indirectamente, com a estipulação de cláusulas nos contratos bancários que previam o vencimento imediato da dívida se o mutuário desse de arrendamento o imóvel hipotecado.

Por fim, o artigo 26.º, sobre a imputação do cumprimento prevê a possibilidade de o mutuário designar a prestação correspondente ao crédito à habitação, para efeitos do n.º 1 do artigo 783.º do Código Civil, impondo-se ainda deveres de informação a cargo da instituição de crédito quanto a essa imputação, caso o mutuário não faça essa designação[8].

3.3. Mecanismos pré-judiciais de prevenção do incumprimento do contrato.

Perante o incumprimento dos contratos, as instituições de crédito tentam, regra geral, negociar extrajudicialmente. Com efeito, querem evitar ter no seu balanço imparidades que obrigariam a constituir provisões e, por

[8] O artigo 26.º corresponde ao revogado artigo 7.º-A do Decreto Lei n.º 349/98.

isso, não obstante a negociação pré-judicial ser uma obrigação decorrente da lei, é de todo o interesse dos envolvidos evitar a via coerciva.

Não sendo pagas as prestações do empréstimo, em princípio, aplicar-se-iam, as regras gerais do incumprimento das obrigações, designadamente, nos termos do artigo 781.º do Código Civil, isto é, assistiria ao credor o direito de declarar antecipadamente vencida a dívida; todavia, o regime do crédito à habitação é, neste aspecto, diverso do regime geral.

O artigo 27.º do Decreto-Lei n.º 74-A/2017 impõe alguns limites à faculdade de "pôr termo" ao contrato de crédito, preceituando que só o poderá fazer no caso de o mutuário faltar ao cumprimento de pelo menos três prestações sucessivas e que seja concedido pelo mutuante ao mutuário um prazo suplementar mínimo de trinta dias para que o consumidor proceda ao pagamento das prestações em atraso, com expressa advertência dos efeitos da perda do benefício do prazo ou da resolução do contrato, caso não faça tal pagamento. O incumprimento parcial da prestação não é considerado para este efeito, se o mutuário proceder ao pagamento do valor em falta, acrescido dos juros de mora eventualmente devidos, até ao momento do vencimento da prestação seguinte.

Outra importante norma de salvaguarda da posição do consumidor é a que vem disposta no artigo 28.º, ou seja, a possibilidade de fazer "renascer" o programa contratual do empréstimo vencido ou resolvido, ainda que tenha sido movida acção executiva. Com efeito, o consumidor pode *retomar o contrato de crédito* (vencido antecipadamente ou resolvido) desde que proceda ao pagamento das prestações vencidas e não pagas, dos juros de mora e das despesas em que o mutuante incorreu, quando documentalmente justificadas. Nesse caso, considera-se sem efeito a sua resolução ou vencimento, mantendo-se o crédito em vigor nos exactos termos e condições do contrato original. Trata-sede uma *repristinação* do contrato, retomando este a sua vigência, o seu curso contratualmente previsto, como se não tivesse havido incumprimento. De referir que a instituição de crédito só tem de aceitar esta "retoma do contrato" a duas vezes durante a vida do mesmo[9].

[9] Esta "retoma" é uma importante *medida de salvaguarda*, que, de resto, já havia sido adoptada pelo legislador português quando, num contexto de crise profunda, em 2012, houve que consagrar um regime excepcional, temporário, para a regulamentação deste tipo de contratos. Todavia, este ressuscitar do contrato de crédito vencido era já a prática corrente seguida pelas instituições bancárias mutuantes.

Com vista a prevenir as situações de incumprimento, o legislador estabeleceu, no Decreto-Lei n.º 227/2012, de 25 de Outubro[10], a obrigatoriedade de as instituições de crédito definirem um Plano de Acção para o Risco de Incumprimento (PARI). O cliente bancário que alerte a instituição de crédito para o risco de vir a incumprir, devido, por exemplo, a uma situação de desemprego ou de doença, tem direito a receber da instituição um documento que o informe dos seus direitos e deveres. A instituição de crédito deve também informá-lo dos contactos a utilizar nas comunicações que efetuar e deve proceder à avaliação da capacidade financeira do cliente bancário e, caso verifique que este dispõe de meios para evitar o incumprimento, deve propor-lhe soluções adequadas à sua situação financeira, objetivos e necessidades.

Além deste mecanismo, os clientes bancários que estejam em atraso no cumprimento dos seus contratos de crédito, têm ainda direito a ser integrados no PERSI (Procedimento Extrajudicial de Regularização de Situações de Incumprimento), previsto no mesmo diploma. Este iter pré-judicial é obrigatório para a generalidade dos contratos de crédito celebrados com clientes bancários particulares, não dependendo de quaisquer condições de acesso nem de pedido apresentado pelo cliente, que não está inibido de o solicitar. O cliente bancário que entre se constitua em mora tem, assim, direito a receber um documento que o informe dos seus direitos e deveres no âmbito do PERSI e, após avaliação da sua capacidade financeira, a instituição de crédito deve apresentar uma ou mais propostas de reestruturação adequadas à situação financeira e, durante a fase de negociação está impedida de proceder à resolução do contrato de crédito, de promover acções judiciais contra o cliente bancário com vista à recuperação do seu crédito ou de ceder esse crédito a terceiros, só o podendo fazer após a extinção do procedimento.

As questões mais discutidas judicialmente a respeito da aplicação prática deste regime prendem-se com a prova de que foi dado cumprimento ao mesmo, por parte das instituições de crédito, aquando da entrada dos processos judiciais para cobrança coerciva. Os tribunais têm vindo a entender que o não cumprimento do PERSI é uma excepção dilatória inominada do conhecimento oficioso, cabendo ao credor, na acção judicial em que exige

[10] Alterado pelo Decreto-Lei n.º 70-B/2021, de 6 de Agosto. Na sequência desta alteração, foi publicado o Aviso do Banco de Portugal n.º 7/2021, que regulamenta os deveres a observar pelas instituições no âmbito do PERSI.

o crédito emergente do empréstimo, demonstrar que deu cumprimento ao referido procedimento[11], sendo certo que a lei apenas refere, quanto às formalidades das comunicações, que estas devem ser feitas em "suporte duradouro" a remeter ao mutuário.

Há ainda que referir, como mecanismos preventivos do incumprimento, as cláusulas de regulação convencional antecipada que constam habitualmente deste tipo de contratos, como as que estabelecem o vencimento antecipado ou as cláusulas de incumprimento cruzado (*cross default*), cláusulas que prevêem o "direito de pôr termo ao contrato e exigir o integral reembolso daquilo que lhe for devido por força do mesmo se o devedor for declarado insolvente ou se se verificarem as condições previstas no artigo 780.º do Código Civil"[12] ou também no caso de penhora ou oneração do imóvel hipotecado. Estas cláusulas, na verdade, não derrogam a norma imperativa do artigo 27.º, havendo que conjugar a sua aplicação.

Eis alguns exemplos destas cláusulas de regulação antecipada, frequentemente utilizadas:

- a cláusula de vencimento antecipado em caso de violação das condições contratuais, designadamente o escopo contratual de aquisição de habitação: ao banco assiste o "direito de pôr termo ao contrato e exigir o integral reembolso daquilo que lhe for devido por força do mesmo se o devedor não cumprir as cláusulas contratuais, designadamente afectando o imóvel a outro fim";
- a cláusula de incumprimento cruzado (*cross default*): ao banco assiste o "direito de pôr termo ao contrato e exigir o integral reembolso daquilo que lhe for devido por força do mesmo se o devedor não cumprir as com as obrigações previstas em outros contratos que tenha com a mesma instituição";

[11] Cfr., a título de exemplo, os acórdãos do Supremo Tribunal de Justiça de 13 de Abril de 2021 (Relatora Graça Amaral), Tribunal da Relação de Lisboa, de 5 de Janeiro de 2021 (Relatora Maria da Conceição Saaverdra), de 29 de Setembro de 2020 (Relatora Micaela Silva Sousa), de 21 de Maio de 2020 (Relatora Laurinda Gemas), todos disponíveis em www.dgsi.pt.

[12] O n.º 1 do artigo 780.º prevê a exigibilidade imediata da obrigação "se o devedor se tornar insolvente, ainda que a insolvência não tenha sido judicialmente declarada, ou se, por causa imputável ao devedor, diminuírem as garantias do crédito ou não forem prestadas as garantias prometidas". O mesmo resulta do artigo 91.º do Código da Insolvência e da Recuperação de Empresa, onde se determina que a declaração de insolvência determina o vencimento imediato da dívida.

- a cláusula de vencimento antecipado no caso de insolvência de um dos mutuários: ao banco assiste o "direito de pôr termo ao contrato e exigir o integral reembolso daquilo que lhe for devido por força do mesmo se o devedor for declarado insolvente ou se se verificarem as condições previstas no artigo 780.º do Código Civil"[13];
- a cláusula de vencimento antecipado em caso de penhora ou oneração posterior à hipoteca, incluindo o arrendamento do imóvel;
- a cláusula que permite a revisão unilateral da taxa de juro ou do *spread* por parte da instituição de crédito, no caso de se verificarem certos requisitos.

Todas estas cláusulas, quando apostas nos contratos de mútuo à habitação devem obedecer, como é evidente, às regras previstas no Decreto-Lei n.º 446/85, de 25 de Outubro, relativo à utilização de cláusulas contratuais gerais nos contratos. Assim, não sendo a utilização dessas cláusulas proibida, compete às instituições de crédito que utilizam este tipo de cláusulas respeitar os princípios da boa fé, os deveres de comunicação, de informação e de esclarecimento do conteúdo das mesmas, bem como respeitar os demais requisitos assinalados no referido diploma[14].

4. Satisfação por via judicial.

Esgotadas todas as vias de prevenção do incumprimento sem sucesso, será necessário que o credor intente uma acção judicial para cobrança da quantia em dívida, através de um processo executivo, de modo a que seja vendido o imóvel hipotecado. Pode ainda acontecer que o imóvel venha a ser penhorado em execução de terceiro ou em execução fiscal ou apreendido em processo de insolvência, casos em que o credor hipotecário re-

[13] O n.º 1 do artigo 780.º prevê a exigibilidade imediata da obrigação "se o devedor se tornar insolvente, ainda que a insolvência não tenha sido judicialmente declarada, ou se, por causa imputável ao devedor, diminuírem as garantias do crédito ou não forem prestadas as garantias prometidas". O mesmo resulta do artigo 91.º do Código da Insolvência e da Recuperação de Empresa, onde se determina que a declaração de insolvência determina o vencimento imediato da dívida.

[14] Sobre a utilização das cláusulas contratuais gerais no âmbito de contratos de mútuo para habitação, veja-se, a título de exemplo, o Acórdão STJ de 6 de Junho de 2019 (António Joaquim Piçarra), o Acórdão da TRL de 12 de Julho de 2012 (Maria do Rosário Morgado), o Acórdão TRG de 19 de Outubro de 2010 (Isabel Fonseca), ou o Acórdão TRC de 11 de Março de 2008 (Graça Santos Silva), todos consultáveis em www.dgsi.pt. Destaca-se, pela sua importância a questão sobre a obrigação de comunicação do conteúdo das cláusulas contratuais gerais e o ónus da prova do dever de comunicação.

clama os seus créditos para serem pagos do produto da venda do objecto da garantia.

A execução por dívida emergente de crédito à habitação, garantido por hipoteca do imóvel, segue, nos termos do artigo 550.º do Código de Processo Civil, a *forma de processo sumário*, isto é, a execução começa pela penhora do imóvel objecto da garantia e só depois desta é que tem lugar a citação do executado. Em praticamente tudo o resto, a tramitação do processo sumário é igual à do processo ordinário. Todavia, esta ligeira diferença é relevante para reforçar a prioridade da penhora do credor hipotecário. Acresce também que, sendo executada uma dívida com garantia real, a penhora começará sempre, independentemente de nomeação, pelo imóvel objecto da garantia. É o que resulta das disposições conjugadas do artigo 697.º do Código Civil e do n.º 1 do artigo 752.º do Código de Processo Civil[15].

Após a fase das citações (do executado e dos credores), segue-se a fase da venda executiva, com impacto directo no risco que se pretende avaliar neste trabalho, isto é, o risco de o valor do imóvel hipotecado ser insuficiente para a liquidação da dívida.

O problema de saber se a dívida resultante de um empréstimo à habitação fica integralmente solvida e extinta com a excussão (através de venda executiva ou dação em cumprimento) do imóvel hipotecado suscitou, em tempos, alguma discussão, quer em Portugal, quer em Espanha. Do ponto de vista estritamente jurídico, pensamos que a questão é de fácil resposta. Com efeito, não se prevê nem em Portugal nem nos sistemas de matriz europeia a execução extrajudicial da hipoteca, isto é, a entrega do imóvel ao banco, como forma de o devedor solver integralmente a dívida, conforme sucede, por exemplo, no sistema norte-americano. Aliás, a lei estabelece, no artigo 694.º do Código Civil, de forma clara, a proibição do pacto comissório, isto é, a convenção pela qual o credor faça sua a coisa onerada no caso de o devedor não cumprir é nula, seja esse ajustamento anterior ou posterior à constituição da hipoteca. Donde, em caso de incumprimento e

[15] Refira-se que a Lei n.º 13/2016 de 23 de Maio consagrou uma importante disposição no artigo 4.º, aplicável às execuções de hipoteca promovidas pelo credor hipotecário, estabelecendo o seguinte: "[q]uando haja lugar a penhora ou execução de hipoteca, o executado é constituído depositário do bem, não havendo obrigação de entrega do imóvel até que a sua venda seja concretizada nos termos em que é legalmente admissível". E ainda que "[e]nquanto não for concretizada a venda do imóvel, o executado pode proceder a pagamentos parciais do montante em dívida, sendo estes considerados para apuramento dos montantes relevantes para a concretização daquela venda".

não conseguindo as partes chegar a acordo quanto ao pagamento da dívida, seguir-se-á a execução e a venda coerciva do imóvel objecto da garantia.

Na fase da venda executiva, seja em execução intentada pelo credor hipotecário, seja em execução intentada por terceiros onde o credor hipotecário reclamou créditos, todas as partes (devedor, credor hipotecário e outros credores) são notificadas para se pronunciarem acerca da determinação da modalidade de venda e do valor base. De acordo com a lei processual civil, o valor base a fixar deve ser, em princípio, o valor patrimonial que resulte de avaliação fiscal realizada há menos de seis anos, podendo ser determinada uma avaliação e competindo, nesse caso, ao agente de execução levar a cabo as diligências com vista à fixação do valor de mercado[16]. Actualmente, a venda executiva realiza-se, regra geral e preferencialmente, através de leilão electrónico, que é gerido através da plataforma *e-leilões*.

Por seu turno, na venda do imóvel em processo de insolvência, preceitua o artigo 164.º do CIRE que o administrador da insolvência escolhe a modalidade da alienação dos bens, podendo optar por qualquer das que são admitidas em processo executivo ou por alguma outra que tenha por mais conveniente. O credor com garantia real sobre o bem a alienar é sempre ouvido sobre a modalidade da alienação, e informado do valor base fixado ou do preço da alienação projectada a entidade determinada. O credor hipotecário pode propor a aquisição do bem, por si ou por terceiro, por preço superior ao da alienação projectada ou ao valor base fixado. Nesse caso, o administrador da insolvência, se não aceitar a proposta, fica obrigado a colocar o credor na situação que decorreria da alienação a esse preço, caso ela venha a ocorrer por preço inferior. Decorre do n.º 1 deste artigo 164.º do CIRE que, a decisão quanto à escolha da modalidade de alienação dos bens integrantes da massa insolvente, "é cometida, em exclusivo, ao administrador da insolvência, segundo o seu critério e tendo em conta o que entenda ser mais conveniente para os interesses dos credores". O administrador nem sequer está vinculado a seguir a orientação definida pela comissão de credores, nos casos em que, por sua iniciativa, tenha solicitado a colaboração da referida comissão em termos consultivos[17]. Se é verdade

[16] Por regra, o agente de execução, a quem cumpre decidir sobre a modalidade da venda, toma a decisão de fixar, nos termos da lei, como valor base, o maior dos seguintes valores: ou o valor patrimonial tributário ou o valor comercial sugerido geralmente pelo credor hipotecário.

[17] Luís A. Carvalho Fernandes e João Labareda, *Código da Insolvência e da Recuperação de Empresas Anotado*, Lisboa, Quid Iuris, 2005, pág. 555.

que o n.º 2 deste preceito impõe ao administrador o dever de ouvir previamente os credores que tenham garantia real acerca do meio pelo qual devem ser vendidos e o dever de os informar previamente sobre o valor base fixado ou, se for o caso, do preço da venda projectada a entidade determinada, também não é menos verdade, porque resulta da mesma norma que a pronúncia dos credores notificados não é vinculativa, o que "parece excluir relevância processual à eventual violação desse dever, apesar de esta poder comportar responsabilidade para o administrador e de constituir justa causa de destituição". Se o administrador não aceitar a proposta do credor garantido e proceder à venda por preço inferior fica "obrigado a colocar o credor na situação que decorreria da alienação" ao preço por ele oferecido. Ou seja, "fica responsável perante o credor oferente, pela diferença entre o preço oferecido e o preço do negócio, na medida em que essa diferença caiba na satisfação do direito de crédito garantido". O intuito da norma "é o de tutela do direito de crédito e não de qualquer outro interesse que, paralelamente, pudesse assistir ao credor garantido na compra do bem objecto da garantia"[18].

Há que considerar também a venda em execução fiscal, que se encontra regulada no Código de Procedimento e Processo Tributário, nos artigos 239.º e segs., aplicando-se, subsidiariamente, na falta de disposições específicas sobre a venda executiva, o Código de Processo Civil. A venda fiscal é promovida e levada no serviço de finanças e, se não for suscitada qualquer irregularidade, não há qualquer intervenção do tribunal, nem sequer na fase de graduação de créditos. Após a penhora dos bens, havendo credores com garantia real (como é o caso do credor hipotecário), são citados esses credores para, querendo, reclamarem os seus créditos e, com a citação de credores é, geralmente, designada a venda do bem penhorado, a respectiva data, a modalidade e o valor base. A regra é, portanto, a da venda por leilão electrónico, na plataforma do portal da Autoridade Tributária, seguindo-se, posteriormente, na ausência de propostas, a modalidade de venda por propostas em carta fechada ou por negociação particular. Uma vez concretizada a venda, o processo segue para graduação de créditos a serem pagos do produto da venda, graduação essa que é elaborada pela Direcção de Finanças.

Finalmente, sobre as particularidades da execução fiscal, cabe referir a questão da penhora fiscal da *casa de morada de família*. Através da lei n.º 13/2016, de 23 de Maio, veio o legislador alterar o Código de Procedi-

[18] *Op. Cit.*, págs. 556 e 557.

mento e processo Tributário de modo a limitar ou restringir as hipóteses em que o Fisco pode vender em execução fiscal a habitação própria e permanente do executado. Assim, foi alterado o artigo 244.º deste Código, passando a constar que "[n]ão há lugar à realização da venda de imóvel destinado exclusivamente a habitação própria e permanente do devedor ou do seu agregado familiar, quando o mesmo esteja efetivamente afeto a esse fim". Estabelece-se, todavia, que tal restrição não terá aplicação para os imóveis cujo valor tributável se enquadre, no momento da penhora, na taxa máxima prevista para a aquisição de prédio urbano ou de fração autónoma de prédio urbano destinado exclusivamente a habitação própria e permanente, em sede de imposto sobre as transmissões onerosas de imóveis (€574.323), sendo que, em tais casos, a venda só pode ocorrer um ano após o termo do prazo de pagamento voluntário da dívida mais antiga. Isto quer dizer que, apesar de continuar a ser possível a penhora da *casa de morada de família*, a sua venda em execução fiscal não ocorrerá nas condições estabelecidas no preceito, embora este *impedimento legal à venda do bem* possa cessar a requerimento do próprio executado.

O bloqueio que este impedimento legal cria para o credor hipotecário é patente: tendo o credor hipotecário movido execução para pagamento da dívida e tendo a sua execução sido sustada, nos termos do artigo 794.º do Código de processo Civil, por existir penhora anterior do Fisco, ver-se-á impedido de prosseguir com a venda do imóvel, quer na sua execução, quer na execução fiscal onde reclamou créditos. A única solução prática para obviar ao impasse seria requerer a insolvência do devedor. Todavia, defendemos que o credor hipotecário deve sustentar no processo executivo cível sustado que, face ao impedimento legal à venda do imóvel, nada obsta a que este prossiga por não estar preenchido o circunstancialismo do artigo 794.º. Há diversas decisões judiciais sobre este tema, geralmente no sentido de que, havendo um impedimento legal ao prosseguimento da execução fiscal com a venda do imóvel, nada impede o prosseguimento da execução cível[19].

[19] Neste sentido, mencionando-se apenas as decisões mais recentes, veja-se Acórdão da Relação de Lisboa, de 22 de Outubro de 2019 (Pires de Sousa); Acórdão da Relação de Évora, de 23 de Abril de 2020 (Vitor Sequinho); Acórdão da Relação do Porto, de 19 de Maio de 2020 (João Proença Rodrigues); Acórdão da Relação de Lisboa, de 5 de Novembro de 2020 (Manuel Rodrigues).

5. Insuficiência da garantia.

Chegados aqui, falta-nos analisar a questão da insuficiência da garantia.

Baseando-se o financiamento no valor do imóvel, em princípio, este deveria ser suficiente para liquidar a dívida. Porém, se tal não acontecer, isto é, se se verificar que o produto da venda do imóvel é insuficiente e, por conseguinte, a existência de um remanescente de responsabilidade perante a instituição de crédito, esta pode prosseguir até à satisfação integral. Não existe em Portugal nem nos sistemas de matriz europeia a execução extrajudicial da hipoteca para solver integralmente a dívida à semelhança do que sucede nos Estados Unidos, onde impera outro modelo de crédito hipotecário – o *title theory* – em que a *mortgage* confere ao credor o poder de solver a dívida através do imóvel no caso de incumprimento – *power of sale*, isto é, com a venda (judicial ou extrajudicial), a responsabilidade do devedor extingue-se porque se limita ao valor da garantia imobiliária. Os empréstimos são geralmente correspondentes a um valor inferior ao valor do objecto da garantia ou, quando superiores a 80%, os bancos fazem um seguro de crédito *credit default swap*, para prevenir o risco de incumprimento. Em virtude das diferenças sistémicas, não é possível transportar as soluções vigentes nos EUA para os modelos de matriz europeia.

Neste contexto, discutiu-se, em Portugal, a questão da legitimidade de a instituição de crédito prosseguir com a cobrança da dívida quando foi essa mesma instituição que contribuiu de forma decisiva para a fixação do valor base do imóvel e que, afinal, vem adquiri-lo, por inexistência de melhores propostas. A verdade é que o mutuante, com vista a recuperar o seu crédito e evitar que a execução se protele indefinidamente no tempo, oferece o valor que entende, como qualquer outro interessado o faria, não sendo este um valor subjectivo ou ditado por razões arbitrárias e especulativas. A instituição de crédito, com a preocupação de satisfazer o seu crédito, oferece o melhor valor possível[20], desde que suportado em avaliação realizada de acordo com os critérios impostos. O valor de mercado é o valor que, em cada momento, alguém está disposto a oferecer e, se em venda executiva, devidamente anunciada e de acordo com as regras legais, não aparecem melhores propostas, há que concluir que não há interessados na aquisição da coisa por preço superior.

[20] Isto porque, quanto maior for o valor oferecido, maior é a percentagem do crédito satisfeita por via da adjudicação.

Cumpre a este respeito recordar o célebre caso da "Sentença de Portalegre", amplamente comentado, ao tempo, na comunicação social, que teve o mérito de despertar a discussão[21]. Tratava-se de um processo de inventário em que foi promovida a venda judicial do imóvel hipotecado. O imóvel foi adjudicado a favor de uma instituição de crédito, que reclamou naquele processo os seus créditos, por força de uma dívida emergente de um crédito habitação e o produto da venda foi insuficiente para pagar essa dívida, tendo, assim, ficado um remanescente de montante considerável. O tribunal aplicou os institutos do abuso de direito e do enriquecimento sem causa, para concluir que o banco, credor hipotecário, não teria legitimidade para prosseguir com a cobrança pelo valor que se considerou ser o remanescente da dívida, não por força do valor efectivo da adjudicação, mas sim por força do valor base anteriormente fixado. Este resultado da sentença, ainda que criticável do nosso ponto de vista, é bem diferente daquele que foi noticiado pela comunicação social, em que se dava a entender que a sentença havia decidido que a "entrega" da casa ao banco liquidaria totalmente a dívida.

Sobre o mesmo assunto, veja-se, por exemplo, o acórdão da Relação de Évora de 5 de Fevereiro de 2014, onde se considerou, não ser abusiva nem integradora de enriquecimento sem causa, a atitude do banco que, depois de ter convencionado com os devedores a dação em cumprimento parcial do crédito, lhes exige judicialmente o pagamento do valor remanescente[22]. Ou, no mesmo sentido, o acórdão da Relação de Lisboa, de 12 de Dezembro

[21] Veja-se o nosso "Comentário à (muito falada) sentença do Tribunal Judicial de Portalegre de 4 de janeiro de 2012", *in Cadernos de Direito Privado*, n.º 38, Abril/Junho 2012.
Comentando a mesma decisão, poder ler-se também Mafalda Miranda Barbosa e Diogo Duartede Campos, "A decisão do Tribunal de Portalegre, 4 de Janeiro de 2012 – Breve anotação", *in BFDUC*, Vol. LXXXVIII, 2012, Tomo I, págs. 379 e segs..

[22] Do Relator Acácio Neves, publicado em *www.dgsi.pt*. Diz-se nessa decisão que "[t]endo a entrega, pelos réus ao Banco autor, do imóvel adquirido com recurso ao crédito, sido efectuada através de escritura pública denominada "dação em cumprimento" na qual se declarou expressamente que tal dação apenas visava o "cumprimento parcial das responsabilidades anteriormente assumidas" e tendo os réus ali reconhecido que continuavam devedores de determinadas quantias, não constitui abuso de direito ou enriquecimento sem causa, o facto de o Banco vir exigir dos réus o pagamento de tais quantias. É para o efeito irrelevante o facto de o valor do imóvel, aceite naquela escritura, por ambas as partes, como sendo o valor do imóvel, poder ser inferior ao valor da avaliação feita aquando da concessão do crédito, na medida em que, para além de estar em causa um valor expressamente aceite pelos réus, a primeira avaliação pode ter sido feito de forma incorrecta e nada impedia que o valor do imóvel se tivesse desvalorizado entretanto, mormente pelo seu uso, sendo certo que, con-

de 2013[23]. Ou ainda o curioso acórdão da Relação do Porto, de 18 de Dezembro de 2013, sobre o conceito de negócio usurário e sobre a proibição da convenção comissória, invocadas concretamente pelo executado, considerando-se que a dação em cumprimento parcial não conduziu à nulidade do negócio, pois a realização do valor hipotecado, vencido o crédito sem que o devedor tenha pago, não passa necessariamente pelo recurso à via judicial instaurando a respectiva acção executiva podendo sê-lo por outras vias.

Na nossa opinião, face ao actual quadro legal, não há suporte para sustentar o entendimento de que a adjudicação ou venda do imóvel hipotecado extingue a dívida, se o respectivo produto for insuficiente para o pagamento, considerando os preceitos que norteiam as matérias do direito das obrigações e do direito da hipoteca[24]. Se o mutuário recebeu, a título de empréstimo, determinada quantia, deve restituir essa quantia na íntegra, a não ser que o mutuante aceite remir parcialmente a dívida. Evidentemente que devemos fazer apelo aos princípios da boa fé no cumprimento dos contratos e ao princípio da protecção do consumidor como parte mais fraca. Todavia, se recordarmos que o mutuário solicitou e obteve determinada quantia através do mútuo celebrado, beneficiou da mesma e utilizou-a em proveito próprio, quando quis e como quis, não parece, à partida, adequado libertá-lo do seu pagamento sem que exista, efectivamente, uma razão justificativa de fundo. Recorde-se o que referimos a propósito da dívida garantia por hipoteca: a dívida do crédito à habitação é uma dívida de natureza pessoal, embora guarnecida de garantia real, respondendo o devedor com todo o seu património. Correndo o risco de desvalorização do imóvel hipotecado por conta do respectivo proprietário e não sendo o seu valor

forme é público e notório, mercê da crise financeira e do imobiliário, os imóveis têm vindo a ser objecto de acentuada desvalorização.
No mesmo sentido, veja-se o acórdão do Tribunal da Relação de Lisboa, de 11 de Outubro de 2012.

[23] Da Relatora Maria de Deus Correia, publicado em *www.dgsi.pt*. Aí se entendeu que "[a] pretensão do exequente de prosseguir a execução depois de lhe ter sido adjudicado o imóvel hipotecado, no âmbito de venda judicial por propostas em carta fechada, por preço inferior à dívida exequenda, com a finalidade de obter a satisfação do restante crédito, não configura, por si só, abuso de direito" e ainda que "o prosseguimento da execução nas condições descritas não configurará, em princípio, enriquecimento sem causa" acrescentando-se que a verificação de um e de outro terá de resultar sempre em função da análise das circunstâncias do caso concreto.

[24] Recorde-se o princípio constante do n.º 1 do artigo 406.º do Código Civil, segundo o qual o contrato deve ser pontualmente cumprido.

suficiente, nem tendo as partes convencionado que a responsabilidade do devedor se limitaria àquele bem, então vale a regra do artigo 601.º que é a de que todo o património do devedor responde pela dívida.

6. Considerações finais.

Procurámos nesta exposição percorrer, de forma necessariamente breve e sem pretensões de o fazer de forma exaustiva, os aspectos caracterizadores do contrato de mútuo *à habitação*, sempre tendo presente dimensão prática dos problemas que o mesmo suscita. O regime é sinuoso, na medida em que, além da instabilidade legislativa que se vem sentindo, fruto em boa medida do período *pandémico* que vivemos, existem numerosos documentos regulamentares avulsos, como avisos, instruções e circulares do Banco de Portugal que há que tomar em consideração para o seu estudo. É, portanto, uma matéria que carece de constante actualização e observação, o que lhe confere enorme riqueza e interesse.

CRÉDITO AO CONSUMO
Regime jurídico dos contratos de crédito aos consumidores (DL 133/2009, de 2 de junho)

Higina Castelo*

Sumário: **1.** *A Lei dos Contratos de Crédito aos Consumidores – DL 133/2009, de 2 de junho – visão panorâmica.* **2.** *Os antecedentes da LCCC.* **3.** *Contrato de crédito aos consumidores (ou ao consumo) – noção geral.* **4.** *Delimitação negativa – exclusões do âmbito de aplicação do diploma.* **5.** *Contratos de crédito aos consumidores (ou ao consumo) – as quatro secções da noção geral de contrato de crédito aos consumidores;* **5.1.** *Contratos de crédito sob a forma de diferimento do pagamento;* **5.2.** *Contratos de mútuo;* **5.3.** *Contratos de utilização de cartão de crédito;* **5.4.** *Acordos de financiamento semelhantes.* **6.** *Deveres nas relações pré-contratuais.* **7.** *Formação do contrato;* **7.1.** *Forma (em especial, o suporte duradouro);* **7.2.** *Requisitos do conteúdo (menções especiais).* **8.** *Situações de invalidade;* **8.1.** *Nulidade do contrato de crédito por falta de requisitos de forma ou de conteúdo;* **8.2.** *Anulabilidade do contrato de crédito por falta de requisitos de conteúdo;* **8.3.** *Outros casos de invalidade e de ineficácia;* **8.3.1.** *Nulidade da garantia;* **8.3.2.** *Inexigibilidade de eventual garantia ou de eventual seguro;* **8.3.3.** *Nulidade da convenção que exclua ou restrinja os direitos conferidos pela LCCC ao consumidor;* **8.3.4.** *Nulidade das situações criadas com o intuito fraudulento de evitar a aplicação do disposto na LCCC;* **8.3.5.** *Contratos de crédito usurários – excesso de TAEG ou de TAN;* **8.3.6.** *Dependência da celebração de contratos de crédito a consumidores, ou da sua renegociação, da aquisição de outros*

* Juíza desembargadora; investigadora integrada no CEDIS – Centro de Investigação & Desenvolvimento sobre Direito e Sociedade; doutora em Direito Privado pela Faculdade de Direito da Universidade Nova de Lisboa.

produtos ou serviços financeiros. **9.** *Circunstâncias modificativas do programa contratual e cessação do contrato;* **9.1.** *Livre revogação (direito ao arrependimento);* **9.2.** *Reembolso antecipado;* **9.3.** *Perda do benefício do prazo e resolução por incumprimento;* **9.4.** *Cessação dos contratos de crédito de duração indeterminada;* **9.4.1.** *Denúncia;* **9.4.2.** *Resolução pelo credor.* **10.** *Regimes especiais;* **10.1.** *Facilidade de descoberto;* **10.2.** *Ultrapassagem de crédito;* **10.3.** *Contrato de crédito coligado;* **10.4.** *Contrato de serviço acessório conexo com o contrato de crédito.* **11.** *Perspetivas para o futuro próximo – a Proposta de Diretiva relativa aos Créditos aos Consumidores, COM (2021) 347 final, de 30/06/2021.*

Summary: ***1.*** *The Consumer Credit Agreement Law – DL 133/2009, of June 2 – panoramic view.* ***2.*** *The backgrounds.* ***3.*** *Consumer credit agreement – general concept.* ***4.*** *Negative delimitation – exclusions from the scope of application of the Decree-Law.* ***5.*** *Consumer credit agreements – the four sections of the general notion of consumer credit agreement;* ***5.1.*** *Credit agreements in the form of a deferred payment;* ***5.2.*** *Loan agreements;* ***5.3.*** *Credit card agreements;* ***5.4.*** *Similar financial agreements.* ***6.*** *Information and practices preliminary to the conclusion of a credit agreement.* ***7.*** *Formation;* ***7.1.*** *Form (in particular, durable medium);* ***7.2.*** *Information to be included in credit agreements.* ***8.*** *Void and voidable agreements;* ***8.1.*** *Absolute nullity of the credit agreement due to lack of form or content requirements;* ***8.2.*** *Relative nullity of the credit agreement due to lack of content requirements;* ***8.3.*** *Other cases;* ***8.3.1.*** *Nullity of the guarantee;* ***8.3.2.*** *Unenforceability of any guarantee or insurance;* ***8.3.3.*** *Nullity of the convention that excludes or narrows the rights conferred to the consumer by the LCCC;* ***8.3.4.*** *Nullity of situations created with the fraudulent intention of avoiding the application of the provisions of the LCCC;* ***8.3.5.*** *Usurious credit agreements – excess of APR (annual percentage rate of charge) or of borrowing rate;* ***8.3.6.*** *Dependence on the conclusion of consumer credit agreements, or their renegotiation, on the acquisition of other financial products or services.* ***9.*** *Circumstances modifying the contractual program and termination of the contract;* ***9.1.*** *Right of withdrawal;* ***9.2.*** *Early repayment;* ***9.3.*** *Immediate maturity of instalments and termination for breach of contract;* ***9.4.*** *Termination of a credit agreement of indefinite duration;* ***9.4.1.*** *Termination by notice;* ***9.4.2.*** *Termination on other grounds.* ***10.*** *Special regimes;* ***10.1.*** *Overdraft facility;* ***10.2.*** *Overrunning;* ***10.3.*** *Linked credit agreement;* ***10.4.*** *Ancillary service relating to the credit agreement.* ***11.*** *Perspectives for the near future – the Proposal for a Directive on Consumer Credits, COM (2021) 347 final, of 30/06/2021.*

Resumo: *O presente texto consiste num estudo de direito privado sobre o regime jurídico português dos contratos de crédito aos consumidores, constante do DL 133/2009, de 2 de junho.*

Grosso modo, procede-se à caracterização das ocorrências contratuais disciplinadas pelo diploma, percorrem-se os deveres da fase pré-contratual, elabora-se sobre a formação do contrato e sobre as possíveis vicissitudes na pendência da relação (invalidades e alterações ao programa contratual, incluindo nestas a cessação do contrato por motivos diferentes do cumprimento).

O citado diploma transpôs diretiva europeia de harmonização máxima, pelo que se prescindiu da comparação de direitos. Ademais, tendo em consideração a vocação tratadística da obra coletiva em que o trabalho se insere, o regime jurídico objeto do texto é diretamente abordado, podendo o leitor encontrar temas conexos noutras partes da obra e análises do crédito ao consumo na perspetiva de disciplinas não jurídicas em obras adiante referidas.

Palavras-chave: *contrato de crédito; crédito ao consumo; consumidor; diferimento do pagamento; mútuos; contrato de crédito coligado.*

Abstract: *The present text consists of a private law study on the Portuguese legal framework for consumer credit agreements, provided for in Decree-Law 133/2009, of June 2, covering: the characterization of contractual occurrences regulated by the diploma, the duties of the pre-contractual phase, the formation of the contract and the possible vicissitudes during the course of the relationship (including void and voidable contracts, modifications to the contractual program and termination).*

The aforementioned decree-law transposed European directive of maximum harmonization, and for that reason we refrained from undertaking a comparative law study. Furthermore, given the treaty vocation of the collection in which the text is published, the legal regime object of the work is directly addressed. The reader may find related themes in other articles of the same collection and analyses of consumer credit from non-legal perspectives in works referred below.

Keywords: *credit agreement; consumer credit; consumer; deferred payments; loans; linked credit agreement.*

1. A Lei dos Contratos de Crédito aos Consumidores – DL 133/2009, de 2 de junho – visão panorâmica

1. O *crédito ao consumo* encontra-se, na maioria dos seus aspetos, regulado pelo DL 133/2009, de 2 de junho (Lei dos Contratos de Crédito aos Consumidores, abreviadamente, LCCC), que transpôs para a ordem jurídica interna a Diretiva 2008/48/CE, do Parlamento e do Conselho, de 23 de abril, relativa a *contratos de crédito aos consumidores.*

2. A Diretiva transposta pela LCCC é de harmonização máxima – «os Estados-Membros não podem manter ou introduzir no respetivo direito interno disposições divergentes daquelas que vêm previstas na presente diretiva para além das nela estabelecidas» (artigo 22.º, n.º 1, da Diretiva) –, pelo que os regimes em vigor nos demais ordenamentos da União Europeia não serão substancialmente diferentes. Pretendeu-se acautelar não apenas os *interesses dos consumidores*, mas também os do *funcionamento do mercado interno em sã concorrência*, como se evidencia em várias passagens dos considerandos[1].

Ainda assim, a regra da harmonização máxima comporta exceções, conforme expresso no citado artigo da Diretiva, constando uma delas do seu artigo 15.º, relativo aos contratos de crédito *ligados* (*coligados* na terminologia da LCCC), a que adiante nos referimos em 10.3.

3. A LCCC estrutura-se em seis capítulos e três anexos:

– O capítulo primeiro (artigos 1.º a 4.º) explicita o *objeto e âmbito* do diploma, incluindo também uma lista de *definições*;

– O segundo (artigos 5.º a 11.º) disciplina práticas e *deveres pré-contratuais*;

– O terceiro (artigos 12.º a 23.º) regula os *contratos de crédito*, com normas sobre requisitos, validade, deveres de informação, reembolso, incumprimento, extinção;

– O quarto (artigo 24.º) preceitua sobre o cálculo da *taxa anual de encargos efetiva global* (TAEG);

– O quinto (artigo 25.º) impõe deveres aos *intermediários de crédito* e estabelece que a atividade daqueles será objeto de legislação especial, o que

[1] Leiam-se as seguintes passagens dos considerandos 3, 4 e 9, respetivamente: «(...) a análise dos diplomas nacionais de transposição da Diretiva 87/102/CEE revela que os Estados-Membros utilizam vários mecanismos de defesa do consumidor, para além da Diretiva 87/102/CEE, devido às diferenças existentes na situação jurídica ou económica a nível nacional»; «A situação de facto e de direito que resulta destas disparidades nacionais em determinados casos provoca distorções de concorrência entre os mutuantes na Comunidade (...). Isto limita as possibilidades de os consumidores recorrerem diretamente ao crédito transfronteiriço, cuja disponibilidade tem vindo a aumentar. Por sua vez, estas distorções e restrições podem ter consequências em termos de procura de bens e de serviços»; «A harmonização plena é necessária para garantir que todos os consumidores da Comunidade beneficiem de um nível elevado e equivalente de defesa dos seus interesses e para instituir um verdadeiro mercado interno. Por conseguinte, os Estados-Membros não deverão ser autorizados a manter nem a introduzir outras disposições para além das estabelecidas na presente diretiva. Todavia, esta restrição só será aplicável nos casos em que existam disposições harmonizadas na presente diretiva (...)».

sucedeu através do DL 81-C/2017, de 7 de julho, entretanto alterado pelo DL 122/2018, de 28 de dezembro[2];

– O sexto (artigos 26.º a 37.º), intitulado «Disposições finais», contém regras sobre temas variados, como a *natureza imperativa* das normas do diploma, a descrição do *contrato de crédito usurário*, a proibição de subordinação da celebração ou renegociação de contratos a *vendas associadas*, a tipificação de *contraordenações*, a *fiscalização* do disposto no diploma e a *instrução dos processos de contraordenação*, a *resolução alternativa de litígios*, a *avaliação* da execução do diploma, a *aplicação no espaço e no tempo*, norma revogatória e *vigência*;

– O anexo I pormenoriza o cálculo da TAEG;

– O anexo II explicita o conteúdo da informação normalizada europeia em matéria de crédito a consumidores; e,

– O anexo III detalha o conteúdo da informação normalizada europeia em matéria de crédito aos consumidores relativa a descobertos e conversão de dívidas.

4. O DL 133/2009 sofreu quatro alterações:

– O DL 72-A/2010, de 17 de junho, que estabeleceu as normas de execução do Orçamento do Estado para 2010, introduziu alterações de pormenor no n.º 1 do artigo 10.º e no n.º 4 do artigo 11.º, sobre a avaliação da *solvabilidade do consumidor*;

– O DL 42-A/2013, de 28 de março, que transpôs a Diretiva 2011/90/UE da Comissão, de 14 de novembro (pressupostos adicionais para o cálculo

[2] Muitas relações de crédito com consumidores são intermediadas, seja pelos fornecedores dos bens e dos serviços, seja por outros profissionais que se dedicam à atividade de intermediação de crédito, em nome do credor ou em nome próprio. A atividade profissional dos intermediários de crédito, conforme desde logo previsto no artigo 25.º, n.º 2, da LCCC, veio a ser objeto de legislação especial: o DL 81-C/2017, de 7 de julho, aprovou o regime jurídico que estabelece os requisitos de acesso e de exercício da atividade de intermediário de crédito e da prestação de serviços de consultoria, o que fez também em transposição de parte da Diretiva 2014/17/EU, que estabeleceu um quadro comum aplicável em matéria de contratos de crédito aos consumidores garantidos por hipoteca para imóveis de habitação (nesta parte, a Diretiva foi transposta pelo DL 74-A/2017, de 23 de junho), e a determinados *requisitos prudenciais e de supervisão, incluindo para o estabelecimento e supervisão de intermediários de crédito*, de representantes nomeados e de instituições que não sejam instituições de crédito. Sobre o Regime Jurídico da Atividade de Intermediário de Crédito (RJAIC), Higina Castelo, «O intermediário de crédito – exercício da atividade à luz do DL 81-C/2017, de 7 de julho», *Revista do Ministério Público*, 156 (out.-dez. 2018) pp. 55-89.

da TAEG), introduziu alterações em quase metade dos artigos da LCCC e republicou-a;

– DL 74-A/2017, de 23 de junho, que transpôs parcialmente a Diretiva 2014/17/UE, relativa a contratos de crédito aos consumidores para imóveis destinados a habitação, alterou os artigos 2.º (introduzindo-lhe o n.º 5), 30.º, n.º 1 (aditando a violação do artigo 32.º à lista das contraordenações), e 32.º (impondo aos mutuantes que ofereçam aos consumidores o acesso a *meios extrajudiciais eficazes e adequados de reclamação e de resolução de litígios*);

– Por fim, a Lei 57/2020, de 28 de agosto, aditou um número ao artigo 14.º e aditou os artigos 14.º-A e 23.º-A, todos destinados à *proibição de cobrança de comissões* em certas situações (pela emissão e envio de documento para extinção da garantia após o termo do contrato, pela análise da renegociação das condições do crédito, entre outras), e alterou o artigo 30.º, n.º 1 (para acrescentar a violação dos artigos 14.º-A e 23.º-A à lista das contraordenações).

5. As páginas que seguem baseiam-se essencialmente na LCCC vigente, sendo dela todas as disposições legais citadas sem indicação de outra fonte, exceto quando, do contexto, resulte evidente outra proveniência.

2. Os antecedentes da LCCC

Em Portugal, existe um regime jurídico especificamente destinado ao crédito ao consumo desde 1991. O DL 359/91, de 21 de setembro, intitulado «Crédito ao consumo», foi o primeiro a ocupar-se do tema, o que fez em transposição das Diretivas 87/102/CEE, de 22 de dezembro de 1986, e 90/88/CEE, de 22 de fevereiro de1990. A Diretiva 87/102/CEE, alterada pela Diretiva 90/88/CEE, era uma diretiva de mínimos (artigo 15.º da Diretiva de 1987), ou seja, permitia que os Estados estabelecessem normas mais vantajosas para os consumidores (assim não sucede com a vigente Diretiva 2008/48/CE que, como referido, é de harmonização máxima, sem prejuízo das exceções nela consagradas).

Até ao DL 359/91, não havia legislação especial aplicável às relações de crédito com consumidores, embora alguns dos contratos que cabem no conceito obtivessem disciplina por via do disposto, nomeadamente, nos 934.º a 936.º do CC (consequências do incumprimento pelo comprador na venda a prestações ou em contratos com finalidade equivalente) e no DL 457/79, de 21 de novembro, sobre a venda a prestações, por comerciantes, de bens de consumo duradouros (e, antes deste, no DL 490/71, de 10 de novembro, sobre vendas a prestações, realizadas por comerciantes, no exercício do seu comércio, de coisas móveis corpóreas, não consumíveis)[3].

O jovem direito do consumo[4] alterou o paradigma de regulação dos contratos de crédito, quando celebrados com consumidores: do direito do crédito assente na proteção dos riscos incorridos pelo credor e focado nas garantias a obter do devedor, passou-se à proteção dos riscos incorridos pelo utilizador do crédito através de uma série de deveres de informação que oneram o credor[5]. Mais recentemente, a compreensão de que a saúde das instituições de crédito e o bom funcionamento do respetivo mercado não prescindem da atempada satisfação dos compromissos assumidos devedores, foi instituído o dever de avaliar a solvabilidade dos devedores.

3. *Contrato* de crédito aos consumidores (ou ao consumo) – noção geral

O artigo 1.º da LCCC (epigrafado «Objeto e âmbito») determina que o diploma se aplica aos *contratos de crédito aos consumidores*. O plural foi bem escolhido, pois as ocorrências contratuais suscetíveis de corresponder àquela expressão integram vários tipos contratuais, além de poderem ser também estruturas novas.

No artigo 4.º, epigrafado «Definições», o diploma fornece a noção de *contrato de crédito* para efeitos de aplicação do regime nele estabelecido, dizendo que se trata de um *contrato pelo qual um credor concede ou promete conceder a um consumidor um crédito sob a forma de diferimento de pagamento, mútuo, utilização de cartão de crédito, ou qualquer outro acordo de financiamento semelhante*[6].

[3] Sobre o crédito ao consumo antes das diretivas de harmonização europeias, Carlos Ferreira de Almeida, *Os direitos dos consumidores*, Coimbra: Almedina, 1982, pp. 141-151; A. P. Dobson, *Sale of goods and consumer credit*, Londres: Sweet & Maxwell, 1975, pp. 119-236.

[4] Jovem, porque jovem é a realidade de que trata: Hervé Kauffer, *L'Europe des Banquiers*, Nancy: Presses Universitaires de Nancy, 1990, pp. 142-143; Jorge Morais Carvalho, *Os contratos de consumo, reflexão sobre a autonomia privada no direito do consumo*, Coimbra: Almedina, 2012, tese de doutoramento, pp. 14-20.

[5] Ideia que é transmitida, por exemplo, por Jean Calais-Auloy e Frank Steinmetz, *Droit de la consommation*, 4.ª ed., Paris: Dalloz, 1996, p. 321.

[6] Este modelo provém das Diretivas, pelo que estava também presente na legislação de 1991, assim como no Anteprojeto do Código do Consumidor (2006). Este, na sua secção sobre contratos em especial, tem uma subsecção intitulada «Concessão de crédito» (artigos 282.º a 312.º) que se aplica ao acordo pelo qual um profissional concede ou promete conceder a um consumidor um crédito sob a forma de mútuo, emissão de cartão de crédito, diferimento do pagamento ou pagamento a prestações, assim como a qualquer outro acordo de financiamento semelhante (artigo 282.º do ACCons). Dentro deste âmbito, e após elencar

As definições de *consumidor* e de *credor*, para efeitos da aplicação do regime do diploma, encontram-se nas alíneas anteriores: consumidor é *a pessoa singular que, nos negócios jurídicos abrangidos pelo diploma, atua com objetivos alheios à sua atividade comercial ou profissional*; e credor é *a pessoa, singular ou coletiva, que concede ou que promete conceder um crédito no exercício da sua atividade comercial ou profissional*.

Com recurso a estas definições legais, à expressão *contrato de crédito aos consumidores* reconduzem-se contratos pelos quais uma pessoa, singular ou coletiva, no exercício da sua atividade comercial ou profissional (*credor*), concede ou promete conceder a uma pessoa singular que atua com objetivos alheios à sua atividade comercial ou profissional (*consumidor*), crédito sob a forma de diferimento do pagamento, mútuo, utilização de cartão de crédito, ou qualquer outro acordo de financiamento semelhante.

Fundamental na noção são os *sujeitos do contrato e a sua posição relativa*, conexa com a função económico-social do contrato de crédito *ao* consumidor, sendo este sempre a pessoa a quem o crédito é concedido (pelo que estão afastados da noção contratos de crédito entre os mesmos sujeitos, mas nos quais o consumidor tem a posição de concedente do crédito, como sucede no contrato de depósito bancário[7]). Verificando-se os referidos sujeitos e a referida posição relativa entre eles, ao *contrato de crédito ao consumo* reconduzem-se várias estruturas contratuais, típicas ou atípicas, acomodáveis nas quatro secções da definição: i. diferimento do pagamento; ii. mútuos; iii. utilização de cartão de crédito; e, iv. acordos de financiamento semelhantes (v. infra ponto 5).

4. Delimitação negativa – exclusões do âmbito de aplicação do diploma

1. O regime do diploma não se aplica a todas as ocorrências que cabem na enunciada noção de contrato de crédito aos consumidores.

exclusões, o ACCons. delineia o regime das espécies contratuais reconduzíveis à categoria, nomeando algumas delas: mútuo, emissão de cartão de crédito, abertura de crédito, abertura de crédito em conta corrente, contrato de locação em que o locatário tenha o direito de adquirir a coisa locada, locação financeira, contrato de compra e venda cujo preço seja a pagar em prestações, contrato de prestação de serviço cujo preço seja a pagar diferidamente ou em prestações. Leia-se a apresentação do ACCons. feita por António Pinto Monteiro, «O Anteprojecto do Código do Consumidor», *RLJ*, ano 135, n.º 3937 (mar.-ab. 2006), pp. 190-196.

[7] Pelo menos, de acordo com análise de parte da doutrina; v. Carlos Ferreira de Almeida, *Contratos*, II, *Conteúdo, contratos de troca*, Coimbra: Almedina, 2007, pp. 158-160.

2. No artigo 2.º encontra-se uma extensa lista de operações excluídas, a saber:

– Contratos de crédito garantidos por hipoteca (ou outro direito[8]) sobre imóvel (al. a))[9].

– Contratos de crédito para aquisição *ou manutenção* de direitos de propriedade sobre terrenos ou edifícios existentes ou projetados (al. b))[10]. Os «terrenos ou edifícios» corresponderão aos prédios rústicos e urbanos a que alude o artigo 204.º do CC no seu elenco de coisas imóveis. Para a interpretação da expressão «manutenção do direito de propriedade» releva o considerando 14 da Diretiva 2008/48/CE: «deverão ser excluídos do âmbito da presente diretiva os contratos de crédito cuja finalidade seja financiar a aquisição ou a manutenção de direitos de propriedade sobre terrenos ou prédios existentes ou projetados. Todavia, não deverão ser excluídos do âmbito da presente diretiva os contratos de crédito apenas pelo facto de a sua finalidade ser a renovação ou a valorização de prédios existentes». Está, pois, em causa a *manutenção do direito de propriedade* e não a manutenção (conservação, beneficiação) do prédio. Os contratos de crédito cuja finalidade seja financiar a realização de obras estarão abrangidos pela LCCC (verificando-se os seus requisitos de aplicação quanto aos sujeitos), a menos que estejam garantidos por hipoteca ou por outro direito sobre coisa imóvel, casos que caem sob a alçada do DL 74-A/2017 – v. preâmbulo e artigo 3.º, al. a), do citado diploma. Assim é, ainda que o montante total do crédito seja superior a € 75000 (artigo 2.º, n.º 5).

[8] Trata-se de expressão importada do artigo 2.º, n.º 2, al. a), da Diretiva 2008/48/CE, que terá escassa aplicação no nosso ordenamento. Fernando de Gravato Morais, *Crédito aos consumidores, Anotação ao Decreto-Lei n.º 133/2009*, Coimbra, Almedina, 2009, p. 15, lembra que «pode haver garantias imobiliárias específicas, como é o caso da venda a retro em relação a bens imóveis».

[9] Sobre estes rege o DL 74-A/2017, de 23 de junho (entretanto alterado pelas Leis 32/2018, de 18 de julho, 13/2019, de 12 de fevereiro, e 57/2020, de 28 de agosto), que transpôs parcialmente a Diretiva 2014/17/UE do Parlamento Europeu e do Conselho, de 4 de fevereiro de 2014, que estabeleceu um quadro comum em matéria de contratos de crédito aos consumidores garantidos por hipoteca ou outro ónus sobre a casa de habitação. Na doutrina, além do *artigo sobre crédito hipotecário a consumidores integrado na presente coletânea*, v. Rui Pinto Duarte, *O Novo Regime do Crédito Imobiliário a Consumidores (Dec.-Lei 74-A/2017) – Uma Apresentação*, Coimbra: Almedina, 2018; e, embora à luz do ordenamento anterior ao DL 74-A/2017, Isabel Menéres Campos, «Crédito à Habitação», *in I Congresso de Direito do Consumo* (coordenação Jorge Morais Carvalho), Coimbra: Almedina, 2016, pp. 159-175.

[10] Sobre estes contratos de crédito rege o DL 74-A/2017, de 23 de junho, valendo aqui as referências feitas na nota anterior.

– Contratos de crédito com *montante total de crédito* até € 200 ou superior a € 75.000 (al. c)). Está em causa o montante do crédito, não o *preço* do bem a adquirir, nem o *custo* do mesmo crédito (juros, comissões, despesas, impostos, encargos). A al. m) do n.º 1, do artigo 4.º define o «Montante total do crédito» como o limite máximo ou total dos montantes disponibilizados pelo contrato de crédito. Excluem-se desta exclusão: a) os *contratos de crédito na modalidade de ultrapassagem de crédito de montante total inferior a € 200*, aos quais se aplica o disposto nos artigos 1.º a 4.º, 23.º e 26.º e seguintes (cf. n.º 4 do artigo 2.º); e b) *contratos de crédito sem garantia hipotecária, destinados à realização de obras em imóveis, de montante total de crédito superior a € 75000* (cf. n.º 5 do artigo 2.º).

– Contratos de locação de bem móvel de consumo duradouro que *não prevejam o direito* ou a obrigação *de compra da coisa locada,* no próprio contrato, ou em contrato separado (al. d)). Estão, portanto, afastados da disciplina do diploma os contratos de locação que não tenham fim de financiamento de uma aquisição, como por exemplo, os chamados contratos de *renting* ou locação operacional[11]. A norma refere-se a contratos de locação que não prevejam a *obrigação de compra* da coisa locada. Este segmento causa alguma estranheza porque, em Portugal, não há contratos típicos (seja legalmente típicos, seja socialmente típicos) em que o locatário assuma uma obrigação de compra. A explicação para ele está em ter sido importado da Diretiva, a qual se refere exclusivamente à exclusão dos contratos com obrigação de compra, nada referindo quanto à exclusão dos contratos que estipulem o direito de compra.

– Contratos de crédito gratuitos («sem juros e outros encargos») (al. f)). Pode não ser fácil perceber se numa proposta de venda com pagamento diferido estão incluídos juros e/ou encargos.

– Contratos de crédito com reembolso a 3 meses, com encargos insignificantes, e desde que o credor não seja uma *instituição de crédito* (al. g)), definida esta como «a empresa cuja atividade consiste em receber do público depósitos ou outros fundos reembolsáveis e em conceder crédito por conta própria» (al. w) do artigo 2.º-A do DL 298/92, de 31 de dezembro, que aprovou o Regime Geral das Instituições de Crédito e Sociedades Financeiras).

[11] *A contrario,* não estão afastados os contratos de locação financeira e os de locação com opção de compra ou promessa de venda, apesar das dúvidas que a diversidade de regimes possa suscitar (v. ponto 5.4.).

– Contratos de crédito concedidos pelo empregador aos trabalhadores, sem juros ou com TAEG inferior às taxas praticadas no mercado, e que não sejam propostos ao público em geral (al. h))[12].

– Contratos de crédito celebrados com *empresas de investimento* ou com *instituições de crédito*, que tenham por objeto autorizar um investidor a realizar uma transação sobre instrumentos financeiros, quando a empresa de investimento ou a instituição de crédito que concede o crédito intervenha nessa transação (al. i)). Esta norma remete determinados conceitos para diretivas europeias, e não para as leis nacionais que as transpuseram. Assim, o significado de «empresas de investimento» é o do n.º 1 do artigo 4.º da Diretiva 2004/39/CE (relativa aos mercados de instrumentos financeiros), o de «instituições de crédito» o do artigo 4.º da Diretiva 2006/48/CE (relativa ao acesso à atividade das instituições de crédito e ao seu exercício), e instrumentos financeiros são os especificados na secção C do anexo I da Diretiva 2004/39/CE. Se o credor não intervier na transação sobre instrumentos financeiros, o contrato permanece sob a alçada da LCCC (desde que se verifiquem os demais requisitos da sua aplicação).

– Contratos de crédito resultantes de transação em tribunal ou perante outra autoridade pública (al. j)).

– Contratos de crédito que estabelecem o pagamento diferido de dívida preexistente, sem encargos (al. l)), ainda que a dívida preexistente resultasse de um contrato de crédito ao consumo.

– Contratos de crédito celebrados no âmbito da atividade prestamista com responsabilidade limitada ao bem dado em penhor (al. m)).

– Contratos de empréstimo concedidos a público restrito com condições mais vantajosas que as praticadas no mercado (al. n)).

3. Os critérios que presidem a estas exclusões são muito díspares: natureza da garantia (hipoteca); limitação da responsabilidade à garantia (penhor); destino do crédito (prédios, instrumentos financeiros); valor, inferior ou superior a determinado patamar; gratuitidade ou baixa remuneração do crédito; contexto da celebração do contrato de crédito (transação perante autoridade pública); finalidade do crédito (pagamento de dívida preexistente), entre outros. Apesar de os critérios determinantes das várias exclusões serem muito díspares, a ideia que presidiu a todas as exclusões foi a de que, nas circunstâncias assinaladas, o consumidor não necessita de especial proteção.

[12] V., a propósito, o artigo 279.º do Código do Trabalho.

4. A aplicação da LCCC é parcial (limitada a diferentes conjuntos de normas) nos seguintes contratos:

– Contratos de crédito sob a forma de facilidade de descoberto que estabeleçam a obrigação de reembolso do crédito a pedido ou no prazo de três meses (artigo 2.º, n.º 2);

– Contratos de crédito sob a forma de facilidade de descoberto que estabeleçam a obrigação de reembolso do crédito no prazo de um mês (artigo 2.º, n.º 3);

– Contratos de crédito em que o credor e o consumidor acordem em cláusulas relativas ao pagamento diferido ou ao modo de reembolso pelo consumidor que esteja em situação de incumprimento quanto a obrigações decorrentes do contrato de crédito inicial, desde que: a) essas cláusulas sejam suscetíveis de evitar a ação judicial por incumprimento; e b) o consumidor não fique sujeito a condições menos favoráveis do que as do contrato de crédito inicial (artigo 3.º).

Finalmente, o n.º 2 do artigo 4.º esclarece que os contratos «de prestação continuada de serviços ou de fornecimento de bens de um mesmo tipo em que o consumidor tenha o direito de efetuar o pagamento dos serviços ou dos bens à medida que são fornecidos» não se consideram contratos de crédito. Estão, assim, excluídos do universo dos contratos de crédito os contratos de fornecimento contínuo de bens e serviços (água, gás, eletricidade, telefone, televisão, internet), nos quais o consumidor deve pagar apenas periodicamente, no termo de períodos acordados, normalmente mensais, havendo, portanto, um hiato entre a fruição da prestação característica e o pagamento.

5. *Contratos* de crédito aos consumidores (ou ao consumo) – as quatro secções da noção geral de *contrato* de crédito aos consumidores

Os tipos contratuais suscetíveis de se reconduzir à noção de *contrato de crédito aos consumidores* podem ser agrupados nas quatro secções da definição de contrato de crédito: i. diferimento do pagamento; ii. mútuos; iii. utilização de cartão de crédito; e, iv. acordos de financiamento semelhantes.

Estas quatro secções reportam-se a situações de diversas naturezas: dois tipos contratuais (*contrato de mútuo* e *contrato de utilização de cartão de crédito*); uma estipulação que pode ser aposta em qualquer contrato em que exista uma prestação de pagamento (*crédito sob a forma de diferimento do pagamento*); e, finalmente, uma expressão residual e aberta a outras estruturas, desde que nelas se verifique a função de financiamento (*acordo de financiamento semelhante*)[13].

5.1. Contratos de crédito sob a forma de diferimento do pagamento

O *diferimento do pagamento* consiste numa *cláusula* que pode ser inserida em qualquer contrato no âmbito do qual se estipule uma prestação de pagamento. O caso mais comum é o da compra e venda, mas em qualquer contrato em que haja lugar a pagamento podem as partes acordar no seu diferimento. Este diferimento pode ser acordado para a *totalidade* do preço, que será exigível no fim de um dado prazo; ou pode ser concretizado através de um pagamento *em prestações*. Em ambos os casos, a introdução de uma cláusula de diferimento do pagamento gera um subtipo do contrato, permitindo a sua classificação como contrato de crédito.

Estamos sempre perante situações em que o crédito é concedido pelo *fornecedor* do bem ou serviço, *e através do diferimento do pagamento*, casos que não se confundem com o *contrato de crédito coligado*, definido no artigo 4.º, n.º 1, al. o)[14]. No contrato de crédito coligado existem dois contratos – um de financiamento e outro de aquisição, no qual o preço vai ser pago com o dinheiro objeto do primeiro –, na concessão de crédito sob a forma de diferimento do pagamento há apenas um contrato (uma compra e venda, uma prestação de serviço, uma empreitada, etc.) no âmbito do qual é estipulado o diferimento do pagamento.

A compra e venda a prestações e contratos análogos têm um regime próprio nos artigos 934.º a 936.º do CC[15], que, presentemente, na medida

[13] Muito do que se deixa escrito neste ponto 5 e nos anteriores corresponde a uma atualização de Higina Orvalho Castelo, «Crédito ao consumo: Diversidade de tipos contratuais», *Revista do CEJ*, I (2014), pp. 33-51.

[14] V. ponto 10.3. infra.

[15] De utilidade para a compra e venda a prestações, em geral, Fernando Andrade Pires de Lima e João de Matos Antunes Varela, *Código Civil anotado*, II, 3.ª ed., Coimbra: Coimbra Editora, 1986, pp. 233-253; Nuno Manuel Pinto Oliveira, *Contrato de compra e venda: noções fundamentais*, Coimbra: Almedina, 2007, pp. 71-129; Teresa Sapiro Anselmo Vaz, *Alguns aspectos do contrato de compra e venda a prestações e contratos análogos*, Coimbra: Almedina, 1995; Vasco da Gama Lobo Xavier, *Venda a prestações: algumas notas sobre os artigos 934.º e 935.º do Código Civil*, Coimbra: [s.n.], 1977. Em especial sobre a reserva de propriedade frequentemente associada às vendas a prestações, Ana Maria Peralta, *A posição jurídica do comprador na compra e venda com reserva de propriedade*, Coimbra: Almedina, 1990; Luís de Lima Pinheiro, *A cláusula de reserva de propriedade: algumas reflexões sobre a sua função, regime e natureza jurídica*, Coimbra: Almedina, 1988, e, do mesmo Autor, *A venda com reserva da pro-*

em que seja diferente do da LCCC, apenas se aplica às relações de consumo excluídas da disciplina desta e às relações que não sejam de consumo (relações *entre profissionais ou comerciantes* e relações *entre consumidores*).

5.2. Contratos de mútuo

1. O *contrato de mútuo*, se dermos à expressão um sentido amplo, abrangente de contratos de crédito com diferentes designações (v.g., abertura de crédito, antecipação, desconto, descoberto em conta), é dos mais frequentes no comércio e dos mais controversos na doutrina[16]. Estando *previsto e regulado nos artigos 1142.º a 1151.º do CC*, tende a ver-se o tipo ali descrito e disciplinado como paradigmático; no entanto, do mesmo passo, reconhece-se que muitos dos contratos de mútuo que, com relevo, se celebram no comércio jurídico têm características que são comuns apenas a alguns dos mútuos a que o Código diretamente se reporta e, pelo menos de acordo com parte da doutrina, escapam à definição do artigo 1142.º, sendo atípicos.

priedade em direito internacional privado, Lisboa: Mcgraw-Hill, 1991. Ainda à luz do Código de Seabra, Luís da Cunha Gonçalves, *Dos contratos em especial*, Lisboa: Ática, 1953, pp. 255-292 (em especial, pp. 258-260); Humberto Pelágio, *Da venda a prestações: ensaio sôbre a venda de cousas móveis para uso ou consumo*, Lisboa: Procural, 1941; Carlos da Gama Rose, *Compra e venda a prestações: com e sem reserva de propriedade*, Ponta Delgada: Papelaria Ambar, 1962.

[16] De utilidade para a compreensão dos contratos de mútuo, José João Abrantes, «Algumas notas sobre o contrato de mútuo», *in Nos 20 anos do Código das Sociedades Comerciais: Homenagem aos Profs. Doutores A. Ferrer Correia, Orlando de Carvalho e Vasco Lobo Xavier*, Coimbra: Coimbra Editora, 2007, 2. v., pp. 1057-1068; Carlos Ferreira de Almeida, *Contratos*, II, cit., pp. 156-166; Carlos Lacerda Barata, «Contrato de depósito bancário», *in Estudos em homenagem ao Prof. Doutor Inocêncio Galvão Telles*, II, Coimbra: Almedina, 2002, pp. 7-66; Miguel Brito Bastos, *O mútuo bancário: ensaio sobre a estrutura sinalagmática do contrato de mútuo*, Coimbra: Coimbra Editora, 2015; António Menezes Cordeiro, *Tratado de Direito Civil*, XII, *Contratos em especial (2.ª parte)*, Coimbra: Almedina, 2018, pp. 181-370; do mesmo Autor, com a colaboração de A. Barreto Menezes Cordeiro, *Direito Bancário*, 6.ª ed., Coimbra: Almedina, 2016, pp. 669-702; Francisco Mendes Correia, «O contrato de mútuo: questões antigas e desenvolvimentos recentes», *in Código Civil: Livro do cinquentenário*, coord. António Menezes Cordeiro, Coimbra: Almedina, 2019, pp. 527-563; Luís Manuel Teles de Menezes Leitão, *Direito das obrigações*, III, *Contratos em especial*, 13.ª ed., Coimbra: Almedina, 2019, pp. 383-425; João Redinha, «Contrato de mútuo», *in* António Menezes Cordeiro (coord.), *Direito das obrigações*, III, *Contratos em especial*, Lisboa: AAFDL, 1991, pp. 185-262; Adriano Vaz Serra, «Notas acerca do contrato de mútuo», *RLJ* 93 (1960), pp. 65-69, 81-83, 97-100, 129-131, 161-164 e 170-180; Inocêncio Galvão Telles, «Contratos civis (Projecto completo de um título do futuro Código Civil português e respectiva exposição de motivos)», *BMJ* 83 (fev. 1959) 114-283 (em especial pp. 161-163).

2. Explicitando: no âmbito do Código Civil, o mútuo pode ter por objeto *dinheiro* ou *outra coisa fungível* (artigo 1142.º do CC); e, tanto se reconduz ao tipo um contrato *oneroso*, em que a disponibilidade da coisa é retribuída com juros, como um contrato *gratuito* (artigo 1145.º do CC). Não obstante, os contratos de mútuo mais relevantes, seja por terem um profissional como mutuante, seja pelo valor elevado, seja por estarem na origem de mais litígios, são habitualmente de *dinheiro e onerosos* (não são de outras coisas fungíveis, nem gratuitos). A LCCC aplica-se apenas a contratos de mútuo *onerosos*, atenta a exclusão de contratos de crédito em que o crédito seja concedido sem juros e outros encargos (al. f) do artigo 2.º); e, a contratos em que a coisa mutuada é *dinheiro* (e não outra coisa fungível), como está implícito no diploma e merece consenso[17].

3. O mútuo descrito no CC é um *contrato real quanto à sua constituição*[18], constituindo a entrega da coisa emprestada um ato de formação do contrato. Assim decorre da letra do artigo 1142.º do CC, na sua alusão à *entrega da coisa* (contrato pelo qual uma das partes *empresta* à outra dinheiro ou outra coisa fungível), e não à obrigação de entregar. Não obstante, a maioria da doutrina aceita a formação de *contratos de mútuo* por mero efeito do consenso, que são, então, contratos atípicos (por referência ao CC), bem como reconhece que a generalidade dos contratos de mútuo concedidos por instituições de crédito está nessa situação[19].

Reúnem largo consenso noções amplas quanto à constituição do mútuo oneroso de dinheiro. Ferreira de Almeida define-o como «o contrato pelo

[17] Jorge Morais Carvalho, «Crédito ao consumo e crédito à habitação», *in Estudos de Direito Bancário*, I, coord. António Menezes Cordeiro *et al.*, Coimbra: Almedina, 2018, pp. 297-329 (p. 299).

[18] Não confundir a *realidade quanto à constituição* (*quoad constitutionem*) e a *realidade quanto à eficácia* (*quoad effectum*). Todos os contratos de mútuo são *reais quanto à sua eficácia* na medida em que por seu intermédio se transmite a propriedade da coisa (artigo 1144.º do CC), mas apenas são reais quanto à constituição aqueles em que a entrega da coisa é um ato de formação do contrato (como sucede no mútuo descrito no CC), não aqueles em que a entrega constitui uma prestação do contrato anteriormente formado, como sucede em geral com os mútuos bancários.

[19] Em posição minoritária, autores entendem que o contrato de mútuo é *sempre real quanto à sua constituição*, ainda que a tradição não corresponda a uma entrega material, «podendo considerar-se suficiente que o mutuante atribua ao mutuário a disponibilidade jurídica das quantias mutuadas, como sucederá, por exemplo, se a soma for creditada na conta-corrente do mutuário»: Luís Manuel Teles de Menezes Leitão, *Direito das obrigações*, III, cit., pp. 384-390, sendo a frase citada da p. 390. Sobre o tema, mas concebendo o mútuo consensual, Miguel Brito Bastos, *O mútuo bancário...*, cit., pp. 64-73.

qual o mutuante entrega, ou se obriga a entregar, ao mutuário uma determinada quantia em dinheiro, obrigando-se o mutuário a pagar o capital e os juros»[20]; Engrácia Antunes define o mútuo ou empréstimo bancário como o «contrato pelo qual o banco (mutuante) entrega ou se obriga a entregar uma determinada quantia em dinheiro ao cliente (mutuário), ficando este obrigado a restituir outro tanto do mesmo género e qualidade ("tantundem"), acrescido dos correspondentes juros»[21]. Em ambos os casos, as definições são suscetíveis de abarcar mútuos reais e mútuos consensuais, quanto à sua constituição.

À luz da definição de contrato de crédito contida na al. c) do n.º 1 do artigo 4.º da LCCC, o mútuo pode ser real *quoad constitutionem* (credor *concede* crédito) – caso em que a disponibilidade do dinheiro integra o processo formativo do contrato –, ou consensual quanto à constituição (credor *promete conceder* crédito) – caso em que o contrato se forma por mero efeito das declarações e a disponibilidade do dinheiro constitui execução da prestação contratual. A noção de mútuo subjacente àquela norma é, portanto, ampla no que respeita à constituição do contrato.

Ainda que assim não fosse, o resultado prático seria o mesmo, na medida em que os contratos consensuais quanto à constituição, pelos quais o credor se *obriga a emprestar* ao consumidor, sempre cairiam na categoria de «acordos de financiamento semelhantes», estando por essa via sujeitos ao mesmo regime.

4. As declarações contratuais, independentemente de serem emitidas num contrato *real* ou num contrato *consensual* (quanto à sua constituição) podem ser *consensuais* ou *formais*. Estamos agora no domínio de outra classificação, que se reporta à forma da emissão das declarações contratuais: oral, escrita, com maior ou menor formalidade[22].

Os contratos de crédito aos consumidores, mútuos incluídos, são sempre formais, na medida em que *devem ser exarados em papel ou noutro suporte duradouro, em condições de inteira legibilidade* (artigo 12.º, n.º 1, do LCCC)[23] – sobre esta formalidade e consequências da sua omissão, v. pontos 7.1. e 8.1.

[20] Carlos Ferreira de Almeida, *Contratos* II, cit., p. 157.

[21] José A. Engrácia Antunes, *Direito dos contratos comerciais*, Coimbra: Almedina, 2009, pp. 497-8.

[22] Sobre as duas situações (e classificações), no domínio do contrato de mútuo, António Menezes Cordeiro, *Tratado de Direito Civil*, XII, cit., pp. 231-236.

[23] Esta circunstância não contende com a realidade quanto à constituição, conforme expusemos. Em sentido inverso parecem apontar Jorge Morais Carvalho, *Os contratos de con-*

5. Quando o contrato de mútuo se destina à satisfação da prestação de pagamento devida pelo mutuário no âmbito de outro contrato, celebrado com o fornecedor de um bem ou serviço, podemos estar perante o que a LCCC designa por *contrato de crédito coligado* (artigo 4.º, n.º 1, al. o)) – v. adiante, ponto 10.3.

6. A LCCC identifica e define duas subespécies de contratos de mútuo aos consumidores – a *facilidade de descoberto* e a *ultrapassagem de crédito* –, às quais destina algumas regras especiais[24].

A *facilidade de descoberto* é definida no artigo 4.º, n.º 1, al. d) como «o contrato expresso pelo qual um credor permite a um consumidor dispor de fundos que excedem o saldo da sua conta de depósito à ordem». As chamadas «contas-ordenado» incluem normalmente a facilidade de descoberto. Fora do contexto dos contratos de crédito aos consumidores, é um contrato legalmente atípico, mas nominado (os «descobertos em conta» são aludidos na noção de operações de crédito constante do artigo 2.º do DL 220/94, de 23 de agosto, sobre o regime aplicável à informação que as instituições de crédito devem prestar aos seus clientes em matéria de taxas de juro e outros custos das operações de crédito).

A *ultrapassagem do crédito* está definida no artigo 4.º, n.º 1, al. e) como «o descoberto aceite tacitamente pelo credor permitindo a um consumidor dispor de fundos que excedem o saldo da sua conta de depósito à ordem ou da facilidade de descoberto acordada». O n.º 4 do artigo 2.º identifica expressamente estas situações como contrato, dissipando eventuais dúvidas que pudessem surgir da redação da al. e) do n.º 1 do artigo 4.º. Trata-se de um contrato que, na sua previsão típica, é formado por declarações tácitas que se extraem dos comportamentos concludentes do cliente, que dá uma ordem de saque (seja pela emissão de um cheque, seja por um levantamento direto na caixa, seja pelo uso de outro meio) de um valor superior ao que tem disponível na conta (disponível, ainda que por facilidade de

sumo, Coimbra: Almedina, 2012, p. 343: «No crédito ao consumo, para além de o contrato não poder ser qualificado como contrato real *quoad constitutionem* (ou quanto à constituição), a letra e o espírito do diploma apenas abarcam o empréstimo de dinheiro e não o de outra coisa fungível e encontram-se abrangidos pelo diploma unicamente os contratos de mútuo onerosos»; e Fernando de Gravato Morais, *Contratos de crédito ao consumo*, Coimbra: Almedina, 2007, p. 50: «De relevar ainda que este mútuo tem cariz consensual, pelo que tal entrega não torna válido o contrato – não sendo de considerar que se trata de um contrato real *quoad constitutionem*».

[24] Remete-se para o adiante exposto em 10.1. e 10.2.

descoberto acordada), e do credor que consente nesse saque, entregando ao consumidor ou a terceiro fundos de acordo com a ordem recebida, e que vão além dos titulados pelo cliente na conta à ordem.

5.3. Contratos de utilização de cartão de crédito

1. O contrato de utilização (ou de emissão[25]) de cartão de crédito não estava explicitamente previsto na Diretiva, considerando-se nela abrangido na alusão geral a «um crédito sob a forma de pagamento diferido, empréstimo ou qualquer outro acordo financeiro semelhante»[26].

Trata-se de um contrato entre uma instituição de crédito e um seu cliente, pelo qual a primeira emite e entrega ao último um cartão eletrónico que permitirá efetuar levantamentos a crédito em caixas automáticas ou aos balcões dos bancos, e, sobretudo, permitirá o pagamento de bens e serviços adquiridos no âmbito de contratos com terceiros, recebendo estes de imediato os respetivos pagamentos através da entidade emissora do cartão, e ficando o cliente com a obrigação de pagar à entidade emissora os valores correspondentes, num momento ulterior[27].

2. Presentemente, tais contratos são disciplinados pelo DL 91/2018, de 12 de novembro, que aprovou o novo Regime Jurídico dos Serviços de Pagamento e da Moeda Eletrónica, transpondo a Diretiva (UE) 2015/2366. Os «cartões de crédito» estão abrangidos na expressão «instrumento de pagamento baseado em cartões», definida na al. bb) do artigo 2.º daquele Decreto-Lei como «um instrumento de pagamento, incluindo cartões, telemóveis, computadores ou outros dispositivos tecnológicos que contenham a aplicação de pagamento adequada, que permite ao ordenante iniciar uma operação de pagamento baseada num cartão, com exceção de transferên-

[25] As expressões são equivalentes, pretendem designar o mesmo tipo de contrato, simplesmente colocam a tónica em diferentes momentos e sujeitos da relação contratual. A doutrina divide-se quanto à designação. Preferindo a designação de contrato de *emissão* de cartão de crédito, por exemplo, Jorge Morais Carvalho, *Os contratos de consumo*, cit., p. 346; Joana Vasconcelos, «Emissão de cartões de crédito», *Estudos do Instituto de Direito do Consumo*, I, Coimbra: Almedina, 2002, pp. 165-83 (167, nota 6). Dando preferência a contrato de *utilização* de cartão de crédito, Maria Raquel de Almeida Graça Silva Guimarães, *O contrato-quadro no âmbito da utilização de meios de pagamento electrónicos*, Coimbra: Coimbra Editora, 2011, p. 181 e nota 465.

[26] Assim, Jorge Morais Carvalho, *Os contratos de consumo*, cit., p. 346; Joana Vasconcelos, «Emissão de cartões de crédito», cit., p. 166, nota 2.

[27] V. *texto sobre serviços de pagamento (transferências e cartões) integrado nesta obra coletiva.*

cias a crédito e de débitos diretos na aceção do artigo 2.º do Regulamento (UE) n.º 260/2012, de 14 de março de 2012».

3. Na aplicação da LCCC aos contratos de utilização de cartão de crédito suscitaram-se várias questões, umas cujas respostas entretanto se pacificaram e outras que permanecem em aberto. Questionou-se qual seria, para efeitos de aplicação da LCCC, o contrato de crédito: o contrato de utilização (ou emissão) de cartão de crédito ou os sucessivos contratos em que o cartão era utilizado (aquando da aquisição de bens ou serviços ou do levantamento de numerário)? A doutrina pronunciou-se no sentido de que o contrato de crédito é «o contrato que está na base da emissão do cartão e que regula a sua utilização e não os sucessivos contratos que são celebrados posteriormente e em cuja fase de cumprimento o cartão de crédito é utilizado em substituição de um pagamento em dinheiro»[28]. À luz da nomenclatura e das definições do DL 91/2018, o contrato de crédito é o contrato-quadro de «prestação de serviços de pagamento que rege a execução futura de operações de pagamento individuais e sucessivas e que pode enunciar as obrigações e condições para a abertura de uma conta de pagamento» (artigo 2.º, al. i), do DL 91/2018).

Outra questão suscitada foi a de como saber se o cliente atua com objetivos alheios à sua atividade comercial ou profissional, ou seja, se contrata como consumidor para efeitos do diploma? O cliente profissional liberal, por exemplo, pode pretender vir a utilizar o cartão indistintamente no âmbito da sua vida pessoal e familiar, e no âmbito da profissão, e assim como pagará as compras de mercearia ou a viagem lazer, pagará o computador ou o mobiliário de escritório. Tendo presente a resposta dada à anterior questão, tem de ser perante o contrato de utilização de cartão de crédito que a qualidade de consumidor há de ser aferida, pelo que, se não resultar claramente desse contrato que o cliente atua com vista ao uso do cartão apenas na sua atividade comercial ou profissional, terá de se entender que contrata como consumidor[29].

[28] Maria Raquel Guimarães, *O contrato-quadro...*, cit., pp. 205-6 e indicações bibliográficas da nota 529. A posição da Autora é coincidente e é manifestada nas pp. 207-8 e reiterada na p. 244. Desta última: «o contrato de crédito, para efeitos de aplicação da lei do crédito ao consumo, nomeadamente para efeitos de preenchimento dos requisitos formais aí estabelecidos, é o *contrato de base*, o contrato de utilização, no qual se inclui a possibilidade de vir a beneficiar de um diferimento no pagamento de bens e serviços adquiridos num contrato celebrado com um terceiro».

[29] Sobre a questão da qualidade dos aderentes nos contratos de utilização de cartão de crédito, diz Maria Raquel Guimarães, *O contrato-quadro...*, cit., p. 246 que, «na impossibili-

Algumas das situações de concessão de crédito que estão excluídas do regime da LCCC suscitam dúvidas na sua aplicação aos contratos de utilização de cartão de crédito. Entre elas a da al. c) do n.º 1 do artigo 2.º, nos termos da qual a LCCC não se aplica a contratos de crédito cujo montante total de crédito seja inferior a € 200 ou superior a € 75000. O que deverá entender-se, no contexto do contrato de emissão de cartão de crédito, como montante total de crédito? A definição de «montante total do crédito» contida na al. m) do n.º 1, do artigo 4.º – limite máximo ou total dos montantes disponibilizados pelo contrato de crédito –, no caso em apreço não ajuda muito. Esse limite máximo ou total será o montante total do crédito utilizado em cada período, o montante global do crédito concedido durante a vida do contrato, ou o montante do *plafond* (limite do crédito disponível em cada período) que pode nunca ser atingido? Acompanhando Maria Raquel Guimarães, sugerimos a última hipótese: ter-se em conta a suscetibilidade abstrata de a utilização permitir um limite máximo de crédito concedido dentro dos intervalos de valores fixados na lei[30].

Outra das operações excluídas que não é de simples aplicação é a da al. f) do artigo 2.º, segundo a qual a LCCC não se aplica aos contratos em que o crédito seja concedido sem juros ou outros encargos. Ora, o titular do cartão de crédito pode usá-lo regular e ativamente e nunca pagar juros, desde que proceda sempre ao pagamento integral do saldo devedor no fim de cada período. Este facto subtrai o contrato ao regime do diploma? Pensamos que não, que deverá contar aqui a possibilidade que o contrato de utilização confere de usufruir do crédito por mais tempo, pagando a respetiva remuneração. Só assim não sucederá com os chamados cartões de despesa ou de débito diferido, que implicam necessariamente o pagamento integral de todas as despesas efetuadas num dado período de tempo, sem juros.

dade de aferir da sua condição de consumidores antes de iniciada a *atuação* a que a lei se reporta, ter-nos-emos que satisfazer (...) com a *suscetibilidade abstrata* de o cartão ser utilizado em operações não compreendidas na atividade profissional do seu titular, o que parece excluir apenas, *ab initio*, do âmbito de aplicação do diploma, os chamados "cartões de empresa", emitidos em nome de um trabalhador ou de um representante, com vista a fazer face a despesas relacionadas com o funcionamento de uma empresa». Sobre o mesmo problema da aferição da qualidade de consumidor, mas em relação a qualquer contrato de crédito, vejam-se as questões colocadas e as soluções encontradas por Fernando de Gravato Morais, *Crédito aos consumidores, Anotação...*, cit., pp. 26-7.

[30] Maria Raquel Guimarães, *O contrato-quadro...*, cit., p. 248.

Estes estarão excluídos da disciplina da LCCC por força do disposto na al. f) do n.º 1 do artigo 2.º.

4. Os contratos de emissão ou utilização de cartão de crédito, *stricto sensu*, apesar de celebrados apenas entre a instituição de crédito e o seu cliente, têm a montante uma relação contratual entre aquela instituição e cada comerciante aderente à forma de pagamento em causa, e destinam-se a, durante a vida contratual, intervir numa quantidade indeterminada de contratos entre o cliente e comerciantes, que, por sua vez, geram também relações entre os comerciantes e a instituição emitente. Por isso se chama a estes cartões, *cartões de crédito trilaterais*.

Para além destes cartões de crédito em sentido próprio, designam-se também na prática comercial por *cartões de crédito* os emitidos por um comerciante para utilização pelo cliente no seu estabelecimento ou na sua rede de estabelecimentos. Para os distinguir, a doutrina designa-os por *cartões de crédito bilaterais*, pois a sua utilização envolve apenas duas partes. Na medida em que o crédito deva ser reembolsado no prazo de três meses e se por ele forem devidos apenas encargos insignificantes, o contrato de utilização destes cartões está excluído da disciplina da LCCC, pela al. g) do n.º 1 do artigo 2.º[31].

5.4. Acordos de financiamento semelhantes

1. Finalmente, os acordos de financiamento semelhantes. Esta locução, de natureza residual, compreende contratos que tenham por função a concessão de crédito, apesar de usarem modelos diferentes dos anteriormente referidos (diferimento do pagamento, mútuos, utilização de cartão de crédito). Reconduzem-se a esta categoria a locação financeira, outros contratos de locação com opção de compra, contratos de locação com promessa

[31] De referir que, nos termos do disposto no artigo 5.º, n.º 1, al. k), do DL 91/2018 (Regime jurídico dos serviços de pagamento e da moeda eletrónica), o diploma não se aplica a serviços baseados em instrumentos de pagamento específicos que só possam ser utilizados deforma limitada e que: só permitem a aquisição de bens ou serviços pelo seu titular nas instalações do emitente ou numa rede restrita de prestadores de serviços diretamente ligados por um acordo comercial a um emitente profissional; ou só podem ser utilizados para adquirir uma gama muito restrita de bens ou serviços; ou válidos apenas em Portugal, fornecidos a pedido de uma empresa ou de uma entidade do setor público e regulados por uma autoridade pública nacional ou regional para fins sociais ou fiscais específicos, a fim de permitirem a aquisição de bens ou serviços específicos a fornecedores ligados por um acordo comercial ao emitente.

de venda, contratos de locação-venda, todos eles excecionados da exclusão prevista no artigo 2.º, n.º 1, al. d)[32].

2. O contrato de *locação financeira* encontra-se definido no artigo 1.º do DL 149/95, de 24 de junho (objeto de várias alterações, a última das quais introduzida pelo DL 30/2008, de 25 de fevereiro), como o «contrato pelo qual uma das partes se obriga, mediante retribuição, a ceder à outra o gozo temporário de uma coisa, móvel ou imóvel, adquirida ou construída por indicação desta, e que o locatário poderá comprar, decorrido o período acordado, por um preço nele determinado ou determinável mediante simples aplicação dos critérios nele fixados»[33]. Quando celebrado entre um *credor* e um *consumidor*, tal como definidos no artigo 4.º da LCCC, reconduz-se à noção de *contrato de crédito* constante do mesmo artigo, e submete-se, consequentemente, ao regime da LCCC[34].

3. À expressão residual da noção de *contrato de crédito* podem também reconduzir-se *outros contratos de locação com opção de compra*, pelos quais um *credor* conceda a um *consumidor* o gozo temporário de uma coisa de sua propriedade, mediante remuneração, «facultando-lhe, no fim do prazo de duração, a possibilidade da sua aquisição, por efeito do cumprimento do contrato – ou seja, do pagamento integral das prestações – e do pagamento de um valor "nominal", tendo, porém, o locatário que exercer o seu "direito de compra"»[35]; e, *contratos de locação com promessa de venda*, semelhantes aos anteriores, com a diferença de, em vez de por ele o locatário ficar investido num direito potestativo que lhe permite a aquisição sem nova declaração negocial do locador-proprietário, o locatário ficar simplesmente com o direito de exigir do locador-proprietário a declaração contratual de venda. Na década de 1980, surgiram na prática comercial muitos contratos de locação com opção de compra ou com promessa de venda, sobretudo incidentes sobre veículos automóveis, aos quais as partes davam o nome de

[32] Em sentido idêntico ou aproximado, Fernando de Gravato Morais, *Crédito aos consumidores, Anotação...*, cit., p. 28, 36, 85; Jorge Morais Carvalho, *Os contratos de consumo*, cit., pp. 347-350; do mesmo Autor, *Manual de Direito do Consumo*, cit., p. 388.

[33] Sobre o contrato de locação financeira, além das obras indicadas nas notas seguintes, v. o *texto integrado na presente obra coletiva*.

[34] Rui Pinto Duarte, «O contrato de locação financeira – Uma síntese», *in Escritos jurídicos vários 2000-2015*, Coimbra: Almedina, 2015, pp. 453-511 (p. 468), anteriormente publicado na *Themis*, X, n.º 19, 2010, pp. 135-194.

[35] Fernando de Gravato Morais, *Manual da locação financeira*, 2.ª ed., Coimbra: Almedina, 2011, p. 66. Sobre o direito de opção em geral, Tiago Soares da Fonseca, *Do contrato de opção: Esboço de uma teoria geral*, Lisboa: Lex, 2001.

contrato de aluguer de longa duração (ALD). A expressão era principalmente usada para designar contratos estruturalmente idênticos aos de locação financeira, com a diferença de o locador não ser uma sociedade de locação financeira e/ou de o bem locado não ser um bem de equipamento ou um imóvel afeto ao investimento produtivo na indústria, no comércio ou na agricultura (características então necessárias ao contrato de locação financeira, de acordo com artigos 2.º, 3.º e 6.º do revogado DL 171/79, de 6 de junho, que inicialmente o regulou)[36]. Eram contratos de locação com opção de compra ou promessa de venda, em que o locador adquiria e locava ao locatário o bem por este último escolhido, pois o interesse deste estava na sua aquisição com pagamento diferido e faseado. A partir do diploma de 1995, a locação financeira passou a poder ter por objeto mediato quaisquer bens, incluindo bens de consumo, nomeadamente automóveis; por outro lado, o artigo 23.º do DL 149/95 veio estabelecer que nenhuma entidade (não autorizada a celebrar contratos de locação financeira) pode realizar, *de forma habitual*, operações de natureza similar ou com resultados económicos equivalentes aos dos contratos de locação financeira. Estas razões levaram ao desinteresse do ALD enquanto figura diferenciada da locação financeira.

4. Diverso dos anteriormente referidos é o contrato de locação-venda, pelo qual «um dos contraentes proporciona o gozo temporário de uma coisa a outrem, mediante retribuição, sendo que no seu termo, com o pagamento da última prestação, o utilizador adquire, de modo imediato e automático, a sua propriedade»[37]. Ao contrário do que se passa com as figuras anteriores, não existe aqui a necessidade de novas declarações contratuais de qualquer das partes. A figura tem pouco uso entre nós, dada a possibilidade da compra e venda com reserva de propriedade. No entanto, está prevista e regulada, ainda que sem nome, no artigo 936.º, n.º 2, do CC: «quando se *locar uma coisa, com a cláusula de que se tornará propriedade do locatário depois de*

[36] Afirmando ou sugerindo que o contrato de ALD surge no mercado para contornar restrições do regime do contrato de locação financeira: Rui Pinto Duarte, «Alguns aspectos jurídicos dos contratos não bancários de financiamento de aquisição e uso de bens», *Revista da Banca*, 22 (ab./jun. 1992), 49-70 (63-5); do mesmo Autor, «Aspectos contratuais do aluguer, da locação financeira e de outros contratos afins à face da lei portuguesa», *Fisco*, 51-52 (fev.-mar. 1993) 64-71 (64-5 e 67), republicado em *Escritos sobre leasing e factoring*, Principia, 2001, pp. 161-73; Fernando de Gravato Morais, *Contratos de crédito ao consumo*, cit., p. 25; Carlos Ferreira de Almeida, *Contratos*, II, cit., p. 219.

[37] Fernando de Gravato Morais, *Contratos de crédito ao consumo*, cit., p. 57. V. também Rui Pinto Duarte, «O contrato de locação financeira – Uma síntese», cit., p. 508 e nota 135.

satisfeitas todas as rendas ou alugueres pactuados, a resolução do contrato por o locatário o não cumprir tem efeito retroativo, devendo o locador restituir as importâncias recebidas, sem possibilidade de convenção em contrário, mas também sem prejuízo do seu direito a indemnização nos termos gerais e nos do artigo anterior». Trata-se, portanto, de um exemplo de um contrato legalmente típico, porque dotado de disciplina legal, mas inominado (pela lei[38]).

5. Para além das estruturas contratuais enunciadas, entram na categoria dos contratos de crédito aos consumidores, quaisquer contratos celebrados entre um credor e um consumidor, que funcionalmente visem a concessão de crédito pelo primeiro ao segundo, ainda que tenham uma fisionomia nunca antes experimentada, ou seja, ainda que sejam em grande medida (no que exceder as características referidas) estruturalmente atípicos. Podemos dizer então que, do ponto de vista da estrutura, há campo para a criação de novos contratos de crédito aos consumidores; do ponto de vista das regras reguladoras, todos os contratos da subclasse dos contratos de crédito aos consumidores (desde que não abrangidos pelas situações de exclusão previstas na lei) são dotados de uma disciplina legal que os torna legalmente típicos.

6. Deveres nas relações pré-contratuais

1. Os artigos 5.º a 11.º, que constituem o capítulo intitulado «Informação e práticas anteriores à celebração do contrato de crédito», contêm um vasto conjunto de pormenorizadas normas que impõem aos credores (ou/e aos intermediários de crédito) deveres de informação em ambiente pré-contratual.

Agrupam-se essas normas nos seguintes subconjuntos:

– Reguladoras da *atividade publicitária*, que se materializa sob qualquer forma de comunicação e que se dirige ao público-alvo do profissional (artigo 5.º);

– Relativas às *informações pré-contratuais*, que o credor (e/ou o intermediário) presta no âmbito da relação com dado consumidor, com vista à ulterior celebração de um contrato (artigos 6.º a 9.º);

– Referentes ao dever de *avaliar a solvabilidade do consumidor* com quem o credor se prepara para celebrar contrato de crédito (artigos 10.º e 11.º).

[38] Pela doutrina tem sido designado por *locação-venda* ou *venda-aluguer*. De esclarecer que não corresponde à velha *hire purchase* inglesa, que era contrato de locação com opção de compra – v. A. P. Dobson, *Sale of goods and consumer credit*, cit., p. 119.

As normas contidas neste capítulo constituem *determinações legais concretas, quanto ao exercício da profissão*[39], com vista à *proteção de interesses de terceiros* que com a atividade de crédito se relacionam, nomeadamente potenciais clientes. Os deveres que impõem são *concretizações do dever geral de boa-fé*, ou de deveres que também neste radicam, e atuam na *relação pré-contratual* ou estabelecida com vista à celebração de futuro contrato de crédito (mesmo que este não venha a concretizar-se)[40].

2. No que respeita às *mensagens publicitárias*, são de reter os seguintes aspetos:

i. A indicação da(s) TAEG(s) aplicável(eis) tem de estar sempre presente, de forma objetivamente legível e percetível pelo consumidor (artigo 5.º, n.ºs 1 a 3);

ii. A publicidade a operações de crédito reguladas pela LCCC tem de incluir informações normalizadas que especifiquem, de modo claro, conciso, legível e destacado, entre o mais, a taxa nominal, quaisquer encargos aplicáveis, o montante total do crédito, a TAEG, a duração do contrato de crédito, o preço a pronto e o montante do eventual sinal, no caso de crédito sob a forma de pagamento diferido de bem ou de serviço específico, e

[39] António Menezes Cordeiro, «Responsabilidade bancária, deveres acessórios e nexo de causalidade», *in Estudos de Direito Bancário*, I, coord. António Menezes Cordeiro, *et al.*, Coimbra: Almedina, 2018, pp. 9-46 (9-10).

[40] Sobre os deveres em causa neste capítulo, além do texto citado na nota anterior, António Menezes Cordeiro, *Tratado de direito civil português*, II, *Direito das obrigações*, t. I, Coimbra: Almedina, 2009, pp. 465-85; Manuel A. da Carneiro da Frada, *Contrato e deveres de protecção*, Separata do vol. 38 do Suplemento ao Boletim da Faculdade de Direito da Universidade de Coimbra, 1994 (antes policopiado, Coimbra, 1989), e *Teoria da Confiança e Responsabilidade Civil*, Coimbra: Almedina, 2004; Karl Larenz, *Lehrbuch des Schuldrechts*, I, 14.ª ed., Munique: C.H. Beck Verlag, 1987, pp. 6-15; Nuno Manuel Pinto Oliveira, *Direito das obrigações*, I, *Conceito, estrutura e função das relações obrigacionais, elementos das relações obrigacionais, direitos de crédito e direitos reais*, Coimbra: Almedina, 2005, sobretudo pp. 57-61 e 71-7, e «Deveres de protecção em relações obrigacionais», *Scientia Iuridica*, t. 52, n. 297 (set.-dez. 2003), pp. 495-523; João de Matos Antunes Varela, *Das obrigações em geral*, I, 10.ª ed., Coimbra: Almedina, 2000, pp. 123-8. Tendo em consideração as relações de crédito, Francisco Mendes Correia, «O contrato de mútuo: questões antigas e desenvolvimentos recentes», cit., pp. 541-563; Adelaide Menezes Leitão, «Concessão de crédito, normas de proteção e responsabilidade bancária», *in Estudos de Direito Bancário*, I, coord. António Menezes Cordeiro, et al., Coimbra: Almedina, 2018, pp. 229-248. Em particular sobre o crédito ao consumo, Jorge Morais Carvalho, *Manual de Direito do Consumo*, 6.ª ed., Coimbra: Almedina, 2019, pp. 402-416, e Fernando de Gravato Morais, *Crédito aos consumidores, Anotação...*, cit., pp. 40-58.

o montante total imputado ao consumidor e o montante das prestações, se for o caso (artigo 5.º, n.ºs 4 e 5);

iii. Se for necessária para a obtenção do crédito (ou para a obtenção do crédito em dados termos e condições) a celebração de contrato relativo a um serviço acessório – nomeadamente um contrato de seguro –, e o custo desse serviço acessório não puder ser antecipadamente determinado, deve igualmente ser mencionada, de modo claro, conciso e visível, *a obrigação de celebrar esse contrato*, bem como *a TAEG* (artigo 5.º, n.º 6).

Conforme expressamente ressalvado no n.º 1 do artigo 5.º, as normas deste artigo não prescindem das normas aplicáveis à *atividade publicitária em geral*[41] e do disposto no *DL 57/2008, de 26 de março*, que transpõe para a ordem jurídica interna a Diretiva 2005/29/CE, relativa às *práticas comerciais desleais das empresas nas relações com os consumidores no mercado interno.*

3. As informações a prestar pelo credor (e/ou pelo intermediário de crédito) ao consumidor, nas interações que antecedem a celebração do contrato de crédito, quer nelas o consumidor assuma um papel de ativo negociador, quer um papel de passivo auscultador, são muito detalhadas, incluindo os aspetos essenciais do futuro contrato (v. alíneas do n.º 3 do artigo 6.º e n.º 3 do artigo 12.º). As informações transmitidas têm de obedecer a requisitos especiais de forma – suporte duradouro e ficha normalizada –, e têm de cumprir a finalidade de habilitar o consumidor a comparar diferentes ofertas, a fim de poder tomar uma decisão esclarecida e informada (artigo 6.º, n.ºs 1 e 2).

No artigo 7.º autonomiza-se um dever de informação especial, ali intitulado «dever de assistência», e que consiste num dever de esclarecer de modo adequado o consumidor, por forma a colocá-lo em posição que lhe permita avaliar se o contrato de crédito proposto se adapta às suas necessidades e à sua situação financeira.

O artigo 8.º rege sobre informações pré-contratuais nos *contratos de crédito sob forma de facilidade de descoberto* e noutros *contratos de crédito especiais*, a que nos reportamos no ponto 10; e o artigo 9.º isenta dos requisitos de informação pré-contratual os fornecedores e os prestadores de serviços que intervenham como intermediários de crédito, desde que a título acessório.

4. O credor tem o *dever* de, antes de celebrar contrato de crédito ou alterações dele que impliquem aumento do montante total do crédito, *avaliar*

[41] Código da Publicidade, aprovado pelo DL 330/90, de 23 de outubro (que conta catorze alterações, sendo a última a da Lei 30/2019, de 23 de abril).

a solvabilidade do consumidor, com base em informações que para tal sejam consideradas suficientes (artigo 10.º, n.ºs 1 e 4). Não fora esta norma, a avaliação da solvabilidade da contraparte no contrato de crédito seria entendida como *um direito* do concedente do crédito (reverso do dever do beneficiário do crédito, contraparte no contrato, de informar o concedente da sua capacidade de honrar o programa contratual) ou, pelo menos, *um ónus* (atividade de obtenção de informação que o credor levaria a cabo no seu interesse, sob pena que, com maior probabilidade, se ver confrontado com o incumprimento do devedor). A crescente facilitação do crédito ao consumo no final do século XX e primeiros anos do XXI e as consequências que o seu uso exagerado acabou por ter nas famílias, e no tecido social em geral[42], conduziram à crescente imposição de deveres aos credores, numa ótica de maior responsabilização pelo desfecho dos créditos concedidos, inscrevendo-se nesta linha a imposição da avaliação de solvabilidade como *dever* (desde o artigo 8.º da Diretiva 2008/48/CE)[43].

Para efetuar a avaliação da solvabilidade do consumidor, o credor dispõe dos seguintes meios (cf. artigos 10.º, n.ºs 1 e 2, e 11.º):

– pedido de informação ao consumidor que solicita o crédito;

– consulta de bases de dados de responsabilidades de crédito[44];

– consulta da lista pública de execuções, a que se refere o DL 201/2003, de 10 de setembro;

– consulta de outras bases de dados consideradas úteis para a avaliação da solvabilidade dos consumidores.

Se o pedido de crédito for rejeitado com fundamento nos dados constantes da lista pública de execuções ou de (outras) bases de dados, o consumidor tem de ser disso gratuitamente informado, com especificação, sem prejuízo de exceções ressalvadas, dos dados constantes da(s) base(s) de dados (artigos 10.º, n.º 3, e 11.º, n.º 3).

[42] Sobre o tema, v. Maria Manuel Leitão Marques, et. al, *O Endividamento dos Consumidores*, Coimbra: Almedina, 2000, em especial, pp. 23-75, 107-132.

[43] Sobre o dever de avaliação da solvabilidade, na LCCC e/ou em lugares paralelos do sistema Jorge Morais Carvalho, *Manual de Direito do Consumo*, cit., pp. 412-416; Francisco Mendes Correia, «O contrato de mútuo: questões antigas e desenvolvimentos recentes», cit., pp. 555-563; Rui Pinto Duarte, *O Novo Regime do Crédito Imobiliário a Consumidores...*, cit., pp. 38-45.

[44] V. DL 204/2008, de 14 de outubro, que aprova o regime jurídico relativo à Central de Responsabilidades de Crédito, e a Instrução do Banco de Portugal n.º 17/2018.

5. Recai sobre o credor (e/ou sobre o intermediário de crédito) o ónus da prova do cumprimento de todos os deveres impostos pelos artigos 6.º, 7.º, 9.º e 10.º (n.º 11 do artigo 6.º, n.º 4 do artigo 7.º, n.º 3 do artigo 9.º e n.º 5 do artigo 10.º).

7. Formação do contrato

Identificadas as ocorrências contratuais que se regem pela extensa disciplina do diploma e percorridos os deveres legais existentes nas relações pré-contratuais, passamos em seguida aos principais aspetos do regime contratual, começando pela formação do contrato.

De lembrar que as normas do diploma que conferem direitos ao consumidor têm natureza imperativa, não podendo o consumidor renunciar aos direitos nelas estabelecidos (artigo 26.º).

7.1. Forma (em especial, o suporte duradouro)

Os contratos de crédito devem ser exarados em papel ou noutro suporte duradouro, em condições de inteira legibilidade – assim se lê no n.º 1 do artigo 12.º que, deste modo, subtrai os contratos de crédito aos consumidores da regra geral de liberdade de forma prevista no artigo 219.º do CC[45].

Todos os contraentes, incluindo os garantes, devem receber um exemplar do contrato (artigo 12.º, n.º 2); quando o contrato de crédito é celebrado presencialmente, o exemplar deve ser entregue no momento da assinatura do contrato de crédito (artigo 12.º, n.º 2); é a partir da data da receção desse exemplar que se conta o prazo de livre revogação (artigo 17.º, n.º 2, al. b)).

Quando os contratos não são celebrados por escrito em papel e presencialmente, sê-lo-ão quase sempre através de documento eletrónico, que terá de respeitar as normas do DL 12/2021, de 9 de fevereiro, que regula a validade, eficácia e valor probatório dos documentos eletrónicos, bem como o reconhecimento na ordem jurídica portuguesa dos meios de identificação eletrónica de pessoas singulares e coletivas. Este diploma rege sobre a forma (nomeadamente sobre o modo como satisfaz o requisito legal da forma escrita) e a força probatória do documento eletrónico, que pressupõe uma assinatura eletrónica com determinados requisitos. Do *documento escrito* (físico ou eletrónico) que dá forma ao contrato, distingue-se o seu

[45] As regras sobre a forma (e outras) não têm, por natureza, aplicação nos contratos de ultrapassagem de crédito, que são de formação tácita, por comportamento concludente, não verbalizado.

suporte (embora essa distinção seja nalguns casos difícil, especialmente quando se trata de documento escrito em papel e com assinatura autógrafa).

O suporte duradouro está definido no artigo 4.º, n.º 1, alínea n), como «qualquer instrumento que permita ao consumidor armazenar informações que lhe sejam pessoalmente dirigidas, de modo que, no futuro, possa ter acesso fácil às mesmas durante um período de tempo adequado aos fins a que as informações se destinam e que permita a reprodução inalterada das informações armazenadas».

A definição é praticamente idêntica à da Diretiva transposta (2008/48/CE), que, no seu artigo 3.º, alínea m), define suporte duradouro como «qualquer instrumento que permita ao consumidor armazenar informações que lhe sejam pessoalmente dirigidas, de um modo que, no futuro, lhe permita um acesso fácil às mesmas durante um período de tempo adequado aos fins a que as informações se destinam e que permita a reprodução inalterada das informações armazenadas».

Outras diretivas contêm noções materialmente idênticas, mas nos seus considerandos, ou mesmo nos articulados, incluem asserções e/ou exemplos que permitem densificar a definição.

Em diretivas mais antigas, anteriores à transposta pela LCCC, encontra-se a indicação de que os suportes duradouros incluem, nomeadamente, *disquetes informáticas, CD-ROM, DVD* e o *disco rígido do computador do consumidor que armazene o correio eletrónico*, mas não incluem sítios na internet, salvo se estes preencherem os critérios contidos na definição de suporte duradouro[46].

Acompanhando a evolução tecnológica, na Diretiva 2011/83/EU (relativa aos direitos dos consumidores), as velhas disquetes foram substituídas pelas chaves USB (vulgo, *pens*) e pelos cartões de memória)[47].

Em 2015, no considerando 57 da Diretiva (UE) 2015/2366 (relativa aos serviços de pagamento no mercado interno), dão-se os seguintes exemplos de suporte duradouro: «extratos de conta impressos em terminais automáticos, CD-ROM, DVD, discos rígidos de computadores pessoais onde possa ser armazenado correio eletrónico, e sítios na Internet, desde que tais sítios

[46] Considerando 20 da Diretiva 2002/65/CE (relativa à comercialização à distância de serviços financeiros prestados a consumidores); e artigo 2.º, n.º 12, da Diretiva 2002/92/CE (relativa à mediação de seguros).

[47] No considerando 23 da Diretiva 2011/83/EU lê-se que, entre os suportes duradouros incluem-se, «em especial, papel, chaves USB, CD-ROM, DVD, cartões de memória ou discos duros de computadores, bem como mensagens de correio eletrónico».

possam ser consultados posteriormente durante um período de tempo suficiente aos fins a que o acesso às informações se destina e desde que esses sítios permitam a reprodução da informação aí armazenada num formato sem alterações». Semelhantes eram os exemplos do considerando 24 da revogada Diretiva 2007/64/CE (relativa ao mesmo assunto), com a diferença que nesta se incluíam também as, entretanto desaparecidas, disquetes.

Interpretando normas da Diretiva 2007/64/CE, o Tribunal de Justiça da União Europeia decidiu que as informações transmitidas pelo prestador de serviços de pagamento ao utilizador desses serviços através de uma caixa de correio eletrónico integrada num sítio Internet de banca em linha apenas podem ser consideradas como tendo sido fornecidas em suporte duradouro, se os dois seguintes requisitos estiverem preenchidos:

– O sítio Internet permitir ao utilizador armazenar as informações que lhe foram pessoalmente dirigidas de modo que lhes possa aceder e proceder à sua reprodução exata durante um período adequado, sem que o prestador de serviços de pagamento ou outro profissional possam alterar unilateralmente o seu conteúdo, e

– Se o utilizador for obrigado a consultar o referido sítio para tomar conhecimento dessas informações, *a transmissão das mesmas for acompanhada de um comportamento ativo do prestador de serviços destinado a dar conhecimento ao utilizador da existência e da disponibilidade* das referidas informações no sítio Internet em causa[48].

Percorrido este acervo normativo, podemos incluir no conceito de *suporte duradouro – instrumentos que permitem ao consumidor armazenar informações que lhe são pessoalmente dirigidas, de modo que, no futuro, possa ter acesso fácil às mesmas durante um período de tempo adequado aos fins a que as informações se destinam, e que permitem a reprodução inalterada das informações armazenadas* –, não apenas o papel, os CD-ROM, os DVD, os discos duros, internos e externos, as chaves USB e os cartões de memória, mas também as mensagens de correio eletrónico, acessíveis através da Internet e suscetíveis de serem armazenadas em qualquer dos previamente referidos instrumentos, e outros sítios da Internet que permitam ao consumidor armazenar as informações que lhe foram pessoalmente dirigidas de modo a que lhes possa aceder e proceder à sua reprodução exata durante um período adequado, sem que o credor possa alterar unilateralmente o seu conteúdo (desde que, neste

[48] Acórdão do TJUE (Terceira Secção), de 25/01/2017, proc. C-375/15, ECLI:EU:C:2017:38, disponível em https://curia.europa.eu/juris/recherche.jsf?language=pt.

último caso, se o consumidor for obrigado a consultar o referido sítio para tomar conhecimento dessas informações, a transmissão das informações seja acompanhada de um comportamento ativo do credor destinado a dar conhecimento ao consumidor da existência e da disponibilidade das referidas informações no sítio Internet).

7.2. Requisitos do conteúdo (menções especiais)

Na celebração do contrato de crédito exige-se a expressa especificação de uma longa lista de menções que serão exaustivamente descritas no ponto 8, a propósito das invalidades que a sua omissão gera. Encontram-se: nas alíneas a) a g), primeiro período, e h) do n.º 3 do artigo 6.º (*ex vi* do n.º 3 do artigo 12.º); na al. a) do n.º 3 do artigo 12.º, com as especificações constantes do n.º 4 do mesmo artigo; e, nas als. b) a o) do n.º 3 do artigo 12.º[49].

Destacam-se, resumidamente, as seguintes: tipo de crédito, identificação e endereço geográfico do credor, montante total do crédito, duração do contrato, condições de utilização, identificação do bem e preço a pronto (no caso de pagamento diferido ou contrato coligado), taxa nominal, TAEG, montante, número e periodicidade dos pagamentos, consequências da falta de pagamento, eventuais garantias ou seguros exigidos, existência do direito de livre revogação, seu prazo e procedimento, direito de reembolso antecipado, condições e procedimento.

Quase sempre, os contratos de crédito aos consumidores incluem cláusulas contratuais gerais, ou cláusulas pré-elaboradas e cujo conteúdo o destinatário não pôde influenciar, pelo que haverá que ter em atenção também o respetivo regime (DL 446/85, de 25 de outubro, alterado pelo DL 220/95, de 31 de agosto, pelo DL 249/99, de 7 de julho, pelo DL 323/2001, de 17 de dezembro, pela Lei 32/2021, de 27 de maio e pelo DL 108/2021, de 7 de dezembro)[50].

8. Situações de invalidade e seus regimes

A Diretiva 2008/48/CE não regulou as questões relacionadas com a validade dos contratos de crédito, deixando aos Estados-Membros liberdade para, nesse domínio, manterem ou introduzirem disposições nacionais,

[49] As menções são diferentes para contratos de crédito sob a forma de facilidade de descoberto (infra 10.1.) e, naturalmente, inexistentes no contrato de ultrapassagem de crédito, que é de formação tácita.

[50] V. *texto sobre cláusulas contratuais gerais incluído nesta obra coletiva.*

desde que conformes com o direito comunitário (considerando 30). A LCCC fez amplo uso dessa faculdade, sancionando com a invalidade, absoluta ou relativa (nulidade ou anulabilidade), os contratos de crédito desprovidos de determinadas características. Quase sempre, destinou regras próprias para as situações, em afastamento parcial dos regimes gerais constantes do Código Civil.

8.1. Nulidade do contrato de crédito por falta de requisitos de forma ou de conteúdo

1. O n.º 1 do artigo 13.º estabelece os casos em que o *contrato de crédito* padece de *nulidade*; fá-lo em parcas palavras, graças a remissões que não facilitam a imediata compreensão do seu conteúdo.

2. Colocando as remissões por extenso, o *contrato de crédito é nulo* nas seguintes circunstâncias (todas as referências adiante indicadas entre parêntesis no final dos números são feitas *ex vi* do artigo 13.º, n.º 1):

I. Se não for exarado em papel ou noutro suporte duradouro, em condições de inteira legibilidade (artigo 12.º, n.º 1[51]);

II. Se o consumidor (ou algum dos consumidores) não receber um exemplar do contrato de crédito, ou não o receber no momento da assinatura do contrato presencialmente celebrado (artigo 12.º, n.º 2)[52];

III. Se não especificar algum dos seguintes elementos:

i. O tipo de crédito (al. a) do n.º 3 do artigo 6.º, *ex vi* do artigo 12.º, n.º 3);

ii. A identificação e o endereço geográfico do credor, bem como, se for o caso, a identificação e o endereço geográfico do intermediário de crédito envolvido (al. b) do n.º 3 do artigo 6.º, *ex vi* do artigo 12.º, n.º 3);

iii. O montante total do crédito e as condições de utilização (al. c) do n.º 3 do artigo 6.º, *ex vi* do artigo 12.º, n.º 3);

iv. A duração do contrato de crédito (al. d) do n.º 3 do artigo 6.º, *ex vi* do artigo 12.º, n.º 3);

v. Nos créditos sob a forma de pagamento diferido de um bem ou de um serviço específico e nos contratos coligados, o bem ou o serviço em causa, assim como o respetivo preço a pronto (al. e) do n.º 3 do artigo 6.º, *ex vi* do artigo 12.º, n.º 3);

[51] Este artigo, e todos os artigos adiante indicados entre parêntesis no final dos números são aplicáveis por remissão do artigo 13.º, n.º 1.

[52] Também os garantes têm de receber um exemplar do contrato de crédito (artigo 12.º, n.º 2), mas o desrespeito desta norma quanto aos garantes apenas gera a nulidade da garantia, conforme se alcança do n.º 2 do artigo 13.º, e não da totalidade do contrato de crédito.

vi. A taxa nominal, as condições aplicáveis a esta taxa e, quando disponíveis, quaisquer índices ou taxas de juro de referência relativos à taxa nominal inicial, bem como os períodos, as condições e os procedimentos de alteração da taxa de juro; em caso de aplicação de diferentes taxas nominais, em função das circunstâncias, as informações antes referidas sobre todas as taxas aplicáveis (al. f) do n.º 3 do artigo 6.º, *ex vi* do artigo 12.º, n.º 3);

vii. A TAEG e o montante total imputado ao consumidor, ilustrada através de exemplo representativo que indique todos os elementos utilizados no cálculo desta taxa (al. g), primeiro período, do n.º 3 do artigo 6.º, *ex vi* do artigo 12.º, n.º 3);

viii. O tipo, o montante, o número e a periodicidade dos pagamentos a efetuar pelo consumidor e, se for o caso, a ordem pela qual os pagamentos devem ser imputados aos diferentes saldos devedores a que se aplicam taxas de juro diferenciadas para efeitos de reembolso (al. h) do n.º 3 do artigo 6.º, *ex vi* do artigo 12.º, n.º 3).

3. O acabado de referir não se aplica aos contratos de crédito tacitamente formados, por *ultrapassagem de crédito*, e apenas se aplica de forma parcial aos contratos de crédito sob a forma de *facilidade de descoberto.*

4. Os *contratos de crédito sob a forma de facilidade de descoberto* que estabeleçam a *obrigação de reembolso do crédito a pedido ou no prazo de três meses,* ainda nos termos do n.º 1 do artigo 13.º, são *nulos* nas seguintes circunstâncias (todas as referências adiante indicadas entre parêntesis no final dos números são feitas *ex vi* do artigo 13.º, n.º 1):

I. Se não forem exarados em papel ou noutro suporte duradouro, em condições de inteira legibilidade (artigo 12.º, n.º 1[53]);

II. Se o consumidor (ou algum dos consumidores) não receber um exemplar do contrato de crédito, ou não o receber no momento da assinatura do contrato presencialmente celebrado (artigo 12.º, n.º 2)[54];

III. Se não especificarem algum dos seguintes elementos:

i. O tipo de crédito (al. a) do n.º 3 do artigo 6.º, *ex vi* do artigo 12.º, n.º 5);

ii. A identificação e o endereço geográfico do credor, bem como, se for o caso, a identificação e o endereço geográfico do intermediário de crédito envolvido (al. b) do n.º 3 do artigo 6.º, *ex vi* do artigo 12.º, n.º 5);

[53] Este artigo e todos os artigos adiante indicados entre parêntesis no final dos números são aplicáveis por remissão do artigo 13.º, n.º 1.

[54] Também os garantes têm de receber um exemplar do contrato de crédito (artigo 12.º, n.º 2), mas o desrespeito desta norma quanto aos garantes apenas gera a nulidade da garantia, conforme se alcança do n.º 2 do artigo 13.º, e não da totalidade do contrato de crédito.

iii. O montante total do crédito e as condições de utilização (al. c) do n.º 3 do artigo 6.º, *ex vi* do artigo 12.º, n.º 5);

iv. A duração do contrato de crédito (al. d) do n.º 3 do artigo 6.º, *ex vi* do artigo 12.º, n.º 5);

v. A taxa nominal, as condições aplicáveis a esta taxa e, quando disponíveis, quaisquer índices ou taxas de juro de referência relativos à taxa nominal inicial, bem como os períodos, as condições e os procedimentos de alteração da taxa de juro; em caso de aplicação de diferentes taxas nominais, em função das circunstâncias, as informações antes referidas sobre todas as taxas aplicáveis (al. f) do n.º 3 do artigo 6.º, *ex vi* do artigo 12.º, n.º 5);

vi. A TAEG e o montante total do crédito ao consumidor, calculados no momento da celebração do contrato de crédito, devendo ser mencionados todos os pressupostos utilizados para calcular esta taxa nos termos dos n.ºs 2 a 4 do artigo 24.º em conjugação com as alíneas g) e i) do artigo 4.º (al. a) do n.º 5 do artigo 12.º);

vii. As informações sobre os encargos aplicáveis a partir da celebração do contrato de crédito e, se for o caso, as condições em que estes podem ser alterados (al. d) do n.º 5 do artigo 12.º).

5. Às *facti species* de contrato de crédito nulo acima listadas (decorrentes do artigo 13.º, n.º 1), a LCCC destina algumas normas que se afastam do regime geral da nulidade, estabelecido no CC, nos três aspetos seguintes: i) oneração de uma das partes com presunção de responsabilidade pela situação; ii) legitimidade para invocar a nulidade; e, iii) conversão do contrato.

Com efeito, por força do disposto no n.º 5 do artigo 13.º, a inobservância dos requisitos constantes do artigo 12.º, ou de outros para os quais este remete, e que nos termos do n.º 1 do artigo 13.º gera nulidade do contrato de crédito *presume-se imputável ao credor*. Esta presunção não tem paralelo no regime geral da nulidade estabelecido nos artigos 286.º e 289.º a 293.º do CC.

Ainda nos termos do disposto no n.º 5 do artigo 13.º, a nulidade do contrato decorrente dos mesmos casos (inobservância dos requisitos constantes do artigo 12.º, ou de outros para os quais este remete, e que nos termos do n.º 1 do artigo 13.º gera nulidade) apenas pode ser *invocada pelo consumidor*. No regime geral da nulidade, esta pode ser invocada por *qualquer interessado* e pode ser declarada *oficiosamente* pelo tribunal (artigo 286.º do CC), sendo esta uma das três características fundamentais que contrapõem o regime geral da nulidade ao da anulabilidade (as outras consistem na possibilidade de a nulidade ser invocada a todo o tempo e de a anulabilidade apenas o poder ser dentro do ano subsequente à cessação do vício que lhe serve de fundamento – artigos 286.º e 287.º do CC –, e na possibilidade, que não existe para o ato nulo, de o ato anulável ser sanado por confirmação do titular do direito de anulação – artigo 288.º do CC –, normas que não são afastadas pela LCCC).

Finalmente, se o consumidor não invocar a nulidade do contrato, prevê-se no n.º 7 do artigo 13.º um regime que pode ser mais vantajoso do que o que resultaria do estabelecido no artigo 289.º do CC e que implicaria a restituição de tudo o que tivesse sido prestado ou, não sendo possível a restituição em espécie, do valor correspondente. Não invocando o consumidor a invalidade do contrato, mas verificando-se uma das circunstâncias suscetíveis de a gerar, há que distinguir:

– Tratando-se de contrato de *crédito para financiamento da aquisição de bens ou serviços mediante pagamento a prestações*, a obrigação do consumidor quanto ao pagamento é reduzida ao preço a contado e o consumidor *mantém o direito de realizar tal pagamento nos prazos* convencionados (artigo 13.º, n.º 7, al. a));

– Nos *restantes contratos*, a obrigação do consumidor quanto ao pagamento é reduzida ao montante do crédito concedido e o consumidor *mantém o direito a realizar o pagamento nas condições que tenham sido acordadas* ou que resultem dos usos (artigo 13.º, n.º 7, al. b)).

Em suma, se o consumidor optar por não invocar a invalidade do contrato (e apenas ele pode invocá-la), mas se provar a verificação de uma circunstância apta a gerar a dita invalidade, o credor perde o direito à remuneração acordada, mas mantém-se vinculado às condições de pagamento faseado *ab initio* concedidas ao consumidor; ou seja, os contratos convertem-se em contratos de crédito gratuitos. Esta conversão é distinta da prevista no artigo 293.º do CC, pois opera apenas por vontade do consumidor e mesmo que seja de supor que o credor não teria querido o contrato se tivesse previsto a invalidade.

Uma última nota para referir que, não invocando a nulidade, o consumidor pode provar a existência do contrato por qualquer meio (artigo 13.º, n.º 6), norma que se afasta do regime probatório geral previsto no artigo 364.º do CC para a prova de declarações negociais para as quais a lei exija documento escrito.

8.2. Anulabilidade do contrato de crédito por falta de requisitos de conteúdo

1. Nos termos do disposto no n.º 3 do artigo 13.º, o *contrato de crédito* é *anulável* se faltar algum dos seguintes elementos (todas as referências adiante indicadas entre parêntesis no final dos números são feitas *ex vi* do artigo 13.º, n.º 3):

i. No caso de amortização do capital em contrato de crédito com duração fixa, o direito do consumidor a receber, a seu pedido e sem qualquer encargo, a todo o tempo e ao longo do período de vigência do contrato, uma cópia do quadro da amortização (al. a) do n.º 3 do artigo 12.º[55]);

ii. Se houver lugar ao pagamento de despesas e de juros sem amortização do capital, um extrato dos períodos e das condições de pagamento dos juros devedores e das despesas recorrentes e não recorrentes associadas (al. b) do n.º 3 do artigo 12.º);

iii. Se for o caso, os encargos relativos à manutenção de uma ou de mais contas para registar simultaneamente operações de pagamento e de utilização do crédito, a menos que a abertura de conta seja facultativa, bem como os encargos relativos à utilização de meios que permitam ao mesmo tempo operações de pagamento e de utilização do crédito, e quaisquer outros encargos decorrentes do contrato de crédito e das condições em que esses encargos podem ser alterados (al. c) do n.º 3 do artigo 12.º);

iv. A taxa de juros de mora aplicável à data da celebração do contrato de crédito, bem como as regras para a respetiva adaptação e, se for o caso, os encargos devidos em caso de incumprimento (al. d) do n.º 3 do artigo 12.º);

v. As consequências da falta de pagamento (al. e) do n.º 3 do artigo 12.º);

vi. Se for o caso, a menção de que os custos notariais de celebração do contrato devem ser pagos pelo consumidor (al. f) do n.º 3 do artigo 12.º);

vii. A existência do direito de livre revogação pelo consumidor, o prazo, o procedimento previsto para o seu exercício, incluindo designadamente informações sobre a obrigação do consumidor pagar o capital utilizado e os juros, de acordo com o n.º 4 do artigo 17.º, bem como o montante dos juros diários (al. h) do n.º 3 do artigo 12.º);

viii. As informações relativas aos direitos decorrentes do artigo 18.º, bem como as condições de exercício desses direitos (al. i) do n.º 3 do artigo 12.º);

ix. O direito de reembolso antecipado, o procedimento a seguir nesse caso, o modo e a forma de cálculo da redução a que se refere o n.º 1 do artigo 19.º (cumprimento antecipado) e, se for o caso, as informações sobre o direito do credor a uma comissão de reembolso antecipado e a forma da sua determinação (al. j) do n.º 3 do artigo 12.º);

[55] Este artigo e todos os artigos adiante indicados entre parêntesis no final dos números são aplicáveis por remissão do artigo 13.º, n.º 3.

x. O procedimento a adotar para a extinção do contrato de crédito (al. l) do n.º 3 do artigo 12.º);

xi. A existência ou a inexistência de procedimentos extrajudiciais de reclamação e de recurso acessíveis ao consumidor e, quando existam, o respetivo modo de acesso (al. m) do n.º 3 do artigo 12.º);

xii. O nome e o endereço da autoridade de supervisão competente (al. o) do n.º 3 do artigo 12.º).

2. Os *contratos de crédito sob a forma de facilidade de descoberto* que estabeleçam a *obrigação de reembolso do crédito a pedido ou no prazo de três meses*, são, ainda, anuláveis se lhes faltar:

xiii. A indicação de que, a seu pedido, pode ser exigido ao consumidor, em qualquer momento, o reembolso integral do montante do crédito (al. b) do n.º 5 do artigo 12.º);

xiv. O procedimento a adotar para o consumidor exercer o direito de livre revogação do contrato de crédito (al. c) do n.º 5 do artigo 12.º).

3. A LCCC estabeleceu um regime especial comum a todas as situações de invalidade contratual por inobservância do disposto no artigo 12.º, quer se trate de contratos nulos (invalidade absoluta – artigo 13.º, n.º 1), quer meramente anuláveis (invalidade relativa – artigo 13.º, n.º 3). Para as situações típicas de *contrato de crédito anulável* acima listadas (decorrentes do artigo 13.º, n.º 3), a LCCC prescreveu as mesmas normas especiais que estabeleceu para as situações de nulidade, afastando a disciplina do contrato de crédito anulável do regime geral da anulabilidade, estabelecido no CC, nos mesmos três aspetos: i) oneração de uma das partes com presunção de responsabilidade pela situação; ii) legitimidade para invocar a anulabilidade; e, iii) conversão do contrato. Remete-se, pois, com as necessárias adaptações, para o que ficou escrito nos últimos parágrafos de 8.1.

8.3. Outros casos de invalidade e de ineficácia

A LCCC prevê várias outras situações de invalidade (nulidade ou anulabilidade) ou de mera ineficácia, embora nem sempre assim as designe. Algumas não se reportam ao contrato de crédito globalmente considerado, mas a cláusulas dele ou a declarações negociais com ele conexas. Vamos tratá-las pela ordem pela qual que surgem na LCCC e sob títulos que aderem à terminologia da mesma lei.

8.3.1. Nulidade da garantia

Nos termos do disposto no artigo 13.º, n.º 2, a *garantia prestada é nula* se, em relação ao garante, não for observado o prescrito no n.º 2 do artigo 12.º, ou seja, se o garante não receber um exemplar do contrato de crédito, ou se este não lhe for entregue no momento da assinatura do contrato de crédito presencialmente celebrado.

Está em causa apenas a nulidade *da garantia*, não a nulidade *do contrato de crédito*, pelo que, à legitimidade para a sua arguição aplica-se o regime geral do Código Civil, e não a 2.ª parte do n.º 5 do artigo 13.º, que se reporta ao contrato de crédito. Vale, no entanto, a 1.ª parte do n.º 5 do artigo 13.º, presumindo-se imputável ao credor a falta de entrega ao garante de um exemplar do contrato de crédito.

8.3.2. Inexigibilidade de eventual garantia ou de eventual seguro

Se o contrato de crédito não especificar as *eventuais garantias* e/ou os *eventuais seguros exigidos*, esses seguros e/ou garantias são *inexigíveis* (artigo 13.º, n.º 4).

8.3.3. Nulidade da convenção que exclua ou restrinja os direitos conferidos pela LCCC ao consumidor

Nos termos do disposto no artigo 26.º, é *nula* qualquer *convenção que exclua ou restrinja os direitos conferidos pela LCCC ao consumidor*, podendo este, em tal caso, optar pela redução do contrato. Esta norma constitui mais um afastamento do regime geral da nulidade, segundo o qual, a nulidade parcial não determina a invalidade de todo o negócio, salvo quando se mostre que este não teria sido concluído sem a parte viciada (artigo 292.º do CC). No caso de um contrato de crédito ao consumo que inclua uma cláusula de exclusão ou restrição de direitos conferidos pela LCCC ao consumidor, fica na disponibilidade deste manter o contrato, com exclusão da parte viciada, ainda que o credor demonstre que não o teria concluído sem essa parte. Ressalvado este aspeto relativo à redução do contrato, aplicam-se à *nulidade da cláusula* excludente ou restritiva dos direitos conferidos pela LCCC ao consumidor as normas do regime geral da nulidade negocial. Tanto significa, nomeadamente, que a nulidade da cláusula pode ser conhecida pelo tribunal *ex officio*.

8.3.4. Nulidade das situações criadas com o intuito fraudulento de evitar a aplicação do disposto na LCCC

O artigo 27.º comina com a *nulidade* as situações criadas com o *intuito fraudulento* de evitar a aplicação do disposto no diploma, exemplificando com três tipos de situações: a) o fracionamento do montante do crédito por contratos distintos; b) a transformação de contratos de crédito sujeitos ao regime da LCCC em contratos de crédito excluídos do âmbito de aplicação da mesma; e, c) a escolha, para aplicação ao contrato de crédito, do direito de um país terceiro (quando o contrato apresente uma relação estreita com o território português ou de outro Estado-Membro da União Europeia).

A fraude à lei, «no sentido de comportamento que, mantendo a aparência de conformidade com a lei, obtém algo que se entende ser proibido por lei»[56], não é uma figura regulada de forma geral no ordenamento jurídico português, tendo apenas manifestações particulares, entre elas a do artigo 27.º da LCCC[57]. Apesar de a norma cominar com a nulidade situações de fraude à lei, são relevantes os argumentos no sentido de ser a ineficácia o instituto que melhor lhe quadra[58].

8.3.5. Contratos de crédito usurários – excesso de TAEG ou de TAN

1. São usurários os seguintes contratos de crédito a consumidores:

a) Aqueles cuja TAEG, no momento da celebração do contrato, exceda em ¼ a *TAEG média praticada pelas instituições de crédito no trimestre anterior, para cada tipo de contrato de crédito aos consumidores* (n.º 1 do artigo 28.º);

[56] Rui Pinto Duarte, «A Fraude à Lei – Alguns Apontamentos», *in Pedro Pais de Vasconcelos Liber Amicorum*, Revista de Direito Comercial, 30/08/2020, pp. 1579-1624 (1579), disponível em https://www.revistadedireitocomercial.com/a-fraude-lei-alguns-apontamentos.

[57] Sobre a fraude à lei no direito português e suas consequências, além do texto citado na nota anterior, Carlos Ferreira de Almeida, *Contratos* V, *Invalidade*, Coimbra: Almedina, 2017, pp. 190-197; Ana Filipa Morais Antunes, *A Fraude à Lei no Direito Civil Português em Especial, como Fundamento Autónomo de Invalidade Negocial*, Coimbra: Almedina, 2018, *maxime* pp. 197-205 e 335-355; Pedro Pais de Vasconcelos, *Teoria Geral do Direito Civil* (com a colaboração de Pedro Leitão Pais de Vasconcelos), 9.ª ed., Coimbra: Almedina, 2019, pp. 587-593.

[58] Carlos Ferreira de Almeida, *Contratos* V, cit., pp. 194-195; Rui Pinto Duarte, «A Fraude à Lei...», cit., pp. 1612-1618; Pedro Pais de Vasconcelos, *Teoria Geral do Direito Civil*, cit., pp. 592 e 593.

b) Aqueles cuja TAEG, no momento da celebração do contrato, ultrapasse em 50% a *TAEG média dos contratos de crédito aos consumidores celebrados no trimestre anterior* (n.º 2 do artigo 28.º);

c) O contrato de crédito sob a forma de facilidade de descoberto, que estabeleça a obrigação de reembolso do crédito no prazo de um mês, cuja TAEG, no momento da sua celebração, exceda o *valor máximo de TAEG definido para os contratos de crédito sob a forma de facilidades de descoberto que estabeleçam a obrigação de reembolso do crédito em prazo superior a um mês* (n.º 4 do artigo 28.º);

d) O contrato de crédito na modalidade de ultrapassagem de crédito cuja TAN, no momento da sua celebração, exceda o *valor máximo de TAEG definido para os contratos de crédito sob a forma de facilidades de descoberto que estabeleçam a obrigação de reembolso do crédito em prazo superior a um mês* (n.º 5 do artigo 28.º).

2. As várias formas de contrato de crédito usurário acabadas de descrever constituem novos tipos de usura, distintos dos previstos nos artigos 282.º, 1146.º e 559.º-A do CC[59]. Na usura específica do artigo 28.º está sempre em causa um determinado excesso de TAEG ou, no caso de contrato de crédito na modalidade de ultrapassagem de crédito, o excesso de TAN.

3. A *TAEG* – taxa anual de encargos efetiva global – consiste no custo total do crédito para o consumidor expresso em percentagem anual do montante total do crédito, acrescido, se for o caso, dos custos previstos no n.º 4 do artigo 24.º (al. i) do n.º 1 do artigo 4.º). O *custo total do crédito para*

[59] A usura prevista no artigo 28.º pode coexistir com a usura prevista nos artigos 282.º a 284.º do CC (aliás, à semelhança do expressamente previsto do artigo 1146.º, n.º 4, do CC para o mútuo usurário por excesso de taxa de juro). No mesmo sentido, Jorge Morais Carvalho, *Manual de Direito do Consumo*, cit., p. 401. Diferente é a questão de saber se os limites da usura do artigo 28.º se devem conter dentro dos limites do regime geral dos artigos 559.º-A e 1146.º do CC e 102.º do Código Comercial. No sentido afirmativo, Pedro Pais de Vasconcelos, «Taxas de juro do crédito ao consumo: limites legais», *in II Congresso de direito bancário*, (coord.) L. Miguel Pestana de Vasconcelos, Coimbra: Almedina, 2017, pp. 329-353; e Miguel Pestana de Vasconcelos, «Os limites máximos das taxas de juro das instituições de crédito e das sociedades financeiras», *Revista de Direito Comercial*, 23/04/2018, pp. 629-664 (pp. 655-664), e «De novo os limites máximos das taxas de juro das instituições de crédito e das sociedades financeiras», *Revista de Direito Comercial*, 06/09/2019, pp. 505-543 (529-543), havendo, no entanto, que ter em consideração que a TAEG contém outros elementos além da taxa de juro, e só esta estará sujeita aos limites das taxas de juros constantes da lei geral. Crítica ao artigo 28.º, ainda em Joana Farrajota, «A propósito do Ac. do Trib. da Relação do Porto de 22.05.2019. Ainda, juros remuneratórios bancários», *Revista de Direito Comercial*, 06/10/2020, pp. 1699-1762 (1744).

o consumidor engloba todos os custos, incluindo juros, comissões, despesas, impostos e encargos de qualquer natureza ligados ao contrato de crédito que o consumidor deve pagar e que são conhecidos do credor, com exceção dos custos notariais; os custos decorrentes de serviços acessórios relativos ao contrato de crédito, em especial os prémios de seguro, são igualmente incluídos se, além disso, esses serviços forem necessários para a obtenção de todo e qualquer crédito ou para a obtenção do crédito nos termos e nas condições de mercado (artigo 4.º, n.º 1, al. g)).

A TAN – taxa nominal –, por seu turno, é «a taxa de juro expressa numa percentagem fixa ou variável aplicada numa base anual ao montante do crédito utilizado» (al. j) do mesmo número e artigo).

4. Os valores das TAEG médias praticadas pelas instituições de crédito a cada trimestre *para cada tipo de contrato* de crédito aos consumidores e *para a globalidade dos contratos de crédito aos consumidores* são determinados e divulgados ao público trimestralmente pelo Banco de Portugal, sendo válidos para os contratos a celebrar no trimestre seguinte.

Para tanto, o Banco de Portugal, pela sua Instrução n.º 14/2013[60], identificou os seguintes tipos (categorias na terminologia da Instrução) de contratos de crédito aos consumidores (quase todos com subtipos, também ali descritos): crédito pessoal, crédito automóvel, cartão de crédito, linha de crédito, conta corrente bancária e facilidade de descoberto. Por via da mesma Instrução, o Banco de Portugal disciplinou a forma como as instituições de crédito devem prestar informação sobre cada um daqueles tipos de contratos de crédito aos consumidores celebrados, determinando o Banco de Portugal, a partir dessas informações, as TAEG máximas aplicadas em cada trimestre a cada um daqueles tipos (categorias) e aos contratos de crédito aos consumidores em geral (ultrapassagens de crédito excluídas).

5. A TAEG ou, no caso de ultrapassagem de crédito, a TAN que ultrapasse os limites máximos previstos nos n.ºs 1, 2, 4 e 5 do artigo 28.º considera-se automaticamente reduzida a *metade* daqueles limites, sem prejuízo de eventual responsabilidade criminal (artigo 28.º, n.º 6)[61].

[60] Boletim Oficial, n.º 6, 17/06/2013, disponível online em https://www.bportugal.pt/publications/banco-de-portugal/2013/130. A Instrução de 2013 foi publicada na sequência das alterações à LCCC introduzidas pelo DL 42-A/2013 – que, transpondo a Diretiva 2011/90/UE, alterou os pressupostos de cálculo da TAEG –, e revogou a anterior Instrução n.º 12/2009.

[61] Repare-se como este regime é mais favorável ao consumidor do que o estatuído no artigo 1146.º, n.º 3, do CC para o mútuo usurário por excesso de taxa de juro.

6. A violação do disposto no artigo 28.º constitui contraordenação, nos termos constantes do artigo 30.º.

8.3.6. Dependência da celebração de contratos de crédito a consumidores, ou da sua renegociação, da aquisição de outros produtos ou serviços financeiros

As instituições de crédito não podem fazer depender a celebração de contratos de crédito a consumidores, bem como a respetiva renegociação, da aquisição de outros produtos ou serviços financeiros (artigo 29.º), pelo que qualquer declaração nesse sentido – oral ou escrita, inserida no contrato de crédito ou em instrumento autónomo – será nula porque contrária a lei imperativa (artigo 280.º do CC).

9. Circunstâncias modificativas do programa contratual e cessação do contrato

Vamos ater-nos nesta sede a aspetos específicos dos contratos de crédito aos consumidores.

9.1. Livre revogação (direito ao arrependimento)

Em várias áreas do direito do consumo, a lei confere ao consumidor o direito de colocar termo ao contrato de forma unilateral e discricionária, durante um período curto após a sua celebração (*período de reflexão*), com efeitos retroativos[62]. Trata-se de um direito de livre desvinculação, vulgarmente conhecido por *direito ao arrependimento*, que tem sido consagrado com diversas designações e, por vezes, diferenças de regime, em vários diplomas[63].

[62] Sobre o direito ao arrependimento nos contratos de crédito aos consumidores e/ou no direito do consumo em geral, *além do texto integrado nesta obra coletiva (direito de livre desvinculação)*, v. Carlos Ferreira de Almeida, *Direito do consumo*, Coimbra: Almedina, 2005, pp. 105-115; Jorge Morais Carvalho, *Os contratos de consumo, reflexão...*, cit., pp. 389-462; do mesmo Autor, *Manual de Direito do Consumo*, cit., pp. 183-191 e 422-428; Pedro Romano Martinez, *Da cessação do contrato*, 3.ª ed., Coimbra: Almedina, 2015, pp. 153-160; Fernando de Gravato Morais, *Contratos de crédito ao consumo*, cit., pp. 151-178.

[63] Por força do disposto no artigo 16.º do DL 275/93, de 5 de agosto (regime jurídico da habitação periódica), o adquirente tem o *direito de resolver* o contrato de aquisição sem indicar o motivo e sem quaisquer encargos, no prazo de 14 dias seguidos; nos artigos 19.º e 20.º do DL 95/2006, de 29 de maio (regime jurídico aplicável aos contratos à distância relativos a serviços financeiros celebrados com consumidores) – o consumidor tem o direito de *resolver livremente o contrato à distância...*; nos termos do artigo 18.º do DL 72/2008, de 16 de abril (lei

Na LCCC, esta forma de cessação do contrato é designada por «livre revogação» (epígrafe do artigo 17.º). O consumidor pode, no prazo de 14 dias seguidos, a contar da data da celebração do contrato de crédito ou da data de receção do exemplar do contrato e das informações a que se refere o artigo 12.º, *revogar* o contrato de crédito, unilateral e discricionariamente, *sem necessidade de indicar qualquer motivo* (artigo 17.º, n.ºs 1 e 2).

A declaração de revogação é eficaz desde que expedida naquele prazo (n.º 3 do artigo 17.º, que assim se desvia da regra do artigo 224.º do CC), em papel ou noutro suporte duradouro. Exercido o direito de revogação, o consumidor deve pagar ao credor o capital e os juros vencidos (desde a data da utilização do crédito até à data de pagamento do capital), em prazo não superior a 30 dias após a expedição da comunicação (n.º 4 do artigo 17.º). Os juros são calculados com base na taxa nominal estipulada, nada mais sendo devido, com exceção da indemnização por eventuais despesas não reembolsáveis pagas pelo credor a qualquer entidade da Administração Pública (n.º 5 do artigo 17.º).

9.2. Reembolso antecipado

A forma *ab initio* desejada de colocar termo à relação contratual consiste na execução do programa previsto, conforme estipulado pelas partes, em suma, no cumprimento pontual do contrato. O artigo 406.º do CC expressa que o contrato deve ser *pontualmente cumprido*, significando a expressão que deve ser cumprido *ponto por ponto, no tempo e no modo acordados.*

do contrato de seguro), o tomador do seguro, sendo pessoa singular, *pode resolver o contrato* sem invocar justa causa nos contratos de seguro de vida, de acidentes pessoais e de saúde com uma duração igual ou superior a seis meses, nos 30 dias imediatos à data da receção da apólice (entre outras situações); no artigo 10.º do DL 24/2014, de 14 de fevereiro (regime dos contratos celebrados à distância e fora do estabelecimento), atribui-se ao consumidor o *direito de resolver* o contrato sem incorrer em quaisquer custos, e sem necessidade de indicar o motivo, no prazo de 14 dias; no artigo 18.º do DL 17/2018, de 8 de março (regime de acesso e de exercício da atividade das agências de viagens e turismo), prevê-se a *rescisão do contrato* de viagem organizada pelo viajante, a todo o tempo, antes do início da viagem (ainda que com algumas penalizações pecuniárias); no artigo 9.º, n.º 7, da Lei 24/96, de 31 de julho (lei de defesa do consumidor), atribui-se ao consumidor, sem prejuízo de regimes mais favoráveis, nos contratos que resultem da iniciativa do fornecedor de bens ou do prestador de serviços fora do estabelecimento comercial, por meio de correspondência ou outros equivalentes, o direito de *livre resolução* no prazo de 14 dias, nos termos do disposto no Decreto-Lei n.º 24/2014, de 14 de fevereiro.

Num contrato de crédito oneroso, como são todos os regulados pela LCCC, a remuneração do credor relaciona-se com o período de tempo durante o qual o consumidor beneficia do crédito ou dispõe do valor cedido até à sua restituição. O reembolso antecipado (realizado antes do momento inicialmente previsto) introduz uma alteração no programa contratual que não pode ser feita sem o acordo da parte contrária, a menos que a lei estabeleça em contrário (artigo 406.º do CC), como sucede com as normas constantes do artigo 1147.º do CC e artigo 19.º da LCCC que permitem, ainda que com consequências distintas, ao mutuário e ao consumidor, respetivamente, a antecipação unilateral do reembolso.

Nos termos do citado artigo 19.º, o consumidor tem o direito de, a todo o tempo, mediante pré-aviso, em papel ou noutro suporte duradouro com, pelo menos, 30 dias de antecedência, cumprir antecipadamente, de forma total ou parcial, o contrato de crédito, *com correspondente redução do custo total do crédito*, por via da *redução dos juros e dos encargos* do período remanescente do contrato (artigo 19.º, n.ºs 1 e 2)[64]. No regime geral do mútuo, o mutuário que antecipe o pagamento terá de satisfazer os juros por inteiro (artigo 1147.º do CC).

Exercendo o consumidor o direito de reembolso antecipado, o credor terá apenas direito a uma compensação pelos custos diretamente relacionados com esse reembolso, desde que tal ocorra num período em que a taxa nominal aplicável seja fixa. Tal compensação não poderá exceder 0,5% ou 0,25% do montante do capital reembolsado antecipadamente – consoante o período decorrido entre o reembolso antecipado e a data estipulada para o termo do contrato de crédito seja superior a um ano, ou inferior ou igual a um ano –, nem, em qualquer dos casos, poderá exceder o montante dos juros que o consumidor teria de pagar durante o período restante, se não tivesse ocorrido o reembolso antecipado (n.ºs 4 e 6 do artigo 19.º).

9.3. Perda do benefício do prazo e resolução por incumprimento

1. A disciplina do incumprimento por à falta de pagamento de prestações pelo consumidor é distinta, mais favorável ao devedor e gravosa para o credor, da prevista no Código Civil.

[64] Especificamente sobre o tema deste número 9.2., Paulo Duarte, «O direito do consumidor ao cumprimento antecipado nos contratos de concessão de crédito», *in Liber Amicorum Mário Frota: a causa dos direitos dos consumidores*, Org. Ada Pellegrini Grinover, et al., Coimbra: Almedina, 2012, pp. 409-437.

À luz do artigo 20.º da LCCC, o credor só pode invocar a *perda do benefício do prazo* ou a *resolução* se: a) houver falta de pagamento de duas prestações sucessivas que excedam 10% do montante total do crédito; e, b) o credor tiver concedido ao consumidor, sem sucesso, um prazo suplementar mínimo de 15 dias para proceder ao pagamento das prestações em atraso, acrescidas da eventual indemnização devida, com a expressa advertência da perda do benefício do prazo ou da resolução do contrato.

Neste regime os pressupostos da *perda do benefício do prazo* e da *resolução* do contrato são os mesmos e o credor apenas se poderá valer de um instituto ou de outro após prévia verificação dos seguintes requisitos cumulativos:

– falta de pagamento de duas prestações sucessivas;

– valor em mora superior a 10% do montante total do crédito; e,

– interpelação do devedor concedendo-lhe prazo suplementar mínimo de 15 dias para proceder ao pagamento das prestações em atraso (acrescidas da eventual indemnização devida), com a expressa advertência dos efeitos da falta de pagamento (perda do benefício do prazo ou resolução do contrato)[65].

2. Repare-se como o regime da LCCC é diferente do estabelecido no artigo 781.º do CC, referente à perda do benefício do prazo na obrigação liquidável em prestações (em que a falta de realização de uma delas importa o vencimento de todas), bem como do disposto no artigo 934.º do CC, relativo à resolução do contrato na venda a prestações com reserva de propriedade e à perda do benefício do prazo na venda a prestações, com ou sem reserva de propriedade (em que a falta de pagamento de uma só prestação apenas permite a resolução ou determina a perda do benefício do prazo se exceder a oitava parte do preço, sem prejuízo de convenção em contrário).

3. Nos contratos de crédito onerosos liquidáveis em prestações, colocou-se recorrentemente a questão de saber se o vencimento antecipado das prestações, por força do não pagamento atempado de parte delas, implicaria o pagamento dos juros remuneratórios integrados no valor das prestações futuras cujo vencimento se antecipava. Esta questão não era respondida nem pelo Código Civil nem pela LCCC (ou pela sua antecessora).

[65] Os tribunais têm tido oportunidade de se pronunciar recorrentemente sobre a interpretação do artigo 20.º, n.º 1, afirmando serem cumulativos os requisitos indicados: Acórdãos do TRE de 16/05/2013, proc. 1207/11.0TBOLH.E1, de 12/02/2015, proc. 341/13.7TBVV.E1, e de 28/06/2018, proc. 857/18.9T8STB.E1; do TRG de 08/02/2018, proc. 73052/16.0YIPRT.G1, e de 19/04/2018, proc. 13/14.5T8PTL.G1; e do TRL de 03/05/2018, proc. 528/14.5T8AGH.L1-2, e de 27/06/2019, proc. 23551/12.0T2SNT-A.L1-2, todos disponíveis em www.dgsi.pt.

Nos tribunais foi-se consolidando jurisprudência maioritária no sentido de as prestações antecipadamente vencidas ao abrigo do disposto nos citados artigos não incluírem os juros remuneratórios originariamente nelas incorporados, jurisprudência que foi acolhida no Acórdão do STJ n.º 7/2009, de 25/03/2009, que uniformizou a jurisprudência nos seguintes termos: «No contrato de mútuo oneroso liquidável em prestações, o vencimento imediato destas ao abrigo de cláusula de redação conforme ao artigo 781.º do Código Civil não implica a obrigação de pagamento dos juros remuneratórios nelas incorporados»[66].

9.4. Cessação dos contratos de crédito de duração indeterminada

9.4.1. Denúncia

1. Os contratos de crédito reconduzem-se à classe dos *contratos duradouros* (também ditos *contratos de execução duradoura* ou *contratos com prestações de execução duradoura*), nos quais a *prestação é indissociável do decurso do tempo*, pois o resultado que satisfaz o interesse primário ou final do credor só se obtém se a prestação for executada, contínua ou reiteradamente, durante certo período de tempo[67]. Podem ser celebrados por tempo indeterminado ou por determinado período de tempo (com prazo). Neste último caso, não podem cessar por decisão unilateral e discricionária, sem necessidade de motivo, antes do termo do prazo (regra que conhece exceções, sobretudo no direito do trabalho e no do arrendamento, para uma das partes). Quando celebrados por tempo indeterminado, vários contratos contemplam a regra da denunciabilidade e, mesmo quando assim não sucede, por aplicação de um princípio de proibição da vinculação perpétua, tem-se entendido que qualquer das partes pode colocar fim à relação, por decisão unilateral e

[66] Sobre o tema, além das citações constantes o AUJ (publicado na 1.ª série do DR, de 5 de maio de 2009), v. Jorge Morais Carvalho, *Manual de Direito do Consumo*, cit., pp. 433-437.

[67] Distinguem-se de *contratos de execução prolongada* (pertencentes à esfera dos contratos de execução instantânea), nos quais a atividade prestacional carece de mais ou menos tempo para ser executada, mas o resultado que satisfaz o interesse primário ou final do credor atinge-se num momento preciso (instantâneo, sem duração), podendo obter-se mais cedo ou mais tarde, pois ao credor interessa a obtenção desse resultado e não que ele seja atuado durante um período de tempo – v. Pedro Romano Martinez, *Da cessação do contrato*, cit., pp. 225-228; e, Higina Orvalho Castelo, *O contrato de mediação*, Coimbra: Almedina, 2014, tese de doutoramento, pp. 347-350.

imotivada, pelo menos quando o contrato já tiver atingido duração razoável e desde que o denunciante conceda período de aviso prévio[68].

2. Nos termos do disposto no n.º 1 do artigo 16.º, o contrato de crédito de duração indeterminada pode ser *denunciado pelo consumidor*, a todo o tempo, sem indicação de motivo e gratuitamente. O consumidor apenas terá de conceder pré-aviso se as partes o tiverem estipulado, não podendo ser acordado um prazo de pré-aviso superior a um mês (artigo 16.º, n.º 2). Tanto significa que, se as partes tiverem clausulado um prazo superior para a denúncia pelo consumidor, o prazo de aviso prévio deverá considerar-se reduzido a um mês.

3. A *denúncia do contrato de crédito de duração indeterminada pelo credor* apenas é possível se estiver expressamente prevista no contrato e terá de obedecer aos seguintes requisitos: a) pré-aviso de, pelo menos, dois meses; e, b) ser exarada em papel ou noutro suporte duradouro (artigo 16.º, n.º 3). A denúncia do credor que não respeite o requisito de forma não é oponível ao consumidor (artigo 16.º, n.º 6).

9.4.2. Resolução pelo credor

Sem prejuízo do disposto no artigo 20.º sobre a resolução por incumprimento, caso o credor tenha outras razões objetivamente justificadas para cessar o contrato, e havendo previsão contratual que o permita, ele poderá resolver o contrato de crédito de duração indeterminada, a todo o tempo, desde que comunique ao consumidor as razões da cessação, por escrito em papel ou noutro suporte duradouro (n.ºs 4 a 6 do artigo 16.º).

10. Regimes especiais

Neste capítulo tratamos de quatro modelos contratuais aos quais a LCCC destina regras especiais. Os dois primeiros – a *facilidade de descoberto* e a *ultrapassagem de crédito* – são subespécies do contrato de mútuo; o terceiro – *contrato de crédito coligado* – é um contrato de crédito concedido exclusivamente para financiar o pagamento do preço num contrato de fornecimento de bens ou serviços específicos, constituindo ambos objetivamente uma unidade económica, sendo, quase sempre, um contrato de mútuo; o quarto – *contrato de serviço conexo com o contrato de crédito* – é, na maior parte das vezes, um contrato de seguro acessório do contrato de crédito.

[68] Pedro Romano Martinez, *Da cessação do contrato*, cit., pp. 63 e 113 a 122.

10.1. Facilidade de descoberto

A *facilidade de descoberto* é o contrato *expresso* pelo qual um credor permite a um consumidor dispor de fundos que excedem o saldo da sua conta de depósito à ordem (artigo 4.º, n.º 1, al. d))[69].

Na disciplina deste contrato há que ter em atenção as seguintes regras:

– Quando o contrato estabeleça a obrigação de reembolso do crédito *a pedido ou no prazo de três meses*, são aplicáveis apenas os artigos 1.º a 4.º, os n.ºs 1, 3 e 4 do artigo 5.º, as alíneas a) a c) do n.º 5 do artigo 5.º, o n.º 9 do artigo 6.º, os artigos 8.º a 11.º, os n.ºs 1, 2 e 5 do artigo 12.º, os artigos 15.º, 18.º, 21.º e os artigos 24.º e seguintes (artigo 2.º, n.º 2);

– Quando o contrato estabeleça a *obrigação de reembolso do crédito no prazo de um mês* apenas é aplicável o disposto nos artigos 1.º a 4.º, nos n.ºs 1, 3 e 4 do artigo 5.º, nas alíneas a) a c) do n.º 5 do artigo 5.º, no n.º 8 do artigo 8.º, nos artigos 10.º e 11.º, nos n.ºs 1 e 2 do artigo 12.º, no artigo 15.º, no artigo 24.º, no artigo 26.º e nos artigos 29.º e seguintes (artigo 2.º, n.º 3);

– As *informações pré-contratuais são acrescidas* nos termos pormenorizados no artigo 8.º;

– As menções obrigatórias do contrato são acrescidas dos elementos listados no n.º 5 do artigo 12.º, relativos à TAEG, ao reembolso integral a qualquer momento, ao direito de livre revogação e aos encargos aplicáveis a partir da celebração do contrato de crédito e condições em que podem ser alterados (e serão apenas estas, caso o contrato estabeleça a obrigação de reembolso do crédito no prazo de um mês, ou cumularão com as das alíneas a) a d) e f) do n.º 3 do artigo 6.º, quando o contrato estabeleça a obrigação de reembolso do crédito a pedido ou no prazo de três meses);

– Celebrado o contrato, o consumidor deve ser informado, mensalmente, através de extrato de conta, em papel ou noutro suporte duradouro, dos elementos constantes do artigo 15.º;

– O credor não pode exigir ao consumidor qualquer comissão de reembolso por efeito do reembolso antecipado (artigo 19.º, n.º 5, al. b));

– Quando se preveja a possibilidade de ultrapassagem de crédito pelo consumidor, devem ainda especificar-se as informações a que alude o artigo 23.º, n.º 1 (norma que também se aplica quando tal possibilidade é prevista no contrato de depósito à ordem);

[69] Supra 5.2., últimos parágrafos; Fernando de Gravato Morais, *Contratos de crédito ao consumo*, cit., p. 53; José A. Engrácia Antunes, *Direito dos contratos comerciais*, cit., p. 506.

– Considera-se usurário o contrato que estabeleça a obrigação de reembolso do crédito no prazo de um mês cuja TAEG, no momento da sua celebração, exceda o valor máximo de TAEG definido para os contratos de crédito sob a forma de facilidade de descoberto que estabeleçam a obrigação de reembolso do crédito em prazo superior a um mês (artigo 28.º, n.º 4);

– Finalmente, há que ter em conta os pressupostos adicionais para o cálculo da TAEG constantes da Parte II do Anexo I.

10.2. Ultrapassagem de crédito

A *ultrapassagem do crédito* consiste no *descoberto aceite tacitamente* pelo credor, permitindo a um consumidor dispor de fundos que excedem o saldo da sua conta de depósito à ordem ou da facilidade de descoberto acordada (artigo 4.º, n.º 1, al. e)).

Trata-se de um contrato (artigo 2.º, n.º 4) que, na sua *previsão típica*, é formado por declarações *tácitas* que se extraem dos *comportamentos concludentes* do cliente, que dá uma ordem de saque (seja por transferência bancária, por emissão de um cheque, por levantamento direto na caixa, ou outro meio) de um valor superior ao que tem disponível na conta (disponível, ainda que por facilidade de descoberto acordada), e do credor, que consente nesse saque, entregando ao consumidor ou a terceiro fundos de acordo com a ordem recebida e que vão além dos titulados pelo cliente na conta à ordem. É, portanto, um contrato não escrito, nem sequer oralmente verbalizado. É este especial modo de formação que permite distinguir a ultrapassagem de crédito da facilidade de descoberto.

Na disciplina do contrato de ultrapassagem de crédito há que ter em atenção as seguintes regras:

– O disposto nos artigos 1.º a 4.º, 23.º e 26.º e seguintes é aplicável mesmo que o montante total do crédito concedido seja inferior a € 200 (artigo 2.º, n.º 4);

– Quando a possibilidade de ultrapassagem de crédito pelo consumidor esteja prevista *no contrato de depósito à ordem ou no contrato de crédito sob a forma de facilidade de descoberto*, devem especificar-se no respetivo clausulado as informações previstas na alínea f) do n.º 3 do artigo 6.º e na alínea e) do n.º 2 do artigo 8.º, devendo, ainda, estas informações ser prestadas pelo credor de forma periódica, através de suporte em papel ou outro meio duradouro, de modo claro, conciso e legível (artigo 23.º, n.ºs 1 e 2);

– Em caso de ultrapassagem de crédito significativa que se prolongue por um período superior a um mês, o credor informa imediatamente o consumidor, em papel ou noutro suporte duradouro, da ultrapassagem de crédito, do montante excedido, da taxa nominal aplicável e de eventuais sanções, encargos ou juros de mora aplicáveis (artigo 23.º, n.º 3);

– Não são devidas comissões pela ultrapassagem de crédito (artigo 23.º, n.º 4);

– É usurário o contrato de crédito na modalidade de ultrapassagem de crédito cuja TAN, no momento da sua celebração, exceda o valor máximo de TAEG definido para os contratos de crédito sob a forma de facilidades de descoberto que estabeleçam a obrigação de reembolso do crédito em prazo superior a um mês (artigo 28.º, n.º 5);

– A TAN que ultrapasse o limite máximo previsto considera-se automaticamente reduzida a metade desse limite, sem prejuízo de eventual responsabilidade criminal (artigo 28.º, n.º 6).

10.3. Contrato de crédito coligado

1. *Contrato de crédito coligado* é aquele cujo crédito é concedido exclusivamente para financiar o pagamento do preço de um contrato de fornecimento de bens ou de prestação de serviços específicos, quando ambos os contratos (o de crédito e o de aquisição) constituem uma unidade económica, designadamente por o crédito ao consumidor ser financiado pelo fornecedor ou pelo prestador de serviços ou, no caso de financiamento por terceiro, por o credor recorrer ao fornecedor ou ao prestador de serviços para preparar ou celebrar o contrato de crédito ou por o bem ou o serviço específico estarem expressamente previstos no contrato de crédito[70] – artigo 4.º, n.º 1, al. o) da LCCC.

[70] Na doutrina portuguesa, sem prejuízo das obras que tratam a união de contratos em geral, v., especificamente sobre a união entre contrato de crédito ao consumo e contrato de consumo cujo preço é pago com o produto do crédito concedido no primeiro, Fernando de Gravato Morais, *União de contratos de crédito e de venda para consumo*, Coimbra: Almedina, 2004, tese de doutoramento; do mesmo Autor, «União de contratos de crédito e de venda para consumo: situação actual e novos rumos», *Estudos de Direito do Consumidor*, 7 (2005), pp. 279-313; «(In)execução do contrato de crédito ao consumidor e tutela do contraente débil», *in I Congresso de Direito Bancário*, coord. L. Miguel Pestana de Vasconcelos, Coimbra: Almedina, 2015, pp. 233-244 (240-244); Jorge Morais Carvalho, *Manual de Direito do Consumo*, cit., pp. 437-443; Francisco Manuel Brito Pereira Coelho, *Contratos complexos e complexos contratuais*, Coimbra: Coimbra Editora, 2014, tese de doutoramento, *maxime* pp. 179-188; Nuno Manuel Pinto Oliveira, *Contrato de compra e venda*, I, *Introdução, Formação do contrato*, Gestlegal, 2021, pp. 284-292. Sobre a discutida (sub)questão de *reserva de propriedade constituída a favor do financiador, terceiro face ao contrato de aquisição, além do texto incluído*

2. As informações pré-contratuais prévias à celebração de um contrato de crédito coligado com um contrato de compra e venda ou com um contrato de prestação de serviço têm de especificar o bem ou o serviço objeto do contrato cujo preço vai ser pago com o financiamento, assim como o respetivo preço a pronto – artigo 6.º, n.º 3, al. o) (idêntica especificação tem de ser feita nos créditos sob a forma de pagamento diferido).

3. O regime contratual encontra-se no artigo 18.º e caracteriza-se por uma recíproca influência das vicissitudes dos contratos envolvidos (o de crédito e o de fornecimento de bens ou serviços), ainda que essa influência não seja exatamente igual nos dois sentidos[71].

4. *Vicissitudes do contrato de crédito* com influência no contrato de fornecimento de bens ou serviços: *a invalidade ou a ineficácia* do contrato de crédito coligado repercute-se, na mesma medida, no contrato de compra e venda ou no contrato de prestação de serviço a cujo pagamento o crédito se tenha destinado (artigo 18.º, n.ºs 1 e 6).

5. *Vicissitudes do contrato de compra e venda e do contrato de prestação de serviço* com influência no contrato de crédito:

– A *invalidade* do contrato de compra e venda ou de prestação de serviços repercute-se, na mesma medida, no contrato de crédito coligado (artigo 18.º, n.ºs 2 e 6);

– A *revogação* do contrato de compra e venda ou de prestação de serviços repercute-se, na mesma medida, no contrato de crédito coligado (artigo 18.º, n.ºs 2 e 6);

– O *incumprimento ou cumprimento defeituoso* do contrato de compra e venda ou de prestação de serviços confere ao consumidor que, após interpelação do vendedor ou prestador, não tenha obtido deste a satisfação do seu direito ao exato cumprimento do contrato, o direito de interpelar o

na presente obra coletiva, v., Maria Isabel Helbling Menéres de Campos, *A reserva de propriedade: do vendedor ao financiador*, Coimbra: Coimbra Editora, 2013, tese de doutoramento; Paulo Ramos de Faria, «A reserva de propriedade constituída a favor de terceiro financiador», *Julgar*, 16 (jan.-ab. 2012), pp. 13-43; João Marques Bernardo, «A cláusula de reserva de propriedade a favor do financiador», *in Estudos de Direito do Consumo*, coord. Rui Paulo Coutinho de Mascarenhas Ataíde, Carlos Lacerda Barata, Lisboa: AAFDL Editora, 2017, 5.º v., pp. 395-408; Francisco Manuel de Brito Pereira Coelho, comentário «Ainda a cláusula de reserva de propriedade a favor do financiador: Processo n.º 4849/05.0TVLSB.L1.S1», *Revista de Legislação e de Jurisprudência*, a. 143 n. 3982 (set.-out. 2013), pp. 32-53.

[71] A matéria já era objeto de regulação no artigo 12.º do anterior regime do crédito ao consumo (revogado DL 359/91), em termos mais restritos.

credor para exercer qualquer uma das seguintes pretensões: a) a exceção de não cumprimento do contrato; b) a redução do montante do crédito em montante igual ao da redução do preço; c) a resolução do contrato de crédito[72] – não estando o consumidor, nos casos das als. b) e c), obrigado a pagar ao credor o montante correspondente àquele que foi recebido pelo vendedor (artigo 18.º, n.ºs 3 e 4).

Os contratos de compra e venda de bens de consumo e/ou de prestação de serviços de consumo (eventualmente coligados com contratos de crédito ao consumidor) encontram-se regulados no DL 84/2021, de 18 de outubro, sendo por este diploma que se afere a verificação das supra referidas vicissitudes.

6. Apesar de a noção de *contrato de crédito coligado* na LCCC ser similar à constante do artigo 3.º, al. n), da Diretiva, para o aí designado *contrato de crédito ligado*, o regime contratual é, no caso da lei portuguesa, mais pormenorizado e protetor do consumidor do que o constante da Diretiva. Como já referido, o artigo 22.º, n.º 1, da Diretiva prevê que esta consagre exceções à regra da harmonização máxima e, no artigo 15.º da Diretiva, encontramos um par de exceções.

Prevê-se no mencionado artigo 15.º da Diretiva que:

– A retratação referente ao contrato de fornecimento desvincule o consumidor do contrato de crédito (norma com equivalência em parte do artigo 18.º, n.º 2, da LCCC);

– O incumprimento ou cumprimento defeituoso do contrato de fornecimento possa conferir direitos ao consumidor perante o mutuante nos termos que os Estados-Membros determinem (possibilitando a norma dos n.ºs 3 e 4 do artigo 18.º da LCCC);

– Normas nacionais tornem o mutuante solidariamente responsável por reclamações do consumidor contra o fornecedor (o que permite a repercussão da invalidade do contrato de aquisição no contrato de crédito, prevista no n.º 2 do artigo 18.º da LCCC).

Porém, o artigo 15.º da Diretiva não prevê que *vicissitudes do contrato de crédito* se possam repercutir no contrato de aquisição, ao contrário do que sucede no n.º 1 do artigo 18.º da LCCC (e para este aspeto não encontramos na Diretiva exceção à regra da harmonização máxima).

[72] Aplicação desta disciplina a um caso concreto no Acórdão do STJ de 20/12/2017, proc. 1371/12.1TBAMT-A.P1.S1, disponível em www.dgsi.pt.

10.4. Contrato de serviço acessório conexo com o contrato de crédito

Além do *contrato de crédito coligado* com um contrato de compra e venda ou de prestação de serviço cujo pagamento será feito por força do crédito objeto do primeiro – contrato definido na al. o) do n.º 1 do artigo 4.º e disciplinado pelos supra referidos números do artigo 18.º –, este artigo, no seu n.º 5, reporta-se à conexão entre uma dupla distinta de contratos: o *contrato de crédito* e um *contrato de serviços acessório do contrato de crédito*, que, na maioria dos casos, será um contrato de seguro. Aliás, é comum o credor impor a celebração de um contrato de seguro como condição da concessão do crédito (situação que a lei reconhece e acautela, v.g. no artigo 5.º, n.º 6). Nos termos do citado n.º 5 do artigo 18.º, a *extinção do contrato* de crédito *por qualquer via* (incluindo a sua livre revogação nos primeiros 14 dias) desvincula o consumidor do contrato acessório conexo com o contrato de crédito.

Na Diretiva apenas se prevê a desvinculação do consumidor relativamente ao contrato acessório quando o contrato de crédito seja, unilateral e discricionariamente, revogado, nos 14 dias subsequentes à sua celebração (*retratação* no artigo 14.º da Diretiva, *livre revogação* no artigo 17.º da LCCC), não quando o contrato de crédito termina por outra via. O artigo 14.º da Diretiva apenas exceciona da regra de harmonização máxima o prazo durante o qual a execução do contrato não tem início (n.º 7).

11. Perspetivas para o futuro próximo – a Proposta de Diretiva relativa aos Créditos aos Consumidores, COM (2021) 347 final, de 30/06/2021

Os diplomas nacionais de direito do consumo são, em regra, a consequência da transposição de diretivas. Assim sucedeu com a atual LCCC – o DL 133/2009, que transpôs para a ordem jurídica interna a Diretiva 2008/48/CE, do Parlamento e do Conselho – e com o regime que o antecedeu, do DL 359/91, que transpôs as Diretivas 87/102/CEE e 90/88/CEE.

Encontra-se presentemente em discussão a Proposta de Diretiva relativa aos Créditos aos Consumidores, COM (2021) 347 final, de 30/06/2021 (de ora em diante, *Proposta*)[73].

A Proposta, que apresenta um conteúdo denso e extenso (espelhado também num aumento do número de considerandos, de 51 para 88, e de artigos, de 32 para 50), parte, resumidamente, das seguintes constatações:

[73] Acessível em https://eur-lex.europa.eu/legal-content/PT/TXT/?uri=CELEX%3A52021PC0347.

– Uma avaliação da Diretiva de 2008, efetuada em 2018-2019[74], concluiu que os objetivos de garantia de elevados padrões de proteção do consumidor e de fomento do desenvolvimento de um mercado interno de crédito foram apenas parcialmente conseguidos, sendo a regulação destas matérias ainda significativamente fragmentada em toda a UE;

– Essa fragmentação, juntamente com a insegurança jurídica decorrente da formulação imprecisa de algumas disposições da Diretiva de 2008, prejudica o bom funcionamento do mercado interno do crédito ao consumo e não garante um nível de proteção do consumidor consistentemente elevado;

– Desde a adoção da Diretiva de 2008, a digitalização mudou profundamente o processo de tomada de decisão e os hábitos dos consumidores em geral, que agora pretendem um processo de obtenção de crédito mais fácil e rápido, fazendo-o muitas vezes *online*, através de novos participantes do mercado, como plataformas de empréstimos *peer-to-peer*;

– A digitalização também trouxe novas formas de divulgar informações e de avaliar a credibilidade dos consumidores, por meio de sistemas automatizados de tomada de decisão;

– A crise COVID-19 e as medidas de confinamento a ela associadas perturbaram a economia da UE e tiveram impacto no mercado de crédito e nos consumidores, especialmente nos mais vulneráveis, tendo, simultaneamente, acelerado a transformação digital.

Constitui expresso objetivo da Proposta assegurar a consistência com outras disposições da mesma área, nomeadamente, com a Diretiva 93/13/EEC, relativa às cláusulas abusivas nos contratos celebrados com os consumidores, a Diretiva 2002/65/EC, relativa à comercialização à distância de serviços financeiros prestados a consumidores, a Diretiva 2005/29/EC, relativa às práticas comerciais desleais das empresas face aos consumidores no mercado interno, a Diretiva 2006/114/EC, relativa à publicidade enganosa e comparativa, e o Regulamento (EU) 2016/679, relativo à proteção das pessoas singulares no que diz respeito ao tratamento de dados pessoais e à circulação desses dados.

O Comité Económico e Social Europeu (*European Economic and Social Committee*) emitiu parecer sobre a Proposta, na seção plenária de 21/10/2021[75]. Em 27/01/2022, a Comissão dos Assuntos Económicos e

[74] A Avaliação REFIT, de 2018-2019, disponível em https://ec.europa.eu/info/law/better-regulation/have-your-say/initiatives/1844-Evaluation-of-the-Consumer-Credit-Directive_en.

[75] Acessível em https://www.eesc.europa.eu/pt/our-work/opinions-information-reports/opinions/credit-agreements-consumers.

Monetários (*Committee on Economic and Monetary Affairs*) emitiu um projeto de parecer para a Comissão do Mercado Interno e da Proteção dos Consumidores (*Committee on the Internal Market and Consumer Protection*) sobre a mesma Proposta[76]. Em 31/01/2022 foi publicado um *Draft Report* da autoria da Comissão do Mercado Interno e da Proteção dos Consumidores sobre a Proposta, incluindo um projeto de resolução legislativa do Parlamento Europeu em primeira leitura, com inúmeras propostas de alteração[77]. Foi assinalado prazo aos grupos parlamentares para proporem alterações[78]. Em 28 de março, a Comissão do Mercado Interno e da Proteção dos Consumidores considerou as alterações à Proposta, apresentadas pelos deputados, e que convergiram para a necessidade de diminuir a quantidade de informação a prestar aos consumidores e de basear a avaliação da solvabilidade apenas em dados relativos à situação financeira e económica dos consumidores e não em dados de saúde; os deputados apresentaram alterações, nomeadamente, no que diz respeito a limites máximos, publicidade, facilidades de descoberto e ultrapassagem de crédito, direito de livre cessação do contrato, reembolso antecipado e sanções[79].

O processo legiferante europeu está, portanto, em curso[80], havendo um caminho longo a percorrer até à eventual votação da Proposta no Parlamento Europeu, eventual adoção e posterior transposição. Caso venha a vingar, as alterações previstas são de aprofundamento da proteção do consumidor, com alargamento do espetro de créditos sob a alçada do regime – passando a incluir créditos de qualquer valor até € 100.000, bem como empréstimos oferecidos por meio de plataformas de empréstimos coletivos (na versão portuguesa, *crédito de financiamento colaborativo*, na inglesa, *crowdfunding*). A Proposta tem, ainda, normas destinadas a melhorar as regras sobre a avaliação da solvabilidade do consumidor, permitindo evitar o sobreendivida-

[76] Consultável em https://www.europarl.europa.eu/doceo/document/ECON-PA-704756_EN.pdf.

[77] Disponível em https://www.europarl.europa.eu/doceo/document/IMCO-PR-696560_EN.pdf.

[78] Os documentos com propostas de alterações (Amendment – PE719.857, Amendment – PE729.906 e Amendment – PE729.905) podem ser consultados a partir de https://emeeting.europarl.europa.eu/emeeting/committee/en/agenda/202203/IMCO?meeting=IMCO-2022-0328_1&session=03-28-13-45.

[79] V. https://www.europarl.europa.eu/committees/en/consumer-credits/product-details/20220324CAN65306.

[80] A sua evolução pode ser acompanhada em https://epthinktank.eu/2021/10/06/consumer-credit-directive-eu-legislation-in-progress/.

mento e garantindo a capacidade de reembolso do crédito de forma sustentável; regula ofertas personalizadas baseadas na definição de perfis ou noutros tipos de tratamento automatizado de dados pessoais, exigindo que os consumidores sejam informados quando as ofertas têm essa base; dispõe sobre os requisitos das informações, de modo a garantir que elas são claramente recebidas nos dispositivos digitais, e sobre a melhoria da qualidade das informações, no sentido de evitar a sobrecarga do consumidor com informação excessiva e complexa, à qual dificilmente consegue dar atenção; introduz medidas de formação financeira, não apenas para credores e intermediários, mas também para consumidores; bem como medidas de tolerância destinadas a evitar a necessidade de processos de execução por incumprimento, e prévias a estes.

Lisboa, 26 de abril de 2022.

A CLÁUSULA DE RESERVA DE PROPRIEDADE A FAVOR DO (TERCEIRO) FINANCIADOR

Gonçalo Aleixo Nunes

Resumo: *A reserva de propriedade a favor do financiador corresponde a um dos temas mais debatidos pela jurisprudência nacional da atualidade. Assim, atendendo à divergência de entendimentos quanto à sua (in)admissibilidade, pretendemos contribuir com este texto para o debate, bem como para a apresentação de soluções alternativas a esta matéria tão controvertida no âmbito do Direito Bancário e do Direito do Consumo.*

Palavras-chave: *Reserva de propriedade; Direito das Garantias; Direito do Consumo*

Abstract: *The retention of property in favour of the lender is one of the most discussed issues in national jurisprudence nowadays. Therefore, given the divergence of opinions regarding its (in)admissibility, we intend to contribute with this text to the debate, as well as to the presentation of alternative solutions to this controversial matter to Banking Law and Consumer Law.*

em garantia; **4.3.** *Constituição da reserva de propriedade a favor do vendedor em benefício do financiador; Conclusões*

* Em seguida indicam-se as principais abreviaturas utilizadas; AAFDL – Associação Académica da Faculdade de Direito de Lisboa; Ac. – Acórdão; Art./arts. – Artigo/artigos; CIRE – Código de Insolvência e Recuperação de Empresas; *cit.* – citado em cima; DL – Decreto-Lei; *ex vi* – por força; i.e. – isto é; *ibidem* – no mesmo lugar; *in* – em; LULL – Lei Uniforme de Letras e Livranças; ob. *cit.* – obra citada; p./pp. – página/ páginas; Proc. – Processo; RGICSF – Regime Geral das Instituições de Crédito e Sociedades Financeiras; *vide* – ver em.

Introdução

Um dos temas mais discutidos nos tribunais portugueses é a admissibilidade da constituição da reserva de propriedade a favor do terceiro financiador no âmbito de contratos de compra e venda de veículos automóveis com recurso ao financiamento através de uma instituição de crédito ou sociedade financeira (arts. 3.º e 6.º do Decreto-Lei 298/92, em diante o "RGICSF", em diante referidos indistintamente como "financiador")[1]. Desta forma, verificamos que uma determinada sociedade comercial dedicada à atividade de concessão de crédito irá "imiscuir-se" num determinado contrato de compra e venda através da concessão de crédito para a aquisição do bem pelo comprador/mutuário e, simultaneamente, beneficiar de uma garantia que, tipicamente, se encontra reservada à esfera de interesses do vendedor, dando lugar à constituição de um novo *status quo* na *praxis* comercial, na medida em que o espaço social que outrora se encontrava afeto a vendas a prestações transformou-se numa zona de intervenção de operações de crédito de uma forma que beneficia os interesses de todas as partes envolvidas na operação[2].

[1] A título de exemplo e entre outros que vamos invocar, podemos identificar o Acórdão do Tribunal da Relação de Lisboa de 5 de maio de 2005, Proc., e o Acórdão do Tribunal da Relação de Guimarães de 26 de janeiro de 2012, Proc. 594/11.5TBBRG-F.G1, ambos disponíveis em www.dgsi.pt.

[2] Identificando esta alteração na prática comercial de contratos de financiamento para a aquisição de bens por consumidores, *vide* Fernando de Gravato de Morais, *Contratos de Crédito ao Consumo*, Coimbra, Almedina, 2007, pp. 299 e ss. e Isabel Menéres Campos, *Contributo para o estudo da reserva de propriedade – Em especial a reserva de propriedade a favor do*

Assim, o presente texto terá como objetivo analisar a admissibilidade da estipulação de uma cláusula de reserva de propriedade no contrato de mútuo celebrado entre o mutuário/comprador e o mutuante/financiador, sendo que na nossa análise teremos como referência a situação mais frequente da *praxis* comercial – o financiamento da aquisição de veículos automóveis[3]. Destarte, independentemente da solução que alcançarmos, não deixaremos de propor meios de garantia alternativos a favor do financiador suscetíveis de dar lugar a um resultado análogo ao pretendido com a reserva de propriedade.

1. Apresentação do problema – a compra e venda financiada por terceiro

I. Temos vindo a verificar na *praxis* comercial que os particulares recorrem ao financiamento bancário para adquirir determinados bens de consumo, em especial veículos automóveis. Desta forma, devido ao elevado preço destes bens e à incapacidade destes sujeitos realizarem o pagamento da totalidade do preço ao vendedor no momento da aquisição, estes recorrem frequentemente a um financiador, de forma a obter crédito para a aquisição dos referidos bens que, de outra forma, apenas poderiam adquirir através de uma venda a prestações, a qual dependeria sempre do consenso do vendedor e da assunção por este dos respetivos riscos de incumprimento do comprador[4]. Desta forma, os particulares ao recorrerem à celebração de um contrato de mútuo com um financiador poderão obter capital suficiente para a aquisição do bem junto do vendedor, sendo o respetivo preço totalmente pago no momento da celebração do contrato de compra e venda através da utilização do capital disponibilizado pelo financiador, permitindo assim a aquisição imediata do bem.

Neste sentido, todas as partes envolvidas logram em obter a satisfação dos respetivos interesses, visto que: (*i*) o comprador obtém o bem que pre-

financiador, Dissertação de Doutoramento em Ciências Jurídico-Civilísticas, Coimbra, 2009, pp. 337 e ss., disponível online.

[3] Podemos confrontar este relevo prático com o objeto dos contratos da jurisprudência citada na nota 1.

[4] Cf. F. Gravato de Morais, *Contratos de Crédito ao Consumo*, *cit. supra*, 2007, p. 300, Isabel Menéres Campos, *Contributo para o estudo da reserva de propriedade*, *cit. supra*, 2009, pp. 338-339 e João Carlos Gonçalves Godinho, *Da Admissibilidade da Reserva de Propriedade a favor do Terceiro Financiador*, Universidade Católica Portuguesa – Faculdade de Direito, Escola do Porto, Porto, 2019, p. 22, disponível online.

tende adquirir do vendedor, utilizando o capital disponibilizado pelo financiador; (*ii*) o vendedor realiza a venda do respetivo bem e obtém imediatamente o respetivo preço; e (*iii*) o financiador no âmbito da sua atividade de concessão de crédito, será remunerado através de juros e comissões pelo comprador, acrescendo a esta remuneração a obrigação de restituição do capital disponibilizado através do contrato de crédito[5].

II. Neste sentido, atendendo à natureza destes contratos, podemos verificar que nos encontramos no campo de aplicação do regime do crédito concedido aos consumidores, com previsão no Decreto-Lei 133/2009, de 2 de junho que procedeu à transposição da Diretiva 2008/48/CE.

Deste modo, preenchendo o contrato de compra e venda e o contrato de mútuo os requisitos do artigo 4.º n.º 1 alínea o) do DL 133/2009, devemos levar em conta o artigo 18.º do DL 133/2009, na medida em que nos encontramos perante uma coligação de contratos[6]. Neste sentido, estamos perante dois contratos com autonomia jurídica que se encontram numa relação de coligação funcional, pelo que as eventuais vicissitudes que venham a ocorrer ao nível do contrato de mútuo irão ter repercussão direta e necessária no contrato de compra e venda, na medida em que ambos se encontram numa relação de dependência funcional, embora ambos mantenham a sua respetiva autonomia jurídica[7].

Desta forma, verificamos que os direitos e obrigações das respetivas partes não se devem confundir, visto que: (*i*) o consumidor deverá cumprir com a obrigação de restituição do capital acrescido de juros e comissões perante o financiador, sendo esta obrigação emergente do contrato de mútuo celebrado com a finalidade de vir a adquirir o bem, sendo que, por outro lado, terá ainda o dever de utilizar o capital disponibilizado através deste contrato para pagar o preço de aquisição do bem ao vendedor, em-

[5] Sobre os interesses das partes envolvidas neste tipo de operações e sua respetiva interdependência, *vide* F. Gravato de Morais, *Contratos de Crédito ao Consumo*, *cit. supra*, 2007, p. 300 e o Acórdão do Tribunal da Relação de Lisboa de 30 de maio de 2006, Proc. 3228/2006-7, disponível em www.dgsi.pt.

[6] Considerando igualmente que este tipo de situações atualmente se encontram sujeitas ao regime do artigo 18.º do DL 133/2009, *vide* José Menezes Sanhudo, "Cláusulas de Reserva de Propriedade a favor em contratos de crédito ao consumo", in: *Revista Julgar Online*, fevereiro de 2020, p. 4, disponível online.

[7] Sobre o tema da união funcional entre o contrato de crédito e o contrato de compra e venda para consumo, *vide* Fernando de Gravato Morais, *União de Contratos de Crédito e de Venda para Consumo – Efeitos para o financiador do incumprimento do consumidor*, Coimbra, Almedina, 2004, pp. 395 e ss.

bora esta vinculação tenha igualmente por fonte o contrato de mútuo[8]; (*ii*) o vendedor deve cumprir a obrigação de entrega do bem ao consumidor, emergente do contrato de compra e venda, tendo, em contrapartida, direito a receber o preço correspondente à venda do bem; e (*iii*) o financiador terá direito à obrigação de restituição do capital concedido e dos correspondentes juros e comissões, tal como resulta do contrato de mútuo celebrado com o consumidor.

III. Tendo em conta o presente quadro, podemos verificar que o tema da reserva de propriedade a favor do financiador traz algumas perplexidades no âmbito do sistema de direito das garantias, visto que o financiador exige como garantia de cumprimento a constituição a seu favor de uma reserva de propriedade sobre o bem adquirido pelo mutuário[9]-[10].

Assim, tomando em consideração que a reserva de propriedade é estipulada no contrato de mútuo entre o financiador e o consumidor, deparamo-

[8] Com efeito, é usual que o mutuante e o mutuário acordem logo no contrato de crédito a finalidade do capital disponibilizado ao consumidor, pelo que podemos qualificar estes contratos como um mútuo de escopo, na medida em que o crédito é concedido para uma finalidade concreta, não podendo o mutuário utilizar o capital disponibilizado para uma finalidade diversa da acordada. Deste modo, constitui igualmente um dever de o consumidor/mutuário utilizar o capital disponibilizado exclusivamente para a finalidade acordada com o mutuante, sendo que a utilização do capital disponibilizado para uma finalidade diversa da acordada com o mutuante corresponde, em regra, a uma cláusula de vencimento antecipado da obrigação de restituição da totalidade do capital disponibilizado ou até a uma situação de incumprimento do contrato. Sobre o mútuo de escopo, *vide* Alice Gomes Jorge, *O contrato de crédito ao consumo enquanto mútuo de escopo*, Faculdade de Direito da Universidade de Coimbra, Coimbra, 2005, pp. 15-21, disponível online e, qualificando os contratos de crédito a consumidores como uma situação de mútuo de escopo convencional, *vide* L. M. T. Menezes Leitão, *Direito das Obrigações*, Contratos em especial, Vol. III, 6.ª edição, Coimbra, Almedina, 2022, pp. 417-419.

[9] Cf. F. Gravato de Morais, *Contratos de Crédito ao Consumo*, *cit. supra*, 2007, pp. 299 e ss. e Catarina Monteiro Pires, *Alienação em Garantia*, Coimbra, Almedina, 2010, p. 165.

[10] Inserindo a reserva de propriedade no sistema de direito das garantias como uma modalidade de reforço qualitativo da probabilidade de satisfação do crédito do credor garantido, *vide* Rui Pinto Duarte, *Curso de Direitos Reais*, 1.ª edição, Cascais, Principia, 2002, pp. 248-252, L. M. T. Menezes Leitão, *Garantias das Obrigações*, 6.ª edição – reimpressão de 2018, Coimbra, Almedina, 2019, pp. 247-248 e Luís Miguel Pestana de Vasconcelos, *Direito das Garantias*, 3.ª edição, Coimbra, Almedina, 2020, pp. 455 e ss. Mencionando igualmente a suscetibilidade de o direito de propriedade desempenhar uma função de garantia, *vide* António Menezes Cordeiro, *Tratado de Direito Civil*, Tomo X, Direito das Obrigações – Garantias, coolab. A. Barreto Menezes Cordeiro, Coimbra, Almedina, 2015, pp. 851-856.

-nos com dois aspetos contraditórios face à letra do artigo 409.º n.º 1 do Código Civil: (*i*) o contrato de mútuo não corresponde a um contrato de alienação, pelo que desafia diretamente o elemento literal do artigo 409.º n.º 1 do Código Civil; e (*ii*) o financiador não corresponde ao *alienante*, mas antes a um terceiro que no âmbito da sua atividade de concessão de crédito disponibiliza capital ao consumidor para que este possa vir a adquirir determinados bens utilizando o respetivo capital[11]. Ora, atendendo ao presente quadro, devemos analisar a admissibilidade da estipulação desta cláusula de reserva de propriedade a favor do financiador no contrato de mútuo e a eventual função de garantia que a mesma visa desempenhar.

2. A admissibilidade da cláusula de reserva de propriedade a favor do financiador

2.1. A reserva de propriedade – uma garantia de cumprimento das obrigações?

I. A reserva de propriedade está prevista no artigo 409.º n.º 1 do Código Civil. Independentemente da sua qualificação jurídica, podemos verificar que este instituto corresponde a uma exceção ao princípio da consensualidade vigente no ordenamento jurídico português, segundo o qual a transmissão de direitos reais sobre uma coisa determinada ocorre, salvo exceção expressamente prevista na lei, por mero efeito do contrato (artigo 408.º n.º 1 do Código Civil)[12].

Com efeito, a reserva de propriedade constitui uma das exceções legalmente previstas ao princípio da consensualidade, na medida em que o efeito translativo do contrato de alienação será diferido para o momento: (*i*) do cumprimento total ou parcial das obrigações da outra parte; ou (*ii*) até à verificação de qualquer outro evento, consoante o que venha a ser acordado entre o alienante e o adquirente (artigo 409.º n.º 1 do Código Civil). Desta forma, se atendermos ao exemplo paradigmático do contrato de compra e venda, verificamos que caso seja estipulado no contrato uma cláusula de

[11] Destacando esta contradição no elemento literal do artigo 409.º n.º 1 do Código Civil, *vide* F. Gravato de Morais, *Contratos de Crédito ao Consumo*, *cit. supra*, 2007, pp. 304-308 e Paulo Ramos Faria, "A reserva de propriedade constituída a favor de terceiro financiador", in: *Revista Julgar*, n.º 16, Jan.-Abr., Coimbra, Coimbra Editora, 2012, p. 30, disponível online.

[12] Qualificando a reserva de propriedade como uma exceção ao princípio da consensualidade, *vide* Pestana de Vasconcelos, *Direito das Garantias*, *cit. supra*, 2020, p. 457.

reserva de propriedade, este contrato irá produzir todos os seus efeitos obrigacionais típicos (artigo 879.º alíneas b) e c) do Código Civil), excetuando o efeito real da transmissão da propriedade sobre a coisa (artigo 879.º alínea a) do Código Civil), na medida em que a transmissão apenas terá lugar com o preenchimento da condição acordada pelas partes que fundamenta a respetiva reserva de propriedade do alienante[13].

Destarte, podemos verificar que o elemento literal do artigo 409.º n.º 1 do Código Civil limita a admissibilidade da reserva de propriedade apenas aos contratos de alienação, sendo que a legitimidade para a sua constituição parece estar igualmente reservada ao respetivo alienante, na medida em que será este o sujeito que terá interesse em "bloquear" o efeito translativo até à verificação de um determinado evento[14]. Por outro lado, atendendo ao facto de que a reserva de propriedade corresponder a uma norma excecional face ao princípio geral da consensualidade vigente no ordenamento jurídico português, a interpretação desta norma pelo intérprete-aplicador encontra-se particularmente limitada dentro dos cânones da interpretação hermenêutica[15].

II. Desta forma, atendendo à estrutura da reserva de propriedade, podemos afirmar que o instituto ora em análise corresponde essencialmente

[13] Contudo, o contrato de compra e venda com reserva de propriedade do alienante não converte este numa compra e venda obrigacional, na medida em que o adquirente não depende da prática de qualquer ato adicional do alienante para a transmissão efetiva do direito. Deste modo, perante a verificação da condição a que se encontra sujeita a reserva de propriedade, o efeito translativo ocorre automaticamente e sem necessidade de qualquer outro ato do alienante, tal como ocorre nos negócios sujeitos a condição suspensiva. Cf. J. C. Gonçalves Godinho, *Da Admissibilidade da Reserva de Propriedade a favor do Terceiro Financiador, cit. supra*, 2019, pp. 13-14. A presente teoria chegou a ser defendida no ordenamento jurídico italiano por Gazzara, visto que ambos os autores sufragavam o entendimento de que a reserva de propriedade tornava o contrato de compra e venda numa venda obrigacional, considerando que após a verificação da condição o vendedor teria a obrigação de fazer o comprador adquirir a propriedade. Cf. Giacomo Gazzara, *La vendita obligatoria*, Giuffrè, Milano, 1957, pp. 214 e ss.

[14] Cf. nota 11.

[15] Tendo em conta que estamos perante uma norma excecional, devemos atender ao artigo 11.º do Código Civil, que determina que as normas excecionais não comportam a integração de lacunas através de aplicação analógica. Desta forma, o argumento da aplicação do artigo 409.º n.º 1 do Código Civil a contratos que não se enquadrem nos contratos de alienação enfrenta sempre este obstáculo hermenêutico. Colocando em causa o artigo 11.º do Código Civil com fundamento na imprecisão da delimitação entre a interpretação extensiva e da aplicação analógica, *vide* António Castanheira Neves, *O actual problema metodológico da interpretação jurídica I*, reimpressão, Coimbra, Coimbra Editora, 2011, pp. 40 e ss.

à estipulação de uma determinada condição suspensiva no âmbito de um contrato de alienação para que o efeito translativo do direito real sobre o bem possa ter lugar, sendo diferido para o momento da verificação da condição[16]. Com efeito, esta cláusula visa tutelar essencialmente os interesses do alienante contra o eventual incumprimento das obrigações pelo adquirente, desempenhando funções análogas às prosseguidas pelas garantias especiais de cumprimento das obrigações, na medida em que visa mitigar os efeitos do incumprimento do adquirente na esfera do alienante ao permitir que este recupere o bem que seria transmitido por efeito do contrato[17].

Deste modo, verificamos que a reserva de propriedade tem vindo a ser classificada legitimamente como um caso de utilização do direito de propriedade com funções de garantia, na medida em que esta cláusula será aposta nos contratos de alienação com a finalidade de tutelar os legítimos interesses do alienante[18].

III. Contudo, julgamos que a reserva de propriedade não corresponde, no seu "estado natural" a um instituto suscetível de vir a ser inserido no âmbito do sistema de direito das garantias, na medida em que não nos encon-

[16] O tema da natureza jurídica da reserva de propriedade ainda se encontra relativamente pacificado, na medida em que a teoria clássica da condição suspensiva continua a reunir maior consenso doutrinário e jurisprudencial. Cf. J. M. ANTUNES VARELA, *Das Obrigações em Geral*, Vol. I, 10.ª edição, Reimpressão 2017, Coimbra, Almedina, 2022, pp. 305 e ss. e M. J. ALMEIDA COSTA, *Direito das Obrigações*, 12.ª edição, Coimbra, Almedina, 2009, p. 297. Contra a presente qualificação está MENEZES LEITÃO, na medida em que o autor realça que esta solução daria lugar à manutenção do risco de perecimento da coisa na esfera do alienante com reserva de propriedade, ainda que a coisa já tenha sido entregue ao comprador (art. 796.º n.º 3 do Código Civil). Com efeito, o autor entende que a natureza jurídica da reserva de propriedade corresponde a uma venda em que o efeito translativo da propriedade é diferido para o momento do pagamento do preço, obtendo, no entanto, o comprador logo com a celebração do contrato uma posição jurídica específica distinta da propriedade, sendo normalmente qualificada como uma expetativa real de aquisição, na medida em que nesta situação tanto o vendedor como o comprador serão titulares respetivamente de situações jurídicas de natureza real, havendo que distribuir o risco de acordo com o proveito que cada um retira da respetiva situação jurídica. Cf. MENEZES LEITÃO, *Direito das Obrigações*, Vol. III, *cit. supra*, 2022, pp. 60-67.

[17] Sublinhando esta função da reserva de propriedade, *vide* PESTANA DE VASCONCELOS, *Direito das Garantias*, *cit. supra*, 2020, pp. 474-477. Por outro lado, NUNO AURELIANO realça que a reserva de propriedade permite salvaguardar o credor-reservatário do risco de crédito, na medida em que em relação à obrigação de pagamento do preço este seria perspetiva como um credor comum. Cf. NUNO AURELIANO, *O Risco nos Contratos de Alienação – Contributo para o Estudo do Direito Privado Português*, Coimbra, Almedina, 2009, p. 343.

[18] Cf. nota 11, em especial a doutrina citada.

tramos perante uma acordo que tenha por finalidade, direta ou acessória, dar lugar: (*i*) ao aumento quantitativo da probabilidade de satisfação do credor, visto que não há lugar à adjunção de um novo património responsável pelo cumprimento das obrigações, visto que a reserva de propriedade incide sobre um determinado bem[19]; ou (*ii*) ao aumento qualitativo da probabilidade de satisfação do credor, visto que apesar de a reserva de propriedade incidir sobre uma determinada coisa, verificamos que este instituto visa apenas evitar que este bem venha a ser integrado no património do devedor, permanecendo assim *pendente conditione* na esfera do alienante até à verificação do evento acordado entre o adquirente e o alienante, pelo que não corresponde a um objeto de satisfação preferencial do crédito[20].

Assim, julgamos que a reserva de propriedade corresponde a um mecanismo tendente a assegurar a efetiva restituição do bem objeto do contrato de alienação nas situações em que o alienante opte pela resolução do contrato, visto que ao exercer este direito e peticionar pela indemnização no interesse contratual negativo, o credor terá direito a exigir a restituição da prestação por inteiro (artigo 801.º n.º 2 do Código Civil)[21]. Desta forma,

[19] O critério proposto permite identificar as garantias pessoais de cumprimento, sendo a sua marca d'água a *adjunção de um novo (devedor) responsável que possa responder com o devedor (agora principal) pelo cumprimento da obrigação ou pelas consequências do incumprimento.* Cf. M. Januário da Costa Gomes, *Assunção Fidejussória de Dívida – Sobre o sentido e o âmbito da vinculação como fiador*, Coimbra, Almedina, 2000, p. 46.

[20] Em sentido contrário, inserindo a reserva de propriedade no âmbito das garantias que asseguram um reforço qualitativo da probabilidade de satisfação do credor, *vide* Pestana de Vasconcelos, *Direito das Garantias, cit. supra*, 2020, pp. 455 e ss. Contudo, se atendermos à *summa divisio* proposta por Paulo Cunha para a distinção entre garantias pessoais e reais, verificamos que a reserva de propriedade não é suscetível de integrar qualquer um destes grupos, em especial a categoria das garantias reais, na medida em que através da reserva de propriedade o devedor não disponibiliza ao credor um *objeto de satisfação preferencial*, mas tão só se acorda o diferimento do efeito translativo da propriedade do bem, ficando garantido ao credor, pelo menos, a satisfação do seu interesse contratual negativo na eventualidade da resolução do contrato de alienação a que se reporta. Sobre os critérios de identificação e distinção entre garantias reais e garantias pessoais, *vide* Paulo Cunha, *Da Garantia nas obrigações*, Tomo II, (pelo aluno Eudoro Pamplona Côrte-Real), Lisboa, 1938-1939, p. 9 e pp. 114 e 117. Por outro lado, no âmbito do direito espanhol uma parte da doutrina qualifica mesmo a reserva de propriedade como um direito real de garantia. Cf. Ángel Carrasco Perera, Encarna Cardera Lobato e Manuel Jesus Marín López, *Tratado de los Derechos de Garantía*, Navarra, Aranzadi, 2002, pp. 972-973.

[21] Qualificando a resolução do contrato como o mecanismo de funcionamento da reserva de propriedade, *vide* Pestana de Vasconcelos, *Direito das Garantias, cit. supra*, 2020, 474-475.

em termos de natureza jurídica, a reserva de propriedade encontra-se mais próxima dos mecanismos de segurança de tutela do crédito do credor e não de uma garantia de cumprimento das obrigações em sentido próprio[22].

Todavia, a qualificação proposta não prejudica a identificação de uma função de garantia a favor do credor-reservatário, na medida em que através da reserva de propriedade o credor logra em obter, pelo menos, a garantia de que poderá reaver o bem após o incumprimento e resolução do contrato de alienação[23]. Adicionalmente, podemos verificar que a reserva de propriedade desempenha igualmente uma função de garantia por corresponder a um meio idóneo de limitação dos poderes de disposição do adquirente em relação ao bem objeto de reserva de propriedade, na medida em que o adquirente, até à verificação do evento que determina a aquisição definitiva do bem objeto de reserva de propriedade, não poderá alienar de forma válida e eficaz o bem, visto que a aquisição definitiva do direito de propriedade por este sujeito depende da verificação da condição acordada no âmbito da reserva de propriedade[24].

[22] Os mecanismos de segurança correspondem a institutos criados ao abrigo da autonomia privada como resposta às necessidades de tutela do crédito, em especial para a criar mecanismos de garantia alternativos às garantias pessoais e reais que funcionem de forma rápida, eficaz e sem grandes formalismos. Sobre as cláusulas de segurança, *vide* Joana Forte Pereira Dias, "Contributo para o estudo dos actuais paradigmas das cláusulas de garantia e/ou segurança: A '*pari passu*', a '*negative pledge*' e a '*cross default*'", in: *Estudos em homenagem ao Prof. Doutor Inocêncio Galvão Telles,* Vol. IV: Novos estudos de direito privado, Coimbra, Almedina, 2003 e Sérgio Coimbra Henriques, *Cláusulas de garantia e segurança – Entre a autonomia privada e o dever de cumprir – alguns aspetos,* Universidade Nova de Lisboa, Lisboa, 2014, pp. 23 e ss., disponível online. No direito anglo-saxónico, verificamos que a reserva de propriedade é mesmo qualificado como um *quasi-security* não se integrando na *summa divisio* entre garantias pessoais e garantias reais. Cf. Roy Goode, *Commercial Law,* 3rd Editions, London, Penguin Books, 2004, pp. 584 e ss.

[23] Assim não devemos confundir a qualificação jurídica do instituto com a respetiva função, pelo que estamos perante um exemplo de garantia indireta, i.e., estamos perante um instituto que pode indiretamente assegurar a tutela do crédito de uma das partes, mas que em rigor não pode ser qualificada como uma garantia das obrigações. Cf. Pedro Romano Martínez/Pedro Fuzeta da Ponte, *Garantias de Cumprimento,* 5.ª edição, Coimbra, Almedina, 2005, pp. 219 e ss.

[24] Adicionalmente, os credores do adquirente não poderão proceder igualmente à penhora do bem objeto de reserva de propriedade, ainda que este seja o possuidor do bem. Deste modo, perante a penhora do bem objeto de reserva de propriedade pelos credores do adquirente o credor-reservatário terá legitimidade ativa para deduzir embargos de terceiro (artigo 351.º do Código de Processo Civil). Não obstante, os credores do adquirente poderão proceder à penhora da expetativa jurídica de aquisição do bem, visto que esta corresponde a uma

Neste sentido, no que toca ao tema da natureza jurídica da reserva de propriedade, julgamos que a razão está com a doutrina maioritária, segundo a qual a reserva de propriedade constitui uma cláusula contratual com a natureza de uma condição suspensiva[25]. A presente qualificação resulta essencialmente da estrutura e função da reserva de propriedade, visto que, apesar de o adquirente poder vir a adquirir a posse sobre o bem objeto de reserva de propriedade este não corresponde, até à verificação da condição, ao proprietário do bem objeto de reserva, pelo que carece de poderes de disposição sobre o bem e estará sujeito, em caso de resolução do contrato de alienação, ao dever de proceder à restituição do bem ao legítimo proprietário do bem – o credor-reservatário[26].

Em suma, a reserva de propriedade corresponde a uma condição suspensiva suscetível de ser estipulada no âmbito dos contratos de alienação pelo proprietário/alienante do bem a transmitir, sendo que, apesar de não se integrar no âmbito do sistema de direito das garantias, será suscetível de ser qualificado como um mecanismo que desempenha funções análogas às garantias de cumprimento, visto que visa assegurar: (*i*) a restituição efetiva do bem objeto de reserva de propriedade em caso de resolução do contrato de alienação; e (*ii*) a limitação dos poderes de disposição do adquirente face ao bem objeto do contrato de alienação durante a pendência da respetiva condição.

situação jurídica ativa integrada na esfera do adquirente (artigo 778.º do Código de Processo Civil). Cf. Menezes Leitão, *Direito das Obrigações*, Vol. III, *cit. supra*, 2022, pp. 58-59. Sobre a penhora de expetativas de aquisição e a sua relação com o instituto da reserva de propriedade, *vide* Rui Pinto, *A Ação Executiva*, Reimpressão, Lisboa, AAFDL, 2019, pp. 617 e ss.

[25] Cf. nota 16. Destarte, verificamos que o adquirente não deixa de ser titular de uma expetativa jurídica de aquisição, simplesmente temos dificuldade em identificar a natureza real da respetiva expetativa, visto que o adquirente beneficia apenas da posse do bem, nos termos permitidos pela reserva de propriedade. O presente entendimento não prejudica a legitimidade ativa do adquirente no âmbito de uma eventual ação possessória, na medida em que o ordenamento jurídico reconhece semelhante legitimidade a sujeitos que beneficiam de situações jurídica não reais, tal como sucede, por exemplo, com o depositário ilegitimamente privado da detenção da coisa depositada (art. 1188.º n.º 2 do Código Civil).

[26] Contudo, na prática durante a pendência da verificação ou não verificação da condição acordada, verificamos que o possuidor do bem será em quase todas as situações o adquirente. Cf. Menezes Leitão, *Direito das Obrigações*, Vol. III, *cit. supra*, 2022, pp. 60-61.

2.2. A teoria da (in)admissibilidade da reserva de propriedade a favor do financiador

I. Com base neste enquadramento, devemos averiguar em que medida poderá o terceiro financiador beneficiar da reserva de propriedade no âmbito dos contratos de mútuo para aquisição de bens de consumo.

A reserva de propriedade entre o financiador e o consumidor surge como uma cláusula do contrato de mútuo, sendo que o financiador não é, em caso algum, parte no contrato de compra e venda entre o consumidor e o vendedor, embora possa eventualmente intervir posteriormente nesta relação jurídica, ao realizar diretamente o pagamento do preço ao vendedor em nome do comprador/consumidor. Neste sentido, o financiador não é parte no contrato de alienação, mas pretende beneficiar da reserva de propriedade como um meio que desempenha uma função de garantia das obrigações emergentes do contrato de mútuo que deu lugar ao financiamento da aquisição do bem pelo consumidor[27].

II. No sentido da admissibilidade da constituição da reserva de propriedade a favor do financiador, podemos verificar que parte da jurisprudência tem vindo a fundamentar este entendimento com base numa interpretação atualista do artigo 409.º do Código Civil, na medida em que apesar de a presente norma se encontrar direcionada para os contratos de compra e venda devemos ponderar a admissibilidade de soluções resultantes da conexão contratual entre este contrato de alienação e os respetivos contratos de financiamento à aquisição do bem, visto que o objeto mediato do contrato de financiamento constitui o elemento do preço do contrato de compra e venda, pelo que esta corrente entende que se deverá equiparar esta estrutura contratual à situação em que o pagamento do preço do

[27] Esta estrutura é diversa da proposta por Pestana de Vasconcelos, na medida em que o autor parece entender que nestas situações o financiador adquire sempre a propriedade do bem para, posteriormente, celebrar com o mutuário/comprador uma venda a prestações, sendo que nas diversas prestações *são constituídas, cada uma delas, numa parte pelo capital que a instituição de crédito despendeu pela aquisição do bem e noutra pelos juros (e outras despesas)*. Cf. Pestana de Vasconcelos, *Direito das Garantias*, *cit. supra*, 2020, p. 460. Com todo o respeito, entendemos que a situação regra é a constituição de uma espécie de relação triangular entre o financiador, o vendedor e o mutuário/comprador, sendo o financiador um terceiro ao contrato de compra e venda, pelo que a reserva de propriedade é estipulada no contrato de mútuo que financiou a aquisição do bem pelo comprador/consumidor.

contrato de compra e venda é fracionado no tempo[28]-[29]. Adicionalmente, esta corrente jurisprudencial traz ainda à colação o elemento literal do artigo 409.º n.º 1 do Código Civil, visto que a letra da lei permite como cláusula condicionante da transmissão qualquer outro evento futuro que não seja apenas o cumprimento das obrigações decorrentes do respetivo contrato de alienação a que se reporta a reserva de propriedade, pelo que será admissível constituir a reserva de propriedade a favor do financiador e subordinar o efeito real da aquisição definitiva pelo comprador ao cumprimento das obrigações decorrentes do contrato de financiamento[30].

Não obstante, entendemos que esta fundamentação enfrenta um obstáculo fundamental – o financiador não adquiriu em momento algum a propriedade do bem cuja aquisição financiou, pelo que não se entende como poderá acordar a reserva de um direito de propriedade que não chegou a ingressar na sua esfera jurídica, sendo que tal como tem vindo a sustentar

[28] Cf. Acórdão do Tribunal da Relação de Lisboa de 18 de março de 2004, Proc. n.º 2097/2004, disponível em disponível em www.dgsi.pt. Contudo, julgamos que atualmente uma das decisões mais relevantes para esta corrente é o Acórdão do Supremo Tribunal de Justiça de 30 de setembro de 2014, Proc. 844/09.8TVLSB.L1.S1, disponível em www.dgsi.p, na medida em que esta decisão além de aderir aos fundamentos da interpretação atualista do artigo 409.º n.º 1 do Código Civil e da transmissão da reserva de propriedade por efeito da sub-rogação do financiador nos direitos do vendedor, invoca elementos de direito comparado para fundamentar esta solução, em especial do ordenamento jurídico francês e espanhol. Contudo, julgamos que esta argumentação com recurso à análise de outros ordenamentos jurídicos carece de uma análise mais detida. Embora não seja este o local adequado para desenvolver uma análise de direito comparado, devemos levar em conta que no ordenamento jurídico espanhol a reserva de propriedade a favor do financiador tem como fundamento uma disposição legal expressa, presente na *Ley 28/1998, de 13 de julio*, pelo que a legitimidade da transmissão da reserva de propriedade, ainda que seja dogmaticamente contestável, não deixa de ter o amparo da lei. Com efeito, a doutrina espanhola refere expressamente que a menção à reserva de propriedade nesta lei *se realiza con el fin de permitir que la césion del crédito del vendedor al financiador incluya, en su caso, la reserva de dominio*. Cf. Ángel Carrasco Perera, Encarna Cardera Lobato e Manuel Jesus Marín López, *Tratado de los Derechos de Garantía*, *cit. supra*, 2002, pp. 969 e 973. Contrariamente, no ordenamento jurídico francês a solução resultou mesmo do entendimento doutrinário e jurisprudencial de que a reserva de propriedade se transmite para a esfera do financiador por efeito da sub-rogação, por corresponde a um acessório do crédito transmitido. Cf. Laurent Aynès/Pierre Crocq, *Les Sûretés, La publicité foncière*, n.º 761, Defrénois, Paris, 2006, pp. 344-345.

[29] A favor da admissibilidade da reserva de propriedade a favor do financiador, *vide* Isabel Menéres Campos, *Contributo para o estudo da reserva de propriedade*, *cit. supra*, 2009, pp. 367 e ss.

[30] A título de exemplo, podemos indicar o Acórdão do Tribunal da Relação de Lisboa de 5 de maio de 2005, Proc. n.º 3843/2005, disponível em www.dgsi.pt.

Fernando Gravato de Morais, apesar de frequentemente se invocar o argumento da coligação contratual entre o contrato de mútuo e o contrato de compra e vendo do bem, este não tem vindo a ser acompanhado da indicação do fundamento da união contratual, nem tampouco dos argumentos que sustentam em que medida essa união contratual permite tornar admissível a constituição de uma reserva de propriedade a favor do financiador, visto que o direito de propriedade sobre o bem é transmitido diretamente pelo vendedor a favor do comprador, pelo que não se logra em demonstrar de que forma o presente direito ingressa na esfera jurídica do financiador[31].

Contrariamente, podemos verificar que Isabel Menéres de Campos procura ultrapassar as críticas da teoria da inadmissibilidade com fundamento na aquisição pelo financiador da reserva de propriedade através do instituto da sub-rogação do financiador nos direitos do vendedor. Neste sentido, o financiador ao realizar o pagamento do preço diretamente ao vendedor adquire os direitos deste último por efeito da sub-rogação nos direitos do vendedor (artigo 589.º e ss. do Código Civil)[32], pelo que o financiador ao entregar diretamente o preço de aquisição do bem ao vendedor irá adquirir através do instituto da sub-rogação o respetivo direito de crédi-

[31] Contestando estes fundamentos pelas razões que enunciámos, *vide* F. Gravato de Morais, *Contratos de Crédito ao Consumo, cit. supra*, 2007, pp. 303-309. No mesmo sentido, *vide* Menezes Leitão, *Direito das Obrigações*, Vol. III, *cit. supra*, 2022, pp. 55, nota 95.

[32] Cf. Isabel Menéres Campos, *Contributo para o estudo da reserva de propriedade, cit. supra*, 2009, pp. 385-393, em especial *ob. cit.*, pp. 390-391. Com efeito, verificamos que a autora admite que a transmissão da reserva de propriedade ocorra através de qualquer uma das modalidades da sub-rogação, embora entenda que a mesma deve sempre constar do contrato de crédito. Não obstante, entendemos que a presente fundamentação apenas será admissível com fundamento no artigo 591.º do Código Civil, tal como iremos analisar *infra*. Adicionalmente, podemos verificar que na jurisprudência a modalidade de sub-rogação que tem vindo a ser invocada para fundamentar a transmissão da reserva de propriedade a favor do financiador tem vindo a ser o artigo 591.º do Código Civil. A título de exemplo, *vide* Acórdão do Tribunal da Relação de Lisboa de 12 de março de 2009, Proc. 2505/06.0TVLSB.L1-6, disponível em www.dgsi.pt. Além de jurisprudência em sentido favorável, podemos ainda indicar o Parecer publicado no Boletim dos Registos e do Notariado, n.º 5/2001, de maio de 2001, p. 4, disponível online. De forma semelhante, Pedro de Albuquerque não vislumbra qualquer fundamento para a inadmissibilidade da transmissão da reserva de propriedade para a esfera do financiador, embora o autor não se pronuncie se a transmissão deste direito deverá ocorrer necessariamente através da cessão da posição contratual do vendedor (art. 424.º do Código Civil) ou se a sub-rogação será o instituto idóneo para dar lugar à transmissibilidade. Cf. Pedro de Albuquerque, *Direito das Obrigações – Contratos em Especial*, Vol. I, *cit. supra*, 2019, pp. 188 e ss.

to ao pagamento do preço e todos os direitos acessórios ao crédito satisfeito (artigos 582.º n.º 1 *ex vi* 594.º do Código Civil), nos quais se deverá incluir a reserva de propriedade, na medida em que a autora considera que a cláusula de reserva de propriedade prossegue essencialmente funções de garantia das obrigações, pelo que não pode deixar de ser considerado como um acessório do crédito transmitido[33].

Desta forma, verificamos que a teoria da admissibilidade da estipulação da reserva de propriedade a favor do financiador resulta essencialmente da: (*i*) interpretação atualista do artigo 409.º do Código Civil com base na estrutura atual de coligação contratual entre os contratos de crédito a consumidores e os contratos de compra e venda, aliado ao facto de o legislador permitir que a reserva de propriedade se encontre associada a um evento diverso do mero cumprimento das obrigações perante o alienante[34]; e (*ii*) a aquisição pelo financiador da reserva de propriedade do vendedor através do instituto da sub-rogação do financiador nos direitos do vendedor, sendo a reserva de propriedade transmitida como um acessório do direito de crédito transmitido para o financiador[35].

III. Com todo o respeito, não podemos sufragar o presente entendimento devido a razões de índole sistemática, bem como à própria estrutura das obrigações em causa. Em primeiro lugar, entendemos que o argumento relativo à união de contratos entre o contrato de compra e venda e o contrato de mútuo não será fundamento bastante para a admissibilidade da reserva de propriedade a favor do financiador, na medida em que o contrato de mútuo não corresponde a um contrato de alienação[36], pelo que o mutuante não po-

[33] Cf. Isabel Menéres Campos, *Contributo para o estudo da reserva de propriedade, cit. supra*, 2009, pp. 386-388.

[34] Invocando este argumento na jurisprudência, *vide* Acórdão do Tribunal da Relação de Lisboa de 30 de maio de 2006, Proc. 3228/2006-7, disponível em www.dgsi.pt.

[35] Cf. nota 32.

[36] Desta forma, a reserva de propriedade só poderá ser estipulada no âmbito do: (*i*) contrato de compra e venda; (*ii*) contrato de troca ou permuta; ou (*iii*) a um contrato de doação. Sobre a presente arrumação, *vide* Menezes Leitão, *Direito das Obrigações*, Vol. III, *cit. supra*, 2022, pp. 9 e ss. Não obstante, nada impede que um contrato inominado e atípico venha ser qualificado como um contrato de alienação, sendo admissível à luz do princípio da autonomia privada, na medida em que o princípio da tipicidade dos direitos reais não tem extensão para as causas de alienação de direitos reais ou aos factos constitutivos de direitos reais em geral. Sobre o tema, *vide* José Oliveira Ascensão, *A Tipicidade dos Direitos Reais*, Lisboa, Editorial Minerva, 1968, pp. 168-172. Embora recorrendo a um fundamento diverso, Pedro de Albuquerque entende que a reserva de propriedade afronta com o princípio da tipicidade dos direitos reais (art. 1306.º do Código Civil), visto que o autor entende que a reserva de

derá, atendendo à natureza do contrato de mútuo, beneficiar da reserva de propriedade, visto que não se encontram reunidos os elementos da previsão deste instituto, sendo estes: (*i*) a legitimidade (exclusiva) do alienante para constituir a reserva de propriedade; e (*ii*) a reserva de propriedade deverá ser aposta no âmbito de um contrato de alienação, pelo que não sendo este o caso do contrato de mútuo, a reserva de propriedade será uma cláusula inválida, na medida em que o seu objeto será legalmente impossível, visto que o financiador não assume a posição de alienante, nem tampouco se tornou proprietário do bem cuja propriedade pretende reservar[37].

Adicionalmente, devemos levar em conta que a união de contratos não dá lugar a uma "fusão" dos contratos integrados na união, i.e., o contrato de mútuo e o contrato de compra e venda não perdem a sua autonomia jurídica pelo facto de se encontrarem coligados, nos termos do artigo 18.º do Decreto-Lei 133/2009[38]. Com efeito, verificamos que simplesmente se constitui uma interdependência funcional entre ambos os contratos, de forma a assegurar a tutela dos interesses do consumidor contra eventuais vicissitudes ocorridas em qualquer um dos contratos. Deste modo, não é possível identificar em qualquer um dos elementos da interpretação her-

propriedade atribui ao comprador uma expetativa jurídica real de aquisição limitando *ao mesmo passo o âmbito do direito de propriedade do alienante*. Cf. Pedro de Albuquerque, *Direito das Obrigações – Contratos em Especial*, Vol. I, 2.ª edição, Coimbra, Almedina, 2019, p. 186.

[37] Com uma argumentação semelhante, *vide* F. Gravato de Morais, *Contratos de Crédito ao Consumo, cit. supra*, 2007, pp. 304-309. Não obstante, o fundamento que invocamos para a invalidade da reserva de propriedade é diverso do autor, na medida em que não entendemos que seja necessário identificar uma norma legal imperativa que seja violada pela cláusula de reserva de propriedade a favor do financiador. A presente solução não é conforme com o artigo 409.º n.º 1 do Código Civil, visto que esta norma assume a natureza de uma norma permissiva de caráter excecional por permitir a estipulação de um efeito diverso ao princípio geral da consensualidade. Deste modo, entendemos que o fundamento mais adequado para fundamentar a invalidade da reserva de propriedade a favor do financiador será a impossibilidade legal da solução por não preencher os pressupostos essenciais do artigo 409.º n.º 1 do Código Civil, sendo a norma relevante para fundamentar a invalidade o artigo 280.º n.º 1 do Código Civil. No mesmo sentido, *vide* Luís Carlos Almeida Girão Pereira Coelho, *A reserva de propriedade a favor da entidade financeira*, Dissertação de mestrado apresentada à Faculdade de Direito da Universidade de Coimbra, Coimbra, 2016, p. 42, disponível online. A jurisprudência tem vindo a acolher o presente fundamento em acórdãos mais recentes, nomeadamente no Acórdão do Tribunal da Relação de Coimbra de 8 de março de 2016, Proc. 934/15.8T8LMG.C1, disponível em www.dgsi.pt.

[38] Embora se reporte ao diploma anterior, *vide* F. Gravato Morais, *União de Contratos de Crédito e de Venda para Consumo, cit. supra*, 2004, pp. 387 e ss.

menêutica um fundamento para sustentar esta argumentação, na medida em que será sempre contra *legem* a estipulação da reserva de propriedade por parte de um sujeito diverso do proprietário do bem.

Contudo, entendemos que a argumentação de Isabel Menéres de Campos deverá ser objeto de uma análise mais detida, atendendo ao facto de o legislador permitir expressamente a sub-rogação do financiador em consequência de empréstimo feito ao devedor (artigo 591.º do Código Civil)[39]. Com efeito, julgamos que a presente disposição será capital para esta fundamentação, na medida em que, tal como temos vindo a mencionar, no âmbito dos contratos de crédito a consumidores coligados com os respetivos contratos de compra e venda de aquisição de bens de consumo, ambos os contratos não deixam de ter a sua autonomia jurídica relativa, ainda que as vicissitudes que venham a ocorrer em qualquer um dos dois contratos possa ter reflexo direto (ou indireto) no outro[40]. Neste sentido, o financiador ao celebrar o contrato de mútuo com o consumidor será titular de um direito de crédito à restituição do capital mutuado acrescido

[39] Cf. Pires de Lima e Antunes Varela, *Código Civil Anotado*, Volume I, 4.ª edição revista e atualizada, com a colaboração de Henrique Mesquita, Coimbra, Coimbra Editora, 1987, p. 607. Embora os autores não se pronunciem quanto à compatibilidade entre a sub-rogação do mutuante nos direitos do credor e a manutenção do direito de crédito emergente do contrato de mútuo, dando lugar à concentração de dois direitos de crédito na esfera do credor afetos à satisfação do mesmo interesse.

[40] Esse efeito será particularmente evidente no artigo 18.º do DL 133/2009, embora a principal preocupação do legislador seja a tutela dos interesses do consumidor, tal como podemos verificar do elemento literal do preceito. Relativamente ao presente tema, devemos levar em conta que na legislação pretérita a esta norma (artigo 12.º do DL 359/91) Gravato Morais argumentava que a reserva de propriedade seria inadmissível por prejudicar os interesses do consumidor, pelo que esta cláusula seria contrária aos interesses do legislador, na medida em que fundamentaria a tutela da posição do financiador e não do consumidor, embora no nosso entendimento este fundamento não seja suficiente para fundamentar a inadmissibilidade da reserva de propriedade a favor do financiador, visto que se fundamenta numa tendência sistemática e teleológica da norma e não propriamente num elemento normativo da interpretação hermenêutica com força bastante para limitar a autonomia privada das partes. Com efeito, no nosso entendimento a tendência *favor* consumidor do DL 133/2009 (e do anterior DL 359/91) terá a mesma valência sistemática que o princípio *favor debitoris* tem no âmbito do direito das obrigações, i.e., constitui a uma tendência sistemática e teleológica insuficiente para fundamentar soluções jurídicas concretas e definitivas. Cf. F. Gravato de Morais, *Contratos de Crédito ao Consumo, cit. supra*, 2007, p. 305. Num raciocínio análogo ao proposto, mas relativamente ao princípio *favor creditoris* na ação executiva, *vide* Rui Pinto, *A Ação Executiva*, Reimpressão, Lisboa, AAFDL, 2019, pp. 30 e ss.

dos respetivos juros e comissões, sendo que o capital mutuado ao consumidor deverá ser utilizado para a finalidade acordada com o financiador – a aquisição do bem –, pelo que nas situações em que financiador venha acordar com o consumidor a entrega do capital diretamente ao vendedor, verificamos que este não pretende adquirir através da sub-rogação o direito ao pagamento do preço pelo vendedor, mas tão só assegurar que o capital mutuado é utilizado para a finalidade que foi concedido[41].

Desta forma, julgamos que a presente estrutura permite demonstrar que as modalidades de sub-rogação pelo credor (artigo 589.º do Código Civil) e pelo devedor (artigo 590.º do Código Civil) não deverão ser tidas em conta, na medida em que o financiador dispõe de um direito próprio contra o consumidor com fonte no contrato de mútuo, pelo que não carece do benefício da sub-rogação com a finalidade de beneficiar de qualquer direito (de regresso) perante o consumidor[42].

Com base neste quadro, entendemos que a teoria da admissibilidade da reserva de propriedade a favor do financiador apenas se poderia fundamentar com base na transmissão por efeito da sub-rogação do financiador em consequência de empréstimo deste ao consumidor (artigo 591.º do Código Civil), na medida em que esta norma permite a concentração de dois créditos com fonte diversa na esfera do financiador sem que esta tenha por efeito a novação ou o enriquecimento sem causa do financiador[43].

[41] Deste modo, tal como mencionámos na nota 8 o contrato de crédito a favor do consumidor para a aquisição de bens de consumo assume quase sempre a natureza de um mútuo de escopo, pelo que o financiador ao acordar com o consumidor a entrega direta do capital ao vendedor pretende assegurar pessoalmente a afetação do capital à finalidade acordada pelas partes.

[42] Sobre a distinção entre o direito de regresso e a sub-rogação, *vide* Januário da Costa Gomes, *Assunção Fidejussória de Dívida, cit. supra*, 2000, pp. 874-917.

[43] Com efeito, julgamos que o artigo 591.º do Código Civil visa evitar a possibilidade de o devedor alegar a novação do direito do mutuante com o direito do pagamento do preço, prejudicando assim a remuneração do financiador através de juros de comissões. Por outro lado, o artigo 591.º do Código Civil permite a concentração de dois créditos com fonte diversa na esfera do mesmo sujeito afetos à satisfação do mesmo interesse, pelo que estamos perante uma situação excecional consagrada pelo legislador, na medida em que apesar de o credor beneficiar de dois créditos, o seu interesse considerar-se-á satisfeito pelo cumprimento do crédito emergente do contrato de mútuo, pelo que uma vez satisfeito este interesse o crédito transmitido por efeito da sub-rogação será igualmente considerado como extinto, sob pena de enriquecimento sem causa do mutuante. A presente estrutura é análoga à dação *pro solvendo*, embora vise finalidades diversas deste instituto. Sobre a estrutura da dação *pro*

A finalidade da presente solução legislativa só pode ser entendida atendendo à *ratio legis* da sub-rogação, na medida em que este instituto visa garantir a recuperação do que foi pago pelo *solvens*, proporcionando a este sujeito um meio mais eficaz do que qualquer ação que tenha uma natureza de regresso contra o devedor[44]. Deste modo, entendemos que o legislador permite excecionalmente ao mutuante concentrar na sua esfera o direito que adquiriu por efeito da sub-rogação e o direito de crédito à restituição do dinheiro emprestado ao devedor para cumprir a obrigação (artigo 591.º do Código Civil), de forma a permitir que o financiador recupere mais facilmente o dinheiro emprestado, visto que pela sub-rogação poderá adquirir os direitos acessórios que garantiam o crédito do credor precedente (artigos 582.º *ex vi* 594.º do Código Civil) e, simultaneamente, a continuar a ter direito à remuneração através de juros e comissões sobre o capital disponibilizado. Neste sentido, desde que estejam preenchidos os requisitos do artigo 591.º do Código Civil, o financiador poderá legitimamente concentrar na sua esfera jurídica o direito de crédito transmitido da esfera do vendedor por efeito da sub-rogação e o direito de crédito com fonte no contrato de mútuo que celebrou com o consumidor, sendo que a reserva de propriedade se transmitiria como um acessório do crédito do vendedor.

Todavia, julgamos que esta solução não corresponde a um meio idóneo para dar lugar à transmissão da reserva de propriedade a favor do financiador, na medida em que devemos levar em conta que a reserva de propriedade não corresponde a uma garantia acessória à obrigação do comprador, mas antes a uma cláusula contratual que visa submeter o efeito translativo da propriedade para a esfera do adquirente a um determinado facto futuro

solvendo, vide Hugo Ramos Alves, *Dação em Cumprimento*, Coimbra, Almedina, 2017, pp. 363 e ss. e Pestana de Vasconcelos, *Direito das Garantias, cit. supra*, 2020, pp. 480 e ss.

[44] Assim, devemos levar em conta que apesar de a sub-rogação corresponder a um meio de transmissão de obrigações, as finalidades que este instituto pretende prosseguir são materialmente diversas da finalidade principal do instituto da cessão de créditos, visto que o legislador pretendeu consagrar neste último caso um instituto com aptidão para assegurar a livre circulação do crédito. Contrariamente, no caso da sub-rogação o legislador pretendeu garantir a recuperação das quantias pagas pelo terceiro ao credor pretérito. Cf. Emilio Betti, *Teoria generalle delle obligazione*, Vol. III, Tomo 2 – Vicende dell'Obbligazione-Difesa preventiva e sucessiva dell'Obbligazione, Milano, Giuffrè, 1955, pp. 62 e ss. Sobre a importância prática da circulação do crédito e sobre a cessão de créditos e a sub-rogação em geral, *vide* Antunes Varela, *Das Obrigações em Geral*, Vol. I, *cit. supra*, 2022, pp. 285 e ss.

e incerto[45]. Assim, ao contrário do que sucede nos direitos reais de garantia, em que o conteúdo típico do direito do credor garantido corresponde a um direito de satisfação preferencial face a determinado bem suscetível de ser oponível a terceiros credores e adquirentes do bem, no caso da reserva de propriedade o credor-reservatário utiliza o seu direito de propriedade com funções de garantia ao diferir o momento translativo da propriedade até à verificação de um determinado evento estipulado no contrato de alienação. Desta forma, o conteúdo do direito do credor-reservatário não deixa de ser o conteúdo de um direito real de gozo – a propriedade utilizada com funções de garantia[46] –, apesar de, em regra, o adquirente se tornar detentor do bem logo no momento da celebração do contrato de alienação. Neste sentido, entendemos que o instituto da sub-rogação não constitui um meio idóneo para dar lugar à transmissibilidade da reserva de propriedade a favor do financiador, visto que a reserva de propriedade não corresponde a um direito acessório à obrigação de pagamento do preço que acompanha a sua eventual transmissão, mas antes a um direito inseparável da pessoa do proprietário-alienante. Deste modo, o obstáculo identificado não se prende com a inadequação da transmissibilidade de direitos reais por efeito da sub-rogação[47], mas antes pelo facto de a reserva de propriedade corresponder a um meio de utilização da propriedade com funções de garantia de natureza não acessória à obrigação que visa garantir[48]. Assim, ainda que seja admissível a aquisição pelo financiador dos direitos do vendedor, a sub-rogação

[45] Cf. Rui Pinto Duarte, *Curso de Direitos Reais, cit. supra*, 2002, pp. 249-252. Por outro lado, afastando expressamente a natureza de garantia acessória da reserva de propriedade, *vide* Menezes Leitão, *Garantias das Obrigações, cit. supra*, 2019, pp. 248-251. Assim, verificamos que a utilização da propriedade em garantia, em regra, dá lugar à constituição de garantias não acessórias, visto que a alienação fiduciária em garantia tem vindo a ser igualmente considerada como uma garantia não acessória. Cf. Catarina Monteiro Pires, *Alienação em Garantia, cit. supra*, 2010, pp. 305-310.

[46] Sobre a admissibilidade da funcionalização do direito de propriedade ao desempenho de funções de garantia, *vide* a nota 10. Por outro lado, qualificando o direito do credor-reservatário como um direito mais próximo dos direitos reais de gozo, *vide* Ana Maria Peralta, *A posição jurídica do Comprador na Compra e Venda com Reserva de Propriedade*, Coimbra, Almedina, 1990, pp. 165-166.

[47] Em linha com o mencionado sobre a atipicidade dos meios de transmissão de direitos reais na nota 36.

[48] Desta forma, concordamos com o entendimento da transmissibilidade da reserva de propriedade invocado por Pedro de Albuquerque, mas entendemos que a transmissão apenas poderá ter lugar através de um ato de alienação autónomo ou através da cessão da posição contratual do vendedor (art. 424.º do Código Civil). Sobre o entendimento do autor,

não corresponde ao instituto adequado para fundamentar a transmissão da reserva de propriedade constituída no contrato de alienação[49].

Em conclusão, entendemos que a cláusula de reserva de propriedade estipulada no contrato de mútuo entre o financiador e o consumidor será inválida, na medida em que o seu objeto será legalmente impossível (artigo 280.º do Código Civil)[50].

3. Em especial: a reserva de propriedade no âmbito do financiamento para aquisição de veículos automóveis

I. Tal como mencionámos, o tema da reserva de propriedade a favor do financiador surgiu com particular destaque no âmbito dos contratos de

vide Pedro de Albuquerque, *Direito das Obrigações – Contratos em Especial*, Vol. I, 2.ª edição, Coimbra, Almedina, 2019, pp. 188 e ss.

[49] Contudo, esta conclusão não é unânime em todos os ordenamentos jurídicos. A título de exemplo, no ordenamento jurídico francês a reserva de propriedade é qualificada como uma garantia acessória de cumprimento das obrigações (artigo 2367.º do *Code Civil*). No caso do ordenamento jurídico português apesar de se encontrar relativamente pacificada a função de garantia da reserva de propriedade, a natureza acessória da mesma continua a ser um tema controvertido. Sobre este debate e realizando um confronto entre a reserva de propriedade e a alienação em garantia numa tentativa de alcançar uma *teoria unitária dos direitos de propriedade com escopo de garantia*, *vide* Catarina Monteiro Pires, *Alienação em Garantia*, *cit. supra*, 2010, pp. 143-165. Por outro lado, Lima Pinheiro entende que a reserva de propriedade é uma *convenção de garantia acessória do contrato de compra e venda*, pelo que em princípio, sendo um acessório do contrato de compra e venda seria transmissível para a o financiador. Cf. Luís Lima Pinheiro, *A Cláusula de Reserva de Propriedade – Algumas reflexões sobre a sua função, regime e natureza jurídica*, Coimbra, Almedina, 1988, p. 115. Contudo, a transmissão da reserva de propriedade enquanto acessório do crédito dependerá igualmente da transmissibilidade do direito à resolução do alienante, visto que a "execução" da reserva de propriedade se encontra associada a este direito. Sobre a transmissão do direito à resolução, *vide infra* a nota 54.

[50] Contra este fundamento está Raúl Santos Oliveira, na medida em que o autor entende que a impossibilidade legal se prende essencialmente com a necessidade de tutela de" determinados interesses superiores" que não se vislumbram nesta situação. Por outro lado, o autor entende que este argumento seria sempre ultrapassado pelo princípio da liberdade contratual (artigo 405.º n.º 2 do Código Civil). Cf. Raúl Santos Oliveira, *A Atribuição da Reserva de Propriedade a um Terceiro Financiador*, Coimbra, Almedina, 2016, pp. 17 e ss. (formato e-book). Não podemos sufragar o presente entendimento, na medida em que não vislumbramos o fundamento jurídico da atribuição da reserva de propriedade a favor do financiador. Com efeito, por não estarem reunidos os elementos da previsão da reserva de propriedade para a sua constituição originária na esfera do financiador, nem tampouco um fundamento bastante para a transmissão da reserva de propriedade da esfera do vendedor para o financiador, julgamos que esta dever-se-á considerar com legalmente impossível.

financiamento para a aquisição de veículos automóveis, tendo obtido especial atenção da jurisprudência devido ao regime do DL 54/75 de 12 de fevereiro, visto que o legislador consagra neste diploma um procedimento cautelar especial de apreensão do veículo e do certificado de matrícula (artigo 15.º n.º 1 do DL 54/75). Contudo, apesar de o legislador atribuir legitimidade ativa ao credor hipotecário para exercer este procedimento cautelar especial, em regra, na prática negocial o financiador prefere sempre recorrer à reserva de propriedade, visto que este instituto lhe permite acautelar o risco de disposição e oneração do bem, sendo a reserva de propriedade sobre o veículo oponível a terceiros, desde que registada (artigo 409.º n.º 2 do Código Civil)[51]. Além do benefício de limitação dos direitos de disposição e oneração do consumidor sobre o bem adquirido, o financiador através da reserva de propriedade evita, simultaneamente o risco de penhora por terceiros credores do consumidor, visto que o bem não chega a integrar o património do consumidor. Consequentemente, o bem objeto de reserva de propriedade não será suscetível de penhora por terceiros credores do consumidor numa eventual ação executiva movida contra este (artigos 601.º e 817.º do Código Civil). Desta forma, perante uma eventual execução ou insolvência do consumidor o financiador poderá sempre recuperar o bem cuja aquisição financiou, de forma a, simultaneamente, obter a satisfação do seu interesse por efeito da apreensão do veículo e a evitar um eventual concurso com terceiros credores do consumidor[52].

II. Todavia, se atendermos à prática levada a cabo pelos financiadores no âmbito do incumprimento dos contratos de crédito para aquisição de veículos automóveis com reserva de propriedade, podemos verificar que o financiador procede normalmente de duas formas alternativas: (*i*) recorre à

[51] Desta forma, a reserva de propriedade tem particular interesse quanto a bens sujeitos a registo, devido à particular publicidade da sua oponibilidade a terceiros. Não obstante, atendendo à preponderância do interesse de satisfação preferencial do financiador face ao interesse de recuperação do bem objeto da reserva de propriedade, julgamos que seria mais adequado para a tutela da posição do financiador o recurso a meios de garantia alternativos, tal como vamos abordar *infra* no capítulo 4.

[52] Deste modo, a reserva de propriedade afasta a suscetibilidade de integração do bem objeto de reserva de propriedade no património do consumidor, pelo que não será suscetível de penhora numa execução promovida contra o consumidor (artigos 601.º número 1 e 817.º do Código Civil e 735.º número 1 do Código de Processo Civil). Por outro lado, no caso da insolvência do consumidor, devemos atender ao regime consagrado no artigo 104.º do CIRE, em especial quanto aos requisitos da oponibilidade da reserva de propriedade à massa (artigo 104.º número 4 do CIRE).

resolução do contrato de mútuo com a consequente exigência da restituição do veículo automóvel objeto de reserva de propriedade; ou (*ii*) instaura ação executiva, indicando à penhora o veículo automóvel cuja aquisição financiou, prescindindo da reserva de propriedade[53_54].

Com efeito, ao analisarmos os meios de satisfação usualmente peticionados pelos financiadores podemos confrontar a situação paradoxal que se constitui com a reserva de propriedade a favor do financiador. Primeiramente, entendemos que o regime do DL 54/75 não se adequa à configuração proposta, na medida em que o legislador apenas identifica como ato sujeito a registo a *reserva de propriedade estipulada em contratos de alienação de veículos automóveis* (artigo 5.º n.º 1 alínea b) do DL 54/75), pelo que não sendo o contrato de crédito um contrato de alienação o financiador não terá, em princípio, legitimidade para promover o respetivo registo da reserva de propriedade a seu favor. Adicionalmente, o financiador enfrenta ainda um outro obstáculo, visto que caso venha a registar a reserva de propriedade a seu favor e perante a apreensão do veículo automóvel através do procedimento previsto no artigo 15.º do DL 54/75, o financiador deverá propor a ação de resolução do contrato de alienação, no prazo de quinze dias a contar da apreensão do bem, sob pena de a apreensão ficar sem efeito (artigos 18.º n.º 1 e 19.º n.º 1 alínea a) do DL 54/75). Com efeito, não correspondendo o mútuo ao contrato de alienação previsto neste regime, temos sérias dúvidas que o financiador possa beneficiar legitimamente do procedimento cautelar especial de apreensão do veículo automóvel, visto que a resolução do contrato de mútuo não parece ser o meio adequado de dar lugar a apreensão definitiva do veículo com fundamento na reserva de propriedade[55_56].

[53] Cf. F. Gravato de Morais, *Contratos de Crédito ao Consumo*, *cit. supra*, 2007, pp. 312-321.

[54] O título executivo usualmente utilizado pelo financiador para assegurar recurso imediato à ação executiva num cenário de incumprimento resulta do acordo de emissão de uma livrança em branco ou de uma letra de câmbio no âmbito do contrato de crédito. Todavia, devemos levar em conta que o legislador procurou acautelar especialmente este caso no artigo 22.º do DL 133/2009.

[55] Dando nota desta dificuldade, *vide* F. Gravato de Morais, *Contratos de Crédito ao Consumo*, *cit. supra*, 2007, p. 306.

[56] Não obstante, poderíamos considerar duas propostas alternativas para admitir que o direito à resolução do financiador, nos termos e para os efeitos do artigo 18.º e 19.º do DL 54/75. Primeiramente, poderíamos considerar que o direito à resolução do contrato de alienação se tenha transmitido para a esfera do financiador por efeito da sub-rogação nos direitos do vendedor (artigo 591.º do Código Civil), pelo que o financiador neste caso exerceria

Em segundo lugar, admitindo em tese a admissibilidade da reserva de propriedade a favor do financiador, a penhora do bem cuja aquisição financiou não será admissível sem que ocorra a renúncia expressa à reserva de propriedade pelo financiador, na medida em que o financiador não poderá promover a penhora de bens que não se encontrem no património do executado (artigos 601.º e 817.º do Código Civil), salvo nas situações em que o direito à execução do credor poderá incidir sobre bens de terceiro que estejam vinculados à garantia do crédito (artigo 818.º do Código Civil). Ora, tendo em conta a situação em apreço, verificamos que o financiador pretende promover a penhora de um bem que substantivamente se encontra no seu próprio património, pelo que estamos perante uma situação paradoxal em que o exequente pretende que o agente de execução proceda à penhora de um bem que se encontra na esfera exequente[57].

III. Com efeito, podemos verificar que o regime do DL 54/75 não contribui igualmente para a tese da admissibilidade da reserva de propriedade a favor do financiador, na medida em que as soluções legislativas consa-

efetivamente o direito à resolução do contrato de alienação, embora não tenha dado lugar à alienação do bem. Todavia, a maioria da doutrina tem entendido que o direito à resolução do contrato corresponde a uma situação jurídica ativa que só será suscetível de transmissão através da cessão da posição contratual (artigo 424.º do Código Civil). Cf. Carlos Mota Pinto, *Cessão da Posição Contratual*, Coimbra, Almedina, 2003, pp. 245 e ss. e Antunes Varela, *Das Obrigações em Geral*, Vol. I, *cit. supra*, 2022, p. 326, sendo este um fundamento adicional para justificar a natureza não acessória da reserva de propriedade, na medida em que o exercício da reserva de propriedade carece sempre do direito à resolução, sendo que parte da doutrina entende mesmo que a função da reserva de propriedade será assegurar a oponibilidade *erga omnes* da resolução. Neste sentido, *vide* Luís Lima Pinheiro, *A Cláusula de Reserva de Propriedade*, *cit. supra*, 1988, p. 115. Sobre o tema da transmissibilidade do direito à resolução, *vide* ainda L. M. T. Menezes Leitão, *Cessão de Créditos*, Coimbra, Almedina, 2005, pp. 342-347. Em segundo lugar, poderíamos equacionar a possibilidade de a união de contratos entre o contrato de crédito e o contrato de compra e venda permitir extensão dos efeitos da resolução do contrato de crédito ao contrato de compra e venda. Contudo, verificamos que esta vantagem apenas se encontra expressamente consagrada a favor do consumidor face ao incumprimento do vendedor, nos termos e limites do artigo 18.º n.º 3 alínea c) do DL 133/2009, pelo que dificilmente poderíamos argumentar a sua extensão ao financiador com fundamento no incumprimento do contrato de crédito.

[57] O presente tema foi objeto de um acórdão de uniformização de jurisprudência, segundo o qual o Supremo Tribunal de Justiça decidiu que a penhora sobre o bem objeto de reserva de propriedade só poderia proceder após o pedido de cancelamento do registo da reserva de propriedade pelo credor-reservatário que no caso ocupava a posição processual de exequente. Cf. Acórdão do Supremo Tribunal de Justiça n.º 10/2008 de 9 de outubro de 2008, Proc. 07A3965, disponível em www.dgsi.pt.

gradas no presente diploma não se adequam à estrutura da reserva de propriedade a favor de um sujeito diverso do alienante, sendo duvidoso que atendendo à letra da lei e aos critérios da interpretação hermenêutica se possa fundamentar a admissibilidade do registo da reserva de propriedade sobre o veículo automóvel a favor do financiador, pelo que esta cláusula será inválida com fundamento na sua impossibilidade legal da mesma (artigo 280.º n.º 1 do Código Civil)[58].

4. Meios de garantia alternativos à reserva de propriedade a favor do financiador no âmbito dos contratos de financiamento para a aquisição de veículos automóveis

Apesar de entendermos que a reserva de propriedade a favor do financiador seja inadmissível com fundamento na sua respetiva impossibilidade legal, não podemos deixar de reconhecer que o frequente recurso à concessão de crédito e o dinamismo da *praxis* comercial exige que os financiadores procurem cada vez mais dar lugar à constituição de meios de garantia das obrigações mais eficazes que os convencionais direitos reais de garantia[59-60]. Com efeito, tendo em que o financiador recorre à reserva de propriedade com a dupla finalidade de: (*i*) assegurar a limitação dos direitos de disposição e oneração do bem adquirido; e (*ii*) de beneficiar de uma garantia oponível a qualquer terceiro com prevalência face a qualquer credor, julgamos

[58] A argumentação do acórdão de uniformização de jurisprudência do Supremo Tribunal de Justiça sufraga este entendimento, pelo que, ainda que não seja um elemento abrangido pelo caso julgado, não deixa de ser um elemento interpretativo jurisprudencial relevante. Cf. Acórdão do Supremo Tribunal de Justiça n.º 10/2008 de 9 de outubro de 2008, Proc. 07A3965, disponível em www.dgsi.pt.

[59] A doutrina tem vindo a indicar a insuficiência crescente das garantias reais, nomeadamente devido à sua morosidade da sua execução e o próprio custo associado à sua constituição. Adicionalmente, verificamos que as garantias reais sofrem inúmeras sobreposições de privilégios creditórios a favor do Estado e de outras entidades públicas. Cf. Hugo Ramos Alves, *Dação em Cumprimento, cit. supra*, 2017, p. 473. Sobre os fundamentos do decréscimo do recurso às garantias reais, *vide* Isabel Andrade de Matos, *O Pacto Comissório – Contributo para o estudo do âmbito da sua proibição*, Coimbra, Almedina, 2006, pp. 9-21.

[60] Por outro lado, ao assegurar ao financiador meios de garantia das obrigações mais eficazes o mutuário poderá igualmente beneficiar da diminuição do custo do crédito, visto que o risco de crédito a que o financiador se encontra exposto será inferior, pelo que ainda que a oneração da garantia seja mais forte o mutuário não deixa de ter uma vantagem com o reforço das alternativas de garantia de cumprimento do mutuante. Cf. Isabel Andrade de Matos, *O Pacto Comissório, cit. supra*, 2006, p. 12.

que este poderá, em alternativa recorrer a três meios de garantia que asseguram igualmente a tutela dos mesmos interesses, sendo estes: (*i*) a constituição de hipoteca sobre o veículo a adquirir com uma cláusula de *negative pledge*; (*ii*) a alienação fiduciária em garantia do veículo a favor do financiador; e (*iii*) o registo da reserva de propriedade favor do vendedor em benefício do financiador.

Não sendo este o espaço adequado para o aprofundamento de cada uma das soluções propostas, não podemos ainda assim deixar de analisar sumariamente o modo de constituição destes meios de garantia alternativos e a estrutura das respetivas obrigações.

4.1. A hipoteca sobre o veículo automóvel com uma cláusula de *negative pledge*

I. Em alternativa à constituição da reserva de propriedade, o financiador poderá recorrer à clássica solução da constituição de uma hipoteca sobre o veículo automóvel adquirido pelo consumidor, sendo que por meio desta garantia terá igualmente legitimidade ativa para a promoção do procedimento especial de apreensão previsto no artigo 15.º do DL 54/75. Todavia, ao contrário do que sucede com a reserva de propriedade, o financiador ficará exposto aos riscos de disposição ou oneração do veículo automóvel dado em garantia pelo consumidor, visto que este se torna proprietário do bem por efeito do contrato de compra e venda[61]. Contudo, de forma a atenuar o presente risco, o financiador poderá recorrer a uma cláusula de *negative pledge*, convencionando que perante (*i*) a alienação; ou (*ii*) oneração do veículo automóvel hipotecado pelo consumidor/mutuário a terceiro, ocorre de imediato o vencimento antecipado de todas as prestações do contrato de mútuo[62]. A cláusula de *negative pledge* não dá lugar a qualquer reforço quali-

[61] A sequela e o caráter absoluto asseguram a manutenção do direito real de garantia sobre o bem onerado, apesar de se reconhecer a insegurança prática que a suscetibilidade de alienar o bem onerado causa, em especial quanto a bens móveis, visto que, apesar de os veículos automóveis se encontrarem sujeitos a registo, não deixa de existir o risco de sonegação do bem dado em garantia por qualquer terceiro adquirente. Sobre a sequela e o caráter absoluto da hipoteca, *vide* Isabel Menéres Campos, *Da Hipoteca – Caraterização, constituição e efeitos*, Coimbra, Almedina, 2003, pp. 38 e ss.

[62] Neste cenário estaríamos perante uma cláusula de *negative pledge* em sentido próprio e impróprio que incide sobre um bem certo e determinado da esfera jurídica do devedor. A cláusula de *negative pledge* em sentido próprio visa apenas constituir o devedor na obrigação de não conceder garantias reais a outros credores, pelo que visa essencialmente limitar as capa-

tativo ou quantitativo do crédito do financiador, na medida em que a mesma gera tão só uma obrigação de facto negativo na esfera do devedor que garante ao credor que dela beneficia, pelo menos, a manutenção qualitativa e quantitativa da capacidade patrimonial do devedor para cumprir a obrigação, embora nesta situação o alcance se restrinja ao bem adquirido com recurso ao contrato de mútuo[63]. Destarte, o financiador através da cláusula de *negative pledge* assegura ainda um controlo efetivo do bem dado em garantia, na medida em que a prática de qualquer ato de disposição sobre o bem dará lugar ao vencimento imediato de todas as prestações devidas pelo consumidor no âmbito do contrato de mútuo. Adicionalmente, o financiador poderá recorrer de imediato ao procedimento especial de apreensão do veículo automóvel perante um cenário de incapacidade patrimonial do consumidor para liquidar a totalidade das prestações em dívida perante o cenário do vencimento antecipado (artigo 15.º do DL 54/75).

II. Não obstante, reconhecemos que a presente solução coloca sérios desafios ao financiador, na medida em que, apesar de se encontrar legitimamente acautelado no plano obrigacional, este não tem o controlo absoluto face aos atos praticados pelo consumidor sobre o veículo automóvel. Deste modo, o consumidor poderá perfeitamente alienar o veículo automóvel, em incumprimento da cláusula de *negative pledge*, mas o financiador poderá apenas se aperceber do facto volvidos alguns meses, visto que a conservatória do registo automóvel não tem qualquer obrigação de notificar o credor hipotecário da alienação ou oneração do bem dado em garantia,

cidades de oneração do património do devedor. Por outro lado, a cláusula de *negative pledge* imprópria corresponde a uma vinculação do devedor perante o credor de não alienar determinados bens que se encontram no seu património ou, pelo menos, sem o consentimento do credor. Cf. Joana Pereira Dias, "Contributo para o estudo dos actuais paradigmas das cláusulas de garantia e/ou segurança: A '*pari passu*', a '*negative pledge*' e a '*cross default*'", *EIGT*, Vol. IV, *cit. supra*, 2003, pp. 939 e p. 952. Contudo, na situação proposta a cláusula de *negative pledge* visa apenas o bem adquirido com recurso ao contrato de crédito em causa, sendo que nada impede as partes de acordar a extensão da *negative pledge* a todo o património do devedor.

[63] Neste sentido, *vide* Pestana de Vasconcelos, *Direito das Garantias*, *cit. supra*, 2020, p. 692 e Sérgio Coimbra Henriques, *Cláusulas de garantia e segurança*, *cit. supra*, 2014, pp. 33-36. Este último autor menciona que a cláusula de *negative pledge* poderá reflexamente o concurso de terceiros credores, na medida em que estando o devedor obrigado a não conceder garantias a terceiros sem o consentimento do credor, o recurso ao financiamento encontrar-se-á bastante limitado, na medida em que estes contratos exigem a concessão de garantias pelo mutuário como garantia de cumprimento das obrigações, pelo que permite evitar o aumento das responsabilidades do devedor.

pelo que o financiador corre um sério risco de dissipação do bem dado em garantia, apesar de este se encontrar sujeito a registo.

4.2. Alienação fiduciária em garantia

I. Tal como afirma FERNANDO DE GRAVATO MORAIS, a alienação fiduciária em garantia corresponde à garantia mais adequada para a tutela adequada dos interesses do credor neste tipo de contratos de crédito concedido a consumidores[64]. A alienação fiduciária em garantia corresponde a um negócio jurídico atípico, através do qual o prestador da garantia (o *fiduciante*) transmite para o credor garantido (o *fiduciário*) a titularidade sobre um determinado bem com uma finalidade de garantia de cumprimento de uma obrigação[65], sendo que, uma vez extinta a obrigação garantida, o credor garantido terá a obrigação de retransmitir ao prestador da garantia o direito transmitido com funções de garantia[66]. De forma a limitar os direitos do fiduciário sobre o bem transmitido com funções de garantia, o fiduciante e o fiduciário deverão estipular no contrato de prestação desta garantia os limites do fiduciário sobre o direito de propriedade adquirido com funções de garantia, sendo este pacto denominado por *pacto fiduciário*[67].

A alienação fiduciária em garantia corresponde a uma das garantias mais "fortes" no âmbito do sistema de direito das garantias, na medida em que o

[64] Cf. F. GRAVATO DE MORAIS, *Contratos de Crédito ao Consumo, cit. supra*, 2007, p. 308.

[65] A alienação fiduciária em garantia encontra-se em regra associada a coisas móveis ou imóveis suscetíveis de ser objeto de direitos reais, na medida em que caso o bem a alienar em garantia corresponda a um direito de crédito o negócio corresponde a uma cessão de créditos em garantia. Sobre a cessão de créditos em garantia, *vide* L. M. PESTANA DE VASCONCELOS, *A Cessão de Créditos em Garantia e a Insolvência – Em particular da posição do cessionário na insolvência do cedente*, Coimbra, Coimbra Editora, 2007. No entanto, no âmbito do artigo 14.º e ss. do DL 105/2005 será admissível às partes recorrer à alienação fiduciária em garantia, ainda que o objeto da garantia corresponda a créditos sobre terceiros (artigo 5.º n.º 1 alínea c) do DL 105/2004).

[66] Propondo esta noção ainda que de forma preliminar, *vide* CATARINA MONTEIRO PIRES, *Alienação em Garantia, cit. supra*, 2010, p. 99.

[67] Contudo, a admissibilidade desta construção não dispensa a fundamentação da admissibilidade do negócio fiduciário no ordenamento jurídico português, na medida em que o tema ainda não se encontra estabilizado na doutrina e na jurisprudência. No sentido da admissibilidade do negócio fiduciário, *vide* PESTANA DE VASCONCELOS, *A Cessão de Créditos em Garantia e a Insolvência, cit. supra*, 2007, pp. 83-100, ANDRÉ FIGUEIREDO, *O Negócio Fiduciário perante Terceiros – Com aplicação especial na Gestão de Valores Mobiliários*, Coimbra, Almedina, 2014, pp. 63 e ss. e ANTÓNIO BARRETO MENEZES CORDEIRO, *Do Trust no Direito Civil*, Coimbra, Almedina, 2014, pp. 783 e ss.

credor-fiduciário é titular do direito de propriedade sobre o bem dado em garantia, ainda que os poderes do fiduciário sobre o bem dado em garantia estejam limitados pelo pacto fiduciário[68]. Com efeito, tal como acontece com a reserva de propriedade, estamos perante uma situação em que as partes utilizam o direito de propriedade com funções de garantia.

II. A alienação fiduciária em garantia apenas se encontra expressamente consagrada no ordenamento jurídico português no âmbito do regime dos acordos de garantia financeira (artigos 2.º n.º 2 e 14.º e ss. do Decreto-lei 105/2004). Fora deste diploma, a doutrina nacional tem vindo a contestar a admissibilidade desta garantia, visto que ainda não é pacífica a questão da admissibilidade dos negócios fiduciários no ordenamento jurídico português, categoria em que se inclui a alienação fiduciária em garantia enquanto modalidade de negócio fiduciário com funções de garantia[69]. Com efeito, as incertezas que se colocam neste campo acabam por desincentivar os financiadores ao recurso a esta garantia atípica, na medida em que se encontrariam sujeitos a um *legal risk* insuportável na prática comercial e financeira.

Apesar de o presente estudo não ser o lugar indicado para o debate da admissibilidade da alienação fiduciária em garantia no ordenamento jurídico português, julgamos que o seu reconhecimento geral pela doutrina e pela jurisprudência no âmbito do direito dos contratos em geral seria uma

[68] Desta forma, o pacto fiduciário será o local indicado para limitar os poderes do fiduciário sobre o bem dado em garantia. Com efeito, as partes recorrem a um pacto obrigacional para limitar o direito com eficácia real concedido ao credor-fiduciário, pelo que se encontram sujeitas ao denominado risco fiduciário. O risco fiduciário corresponde essencialmente ao risco de infidelidade do fiduciário face ao pacto fiduciário, dando lugar ao seu incumprimento através da prática de atos que embora não estejam feridos de invalidade constituem situações de ilicitude por contrariarem diretamente o pacto fiduciário. O caso paradigmático de abuso da posição de fiduciário corresponde à alienação do bem dado em garantia a terceiro adquirente, em violação frontal do pacto fiduciário entre o fiduciante e o fiduciário. Sobre os limites dos poderes do fiduciário no âmbito da alienação fiduciária em garantia, *vide* Catarina Monteiro Pires, *Alienação em Garantia*, *cit. supra*, 2010, pp. 191-205. Sobre o conceito de risco fiduciário e a sua relevância para a qualificação do negócio jurídico como um negócio fiduciário, *vide* André Figueiredo, *O Negócio Fiduciário perante Terceiros*, *cit. supra*, 2014, pp. 75-82.

[69] Na doutrina mais recente, contra a admissibilidade da alienação fiduciária em garantia com fundamento no facto de este negócio constituir um modo de defraudar o princípio *par condictio creditorum*, *vide* Carlos Ferreira de Almeida, "Alienação da Propriedade em Garantia – Uma perspetiva prudente", in: *Estudos dedicados ao Professor Doutor Luís Carvalho Fernandes – Revista Direito e Justiça*, Vol. I, Lisboa, Universidade Católica, 2011, pp. 311 e ss.

vantagem considerável para a atividade da concessão de crédito, visto que permitira assegurar a tutela dos interesses do mutuante em assegurar o cumprimento das obrigações do mutuário com garantias eficazes e, simultaneamente, assegurar aos mutuários o acesso ao crédito com a menor taxa de juro possível, visto que o risco de incumprimento das obrigações e de perda definitiva do crédito será atenuado por garantias de cumprimento mais eficazes do que os tradicionais direitos reais de garantia[70]. Por outro lado, entendemos ainda que o recurso à alienação fiduciária em garantia permitiria assegurar o afastamento em definitivo da *praxis* comercial do debate da reserva de propriedade a favor do financiador, visto que esta garantia assegura a tutela dos mesmos interesses e riscos que o financiador pretende acautelar com o recurso à reserva de propriedade[71].

III. Deste modo, entendemos que a solução ideal será permitir que o financiador no âmbito dos contratos de mútuo para aquisição de bens de consumo possa acordar com o consumidor a alienação fiduciária em garantia do bem adquirido até ao cumprimento integral das obrigações do consumidor emergentes do contrato de crédito que permitiu a aquisição do bem junto do vendedor, sendo que o financiador e o consumidor deveriam prever no próprio contrato de mútuo: (*i*) o dever de o consumidor proceder à transmissão do direito de propriedade sobre o bem adquirido com o capital disponibilizado pelo financiador e transmitido para o financiador com funções de garantia; e (*ii*) o pacto fiduciário que limita os direitos do financiador sobre o bem transmitido com finalidades de garantia, bem como os deveres do fiduciário/financiador perante o fiduciante/consumidor. Contudo, devemos notar que a alienação fiduciária em garantia não implica o desapossamento do consumidor, mas tão só a transmissão do direito real a favor do financiador com finalidades de garantia, à imagem do que sucede na reserva de propriedade.

Deste modo, no âmbito dos contratos de crédito para a aquisição de veículos automóveis, perante o acordo da alienação fiduciária em garantia do veículo automóvel a favor do financiador, o consumidor deveria, seguidamente à aquisição e respetivo registo de aquisição do veículo automóvel,

[70] Tal como mencionámos nas notas 57 e 58.

[71] Com efeito, estaríamos a substituir a reserva de propriedade a favor do financiador, cuja admissibilidade se contesta, pelos argumentos que mencionámos, por uma garantia válida, eficaz e eficiente na garantia dos legítimos interesses do financiador, pois priva o prestador da garantia dos poderes de disposição e oneração sobre o bem dado em garantia e permite facilmente a consolidação da propriedade na esfera do credor garantido.

dar lugar à transmissão e respetivo registo do direito de propriedade sobre o veículo adquirido a favor do financiador, sendo que o financiador teria sobre si o dever de proceder à retransmissão e respetivo registo a favor do consumidor após o cumprimento integral das obrigações, mantendo o consumidor a posse sobre o veículo durante todo o período de pendência da garantia[72].

4.3. Constituição da reserva de propriedade a favor do vendedor em benefício do financiador

I. Por fim, julgamos que será ainda admissível a constituição de uma garantia de cumprimento das obrigações atípica a favor do financiador, através da reserva de propriedade a favor do vendedor em benefício do financiador. A estrutura da presente garantia é particularmente simples de adaptar à prática negocial, visto que bastará ao vendedor acordar no contrato de alienação com o consumidor que a reserva de propriedade se manterá até ao cumprimento integral das obrigações do consumidor perante o financiador[73]. Desta forma, verificamos que não se convoca neste caso nenhum dos argumentos que utilizámos para fundamentar a inadmissibilidade da reserva de propriedade a favor do financiador, na medida em que: (*i*) a reserva de propriedade é acordada no âmbito de um contrato de alienação entre o alienante e o adquirente; e (*ii*) o sujeito que estipula a reserva

[72] Apesar da adequação prática e admissibilidade substantiva da alienação fiduciária em garantia de veículos automóveis em garantia do cumprimento das obrigações emergentes do contrato de crédito que financiou a respetiva aquisição, não podemos deixar de reconhecer que esta solução poderá convocar um leque de novos problemas, na medida em que estes bens se encontram afetos a determinadas onerações, nomeadamente o seguro obrigatório de responsabilidade civil automóvel, previsto no DL 291/2007, de 21 de agosto. Com efeito, verificamos que o legislador teria de (re)adaptar o artigo 6.º n.º 1 do DL 291/2007, na medida em que regra geral o tomador de seguro deverá ser o proprietário do veículo automóvel, exceto nos casos expressamente previstos nesta norma, sendo que entre as exceções figura a reserva de propriedade, sendo nesse caso o tomador de seguro o respetivo adquirente do contrato de alienação. Sobre o seguro de responsabilidade civil automóvel, *vide* António Menezes Cordeiro, *Direito dos Seguros*, 2.ª edição revista e atualizada, reimpressão, Coimbra, Almedina, 2017, pp. 883 e ss.

[73] Mencionando a presente hipótese, mas no sentido da sua inadmissibilidade, *vide* F. Gravato de Morais, *Contratos de Crédito ao Consumo, cit. supra*, 2007, pp. 321 e ss. Contudo, a jurisprudência já se pronunciou de forma positiva quanto à admissibilidade da presente estrutura da reserva de propriedade no Acórdão do Tribunal da Relação de Lisboa de 27 de junho de 2006, Proc. 937/2006-1, disponível em www.dgsi.pt.

de propriedade será o próprio alienante, embora em benefício do financiador. Por outro lado, devemos levar em conta que o artigo 409.º n.º 1 do Código Civil acolhe no seu elemento literal a presente solução, visto que o legislador permite que a propriedade seja reservada pelo alienante até à *verificação de qualquer outro evento* diverso do cumprimento total ou parcial das obrigações do adquirente perante o alienante, pelo que entendemos será admissível que o alienante reserve a propriedade do bem até ao cumprimento integral do contrato de mútuo que financiou a aquisição do veículo automóvel[74].

II. Em sentido contrário a esta solução está Fernando de Gravato Morais, na medida em que o autor entende que apesar de a condição para a extinção da reserva de propriedade corresponder ao cumprimento das obrigações emergentes do contrato de crédito com o financiador que se encontra em estreita relação com o contrato de alienação, o vendedor ao receber a totalidade do preço do financiador perde o interesse na reserva de propriedade, visto que a obrigação que esta visava garantir se extinguiu pelo cumprimento integral realizado por terceiro[75]. Com todo o respeito pelo autor, entendemos que o vendedor terá interesse na manutenção da reserva de propriedade, ainda que em benefício do financiador, na medida em que o direito de crédito ao pagamento do preço do vendedor apenas se extingue pelo cumprimento com a intervenção do financiador, visto que o consumidor-adquirente não tinha a capacidade patrimonial para realizar o cumprimento integral da obrigação de pagamento do preço. Assim, a intervenção do financiador permite que o vendedor transmita materialmente o risco de insolvência ou incapacidade patrimonial do consumidor para a esfera jurídica do financiador, dando lugar à redução da relevância prática da venda a prestações.

Com efeito, perante o incumprimento definitivo pelo consumidor das obrigações emergentes do contrato de crédito, o vendedor deverá exigir ao consumidor-adquirente a restituição do bem objeto da reserva de propriedade com fundamento na impossibilidade da verificação da condição a que a reserva de propriedade se encontra sujeita[76].

[74] Cf. Nuno Aureliano, *O Risco nos Contratos de Alienação*, *cit. supra*, 2009, pp. 345-346.

[75] Cf. F. Gravato de Morais, *Contratos de Crédito ao Consumo*, *cit. supra*, 2007, p. 325.

[76] Em sentido próximo está o Acórdão do Tribunal da Relação de Lisboa de 27 de junho de 2006, Proc. 937/2006-1, disponível em www.dgsi.pt.

No entanto, a condição a que a reserva de propriedade se encontra submetida deve ser alvo de controlo, nomeadamente através da proibição dos negócios usurários (artigo 282.º do Código Civil), na medida em que perante a identificação de uma condição diversa do pagamento integral do preço devido no âmbito do contrato de alienação, devemos assegurar que essa mesma condição não seja materialmente usurária para o consumidor[77]. Efetivamente, entendemos que a cláusula de reserva de propriedade deve estar dependente de um facto que se encontre no exclusivo controlo do consumidor-adquirente, não sendo admissível uma cláusula de reserva de propriedade afeta a uma condição que de algum modo esteja no controlo do credor garantido ou do vendedor que na configuração proposta atua materialmente como um fiduciário do financiador[78]. Não obstante, devemos levar em conta que a presente solução enfrenta o obstáculo de a obrigação de pagamento do preço já se encontrar extinta, por força do cumprimento integral da obrigação pelo financiador. Todavia, julgamos que será neste momento que deverá ser tida em conta a relação de união contratual entre o contrato de crédito e o contrato de compra e venda, visto que o direito à resolução do vendedor como meio de permitir a consolidação da propriedade do bem na sua esfera será exercido com fundamento no incumprimento do contrato que permitiu a celebração do contrato de alienação – o contrato de crédito que financiou o pagamento da obrigação de pagamento do preço pelo consumidor. Neste sentido, entendemos que o vendedor ao exercer o direito à resolução e à restituição do bem com fundamento na não verificação da condição translativa do bem objeto de reserva de propriedade atua enquanto fiduciário do financiador, visto que deverá transmitir para este último: (*i*) a propriedade do bem cuja propriedade reservou; ou (*ii*) o produto de uma eventual venda do mesmo, sob pena de dar lugar a

[77] O recurso a este critério será particularmente adequado face às especiais necessidades de tutela do consumidor perante eventuais abusos do financiador. Com efeito, o recurso ao artigo 282.º do Código Civil visa essencialmente controlar não só a justiça interna do contrato, mas também face ao eventual abuso ou aproveitamento da situação de debilidade do consumidor ao ponto de se entender que o financiador retirou deste um benefício excessivo ou injustificado. Para uma definição de negócio usurário, *vide* PEDRO PAIS DE VASCONCELOS, *Teoria Geral do Direito Civil*, 8.ª Ed., Coimbra, Almedina, 2015, p. 549.

[78] Desta forma, julgamos adequado aplicar a teoria dos deveres fiduciários ao vendedor neste caso em concreto, em especial o dever de lealdade do fiduciário perante o beneficiário do pacto fiduciário. Sobre a teoria dos deveres dos fiduciários, *vide* BARRETO MENEZES CORDEIRO, *Do Trust no Direito Civil*, *cit. supra*, 2014, pp. 519-562.

uma situação de enriquecimento sem causa, na medida em que daria lugar à concentração na sua esfera do bem objeto do contrato de alienação e do preço de aquisição[79].

III. Todavia, reconhecemos que uma das maiores dificuldades práticas deste meio de garantia atípico reside na ausência de um acordo entre o financiador e o vendedor quanto ao modo de exercício da reserva de propriedade pelo vendedor, visto que entre estas duas partes não é celebrado qualquer contrato, pelo que deveremos procurar suprimir esta lacuna através da delimitação das obrigações do vendedor quanto ao modo de exercício da reserva de propriedade na eventualidade de o consumidor incumprir as obrigações emergentes do contrato de crédito[80]. Desta forma, julgamos que a presente lacuna poderá ser integrada com recurso ao regime do mandato sem representação (artigo 1180.º e ss. do Código Civil), na medida em que esta corresponde à situação jurídica material da estrutura de garantia resultante da reserva de propriedade condicionada ao cumprimento integral das obrigações perante o (terceiro) financiador. Com efeito, tanto o financiador como o consumidor sabem que o vendedor, apesar de ser o titular da reserva de propriedade (*atuação em nome próprio*), atua e mantém a reserva de propriedade por conta do financiador (artigo 1180.º do Código Civil). Neste sentido, perante a resolução do contrato de alienação pelo vendedor com fundamento na impossibilidade de verificação da condição a que a transmissão definitiva da propriedade se encontra submetida, verificamos que o vendedor estará obrigado a proceder à transferência da propriedade do bem cuja propriedade reservou a favor do financiador, nos termos do artigo 1181.º n.º 1 do Código Civil[81].

[79] Embora não qualifique o vendedor como um fiduciário, mas admitindo esta estrutura, *vide* Pedro de Albuquerque, *Direito das Obrigações – Contratos em Especial*, Vol. I, *cit. supra*, 2019, p. 187.

[80] Cf. Pedro de Albuquerque, *Direito das Obrigações – Contratos em Especial*, Vol. I, *cit. supra*, 2019, p. 187, nota 574. O autor embora reconheça a admissibilidade da reserva de propriedade a favor do vendedor em benefício do financiador, realça que a transmissão a favor do financiador dependerá sempre de um acordo interno entre este e o vendedor.

[81] A presente solução resulta essencialmente da identificação do dever de o vendedor proceder à prática de determinados atos jurídicos em nome próprio por conta do financiador, embora não resulte de qualquer acordo expresso com este sujeito. Não obstante, atendendo ao facto de qualificarmos a posição do vendedor como um fiduciário, julgamos que a qualificação da relação entre o vendedor e o financiador como um mandato sem representação será particularmente adequada, na medida em que a generalidade da doutrina tem vindo a qualificar o mandato sem representação como um negócio fiduciário. Cf. Pestana de

Conclusões

Ao longo do presente trabalho, verificámos que a reserva de propriedade corresponde a um instituto que prossegue essencialmente funções de garantia de cumprimento de uma determinada obrigação. Contudo, entendemos que o financiador não poderá beneficiar deste meio de garantia, na medida em que não é parte no contrato de alienação, pelo que não será admissível permitir que este proceda à reserva de um direito de propriedade que não chega a ingressar na sua esfera jurídica. Adicionalmente, a teoria da transmissão da reserva de propriedade para a esfera do financiador através do instituto da sub-rogação não será admissível, na medida em que: (*i*) a reserva de propriedade não corresponde a uma garantia acessória ao crédito do alienante; e (*ii*) não é pacífico que o direito à resolução seja transmissível através de sub-rogação, sendo este direito essencial para a consolidação da propriedade na esfera do credor-reservatário. Com efeito, pelas razões identificadas julgamos que a reserva de propriedade a favor do financiador não será admissível com fundamento na impossibilidade legal do objeto deste negócio jurídico (artigo 280.º n.º 1 do Código Civil).

Todavia, o financiador poderá recorrer a meios de garantia alternativos à reserva de propriedade que asseguram igualmente os interesses que o financiador pretende acautelar com recurso à reserva de propriedade e efetiva garantia de cumprimento do contrato de crédito, pelo que o financiador poderá recorrer à: (*i*) hipoteca do bem com estipulação de uma cláusula de *negative pledge*; (*ii*) alienação fiduciária em garantia do bem cuja aquisição financiou; ou (*iii*) à constituição da reserva de propriedade a favor do vendedor em benefício do financiador.

Bibliografia

Albuquerque, Pedro de, *Direito das Obrigações – Contratos em Especial*, Vol. I, 2.ª edição, Coimbra, Almedina, 2019.

Alves, Hugo Ramos, *Dação em Cumprimento*, Coimbra, Almedina, 2017.

Aureliano, Nuno, *O Risco nos Contratos de Alienação – Contributo para o Estudo do Direito Privado Português*, Coimbra, Almedina, 2009.

Ascensão, José Oliveira, *A Tipicidade dos Direitos Reais*, Lisboa, Editorial Minerva, 1968.

Vasconcelos, *A Cessão de Créditos em Garantia e a Insolvência*, *cit. supra*, 2007, pp. 251 e ss. e Barreto Menezes Cordeiro, *Do Trust no Direito Civil*, *cit. supra*, 2014, pp. 1003 e ss.

Aynes, Laurent/Crocq, Pierre, *Les Sûretés, La publicité foncière*, n.º 761, Defrénois, Paris, 2006.

Betti, Emilio, *Teoria generalle delle obligazione*, Vol. III, Tomo 2 – Vicende dell'Obbligazione-Difesa preventiva e sucessiva dell'Obbligazione, Milano, Giuffrè, 1955.

Campos, Maria Isabel Helbling Menéres, *Da Hipoteca – Caraterização, constituição e efeitos*, Coimbra, Almedina, 2003.

– *Contributo para o estudo da reserva de propriedade – Em especial a reserva de propriedade a favor do financiador*, Dissertação de Doutoramento em Ciências Jurídico-Civilísticas, Coimbra, 2009, pp. 337 e ss., disponível em https://estudogeral.sib.uc.pt/bitstream/10316/17797/1/Contributo%20para%20o%20estudo%20da%20reserva%20de%20propriedade.pdf.

Carlos Mota Pinto, *Cessão da Posição Contratual*, Coimbra, Almedina, 2003.

Cordeiro, António Barreto Menezes, *Do Trust no Direito Civil*, Coimbra, Almedina, 2014.

Cordeiro, António Menezes, *Tratado de Direito Civil*, Tomo X, Direito das Obrigações – Garantias, coolab. A. Barreto Menezes Cordeiro, Coimbra, Almedina, 2015.

Costa, Mário Júlio de Almeida, *Direito das Obrigações*, 12.ª edição, Coimbra, Almedina, 2009.

Cunha, Paulo, *Da Garantia nas obrigações*, Tomo II, (pelo aluno Eudoro Pamplona Côrte-Real), Lisboa, 1938-1939.

Duarte, Rui Pinto, *Curso de Direitos Reais*, 1.ª edição, Cascais, Principia, 2002.

Dias, Joana Forte Pereira, "Contributo para o estudo dos actuais paradigmas das cláusulas de garantia e/ou segurança: A '*pari passu*', a '*negative pledge*' e a '*cross default*', in: *Estudos em homenagem ao Prof. Doutor Inocêncio Galvão Telles*, Vol. IV: Novos estudos de direito privado, Coimbra, Almedina, 2003.

Faria, Paulo Ramos, "A reserva de propriedade constituída a favor de terceiro financiador", in: *Revista Julgar*, n.º 16, Jan.-Abr., Coimbra, Coimbra Editora, 2012, p. 30, disponível em http://julgar.pt/wp-content/uploads/2014/07/01-JULGAR-A-reserva-de-propriedade-constitu%C3%ADda-a-favor-de-t.pdf.

Figueiredo, André, *O Negócio Fiduciário perante Terceiros – Com aplicação especial na Gestão de Valores Mobiliários*, Coimbra, Almedina, 2014.

Gazzara, Giacomo, *La vendita obligatoria*, Giuffrè, Milano, 1957.

Godinho, João Carlos Gonçalves, *Da Admissibilidade da Reserva de Propriedade a favor do Terceiro Financiador*, Universidade Católica Portuguesa – Faculdade de Direito, Escola do Porto, Porto, 2019, p. 22, disponível em https://repositorio.ucp.pt/bitstream/10400.14/30244/1/Da%20admissibilidade%20da%20

cl%C3%A1usula%20de%20reserva%20de%20propriedade%20a%20favor%20de%20terceiro%20financiador.pdf.

Gomes, Manuel Januário da Costa, *Assunção Fidejussória de Dívida – Sobre o sentido e o âmbito da vinculação como fiador*, Coimbra, Almedina, 2000.

Goode, Roy, *Commercial Law*, 3rd Editions, London, Penguin Books, 2004.

Henriques, Sérgio Coimbra, *Cláusulas de garantia e segurança – Entre a autonomia privada e o dever de cumprir – alguns aspetos*, Universidade Nova de Lisboa, Lisboa, 2014, pp. 23 e ss., disponível em https://run.unl.pt/bitstream/10362/17208/1/Henriques_2014.pdf.

Jorge, Alice Gomes, *O contrato de crédito ao consumo enquanto mútuo de escopo*, Faculdade de Direito da Universidade de Coimbra, Coimbra, 2005, pp. 15-21, disponível em https://estudogeral.sib.uc.pt/bitstream/10316/28645/1/O%20contrato%20de%20credito%20ao%20consumo%20enquanto%20mutuo%20de%20escopo.pdf.

Leitão, Luís Manuel Teles de Menezes, *Cessão de Créditos*, Coimbra, Almedina, 2005.

– *Garantias das Obrigações*, Coimbra, Almedina, 2006.

– *Direito das Obrigações*, Contratos em especial, Vol. III, 6.ª edição, Coimbra, Almedina, 2022.

Lima, Pires de e Varela, Antunes, *Código Civil Anotado*, Volume I, 4.ª edição revista e atualizada, com a colaboração de Henrique Mesquita, Coimbra, Coimbra Editora, 1987.

Martínez, Pedro Romano/Ponte, Pedro Fuzeta da, *Garantias de Cumprimento*, 5.ª edição, Coimbra, Almedina, 2005.

Morais, Fernando de Gravato, *União de Contratos de Crédito e de Venda para Consumo – Efeitos para o financiador do incumprimento do consumidor*, Coimbra, Almedina, 2004.

– *Contratos de Crédito ao Consumo*, Coimbra, Almedina, 2007.

Neves, António Castanheira, *O actual problema metodológico da interpretação jurídica I*, reimpressão, Coimbra, Coimbra Editora, 2011.

Oliveira, Raúl Santos, *A Atribuição da Reserva de Propriedade a um Terceiro Financiador*, Coimbra, Almedina, 2016 (formato e-book).

Perera, Ángel Carrasco/Lobato, Encarna Cardera/López, Manuel Jesus Marín, *Tratado de los Derechos de Garantía*, Navarra, Aranzadi, 2002.

Pinheiro, Luís Lima, *A Cláusula de Reserva de Propriedade – Algumas reflexões sobre a sua função, regime e natureza jurídica*, Coimbra, Almedina, 1988.

Pinto, Rui, *A Ação Executiva*, Reimpressão, Lisboa, AAFDL, 2019.

Pires, Catarina Monteiro, *Alienação em Garantia*, Coimbra, Almedina, 2010.

VASCONCELOS, LUÍS MIGUEL PESTANA DE, *A Cessão de Créditos em Garantia e a Insolvência – Em particular da posição do cessionário na insolvência do cedente*, Coimbra, Coimbra Editora, 2007.

– *Direito das Garantias*, 3.ª edição, Coimbra, Almedina, 2020.

VASCONCELOS, PEDRO PAIS DE, *Teoria Geral do Direito Civil*, 8.ª Ed., Coimbra, Almedina, 2015.

VARELA, JOÃO DE MATOS ANTUNES, *Das Obrigações em Geral*, Vol. I, 10.ª edição, Reimpressão 2017, Coimbra, Almedina, 2022.

SANHUDO, JOSÉ MENEZES, "Cláusulas de Reserva de Propriedade a favor em contratos de crédito ao consumo", in: *Revista Julgar Online*, fevereiro de 2020, p. 4, disponível em http://julgar.pt/wp-content/uploads/2020/02/20200224-ARTIGO-JULGAR-Cl%C3%A1usulas-de-Resrerva-de-Propriedade-Jos%C3%A9-M.-Sanhudo.pdf.

Jurisprudência

- Acórdão do Supremo Tribunal de Justiça de 30 de setembro de 2014, Proc. 844/09.8TVLSB.L1.S1, disponível em http://www.dgsi.pt/jstj.nsf/954f0ce6ad9dd8b980256b5f003fa814/604330fc8e3cef3b80257d63004654b6?OpenDocument.
- Acórdão do Tribunal da Relação de Lisboa de 18 de março de 2004, Proc. n.º 2097/2004, disponível em http://www.dgsi.pt/jtrl.nsf/33182fc732316039802565fa00497eec/14f6e6c4194e276980256eb500330c13?OpenDocument.
- Acórdão do Tribunal da Relação de Lisboa de 5 de maio de 2005, Proc. 3843/2005-6, disponível em http://www.dgsi.pt/jtrl.nsf/33182fc732316039802565fa00497eec/398220556566feec8025702d003c97ed?OpenDocument.
- Acórdão do Tribunal da Relação de Lisboa de 27 de junho de 2006, Proc. 937/2006-1, disponível em http://www.dgsi.pt/jtrl.nsf/33182fc732316039802565fa00497eec/7ac01b7a00aa2e88802572340040aecd?OpenDocument.
- Acórdão do Tribunal da Relação de Lisboa de 30 de maio de 2006, Proc. 3228/2006-7, disponível em http://www.dgsi.pt/jtrl.nsf/33182fc732316039802565fa00497eec/bd6aad609c90c63e802571a7004aa0c6?OpenDocument.
- Acórdão do Tribunal da Relação de Guimarães de 26 de janeiro de 2012, Proc. 594/11.5TBBRG-F.G1, disponível em http://www.dgsi.pt/jtrg.nsf/86c25a698e4e7cb7802579ec004d3832/19531eaa3527d022802579e40055ec68?OpenDocument.

Pareceres:

- Parecer publicado no Boletim dos Registos e do Notariado, n.º 5/2001, de maio de 2001, p. 4, disponível em https://www.irn.mj.pt/IRN/sections/irn/legislacao/publicacao-de-brn/docs-brn/pdf/2001-parte-1/downloadFile/attachedFile_4_f0/5_2001.pdf?nocache=1216392542.88.

ASPECTOS DO TRATAMENTO JURISPRUDENCIAL DO CONTRATO DE LOCAÇÃO FINANCEIRA

Nuno Aureliano
Ana Simões Esteves

Sumário: *I. Enquadramento legal. II. Estruturação. III. Vícios do bem locado. IV. Obrigação de entrega de documentos. V. Obrigação de registo da titularidade do bem. VI. Despesas de condomínio. VII. Risco. VIII. Prescrição. IX. Incumprimento das obrigações. X. Contrato do exercício da autonomia privada. XI. Providência cautelar de entrega judicial.*

I. O contrato de locação financeira é legalmente definido enquanto "*contrato pelo qual uma das partes se obriga, mediante retribuição, a ceder à outra o gozo temporário de uma coisa, móvel ou imóvel, adquirida ou construída por indicação desta, e que o locatário poderá comprar, decorrido o período acordado, por um preço nele determinado ou determinável mediante simples aplicação dos critérios nele fixados*"[1].

[1] Cfr. o art. 1.º do Decreto-Lei n.º 149/95, de 24 de junho, sucessivamente alterado pelo Decreto-Lei n.º 265/97, de 2 de outubro, pela Declaração de Rectificação n.º 17-B/97, de 31 de outubro, pelo Decreto-Lei n.º 285/2001, de 3 de novembro, e pelo Decreto-Lei n.º 30/2008, de 25 de fevereiro, estabelecendo o regime jurídico do contrato de locação financeira (adiante, RJCLF). Empregaremos ainda as seguintes abreviaturas: RC – Relação de Coimbra; RE- Relação de Évora; RL – Relação de Lisboa; RG – Relação de Guimarães; RP – Relação do Porto; STJ – Supremo Tribunal de Justiça. Toda a jurisprudência compulsada e citada encontra-se disponível em www.dgsi.pt.

Este foi objecto de primeira regulamentação pelo Decreto-Lei n.º 171/79, de 6 de junho, embora o mesmo tipo contratual já houvesse sido definido pelo n.º 2 do art. 1.º do Decreto-Lei n.º 135/79, de 18 de Maio, ao qual remonta a sua delimitação normativa.

Sendo objecto de denso tratamento monográfico por parte da doutrina pátria[2], visamos com este sucinto apontamento refletir criticamente sobre alguns dos aspectos da locação financeira alvo de tratamento jurisprudencial, expondo assim a *law in action* no presente âmbito.

II. O contrato de locação financeira é comummente tomado como um vínculo de feição financeira[3], onde se opera a conjugação de elementos típicos dos contratos de compra e venda e de locação. O mesmo possui ainda

[2] Desconsiderando as amplas referências constantes de obras doutrinais de carácter geral, é imperativo referir Costa Andrade, *A locação financeira de acções e o direito português*, Coimbra, Coimbra Editora, 2007; Gravato de Morais, *Locação financeira e desconformidade da coisa com o contrato* in SI tomo LIV, n.º 304, 2005, p. 697-731, *Locação financeira de estabelecimento comercial* in Nos 20 anos do Código das Sociedades Comerciais, Homenagem aos Profs. Doutores A. Ferrer Correira, Orlando de Carvalho e Vasco Lobo Xavier, Volume II, Coimbra, Coimbra Editora, 2007, pp. 619-635, em *Manual da Locação Financeira*, 2.ª edição, Coimbra, Almedina, 2011, *A justa repartição dos riscos na locação financeira* in SI, Tomo 63, n.º 335, pp. 249-265; Leite de Campos, *A locação financeira na óptica do utente* in ROA ano XLIII, n.º 2, 1983, p. 319-346, em *A locação financeira (estudo preparatório de uma reforma legislativa)*, Lisboa, Lex, 1994, em Locação Financeira (leasing) e locação, in ROA, ano 62, Volume I, 2002, pp. 759-775, e em *A locação financeira*, Lisboa, AAFDL, 2013; Menéres Campos, *"Breve apontamento acerca do contrato de locação financeira de bens móveis não sujeitos a registo – Oponibilidade a terceiros do direito do locador"*, in *Boletim da Faculdade de Direito da Universidade de Coimbra*, SI, n.º 91, *Ars Ivdicandi, Estudos em Homenagem ao Prof. Doutor António Castanheira Neves, Volume II: Direito Privado*, Coimbra, Coimbra Editora, 2008, pp. 109-123; Moitinho de Almeida, *A locação financeira (leasing)* in BMJ n.º 231, p. 5-26; Mota Pinto, *Uma nova modalidade jurídica de financiamento industrial: o leasing* in RDES ano XII, n.ºs 1 a 4, 1965, p. 103-110, p. 109; Morais Antunes, *O contrato de locação financeira restitutiva*; Lisboa, UCP, 2008; Pestana de Vasconcelos, *As cláusulas penais nos contratos de locação financeira* in ROA, ano 76, 2016, pp. 63-76; Pinto Duarte, *A locação financeira (Estudo jurídico do leasing financeiro)*, Lisboa, Editora Danúbio, 1983, e *Aspectos contratuais do aluguer, da locação financeira e de outros contratos afins à face da lei portuguesa* in Escritos sobre *Leasing* e *Factoring*, Cascais, Principia, 2001, p. 161-173; e Soares Fatela, *A opção de compra na locação financeira imobiliária – Ac. do STJ de 21.1.2016, Proc. 6223/13.5T2SNT-D.L1.S1*, in CDP, n.º 57, pp. 36-50, *A locação financeira de aeronaves* in CDP, n.º 49, pp. 3-8, e em *A locação financeira imobiliária e os Direitos Reais – Da natureza Real do Direito do Locatário Financeiro*, Coimbra, Almedina, 2020.

[3] São impressivas as palavras do ac. do STJ de 20.10.1998 (Relator: Ferreira Ramos): "*a locação financeira é um contrato a médio ou longo prazo dirigido a "financiar" alguém, não através da prestação de uma quantia em dinheiro, mas mediante o uso de um bem*", processo n.º 98A754.

a especificidade de, em termos socialmente típicos, pressupor a existência de uma união de contratos com estrutura trilateral, originando direitos e deveres na esfera jurídica de três sujeitos distintos: o locador, o locatário e o fornecedor do bem locado (sendo este último terceiro a respeito do contrato de locação financeira). A mesma não se mostra, porém, necessária, uma vez que pode o locador ser em simultâneo o fornecedor do bem.

Na sua **estruturação**, o contrato em análise pode assumir diversas modalidades, atendendo, nomeadamente, *(i)* ao seu objecto, *(ii)* à sua finalidade ou *(iii)* ao valor das rendas devidas por parte do locatário financeiro. Tendo por critério o seu objecto, a locação financeira pode versar sobre bens corpóreos ou incorpóreos (por exemplo, uma marca ou patente de invenção)[4], e, no primeiro caso, como resulta da sua própria definição legal, ser mobiliária ou imobiliária. No que respeita à finalidade, pode distinguir-se entre locação financeira para consumo e locação financeira de índole empresarial, o qual assume específica relevância em sede da tutela jurídica aplicável[5]. Por fim, no que respeita ao valor das rendas, pode o vínculo ser de amortização integral ou parcial, dependendo da maior ou menor aproximação dos valores das rendas ao binómio formado pelo custo de aquisição e pelos lucros auferidos pelo locador com a celebração do negócio.

Uma vertente específica – e muito relevante – deste tipo contratual consiste na locação financeira restitutiva ("*lease-back*"), a qual ocorre quando o locatário é o proprietário do bem objecto da (futura) locação, alienando o bem ao locador financeiro para que este celebre consigo depois, na qualidade de proprietário, um contrato de locação financeira tendo por objecto esse mesmo bem. O objectivo primário de financiamento subjacente a tal contrato aproxima-o das figuras da venda a retro e da alienação fiduciária em garantia, bem como, no limite, da proibição de pacto comissório, devendo o mesmo ser considerado com autonomia. A verificação de *traditio ficta* do bem no que respeita à sua entrega pelo locador financeiro, e o conhecimento de eventuais vícios na coisa locada por parte do locatário, que excluem a responsabilidade do locador, são consequências inelutáveis de regime.

[4] Sendo certo que a Lei a tal se não refere directamente, entendemos que a ausência da alusão a "*coisas corpóreas ou incorpóreas*" é a todos os títulos irrelevante. A alternativa seria o reconhecimento da existência de um contrato atípico no mesmo âmbito, e o deixar sem regulação directa a parte mais relevante do actual direito patrimonial: as criações do espírito.

[5] Desde logo, na prospectiva aplicação do regime jurídico que regula os direitos do consumidor na compra e venda de bens, conteúdos e serviços digitais, regulado pelo Decreto-Lei n.º 84/2021, de 18 de outubro.

Em termos categoriais, a jurisprudência já se debruçou quanto à distinção do contrato de locação financeira de uma figura contratual afim: o aluguer de longa duração (ALD). A tónica reside na ausência nesta última figura de um direito potestativo de aquisição emergente da Lei uma vez findo o contrato[6], sendo a mesma tomada como "*contrato atípico que o exercício da liberdade contratual pode configurar com uma pluralidade de tipos contratuais distintos – designadamente, para além do próprio aluguer de longa duração, um contrato de compra e venda a prestações e um contrato-promessa de compra e venda do bem alugado – todos interligados por uma relação de coligação funcional*"[7]. Com inteiro acerto se consignou no ac. do STJ de 12.10.2010 (Relator: Moreira Alves), que na locação financeira "*a ideia fundamental não é a aquisição do bem locado, mas sim o seu gozo temporário e oneroso. Não é por via do contrato que o locatário adquire a propriedade da coisa, finda a locação; tal direito resulta directamente da lei, é um direito potestativo que o locatário pode ou não exercer, sem quaisquer consequências jurídicas, i.e., não se constitui em qualquer obrigação jurídica de adquirir o bem ou de indemnizar a locadora financeira, não o fazendo, diferentemente do que ocorre no contrato de ALD, em que o locador se obriga, através do contrato-promessa, a vender o bem ao locatário, finda a locação, sob pena de incorrer em responsabilidade pelo não cumprimento*"[8].

Estritas decorrências da estrutura contratual em questão são aspectos como "*o direito a não adquirir*" a coisa por parte do locatário[9], a possibilidade de este outorgar um contrato-promessa da coisa locada na qualidade de promitente vendedor[10], bem como a aplicação do regime de venda de bens alheios a uma venda da coisa locada realizada pelo locatário sem que o locador financeiro interfira no negócio[11].

III. Atenta a redação do art. 12.º do RJCLF, o locador apenas responde pelos **vícios do bem locado** ou pela sua inadequação face aos fins do contrato (a) se não tiver a faculdade de proporcionar a outrem o gozo da coisa

[6] Cfr. o ac. do STJ de 20.11.2003 (Relator: Salvador da Costa), bem como o ac. do STJ de 27.09.2007 (Relator: Salvador da Costa) processos n.º 03B3725, e 07B2770.

[7] Cfr. o ac. do STJ de 27.04.2017 (Relator: Alexandre Reis), processo n.º 300/14.2TBOER.L2.S1.

[8] Processo n.º 67/07.OTCGMR.G1.S1.

[9] Explanado logo no ac. do STJ de 07.03.1991 (Relator: Castro Mendes), processo n.º 079878.

[10] Cfr. o ac. do STJ de 21.01.2016 (Relator: Tavares de Paiva), processo n.º 6223/13.5T2SNT-D.L1.S1.

[11] Cfr. o ac. do STJ de 30.09.1999 (Relator: Pereira da Graça), processo n.º 99B682.

locada, (b) se o seu direito não for de propriedade ou estiver sujeito a algum ónus ou limitação que exceda os limites normais inerentes a este direito, ou (c) se o seu direito não possuir os atributos por ele assegurados ou se estes cessarem posteriormente por culpa dele. Em qualquer caso, exige-se que de tal resulte "*a privação, definitiva ou temporária, do gozo da coisa ou a diminuição dele por parte do locatário*". Em simultâneo, por aplicação do art. 22.º do RJLCF, salvo *culpa in contrahendo*, o locador não pode ser responsabilizado pela não conclusão do contrato quando "*antes de celebrado um contrato de locação financeira, qualquer interessado tenha procedido à encomenda de bens, com vista a contrato futuro*", entendendo-se que este "*actua por sua conta e risco*"[12]. A contrapartida deste regime consiste, por sua vez, na excepção ao princípio da relatividade contratual consagrada no art. 13.º do RJLCF: "*o locatário pode exercer contra o vendedor ou o empreiteiro, quando disso seja caso, todos os direitos relativos ao bem locado ou resultantes do contrato de compra e venda ou de empreitada*"[13].

Concretizando esta orientação genérica de não responsabilização do locador financeiro, o ac. do STJ de 14.04.2011 (Relator: Granja da Fonseca) considerou, numa situação em que não obstante ter sido declarado no auto de recepção de equipamento que o bem descrito na factura nunca foi entregue (tendo antes sido entregue uma outra máquina com características distintas), ou seja, numa hipótese de *aliud pro alio*, que "*não se pode considerar que tenha havido incumprimento ou cumprimento defeituoso por parte do locador, (...) e isto porque o locador passa à margem dos preliminares do contrato, revestindo a sua actividade um cunho financiador*"[14]. No mesmo sentido se concluiu também no ac. da RL de 16.11.2006 (Relatora: Fernanda Isabel Pereira), que "*a isenção de responsabilidade do locador resulta, certamente, das circunstâncias de não ser ele o produtor ou construtor da coisa e, o que é mais importante, de, normalmente, nem sequer conhecer, por não chegar a detê-la, já que a sociedade de locação financeira está remetida a uma função meramente financeira, sendo limitada a sua*

[12] A disposição está claramente gizada para a hipótese de escolha do bem por parte do locatário, ocorrendo a participação do locador nas negociações contratuais em momento posterior.

[13] Em termos processuais tal traduz-se na desnecessidade de litisconsórcio necessário activo para a tutela do locatário contra o fornecedor. Neste sentido, consignou-se no ac. da RC de 26.11.2013 (Relator: Arlindo Oliveira) que "*o locatário tem legitimidade para, por si só, exercer contra o vendedor, todos os direitos relativos ao bem locado ou resultantes do contrato de compra e venda*", processo n.º 625/11.9TBFAR.C1.

[14] Processo n.º 2358/07.17BOAZ-A.P1.S1.

intervenção à prestação de fundos para a operação"[15]. Na verdade, é frequente que o bem seja entregue directamente pelo fornecedor ao locatário, sendo a obrigação de entrega inerente ao contrato de compra e venda (prévio ao contrato de locação financeira) cumprida pelo vendedor (fornecedor) a um terceiro (no caso, o locatário). Deste modo, compete ao locatário verificar, no momento da entrega, a correspondência entre o bem entregue e o encomendado, confirmando as suas concretas e específicas características, bem como o seu estado geral.

Correlativamente, é voz comum que o locatário pode exercer todas as faculdades legais à disposição do locador contra o fornecedor – sub-rogando-se àquele – nomeadamente, *(i)* o direito à reparação do bem, *(ii)* o direito à sua substituição (sendo o bem fungível)[16], *(iii)* o direito à redução do preço[17]; bem como *(iv)* o direito de anulação do negócio de compra e venda, ou, ainda, *(v)* o direito de resolução desse contrato[18]. O efeito retroactivo inerente às duas últimas situações jurídicas determinará a não subsistência do contrato de locação financeira àquele conexo[19], devendo, consequentemente, ser restituído tudo o que tiver sido prestado na execução contratual, tanto do contrato de compra e venda como do contrato de locação financeira[20].

IV. Um dos aspectos de execução contratual objeto de tratamento mais frequente por parte da jurisprudência respeita à **obrigação de entrega de documentos** relativos ao bem locado, em especial quanto a veículos automóveis.

Numa perspectiva limitativa para o locatário, considerou-se no ac. do STJ de 27.01.1998 (Relator: Cardona Ferreira) que, apesar inexistir "*gozo da viatura sem que seja acompanhada pelos documentos legalmente indispensáveis*

[15] Processo n.º 2730/2006-6.

[16] Cfr. o ac. da RG de 30.06.2011 (Relator: Manuel Bargado), processo n.º 8126/06.0TBBRG.G1.

[17] Cfr. o ac. da RL de 18.10.2012 (Relator: Pedro Martins), processo n.º 10514/11.1T2SNT-A.L1-2.

[18] Cfr. o ac. da RL de 26.01.2016 (Relatora: Isabel Fonseca), processo n.º 8249/08.1TCSC.L1-1.

[19] Consoante lapidarmente se consignou no ac. da RL de 18.01.2018 (Relator: Manuel Rodrigues), "*tendo sido declarado anulado ou resolvido o contrato de compra e venda celebrado entre o comprador/locador e o fornecedor/vendedor, o contrato de locação financeira com aquele conexo, não poderá, obviamente, subsistir, por a tal se opor o efeito retroactivo típico da anulação ou da resolução do contrato*", processo n.º 2464/12.0TVLSB.L1-6.

[20] Cfr. os arts. 289.º, n.º 1, 433.º e 434.º do Código Civil.

à circulação", "*nada impede que, através do contrato celebrado, o locatário assuma a obrigação de diligenciar pela obtenção desses documentos, em vez da locadora*", para se concluir que a responsabilização da locadora pressupõe a prova de que "*apesar do contratado, a locadora não praticou qualquer acto que só ela poderia praticar, por iniciativa do locatário; o que não tendo sido provado, desaproveita ao locatário*"[21]. Subsequentemente, evoluiu-se para uma orientação que entendemos preferível, no ac. do STJ de 17.02.2000 (Relator: Sousa Dinis): "*o locador deve estar já em condições de proporcionar ao locatário o gozo da coisa*", pelo que "*num contrato de locação financeira incidindo sobre veículos, a cedência do gozo da coisa em que se traduz a obrigação contratual da locadora, abrange o assegurar da entrega dos veículos objecto do contrato e da documentação necessária para que o locatário possa proceder a todos os registos a seu cargo*"[22]. A mesma perspectiva foi adoptada no ac. do STJ de 13.05.2003 (Relator: Faria Antunes): o "*gozo que o locador é obrigado a ceder ao locatário, no leasing, não é um qualquer gozo, ainda que ilegal, mas o gozo lícito*"[23].

Na verdade, se as partes podem ao abrigo do princípio da autonomia privada determinar livremente a quem incumbe a obrigação de obtenção documental (e, no limite, de legalização do veículo), inexistindo cláusula contratual que atribua tal obrigação ao locatário deverá ser sobre o locador que a mesma recai, uma vez que apenas nesse caso o bem pode ser utilizado na sua plenitude, em linha, aliás, com o disposto no art. 9.º, n.º 1, alínea b), do RJCLF.

V. Outra situação com interesse dogmático cujo enquadramento foi ponderado em sede jurisprudencial consiste na **obrigação de registo da titularidade do bem** a favor do locador financeiro (a respeito naturalmente de imóveis ou coisas móveis sujeitas a registo).

Subjacente ao ac. da RE de 19.05.2005 (Relator: Rui Vouga) está uma hipótese em que o locador financeiro adquiriu o bem ao fornecedor sem, todavia, registar a sua aquisição, pelo que, consequentemente, havendo o locatário adquirido subsequentemente o bem através do exercício do seu direito potestativo de aquisição, não logrou registar a sua titularidade

[21] Processo n.º 97A993.

[22] Revista n.º 1174/99 (disponível em www.stj.pt).

[23] Processo n.º 03A1259. A ignorância do relevo da entrega dos documentos da viatura obnubila que a circulação da mesma na via pública, não acompanhada dos documentos, encontra sanção nos termos do direito estradal (cfr. o art. 85.º, n.ºs 2 e 7, do Código da Estrada), pelo que, salvo melhor opinião, revela-se sistematicamente inaceitável.

(e assim consolidar a sua aquisição dominial)[24]. Tendo sido peticionado *inter alius* pelo locatário a resolução do contrato de locação financeira, alegando este, em suma, que tendo pago à locadora todas as prestações acordadas, bem como o valor residual acordado para a aquisição do veículo dado em locação, não logrou realizar o registo de aquisição a seu favor por inexistir registo prévio a favor da locatária (corolário lógico do princípio do trato sucessivo registal), decidiu bem o Tribunal quando considerou inexistir qualquer incumprimento da obrigação de venda do bem locado, porquanto *(i)* a locadora vendeu de facto o bem locado ao locatário, e *(ii)* não realizou qualquer venda de bem alheio. Conclui-se que a locadora apenas incumpriu a obrigação de entrega da coisa vendida, na qual se incluem os documentos do veículo, a qual, todavia, e sem embargo da locatária poder exigir judicialmente a entrega dos documentos necessários à realização do registo automóvel, não era fundamento de resolução do contrato de locação financeira. De facto, a obrigação directamente resultante do contrato de locação financeira – venda do bem – foi cumprida pela locadora, ainda que a situação suscite uma ponderação adicional.

O não registo por parte da locadora dá origem a uma situação de registo incompleto, a qual viabiliza uma alienação *a non domino* por parte do fornecedor do bem (dupla alienação) a terceiro. A verificar-se tal situação, e a tutela do terceiro *ex vi* o disposto no art. 5.º, n.º 1, do Código de Registo Predial (ou de disposição análoga para os bens móveis sujeitos a registo), a locadora incumpre naturalmente o contrato de locação financeira, ao inviabilizar-se, por sua negligência quanto ao registo da aquisição, o exercício pelo locatário do seu direito potestativo de aquisição. Por outra via, sendo o próprio contrato de locação financeira sujeito a registo, e consistindo numa oneração registal do bem, a ausência de registo da primitiva aquisição por parte da locadora impede (por aplicação do trato sucessivo), o registo da referida vicissitude, a qual é dissuasora de qualquer aquisição por terceiro através da locadora[25].

Por fim, não podemos concordar com a orientação seguida pelo ac. do STJ de 16.09.2018 (Relator: Santos Bernardino), ao sustentar que "*sendo discutida, entre a locadora e um terceiro, a propriedade do bem locado – um veículo automóvel – é irrelevante, para a decisão dessa questão, o facto de haver ou não ins-*

[24] Processo n.º 34/05-3.

[25] A aquisição de terceiro estaria onerada com a posição jurídica do locatário financeiro, e, em especial, com o seu direito potestativo de aquisição da coisa.

crição da locação financeira no serviço de registo competente; se for de concluir que a propriedade do veículo pertence a esse terceiro, a locação financeira é-lhe inoponível, não produzindo, quanto a ele, quaisquer efeitos, com registo ou sem registo"[26]. Com efeito, atenta a específica natureza jurídica da locação financeira, o seu registo não determina, apenas, a exemplo do arrendamento, a oponibilidade do prazo de duração do respectivo direito[27], mas antes uma verdadeira oponibilidade do direito (situação jurídica) em que esta se traduz. Significa isto dizer que, salvo melhor opinião, o registo do contrato de locação financeira pode assumir um efeito aquisitivo se o direito potestativo for exercido por um locatário de boa fé, com necessária exclusão dominial a respeito ao titular não inscrito, *ex vi* o disposto no art. 5.º, n.º 1, do Código do Registo Predial[28].

VI. Inexiste unanimidade jurisprudencial quanto ao sujeito que deve assumir a responsabilidade por **despesas de condomínio** relativas a fracção autónoma objecto de locação financeira.

Uma das orientações em presença, ainda que minoritária, sufraga que o pagamento de tais despesas é da responsabilidade do locador financeiro, atenta a natureza meramente obrigacional subjacente à vinculação no âmbito do contrato de locação financeira. Nesse sentido se consignou no ac. do STJ de 19.03.2002 (Relator: Alípio Calheiros), que "*a obrigatoriedade de os locatários suportarem as despesas do condomínio, não exonera da sua obrigação os proprietários locadores*" concluindo-se ser o locador financeiro parte legítima na execução contra si instaurada pela administração de condomínio para pagamento de uma dívida de condomínio[29].

Outra tese considera que o pagamento de tais despesas é exclusivamente devido pelo locatário, uma vez que a Lei determina ser sua obrigação, no âmbito do contrato de locação financeira de fração autónoma, proceder ao pagamento das despesas correntes necessárias à fruição das partes comuns de edifícios e aos serviços de interesse comum, concedendo-lhe o direito a exercer os direitos próprios do locador, com excepção dos que, pela sua natureza, somente por este último possam ser exercidos – cfr. o art. 10.º, n.ºs 1, al. b), e 2, al. e), do RJLCF. É nesse sentido que se esclarece no ac.

[26] Processo n.º 08B1697.

[27] Cfr. o art. 5.º, n.º 5, do Código de Registo Predial.

[28] Sendo certo que no caso dos autos tratava-se de um veículo automóvel, e não de um prédio.

[29] Processo n.º 01A3861.

do STJ de 06.11.2008 (Relator: Santos Bernardino), que o art. 1424.º, n.º 1, do Código Civil, "*não visa indicar quem responde pelas despesas do condomínio, mas apenas definir a medida em que cada um dos condóminos responde por essas despesas*", bem como que o RJLCF ultrapassa a regulação da estrita relação contratual existente entre as partes do contrato de locação financeira. Na sequência, concluindo-se ser o locatário financeiro o "*proprietário económico*" do bem, decide-se ser a este que o condomínio deve exigir o pagamento dos "*encargos condominiais*" respectivos[30]. No mesmo sentido, consignou-se no ac. da RL de 15.03.2012 (Relatora: Amélia Ameixoeira) que "*não é cabido considerar-se como não ambulatória a obrigação de pagamento das despesas condominiais, para as fazer recair sobre o locador financeiro, que não é o "dono económico" do imóvel nem beneficia de qualquer vantagem directa inerente à respectiva fruição*"[31].

Por fim, foi já decidido que o pagamento das despesas condominiais pode ser exigido ao locatário financeiro, sendo o locador financeiro igualmente responsável enquanto aquele não proceder ao seu pagamento. É esta a doutrina constante do ac. da RG de 10.05.2018 (Relatora: Raquel Tavares), segundo o qual "*se o locatário não pagar voluntariamente é o locador que responde enquanto proprietário; isto é, sem prejuízo do locatário responder perante o locador pelas despesas (...), perante o condomínio e em última análise responde o locador*"[32]. Sendo defensável *de iure condendo*, e enquanto medida de proteção dos demais condóminos enquanto terceiros, a responsabilização conjunta – e preferivelmente solidária (cfr. o art. 513.º do Código Civil) – de locador e locatário financeiro, entendemos porém, perante os actuais dados normativos, que esta responsabilidade recai em exclusivo, no momento presente, sobre o proprietário económico do bem: o locatário financeiro.

Questão distinta, é, ainda, a de saber qual o sujeito que deve participar em assembleia de condóminos em que se discute a alteração do título constitutivo da propriedade horizontal. O ac. do STJ de 20.12.2017 (Relator: Pedro de Lima Gonçalves) cominou como nula a deliberação que modifica o título constitutivo da propriedade horizontal, sem a presença de um

[30] Processo n.º 08B2623. Seguiram a mesma orientação o ac. do STJ de 02.03.2010 (Relator: Fonseca Ramos), o ac. da RE de 10.04.2014 (Relatora: Maria Alexandra Santos) e o ac. da RL de 27.02.2014 (Relator: Tomé Ramião), processos n.ºs 5662/07.5YYPRT-A.S1, 2234/12.6TBLLE-A.E1 e 4347/11.2TBSXL-A.L1-6.

[31] Processo n.º 1175/11.9TVLSB.L1-8.

[32] Processo n.º 501/15.6T8PTL.G1.

condómino – o locador financeiro – não convocado para a assembleia nem representado, sustentando-se que o direito de participar em tal assembleia *"é um direito próprio do locador financeiro, que, pela sua natureza – visando defender a integridade do bem –, apenas por ele pode ser exercido"* [33]. Mostra-se inequívoco o acerto desta decisão.

VII. Estabelece o art. 15.º do RJCLF que *"salvo estipulação em contrário o risco de perda ou deterioração do bem corre por conta do locatário"*.

Advogámos de há muito tempo a esta parte que tal significa, não uma excepção ao sinalagma contratual relativo à vertente locatícia do contrato de locação financeira (segundo a qual o locatário financeiro não se poderia eximir ao pagamento das rendas ou dos alugueres mesmo em caso de perda ou deterioração da coisa que não lhe seja imputável), mas antes uma solução dogmaticamente autónoma de atribuição do sacrifício patrimonial conexo com a perda ou deterioração da coisa ao locatário financeiro, numa situação de **risco** contratualmente fundado[34].

A orientação que continuamos a subscrever, e que também é adoptada por Gravato Morais[35], veio a ser seguida no ac. RC de 19.12.2018 (Relatora: Sílvia Pires), consignando-se que *"não deixamos de estar perante um contrato de locação em que a contrapartida ao pagamento das rendas acordadas é o gozo do bem locado, e que o domínio jurídico do bem pertence ao locado"*, pelo que a *"responsabilidade pelo risco da perda do bem se traduz no dever de indemnizar o locador do valor do bem perdido e não no dever de cumprir integralmente a obrigação de pagamento das rendas apesar de ter ocorrido a perda do bem, mantendo-se, assim, quando a perda do bem é imputável a acto de terceiro, sobre este recai, em primeira linha, a obrigação de indemnizar o proprietário do bem – o locador – do seu valor, nos termos do artigo 483.º do C. Civil, recaindo também essa obrigação sobre o locatário financeiro"*[36]. Outra, foi, porém, a linha decisória dos acs. da RP de 01.07.2010 (Relatora: Deolinda Varão), e de 14.03.2017 (Relator: Vieira e Cunha), na sequência, aliás, do ac. do STJ de 01.10.2002 (Relator: Ferreira Ramos), nos quais o paradigma locatício prevaleceu (ou seja, a obrigação

[33] Processo n.º 1524/12.2TVLSB.L1.S1.

[34] Nuno Aureliano, *O risco nos contratos de alienação*, Coimbra, Almedina, 2009, pp. 451-452.

[35] Gravato Morais, *Manual da Locação Financeira*, Coimbra, Almedina, 2006, p. 166, bem como na 2.ª edição da mesma obra, p.233-4.

[36] Processo n.º 8574/18.3YIPRT.C1.

de pagamento por parte do locatário, não do valor da coisa, mas antes das rendas ou dos alugueres vincendos até final do contrato)[37].

O que, salvo o devido respeito, não encontra fundamento bastante é a orientação sufragada pelo ac. do STJ de 27.04.2017 (Relator: Alexandre Reis), segundo a qual a norma jurídica em questão "*deve ser interpretada restritivamente de modo a considerar-se que o risco de perda ou deterioração do bem corre por conta do locatário em todas as situações, excetuadas as devidas a caso fortuito ou de força maior*", invocando-se para tal efectivo esvaziamento normativo que "*a responsabilização, unicamente, do locatário financeiro (também) nos casos em que se prescinde de nexo de causalidade de espécie alguma entre o dano e uma qualquer conduta do mesmo seria iníqua ou, no mínimo, afrontaria o equitativo princípio do risco*"[38]. A dominialidade económica associada ao locatário, e o reporte financeiro do tipo contratual, justificam, em absoluto, que a perda da coisa – independentemente da sua causa ou fundamento – lhe seja imputável.

VIII. A específica estruturação dogmática da locação financeira é ponderada pela jurisprudência para excluir, no âmbito da **prescrição**, a aplicação da regra da prescrição quinquenal, consagrada no art. 310.º, alínea b), do Código Civil, para a locação, e, de forma mais abrangente, na sua alínea g), para "*quaisquer outras prestações periodicamente renováveis*", a respeito da obrigação de pagamento de rendas.

A orientação remonta, pelo menos, ao ac. do STJ de 11.12.2003 (Relator: Oliveira Barros), segundo o qual na locação financeira, "*diversamente do que acontece no contrato de locação, as rendas não representam apenas a contrapartida da utilização do bem locado, relevando, pelo contrário, na sua composição, o valor correspondente à amortização do capital investido, isto é, do custo do bem, os custos de gestão e os riscos próprios da locação financeira*", concluindo que enquanto "*as rendas do contrato de locação constituem obrigações periódicas, reiteradas ou com trato sucessivo, as rendas da locação financeira integram, por sua vez, obrigação de prestação, em si mesma, unitária, na medida em que o seu objecto se encontra pré-fixado, e tão só dividida ou fraccionada quanto ao seu cumprimento*"[39]. A mesma

[37] Processos n.º 126/07.0TBETR.P1, 4611/10.8TBMAI-A.P1 e 02A1830. Já o ac. da RG de 25.10.2007, (Relatora: Maria Luísa Ramos), processo n.º 805/07-1, considerou serem indevidos os pagamentos realizados pelo locatário após a caducidade do contrato decorrente da perda total do bem, embora não aplicando o instituto do enriquecimento sem causa.

[38] Processo n.º 300/14.2TBOER.L2.S1.

[39] Processo n.º 03B3516.

doutrina pode ser compulsada, também, nos acs. do STJ de 17.03.2005 (Relator: Neves Ribeiro) e de 12.01.2010 (Relator: Cardoso de Albuquerque)[40].

Vigora assim, quanto ao pagamento de rendas, o prazo ordinário de prescrição consagrado no art. 309.º do Código Civil.

IX. Encontrando-se o contrato de locação financeira sujeito às regras gerais de cumprimento e **incumprimento das obrigações**, a verificação do último pode, em alternativa à resolução contratual, implicar tão-simplesmente a perda do benefício do prazo, nos termos do disposto no art. 781.º do Código Civil.

Este figurino foi expressamente admitido pelo ac. do STJ de 10.07.2012 (Relator: Serra Baptista) que admitiu "*como possível, em caso de incumprimento do contrato de locação financeira, por banda do locatário, e em alternativa à resolução do mesmo, sem violação das regras da boa fé ou de quaisquer outras exigíveis, a perda do benefício do prazo para o locatário, podendo o locador exigir o pagamento das rendas vencidas e não pagas (acrescido dos correspondentes juros de mora) assim como o das rendas antecipadamente vencidas (sem juros), mantendo o locatário, neste último caso, o direito a utilizar e gozar o equipamento locado até final, assim se vencendo antecipadamente a sua obrigação pecuniária resultante de um contrato com uma duração definida e certa*"[41]. A mesma doutrina constava já do ac. do STJ de 03.02.2004 (Relator: Azevedo Ramos), a respeito de admissibilidade de uma cláusula das Condições Gerais de um contrato de locação financeira[42].

Todavia, é a respeito da resolução contratual suscitada pelo locador na sequência de incumprimento por parte do locatário que se encontra mais fluidez na jurisprudência, coincidente com a tipicidade social associada à mesma vicissitude. Não coincidindo com uma ação de despejo[43], a resolução contratual pressupõe a natural restituição do bem à locadora. E, pese embora a sua eficácia *ex tunc*, não determina, consoante se sublinha no ac. do STJ de 05.11.2002 (Relator: Lopes Pinto), "*a devolução das rendas recebidas, como também não obsta ao pagamento das vencidas e da indemnização contratual-*

[40] Processos n.º 05B378 e 2843/06.2TVLSB.S1.

[41] Processo n.º 1407/10.0TJPRT.P1.S1.

[42] Processo n.º 03A3984.

[43] Cfr. o ac. do STJ de 05.11.1997 (Relator: Miranda Gusmão), processo n.º 97B607. Tal decorre desde logo do afastamento expresso do regime da locação pelo art. 17.º, n.º 1, *in fine*, do RJCLF.

mente fixada, uma e outra acrescida dos juros de mora contratualmente fixados"[44]. O abuso de direito não pode, contudo, constituir um limite ao exercício anómalo da posição jurídica do locador (existindo um óbvio limite ao "seu e o seu contrário" que por vezes ressoa nas petições processuais desta parte contratual).

X. O aspecto de regime sobre que recai o maior número de decisões judiciais de tribunais superiores é, indubitavelmente, o relativo ao **controlo do exercício da autonomia privada** das partes, nomeadamente no que respeita a cláusulas tipo associadas à resolução de contrato pelo locador com fundamento em incumprimento do locatário financeiro, como sejam, *(i)* a cláusula penal que estabelece a obrigação de pagamento ao locador de rendas vencidas, vincendas e do valor residual dos bens locados, e *(ii)* a cláusula penal que estabelece o pagamento de uma indemnização ao locador, quer *(ii-a)* coincidente com uma certa percentagem das rendas vincendas, quer *(ii-b)* relativa a um certo valor por cada período de tempo de atraso na devolução do bem.

A cláusula que estabelece a obrigação de pagamento ao locador de rendas vencidas, vincendas *e do valor residual dos bens locados* em caso de resolução de contrato pelo locador com fundamento em incumprimento do locatário financeiro, foi declarada nula, desde logo, pelo ac. do STJ de 07.03.1991 (Relator: Castro Mendes), por referência à construção de uma obrigação de "*obrigar a parte faltosa a adquirir a coisa locada*", o que violaria o "*elemento mais importante do contrato: o direito a não adquirir*"[45]. A mesma nulidade foi sucessivamente assacada a tal cláusula, depois, pelos acs. do STJ de 05.07.1994 (Relator: Machado Soares), de 27.09.1994 (Relator: Mário Noronha), de 06.10.1994 (Relator: Sousa Macedo), de 17.11.1994 (Relator: Araújo Ribeiro)[46]. Com efeito, era manifesta a desproporção de tal cláusula

[44] Processo n.º 02A3025. Em sentido próximo, cfr. também o ac. do STJ de 09.10.1997 (Relator: Figueiredo de Sousa), referindo a obrigação de "*restituir os equipamentos locados e a de indemnizar o locador pelo atraso na restituição dos mesmos equipamentos*", processo n.º 97B400.

[45] Processo n.º 079878.

[46] Processos n.º 085274, 084583, 084944 e 085441. Já no ac. do STJ de 20.03.2001 (Relator: Silva Graça), processo 01A305, considerou-se, distintamente, que "*a exigibilidade das rendas vincendas, e do valor residual, em cumulação com a vencida, e a restituição do veículo, no caso de incumprimento do contrato e, consequente sua resolução, só será viável, se tiver apoio nas cláusulas contratuais. O pedido de restituição de veículo, não integra a figura de abuso de direito, do artigo 334 do CCIV, se aquela estiver contratualmente prevista, em face da resolução do contrato de locação*".

penal, pelo que, atento o art. 19.º, alínea c), da LCCG, a mesma foi fundamentalmente abolida nos modelos contratuais uniformemente empregues pelas sociedades de locação financeira.

Próxima desta cláusula, mas estruturalmente distinta (pois que inexiste pagamento integral do valor residual), é a cláusula através da qual se estabelece em caso de incumprimento do locatário por esta será devido, para além das rendas vencidas e vincendas e restituição da coisa locada, uma *indemnização correspondente à soma de 20% (vinte por cento) das rendas vincendas com o valor residual dos equipamentos locados*. Sendo inicialmente considerada nula pelos acs. do STJ de 28.10.1993 (Relator: Pais de Sousa) e de 14.12.1994 (Relator: Fernando Fabião)[47], com sequência no ac. do STJ de 23.04.1998 (Relator: Herculano Namora)[48], a mesma formulação contratual foi sucessivamente aceite pelos acs. do STJ de 06.10.1994 (Relator: Faria de Sousa), de 17.12.1997 (Relator: Figueiredo de Sousa) e de 10.02.1998 (Relator: Roger Lopes)[49]. Lapidarmente, em posição que acompanhamos atenta a consideração específica da equação económica subjacente ao negócio, consignou-se no ac. do STJ de 12.03.1998 (Relator: Costa Soares) que "*se o cumprimento de um contrato de locação financeira foi apenas parcial, o reapossamento dos bens objecto do contrato pelo locador poderá acarretar-lhe prejuízos decorrentes da utilização e correspondente desvalorização de tais bens, prejuízos esses que vêm a acrescer aos resultantes da omissão da contraprestação integral. Daquele reapossamento e prejuízos respectivos deriva ainda um risco consistente em não ser já possível ao locador celebrar, agora com terceiro, qualquer novo acordo relativo à cedência daqueles bens ou à transferência da sua propriedade ou, a ser possível, sê-lo mas em condições menos vantajosas. A cláusula que fixa a indemnização por incumprimento em 20% da soma das rendas vincendas com o valor residual tem vindo a ser considerada como uma contrapartida do referenciado risco*"[50].

Já quanto à indemnização fixada em certo valor pecuniário por cada período de mora na devolução da coisa locada o ac. do STJ de 09.03.2010

[47] Processos n.º 084002 e 085923, aludindo-se neste último a "*um resultado gravemente chocante e reprovável para o sentimento jurídico e uma injustiça de proporções intoleráveis para o sentimento jurídico imperante*".

[48] Processo n.º 97B011.

[49] Processos n.º 085371, 97B638 (por referência a rendas vencidas) e 97B918.

[50] Processo n.º 97B784. A posição encontrou sucessivo eco nos acs. do STJ de 21.05.1998 (Relator: Garcia Marques), 16.05.2000 (Relator: Ferreira de Almeida) e de 03.10.2002 (Relator: Araújo de Barros), processos n.ºs 98A0494, 00B285 e 02B1499, considerando-se estabilizada.

(Relator: Moreira Alves) excluiu a aplicação do regime ao art. 1045.º, n.º 2, do Código Civil (indemnização moratória correspondente ao dobro da renda): "*não só porque a locação financeira tem características bem diferentes da locação em geral – para a qual a aludida regra foi prevista –, como porque, existindo cláusula contratual prevendo a situação concreta, está sempre afastada, por vontade das partes*". Existe assim autonomia do regime da locação também no que respeita à consideração do dano de privação de uso[51]. A solução integra-se, em termos sistémicos, com o afastamento dos demais aspectos de regime *supra* compulsados.

XI. Por fim, a posição do locador financeiro é garantida, nos termos do art. 21.º do RJCLF, por uma **providência cautelar de entrega judicial**, aplicável independentemente do objecto do contrato, a qual opera após o pedido de cancelamento do registo, "*se, findo o contrato por resolução ou pelo decurso do prazo sem ter sido exercido o direito de compra, o locatário não proceder à restituição do bem*".

Tal mecanismo de entrega imediata da coisa locada ao locador financeiro, pode, consoante reconhecido pelo ac. do STJ de 07.07.1999 (Relator: Moura Cruz) ser instaurada "*também contra terceiros a quem o locatário haja cedido o bem locado*"[52], sendo certo que a faculdade de disposição do bem uma vez decretada a providência a que se reporta a Lei é, naturalmente, relativa à sua alienação sem a oneração da locação financeira. Nada impede que, na pendência do contrato de locação o locador aliene o bem, assim transmitindo a sua posição contratual a terceiro, que, correlativamente, assume a titularidade dominial com a oneração, desde logo, de uma aquisição potestativa por parte do locatário.

Este constitui uma das mais eficazes providências cautelares especificadas consagradas no nosso ordenamento jurídico.

[51] Processo n.º 627/09.5YFLSB.

[52] Processo n.º 99B500.

RENEGOCIAÇÃO E MODIFICAÇÃO UNILATERAL DE CONTRATOS DE CRÉDITO. TRANSFERÊNCIA DO CRÉDITO

M. Januário da Costa Gomes*

Sumário: *1. Introdução; 2. Em tema de juros; 3. Alteração unilateral da taxa de juro ou dos encargos; 4. Prevenção do incumprimento, PARI e negociação; 5. A regularização das situações de incumprimento e o PERSI; 6. Tranferência do crédito.*

1. Introdução**

I. O tema, em título, que me foi proposto e que, em breves linhas, abordo, juntando-me à feliz inciativa do Instituto de Direito do Consumo da Faculdade e acedendo ao convite do Prof. Doutor Rui de Mascarenhas Ataíde, agrega, em substância, três temas: o da renegociação de contratos

* Professor da Faculdade de Direito da Universidade de Lisboa

** Estudo concluído em 30.12.2021. Abreviaturas mais utilizadas: BdP=Banco de Portugal; BMJ=Boletim do Ministério da Justiça; CC=Código Civil; CIRE=Código da Insolvência e da Recuperação de Empresas; CIS=Código do Imposto do Selo; DL=Decreto-Lei; LCC=Lei do Crédito aos Consumidores, regime aprovado pelo DL 133/2009, de 2 de junho; LCCG=Lei das Cláusulas Contratuais Gerais (DL 446/85, de 25 de Outubro); LoBdP=Lei Orgânica do Banco de Portugal; RFDUL=Revista da Faculdade de Direito da Universidade de Lisboa; RFDUL-LLR=Revista da Faculdade de Direito da Universidade de Lisboa – Lisbon Law Review; PARI=Plano de Ação para o Risco de Incumprimento; PERSI=Procedimento Extrajudicial de Regularização de Situações de Incumprimento; RGIC=Regime Geral das Instituições de Crédito e Sociedades Financeiras, aprovado pelo DL 298/82, de 31 de dezembro, sucessivamente alterado.

de crédito, o da modificação umilateral de contratos de crédito e o da tranferência do crédito.

Na abordagem do primeiro tema, optamos, *hic et nunc*, também em ordem a estabelecer alguma coerência com o âmbito dos demais, por não abordar a candente temática da renegociação dos contratos à luz dos princípios gerais de direito civil e do regime civil geral – matéria que tem sido, de resto, tratada e iluminada por autorizados estudos recentes[1] –, limitando-nos, assim, a algumas considerações à luz de legislação bancária específica, em particular no quadro do crédito a consumidores.

Por razõs similares, não tratamos, nesta sede, do tema da alteração das circunstâncias – grandes ou pequenas – e do seu impacto eventual na sorte do contrato ou na modificação do conteúdo da prestação ou das prestações[2].

Não cabe também no objeto deste estudo, tal como o interpretamos, na sua complexidade e multiplicidade, a análise das situações em que as partes acordam previamente um dever de renegociação e, eventualmente, os respetivos termos, verificados determinados eventos e circunstancialismos. Não cabe aqui, assim, o estudo, entre outras, da *hardship clause*, prevista no artigo 6.2.3 dos "Unidroit Principles of International Contracts"[3].

Em função da amplitude dos temas, circunscrevemos a nossa atenção ao crédito bancário, já que, não sendo os bancos ou, mais amplamente, as instituições de crédito, os únicos concedentes de crédito, eles são, consabi-

[1] Na doutrina nacional, cf., por todos, António Menezes Cordeiro, *Covid-19 e boa-fé*, in RFDUL-LLR, LXI, 2020, 1, 23-43; Id., *Vulnerabilidades e Direito Civil*, in RFDUL-LLR, LXII, 2021, 1, 21-58, Nuno Pinto Oliveira, *Em tema de renegociação – a vulnerabilidade dos equilíbrios contratuais no infinito jogo dos acasos*, in RFDUL-LLR, LXII, 2021, 1, 793-837, Rui de Mascarenhas Ataíde, *O Direito dos contratos privados face à presente crise pandémica. Alguns problemas, em especial, a impossibilidade temporária*, in RFDUL-LLR, LXI, 2020, 1, 23-43, Diogo Costa Gonçalves, *Crise e renegociação dos contratos no Direito português e brasileiro – Algumas reflexões*, in RFDUL-LLR, LXI, 2020, 1, 149-185 e Catarina Monteiro Pires, *Contratos.* I. *Perturbações na execução*, Almedina, Coimbra, 2019, 194 e ss..

[2] Cf., por todos, António Menezes Cordeiro, *Direito bancário e alteração das circunstâncias*, in "I Congresso de Direito Bancário", coordenação de L. M. Pestana de Vasconcelos, Almedina, Coimbra, 2015, 27-81.

[3] Cf., v. g., Fabio Bortolotti, *Il contrato internazionale*, 2.ª edição, Cedam, Pádua, 2017, p. 283 e ss.. Na doutrina portuguesa, embora com referência a uma anterior versão dos "Principles", cf. Luís Lima Pinheiro, *Cláusulas típicas dos contratos do comércio internacional*, in "Estudos em homenagem ao Prof. Doutor Armando Marques Guedes", Coimbra Editora, Coimbra, 2004, 884 e ss. e Eduardo Santos Júnior, *Especialização e mobilidade temática do Direito Comercial Internacional como disciplina de mestrado. Uma aplicação: os contratos internacionais de engenharia global*, Almedina, Coimbra, 2009, 149 e ss..

damente, os maiores concedentes, em função da sua qualidade de intermediários do crédito[4]: recolhem fundos dos depositantes e, com base nesses fundos, disponibilizam capitais a quem deles precisa – concedem crédito.

Há, assim, num sentido económico, uma verdadeira intermediação. Como escreve Simões Patrício[5], a intermediação no crédito "constitui o *core business* da atividade bancária ou, como também se designa, o paradigma bancário"; e ainda: "é essencialmente através de depósitos e outras formas de colecta de poupança, tomada a crédito (passivo), que os bancos dispõem de fundos para ceder mediante empréstimo e outras formas de crédito (ativo)".

O enfoque nesta intermediação está presente, desde logo, na definição de *instituição de crédito*, constante da alínea *w*) do artigo 2.º-A do RGIC: "a empresa cuja atividade consiste em receber do público depósitos ou outros fundos reembolsáveis e em conceder crédito por conta própria"[6]. Note-se, porém, que não há, em rigor, um vínculo necessário ou forçoso entre a recolha de depósitos e a concessão de crédito, já que os depósitos não têm de ter uma aplicação exclusiva à concessão de crédito[7].

II. Não é fácil caracterizar *crédito*, conceito caleidoscópico, com uma pluralidade de significados[8]. A perspetiva dominante entre nós parece ser a que vê o crédito como uma *troca* entre um bem presente e uma contraprestação futura de um bem análogo[9].

O crédito é assim explicado por Inocêncio Galvão Telles[10]: "Todas as coisas fungíveis, e nomeadamente o dinheiro, podem ser objeto de uma especial modalidade de troca económica que se traduz na permuta de coisas presentes por coisas futuras do mesmo género. Entre as duas prestações, a entrega e a restituição, medeia um intervalo de tempo. Neste intervalo, que imprime à entrega o cunho de operação de crédito, aquele que recebeu a coisa pode livremente dispor dela, pois apenas fica adstrito a restituir outro

[4] Cf., por todos, António Menezes Cordeiro, *Direito Bancário*, 6.ª edição, Almedina, Coimbra, 2016, 669 e ss..

[5] Cf. José Simões Patrício, *Direito bancário privado*, Quid Juris, Lisboa, 2004, 168.

[6] Cf., em especial, António Menezes Cordeiro, *Direito Bancário*[6], 1125 e ss..

[7] Cf., v. g., José Simões Patrício, *Direito bancário privado*, 174-175.

[8] Cf., v. g., Hans-Peter Schwintowski, *Bankrecht*, 3.ª edição, Carl Heymans Verlag, Colónia, 2011, 383: "Der Begriff Kredit (lat. credere) ist vielsichtig".

[9] Cf., por todos, José Simões Patrício, *Direito bancário privado*, 278 e ss.. Seguimos de perto, neste ponto, o que escrevemos em *Contratos comerciais*, Almedina, Coimbra, 2012, 259 e ss..

[10] Cf. Galvão Telles, *Aspectos comuns aos vários contratos*, in RFDUL VIII (1950), 307.

tanto do género considerado". E ainda: "É nessa livre disponibilidade, no facto de se receber um valor com a faculdade de fazer dele o que aprouver e a obrigação de só mais tarde restituir valor igual, é nisso que está o alcance económico da operação. Quem fornece dinheiro a crédito, ou seja, dinheiro presente contra dinheiro futuro, proporciona uma vantagem, e o juro não é outra coisa senão o pagamento de tal vantagem".

Fazendo eco da posição de vários autores[11], os elementos característicos do crédito são:

(*i*) o *tempo*: a troca é *diferida*. É essencial ao conceito de crédito que a contraprestação de um bem equivalente se destine a ser realizada em momento posterior ao da entrega das disponibilidades. Sendo o tempo essencial, a troca diferida respeita, quando de crédito bancário se trate, a troca de dinheiro (no) presente por dinheiro (no) futuro.

Contudo, juridicamente, não deixa de haver uma troca (no) presente: troca de dinheiro por uma *posição ativa* – um ativo financeiro.

(*ii*) a *confiança* é outro elemento essencial ao crédito. Essa confiança tem de existir na fase da recolha da poupança (já que há crédito do depositante ao banco) e na fase da disponibilização do dinheiro pelo banco a quem dele careça: o depositante confia no banco e o banco confia no creditado.

Estamos perante um elemento a que alguns autores dão mesmo um relevo primeiro na concessão do crédito. Lê-se, assim, em Lima Simões[12] que a *confiança* é "o elemento principal que se encontra em todas as operações de crédito"; e ainda: "a verdadeira base do sistema complexo de crédito funda-se numa combinação íntima da confiança com o ato de transferência da propriedade". O *microcrédito* constituirá atualmente o campo onde será mais evidente a centralidade da confiança[13].

[11] Cf., por todos, José Simões Patrício, *Direito bancário privado*, 279.

[12] Cf. Raul Lima Simões, *Crédito bancário. Os bancos, o financiamento do comércio e da indústria e os riscos da insolvência*, Lisboa, 1930, 13.

[13] Damos a palavra a Mohammad Yunus, *O banqueiro dos pobres. O microcrédito e a luta contra a pobreza no mundo*, Difel, Lisboa, 2009, 165: "Os nossos clientes não precisam de provar que têm muito dinheiro poupado ou que são ricos; pelo contrário, precisam de provar como são pobres e como são parcas as suas economias". Sobre o microcrédito, cf., v. g., Elisa Rangel Nunes, *Reflexões sobre o conceito de microcrédito*, 2.ª edição, Luanda, 2005, *passim*; cf. ainda o volume organizado por Marcelo Neri, "Microcrédito. O mistério nordestino e o Grameen brasileiro", Editora FCV, Rio de Janeiro, 2008, *passim*.

(*iii*) Como terceiro elemento, é apontado *o risco*, já que, como é sabido, é possível que a prestação futura não seja realizada[14]. Ao emprestar dinheiro aos seus clientes, o banco corre o risco de não recuperação total ou parcial do mesmo: corre o risco de não receber o equivalente (o *tantundem*) acrescido dos frutos, consubstanciados nos *juros*, que remuneram o tempo e o risco.

As modalidades típicas de crédito são a *venda a prazo* e o *empréstimo de dinheiro*[15]: só este releva, em termos diretos, quando de crédito bancário se fala. A outra modalidade de crédito, praticada por outros agentes, pode, entretanto, concitar a participação dos bancos, por exemplo através da prestação de garantias de cumprimento[16].

III. Uma das principais razões que provocam o problema da modificação unilateral dos contratos de crédito bancário é o custo do crédito.

In illo tempore, falar de "custo do crédito" era falar de juros e praticamente só de juros. Atualmente, impõe-se que se junte aos juros o "custo fiscal", as despesas e, sobretudo, as *comissões bancárias*, transformadas que estão num importante ingrediente do custo do crédito, quer quando correspondem, conforme se impõe[17], a serviços efetivamente prestados, quer quando constituem, em substância, juros mascarados ou ocultos[18].

A alínea *f*) do artigo 3.º do DL 58/2013, de 8 de maio, define *comissões* como "as prestações pecuniárias exigidas aos clientes pelas instituições como retribuição por serviços por elas prestados, ou subcontratados a terceiros, no âmbito da sua atividade". Trata-se de uma definição pacífica, correspondendo à que consta, v. g., da alínea *b*) do artigo 3.º do DL 227/2012, de 25 de outubro, com a inócua diferença de o diploma de 2012 se referir a "contratados a terceiros", enquanto o diploma de 2013 alude a "subcontratados a terceiros".

[14] Cf., v. g., Michel Vasseur, *Droit et économie bancaires. Les opérations de banque*, I. *Les relations banquier-client. Les comptes en banque. Les opérations de financement de l'industrie et du commerce intérieurs*, 4.ª edição, Les Cours de Droit, Paris, 1987-1988, 173 e ss. e Virgílio Rapaz, *Crédito*, in "Polis" 1, 1983, 1354-1355.

[15] Cf., v. g., José Simões Patrício, *Direito bancário privado*, 280.

[16] Cf., v. g., M. Januário da Costa Gomes, *Contratos comerciais*, 371 e ss..

[17] Cf. M. Januário da Costa Gomes, *Sobre comissões bancárias. "Les unes et les autres"*, in "III Congresso de Direito Bancário", coordenação de L. M. Pestana de Vasconcelos, Almedina, Coimbra, 2018, 209-257; cf. ainda, por último, L. M. Pestana de Vasconcelos, *Direito Bancário*, 3.ª edição, Almedina, Coimbra, 2021, 409 e ss..

[18] Sobre "juros ocultos", cf. Miguel Brito Bastos, *O mútuo bancário. Ensaio sobre a estrutura sinalagmática do contrato de mútuo*, Coimbra Editora, Coimbra, 2015, 159 e ss..

Uma rápida ilustração do custo atual do crédito pode ser encontrada na definição, constante da LCC, de "custo total do crédito para o consumidor"; segundo a alínea *g*) do número 1 do artigo 4.º, tal custo integra "todos os custos, incluindo juros, comissões, despesas, impostos e encargos de qualquer natureza ligados ao contrato de crédito que o consumidor deve pagar e que são conhecidos do credor, com exceção dos custos notariais"[19]. Nesta linha, a alínea *i*) do número 1 do artigo 4.º define "TAEG – taxa anual de encargos efetiva global" como "o custo total do crédito para o consumidor expresso em percentagem anual do montante total do crédito, acrescido, se for o caso, dos custos previstos no número 4 do artigo 24.º". A TAEG, cujo cálculo consta do artigo 24.º, diferencia-se da "TAN – taxa nominal", definida na alínea *j*) do mesmo número 1 do artigo 4.º como "a taxa de juro expressa numa percentagem fixa ou variável aplicada numa base anual ao montante do crédito utilizado".

De acordo com o número 5 do artigo 24.º da LCC, o cálculo da TAEG "é efetuado no pressuposto de que o contrato de crédito vigora pelo período de tempo acordado e de que as respetivas obrigações são cumpridas nas condições e nas datas especificadas no contrato".

Destaco ainda o número 6 do mesmo artigo 4.º, de acordo com o qual "sempre que os contratos de crédito contenham cláusulas que permitam alterar a taxa devedora e, se for o caso disso, encargos incluídos na TAEG que não sejam quantificáveis no momento do respetivo cálculo, a TAEG é calculada no pressuposto de que a taxa nominal e os outros encargos se mantêm fixos em relação ao nível inicial e de que são aplicáveis até ao termo do contrato de crédito".

Não seria, de facto, pensável solução diversa, atenta a relativa indeterminação dos futuros e eventuais novos valores no momento da celebração do contrato. Naturalmente que essa indeterminação não prescinde de uma certa determinabilidade.

IV. Como facilmente se intui, o problema da modificabilidade dos contratos de crédito – incluindo, naturalmente, o da modificabilidade unilateral – coloca-se, em particular, nos contratos de médio e de longo prazo.

[19] Ainda segundo a mesma definição "os custos decorrentes de serviços acessórios relativos ao contrato de crédito, em especial os prémios de seguro, são igualmente incluídos se, além disso, esses serviços forem necessários para a obtenção de todo e qualquer crédito ou para a obtenção do crédito nos termos e nas condições de mercado".

O artigo 4.º do DL 58/2013, continuando o critério que vinha do Decreto-Lei 344/78, de 17 de novembro, classifica as operações de crédito em (*i*) *curto prazo* – quando o prazo de vencimento não exceda um ano; (*ii*) *médio prazo* – quando o prazo de vencimento seja superior a um ano, mas não a cinco e (*iii*) *longo prazo* – quando o prazo de vencimento exceda cinco anos. Na qualificação dos contratos de crédito como de curto, médio ou longo prazo – cuja importância é, atualmente, algo limitada[20], – as instituições de crédito devem seguir um critério material de adequação à "natureza e características das operações reais que visam financiar", conforme dispõe o número 3 do artigo 4.º do mesmo diploma.

Revelador da importância colocada pela lei na qualificação dos contratos de crédito numa ou noutra categoria, é a fixação do *dies a quo* e do *dies ad quem* para a contagem dos prazos: o prazo conta-se (número 1 do artigo 5.º) a partir da data em que "os fundos são colocados à disposição do respetivo beneficiário", terminando na data prevista para "a liquidação final e integral", data esta que corresponde à data do *vencimento*. De resto, o diploma exige que nas operações de concessão de crédito seja fixada a data do vencimento ou o critério para a sua determinação (número 5 do artigo 5.º)[21].

Finalmente, em ordem, por um lado, a assegurar o cumprimento do critério da conformidade do prazo com a natureza das operações reais financiadas e, por outro, a evitar a dissimulação do crédito mal parado[22], o número 2 do artigo 5.º estabelece o princípio de que, havendo prorrogação ou renovação dos prazos de qualquer operação de crédito, deve ser considerado o prazo global correspondente à totalidade do período decorrido desde o início da operação até ao seu efetivo vencimento.

No quadro do crédito bancário – *crédito privado*[23], por natureza – é usual encontrarmos classificações dos contratos ou das operações de crédito

[20] Cf., com referência ao regime anterior ao DL 58/2013, José Simões Patricio, *Direito bancário privado*, 300 e ss. e M. Januário da Costa Gomes, *Contratos comerciais*, 280.

[21] O número 6 do artigo 5.º ressalva "as operações de abertura de crédito documentário, as resultantes da utilização de cartões de crédito e outras operações de crédito que, pelas suas características, tenham uma duração indeterminada".

[22] Assim, José Simões Patrício, *Direito bancário privado*, 302, com referência ao regime anterior.

[23] Referimo-nos aqui à contraposição entre *crédito público* e *crédito privado*: cf., por todos, José Simões Patrício, *Direito bancário privado*, 287 e ss.. Sobre os empréstimos públicos, continua presente a cristalina lição de Teixeira Ribeiro, *Finanças*, Coimbra, 1957, 241 e ss.. Sobre a relação crédito público / dívida pública, cf., por todos, Eduardo Paz Ferreira, *Da dívida pública e das garantias dos credores do Estado*, Almedina, Coimbra, 1995, 19 e ss..

baseadas noutros critérios que não no prazo. Algumas dessas classificações são de natureza macro-económica, como aquela que distingue entre *crédito à produção, crédito à circulação* e *crédito ao consumo*[24], sem prejuízo dos respetivos reflexos a nível jurídico-material, designadamente quando se trate de créditos de escopo. Também com reflexos a nível jurídico, apesar de ser uma classificação que considera, à partida, argumentos ou razões de economia e de gestão, é aquela que distingue entre *crédito de tesouraria* e *crédito de investimento*[25], havendo uma tendencial correspondência do primeiro ao crédito de curto prazo e do segundo ao crédito de médio e longo prazo.

As classificações que assumem aqui um mais direto relevo são as seguintes[26]: (*i*) crédito garantido *versus* crédito não garantido; (*ii*) crédito simples *versus* crédito sindicado; (*iii*) crédito monetário *versus* crédito por assinatura; (*iv*) crédito comum ("corporate") *versus* crédito de projeto ("project finance") e ainda (*v*) crédito comum *versus* crédito de escopo. Trata-se de classificações que não se apresentam em termos autossuficientes e estanques, podendo cruzar-se umas com outras.

Naturalmente que há uma outra classificação em função de um critério territorial: crédito *interno*, feito no país, *versus* crédito *internacional*, feito a entidade estrangeira ou situada no estrangeiro. Reveste este último particular sensibilidade, uma vez que o banco que não obtenha garantias internas corre riscos acrescidos, situação que é normalmente identificada com a expressão "risco do país"[27] e que conduz à frequente exigência de introdução de mecanismos de seguro de crédito[28].

2. Em tema de juros

I. O tema dos juros é, a um tempo, tormentoso e apaixonante. A seguinte passagem do Deuteronómio marca profundamente a cultura e a vivência judaico-cristã, pelo menos até ao protestantismo, no que à cobrança de

[24] Cf., v. g., José Simões Patrício, *Direito bancário privado*, 283 e ss..

[25] Cf., v. g., José Simões Patrício, *Direito bancário privado*, 281-282.

[26] Cf. M. Januário da Costa Gomes, *Contratos comerciais*, 280 e ss..

[27] Identificando o "Länderrisiko" como problema central, cf., v. g., Michael Cramer, *Das internationale Kreditgeschäft der Banken. Struktur. Risiken und Kreditentscheidungsprozess*, Gabler, Wiesbaden, 1981, 109 e ss..

[28] Cf., v. g., Isern, *Die Versicherung von Krediten als Instrument kreditspezifischer Risikovorsorge im Aktivgeschäft der Banken*, Peter Lang, Frankfurt am Main, 1984, *passim* e, com referência a uma situação específica, João Calvão da Silva, *Seguro de crédito*, in "Estudos de Direito Comercial (Pareceres)", Almedina, Coimbra, 1996, 95-124, *passim*.

juros respeita: "Não exigirás juros ao teu irmão, quer se trate de dinheiro, quer se trate de géneros alimentícios, ou de qualquer outro género". E ainda: "Poderás emprestar com juros ao estrangeiro, mas não ao teu irmão, se queres que o Senhor, teu Deus, abençoe todos os teus trabalhos na terra em que vais entrar para a possuir".

Depois de um longo período de demonização dos juros[29], o problema não é já o da sua admissibilidade mas o do seu controlo, o dos limites[30]: os juros usurários são os juros tidos pelo sistema jurídico como excessivos, avultando aqui as previsões dos artigos 559.º-A e 1146.º do Código Civil. A nível específico, destaque-se o regime estabelecido na LCC[31].

Não havendo dúvidas de que os bancos podem cobrar juros pelo crédito que concedem, a primeira questão que importa suscitar é a de saber se os mesmos têm liberdade de fixação de taxa de juro ou se, ao invés, estão sujeitos aos limites que resultam da previsão do artigo 102.º do Código Comercial[32].

Não cabe na vocação destas linhas tratar este tema, sobre o qual já nos pronunciámos, de resto, noutro local[33]. Sempre se dirá, porém, que

[29] Em particular sobre a posição da Igreja Católica, avessa à usura ou empréstimo a juros, cf. Paulo Sendin, *Usura, letra de câmbio e direito comercial*, in "Nos 20 anos do Código das Sociedades Comerciais. Homenagem aos Profs. Doutores A. Ferrer Correia, Orlando de Carvalho e Vasco da Gama Lobo Xavier", III. "Vária", Coimbra Editora, Coimbra, 2007, (851-914) 852 e ss., Gelpi / Julien-Labruyère, *História do crédito ao consumo*, Principia, S. João do Estoril, 2000, 62 e ss. e Jacques Le Goff, *Marchands et banquiers au Moyen Âge*, PUF, Paris, 2011, 75 e ss., Id., *A bolsa e a vida*, Teorema, Lisboa, *passim*.

[30] Cf., por todos, António Menezes Cordeiro, *Direito Bancário*[6], 676 e ss. e Pestana de Vasconcelos, *Direito Bancário*[3], 386 e ss.. A temática dos juros usurários tem suscitado natural e largo interesse em várias doutrinas; cf. quanto à doutrina transalpina, por todos, com referências, o volume "Gli intereressi usurari. Quattro voci su un tema controverso", coordenado por Giovanni D'Amico, Giappichelli, Turim, 2016, integrando estudos de Giovanni D'Amico, de Stefano Pagliantini, de Ugo Salanitro e de Fabrizio Piraiano.

[31] Cf., na doutrina, conquanto face ao anterior regime do crédito ao consumo, Morais Carvalho, *Usura nos contratos de crédito ao consumo*, in "Sub Judice" 36, 2006, 35-53, *passim*. Com referência ao regime do artigo 28.º (usura) da LCC, cf. Gravato Morais, *Crédito aos consumidores. Anotação ao Dcreto-Lei n.º 133*/2009, Almedina, Coimbra, 2009, 118 e ss..

[32] Cf., por todos, Pestana de Vasconcelos, *Direito Bancário*[3], 389 e ss., lendo-se, a certo passo (389-390): "A questão é muito simples: podem as instituições de crédito, em especial os bancos, assim como as sociedades financeiras, fixar taxas de juros acima destes limites na concessão de crédito (...)?".

[33] Cf. M. Januário da Costa Gomes, *Contratos comerciais*, 264-265.

mantemos a posição no sentido de que o Aviso do BdP 3/93[34] – cujo número 2 dispõe que "são livremente estabelecidas pelas instituições de crédito e sociedades financeiras as taxas de juro das suas operações, salvo nos casos em que sejam fixadas por diploma legal" – carece, a montante, de norma habilitante, norma essa que não encontramos, designadamente na LoBdP[35].

II. No campo da atividade bancária, são trazidas à colação, em geral, as mais diversas modalidades de juros[36], com destaque para a distinção entre *juros remuneratórios* e *juros moratórios*.

Contudo, em primeiro lugar, temos de considerar a diferença entre *juros legais* e *juros convencionais*, sendo, de resto, frequentes os litígios sobre se a taxa de juro a aplicar é a legal ou outra, tida pelo banco como convencionalmente estabelecida.

Conquanto com menor impacto[37], temos a distinção entre *juros compensatórios*, *indemnizatórios* e *compulsórios*: os primeiros destinam-se a proporcionar uma utilidade que compense uma privação temporária do capital; os segundos destinam-se a indemnizar os danos sofridos pelo credor; finalmente, os juros compulsórios destinam-se a compelir o devedor a cumprir.

[34] O Aviso indica os artigos 18.º, 22.º e 23.º, alínea *f*) da LoBdP, reportando-se, naturalmente, à anterior Lei Orgânica, aprovada pelo Decreto-Lei 337/90, de 30 de outubro. Já nessa Lei Orgânica, se a confrontarmos com a imediatamente anterior (aprovada pelo Decreto-Lei 644/75, de 15 de novembro), não era clara, tal como não é na vigente, a habilitação do BdP para liberalizar as taxas de juro. Diversamente, na Lei Orgânica de 1975 encontrava-se uma habilitação muito clara na alínea *b*) do artigo 28.º/1, em sede de orientação e controlo das instituições de crédito: "fixar o regime das taxas de juro, comissões e quaisquer outras formas de remuneração para as operações efetuadas pelas instituições de crédito (...)"; sobre o problema, pode ver-se Hugo Rosa Ferreira, *Negação e repressão da usura no crédito bancário. Análise de soluções em teoria e na prática*, Relatório de Mestrado, Faculdade de Direito da Universidade de Lisboa 2008/2009, 33 e ss..

[35] Sobre o assunto, cf. Pedro Pais de Vasconcelos, *Taxas de juros do crédito ao consumo: limites legais*, in "II Congresso de Direito Bancário", coordenação de L. M. Pestana de Vasconcelos, Almedina, Coimbra, 2017, 329-353 e, por último, Pestana de Vasconcelos, *Direito Bancário*[3], 389 e ss.; cf. ainda o relevante estudo de Carlos Silva Loureiro, *Juros usurários no crédito ao consumo*, in "Revista de Estudos Politécnicos", V, 8 (2007), 265-280.

[36] Cf., por último e por todos, José Engrácia Antunes, *A moeda. Estudo jurídico e económico*, Almedina, Coimbra, 2021, 574 e ss..

[37] Cf. as diversas classificações enunciadas no AUJ de 25.03.2009, in www.dgsi.pt; cf., na doutrina, Luis Menezes Leitão, *Direito das Obrigações*, I, 14.ª edição, Almedina, 2017, 155 e ss..

Sobre o *tempo* em que os juros podem ser cobrados, distingue-se entre *juros à cabeça* e *juros postecipados*, diferença essa cujo domínio de aplicação é o dos *juros remuneratórios*[38], os quais são definidos pela alínea *d*) do artigo 3.º do DL 58/2013 como "os que constituem remuneração do capital ou como tal sejam convencionados". O mesmo diploma define, na alínea *e*) do artigo 3.º, *juros moratórios* como "os que visam indemnizar os prejuízos da instituição em resultado da mora do devedor no cumprimento das obrigações contratuais".

A cobrança de "juros à cabeça" revela-se, *a priori*, gravosa e, nessa medida, excecional. O princípio, nesta matéria, está firmado no número 2 do artigo 6.º do DL 58/2013: "os juros relativos às operações de crédito, empréstimos em conta corrente ou outras de natureza similar são calculados em função dos montantes e períodos de utilização efetiva dos fundos pelo beneficiário, de acordo com as taxas de juro contratadas"[39]. A cobrança de juros à cabeça – juros cobrados antecipadamente – só é admitida, nos termos do número 1 do artigo 6.º do DL 58/2013, ou seja, "nas operações de desconto de letras e livranças, bem como de outros títulos de crédito", podendo os juros ser cobrados "por dedução do valor nominal dos títulos de crédito"[40].

III. A importância do crédito na vida das empresas e dos cidadãos forçou os legisladores a intervir no sentido de impor, "preto no branco", às instituições de crédito o dever – que, *summo rigore*, resulta já do princípio da boa fé – de fornecerem adequada informação aos destinatários, desde a fase da "oferta" dos produtos no mercado em geral, desde logo na publicidade, até à data de concretização da operação, passando pela fase pré-contratual[41].

[38] Cf., por todos, José Simões Patrício, *Direito bancário privado*, 303.

[39] De acordo com o número 3 do artigo 6.º, sempre do DL 58/2013, "nos demais contratos de crédito, os juros remuneratórios são calculados sobre o montante de capital em dívida, em cada momento, à taxa contratada e são pagos de acordo com o plano estipulado pelas partes para o pagamento de capital e juros".

[40] Sobre a figura dos "juros à cabeça", cf. Miguel Brito Bastos, *O mútuo bancário*, 143-146, em nota (303) e, para o regime anterior ao DL 58/2013, José Simões Patrício, *Direito bancário privado*, 303. Na doutrina, Ferreira de Almeida, *Contratos*, II. *Conteúdo. Contratos de troca*, 2.ª edição, Almedina, Coimbra, 2011, 139, mostrava-se favorável, em geral, à validade do desconto inicial de juros.

[41] Cf., por todos, António Menezes Cordeiro, *Direito Bancário*^{6}, 403 e ss., Id., *Responsabilidade bancária, deveres acessórios e nexo de causalidade*, in "Estudos de Direito Bancário", I, CIDP, Almedina, Coimbra 2018, 9-46 e Luís Menezes Leitão, *Informação bancária e responsabilidade*, in "Estudos em Homenagem ao Professor Doutor Inocêncio Galvão Telles", II. "Direito

Os deveres de informação mantêm perenidade no decurso da relação contratual, em função, naturalmente, da fase contratual.

Essa preocupação de assegurar adequada informação aos interessados refinou-se entretanto: após uma fase em que o objetivo parecia ser informar por informar, houve uma evolução, tendo o legislador reconhecido, finalmente, que não interessava a *quantidade* da informação mas a *qualidade* da mesma. É disso exemplo a imposição, que encontramos em contratos de crédito tidos como mais sensíveis – como nos contratos de crédito aos consumidores – de "simulações" que permitam ao interessado "comparar diferentes ofertas"[42].

Abstraindo do regime de *cláusulas contratuais gerais*, não porque o mesmo não seja aplicável mas porque é consabidamente aplicável enquanto regime geral[43], saliente-se, especificamente, o regime plasmado no artigo 77.º do RGIC. Reza o número 1 que as instituições de crédito devem informar com clareza os clientes sobre a remuneração que oferecem pelos fundos recebidos e os elementos caracterizadores dos produtos oferecidos, bem como sobre o preço dos serviços prestados e outros encargos a suportar pelos clientes. Por sua vez, o número 2 do artigo 77.º impõe indicações específicas, em particular "no âmbito da concessão de crédito ao consumo": "as instituições autorizadas a conceder crédito prestam ao cliente, antes da celebração do contrato de crédito, as informações adequadas, em papel ou noutro suporte duradouro, sobre as condições e o custo total do crédito, as suas obrigações e os riscos associados à falta de pagamento, bem como asseguram que as empresas que intermedeiam na concessão de crédito prestam aquelas informações nos mesmos termos". Em ordem a "garantir a transpa-

Bancário", Almedina, Coimbra, 2002, 225-244; cf. ainda Fernanda Rebelo, *O direito do consumidor na contratação à distância*, in "Liber Amicorum Mário Frota. A causa dos direitos dos consumidores", Almedina, Coimbra, 2012, 103-153 e Pegado Liz, *Algumas reflexões a propósito do direito do consumidor à informação*, in "Liber Amicorum Mário Frota. A causa dos direitos dos consumidores", Almedina, Coimbra, 2012, 335-353. Na inabarcável doutrina estrangeira, mantêm interesse os estudos de Hélène Davo, *Formalisme bancaire et protection du consommateur*, e de Agathe Lepage, *Les paradoxes du formalisme informatif*, publicados, respetivamente, a 329-339 e 597-620 do volume "*Liber Amicorum* Jean Calais-Auloy. Études de Droit de la Consommation", Dalloz, Paris, 2004.

[42] Assim o número 1 do artigo 6.º da da LCC.

[43] Cf., por todos, Schwintowski, *Bankrecht*[3], 11 e ss., João Calvão da Silva, *Direito bancário*, Almedina, Coimbra, 2001, 350 e ss. e Almeno de Sá, *Direito bancário*, Coimbra Editora, Coimbra, 2008, 25 e ss.; em geral, sobre o controlo das cláusulas contratuais gerais e da usura, cf. Pais de Vasconcelos, *Contratos atípicos*, Almedina, Coimbra, 1995, 417 e ss..

rência e a comparabilidade dos produtos oferecidos", as informações referidas no número 2 do artigo 77.º devem, por força do número 3, "ser prestadas ao cliente na fase pré-contratual e devem contemplar os elementos caracterizadores dos produtos propostos, nomeadamente incluir a respetiva taxa anual de encargo sefetiva global, indicada através de exemplos que sejam representativos".

A LCC não é uma lei especificamente bancária[44]. Porém, ela é *também* bancária, já que disciplina os contratos de crédito aos consumidores independentemente da qualidade do concedente de crédito – figura que o diploma designa por *credor* [alínea *b*) do artigo 4/1]. É, no entanto, sabido que a grande maioria do crédito aos consumidores é protagonizada por instituições de crédito. O regime da LCC[45] é marcadamente favorável ao *consumidor* (de crédito), definido, na alínea *a*) do número 1 do artigo 4.º, como a pessoa singular que, nos negócios jurídicos abrangidos pela LCC, "atua com objetivos alheios à sua atividade comercial ou profissional"; por sua vez, *credor* é a pessoa singular ou coletiva que concede ou promete conceder um crédito no exercício da sua atividade comercial ou profissional; finalmente, *contrato de crédito* é o contrato através do qual o credor concede ou promete conceder a um consumidor um crédito sob a forma de diferimento de pagamento, mútuo, utilização de cartão de crédito ou um qualquer outro acordo de financiamento semelhante.

A LCC dedica o II capítulo (artigos 5.º a 11.º) à informação e práticas anteriores à celebração do contrato de crédito, regulando, designadamente, a publicidade a operações de crédito aos consumidores (artigo 5.º) e a prestação de informações aos consumidores relativamente ao crédito (artigos 6.º, 8.º e 9.º). Mas nesse conjunto de normas, temos como particularmente demonstrativos da proteção conferida ao potencial consumidor de crédito – para além, naturalmente, dos dois pilares constituídos pelo direito de arrependimento e pelo regime do contrato de crédito coligado[46] –, a consagração dos seguintes deveres:

[44] Cf., por todos, António Menezes Cordeiro, *Direito Bancário*[6], 703 e ss. e Pestana de Vasconcelos, *Direito Bancário*[3], 351 e ss..

[45] Assim era já no domínio da legislação anterior, quer a nível europeu quer das legislações nacionais; cf., v. g., Leonor Aguilar Ruiz, *La protección legal del consumidor de crédito*, Tirant lo Blanch, Valência, 2001, *passim*.

[46] Diz dos mesmos Carlos Ferreira de Almeida, *Presságios sobre o direito do consumo*, in "Estudos de Direito do Consumo. Homenagem a Manuel Cabeçadas Ataíde Ferreira", Deco, 2016 (125-135), 128, serem os dois únicos institutos "inovadores e autónomos" do Direito

(*i*) *Dever de assistência ao consumidor*: *grosso modo*, o credor deve colocar o consumidor em posição que lhe permita avaliar se o contrato de crédito proposto se adapta às suas necessidades e à sua situação financeira[47]; e o

(*ii*) *Dever de avaliar a solvabilidade do consumidor*: antes de celebrar o contrato de crédito, o credor deve avaliar a solvabilidade do consumidor[48], quer através da verificação das informações que este tenha prestado, quer através de consulta à Central de Responsabilidades do Crédito, consulta esta que é obrigatória[49]; complementarmente, o credor pode proceder à avaliação da solvabilidade do consumidor, recorrendo à lista pública de execuções ou de outras bases de dados consideradas úteis para essa avaliação[50].

Enquanto o primeiro dever consubstancia, no essencial, um complexo *dever de informação*, o segundo aproxima-se de um *dever de proteção*. A dúvida, sobre a qual a doutrina nacional – aparentemente tolhida pelo facto de os diplomas específicos, nas suas letras, se limitarem a consagrar contraor-

do Consumo. Sobre o primeiro, cf., por todos J. C. Brandão Proença, *A desvinculação não motivada nos contratos de consumo: um verdadeiro direito de resolução?*, in "Estudos dedicados ao Professor Doutor Luís Alberto Carvalho Fernandes", II, Universidade Católica Editora, Lisboa, 2011, 173-220, sobre o segundo, cf., por todos, F. Gravato Morais, *União de contratos de crédito e de venda para o consumo*, Almedina, Coimbra, 2004, *passim*.

47 Para as especificidades do regime do artigo 7.º da LCC, cf. Gravato Morais, *Crédito aos consumidores*, 49 e ss.; cf. também Paulo Câmara, *A renovação do direito bancário no início do novo milénio*, in "O novo Direito Bancário", coordenação de Paulo Câmara e Manuel Magalhães, Almedina, Coimbra, 2012, (11-70) 40.

48 Refere-se, a propósito, Mário Frota, *Do regime jurídico do crédito ao consumo na União Europeia e seus reflexos em Portugal: A inversão do paradigma*, in "Revista Luso-Brasileira de Direito do Consumo", 1, 2011 (43-77), 45, à "inversão do que poderia considerar-se o paradigma vigente". Na doutrina nacional mais recente, cf. Morais Carvalho, *Os contratos de consumo. Reflexão sobre a autonomia privada no direito do consumo*, 370 e ss., Id., *Crédito ao consumo e crédito à habitação*, in "Estudos de Direito Bancário I", CIDP, Almedina, Coimbra, 2018 (297-329), 321 e ss.; cf. ainda Francisco Mendes Correia, *O contrato de mútuo: questões antigas e desenvolvimentos recentes*, in "Código Civil. Livro do Cinquentenário", I. "Homenagem ao Prof. Doutor Fernando Pessoa Jorge", CIDP, Almedina, 2019 (527-562), 555 e ss..

49 Através do Aviso 4/2017, o BdP, na linha de orientações oriundas da Autoridade Bancária Europeia, vem "concretizar procedimentos e critérios a observar pelos mutuantes na avaliação da solvabilidade dos consumidores".

50 Para as especificidades do regime dos artigos 10.º e 11.º da LCC, cf. Gravato Morais, *Crédito aos consumidores*, 55 e ss. e 57 e ss.; sobre a Central de Responsabilidades do BdP, cf. Sofia Martins, *A Central de Responsabilidades de Crédito. Enquadramento normativo, vicissitudes e mecanismos de tutela*, Dissertação de Mestrado, Faculdade de Direito da Universidade de Lisboa, 2015, *passim*.

denações[51] – tarda em dar respostas, é sobre quem seja, na "mens legis", o "efetivo protegido" dessa medida de proteção: se a instituição de crédito específica, se o sistema bancário, se o consumidor específico ou se todos eles.

Na avaliação da solvabilidade dos consumidores, as instituições de crédito devem nortear-se pelos "procedimentos e critérios", oriundos de recomendações da Autoridade Bancária Europeia, indicados no Aviso 4/2017 do BdP, cujo artigo 3.º destacamos: "No cumprimento das disposições do presente Aviso, as instituições de crédito devem proceder com diligência, promovendo a concessão de crédito responsável, tendo em consideração a situação financeira, os objetivos e as necessidades dos consumidores e a natureza, montantes e característivas do contrato de crédito".

3. Alteração unilateral da taxa de juro ou dos encargos

Os contratos de crédito estão sujeitos ao regime geral dos negócios jurídicos, designadamente ao princípio *pacta sunt servanda*. Decorre desse princípio, com consagração legal no artigo 405.º do Código Civil, que nem o banqueiro pode impor unilateralmente ao cliente uma alteração da taxa de juro ou de uma comissão, como também ao creditado não é dado baixar unilateralmente o custo de crédito em qualquer das suas componentes. O problema da alterabilidade superveniente da taxa de juro coloca-se em situações em que, após a celebração do contrato de crédito, se verifica uma modificação do condicionalismo existente aquando da fixação da taxa contratual, podendo, em consequência da mesma, qualquer das partes *pretender* um "ajustamento" da taxa às novas condições: a questão está em saber se uma tal pretensão é atendível e, no caso afirmativo, em que termos[52].

A priori, salvas as situações de alteração substancial do citado circunstancialismo, a "responsabilidade" da não previsão contratual da situação existente à data do contrato será da instituição de crédito, na medida em que estamos a tratar de produtos que constituem a sua vocação e especialidade:

[51] Mais concretamente: número 1 do artigo 30.º da LCC e alínea *v*) do artigo 29.º do DL 74-A/2017.

[52] Cf., em geral, Paolo Gaggero, *La modificazione unilaterale dei contratti bancari*, Cedam, Pádua, 1999, *passim*, Diego Rufini, *Banche (trasparenza delle condizioni contrattuali)*, in DDP-SezComm – Aggiornamento*, 2000, 97 e ss. e, entre nós, especificamente, André Figueiredo, *O poder de alteração unilateral nos contratos bancários*, in "Sub-Judice", 39, 2007, 9-26 e Rui Pinto Duarte, *A alteração unilateral de contratos de financiamento*, in "II Congresso de Direito Bancário", ccordenação de L. M. Pestana de Vasconcelos, Almedina, Coimbra, 2017, 305-326.

à partida, o especialista em dinheiro é o banco, não o cliente[53]. Desta conclusão excecionamos as situações em que a instituição de crédito contrata com uma contraparte que, pelo seu peso contratual, está em condições de discutir a celebração do contrato de crédito e respetivos termos.

Seja como for, o ponto de partida é o citado princípio *pacta sunt servanda*, que não se mostra compatível com alterações unilaterais potestativas da taxa de juro, quer se trate de taxas de juro fixas quer de taxas de juro variáveis. Assim, quando, nestas linhas, curamos da modificação unilateral da taxa de juro e ou de outros encargos, estamos necessariamente a falar de situações em que as correspondentes modificações têm, na sua base, a montante, um "suporte" contratual.

Um ponto convém deixar claro: as taxas de juro variáveis não são incompatíveis com o princípio *pacta sunt servanda*, já que as mesmas incorporam por natureza – e por acordo das partes – os termos em que as taxas de juro podem ser modificadas[54]. *Grosso modo*, o problema da alterabilidade superveniente das taxas de juro coloca-se em relação às taxas de juro fixas e ao *spread* das taxas de juro variáveis.

Tais cláusulas não são também incompatíveis com a LCCG. Na verdade, resulta do número 4 do artigo 22.º deste diploma que o disposto nas alíneas *c)* e *d)* do número 1 do mesmo preceito "não implicam a proibição das cláusulas de indexação, quando o seu emprego se mostre compatível com o tipo contartual onde se encontram inseridas (...)".

Ora, neste particular, e abstraindo, naturalmente sem o ignorar, do regime da modificação unilateral do contrato por alteração de circunstâncias, nos termos do artigo 437.º do Código Civil – cuja aplicação aos contratos de crédito temos por pacífica, verificados os requisitos respetivos[55] – a

[53] Destaque-se a afirmação de Pedro Pais de Vasconcelos, *Mandato bancário*, in "Estudos em Homenagem ao Professor Doutor Inocêncio Galvão Telles", II. "Direito Bancário", Almedina, Coimbra, 2002 (131-155), 142: "O banqueiro é um comerciante altamente especializado".

[54] Cf. a definição de "taxa de juro variável" constante na alínea *f)* do artigo 2 do DL 220/94, de 23 de agosto: a taxa de juro cuja modificação tenha sido previamente acordada entre a instituição de crédito e o cliente, qualquer que seja o mecanismo estabelecido para o efeito, sempre que não sejam determinados nesse acordo os futuros valores da taxa de juro; contudo, não podem ser incluídos os itens indicados na mesma alínea.

[55] Cf., em geral, por todos, António Menezes Cordeiro, *Tratado de direito civil. IX. Direito das Obrigações. Cumprimento e não cumprimento. Transmissão. Modificação e extinção*, 3.ª edição, Almedina, Coimbra, 2017, 549-721, Id., *Direito bancário e alteração das circunstâncias*, *passim* e

questão está em saber se o contrato de crédito regula ou não licitamente essa situação: no caso afirmativo, a alterabilidade superveniente feita nos termos acordados será apenas potestativa no que respeita ao respetivo exercício, tendo uma base contratual. No caso negativo, a modificação unilateral da taxa de juro é ilícita, não estando a contraparte vinculada pela mesma.

Na análise dos termos em que a alteração da taxa de juro possa ser feita unilateralmente no decurso do contrato, importa identificar duas situações distintas. A primeira é aquela em que as partes tenham convencionado que, no caso de alteração de um determinado circunstancialismo objetivo[56], uma das partes ou qualquer delas possa, v. g., passar a aplicar uma taxa de juro fixa (determinada ou determinável) em substituição da taxa de juro variável. A segunda é aquela em que as partes acordam que, no caso de alteração de um determinado circunstancialismo objetivo, qualquer das partes – ou mesmo um terceiro – possa fixar outra taxa de juro. Nessa fixação, deverão ser seguidos os critérios estipulados ou, no caso de inexistirem, a determinação da taxa deve ser feita segundo juízos de equidade. Trata-se da aplicação do regime do artigo 400.º do Código Civil à situação em apreço[57].

Mariana Fontes da Costa, *Da alteração superveniente das circunstâncias, em especial à luz dos contratos bilateralmente comerciais*, Almedina, Coimbra, 2017, *passim*; cf. ainda José de Oliveira Ascensão, *Onerosidade excessiva por "alteração das circunstâncias"*, in "Estudos em memória do Professor Doutor José Dias Marques", Almedina, Coimbra, 2007, 515-536 e, especificamente, Manuel Carneiro da Frada, *Crise financeira mundial e alteração das circunstâncias. Contratos de depósito vs. Contratos de gestão de carteiras*, in "Estudos em Homenagem ao Prof. Doutor Sérvulo Correia", III, Faculdade de Direito da Universidade de Lisboa, Coimbra Editora, 2010 (453-503), 482 e ss. e Rui Pinto Duarte, *A alteração unilateral de contratos de financiamento*, 318 e ss..

[56] A exigência de que o exercício potestativo deva depender da verificação de um circunstancialismo objetivo, que não do arbítrio de uma das partes, não é dispensada sequer nos casos em que o contrato, contra todas as regras da simetria e da proporcionalidade nos contratos, preveja que uma das partes possa alterar a taxa ou o *spread* quando quiser (*cum voluerit*), com base na sua própria observação e juízo; com referência a uma situação em que era discutida a validade de uma cláusula, aposta num contrato de financiamento de médio ou longo prazo, permitindo a revisão do *spread* com base na diminuição do *rating* interno da empresa financiada, cf. Luís Vasconcelos Abreu, *Sobre o poder unilateral de modificação do spread*, in "Estudos em Homenagem ao Professor Doutor Carlos Ferreira de Almeida", II, Almedina, Faculdade de Direito da Universidade de Lisboa, Coimbra, 2011, 23-35.

[57] Salientando o "papel central" do artigo 400.º CC, cf. Rui Pinto Duarte, *A alteração unilateral de contratos de financiamento*, 306 e ss.; cf. também Ferreira de Almeida, *Determinação do preço por terceiro*, in "Cadernos de Direito Privado" 30, 2010, 3-15.

Tratando-se de contrato de crédito sujeito ao regime das *cláusulas contratuais gerais*[58], importa ter presente as cláusulas de *ius variandi*[59], mais concretamente a conjugação da proibição da alínea *c*) do número 1 do artigo 22.º da LCCG, aplicável nas relações com consumidores finais – que proíbe, consoante o quadro negocial padronizado, as cláusulas contratuais gerais que "atribuam a quem as predisponha o direito de alterar unilateralmente os termos do contrato, salvo se existir *razão atendível* que as partes tenham convencionado"[60] – com (*i*) a alínea *a*) do número 2 do artigo 22.º, que admite a validade das cláusulas que "concedam ao fornecedor de serviços financeiros o direito de alterar a taxa de juro ou o montante de quaisquer outros encargos aplicáveis, desde que correspondam a *variações de mercado* e sejam comunicados de imediato, por escrito, à contraparte, podendo esta resolver o contrato com fundamento na mencionada alteração"[61] e com (*ii*) a alínea *b*) do mesmo número 2 do artigo 22.º, que admite a validade de cláusulas que "atribuam a quem as predisponha o direito de alterar unilateralmente o conteúdo de um contrato de duração indeterminada, contanto que se preveja o dever de informar a contraparte com pré-aviso razoável e se lhe dê a faculdade de resolver o contrato"[62].

II. Resulta do sumariamente exposto que, relativamente aos contratos sujeitos ao regime das cláusulas contratuais gerais, são permitidas as cláusulas que atribuam a quem as predisponha o direito de alterar unilateralmente o contrato, na medida em que, considerando o quadro negocial padronizado, exista *razão atendível* que as partes tenham convencionado.

[58] Cf., por todos, António Menezes Cordeiro, *Direito Bancário*[6], 490 e e ss.

[59] Cf., em especial, André Figueiredo, *O poder de alteração unilateral nos contratos bancários*, *passim*.

[60] Escreve, a propósito, Ana Prata, *Contratos de adesão e cláusulas contratuais gerais*, Almedina, Coimbra, 2010, 528: "Não cabe no âmbito permissivo desta norma cláusula que atribua o direito de alterar unilateralmente o contrato face a ocorrências que qualifique como graves, inesperadas, imprevisíveis ou de teor equivalente, mas que não diga quais são".

[61] Cf. João Calvão da Silva, *Banca, bolsa e seguros. Direito europeu e português*, Tomo I. *Parte geral*, 3.ª edição, Almedina, Coimbra, 2012, 196-197.

[62] Sobre a questão da suficiência, ou falta dela, da consagração do direito de resolução, cf., por todos, Ana Prata, *Contratos de adesão e cláusulas contratuais gerais*, 566. Na doutrina italiana, remete-se, por todos, para Marco Tatarano, *Il mutuo bancario tra sistema e prassi*, Edizioni Scientifiche Italiane, Nápoles, 2012, 80 e ss..

Naturalmente que a dificuldade estará na determinação ou concretização do que seja *razão atendível*. Esta é, como bem diz André Figueiredo[63], a pedra de toque de todo este regime. Outro conceito tormentoso é o de *variações de mercado*, erigido na alínea *a*) do número 2 do artigo 22.º da LCCG, como *causa* do *ius variandi*[64], conceito este que é comum ao direito dos contratos, conhecendo, depois, especificidades, em função dos tipos contratuais[65].

Num documento com certo sabor doutrinário, o BdP, através da Carta Circular n.º 32/2011/DSC, de 17.05.2011, veio definir um "conjunto de boas práticas a observar pelas instituições de crédito", relativas às cláusulas de *ius variandi*, definição essa que designa por *orientações*.

A singularidade da Carta Circular do BdP está no facto de, estando nós perante um documento sem força normativa direta, ou seja, numa certa medida, perante um "documento fraco", o mesmo se revelar, depois, em substância, um "documento forte", uma vez que as orientações que do mesmo constam correspondem a objetivas e convincentes concretizações do princípio da boa fé, ou, como escreve Rui Pinto Duarte[66], a "boas concretizações dos critérios legais, úteis ao intérprete, apesar de os destinatários serem apenas as instituições sujeitas à supervisão do Banco de Portugal". Também Pestana de Vasconcelos[67] tem por "adequadas" as orientações da Carta Circular quanto às cláusulas de alteração unilateral da taxa de juro ou de outros encargos.

Em substância, lemos as orientações do BdP – a que se soma a previsão da "reversão" das alterações[68] – como aplicações ou concretizações do princípio da boa fé nos contratos de crédito entre os bancos e os seus clientes.

[63] Cf. André Figueiredo, *O poder de alteração unilateral nos contratos bancários*, 11.

[64] Cf. André Figueiredo, *O poder de alteração unilateral nos contratos bancários*, 17 e ss.. Como escreve Ana Prata, *Contratos de adesão e cláusulas contratuais gerais*, 566, "o exercício do direito clausularmente consagrado de alteração unilateral do contrato não pode ser arbitrário, antes tem de encontrar correspondência objetiva com variações de mercado".

[65] Cf. o estudo de Alessandra Pisu, *L'adeguamento dei contratti tra ius variandi e rinegoziazione*, Edizioni Scientifiche Italiane, Nápoles, 2017, *passim*; no domínio especificamente bancário, cf., também para referências, os vários estudos constantes do volume "*Ius variandi* bancario. Sviluppi normativi e diritto applicato", organizado por Aldo A. Dolmetta e Antonella Sciarrone Alibrandi, Giuffrè, Milão, 2012, *passim*.

[66] Cf. Rui Pinto Duarte, *A alteração unilateral de contratos de financiamento*, 317. O autor não engloba, no seu comentário, todas as orientações da Carta Circular, mas "quase todas".

[67] Cf. Pestana de Vasconcelos, *Direito Bancário*[3], 383.

[68] Acentuando esta orientação, cf. Pestana de Vasconcelos, *Direito Bancário*[3], 383.

Essas orientações são dirigidas, quer à fase primeira de redação e construção do conteúdo dessas cláusulas, quer à fase do exercício, ou seja, da utilização das faculdades resultantes daquelas.

No que respeita à primeira fase, as orientações do BdP têm por objeto a construção de cláusulas, no que respeita aos conceitos de *razão atendível* e *variações de mercado*, recomendando que sejam concretizados com "detalhe suficiente" os factos cuja verificação consubstancia aqueles conceitos. Mais especificamente, tais factos devem:

(*i*) ser externos ou alheios à instituição de crédito, devendo situar-se fora da sua esfera de influência, atuação ou controlo;

(*ii*) ser relevantes, excecionais e ter subjacente um motivo ponderoso fundado em juízo ou critério objetivo.

Quanto à fase do exercício, as instituições de crédito que pretendam alterar unilateralmente a taxa de juro ou outros encargos, devem nortear-se pelos princípios constantes do ponto 2.1 da Carta-Circular[69]; ou seja, o exercício dessa faculdade deve:

a) assentar numa *relação de causalidade* entre o evento invocado como razão atendível e o teor e alcance da alteração contratual que a instituição de crédito pretende introduzir;

b) obedecer ao *princípio da proporcionalidade*, evitando a criação de desequilíbrio injustificado na relação contratual.

Realce-se também, na mesma linha, a carta do BdP de 20.05.2011[70], contendo orientações no quadro da utilização de indexantes, enunciando os princípios da *objetividade*, da *confiança*, da *transparência* e da *atualidade*.

4. Prevenção do incumprimento, PARI e negociação

I. O DL 227/2012, de 25 de outubro, alterado pelo DL 70-B/2021[71], de 6 de agosto, veio estabelecer os princípios e as regras a observar pelas

[69] Quanto aos procedimentos a adotar pelas instituições de crédito, vale o ponto 2.2. da Carta-Circular. A comunicação deve ser feita por escrito, em termos claros e transparentes, em termos de permitir ao consumidor identificar (*i*) os motivos subjacentes à decisão de alterar o contrato, (*ii*) a nova taxa de juro ou os novos encargos aplicáveis, (*iii*) o prazo e a forma de exercício do direito de resolução e (*iv*) a data de produção dos efeitos da alteração.

[70] De que dá nota Rui Pinto Duarte, *A alteração unilateral de contratos de financiamento*, 316-317.

[71] A *occasio* das alterações introduzidas pelo DL 70-B/2021 ao DL 227/2012 foi a situação gerada pela pandemia Covid-19 e a cessação das medidas introduzidas pelo DL 10-J/2020, de 26 de março; cf., a propósito, os vários estudos integrados no volume "Novo coronavírus e crise contratual. Anotação ao Código Civil", coordenação de Catarina Monteiro Pires,

instituições de crédito no acompanhamento e gestão de situações de risco de incumprimento e ainda nas de regularização extrajudicial das situações de incumprimento das obrigações de reembolso do capital ou do pagamento de juros remuneratórios por parte de clientes bancários[72] no âmbito de contratos de crédito feitos a consumidores como tal identificados no artigo 2.º do diploma.

Quer os contratos regulados pelo DL 74-A/2017[73], de 23 de junho, quer os regulados pela LCC, estão abrangidos pelo âmbito de aplicação do DL 227/2012, nos termos e limites das alíneas *a*) e *c*) do número 1 do seu artigo 2.º[74].

A *occasio* do regime plasmado no DL 227/2012 transparece claramente do seu preâmbulo:

CIDP, AAFDL, 2020, *passim*; cf. ainda Catarina Monteiro Pires / Diogo Seixas, *Crédito empresarial em tempos virulentos – primeiras reflexões*, in RFDUL-LLR. LXI, 2020, 1, 97-116 e Madalena Perestrelo de Oliveira, *Operações de crédito, financiamentos internacionais e moratória bancária em tempos de Covid-19*, in RFDUL-LLR, LXI, 2020, 1, 429-454.

[72] A alínea *a*) do artigo 3.º do diploma define *cliente bancário* como "o consumidor, na aceção dada pelo número 1 do artigo 2.º da Lei de Defesa do Consumidor, aprovada pela Lei n.º 24/96, de 31 de julho, alterada pelo Decreto-Lei n.º 67/2003, de 8 de abril, que intervenha como mutuário em contrato de crédito". Por sua vez, a alínea *c*) do artigo 3.º do mesmo diploma define *contrato de crédito* como "o contrato celebrado entre um cliente bancário e uma instituição de crédito com sede ou sucursal em território nacional que, ao abrigo do disposto no número 1 do artigo anterior, esteja incluído no âmbito de aplicação do presente diploma".

[73] Cf., sobre este, Rui Pinto Duarte, O *novo regime do crédito imobiliário a consumidores (Dec.-Lei 74-A/2017). Uma apresentação*, Almedina, Coimbra, 2018, *passim* e Sandra Passinhas, *Incumprimento do contrato de crédito à habitação, cessão de créditos e direitos do consumidor*, in "Revista de Direito Comercial. *Liber Amicorum* Pedro Pais de Vasconcelos", 65 e ss.. Para um breve "aperçu", a nível legislativo, dos efeitos da crise financeira iniciada em 2007-2008, a nível do crédito à habitação, cf. Luís Menezes Leitão, *O impacto da crise financeira no regime do crédito à habitação*, in "I Congresso de Direito Bancário", coordenação de L. M. Pestana de Vasconcelos, Almedina, Coimbra, 2015, 9-26, cf. ainda Isabel Menéres Campos, *Crédito à habitação*, in "I Congresso de Direito do Consumo", coordenação de Jorge Morais Carvalho, Almedina, Coimbra, 2016, 159-175 e João Vasconcelos Raposo, *Crédito hipotecário, incumprimento e execução no contexto da crise financeira. A "dação potestativa" como solução?*, Almedina, Coimbra, 2016, *passim*.

[74] A alínea *d*) do número 1 do artigo 2.º inclui os "contratos de crédito ao consumo" celebrados no âmbito temporal de aplicação do DL 359/91, de 21 de setembro, na sua redação atual. Por sua vez, a alínea *e*) inclui os "contratos de crédito sob a forma de facilidades de descoberto que estabeleçam a obrigação de reembolso do crédito no prazo de um mês".

"A degradação das condições económicas e financeiras sentidas em vários países e o aumento do incumprimento dos contratos de crédito, associado a esse fenómeno, conduziram as autoridades a prestar particular atenção à necessidade de um acompanhamento permanente e sistemático, por parte de instituições públicas e privadas, da execução dos contratos de crédito, bem como ao desenvolvimento de medidas e de procedimentos que impulsionem a regularização das situações de incumprimento daqueles contratos, promovendo assim a adoção de comportamentos responsáveis por parte das instituições de crédito e dos clientes bancários e a redução dos níveis de endividamento das famílias".

E ainda: "Neste contexto, com o presente diploma pretende-se estabelecer um conjunto de medidas que, refletindo as melhores práticas a nível internacional, promovam a prevenção do incumprimento e, bem assim, a regularização das situações de incumprimento de contratos celebrados com consumidores que se revelem incapazes de cumprir os compromissos financeiros assumidos perante instituições de crédito por factos de natureza diversa, em especial o desemprego e a quebra anómala dos rendimentos auferidos em conexão com as atuais dificuldades económicas".

Assim, o DL 227/2012 assume como móbil e *ratio* do seu regime a "concessão responsável de crédito"[75], a qual constitui, ainda nos dizeres do preâmbulo, "um dos importantes princípios de conduta para a atuação das instituições de crédito".

Assume particular importância o que dispõe o número 1 do artigo 4.º, no que tange aos deveres que impendem sobre as instituições de crédito: estas devem proceder com diligência e lealdade, adotando as medidas adequadas à prevenção do incumprimento de contratos de crédito e, nos casos em que se registe o incumprimento das obrigações decorrentes desses contratos, envidando os esforços necessários para a regularização das situações de incumprimento em causa[76].

[75] Vendo no regime consagrado pelo DL 227/2012 uma manifestação normativa no sentido de "assegurar a "efetivação do princípio da dignidade humana", cf. Ana Sofia Carvalho / Mariana Pinheiro de Almeida, *A dignidade da pessoa humana e o consumidor sobre-endividado*, in "Estudos de Direito do Consumo. Homenagem a Manuel Cabeçadas Ataíde Ferreira", Deco, 2016 (64-87), 80 e ss.. Mantém interesse o estudo de Bernd Stauder, *Le "prêt responsable". L'exemple de la nouvelle loi suisse sur le crédit à la consommation*, in "*Liber Amicorum* Jean Calais-Auloy. Études de Droit de la Consommation", Dalloz, Paris, 2004, 1029-1047.

[76] De destacar, em complemento, o disposto no artigo 6.º do Aviso do BdP 17/2012 sobre acompanhamento da execução dos contratos de crédito e prevenção do incumprimento.

Por sua vez, no que respeita aos clientes bancários, estes estão obrigados, nos termos do número 2 do artigo 4.º, a gerir as suas obrigações de crédito de forma responsável e, com observância do princípio da boa fé, alertar atempadamente as instituições de crédito para o eventual risco de incumprimento de obrigações decorrentes de contratos de crédito e colaborar com estas na procura de soluções extrajudiciais para o cumprimento dessas obrigações.

De destacar ainda, neste quadro, o que dispõem os artigos 6.º, 7.º e 8.º do diploma:

(*i*) O artigo 6.º dispõe sobre a disponibilização de apoio ao cliente bancário por parte de entidades reconhecidas para o efeito, bem como sobre o dever que impende sobre as instituições de crédito de informaram o cliente desse apoio. Avultam aqui as previsões dos artigos 3.º (Divulgação ao público de informação sobre o incumprimento de contratos de crédito e a rede extrajudicial de apoio)[77] e 4.º (Contactos com os clientes bancários em risco de incumprimento ou em mora no cumprimento de obrigações decorrentes de contratos de crédito) do Aviso do BdP 17/2012, cujo conteúdo não cabe aqui analisar, sendo, não obstante, de referir a proibição de efetivação de "contactos desleais, excessivos ou desproporcionados"[78] com os clientes bancários em risco de incumprimento ou em mora no cumprimento de obrigações decorrentes de contratos de crédito.

(*ii*) O artigo 7.º dispõe sobre a divulgação de informação sobre o incumprimento de contratos de crédito, impondo às instituições de crédito o

[77] A Portaria 2/2013, de 2 de janeiro, veio estabelecer o regime e o procedimento aplicáveis ao reconhecimento das entidades que integram a rede extrajudicial de apoio a clientes bancários, designada por RACE – Rede de Apoio ao Consumidor Endividado. Cf., a propósito, o Relatório (2013/2014) da Direção Geral do Consumidor sobre a Rede de Apoio ao Consumidor Endividado (RACE).

[78] O número 3 do artigo 4.º do Aviso do BdP 17/2012 considera, para o efeito, como "desleais, excessivos ou desproporcionados", entre outros, "os contactos, presenciais ou realizados através de qualquer meio de comunicação à distância que: *a*) Transmitam ao cliente bancário informação errada, pouco rigorosa ou enganosa; *b*) Não identifiquem com precisão a instituição de crédito ou o prestador de serviços de gestão do incumprimento ou não indiquem os respetivos elementos de contacto; *c*) Tenham teor agressivo ou intimidatório; *d*) Ocorram no horário compreendido entre as 22 e as 9 horas do fuso horário do cliente bancário, salvo acordo prévio e expresso do mesmo; *e*) Sejam dirigidos a endereços, número telefónico ou outro elemento de contacto que não tenha sido disponibilizado pelo cliente bancário à instituição de crédito, salvo quando o elemento de contacto relativo ao cliente esteja acessível ao público".

dever de disponibilizarem aos clientes e demais interessados, designadamente em sede pré-contratual, informação sobre os riscos de endividamento excessivo e as consequências do incumprimento de contratos de crédito, bem como sobre os procedimentos necessários para a regularização das situações de incumprimento em resultado da aplicação das regras previstas no diploma.

(*iii*) O artigo 8.º proíbe às instituições de crédito a cobrança de comissões pela renegociação das condições do contrato de crédito no âmbito do diploma, designadamente no que tange à análise e à formalização da operação[79].

II. O número 1 do artigo 5.º do DL 227/2012 impõe às instituições de crédito o dever de acompanharem a execução dos contratos de crédito em que intervenham como mutuantes, devendo então adotar, à luz do disposto nos artigos 9.º a 11.º-C, as medidas e os procedimentos necessários à prevenção do incumprimento de obrigações decorrentes desses contratos por parte dos clientes bancários.

Esse dever de acompanhamento é mais especificamente regulado no artigo 9.º do diploma e no artigo 6.º do Aviso BdP 17/2017, destacando-se o dever de as instituições de crédito implementarem sistemas informáticos que possibilitem a identificação oportuna da ocorrência de factos que indiciem a degradação da capacidade financeira do cliente bancário para cumprir, devendo, então, emitir os "correspondentes alertas". O número 4 do citado artigo 9.º indica, a título exemplificativo, alguns indícios daquela degradação, a saber: (*i*) a existência de incumprimentos registados na Central de Responsabilidade de Crédito do BdP; (*ii*) a devolução e inibição do uso de cheques e correspondente inserção na lista de utilizadores de cheque que oferecem risco; (*iii*) a existência de dívidas fiscais e à segurança social; (*iv*) a insolvência; (*v*) a existência de processos judiciais e de situações litigiosas; (*vi*) a penhora de contas bancárias; (*vii*) encontrar-se o cliente em situação de desemprego; (*viii*) encontrar-se o cliente em situação de perda de rendimentos; (*ix*) ocorrer uma evolução desfavorável significativa do desempenho do setor de atividade económica em que o cliente bancário desenvolve a sua atividade principal; e (*x*) a verificação de incumprimentos noutros contratos com a instituição de crédito.

[79] Em geral sobre as comissões bancárias e, designadamente, sobre o princípio da efetividade, cf. M. Januário da Costa Gomes, *Sobre comissões bancárias: "Les unes et les autres"*, 209-257.

É neste quadro que o artigo 11.º do DL 227/2012 impõe às instituições de crédito o dever de elaborarem um Plano de Ação para o Risco de Incumprimento (PARI), plano "que descreva detalhadamente os procedimentos e as medidas adotados para o acompanhamento da execução dos contratos de crédito e a gestão de situações de risco de incumprimento".

Por força do número 1 do artigo 11.º-A, sempre que detete indícios de degradação da capacidade financeira do cliente bancário para cumprir o contrato de crédito ou que o cliente lhe transmita factos que indiciem o risco de incumprimento, a instituição de crédito deve desenvolver as diligências necessárias tendo em vista aferir da existência de risco efetivo de incumprimento e da respetiva extensão.

Segue-se uma tramitação nos termos dos números 2 e 3 do artigo 11.º-A e do artigo 11.º-B, prevendo-se, a final, a apresentação de uma ou mais propostas ao cliente, nas situações em que a instituição tenha concluído pela sua capacidade financeira para cumprir as obrigações decorrentes do contrato de crédito, em função da situação concreta[80]. As soluções a constar das propostas podem traduzir-se, entre outras (número 2 do artigo 11.º-B), (*i*) na celebração de um novo contrato de crédito, tendo como finalidade o refinanciamento da dívida do contrato de crédito existente, ou (*ii*) na alteração de uma ou mais de certas condições do contrato de crédito ou a consolidação de vários contratos de crédito.

5. A regularização das situações de incumprimento e o PERSI

I. Estando a instituição de crédito obrigada, nos termos do número 1 do artigo 4.º do DL 227/2012, a envidar os esforços necessários para a regularização das situações de incumprimento, verificado o incumprimento, ela deve, conforme dispõe o número 2 do artigo 5.º, providenciar pelo célere andamento do procedimento previsto nos artigos 12.º a 21.º, de modo a promover, sempre que possível, a regularização, em sede extrajudicial, daquelas situações.

Centrando-nos no regime consagrado nos artigos 12.º a 21.º do diploma, respeitante ao PERSI[81], destaque-se, desde logo, a sua "apresentação" pelo preâmbulo do diploma: "Adicionalmente, define-se um Procedimento

[80] O número 4 do artigo 11.º-B do DL 227/2012 indica situações específicas em que a instituição de crédito não está obrigada a apresentar propostas ao cliente.

[81] Cf., por último, Sandra Passinhas, *Incumprimento do contrato de crédito à habitação, cessão de créditos e direitos do consumidor*, 82 e ss..

Extrajudicial de Regularização de Situações de Incumprimento (PERSI), no âmbito do qual as instituições de crédito devem aferir da natureza pontual ou duradoura do incumprimento registado, avaliar a capacidade financeira do consumidor e, sempre que tal seja viável, apresentar propostas de regularização adequadas à situação financeira, objetivos e necessidades do consumidor".

A situação que, nos termos do artigo 12.º, espoleta um procedimento é a de *mora do consumidor*: por força do artigo 13.º, no prazo máximo de 15 dias após o "vencimento da obrigação em mora", a instituição de crédito deve efetuar os contactos preliminares, informando o cliente bancário do atraso no cumprimento e dos montantes em dívida[82], devendo, ademais, desenvolver as diligências necessárias em ordem ao apuramento das razões subjacentes ao incumprimento.

A partir daqui, de acordo com o previsto no artigo 14.º, mantendo-se a situação de incumprimento das obrigações decorrentes do contrato de crédito, segue-se um processo que envolve *quatro fases*: a fase inicial, a fase de avaliação e proposta, a fase de negociação e a fase de extinção[83].

Por força do artigo 18.º – cuja epígrafe é "Garantias do cliente bancário" –, no período compreendido entre a primeira e a última fase[84], a instituição de crédito está impedida de:

a) resolver o contrato de crédito com fundamento em incumprimento; *b*) intentar ações judiciais tendo em vista a satisfação do seu crédito; *c*) ceder a terceiro uma parte ou a totalidade do crédito; ou *d*) transmitir a terceiro a sua posição contratual.

À luz da *ratio* do DL 227/2012, é de questionar se aqueles impedimentos – que, em substância, têm o efeito de um "congelamento" da situação

[82] O artigo 21.º do diploma estende, depois, os deveres da instituição de crédito, em certos termos, em relação ao fiador.

[83] Para uma análise crítica do PERSI, designadamente no que tange à "procedimentalização" aí instituída, cf. PAULO CÂMARA, *Crédito bancário e prevenção do risco de incumprimento, em particular o novo Procedimento Extrajudicial de Regularização de Situações de Incumprimento (PERSI)*, in "II Congresso do Direito da Insolvência", coordenação de Catarina Serra, Almedina, Coimbra, 2014 (313-332), 329 e ss..

[84] De referir, porém, o prolongamento dos impedimentos para algumas situações específicas, nos termos do número 4 do artigo 18.º: "Antes de decorrido o prazo de 15 dias a contar da comunicação da extinção do PERSI, a instituição de crédito está impedida de praticar os atos previstos nos números anteriores, no caso de contratos previstos na alínea *a*) do n.º 1 do artigo 2.º, e em que a extinção do referido procedimento tenha por fundamento a alínea *c*) do n.º 1 ou as alíneas *c*), *f*) e *g*) do n.º 2, todas do artigo anterior".

debitória relativamente aos itens identificados – só se iniciam após a data da integração no PERSI nos termos do artigo 14.º – ou seja entre o 31.º dia e o 60.º dia subsequentes à data de vencimento da obrigação em causa – ou se não poderão ter-se por aplicáveis logo após o início da mora, momento a partir do qual a instituição deve desenvolver "contactos preliminares" nos termos do artigo 13.º. A ser assim – conforme nos parece curial –, haveria uma certa pré-eficácia da integração no PERSI, sem o que pode ser, em concreto, frustrada a razão de ser deste procedimento.

Se bem interpretamos, essa pré-eficácia pode, em concreto, resultar do princípio da boa fé e do princípio geral consagrado no número 1 do artigo 4.º do DL 227/2012. Na verdade, de outro modo, poderíamos legitimar situações em que a instituição de crédito acelere o desencadear de uma das ações previstas no número 1 do artigo 18.º com o propósito, precisamente, de evitar a integração do cliente no PERSI.

As proibições estabelecidas no número 1 do artigo 18.º não obstam a que, conforme dispõe o número 2 do mesmo artigo, a instituição de crédito: (*i*) faça uso de procedimentos cautelares adequados a assegurar a efetividade do seu direito de crédito; (*ii*) ceda créditos para efeitos de titularização; (*iii*) ceda créditos ou transmita a sua posição contratual a outra instituição de crédito, caso em que esta última fica obrigada a prosseguir com o PERSI, retomando este procedimento na fase em que o mesmo se encontrava à data da cessão do crédito ou da transmissão da posição contratual.

O diploma impõe também às instituições de crédito deveres procedimentais e de organização internos, nos termos dos artigos 19.º e 20.º, cujo conteúdo não cabe aqui analisar.

II. A *primeira fase* do PERSI – a "fase inicial" – é regulada no artigo 14.º do diploma, o qual se limita, em substância, a definir as situações que determinam a necessária integração do cliente no PERSI.

O exposto não significa, porém, conforme acima destacado, que, anteriormente a essa formal integração não haja já efeitos "pré-persianos" logo após a entrada do cliente em mora, por força do que dispõem os artigos 12.º e 13.º do diploma.

Por esta razão, mal se compreende porque é que, pura e simplesmente, a integração no PERSI não é automática consequência da entrada do cliente em mora, sendo a mesma removida no caso de o cliente purgar a mora num tempo determinado.

De acordo com o artigo 14.º – complementado pelo Aviso do BdP 17/2012 – a integração[85] do cliente no PERSI acontece nas seguintes situações: (*i*) se o cliente bancário não purgar a mora (artigos 12.º e 13.º) é integrado no PERSI entre o 31.º dia e o 60.º dia subsequentes à data de vencimento da obrigação (número 1 do artigo 14.º); (*ii*) se o cliente bancário estiver em mora e pedir a integração no PERSI através de comunicação em suporte duradouro[86] – a integração acontece, então, na data da receção da referida comunicação (alínea *a*) do número 2 do artigo 14.º); (*iii*) se o cliente bancário tiver anteriormente alertado para o risco de incumprimento e, após tal alerta, entrar em mora, a integração no PERSI ocorre da data do referido incumprimento (alínea *b*) do número 2 do artigo 14.º).

O número 3 do artigo 14.º cura, e bem, da "agregação" de outros contratos de crédito ao PERSI existente no caso de, na pendência deste, o cliente entrar em mora relativamente ao cumprimento de obrigações decorrentes desses outros contratos; nesse caso, a instituição de crédito "deve procurar obter a regularização do incumprimento no âmbito de um único procedimento, informando o cliente bancário desse facto (...)".

III. A *segunda fase* é a da "avaliação e proposta", conforme o artigo 15.º do DL 227/2012: a instituição de crédito deve estudar o incumprimento ocorrido, as suas causas e circunstâncias e avaliar a capacidade financeira do cliente. Há, nesse âmbito, um dever de colaboração do cliente quer na prestação de informações quer na disponibilização de documentos (os "estritamente necessários e adequados"), nos termos dos números 2 e 3 do artigo 15.º. Trata-se de um dever que concretiza, no quadro do PERSI, o "princípio geral" enununciado no número 1 do artigo 4.º do diploma.

Na sequência da análise efetuada, a instituição de crédito deve, no prazo máximo de 30 dias após a integração do cliente no PERSI, nos termos do número 4 do artigo 15.º, apresentar-lhe uma ou mais propostas de regulari-

[85] A integração do cliente no PERSI é-lhe comunicada nos termos do número 4 do artigo 14.º do diploma. O artigo 7.º do Aviso BdP 17/2012 cura, em termos regulamentares, da comunicação do início do PERSI.

[86] A alínea *h*) do artigo 3.º define "suporte duradouro".

zação[87] ou comunicar-lhe – fundamentadamente[88] – que entende ser inviável a obtenção de um acordo no âmbito do PERSI.

Decisivo e determinante da opção da instituição de crédito é a análise da capacidade financeira do cliente para reembolsar o capital ou para pagar os juros vencidos e vincendos, através, designadamente, da renegociação das condições do contrato ou da consolidação com outros contratos de crédito.

Na sua opção e decisão, a instituição de crédito está sujeita, por força do princípio da boa fé, ao dever de desenvolver os melhores esforços no sentido da apresentação de uma proposta que permita ao cliente regularizar a situação de incumprimento, constituindo uma violação desse dever a adoção, à partida, pela instituição de crédito, de uma postura de intransigência, ainda que mascarada por um cumprimento formal das exigências do DL 227/2012.

Sem prejuízo do exposto, receia-se que uma instituição de crédito que, *ab initio*, não esteja efetivamente interessada em fazer uma proposta a um cliente, dificilmente possa ver o seu comportamento sindicado e sancionado, nos termos do número 1 do artigo 36.º do diploma, a partir do momento em que cumpra o caminho formal traçado no DL 227/2012 e no Aviso do BdP n.º 17/2012. O mesmo acontece relativamente a uma instituição de crédito que opte pela via, mais "requintada", de apresentar uma proposta em que o cumprimento por parte do cliente seja objetivamente irrealista.

IV. Segue-se a *fase da negociação*, nos termos do artigo 16.º, fase essa que é limitada à hipótese em que a instituição de crédito tenha feito uma ou mais propostas ao cliente e este a(s) tenha recusado.

Face à proposta apresentada pela instituição de crédito,

(*i*) o cliente pura e simplesmente recusa a proposta, caso em que a instituição de crédito deve apresentar uma nova proposta se entender existirem "outras alternativas adequadas à situação do cliente bancário";

(*ii*) o cliente bancário apresenta, ele próprio, alterações à proposta inicial[89] – em substância, uma contraproposta – caso em que a instituição de

[87] De acordo com o número 7 do artigo 15.º, na apresentação das propostas aos clientes, as instituições de crédito devem observar os deveres de informação previstos na legislação e regulamentação específicas.

[88] Trata-se de uma exigência lógica, que resulta também do número 3 do artigo 17.º do diploma.

[89] Em geral, sobre o "processo" de formação do contrato, cf. as límpidas páginas de Fernando Pessoa Jorge, *Direito das Obrigações*, I, AAFDL, Lisboa, 1975/1976, 163 e ss..

crédito deverá pronunciar-se, aceitando a contraproposta, propondo uma nova solução ou, pura e simplesmente, recusando.

Também neste processo de negociação impera o *princípio da boa fé*. As partes devem negociar com o sério propósito de encontrarem uma solução que seja aceitável. Como bem vinca Menezes Cordeiro[90], "as partes devem efectivamente negociar, procurando soluções". E ainda: "funcionam deveres de lealdade, que fixam obrigações de disponibilidade, de atenção e de resposta, perante sugestões que sejam feitas".

V. À *fase da extinção* reporta-se o artigo 17.º, importando distinguir *dois tipos de situações*.

O primeiro engloba situações que poderíamos caracterizar como sendo tipicamente de *caducidade* do PERSI, as quais estão identificadas nas várias alíneas do número 1: (*i*) Pagamento integral dos montantes em dívida ou extinção da específica obrigação que determinou a integração no PERSI[91] por qualquer outra causa diversa do cumprimento[92]; (*ii*) Celebração de um acordo entre as partes, com vista à regularização integral da situação de incumprimento; (*iii*) No 91.º dia subsequente à integração do cliente no PERSI, salvo se as partes acordarem, por escrito, na sua prorrogação; (*iv*) Declaração de *insolvência* do cliente bancário[93].

Não obstante as situações identificadas serem tipicamente de caducidade – pelo que, nessa lógica, o efeito da extinção do PERSI seria automático – o número 4 do artigo 17.º faz depender a extinção de comunicação

[90] Cf. António Menezes Cordeiro, *O princípio da boa fé e o dever de negociação em contextos de "situação económica difícil"*, in "II Congresso de Direito da Insolvência", coordenação de Catarina Serra, Almedina, Coimbra, 2014, p. 67 (pp. 11-68).

[91] É este, se bem vemos, o sentido a atribuir à expressão "obrigação em causa", constante da alínea *a*) do número 1 do artigo 17.º.

[92] Sobre estas, cf., especificamente, por todos, Cunha de Sá, *Modos de extinção das obrigações*, in "Estudos em Homenagem ao Professor Doutor Inocêncio GalvãoTelles", I., "Direito Privado e Vária", Almedina, Coimbra, 2002, 171-262; cf. também António Menezes Cordeiro, *Tratado de Direito Civil*, IX³, 987 e ss., Luís Menezes Leitão, *Direito das Obrigações*, II, 11.ª edição, Almedina, Coimbra, 2017, 179 e ss. e J. C. Brandão Proença, *Lições de cumprimento e não cumprimento das obrigações*, 3.ª edição, Universidade Católica Editora, Porto, 2019, 31 e ss..

[93] Cf., sobre a declaração de insolvência, por todos, Carvalho Fernandes / João Labareda, *Código da Insolvência e da Recuperação de Empresas anotado*, 3.ª edição, Quid Juris, Lisboa, 2015, 253 e ss. e 409 e ss.; cf. ainda Catarina Serra, *Lições de Direito da Insolvência*, Almedina, Coimbra, 2018, 128 e ss., Luís Menezes Leitão, *Direito da Insolvência*, 6.ª edição, 2015, 147 e ss. e Adelaide Menezes Leitão, *Direito da Insolvência*, AAFDL, 2017, 144 e ss..

ao cliente, nos termos do número 3[94], exceto quanto ao fundamento que enunciámos em segundo lugar.

O segundo tipo de situações corresponde à extinção do PERSI por *iniciativa unilateral* da instituição de crédito, na sequência da verificação de alguma das situações enunciadas no número 2 do artigo:

a) Seja realizada penhora ou decretado arresto a favor de terceiros sobre bens do devedor. Há, naturalmente, que fazer intervir o *princípio da proporcionalidade*[95]: não será – não poderá ser – qualquer penhora ou arresto de quaisquer bens que pode legitimar a medida.

b) Ser proferido despacho de nomeação de administrador judicial provisório, nos termos e para os efeitos do disposto na alínea *a*) do número 3 do artigo 17.º-C do CIRE[96].

c) A instituição de crédito conclua, em resultado da avaliação desenvolvida nos termos do artigo 15.º, que o cliente bancário não dispõe de capacidade financeira para regularizar a situação de incumprimento, designadamente pela existência de ações executivas ou processos de execução fiscal instaurados contra o cliente bancário que afetem, comprovada e significativamente, a sua capacidade financeira e tornem *inexigível* a manutenção do PERSI[97].

d) A instituição de crédito entenda, fundadamente, que o cliente bancário não colabora com a mesma, nomeadamente no que se refere à prestação de informações ou à disponibilização de documentos solicitados nos

[94] A partir da comunicação, o consumidor poderá ainda solicitar a intervenção do Mediador do Crédito, nos termos previstos no artigo 22.º do diploma; cf., sobre este, M. Januário da Costa Gomes, *Contratos comercias*, 311-312 e Adelaide Menezes Leitão, *Soluções jurídicas para o sobreendividamento dos consumidores*, in "Estudos do Instituto de Direito do Consumo", IV, Almedina, Coimbra, 2014, 260-261.

[95] Sobre o princípio da proporcionalidade no Direito das Obrigações, cf., v. g., J. C. Brandão Proença, *Da "justa medida" (proporcionalidade) no Título I (Das Obrigações em geral) do Livro II do Código Civil de 1966*, in "Estudos de Direito das Obrigações", obra que integra vários estudos do autor, Universidade Católica Editora, Porto, 2018, 133-171. No específico quadro do Direito das Garantias, cf., por todos, Menezes Cordeiro, *Tratado de Direito Civil*, X. *Garantias*, Almedina, Coimbra, 2015, 249 e ss..

[96] Cf., v. g., Carvalho Fernandes / João Labareda, *Código da Insolvência*³, 145 e ss.; em geral, sobre o PER, cf., por todos, Catarina Serra, *Lições de Direito da Insolvência*, 330 e ss. e Pestana de Vasconcelos, *Recuperação de empresas: o processo especial de revitalização*, Almedina, Coimbra, 2017, *passim*.

[97] Parece-nos adequado trazermos à colação o "lugar paralelo" da *inexigibilidade* como requisito para a resolução nos contratos duradouros; cf., v. g., António Pinto Monteiro, *Contrato de agência*, 7.ª edição, Almedina, Coimbra, 2010, 134 e ss..

termos do artigo 15.º e nos prazos aí previstos, bem como na resposta atempada às propostas que lhe sejam apresentadas nos termos do artigo 16.º.

e) O cliente bancário pratique atos "suscetíveis de pôr em causa os direitos ou garantias da instituição de crédito". Trata-se de uma previsão algo enigmática no seu conteúdo e na sua verificabilidade na situação concreta, a exigir uma aplicação particularmente intensa do *princípio da boa fé*. Uma situação que vemos como potencialmente integrável nesta previsão será aquela, a analisar caso a caso, em que o cliente aliene bens do seu património, em termos de colocar relevantemente em causa a consistência da garantia patrimonial do crédito.

f) O cliente bancário recuse a proposta apresentada pela instituição de crédito e a essa recusa não se tenha seguido uma nova proposta nos termos do número 1 do artigo 16.º.

g) A instituição de crédito recuse as alterações sugeridas pelo cliente bancário a proposta anteriormente apresentada, sem prejuízo do disposto no artigo 16.º.

Numa análise geral das várias situações que podem dar lugar a extinção do PERSI por iniciativa da instituição de crédito e por declaração a tanto dirigida, parece-nos que as várias causas enunciadas nas várias alíneas do número 2 do artigo 17.º constituem, em rigor, causas de resolução[98] com base numa *justa causa* – objetiva ou subjetiva –, cuja verificação torne *inexigível* a subsistência do PERSI e a correspetiva obrigação da instituição de crédito de agir nesse âmbito, nos termos do DL 227/2012.

Independentemente de a situação corresponder a um caso de "caducidade comunicada" ou de declaração unilateral de tipo resolutório, a instituição de crédito deve, por força do número 3 do artigo 17.º, informar o cliente, através de comunicação em suporte duradouro, da extinção do PERSI, "descrevendo o fundamento legal para essa extinção e as razões pelas quais considera inviável a manutenção deste procedimento".

A efetiva cessação da integração do cliente no PERSI só acontece, por força do número 4 do artigo 17.º, após a citada comunicação prevista no número 3 do mesmo artigo. O artigo 8.º do Aviso do BdP 17/2012 indica,

[98] Sobre a justa causa fundante da resolução, cf., em geral, o clássico estudo de JOÃO BAPTISTA MACHADO, *Pressupostos da resolução por incumprimento*, in "João Baptista Machado. Obra Dispersa", Vol. I, Scientia Iuridica, Braga, 1991, 125-193; na doutrina mais recente, cf., v. g., ANTÓNIO MENEZES CORDEIRO, *Tratado de Direito Civil*, IX^3, 915 e ss. e J. C. BRANDÃO PROENÇA, *Lições de cumprimento e não cumprimento das obrigações*^{3}, 365 e ss..

nas suas várias alíneas, as informações que, "em termos claros, rigorosos e facilmente legíveis", devem constar da comunicação ao cliente bancário.

6. Transferência do crédito

I. Pela expressão "transferência do crédito", no quadro do crédito bancário, entende-se, comummente, a operação, promovida pelo mutuário ou creditado, através da qual a posição decorrente do contrato de crédito é transferida da instituição de crédito concedente para uma outra instituição de crédito, sendo aquela antecipadamente reembolsada. Este é, de resto, o entendimento que se mostra mais consentâneo com o sentido literal da expressão.

A referência a "transferência de crédito" ou "transferência do crédito"[99] ou, ainda, a "transferência dos contratos de crédito"[100], no sentido acima referido, corresponde a um específico regime legal cujo perímetro de aplicação é delimitado pelo DL 74-A/2017[101], diploma que, nos termos do seu artigo 2.º, é aplicável[102]: (*i*) aos contratos de crédito para a aquisição ou construção de habitação própria permanente, secundária ou para arrendamento; (*ii*) aos contratos de crédito para aquisição ou manutenção de direitos de propriedade sobre terrenos ou edifícios já existentes ou projetados; (*iii*) contratos de crédito que, independentemente da finalidade, estejam garantidos por hipoteca ou por outra garantia equivalente habitualmente utilizada sobre imóveis, ou garantidos por um direito relativo a imóveis; e (*iv*) contratos de locação financeira de bens imóveis para habitação própria permanente, secundária ou para arrendamento, com exceção do disposto no número 3 do artigo 14.º, na alínea *a*) do número 2 e nos números 6 e 7 do artigo 25.º e no artigo 28.º.

[99] Os números 1 e 2 do artigo 24.º do DL 74-A/2017 usam a expressão "transferência do crédito". Contudo, na epígrafe do artigo lê-se "transferência de crédito". Similar assintonia entre a epígrafe e o corpo do preceito era já visível no arigo 7.º do DL 51/2007, de 7 de março, diploma entretanto revogado pelo DL 74-A/2017.

[100] Era esta a expressão que constava do artigo 1.º do DL 51/2007, na redação do DL 192/2009, de 17 de agosto. O âmbito de aplicação do revogado DL 51/2007 viria ainda a ser ampliado pelo DL 226/2012, de 18 de outubro.

[101] O artigo 28.º do DL 349/98, de 11 de novembro (preceito que não foi revogado pelo artigo 46.º do DL 76-A/2017), já contemplava a "mudança de instituição de crédito mutuante", a par da mudança de regime de crédito.

[102] Cf. Rui Pinto Duarte, O *novo regime do crédito imobiliário a consumidores*, 19 e ss..

A expressão "transferência do crédito" sugere, *ictu oculi*, a recondução à figura da *cessão de créditos*, regulada no artigo 577.º e seguintes do Código Civil, cuja efetivação não depende do consentimento do devedor (o mutuário ou creditado, no caso), sem prejuízo de a eficácia da cessão em relação ao mesmo depender, como princípio, de notificação[103]. Não é disso, porém, que se trata, já que a "transferência do crédito" de que falamos parece não respeitar apenas a *créditos*, mas à posição contratual no seu todo. Por outro lado, a iniciativa da transferência do crédito não é do credor, mas do devedor creditado.

Na verdade, conforme é pacífico[104], a cessão de créditos não opera uma transferência da complexa posição contratual do cedente para o cessionário mas, tão só, dos créditos, respetivas garantias e outros acessórios. Por similares razões, não será inteiramente adequada a figura da *sub-rogação pelo devedor*, nos termos do artigo 590.º do CC[105], uma vez que a mesma tem o efeito de (mera) transferência do crédito, que não da inteira posição contratual. O mesmo óbice é de apontar, à partida, ao enquadramento da situação na previsão do artigo 591.º CC[106], relativo *à sub-rogação em consequência de empréstimo feito ao devedor*, não obstante a previsão da alínea *j*) do número 1 do artigo 7.º do CIS[107].

[103] Cf., por todos, Luís Menezes Leitão, *Cessão de créditos*, Almedina, Coimbra, 2005, 359 e ss. e M. J. Almeida Costa, *Direito das Obrigações*, 12.ª edição, Almedina, Coimbra, 2019, 813 e ss.; no domínio dos trabalhos preparatórios, cf. Vaz Serra, *Cessão de créditos ou de outros direitos*, in BMJ, número especial, Lisboa, 1955, 206 e ss..

[104] Cf., por todos, C. A. Mota Pinto, *Cessão da posição contratual*, Atlântida Editora, Coimbra, 1970, 221 e ss.; refira-se, no entanto, a posição de Luís Menezes Leitão, *Cessão de créditos*, 584 e ss., no sentido de uma atenuação da distinção entre cessão de créditos e cessão da posição contratual.

[105] Cf., por todos, E. Santos Júnior, *Da sub-rogação como forma de transmissão de créditos: algumas questões e respostas*, in "Revista de Direito Civil", n.º 0, 2015, 61-87, Júlio Gomes, *Do pagamento com sub-rogação, mormente na modalidade de sub-rogação voluntária*, in "Estudos em Homenagem ao Professor Doutor Inocêncio Galvão Telles", I. "Direito privado e vária", Almedina, Coimbra, 2002 (107-165), 150-157, e José Alves de Brito, *Transmissão de créditos e de dívidas. Sub-rogação*, in "Código Civil. Livro do Cinquentenário", II. "Em memória do Prof. Eduardo dos Santos Júnior", CIDP, Almedina, 2019 (127-166), 144-147.

[106] Sobre a "sub-rogação em consequência de empréstimo feito ao devedor", cf., por todos, Inocêncio Galvão Telles, *Direito das Obrigações*, 7.ª edição, Coimbra Editora, Coimbra, 1997, 282 e Antunes Varela, *Das obrigações em geral*, II, 7.ª edição, Almedina, Coimbra, 1997, 342-343.

[107] A alínea *j*) do número 1 do artigo 7.º do CIS isenta de imposto do selo "os mútuos constituídos no âmbito do regime legal do crédito à habitação até ao montante do capital

Neste particular, mostra-se, *ictu oculi*, mais promissora a figura da *cessão da posição contratual*: nesta é, por acordo entre o cedente e o cessionário e com consentimento do cedido, transferida a complexa posição contratual do primeiro para o segundo[108], sendo as relações entre as partes definidas em função do tipo de negócio que serve de base à cessão: assim, tratando-se de uma compra e venda da posição contratual, o comprador é devedor do preço, sendo os termos do respetivo pagamento definidos no contrato ou supletivamente pela lei.

A priori, nem as cessões de créditos bancários nem as cessões das posições contratuais decorrentes de créditos bancários conhecem especificidades que se afastem do regime geral vigente, aplicáveis aos negócios e às situações jurídicas em geral[109].

II. A pouca felicidade com que o legislador tratou a matéria da "transferência do crédito" no âmbito de certos contratos de crédito bancário[110] parece estar na base de uma geral apatia da *praxis* bancária relativamente às potencialidades da figura, optando as instituições de crédito, em regra,

em dívida, quando deles resulte mudança da instituição de crédito ou sub-rogação nos direitos e garantias do credor hipotecário, nos termos do artigo 591.º do Código Civil".

[108] Cf., por todos, C. A. Mota Pinto, *Cessão da posição contratual*, 282 e ss. e Inocêncio Galvão Telles, *Manual dos contratos em geral*, 4.ª edição, Coimbra Editora, Coimbra, 2002, 451 e ss..

[109] Haverá, no entanto, como efeito especificamente bancário, que considerar o problema do *segredo bancário*: a questão coloca-se em relação à cessão de créditos por, nos termos gerais, a mesma dispensar o consentimento do devedor. O problema está em saber se esse consentimento é, afinal, necessário, por força do regime do segredo bancário, *maxime* do disposto no artigo 78.º e seguintes do RGIC, sobretudo quando os cessionários não sejam instituições de crédito. Pensamos que, como princípio, o regime do segredo bancário não briga com essas cessões, quando se trate de créditos bancários vencidos. Já quanto às chamadas cessões de créditos resultantes de operações bancárias em curso, que se destinem a continuar (agora) na esfera do cessionário, o problema mor da sua livre cedibilidade estará a montante, mais concretamente na correção da caracterização das mesmas como (meras) cessões de créditos, que não como cessões de posições contratuais ineficazes em relação aos devedores.

[110] A redação do artigo 24.º do DL 74-A/2017 é, a este propósito, eloquente, apresentando, *à letra*, uma situação que seria juridicamente impossível – aquela em que há ("No caso de...") "reembolso antecipado com vista à transferência do crédito" e haveria, ainda assim, "valor do capital em dívida". Como é evidente, se há reembolso antecipado total, o crédito extingue-se, não podendo ter "em vista" uma posterior transferência do crédto extinto por satisfação.

por celebrar novos contratos de mútuo com os consumidores descontentes, permitindo, assim, aos (novos) mutuários "liquidar" os empréstimos em vigor. Tais contratos de mútuo são celebrados com novas constituições de hipotecas, com duvidosas objetivas vantagens para os consumidores em termos de custos, não obstante a isenção de imposto do selo. Acrescem duvidosas objetivas vantagens para a segunda instituição de crédito, que assim perde a anterioridade da primeira hipoteca, entretanto extinta. Acresce o não pequeno problema de a nova instituição de crédito poder ser confrontada com uma resolução da hipoteca, em caso de insolvência, nos termos dos artigos 120.º e 121.º do CIRE[111].

Ora, os elementos característicos da transferência do crédito prevista no artigo 24.º do DL 74-A/2017 são, na linha do DL 51/2007, os seguintes:

(*i*) O cliente comunica à instituição concedente o propósito de promover a "transferência do crédito";

(*ii*) A instituição "transferente" faculta à instituição "transferenciária" – ao "novo mutuante", na expressão do número 1 do artigo 24.º do DL 74-A/2017 – no prazo de dez dias úteis, "todas as informações e elementos necessários à realização desta operação, designadamente o valor do capital em dívida e o período de tempo de empréstimo já decorrido";

(*iii*) A instituição "transferente" é reembolsada pela instituição "transferenciária", sendo esse reembolso designado como "reembolso antecipado total com vista à transferêcia do crédito", designadamente para efeitos de comissões[112].

Como já se disse, a lei não cura especificamente dos contornos jurídicos da operação de transferência, diversamente do que seria lógico e recomendável. Dir-se-ia mesmo que o artigo 24.º do DL 74-A/207 se afadiga em dizer, a um tempo, uma coisa e o seu contrário: por um lado, reporta-se à "transferência do crédito" e a "transferência de crédito"; por outro, alude ao "novo mutuante" e ao "mutuante diverso". Emerge, assim, um novo mútuo, pagando o cliente à primeira instituição – a instituição "transferente" – as quantias em dívida, ou, mais eficaz e celeremente, transferindo a instituição "transferenciária" o montante entretanto mutuado para a instituição "transferente", por ordem do cliente seu neo-mutuário.

[111] Cf., por todos, Carvalho Fernandes / João Labareda, *Código da Insolvência*[3], 499 e ss. e Luís Menezes Leitão, *Direito da Insolvência*, 10.ª edição, Almedina, Coimbra, 2021, 227 e ss..

[112] As comissões devidas são "parametrizadas" no artigo 23.º do DL 74-A/2017.

Nesta linha, não há uma "transferência do crédito" ou do "contrato de crédito", mas uma operação complexa que, tendo por base um contrato de crédito previsto no artigo 24.º do DL 74-A/2017, engloba os seguintes ingredientes:

(*i*) um acordo entre o mutuário e uma nova instituição de crédito, tendente a um financiamento que permita reembolsar antecipadamente o empréstimo existente;

(*ii*) uma notificação potestativa feita pelo cliente ou pela nova instituição em seu nome e por sua conta à instituição mutuante para fornecer à nova instituição todas as informações relevantes;

(*iii*) A celebração de um novo contrato de mútuo com a nova instituição, sendo a quantia mutuada transferida para a primeira instituição a título de reembolso antecipado do primeiro empréstimo.

Neste desenho, não haverá, *summo rigore*, conforme já acima dito, "transferência do crédito": a quantia recebida pela primeira instituição não o é a título de preço de transferência, mas de reembolso antecipado, extinguindo-se assim o contrato de crédito inicialmente celebrado.

O que poderia ter sido feito ou o que poderá ser feito? A clara institucionalização de uma transmissão potestativa da posição contratual, imposta *volente nolente* à primeira instituição mutuante, sujeita à condição suspensiva do pagamento do montante correspondente ao necessário para o reembolso antecipado, à data, transferido da segunda instituição, de acordo com tramitação e procedimentos a regular pelo BdP.

Uma solução deste jaez permitiria manter a posição contratual com a correspondente garantia hipotecária, sem prejuízo de possibilitar também alterações pontuais ao contrato entre as "novas partes".

De resto, em mais uma manifestação de sinais desencontrados em que o artrigo 24.ºdo DL 74-A/2017 é fecundo, o seu número 2[113] – de acordo com o qual o reembolso antecipado total "com vista à transferência do crédito para mutuante diverso não prejudica a validade dos contratos de seguro, sem prejuízo da substituição do beneficiário dos contratos de seguro pelo novo mutuante, em condições que não afetem os riscos abrangidos pelos

[113] Não é abundante o apuro técnico-jurídico na redação do número 2 do artigo 24.º. Realce-se, desde logo, mas sem limitar, a referência à "validade" dos contratos de seguro quando, manifestamente, a questão não é genética, pelo que nunca se poderia colocar em termos de validade.

seguros celebrados para garantia da obrigação de pagamento" [114] – demonstra que o legislador se preocupou com a subsistência de situações contratuais já existentes.

Uma alternativa, acenada pela alínea *j*) do número 1 do artigo 7.º do CIS, seria assumir o caminho propiciado pela "sub-rogação em consequência de empréstimo feito ao devedor", prevista no artigo 591.º do CC[115], mas, então, com necessários "ajustamentos". Na verdade, a "adoção" do artigo 591.º, neste quadro, seria, então, assumida como tendo o legislador consagrado, no regime do artigo 24.º do DL 74-A/2017, uma sub-rogação potestativa atípica, porque na (inteira) posição contratual e não apenas no crédito. Quanto à *praxis* bancária, já se constatou não ter a mesma exibido, até ao momento, engenho e arte para um tal "salto". Mais preocupante é o facto de a doutrina também os não demonstrar ou, sequer, ensaiar.

[114] Dispõe o número 3 do artigo 24.º que o disposto no número 2 "prevalece sobre qualquer cláusula contratual em sentido contrário, ou que de algum aforma agrave a posição do segurado ou do consumidor em função da transferência do crédito".

[115] Para a identficação de algmas questões suscitas por esta modalidade de sub-rogação, cf., v. g., E. Santos Júnior, *Da sub-rogação como forma de transmissão de créditos: algumas questões e respostas*, 81 e ss..

A SOBREGARANTIA NOS CONTRATOS DE CRÉDITO AO CONSUMO CELEBRADOS COM INSTITUIÇÕES BANCÁRIAS

João Pedro Matias

Palavras-chave: *Direito do Consumo; Direito das Garantias; crédito ao consumo; consumidor; sobregarantia*

1. Introdução

No âmbito do Direito português, o crédito ao consumo é primordialmente regulado pelo regime do Decreto-Lei n.º 133/2009, de 2 de junho (doravante, 'Lei do Crédito ao Consumo'), resultante da transposição para o ordenamento jurídico português da Diretiva n.º 2008/48/CE[1], existindo,

[1] O primeiro regime sobre crédito ao consumo resultava do Decreto-Lei n.º 359/91, de 21 de setembro, que transpôs para o ordenamento jurídico nacional a Diretiva n.º 87/102/CEE

no entanto, regimes especiais para tipos particulares de contratos de crédito ao consumo, como é o caso dos contratos de crédito relativos a bens imóveis garantidos por hipoteca, regulados pelo Decreto-Lei n.º 74-A/2017, de 23 de junho.

A alínea c) do n.º 1 do artigo 4.º da Lei do Crédito ao Consumo define o contrato de crédito, para efeitos do diploma, como sendo o "contrato pelo qual um credor concede ou promete conceder a um consumidor um crédito sob a forma de diferimento de pagamento, mútuo, utilização de cartão de crédito ou qualquer outro acordo de financiamento semelhante".

A contratação de crédito ao consumo generalizou-se nas economias modernas, substituindo o modelo originário em que os consumidores eram diretamente financiados pelos próprios vendedores, através, por exemplo, da venda a prestações[2].

Neste âmbito, a intervenção das instituições de crédito e das sociedades financeiras na celebração de contratos de crédito ao consumo implica, frequentemente, a constituição de garantias por parte do consumidor financiado. Sendo a constituição de garantias (naturalmente) genericamente admissível neste âmbito, não se deve desconsiderar a aplicabilidade da problemática da sobregarantia à contratação de crédito ao consumo, na medida em que os vetores de tutela impostos pelo sistema têm uma especial intensidade nas relações com consumidores.

2. A constituição de garantias nos contratos de crédito ao consumo

I. Do artigo 601.º do Código Civil (doravante, 'CC') resulta o princípio da responsabilidade patrimonial, nos termos do qual o património do devedor representa a segurança patrimonial do credor, prevendo-se a sujeição dos bens do devedor à possibilidade abstrata de execução perante uma situação de incumprimento[3].

– sendo de salientar que, enquanto a Diretiva n.º 87/102/CEE previa um regime de "mínimos", permitindo a adoção pelos Estados-Membros de soluções mais severas para a proteção dos consumidores, a Diretiva n.º 2008/48/CE visou a harmonização máxima – pelo que o regime previsto na Lei do Crédito ao Consumo reproduz, no essencial, o disposto na Diretiva.

[2] Cf. José Engrácia Antunes, *Direito do Consumo*, Coimbra, Almedina, 2021, p. 207.

[3] A linguagem normativamente positivada refere-se ao conceito de "garantia geral". Não sendo este o local para revisitar o tema, recordamos que alguns autores contestam a referência ao conceito de "garantia" neste âmbito, entendendo que o mesmo está reservado para as garantias especiais. Desenvolvidamente, sobre esta problemática, M. Januário da

Não obstante a segurança que resulta do património do devedor, o credor pretenderá, sempre que possível, prevenir-se perante uma eventual insuficiência patrimonial do devedor, que o impeça de cumprir com as obrigações assumidas perante os seus diversos credores. O reforço da segurança do crédito pode ser obtido através de soluções externas, através da prestação de garantias, pessoais ou reais[4]; ou internas, quando são fixadas cláusulas que associam consequências específicas a determinados factos ou eventos – normalmente, a aceleração da exigibilidade e, de seguida, do vencimento[5].

A prestação de garantias é particularmente intensa na atividade bancária, na medida em que os bancos tendem a exigir a constituição de garantias na generalidade das operações de crédito[6].

II. No âmbito do crédito ao consumo com instituições bancárias, a constituição de garantias para reforço da segurança do crédito encontra-se, também, generalizada. Apesar de na contratação de crédito ao consumo o banco ter como contraparte um devedor que não será (tendencialmente) tão economicamente ativo como uma sociedade comercial, isso não signi-

Costa Gomes, *Assunção Fidejussória de Dívida – sobre o sentido e o âmbito da vinculação como fiador*, Coimbra, Almedina, 2000, pp. 11 e ss.

[4] Cf. M. Januário da Costa Gomes, "Segurança, Subgarantia e Sobregarantia – Entre os três 'S' do Direito das Garantias", *in* António Menezes Cordeiro, M. Januário da Costa Gomes, Miguel Brito Bastos e Ana Alves Leal (Coord.), *Estudos de Direito Bancário*, I, Coimbra, Almedina, 2019, pp. 335-341. As garantias pessoais, de que é exemplo paradigmático a fiança, estão associadas a soluções de reforço da segurança do crédito meramente quantitativas, na medida em que, ao património do devedor, é "acrescentado" um outro património, que fica adstrito à satisfação do crédito garantido, pelo que acarreta a vinculação do titular desse património, que se torna, também, devedor. No que concerne às garantias reais, o reforço da segurança do crédito já não será tanto (ou apenas) quantitativo, mas qualitativo, na medida em que existe a afetação de um *quid* à satisfação preferencial do crédito – sendo que, nesta realidade, se a garantia for prestada por um terceiro, este já não se torna devedor do beneficiário da garantia, na medida em que a prestação da garantia real não é acompanhada de uma responsabilidade pessoal do terceiro.

[5] Neste âmbito, no Direito Bancário têm-se afirmado como sendo particularmente relevantes os *covenants*, nomeadamente as cláusulas de *pari passu*, *negative pledge* e *cross default*.

[6] António Menezes Cordeiro, *Tratado de Direito Civil*, X, Coimbra, Almedina, 2017, p. 201, identifica como causas da exigência generalizada de garantias no setor bancário a "massificação do comércio bancário, a concorrência entre bancos e, dentro de cada instituição de crédito, a própria concorrência entre funcionários e departamentos, no sentido de apresentar 'bons serviços'".

fica que não pretenda acautelar a sua posição perante um potencial incumprimento do consumidor.

A Lei do Crédito ao Consumo prevê algumas disposições que visam acautelar a posição do consumidor e dos terceiros garantes[7].

No regime em causa, têm particular relevância os deveres de informação que impendem sobre a instituição de crédito. A alínea o) do n.º 3 do artigo 6.º da Lei do Crédito ao Consumo prevê que aquando da apresentação de uma oferta de crédito ou anteriormente à celebração do contrato de crédito, o banco deve prestar informações ao consumidor sobre as garantias exigidas. Posteriormente, a primeira parte da alínea g) do n.º 3 do artigo 12.º estabelece que o contrato de crédito deve especificar, de forma clara e concisa, as garantias exigidas[8].

O artigo 12.º, n.º 2 da Lei do Crédito ao Consumo prevê que o terceiro que constitua uma garantia em relação a um determinado contrato de crédito ao consumo deve receber um exemplar do contrato de crédito, prevendo o n.º 2 do artigo 13.º a nulidade da garantia se tal não acontecer[9]. A entrega de um exemplar do contrato ao garante revela-se essencial, assegurando que o garante tem um meio para conhecer o alcance e os termos da sua responsabilidade[10]. Por outro lado, a nulidade do contrato justifica-se na medida em que o garante, contrariamente ao consumidor, está vinculado ao contrato, mas não tem a possibilidade de lhe pôr termo (seja através do cumprimento antecipado ou da denúncia do contrato celebrado por tempo indeterminado)[11].

Por outro lado, o n.º 5 do artigo 14.º da Lei do Crédito ao Consumo prevê que se o consumidor tiver prestado garantias reais, perante o termo do contrato (por reembolso antecipado total ou pelo termo natural) o credor dispõe de um prazo de 14 dias úteis para emitir e enviar ao consumidor o documento que permita a extinção da garantia, sem haver lugar à cobrança de comissões

[7] Desenvolvidamente, António Menezes Cordeiro, *Tratado de Direito Civil*, X, *cit.*, pp. 220-223.

[8] Conforme salienta Fernando de Gravato Morais, *Crédito aos Consumidores – Anotação ao Decreto-Lei n.º 133/2009*, Coimbra, Almedina, 2009, p. 47, existe, neste âmbito, uma propositada duplicação da informação, no caso de o consumidor vir a celebrar o contrato de crédito, resultante da relevância dessa mesma informação.

[9] Não obstante a nulidade das garantias, o contrato de crédito mantém-se válido. Cf. José Engrácia Antunes, *Direito do Consumo*, *cit.*, p. 210, nota 409.

[10] Cf. Fernando de Gravato Morais, *Crédito aos Consumidores*, *cit.*, p. 62.

[11] Neste sentido, Fernando de Gravato Morais, *Crédito aos Consumidores*, *cit.*, p. 68.

por esse ato[12]. Deste modo, visa-se assegurar que não existe risco de a garantia perdurar para além do tempo de vida do contrato de crédito.

Finalmente, o artigo 22.º da Lei do Crédito ao Consumo estatui que se o consumidor subscrever letras ou livranças com função de garantia em relação a um contrato de crédito, deve ser aposta nos títulos a expressão "não à ordem" ou outra equivalente – o que acarreta restrições à sua circulabilidade, na medida em que perante a aposição de tal expressão a letra ou a livrança apenas será transmissível pela forma e com os efeitos de uma cessão de créditos, conforme resulta do artigo 11.º da Lei Uniforme Relativa às Letras e Livranças.

III. Deste modo, não obstante o facto de poderem ser livremente constituídas garantias das obrigações emergentes para o consumidor de um contrato de crédito ao consumo, verifica-se que o legislador estabeleceu normas que visam estabelecer um nível mínimo de tutela do consumidor ou do garante[13], com especial relevo para os deveres de informação.

No entanto, o núcleo positivado de tutela do consumidor em relação à prestação de garantias não assume a profundidade que devia, sendo que o legislador português podia ter ido mais longe[14]. Surge, deste modo, a necessidade de proceder à aplicação de outros meios de tutela nas situações em que sejam exigidas garantias desproporcionais em relação valor do crédito – ou seja, às situações de sobregarantia.

3. A problemática da sobregarantia

I. Apesar de estarmos no domínio da autonomia privada, a doutrina tem, progressivamente, vindo a firmar a ideia de que devem ser impostos limites à prestação de garantias, evitando exigências abusivas e assegurando a congruência entre o valor do crédito garantido e o valor da garantia.

É neste âmbito que se torna relevante o conceito de sobregarantia que, nas palavras de Januário da Costa Gomes, corresponde às situações em que "aquando da prestação da garantia, ou posteriormente, se verifica uma qualificada desproporção entre o valor do crédito garantido e o valor do bem

[12] A norma em causa foi introduzida pela alteração resultante da Lei n.º 57/2020, de 28 de agosto, que estabeleceu normas adicionais de proteção do consumidor de serviços financeiros.

[13] Conforme salienta António Menezes Cordeiro, *Tratado de Direito Civil*, X, *cit.*, p. 219, a tutela justifica-se, na medida em que a prática bancária revela a "exigência de garantias verdadeiramente demenciais" no âmbito do crédito ao consumo.

[14] Neste sentido, António Menezes Cordeiro, *Tratado de Direito Civil*, X, *cit.*, p. 221.

dado em garantia, desproporção essa que permite reações específicas do dador de garantia"[15]. Assim sendo, existirá um caso de sobregarantia quando estivermos perante "situações claramente abusivas, por desequilíbrio no exercício contrário à boa-fé"[16].

A atuação conforme à boa fé deverá impor ao credor que avalie o património do garante, ou, pelo menos, que considere a sua situação patrimonial aparente ou conhecida[17], em conformidade com o princípio da proteção do garante autonomizado por Menezes Cordeiro[18], e, além do mais, que considere o montante da dívida, de modo que as exigências de garantias sejam proporcionais ao crédito[19].

II. No direito alemão, onde o tema da sobregarantia tem assumido uma especial relevância, principalmente com o aumento das exigências de garantias após o término da Segunda Guerra Mundial[20], entende-se que se verifica uma situação de sobregarantia quando o valor das garantias supera em mais de cinquenta por cento o valor do crédito. Verificada uma situação que preencha este requisito, a doutrina sustenta que se pode provocar a nulidade do negócio, à luz da cláusula dos bons costumes consagrada no §138 do BGB[21].

[15] M. Januário da Costa Gomes, *Assunção Fidejussória de Dívida, cit.*, p. 829.

[16] António Menezes Cordeiro, *Tratado de Direito Civil*, X, *cit.*, p. 220.

[17] Cf. M. Januário da Costa Gomes, "Segurança, Subgarantia e Sobregarantia...", *cit.*, p. 344.

[18] António Menezes Cordeiro, *Tratado de Direito Civil*, X, *cit.*, pp. 191-200. O autor defende que a proteção do garante decorre, desde logo, da proteção do devedor enquanto regra do Direito das Obrigações, e que é autonomizada enquanto princípio no Direito das Garantias devido à existência de princípios, como da acessoriedade e da subsidiariedade, que têm como fundamento a tutela do garante.

[19] Diogo Leite de Campos, "Da responsabilidade do credor na fase do incumprimento", *Revista da Ordem dos Advogados*, Ano 52 (1992), Vol. III, pp. 863-864, sustenta que as garantias devem ser proporcionais ao crédito, com a necessidade de ponderação dos juros de mora vincendos e das penalidades estipuladas. Na perspetiva do autor, a inclusão de garantias excessivas em contratos pode cominar na violação do dever de boa fé na fase da negociação, levando à obrigação de indemnizar por parte do credor – dando o exemplo da situação em que, por prestar uma garantia pessoal excessiva, o devedor vê o seu crédito bancário muito limitado.

[20] Cf. Wolfgang Weber e Christoph Brunner, "Übersicherung und Freigabeanspruch", *Neue Juristische Wochenschrift*, Ano 48 (1995), n.º 39, p. 2513.

[21] Com referências, Catarina Monteiro Pires, *Alienação em Garantia*, Coimbra, Almedina, 2010, p. 295.

III. No direito italiano, tem sido reconhecida a existência de um princípio da proporcionalidade entre o montante do crédito e o valor da hipoteca, resultante do artigos 2872.º do *Codice Civile* e do n.º 5 do artigo 39.º do *Testo Unico Bancario*, que preveem a redução do montante da hipoteca em situações de sobregarantia[22].

Alguns autores têm sustentado a identificação do princípio da proporcionalidade enquanto princípio autónomo, transversal à generalidade das garantias, o que resultaria na suscetibilidade de redução judicial da garantia quando a mesma é excessiva em relação ao montante do crédito, quer no momento original, quer em momento superveniente como resultado do aumento do valor dos bens que garantem o crédito[23] – apesar de a existência do princípio da proporcionalidade e da sua generalização encontrar alguma resistência[24].

Na jurisprudência, tem-se assistido, também, a um reconhecimento da relevância da boa fé neste âmbito e das imposições de proporcionalidade entre a garantia e o montante garantido, fazendo-se apelo a institutos civilísticos como o abuso do direito para determinar a redução destas garantias[25].

IV. No Direito português, Januário da Costa Gomes autonomiza a sobregarantia originária da sobregarantia subsequente. Existirá uma situação de sobregarantia originária quando, considerando o montante do crédito, o valor do património do devedor, e o valor das garantias, a garantia prestada seja "ostensivamente desnecessária"[26]. No âmbito da sobregarantia subse-

[22] Cf. CHIARA GHIONNI, "Ipoteca Esorbitante e Responsabilità del Credore", *Comparazione e Diritto Civile*, 2019, p. 6.

[23] Cf. STEFANIA GIOVA, *La proporzionalità nell'ipoteca e nel pegno*, Nápoles, Edizioni Scientifiche Italiane, 2012, *passim*; PIETRO PERLINGIERI e MARIASSUNTA IMBRENDA, "Autonomia contratuale, proporzionalità e ragionevolezza", *in* AAVV, *Istituzioni Di Diritto Civile*, 6.ª Ed., Nápoles, Edizioni Scientifiche Italiane, 2018, pp. 233-235.

[24] Contra a identificação do princípio da proporcionalidade no Direito italiano e negando a possibilidade de redução judicial da garantia, DAVIDE ACHILLE, "Eccesso di iscrizione ipotecaria e 'principio' di proporzionalità delle garanzie rispetto al credito", *Rivista di Diritto Civile*, Ano 64, n.º 2, pp. 460-484.

[25] A título exemplificativo, o acórdão da Cassazione Civile, sez. III, n.º. 6533, de 5 de abril de 2016, em que o tribunal considerou que a constituição de uma hipoteca que excedesse em um terço o montante do crédito garantido constituía uma situação do abuso do direito.

[26] M. JANUÁRIO DA COSTA GOMES, *Assunção Fidejussória de Dívida, cit.*, pp. 830 e ss. No entanto, o autor considera que, mesmo perante um circunstancialismo que possa levar à consideração de que a garantia é "ostensivamente desnecessária", deve-se considerar o caso concreto para confirmar se a prestação da garantia não encontra uma justificação: por exemplo, sendo

quente ou superveniente, está em causa compreender em que medida pode o garante exigir o restabelecimento de uma determinada proporcionalidade entre o valor do crédito e a garantia, após a verificação de um evento que perturbe o equilíbrio inicial.

As situações de sobregarantia suscitam a aplicação de diversos institutos jurídicos, consoante se trate de uma situação de sobregarantia originária ou superveniente. Cumpre compreender de que modo os mesmos podem ser relevantes no âmbito do crédito ao consumo.

4. Crédito ao consumo e sobregarantia

4.1. A sobregarantia originária

4.1.1. O regime dos negócios usurários

I. Consideramos que, no âmbito da sobregarantia originária, o regime dos negócios usurários, previsto no n.º 1 do artigo 282.º do CC, assume uma relevância central[27]. Segundo este preceito, serão anuláveis os negócios jurídicos celebrados quando alguém, "explorando a situação de necessidade, inexperiência, ligeireza, dependência, estado mental ou fraqueza de carácter de outrem, obtiver deste, para si ou para terceiro, a promessa ou a concessão de benefícios excessivos ou injustificados".

A usura não está apenas relacionada com a ilicitude do conteúdo do negócio jurídico: tem a ver, também, com a insuficiente liberdade e discernimento de uma das partes na celebração do negócio jurídico, quando confrontado com a imoralidade da ação do usurário, que visa explorar a posição débil do lesado[28].

prestada uma fiança, pode ocorrer que o credor tenha maior confiança na prontidão no cumprimento do fiador do que na do devedor, o que poderá levar a que não se conclua pela existência de uma ausência de sentido económico da exigência da garantia.

[27] Neste sentido, M. Januário da Costa Gomes, "Segurança, Subgarantia e Sobregarantia...", *cit.*, p. 347 e *Assunção Fidejussória de Dívida, cit.*, p. 831; Catarina Monteiro Pires, *Alienação em Garantia, cit.*, p. 296. Aparentemente contra a aplicação do regime da proibição dos negócios usurários às situações de sobregarantia, António Menezes Cordeiro, *Tratado de Direito Civil*, X, *cit.*, p. 202.

[28] Neste sentido, nas palavras de Pedro Pais de Vasconcelos, *Teoria Geral do Direito Civil*, 8.ª Ed., Coimbra, Almedina, 2015, p. 549: "Além de um conteúdo excessiva ou injustificadamente desequilibrado, que implica uma quebra da sua justiça interna, o negócio viciado por usura envolve também uma situação de inferioridade que se traduz em insuficiente liberdade

Um dos requisitos para a classificação de um negócio jurídico enquanto usurário é, precisamente, a exploração de uma situação de vulnerabilidade da vítima[29]. Isto significa que o negócio terá de ser desequilibrado, implicando um excesso de benefício para uma das partes em detrimento da outra. Trata-se de um requisito subjetivo, pelo que, ainda que o juízo sobre o excesso seja feito com recurso a padrões de valor (sendo excessivo o valor que se encontrar para além do que for típico no mercado ou no meio social em que o negócio jurídico foi celebrado), é necessário que tal excesso decorra de um aproveitamento intencional da vantagem de que o usurário goza sobre a contraparte[30].

Quanto à vítima, exige-se uma situação de "necessidade, inexperiência, ligeireza, dependência, estado mental ou fraqueza de carácter" – ou seja, é necessário que o lesado, aquando da celebração do negócio jurídico, se encontre num estado de inferioridade negocial, decorrente de uma destas circunstâncias[31].

e discernimento da vontade negocial do lesado, e ainda um reprovável aproveitamento (exploração) por parte do usurário da situação de inferioridade ou de carência do lesado".

[29] Cf. António Menezes Cordeiro, *Tratado de Direito Civil*, II, 4.ª Ed. Coimbra, Almedina, 2014, pp. 497-498.

[30] Neste sentido, Pedro Pais de Vasconcelos, *Teoria Geral do Direito Civil*, *cit.*, p. 552, considerando que é necessário que o usurário saiba que a sua contraparte está numa situação de inferioridade, com discernimento ou liberdade diminuída. Contra António Menezes Cordeiro, *Tratado de Direito Civil*, II, *cit.*, pp. 497-498, invocando que na versão original do Código Civil, a redação do artigo 282.º implicava uma avaliação subjetiva da intenção do usurário, na medida em a norma previa a necessidade de um "aproveitamento consciente". Com a alteração introduzida pelo Decreto-Lei n.º 262/83, de 16 de junho, o artigo 282.º passou a utilizar o conceito de exploração. Segundo Menezes Cordeiro, "a supressão do adjectivo 'consciente' é demasiado impressiva para não ter qualquer significado". No entanto, conforme salientam Fernando Pires de Lima e João Antunes Varela, "Artigo 282.º do Código Civil – Anotação", *in Código Civil Anotado*, Vol. I, *Código Civil Anotado*, Vol. I, 4.ª Ed. revista e atualizada, Coimbra, Coimbra Editora, 1987, pp. 30-31, o alcance prático da revisão foi essencialmente formal, na medida em "explorar" ou "aproveitar conscientemente" são expressões com um significado idêntico, não se devendo assumir que a "exploração" não pressupõe um elemento subjetivo do usurário.

[31] António Menezes Cordeiro, *Tratado de Direito Civil*, II, *cit.*, p. 498 identifica neste elenco de situações de inferioridade da vítima do negócio usurário a figura dos negócios concluídos em estado de necessidade, considerando que, verificando-se o perigo atual de grave dano, a vítima é levada a concluir um negócio extremamente oneroso, de modo a evitar esse dano.

II. Em regra, nas relações reguladas pelo Direito do Consumo, existe um desequilíbrio contratual entre o consumidor e o profissional, na medida em que este último dispõe de mais e melhor informação no que respeita ao negócio jurídico a celebrar, e, também, de uma maior capacidade financeira[32].

Isto verifica-se, naturalmente, na celebração de contratos de crédito ao consumo, em que as instituições de créditos têm um maior peso negocial do que os consumidores, perante a sua dimensão e considerando as necessidades de financiamento dos consumidores, o que pode levar à celebração de contratos de crédito com recurso a práticas comerciais agressivas, que impedem, inclusivamente, a necessária reflexão por parte do consumidor em relação às condições do contrato[33].

Perante este desequilíbrio contratual, é possível que a instituição de crédito exija a constituição de garantias em termos que preenchem o regime previsto no artigo 282.º do CC. Facilmente se configuram situações em que na contratação de crédito ao consumo, um banco, aproveitando-se da necessidade do consumidor em obter o crédito para objetivos pessoais, exige a prestação de um verdadeiro acervo de garantias, que poderá ser manifestamente desproporcional em relação ao montante do crédito garantido.

Nestes casos, verificando-se que o banco se aproveitou da "necessidade, inexperiência, ligeireza, dependência, estado mental ou fraqueza de carácter de outrem", estaremos perante um negócio usurário, sendo a garantia anulável, nos termos do n.º 1 do artigo 282.º do CC.

III. Note-se que a preocupação com a usura no crédito ao consumo tem uma manifestação expressa na Lei do Crédito ao Consumo: o artigo 28.º prevê os limites máximos da TAEG nos contratos de crédito ao consumo[34], sendo que se os mesmos forem ultrapassados, o contrato será tido como usurário.

[32] Cf. Jorge Morais Carvalho, *Manual de Direito do Consumo*, 7.ª ed., Coimbra, Almedina, 2021, p. 52.

[33] Cf. Jorge Morais Carvalho, *Manual de Direito do Consumo*, *cit.*, p. 423.

[34] Nos termos do n.º 1 do artigo 22.º, é usurário "o contrato de crédito cuja TAEG, no momento da celebração do contrato, exceda em um quarto a TAEG média praticada pelas instituições de crédito no trimestre anterior, para cada tipo de contrato de crédito aos consumidores". O n.º 2 do artigo 22.º determina que "é igualmente tido como usuário o contrato de crédito com TAEG, no momento da celebração do contrato, embora não exceda o limite definido no número anterior, ultrapasse em 50/prct. a TAEG média dos contratos de crédito aos consumidores celebrados no trimestre anterior".

Estamos perante uma solução positivada que reconhece a relevância que o desequilíbrio contratual pode ter na contratação de crédito ao consumo: perante a ausência de limites máximos positivados, os bancos poderiam ter a pretensão de incluir uma TAEG abusiva nos contratos celebrados com consumidores, explorando a necessidade dos mesmos. Assim, o legislador decidiu intervir, introduzindo uma solução legal para o problema[35].

A solução do artigo 28.º demonstra a necessidade de tutela dos consumidores perante as práticas usurárias no âmbito da contratação de crédito ao consumo. Sendo esta, também, uma preocupação em relação à prestação de garantias, será de aplicar o regime geral dos negócios usurários nas situações em que a prestação de garantias no âmbito de um contrato de crédito ao consumo preencha os requisitos do artigo 282.º do CC.

4.1.2. A violação dos bons costumes e a relevância da Central de Responsabilidades de Crédito no crédito ao consumo

I. É possível que a exigência de uma garantia em termos abusivos determine a nulidade da mesma, por violação dos bons costumes, nos termos do n.º 2 do artigo 280.º do CC[36], sendo este um outro limite às situações de sobregarantia.

Em termos exemplificativos, identificamos alguns casos em que a prestação da garantia poderá ser tida como contrária aos bons costumes: a situação em que a garantia tem um peso económico desmedido; a exigência-

[35] A problemática dos limites das taxas de juro bancárias assume uma especial relevância perante a sua suposta liberalização em resultado do Aviso n.º 3/93 do Banco de Portugal, que dispõe, no seu n.º 2, que "são livremente estabelecidas pelas instituições de crédito e sociedades financeiras as taxas de juro das suas operações, salvo nos casos em que sejam fixadas por diploma legal". Vários autores têm-se pronunciado no sentido de serem aplicáveis os limites gerais previstos no Código Civil e no Código Comercial às taxas de juro bancárias, designadamente, L. Miguel Pestana de Vasconcelos, "Os limites máximos das taxas de juro das instituições de crédito e das sociedades financeiras", *Revista de Direito Comercial*, 2018, pp. 629-664, Pedro Pais de Vasconcelos, "Taxas de juro do crédito ao consumo: limites legais", *in* L. Miguel Pestana de Vasconcelos (Coord.), *II Congresso de Direito Bancário*, Coimbra, Almedina, pp. 329 e ss., e M. Januário da Costa Gomes, *Contratos Comerciais*, Coimbra, Almedina, 2013, *reimp.*, pp. 264-265. No entanto, com a introdução do artigo 28.º na Lei do Crédito ao Consumo, o legislador esclareceu as dúvidas existentes neste âmbito, fixando limites às taxas de juro nos contratos de crédito ao consumo.

[36] Neste sentido, M. Januário da Costa Gomes, *Assunção Fidejussória de Dívida, cit.*, p. 831; Catarina Monteiro Pires, *Alienação em Garantia, cit.*, p. 297; António Menezes Cordeiro, *Tratado de Direito Civil*, X, *cit.*, pp. 207 e ss.

-surpresa de garantias, quando o credor apresenta, no decurso de uma negociação longa, a exigência de uma garantia para assegurar a execução da operação (sem que, frequentemente, seja dada oportunidade ao devedor de se inteirar da garantia em causa)[37]; e, no específico campo do Direito Bancário, conforme sustentando por Menezes Cordeiro, a necessidade de ponderar a relevância das comunicações ao Banco de Portugal, sendo que perante qualquer incumprimento do devedor, o credor está obrigado a comunicar o nome do devedor[38].

II. No âmbito do crédito ao consumo, não é de excluir que, em situações concretas, a exigência de garantias seja contrária aos bons costumes, por o banco explorar uma situação de inferioridade do consumidor ou do terceiro garante, ou perante situações de exigência-surpresa de garantias para viabilizar a operação de financiamento.

No entanto, neste âmbito, consideramos que a situação que deve ser objeto de uma maior atenção está relacionada com a existência da Central de Responsabilidades de Crédito, principalmente no que concerne à prestação de garantias por um terceiro.

A Central de Responsabilidades de Crédito, regulada pelo Decreto-Lei n.º 204/2008, de 14 de outubro, e assegurada pelo Banco de Portugal, tem por objeto, segundo o artigo 1.º, n.º 1, centralizar as responsabilidades efetivas ou potencias de crédito concedido por entidades sujeitas à supervisão do Banco de Portugal ou por quaisquer outras entidades que, sob qualquer forma, concedam crédito ou realizem operações de crédito, divulgar a informação centralizada às entidades participantes (que correspondem às entidades sujeitas à supervisão do Banco de Portugal que concedam crédito), e reunir informação necessária à avaliação dos riscos envolvidos na aceitação de empréstimos bancários.

Assim sendo, nos termos do artigo 3.º do Decreto-Lei n.º 204/2008, as entidades participantes são obrigadas a fornecer ao Banco de Portugal todos os elementos de informação respeitantes a responsabilidades efetivas ou potenciais decorrentes de operações de crédito, incluindo-se, obviamente, as situações de incumprimento dos clientes bancários.

[37] António Menezes Cordeiro, *Tratado de Direito Civil*, X, *cit.*, p. 208. Apesar de o autor se referir à fiança, parece-nos que a problemática identificada é comum à generalidade das garantias.

[38] António Menezes Cordeiro, *Tratado de Direito Civil*, X, *cit.*, p. 208.

A comunicação do incumprimento de um devedor ou de um garante à Central de Responsabilidades de Crédito corresponde, essencialmente, à integração numa "lista negra"[39], na medida em que os impedirá de negociar com outros bancos, que têm conhecimento dos incumprimentos anteriores através deste meio[40]-[41].

Daqui decorre que se forem exigidas garantias manifestamente excessivas no âmbito da contratação de crédito ao consumo, nomeadamente a prestar por um terceiro, e se for provável a dificuldade de cumprimento com as obrigações assumidas ao abrigo das mesmas, será de ponderar as consequências gravosas do reporte de um incumprimento à Central de Responsabilidades de Crédito, que poderá prejudicar o bom nome do garante, impedindo-o de celebrar contratos de crédito com instituições

[39] Cf. António Menezes Cordeiro, *Tratado de Direito Civil*, X, *cit.*, p. 208.

[40] Isto porque, conforme decorre do artigo 6.º do Decreto-Lei n.º 204/2008, as entidades participantes na Central de Responsabilidades de Crédito podem requerer ao Banco de Portugal que lhes seja dado conhecimento da informação registada na Central relativa às pessoas singulares ou coletivas que lhes tenham solicitado crédito. Sobre a recusa ou dificuldades na concessão de crédito neste âmbito, Sofia Martins, *A Central de Responsabilidades de Crédito – Enquadramento normativo, vicissitudes e mecanismos de tutela*, Dissertação de Mestrado, Lisboa, Faculdade de Direito da Universidade de Lisboa, 2015 (polic.), pp. 122 e ss.

[41] Demonstrando as consequências gravosas da inclusão de um devedor na Central de Responsabilidades de Crédito, Acórdão do TRP de 28 de abril de 2015, Proc. n.º 5472/12.8TBMTS.P1, disponível em http://www.dgsi.pt/ . No caso submetido à apreciação do Tribunal, uma cliente bancária, cujos documentos de identificação foram falsificados por terceiros e utilizados para celebrar diversos contratos bancários, viu um incumprimento decorrente dessa situação ser comunicado ao Banco de Portugal, apesar de o banco perante o qual decorreu o incumprimento ter tomado conhecimento da atuação criminosa de que a cliente tinha sido alvo. No acórdão são elencadas as pesadas consequências sofridas pela cliente em resultado da comunicação do incumprimento à Central de Responsabilidades de Crédito: "por causa de toda esta situação e de estar inscrita como devedora de risco junto de Banco de Portugal, ficou com a sua vida completamente estagnada. Recorreu ao crédito bancário para a compra de uma habitação, mas esse pedido foi-lhe recusado por várias instituições de crédito, tendo por isso de viver em casa arrendada numa zona diversa daquela onde queria instalar-se. Pretendeu, por duas vezes, adquirir um novo veículo automóvel para se deslocar para o trabalho e também não conseguiu, sendo obrigada a deslocar-se no veículo do pai, que é velho e necessita de uma reparação orçada em 2.000,00€. Pretendeu adquirir cheques, mas apenas uma instituição de crédito lhos concedeu e, ainda assim, sem lhe autorizar a respetiva emissão em valor superior a 500,00€. Solicitou um cartão de crédito, mas esse pedido foi-lhe também recusado, o que a obriga a fazer as compras pela internet e a pagar as suas contas por intermédio dos amigos".

bancárias no futuro[42]. Nestes casos, será de ponderar a aplicação do regime da violação dos bons costumes para resolver eventuais situações de sobregarantia.

4.1.3. O regime das Cláusulas Contratuais Gerais

I. A utilização de cláusulas contratuais gerais para celebrar contratos de crédito ao consumo é cada vez mais comum, acompanhando a tendência que se verifica no Direito do Consumo[43].

Em regra, as cláusulas contratuais de um contrato de crédito ao consumo encontram-se pré-elaboradas pelo credor e o consumidor limita-se a aderir às mesmas, o que resulta numa tendencial rigidez destes contratos, em que o consumidor tem uma influência muito reduzida, ou até mesmo inexistente, no conteúdo fixado no contrato[44]. Isto implica que o regime das Cláusulas Contratuais Gerais, previsto no Decreto-Lei n.º 446/85, de 25 de outubro (doravante, 'LCCG'), tem aplicação neste âmbito, sempre que estejamos perante cláusulas contratuais gerais elaboradas sem negociação individual.

A aplicação da LCCG ao crédito ao consumo exige que se tome em consideração a distinção fundamental que a lei estabelece entre duas categorias de cláusulas proibidas, distinção essa que assenta na qualidade em que as partes contratam: existem cláusulas relativamente proibidas nas relações entre empresários ou entidades equiparadas (artigos 17.º da 19.º da LCCG) e cláusulas proibidas nas relações com consumidores finais (artigos 20.º a 22.º da LCCG), sendo que as cláusulas proibidas nas relações entre empresários ou entidades equiparadas são, também, proibidas nas relações com consumidores finais, por força do artigo 20.º.

II. Para o nosso tema, será particularmente relevante, no que concerne às situações de sobregarantia originária, a norma prevista na alínea m) do n.º 1 do artigo 22.º, que determina que são proibidas as cláusulas que "esta-

[42] Neste sentido, António Menezes Cordeiro, *Tratado de Direito Civil*, X, *cit.*, p. 208.

[43] Cf. Jorge Morais Carvalho, *Manual de Direito do Consumo*, *cit.*, p. 121.

[44] Conforme salienta António Menezes Cordeiro, *Direito Bancário*, 6.ª Ed., Coimbra, Almedina, 2018, pp. 246-27, o recurso a cláusulas contratuais gerais no Direito bancário é um corolário do princípio da rapidez, associado à crescente dimensão dos bancos e à necessidade de descentralizar o processo decisório, que tem como corolário a exigência de normalização substancial dos negócios jurídicos celebrados, o que resulta no crescente recurso à utilização de cláusulas contratuais gerais.

beleçam garantias demasiado elevadas ou excessivamente onerosas em face do valor a assegurar"[45].

A norma em causa trata-se de uma das únicas soluções positivadas para resolver expressamente casos de sobregarantia no ordenamento jurídico português.

No crédito ao consumo, sempre que sejam previstas garantias através de cláusulas contratuais gerais, e que as mesmas sejam excessivamente onerosas face ao valor do crédito garantido, poderá haver lugar à aplicação da alínea m) do n.º 1 do artigo 22.º. Estamos perante cláusulas relativamente proibidas, segundo a sistemática da LCCG, pelo que a determinação de se uma cláusula é efetivamente proibida perante um contrato específico deve ser avaliada "consoante o quadro negocial padronizado" – o que significa que a constituição das garantias tem de configurar uma situação particularmente gravosa para que a cláusula seja tida como proibida à luz da norma[46].

4.1.4. O abuso do direito

I. Menezes Cordeiro sustenta a aplicação do instituto do abuso do direito, por exercício inadmissível de posições jurídicas, aos casos em que sejam exigidas garantias excessivas na contratação de crédito[47] – posição que acompanhamos.

O artigo 334.º do Código Civil fere determinados atos como sendo abusivos, quando o titular excede manifestamente, no exercício de um direito, os limites decorrentes da boa fé, dos bons costumes e do fim social ou económico do ato[48].

[45] Sobre a relevância da norma para tutela dos consumidores, António Menezes Cordeiro, *Tratado de Direito Civil*, X, *cit.*, pp. 218 e ss.

[46] Cf. José de Oliveira Ascensão, "Cláusulas contratuais gerais, cláusulas abusivas e boa fé", *Revista da Ordem dos Advogados*, Ano 60 (2000), Vol. II, p. 581.

[47] António Menezes Cordeiro, *Tratado de Direito Civil*, X, *cit.*, pp. 219-220. O autor enumera várias situações de exigências de garantias abusivas: "por iniciativa de funcionários bancários zelosos, têm sido observadas solicitações de hipoteca de imóveis de valor equivalente ao triplo da importância garantida: valor esse que resulta de avaliações, em regra muito deprimidas, feitas pela própria instituição mutuante. Coberturas hipotecárias equivalentes ao dobro da dívida, acompanhadas, ainda, de fianças de terceiros e dos seus cônjuges são correntes, no campo da própria habitação. Exigem-se ainda, por vezes cumulativamente, mandatos irrevogáveis para dispor de outros bens do devedor".

[48] Cf. António Menezes Cordeiro, *Da Boa Fé no Direito Civil*, 8.ª *reimp*, Coimbra, Almedina, 2020, pp. 661. e ss. Menezes Cordeiro considera que o artigo 334.º consagra a boa fé

Em particular, o desequilíbrio no exercício corresponde a um tipo residual de atuações inadmissíveis, assente no princípio de que quem exerce o seu direito deve fazê-lo de modo cauteloso e cuidado, não devendo existir uma desproporção entre a vantagem que o titular dele retira e o sacrifício que é imposto a um terceiro[49].

II. Nas situações em que sejam exigidas garantias manifestamente excessivas ao consumidor face ao valor do crédito, que colocam em causa a sua liberdade patrimonial para o futuro, podemos estar perante um desequilíbrio no exercício que é contrário à boa-fé.

Frequentemente, estas garantias apresentam uma considerável diferença na importância que têm para cada uma das partes: enquanto para o banco, perante o valor global das garantias, existiria a possibilidade de prescindir de algumas delas, para o consumidor a constituição das mesmas representa um pesado sacrifício, ficando com o seu património onerado e vendo dificultada a possibilidade de celebrar negócios jurídicos futuros, pela dificuldade em constituir garantias.

Isto significa que para o consumidor que não consiga dispor de qualquer um dos outros meios de tutela previstos para as situações de sobregarantia originária, em razão de não estarem verificados os respetivos requisitos, existirá sempre a possibilidade de recorrer ao abuso do direito, sempre que exista um desequilíbrio no exercício contrário à boa-fé na exigência das garantias e não existam razões objetivas que justifiquem a constituição daquelas garantias.

objetiva, na medida em que o preceito não versa sobre fatores diretamente atinentes ao sujeito, mas antes sobre elementos que se contrapõem ao seu comportamento.

[49] Cf. António Menezes Cordeiro, *Da Boa Fé no Direito Civil, cit.*, pp. 853-860. Uma primeira sub-hipótese suscitada quanto ao desequilíbrio no exercício jurídico é o exercício danoso inútil, em que o titular do direito atua no âmbito formal do seu direito, mas de modo a não retirar qualquer benefício pessoal do exercício do direito, enquanto causa danos consideráveis a outra pessoa. Uma segunda sub-hipótese corresponde ao *dolo agir qui petit quod statim redditurus*, que traduz uma valoração do comportamento da pessoa que exige algo que terá de restituir num momento posterior, numa atuação inútil e danosa para a outra parte; e uma terceira sub-hipótese, que Menezes Cordeiro classifica como sendo mais promissora, que corresponde à desproporcionalidade entre a vantagem que decorre para o titular do direito em resultado do exercício do mesmo, e sacrifício imposto a outem pelo exercício desse direito. Assim sendo, o desequilíbrio no exercício determina que se deve atender às consequências da decisão de agir, mesmo quando se está a atuar no âmbito do exercício de um direito.

4.2. A sobregarantia superveniente

I. Conforme anteriormente mencionado, a sobregarantia subsequente ou superveniente corresponde às situações em que existe um evento que perturba o equilíbrio inicial entre o valor do crédito e a garantia.

O ordenamento jurídico português reconhece, nalgumas disposições, a necessidade de tutelar estas situações. No âmbito da fiança, em particular, o n.º 2 do artigo 631.º do CC estabelece que se a fiança exceder a dívida principal ou for contraída em condições mais onerosas, é redutível aos precisos termos da dívida afiançada. Já no que concerne à hipoteca, o artigo 697.º do CC estabelece que o devedor que for dono da coisa hipotecada tem o direito de se opor a que, relativamente aos bens onerados, a execução se estenda além do necessário à satisfação do direito do credor[50], enquanto o artigo 720.º do CC admite a redução de hipoteca voluntária no caso de redução da dívida nos termos previstos no n.º 2 do citado artigo.

Estes preceitos revelam aquela que será a pretensão do garante nos casos de garantia superveniente: a liberação parcial[51].

No âmbito do crédito ao consumo, se uma fiança ou uma hipoteca se tornarem manifestamente excessivas face ao valor do crédito e ao valor global das garantias, será de aplicar estes preceitos para assegurar que o equilíbrio inicial é restaurado. No entanto, a questão mais delicada coloca-se em relação às restantes garantias, relativamente às quais não existem soluções previstas na lei.

II. Para as restantes garantias, e para as situações não previstas na lei, Januário da Costa Gomes sustenta que é possível, recorrendo ao princípio da boa fé, formular três pressupostos para que seja equacionável a pretensão de liberação[52]: (i) a sobregarantia ser efetiva, por existir uma "clara e anómala desproporção entre o *quantum debeautur* e o volume e valor das garantias prestadas"; (ii) a situação de sobregarantia ser tendencialmente perene; (iii) a manutenção da garantia trazer prejuízos ao garante.

Se estiverem verificados estes pressupostos, poderá ser avaliada, em concreto, a pretensão parcial de liberação do garante, considerando, nomeada-

[50] Este preceito é igualmente aplicável ao penhor, devido à remissão operada pelo artigo 678.º do CC.

[51] Cf. M. Januário da Costa Gomes, *Assunção Fidejussória de Dívida*, *cit.*, p. 832.

[52] M. Januário da Costa Gomes, "Segurança, Subgarantia e Sobregarantia...", *cit.*, p. 352.

mente, a garantia em causa, as restantes garantias, o património do devedor e os interesses em causa.

Considerandos a especial necessidade de tutela do consumidor que é reconhecida pelo ordenamento jurídico em relação ao Direito do Consumo, é de considerar, no crédito ao consumo, que o prejuízo que a manutenção das garantias pode acarretar para o consumidor ou para o terceiro garante, por terem o património onerado num montante manifestamente excessivo quando considerado o montante em dívida, deve prevaelecer face à segurança que decorre para o credor da manutenção situação de sobregarantia.

III. No âmbito da sobregarantia superveniente, e recuperando as considerações já feitas sobre o crédito ao consumo ser comummente celebrado através de contratos de adesão, é ainda relevante o regime da alínea c) do n.º 1 do artigo 22.º da LCCG, que estabelece a proibição das cláusulas que "atribuam a quem as predisponha o direito de alterar unilateralmente os termos do contrato, exceto se existir razão atendível que as partes tenham convencionado", na medida em que tal norma proíbe o estabelecimento de cláusulas que prevejam o direito de o credor exigir ao consumidor o reforço de garantias perante a apreciação da sua insuficiência, sem necessidade de demonstração de razões objetivas para tal exigência[53].

5. A relevância das soluções contratuais de reforço da posição do credor para a problemática da sobregarantia nos contratos de crédito ao consumo

I. Para além da constituição de garantias, é prática comum as instituições de crédito visarem reforçar a segurança do seu crédito através da previsão de soluções internas, como cláusulas penais ou cláusulas de vencimento antecipado.

Na nossa perspetiva, estas cláusulas contratuais previstas podem ter relevância para a configuração de situações de sobregarantia[54].

[53] Cf. M. Januário da Costa Gomes, "Segurança, Subgarantia e Sobregarantia...", *cit.*, p. 347.

[54] Esta potencial relevância das cláusulas contratuais para a problemática da sobregarantia é identificada por M. Januário da Costa Gomes, *Contratos Comerciais*, *cit.* p. 353, no âmbito específico da locação financeira. O autor refere que "os contratos de locação estão por vezes munidos com um 'arsenal' de garantias adicionais e de cláusulas penais a favor do locador de tal desproporção e dimensão que, para além de poderem consubstanciar, objetivamente, situações de sobregarantia, justificam o recurso criterioso ao regime comum da proibição dos

As cláusulas penais e as cláusulas de vencimento antecipado consagradas nos contratos de crédito ao consumo não configuram garantias especiais das obrigações[55], pelo que a sua importância para o tema não advém de poderem configurar garantias excessivas *per si*.

No entanto, estas cláusulas têm uma manifesta importância na tutela dos interesses do credor, reforçando a sua posição creditória, na medida em que representam um incentivo ao cumprimento por parte do devedor e facultam um meio de satisfação do interesse do credor[56]. O que significa que, mesmo não sendo possível afirmar que as cláusulas contratuais correspondem a garantias especiais das obrigações, têm, em sentido impróprio, uma função de garantir a posição do credor, na medida em que reforçam a segurança da sua posição contratual.

II. O reconhecimento de uma função de garantia a cláusulas contratuais não é uma novidade no ordenamento jurídico português.

Em relação aos *covenants*, celebrizados no Direito anglo-saxónico e progressivamente utilizados pelas instituições de crédito nacionais em contratos de mútuo como alternativas às tradicionais garantias reais e pessoais, de que são exemplos paradigmáticos as cláusulas de *cross default*, *negative pledge* e *pari passu*, a doutrina nacional tem discutido a sua natureza jurídica, existindo diversas posições que assentam no reconhecimento da relevância do reforço do crédito que resulta destas cláusulas.

Assim sendo, quanto aos *covenants*, alguns autores consideram que se tratam de verdadeiras garantias[57], enquanto outros autores se referem às mesmas

negócios usurários, da cláusula penal (...) e, necessariamente, a montante, do regime limitativo da LCCG".

[55] Cf. M. Januário da Costa Gomes, "Segurança, Subgarantia e Sobregarantia...", *cit.*, pp. 351-352. Note-se que o autor realça a relevância da ponderação das cláusulas penais para a configuração de situações de sobregarantia, ao afirmar que "não sendo seguramente confundíveis as cláusulas penais com as garantias especiais das obrigações, o estabelecimento de uma ligação entre os dois domínios, afigura-se-nos, *a priori*, explorável".

[56] Cf. António Pinto Monteiro, *Cláusula Penal e Indemnização*, Coimbra, Almedina, 1999, p. 618. Nas palavras do autor, "pensamos (...) que o significado particular da cláusula penal lhe é proporcionado pelo facto de ela ser uma importante medida de incentivo ao cumprimento, de reforço das obrigações, ao mesmo tempo que oferece ao credor uma forma alternativa – em relação à obrigação de indemnização – de satisfazer o seu interesse, caso a ameaça não haja resultado".

[57] Joana Pereira Dias, "Contributo para o estudo dos actuais paradigmas das cláusulas de garantia e/ou segurança: a *pari passu*, a *negative pledge* e a *cross default*", *in* António Menezes

como garantias aparentes[58], garantias meramente obrigacionais[59] ou garantias especiais atípicas[60], ou como mecanismos de segurança do crédito[61].

A determinação da natureza jurídica dos *covenants*, ou de outras cláusulas contratuais como as enunciadas, extravasa o objeto do nosso texto. No entanto, exemplifica o que acabamos de afirmar: existem soluções contratuais que visam um reforço do crédito, e, mesmo que não se considere que tais soluções contratuais correspondem a verdadeiras garantias, é inegável a sua relevância para a tutela do crédito e para o reforço da posição do credor.

Apesar de os *covenants* não terem como principal campo de aplicação os contratos de crédito ao consumo, estes não deixam de revelar a relevância de outras soluções contratuais como as identificadas.

III. Podemos identificar vários meios específicos de reação às cláusulas contratuais abusivas. A este propósito, são particularmente relevantes: (*i*) os artigo 812.º do CC, que prevê a redução equitativa da cláusula penal; (*ii*) o artigo 935.º do CC, que estabelece limites máximos ao valor da cláu-

Cordeiro, Luís Menezes Leitão e Januário da Costa Gomes (Orgs.), *Estudos em Homenagem ao Professor Doutor Inocêncio Galvão Telles*, Vol. IV, Coimbra, Almedina, 2003, pp. 1018 e ss. A autora considera que são garantias em sentido amplo, sendo que se baseia na classificação de Becker-Eberhard, para quem existem três meios essenciais para uma noção ampla de garantia: direitos de garantia como meios de satisfação; direitos de garantia como meios de pressão; e direitos de garantia como meios de satisfação. Tomando em consideração que a verificação destes meios não é cumulativa, a autora considera que a verificação de um meio de pressão nas cláusulas de segurança e/ou garantia" é suficiente para as reconduzir à noção ampla de garantia.

58 Pedro Romano Martinez e Pedro Fuzeta da Ponte, *Garantias do Cumprimento*, 5.ª Ed., Coimbra, Almedina, 2006, p. 57. Para os autores, tratam-se de garantias aparentes como resultado de serem garantias com uma mera eficácia obrigacional, que apenas produzem efeitos entre as partes do contrato, e que, por isso, no entender dos autores, não acrescentam nada à garantia geral – até porque não podem ser invocadas pelos credores contra os demais numa hipótese de concurso de credores.

59 Vasco Soares da Veiga, *Direito Bancário*, 2.ª Ed. Coimbra, Almedina, 1997, p. 375.

60 Luís Menezes Leitão, *Garantias das Obrigações*, 6.ª Ed., Coimbra Almedina, 2019, *reimp.*, p. 317. Menezes Leitão refere-se ao conceito de garantias atípicas para caracterizar as situações em que o credor tem um reforço da garantia geral, mas em que esse reforço não decorre de garantias reais ou pessoais.

61 Januário da Costa Gomes, *Contratos Comerciais*, Coimbra, Almedina, 2013, *reimp.*, p. 393. Para Januário da Costa Gomes, estamos perante mecanismos de segurança do crédito na medida em que estas cláusulas não representam um aumento dos bens que irão responder pela dívida, nem atribuem uma preferência ao crédito em relação ao qual foi aposta a cláusula sobre os demais credores.

sula penal em caso de incumprimento do devedor; e (*iii*) a alínea c) do artigo 19.º do regime das Cláusulas Contratuais Gerais, que determina a nulidade das cláusulas contratuais gerais que fixem cláusulas penais desproporcionais aos danos a ressarcir.

No entanto, para o tema que nos ocupa, e após as considerações feitas, o que nos parece mais relevante é que estas cláusulas devem ser tidas em consideração aquando da análise do eventual excesso de determinadas garantias que foram constituídas no âmbito do contrato, face à globalidade da segurança do crédito de que o credor dispõe, podendo levar à aplicação das cominações legais que já analisámos para as situações de sobregarantia.

6. A linha particularmente ténue da sobregarantia na locação financeira para consumo e no crédito à habitação

6.1. A sobregarantia na locação financeira para consumo

I. De entre todas as modalidades de contratos de crédito ao consumo, a locação financeira para consumo revela-se como aquela que suscita maiores cautelas no âmbito da problemática da sobregarantia.

O contrato de locação financeira[62], que é regulado pelo Decreto-Lei n.º 149/95, de 24 de junho (doravante, 'DL 149/95')[63], corresponde ao

[62] No que respeita ao *nomen juris*, é comum o recurso à expressão *leasing*, originária do Direito norte-americano, como sinónima de locação financeira. O legislador fez isso mesmo no primeiro diploma que regulou as sociedades de locação financeira, o Decreto-Lei n.º 135/79. Assim sendo, no preâmbulo lia-se: "a Lei n.º 46/77, de 8 de Julho, admitiu expressamente, no n.º 2 do seu artigo 3.º, a possibilidade de constituição de instituições parabancárias, categoria genérica em que se incluem as sociedades de locação financeira (*leasing*)". No regime legal, o n.º 1 do artigo 1.º também utilizava a expressão, ao estabelecer: "as sociedades de locação financeira são instituições parabancárias que têm como objeto social exclusivo o exercício, nos termos do presente diploma e demais legislação aplicável, da actividade de locação financeira (*leasing*)". No entanto, entendemos que tal equiparação é de evitar, na medida em que o conceito de *leasing*, do modo em que é empregue nos países anglo-saxónicos, descreve uma realidade que é mais ampla do que a locação financeira. Isto porque, no Direito anglo-saxónico, o conceito de *leasing* é usado para referir duas modalidades: o *operating leasing* e o *financial leasing*, sendo que as diferenças entre as duas modalidades assentam, essencialmente, na transferência dos riscos e dos proveitos inerente à propriedade do bem locado, na medida em que a transferência de ambas as realidades ocorre no *financial leasing*, mas não no *operating leasing* (Cf. Rui Pinto Duarte, "O Contrato de Locação Financeira – Uma Síntese", *in* Rui Pinto Duarte, *Escritos Jurídicos Vários, 2000-2015*, Coimbra, Almedina, 2019,

pp. 455-458; e Duarte Pestana de Vasconcelos, "A locação financeira", *cit.*, pp. 265 e ss.). Uma outra diferença importante é que o *leasing* anglo-saxónico, tanto na modalidade de *financial leasing* como na modalidade de *operating leasing*, não tem como elemento estruturante o direito de aquisição do bem pelo locatário no termo do contrato. Deste modo, consideramos que, para melhor expressar a singularidade do contrato de locação financeira no nosso ordenamento jurídico, os conceitos de locação financeira e *leasing* devem evitar ser utilizados como sinónimos.

[63] A primeira grande experiência de locação financeira ocorreu nos EUA ainda no século XIX, devendo-se à empresa de telefones *Bell*, que aquando da colocação dos seus produtos no mercado, decidiu alugar os telefones, ao invés de os vender. Cf. António Menezes Cordeiro, *Direito Bancário*, *cit.*, pp. 730-733. Apesar de se encontrarem as primeiras formas de locação financeira no terceiro milénio A.C., no Egipto, a sua realidade não era idêntica à do moderno contrato de locação financeira, pelo que comummente se identifica a origem da feição moderna da locação financeira apenas no século XIX – neste sentido, Fernando de Gravato Morais, *Manual da Locação Financeira*, 2.ª Ed., Coimbra, Almedina, 2011, p. 23, nota 1. No âmbito do Direito norte-americano, foi posteriormente fundamental a experiência da cadeia de supermercados *Safeway Stores Inc.*, que, em 1936, vendeu um supermercado a um grupo de investidores privados, sendo que imediatamente a seguir o grupo de investidores cedeu o supermercado à empresa, num *lease* a longo prazo – esta corresponde à primeira experiência de *sale and lease-back*. Após a experiência ser bem sucedida, este tipo de contrato foi-se expandindo ao longo do século XX nos EUA, mantendo-se, no entanto, restrita a este país. Entre nós sobre a evolução do contrato de locação financeira no Direito norte-americano, Diogo Leite de Campos, *A Locação Financeira*, Lisboa, AAFDL Editora, 2012, pp. 43 e ss. Na Europa, encontramos as primeiras manifestações da locação financeira na Alemanha, no segundo pós-guerra, o que se explica pela realidade do país após o fim da II Guerra Mundial, marcada pelo rarear da mãe-de-obra e o aumento salarial daí decorrente: face a este circunstancialismo, as empresas viram-se confrontadas com a necessidade de recorrer à utilização de equipamentos, sendo que a locação financeira representava um esquema contratual apelativo para a aquisição dos mesmos. Em Portugal, a locação financeira teve uma afirmação mais tardia, tendo apenas despontado na década de setenta, sendo que, conforme salienta António Menezes Cordeiro, *Direito Bancário*, *cit.*, p. 732, a nacionalização da banca na década de setenta, aliada à retração dos setores bancário e financeiro que se experienciou nesta década, criou uma conjetura que não era propícia à inovação na concessão de crédito. Os primeiros regimes sobre locação financeira foram aprovados precisamente no final da década de setenta: o Decreto-Lei n.º 135/79, de 18 de maio, que dispunha sobre as sociedades de locação financeira; e o Decreto-Lei n.º 171/79, de 6 de junho, que estabeleceu o regime jurídico do contrato de locação financeira: a este propósito, afirma que, entre nós, a locação financeira encontrou regulação legal antes de ter relevo na prática comercial. Efetivamente, as sociedades de locação financeira apenas começaram a proliferar em Portugal a partir da década de oitenta, contribuindo para a expansão desta modalidade de contrato de concessão de crédito, que, atualmente, representa um tipo negocial popularizado. Dezasseis anos mais tarde, é consagrada uma nova regulamentação do contrato de locação financeira

contrato pelo qual uma das partes (o locador financeiro) concede à outra (o locatário financeiro) o gozo temporário de uma coisa, móvel ou imóvel, mediante retribuição, sendo a coisa construída ou adquirida pelo locador por indicação do locatário financeiro, e podendo o locatário comprar a coisa, decorrido o período do contrato, por um preço determinado ou determinável mediante simples aplicação dos critérios nele fixados[64].

Seguindo o critério da finalidade da utilização do bem locado, podemos identificar como modalidade deste tipo contratual a locação financeira para consumo: se o bem é dado em locação financeira a um consumidor, que atua com objetivos alheios à sua atividade comercial ou profissional, estamos perante um contrato de locação financeira para consumo[65].

A alínea d) do n.º 1 do artigo 2.º da Lei do Crédito ao Consumo estabelece que "o presente decreto-lei não é aplicável aos contratos de locação de bens móveis de consumo duradouro que não prevejam o direito ou a obrigação de compra da coisa locada, seja no próprio contrato, seja em contrato separado", o que significa que o regime será aplicável à locação financeira, na medida em que o locatário financeiro tem o direito de adquirir o bem locado no termo do prazo fixado[66].

Daqui decorre que, no âmbito da locação financeira para consumo, temos de considerar a articulação de dois regimes: o regime previsto para a locação financeira no DL 149/95 e o regime da Lei do Crédito ao Consumo.

Do ponto de vista do crédito ao consumo, estamos perante um instrumento muito comum de financiamento para aquisição de veículo automóvel ou de habitação por parte dos consumidores[67], revestindo-se, por isso, de uma elevada relevância económica e social, que justifica um aprofundamento do tema, quando se considera a estrutura contratual da locação financeira.

em Portugal, através do DL 149/95, que visou a harmonização do regime legal com os preceitos de outros países da União Europeia.

[64] O artigo 1.º do DL 149/95 apresenta a seguinte noção legal do contrato de locação financeira: "locação financeira é o contrato pelo qual uma das partes se obriga, mediante retribuição, a ceder à outra o gozo temporário de uma coisa, móvel ou imóvel, adquirida ou construída por indicação desta, e que o locatário poderá comprar, decorrido o período acordado, por um preço nele determinado ou determinável mediante simples aplicação dos critérios nele fixados".

[65] Cf. Fernando de Gravato Morais, *Manual da Locação Financeira*, *cit.*, p. 51.

[66] Cf. Fernando de Gravato Morais, *Manual da Locação Financeira*, *cit.*, p. 52.

[67] Cf. Miguel Pestana de Vasconcelos, *Direito Bancário*, *cit.*, p. 275.

II. O contrato de locação financeira apresenta uma dupla função: (*i*) crédito e (*ii*) garantia.

A função de garantia decorre do facto de o locador financeiro manter a propriedade do bem[68], que corresponde à garantia máxima do crédito[69]. Isto porque o locador adquire o bem e, consequentemente, a sua propriedade, e apenas cede o seu gozo ao locatário durante a vigência do contrato de locação financeira[70] – o que implica uma dissociação entre a titularidade jurídica e a titularidade económica do bem[71].

[68] Sobre as especificidades do direito de propriedade do locador financeiro, FERNANDO DE GRAVATO MORAIS, *Manual da Locação Financeira, cit.*, pp. 168-169. Verifica-se que se trata de uma propriedade *sui generis*, na medida em que o locador, apesar de ser titular de um direito real, não suporta os riscos inerentes ao uso do bem locado. Além do mais, concede o gozo de uma coisa sem, em princípio, ter tido contacto material com a mesma, e não pode dispor isoladamente do bem que é objeto do contrato de locação financeira, na medida em que apenas pode transmitir a propriedade através da cessão da sua posição de locador no contrato de locação financeira. No que concerne ao locatário financeiro, este dispõe de um mero direito de gozo do bem, de natureza obrigacional, mas está onerado com os riscos que geralmente surgem associados à posição do titular do direito de propriedade – além de que não pode vender a coisa e está obrigado a respeitar o fim estabelecido no contrato, conforme decorre do artigo 10.º, n.º 1, alíneas d), e) e g) do DL 149/95. Conforme afirma Fernando de Gravato Morais, "o direito de propriedade do locador comprime-se na exata medida do aumento do *dominium utile* do locatário".

[69] Salientando a importância da manutenção da propriedade para a garantia da posição do credor, L. MIGUEL PESTANA DE VASCONCELOS, *Direito Bancário, cit.*, p. 278.

[70] Um setor da doutrina equipara esta função de garantia conferida pela propriedade à reserva de propriedade, defendendo a aplicação analógica do regime desta figura. Neste sentido, em Portugal, pronunciam-se PEDRO ROMANO MARTINEZ e PEDRO FUZETA DA PONTE, *Garantias de Cumprimento*, 5.ª Ed., Coimbra, Almedina, 2006, p. 198, afirmando que "a garantia para o financiador, de modo similar ao que ocorre na cláusula de reserva de propriedade, está na manutenção do direito de propriedade em relação ao bem usado pelo financiado". Em Itália, alguma doutrina nega esta função de garantia, sustentando que a manutenção da propriedade do locador financeiro visa uma função instrumental à concessão de crédito, na medida em que a estrutura do contrato implica que o locador tenha de adquirir o bem para poder ceder o seu gozo ao locatário – ou seja, o locador apenas adquire o bem e, consequentemente, a propriedade, de modo a cumprir o interesse do locatário na celebração do contrato. Neste sentido, RENATO CLARIZIA, *I contratti nuovi: factoring, locazione finanziaria*, Turim, Giappichelli Editore, 1999 pp.174 e ss. FERNANDO DE GRAVATO MORAIS, *Manual da Locação Financeira, cit.*, p. 170, numa posição a que aderimos, considera que a propriedade do locador tem uma natureza mista, na medida em que garante o risco económico do incumprimento do locatário financeiro, e é instrumental em relação à realização do locatário financeiro. Isto significa que, efetivamente, a aquisição da propriedade é instrumental à celebração do

Esta é uma das principais vantagens da contrato de locação financeira, no prisma do locador, na medida em que significa que este pode ter uma tomada de posição mais célere quanto à concessão do financiamento (pois mantém a propriedade do bem, e, por esse motivo, vê a garantia do seu crédito reforçada)[72], e, para além disso, concede-lhe a possibilidade de recuperar o bem em caso de incumprimento do locatário, com a suscetibilidade de, posteriormente, beneficiar desse bem, através da venda do mesmo, da celebração de um novo contrato de locação financeira, ou de um outro meio que lhe permita rentabilizar o bem[73].

Conforme sumariza Diogo Leite de Campos, devido a esta dupla função, o contrato de locação financeira é "um contrato pelo qual se obtém, para o adquirente, os efeitos úteis da compra e venda; mantendo o alienante a propriedade do bem"[74].

III. Por outro lado, é prática comum no âmbito do contrato de locação financeira para consumo a previsão de pesadas cláusulas penais nos contratos, a ativar em caso de incumprimento da obrigação de pagar as rendas por

contrato de locação financeira, mas isso não afasta a sua função de garantia do crédito do locador financeiro.

[71] A dissociação entre a titularidade jurídica e a titularidade económica do bem decorre de apesar de o bem permanecer como propriedade do locador, o interesse no aproveitamento do bem pertence ao locatário. Em relação à perspetiva económica da propriedade durante a vigência do contrato de locação financeira, destacamos as considerações tecidas por Rui Pinto Duarte, "Locação Financeira – Algumas Questões", *in* Rui Pinto Duarte, *Escritos Jurídicos Vários, 2000-2015*, Coimbra, Almedina, 2019, pp. 710 e ss. O autor salienta que de um "ponto de vista económico, durante a locação financeira a propriedade fica dividida entre locador e locatário. As 'frações de propriedade' representadas pelas participações de locador e locatário vão-se alterado ao longo do contrato, diminuindo aquela, crescendo esta, à medida que o valor de capital vai sendo pago".

[72] Diogo Leite de Campos, *A Locação Financeira, cit.*, pp. 51-52. Apesar de, à semelhança dos restantes contratos de crédito, o locador financeiro ter interesse em reforçar a sua posição, através da prestação de outras garantias pelo locatário financeiro, deve-se considerar que a manutenção da propriedade do bem pode, eventualmente, diminuir as exigências que o locador faz ao locatário perante as que são normais nos restantes contratos de crédito. Apesar da relevância da credibilidade do utente e do montante do bem que é dado em locação, Diogo Leite de Campos salienta que é possível que o locador não seja tão exigente em relação às garantias exigidas no âmbito do contrato de locação financeira, na medida em que, mantendo a propriedade do bem, a sua posição está mais protegida do que nos restantes contratos de crédito.

[73] Neste sentido, Fernando de Gravato Morais, *Manual da Locação Financeira, cit.*, p. 26.

[74] Diogo Leite de Campos, *A Locação Financeira, cit.*, p. 25.

parte do consumidor e após a resolução do contrato, nos termos do artigo 17.º do DL 149/95.

Inicialmente, as instituições de crédito impunham cláusulas penais nos termos das quais, perante o incumprimento do contrato e a resolução pelo locador, este poderia exigir ao locatário o valor das rendas vencidas e não pagas, o montante das rendas vincendas, e o valor residual fixado no contrato[75]. Estas cláusulas foram consideradas abusivas pela generalidade da jurisprudência[76], numa posição que vem sendo defendida na doutrina[77].

Após esta evolução, a jurisprudência encaminhou-se no sentido da admissibilidade de cláusulas penais que, face ao incumprimento do locatário, seguido de resolução, estabelecessem a perda das rendas vencidas e pagas, o pagamento das rendas vencidas, acrescido do pagamento de 20% das rendas vincendas, e o valor residual[78]. Esta solução toma em consideração que a restituição do bem poderá não ressarcir devidamente o locador financeiro, permitindo, assim, que este receba uma percentagem das rendas vincendas e do valor residual[79]_[80].

[75] Um exemplo da formulação destas cláusulas era o seguinte: "Em alternativa ao n.º 2 pode o locador optar por exigir o pagamento do montante de todas as rendas vencidas acrescido dos juros calculados nos termos do n.º 7 do Artigo 9.º, desde as datas de vencimento dessas rendas até às da sua efetiva cobrança, das rendas vincendas e do valor residual". Acórdão do Supremo Tribunal de Justiça de 31 de maio de 2001, Proc. n.º 02B1133, disponível em http://www.dgsi.pt/.

[76] Neste sentido, veja-se, a título exemplificativo, o Acórdão do Supremo Tribunal de Justiça de 05 de julho de 1994, Proc. n.º 085274, e o já referido Acórdão do Supremo Tribunal de Justiça de 31 de maio de 2001, Proc. n.º 02B1133. Ambos disponíveis em http://www.dgsi.pt/. Era comum a invocação de que estas cláusulas davam origem à possibilidade de o locador resolver o contrato, mas ficar numa posição melhor do que aquela em que estaria se tivesse cumprido o contrato, na medida em que como consequência da cláusula iria receber o montante das rendas vincendas, os juros a constituir no futuro integrados nessas rendas, retinha o valor das rendas e dos juros que já recebera, recebia o valor residual previsto no contrato, e ainda mantinha a propriedade da coisa.

[77] Neste sentido, António Menezes Cordeiro, *Direito Bancário, cit.*, p. 741; L. Miguel Pestana de Vasconcelos, *Direito Bancário, cit.*, pp. 307-308 e "As Cláusulas Penais nos Contratos de Locação Financeira", *Revista da Ordem dos Advogados*, Ano 76 (2016), Vol. I, pp. 65-66.

[78] Veja-se, por exemplo, o Acórdão do Tribunal da Relação de Lisboa de 20 de maio de 2003, Proc. n.º 7308/2002-7; o Acórdão do Supremo Tribunal de Justiça de 03 de junho de 2003, Proc. n.º 02A2973; o Acórdão do Tribunal da Relação do Porto de 10 de março de 2005, Proc. n.º 0531112; o Acórdão do Tribunal da Relação de Guimarães de 27 de outubro de 2016, Proc. n.º 351/14.7TBAVV-A.G1. Todos disponíveis em http://www.dgsi.pt/.

[79] Com esta solução, evita-se que o locador "fature a dobrar", na medida em que, contrariamente ao que acontecia nas cláusulas que analisámos anteriormente, este não irá acumular a manutenção da propriedade da coisa com o valor total das rendas vincendas.

É também comum a previsão de cláusulas que preveem que, em caso de incumprimento pelo consumidor, mesmo que se trate de apenas uma prestação de renda, o locador possa exigir, para além das rendas vencidas e não pagas, o cumprimento antecipado das rendas vincendas até ao final do contrato[81] (sem, no entanto, poder resolver o contrato[82]). O vencimento antecipado significa que o consumidor, pagando as rendas vincendas, permanece com o gozo do bem até ao termo do contrato[83].

Apesar de num momento inicial a jurisprudência ter negado a validade destas cláusulas[84], atualmente, em geral, considera-as admissíveis, com

[80] Face ao conteúdo atual das cláusulas penais admitidas pela jurisprudência, alguma doutrina tem salientado a necessidade de ponderação concreta destas cláusulas. António Menezes Cordeiro, *Direito Bancário, cit.*, p. 743 defende que há que ponderar, face ao contrato em causa, o eventual excesso de cláusula penal. L. Miguel Pestana de Vasconcelos, *Direito Bancário, cit.*, pp. 310-316 sustenta que a validade concreta destas cláusulas depende da ponderação de determinados regimes legais, como o artigo 935.º do CC, a alínea c) do artigo 19.º do regime das Cláusulas Contratuais Gerais e a norma do artigo 812.º do CC. No que concerne ao artigo 935.º do CC (aplicável pela remissão operada pelo n.º 1 do artigo 936.º, na medida em que a locação financeira dirigida à aquisição do bem visa o resultado equivalente ao da venda a prestações), o preceito dispõe que a indemnização estabelecida em cláusula penal não pode ultrapassar metade do preço, pelo que, no âmbito das cláusulas admitidas pela jurisprudência no contrato de locação financeira, se se verificar que a soma do valor retido das rendas pagas, dos 20% das rendas vincendas e do valor residual ultrapassa metade do preço, o montante deverá ser reduzido a essa montante, tendo as partes a possibilidade de estipularem a ressarcibilidade do prejuízo excedente. Quanto à alínea c) do artigo 19 do regime das Cláusulas Contratuais Gerais, que determina a proibição das cláusulas penais desproporcionais aos danos a serem ressarcidos, a norma impõe que se avalie se, no âmbito do contrato de locação financeira, tomando em consideração a modalidade de locação financeira e o objeto do contrato, a cláusula penal é desproporcionada em relação ao dano previsível – sendo que Pestana de Vasconcelos define o dano previsível como aquele que é "expectável de acordo com o 'normal curso das coisas'" (p. 314). No que concerne ao artigo 812.º do CC (que prevê a possibilidade de redução equitativa da cláusula penal manifestamente excessiva pelo tribunal) o autor entende que o mesmo é relevante na medida em que faculta um controlo da cláusula pelo tribunal, mesmo que esta fosse válida à luz do artigo 935.º do CC – além de que permitiria uma redução do montante concreto devido a título de cláusula penal após se verificar a resolução do contrato, ao contrário da proibição resultante da alínea c) do artigo 19 do regime das Cláusulas Contratuais Gerais, que opera *ex ante*.

[81] Cf. Fernando de Gravato Morais, *Manual da Locação Financeira, cit.*, p. 111.

[82] Cf. Fernando de Gravato Morais, *Manual da Locação Financeira, cit.*, p. 111, nota 210.

[83] Cf. Leonardo Castro de Bone, "O contrato de *leasing* e os meios de reação do locador frente à violação do dever de pagar as rendas", *O Direito*, Ano 152 (2020), n.º III, pp. 653 e ss.

[84] Veja-se, a título de exemplo, o Acórdão do Supremo Tribunal de Justiça de 05 de julho de 1994, *in Boletim do Ministério da Justiça*, n.º 439 (out. 1994), pp. 516 e ss.

base na ideia de que existe um investimento avultado do locador na aquisição do bem e de que este suporta um risco considerável com a deterioração do bem, visando estas cláusulas acautelar a sua posição[85], numa posição que tem acolhido a concordância da doutrina maioritária[86].

Quanto às cláusulas de vencimento antecipado, deverão, também, ser aplicados os limites gerais, quando relevantes.

Conforme já salientámos, estamos perante soluções que, sendo contratuais, apresentam uma importante relevância no reforço da posição do credor, devendo ser ponderadas no âmbito da análise das situações de sobregarantia.

IV. Para além da manutenção da propriedade e da previsão de soluções contratuais, é usual que o locador financeiro se pretenda dotar de um conjunto amplo de garantias relativas à obrigação do consumidor.

O artigo 19.º do DL 149/95 prevê a admissibilidade da constituição de quaisquer garantias, pessoais ou reais, relativas aos créditos de rendas e dos outros encargos ou eventuais indemnizações devidas pelo locatário – uma disposição que é, em larga medida, "desnecessária"[87], sendo que a sua única função é esclarecer algo que dificilmente poderia ser duvidoso.

No que concerne às garantias pessoais, será comum a prestação de uma fiança, sendo generalizada a previsão contratual de que o fiador responde como principal pagador e renuncia ao benefício da excussão prévia[88].

[85] Por exemplo, o Acórdão do Supremo Tribunal de Justiça de 12 de junho de 2003, Proc. n.º 03A3984; e o Acórdão do Tribunal da Relação de Lisboa de 07 de julho de 2004, Proc. n.º 4056/2004-7. Ambos disponíveis em http://www.dgsi.pt/.

[86] Neste sentido, Fernando de Gravato Morais, *Manual da Locação Financeira, cit.*, pp. 112 e ss., que considera que o que está em causa é o vencimento antecipado da obrigação pecuniária do locatário decorrente de um contrato com duração definida e certa, numa formulação semelhante à do artigo 781.º do CC. O autor defende que é necessária a interpelação do locatário, nos termos do n.º 1 do artigo 805.º do CC. Também neste sentido, Rui Pinto Duarte, "O Contrato de Locação Financeira...", *cit.*, pp. 482-487, que argumenta que se deve tomar em consideração a proximidade da locação financeira ao mútuo, contrato de crédito no qual é admitido o vencimento antecipado, e, para além disso, que esta é uma possibilidade consagrada na convenção de Otava sobre *leasing* internacional Aderindo a este entendimento, Leonardo Castro de Bone, "O contrato de *leasing* e os meios de reação...", *cit.*, pp. 653-655.

[87] Neste sentido, L. Miguel Pestana de Vasconcelos, *Direito Bancário, cit.*, p. 316.

[88] Cf. Fernando de Gravato Morais, *Manual da Locação Financeira, cit.*, pp. 267-270.

Tratando-se o contrato de locação financeira de um ato de comércio[89], o artigo 101.º do Código Comercial já determinaria a solidariedade entre fiador e locatário principal[90], pelo que estas disposições contratuais não reforçam, em bom rigor, a posição do locador.

No âmbito da locação financeira é, também, comum que um terceiro avalize o título cambiário que subjaz ao contrato de locação financeira[91].

É, ainda, frequente que, por exigência do locador financeiro, seja celebrado um contrato de seguro-caução entre uma seguradora e o locatário financeiro (enquanto tomador de seguro), figurando como beneficiário o locador financeiro[92], sendo a celebração deste contrato exigida pelo locador financeiro por pretender que uma entidade terceira assuma o risco do incumprimento do locatário financeiro[93].

Já quanto à constituição de garantias reais, sendo a mesma possível no âmbito do contrato de locação financeira, não é uma prática comum[94].

Assim sendo, perante a admissibilidade genérica da prestação de garantias no âmbito do contrato de locação financeira, será comum que o locador financeiro procure rodear-se de garantias "pesadas" em relação ao pagamento das rendas e das restantes obrigações do consumidor[95].

[89] O contrato de locação financeira é um ato de comércio objetivo, nos termos do artigo 362.º do Código Comercial, que prevê que têm natureza comercial as operações de banco, incluindo os empréstimos bancários. É, também, um ato de comércio subjetivo, nos termos do artigo 2.º do Código Comercial, na medida em que o locador financeiro é uma instituição de crédito, a qual assume sempre a forma de uma sociedade anónima, conforme decorre da alínea b) do n.º 1 do artigo 14.º do Regime Geral das Instituições de Crédito e Sociedades Financeiras.

[90] O artigo 101.º do Código Comercial determina o seguinte: "todo o fiador de obrigação mercantil, ainda que não seja comerciante, será solidário com o respetivo afiançado".

[91] Cf. Fernando de Gravato Morais, *Manual da Locação Financeira, cit.*, pp. 270-274.

[92] Cf. Fernando de Gravato Morais, *Manual da Locação Financeira, cit.*, pp. 274-278.

[93] Nos termos do artigo 162.º do Decreto-Lei n.º 72/2008, de 16 de abril, "por efeito do seguro-caução, o segurador obriga-se a indemnizar o segurado pelos danos patrimoniais sofridos, em caso de falta de cumprimento ou de mora do tomador de seguro, em obrigações cujo cumprimento possa ser assegurado por garantia pessoal". O segundo-caução representa uma garantia que tem vindo a ser classificado como uma fiança, com a especificidade de ser prestada por um segurador. Neste sentido, António Menezes Cordeiro, *Direito dos Seguros*, 2.ª Ed., Coimbra, Almedina, 2017, p. 834.

[94] Cf. Fernando de Gravato Morais, *Manual da Locação Financeira, cit.*, p. 283.

[95] Salientando este fenómeno, António Menezes Cordeiro, *Direito Bancário, cit.*, p. 740.

Compreende-se que o legislador reconheça esta possibilidade de constituição de garantias a favor do locador: não só pelo interesse da instituição de crédito em recuperar o capital investido na aquisição do bem locado e em receber o pagamento dos juros, como também pelo facto de o bem locado poder sofrer depreciações ou ser de difícil colocação no mercado[96].

V. Um setor da doutrina tem suscitado a ideia de que face ao impressionante "arsenal" de garantias com que o locador financeiro procura reforçar a segurança do seu crédito, poderão constituir-se, frequentemente, situações de sobregarantia, acarretando as consequências que já analisámos[97]. O tema merece uma particular relevância na locação financeira para consumo, tomando em consideração a diferença da força negocial das instituições de crédito que atuam como locadores financeiros perante o consumidor.

A articulação da propriedade, das cláusulas contratuais típicas e da constituição de garantias será propícia à verificação de situações de sobregarantia no contrato de locação financeira.

Facilmente se compreende de que modo a prestação de uma garantia poderá ser excessiva ao ponto de se poder considerar o negócio como usurário: se o locador financeiro está protegido pela propriedade do bem e por um clausulado que reforça a sua posição, antevê-se que, não obstante a existência de razões objetivas para exigir a prestação de garantias por parte do consumidor ou de um terceiro, o crédito já se encontra particularmente reforçado, pelo que a constituição da garantia poderá ser inválida, por visar obter para o locador benefícios manifestamente excessivos. O mesmo vale para a configuração de eventuais situações de violação dos bons costumes, em que o locador exija garantias quando estas sejam manifestamente desnecessárias perante o quadro contratual acordado, com o mero fim de humilhar o garante, ou para a aplicação do abuso do direito, quando a exigência de garantias seja extremamente prejudicial para o consumidor e, simulta-

[96] Neste sentido, M. Januário da Costa Gomes, *Contratos Comerciais, cit.* p. 360 e L. Miguel Pestana de Vasconcelos, *Direito Bancário, cit.*, p. 317. Em particular, Januário da Costa Gomes salienta os casos que o bem locado pode sofrer rápidas desatualizações em função da sua natureza, como será o caso do material informático, ou deterioração, como ocorrerá nos bens de equipamento. Nestes casos, salienta o autor, "a 'garantia por excelência' fica esvaziada de toda a sua força".

[97] Salientando a necessidade de ponderar as situações de objetiva sobregarantia no contrato de locação financeira, M. Januário da Costa Gomes, *Contratos Comerciais, cit.* p. 360 e L. Miguel Pestana de Vasconcelos, *Direito Bancário, cit.*, p. 317.

neamente, representar poucas vantagens para o banco – sendo esta última solução particularmente relevante neste âmbito, face à segurança que a estrutura da locação financeira já atribui ao credor.

Isto significa que, no âmbito do contrato de locação financeira, a análise concreta das situações de sobregarantia deverá ter em consideração que os limites admissíveis de constituição de garantias são mais "apertados". Tendo o locador a propriedade do bem, e, consequentemente, a suscetibilidade de o recuperar em caso de incumprimento do locatário[98], a sua posição creditória já tem um importante reforço de segurança que decorre do próprio tipo contratual, o que terá uma influência determinante na aplicação dos regimes relevantes para as situações de sobregarantia.

Assim sendo, podemos considerar que a locação financeira é uma modalidade de contrato de crédito ao consumo em que a constituição de garantias representa uma maior probabilidade de consubstanciar uma situação de sobregarantia, devido ao imperativo de se ponderar que a posição do locatário financeiro já se encontra reforçada, em larga medida, pela propriedade do bem[99].

Todavia, apenas em concreto se pode averiguar se estamos perante um caso de sobregarantia, na medida em que será sempre necessário averiguar o circunstancialismo e a eventual existência de razões objetivas a justificar a constituição de garantias. No entanto, consideramos que, face ao exposto, estamos em condições de afirmar que o critério de averiguação de situações de sobregarantia no âmbito do contrato de locação financeira para consumo, considerando os vetores do sistema que visam a tutela do consumidor no âmbito da prestação de garantias e o "arsenal" de posições que reforçam a segurança do locado, deve ser mais rigoroso do que na generalidade dos contratos de crédito ao consumo, existindo uma "ténue linha" entre a admissibilidade da constituição de garantias e a verificação de um caso concreto de sobregarantia.

[98] De modo a recuperar o bem locado em caso de incumprimento por parte do locatário, o locador deve resolver o contrato, nos termos do artigo 17.º do DL 149/95. Sobre a resolução do contrato de locação financeira, Fernando de Gravato Morais, *Manual da Locação Financeira, cit.*, pp. 242 e ss.

[99] A este propósito, relembramos que Catarina Monteiro Pires acentua a necessidade de ponderação das situações de sobregarantia no âmbito da alienação fiduciária em garantia, outra figura contratual que representa uma garantia atípica e que também suscita questões específicas em relação ao excesso de garantia. Catarina Monteiro Pires, *Alienação em Garantia, cit.*, pp. 293.

6.2. A sobregarantia no crédito à habitação

I. Dada a sua relevância económica e social, o crédito à habitação com garantia hipotecária é objeto de regulamentação especial[100], prevista no Decreto-Lei n.º 74-A/2017, de 23 de junho (doravante, 'DL 74-A/2017'). O regime em causa, que veio substituir uma realidade legislativa fragmentária no crédito à habitação, visou criar paralelismos claros com o regime previsto na Lei do Crédito ao Consumo[101].

O artigo 2.º atribui um âmbito de aplicação alargado a este diploma, ao prever que o mesmo se aplica a: contratos de crédito para a aquisição ou construção de habitação própria permanente, secundária ou para arrendamento; contratos de crédito para aquisição ou manutenção de direitos de propriedade sobre terrenos ou edifícios já existentes ou projetados; contratos de crédito que, independentemente da finalidade, estejam garantidos por hipoteca ou por outra garantia equivalente habitualmente utilizada sobre imóveis, ou garantidos por um direito relativo a imóveis; aos contratos de locação financeira de bens imóveis para habitação própria permanente, secundária ou para arrendamento.

Deste modo, o diploma não se restringe a regular o crédito à habitação, mas também outros contratos celebrados com consumidores que sejam garantidos por hipoteca. Em bom rigor, não estamos perante um regime do crédito à habitação, mas antes do crédito hipotecário – no entanto, dada a relevância social do crédito à habitação, é neste que nos vamos focar.

Para as instituições bancárias, o crédito à habitação é um contrato essencial, na medida em que uma percentagem muito significativa do crédito bancário a consumidores dirige-se, precisamente, à aquisição de habitação com garantia hipotecária[102].

A problemática da sobregarantia no âmbito da contratação de crédito à habitação coloca-se precisamente pela prática de ser constituída uma hipoteca sobre o imóvel cuja aquisição foi financiada pelo credor.

[100] Conforme salienta L. Miguel Pestana de Vasconcelos, *Direito Bancário, cit.*, p. 200, a celebração de um contrato de crédito à habitação "consiste mesmo na generalidade dos casos da decisão mais importante em termos económicos que um sujeito toma. Desde logo, porque visa satisfazer uma necessidade essencial, sua e da sua família; depois, porque é um contrato de longuíssimo prazo, que se irá estender durante grande parte da sua vida (é um *life term contract*), consumindo uma parte, por vezes muito relevante, dos seus rendimentos mensais; em terceiro lugar, é muito sensível a alterações da conjetura económica em que a decisão inicial assentou e em vicissitudes da vida pessoal e profissional dos mutuários".

[101] Cf. Jorge Morais Carvalho, *Manual de Direito do Consumo, cit.*, p. 415.

[102] Cf. L. Miguel Pestana de Vasconcelos, *Direito Bancário, cit.*, p. 201.

II. A hipoteca sobre um imóvel traz à colação uma situação de sobregarantia superveniente que se assume como particularmente relevante e, simultaneamente, desafiante: o caso em que o valor do imóvel hipotecado aumente consideravelmente.

Vamos supor a hipótese em que foi celebrado um contrato de crédito à habitação em que, para garantia da dívida, foi hipotecado o bem imóvel[103]. O valor total em dívida é de 200.000 euros, e a habitação está avaliada em 200.000 mil euros. A certo ponto, o valor do imóvel que foi adquirido através do crédito à habitação aumenta para 600.000 euros, mantendo-se o contrato nos termos iniciais.

Nesta situação, se o valor do imóvel tiver aumentado em resultado de acessões naturais ou de benfeitorias, será de aplicar, sempre que possível, a alínea b) do n.º 2 do artigo 720.º do CC, que prevê a possibilidade de a redução judicial da hipoteca ser requerida por qualquer interessado quando o imóvel hipotecado se tiver valorizado em mais de um terço do seu valor à data da constituição da hipoteca[104]. Será sempre necessário atender ao n.º 3 do artigo 720.º: a redução será realizável mesmo que se trate apenas uma coisa, desde que essa coisa seja suscetível de cómoda divisão.

Em regra, o consumidor não terá interesse em recorrer à divisão do bem, ou a tentar renegociar as garantias de modo a extinguir a hipoteca. No entanto, esta solução será de ponderar, por estar prevista precisamente para casos como este.

III. São, ainda, de considerar as situações em que para além da constituição de uma hipoteca, é prestada uma garantia real ou pessoal por um terceiro, e o imóvel hipotecado aumenta significativamente de preço.

Neste caso, consideramos que será válida a pretensão de liberação do terceiro garante, desde que estejam preenchidos os requisitos que enunciámos anteriormente, o que se afigura como possível: em razão do aumento do valor do bem, existe uma manifesta desproporção entre o reforço do crédito

[103] O exemplo em causa tem por base a situação ensaiada por M. JANUÁRIO DA COSTA GOMES, *Assunção Fidejussória de Dívida*, *cit.*, pp. 832 e ss.

[104] Conforme salientam FERNANDO PIRES DE LIMA e JOÃO ANTUNES VARELA, "Artigo 720.º do Código Civil – Anotação", *in Código Civil Anotado*, Vol. I, *cit.*, pp. 740-741, o limite aqui estabelecido visa, precisamente, "conciliar, com o mínimo de segurança, a vantagem de libertar os bens de encargos, facilitando o crédito imobiliário, e a necessidade de evitar sucessivos pedidos de redução, fundados em pequenas diminuições da dívida ou em valorizações insignificantes da coisa onerada.

do banco e o valor resultante da globalidade das garantias, a situação de sobregarantia irá manter-se no tempo, na medida em que não seja expectável uma diminuição do valor do imóvel e a manutenção da garantia pode trazer prejuízos ao terceiro garante, que tem o seu património onerado.

Ou seja, neste cenário, desde que se verifique a sobregarantia é tendencialmente perene e que a manutenção da mesma pode trazer prejuízos ao garante[105], consideramos que se deve considerar como válida a pretensão de liberação do garante, na medida em que, face ao reforço do valor do bem, em caso de incumprimento do consumidor, a instituição de crédito terá ao seu alcance uma garantia cujo valor largamente supera o valor do crédito[106].

IV. As considerações feitas demonstram a razão da existência de uma linha particularmente ténue das situações de sobregarantia no âmbito da concessão de crédito à habitação garantido por hipoteca, perante a suscetibilidade de variações do valor do imóvel.

Isto significa que as situações identificadas podem ocorrer em qualquer modalidade de crédito ao consumo, sempre que exista uma garantia hipotecária. No entanto, dada a relevância social do crédito à habitação, e os objetivos de tutela do consumidor neste âmbito, é de considerar que a análise deve ser particularmente cautelosa.

7. Considerações finais

A tutela do consumidor no âmbito do crédito ao consumo exige que se tenham em consideração as situações em que são exigidas garantias manifestamente excessivas face ao valor do crédito. Se é evidente que os bancos pretendem acautelar devidamente a sua posição creditória, também não se pode ignorar a comparativa debilidade da posição contratual do consumidor e o sacrifício que pode resultar da constituição de garantias ostensivamente desnecessária.

Considerando a tutela insuficiente que existe para os consumidores no âmbito da Lei do Crédito ao Consumo quanto às situações de sobregarantia, há que encontrar outras soluções de tutela do consumidor no sistema,

[105] Como vimos, são estes os requisitos elencados por Januário da Costa Gomes para a existência de uma situação de sobregarantia.

[106] No sentido de que deve ser admissível a pretensão de liberalização do garante quando não se configure uma hipótese objetiva de que o credor alguma vez tenha de recorrer ao garante, M. Januário da Costa Gomes, *Assunção Fidejussória de Dívida, cit.*, p. 833.

sendo particularmente relevantes as normas relativas aos negócios usurários, à violação dos bons costumes e ao abuso do direito, e as soluções consagradas na LCCG, sempre que estejam verificados os seus requisitos.

A avaliação de uma situação concreta de sobregarantia não deve ser feita de ânimo leve: podem existir razões objetivas para a constituição de um arsenal de garantias que poderia, numa primeira análise, aparentar reconduzir-se a uma situação de sobregarantia.

No entanto, sempre que se verifique que na contratação de crédito ao consumo existe uma situação de sobregarantia, originária ou superveniente, o consumidor deverá poder recorrer aos remédios do sistema jurídico que estão ao seu alcance.

I – Instrumentos financeiros

PUBLICIDADE RELATIVA A INSTRUMENTOS FINANCEIROS DIRIGIDOS A CONSUMIDORES

Fábio Almeida

Sumário: *Introdução; 1. Conceito e função da publicidade em geral; 2. Âmbito e objeto da publicidade sobre instrumentos financeiros; 3. Destinatários da publicidade: investidores (não profissionais) e consumidores; 4. Publicidade dirigida a investidores não profissionais; a) Princípios e regras gerais; b) Ofertas ao público e admissão à negociação de valores mobiliários; c) Unidades de participação de organismos de investimento coletivo; d) Instrumentos financeiros derivados e PRIIPs; e) Contratos de intermediação financeira e serviços de investimento; 5. Supervisão e controlo da publicidade; 6. Responsabilidade derivada da publicidade; Conclusão*

Introdução*

A publicidade assume uma importância significativa no desenvolvimento da atividade económica. Os agentes económicos recorrem à publicidade para incentivar comportamentos do público, promovendo a respetiva atividade económica.

O mercado de capitais não é exceção. A publicidade é uma técnica utilizada pelos diversos agentes económicos (profissionais do mercado, emitentes e oferentes) para captar poupança junto do público, promover atos de (des)investimento ou serviços sobre instrumentos financeiros.

* O presente artigo foi concluído em novembro de 2021.

A publicidade é uma atividade com benefícios, mas coloca simultaneamente riscos para os seus destinatários. Os perigos e riscos são mitigados pelo regime jurídico da publicidade, que consagra diversas regras de prevenção de fenómenos de indução em erro. Estas normas de prevenção visam ultimamente proteger os destinatários da publicidade e, em particular, o destinatário-consumidor.

A componente persuasiva da publicidade coloca desafios adicionais no âmbito do direito do mercado de capitais. Este regula atividades e procedimentos dirigidos ao público, impondo regimes específicos de prestação de informação aos seus potenciais destinatários, especialmente quando se trate de investidores não profissionais. Estes regimes de informação refletem-se em diversas exigências adicionais em matéria de publicidade no mercado de capitais.

1. Conceito e função da publicidade em geral

1. A publicidade é uma atividade marcadamente instrumental e acessória ao desenvolvimento de uma atividade económica[1]. A publicidade é uma forma de comunicação dirigida a um conjunto indeterminado de pessoas (público) que visa promover, direta ou indiretamente, uma atividade económica[2]. O seu objetivo é promover a atividade económica desenvolvida por uma pessoa singular ou coletiva[3], constituindo um dos elementos do conceito de publicidade previsto no n.º 1 do artigo 3.º do Código da Publicidade[4] (delimitando o seu âmbito relativamente a outras formas de publicidade).

A publicidade (enquanto forma de comunicação) contém dois elementos estruturais: informação e persuasão[5]. A mensagem publicitária contém informação. Expõe uma determinada situação de facto[6]. O seu referente consiste normalmente nas características, qualidades ou quaisquer aspetos

[1] Carlos Ferreira de Almeida, "Conceito de Publicidade" *in Boletim do Ministério da Justiça*, n.º 349, 1985, pp. 115-134 [131] e José Engrácia Antunes, "O Direito da Publicidade – Breve Introdução" in *Boletim da Faculdade de Direito*, n.º 94, Volume XCIII, Tomo II, 2017, pp. 771-848 [789].

[2] Carlos Ferreira de Almeida, "Conceito de Publicidade", p. 133.

[3] Sobre o seu caráter económico, Carlos Ferreira de Almeida, "Conceito de Publicidade", p. 119.

[4] Aprovado pelo Decreto-Lei n.º 330/90, de 23 de outubro.

[5] Carlos Ferreira de Almeida, "Conceito de Publicidade", p. 119-120.

[6] Pedro Boullosa Gonzalez, "Qualidade da Informação" *in Cadernos do Mercado de Valores Mobiliários*, n.º 49, pp. 8-17 [3 e nota 16].

da atividade económica de um agente: bens, serviços e, em geral, a atividade económica desenvolvida pelo anunciante[7].

A mensagem publicitária não é apenas informação[8]. Esta forma de comunicação tem (sempre) uma finalidade persuasiva, de orientação e incentivação de comportamentos de outrem (elemento teleológico da publicidade)[9]. Não se limita a descrever, a narrar e a expor. Recomenda, aconselha e incentiva a consumir. Pretende convencer outrem a adotar uma determinada conduta. A mensagem publicitária tem uma finalidade e efeito intencional de promoção[10].

2. A natureza de publicidade depende da verificação de diversos elementos (objetivo, subjetivo, funcional e teleológico/finalístico). A publicidade é uma forma de comunicação entre sujeitos que transmite informação e conhecimento[11]. Consiste numa mensagem que veicula informação sobre determinado facto a outrem (neste caso, o público). A qualificação da comunicação como ação publicitária (preenchidos os demais requisitos) não depende da forma nem do meio utilizado na transmissão da mensagem, conforme resulta do artigo 1.º e do n.º 1 do artigo 3.º do Código da Publicidade. É irrelevante a estrutura ou o suporte da mensagem.

A publicidade é uma mensagem de um agente (de natureza privada ou pública) que respeita à sua atividade económica (comercial, industrial, artesanal ou liberal), ou seja, que se enquadra na atividade profissional desenvolvida (elemento ou contexto funcional)[12]. O referente (a situação de facto descrita na comunicação) da mensagem consiste em características, sinais ou elementos da atividade profissional do agente que são transmitidos ao destinatário: os seus produtos, serviços, sinais distintivos (p. ex.,

[7] Carlos Ferreira de Almeida, "Conceito de Publicidade", p. 127 e 131-132. Fazendo referência a um conceito mais orientado da publicidade (comercial), v. Mário Ferreira Monte, *Da protecção penal do consumidor – O problema da (des)criminalização no incitamento ao consumo*, Almedina, 1996, p. 91-95, e as indicações bibliográficas aí referidas.

[8] Carlos Ferreira de Almeida, "Conceito de Publicidade", p. 120.

[9] Carlos Ferreira de Almeida, "Conceito de Publicidade", p. 119-120 e 129-130, que aponta ainda a sua natureza retórica e implicativa; e Sofia Nascimento Rodrigues, "Publicidade relativa a valores mobiliários" in *Cadernos do Mercado de Valores Mobiliários*, n.º 11, agosto de 2001, pp. 95-136 [98]. A publicidade tem como objetivo o incitamento ao consumo (Mário Ferreira Monte, *Da protecção penal do consumidor*, p. 91-93).

[10] Assim, Carlos Ferreira de Almeida, "Conceito de Publicidade", pp. 132-133.

[11] Assim, Carlos Ferreira de Almeida, "Conceito de Publicidade", p. 117.

[12] José Engrácia Antunes, "O Direito da Publicidade – Breve Introdução", p. 787-789.

marca, denominação ou firma) ou qualquer outro facto que permita diferenciar e reconhecer a sua atividade profissional[13].

É, por fim, uma comunicação com uma finalidade específica: promover (direta ou indiretamente) a atividade profissional do agente com o objetivo de convencer e orientar decisões de terceiros. Esta finalidade distingue a publicidade de outras formas de comunicação e informação. Para o efeito, a publicidade pode ter como referente os bens fornecidos ou serviços prestados (publicidade comercial ou negocial) ou quaisquer ideias, princípios, iniciativas ou instituições (publicidade institucional ou corporativa)[14], nos termos do n.º 1 do artigo 3.º do Código da Publicidade. Esta forma de comunicação está tipicamente associada à profissionalidade (em sentido lato) do anunciante.

O conceito e âmbito da figura da publicidade não é necessariamente idêntico na demais legislação aplicável à publicidade. A legislação nacional (por força da legislação da União Europeia) adotou pontualmente conceitos específicos de promoção ou publicidade. A legislação relativa ao comércio eletrónico (decorrente da especificidade do meio)[15] adota um conceito de publicidade mais circunscrito face ao conceito previsto no Código da Publicidade (focado na promoção do objeto da atividade). A legislação relativa às práticas comerciais desleais[16] não a define expressamente publicidade, mas

[13] Carlos Ferreira de Almeida, "Conceito de Publicidade", p. 127.

[14] Assim, José Engrácia Antunes, "O Direito da Publicidade – Breve Introdução", p. 789.

[15] O conceito de comunicação comercial é utilizado na Diretiva n.º 2000/31/CE, relativa ao comércio eletrónico, disciplinando uma delimitação positiva e negativa desse conceito que, atendendo ao meio (rede), consiste materialmente numa definição de publicidade (em rede). O preâmbulo do Decreto-Lei n.º 7/2004, de 7 de janeiro, na sua redação atual, refere expressamente a este elemento. O artigo 20.º do Decreto-Lei n.º 7/2004 contempla a delimitação negativa do conceito de comunicação comercial da Diretiva (afastando, nomeadamente, um dos elementos teleológicos da noção geral de publicidade: a promoção de ideias, princípios, iniciativas ou instituições), bem como o elemento positivo de qualificação (promoção da imagem). Neste sentido, também José Engrácia Antunes, "O Direito da Publicidade – Breve Introdução", pp. 823-824. Apoiando o conceito restritivo de publicidade no domínio do comércio eletrónico, José de Oliveira Ascensão, "Introdução à Perspectiva Jurídica" in *O Comércio Electrónico em Portugal – O quadro legal e o negócio*, pp. 104-116 [109] (disponível no sítio da ANACOM).

[16] O conceito de prática comercial previsto na alínea *d)* do artigo 3.º do Decreto-Lei n.º 57/2008, de 26 de março, na sua redação atual, é intencionalmente amplo. O conceito de prática comercial centra-se, em síntese, numa conduta do profissional perante o consumidor que visa diretamente a promoção, venda ou fornecimento de bens e serviços.

integra-a no conceito de prática comercial (relacionada com a promoção de bens ou serviços aos consumidores).

3. A publicidade (e a promoção em sentido lato) é um instrumento através do qual os agentes económicos promovem a sua atividade económica e, concretamente, os bens que fornecem ou os serviços que prestam.

A contratação em geral é, cada vez mais, precedida e influenciada por formas de promoção de bens e serviços e, em particular, de publicidade[17]. As decisões de contratar são crescentemente precedidas de alguma forma de promoção. Esta circunstância obriga os sistemas jurídicos a acautelar diversas realidades, questões e problemas que podem advir desta atividade e consequentemente da forma como esta ação pode orientar a conduta dos seus destinatários.

O nosso ordenamento valoriza a publicidade enquanto mecanismo de dinamização da contratação e desenvolvimento de atividades económicas. A publicidade é uma componente indissociável do desenvolvimento de uma atividade económica e, portanto, da iniciativa económica privada[18]. É um instrumento essencial de captação (ou manutenção) de clientela por parte de empresas. Pela sua finalidade, a publicidade é uma forma de comunicação que coenvolve um significativo risco de influência da tomada de decisão dos seus destinatários, que se encontram substancialmente numa posição assimétrica face aos operadores económicos profissionais.

Para garantir uma concordância prática entre os diversos interesses em presença, o nosso ordenamento estabelece requisitos e exigências para assegurar processos de tomada de decisão esclarecidos e fundamentados por parte dos destinatários, mas também que os destinatários que se vincularam em consequência ou por efeito da publicidade adquirem bens ou serviços conformes ao descrito e publicitado.

2. Âmbito e objeto da publicidade sobre instrumentos financeiros

4. Os instrumentos financeiros são uma categoria jurídica sobre a qual é possível praticar atos ou desenvolver atividades que promovem a sua

[17] José Engrácia Antunes, *Direito do Consumo*, Almedina, 2020, p. 115, que concorda com a doutrina que sustenta que certos contratos são "pré-celebrados" através da publicidade.

[18] Nesse sentido, J.J. Gomes Canotilho/Vital Moreira, *Constituição da República Portuguesa Anotada*, Volume I, Coimbra Editora, 4.ª Edição, p. 784.

constituição, negociação e transmissão. O conceito agrega diversos objetos financeiros: valores mobiliários, instrumentos financeiros derivados e instrumentos do mercado monetário, nos termos do artigo 2.º, n.º 1, do Código dos Valores Mobiliários[19].

Os valores mobiliários representam situações jurídicas objeto de emissão massificada[20]. São documentos representativos de situações jurídicas homogéneas e fungíveis emergentes de um negócio jurídico de massa que são passíveis de negociação em mercado[21]. Os instrumentos financeiros derivados são contratos a prazo (padronizados ou individualizados) cujo valor económico depende da evolução de um ativo subjacente ou de referência[22]. O diferimento temporal entre a data da celebração e a data da sua execução (momento do cumprimento de obrigações ou exercício de direitos)[23] é suscetível de influenciar o valor das atribuições patrimoniais em função da evolução do ativo de subjacente. Estes contratos não dão origem a um objeto passível de negociação autónoma[24], à semelhança dos valores mobiliários. Os instrumentos do mercado monetário são posições financeiras de curto prazo, de elevada liquidez e baixo risco negociadas no mercado monetário[25].

Os instrumentos financeiros desempenham uma função financeira (direta ou indireta)[26]. Os instrumentos financeiros prosseguem objetivos de financiamento, investimento ou gestão de risco dos sujeitos intervenientes[27]. Os emitentes de valores mobiliários pretendem recolher fundos dos investidores para desenvolver a sua atividade[28]. Os investidores aplicam a sua poupança com objetivo de rendimento ou valorização. Os instrumen-

[19] Aprovado pelo Decreto-Lei n.º 486/99, de 13 de novembro, na sua redação atual, doravante "CdVM".

[20] Sobre esta característica de massificação (nomeadamente por referência à homogeneidade), v. Amadeu José Ferreira, *Valores Mobiliários Escriturais – Um novo modo de representação e circulação de direitos*, Almedina, 1997, p. 44-45. Em sentido próximo, mas adotando a terminologia de títulos de crédito em massa, Carlos Ferreira de Almeida, *Contratos II – Conteúdo. Contratos de Troca*, 4.ª Edição, Almedina, 2016, p. 62.

[21] José Engrácia Antunes, *Os Instrumentos Financeiros*, 3.ª Edição, Almedina, 2018, p. 73.

[22] José Engrácia Antunes, *Os Instrumentos Financeiros*, p. 163.

[23] Carlos Ferreira de Almeida, *Contratos II*, p. 137.

[24] José Engrácia Antunes, *Os Instrumentos Financeiros*, p. 199.

[25] José Engrácia Antunes, *Os Instrumentos Financeiros*, p. 259-263.

[26] José Engrácia Antunes, *Os Instrumentos Financeiros*, p. 21.

[27] José Engrácia Antunes, *Os Instrumentos Financeiros*, p. 9.

[28] Amadeu José Ferreira, *Valores Mobiliários Escriturais*, p. 46.

tos financeiros derivados prosseguem objetivos de gestão de risco nos quais as partes se expõem à evolução de um ativo subjacente (com uma finalidade de cobertura de risco, arbitragem ou especulação)[29]. Os instrumentos financeiros monetários prosseguem objetivos de gestão de liquidez ou de financiamento de curto prazo.

5. Os atos tendentes à constituição, negociação ou transmissão de instrumentos financeiros podem ser objeto de publicidade.

Neste contexto, o artigo 7.º, n.º 4, do CdVM sujeita a publicidade relativa a instrumentos financeiros e atividades reguladas pelo CdVM (e, em geral, ao âmbito material do CdVM) ao regime geral da publicidade[30]. O regime geral da publicidade é constituído pelo Código da Publicidade, bem como pela demais legislação aplicável à publicidade, com a legislação relativa à publicidade domiciliária (Lei n.º 6/99, de 27 de janeiro) ou do regime jurídico das práticas comerciais desleais (o Decreto-Lei n.º 57/2008, de 26 de março, na sua redação atual) que integra no seu âmbito a publicidade, nos termos da alínea *d)* do artigo 3.º do referido Decreto-Lei.

6. O conceito de publicidade previsto na legislação da publicidade é um conceito de referência[31], que constituirá (em princípio) o referente desta atividade, independentemente da atividade económica promovida, bem como o regime-regra de normas de conduta aplicáveis à publicidade, salvo disposição especial[32].

A legislação do mercado de capitais (nacional ou da União Europeia) regula atividades e procedimentos de mercado[33] sobre instrumentos finan-

[29] José Engrácia Antunes, *Os Instrumentos Financeiros*, p. 60.

[30] Assim, Sofia Nascimento Rodrigues, "Publicidade relativa a valores mobiliários", p. 95-98.

[31] Considerando que o conceito geral de publicidade é um conceito de referência, José Engrácia Antunes, "O Direito da Publicidade – Breve Introdução", pp. 781-782.

[32] O conceito de publicidade previsto no Código da Publicidade é essencialmente reproduzido no n.º 4 do artigo 1.º da Lei n.º 6/99, de 27 de janeiro.

[33] Os procedimentos correspondem aos processos próprios do mercado que têm por objeto instrumentos financeiros. Os principais são as ofertas ao público e a admissão à negociação de valores mobiliários. As ofertas ao público consistem em processos de transação massificada de valores mobiliários em que um oferente (que não necessariamente o seu emitente) se predispõe a transacionar valores mobiliários com o público. A admissão à negociação é um processo que visa a transacionabilidade organizada do objeto da admissão, permitindo o encontro entre a oferta e procura sobre esse bem e, como tal, que quem pretende comprar ou

ceiros que podem ser objeto de publicidade. O CdVM regula expressamente a publicidade quando esta tenha por objeto ofertas ao público (de dispersão ou aquisição de valores mobiliários), nos artigos 121.º e 122.º. O regime das ofertas de valores mobiliários ao público (conceito do direito da União Europeia que engloba as ofertas públicas de distribuição) é substancialmente disciplinado pelo direito da União Europeia, no âmbito do dever de elaboração e publicação de prospeto, o qual também é aplicável à admissão à negociação, no Regulamento UE n.º 2017/1129 ("Regulamento do Prospeto"). O direito da União disciplina ainda a publicidade sobre estes procedimentos de mercado.

O legislador recorre a diferentes conceitos da figura: mensagem publicitária, anúncio publicitário, comunicação comercial ou comunicação promocional. O Regulamento do Prospeto parte do conceito de anúncio publicitário, que consiste numa comunicação cujo objeto respeita a uma oferta de valores mobiliários ao público ou à admissão à negociação que promove concretamente a subscrição ou aquisição desses valores mobiliários, nos termos da alínea *k)* do artigo 2.º do Regulamento. Este conceito contém elementos típicos da publicidade: comunicação, objeto específico e elemento teleológico. Não integra (pelo menos, expressamente) o requisito do âmbito funcional (ou contexto profissional) relacionado com o anunciante. Com efeito, o oferente não é necessariamente uma pessoa coletiva (privada ou pública), com ou sem caráter empresarial e finalidade lucrativa, podendo ser inclusivamente uma pessoa singular. Quem pretende vender (numa oferta ao público) ou comprar (no caso da oferta pública de aquisição) valores mobiliários pode não estar a atuar no quadro de uma atividade económica.

O artigo 4.º do Regulamento UE n.º 2019/1156, relativo à distribuição transfronteiriça de organismos de investimento, apela ao conceito de comunicação promocional[34]. A sua concretização é remetida para instrumento de *soft-law* das orientações da ESMA. O conceito de comunicação promocional abrange tanto condutas que se qualificam como publicidade, bem como promoção em sentido lato (incluindo, nomeadamente, ações promocionais individualizadas junto de investidores específicos).

vender manifeste o seu interesse comprador ou vendedor em mercado. Estes procedimentos podem ser objeto de publicidade e, como tal, de promoção junto do público.

[34] Regulamento n.º 2019/1156, do Parlamento Europeu e do Conselho, de 20 de junho de 2019, que visa facilitar a distribuição transfronteiriça de organismos de investimento coletivo.

Por fim, o regime da intermediação financeira socorre-se do conceito de publicidade ou comunicação comercial. O artigo 312.º, n.º 3, do CdVM determina que o intermediário financeiro está sujeito aos deveres de informação (incluindo de qualidade) relativamente à informação constante de mensagem publicitária. A legislação da União recorre à figura da comunicação comercial, tratando-a no âmbito dos deveres de informação das empresas de investimento, nos termos do artigo 24.º, n.º 3, da Diretiva n.º 2014/65/UE ("DMIF II") e respetiva regulamentação. Este conceito é amplo e abrange a publicidade, a promoção, bem como convites a contratar ou propostas.

7. Os instrumentos financeiros são (em regra) constituídos, transmitidos ou negociados através de procedimentos ou meios próprios do mercado (*v.g.*, ofertas e operações à vista ou a prazo) com intervenção de profissionais especializados (os intermediários financeiros)[35] e através de estruturas específicas do mercado (sistemas de negociação organizada, compensação e liquidação, bem como sistemas centralizados de valores mobiliários). O objeto da publicidade pode respeitar à promoção de bens (valores mobiliários), operações (à vista ou a prazo, como p. ex. derivados de mercado organizado ou de balcão), iniciativas negociais (oferta ao público), a transacionabilidade organizada (admissão à negociação), serviços (prestação de serviços e atividades de investimento) ou entidades (intermediários financeiros, estruturas de mercado ou emitentes).

Assim, a publicidade relativa a instrumentos financeiros é a ação comunicacional junto do público que, no quadro de atividade económica ou através de procedimentos próprios do mercado, promove direta ou indiretamente a constituição, negociação ou transmissão de instrumentos financeiros ou serviços sobre instrumentos financeiros.

3. Destinatários da publicidade: investidores (não profissionais) e consumidores

8. A mensagem publicitária contém (como qualquer comunicação) um emissor, um transmissário (um meio) e um destinatário. Na comunicação

[35] Salientando que os contratos de transmissão de valores mobiliários sem intervenção de intermediários financeiros são atualmente pouco comuns, Carlos Ferreira de Almeida, *Contratos II*, p. 135.

publicitária intervêm normalmente diversos intervenientes (necessários e/ou eventuais): o anunciante, os profissionais de publicidade e os destinatários, de acordo com o artigo 5.º do Código da Publicidade. Além destes, pode ainda intervir o agente que disponibiliza o canal de comunicação da mensagem publicitária (relação expressamente referida no n.º 1 do artigo 4.º do Código da Publicidade, embora não conste do artigo 5.º do Código)[36].

O anunciante e os destinatários são *essenciais* da comunicação publicitária. O *anunciante* é a pessoa cujos serviços ou bens são promovidos (na formulação da lei no interesse da qual se realiza a publicidade)[37]. Os *destinatários* são as pessoas a quem se dirige a publicidade, ou seja, os agentes cujas decisões (de investir ou contratar) se pretende influenciar com a publicidade. Podem ser pessoas singulares ou coletivas. O conceito de destinatário é mais amplo e não é totalmente coincidente com o conceito de consumidor, que é tipicamente delimitado às pessoas singulares (conceção estrita de consumidor)[38]. Há publicidade ainda que os destinatários não sejam consumidores finais[39].

A intervenção de profissionais de publicidade – referidos na alínea *b)* do n.º 1 do artigo 5.º do Código da Publicidade – é eventual, dependendo da decisão do anunciante que contrate os serviços desses profissionais[40].

9. Os destinatários da publicidade são os beneficiários e sujeitos protegidos pela legislação da publicidade. A regulação da publicidade visa primordialmente a proteção dos consumidores enquanto destinatários de processos promocionais de profissionais (artigos 6.º e 12.º do Código da Publicidade e o n.º 4 do artigo 7.º da Lei n.º 24/96, de 31 de julho), mas não se limita a consumidores finais.

[36] Sobre os sujeitos ativos da publicidade (anunciante, publicitários e titular do suporte), v. Carlos Ferreira de Almeida, "Conceito de Publicidade", pp. 121-122.

[37] Segundo Carlos Ferreira de Almeida, "Conceito de Publicidade", p. 121, o anunciante é a pessoa que procura fazer conhecer os bens ou serviços relacionados com a sua atividade e que toma a iniciativa e a decisão da ação publicitária, assumindo a responsabilidade e os encargos financeiros.

[38] À luz da anterior Lei de Defesa do Consumidor, já Carlos Ferreira de Almeida, "Conceito de Publicidade", p. 124. V. sobre o conceito, José Engrácia Antunes, *Direito do Consumo*, pp. 51-54 e 67 e ss e "O Direito da Publicidade – Breve Introdução", p. 785.

[39] Assim, Carlos Ferreira de Almeida, "Conceito de Publicidade", p. 124.

[40] Carlos Ferreira de Almeida, "Conceito de Publicidade", p. 123, refere que a sua intervenção técnica é frequente, mas relativamente acidental.

O conceito de destinatário da publicidade não é limitado ao consumidor em sentido estrito[41]. Abrange os recetores efetivos e potenciais da comunicação dirigida ao público, independentemente da sua natureza. Os destinatários podem ser consumidores, mas também profissionais. Os artigos 5.º e 43.º do Código da Publicidade dispõem nesse sentido. Os destinatários são todos aqueles que se pretende incentivar ao consumo (*lato sensu*) dos bens, direitos ou serviços promovidos.

10. Os investidores são os destinatários da atividade de profissionais e/ou daqueles que pretendem captar poupança no mercado de capitais sendo, por isso, o centro da proteção do direito do mercado de capitais.

A intervenção no mercado de capitais tem uma componente de risco intrínseca que pode colocar em causa os seus interesses patrimoniais e económicos. Os investidores são potenciais ou efetivos destinatários de processos de constituição, negociação ou transmissão massificada de instrumentos financeiros ou da atividade de profissionais tendo em vista a prática de atos de investimento.

O ato de investimento implica a assunção de risco[42]. A sua compreensão, esclarecimento e intencionalidade depende materialmente de vários fatores, como o acesso a informação ou, a experiência e conhecimentos do investidor. O mercado de capitais é um setor de elevada especialização dos profissionais, em particular, dos intermediários financeiros, mas também daqueles que pretendem captar investimento. Por isso, devido à assimetria no acesso à informação, na experiência e conhecimentos dos diversos intervenientes, os destinatários são objeto de proteção através de amplos remédios que visam corrigir e minorar tal assimetria[43]. São disso exemplo os deveres de informação (incluindo periódica) exigidos àqueles que pretendam captar investimento do público, para que os investidores possam avaliar nomeadamente a situação financeira e tomar decisões de investimento ou desinvestimento. Mas também através do exigente complexo de deveres

[41] José Engrácia Antunes, "O Direito da Publicidade – Breve Introdução", p. 784-785 e Ana Clara Azevedo de Amorim, *Manual de Direito da Publicidade*, Petrony Editora, 2018, p. 51.

[42] O Acórdão da Relação de Lisboa, de 27-10-2010, processo n.º 10325/03.8TVLSB.L1-8 (Luís Espírito Santo), salienta precisamente esta característica dos atos de investimento em instrumentos financeiros.

[43] José Engrácia Antunes, "Deveres e Responsabilidade do Intermediário Financeiro – Alguns Aspetos" in *Cadernos do Mercado de Valores Mobiliários*, n.º 56, pp. 31-52 [37-38].

aplicável aos profissionais da intermediação financeira: deveres de informação e avaliação da adequação, mas também de segregação de bens, conflitos de interesses ou a intermediação excessiva.

11. O CdVM categoriza os investidores como profissionais ou não profissionais (e ainda como contrapartes elegíveis). A intervenção regulatória é conformada pela proporcionalidade: as exigências legais (de informação, p. ex.) são tanto maiores quanto menores forem os conhecimentos e a experiência do investidor[44], o que é a característica típica nos investidores não profissionais. Os investidores não profissionais são aqueles que dispõem do maior grau de proteção legal por se encontrarem numa posição de assimetria abstrata de conhecimentos e experiência.

A categoria dos investidores não profissionais é delimitada (pela negativa) em função da classificação de investidor profissional prevista no artigo 30.º do CdVM (e ainda pela ausência de tratamento enquanto investidor profissional, a pedido). Os investidores profissionais correspondem a diferentes tipos que dispõem previsivelmente de conhecimentos e experiência suficientes para avaliar corretamente o risco das suas decisões de (des)investimento. São investidores profissionais as entidades do setor financeiro (em sentido lato, *i.e.*, as pessoas ou entidades que exercem atividade, mediante autorização ou sob supervisão, nos mercados financeiros), diversos organismos públicos (nacionais ou supranacionais) e as grandes empresas (acima de determinados limiares quantitativos de ativo, volume de negócios e capital próprio).

Os investidores não profissionais (ou comumente referidos como investidores de retalho) são pessoas singulares, bem como pessoas coletivas que

[44] Assim, por referência à DMIF I (Diretiva n.º 2004/39/CE), Paulo Câmara, "Os deveres de categorização de clientes e de adequação dos intermediários financeiros" in *Direito Sancionatório das Autoridades Reguladoras*, Coimbra Editora, 2009, p. 299-324 [300]. O perfil gradual da intervenção regulatória nos mercados de instrumentos financeiros é ainda mais evidente na legislação em vigor. Assim, o CdVM efetua uma concordância prática entre os diversos interesses em presença consoante a tipologia de cliente interveniente (consoante o nível de proteção que seja necessário assegurar face à sua experiência e conhecimentos). No caso das contrapartes elegíveis, não é exigível ao intermediário financeiro o cumprimento dos deveres referidos no n.º 6 do artigo 317.º do CdVM. Esta orientação também está a ser progressivamente estendida aos investidores profissionais, de acordo com o disposto na Diretiva n.º 2021/338/UE, que altera a Diretiva n.º 2014/65/EU ("DMIF II"), que exclui a aplicação de certos deveres relativamente a investidores profissionais.

não preencham os limiares legais quantitativos previstos na lei. A categoria de investidores-destinatários é juridicamente relevante, nomeadamente no âmbito da intermediação financeira, mas também das ofertas de valores mobiliários ao público.

12. A regulação da publicidade desenvolve-se, em grande medida, no quadro da proteção do consumidor. Este enquadramento material decorre do sistema constitucional, que enquadra a publicidade na matéria dos direitos dos consumidores (de acordo com o n.º 2 do artigo 60.º da CRP). A finalidade de proteção dos consumidores é evidente em diversas normas do Código da Publicidade e da legislação conexa. Contudo, nem sempre se recorre ao conceito de consumidor para identificar o beneficiário da proteção[45].

O direito do consumo promove a tutela dos destinatários no quadro das relações estabelecidas com empresários que se fornecem ou prestam profissionalmente bens ou serviços para uso privado dos destinatários (atos de consumo)[46]. O direito do mercado de capitais promove a tutela dos investidores no quadro de relações que visam a aplicação da poupança em objetos financeiros (atos de investimento). Os dois ramos consagram instrumentos afins de proteção e promoção dos interesses (como o direito à informação ou à proteção dos interesses económicos). Intersecionam-se parcialmente, mas não se sobrepõem, em particular nos destinatários da proteção.

O âmbito do investidor não profissional não tem correspondência integral com o consumidor (em sentido restrito)[47]/[48], que é geralmente circunscrito às pessoas singulares que são destinatários finais do bem, serviço

[45] Sobre os diversos conceitos utilizados na legislação setorial, José Engrácia Antunes, *Direito do Consumo*, p. 47-48.

[46] Para a noção e finalidade do direito do consumo, José Engrácia Antunes, *Direito do Consumo*, pp. 14-15 e 26-27.

[47] Sobre o conceito de consumidor (final), Carlos Ferreira de Almeida, "Conceito de Publicidade", p. 124, João Calvão da Silva, *Venda de Bens de Consumo*, 4.ª Edição, Almedina, 2010, pp. 70-71 e José Engrácia Antunes, *Direito do Consumo*, pp. 51-52.

[48] A legislação transversalmente aplicável aos serviços financeiros (bancário, pagamentos, investimento, segurador e fundos de pensões) delimita o âmbito subjetivo da sua aplicação com base no conceito de consumidor. É o caso, p. ex., do regime jurídico aplicável aos contratos à distância relativos a serviços financeiros aplica-se quando se trate de consumidores que sejam contrapartes em contratos formados à distância para uso não profissional, nos termos do Decreto-Lei n.º 95/2006, de 29 de maio, que transpõe a Diretiva n.º 2002/65/CE, do Parlamento Europeu e do Conselho, de 23 de setembro, relativa à comercialização à distância de serviços financeiros prestados a consumidores.

ou direito[49], na medida em que são estes que não os destinam para uso profissional. O investidor não profissional é mais lato, abrangendo ainda pessoas coletivas com ou sem escopo lucrativo. Além disso, em certas condições, os investidores não profissionais podem solicitar aos intermediários financeiros o tratamento como investidores profissionais, nos termos do artigo 317.º-B e 317.º-C do CdVM.

Nestes termos, investidor (não profissional) e consumidor são classificações que não representam o mesmo conjunto de sujeitos (embora reclamem a aplicação de enquadramentos de proteção dos destinatários mais débeis). O enquadramento jurídico do consumidor não é necessária e automaticamente convocado na regulação do mercado de capitais[50]. Um consumidor (à luz do direito do consumo) é um investidor não profissional[51], mas nem todo o investidor não profissional é necessariamente um consumidor à luz da legislação da proteção do consumidor.

13. A natureza dos destinatários é juridicamente relevante no mercado de capitais, na medida em que a aplicação de certos procedimentos do mercado (e correspondentes regimes específicos de informação e publicidade) depende dos destinatários).

O regime da oferta de valores mobiliários ao público (que exige a publicação de um prospeto sujeito a aprovação pública) só se aplica se os seus destinatários (público potencial) forem, pelo menos, 150 investidores

[49] Em todo o caso, tem sido admitida o reconhecimento dessa qualificação a entes coletivos com ou sem personalidade (de escopo não lucrativo). V. José Engrácia Antunes, *Direito do Consumo*, p. 54.

[50] O CdVM equipara, para certos efeitos, os investidores não profissionais a consumidores, nomeadamente para efeitos da aplicação da legislação das cláusulas contratuais gerais, nos termos do n.º 3 do artigo 321.º do CdVM. Sobre este ponto, a propósito do objeto da relação de consumo e da sua aplicação a produtos financeiros, José Engrácia Antunes, *Direito do Consumo*, p. 64 e nota 119 e, ainda, José Engrácia Antunes, "Deveres e Responsabilidade do Intermediário Financeiro – Alguns Aspetos", p. 52, sustentando que a equiparação consumidor-investidor é necessariamente casuística. A referida equiparação expressa dever-se-á à circunstância de a categoria dos investidores não profissionais não corresponder à categoria de consumidor. O n.º 3 do artigo 321.º afasta a interpretação que os investidores não profissionais (que não sejam consumidores) apenas beneficiariam da proteção do regime aplicável às relações entre profissionais.

[51] Salientando precisamente que o investidor é frequentemente um consumidor, José Engrácia Antunes, "Deveres e Responsabilidade do Intermediário Financeiro – Alguns Aspetos", pp. 51-52.

não profissionais[52]. O regime dos pacotes de produtos de investimento de retalho e de produtos de investimento com base em seguros ("PRIIPS") é igualmente um enquadramento regulatório especificamente destinado à proteção dos investidores não profissionais, complementado pelo regime nacional de execução[53].

Trata-se de procedimentos ou produtos cujos regimes específicos de informação com base em documentos de referência: o prospeto e o documento de informações fundamentais aos investidores (o DIF), respetivamente que visam proteger investidores não profissionais, sendo acompanhados de regimes relativos à publicidade.

4. Publicidade dirigida a investidores não profissionais

a) Princípios e regras gerais

14. A legislação do mercado de capitais regula geralmente a publicidade no âmbito da prestação de informação. A publicidade é regulada de forma tendencialmente integrada nesse âmbito: quer no quadro do regime geral da informação quer dos regimes específicos dos procedimentos de mercado.

O CdVM enquadra a figura da publicidade no âmbito da disciplina da qualidade da informação, que constitui um princípio central deste ramo do direito[54]. O artigo 7.º do CdVM estabelece requisitos da qualidade da informação: veracidade, completude, objetividade, clareza, atualidade e licitude[55]. A informação relativa aos referentes nele previstos está sujeita a estes requisitos, mesmo se integrada numa mensagem publicitária, nos termos do n.º 2 do artigo 7.º do CdVM, que a regula em conjunto com outros atos de persuasão (conselhos e recomendações) que contenham informação.

[52] O âmbito de aplicação do Regulamento do Prospeto não é simplesmente delimitado pelos destinatários. Por um lado, não é aplicável a ofertas ao público de diversos emitentes ou oferentes. Por outro lado, ainda que se dirija a investidores não profissionais, não é aplicável se o valor mínimo de investimento for superior a 100 mil euros.

[53] Regulamento UE n.º 1286/2014, do Parlamento Europeu e do Conselho de 26 de novembro de 2014 sobre os documentos de informação fundamental para pacotes de produtos de investimento de retalho e de produtos de investimento com base em seguros.

[54] Neste sentido, Pedro Boullosa Gonzalez, "Qualidade da Informação", p. 8.

[55] Para uma análise dos requisitos da qualidade de informação, Pedro Boullosa Gonzalez, pp. 8-17.

A mensagem publicitária tem normalmente uma estrutura sintética. O CdVM reconhece esta característica típica[56]. O conteúdo informativo mínimo exigível[57] pode não constar integralmente da comunicação publicitária, se for identificado e referenciado o documento que contenha esses elementos, nos termos do n.º 3 do artigo 7.º do CdVM.

Os demais requisitos de qualidade da informação são plenamente aplicáveis na mensagem publicitária. A objetividade e clareza assumem particular relevância neste contexto. Estas características conformam o conteúdo da comunicação no plano do emissor e do destinatário da informação[58]. A objetividade exige concisão, precisão e distanciamento por parte de quem informa. A clareza pressupõe que a informação não seja equívoca ou ambígua (suscetível de suscitar dúvida ao destinatário). A mensagem publicitária tem de refletir fielmente a situação de facto sobre o referente da mensagem, sem omissão de enunciação parcial do referente[59]/[60], e não pode apresentar diversas interpretações ao destinatário[61].

15. O enquadramento da publicidade no âmbito da informação evidencia uma preocupação do legislador: a publicidade não deve substituir a

[56] O n.º 3 do artigo 7.º do CdVM comtempla uma regra de adequação do padrão da completude em função do meio utilizado (como p. ex., nos meios referidos no n.º 2 do artigo 7.º).

[57] A completude normativa segundo PEDRO BOULLOSA GONZALEZ, "Qualidade da Informação", p. 12.

[58] PEDRO BOULLOSA GONZALEZ, "Qualidade da Informação", p. 15.

[59] A completude afere-se por dois padrões: normativo e contextual. O primeiro respeita à correspondência entre o conteúdo da mensagem e os elementos exigidos pela norma. O segundo respeita à correspondência com a importância de uma situação de facto que contextualmente essencial. Assim, PEDRO BOULLOSA GONZALEZ, "Qualidade da Informação", p. 12.

[60] A legislação da União e nacional reconhece inequivocamente que a indução em erro (e engano) tanto pode ocorrer por ação ou por omissão de revelação de elementos essenciais. Corresponde à leitura integrada e teleológica dos requisitos de qualidade de informação previstos no artigo 7.º da CdVM. Por sua vez, o regime jurídico aplicável às práticas comerciais desleais pune a omissão enganosa, nos termos do artigo 9.º do Decreto-Lei n.º 57/2008, de 26 de março, na sua redação atual (segundo requisitos de completude essencialmente normativa).

[61] Para desenvolvimentos sobre os requisitos da veracidade, completude e clareza, PEDRO BOULLOSA GONZALEZ, "Qualidade da Informação", p. 12, 13-14 e 15. Para desenvolvimentos sobre o conceito de publicidade enganosa, MÁRIO FERREIRA MONTE, *Da protecção penal do consumidor*, p. 107 e seguintes.

informação específica enquanto elemento subjacente à formação da decisão de contratar ou investir[62].

O CdVM e demais legislação prevê mecanismos informativos próprios e específicos em função do objeto, aos quais atribui uma função centralizadora e conformadora da informação. É nos respetivos documentos de referência que os investidores deverão assentar as suas decisões de (des)investimento. O prospeto da oferta ao público é o documento no qual os investidores deverão assentar uma decisão de aceitação da oferta. A mensagem publicitária não é, nem deve ser, o instrumento central ou principal dessa decisão, razão pela qual a publicidade se deve subordinar aos requisitos de qualidade de informação e a esses documentos, bem como referir a sua existência e disponibilidade.

A publicidade deve conformar-se e subordinar-se aos documentos de referência dos procedimentos de mercado (princípio da prevalência e conformação) e não deve ser confundível com esses documentos de referência.

16. A publicidade está sujeita aos requisitos gerais previstos no artigo 6.º do Código da Publicidade (licitude, identificabilidade, veracidade e respeito pelos direitos do investidor), nos termos do n.º 4 do artigo 7.º do CdVM, e aos requisitos específicos em função do objeto ou procedimento de mercado. Os requisitos da publicidade e de qualidade da informação (*v.g.*, veracidade e a licitude)[63] têm conteúdos próximos.

A identificabilidade tem reconhecimento constitucional. A mensagem publicitária é identificável como tal e não como qualquer outra forma de comunicação. A identificabilidade garante que os destinatários têm consciência que estão a ser visados por publicidade[64]. A identificabilidade tem uma dupla dimensão (positiva e negativa)[65]. A primeira consiste na identificabilidade propriamente dita (artigo 8.º do Código da Publicidade). A publicidade diferencia-se e é distinguível de outras formas de comunicação. A segunda consiste na proibição da publicidade dissimulada e oculta (artigo 9.º do Código da Publicidade). A identificabilidade tem uma função

[62] Sobre o tema, Eduardo Paz Ferreira, "A informação no mercado de valores mobiliários" in *Direito dos Valores Mobiliários*, Volume III, Coimbra Editora, 2001, pp. 137-159 [140-142].

[63] Neste sentido, Sofia Nascimento Rodrigues, "Publicidade relativa a valores mobiliários", p. 117.

[64] José Engrácia Antunes, *Direito do Consumo*, p. 118 e nota 225 e "Direito da Publicidade", p. 793-794.

[65] Mário Ferreira Monte, *Da protecção penal do consumidor*, p. 96-97.

fundamental num quadro regulatório composto por deveres de informação reforçados. A distinção clara entre mensagens com e sem finalidade promocional. A comunicação promocional (que informa e simultaneamente persuade) não pode ser apresentada como mera prestação de informação. Por outro lado, a identificabilidade da publicidade também permite distinguir esta forma de comunicação dos documentos de referência de instrumentos financeiros e/ou procedimentos de mercado.

O princípio da veracidade consiste na comunicação de factos que coincidam integralmente com a situação de facto narrada na mensagem, ou seja, a comunicação publicitária não deforma os factos, nos termos do n.º 1 do artigo 10.º do Código da Publicidade[66]. Este requisito é comum à qualidade de informação[67]. Este princípio tem ainda uma dimensão (negativa): a proibição da publicidade enganosa. Esta conduta ilícita da publicidade é remetida para o regime jurídico das práticas comerciais desleais, nos termos do artigo 11.º do Código da Publicidade.

O princípio da licitude tem um duplo significado (artigo 7.º do Código da Publicidade). A forma, conteúdo e fim da publicidade são necessariamente conformados à luz dos valores e princípios fundamentais do ordenamento jurídico. É assim proibida a publicidade que se enquadre no catálogo exemplificativo previsto no n.º 2 do artigo 7.º do Código da Publicidade. Além disso, podem ainda considerar-se como condições de licitude diversos requisitos legais aplicáveis à publicidade (em função dos sujeitos, objeto ou conteúdo)[68]. Na legislação do mercado de capitais existem diversos regimes de condicionalismo da publicidade em função do objeto (p. ex., a publicidade a ofertas ao público e a produtos de investimento está sujeita a aprovação administrativa prévia) ou do sujeito (a publicidade a contratos de intermediação financeira só pode ser efetuada por intermediário financeiro). Por outro lado, o princípio da licitude conforma ainda um elemento essen-

[66] O dever de veracidade tem ainda associado a exigibilidade da comprovação material da correspondência da informação (das afirmações) à realidade, nos termos do n.º 2 do artigo 10.º do Código da Publicidade.

[67] A disciplina publicitária do princípio da veracidade está atualmente dividida em dois diplomas: o Código da Publicidade e o Decreto-Lei n.º 57/2008, de 26 de março. O artigo 43.º do Código da Publicidade (aditado pelo referido Decreto-Lei) limita o âmbito de aplicação subjetivo das duas dimensões do princípio da veracidade à publicidade dirigida a não consumidores. A disciplina aplicável à veracidade da publicidade consta do regime jurídico das práticas comerciais desleais. Em sentido próximo por referência à publicidade enganosa, José Engrácia Antunes, *Direito do Consumo*, pp. 116-117 e nota 223.

[68] Neste sentido, José Engrácia Antunes, "Direito da Publicidade", p. 791-792.

cial de qualquer forma de comunicação: o regime linguístico da publicidade, nos termos dos n.os 3 e 4 do artigo 7.º. A língua portuguesa é o idioma de utilização obrigatória na publicidade efetuada em território nacional[69], sem prejuízo da admissão condicionada de outros idiomas quando os destinatários sejam maioritariamente estrangeiros ou a utilização de expressões desse idioma seja necessária à prossecução do objetivo da mensagem.

17. A publicidade relativa a instrumentos financeiros está ainda vinculada a princípios e requisitos específicos, consoante o objeto ou o procedimento. Estas especificidades aplicáveis à publicidade decorrem do regime específico de informação aplicável.

O direito do mercado de capitais regula exaustivamente determinados procedimentos ou objetos financeiros, especialmente quando estes se dirigem a investidores não profissionais. Neste âmbito, prevê mecanismos próprios de prestação de informação que são normalmente complementados por regimes aplicáveis à publicidade. O prospeto, os documentos constitutivos ou o documento de informações fundamentais são documentos de referência dos respetivos procedimentos de mercado.

O racional da regulação complementar da publicidade é garantir a efetividade desses mecanismos, mesmo perante a finalidade da publicidade (convencer os destinatários a praticar atos de investimento). Tal sucede nas ofertas ao público, na admissão à negociação, na comercialização de unidades de participação e ainda nos PRIIPs.

18. A publicidade está geralmente sujeita aos princípios da harmonização, coerência e conformação com os documentos de referência.

Os documentos de referência têm uma função conformadora dos demais documentos, informação ou comunicações relacionadas, incluindo a publicidade. A prevalência, dependência funcional e a vinculação das demais comunicações aos documentos de referência reflete a centralidade dos mesmos no procedimento de mercado subjacente.

A conformação e harmonização tem um sentido positivo e negativo. Por um lado, os documentos de referência são (e devem ser) a fonte da informação da demais comunicação relacionada com o procedimento (oferta, comercialização ou distribuição). A publicidade deve basear-se no docu-

[69] Em sentido crítico quanto a esta exigência legal no contexto da internacionalização económica, José Engrácia Antunes, "Direito da Publicidade", p. 792-793. Em sentido próximo, Ana Clara Azevedo de Amorim, *Manual de Direito da Publicidade*, p. 66.

mento de referência e não noutra informação. Por outro, a publicidade não pode estar em contradição com elementos do documento de referência.

Estes princípios são aplicáveis na publicidade a ofertas ao público (nos termos do n.º 3 do artigo 22.º do Regulamento do Prospeto e artigo 121.º do CdVM), à admissão à negociação de valores mobiliários, a PRIIPS (nos termos do artigo 9.º do Regulamento n.º 1286/2014) e a organismos de investimento coletivo (nos termos do artigo 4.º do Regulamento n.º 2019/1156).

19. O conteúdo mínimo exigível nas ações publicitárias é mais variável. Em geral, a publicidade indica, pelo menos, a existência e a forma de disponibilização do documento de referência. Esta exigência é congruente com a centralidade dos documentos de referência e tem uma função de informação aos investidores. Sempre que sejam destinatários de uma comunicação publicitária são (e devem ser) alertados que existe um documento de referência subjacente àquela comunicação promocional.

A exigibilidade da identificação e referência aos documentos de referência, formas ou locais de disponibilização está prevista, com ligeiras diferenças de âmbito, no quadro das ofertas ao público e admissão à negociação (nos termos do artigo 22.º do Regulamento do Prospeto e do artigo 121.º do CdVM), dos PRIIPS (nos termos do artigo 9.º do Regulamento n.º 1286/2014) e dos organismos de investimento coletivo. Para além de pontuais diferenças de conteúdo, a configuração deste requisito também influencia o momento em que se pode iniciar a publicidade. A publicidade a ofertas ao público pode ser efetuada em momento anterior à aprovação do documento de referência (contendo essa indicação de disponibilidade futura). A publicidade a organismos de investimento coletivo só pode ser efetuada após a aprovação do organismo.

b) Ofertas ao público e admissão à negociação de valores mobiliários

20. Os valores mobiliários são potenciais objetos de negócios jurídicos. Estes podem respeitar à constituição originária de valores mobiliários ou à sua transmissão (quer no sentido da dispersão, quer de concentração). A formação desses negócios está sujeita a regras específicas no caso de ofertas dirigidas ao público[70].

[70] Salientando as características próprias dos contratos formados na sequência de ofertas públicas, Carlos Ferreira de Almeida, *Contratos II – Conteúdo. Contratos de Troca*, 4.ª Edição, Almedina, 2016, p. 136.

A realização de uma oferta de valores mobiliários ao público e a admissão à negociação em mercado regulamentado requer a elaboração e publicação prévia de um prospeto. O prospeto está sujeito a aprovação administrativa, nos termos da legislação da União (o artigo 20.º do Regulamento do Prospeto) e dos artigos 114.º, n.º 1, e 236.º, n.º 1, do CdVM. A oferta pública de aquisição está sujeita a registo na CMVM, nos termos do artigo 114.º, n.º 2, do CdVM, e exige igualmente a elaboração de um prospeto.

A oferta ao público e a admissão à negociação podem ser acompanhadas de publicidade ou promoção, de acordo com o Regulamento do Prospeto e o CdVM[71]. A publicidade está sujeita aos deveres de identificabilidade, veracidade, coerência/conformação com o prospeto e, ainda, de conteúdo mínimo[72].

Em acréscimo à referência à existência (atual ou futura) do prospeto e à sua forma de disponibilização (nos termos do n.º 2 do artigo 22.º do Regulamento)[73], quando se destinem a pequenos investidores (de retalho), a publicidade contêm, pelo menos, três elementos mínimos: *i)* informação que a aprovação do prospeto (quando já tenha ocorrido) não representa uma garantia quanto aos valores mobiliários; *ii)* recomendação de leitura do prospeto previamente à tomada de decisão de investimento; e *iii)* advertência sobre a compreensão do investimento[74]. Estes conteúdos visam remeter os destinatários para o documento de referência e esclarecer quanto ao significado da sua aprovação.

[71] Este regime da publicidade articula-se com outros enquadramentos regulatórios previstos na legislação da União. Essa aplicação integrada decorre do n.º 11 do artigo 22.º do Regulamento e é contextualizada no seu considerando 64. O Regulamento do Prospeto reconhece a aplicação de outra legislação da União relativa à proteção dos consumidores, nomeadamente em matéria de práticas comerciais desleais.

[72] O regime da publicidade é ainda complementado pelo Regulamento Delegado n.º 2019/979, da Comissão, de 14 de março, que concretiza os termos de cumprimento dos deveres relativos à publicidade.

[73] O elemento da referência ao prospeto (atual ou futuro) é concretizado no artigo 13.º do Regulamento Delegado n.º 2019/979, que define os termos da referência e disponibilização do prospeto consoante o meio de comunicação do anúncio (escrito, eletrónico ou outro).

[74] A advertência relativa à compreensão do produto está prevista no Regulamento UE n.º 1286/2014, do Parlamento Europeu e do Conselho, de 26 de novembro de 2014, sobre os documentos de informação fundamental para pacotes de produtos de investimento de retalho e de produtos de investimento com base em seguros (PRIIPs). O DIF contém uma advertência sobre a compreensão do produto.

Em matéria da identificabilidade, a publicidade dirigida a pequenos investidores inclui necessariamente a menção "anúncio"[75].

A informação integrada na comunicação publicitária observa requisitos de veracidade, completude e clareza (as qualidades positivas dos desvalores de inexatidão e enganosa), de acordo com a 2.ª parte do n.º 3 do artigo 22.º do Regulamento do Prospeto. Deve ainda ser conforme e harmonizada com o prospeto, nos termos da parte final do n.º 3 do artigo 22.º do Regulamento do Prospeto[76], o que é igualmente aplicável a qualquer comunicação (com ou sem conteúdo promocional), independentemente do meio, relativa à oferta ou à admissão à negociação, de acordo com o n.º 4 do artigo 22.º do Regulamento do Prospeto.

Por fim, para assegurar a simetria de informação e a igualdade de tratamento, qualquer informação relevante prestada a determinados investidores (que não tenha correspondência com o prospeto atual ou futuro, quando ainda não aprovado) é integrada no prospeto ou em adenda ao mesmo, quando represente um facto novo significativo, uma inexatidão ou erro materialmente relevante, nos termos da alínea *b)* do n.º 5 do artigo 22.º do Regulamento do Prospeto[77], ou, não sendo exigível a publicação de um prospeto, comunicada aos demais investidores a que se dirige a oferta.

[75] O artigo 14.º, n.º 1, alínea *a)*, do Regulamento 2019/979, da Comissão, concretiza os requisitos de conteúdo mínimo dos anúncios publicitários que se dirijam a pequenos investidores. A exigibilidade da menção de anúncio corresponde simultaneamente a um elemento de identificabilidade e de conteúdo mínimo. Este elemento serve precisamente a finalidade de identificabilidade desta forma de comunicação para permitir a sua distinção relativamente a outros documentos da oferta ou admissão à negociação.

[76] Estes requisitos de conformidade e conformação são concretizados no artigo 16.º do Regulamento Delegado n.º 2019/979: a proibição de contradição, de desequilíbrio de conteúdo informativo ou omissão de elementos essenciais e de utilização de indicadores alternativos que não constem do prospeto.

[77] A regulamentação da legislação da União estabelece ainda o dever de alteração do material publicitário em determinadas situações. Pressupõe, por um lado, a existência de uma adenda ao prospeto e, por outro, um efeito causal do pressuposto da adenda (facto novo significativo, erro ou inexatidão material) na correspondência com o referente da mensagem emitida, a qual, sem alteração, não o reflete fielmente ou é suscetível de induzir em erro, nos termos do artigo 15.º, n.º 1, do Regulamento Delegado n.º 2019/979. Este dever aplica-se independentemente da tipologia de destinatário potencial da publicidade. Se se verificarem os pressupostos da correção da publicidade, a publicidade atualizada é difundida sem demora injustificada e contem necessariamente elementos mínimos (existência de uma desconformidade na publicidade, a justificação da alteração e a descrição da diferença), nos termos do n.º 2 do artigo 15.º do Regulamento Delegado n.º 2019/979. A publicidade atualizada é

21. O artigo 121.º do CdVM estabelece (complementarmente) os requisitos da publicidade relativa a ofertas públicas (ofertas de valores mobiliários ao público ou de aquisição).

A mensagem publicitária está sujeita aos requisitos da qualidade de informação, indica necessariamente o prospeto (já aprovado ou futuro), o seu local de acesso e está vinculada ao princípio da conformação da documentação da oferta com o conteúdo do prospeto[78].

c) *Unidades de participação de organismos de investimento coletivo*

22. A legislação nacional e da União relativa aos organismos de investimento coletivo ("OIC") regula a comercialização (incluindo transfronteiriça) de unidades de participação de organismos de investimento e, em especial, a respetiva promoção. O artigo 4.º do Regulamento UE n.º 2019/1156 disciplina a promoção de diversas formas de investimento coletivo (OICVM, OIA, e os fundos europeus de capital de risco e empreendorismo social). A comunicação promocional pode ter destinatários indeterminados ou individualizados (investidores não profissionais ou profissionais).

Para além da sujeição aos princípios da identificabilidade, veracidade e clareza, a comunicação promocional deve descrever os elementos (positivos e negativos) do objeto promovido de forma equilibrada e proporcional. Assim, os respetivos riscos e vantagens são apresentados de forma equilibrada e não assimétrica.

As ações promocionais de um OICVM estão sujeitas ao princípio da conformação e harmonização com os respetivos documentos constitutivos (prospeto e informações fundamentais aos investidores) e devem indicar a sua existência e forma de acesso. Além disso, incluem ainda os locais, forma, língua e ligação em que os investidores podem obter um resumo dos seus direitos que, no mínimo, informe sobre os mecanismos de resolução de litígios. Por fim, contêm informação sobre os termos em que a comercialização desse organismo pode cessar.

divulgada pelo mesmo de comunicação da mensagem inicial, salvo quando se trate de publicidade oral. Neste último caso, a nova publicidade deve ser publicitada por escrito (*a contrario sensu*), de acordo com o artigo 15.º, n.º 3, do Regulamento Delegado n.º 2019/979.

[78] A Proposta de Lei n.º 94/XIV, que revê o Código dos Valores Mobiliários (procedendendo nomeadamente à execução o Regulamento do Prospeto), ajusta o regime da publicidade relativa a ofertas, e estende-o à admissão à negociação, de acordo com a proposta de alteração de redação do n.º 1 do artigo 238.º do CdVM.

As ações promocionais relativas a OIA, fundos europeus de capital de risco e de empreendorismo social estão sujeitas ao princípio da conformação com a informação a prestar aos investidores nos termos da legislação da União, quando representem um convite/proposta de aquisição de partes desses organismos.

d) Instrumentos financeiros derivados e PRIIPs

23. Os instrumentos financeiros derivados não são objeto de emissão (como os valores mobiliários)[79]. São contratos a prazo cujo valor final das atribuições patrimoniais das partes depende da evolução futura de um ativo subjacente de referência[80].

Estes instrumentos financeiros podem ser celebrados em contexto organizado (de mercado) e padronizado[81], mas também fora de mercado (derivados de balcão ou OTC)[82]. Os derivados de mercado organizado sujeitam-se aos princípios e deveres gerais da legislação relativa à publicidade, quando sejam promovidos pela entidade gestora. Sendo promovidos por um intermediário financeiro (como objeto mediato dos seus serviços ou atividades de investimento), estão ainda sujeitos à disciplina da informação na intermediação financeira. Por fim, qualificando-se como um PRIIP, os derivados estão ainda sujeitos ao respetivo regime.

24. Os PRIIPS são uma categoria de produtos financeiros em que o valor do reembolso do investimento de investidores não profissionais está sujeito a variações de valores de referência ou de ativos subjacentes que não são por eles detidos, nos termos do ponto 1) do artigo 4.º do Regulamento n.º 1286/2014.

A distribuição destes produtos financeiros exige a elaboração e divulgação prévia do documento com informações fundamentais com a forma e conteúdo previsto na legislação da União, que pode ser sujeito a notificação prévia às autoridades competentes. O DIF é um documento estruturalmente informativo que não pode conter qualquer conteúdo promocional,

[79] José Engrácia Antunes, *Os Instrumentos Financeiros*, pp. 193-195.

[80] José Engrácia Antunes, *Os Instrumentos Financeiros*, p. 163 e 174-186.

[81] O conteúdo das posições jurídicas emergentes desses contratos é definido *a priori* pela entidade gestora. A liberdade de estipulação dos contraentes consiste essencialmente na quantidade investida e prazos.

[82] José Engrácia Antunes, *Os Instrumentos Financeiros*, p. 195.

incluindo a elementos promocionais externos, nos termos do artigo 6.º, n.º 2, do Regulamento n.º 1286/2014.

O artigo 4.º do regime jurídico dos pacotes de produtos de investimento de retalho e de produtos de investimento com base em seguros[83] regula os requisitos adicionais (de conteúdo e procedimento) relativos à publicidade a estes produtos financeiros (o qual é complementado pela regulamentação setorial consoante a natureza do instrumento base do PRIIP)[84]. Além dos requisitos previstos na legislação da União, a informação integrada numa ação publicitária relativa a PRIIPS observa os requisitos de qualidade de informação idênticos aos previstos no artigo 7.º do CdVM e ainda o requisito da adequação. Os requisitos da publicidade de PRIIPS que se baseiem em instrumentos financeiros são ainda concretizados no Regulamento da CMVM n.º 8/2018, que prescreve os requisitos de conteúdo mínimo das ações publicitárias, nomeadamente de identificabilidade subjetiva (anunciantes e comercializadores), conteúdo e forma da publicidade.

e) Contratos de intermediação financeira e serviços de investimento

25. Os contratos de intermediação financeira têm uma importância funcional no desenvolvimento do mercado. A globalidade das operações sobre instrumentos financeiros é efetuada com intervenção de intermediários financeiros. Assim, a atividade publicitária com este objeto também se enquadra funcionalmente neste objeto.

O regime da intermediação financeira no CdVM é tendencialmente omisso relativamente à publicidade sobre contratos de intermediação financeira e prestação de serviços de investimento. Disciplina exaustivamente os deveres da atividade dos intermediários financeiros e, em particular, os deveres de informação (pré e contratual) aos investidores (clientes potenciais ou atuais), mas não disciplina especificamente os requisitos da publicidade (aplicando-se os requisitos gerais da publicidade).

O n.º 3 do artigo 312.º do CdVM enquadra os termos da prestação de informação quando a mensagem tenha carácter promocional ou publicitária. A publicidade sobre serviços de investimento está sujeita a requisitos de

[83] Aprovado em anexo à Lei n.º 35/2018, de 20 de julho.

[84] No caso dos PRIIPS cujo instrumento base é um instrumento financeiro, o regime jurídico dos PRIIPs foi regulamentado pela CMVM no Regulamento n.º 8/2018, o qual revogou o Regulamento n.º 2/2012 (sem prejuízo do direito transitório aplicável aos produtos financeiros complexos comercializados antes de 1 de janeiro de 2018).

qualidade da informação integrada no seu conteúdo (em linha com o disposto nos n.os 1 e 2 do artigo 7.º do CdVM).

26. O direito da União regula os princípios gerais aplicáveis às comunicações comerciais dos intermediários financeiros no âmbito dos deveres de informação perante os investidores (e os requisitos de veracidade, clareza e completude), sujeitando-as ao princípio da identificabilidade, nos termos do n.º 3 do artigo 24.º da DMIF II.

Os termos dos deveres de prestação de informação aos investidores, incluindo no âmbito de comunicações comerciais, são concretizados na regulamentação da União (Regulamento Delegado n.º 2017/565). O direito da União não obriga à aprovação prévia das comunicações comerciais, admitindo a fiscalização prévia (limitada).

A aplicação dos requisitos de informação é aferida à luz do meio e do objeto da comunicação. O conceito de comunicação comercial abrange diversas condutas: propostas, convites a contratar, publicidade e, inclusivamente, recomendações de investimento que não preencham os requisitos previstos no n.º 1 do artigo 35.º do Regulamento Delegado.

A regulamentação da União delimita negativamente o âmbito de aplicação dos requisitos a certas comunicações, em função do conteúdo, como as comunicações comerciais que se limitem a identificar a denominação, o logótipo, outros sinais distintivos, pontos de contacto ou tipos de serviços (à luz do considerando 65 do Regulamento Delegado). Esta delimitação deve ser cuidadosamente interpretada. O seu objetivo é evitar uma excessiva oneração dos operadores quando as comunicações comerciais respeitem exclusivamente a esses elementos. Nesse caso, como estão a utilizar sinais distintivos ou contactos, não se justifica prestação da totalidade da informação a que estão sujeitos perante a tipologia ou meio da comunicação (sob pena da própria descaracterização da mensagem). Contudo, esses elementos continuam sujeitos aos deveres gerais (veracidade, p. ex.).

Os requisitos de informação aplicáveis às comunicações comerciais são gradativos consoante o seu conteúdo, nos termos do artigo 45.º do Regulamento Delegado. Os deveres gerais consistem na identificabilidade do anunciante e nos requisitos de qualidade (veracidade, clareza e completude), formais (forma e idioma) e adequação ao destinatário (o destinatário médio do público-alvo da comunicação). A comunicação está sujeita a deveres adicionais em função de técnicas utilizadas ou informação integrada:

comparação, utilização de eventos e resultados anteriores, simulação de resultados anteriores, estimativa de resultados futuros ou tratamento fiscal.

5. Supervisão e controlo da publicidade

27. A publicidade sobre instrumentos financeiros está sujeita a controlo e supervisão da CMVM, que pode ser preventivo e/ou sucessivo. O n.º 1 do artigo 366.º do CdVM estabelece que a CMVM fiscaliza a aplicação da legislação da publicidade sobre as matérias reguladas no CdVM. Esta norma deve ser interpretada em sentido lato, abrangendo igualmente as disposições relativas à publicidade na legislação nacional ou da União Europeia que respeitem a publicidade.

O controlo e fiscalização da publicidade pela CMVM é, em regra, *ex post* ou sucessivo. Existem exceções, quando se trate de publicidade relativa a ofertas públicas ou a PRIIPs que está sujeita a controlo administrativo *ex ante* da CMVM, de acordo com o n.º 2 do artigo 121.º do CdVM e no artigo 4.º do regime nacional dos PRIIPs. Este controlo prévio integra-se em procedimentos destinados a investidores não profissionais.

A CMVM fiscaliza o cumprimento da legislação aplicável às ações publicitárias cujo referente sejam matérias reguladas pelo CdVM. É um controlo de legalidade aferido à luz do próprio CdVM (nomeadamente a matéria da qualidade da informação e cumprimento de deveres de informação), da legislação da União Europeia aplicável e na demais legislação nacional relativa à publicidade.

28. O controlo administrativo prévio da publicidade relativa às ofertas ao público abrange a totalidade do material publicitário, ou seja, todas as ações e campanhas publicitárias sobre a oferta ao público (independentemente do meio ou suporte).

A CMVM avalia a conformidade do material com o disposto no n.º 1 do artigo 121.º do CdVM (incluindo os requisitos de qualidade de informação e os princípios e requisitos da publicidade) e no artigo 22.º do Regulamento do Prospeto.

A intervenção da CMVM é iniciada por pedido do interessado, que pode aprovar, com ou sem condições, ou recusar a aprovação da publicidade, com fundamento na respetiva desconformidade. É um juízo de perigo ou risco.

A pedido do interessado, a CMVM pode autorizar a publicidade prévia à aprovação do prospeto ou do registo da oferta, nos termos do artigo 122.º do CdVM. Para o efeito, são necessários dois requisitos: um juízo de prognose da potencial aprovação da oferta e inexistência de perturbação para os destinatários ou mercado (ausência de perigo).

29. A publicidade dos PRIIPS também está sujeita a fiscalização prévia[85] segundo um procedimento simplificado em que se estabelece o deferimento tácito em caso de ausência de decisão, nos termos dos n.os 2 a 4 do artigo 4.º do regime jurídico nacional dos PRIIPs (e ainda fiscalização sucessiva, à luz do n.os 5 e 7 do referido artigo 4.º).

A aprovação da publicidade tem validade por seis meses, podendo o interessado requerer a extensão da sua utilização (de acordo com o procedimento com prazos mais curtos). A lei não define o prazo da extensão, mas (por analogia) o prazo de extensão deve ser idêntico ao inicial (seis meses) e não um prazo a fixar pela autoridade.

30. A CMVM fiscaliza ainda, a *título sucessivo*, a publicidade relativa às matérias reguladas pelo CdVM. Neste contexto, a CMVM pode emitir ordens perante o material publicitário ilegal.

A ilegalidade pode advir de desconformidade respeitante aos sujeitos, objeto, conteúdo ou ao momento. É desconforme a publicidade efetuada por um agente que não tem autorização para a atividade (p. ex., intermediação financeira), mas também aquela que se dirija a sujeitos não elegíveis (p. ex., a publicidade junto de investidores não profissionais de organismo de investimento coletivo dirigido exclusivamente a investidores profissionais). É igualmente desconforme a publicidade a um OIC que ainda não foi autorizado. É, por fim, desconforme a ação publicitária cujo conteúdo não se conforme com os princípios e deveres aplicáveis.

A CMVM pode emitir três tipos de ordem: de modificação, suspensão e retificação, nos termos do n.º 2 do artigo 366.º do CdVM. Estas prerrogativas são instrumentos de controlo administrativo sucessivo[86], dirigindo-se a campanhas em difusão ao público.

[85] A legislação relativa aos produtos financeiros complexos e respetiva regulamentação previa a aprovação prévia da publicidade relativa a esta tipologia de produtos financeiros (cf. artigo 2.º do Decreto-Lei n.º 211-A/2008, de 3 de novembro). A categoria dos produtos financeiros complexos foi substituída pelos PRIIPS.

[86] Sofia Nascimento Rodrigues, "Publicidade relativa a valores mobiliários", p. 130, admite que as ordens de modificação e retificação possam ser emitidas no âmbito da fiscalização prévia. Na publicidade a ofertas ao público, o CdVM define um ato (sujeito a um proce-

A ordem de suspensão tem por efeito a cessação temporária da difusão da ação publicitária, a qual tem um prazo de vigência máximo de 10 dias úteis (nos termos do n.º 3 do artigo 366.º do CdVM). A ordem de modificação determina a alteração ao conteúdo da mensagem, podendo respeitar ao seu âmbito subjetivo (p. ex., a quem se dirige), objeto ou conteúdo. A retificação visa tradicionalmente a correção de erros (por ação ou omissão) no conteúdo da mensagem. A seleção da medida dependerá nomeadamente do facto gerador da ilegalidade. Assim, p. ex., se não pode existir publicidade prévia à aprovação dos documentos constitutivos do OIC, a ação publicitária não pode ser modificada nem retificada, mas apenas suspensa. Pelo contrário, se a ação publicitária não pode ser dirigida a determinados investidores, a intervenção administrativa pode determinar a alteração da publicidade.

Perante o incumprimento da ordem de retificação, a CMVM pode substituir-se ao destinatário da ordem, nos termos do n.º 4 do artigo 366.º do CdVM.

Por fim, o artigo 366.º do CdVM atribui expressamente competência à CMVM para fiscalizar o cumprimento da legislação da publicidade relativamente às matérias reguladas pelo CdVM e, em caso de desconformidade, processar as contraordenações (quer a instrução do processo quer a sua decisão). É, portanto, uma norma especial de competência relativamente às regras previstas no Código da Publicidade (e com apoio na repartição de competências prevista no regime jurídico das práticas comerciais desleais) em função da matéria.

6. Responsabilidade derivada da publicidade

31. A mensagem publicitária desconforme pode ser fonte de responsabilidade para aqueles que nela intervenham. É fonte de eventual responsabilidade civil, nos termos gerais, de acordo com o n.º 1 do artigo 30.º do

dimento administrativo) a praticar pela CMVM em sede de fiscalização prévia (a aprovação), o qual é concedido ou recusado em função da conformidade legal do pedido à luz do direito aplicável. A emissão de ordens está tradicionalmente associada ao controlo sucessivo do supervisor, ou seja, aquele em que a atuação do supervisionado não requer uma pronúncia prévia ou, requerendo, não foi promovida. Neste caso, verificando os pressupostos da respetiva emissão, a CMVM emite uma ordem (para a prática de uma conduta, a sua abstenção ou a cessação), nos termos do artigo 360.º do CdVM. No entanto, estas prerrogativas podem ser usadas relativamente a materiais publicitários que foram objeto de procedimentos prévios.

Código da Publicidade, que estabelece um regime de solidariedade passiva[87]. Os intervenientes no processo de criação e difusão de mensagem publicitária ilícita respondem solidariamente pelos danos causados a terceiros. Podem ainda incorrer em eventual responsabilidade contraordenacional.

32. Os profissionais do mercado de capitais estão sujeitos a deveres de ordenação da atividade cujo cumprimento é juridicamente tutelado e, em particular, vinculados a deveres de informação perante clientes (efetivos ou potenciais). A sua violação pode fazê-los incorrer em responsabilidade civil, contraordenacional ou mesmo penal.

Os intervenientes (que não são profissionais do mercado) também estão sujeitos a deveres quando acedem ou intervenham no mercado. É o caso dos oferentes. Estes estão sujeitos ao dever de informar mediatizado no prospeto. O prospeto está sujeito a exigências de qualidade da informação e reflexamente a um regime de responsabilidade civil por informação deficiente, nos termos dos artigos 149.º e ss. do CdVM.

Sem prejuízo do regime geral de responsabilidade civil pela publicidade, a desconformidade do conteúdo da informação integrada na publicidade relativa a ofertas ao público gera responsabilidade civil, nos termos do n.º 3 do artigo 121.º do CdVM, que observa o regime de responsabilidade pela desconformidade do conteúdo do prospeto, com as necessárias adaptações. Este regime de responsabilidade confere tutela civil ao regime substantivo da publicidade das ofertas ao público e, em particular, aos requisitos do conteúdo mínimo da publicidade e da conformação/harmonização com o prospeto. A sua violação (verificados os demais pressupostos da responsabilidade civil) faz incorrer o responsável na obrigação de indemnizar os danos causados. Fora deste regime de responsabilidade civil específico, a violação de deveres relativos à publicidade pode ser fonte de responsabilidade civil nos termos gerais.

A violação dos deveres de informação e/ou da publicidade também pode ser fonte de responsabilidade contraordenacional. O artigo 389.º, n.º 5, do CdVM pune como contraordenação menos grave a divulgação de mensagem publicitária que não respeite o princípio da identificabilidade, não seja aprovada pela CMVM, se exigível ou não contenha referência ao prospeto.

[87] José Engrácia Antunes, "O Direito da Publicidade – Breve Introdução", p. 844-845.

Conclusão

O investimento em instrumentos financeiros requer conhecimentos, experiência e informação. É um ato que expõe o investidor a uma álea (de conteúdo variável) que pode afetar o seu património. A decisão de investimento deve ser esclarecida e informada, requerendo o acesso e disponibilização de informação.

Os investidores não têm o mesmo grau de conhecimentos, experiência e informação. Por isso, são categorizados consoante o seu nível abstrato de conhecimentos e experiência, o que conforma o seu nível de proteção: investidor não profissional, profissional e contraparte elegível. Os investidores não profissionais são a categoria que reclama maior proteção legal, sendo aqueles que previsivelmente dispõem de menores conhecimentos e experiência perante os profissionais do mercado ou daqueles que pretendem captar a sua poupança junto do público. A categoria do investidor não profissional não tem um âmbito subjetivo totalmente idêntico ao conceito de consumidor.

A publicidade visa incentivar comportamentos dos destinatários. Os atos de (des)investimento podem ser promovidos e incentivados. A publicidade a instrumentos financeiros dirigida a investidores não profissionais está sujeita a requisitos adicionais que se integram no âmbito dos mecanismos de prestação de informação próprios e específicos dos processos junto do público. Os documentos de referência desses processos conformam as restantes comunicações com eles relacionadas, incluindo a publicidade. A publicidade deve referir a existência e disponibilidade dos documentos de referência e harmonizar-se e conformar-se com os mesmos. Desta forma garante-se o conhecimento e forma de acesso à informação base a prestar aos investidores, mas também a compatibilização entre a informação de referência e a informação integrada na mensagem publicitária.

BREVES NOTAS ACERCA DO ÂMBITO DE COBERTURA DO SISTEMA DE INDEMNIZAÇÃO AOS INVESTIDORES: LEIS INTERPRETATIVAS QUE NÃO O SÃO

DAVID NUNES DOS REIS

SUMÁRIO: *1. Introdução; 2. Âmbito de cobertura; a. Enquadramento; b. Cont.: as alterações trazidas pelo DL 162/2009; 3. A importância de ser uma lei interpretativa; a. Ponto prévio; b. As leis interpretativas e a eficácia retroativa; c. Em concreto: a hipótese de não ser interpretativa (nem retroativa); 4. Conclusões.*

1. Introdução

I. Este pequeno escrito visa refletir sobre o âmbito de aplicação do regime do Sistema de Indemnização aos Investidores ("SII"), constante do Decreto-Lei 222/99, de 22 de Junho ("DL 222/99")[1]. Em particular, interessa-nos explorar quais são os créditos elegíveis.

É certo que outros critérios de seleção existem, mas o apuramento do perímetro dos créditos abrangidos pelo SII é umas das tarefas dogmaticamente mais interessantes que o estudo do regime legal do SII suscita. Esta a razão pela qual nos concentraremos neste ponto.

[1] O SII é ainda regulado por diversas Instruções e pela Portaria n.º1266/2001, de 6 de novembro e pelo Regulamento da CMVM n.º 2/2000. Registam-se ainda algumas recomendações e entendimentos emanados pelo próprio SII, disponível em www.cmvm.pt.

II. O desenho do regime vigente começou por ser claramente direcionado à incapacidade financeira do sujeito passivo – o intermediário financeiro – em restituir os fundos devidos aos investidores numa lógica claramente prudencial[2]. Este seria o seu objetivo fundamental. O diploma é perentório a esse propósito: «*(...) conferindo aos investidores meios efectivos de ressarcimento de direitos que não possam ser satisfeitos devido à situação financeira da entidade prestadora dos serviços de investimento, quer seja uma instituição de crédito, quer seja uma empresa de investimento, que sejam participantes do Sistema.*». De igual sorte, também o n.º 1 do art. 3.º do DL 222/99 dispõe que o «*Sistema garante a cobertura dos créditos de que seja sujeito passivo uma entidade participante em consequência de incapacidade financeira desta para, de acordo com as condições legais e contratuais aplicáveis, reembolsar ou restituir aos investidores*».

Em coerência com esta teleologia, a intervenção judicial é relegada para um plano (aparentemente)[3] secundário, o que é patente ao se prever a dispensa de uma intervenção judicial para confirmar a situação de insolvência do sujeito passivo do crédito.

III. Note-se, como bem salienta Paulo Câmara[4], que o SII não tem em vista a reparação ou supressão do dano fundado no incumprimento de normas de conduta que adstrinjam o intermediário financeiro. A ser assim, o acionamento do SII seria bem mais complexo, já que haveria que ajuizar da licitude da atuação do comportamento do intermediário financeiro com reflexos no plano indemnizatório. Em coerência, melhor seria falar em compensação e não propriamente em indemnização[5].

2. Âmbito de cobertura

a. Enquadramento

I. O DL 222/99 foi objeto de 3 alterações, sendo que a mais expressiva – em termos de volume e profundidade – foi, indubitavelmente, a segunda alteração, já que representou um maior ajustamento ao regime vigente.

[2] Paulo Câmara, *Manual de Direito dos Valores Mobiliários*, 4.ª ed., 2018, 262.

[3] O parêntesis e o advérbio servem um propósito: sinalizar que com a imensidade de conceitos indeterminados, e face à nova redação do art. 9.º, n.º 2, os tribunais podem, afinal, ter um papel mais relevante do que aquele que inicialmente se poderia pensar. Donde, tudo visto e ponderado, a posição secundária dos tribunais no contexto do SII tem de ser tomada *cum grano salis*.

[4] Paulo Câmara, *Manual..., op. cit.*, 263.

[5] Paulo Câmara, *Manual..., op. cit.*, 263.

A primeira alteração ocorreu em 2003, por via do Decreto-Lei n.º 252/2003, de 17 de Outubro, através do qual se alargou o regime vigente para as empresas de investimento e sociedades gestoras de fundos de investimento mobiliário autorizadas a exercer a atividade de gestão de carteiras por conta de outrem. Ou seja: para efeitos do regime do SII, o conceito de empresas de investimento engloba também o conceito de sociedades gestoras de fundos de investimento mobiliário que exerçam a atividade para o investimento *supra* referida.

Seguidamente, em 2009, foi feita uma alteração materialmente muito relevante por via do Decreto-Lei 162/2009, de 20 de Julho ("DL 162/2009"). Através deste diploma, foram alterados 7 (sete) artigos do DL 222/99, alguns dos quais diretamente relacionados com o âmbito de cobertura do SII, que analisaremos seguidamente em detalhe.

Por fim, quanto à terceira alteração, ocorrida através das modificações trazidas pelo Decreto-Lei n.º 144/2019, de 23 de Setembro, modificou-se o art. 2.º em dois pontos. Em primeiro lugar, quanto à definição de empresas de investimento, foi feita a remissão para a norma do Regime Geral das Instituições de Crédito e Sociedades Financeiras, aprovado pelo Decreto-Lei n.º 298/92, de 31 de dezembro (que havia sido alterado). Em segundo lugar, foi feito um acerto no *wording* do n.º 2 do art. 2 do DL 222/99, passando a referir-se «sociedades gestoras de organismos de investimento coletivo» e não «sociedades gestoras de investimento mobiliário».

b. Cont.: as alterações trazidas pelo DL 162/2009

I. Vimos acima que foi o DL 162/2009 que mais alterações trouxe ao regime. Por isso, num certo sentido, estudar o DL 222/99 passa por estudar – não propriamente a redação que este tem após 2009 – mas sim o próprio regime publicado em 2009, ponderando, designadamente, os elementos interpretativos que o diploma, no seu todo, nos confere.

II. Um dos objetivos do DL 162/2009 foi o de clarificar o âmbito de cobertura do referido diploma. Isso mesmo se pode ler no proémio do diploma:

> «*A par destas alterações, procede-se à clarificação, a título interpretativo, do âmbito de cobertura do Sistema de Indemnização aos Investidores, no sentido de considerar abrangidas pelo mesmo as garantias contratualmente prestadas por entidade participante.*» (sublinhado nosso)

Este trecho – ao qual voltaremos – deixa claro vários pontos, um dos quais que o ensejo do legislador é modificar o regime de cobertura do SII com vista à sua clarificação. Note-se que a alegada clarificação é de uma importância capital pois que ela surge no âmago do regime: saber se determinado sujeito tem ou não direito a receber um certo montante do SII. Está, portanto, em causa a elegibilidade de certos créditos.

III. Interessa-nos particularmente a alteração que foi feita ao art. 3.º do DL 222/99. Desde logo, foi alterado o corpo do art. 3.º – que passou a figurar como n.º 1 do art. 3.º. Trata-se de uma norma pouco clara, com vários conceitos indeterminados, e que, portanto, oferece pouca segurança jurídica. Acresce que há que relevar – seguindo de perto a redação do preceito – o momento em que a entidade participante, em razão da sua "incapacidade financeira", não seja capaz de restituir os fundos. A leitura conjugada deste preceito com o art. 10.º, n.º 2 e art. 11.º, n.º 1, sugere que se atenda exclusivamente a esse momento, não relevando, nesta medida, qualquer desvalorização posterior a esse momento.[6].

III. Foi também aditado o n.º 2 ao art. 3.º, onde se pode ler:

«*2 – Para efeitos do disposto no número anterior, os fundos devidos aos investidores e que se encontram especialmente afetos a operações de investimento incluem os créditos de que os mesmos sejam titulares sobre uma entidade participante do Sistema e que resultem de operações de investimento cujas condições contratuais estabeleçam uma garantia de reembolso de montantes determinados ou determináveis.*» (sublinhado nosso)

Este número 2.º permite facilmente concluir que se alargou o perímetro do acionamento do SII, já que parecem estar inclusas as garantias contratuais resultantes de um contrato de investimento que tenha sido celebrado entre uma entidade participante e um investidor. Trata-se, a nosso ver, de uma alteração radical no espírito e na estrutura do regime do SII[7].

[6] EDUARDO PAZ FERREIRA / ANA PERESTRELO DE OLIVEIRA, «*Os limites do sistema de indemnização aos investidores: âmbito de cobertura material e natureza fiscal das contribuições*», RDS III (2011), 1, 55-82, 79.

[7] PAULO CÂMARA, *Manual...*, *op. cit.*, 266, fala em alteração de "natureza". Em concreto: «*Esta norma traduz um importante alargamento no âmbito de cobertura do Sistema de Indemnização aos Investdiroes, de modo a alterar a sua natureza, tal como resulta do DL n.º 162/2009 (...)*».

IV. Na redação prévia estava em causa a «*parcial compensação de pretensões fundadas na insolvência do intermediário. Por isso é que se dispensa uma verificação judicial da situação de incapacidade financeira ou dos montantes dos créditos de cada investidor.*»[8]. Donde, se os valores mobiliários eram entregues aos investidores – mesmo se com valor inferior – o SII não podia ser acionado ou chamado a corrigir ou suportar o montante equivalente à desvalorização daqueles ativos.

V. A nova redação do art. 3.º é, em nosso entender, bastante criticável. Desde logo, a utilização de uma terminologia pouco precisa e rigorosa não é feliz. Assim, numa primeira leitura poder-se-ia concluir que toda e qualquer garantia que se traduza num resultado passível de avaliação pecuniária estaria coberta (até porque não se prevê qualquer limitação para lá da limitação geral dos € 25.000,00). Tal configuraria um desvio relevante àquela que é a *ratio* e a teleologia própria do SII. Com é sabido, visa-se proteger o investidor contra perdas, ou seja, cobrir montantes que tenham sido despendidos e não colocar o investidor numa situação mais favorável do que aquela em que estaria no momento zero, *i.e.*, no momento em que realiza o investimento. Em causa não pode estar uma compensação por ganhos que não se obtiveram, mas apenas a devolução de uma parte (ou todo) do montante investido. Em suma: o alargamento do âmbito de cobertura levou a uma indeterminação indesejada de situações que podem conduzir ao acionamento do SII, diminuindo assim a confiança dos investidores neste sistema e a estabilidade do próprio setor financeiro. Deixa de ser claro quais são, afinal, os montantes abrangidos.

VI. Releve-se, por exemplo, a utilização do termo equívoco de "garantia de reembolso". Ora, dir-se-ia que está em causa a garantia de devolução do capital investido e não qualquer reembolso de remuneração do capital. Como refere Paulo Câmara[9], o art. 9.º, n.º 1 al. j) parece dar guarida a este entendimento, que contrapõe garantia de rendibilidade a garantia de reembolso. Embora sustentemos a opinião de que estão excluídas do SII as garantias de rendibilidade mínima (remuneração do capital), o certo é que a terminologia adotada não se apresenta como a mais clara.

[8] Paulo Câmara, *Manual..., op. cit.*, 266.

[9] Paulo Câmara, *Manual..., op. cit.*, 267.

VII. Note-se que esta modificação legal pode dar azo a interpretações no sentido de viabilizar a cobertura de riscos inerentes e próprios dos investimentos, como seja o risco de desvalorização dos ativos. Trata-se de um risco que deve ser suportado na esfera do investidor e não ser transferido para a instituição financeira[10]. Além de desvirtuar o sentido do SII, este preceito introduz um risco significativo de *moral hazard*. Se o investidor – para mais não profissional (!) – tiver como assegurado não só o montante que investiu, mas também uma parte dos ganhos que podia ter obtido, a sindicância, análise e cuidado vão diminuir. É que este SII funciona como um seguro ou um *buffer* ante desvalorizações dos ativos. Com efeito, se o investidor sabe de antemão que, se o intermediário financeiro não cumprir com as suas obrigações, ele tem direito a receber (parte) do montante despendido e ainda o que resultaria dos ganhos que o investimento possivelmente viesse a gerar, havendo essa "segurança" para o investimento, poderá mais facilmente tomar decisões de investimento que não são consentâneas com o seu apetite ao risco ou composição global da carteira.

Pense-se na seguinte situação hipotética:

> Um investidor pretende investir € 100.000,00 num fundo luxemburguês cujo objetivo é investir 100% em *emerging markets*. Contudo, já tem uma exposição de 50% da sua carteira a esta tipo de ativos. Sabendo que tem uma proteção de € 25.000,00, sabe que uma desvalorização de 25% será "compensada". Donde, aceita o risco inerente a uma exposição excessiva a *emerging markets* e coloca em carteira este ativo que representaria, a final, 70% de exposição a um determinado perfil de risco.

VIII. Fica a sensação que o legislador optou por ser algo paternalista mas que o resultado acabou por ser contrário aos intentos que presidem à regulação do setor financeiro: confiança e estabilidade. Estas alterações criam desconfiança, são más para os próprios investidores e o eventual incremento das contribuições para o SII também não se revela justo e adequado.

Com razão escreve Paulo Câmara:

> «*O alargamento do Sistema à cobertura de contratos financeiros com garantia de reembolso, além disso, pode perverter o funcionamento típico deste esquema de compensação de investidores, ao abrir a porta à reparação de danos resul-*

[10] Há, aliás, modos de cobrir ou mitigar este risco designadamente através de outros instrumentos financeiros.

tantes da depreciação de instrumentos financeiros que podem sofrer uma ulterior valorização.»[11]

Em coerência, o Autor defende uma redução teleológica, com vista a que no âmbito do SII se figurem apenas perdas definitivas resultantes de incumprimentos dos contratos.

3. A importância de ser uma lei interpretativa

a. Ponto prévio

I. Como vimos supra, o proémio do DL162/2009 veio proclamar que *«procede-se à clarificação, a título interpretativo, do âmbito de cobertura do Sistema de Indemnização aos Investidores, (...)»*. A inclusão da expressão "a título interpretativo" não é inocente. Destrunfando: com esta inclusão o legislador quis dotar de eficácia retroativa uma certa leitura do regime legal. Com efeito, é aceite com relativa bonomia pela doutrina nacional que as leis interpretativas têm eficácia retroativa[12]. Tendo eficácia retroativa, significa que a lei antiga se deve interpretar – desde a sua entrada em vigor – com o sentido que lhe foi atribuído pela lei nova. Nessa medida, cumpre aferir se estamos, de facto, diante uma lei interpretativa.

b. As leis interpretativas e a eficácia retroativa

I. João Batista Machado defende que para que uma lei possa ser considerada interpretativa devem estar reunidos dois requisitos. Por um lado, deve a solução prevista pela lei anterior ser controvertida ou incerta. Por outro lado, que a nova solução defendida pela nova lei se situe dentro dos limites normativos impostos à interpretação[13].

II. Numa primeira análise, poder-se-ia dizer que uma norma interpretativa é retroativa, na medida em que versa uma lei (interpretada) prévia. A retroatividade resulta do facto de a lei se pronunciar sobre uma lei pretérita e de lhe fixar um novo entendimento (ressalvadas as excepções cons-

[11] Paulo Câmara, *Manual..., op. cit.*, 267.

[12] Por todos: José de Oliveira Ascensão, *O Direito: introdução e teoria geral*, 13.ª ed. (reimp. 2015), 2017, 563-564.

[13] João Baptista Machado, *Introdução ao direito e ao discurso legitimador, 13.ª reimp., 2002*, 176-177.

tantes do art. 13.º, n.º 1 do CC). Contudo, numa análise mais fina, a conclusão parece ser outra. Como escreve Pedro Romano Martinez, na senda de Batista Machado[14], «*a retroactividade não é puramente formal, pois seria uma ficção entender-se que, afinal, o sentido correto fora sempre o fixado pela lei interpretativa.*»[15]. Com efeito, a lei nova não pode mudar a interpretação da lei antiga desde a sua entrada em vigor até à fixação da nova interpretação pela lei nova. O certo é que, ao pronunciar-se sobre o passado, a lei nova vem, de certo modo, alterar aquele que é o sentido normativo da norma jurídica interpretada.

III. De forma acutilante, escreve Menezes Cordeiro: «*ou a lei interpretativa sufraga a boa interpretação e é inútil, ou subscreve a má e é inovatória*»[16]. É justamente este o busílis da questão, na medida em que, a nosso ver, o grau de "inovação" é, no fundo, o que está em causa e essa é a sua *utilidade*.

IV. Há, com efeito, que admitir que a utilidade da lei interpretativa está em correlação direta com a parcela inovatória desta norma. Com efeito, se a lei interpretativa se bastasse a reproduzir um entendimento consolidado sobre aquela norma (passada), então, esta lei nova seria inútil, porquanto já se alcançava essa conclusão com base no teor do antigo regime. A mais valia, se se quiser, da lei interpretativa é, justamente, a de clarificar ou até inovar, dentro daquilo que o teor da norma antiga consente. *Mister* é que a interpretação fixada pela lei nova se encontre, pelo menos numa primeira fase, abarcada pelos vários sentidos normativos possíveis. Se assim não for, haveria que revogar a lei pretérita. Aqui está, portanto, o *punctum crucis*: qual o grau de inovação que a lei antiga consente à interpretação firmada pela lei nova.

V. Da nossa parte sustentamos que o critério último para aferir da natureza interpretativa (e não revogatória) da lei nova é o de atender aos ele-

[14] João Baptista Machado, *Introdução ao direito..., op. cit.*, 247.

[15] Pedro Romano Martinez, *Introdução ao Estudo do Direito*, 2021, 391.

[16] António Menezes Cordeiro, *Tratado de Direito Civil: Introdução; fontes do direito; interpretação da lei; aplicação das leis no tempo; doutrina geral*, 4.ª ed., 1.º V., 2012, 858. No entanto, acaba por "ceder" pois escreve «*Admitimos, contudo, que, por vezes, pior do que uma má solução, seja a dúvida quanto à solução. Os agentes económicos e sociais, perante decisões flutuantes, ficarão perdidos. Pode justificar-se, no concreto, a aplicação do art. 13.º: mas com cautelas.*»

mentos da interpretação jurídica. Tal significa que, em bom rigor a lei nova poderá ser *clarificadora* ou *inovadora*[17]. Vejamos:

(i) Lei clarificadora: sê-lo-á se e na medida em que fixar um dos vários entendimentos que vinha sendo adotado e que era normativamente admissível, à luz dos dados do sistema. Assim, e por exemplo, se a lei antiga era interpretada pela comunidade jurídica (em particular pelos tribunais) de três modos distintos, a escolha de um deles constitui *mera clarificação*. Aqui, se se quiser, a parcela inovatória assume uma *intensidade fraca*, na medida em se procede à escolha de um dos vários sentidos e interpretações possibilitados pela norma em causa. Assim, a interpretação preconizada pela lei nova não constitui uma surpresa, porquanto já vinha sendo adotada;

(ii) Lei inovatória: em causa está o caso em que a lei nova fixa uma nova interpretação para a lei antiga. Aqui, há que traçar a bissetriz. Se essa interpretação ainda couber no espírito e na letra, por exemplo, da lei antiga, então temos uma lei inovatória em que a parcela inovatória assume uma *intensidade média*. Fixa um novo entendimento, mas que seria possível que ele fosse tomado aquando da promulgação e entrada em vigor da lei antiga. Nessa medida, não há uma revogação da lei antiga. Coisa distinta é se a nova lei promover um entendimento sem suporte na norma antiga. Aqui, poderíamos estar diante uma verdadeira norma revogatória, em que se fixa uma nova disciplina jurídica. Donde, a parcela inovatória detém uma *intensidade forte*, razão pela qual, *summo rigore*, a alegada lei interpretativa não o é, de facto (e de direito).

VI. A retroatividade da lei deve, em nosso entender, ser perspetivada à luz da intensidade da parcela inovatória, para bem da segurança jurídica e tutela do comércio jurídico. Nos dois primeiros casos – em que a parcela

[17] Vale a pena transcrever o seguinte trecho de Pedro Romano Martinez: «*Ainda que a lei interpretativa deva ser meramente esclarecedora, nomeadamente, perante dois sentidos possíveis, indicando o que deve ser seguido, nada obsta a que também seja (limitadamente) inovadora, fixando um sentido da lei interpretada não expectável e com o qual não se poderia contar atentas as regras da interpretação. Apesar de ser admissível que a lei interpretativa contenha uma parcela inovativa, a dúvida residirá na determinação do âmbito admissível de tal inovação; porquanto a lei interpretativa terá de encontrar uma justificação plausível para o sentido que vem a fixar da lei interpretada. (...) A lei interpretativa, ao determinar o sentido da lei interpretada, integra-se nesta e o sentido agora fixado vincula o aplicador desde o início de vigência da lei interpretada*» *in* Pedro Romano Martinez, *Introdução*, *op. cit.*, 223).

inovatória é meramente *fraca* ou *média* – trata-se de uma verdadeira lei interpretativa, caso em que a retroatividade acompanha essa lei nova. De outra sorte, se em causa estiver uma parcela inovatória em sentido forte, tal desqualifica essa lei como interpretativa passando a ser uma verdadeira lei revogatória, caso em que fica vedado o efeito retroativo.

c. *Em concreto: a hipótese de não ser interpretativa (nem retroativa)*

I. Diríamos que a referência preambular à natureza interpretativa visou, fundamentalmente, dotar esta lei de eficácia retroativa. Ou seja: a forma hábil – mas nem por isso não censurável – que o legislador encontrou para alargar o espectro de operações cobertas foi tornar interpretativa uma lei que densifica e alarga o perímetro de aplicação deste regime.

Nesse sentido, sustentamos, que não sendo uma verdadeira lei interpretativa, ela só pode valer para futuro, estando, por isso despida da natureza interpretativa que tão astuciosamente proclama no preâmbulo do citado diploma.

II. Vejamos, então, em concreto.

Como referem Eduardo Paz Ferreira e Ana Perestrelo de Oliveira[18], há que interrogar se as garantias contratualmente acordadas, agora constantes do n.º 2 do art. 3.º, se encontravam cobertas pelo SII, na redação do DL 222/99 previamente à sua alteração pelo DL 162/2009. Ou seja: em causa está saber se, na redação inicial do diploma, se poderiam já considerar cobertas as garantias contratualmente prestadas por instituição que entretanto se tenha tornado incapaz de honrar os seus compromissos, designadamente no âmbito do contrato de gestão de carteiras. Se a resposta for positiva, teremos uma parcela inovatória com uma intensidade *média*. Caso a resposta seja negativa, então a parcela inovatória assume uma intensidade *forte*.

III. Atentemos, então, no contrato de gestão de carteiras. A gestão de carteiras por conta de outrem surge definida como «*a gestão de carteiras com base num mandato dado pelo cliente numa base individual e discricionária, sempre que essas carteiras incluam um ou mais instrumentos financeiros*» pelo art. 4.º,

[18] Eduardo Paz Ferreira / Ana Perestrelo de Oliveira, «*Os limites do sistema de indemnização aos investidores: âmbito de cobertura material e natureza fiscal das contribuições*», *op. cit.*, 78.

n.º 1 8) da MiFID II[19]. Temos, portanto, um sujeito que se vincula a gerir um património financeiro (uma carteira composta predominantemente por títulos), contra remuneração, com vista à sua valorização. As decisões de investimento são, portanto, tomadas pelo gestor da carteira[20]-[21], nota esta que distingue, do ponto de vista estrutural, a gestão de carteiras da consultoria para investimento, por exemplo, em que a decisão é sempre do cliente.

IV. Ora, o problema surge, justamente, nos casos em que o contrato de gestão de carteiras prevê uma obrigatoriedade de atingir determinada rendibilidade[22]. Muito embora não seja frequente, podem as partes clausular uma obrigação de o gestor atingir determinadas rendibilidades (*v.g.*, relativamente ao valor inicial da carteira, ao princípio do ano ou até face ao *benchmark*). Pergunta-se se, nos casos em que a obrigação de atingir determinada rendibilidade não for cumprida, pode o cliente peticionar esse montante junto do SII. Com efeito, trata-se de uma obrigação assumida pelo gestor no âmbito contratual e que se traduziria, à partida, no reembolso de um certo montante.

V. Contudo, a letra de lei e o seu espírito não consentem uma resposta afirmativa[23].

Desde logo, a letra da lei não permite a inclusão dos valores inerentes à desvalorização dos instrumentos financeiros. O art. 3.º, na sua redação anterior, estabelecia a obrigação de «*reembolsar ou restituir aos investidores os fundos que lhes sejam devidos ou que lhes pertençam e que se encontrem especialmente afectos a operações de investimento, ou que sejam detidos, administrados ou geridos por sua conta no âmbito de operações de investimento*». Ou seja: haveria

[19] A maioria da doutrina nacional reconduz este contrato ao mandato, como se pode ler em A. Barreto Menezes Cordeiro, «O Contrato de Gestão de Carteira», *Revista de Direito Financeiro e dos Mercados de Capitais*, vol. 2 (2020), n.º 6, 1-36, 5-6.

[20] Próximo, A. Barreto Menezes Cordeiro, «O Contrato de Gestão de Carteira», *op. cit.*, 6.

[21] Com nuances como seja a possibilidade de ordens vinculativas (art. 336.º do CVM).

[22] Urge não confundir com "objetivos", como seja, atingir valorizações superiores ao *benchmark* escolhido. Neste caso, não há, propriamente, uma obrigação de resultados, mas antes uma obrigação de meios e que, não raro, surge acoplada a uma estruturação do comissionamento. Por exemplo: prever-se que se a rendibilidade da carteira superar em mais de 20% o *benchmark*, o gestor tem direito a 50% desse excedente (a título de remuneração variável).

[23] Neste sentido, Eduardo Paz Ferreira / Ana Perestrelo de Oliveira, «*Os limites do sistema de indemnização aos investidores: âmbito de cobertura material e natureza fiscal das contribuições*», *op. cit.*, 78 e 79.

que reembolsar ao valor que apresentam. Nada permite afirmar que deve haver reembolso ao valor de aquisição ou até com direito a remuneração. Não há qualquer base literal ou teleológica que permita operar a transferência do risco de desvalorização da esfera do investidor para o SII. Acresce que, como defende Eduardo Paz Ferreira e Ana Perestrelo de Oliveira[24], o facto de o SII ser financiado por contribuições que revestem a natureza de tributos públicos unilaterais aponta no sentido de o SII se reger por um princípio de taxatividade no tocante ao seu âmbito de cobertura.

Pergunta-se se, ainda assim, não seria possível proceder a uma interpretação extensiva.

Julgamos que não. Desde logo, porque os tributos públicos devem estar conexos à sua finalidade, não devendo, por isso, ir além desta. Mais se diga que se um dos fitos desta legislação é tributária de uma ideia de confiança e estabilidade, não pode haver dúvidas sobre o que está ou não coberto. Há, por isso, que garantir que o perímetro de aplicação do regime está fixado e que não é elasticamente estendido a outras realidades.

4. Conclusões

I. Procurámos refletir sobre o âmbito de aplicação do regime do Sistema de Indemnização aos Investidores ("SII"), constante do Decreto-Lei 222/99, de 22 de Junho ("DL 222/99"), que foi alvo de várias alterações;

II. Numa primeira aproximação, podemos afirmar, com relativa segurança, que a lógica do regime e do próprio SII está direcionada à incapacidade financeira do intermediário financeiro, *p. e.g.*, em restituir os fundos devidos aos investidores, não estando por isso em causa a supressão ou reparação de um dano que tenha tido causa na violação de uma norma de conduta ou a colocação do investidor numa situação melhor do que aquela em que estaria se não tivesse sequer investido;

III. Umas das alterações mais relevantes prende-se com o facto de o DL 162/2009 assumir, no seu preâmbulo, que pretende "clarificar" o seu âmbito de aplicação;

IV. Tal desiderato, cremos, não foi (de todo) atingido;

[24] EDUARDO PAZ FERREIRA / ANA PERESTRELO DE OLIVEIRA, «*Os limites do sistema de indemnização aos investidores: âmbito de cobertura material e natureza fiscal das contribuições*», *op. cit.*, 79.

V. Desde logo porque foi aditada uma norma – o art. 3.º, n.º 2 – onde se pode ler:

«2 – *Para efeitos do disposto no número anterior, os fundos devidos aos investidores e que se encontram especialmente afetos a operações de investimento incluem os créditos de que os mesmos sejam titulares sobre uma entidade participante do Sistema e que resultem de operações de investimento cujas condições contratuais estabeleçam uma garantia de reembolso de montantes determinados ou determináveis.*» (sublinhado nosso)

VI. Trata-se de uma redação criticável pois deixa de ser claro quais são, afinal, os créditos elegíveis. Se o espírito desta norma é proteger o investidor contra perdas, não há que ressarcir eventuais garantias que tenham sido acordadas e que possam colocar o investidor numa situação mais favorável do que aquela em que estava no momento do investimento;

VII. Parece, por isso, ser de afastar qualquer interpretação que considere "protegida" a obrigação de entrega de uma rendibilidade mínima (mesmo se à luz da nova redação). Essa interpretação faria impender sobre o intermediário o risco do investimento, configurando assim uma entorse grave ao SII e à própria lógica subjacente ao investimento em ativos financeiros;

VIII. O risco de *moral hazard* inerente a tal interpretação é material e jogaria, afinal, contra o próprio investidor (que se quer proteger);

IX. O DL162/2009 veio ainda proclamar, no seu proémio, que a clarificação relativa ao âmbito de cobertura é feita «*a título interpretativo*», pretendendo assim dotar este normativo de eficácia retroativa;

X. Entendemos que, para que uma lei possa ser considerada interpretativa, devem estar reunidos dois requisitos, a saber: (i) a solução prevista pela lei anterior deve ser controvertida ou incerta; e (ii) a nova solução defendida pela nova lei deve situar-se dentro dos limites normativos impostos à interpretação;

XI. Donde, o grau de "inovação" é, no fundo, o que está em causa e essa é a sua *utilidade*;

XII. Sustentamos um critério com vista a aferir da natureza interpretativa da lei nova e que passa por mediar o grau de novidade, segmentando do seguinte modo:

(i) Lei clarificadora: a parcela inovatória assume uma *intensidade fraca*, na medida em se procede à escolha de um dos vários sentidos e interpretações possibilitados pela norma em causa. Assim, a interpretação preconizada pela lei nova não constitui uma surpresa, porquanto já vinha sendo adotada;

(ii) Lei inovatória: há que traçar aqui uma outra distinção. Se essa interpretação ainda couber, por exemplo, no espírito e na letra da lei antiga, então estaríamos diante uma lei inovatória em que a parcela inovatória assume uma *intensidade média*. Fixa um novo entendimento que, no entanto, poderia ser tomado à luz da lei antiga.

Coisa distinta é se a nova lei promover um entendimento sem suporte na lei antiga. Aqui poderíamos estar diante uma verdadeira norma revogatória, em que se fixa uma nova disciplina jurídica. Donde, a parcela inovatória detém uma *intensidade forte*, razão pela qual, *summo rigore*, a alegada lei interpretativa não o é;

XIII. A retroatividade da lei deve, em nosso entender, ser perspetivada à luz da intensidade da parcela inovatória. Só nos dois primeiros casos – em que a parcela inovatória é meramente *fraca* ou *média* – se trata de uma verdadeira lei interpretativa, caso em que a retroatividade acompanha essa lei nova;

XIV. Em concreto, cumpre saber se, na redação inicial do diploma, se poderiam já considerar cobertas as garantias contratualmente prestadas por instituição que entretanto se tenha tornado incapaz de honrar os seus compromissos, designadamente no âmbito do contrato de gestão de carteiras. Se a resposta for positiva, teremos uma parcela inovatória com uma intensidade *média*. Caso a resposta seja negativa, então a parcela inovatória assume uma intensidade *forte*, com as consequências em sede de retroatividade;

XV. Podem as partes no contrato de gestão de carteiras assumir a obrigatoriedade de atingir determinada rendibilidade, pelo que cumpre saber se pode o cliente peticionar esse montante junto do SII;

XVI. O art. 3.º, na sua redação anterior, estabelecia a obrigação de «*reembolsar ou restituir aos investidores os fundos que lhes sejam devidos ou que lhes pertençam e que se encontrem especialmente afectos a operações de investimento, ou que sejam detidos, administrados ou geridos por sua conta no âmbito de operações de investimento*». Ou seja: haveria que reembolsar ao valor que apresentam. Nada permite afirmar que deve haver reembolso ao valor de aquisição ou até com direito a remuneração. Não há qualquer base literal ou teleológica que permita operar a transferência do risco de desvalorização da esfera do investidor para o SII.

RESPONSABILIDADE CIVIL PELO PROSPETO (APÓS A REFORMA DO CVM DE 2021)

José Ferreira Gomes

Sumário: *1. Introdução; 2. Prospeto e deveres de informação, antes e depois da reforma do CVM; 3. O oferente e o emitente [art. 149.º/1, a) e b) CVM]; 4. Os administradores do oferente e do emitente, em funções à data da aprovação do prospeto [art. 149.º/1, d) CVM]; 5. Os membros do órgão de fiscalização do oferente e do emitente, em funções à data da aprovação do prospeto [art. 149.º/1, f) CVM]; 6. O ROC/SROC do oferente em funções à data da aprovação do prospeto [art. 149.º/1, h) CVM]; 7. As demais pessoas que aceitem ser nomeadas como responsáveis [art. 149.º/1, i) CVM].*

1. Introdução

Retomamos aqui um tema que abordámos já noutras ocasiões[1], considerando agora a recente reforma do Código dos Valores Mobiliários (CVM) pela Lei n.º 99-A/2021, de 31-dez., que alterou significativamente o art. 149.º CVM.

Limitamo-nos, contudo, à discussão da ilicitude na responsabilidade subjetiva que decorre do art. 149.º CVM, sem prejuízo de algumas observações finais acerca da responsabilidade objetiva segundo o art. 150.º CVM.

[1] Em "Responsabilidade civil pelo prospeto: A delimitação dos responsáveis perante o art. 149.º/1 CVM", *RDS*, 8:4, 2016, 813-852 (813 ss.), e "Responsabilidade civil pelo prospeto", in José Ferreira Gomes e Diogo Costa Gonçalves (coord.), *Manual de sociedades abertas e de sociedades cotadas*, 2018, 201-236.

2. Prospeto e deveres de informação, antes e depois da reforma do CVM

I. Quem publica um prospeto deve assegurar que a informação nele contida é completa, verdadeira, atual, clara, objetiva e lícita (arts. 7.º e 135.º), a fim de que os seus destinatários possam formar uma decisão de investimento ou desinvestimento suficientemente esclarecida. Quando assim não acontecer, há lugar a responsabilidade civil (subjetiva) pelos danos causados aos seus destinatários. *Breviter*, nisto consiste a responsabilidade civil pelo prospeto[2].

Esta noção introdutória exige, desde logo, duas clarificações. Em primeiro lugar, a responsabilidade civil pelo prospeto *proprio sensu* corresponde ao regime previsto nos arts. 149.º ss. Tal regime não afasta o recurso à via comum de imputação de danos no âmbito da formação dos contratos (*culpa in contrahendo*)[3]. Independentemente da discussão acerca da sua natureza, é este o regime que ora nos ocupa.

Em segundo lugar, se é verdade que a responsabilidade (subjetiva) pelo prospeto configura uma forma de imputação dos danos decorrentes da violação dos deveres de quem o publica, não é menos verdade que esta aproximação oculta uma miríade de questões de difícil enquadramento e resposta: *Quais os sujeitos passivos da responsabilidade? Qual o facto constitutivo de dever de indemnizar, quanto a cada um deles? Quem são os lesados? Qual o dano imputável? Qual a natureza da imputação? Etc.*

III. Na generalidade dos casos, o prospeto é publicado em cumprimento de um dever legal, no quadro de uma oferta pública ou da admissão de valores mobiliários à negociação em mercado regulamentado. Porém, no

[2] Sobre a tipicidade dos vícios do prospeto para efeitos de responsabilidade civil, Paulo Câmara, *Manual de direito dos valores mobiliários*, 4.ª ed., 2018, 818-819.

[3] Sobre esta *dupla via* – regime mobiliário da responsabilidade pelo prospeto *vs.* regime comum da *culpa in contrahendo* – cfr. Heinz Dieter Assmann, § 6 Prospekthaftung, in Heinz Dieter Assmann e Rolf A. Schütze, *Handbuch des Kapitalanlagerechts*, 3.ª ed., 2007, n.º 1, Id., "Entwicklungstendenzen der Prospekthaftung", *WM*, 1983, 138-144 (138), Johannes Köndgen, "Zur Theorie der Prospekthaftung", *Die Aktiengesellschaft*, 28:4/5 (1983), 85-99, 120-132 (87), Jorge Sinde Monteiro, *Responsabilidade por conselhos, recomendações ou informações*, 1989, 97, Manuel Carneiro da Frada, *Teoria da confiança e responsabilidade civil*, 2004, 181, Paulo Mota Pinto, *Interesse contratual negativo e interesse contratual positivo*, 2, 2008, 1458, Dário Moura Vicente, *Da responsabilidade pré-contratual em direito internacional privado*, 2001, 269-270.

caso em que a lei dispensa a publicação do prospeto, pode, ainda assim, o oferente/requerente decidir-se pela sua publicação[4].

Em qualquer dos casos, sendo publicado, o prospeto deve cumprir os requisitos legais referentes à qualidade da informação[5], dirigidos à proteção do público investidor e da eficiência do mercado[6].

IV. Se a imputação dos danos sofridos pelos investidores encontra o seu fundamento na violação dos deveres de prestação de informação através do prospeto, seria de esperar que o sujeito passivo de responsabilidade fosse aquele que está adstrito ao cumprimento desses mesmos deveres: o oferente.

[4] Christoph Kumpan, in Adolf Baumbach, Klaus J. Hopt, *Handelsgesetzbuch*, 37.ª ed. (2016), WpPG, § 21, n.º 1, Robert Müller, *Wertpapierprospektgesetz* (2012), § 21, n.º 2.

[5] Em ambos os casos existe, portanto, um dever jurídico de prestar informação, relevante para efeitos do art. 485.º/2 CC. Em todo o caso, numa decomposição analítica poderia dizer-se: no primeiro caso, soma-se ao dever de prestar a informação (em sentido estrito) o dever de cumprimento dos critérios de qualidade da informação; no segundo caso temos apenas este segundo dever.

Afasta-se, assim, a recondução a um caso de responsabilidade pela confiança, autónoma face à responsabilidade pela violação de deveres de conduta. O que fundamenta a responsabilidade não é a confiança em si, mas a não conformação da conduta do sujeito em causa com o dever que lhe é imputado no caso concreto. Carneiro da Frada, *Teoria da confiança*, cit., 188-189. A este propósito, recorde-se que o BGH começou por afirmar a responsabilidade pelo prospeto como uma continuação da responsabilidade pela confiança. BGH 6-out.-1980, *BGHZ* 79, 337, 341. Sobre esta decisão e a crítica a esta via de fundamentação dogmática da responsabilidade pelo prospeto, cfr., *v.g.*, Assmann, *HdB des Kapitalanlagerechts*³, § 6, n.ºs 25 ss. (em especial n.º 30).

Já à luz ainda do Código do Mercado dos Valores Mobiliários (1991) (CódMVM), por exemplo Carlos Costa Pina, Carlos Costa Pina, *Dever de informação e responsabilidade pelo prospecto no mercado primário de valores mobiliários* (1999), *passim* (*v.g.*, 191), e Ana Catarina Mendonça Peres, "Responsabilidade civil da entidade emitente pelo conteúdo do prospecto", *CadMVM*, 5 (1999), 53-95 (58), fundamentavam a responsabilidade civil pelo prospeto na violação de um dever de informação. No mesmo sentido, já depois do CVM (1999), Cristina Sofia Dias, "*Responsabilidade civil pelo conteúdo do prospecto de oferta pública*", cit., em especial, 39 ss. Cfr. tb., *v.g.*, Paulo Mota Pinto, *Interesse*, cit., 2, 1462; Margret Böckel e Andreas Grünewald, "15. Kapitel: Portugal", in Klaus J. Hopt e Hans-Christoph Voigt, *Prospekt- und Kapitalmarktinformationshaftung* (2005), 898-934 (906).

[6] Tomando por base o caso das ofertas públicas, a informação prestada através do prospeto deve permitir aos seus destinatários formar juízos fundados sobre: *(i)* a oferta pública; *(ii)* os valores mobiliários que dela são objeto e os direitos que lhes são inerentes; *(iii)* as características específicas, a situação patrimonial, económica e financeira do emitente (e eventual garante) e as previsões relativas à evolução da atividade e dos resultados destes (art. 135.º/1).

Quando muito, os danos poderiam também ser imputados aos responsáveis (orgânicos) pela elaboração do prospeto[7], àqueles sobre os quais recai um dever de assegurar que a informação é corretamente prestada[8] e/ou àqueles que se declarassem responsáveis pela informação[9].

Mas não era isso que, *aparentemente*, resultava do art. 149.º/1 CVM até à sua recente alteração pela Lei n.º 99-A/2021, de 31-dez. O texto parecia determinar a imputação de danos também a quem não tinha qualquer dever de informar através do prospeto ou de assegurar a qualidade dessa mesma informação, nem assumiu a responsabilidade pelo seu conteúdo. O elenco de responsáveis então em vigor ia muito além do fixado em qualquer outro Estado-membro da União Europeia. Com efeito, lia-se então no art. 149.º/1 CVM:

«1 – São responsáveis pelos danos causados pela desconformidade do conteúdo do prospeto com o disposto no artigo 135.º, salvo se provarem que agiram sem culpa:

a) O oferente;

b) Os titulares do órgão de administração do oferente;

c) O emitente;

d) Os titulares do órgão de administração do emitente;

e) Os promotores, no caso de oferta de subscrição para a constituição de sociedade;

f) Os titulares do órgão de fiscalização, as sociedades de revisores oficiais de contas, os revisores oficiais de contas e outras pessoas que tenham certificado ou, de qualquer outro modo, apreciado os documentos de prestação de contas em que o prospeto se baseia;

g) Os intermediários financeiros encarregados da assistência à oferta;

h) As demais pessoas que aceitem ser nomeadas no prospeto como responsáveis por qualquer informação, previsão ou estudo que nele se inclua.»

V. Na sequência da referida Lei n.º 99-A/2021, de 31-dez., passou a dispor:

«1 – São responsáveis pelos danos causados pela desconformidade do conteúdo do prospeto com o disposto no artigo 7.º e nas demais exigências legais, salvo se provarem que agiram sem culpa:

[7] Sinde Monteiro, *Responsabilidade por conselhos*, cit., 110 ss.. É o caso dos administradores do oferente, à luz do art. 149.º/1, *d)*, na redação posterior à reforma de 2021.

[8] É o caso dos membros do órgão de fiscalização do oferente, perante o art. 149.º/1, *f)*, e, antes da reforma do CVM de 2021, era também o caso dos intermediários financeiros [arts. 337.º/3 e 149.º/1, *g)* na redação anterior].

[9] Como sucede, entre nós, nos termos do art. 149.º/1, *i)*, na redação posterior à reforma de 2021.

a) O oferente;
b) O emitente;
c) O garante, quando aplicável;
d) Os titulares do órgão de administração do oferente e do emitente, conforme aplicável, em funções à data de aprovação do prospeto;
e) (Revogada)
f) Os titulares do órgão de fiscalização do oferente e do emitente, conforme aplicável, em funções à data de aprovação do prospeto;
g) (Revogada)
h) O revisor oficial de contas do oferente em funções à data de aprovação do prospeto;
i) As demais pessoas que aceitem ser nomeadas no prospeto como responsáveis por qualquer informação, previsão, parecer ou estudo que nele se inclua.»

VI. Esta alteração visou enfrentar a crítica que em tempos dirigimos à extensão subjetiva deste preceito[10]. Parece-nos que, a partir do que então escrevemos, é fácil compreender a razão de ser da reformulação do mesmo e o silêncio que agora impera relativamente a sujeitos antes elencados.

Concentramo-nos por isso nos termos em que opera o sistema, tal como agora desenhado. Como ponto de partida, recordamos a afirmação de Carneiro da Frada, ainda atual, de que estamos perante um *«sistema de controlo múltiplo do conteúdo do prospecto»*, de que só o oferente é "totalmente" responsável: *«os demais apenas o são no âmbito dos deveres que lhes estão assinalados de acordo com o recorte funcional do seu desempenho»*[11].

3. O oferente e o emitente [art. 149.º/1, a) e b) CVM]

I. Ao oferente é imputado um dever de prestação de informação de acordo com determinados critérios legais, dirigido à proteção da eficiência do mercado e do público investidor, à luz do qual se compreende a sua inclusão na al. *a)* do art. 149.º/1: quem oferece deve informar claramente sobre aquilo que oferece, respondendo pela violação desse dever; estando

[10] "Responsabilidade civil pelo prospeto: A delimitação dos responsáveis perante o art. 149.º/1 CVM", cit.

[11] Em rigor, o Professor refere que só o *«emitente ou oferente»* é "totalmente" responsável pelo conteúdo do prospeto. Parece-nos que tal afirmação só é correta na parte relativa ao oferente, como explicamos adiante. Carneiro da Frada, *Direito civil – Responsabilidade civil – O método do caso* (2006), 114.

dispensado da publicação de prospeto, mas decidindo voluntariamente publicá-lo, deve fazê-lo de acordo com os critérios legais, respondendo pela violação desse dever.

A responsabilidade do emitente que não seja simultaneamente oferente[12] é discutível, não obstante a sua expressa previsão no Regulamento dos Prospetos[13]. Trata-se, antes de mais, de uma solução dirigida aos casos em que o emitente participa de alguma forma na oferta, mas sem ser oferente.

Quando o emitente não participa de nenhuma forma na oferta, dificilmente se compreende a sua responsabilidade para lá das informações e documentos que deva prestar ao oferente, nos termos do art. 171.º[14].

4. Os administradores do oferente e do emitente, em funções à data da aprovação do prospeto [art. 149.º/1, *d)* CVM]

I. Mais complexa é a responsabilização dos administradores do oferente e do emitente, nos termos do art. 149.º/1, *d)*. O dever de informação através do prospeto é imputado, nos termos sublinhados no ponto anterior, à pessoa coletiva que age no comércio jurídico através dos seus órgãos.

Pela aplicação das regras relativas ao funcionamento interno dessa pessoa coletiva, assiste-se a um fenómeno de imputação sucessiva: a imputação à pessoa coletiva de um tal dever de informação determina a imputação sucessiva de múltiplos deveres aos titulares dos seus órgãos sociais, *maxime*,

[12] Quando seja simultaneamente oferente aplica-se a al. *a)*.

[13] Segundo o art. 11.º/1 do Regulamento (UE) 2017/1129 do Parlamento Europeu e do Conselho, de 14-jun.-2017, relativo ao prospeto a publicar em caso de oferta de valores mobiliários ao público ou da sua admissão à negociação num mercado regulamentado:
«Os Estados-Membros asseguram que a responsabilidade pela informação dada num prospeto, e nas eventuais adendas do mesmo, incumbe pelo menos ao emitente ou aos seus órgãos de administração, direção ou supervisão, ao oferente, à pessoa que solicita a admissão à negociação num mercado regulamentado ou ao garante, conforme o caso. O prospeto identifica claramente as pessoas responsáveis pelo prospeto, e pelas eventuais adendas do mesmo, com a indicação dos respetivos nomes e funções ou, no caso das pessoas coletivas, das respetivas denominações e sedes estatutárias, devendo conter declarações efetuadas pelos mesmos que atestem que, tanto quanto é do seu conhecimento, a informação contida no prospeto está de acordo com os factos e que não existem omissões suscetíveis de afetar o seu alcance.»

[14] Nos termos deste preceito, o emitente deve prestar ao oferente a informação que o mesmo não possa obter de outra forma (ou sem custos desproporcionados) e que seja indispensável à preparação do prospeto. Este dever de colaboração com o oferente não se confunde, de forma alguma, com o dever de informação subjacente ao dever de preparação e publicação de prospeto. Nestes casos, a responsabilidade do emitente é, portanto, delimitada pelo seu dever de colaboração com o oferente. Cfr. José Ferreira Gomes, "Responsabilidade civil pelo prospeto", cit., 824, 834-835.

aos seus administradores. Com efeito, cada administrador tem de cumprir, *entre outros*, os deveres necessários à sua participação na formação e manifestação da vontade da pessoa coletiva, no âmbito da oferta pública e da preparação do correspondente prospeto[15].

II. Não obstante, estes deveres, cujo cumprimento é destinado à conformação da atuação externa da pessoa coletiva, não se confundem com o dever de informação através do prospeto que a esta é imputado. Determinam uma vinculação dos administradores *para com a sociedade*, no quadro dos nexos de organicidade com esta estabelecidos, e não para com terceiros. Assim sendo, *nos termos gerais*, o incumprimento de tais deveres só deveria determinar responsabilidade para com a pessoa coletiva (credora da prestação) e não para com terceiros.

A al. *d)* do art. 149.º/1 CVM introduz um desvio a estas regras gerais, fundamentando a responsabilidade direta dos titulares do órgão de administração do oferente *perante os destinatários do prospeto*.

III. Esta solução, com respaldo no Regulamento dos Prospetos, é justificada pela necessidade de reforçada conformação da conduta do oferente e do emitente, para tutela da eficiência do mercado e do público investidor. Visa assegurar a qualidade da informação, atingindo diretamente aqueles que decidem, em nome e representação do oferente, realizar a oferta subjacente (os "atores reais"[16]).

[15] Ou seja: tem de demonstrar disponibilidade e de adquirir a competência técnica necessárias para o exercício das suas funções, tem de se manter informado sobre o desenvolvimento da atividade da sociedade (dever estrutural de obtenção de informação), de se informar adequadamente sobre as questões submetidas à apreciação do conselho de administração (dever conjuntural de obtenção de informação) e de atuar segundo critérios de racionalidade empresarial.
São os chamados "deveres de cuidado", entendidos como concretização da obrigação de administração (consoante o caso), tal como modelada pela correspondente bitola de diligência normativa [arts. 64.º/1, *a)* 72.º/2 CSC]. Vejam-se os nossos estudos "O sentido dos 'deveres de cuidado' (art. 64.º CSC): *«Once more unto the breach, my friends, once more»*, *ROA*, 76:1-4 (2016), 447-495, e *Da administração à fiscalização das sociedades*, 2015, § 62.5.

[16] Expressão de Carneiro da Frada, *Teoria da confiança*, cit., 183. Assmann, *HdB des Kapitalanlagerechts*[3], § 6, n.º 137, distingue, a propósito da responsabilidade pelo prospecto de direito comum, entre aqueles que prepararam ou eram responsáveis pela preparação do prospecto e aqueles que, estando por detrás da sociedade emitente, exercem uma especial influência sobre esta (os "*maßgebliche Hintermänner*").

Sobre o oferente e o emitente recaem os deveres de informação já referidos; sobre estes, e não sobre os titulares dos seus órgãos, deveriam recair as consequências do incumprimento[17]; porém, por força do art. 149.º/1, *d)* CVM, as consequências do incumprimento são imputadas *também* aos respetivos administradores.

IV. Em todo o caso, estamos perante *responsabilidade subjetiva*: cada administrador responde apenas pelos seus atos próprios. Assim, na apreciação da ilicitude e culpa do sujeito, não pode deixar de se distinguir entre a conduta devida pelo oferente ou pelo emitente e a conduta devida por cada um dos seus administradores individualmente considerados.

O facto de se concluir, num determinado caso concreto, que o oferente ou o emitente deveriam ter adotado uma outra conduta na prestação de informação, não quer dizer necessariamente que todos os seus administradores atuaram ilicitamente. Caso a caso, haverá que determinar qual era a conduta devida por cada administrador – desde logo em função do conhecimento ou do dever de conhecimento da irregularidade da informação[18] – e qual o comportamento efetivamente adotado[19].

Da mesma forma, verificada a ilicitude da conduta tanto do oferente e do emitente, como do seu administrador (individualmente considerado), não poderá deixar de se distinguir entre a culpa de um e a culpa de outro.

A cada administrador caberá ilidir a presunção de culpa prevista no art. 149.º/1 CVM. Não estando os administradores adstritos a um qualquer dever de informação (através de prospeto) perante os investidores, importa recortar a conduta devida e os critérios de censurabilidade do sujeito, para que este saiba o que tem a demonstrar para efeitos da ilisão dessa presunção.

V. A al. *d)* do art. 149.º/1 CVM associava à obrigação de diligente administração, constituída no quadro do nexo de organicidade que une o admi-

[17] Cfr. a sintética exposição das consequências da personificação em António Menezes Cordeiro, *CSC Clássica*², art. 5.º, 87.

[18] Recordamos aqui a histórica decisão do *U.S. District Court for the Southern District of New York* no caso *Escott v. BarChris Construction Corp*, 283 F. Supp. 643 (S.D.N.Y. 1968), que, para efeitos das *due diligence defenses*, traçou então uma distinção significativa entre os administradores *insiders* e *outsiders*.

[19] Quando à densificação da conduta devida e, consequentemente, da ilicitude do comportamento do administrador, remete-se para o estudo de José Ferreira Gomes, *Da administração à fiscalização das sociedades*, cit., 148 ss., 713 ss.

nistrador à sociedade administrada, uma *eficácia de proteção de terceiros*. Esta associação traduz uma intersecção de soluções de direito societário e de direito mobiliário, dirigidas à realização de diferentes escopos normativos. A conduta originariamente devida para a promoção do interesse da sociedade passa a ser relevante também para efeitos da proteção da integridade patrimonial dos destinatários do prospeto. Estes últimos não podem exigir o cumprimento da prestação de administração, mas beneficiam da tutela ressarcitória da responsabilidade civil pelo prospeto[20].

O art. 149.º/1, *b)* requalifica a norma resultante da conjugação dos arts. 405.º e 64.º/1 CSC – de onde emerge a obrigação de diligente administração – que, *no quadro específico da preparação do prospeto*, passa a ter (também) uma eficácia protetora de terceiros que originariamente não tem. Passa portanto a ter uma "dupla natureza" (vinculação orgânica e norma de proteção) e um "duplo escopo" (promoção do interesse da sociedade e proteção de terceiros).

VI. Trata-se de uma norma de conteúdo indeterminado, mas determinável no caso concreto por referência à bitola de diligência normativa aplicável[21]. A este propósito diga-se que a referência do art. 149.º/2 a *«elevados padrões de diligência profissional»* nada acrescenta face à bitola jus-societária do *«gestor criterioso e ordenado»* [art. 64.º/1, *a)* CSC].

Tal concretização casuística permite identificar deveres específicos que, quando enquadrados na esfera delitual, são qualificáveis como *deveres no tráfego*, destinados a evitar danos patrimoniais puros na esfera dos destinatários do prospeto[22].

VII. Particularmente relevante é a questão de saber se os administradores em exercício de funções são responsáveis pelas eventuais incorreções das contas passadas da sociedade que são incluídas no prospeto. Se tais contas foram, em seu momento, apreciadas e aprovadas pelos administradores que então estavam em exercício de funções (e não os atuais), poderia

[20] Veja-se, com importantes desenvolvimentos, José Ferreira Gomes, "Responsabilidade civil pelo prospeto", cit., 825-834, 835.

[21] Remetemos para José Ferreira Gomes, *Da administração à fiscalização das sociedades*, cit., §§ 13-21, 148-244.

[22] Tudo isto foi fundamentado e desenvolvido em José Ferreira Gomes, "Responsabilidade civil pelo prospeto", cit., 825-834, para onde se remete.

entender-se que a confiança depositada pelos atuais administradores nessa apreciação é legitima, excluindo a sua responsabilidade[23].

Entendemos, porém, que a confiança depositada pelos administradores na informação recebida só exclui a sua responsabilidade civil quando verificados determinados requisitos[24]. Está aqui em causa o princípio jus-societário da confiança (*reliance*), desenvolvido no sistema norte-americano e transposto para os nossos quadros dogmáticos.

Sinteticamente: os administradores atuais devem assegurar o cumprimento dos requisitos de qualidade de *toda* a informação incluída no prospecto; porém, não respondem por eventuais desconformidades se demonstrarem que a confiança depositada na informação passada que "herdaram" é legítima. Destaca-se a importância da prova do *controlo de plausibilidade* dessa informação[25]. Quando assim seja, atuaram licitamente, em cumprimento do seus deveres, não havendo lugar a responsabilidade civil.

5. Os membros do órgão de fiscalização do oferente e do emitente, em funções à data da aprovação do prospeto [art. 149.º/1, *f)* CVM]

I. A al. *f)* tem hoje um alcance muito diferente do que tinha antes da reforma do CVM de 2021.

Antes cobria os membros do órgão de fiscalização do *emitente* e não do *oferente* e parecia encontrar justificação no dever, que a este era imputado, de dar parecer sobre o relatório e contas anuais do emitente[26].

[23] Já não se coloca atualmente a questão da responsabilidade dos membros dos órgãos sociais *pretéritos* que tivessem apreciado tais contas, que se colocava perante a anterior redação do art. 149.º/1, *f)* CVM.

[24] A saber: *(i)* a *razoável* convicção do sujeito de que aquele que presta informações, conselhos ou opiniões era fiável e competente; *(ii)* a comunicação, pelo sujeito àquele que prestou informações, conselhos ou opiniões, de todos os factos de que este necessitava para o efeito e aos quais não tinha acesso direto; *(iii)* a obtenção, pelo sujeito, de informações, conselhos ou opiniões errados; *(iv)* a não deteção do erro pelo sujeito na sua análise crítica (controlo de plausibilidade) das informações, conselhos ou opiniões recebidos; e *(v)* a atuação do sujeito de acordo com tais informações, conselhos ou opiniões.

[25] José Ferreira Gomes, "*Reliance*: exclusão da responsabilidade civil dos membros dos órgãos sociais com base na confiança depositada na informação recebida", *RDS* 8:1 (2016), 49-81, e *Da administração à fiscalização das sociedades*, cit., 779-802.

[26] Arts. 420.º/1, *g)*, 423.º-F/1, *g)*, 441.º/1, *h)* CSC. Somava-se a responsabilidade do ROC/SROC com fundamento no dever de certificação legal dessas mesmas contas, seja por força de requisitos societários (arts. 451.º e 453.º CSC) ou mobiliários (arts. 8.º/1 e 245.º CVM).

Agora, cobre os membros do órgão de fiscalização tanto do *emitente* como do *oferente* e a responsabilidade deixa de ser circunscrita à correção das contas anuais do emitente. Encontra fundamento na correspondente e mais vasta *obrigação de vigilância* para com a respetiva sociedade (emitente ou oferente, consoante o caso), relevante para efeitos da conformação da conduta desta no cumprimento dos deveres de informação através do prospeto[27].

II. Nem o órgão de fiscalização (órgão coletivo), nem os seus membros a título individual, têm competências de administração da sociedade. Não têm, portanto, poderes de gestão e de representação da sociedade no cumprimento do respetivo dever de informação através do prospeto.

Podem, porém, participar na conformação da conduta da sociedade, através do exercício das posições jurídicas compreendidas na sua obrigação de vigilância. Esta vincula-os a um controlo não só *formal*, mas também de *mérito* da conduta da administração, num exercício não só *repressivo*, mas também *preventivo*[28]. No quadro desta obrigação de vigilância, devem assegurar[29] que *toda* a informação prestada pela administração no prospeto (e não apenas as contas neste incluídas) obedece aos critérios legais[30].

III. Isso não significa que os membros do órgão de fiscalização tenham de rever as contas incluídas no prospeto nos mesmos moldes em que o fizeram aqueles que exerciam funções à data dessas contas. Como vimos a propósito dos administradores, o sistema admite como legítima a confiança depositada na informação que receberam, aprovada e certificada por outros, *desde que cumpridos determinados requisitos.* Verificado o cumprimento desses requisitos, em particular, o *controlo de plausibilidade* da informação em

[27] Nos termos explorados no ponto 2 *supra.*

[28] Esta perspetiva não colide com o reconhecimento de um espaço próprio de atuação do órgão de administração: trata-se de uma necessária articulação interorgânica *ex lege* que, no modelo tradicional português [art. 278.º/1, *a)* CSC] e no modelo anglo-saxónico [art. 278.º/1, *b)* CSC], se desenvolve no quadro de uma relação paritária de controlo e, no modelo germânico [art. 278.º/1, *c)* CSC], *pode* corresponder a uma subordinação *de facto* do órgão de administração ao órgão de fiscalização global. José Ferreira Gomes, *Da administração à fiscalização das sociedades,* cit., n.os de margem 633 ss., 1368 ss., 1753 ss..

[29] Através do exercício dos correspondentes poderes-deveres de reação e da capacidade de pressão que lhes vai associada. Cfr. novamente José Ferreira Gomes, *Da administração à fiscalização das sociedades,* cit., n.os de margem 801 ss., 1440 ss., 1753 ss..

[30] Arts. 420.º/1, *b)*, 423.º-F/1, *b)*, 441.º/1, *e)* CSC.

causa, não há ilicitude que justifique a sua responsabilidade civil por eventuais desconformidades da informação incluída no prospeto[31].

IV. Nos termos sustentados a propósito dos administradores do oferente e do emitente, o art. 149.º/1, *f)* CVM associa à obrigação de vigilância dos membros do órgão de fiscalização uma *eficácia de proteção de terceiros*, impondo o reconhecimento de *deveres no tráfego* dirigidos à proteção dos destinatários do prospeto.

V. Em suma, também a al. *f)* do art. 149.º/1 CVM visa atingir os "atores reais", conformando condutas em cascata: (i) a conduta dos fiscalizadores *em exercício de funções* à data da preparação do prospecto e, com isso, (ii) a conduta da administração que são chamados a fiscalizar e, logo, (iii) a conduta do emitente e do oferente, no cumprimento dos deveres de prestação de informação no prospecto (*oferente*) ou de colaboração com o oferente (*emitente*).

6. O ROC/SROC do oferente em funções à data da aprovação do prospeto [art. 149.º/1, *h)* CVM]

I. O disposto atualmente na al. *h)* resulta *aparentemente* de um desdobramento e de uma circuncrição do que antes dispunha a al. *f)* do art. 149.º CVM: "desdobramento", na medida em que se refere ao ROC como antes se referia a al. *f)*; "circunscrição" porque se refere apenas ao ROC em exercício de funções à data da aprovação do prospeto.

Contudo, o sentido é outro, porquanto a al. *f)* referia-se antes ao ROC do *emitente* e a al. *h)* refer-se agora ao ROC do *oferente*. Vejamos então o alcance do novo preceito.

II. No nosso *sistema societário*, o ROC/SROC é qualificado como órgão social e reconhece-se-lhe uma dupla função de controlo[32]:

(i) Uma função de controlo *externa*, traduzida na sinalização da situação da sociedade ao mercado através da certificação das contas anuais, divulgada ao público, que habilita os terceiros que contactam com ou sobre a sociedade a tomar a conhecimento da situação

[31] José Ferreira Gomes, "Reliance", cit., 49-81, e *Da administração à fiscalização das sociedades*, cit., 779-802.

[32] José Ferreira Gomes, *Da administração à fiscalização das sociedades*, cit., 402 ss.

económico-financeira desta e, nessa medida, a tomar medidas para salvaguardar a sua posição na contratação com ou sobre a mesma[33].

(ii) Uma função de controlo *interna*, que constitui um dos pilares do governo das SA, paralela às funções de administração e de fiscalização (global), que se traduz na sua colaboração com os demais órgãos sociais, assegurando um fluxo de informação *neutral*[34] sobre irregularidades detetadas na administração da sociedade[35].

No exercício destas funções societárias, o ROC/SROC modela a conduta da administração da sociedade no que respeita à preparação e divulgação de informação financeira. Assume-se, portanto, como o paradigma do *gatekeeper*.

II. No *sistema mobiliário*, o ROC/SROC que é chamado a certificar contas anuais, nos termos dos arts. 8.º e 245.º CVM, acaba por ficar vinculado a uma conduta materialmente equivalente, por força das normas internacionais de auditoria (ISA)[36].

III. É a partir destas coordenadas societárias e mobiliárias que o intérprete-aplicador é chamado a construir a norma que resulta agora do art. 149.º/1, *h)* CVM. Com efeito, nos termos já expostos a propósito dos administradores e fiscalizadores do oferente, a lei associa aos deveres societários e/ou mobiliários um regime de responsabilidade civil pelo prospeto.

Não podendo recuperar aqui tudo quanto desenvolvemos noutra sede sobre tais deveres[37], sublinhamos apenas que não existe qualquer funda-

[33] Neste sentido, na ISA 200 pode ler-se que o propósito da revisão de contas é o aumento do grau de confiança dos potenciais utilizadores das demonstrações financeiras.

[34] No sentido de independente face às perspetivas da equipa de gestão (*management*).

[35] Não se lhe exige que desenvolva exames específicos para benefício dos demais órgãos sociais, mas apenas que comunique as irregularidades que detetar no exercício das suas funções com vista à certificação legal de contas.

[36] Em particular, pelo disposto na ISA 260, relativa às comunicações com os responsáveis pela supervisão da direção estratégica da entidade auditada. De acordo com esta norma, o revisor deve comunicar atempadamente ao conselho fiscal, entre outros elementos, os factos relevantes de que tome conhecimento na revisão legal de contas.
Da ISA 260 resulta ainda um dever de comunicar ao conselho fiscal os factos de que tome conhecimento sobre *(i)* a adequação dos sistemas de controlo interno, eficácia das operações e cumprimento da lei, bem como sobre *(ii)* outras questões relevantes para o cumprimento dos deveres deste, incluindo, por exemplo, as estruturas ou os processos de governo e os atos relevantes praticados por colaboradores de topo sem a devida autorização.

[37] José Ferreira Gomes, *Da administração à fiscalização das sociedades*, cit., 402-439.

mento normativo para a imputação de um dever de legalidade, ao ROC/SROC do oferente, idêntico ao imputado ao órgão de fiscalização, nos termos do qual deva assegurar o cumprimento dos requisitos relativos à qualidade da informação incluída no prospeto[38].

Repita-se, sem prejuízo do que afirmamos adiante: *o ROC/SROC não tem qualquer dever específico de verificação da qualidade da informação incluída no prospeto*[39].

IV. Historicamente, à luz da redação anterior da al. *f)* do art. 149.º/1 CVM, o ROC/SROC do *emitente* respondia pela certificação das contas deste que tivesse emitido. Não se estendia a quaisquer outras contas passadas que fossem incluídas no prospeto (mas que não tivessem sido por si certificadas) e, muito menos, a quaisquer outras informações incluídas no prospeto[40].

Hoje, prevê-se apenas a responsabilidade do ROC/SROC do *oferente*, mas esta norma só terá conteúdo útil na medida em que o oferente seja também o emitente, o que sucede numa OPS, mas não numa OPV. Quando assim seja, o ROC/SROC pode responder pela incorreção das contas por si certificadas e incluídas no prospeto. Quando assim não seja, na prática, o preceito não tem conteúdo útil[41].

7. As demais pessoas que aceitem ser nomeadas como responsáveis [art. 149.º/1, *i)* CVM]

I. A al. *i)* cobre o caso das pessoas que assumem *voluntariamente* a responsabilidade por determinada informação, previsão ou estudo que nele se inclua[42]. Trata-se de uma solução destinada a concitar a confiança de

[38] Arts. 420.º/1, *b)*, 423.º-F/1, *b)*, 441.º/1, *e)* CSC.

[39] Contrariamente ao que sustentam José Melo Rodrigues e Juliano Ferreira, "Responsabilidade pelo conteúdo do prospeto: o caso específico do revisor oficial de contas", *CadMVM*, 55 (2016), 167-183 (em especial, 179).

[40] Esta delimitação podia ser ilusória, na medida em que a informação das contas passadas tivesse reflexos nas contas por si certificadas, de tal forma que os vícios daquelas não podiam por si ser ignorados e refletidos na certificação destas. José Ferreira Gomes, "Responsabilidade civil pelo prospeto", cit., 839-841.

[41] Se bem vemos, a redação da atual al. *h)* terá sido determinada por equivocada perspetiva dos deveres a que está sujeito o ROC/SROC do oferente, refletida no texto de José Melo Rodrigues e Juliano Ferreira, "Responsabilidade pelo conteúdo do prospeto", cit., em especial, 174 ss., 179.

[42] Naturalmente, esta responsabilidade não exclui a do oferente que é o primeiro responsável por todas as informações incluídas no prospeto; soma-se à mesma.

terceiros na fiabilidade do mesmo e à qual o sistema associa a constituição da pessoa em causa como *garante* do cumprimento dos critérios legais de qualidade de informação, relativamente à informação, previsão ou estudo enunciado.

8. A responsabilidade objetiva do oferente e do emitente (art. 150.º CVM)

I. A responsabilidade pelo prospeto não é exclusivamente subjetiva. Com efeito, o art. 150.º CVM, alterado pela Lei n.º 99-A/2021, de 31-dez., passou a dispor:

«Artigo 150.º

Responsabilidade objetiva

O oferente e o emitente, conforme o caso, respondem independentemente de culpa se for responsável alguma das pessoas referidas nas alíneas d), f), h) e i) do n.º 1 do artigo anterior.»

II. A técnica legislativa não foi feliz. Na redação anterior, eram enunciados separadamente os âmbitos de responsabilidade do oferente [al. *a)*], do emitente [al. *b)*] e do chefe do consórcio de assistência [al. *c)*].

Desaparecida a intermediação obrigatória, com a revogação do art. 113.º CVM, deixou de fazer sentido a antiga referência do art. 149.º/1, *g)* CVM ao intermediário financeiro, e a referência do art. 150.º ao chefe do consórcio de assistência.

Quanto aos demais, teria sido preferível manter a técnica anterior, com enunciação separada dos âmbitos de responsabilidade do oferente e do emitente. Não tendo sido essa a opção, cabe agora ao intérprete-aplicador navegar por entre a nova redação deste preceito para determinar o sentido da responsabilidade objetiva de um e de outro. A gincana era dispensável.

III. Seguramente, não se pretenderá que o *oferente* independentemente de culpa pelos atos dos administradores e dos fiscalizadores do emitente, ou que o *emitente* objetivamente pelos atos dos administradores, dos fiscalizadores e do ROC/SROC do oferente, ou pelos atos de outras pessoas que aceitem ser nomeadas como responsáveis no prospeto. Impõe-se uma leitura sistematicamente integrada do art. 150.º CVM.

Assim, o **emitente** responde independentemente de culpa, sempre que seja possível imputar responsabilidade (subjetiva) a *(i)* titulares do seu órgão de administração, ou *(ii)* a titulares do seu órgão de fiscalização.

O **oferente**, por seu turno, responde independentemente de culpa sempre que seja possível imputar responsabilidade (subjetiva) a *(i)* titulares do seu órgão de administração, *(ii)* a titulares do seu órgão de fiscalização, *(iii)* ao seu ROC/SROC, ou *(iv)* a qualquer outra pessoa que aceite ser nomeada, no prospeto, como responsável por qualquer informação, previsão ou estudo que nele se inclua.

IV. Nada impede o **concurso de títulos de imputação**: o oferente, por exemplo, pode responder *subjetivamente* pela violação dos deveres de informação que lhe são impostos no âmbito da publicação do prospeto e *objetivamente* pela violação dos deveres de um seu administrador.

Note-se, porém, que o **alcance do art. 150.º CVM é mais curto** do que pode parecer à primeira vista.

Em primeiro lugar, para efeitos externos, de responsabilidade civil pelo prospeto perante investidores, os atos praticados pelos membros dos órgãos sociais do oferente, no exercício das respetivas funções são, em termos normativos, *atos próprios do oferente*, à luz dos correspondentes nexos de organicidade. Não estando em causa atos próprios dos administradores, dos fiscalizadores ou do ROC/SROC, não opera o regime de responsabilidade objetiva do art. 150.º CVM (que convoca o regime comum dos arts. 500.º e 800.º CC[43]); opera apenas o regime de responsabilidade subjetiva do art. 149.º/1 CVM. O mesmo vale para o emitente com as necessárias adaptações.

Em segundo lugar, as demais pessoas que aceitem ser nomeadas como responsáveis por qualquer informação, previsão ou estudo que nele se inclua, limitam-se a colaborar com o oferente na elaboração do prospeto. Este último é sempre diretamente responsável por toda a informação incluída no prospeto, independentemente da sua fonte. Assim, se a informação não for corretamente prestada, o oferente responde por ato próprio, nos termos do art. 149.º CVM. O art. 150.º CVM só parece ter um conteúdo útil ao evitar que o oferente se pudesse desresponsabilizar imputando a culpa tais pessoas. Fica assim claramente vedada essa possibilidade.

[43] Sobre esta convocação, veja-se David Oliveira Festas, *Responsabilidade objectiva pelo prospecto: Algumas reflexões em torno do art. 150.º do Código dos Valores Mobiliários*, trabalho apresentado a concurso para assistente estagiário, FDUL, 2001, em especial, 15 ss.

OS DEVERES DE INFORMAÇÃO NO MERCADO DE CAPITAIS NO QUADRO DA RELAÇÃO ESPECIAL ENTRE EMITENTE E INVESTIDOR

Madalena Perestrelo de Oliveira

Sumário: *1. O papel da informação no mercado: influência na formação dos preços e relevância autónoma da proteção do investidor; 2. A opção pela vinculação do emitente a deveres de informar; 3. Os concretos deveres de informar que vinculam o emitente; 3.1. Dever de publicar prospeto, de divulgar informação* ad hoc *e informação periódica; 3. 2. Fundamentação dogmática da imposição de deveres de informar: a relação especial entre emitente e investidor e os deveres de informar o mercado como deveres de protecção; 4. Nota final*

Resumo: *A participação do investidor no mercado de capitais coloca-o numa particular posição de vulnerabilidade face a comportamentos danosos do emitente. As modernas teorias financeiras – sobretudo a teoria do mercado eficiente – revelam a estreita interligação entre a informação divulgada ao público e a formação do preço dos valores mobiliários. A agregação dos diversos participantes no mercado implica uma ligação material específica entre eles, distinta do anonimato geral que caracteriza o campo extraobrigacional. Entre emitente e investidor cria-se uma ligação especial que permite reenquadrar a obrigação de informar o mercado, que, ao invés de ser isoladamente encarada, passa a ser vista como manifestação dos deveres de proteção decorrentes da relação especial que se estabelece entre emitente e investidor, não obstante a ausência de um dever de prestar principal.*

Palavras chave: *prospeto; informação ad hoc; investidor; relação especial; deveres de proteção.*

1. O papel da informação no mercado: influência na formação dos preços e relevância autónoma da proteção do investidor[1]

A informação constitui o "ponto crucial de todo o sistema mobiliário"[2], ou não se identificasse o mercado de valores mobiliários "como um espaço através do qual se tornam públicas determinadas notícias, que têm relevância nas decisões de investimento/desinvestimento"[3]. Como se lia no preâmbulo do (hoje revogado) Código do Mercado dos Valores Mobiliários[4], o mercado "não pode funcionar como um 'tutor' do investidor, seja qual for o seu nível de cultura e conhecimento em matéria de valores mobiliários, a fim de evitar que ele tome erradas decisões de investimento; mas pode e deve assegurar-lhe a informação necessária para habilitar um investidor de conhecimentos e diligência médios a tomar por si próprio uma decisão correcta".

Deve, pois, reconhecer-se, com Amadeu Ferreira[5], a autonomia do princípio da informação no mercado de capitais, essencial à defesa do investidor, em termos que não ficam dependentes da defesa do mercado. As comunicações do emitente são aptas a provocar um aumento do valor a que os instrumentos financeiros são transacionados no mercado e, consequentemente, a condicionar as decisões de investimento dos participantes, seja porque decidem adquirir ou alienar valores mobiliários quando não teriam celebrado qualquer negócio jurídico se o preço não estivesse deturpado (ou vice versa), seja porque celebraram uma compra ou uma venda a um preço diferente daquele que se teria formado no mercado caso este não estivesse condicionado. Dito de outra forma, perante falhas (ou omissões) na informação divulgada ao mercado, o investidor tem a possibilidade de invocar que o contrato só foi concluído por causa do comportamento ilícito ou que o vício o determinou a não contratar (*dolus causam dans*) ou, ainda, que, se não fosse o facto ilícito, teria contratado de forma diferente (*dolus incidens*)[6].

[1] Trata-se de tema que já estudámos aprofundadamente em *Tutela do investidor perante o emitente no mercado de capitais: um modelo dinâmico de proteção*, Coimbra, 2021.

[2] Paula Costa e Silva, *Direito dos valores mobiliários. Relatório*, Lisboa, 2005, 202.

[3] Paula Costa e Silva, *Direito* cit., 202.

[4] Aprovado pelo Decreto-lei n.º 142-A/91, de 10 de abril.

[5] *Direito dos valores mobiliários*, Lisboa, 1997, 40.

[6] Sobre a distinção entre *dolus causam dans* e *dolus incidens*, cf. Reinhard Zimmermann, *The Law of obligations: roman foundations of the civilian tradition*, Oxford, 1996, 670.

Os mercados de capitais funcionam como plataforma que agrega a oferta e a procura de valores mobiliários e que, pela natureza e pelas características do relacionamento que propiciam entre os participantes, surgem como espaço de risco especialmente incrementado de lesão dos interesses dos investidores. Quem controla a informação encontra-se numa posição especialmente idónea para condicionar o investimento dos participantes no mercado. O reconhecimento do poder de ingerência danosa do emitente na esfera do investidor resulta da análise das teorias financeiras que explicam a forma como o mercado reage à informação que é divulgada ao público. De entre essas teorias destaca-se a teoria do mercado eficiente. A expressão "mercado eficiente" foi pela primeira vez difundida por EUGENE FAMA[7] e SAMUELSON[8] no final dos anos 60, embora a teoria em si preceda o nome em vários anos[9]. A teoria do mercado eficiente postula que os preços no mercado incorporam a informação disponibilizada ao público, o que inviabiliza a especulação e torna impossível bater o mercado[10]-[11]. Na aceção da teoria do mercado eficiente, as irregularidades que por vezes se verificam na formação dos preços, apesar de persistirem por períodos de tempo, acabam por ser corrigidas pelo próprio mercado. A teoria do mercado eficiente não postula que o preço que se forma no mercado é sempre perfeito. Pelo contrário, reconhece que o mercado já cometeu erros consideráveis também influenciados por fatores psicológicos. Porém, considera que os supostos padrões que já foram documentados no mercado não são suficiente-

[7] *Efficient capital markets: a review of theory and empirical work*, The Journal of Finance, vol. 25, n.º 2, 1970, 383-417.

[8] *Proof that properly anticipated prices fluctuate randomly*, Industrial Management Review, 6:2 (1965), 41-49.

[9] Cf. GEORGE GIBSON, *The stock exchanges of London, Paris and New York: a comparison*,, New York, 1889.

[10] Cf. BURTON G. MALKIEL, *Efficient market hypothesis*, em *The New Palgrave: Finance*, Londres, 1994 (reimpr.), 127-133. Sobre a teoria, cf. FERNANDO ARAÚJO, *Introdução à economia*, reimpr. da 3.ª ed. de 2005, Coimbra, 2017, 286 ss.; A. BARRETO MENEZES CORDEIRO, *Manual de direito dos valores mobiliários*, 2.ª ed., Coimbra, 2018, 92 e 93; RUTE SARAIVA, *Direito dos mercados financeiros*, 2.ª ed., Lisboa, 2015, 110-112; JOÃO DUQUE/INÊS PINTO, *O impacto da divulgação de factos relevantes no mercado de capitais português*, CadMVM, n.º 22, dez. 2005, 48-54 (50 e 51).

[11] Sobre o tema, cf. o que escrevemos, anteriormente, em MADALENA PERESTRELO DE OLIVEIRA, *Transparência no mercado de capitais:* information overload, *eficiência ou tutela dos investidores?*, RDS VIII (2016), 4, 787-809. Extensas passagens do nosso texto são reproduzidas *ipsis verbis* por FILIPA FERRO DOS SANTOS, *Importância da informação no mercado de capitais*, RDS X (2018), 2, 363-393.

mente robustos para criarem oportunidades de investimento acima da média[12]: esses padrões, a existirem, irão certamente autodestruir-se no futuro.

Se a teoria do mercado eficiente recolheu, nos seus primeiros anos, um vasto leque de apoiantes, tem sido contestada por aqueles que se identificam com a *behavioral finance* ou finanças comportamentais e com as teorias que se focam na psicologia dos investidores no mercado[13].

A *behavioral finance*, ou, em termos mais latos, a *behavioral economics*[14], tem-se apresentado como uma alteração do paradigma das teorias financeiras. As finanças comportamentais, i.e., finanças vistas de uma perspetiva mais ampla, incluindo psicologia e sociologia, questionam a ideia de que o mercado incorpora toda a informação e que as alterações dos preços apenas resultam de assimilação de nova informação. O seu desenvolvimento pode ser identificado nos anos 90 do século XX, altura em que os estudos se começam a focar nas relações da psicologia com os mercados de capitais[15]. Constata-se que o funcionamento do mercado depende de pessoas reais e que estas, por vezes, se comportam de forma irracional. Os defensores destas teorias apresentam padrões e tendências no mercado, que, embora tenham sido descartados pelos defensores da teoria do mercado eficiente, se têm manifestado de forma suficientemente constante e sólida para criar insatisfação face à ideia de mercado eficiente[16].

Ainda assim, as dúvidas colocadas pelas finanças comportamentais não põem em causa a relevância da teoria do mercado eficiente como base do estudo jurídico dos efeitos da informação nos mercados.

[12] Cf. Malkiel, *The efficient* cit., 6. O artigo apresenta um conjunto de supostos padrões do mercado, apontados pelos adversários da *random walk*, e, ainda, algumas relações que alegadamente existem entre os preços que se formam no mercado. Com este ponto de partida, Malkiel refuta os argumentos dos seus opositores e, em 2003, volta a defender a teoria que introduzira em 1973 na literatura financeira.

[13] Entre nós, cf., por todos, A. Barreto Menezes Cordeiro, *Direito* cit., 247 ss.

[14] Já se disse que a expressão *behavioral economics* não é a mais adequada, por parecer remeter para uma conexão psicológica normalmente conhecida como *behaviorism* ou *behavioralism*, que dominou os meados do século XX, pelo que a expressão *cognitive finance* ou *cognitive economics* será mais adequada. Assim, Klöhn, *Die Haftung wegen fehlerhafter Ad-hoc-Publizität gem. §§37b, 37c WpHG nach dem IKB-Urteil des BGH*, AG 2012, 345-358 (348, nota 47).

[15] Cf. Robert Shiller, *From efficient market theory to behavioral finance,* The Journal of Economic Perspective, vol. 17, n.º 1, 83-104 (90 e 91).

[16] Cf. John Campbell/Andrew Lo/A. Craig MacKinlay, *The econometrics of financial markets,* Princeton, 1996. Este estudo foi tido como uma revolução no mundo financeiro. Assim, Shiller, *From efficient* cit., 91.

Em primeiro lugar, os mercados podem ser eficientes mesmo que, por vezes, cometam erros na avaliação, que alguns participantes atuem de forma irracional e que os preços das ações apresentem mais volatilidade do que aquela que poderia ser justificada pelos seus ganhos e dividendos. Determinante nesse sentido é a constatação de que, de acordo com dados empíricos, os gestores profissionais não apresentam melhores *performances* do que os fundos que reproduzem índices (*index funds*), que se limitam a deter um portfolio amplo e variado[17].

Em segundo lugar, sem prejuízo das falhas potenciais numa ótica financeira, que levam a que porventura a teoria do mercado eficiente não possa ser havida como verdade económica última, é indiscutível que *a regulação jurídica do mercado de capitais, ao nível europeu e nacional, toma efetivamente como pressuposto a interação entre a informação e a formação dos preços, ou seja, a lógica da eficiência informativa*[18]. Como tem sido sublinhado, a Diretiva da Transparência[19] e o Regulamento do Abuso do Mercado[20] indicam claramente que

[17] Estes resultados são apoiados num estudo de MICHAEL JENSEN, *The performance of mutual funds in the period 1945-64,* Journal of Finance, vol. 23, n.º 2, 1968, 389-416, que foi posteriormente repetido e confirmado por MALKIEL, *Returns from investing in equity mutual funds 1971 to 1991,* Journal of Finance, 50, 1995, 549-572. Como refere JENSEN (p. 415), os dados empíricos demonstram que os 115 fundos mutualistas estudados, em média, não conseguiram prever a evolução dos preços dos valores mobiliários de forma a superarem uma estratégia de *buy-the-market and hold.* Nenhum fundo apresentou resultados melhores do que aqueles que resultariam de mera sorte. Note-se que nos dados não estão a ser considerados os custos destes fundos (exceto as comissões), caso em que os lucros por estes obtidos seriam ainda menos significativos, o que não significa, por si, que os fundos não desempenhem uma função socialmente útil.

[18] Como escreve SABRINA BRUNO, *La (nuova?) responsabilità da prospetto verso il pubblico,* 1-14 (11), disponível em http://static.luiss.it/siti/media/1/20090603-2_%20S%20Bruno%20 responsabilità%20da%20prospetto.pdf, "o ponto é (...) que o legislador (...) pressupõe e é inspirado pela crença de eficiência [do mercado]: a legislação visa atingir a eficiência do mercado através da transparência. Caso contrário, para que serve a transparência? Ninguém tem coragem de investir se não confiar na transparência do sistema; de facto, quando desaparece a confiança, o preço colapsa".

[19] Diretiva 2004/109/CE do Parlamento Europeu e do Conselho, de 15 de dezembro de 2004. Alterada por quatro diretivas, desde então: Diretiva 2008/22/CE do Parlamento Europeu e do Conselho, de 11 de março de 2008, Diretiva 2010/73/UE do Parlamento Europeu e do Conselho, de 24 de novembro de 2010, Diretiva 2010/78/EU do Parlamento Europeu e do Conselho, de 24 de novembro de 2010, Diretiva 2013/50/EU do Parlamento Europeu e do Conselho, de 22 de outubro de 2013.

[20] Regulamento (UE) 596/2014 do Parlamento Europeu e do Conselho, de 16 de abril de 2014.

as divulgações obrigatórias ao mercado não são exclusivamente, nem, na maior parte das vezes, predominantemente, dirigidas à eliminação de assimetrias informativas para permitir que os investidores de retalho tomem decisões de investimento informadas[21]; antes têm em vista a "eficiência do mercado", "a integridade do mercado" e "a formação dos preços" como o racional subjacente às obrigações de informação, na lógica de que o fornecimento de informação continuada ao mercado pode permitir o ajustamento dos preços dos instrumentos financeiros[22].

Por fim, em Portugal, um estudo realizado entre o início de janeiro de 2000 e o final de dezembro de 2002, com uma amostra de quarenta e quatro empresas cotadas no mercado de cotações oficias da Euronext Lisbon, revelou uma alteração de rendibilidade significativa no dia da divulgação da informação relevante. O estudo conclui que o mercado é eficiente na sua forma semiforte (i.e., os preços no mercado refletem não apenas o comportamento passado dos valores no mercado, mas também toda a informação relevante disponibilizada ao público), pelo menos na velocidade de ajustamento dos preços à informação[23].

Deste modo, embora reconheçamos a impossibilidade de todos os participantes no mercado conhecerem a informação divulgada – que, muitas vezes, se afigura extensa e complexa e, por esse motivo, tipicamente apenas digerida pelos investidores profissionais (pense-se no caso do prospeto) – o enquadramento financeiro proposto permite concluir que a informação cumpre, ainda, um papel central da proteção dos investidores. Mesmo os investidores irracionais e não informados são protegidos por via da divulgação, ainda que num plano supraindividual, em virtude de se assegurar um correto e eficiente funcionamento dos mecanismos de formação de preços[24], nos quais esses investidores alicerçam as suas decisões de investimento.

O papel central da informação na adequada formação dos preços no mercado é inegável. Como escrevia Louis Brandeis, no conhecido trecho do seu livro *Other people's money*, "a publicidade é justamente recomendada como um remédio para doenças sociais e industriais. Diz-se que a luz do

[21] Elke Vandenriessche, *Investor losses. A comparative legal analysis of causation and assessment of damages in investor litigation*, Cambridge, Antwerp, Portland, 2015, 21 ss.

[22] Elke Vandenriessche, *Investor losses* cit., 21 e 22.

[23] Estudo de João Duque/Inês Pinto, *O impacto* cit., 52 e 53.

[24] Elke Vandenriessche, *Investor losses* cit., 22.

sol é o melhor dos desinfetantes; a luz elétrica o polícia mais eficiente"[25]. A divulgação pública é, nesta linha, há muito encarada como a melhor proteção contra os abusos dos emitentes, sendo certo que a informação se deve dirigir aos investidores, não de um prisma meramente formal, mas também material, de modo a permitir a sua real compreensão, assegurando, assim, a sua eficiência[26].

O papel central da informação determina, por um lado, que a divulgação se paute por um conjunto de princípios que asseguram a sua correta assimilação pelos participantes e, por outro lado, coloca o investidor no centro do quadro mobiliário de transparência, independentemente da sua qualidade de sócio.

Assim, a informação divulgada ao mercado deve ser completa, verdadeira, atual, clara, objetiva e lícita (requisitos elencados no artigo 7.º/1 do Código dos Valores Mobiliários – CVM, que corresponde ao artigo 97.º do revogado Cód.MVM[27]). A informação é verdadeira quando refletir os factos a que se refere, objetiva se não assentar em aspetos de natureza iminentemente pessoal e se for universalmente correta, ou seja, se tiver subjacente juízos de valor de natureza técnica ou científica, bem como opiniões com base em factos e se não depender do seu autor, mas dos critérios de aceitação geral que são utilizados na sua elaboração. O princípio da clareza impõe simplicidade na transmissão da informação, ainda que os factos veiculados sejam complexos. Este vetor determina que não sejam divulgadas informações de forma dúbia ou confusa ou apresentadas num contexto pouco percetível, que não sejam redigidas de forma vaga, ambígua ou não explícita ou ainda que pelos próprios termos utilizados sejam suscetíveis de induzir o investidor em erro. A completude da informação, aferida em função do meio utilizado (artigo 7.º/3 do CVM), é um conceito funcionalmente diri-

[25] Cf. Louis D. Brandeis, *Other people's money and how the bankers use it*, New York, 1914, 92, disponível em https://www.forgottenbooks.com/pt/readbook/OtherPeoplesMoney_10014125#12.

[26] Se a informação não for (materialmente) acessível ao investidor, será tão eficiente, diz Brandeis, *Other people's* cit., 70 e 71, como exigir que o produtor comunique a uma entidade pública a listagem de ingredientes dos bens oferecidos ao público, em vez de exigir que o rótulo os documente.

[27] Sobre as características da informação cf., por todos, Menezes Leitão, *A responsabilidade civil no âmbito da O.P.A.*, em *Estudos em Homenagem ao Prof. Doutor Raúl Ventura*, Lisboa, 2003, 181-193 (187) e *A responsabilidade civil do auditor de uma sociedade cotada*, em *Direito dos valores mobiliários*, vol. VI, Coimbra, 2006, 229-239 (234 e 235); Costa Pina, *Dever de informação e responsabilidade pelo prospecto no mercado primário de valores mobiliários*, Coimbra, 1999, 39 ss.

gido a atingir o propósito que se pretende alcançar, devendo ser interpretada como suficiência, ou seja, obrigação de prestar toda a informação razoavelmente necessária. Por seu turno, a atualidade impõe que a informação corresponda aos factos disponíveis à data da emissão da informação e, embora esta exigência não tenha transitado do artigo 97.º do Cód.MVM, deve também ser oportuna, ou seja, chegar atempadamente aos investidores, de forma a que estes possam, com base nos elementos disponibilizados, tomar decisões de investimento. Por fim, a autonomização do princípio da licitude da informação permite reduzir ou estender o dever de informar[28].

Por outro lado, julgamos que da análise das teorias financeiras resulta que o papel nuclear definidor da exigência de proteção é, antes de mais, dado pela posição de investidor, cuja relevância autónoma deve ser assumida, e não pelo estatuto que paralelamente apresente como acionista – quando seja titular de participações sociais –, como credor social – quando obtenha instrumentos de dívida – ou como detentor de outros instrumentos (porventura híbridos). Relevante é o *status* em si: o investidor merece proteção porque investe no mercado e confia na sua integridade e não em virtude do específico instrumento financeiro adquirido[29]. O que importa é o facto da negociação em mercado *per se* e não o concreto instrumento negociado.

A decisão de investimento – mesmo quando respeite a participações sociais e confira ao investidor o estatuto de acionista – é com frequência tomada exclusivamente com um escopo de rentabilidade, prosseguido pela procura do pagamento de dividendos e do lucro com o aumento do valor dos instrumentos que pode ser realizado mediante a alienação em mercado secundário. Por isso, o modelo de transparência encontra-se especificamente direcionado para fornecer soluções de tutela dos *acionistas-investidores*

[28] Também em Itália se considera que toda a informação societária deve fornecer um quadro o mais fiel possível à realidade. Cf. Marco Pinardi, *La responsabilità per danni da informazione nel mercato finanziario*, em *La Nuova Giurisprudenza Civile Commentata*, 4, jul.-ag. 2002, 349-366 (351). Por isso, independentemente do tipo de informação que esteja a ser divulgada ao mercado (comunicações à bolsa, documentos informativos sobre operações como fusões, prospeto ou balanço financeiro), a conduta ilícita reconduz-se à violação do princípio da transparência. Cf. Trib. Milano, 29-abr.-1999, *Fingem c. Ferruzzi, Price Waterhouse e altri.*, no qual se apreciou o dano da "manutenção do investimento" devido a falsa representação da situação patrimonial da sociedade.

[29] A diferença entre o risco de mercado e os riscos assumidos enquanto sócios tem sido identificada pela doutrina. Cf., *v.g.*, Pedro Maia, *Contrato de sociedade e risco no exercício de actividade económica*, em *O contrato na gestão do risco e na garantia da equidade*, Coimbra, 2015, 257-291 (258).

(*Anlageraktionäre*) perante os emitentes e não apenas dos *acionistas-empreendedores* (*eigenunternehmerische Aktionäre*), tipicamente orientados para influenciar os negócios da empresa ou pelo menos para neles participarem ativamente[30]. As sociedades cotadas procuram, para o exercício da sua atividade, o capital dos pequenos investidores, os quais estão mais interessados no incremento patrimonial do investimento do que na gestão da sociedade[31].

Ora, as soluções jurídicas no mercado de capitais devem naturalmente focar-se no estatuto de investidor (mais do que na posição do sócio). Releva, pois, o investidor *a se*, quer ele seja profissional quer não profissional[32], independentemente dos seus objetivos e fisionomia específica.

[30] Cf. Katja Langenbucher, *Aktien- und Kapitalmarktrecht*, 4.ª ed., München, 2018, Rn. 5-7. Entre nós, a distinção é usada classicamente. Cf., de forma paradigmática, Raúl Ventura, *artigo 243.º*, em *Sociedade por quotas*, vol. II, *Comentário ao Código das Sociedades Comerciais*, 3.ª reimpr. da 1.ª ed. de 1989, Coimbra, 2005, 88, distinguindo entre a titularidade de ações como simples meio de colocação de capitais e a titularidade de ações com fins verdadeiramente societários. Os pequenos acionistas são exclusivamente animados pela ideia de investirem as suas poupanças e confiam na possibilidade de desinvestimento imediato. Cf. *v.g.* Maria de Fátima Ribeiro, *Sociedades abertas, valores mobiliários e intermediação financeira*, em *Jornadas sociedades abertas, valores mobiliários e intermediação financeira*, Coimbra, 2007, 11-29 (13); David Oliveira Festas, *Das inibições de voto dos sócios por conflito de interesses com a sociedade nas sociedades anónimas e por quotas*, tese de doutoramento não publicada, apresentada na Faculdade de Direito da Universidade de Lisboa, 2015, 364, nota 1354, aludindo à "plasticidade do perfil do sócio". Naturalmente que, no conjunto dos acionistas-investidores, existem perfis muito diversos. Cf., *v.g.*, Pedro Maia, *Função e funcionamento do conselho de administração da sociedade da sociedade anónima*, Coimbra, 2002, 305, confrontando o "investidor civil" e o "investidor institucional". Dentro destes últimos, os perfis não são também certamente uniformes. Sobre a questão da possibilidade de conciliar o papel de acionistas (duradouramente) comprometidos com o futuro da sociedade com o papel de investidores vocacionados para maximizar a rendibilidade dos seus investimentos, cf. *v.g.* Carlos Francisco Alves, *Os investidores institucionais e o governo das sociedades: disponibilidade, condicionantes e implicações*, Coimbra, 2005, 54 ss. Cf. também, a título meramente exemplificativo, José M. Garrido/Angel Rojo, *Institutional investors and corporate governance: solution or problem?*, em Klaus Hopt/Eddy Wymeersch (org.), *Capital markets and company law*, Oxford, 2003, 418-458 (427-447).

[31] Como nota Oliveira Ascensão, *As acções*, em *Direito dos valores mobiliários*, vol. II cit., 57-90 (61) "tudo isto está de acordo com o sentido da evolução. As empresas procuram financiamento; o accionista-controlador ou grande acionista procura poder; o pequeno acionista preocupa-se com o rendimento das suas acções ou com a especulação". Cf., também, Giuseppe Auletta/Niccolò Salatrino, *Diritto commerciale*, 18.ª ed., Milano, 2010, 245 ss.

[32] Cf. o artigo 30.º/1 do CVM. Sobre a relevância da dicotomia, mas noutros domínios, cf. A. Barreto Menezes Cordeiro, *Manual* cit., 109. Recorde-se a distinção anteriormente firmada (até ao Decreto-Lei n.º 52/2006, de 15 de março) entre investidor institucional e não

É sabido que a negociação em mercado é encetada tanto por investidores privados, como institucionais, entre os quais se contam bancos, seguradoras, fundos de investimento, fundos de pensões ou fundos de retorno absoluto[33]. Naturalmente que não é idêntica a forma de atuação no mercado dos diversos investidores, tal como não é a forma como a conduta do emitente se repercute nas decisões de investimento de cada um; porém, perante a posição de poder do emitente, tanto merece proteção o investidor profissional como o não profissional. Também por isso a legislação (de origem europeia) dedicada à tutela da integridade dos mercados e à defesa dos investidores não distingue, em geral, em função do tipo de participante do mercado, sendo todos objeto de proteção tendencialmente uniforme. Propicia-se a tutela aos investidores por via da garantia de um adequado funcionamento dos mecanismos de mercado. Existem, é certo, algumas situações excecionais em que as diferentes características dos investidores são consideradas relevantes pelo legislador europeu, como é o caso da isenção da obrigação de publicar prospeto em ofertas públicas dirigidas exclusivamente a investidores profissionais. A Diretiva dos Mercados e Instrumentos Financeiros (DMIF II)[34] separa, pontualmente, os clientes de retalho dos clientes profissionais, assumindo que estes últimos, devido à sua maior experiência e conhecimentos, carecem de menor proteção no processo de tomada de decisões de investimento. É por esse motivo que a Diretiva não protege os investidores profissionais como recipientes de conselhos ou de outros serviços de investimento (cf. artigos 24.º/ 3 e 4 e 25.º da DMIF II).

institucional [cf., por todos, José de Oliveira Ascensão, *A protecção do investidor,* em *Direito dos valores mobiliários,* vol. IV, cit., 13-40 (15-20); Paula Costa e Silva, *Direito* cit., 158 ss.; Isabel Alexandre, *Investidor institucional, não institucional equiparado e investidor comum,* em *Direito dos valores mobiliários,* vol. V, Coimbra, 2004, 9-27 (10-14)], e entre investidor qualificado e não-qualificado até à Lei n.º 53/2018, de 20 de julho. Fora do contexto legal português, cf. José M. Garrido/Angel Rojo, em Klaus Hopt/Eddy Wymeersch (org.), *Capital markets and company law,* Oxford, 2003, 418-458 (452), discutindo as diversas aceções do termo investidor institucional, *maxime* sublinhando a diferença que este apresenta nos Estados Unidos, Alemanha e Inglaterra.

[33] Tanto os investidores privados como os institucionais devem ser encarados como participantes indiretos no mercado de capitais, uma vez que não estão autorizados a concluir contratos nas plataformas de negociação. Cf. Veil, *§ 9. Market participants,* em Rüdiger Veil, *European Capital Markets Law,* Portland, 2017, 121-127 (Rn. 8).

[34] Diretiva 2014/65/UE do Parlamento Europeu e do Conselho, de 15 de maio de 2014, relativa aos mercados de instrumentos financeiros e que altera a Diretiva 2002/92/CE e a Diretiva 2011/61/UE.

Porém, as diferenças entre investidores são irrelevantes para fins de tutela quando se trata da deturpação do mecanismo de formação de preços: é o próprio funcionamento do mercado que dita os termos do modelo de proteção construído. Bem distante estamos, pois, da conceção segundo a qual o investidor – incluindo o não-sofisticado – dispensaria proteção: a ideia de que o direito mobiliário é necessário para proteger os investidores não qualificados seria "tão pouco sofisticada como os investidores que é suposto proteger"[35]. A tutela do investidor perante o poder de influência do emitente é necessária independentemente do tipo de investidor. Quando está em causa a integridade do mercado, a proteção conferida é uniforme.

2. A opção pela vinculação do emitente a deveres de informar

Embora se discuta se a difusão de informação deve ser deixada ao critério dos intervenientes do mercado ou se, pelo contrário, deve ser imposta por lei, tem-se procurado um ponto de equilíbrio entre o interesse individual e os interesses coletivos, que passa por reconhecer que, sem a imposição de deveres de transparência, os emitentes terão diminuto incentivo a divulgar factos relevantes ao mercado[36]-[37]. As empresas são, na realidade, as fontes menos dispendiosas desta informação mas aos seus *insiders* faltam estímulos para tomar a iniciativa da divulgação[38]-[39].

[35] EASTERBROOK/FISCHEL, *Mandatory disclosure and the protection of investors,* 70 Va. L. Ver. 669 (1984), 669-715 (692), disponível em https://chicagounbound.uchicago.edu/journal_articles/1177/.

[36] Cf. MARCO PINARDI, *La responsabilità* cit., 349.

[37] Para uma visão geral da literatura (em especial americana) sobre as políticas de *disclosure,* cf. GEOFFREY P. MILLER, *Essential papers on the economics of securities law,* (2016) New York University Law and Economics Working Papers. 424, disponível em https://lsr.nellco.org/nyu_lewp/424; PAUL M. HEALY/KRISHNA G. PALEPU, *A review of the empirical disclosure literature.* Prepared for the 2000 JAE Conference, (December 2000). JAE Rochester Conference April 2000, disponível em https://ssrn.com/abstract=258514.

[38] LARRY EDWARD RIBSTEIN, *Market vs. Regulatory responses to corporate fraud: A critique of the Sarbanes-Oxley Act of 2002,* Journal of Corporation Law, Vol. 28, No. 1, 19, disponível em https://ssrn.com/abstract=332681.

[39] Sobre os motivos que afetam o *disclosure* voluntário, cf. PAUL M. HEALY/KRISHNA G. PALEPU, *A review* cit., 20 ss. Como apontam os Autores, a medida em que o *disclosure* voluntário reduz o problema da má afetação dos recursos no mercado de capitais depende do grau de credibilidade da informação sobre a empresa que não está disponível através de outras fontes (p. 28).

O atual enquadramento europeu revela que foi largamente ultrapassada a ideia – inicialmente defendida por Easterbrook/Fischel[40] – segundo a qual os emitentes não devem ser compelidos a divulgar informação privilegiada, uma vez que seriam suficientes os incentivos privados à transparência. Com base no conhecido estudo de Jensen/Meckling[41], identifica-se um conflito de interesses entre administradores e investidores, sendo que sobre os primeiros recai o ónus da sua resolução. Os administradores, de forma a garantir o investimento na empresa e a manter a sua cotação, deveriam assegurar que toda a informação relevante é divulgada ao mercado e continuará a sê-lo, caso contrário não existe estímulo à compra de ações da empresa, o que se traduz em naturais perdas que oneram os administradores[42].

[40] *Mandatory disclosure* cit., 669-715 (687-692), onde se analisam formas privadas e competitivas de assegurar um nível ótimo de divulgação de informação ao mercado. Também Stephen J. Choi/Andrew T. Guzman, *Portable reciprocity: rethinking the international reach of securities regulation*, Southern California Law Review, vol. 71, 1993, 903-952, disponível em https://scholarship.law.berkeley.edu/cgi/viewcontent.cgi?referer=https://www.google.com/&httpsredir=1&article=2417&context=facpubs, e Roberta Romano, *Empowering investors: a market approach to securities regulation*, 107 Yale Law Journal, 1998, 2359-2430 (2372 ss.), disponível em http://digitalcommons.law.yale.edu/fss_papers/1914, consideram que a dificuldade em encontrar benefícios associados à obrigação de divulgação de informação privilegiada é suficiente para justificar o abandono deste modelo, pelo menos a título exclusivo, e propõem que o emitente, ao invés de ficar vinculado ao sistema de transparência imposto pela legislação federal, deveria poder escolher o regime de qualquer dos cinquenta Estados americanos (*portable reciprocity*). Defendem, pois, um sistema de opção do emitente quanto ao regime de transparência ao qual pretende ficar vinculado. Esta tese é refutada por Merritt B. Fox, *Retaining mandatory securities disclosure: why issuer choice is not investor empowerment*, Virginia Law Review, vol. 85, n.º 7, out. 1999, 1335-1419. Sobre a tese de Roberta Romano, cf. José Ferreira Gomes, *§ 3.º. O papel da informação no direito dos valores mobiliários*, em José Ferreira Gomes/Diogo Costa Gonçalves, *Manual de sociedades abertas e de sociedades cotadas*, vol. I, Lisboa, 2018, 68 e 69.

[41] *Theory of the firm: managerial behavior, agency costs and ownership structure*, Journal of Financial Economics, out. 1976, vol. 3, n.º 4, 1-71, disponível em http://ssrn.com/abstract=94043.

[42] Cf. Easterbrook/Fischel, *Mandatory disclosure* cit., *passim*, que, embora entendam que o mercado de capitais é caracterizado pela assimetria informativa, recusam que desta resulte, inevitavelmente, a necessidade de regulação. Repare-se, porém, que não se apresentam plenamente convencidos quanto à bondade da desregulação do dever de informar. Simplesmente, a assimetria informativa não seria uma ineficiência do mercado, mas antes um custo associado ao investimento que não deve, por isso, ser corrigido. A máxima aplicada, reconhecida expressamente pelos Autores, é *if it ain't broke, don't fix it*.

Apesar da popularidade desta tese, as teorias económicas salientam que a informação reveste as características de um bem público[43], pelo que tenderá a ser subfornecida. Aliás, as reações adversas sentidas no mercado após o anúncio de saída de um emitente do ambiente regulamentado para outro mercado sem as mesmas garantias informativas, aliadas à constatação de que as empresas que exercem esta opção não divulgam informação voluntariamente, revelam as falhas da tese segundo a qual o mercado se deveria bastar com a divulgação voluntária[44].

Assumindo o mercado de capitais como forma de alocação de capital e não apenas como um *zero-sum game,* no qual o ganho de um investidor corresponde à perda de outro, impõe-se promover a eficiência na afetação dos recursos, o que apenas será alcançado por via de obrigações informativas[45], sem prejuízo das vantagens que não deixam de ser apontadas a uma menor regulação[46] e dos riscos da sobrerregulação[47].

Os escândalos financeiros, entre os quais se contam, a título de exemplo, o Worldcom, Enron e Tyco, levaram a interrogar como foi possível empresas admitidas à negociação virem a ser declaradas insolventes e, mais

[43] Os bens públicos tipicamente (i) não são suscetíveis de exclusão e (ii) não existe rivalidade ou exclusividade no seu uso, uma vez que o acesso de cada um ao bem não interfere relevantemente no acesso e uso por parte de qualquer outro. Cf., por todos, Fernando Araújo, *Introdução à economia* cit., 579-590. Estas características podem ser identificadas na informação: nenhum investidor pode ver bloqueado o acesso à informação e o consumo por um não diminui a sua disponibilidade para outros. A característica da informação enquanto bem público é ilustrada pelo célebre *slogan* publicitário da E. F. Hutton, conhecida empresa de corretores, "*when E.F. Hutton talks, people listen*" e que foi retratado, com humor, por um anúncio televisivo no qual dois senhores discutem os seus investimentos enquanto tomam chá. Quando um deles se encontra prestes a revelar o conselho de investimento do seu corretor todo o restaurante se queda em silêncio para tentar ouvir. Aqui se identifica o caráter de bem público da informação e se ilustra o efeito de boleia dos restantes investidores que não contrataram o serviço. Sobre a informação como bem público, cf. John C. Coffee, Jr., *Market failure and the economic case for a mandatory disclosure system,* Virginia Law Review, vol. 70, n.º 4, 1984, 717-753 (725), disponível em https://www.jstor.org/stable/1073083.

[44] Assim, Jesse M. Fried, *Firms gone dark,* The University of Chicago Law Review, vol. 76, n.º 1, 2009, 135-160 (152 a 154), disponível em https://ssrn.com/abstract=1300751.

[45] Cf. John C. Coffee Jr., *Market failure* cit., 717-753.

[46] Mark J. Roe, *Legal origins, politics and modern stock markets*, Harvard Law Review, Vol. 120, No. 2 (dez. 2006), 460-527 (473), disponível em https://www.jstor.org/stable/40042609 473.

[47] Uma das tendências mais observadas das reformas jurídicas induzidas pela crise é precisamente a sobrerregulação. Cf. Holger Fleischer, *Von "bubble laws" und "quack regulation" – Zur Kritik kriseninduzierter Reformgesetze im Aktien- und Kapitalmarktrecht,* em *Festschrift für Hans-Joachim Priester zum 70. Geburtstag,* Köln, 2007, 75-93 (87).

do que isso, os investidores não disporem da informação necessária para conhecer a real situação económico-financeira destas[48]. Os investidores e *players* no mercado ficaram desconfortáveis com a regulamentação existente, surgindo os pedidos de mais transparência. Não é de estranhar: muitas das medidas regulatórias no sentido da *full disclosure* apareceram como reação a crises financeiras[49] ou outras perturbações no mercado, demonstrando que "os grandes abalos provocam as grandes reformas do direito dos valores mobiliários"[50]. Nos últimos anos, a estratégia europeia tem ido no sentido de a regulamentação ser feita com base na divulgação de informação considerada relevante pelo legislador, solução, aliás, assimilada do contributo americano[51]. Soluções substantivas para algumas práticas no

[48] Cf. Paula Costa e Silva, *Direito dos valores mobiliários* cit., 275 ss. Não é de estranhar, por isso, o impacto da crise em múltiplos planos. Cf., por todos, Menezes Cordeiro, *A crise planetária de 2007/2010 e o governo das sociedades*, RDS I (2009), 2, 293-326.

[49] Cf., *v.g.*, Menezes Cordeiro, *A tutela do consumidor de produtos financeiros e a crise mundial de 2007-2010*, em *Estudos em Homenagem ao Prof. Doutor Sérvulo Correia*, vol. III, Coimbra, 2010, 577-600 (597 e 598)

[50] Paulo Câmara, *Os deveres de informação e a formação de preços no mercado de valores mobiliários*, CadMVM, n.º 2, 1998, 79-93 (83). O Autor nota, entre outros exemplos, que o *Securities Act* e o *Securities Exchange Act* americanos surgem como reação direta à crise de 1929 e que a falência do Herstaat Bank espoletou a Concordata de Basileia. O impacto das crises revela-se em múltiplos planos. Cf. A. Barreto Menezes Cordeiro, *Organização e supervisão dos mercados financeiros*, RDS VI (2014), 3-4, 565-588 (565), sobre a adequação dos sistemas de supervisão nacionais e supranacionais na sequência da crise financeira iniciada em 2007, sublinhando que "está demonstrado que as crises financeiras assumem, classicamente, um papel decisivo na transformação dos sistemas de supervisão".

[51] Neste sentido, cf. Paulo Câmara, *Os deveres de informação* cit., 81-82. O Autor assinala o contributo americano para o direito mobiliário nacional. O direito dos valores mobiliários ter-se-á inspirado no *Securities Act* de 1933 e no *Securities Exchange Act* de 1934 em três planos: (i) no plano institucional, por via da existência de uma autoridade de supervisão especializada; (ii) na contraposição entre ofertas particulares e públicas, com regimes adaptados às diferentes necessidades de proteção dos investidores, e, por fim, (iii) na implementação de um sistema de "deveres informativos particularmente densos em mercado: o *full disclosure* – visando eliminar assimetrias de informação, como modo de tutelar a confiança do investidor". Ainda assim, Paulo Câmara, *Os deveres de informação* cit., nota e *Manual de direito dos valores mobiliários*, 4.ª ed., Coimbra, 2018, 783 e 784, lembra que o sistema de *full disclosure* encontra raízes mais remotas e de tradição britânica. Também Sorensen, *Disclosure in EU corporate governance – a remedy in need of adjustment?*, European Business Organization Law Review 2009, 10 (2), 255-283 (256), acentua que historicamente a transparência assumiu mais importância nos Estados Unidos do que na Europa, embora nesta desempenhe um papel de importância em crescimento.

mercado[52] têm sido preteridas a favor de crescentes deveres de informação. A regulação material por vezes identificada não significa um abandono da estratégia. É verdade que não deixa de se questionar se a regulação mobiliária deve continuar a basear-se exclusivamente na informação, apontando-se que as regras de *disclosure* podem ser insuficientes para corrigir a assimetria informativa entre emitente e investidores[53]. Mesmo assim, acentua-se a vertente regulatória de proteção dos investidores pela disseminação de informação, acompanhada pelo aprofundamento de estratégias repressivas ou sancionatórias, ao mesmo tempo que as opções *problem solving* permanecem em geral arredadas[54].

[52] Um caso frequentemente discutido – e um bom exemplo da opção europeia pela regulamentação por via da transparência, em detrimento de soluções substantivas – é o *decoupling* entre direito de voto e interesse económico, alcançado através da contratação de instrumentos financeiros derivados. Já Hu/Black, *Empty voting and hidden ownership: taxonomy, implications, and reforms*, 60, disponível em http://www.law.yale.edu/documents/pdf/cbl/PM-6-Bus-Law-Hu-Black.pdf, notavam que, no caso dos votos vazios, as regras de transparência não serão mais do que um primeiro passo para a resolução do problema, já que a obrigação de notificar as posições vazias, por si mesma, não resolve as questões suscitadas pelo *empty voting*. Ainda assim, em alguns domínios do mercado de capitais, têm sido adotadas soluções substantivas, num quadro de "supervisão intensiva", visando a proteção dos investidores e do mercado [Tiago dos Santos Matias, Product intervention *na DMIF II: nótulas sobre o último poder (ou o poder último) conferido às autoridades de supervisão*, em *O novo direito dos valores mobiliários – I Congresso sobre valores mobiliários e mercados financeiros*, Coimbra, 2017, 257-278 (259)]. Recorde-se que o RMIF (Regulamento (UE) 600/2014 do Parlamento Europeu e do Conselho de 15 de maio de 2014 relativo aos mercados de instrumentos financeiros e que altera o Regulamento (UE) 648/2012) concede à ESMA e às autoridades de supervisão nacionais poderes que entram "no âmbito da supervisão de mérito económico", admitindo-se a intervenção no produto (*product intervention*), por via da possibilidade de proibir ou restringir a comercialização, distribuição e venda de instrumentos financeiros ou depósitos estruturados que suscitem preocupações quanto à proteção dos investidores ou ao funcionamento e integridade dos mercados ou mercadorias. Cf. Fazenda Martins, *Intervenção sobre produtos financeiros*, em *O novo direito dos valores mobiliários*, I cit., 251-255 (255). Porém, também as soluções substantivas apresentam fragilidades: a "linha entre a intervenção no produto e sobre-regulação e regulamentação excessiva é muito ténue, podendo, assim, ter resultados perniciosos face aos pretendidos" (Tiago dos Santos Matias, *Product intervention* cit., 276).

[53] Steven L. Schwarcz, *Rethinking the disclosure paradigm in a world of complexity*. University of Illinois Law Review, Vol. 2004, No. 1; Duke Law School, 6, disponível em https://www.ssrn.com/abstract=336685.

[54] Cf. Luís Guilherme Catarino, *Informação: utopia, realidade e intervenção pública*, em *Direitos dos valores mobiliários*, vol. X, Coimbra, 2011, 65-112 (74).

A Europa tem avançado no sentido da construção de um mercado único de serviços financeiros, o que, de acordo com o Conselho Europeu de Lisboa, de março de 2000, seguido pelo de Barcelona, de março de 2002, implica a necessidade de melhorar os requisitos em matéria de transparência. É neste contexto que surge, por exemplo, a Diretiva da Transparência. Esta traduz um reconhecimento a nível europeu da necessidade de proteção dos investidores e da importância da *disclosure* para alcançar esse objetivo. A divulgação de informação exata, completa e oportuna é tida como elemento essencial no reforço da confiança dos investidores o que, por seu turno, protege os investidores e a eficiência do mercado[55].

Os deveres de informação somam-se em diversas áreas dos serviços financeiros e, inclusivamente, alguns setores que tradicionalmente não eram regulados têm vindo a ser objeto de crescente atenção[56]. Cada vez mais se reconhece a existência de um conjunto de princípios que devem orientar a regulamentação mobiliária e que se pode dizer constituírem uma verdadeira *ordem pública bolsista*. Entre eles encontra-se, naturalmente, a transparência, a par da eficiência, da proteção do investidor e da estabilidade[57].

A análise económica do impacto no mercado de capitais das mudanças regulatórias na União Europeia aponta o aumento de liquidez como produto relevante da redução da assimetria informativa e da seleção adversa. Os efeitos positivos revelam-se, contudo, superiores nos países onde a qualidade da regulação é tradicionalmente maior: a eficácia da regulação

[55] Cf. André Figueiredo, *A informação difundida no mercado de valores mobiliários e os poderes da CMVM: uma "nova dimensão do direito administrativo"?*, CadMVM, n.º 24, nov. 2006, 64-98 (68-72); cf. também Hugo Moredo Santos, *Transparência, OPA obrigatória e imputação de direitos de voto*, Coimbra, 2011, 71 ss.

[56] Pense-se, a título de exemplo, na Diretiva 2011/61/EU do Parlamento Europeu e do Conselho, de 8 de junho de 2011, que estabelece um quadro jurídico aplicável à autorização, à supervisão e ao controlo dos gestores de um conjunto de fundos de investimento alternativos (DGFIA), incluindo fundos de retorno absoluto e fundos de capitais de investimento. Passam a ser regulados alguns aspetos relativamente aos *hedge funds* (fundos de retorno absoluto), que são qualificados como Fundos de Investimento Alternativo (FIA) e, em geral, são, *v.g.*, introduzidos requisitos específicos relativos ao efeito de alavanca, i.e., à utilização da dívida para financiar o investimento. Em Portugal, esta diretiva foi parcialmente transposta para a Lei n.º 18/2015, de 4 de março (Regime Jurídico do Capital de Risco, Empreendedorismo Social e Investimento Especializado). Sobre a DGFIA, cf. Soveral Martins, *DGFIA,* hedge funds *e governação das sociedades anónimas*, DSR, ano 9 (2017), vol. 18, 121-154 (133 ss.), sublinhando as restrições que se impôs aos gestores de FIA, sem prejuízo das vantagens que dela também resultam para os mesmos.

[57] Cf. Luís Guilherme Catarino, *Informação* cit., 68.

no passado continua a condicionar os resultados no presente. É assinalada, em qualquer caso, uma conexão entre regulação mais restrita e liquidez do mercado, sendo que o sucesso da nova regulação depende decisivamente da forma como esta é implementada e lhe é dado cumprimento[58].

Não obstante as vantagens, as falhas da regulação por via da imposição de deveres de transparência são óbvias. A constatação de que não se pode legislar a honestidade[59] e garantir o cumprimento desses deveres, a divulgação de informação complexa e difícil de digerir pelo investidor médio, a divulgação de informação em excesso que permite "enterrar" a informação verdadeiramente relevante, bem como os conhecidos riscos de *information overload* levam a que surjam cada vez mais críticos desta estratégia regulatória. Ainda assim, tem-se afirmado que a regulação através da transparência é aquela que melhor obedece ao princípio da proporcionalidade[60] e põe em prática o *better regulation action plan* da Comissão Europeia[61]. Também o *Winter Report of the high level group of company law experts on a modern regulatory framework for company law in Europe*[62] recomendou a adoção preferencial de estratégias de transparência face à regulação substantiva. A justificação pode ser encontrada no facto de a primeira favorecer a responsabilização e transparência no governo das sociedades, prevenindo comportamentos ilícitos dos administradores e combatendo estruturas societárias que não correspondam às melhores práticas. Diz-se que os requisitos de transparência e prestação de informações podem ser mais eficazes, flexíveis e fáceis de aplicar, protegendo aqueles que negoceiam com as sociedades e, também, os acionistas, através da criação de um mercado mais eficiente. Por isso, o Grupo de Especialistas recomendou[63] que a União Europeia, quando implementasse uma nova regulação no domínio societário (ou al-

[58] Cf. Hans B. Christensen/Luzi Hail/Christian Leuz, *Capital-market effects of securities regulation: prior conditions, implementation and enforcement*, Review of Financial Studies, vol 29(11), 2885-2924, disponível em https://www.nber.org/papers/w16737.

[59] Não obstante o "significado decisivo" da confiança do público na seriedade do mercado. Cf. Andreas Cahn, *Grenzen des Markt- und Anlegerschutzes durch das WpHG*, ZHR 162 (1998), 1-50 (2).

[60] Cf. Sorensen, *Disclosure in EU* cit., 256.

[61] Comunicação da Comissão, de 5 de junho de 2002, Plano de ação "simplificar e melhorar o ambiente regulador" [COM(2002) 278 final] e Comunicação da Comissão, de 6 de junho de 2002, intitulada "Governança Europeia: Legislar Melhor" [COM(2002) 275 final].

[62] Bruxelas, 4 de novembro de 2002.

[63] Recomendação II.3, disponível em http://ec.europa.eu/internal_market/company/docs/modern/report_en.pdf.

terasse aquela já existente), ponderasse os benefícios de impor critérios de transparência face à regulamentação substantiva, na medida em que promove um ambiente regulatório mais ligeiro, flexível e adaptável. Embora os seus efeitos sejam mais indiretos, a sua aplicação é, normalmente, mais fácil. Deve, ainda assim, evitar-se automatismos na prestação de informação e assegurar que sejam divulgados conteúdos relevantes e significativos. Em suma, exigir a divulgação de informação pode ser uma "poderosa ferramenta regulatória"[64].

Os deveres de transparência exigem a garantia da sua correlativa aplicação. As fraquezas no *enforcement* da regulação – essencial para a proteção dos investidores, para a existência de mercados justos e líquidos e para a estabilidade financeira – foram visadas pelo G20 como uma preocupação primária para efeitos de reforma mas os esforços têm-se revelado difíceis e desiguais[65]. A existência de regimes desenvolvidos ao nível dos requisitos de *disclosure* e de procedimentos simples tendentes à indemnização de danos estão associados a mercados de capitais mais fortes. O *private enforcement* das regras públicas constitui uma via importante para garantir a eficiência dos mercados. Na verdade, tem-se chegado à conclusão de que há pouca evidência da importância do *public enforcement* mas fortes indícios de que a facilitação do *private enforcement* através de regras de responsabilidade beneficia os mercados de capitais[66]. Tornar as perdas dos investidores facilmente recuperáveis é essencial para o direito mobiliário. Um sistema eficiente deve fornecer incentivos para os emitentes recolherem e fornecerem a informação aos investidores e responsabilizá-los se não o fizerem. Nesta linha surge a estratégia regulatória de impor deveres de informação e estabelecer regras de responsabilidade que acarretem menos custos para os investidores no momento da recuperação dos danos[67]-[68].

[64] *Winter Report* cit., 33.

[65] IMF Working Paper, *The challenge of enforcement in securities markets: mission impossible?*, WP/09/161, 4 ss.

[66] Mathias M. Siems, *What does not work in comparing securities laws: a critique on La Porta et al's methodology* (set. 2008). International Company and Commercial Law Review, 300-305, 2005; CPC-RPS No. 0009, disponível em https://ssrn.com/abstract=608644.

[67] La Porta/Lopez de Silanes/Shleifer, *What works in securities laws?* (July 16, 2003). Tuck School of Business Working Paper No. 03-22; AFA 2005 Philadelphia Meeting, 8, disponível em https://ssrn.com/abstract=425880.

[68] Cf. John C. Coffee Jr., *Law and the market: the impact of enforcement* (March 7, 2007). Columbia Law and Economics Working Paper No. 304, 79, disponível em https://ssrn.com/abstract=967482. A intensidade do *enforcement* releva mas o nível ótimo de *enforcement*

3. Os concretos deveres de informar que vinculam o emitente

3.1. Dever de publicar prospeto, de divulgar informação *ad hoc* e informação periódica

Partindo da constatação da importância central da transparência no mercado, a regulação europeia tem vindo a vincular o emitente a um feixe de deveres de informação desde o momento da entrada na bolsa (por meio da obrigação de publicação de prospeto), passando pelo período de cotação no mercado (por via dos deveres de informação *ad hoc* e periódica) e, ainda, em qualquer oferta pública de valores mobiliários. O arquétipo da disponibilização de valores mobiliários aos investidores é a oferta pública de distribuição (OPD), que pode ser de venda (OPV) ou de subscrição (OPS ou IPO – *Initial Public Offering* – na comum designação anglo-saxónica), nas quais aparece como central o dever de publicar um prospeto, i.e., um documento sujeito a fiscalização administrativa prévia que, em termos padronizados, concentra a informação relevante sobre o emitente, os valores mobiliários por este emitidos e o processo da oferta ou da admissão em mercado regulamentado[69] e que surge como verdadeira "trave mestra do princípio da transparência"[70]. O prospeto reveste, pois, simultaneamente natureza infor-

permanece discutível. Fora dos Estados Unidos, tem maior relevo a regulação *ex ante* do que o enforcement *ex post*. Cf. também, sobre o recorrente debate relativo aos méritos do *public* e do *private enforcement*, John Armour/Bernard Black/Brian R. Cheffins/Richard Nolan, *Private enforcement of corporate law: an empirical comparison of the UK and US* (February 13, 2009), Journal of Empirical Legal Studies Vol. 6, pp. 687-722 (691), 2009; U of Texas Law, Law and Econ Research Paper No. 89; McCombs Research Paper Series, Paper No. FIN-02-07; Oxford Legal Studies Research Paper No. 1105355; 3rd Annual Conference on Empirical Legal Studies Papers; ECGI – Law Working Paper No. 120; ECGI – Finance Working Paper No. 234., disponível em https://ssrn.com/abstract=1105355; Howell E. Jackson/Mark J. Roe, *Public and private enforcement of securities laws: resource-based evidence* (March 16, 2009). Journal of Financial Economics (JFE), Vol. 93, 2009; Harvard Public Law Working Paper No. 0-28, 34 ss.; Harvard Law and Economics Discussion Paper No. 638, disponível em https://ssrn.com/abstract=1000086, apontando que a dispersão estrutural dificulta o *private enforcement,* mas que o *public enforcement* não é menos valioso para os mercados do que o *private enforcement.*

[69] A definição é de Paulo Câmara, *Manual* cit., 806. Juridicamente, a OPV pode ser qualificada como "um processo de formação de contratos de venda, caracterizado pelo carácter simultâneo e colectivo da oferta" [Raúl Ventura, *Ofertas públicas de aquisição e de venda de valores mobiliários,* em *Estudos em Homenagem ao Professor Doutor Manuel Gomes da Silva,* Coimbra, 2001, 265-455 (443)].

[70] A. Barreto Menezes Cordeiro, *Manual* cit., 367.

mativa, publicitária e contratual[71]. A importância fulcral deste documento tem levado a que se defenda que, nos ordenamentos ocidentais, o mesmo constitui modelo de toda a informação contratual na negociação em massa e é, certamente, inegável a influência que assumiu no enquadramento jurídico dos vários tipos de informação no direito do mercado de capitais[72]. A transparência imposta por via do dever de publicar prospeto encontra fundamento na ideia de que os valores mobiliários são produtos de confiança (*credence goods*), que, devido à sua complexidade e à típica duração do investimento, não permitem ao comprador obter informação sobre o produto, nem avaliar os instrumentos mobiliários a um custo aceitável, tornando-se impossível, antes da aquisição, reduzir incertezas sobre as suas características. A assimetria informativa no mercado determina que os investidores não tenham alternativa razoável a não ser confiar na qualidade dos valores mobiliários que lhes é prometida por via da informação prestada pelo emitente, nomeadamente no prospeto[73]. É neste contexto que surge o Regulamento (UE) 2017/1129 do Parlamento Europeu e do Conselho, de 14 de junho de 2017 relativo ao prospeto a publicar em caso de oferta e valores mobiliários ao público ou da sua admissão à negociação num mercado regulamentado (Regulamento dos Prospetos), em vigor desde 2017 e diretamente aplicável desde 21 de julho de 2019.

Em geral, na União Europeia, as ofertas públicas de valores mobiliários ou a sua admissão à negociação num mercado regulamentado devem ser precedidas pela publicação de um prospeto com a informação relevante sobre o emitente e a oferta (artigo 3.º/1 e 3 do Regulamento dos Prospetos). Este regime procura proteger os destinatários da oferta que considera carecerem de superior tutela, através da standardização da informação, formalmente controlada pela entidade reguladora, e da responsabilidade civil em caso de violação dos deveres de transparência[74]. Essa tutela, que é alcançada através da informação, orienta o conceito de oferta pública de valores

[71] Cf. MENEZES LEITÃO, *A responsabilidade civil no âmbito da O.P.A.* cit., 186. Como nota o Autor, o prospeto "além de proporcionar a informação aos investidores, promove a aceitação da oferta pública e vincula as entidades acima referidas ao seu conteúdo".

[72] Cf. PAOLO GIUDICI, *Capitolo III. L'appello al pubblico risparmio e i contratti degli emittenti: IPO; contrato di collocamento; prospetto*, em VICENZO ROPPO/ALBERTO M. BENEDETTI, *Trattato dei contratti*, Milano, 2014, 965-989 (978), ainda que o Autor situe o dever de publicar prospeto no domínio pré-contratual.

[73] Cf. RÜDIGER VEIL, *§ 17. Prospectus disclosure*, em VEIL, *European* cit., 281-309 (282).

[74] Cf. PAOLO GIUDICI, *Capitolo III. L'appello* cit., 979.

mobiliários, mas, ao contrário do que acontece com a informação prestada pelo intermediário financeiro, que deve ser moldada em função do cliente concreto (*know your client*), o regime dos prospetos opta por uma determinação abstrata dos investidores que não conseguem aceder a informação suficiente sobre a oferta[75].

Embora o prospeto seja encarado pelo Código dos Valores Mobiliários como o meio principal de divulgação de informação ao mercado, a verdade é que o tipo de informação que se tem considerado paradigmática no mercado de capitais é a informação *ad hoc* ou privilegiada, divulgada de forma continuada, exclusiva do mercado secundário mas com uma influência especialmente visível na formação do preço.

Este dever constitui instrumento de primeira linha na proteção dos investidores, assegurando que a negociação de valores mobiliários no mercado secundário reveste as mesmas garantias da negociação de valores mobiliários no mercado primário. É um dever de cumprimento contínuo e não apenas periódico. Não se pretende, naturalmente, eliminar o risco de mercado (ou o risco *beta* de um instrumento), mas antes certificar que os riscos assumidos pelo investidor não são motivados por falta ou inexatidão da informação. Em virtude da sua direta relação com a formação dos preços, o dever de divulgação de informação privilegiada já foi qualificado como o paradigma dos deveres informativos no mercado[76].

A transparência continuada apresenta, por outro lado, um importante papel repressivo de situações de abuso de mercado, i.e., de condutas ilícitas nos mercados financeiros, como abuso de informação privilegiada, transmissão ilícita dessa informação ou manipulação de mercado, que prejudicam o direito dos investidores às mesmas oportunidades de negócios, à paridade informativa, e que mitigam a confiança do público nos valores mobiliários e instrumentos derivados. Bem se pode, por isso, com A. Barreto Menezes Cordeiro, falar na integridade do mercado como princípio substantivo estruturante do direito dos valores mobiliários[77-78].

[75] Cf. Paulo Câmara, *Manual* cit., 643.

[76] Neste sentido, cf. Paulo Câmara, *Manual* cit., 721.

[77] Cf. A. Barreto Menezes Cordeiro, *Direito dos valores mobiliários* cit., 260. O Autor apresenta este princípio em termos intimamente associados aos princípios da igualdade de oportunidades e da livre concorrência. Este princípio distingue-se da transparência na medida em que se preocupa com o nivelamento substantivo da informação que pode ser utilizada, ao passo que a transparência respeita à sua divulgação.

[78] Existem estudos empíricos que revelam que o *insider trading* atemoriza os investidores e encoraja os intermediários a cobrarem *spreads* mais elevados, ao mesmo tempo que

A proibição de abuso de mercado visa, pois, uma dupla proteção: individual e coletiva. A dimensão individual reflete-se no reforço da confiança dos investidores, ao passo que a dimensão coletiva se traduz na proteção do funcionamento do mercado, da sua integridade e reputação[79].

Em Portugal, foi com o Código dos Valores Mobiliários de 1999 que o dever de informar sobre factos relevantes ganhou autonomia[80]. Até então, o Código do Mercado de Valores Mobiliários apenas contemplava esse dever numa cláusula geral mais ampla, sob a epígrafe "outras informações gerais", o que era justificado pelo caráter subsidiário e complementar do dever de informação face a outros deveres. Atualmente, a previsão consta do artigo 29.º-Q do CVM, que deve ser conjugada com o Regulamento do Abuso de Mercado. A informação privilegiada – informação idónea para influenciar o preço dos instrumentos financeiros – constitui o ponto de partida do regime, dela resultando duas imposições simétricas. Por um lado, o dever de divulgação dessa informação e, por outro, o dever de abstenção a cargo dos *insiders* (*disclose and abstain*)[81]. Está em causa informação de caráter preciso, que não tenha sido tornada pública, que diga respeito, direta ou indiretamente, a um ou mais emitentes ou a um ou mais instrumentos e que, caso fosse tornada pública, seria adequada para influenciar de maneira sensível

demonstram que se verifica uma relação direta entre o rigor com que é aplicada a regulação do abuso de mercado e os custos de capital. Cf. Hopt/Kumpan, *§ 107. Insider- und Ad-hoc-Publizitätsprobleme,* em Herbert Schimansky/Hermann-Josef Bunte/Hans-Jürgen Lwowski (org.), *Bankrechts-Handbuch,* 5.ª ed., 2017, 3. É por isso que já ao abrigo da Diretiva do Abuso de Mercado, de 2003 eram apresentados como principais objetivos da regulação desta matéria a proteção da integridade dos mercados financeiros e o reforço da confiança dos investidores, que se baseia na garantia de serem colocados em pé de igualdade e protegidos contra o uso indevido de informação privilegiada por parte dos *insiders.* Neste sentido, cf. acórdão do TJUE de 23-dez.-2009 (*Spector Photo Group*), C-45/08 n.os 37, 47, 61 e 62; acórdão do TJUE de 10-mai.-2007 (*Georgakis*), C-391/04, n.º 38.

79 Cf. Hopt/Kumpan, *§ 107* cit., 4 e considerando 24 do Regulamento (UE) 596/2014 do Parlamento Europeu e do Conselho, de 16 de abril de 2014, relativo ao abuso de mercado.

80 Sobre os antecedentes do dever de divulgar informação privilegiada, cf. Filipe Matias Santos, *Divulgação de informação privilegiada. O dever de divulgação de informação privilegiada no mercado de valores mobiliários,* Coimbra, 2011, 43-47.

81 Cf. Sergio Seminara, *Disclose or abstain? La nozione di informazione privilegiata tra obblighi di comunicazione al pubblico e divieti di insider trading: riflessioni sulla determinatezza delle fattispecie sanzionatorie,* Banca, Borsa Titolo do Credito, 2008, 3, 331-368 (333).

o preço desses instrumentos financeiros ou dos instrumentos financeiros derivados com eles relacionados[82].

O emitente encontra-se, por fim, vinculado à divulgação de informação periódica[83]. Estes deveres de informação periódica reportam-se, como é conhecido, às contas (anuais e semestrais) e ao governo das sociedades. Os artigos 29.º-G e 29.º-J do CVM impõem, respetivamente, o dever de apresentação do relatório e contas anuais e de prestação de informação semestral; por seu lado, o artigo 29.º-H determina que os emitentes devem, igualmente, em capítulo do relatório anual de gestão, divulgar um relatório sobre o governo da sociedade[84]. No que toca às contas anuais, o Regulamento (CE) 1606/2002 do Parlamento Europeu e do Conselho, de 19 de julho obriga também a que as contas consolidadas sejam elaboradas em conformidade com as normas internacionais de contabilidade. As contas devem ser divulgadas no prazo de quatro meses a contar da data de encerramento do exercício e mantidas à disposição do público durante dez anos.

O dever de divulgar informação semestral vincula os emitentes de ações e de valores mobiliários representativos de dívida a, no prazo máximo de três meses após o termo do primeiro semestre do exercício, divulgarem as demonstrações financeiras condensadas e um relatório de gestão intercalar. O prazo de três meses resulta de uma extensão operada pela Diretiva da Transparência, com o intuito de proporcionar maior flexibilidade e reduzir os encargos administrativos. Pretende-se, com o prazo mais alargado, que os relatórios dos emitentes de pequena e média dimensão mereçam mais atenção por parte dos participantes no mercado, tornando-os mais visíveis (considerando 6 da Diretiva da Transparência). A exigência de divulgação de informação apenas quanto ao primeiro semestre compreende-se: a finalidade é transmitir uma imagem *intercalar* da gestão da empresa, *ratio* que se

[82] Artigo 7.º/1, *a), b)* e *c)*, do RAM, com adaptações para os instrumentos derivados sobre mercadorias e para as licenças de emissão ou produtos leiloados com base nas mesmas. De acordo com a alínea *d)*, no caso das pessoas encarregadas da execução de ordens relativas a instrumentos financeiros, a expressão "informação privilegiada" significa também a informação veiculada por clientes relativa a ordens respeitantes a instrumentos financeiros, de caráter preciso e suscetível de influenciar a decisão de investimento de um investidor médio. Sobre o dever de divulgar informação *ad hoc*, cf. Madalena Perestrelo de Oliveira, *Tutela* cit., 217-239.

[83] Cf. Paulo Câmara, *Manual* cit., 719; Filipe Matias Santos, *Divulgação* cit., 93.

[84] Cf., *v.g.*, José Ferreira Gomes/Diogo Costa Gonçalves, § 8 *Transparência*, em José Ferreira Gomes/Diogo Costa Gonçalves, *Manual* cit., 107-114 (111).

perderia no caso de o exercício já estar encerrado e se encontrar iminente a apresentação do relatório e demais demonstrações financeiras anuais, que, para mais, são revestidas de superiores exigências garantísticas. Assim, não é por acaso que no segundo semestre as sociedades emitentes de valores mobiliários admitidos à negociação em mercado regulamentado não estão obrigadas a prestar informação intercalar, limitando-se a apresentar o relatório e contas anuais.

3.2. Fundamentação dogmática da imposição de deveres de informar: a relação especial entre emitente e investidor e os deveres de informar o mercado como deveres de proteção

Do que escrevemos até agora resulta que o ambiente de mercado e a agregação dos diversos participantes numa plataforma comum geram uma ligação material específica entre os sujeitos que se afasta do anonimato geral que caracteriza o campo extraobrigacional, apesar de inexistir um contrato[85] ou outro vínculo formal entre emitente e investidor. Se a informação prestada ao mercado (ou a sua omissão) é incorporada e condiciona decisivamente o funcionamento do mecanismo de formação dos preços, aquele que controla a informação domina também o mercado e influencia de forma especialmente intensa a posição do investidor, que fica diretamente exposto às suas ingerências lesivas. Ora, o poder de influência danosa na esfera jurídica dos investidores encontra-se mais próximo daquele que caracteriza as relações de confiança entre os sujeitos do que o que se

[85] Cf. Oliveira Ascensão, *A celebração de negócios em bolsa*, em *Direitos dos valores mobiliários*, vol. I, Coimbra, 1999, 177-199 (189), que escreve: "o contrato é o paradigma da relação jurídica. A relação jurídica medeia, até por definição, entre pessoas determinadas. As posições são correlativas, o que implica a individualização dos seus titulares. Mas sabemos que na negociação em bolsa não há conexão de pessoas determinadas, porque não há identificação; e ainda que fossem identificadas não haveria posições correlativas, porque não há um nexo entre elas. Não há pois o encontro correlativo de vontades ou declarações, que está na base do contrato. Isto acontece porque há a interposição do sistema". Paulo Câmara, *Emissão e subscrição de valores mobiliários*, em *Direitos dos valores mobiliários*, Lisboa, 1997, 201-241 (241), aponta a singularidade da emissão e subscrição dos valores mobiliários "na galeria das formas contratuais" mas que "não as demarca em definitivo do contrato", como demonstra a necessidade da manifestação da vontade do emitente e a multilateralidade na respetiva génese. A singularidade é ditada pelo mercado, elemento essencial na função, estrutura e disciplina do direito dos valores mobiliários.

verifica entre estranhos[86]. Podemos afirmar que existe entre emitente e investidor uma "ligação especial", que exprime uma conexão *específica* entre estes sujeitos, fomentada pela integração no sistema[87], e que deve levar a reexaminar a natureza dos deveres que recaem sobre o emitente no seu exercício.

O conceito de ligação especial[88], de origem germânica (a *Sonderverbindung*), é tradicionalmente definido como um vínculo existente entre duas ou mais pessoas normalmente (mas não necessariamente) caracterizado pela relação de confiança recíproca em termos similares às relações contratuais e que reclama a observância de critérios de conduta mais exigentes[89]. O tema surge, consistentemente na doutrina germânica, a respeito do § 242 BGB e da imposição de um padrão de boa-fé mais elevado do que aquele que vigora entre estranhos. A sua relevância pode ser alargada. A origem do conceito situa-se nos anos 60 do século passado, quando Canaris[90] o introduziu para descrever um conjunto de relações em que existem deveres de proteção, sejam obrigações em sentido estrito, ou deveres de proteção sem deveres primários de prestar[91], na lógica da relação

[86] O facto de aqui a confiança não relevar não significa que não se possa reconhecer, com Carneiro da Frada, *A responsabilidade pela confiança nos 35 anos do Código Civil: balanço e perspectivas*, em *Comemorações dos 35 anos do código civil e dos 25 anos da reforma de 1977*, vol. III, Coimbra, 2017, 285-307 (288), que se intensifica na doutrina "a convicção de que a confiança tem um importante papel a desempenhar na resolução de modernos problemas de responsabilidade". A confiança é, na verdade, o "elemento modelador e estruturante do regime jurídico de mercado de valores mobiliários" [Ricardo Sá Fernandes, *O direito dos mercados e o mercado de valores mobiliários em especial*, em *Direitos dos valores mobiliários*, Lisboa, 1997, 189-199 (197)]. Como escreve Paulo Câmara, *Regulação dos mercados de valores mobiliários: fundamento e estrutura*, Cadernos de ciência de legislação, n.º 48 (jan.-mar. 2009), 7-63 (7), os fundamentos da regulação dos valores mobiliários são a massificação, a aptidão funcional, a sofisticação, a permeabilidade a crises e a essencialidade da preservação da confiança.

[87] Cf. Oliveira Ascensão, *A celebração* cit., 190 ss.

[88] Cf. Madalena Perestrelo de Oliveira, *Algumas notas em torno da "relação especial" e o reposicionamento das fronteiras da responsabilidade civil obrigacional*, em *Código Civil. Livro do cinquentenário*, vol. II, Coimbra, 2019, 329-346.

[89] Em geral, os relacionamentos obrigacionais surgem como relações especiais. Por todos, cf. Dieter Medicus/Stephan Lorenz, *Schuldrecht I*, 21.ª ed., München, 2015, Rn. 2 ss.

[90] *Ansprüche wegen positiver Forderungsverletzung und Schutzwirkung für Dritte bei nichtigen Verträgen. Zugleich ein Beitrag zur Vereinheitlichung der Regeln über die Schutzpflichtverletzungen*, JZ 1965, 475-482.

[91] Sublinhando que pode haver deveres de proteção antes de o contrato se concluir, depois de se extinguir ou depois de ter sido declarado nulo ou anulado, cf. Pinto Oliveira, *Os*

unitária de proteção *(einheitliches Schutzpflichtverhältnis)*[92], construída a partir das regras de *culpa in contrahendo,* da violação positiva do contrato e dos deveres subsistentes nas nulidades contratuais[93]. A "projecção efectiva a nível da decisão" deste dever foi, entre nós, assinalada por MENEZES CORDEIRO[94]. Está em causa delimitar o âmbito dos deveres de proteção mas também dos deveres de lealdade[95]. As regras sobre *culpa in contrahendo,* por exemplo, podem ser vistas como o reconhecimento legal dos deveres em causa, de cariz específico[96].

deveres acessórios 50 anos depois, RDC II (2017), 2, 239-256 (242). Pode igualmente não haver contrato mas existir relação especial. Como nota o Autor (p. 252), o caso paradigmático de relação obrigacional em sentido amplo sem deveres primários de prestação é o do artigo 227.º do Código Civil. Cf. também MIGUEL BRITO BASTOS, *Deveres acessórios de informação,* RDS V (2013), 1-2, 181-281 (241), chamando a atenção para que é hoje pacífica a existência de deveres acessórios em situações em que inexiste qualquer dever primário de prestação mas em que a ordem jurídica estabelece padrões de comportamento que transcendem as exigências do direito delitual pensadas para relações de anonimato entre os agentes (*Jedermannbeziehungen*). Como escreve o Autor (p. 241, nota 147), "a delimitação das interacções humanas que justificam a cominação de deveres acessórios de conduta aos sujeitos nelas intervenientes não pode deixar de ser feita atendendo aos princípios que fundamentam a cominação desses deveres".

92 Esta ideia parece constar, desde a reforma alemã de direito das obrigações, do § 311 II BGB, que considera constituída uma obrigação, com a inerente sujeição a deveres específicos de proteção, nos casos: (i) em que se iniciem negociações contratuais, (ii) numa potencial relação contratual se conceda à outra parte a possibilidade de afetar, ou lhe confie, os seus direitos, interesses legalmente protegidos ou outros interesses ou (iii) num contacto profissional similar. Sobre a natureza dos deveres de proteção cf., *v.g.* PAULO MOTA PINTO, *Interesse contratual negativo e interesse contratual positivo,* vol. II, Coimbra, 2009, 1193, nota 3345.

93 MENEZES CORDEIRO, *Da boa fé no Direito civil,* Coimbra, 1984, 632 ss. e 1124; *Violação positiva do contrato (acórdão do Supremo Tribunal de Justiça de 31 de Janeiro de 1980),* em *Estudos de direito civil,* vol. I, Coimbra, 1994, 115-142 (131 ss.): além do incumprimento pura e simples e da impossibilitação da prestação, pode ocorrer uma terceira hipótese, correspondente ao cumprimento defeituoso. Os deveres acessórios mantêm-se após a cessação do contrato, dando azo a hipóteses de responsabilidade pós-contratual. Cf. MENEZES CORDEIRO, *Da pós-eficácia das obrigações,* em *Estudos de direito civil,* vol I, Coimbra 1994, 142-197 (181).

94 *Da boa fé* cit., 633, 1124.

95 Cf. ANA PERESTRELO DE OLIVEIRA, *Grupos de sociedades e deveres de lealdade,* Coimbra, 2012, *passim.*

96 Cf. PETER KREBS, *§ 241,* em DAUNER-LIEB/LANGEN (org.), *BGB-Schuldrecht,* vol. 2/1, 3.ª ed., Baden-Baden, 2016, Rn. 24. MENEZES CORDEIRO, *Tratado de direito civil,* vol. II, 4.ª ed., Coimbra, 2017, 247 e 248: "a obrigação *in contrahendo* é específica: une duas concretas pessoas e assume um conteúdo moldado pelo caso concreto, mas previsível e cognoscível".

Na base está a ideia de que, existindo uma relação de confiança, justificam-se deveres mais intensos entre as partes do que aqueles que se identificam por norma na sociedade[97]. Carneiro da Frada[98], por exemplo, concretiza o requisito da "ligação especial", "vínculo específico", "relação particular" – que afirma ter em si caráter formal[99] – com recurso à "relação de confiança". Contudo, a partir do vínculo criado pela confiança, é possível caminhar no sentido de uma conceção funcional que afasta a relevância exclusiva do fator fiduciário como fonte de uma relação especial, substituindo-a pela consideração material da possibilidade de influência sobre a esfera jurídica alheia (*Einflussmöglichkeit*), na linha inicialmente sustentada por Krebs[100]. Tal implica, é certo, um alargamento do conceito de relação especial mas não envolve perda de segurança jurídica: está meramente em causa reconhecer a relevância análoga da posição funcional para provocar danos a outrem e a necessidade de conter esse potencial lesivo, em termos que não se confundem com a proibição geral do *neminem laedere*. A delimitação não é menos precisa do que aquela que resulta da identificação de uma relação de confiança.

Ora, o mercado constitui um espaço especialmente propício para o surgimento de uma situação material de poder do emitente tendo em conta o papel da informação que controla: aquele assume-se como plataforma de encontro de interesses onde o emitente condiciona os mecanismos de formação do preço com impacto direto na posição dos investidores nos mercados primário e secundário; apesar de não haver uma relação contratual entre sujeitos nem sequer uma relação de confiança em sentido fáctico ou

[97] Como sucede na relação entre banco e cliente. Cf., *v.g.*, STJ 25-out.-2018 (Bernardo Domingos), Proc. 2581/16.8T8LRA.C2.S1: "gera-se (...) uma situação em que os envolvidos descuram a preocupação de obter informações pelos seus próprios meios. Esta realidade humana deve ser tutelada pelo Direito e, por isso, se cria uma situação que dá azo a obrigações específicas de informação a cargo do Banco, fruto de responsabilidade obrigacional, no caso de inobservância".

[98] Carneiro da Frada, *Uma terceira via no direito da responsabilidade civil? O problema da imputação dos danos causados a terceiros por auditores de sociedades*, Coimbra, 1997, 103. Já antes, cf. *Contrato e deveres de protecção*, Coimbra, 1994, 237 ss.

[99] Carneiro da Frada, *Teoria da confiança e responsabilidade civil*, Coimbra, 2004, 752 ss., nota 836, entende que o conceito de "ligação especial" não é suficiente para delimitar as relações em causa (e recorre, por consequência, ao princípio da tutela da confiança).

[100] *Sonderverbindung und außerdeliktische Schutzpflichten*, München, 2000.

técnico[101], o poder de ingerência justifica a imposição de deveres específicos incrementados face aos que vigoram na relação entre estranhos. Se no mercado primário tal é especialmente claro, não é diferente no mercado secundário: a influência que o exercício do poder informativo do emitente tem na posição do investidor é materialmente equiparável embora assuma formalmente vestes diferentes. Assim, mesmo neste segmento de mercado, em virtude do poder de influência, emitente e investidor não são estranhos, antes existe, entre ambos, uma relação material que justifica a imposição ao primeiro de deveres específicos, mais exigentes e intensos do que os que resultam dos contactos gerais em sociedade. É verdade que o investidor, no mercado secundário, representa simultaneamente a oferta e a procura mas reconhece-se que o emitente "permanece participante da relação de financiamento e tem uma influência substancial no processo de transação"[102].

No mercado primário, é a informação disponibilizada no prospeto que leva os investidores a decidirem se investem ao preço oferecido, pelo que se este omitir informação ou envolver informação falsa o efeito será a inflação do preço[103]; no mercado secundário, os preços são diretamente condicionados pelas expetativas e informação disponível, pelo que ambos os mercados refletem um poder desproporcional do emitente, que inevitavelmente condiciona a posição dos investidores. Não existem, assim, diferenças materiais entre ambos os mercados que joguem contra uma compreensão unitária da relação material entre emitente e investidor: em ambos se identifica, como é típico, o "alto risco de abuso no mercado de capitais"[104].

Assim, se tradicionalmente se encarava a relação entre emitente e investidor como integrando o comum arquétipo de relacionamento geral entre sujeitos sem qualquer vínculo específico – seja este de natureza contratual ou assente numa relação de confiança –, o abandono de uma visão formal em benefício de considerações materiais permite valorizar o impacto subs-

[101] Bem pelo contrário, como sublinha PAULA COSTA E SILVA, *Compra e venda e troca de valores mobiliários*, em *Direitos dos valores mobiliários*, Lisboa, 1997, 243-265 (246 e 247), o mercado de valores mobiliários é "um mercado de anónimos", de massa, e, para ser eficiente, é necessário que assente sobre a "indiferença pessoal".

[102] PHILIPP STORM, *Alternative Freiverkehrssegmente im Kapitalmarktrecht. Zugleich ein Beitrag zur rechtsökonomischen Analyse emittentenbezogener Regulierung durch einen Marktveranstalter und zum System der Segmentierung*, Frankfurt am Main, 2010, 69.

[103] ELKE VANDENRIESSCHE, *Investor losses* cit., 458 ss.

[104] JÖRN AXEL KÄMMERER, *Selbstregulierung am Beispiel des Kapitalmarktrechts. Eine normativ-institutionelle Positionsbestimmung*, em KLAUS HOPT/RÜDIGER VEIL/JÖRN AXEL KÄMMERER, *Kapitalmarktgesetzgebung im Europäischen Binnenmarkt*, Tübingen, 2008, 145-163 (162).

tantivo da atuação do emitente na posição jurídica do investidor, conduzindo ao afastamento do paradigma isolacionista habitual, afinal contraditório com a realidade do mercado e o papel do emitente.

A negociação no mercado de capitais – ou em qualquer outra estrutura funcionalmente equivalente, ainda que não regulada – implica que os investidores se exponham a riscos acrescidos e se tornem mais vulneráveis a ataques ao seu património, sendo o emitente portador de um poder de influência marcado na respetiva situação patrimonial. Reclama-se, por isso, a proteção destes interesses em termos diferenciados face à comum tutela que deriva do princípio geral do *neminem laedere*, através da imposição de particulares deveres de informação.

Na medida em que a relação especial encontra justificação numa necessidade acrescida de proteção das partes, a mesma deve ser identificada sempre que exista uma particular suscetibilidade de causar danos a outrem em resultado da posição funcional do sujeito. A confiança não surge, pois, bom é de ver, como o fundamento único da relação especial. Fora dos casos em que existe um contrato ou vínculo equivalente, o critério para impor deveres de cuidado e de proteção reforçados em relação ao dever geral de respeito não é, efetivamente, a existência de uma relação de confiança ou sequer de um contacto direto entre os sujeitos. Decisivo é, sim, o poder de influência material, prevalecendo a substância sobre a forma[105]. Entre nós, MENEZES LEITÃO[106], por exemplo, não só admite a existência de vinculações específicas que representam deveres dos participantes no tráfego negocial superiores aos deveres genéricos[107], como, a respeito da responsabilidade do gestor perante o *dominus* na gestão de negócios, reconheceu a existência de uma vinculação desse tipo em casos não passíveis de serem reconduzidos à tutela da confiança mas antes "a outros vectores onde se tutelam outro tipo de situações distintas"[108].

[105] São diversos os modelos de fundamentação de uma ligação especial. Cf. PETER KREBS, *§ 241* cit., Rn. 25 ss.

[106] *Direito das obrigações*, vol. I, reimpr. da 15.ª ed., Coimbra, 2018, 353.

[107] Entre os institutos abrangidos situam-se a *culpa in contrahendo*, a violação positiva do contrato e o contrato com eficácia de proteção de terceiros.

[108] No caso, a proteção contra danos sofridos pelo *dominus*, independentemente de haver ou não uma situação de confiança desencadeada, a manutenção da utilidade da gestão e o respeito para com a soberania do *dominus* no âmbito da sua esfera. Cf. MENEZES LEITÃO, *A responsabilidade do gestor perante o dono do negócio no direito civil português*, Coimbra, 2005, 358.

Uma vez que se prescinde da confiança[109] quando se trata de identificar uma ligação especial decorrente da especial posição funcional de poder (*Einflussmoglichkeit*) do emitente, a indiferença pessoal do mercado não é relevante. A ligação especial é singela expressão desse poder agravado de ingerência na esfera jurídica dos investidores que promana do contexto próprio do mercado[110]. Esta configuração da relação entre emitente e investidor como ligação especial assume particular valia na nossa investigação: esta é entendida em termos funcionais e conduz à imposição de deveres àquele que se encontra numa posição particular para causar danos, em virtude do seu poder de ingerência na esfera jurídica alheia. Assim se acautela a necessidade especial de proteção e se promove a realização dos fins da conexão especial em si (surgindo como *Zweckfördermechanismus*)[111].

4. Nota final

Apesar de inexistir um contrato ou outro vínculo formal entre emitente e investidor, aquele que controla a informação que é prestada ao mercado (a qual é incorporada nos preços) influencia de modo especialmente intenso a posição do investidor, exposto às suas ingerências lesivas. Notámos que o poder de influência danosa na esfera jurídica do investidor se encontra mais próximo daquele que caracteriza as relações de confiança entre os sujeitos do que daquele que se verifica entre estranhos. Por isso, reconhecemos a existência de uma "ligação especial" (*Sonderverbindung*) entre emitente e investidor, tanto no mercado primário como no secundário.

[109] Em diversas áreas, tem-se avançado para o reconhecimento de deveres intensificados entre os sujeitos apesar da inexistência de relações formais com base na "ligação especial". É o caso por exemplo dos deveres de lealdade entre acionistas. Cf., *v..g*, Holger Sutschet, *§ 242. Leistung nach Treu und Glauben*, em Bamberger/Roth/Hau/Poseck, *Bürgerliches Gesetzbuch*, 50.ª ed., München, 2019, Rn. 14-15; Menezes Cordeiro, *A lealdade no direito das sociedades*, ROA 66 (2006), vol. III, 1034-1065.

[110] Na identificação da relação especial será irrelevante a negociação ser em mercado primário ou secundário. Embora neste, o emitente não se envolva, nessa qualidade e de forma direta, na negociação de valores mobiliários, é, ainda, um participante (indireto) no mercado [cf. Veil, *§ 9. Market participants*, em Rüdiger Veil, *European* cit., 121-127 (Rn. 6)], na medida em que se encontra vinculado a um feixe heterogéneo de deveres perante os investidores, desde a sujeição a obrigações de transparência a deveres contratuais específicos, como aqueles que resultam das obrigações que são negociadas no mercado secundário.

[111] Cf. Peter Krebs, *§ 241* cit., Rn. 31.

A conceção funcional da ligação especial afasta a relevância exclusiva do fator fiduciário como sua fonte, substituindo-o pela consideração material da possibilidade de influência sobre a esfera jurídica alheia. Este alargamento do conceito de relação especial não envolve perda de segurança jurídica: está meramente em causa ter em atenção a posição funcional do emitente, particularmente propícia a causar danos ao investidor, bem como a necessidade de conter esse potencial lesivo em termos análogos aos que presidem à tutela da confiança. A delimitação não é menos precisa do que aquela que resulta da identificação de uma relação de confiança. Apartamo-nos, pois, de uma visão formal em benefício de considerações materiais, valorizando o impacto substantivo da atuação do emitente na posição jurídica do investidor, em coerência com a realidade do mercado e o papel do emitente.

É, pois, a ligação especial, entendida em sentido funcional, que constitui o fundamento da imposição ao emitente de deveres intensificados, *maxime* de deveres de informação. Estes não se baseiam na confiança entre as partes mas dela são pressuposto, servindo a manutenção e preservação da particular relação multilateral que se estabelece no mercado e que se pretende alicerçada na transparência, estabilidade e confiança, sob pena de frustração do propósito económico da existência de plataformas de negociação.

RESPONSABILIDADE CIVIL DO INTERMEDIÁRIO FINANCEIRO
(DIVERGÊNCIAS JURISPRUDENCIAIS A RESPEITO DA VIOLAÇÃO DO DEVER DE INFORMAÇÃO E DO NEXO DE CAUSALIDADE)

António Santos Abrantes Geraldes*

Resumo: *Relativamente à responsabilidade civil dos intermediários financeiros, especialmente quando se trata de contratos de intermediação de produtos financeiros em que intervêm investidores não profissionais, verifica-se uma clara divergência jurisprudencial em torno da apreciação do pressuposto da ilicitude associado ao dever de informação. Numa perspetiva, tal pressuposto é preenchido desde que se apure que o investidor não foi informado de todos os elementos relacionados com o produto financeiro em causa, mesmo que, na ocasião, as características fossem irrelevantes para decisão de investir. Noutra perspetiva, o cumprimento ou incumprimento do dever de informação deve ser sempre contextualizado em função daquilo que nas concretas circunstâncias em que ocorreu o investimento seria relevante para a decisão de investir. Assim, num caso em que a intermediação financeira incidiu sobre obrigações não subordinadas emitidas por uma terceira entidade, com características que, na altura, se assemelhavam às de um depósito a prazo, a afirmação ou negação do pressuposto da ilicitude é associada ao teor das informações prestadas acerca das diferenças relativamente aos depósitos a prazo e aos efeitos que para os credores podem decorrer da declaração de insolvência de entidade emitente das obrigações. Outro importante ponto de divergência revela-se a respeito do nexo de causalidade entre o incumprimento do dever de informação e a decisão de investir. De um ponto de vista, considera-se que, apurada a ilicitude, se presume o estabelecimento do nexo de causalidade rela-*

* Juiz Conselheiro do Supremo Tribunal de Justiça.

tivamente à efetivação da operação financeira intermediada, ao passo que, de outro ângulo, exige-se que o investidor demonstre que o investimento se concretizou por causa do modo como foi cumprido o dever de informação. No atual contexto normativo, e sem embargo de eventuais alterações ou clarificações que venham a ocorrer, as divergências interpretativas demandam do Supremo Tribunal de Justiça uma resposta uniformizadora que, além de assegurar o princípio da igualdade de tratamento perante a lei, potencia os fatores da certeza e segurança na aplicação do direito positivo.

1. A regulação da atividade de intermediação financeira constitui um dos temas centrais do Código de Valores Mobiliários, ganhando especial relevo quando está em causa a responsabilidade civil imputada a intermediários financeiros por investidores não profissionais. Tal não significa que devam ser descuradas as situações que envolvem outros investidores, mas, pelo facto de estes agirem profissionalmente, é natural que se esbata a assimetria informativa e que se atenue o risco inerente às operações sobre valores mobiliários.

A crise do sistema financeiro internacional e seus reflexos nos diversos países especialmente da União Europeia, levou a que fossem tomadas medidas legislativas que visaram a tutela dos investidores, em especial dos não profissionais, cuja identificação é feita por exclusão de partes, nos termos que resultam do art. 30.º do CVM, em conjugação com o art. 317.º, constituindo obrigação do intermediário financeiro apurar, desde logo, a qualidade do investidor, pois daí depende o nível de informação que lhe deve ser proporcionado na ocasião em que é celebrado algum contrato de intermediação financeira.

A experiência revela, contudo, que tal não bastou para que cessassem situações em que está subjacente o (alegado) incumprimento de deveres que recaem sobre intermediários financeiros. Basta reparar nas notícias divulgadas pelos meios de comunicação social para constatar, com facilidade, que, apesar do que ocorreu na esfera dos universos SLN/BPN ou BPP, problemas semelhantes vieram a emergir, mais tarde, nos casos GES/BES e BANIF, com todo um rol de reclamações advindas de investidores que viram goradas as suas expectativas relativamente a operações financeiras. E se nem todas as perdas resultam da convergência dos pressupostos da responsabilidade civil dos intermediários financeiros, em múltiplos casos expostos à opinião pública terão existido comportamentos que desrespeitaram os deveres que são impostos a quem exerce a atividade.

2. A matéria da responsabilidade civil do intermediário financeiro vem sendo tratada em manuais, monografias ou trabalhos de investigação. Se é verdade que não existe coincidência de posições relativamente a todos os aspetos, as divergências são mais agudas quando se analisa a jurisprudência dos Tribunais da Relação e do Supremo Tribunal de Justiça, abarcando designadamente os seguintes aspetos:

a) Análise do pressuposto da ilicitude na atuação dos intermediários financeiros, pondo em relevo os deveres a que estão sujeitos, em contraponto com os deveres de cuidado que também recaem sobre os investidores não profissionais;
b) Análise da culpa efetiva ou presumida dos intermediários financeiros;
c) Necessidade ou não de demonstração de um nexo de causalidade entre a atuação ilícita dos intermediários financeiros e os investimentos realizados;
d) Determinação do valor dos danos;
e) Prescrição do direito de indemnização.

Ainda que em termos necessariamente sumários, reter-me-ei na apreciação do modo como têm sido aplicadas as regras em torno do cumprimento do dever de informação e do estabelecimento de um nexo de causalidade entre a atuação do intermediário e os danos emergentes das operações financeiras intermediadas.

A razão principal emerge do facto de ser esse o objeto de inúmeras ações de indemnização que se encontram pendentes nos tribunais nacionais e cujos resultados têm divergido não apenas em função da variação dos factos considerados provados e não provados, mas também da falta de uniformidade na interpretação e aplicação das normas a realidades substancialmente idênticas.

3. A base normativa essencial é constituída pelo art. 304.º-A do CVM, preceito associado a diversos princípios por que se devem orientar os intermediários financeiros, nos termos do art. 304.º, surgindo na dianteira o dever de proteção dos interesses legítimos dos clientes, a par da eficiência do mercado, assim como o dever de observar as regras da boa fé, de acordo com elevados padrões de diligência, lealdade e transparência. Para o efeito a lei impõe ao intermediário financeiro que seja proativo no apuramento da qualificação do cliente, devendo informar-se previamente sobre os seus conhecimentos e experiência no que concerne aos instrumentos financeiros ou serviços procurados, situação financeira e objetivos pretendidos pelo cliente. Tudo aspetos que se encontram extensa e profundamente analisados em múltiplos acórdãos do Supremo Tribunal de Justiça e que aqui me abstenho de apreciar, bastando enunciar a base normativa essencial que é integrada pelo art. 304.º-A:

> "*1. Os intermediários financeiros são obrigados a indemnizar os danos causados a qualquer pessoa em consequência da violação dos deveres respeitantes à organização e ao exercício da sua atividade, que lhes sejam impostos por lei ou por regulamento emanado de autoridade pública.*
> *2. A culpa do intermediário financeiro presume-se quando o dano seja causado no âmbito de relações contratuais ou pré-contratuais e, em qualquer caso, quando seja originada pela violação de deveres de informação*".

Como o revelam múltiplos arestos que estão publicados e que, na sua maioria, incidiram sobre a intermediação da venda de obrigações subordinadas por uma instituição financeira, as circunstâncias de facto que rodeiam os litígios daí emergentes são diversificadas. Sendo transversal a todas as ações a perda do capital investido, revelam-se três grandes grupos de situações:

- Investidores que, sem qualquer experiência em matéria de produtos financeiros, foram contactados por funcionários de agências bancárias onde tinham depósitos a prazo, tendo sido convencidos a aplicar poupanças na aquisição de obrigações subordinadas, como se se tratasse de depósitos a prazo garantidos pela instituição financeira intermediária;
- Investidores que, também sem experiência assinalável em matéria de instrumentos financeiros, procuraram obter uma maior rentabilidade que lhes seria proporcionada pelos produtos financeiros intermediados, em comparação com a projetada por depósitos a prazo;
- Investidores que, conhecendo ou devendo conhecer os riscos das operações, aplicaram poupanças guiados fundamentalmente pela taxa de rentabilidade que se mostrava mais favorável.

A solução a extrair do direito positivo (tendo em conta a versão do Código de Valores Mobiliários que estava em vigor na data em que ocorreram as intermediações financeiras) não pode deixar de considerar as diversas realidades, seja no campo da ilicitude, ligada ao dever de informação, seja da culpa e da verificação do nexo de causalidade entre a atuação dos intermediários financeiros e os resultados que ocorreram na esfera dos investidores e que se traduziram, na generalidade dos casos, na perda dos investimentos realizados.

4. Para o efeito, a aferição dos pressupostos da responsabilidade civil deve ser feita sem saltos metodológicos nem preconcebidas soluções. Designadamente não pode partir-se da enunciação de um efeito negativo suportado pelo concreto investidor para encontrar, a todo o custo, um sujeito "responsável", atribuindo *a posteriori* um relevo desmesurado a factos ou circunstâncias que, na ocasião, nem foram verdadeiramente relevantes para uma tomada de decisão consciênciosa.

Com efeito, todos os contratos comportam um certo risco marginal, o que tem especial acuidade quando incidem sobre valores mobiliários, por natureza intangíveis e a que pode estar associada uma certa vertente especulativa de maior ou menor dimensão. Mesmo os clássicos contratos de depósito bancário não deixam de comportar, por exemplo, o risco de insolvência das instituições financeiras depositárias, o qual apenas é atenuado, mas jamais eliminado, pela medida excecional de garantia de devolução dos depósitos prevista no art. 165.º do Regime Jurídico das Instituições de Crédito e Sociedades Financeiras.

Por isso, quando esteja em causa a alegada violação do dever de informação que recai sobre os intermediários financeiros importa destacar que os factos atinentes devem ser valorados no respetivo contexto histórico, não podendo ser "contaminados" por circunstâncias posteriores insuscetíveis de antecipação, cuidado que deve ser especialmente adotado quando estão em causa operações financeiras realizadas num mercado aberto e sujeito a flutuações emergentes de crises financeiras globais ou a problemas conjunturais. Não podem, pois, valorar-se a partir de factos posteriores (*v.g.* a crise financeira que, entretanto, surgiu ou a insolvência da sociedade emitente das obrigações que foram objeto da intermediação) riscos que não eram nem poderiam ser antecipados na ocasião em que ocorreu a intermediação financeira, tal como não pode justificar-se, através dos efeitos negativos desses eventos, um reforço artificial e anacrónico dos deveres impostos a agentes económicos que atuaram em momento anterior.

Por outro lado, não basta que os factos (*v.g.* ações ou omissões relacionadas com o dever de infirmação) constituam um antecedente histórico ou naturalístico do efeito, apenas relevando aqueles que, segundo um critério normativo, tenham sido causa adequada desse efeito. Em operações sobre valores mobiliários, como são as obrigações subordinadas ou não subordinadas, o risco está sempre presente, não havendo maneira alguma de evitar fenómenos extremos, como a insolvência da empresa emitente ou o colapso do sistema financeiro.

Os casos já apreciados pelos tribunais nacionais envolvendo investidores não profissionais revelam diversos padrões de comportamento quer do lado dos intermediários financeiros, através dos seus dirigentes ou dos funcionários, quer do lado dos investidores. Nuns casos evidenciam-se estratégias agressivas de assédio dos clientes, assentando na prestação de falsas informações sobre os produtos ou no incumprimento do dever de informação (como o revelam os Acs. do STJ, de 23-3-21, 1/19, e de 29-9-20, 690/18, em *www.dgsi.pt*, em que, ademais, nem sequer foi respeitada a forma escrita) ou reveladoras de um aproveitamento fraudulento da pura iliteracia financeira (como terá ocorrido no caso apreciado pelo Ac. do STJ, de 7-9-21, 3527/18, em *www.dgsi.pt*). Mas noutras situações as aplicações financeiras foram conscientemente realizadas pelos investidores com o propósito de obterem rendimentos mais elevados do que os proporcionados pelos típicos depósitos a prazo, confiando, como frequentemente acontece nestes casos, que os propósitos idealizados se transformariam em realidade e secundarizando as crises cíclicas que os registos históricos do mercado financeiro refletem (como o sugerem os casos sobre que incidiram os Acs. do STJ, de 9-5-19, 7615/17, de 28-3-19, 826/17, de 28-3-19, 3771/16, de 21-3-19, 28438/16, de 6-11-18, 2468/16, ou de 12-1-17, 428/12; ou ainda o anterior Ac. do STJ, de 6-6-13, 364/11, relatado pelo signatário, todos em *www.dgsi.pt*).

Numa grande variedade de situações, pese embora a probabilidade de ocorrência de crises financeiras ou de situações de insolvência de entidades que atuam no mercado, os investidores (principalmente os não profissionais, menos preparados, menos atentos ou seguindo impulsos menos racionais) deixaram-se iludir com alguma facilidade por produtos financeiros cujos contornos e riscos não dominavam, sobrepondo a critérios de racionalidade económico-financeira o objetivo de obtenção de lucros mais atraentes do que os proporcionados por outros instrumentos mais correntes.

Se é verdade que qualquer investidor espera que os investimentos realizados produzirão os resultados projetados, não pode ser jamais desconsiderado que quaisquer investimentos, mesmo aqueles que parecem mais seguros, comportam uma determinada margem de risco que, em última instância, será repercutido na sua esfera. E se tal ocorre em investimentos tradicionais, é natural que esse risco seja proporcionalmente mais elevado quando se trate de investimentos com maiores riscos potenciais (ainda que eles não se revelem aparentes), designadamente quando assentem em produtos com elevada dose de especulação, com variabilidade de fatores que influem nos resultados, com características que são de difícil apreensão por parte dos investidores não profissionais, com aplicações realizadas noutros mercados financeiros (que nem sequer se encontram sujeitos a regulação credível ou normalizada) ou que surgem numa linguagem indecifrável para o comum investidor.

Seja como for, e reforçando o que já se expôs, considero que, como orientação geral para o enquadramento dos diversos casos, não é correto eleger como fator decisivo a ocorrência do sinistro e dos prejuízos inerentes, para depois, numa inversão do percurso metodológico, encontrar os responsáveis relativamente aos quais possam ser deduzidas pretensões indemnizatórias, antes deve caminhar-se no sentido natural que passa pela apreciação e integração jurídica dos factos que, no circunstancialismo atendível, isto é, na ocasião em que foram realizados os investimentos, importem para terceiros a responsabilidade pelos prejuízos.

5. Uma das situações que envolveu um investidor não profissional foi apreciada no Ac. do STJ de 24-1-19, 2406/16, relatado pelo signatário, em *www.dgsi.pt*, cujo sumário sintetiza o que nele foi decidido:

"1. A responsabilidade do intermediário financeiro deve ser aferida com referência à data em que ocorreram os factos – *in casu*, Abril de 2006 – designadamente no que concerne aos deveres a que estava obrigado perante as normas então aplicáveis, máxime as que constavam do CVM.

2. A responsabilidade civil do intermediário financeiro pressupõe a verificação de uma situação de incumprimento de deveres legais ou contratuais, a ocorrência de um dano e um nexo de causalidade adequada, sendo presumida a culpa quando haja violação daqueles deveres.

3. Relativamente ao âmbito e conteúdo do dever de informação para com os clientes ou investidores não qualificados, nos termos do art. 312.º do CVM, o intermediário estava obrigado a prestar todas as informações necessárias para uma tomada de decisão esclarecida e fundamentada referente aos produtos financeiros intermediados, de forma completa, verdadeira, atual, clara, objetiva e lícita (art. 304.º), sendo a extensão e a profundidade da informação inversamente proporcional ao grau de conhecimentos e à experiência do concreto investidor.

4. Para apuramento do cumprimento ou incumprimento do dever de informação deve atender-se ao que era exigível nas circunstâncias em que ocorreu

a intermediação, não devendo ser exponenciados, *a posteriori*, elementos informativos que então seriam irrelevantes para a tomada de decisão do investidor esclarecida e fundamentada.

5. No caso, o A. não tinha conhecimentos aprofundados dos diversos produtos financeiros e dos riscos que comportavam; apresentava um perfil conservador relativamente ao investimento do seu dinheiro; e os funcionários do intermediário financeiro (BPN) sabiam que não queria investir em produtos de risco. Mas o facto de pretender realizar um investimento em que, além da melhor remuneração relativamente a um depósito a prazo, também estivesse prevista a restituição do capital no fim do período contratado (como ocorria com as obrigações SLN 2006), não permite que se considere incumprido o dever de informação só porque não lhe explicou que o BPN, intermediário financeiro, e a SLN, emitente das obrigações, eram duas entidades distintas e que investir em SLN era diferente de aplicar dinheiro no BPN.

6. Para além de não se terem provado outros factos que o A. alegou para sustentar o incumprimento dos deveres de informação, lealdade e boa fé, a irrelevância daquela informação resultava ainda de se verificar que o capital do BPN era detido a 100% pela sociedade emitente das obrigações, cujo risco estava indexado ao risco do BPN, constituindo este o principal ativo do seu património".

Neste caso (e em muitos outros que foram apreciados noutros acórdãos, designadamente nos Acs. do STJ, de 10-12-19, 970/18, de 30-4-19, 2632/16, de 28-3-19, 1614/17, de 14-3-19, 2547/16, de 28-2-19, 3654/16, de 7-2-19, 31/17, de 19-12-18, 2832/17, ou de 19-12-18, 1479/16, em *www.dgsi.pt*), o investidor não profissional buscava uma aplicação para o capital que detinha de modo a permitir-lhes um rendimento mais elevado do que o que seria proporcionado por um depósito a prazo numa instituição bancária. E foi assim que um funcionário de uma agência da instituição financeira intermediária lhe indicou a possibilidade de subscrever um produto (no caso, uma obrigação subordinada), com a informação de que a restituição do capital estava garantida (atenta a natureza do produto), desde que avisasse com poucos dias de antecedência. O cliente não possuía qualificação ou formação técnica que lhe permitisse conhecer aprofundadamente os diversos tipos de produtos financeiros e avaliar os riscos de cada um deles, a não ser que lhos explicassem; tinha, ademais, um perfil conservador e não queria investir em produtos de risco, como era do conhecimento dos funcionários da intermediária financeira em cujos balcões se afirmava a segurança da aplicação financeira em causa, a sua solidez e boa rentabilidade, com um risco semelhante a um depósito a prazo junto da própria instituição financeira; atuou convencido de que colocava o seu dinheiro numa aplicação segura, no sentido de se tratar de risco reduzido ou de risco mais aproximado de um depósito a prazo, mas subscreveu o referido produto sabendo que não se tratava de um depósito a prazo. Estava em causa a aquisição de obrigações subordinadas emitidas por uma entidade que era detentora de 100% do capital social da instituição financeira que interveio como intermediária, pelo que, conforme também se apurou, o risco de tal subscrição seria semelhante ao de um depósito a prazo, uma vez que o risco da emitente era indexado ao do próprio intermediário financeiro. A diferença entre os produtos estaria essencialmente no facto de que, se se tratasse de um depósito bancário, o Fundo de Garantia de Depósitos asseguraria a devolução do valor máximo de € 25.000,00 (valor fixado à data), garantia que não abarcava outras aplicações financeiras. Apesar disso, na ocasião em que ocorreu a intermediação financeira, as obrigações subordinadas em causa constituíam uma das alternativas de investimento mais seguras, na medida em que apenas estava presente o risco genérico e longínquo de insolvência da entidade emitente que se traduziria numa graduação menos favorável do crédito subordinado em comparação com os demais créditos privilegiados ou comuns.

Esta foi, em síntese, a realidade que esteve sob apreciação no citado acórdão do Supremo Tribunal de Justiça já transitado em julgado. Nele se considerou que o facto de a instituição bancária demandada exercer também a atividade de intermediação financeira lhe impunha um elevado grau de empenhamento, a fim de compensar o menor grau de experiência de investidores não profissionais, como era o concreto investidor. Todavia, em contraponto, sem embargo da natural diferença de conhecimentos que existia entre o investidor e os funcionários da instituição financeira, era possível afirmar que o investidor não estava alheado da natureza do produto que lhe foi apresentado e, por outro lado, não lhe foi cerceada a possibilidade de obter informação mais detalhada sobre os produtos alternativos ao depósito a prazo disponíveis naquela ou noutras instituições a que se dirigiu.

E, na realidade, os tribunais também não podem ignorar que existem aspetos das operações financeiras que, atenta a sua natureza elementar, são do conhecimento geral, como acontece com a diferenciação entre depósitos a prazo realizados em instituições bancárias e outros produtos financeiros que, embora subscritos aos balcões dessas instituições, respeitam a outras entidades e apresentam características que os distinguem daquela figura. Sendo do foro comum que o depósito bancário importa para a instituição bancária a obrigação de reembolso do capital depositado, ainda assim, sem embargo do risco da sua liquidação/insolvência, é igualmente do conhecimento geral que outros produtos financeiros que ofereçam uma rentabilidade mais elevada envolvem maiores riscos, como ocorre nos casos em que a devolução do capital não é assumida diretamente pela instituição financeira intermediária mas por uma terceira entidade sujeita a regras (ou a um regime regulatório) diversas das que rodeiam as instituições de crédito.

7. No referido contexto, e avaliando globalmente as circunstâncias que emergiam dos factos apurados na ação em causa, foi assumido que não era possível considerar incumprido o dever de informação que impendia sobre o intermediário financeiro, na medida em que o investidor bem sabia que não estava a contratar um depósito a prazo com a própria instituição financeira a que se dirigiu e que, como constava do documento que assinou, estava a contratar um produto emitido por uma terceira entidade, numa ocasião em que não era previsível quer a ocorrência da crise financeira global, quer a insolvência da entidade emitente.

Por isso se observou que o concreto investidor não profissional, em busca de uma aplicação mais vantajosa para o capital de que dispunha, acabou por realizar um "mau investimento", o que ciclicamente acontece sempre que explodem crises financeiras ou bolsistas (especialmente quando se trata de produtos sujeitos a fatores especulativos, como aqueles que se verificavam na Bolsa de Lisboa, em 1987).

Mais se considerou que, neste e noutros casos semelhantes, não deve ceder-se ao facilitismo de interpretar e integrar os deveres que recaíam sobre os intermediários financeiros em 2006 à luz da evolução do mercado financeiro e designadamente do surgimento da crise financeira em finais de 2007 ou da posterior insolvência da entidade emitente das obrigações. Pelo contrário, deve fazer-se um esforço no sentido de colocar cada interveniente na posição relativa em que se encontrava na data em que foi executada a intermediação financeira, contando exclusivamente com os deveres do intermediário cujo cumprimento era exigível no contexto jurídico e financeiro que rodeava a operação em causa e com as correspondentes necessidades informativas do investidor relativamente ao produto financeiro.

Por isso se assumiu que o facto de o intermediário financeiro informar que o capital era "garantido" não contradizia a natureza do produto financeiro em causa, nem o obrigava a avisar dos riscos genéricos que qualquer operação financeira comportaria, como o risco de insolvência da entidade emitente das obrigações. Afinal, foi apenas depois terem decorrido alguns anos sobre a concretização da operação que se verificou que o reembolso do capital ficou inviabilizado pela declaração de insolvência da sociedade emitente das obrigações, sendo este o evento causal da perda de investimento, o qual, não sendo antecipável na ocasião em que ocorreu a intermediação, não poderia ser *a posteriori* invocado para sustentar a responsabilização do intermediário financeiro.

8. Na fundamentação do acórdão citado ligada ao pressuposto legal da ilicitude conexo com o incumprimento do dever de informação apostou-se na apreciação global dos comportamentos dos sujeitos intervenientes, seguindo uma metodologia algo diferente da que, por exemplo, está subjacente ao acórdão do STJ, de 25-10-18, 2581/16, *www.dgsi.pt*, no qual, apesar de incidir sobre uma realidade semelhante, foi declarado precisamente o resultado oposto.

Assim o reflete o respetivo sumário:

> I. Num contrato de intermediação financeira recai sobre o intermediário financeiro, o dever contratual de agir de acordo com elevados padrões de diligência, lealdade e transparência. Este dever, imposto ao intermediário financeiro, no interesse legítimo dos seus clientes, não é mais, afinal, que o dever de agir de boa-fé, constituindo um dever principal – a prestação propriamente dita no complexo obrigacional a cargo do intermediário financeiro.
>
> II. A relação contratual obrigacional que se estabelece entre o cliente e o intermediário financeiro, exige deste um elevado padrão de conduta, com lealdade e rigor informativo pré-contratual e contratual: informação completa, verdadeira, atual, clara, objetiva e lícita, tendo em conta que, entre clientes não qualificados, a avaliação do risco não é tão informada quanto a da contraparte.
>
> III. O não cumprimento dos deveres de informação é sancionado, no quadro da responsabilidade civil contratual – art. 483.º, n.º 1, do CC –, impendendo sobre o intermediário financeiro ou banco, que age nessa veste, presunção de culpa nos termos do art. 799.º, n.º 1, do CC, e n.º 2 do art. 304.º-A do CVM.
>
> IV. Estando demonstrado que intermediário financeiro, na fase pré-contratual, não prestou a exigível e qualificada informação pautada pelo *standard* da atuação de boa-fé, com o elevado padrão de conduta, não atuando com diligência e transparência de modo a informar, cabalmente, do risco do negócio, não

respeitando, nem protegendo o interesse do investidor e que ao invés lhe prestou informação ambígua tendente a convencê-lo da inexistência de risco ou de um risco igual ao de um depósito a prazo do próprio banco, é óbvia a ilicitude de tal conduta e grave a culpa, porque deliberada e meticulosamente planeada".

Solução semelhante, a respeito da ilicitude e do dever de informação, foi adotada nos Acs. do STJ, de 26-3-19, 2259/17, de 19-3-19, 3922/16, ou de 6-11-18, 6295/16, em *www.dgsi.pt.*

Para o efeito considerou-se naquele primeiro aresto que a informação prestada ao investidor era incompleta, sendo camuflado o risco do negócio com o intuito de convencer clientes menos qualificados de que a aplicação em causa era tão segura como um depósito a prazo, com a vantagem de ter mais rendimento. Mais se observou que o intermediário financeiro não prestou a exigível e qualificada informação pautada pelo *standard* da atuação de boa fé, com o elevado padrão de conduta, não atuou com diligência e transparência de modo a informar cabalmente do risco do negócio, não respeitou nem protegeu o interesse do investidor que foi informado de que o retorno do investimento naquele produto financeiro era garantido como se fosse um depósito a prazo junto do banco. Asseverou-se ainda que, ao associar a obrigação subordinada a um depósito a prazo, o funcionário do intermediário financeiro não prestou uma informação completa e leal acerca do produto, uma vez que a segurança não era semelhante à de um depósito bancário.

9. O mero confronto entre os citados acórdãos do STJ revela a diferença de perspetivas em torno da apreciação do modo como foi cumprido o dever de informação que no primeiro caso envolveu a integração dos comportamentos dos sujeitos nas circunstâncias temporais em que ocorreu a intermediação, ao passo que no segundo terão prevalecido aspetos eminentemente formais, em face das normas que regulam o dever/direito de informação.

Creio, porém, que o juízo a formular sobre os aspetos que são relevantes para a verificação da responsabilidade civil do intermediário financeiro, especialmente os atinentes à ilicitude e ao nexo de causalidade, jamais se podem desligar dos motivos que, na ocasião em que ocorreu a intermediação da operação financeira, foram ou seriam realmente importantes para a concretização do investimento.

Recaindo sobre o intermediário financeiro o dever de atuar de acordo com as regras da boa fé e segundo elevados padrões de diligência, lealdade e transparência, especialmente quando estão em causa investidores não profissionais, a afirmação do incumprimento do dever de informação é incindível da verificação de um efetivo relevo de alguma ação ou omissão no exercício da concreta intermediação.

Com efeito o dever de informação a cargo dos intermediários financeiros ou o correspetivo direito de informação na esfera do investidor não podem ser encarados em abstrato, devendo ter-se conta os aspetos que, na ocasião, se mostraram cruciais para uma decisão ponderada do investidor, sendo de recusar uma solução que represente a transposição para o momento inicial de eventos que apenas mais tarde se revelaram. O dever de informação deve incluir os aspetos que efetivamente se mostrem relevantes para uma decisão de investimento consciencioso, sem que se deva exponenciar alguma eventual falha que tenha existido mas que, nas circunstâncias do caso, se tenha revelado indiferente para a efetivação da operação financeira.

10. Ocorre que as divergências jurisprudenciais não se situam apenas a respeito da apreciação do cumprimento do dever de informação ou de outros deveres que recaem sobre o intermediário financeiro, abarcando ainda o pressuposto da responsabilidade em torno da causalidade.

Assim, no já citado Ac. do STJ de 24-1-19, 2406/16, relatado pelo signatário, em *www.dgsi.pt*, assumiu-se que constituía encargo do investidor a demonstração dos factos integradores de um nexo de causalidade entre um putativo incumprimento do dever de informação e a operação de investimento, o que ficou sintetizado nos seguintes pontos do sumário:

> "7. Ainda que se apurasse ter existido incumprimento do dever de informação por parte do intermediário financeiro, a sua responsabilidade civil dependeria ainda do estabelecimento de um nexo de causalidade, ou seja, de que foi por causa daquele incumprimento que o investidor realizou o concreto investimento que se revelou prejudicial.
>
> 8. Não se tendo provado que a subscrição da Obrigação SLN 2006 foi decidida em função de alguma confusão relativamente a um depósito a prazo constituído na instituição financeira intermediária da operação ou de algum aspeto conexo com a identidade da emitente das obrigações e do intermediário financeiro, não se considera verificado o nexo de causalidade".

Para o efeito considerou-se que era necessário que se apurasse que foi na errada, deficitária ou perturbadora informação dada pelo intermediário financeiro que o investidor assentou a sua vontade de aceder à proposta de aquisição do produto financeiro. Ou seja, considerou-se imprescindível para a responsabilidade civil do intermediário financeiro que estivesse demonstrado que foi por não ter recebido informação completa, verdadeira, atual, clara, objetiva e lícita que o investidor aceitou a aplicação financeira. Ónus de prova a cargo do investidor que reclama o pagamento de uma indemnização.

Já no outro acórdão do STJ, de 25-10-18, 2581/16, em *www.dgsi.pt*, foi adotada a tese segundo a qual, apurado o incumprimento do dever de informação, é de presumir a existência de um nexo de causalidade relativamente ao investimento e, depois, relativamente aos prejuízos resultantes da perda do capital investido. Para o efeito, considerou-se que a presunção culpa do art. 799.º do CC envolve uma presunção de causalidade, como o revelam os seguintes pontos do sumário:

> "V. Os danos relevantes para efeitos de indemnização, quando se reportem a situações que impliquem uma projeção no futuro dos efeitos de determinado comportamento do agente, são determinados em função de um critério de probabilidade, não exigindo a lei a certeza quanto à sua ocorrência.
>
> VI. Assim para que haja nexo causal entre a conduta ilícita e culposa da R. traduzida na violação dos deveres de informar, e o dano sofrido pelo cliente, consistente na perda do capital investido, na sequência do erro em que foi induzido, basta que os factos provados permitam formular um juízo de grande probabilidade de que o investidor não teria subscrito aquela aplicação financeira, se o dever de informação tivesse sido cumprido nos termos imposto por lei ou seja de forma completa, verdadeira, atual, clara, objetiva e lícita.
>
> VII. Verificados os pressupostos da responsabilidade civil, o intermediário financeiro constitui-se na obrigação de indemnizar o cliente pelos prejuízos sofridos, consistentes no montante do capital investido e respetivos juros moratórios".

11. Contrariando esta última posição, creio que não pode aceitar-se a dispensa da demonstração dos factos integrantes do nexo de causalidade mediante a adesão a uma tese que faça presumir esse pressuposto da responsabilidade civil a partir da verificação da ilicitude manifestada pelo incumprimento de deveres legais ou contratuais. Não encontro base legal para a afirmação de alguma especificidade na área da intermediação financeira que permita associar ao incumprimento do dever de informação ou de qualquer outro dever a cargo do intermediário financeiro a conexão necessária com o resultado traduzido na realização do investimento que, mais tarde, venha a revelar-se ruinoso. Pelo contrário, tudo leva a concluir que também nestes casos devem ser demonstrados factos que traduzam a existência efetiva de um nexo de causalidade adequada (como ocorreu no caso apreciado no Ac. do STJ, de 23-3-21, 1209/19, em *www.dgsi.pt*), sem que se invertam os termos da equação, atribuindo relevo ao sinistro posteriormente ocorrido antes de apreciar os comportamentos dos agentes nas circunstâncias que existiam.

Na medida em que esteja em causa o alegado incumprimento do dever de informação e não propriamente o incumprimento do contrato de intermediação, entendo que é necessário que se demonstre um nexo de causalidade adequada entre a atuação do intermediário financeiro e o efeito negativo que venha a manifestar-se na esfera patrimonial do investidor.

12. No atual quadro normativo, enquanto não for objeto de clarificação, as referidas divergências a respeito da configuração do cumprimento do dever de informação e da existência de nexo de causalidade revelam a pertinência de uma intervenção do Supremo Tribunal de Justiça no sentido de se obter uma interpretação uniforme que faça jus ao princípio da igualdade no tratamento de situações similares. Afinal, perante uma materialidade substancialmente idêntica, quer no aspeto subjetivo (sujeitos e circunstâncias de cada sujeito), quer objetivo (atuação e direitos e deveres de cada sujeito), o resultado declarado em cada um dos acórdãos mencionados foi influenciado pelas respostas divergentes a cada uma das referidas questões cruciais.

Acresce que a situação de insegurança e de incerteza quanto à resposta às referidas questões de direito é revelada ainda noutros acórdãos do STJ que se encontram publicados, alguns dos quais também deram motivo à admissão de recursos extraordinários para uniformização de jurisprudência:

a) Assim ocorre com Ac. do STJ de 19-12-18, 1479/16, em *www.dgsi.pt*, em torno dos pressupostos da ilicitude e da causalidade, com o seguinte sumário:

> "III – A informação constitui um pilar na avaliação do investimento em valores mobiliários e na própria eficiência do mercado, nela devendo cumprir-se os requisitos qualitativos estabelecidos no artigo 7.º do CVM.

IV – O dever de prestação de informação que recai sobre o intermediário financeiro não dispensa – em absoluto – o investidor de adotar um comportamento diligente, visando o seu total esclarecimento.

V – A circunstância de ter sido transmitido ao autor por funcionário do réu que lhe sugeriu esse produto, que "o reembolso do capital aplicado era garantido, que tinha uma rentabilidade assegurada, com juros semestrais e que poderia dispor do capital investido quando assim o entendesse", é, por si, claramente insuficiente para configurar uma violação do dever de informação.

VI – Este *quantum* de informação que o DD estava obrigado a prestar, no quadro da relação jurídica que o ligava aos seus clientes, inclui todas as informações necessárias para uma tomada de decisão esclarecida e fundamentada.

VII – A matéria de facto não permite identificar qualquer falha de informação que fosse imputável ao réu e cuja verificação tenha sido causal do que veio a ocorrer relativamente ao investimento que o autor através dele realizou

VIII – A presunção de culpa prevista no art. 314.º do CVM não inclui presunções de ilicitude e de causalidade, desde logo, por tal amplitude não encontrar um "mínimo de correspondência" na letra da lei.

IX – Atendendo à matéria de facto dado como provada, não se pode concluir que a ré tenha faltado ao cumprimento dos deveres a que estava obrigada ou que não tenha observado os ditames impostos pela boa-fé, de acordo com os padrões de diligência, lealdade e transparência exigíveis".

O recurso extraordinário para uniformização de jurisprudência tem por fundamento a contradição com o o Ac. do STJ, de 25-10-18, 2581/16, em *www.dgsi.pt*.

b) Com semelhante fundamentação e também a respeito dos pressupostos da ilicitude e do nexo de causalidade foi admitido outro recurso extraordinário para uniformização de jurisprudência que tem por objeto o Ac. do STJ, de 14-3-19, 2547/16, *www.dgsi.pt*, cujo sumário é o seguinte:

"II – O dever de informação que recai sobre o intermediário e que se destina, do ponto de vista do investidor, a permitir uma decisão de investimento consciente e, do ponto de vista do mercado, a contribuir para o seu correto e eficiente funcionamento (cf. n.º 1 do art. 304.º do CVM) é de intensidade inversamente proporcional aos conhecimentos específicos detidos pelo investidor, isto é, relativos ao produto em causa.

III – Procura-se, assim, esbater o desequilíbrio de conhecimentos entre esse investidor não qualificado e a contraparte no contrato de intermediação;

no caso, entre o autor e o Banco, o que, naturalmente, não significa que os investidores não devam usar de um grau de diligência, pelo menos, mediano, na obtenção dos elementos necessários à plena compreensão do produto que subscrevem.

IV – Quer a jurisprudência, quer a doutrina salientam, do lado da instituição financeira, o dever de avaliar as características do investidor e de dosear proporcionalmente o grau de informação a prestar, sobre o concreto produto em negociação e, do lado do investidor, a exigência de diligenciar no sentido de obter as informações necessárias a uma tomada de decisão esclarecida; embora o sistema, assente no objetivo de proteção do investidor e, por essa via, do mercado, seja, antes de mais, exigente com a imposição ao intermediário financeiro da obrigação de informação do investidor, mesmo que o investidor não tome a iniciativa de se informar.

V – Num caso em que consta expressamente do documento de subscrição, de uma só folha, assinado pelo autor que: (i) em causa estava a emissão de obrigações subordinadas SLN; (ii) o prazo de reembolso era de 10 anos; (iii) o reembolso antecipado só era possível por iniciativa da SLN e ao fim de 5 anos; e (iv) a forma como se determinava a remuneração do investimento, é de concluir que um investidor medianamente cuidadoso e diligente ter-se-ia informado sobre a razão de ser das diferenças entre essa aplicação e a realização de um depósito a prazo no Banco réu, por muito que estivesse convencido de que se tratava de um produto "com as características de um depósito a prazo", como vem provado, apesar de proporcionar juros consabidamente superiores.

VI – As alterações introduzidas no CVM pelo DL n.º 357-A/07, de 31-10, sobretudo nos seus arts. 312.º e 323.º e através do aditamento dos arts. 312.º-A a 312.º-G, vieram densificar o conteúdo do dever de informação que o intermediário financeiro deve prestar ao investidor; independentemente de se saber se tal densificação já se poderia ou não depreender do sistema anterior, no todo ou em parte, a verdade é que os arts. 312.º e ss. do CVM passaram a explicitar extensivamente o âmbito da informação que o intermediário deve prestar ao investidor, sob pena de poder vir a responder pelos prejuízos causados, nos termos do disposto no n.º 1 do atual art. 304.º-A do CVM, correspondente ao n.º 1 do art. 314.º do CVM da versão originária.

VII – Estando em causa nos autos a subscrição de obrigações antes e após a entrada em vigor das alterações ao CVM introduzidas pelo DL n.º 357-A/2007, de 31-10, importa tomar em conta a regulamentação dos deveres de informação em vigor no momento das subscrições.

VIII – Adotando a lei portuguesa a teoria da causalidade adequada (art. 563.º do CC), carecem de estar provados factos que permitam estabelecer uma cadeia factual, na qual se inclua o ato ilícito que desencadeou o dano – no caso a falta de informação sobre o produto subscrito – e que, naturalística e juridicamente conduzisse ao dano alegado pelos autores.

IX – É insuficiente, para o efeito, saber que "o que motivou a autorização do autor foi o facto de lhe ter sido dito pelo funcionário do banco que o capital era garantido", até porque deve entender-se esta afirmação do funcionário à luz da restante factualidade provada; basta, de resto, não vir provado que, se o dever de informação tivesse sido cumprido, os autores não teriam subscrito a obrigação em causa, para se concluir não estar provado o nexo de causalidade entre a falta de informação e os danos invocados pelos autores, nos termos da causalidade adequada recebida na lei portuguesa, cabendo aos autores o ónus da respetiva prova (art. 342.º, n.º 1, do CC)".

c) Outro recurso extraordinário para uniformização de jurisprudência tem por objeto o Ac. do STJ, de 15-1-19, 3831/15 (incidindo unicamente sobre o pressuposto da ilicitude), com o seguinte sumário:

"II – Resultando da matéria de facto provada ter o banco réu informado os autores que o produto a que se referia a sua atividade de intermediário financeiro consistia em obrigações da sociedade dona do banco e que o grau de risco era similar ao de um depósito a prazo, sendo que a única forma de o liquidar unilateral e antecipadamente seria transmitindo as obrigações a um terceiro, mediante endosso, atento o circunstancialismo então vivenciado no plano das condições económicas e financeiras a nível mundial e, sendo – como era – de todo impensável a sucessiva derrocada de empresas e instituições bancárias que, desencadeada a crise, veio, generalizadamente, a ocorrer, não pode deixar de se reputar como completos, verdadeiros, claros e objetivos os informes prestados e os procedimentos levados a cargo pelo réu.

III – Não tendo o banco réu infringido para com os autores, como intermediário financeiro das aplicações por eles levadas a efeito, os deveres de informação que sobre si impendiam, impõe-se concluir pela não verificação, desde logo, do pressuposto da ilicitude na sua atuação, e, ergo, pela inexistência de tal responsabilidade".

d) Finalmente, está pendente ainda outro recurso extraordinário para uniformização de jurisprudência interposto a partir do Ac. do STJ de

6-12-18, 6295/16, *www.dgsi.pt* (unicamente em torno do nexo de causalidade), no qual se decidiu que:

> "...para que impendesse sobre o Banco réu a obrigação de indemnizar, era imperioso que, de acordo com a formulação negativa da teoria da causalidade adequada, os recorrentes demonstrassem que, se aquele tivesse inteira e claramente cumprido os deveres de informação, os mesmos não teriam investido nas aplicações financeiras propostas (art. 563.º do CC e art. 304.º-A do CVM)".

Tal recurso extraordinário funda-se em contradição estabelecida a partir do Ac. do STJ, de 10-4-18, 753/16, *www.dgsi.pt,* no qual, depois de se afirmar o incumprimento de dever de informação, se concluiu que:

> "... ocorrendo um inadimplemento contratual, o devedor é (logo) responsável pelo valor da prestação principal frustrada. Não há margem para mais discussão: o dever de indemnizar é, pelo menos, decalcado do de prestar.
>
> Por isso, temos anunciado que a presunção culpa do artigo 799.º envolve uma presunção de causalidade. A falta da prestação principal – e, daí, a necessidade de a indemnizar – decorre do mero facto de incumprimento. Recorrendo à técnica do escopo da norma violada: o bem jurídico protegido, frustrado pelo inadimplemento é, precisamente, o da prestação principal.
>
> Tendo o banco réu violado o dever de prestar ao Autor a informação completa, leal e diligente – que os seus deveres profissionais impunham – é ele responsável pela obrigação de indemnizar o prejuízo causado; não só o Réu não ilidiu a presunção de culpa que sobre si impendia, nos termos dos arts. 314.º, n.º 2, do CC e 799.º, n.º 1, do CC, como se provou a sua culpa efetiva".

13. O resultado definitivo de dezenas de ações que – considerando a data deste escrito, 30-11-2021 – se encontram ainda pendentes nos tribunais portugueses está em boa parte dependente da resposta jurisprudencial uniformizadora que venha a ser dada relativamente a cada uma das questões de direito cuja resposta se mostre crucial para cada um dos casos.

Na verdade, embora os acórdãos de uniformização tenham perdido a força vinculativa que o art. 2.º do CC, entretanto revogado, atribuía aos Assentos, a jurisprudência que venha a ser fixada, além de se repercutir em cada um dos processos que posteriormente venham a ser julgados pelo Supremo Tribunal de Justiça, não deixará de interferir também no modo como as instâncias apreciarão casos idênticos. Na realidade, a par do efeito persuasivo que está associado à jurisprudência uniformizada emanada do

Supremo Tribunal de Justiça, o seu eventual não acatamento constitui base suficiente para a admissibilidade do recurso de revista em qualquer circunstância, nos termos do art. 629.º, n.º 2, al. c), do CPC, designadamente sem interferência do regime mais restritivo que resulta do n.º 3 do art. 671.º para casos de dupla conformidade.

As referidas divergências ou outras que porventura venham a surgir convocam o Supremo Tribunal de Justiça para a necessidade de assegurar os valores da certeza e da segurança jurídica que são postos em causa quando realidades substancialmente idênticas acabam por ser resolvidas de modo divergente, quer pelas instâncias, quer no âmbito de recursos de revista.

14. Nota final:

No Diário da República de 3-11-2022, já depois de redigido o presente trabalho, foi publicado um acórdão de uniformização de jurisprudência do Supremo Tribunal de Justiça proferido no âmbito do recurso extraordinário identificado no precedente ponto **12., al. a)** (proc. n.º 1479/16). Trata-se do AUJ n.º 8/2022 com o seguinte sumário:

"1 – No âmbito da responsabilidade civil pré-contratual ou contratual do intermediário financeiro, nos termos dos arts. 7.º, n.º 1, 312.º, n.º 1, al. a), e 314.º do CVM, na redação anterior à introduzida pelo DL n.º 357-A/07, de 31 de outubro, e 342.º, n.º 1, do CC, incumbe ao investidor, mesmo quando seja não qualificado, o ónus de provar a violação pelo intermediário financeiro dos deveres de informação que a este são legalmente impostos e o nexo de causalidade entre a violação do dever de informação e o dano.

2 – Se o Banco, intermediário financeiro – que sugeriu a subscrição de obrigações subordadas pelo prazo de maturidade de 10 anos a um cliente que não tinha conhecimentos para avaliar o risco daquele produto financeiro nem pretendia aplicar o seu dinheiro em "produtos de risco" – informou apenas o cliente, relativamente ao risco do produto, que o "reembolso do capital era garantido (portanto não era produto de risco"), sem outras explicações, nomeadamente, o que eram obrigações subordinadas, não cumpre o dever de informação aludido no art. 7.º, n.º 1, do CVM.

3 – O nexo de causalidade deve ser determinado com base na falta ou inexatidão, imputável ao intermediário financeiro, da informação necessária para a decisão de investir.

4 – Para estabelecer o nexo de causalidade entre a violação dos deveres de informação, por parte do intermediário financeiro, e o dano decorrente da decisão de investir, incumbe ao investidor provar que a prestação da informação devida o levaria a não tomar a decisão de investir."

O Supremo Tribunal de Justiça assumiu que, em face da legislação que vigorava antes da alteração do CVM introduzida pelo DL n.º 357-A/01, de 31 de outubro, o cumprimento do dever de informação por parte do intermediário financeiro implicava que o investidor não qualificado fosse esclarecido acerca das características das "obrigações subordinadas", considerando verificado o pressuposto da ilicitude num caso em que o intermediário fincanceiro se limitou a informar que o reembolso do capital era garantido, uma vez que não era produto de risco.

Já quanto ao outro pressuposto da responsabilidade civil contratual vingou a tese de que é necessária a demonstração efetiva do nexo de causalidade entre a atuação do intermediário financeiro e o dano provocado na esfera do investidor, sendo insuficiente a prova do incumprimento do dever de informação. Ou seja, o eventual incumprimento do dever de informação não dispensa o investidor da demonstração de factos que revelem o estabelecimento de um nexo de causalidade adequada entre essa atuação e a decisão de investir.

INSTRUMENTOS FINANCEIROS COMPLEXOS

NOTAS BREVES SOBRE O CONCEITO E EVOLUÇÃO REGULATÓRIA DO SEU TRATAMENTO

Diogo Lemos Ramalheira

1. O conceito de complexidade e a realidade dos instrumentos financeiros

1.1. A complexidade dos mercados (de instrumentos) financeiros

Enquadrar o fenómeno da complexidade dos instrumentos financeiros consiste, desde logo, num exercício de realce de uma característica intrínseca dos próprios mercados financeiros – a complexidade dos instrumentos financeiros (elementos estruturalmente integrantes da dinâmica das relações jurídico-económicas dos mercados financeiros) consubstancia, assim, um efeito relativamente inevitável: *causas complexas*, portanto.[1]

Instrumentos financeiros com maiores *níveis de complexidade* resultam, em grande medida, da interação dinâmica entres os vários agentes dos mercados financeiros, efeito direto da inter-conexão de formas de prossecução de interesses diferenciados (mas frequentemente correlacionados).[2] Os meios de prossecução destes interesses são dinâmicos, porque diretamente influenciados pelo conhecimento (*sofisticação*) e posicionamento (*exposição*) específico de cada um dos agentes, dinamismo incrementado pela progressiva evolução da banca tradicional para a designada *banca de investimento*, com reflexo direto no nível de complexidade dos instrumentos financeiros envolvidos na prestação de serviços de investimento.[3]

Problematizar a temática do tratamento regulatório da complexidade dos instrumentos financeiros convoca, assim, um exercício de gradação dinâmica, por referência a um conceito que, tendo relevância normativa crescente na prestação de serviços financeiros, se assume como marcadamente *relativo*[4]. A concretização do conceito de complexidade, e a delimitação do

[1] Sobre a complexidade dos mercados financeiros, v. Steven Schwarcz, *Regulating Complexity in Financial Markets*, 87, in Washington Law Review, p. 211 (2009); Emilios Avgouleas, *What Future for Disclosure as a Regulatory Technique? Lessons from the Global Financial Crisis and Beyond* (Working Paper, 2009); Gregory Krohn & Willian Gruver, *The Complexities of the Financial Turmoil of 2007 and 2008* (2008); Steven Schwarcz, *Rethinking the Disclosure Paradigm in a World of Complexity* (2004) e Arnoud Boot, *Banking at the Crossroads: How to Deal with Marketability and Complexity?* (2011).

[2] Neste sentido, v. Saule Omarova, *License to Deal: Mandatory Approval of Complex Financial Products*, in *Washington Law Review*, p. 73. Entre nós, genericamente sobre as causas da complexidade, v. Lourenço Fragoso, *Product Intervention: a proteção do Investidor e o control do risco sistémico na regulação dos produtos financeiros complexos*, p. 8 e ss. (disponível em https://repositorio.ucp.pt/).

[3] Sobre o tema, v. Stephen Lumpkin, *Regulatory Issues Related To Financial Innovation* (2009). A progressiva transição de uma típica função de financiamento da economia real, para uma lógica de *proprietary trading* e de criação de mercado numa pluralidade de sub-segmentos dos mercados financeiros, implica uma adicional complexificação da estruturação das operações de financiamento (*funding*), das operações e exposições assumidas em mercado (*trading*) e, consequentemente, das próprias estratégias de cobertura adotadas para gestão do risco associado à sua exposição (*hedging*).

[4] Assim, v. Franke, Mosk & Schnebel, *Fair Retail Banking: How to Prevent Mis-selling by Banks White Paper, No. 39* (disponível em https://safe-frankfurt.de/).

seu impacto prático-normativo, convoca um esforço de análise comparativa, considerando, não apenas as várias tipologias de instrumentos (*equiparáveis*), mas refletindo igualmente e de forma integrada, as diversas categorias e perfis de investidores junto dos quais os mesmos são distribuídos (nível de conhecimento/literacia, experiência e objetivos de investimento).[5]

No plano da evolução jurídico-regulatória do tratamento do tema da complexidade dos instrumentos financeiros, como adiante detalharemos, a perspetiva fulcral e o sentido normativo referencial tem sido o do crescente reforço dos deveres de informação e do alargamento do âmbito de outros institutos voacionados para proteção dos investidores não profissionais (os *consumidores* de instrumentos financeiros), tendo por referência os riscos direta ou indiretamente associados ao nível de complexidade.

1.2. Causas da complexidade dos instrumentos financeiros

A complexidade, revelada na *estrutura de funcionamento* de certos instrumentos financeiros, surge, na generalidade dos casos, como um meio para a prossecução de objetivos de investimento específicos, implicando o recurso a instrumentos de estruturação mais complexa que visam a satisfação do interesse na assunção de determinada exposição ao mercado ou na gestão do risco associado a exposições já tomadas (*hedging*). A heterogeneidade da procura de instrumentos financeiros resulta, assim, numa (inevitável) heterogeneidade da oferta, implicando este resultado um acréscimo do nível de complexidade associado aos instrumentos produzidos e distribuídos.[6] Assim perspetivada, a complexidade surge como que o "*preço a pagar*" por serviços e instrumentos financeiros com um maior grau potencial de satisfação eficiente de interesses e objetivos de investimento heterogéneos (expectativas de retorno ou objetivos de cobertura de risco).[7]

A complexidade dos instrumentos financeiros reduz, claro está, o número de investidores potencialmente capazes de obter, avaliar e compreender a

[5] Entre nós, v. PEREIRA MELO, *O Dever de Informação dos Intermediários Financeiros nos Contratos Aleatórios, FDUL, (2018)*, p. 21 e ss.

[6] Entre nós, v. PAULO SILVA e FERNANDO SILVA, *O Mercado de Produtos Financeiros Complexos – Uma abordagem quantitativa*, in Cadernos do Mercado de Valores Mobiliários, N.º 40 (2011).

[7] Sobre os benefícios da complexidade dos instrumentos financeiros, vide a pertinente conclusão de SAULE OMAROVA, *ob cit.*, p. 72 ("... *complex and innovative financial instruments, activities, and interrelationships are neither inherently harmful nor invariably beneficial. They make the financial system less stable and more prone to shocks, but also enable it to develop and adjust to new circumstances...*").

informação fundamental sobre instrumentos financeiros de maior complexidade – mesmo quando a informação existe – atenta a assimetria de informação entre investidores.[8] A complexidade convola-se, assim, em potencial elemento potencialmente catalisador de decisões de investimento não adequadamente *informadas e conscientes*[9].

Notamos ainda que, para o nível de complexidade, concorrem igualmente condições de natureza macro-económica. Pense-se, por exemplo, em ambientes de baixas de taxas de juro, em que o retorno das soluções de investimento mais tradicionais (*risk-free*) e menos complexas se revela pouco atrativo. Neste contexto, a criação de instrumentos complexos que oferecem, nos cenários ótimos de desempenho, retornos potenciais superiores aos instrumentos com menor risco, é frequentemente suportada em estruturas de funcionamento anormalmente complexas. O nível de complexidade torna mais exigente a tarefa do investidor perceber e compreender o *binómio risco-retorno,* inerente ao concreto instrumento, circunstância potenciadora decisões de investimento fundamentalmente justificadas pelo

[8] Neste sentido, v. GARY GORTON & GEORGE PENNACHI, *Financial Intermediaries and Liquidity Creation, The Journal of Finance,* Vol. 45, Issue 1, (1990) p. 49-71. A categorização tripartida de investidores no regime normativo da DMIF (*investidores não profissionais* – outrora *não qualificados), profissionais e contrapartes elegíveis*) é um reflexo e, simultaneamente, uma resposta político-legislativa à necessidade de adaptar e graduar, o enquadramento normativo da prestação de serviços de investimento, à *assimetria* existente entre os vários agentes. Entre nós, notando o reforço das normas de proteção do investidor como resposta à assimetria de informação, v. ENGRÁCIA ANTUNES, *Deveres e Responsabilidade do Intermediário Financeiro – Alguns Aspetos,* in Cadernos do Mercado de Valores Mobiliários, 56, 2017p. 37-38 e BETTENCOURT BAPTISTA, *Os contratos de intermediação financeira,* FDUP (2013), p. 39, notando que o excesso e/ou a complexidade da informação potenciam a ineficácia do cumprimento da obrigação de informação (a cargo do intermediário) e a própria incapacidade do investidor para apreender as informações que lhe são transmitidas, decorrendo um efeito de desinteresse (do investidor) pela obtenção informação transmitida de modo particularmente minucioso e técnico. Sobre este ponto, v. OSÓRIO DE CASTRO, *A Informação no Direito do Mercado dos Valores Mobiliários,* Direito dos Valores Mobiliários, LEX, 1997, p. 347.

[9] O enquadramento do fenómeno de complexidade remete para a adoção de um conceito suficientemente holístico de "*tomada de decisão de investimento informada e consciente*" pelo investidor, não devendo o mesmo referir-se (univocamente) à capacidade para conhecer os principais riscos e características de funcionamento de determinado instrumento financeiro, mas igualmente, à capacidade e conhecimento para avaliar (comparativamente) alternativas de investimento a um melhor preço/custo (de entrada e de saída) para idênticos ou mesmo para níveis de risco inferiores.

comummente designado "*search for yield sentiment*"[10], sem que esta circunstância implique, em si mesma, inadequação do instrumento financeiro para satisfação dos seus objetivos e necessidades de investimento.

Sem prejuízo da visão de princípio de que a complexidade compreende, em si mesma, um risco adicional para o investidor (risco de *incompreensão*), importa notar que quaisquer opções regulatórias, visando a mitigação do impacto negativo da complexidade dos instrumentos financeiros, deverão nortear-se pela delimitação e compreensão integrada das suas causas. Soluções normativas orientadas para um reforço da proteção do *investidor-consumidor* (contra os riscos decorrentes da não compreensão dessa complexidade), não deverão desatender à necessidade de assegurar que o incremento do *custo regulatório* associado à oferta de instrumentos não prejudica (despoporcionalmente) as condições de conceção, e distribuição eficiente dos mesmos, junto dos investidores que os procurem.[11]

1.3. Complexidade endógena e complexidade exógena

A complexidade configura-se como um fenómeno contingente e relativo, apenas delimitável por comparação entre os diferentes níveis de complexidade dos vários instrumentos e tipologias de instrumentos, visando, desde logo, distinguir o complexo do não complexo, e assegurando consistência na comparação graduada dos vários níveis de complexidade entre as várias categorias de instrumentos financeiros com características equiparáveis.

Inexistindo um conceito uno de instrumento financeiro – categoria marcadamente atípica – adota-se como referencial conceptual (imediato) a enunciação legal (das grandes categorias ou tipologias) de instrumentos financeiros elencados na Secção C do Anexo I da DMIF II[12]. Partindo deste

[10] Sobre o ponto, v. *Report on Risks and Vulnerabilities in the EU Financial System* JC 2016 17 (March 2016), p. 5 e ss. (disponível em: https://www.esma.europa) e Claire Clerier & Boris Vallée, *Catering to Investors through Product Complexity*, Harvard Business School (2015) (www.hbs.edu).

[11] Sobre o ponto, v. Dan Awrey, *Complexity, innovation, and the regulation of modern financial markets* (2012), p. 245.

[12] Diretiva 2014/65/UE do Parlamento Europeu e do Conselho, de 15 de maio de 2014, relativa aos mercados de instrumentos financeiros e que altera a Diretiva 2002/92/CE e a Diretiva 2011/61/UE. Neste escrito iremos focar-nos na densificação regulatória do conceito de complexidade aplicado ao elenco instrumentos financeiros da DMIF II, com exceção dos depósitos estruturados que, integrando o aquele elenco, apresentam características e riscos não comparáveis com as demais tipologias de instrumentos financeiros considerados no quadro da DMIF II. Entre nós, para uma perspetiva evolução dos conceitos de instru-

referencial, relevará ainda considerar duas perspetivas essenciais a partir das quais podemos graduar, e comparar adequadamente, a complexidade dos vários instrumentos financeiros: *complexidade endógena* e *complexidade exógena*.

A complexidade endógena resulta da própria estrutura de funcionamento do instrumento financeiro, impactando diretamente a maior ou menor dificuldade do investidor na compreensão (integrada e conjugada) dos vários mecanismos, condições e pressupostos (*features*)[13] determinantes do retorno/rentabilidade (*payoff structure*), bem como da possibilidade de recuperação (total ou parcial) do capital investido, considerando os vários cenários desempenho possibilitados pela sua estrutura de funcionamento.

Por outro lado, a complexidade exógena refere-se a todos os elementos de complexidade, externos à estrutura de funcionamento do produto propriamente dita, mas cuja compreensão se revela indispensável para a avaliação e delimitação do nível de risco do instrumento financeiro, bem como para corretamente comparar esse nível com o nível de complexidade de outros instrumentos financeiros. A complexidade exógena é reduzida quando seja relativamente simples e linear (comparativamente a outros instrumentos financeiros) a identificação e delimitação das condições (*jurídico-económicas*) e fatores diretamente configuradores dos (específicos) fatores de risco associados ao investimento em determinado instrumento financeiro.[14]

Relacionando os conceitos enunciados: a complexidade endógena é frequentemente influenciada pela complexidade exógena, surgindo aquela frequentemente delimitada pela natureza, enquadramento e racional eco-

mento financeiro e valor mobiliário no nosso ordenamento, vide Menezes Cordeiro, *Valor mobiliário: evolução e conceito, Revista de Direito das Sociedades* 2 (2016), p. 309-342 e *Manual de Direito dos Valores Mobiliários*, Almedina, 2.ª Edição – Reimpressão 2019, p. 127-152; Paulo Câmara, *Manual de Direito dos Valores Mobiliários*, Almedina, 4.ª Edição, p. 101 e ss; e Renato Gonçalves, *Nótulas Comparatísticas Sobre os Conceitos de Valor Mobiliário, Instrumento do Mercado Monetário e Instrumento Financeiro na DMIF e no Código dos Valores Mobiliários*, in Cadernos do Mercado de Valores Mobiliários, n.º 19, (2004) p.102.

[13] Para uma exemplificação prática de critérios e elementos relevantes na mensuração do nível de complexidade endógena na avaliação e comparação das estruturas de funcionamento de vários instrumentos financeiros, v. Claire Clerier & Boris Vallée, *What Drives Financial Complexity? A Look into the Retail Market for Structured Products*, HEC Research Papers Series 1013, HEC Paris. p. 3.

[14] Entre nós, numa análise dos complexos fatores, exógenos à estrutura de funcionamento propriamente dita, e que implicam especiais riscos associados ao investimento em *contratos diferenciais* (*CFDs*), vide Ricardo Silva, *CFD'S: Os riscos da simplicidade*, in Cadernos do Mercado de Valores Mobiliários, N.º 40 (2011), p. 26 e ss.

nómico-financeiro (complexo) que justificou a conceção (*emissão/originação*) do instrumento[15]. A possibilidade de compreensão e a qualidade da informação sobre o nexo económico-financeiro entre as duas dimensões de complexidade afigura-se indispensável (fundamental) para a rigorosa delimitação e avaliação do nível de complexidade e de risco associado a um instrumento financeiro.

A maior ou menor dificuldade em compreender a relação entre as duas dimensões, constitui um parâmetro essencial para a delimitação do concreto nível de complexidade (e de risco) dos instrumentos financeiros, bem como para a adequada comparação dos níveis de complexidade entre diferentes instrumentos. A possibilidade (e capacidade) do investidor compreender e avaliar adequadamente aquela relação determinará, em concreto, a maior ou menor dificuldade do investidor para a compreensão do impacto dos principais fatores de risco dos instrumentos financeiros em que pretende investir.[16]

A *complexidade endógena* apresenta-se, em regra, como um elemento originador de risco acrescido associado ao investimento.[17] Releva, contudo,

[15] As *contingent convertible bonds (CoCos)* consituem um exemplo elucidativo de *complexidade endógena* (estrutura que integra um mecanismo – *trigger* – que permite a conversão do instrumento de dívida em capital) justificada por factores de *complexidade exógena* (necessidade de emitir instrumentos financeiros que permitam às instituições bancárias cumprirem com requisitos/regras regulatórias de natureza prudencial ou que as empresas possam obter financiamento em condições mais flexíveis). Sobre este instrumento financeiro, v. *CoCos: a primer, BIS Quarterly Review, September* (2013) (disponível em: *http://www.bis.org*) e Peiyi Yu & Bac Van Luu, *Lessons from the Collapse in Hybrid Bank Capital Securities.* Entre nós, v. Alexandre Mota Pinto, *Os «CoCos» e a recapitalização do sistema bancário português,* in Actualidad Jurídica Uría Menéndez / 32-2012 *http://www.uria.com.* Outro exemplo de complexidade exógena, que justifica complexidade endógena, são os *instrumentos híbridos* – sobre a figura, entre nós, v. Vogler Guiné, *O financiamento das sociedades por meio de valores mobiliários híbridos (entre as acções e as obrigações)* in Direito das Sociedades em Revista e Basu Anup e Uwe Dulleck, *Why do (some) consumers purchase complex financial products? An experimental study on investment in hybrid securities, in* Economic Analysis and Policy, Elsevier, vol. 67 (C) (2020), p. 203-220.

[16] Assim, v. Benedict Koh, *Risk and complexity framework for investment products*, in Financial Analysts Journal, Vol. 71, No. 6, (2015), p. 14.

[17] Assim, v. Inmoo Lee & Eduardo Repetto, *Structured Products,* Dimensional Fund Advisors (2010), p. 10, realçando que a maioria dos instrumentos complexos como os produtos estruturados, pela sua estrutura de *payoff,* apenas serão adequados aos objetivos de um investidor caso este tenha uma concreta exposição a determinados ativos que lhe permita perspetivar o concreto instrumento como uma solução (ainda que parcial) de cobertura ou diversificação de risco de mercado a que esteja efetivamente exposto.

notar que a relação entre risco e *complexidade endógena* nem sempre se apresenta como evidente ou sequer direta. Na realidade prática, a simplicidade endógena de um instrumento – i.e. a simplicidade da estrutura de *payoff* – pode, em alguns casos, ofuscar a *complexidade exógena* inerente ao investimento,[18] conforme pode suceder na distribuição de *high-yield bonds*[19] ou de dívida sem recurso ao património da entidade emitente (*non--recourse debt*)[20].

Por outro lado, conforme veremos adiante, nem toda a complexidade endógena implica (necessariamente) um nível mais elevado de risco. A compreensão da relevância da relação entre estas duas dimensões de complexidade afigura-se como valoração indispensável à compreensão, e apreciação crítica, do sentido e resultado da intervenção regulatória no tratamento do tema da complexidade e no impacto deste tratamento ao nível da modelação normativa dos regimes jurídicos aplicáveis à prestação de serviços de investimento[21].

[18] Esta circunstância surge frequentemente associada a situações de *mis-selling*, na medida em que a estrutura linear de *payoff*, conjugada com um retorno anormalmente elevado nos melhores cenários de desempenho do instrumento (*headline rate*), potenciam uma decisão imponderada e não completamente consciente do investidor. Sobre o ponto, Glen Rae & Anna Pinedo, *Structured Products: the Challenges of Regulating Complexity*, in International Financial Law Review, (2013), Vol. 32 Issue 1, p. 83. Sobre o tema, v. Martysz & Rakowsk, *Misselling consumer awareness study – Circumstances surrounding the occurence of misselling*, International Journal of Management and Economics 2021 57(2): 121–137.

[19] Obrigações, normalmente de *cupão zero* e emitidas a desconto (valor de subscrição inferior ao valor nominal), que prevêm o pagamento de um cupão mais elevado como compensação pelo maior risco de crédito que lhe está associado. Sobre esta figura v. Jason Thomas, *The Credit Risk Premium and Return Predictability in High Yield Bonds* (disponível em: www.researchgate.net).

[20] Tipo de dívida em que as obrigações do emitente estão garantidas única e exclusivamente por determinados ativos (*pledged collateral/property*), não tendo o detentor da dívida direito a recorrer a qualquer outro ativo do emitente para exigir o cumprimento das obrigações perante os obrigacionistas.

[21] A título de exemplo: (i) o regime previsto no artigo 57.º do Regulamento Delegado (UE) 2017/565, enunciando características típicas que, implicando uma redução do nível de risco do instrumento financeiro, mitigam o nível de complexidade exógena do instrumento e justificam a qualificação de determinados instrumentos financeiros como não complexos para efeitos da DMIF; (ii) o n.º 2 do artigo 41.º do Regulamento Delegado (UE) 2017/565, prevendo regras reforçadas aplicáveis a colocações próprias (*self-placement*), relevando a complexidade exógena e o risco derivado de potenciais conflitos de interesses impactando a distribuição de instrumentos financeiros; e (iii) as recomendações sobre *bail-inable instruments*, emitidas nos termos do *Statement of the EBA and ESMA on the treatment of retail holdings of*

1.4. Complexidade indutora de risco e complexidade mitigadora de risco

A generalidade dos mecanismos de complexidade (*features*) integrados na estrutura de funcionamento dos instrumentos financeiros, aportam risco adicional aos mesmos, na medida em que integram condições ou eventos que, uma vez verificados, afetam negativamente o retorno do instrumento financeiro, quer por via da redução/limitação da remuneração[22], quer por via da perda parcial ou total do capital investido. Estes mecanismos são (simultaneamente) fatores de complexidade e de risco (dois exemplos típicos de mecanismos desta natureza são: as barreiras *knock-out*[23] e condições

debt financial instruments subject to the Bank Recovery and Resolution Directive (ESMA71-99-991) (www.esma.europa.eu) relevando os riscos específicos decorrentes da complexidade exógena associada a estes instrumentos, justificativos de níveis de proteção reforçados ao nível da sua distribuição junto de investidores de retalho. Alguns destes regimes regimes acabam por implicar a aplicação, a instrumentos financeiros com estruturas de funcionamento relativamente simples (não complexas), um balizamento regulatório-normativo equiparável ao aplicável a instrumentos financeiros complexos, fundando-se esta extensão normativa numa intenção de salvaguardar níveis reforçados de proteção do investidor relativamente a riscos específicos, exógenos à estrutura (não complexa) de funcionamento do instrumento financeiro. As duas dimensões de complexidade aqui enunciadas relevam, igualmente, para a compreensão da conexão entre as dimensões comportamental e prudencial ao nível da supervisão da distribuição de produtos financeiros complexos. Sobre este ponto, v. *Livro Branco sobre a regulação e supervisão do sector financeiro, Banco do Banco de Portugal* (2016), p. 28 (disponível em www.bportugal.pt).

[22] Frequentemente, a estrutura de instrumentos financeiros indexados a ações, por exemplo, incorporam na sua estrutura um limite máximo (*cap*) à indexação dos cupões a pagar ao desempenho de um ou mais ativos subjacentes, fixando um cupão máximo ou condições de reembolso antecipado automático (*autocall conditions/barriers*). A introdução de condições/mecanismos adicionais de complexidade na origina um desalinhamento (*nonlinearity*) entre a evolução do ativo subjacente do instrumento e o retorno do instrumento, implicando incerteza adicional quanto ao resultado da *relação de derivação* para o investidor. Assim, v. Richard Bookstaber, *The end of theory: financial crises, the failure of economics, and the sweep of human interaction*, Princeton University Press (2017), p. 156. Para uma visão transversal e integrada da diversidade de estruturas de *payoff* de instrumentos financeiros de maior complexidade, v. o *EUSIPA Derivative Map* (disponível em http://www.eusipa.org).

[23] A barreira *knock-out* consiste normalmente numa condição integrada na estrutura de um produto em que normalmente se prevê que, caso o subjacente atinja determinado nível pré-definido (*knock-out level/threshold*), o investidor suporte uma perda automática (total ou parcial) do capital investido. Assim, Benedict Koh (2014), *Risk ..., ob cit.*, p. 16.

worst of[24], frequentes em instrumentos financeiros representativos de dívida indexados a ações ou índices).

A coincidência entre mecanismos de complexidade e focos de risco (adicional) dos instrumentos financeiros não é, contudo, identificável relativamente a todos os mecanismos de complexidade. Alguns mecanismos de complexidade proporcionam, no funcionamento e na economia do instrumento, um nível de proteção adicional ao investidor, enquanto garantia de retorno mínimo e/ou enquanto garantia adicional da recuperação (total ou parcial) do capital investido.[25] Este nível de proteção adicional não existiria se a estrutura do instrumento não os incluísse (i.e. fosse mais simples), tratando-se, neste sentido, de complexidade mitigadora do *risco de mercado* ínsito à estrutura de funcionamento do próprio instrumento.

Estes mecanismos, representando fontes adicionais de complexidade, atuam como válvulas de segurança (lógica de *stop-loss*), mitigando o risco de mercado decorrente da estrutura de funcionamento do instrumento, minimizando o impacto negativo potencialmente decorrente dessa estrutura. Constituem exemplos de mecanismos de complexidade desta natureza: condição *lock-in* (também designada por barreira *knock-in*)[26], a existência de um *floor* para o nível de desvalorização de um ativo subjacente[27] ou ainda a previsão de uma condição de memória/recuperação de cupões (*memory coupon*)[28].

A incorporação de mecanismos de complexidade mitigadores risco de perda total ou parcial do capital investido ou diminuição de retorno, na estrutura de instrumentos financeiros com elevada complexidade, consubs-

[24] A condição *worst of* consiste num mecanismo de complexidade resultante da consideração agregada da performance dos vários ativos subjacentes de um instrumento financeiro, estando o risco (normalmente de perda de capital investido) diretamente relacionado/dependente do desempenho do ativo subjacente com pior performance.

[25] *Vide* Benedict Koh, *Risk ..., ob cit.*, p. 15.

[26] A barreira *knock-in* representa uma condição, relativa a determinado nível desempenho/performance pré-definido do ativo subjacente, que, uma vez verificada durante a vida do instrumento, confere proteção parcial ou total do capital investido.

[27] Os *floors* embutidos na estrutura de instrumentos financeiros representam, na generalidade dos casos, limitações ao impacto negativo do desempenho do ativo subjacente sobre o retorno do investimento, limitando a exposição do investidor à performance daquele.

[28] O mecanismo de "*memória de cupões*" permite que, em determinadas condições, o investidor possa recuperar o valor dos cupões condicionados, que não foram pagos durante a vida do instrumento financeiro, por efeito de não ter ocorrido determinado evento que condicionava o seu pagamento.

tancia, na opinião de alguns autores, uma tendência para o recurso a metodologias de criação/desenho de instrumentos financeiros (*product design*) que impactam, direta e intencionalmente, o comportamento/decisão do investidor (*behavioral biases*).[29]

2. Evolução jurídico-regulatória do conceito de complexidade

2.1. O vanguardismo da *FSA/FCA*

Desde o lançamento da *Retail Distribution Review* (*RDR*)[30], em 2012, o tema do enquadramento das regras aplicáveis à conceção e distribuição de instrumentos financeiros complexos, mereceu a especial atenção da *Financial Services Auhtority* (FSA) do Reino Unido, tendo o tratamento regulatório do tema prosseguido com as iniciativas integradas *Structured Product Review*[31], posteriormente densificadas, em 2015, na *thematic review* sua sucessora *Financial Conduct Authority* (*FCA*)[32].

Este movimento, com um impacto supervisivo vanguardista, influenciou, não apenas a evolução conducente ao atual *Product Intervention and Product Governance Sourcebook* (*PROD*)[33] aplicável no Reino Unido, mas igualmente, o sentido nuclear do movimento regulatório global de reforço das regras de proteção de investidores, ao nível da distribuição de instrumentos de maior complexidade e risco, influenciando o desenho estrutural

[29] Sobre este ponto, v. Moran Ofir & Zvi Wiener, *Investment in Financial Structured Products from Rational and Behavioral Choice Perspectives*. Pense-se, por exemplo, na estruturação/desenho de um instrumento financeiro sem risco de perda de capital (i. e., a sua estrutura prevê proteção integral do capital investido durante a vida do instrumento, salvo risco de crédito do emitente), em que a circunstância do capital investido estar garantido pode ser o principal (senão único e decisivo) motivo pelo qual um investidor decide investir naquele instrumento, em detrimento de outro, sem que essa decisão de investimento tenha resultado, nem de uma adequada compreensão do binómio risco retorno subjacente ao concreto instrumento, nem de uma comparação informada entre aquela solução de investimento e as demais soluções de investimento alternativo. Sobre estes temas, vide Pete Lunn, Féidhlim Mcgowan & Noel Howard, *Do some financial product features negatevely affect consumers decisions? A review of evidence, Research Series, No 78, October 2018* (disponível em: https://www.esri.ie/).

[30] Vide *Call for input: Evaluation of the Retail Distribution Review and the Financial Advice Market Review* (disponível em: www.fca.org.uk).

[31] Vide *Retail Product Development and Governance – Structured Product Review* (disponível em: www.fca.org.uk).

[32] Vide *FCA Structured Products: Thematic Review of Product Development and Governance.*

[33] Disponível em: https://www.handbook.fca.org.uk/handbook/PROD.pdf.

do quadro comunitário em matéria de regras de *product governance* atualmente vertido da DMIF II e integrado nos vários ordenamentos jurídicos europeus.

2.2. O papel da IOSCO

No ano de 2013, aprofundando os trabalhos do *Basel Committee on Banking Supervision*[34], a IOSCO divulgou relatório sobre a temática da avaliação da adequação na distribuição de produtos complexos[35], notando os desenvolvimentos verificados nas diversas jurisdições, ao nível da mitigação do risco de incompreensão do *perfil de risco/retorno*, pelos investidores, decorrente do nível de complexidade dos instrumentos financeiros. A IOSCO enunciou *nove princípios* gerais focados no robustecimento da proteção do investidor nível da distribuição de instrumentos complexos. Igualmente em 2013, a IOSCO divulgou relatório sobre a distribuição de *produtos estruturados* junto dos investidores de retalho[36], divulgando um "*regulatory toolkit*" com diversas recomendações sobre abordagens regulatórias para reforço das regras aplicáveis à conceção e distribuição destes instrumentos.

Em 2019, revisitando o seu exercício de 2013, a IOSCO divulgou novo relatório sobre o tema da avaliação da adequação na distribuição de produtos financeiros complexos em 28 jurisdições[37], emitindo recomendações no sentido das várias jurisdições adotarem medidas regulatórias que assegurassem a adequada (i) incorporação da avaliação dos níveis de conhecimentos e experiência dos investidores ao nível da classificação do nível de complexidade dos vários produtos; (ii) divulgação de informação comparativa aos investidores sobre produtos alternativos com menores níveis de complexidade; (iii) reforço das exigências de "*product due diligence*"; e (iv) previsão de deveres de específicos dos intermediários financeiros adotarem medidas corretivas que protejam os legítimos interesses dos investidores em situações de distribuição inadequada (*misseling*).[38]

[34] Vide *Customer suitability in the retail sale of financial products and services (April, 2008)*.

[35] Vide *IOSCO Suitability Requirements With Respect To the Distribution of Complex Financial Products – Final Report (2013)* – neste documento, a IOSCO apresentou um conceito genérico de produto financeiro complexo, elencando um elenco não exaustivo de tipologias de instrumentos reconduzíveis a esse conceito.

[36] Vide *Regulation of Retail Structured Products – Final Report.*

[37] Vide *IOSCO Thematic Review on Suitability Requirements with respect to the Distribution of Complex Financial Products Final Report.*

[38] Sobre o tema do risco de *misseling*, vide, entre nós, o *Relatório sobre Riscos de Conduta associados a misselling de produtos de aforro e investimento*, divulgado pelo Conselho Nacional de

2.3. Evolução comunitária

2.3.1. *DMIF* e as posições do *CESR*

No regime originário previsto na DMIF[39], o conceito de complexidade relevava, essencialmente, para efeitos da delimitação do elenco de instrumentos financeiros não complexos e que podiam, nessa qualidade, ser distribuídos, junto de investidores não qualificados, com dispensa de prévia avaliação do caráter adequado da operação, conforme exigida nos termos do n.º 5 do art.º 19 da DMIF. A qualificação como complexos tinha por efeito jurídico imediato, impedir que a distribuição de determinados instrumentos, junto de investidores não qualificados, pudesse ter lugar com o nível mínimo de proteção do investidor decorrente do regime de mera execução de ordens (*execution only*).[40]

Delimitando o âmbito permitido de prestação deste serviço, o §1 do art.º 19, n.º 6 da DMIF constituía, neste enquadramento, um *elenco indicativo* relevante das tipologias de instrumentos financeiros que poderiam ser qualificados como não complexos, desde que se verificassem as condições e requisitos previstos nos §2 a §4 da mesma norma.

Complementando o regime *supra* enunciado, a Diretiva 2006/73/CE da Comissão de 10.08.2006[41], mantendo o relevo normativo da complexidade na configuração do *appropriateness test* (art.º 37, n.º 1), viria a consagrar um conjunto de critérios adicionais para que os intermediários financeiros pudessem qualificar, como não complexos, determinados instrumentos

Supervisores Financeiros em 2016 (disponível em www.cmvm.pt). O tema do risco de conduta associado à distribuição de produtos de maior complexidade mereceu destaque no *Final Report* da IOSCO emitido em 2020, refletindo os principais focos de incremento do risco de conduta associados ao contexto pandémico, v. *IOSCO Retail Market Conduct Task Force Report Initial Findings and Observations About the Impact of COVID-19 on Retail Market Conduct Final Report* (disponível em www.iosco.org).

[39] Diretiva 2004/39/CE do Parlamento Europeu e do Conselho, de 21 de Abril de 2004, relativa aos mercados de instrumentos financeiros, que altera as Directivas 85/611/CEE e 93/6/CEE do Conselho e a Directiva 2000/12/CE do Parlamento Europeu e do Conselho e que revoga a Directiva 93/22/CEE do Conselho.

[40] Entre nós. V. Ana Perestrelo Oliveira, *O Novo Direito dos Valores Mobiliários – I Congresso sobre Valores Mobiliários e Mercados Financeiros*, Almedina, 2017, p. 141 e Mathilde Valério, *A DMIF e a crise financeira de 2007-2010. Necessidade de um novo rumo*, Revista de Direito das Sociedades, II (2010), 3/4, p. 831.

[41] Que concretizou requisitos em matéria de organização e às condições de exercício da actividade das empresas de investimento e aos conceitos definidos para efeitos da DMIF.

financeiros não elencados nos §1 do n.º 6 do artigo 19.º da DMIF (art.º 38.º, n.º 1). Partindo deste quadro normativo, o primeiro esforço de densificação do conceito de *instrumento financeiro (não) complexo*, foi levado a cabo no *Q&A* do *Committee of European Securities Regulators* (*CESR*)[42], em 2009, procurando promover uma maior convergência na delimitação do âmbito de aplicação do dever de realização do teste de adequação, que a DMIF delimitava negativamente, por via da enunciação de um elenco não exaustivo de instrumentos financeiros que, verificados determinadas condições, poderiam ser qualificados como não complexos.

Neste momento inicial, o sentido da densificação regulatória focava-se na delimitação negativa do conceito de complexidade, evitando limitações desproporcionadas (demasiado abrangentes) à prestação de serviços de mera execução, promovendo segurança jurídica e consistência aplicativa do regime de *execution only* e minimizando o custo regulatório[43] decorrente da adoção de um conceito demasiado lato de instrumento financeiro complexo.

2.3.2. DMIF II/MiFIR e papel da ESMA

O novo quadro previsto na DMIF II, manteve a arrumação sistemático-normativa originária da DMIF, consagrando, no seu art.º 25, n.º 4, alínea a), subalíneas i) a v), um elenco de *instrumentos financeiros não complexos*[44] e prevendo, simultaneamente, uma remissão residual para uma categoria atípica ("*outros instrumentos financeiros não complexos*" – cfr. subalínea vi) da referida norma) e que viria a ser concretizada nos termos do art.º 57 do Regulamento Delegado (UE) 2017/565 da Comissão de 25 de abril de 2016 ("*MiFIR*").

Neste Regulamento, e em concretização do quadro da DMIF II, a complexidade dos instrumentos financeiros é ainda expressamente enquadrada como fator a considerar a três níveis: (i) na avaliação do modo como o serviço prestado satisfaz as condições e requisitos especificamente aplicáveis à consultoria para investimento numa base independente; (ii) na definição

[42] *CESR Q&A – MiFID complex and non complex financial instruments for the purposes of the Directive's appropriateness requirements (CESR/09-559).*

[43] Sobre o regime de *execution only*, v. Nuno Casanova e Melissa Filgueira, *Os deveres de informação dos intermediários financeiros após decisão de investimento*, Revista de Direito Financeiro e dos Mercados de Capitais, Vol. 2 (2020), N.º 6, p. 53-54 (disponível em: https://rdfmc.com).

[44] Elenco que corresponde aos instrumentos financeiros enunciados no artigo 314.º-D, n.º 1, a) do Cód.VM.

e implementação do processo de seleção utilizado pela empresa de investimento para avaliar e comparar uma gama suficiente de instrumentos financeiros disponíveis no mercado, em conformidade com o art.º 24, n.º 7, alínea a), da DMIF (cfr. arts.º 52, n.º 3 e 53.º, n.º 1, d) do Regulamento Delegado (UE) 2017/565); (iii) na aferição da existência de serviços de investimento ou instrumentos financeiros equivalentes capazes de corresponder ao perfil do cliente (art.º 54, n.º 9).

Nos termos do referido normativo, e mantendo a arrumação normativa precedente, um instrumento financeiro, que não seja explicitamente especificado no art.º 25, n.º 4, alínea a) da DMIF, deve ser considerado não complexo, para efeitos do art.º 25, n.º 4, alínea a), subalínea vi) da DMIF, caso se verifiquem os requisitos previstos nestes normativos.[45]

No seu *Economic Report*[46] sobre a distribuição de instrumentos financeiros complexos junto de investidores não qualificados (*retailisation*), e antecipando o sentido da sua intervenção orientadora nesta matéria, a ESMA notava que esta atividade: "[...] *could increase risks for the financial system. From a consumer protection perspective, retail investors may face difficulties in understanding the drivers of risks and returns of complex products. [...] it might be particularly challenging for investors to make proper investment decisions. If retail investors do not properly understand the risk and reward profileof complex products, unexpected losses might lead to complaints, reputational risks for issuers and a loss of confidence in the regulatory [...] From an issuer's perspective, complex products targeted at retail-investors may be used to generate profits through fees and may also provide an alternative source of funding.*".[47]

[45] Correspondentes aos vertidos no art.º 314, n.º 2 do nosso Código dos Valores Mobiliários.

[46] *ESMA Economic Report – Retailisation in the EU, No. 1 (ESMA/2013/326)*, p. 5. Numa análise similar, entre nós, v. Paulo Silva e Fernando Silva, *The Market of Structured Retail Products Evidence for Portugal*, Working Paper CMVM (2013) (disponível em www.cmvm.pt).

[47] Partindo da conjuntura macro-económica – ambiente de baixas taxas de juro (*search for yield sentiment*) e desafios de rentabilidade do lado da oferta – a ESMA divulgou evidências de uma amostra de instrumentos financeiros, com capital garantido, que apresentavam um retorno médio inferior a investimento alternativos com menor risco (*risk-free instruments*). Reconhecendo que o nível de complexidade de um instrumento não equivale, necessariamente, a um incremento do nível de risco associado ao mesmo, a ESMA notava a necessidade de reforçar a qualidade (transparência) da informação prestada aos investidores sobre a estrutura de custos inerente aos instrumentos mais complexos e sobre o perfil de risco de cada produto, em especial, quanto ao risco de crédito.

Em 2014, a ESMA viria a emitir *Opinion*[48] sobre práticas de distribuição de produtos complexos – acompanhada de um *Investor Warning*[49] sobre os riscos associados – tendo, no mesmo ano, divulgado nova *Opinion*[50], sobre boas práticas em matéria de governação de produtos estruturados distribuídos a investidores de retalho.[51]

Com particular relevo, a ESMA divulgou, em 2016, *Orientações relativas a instrumentos de dívida e depósitos estruturados complexos*[52], merecendo especial destaque o esforço de densificação dos parágrafos (ii) e (iii) da alínea a) do n.º 4 do art.º 25 da DMIF II ("*debt instruments incorporating a structure making it difficult to understand the risk*"), através da elencagem de um conjunto não exaustivo de mecanismos e características dos instrumentos financeiros (*features*) que, pela sua natureza, potenciam a inadequada compreensão do risco associado aos mesmos, enunciando ainda uma lista não exaustiva de exemplos de instrumentos de dívida subsumíveis a essa norma.[53]

[48] *Opinion – MiFID practices for firms selling complex products (ESMA/2014/146)* (www.esma.europa.eu)

[49] *Investor Warning Risk of investing in complex products (February, 2014)* (www.esma.europa.eu).

[50] *Opinion Structured Retail Products – Good practices for product governance arrangements (ESMA/2014/332) (www.esma.europa.eu).*

[51] A ESMA notava ainda que o nível de complexidade de determinados instrumentos impacta negativamente a capacidade do investidor avaliar e compreender o valor intrínseco (*real*) desses produtos, bem como os diversos fatores e eventos determinantes do desempenho (*retorno*) e do nível de risco de crédito inerente ao longo do tempo, enfatizando que, sendo o retorno destes instrumentos *variável, incerto e condicionado* pelo desempenho de ativos (subjacentes) não diretamente detidos pelo investidor ou de valores de referência, é (apenas) determinável em função da aplicação de uma fórmula de cálculo pré-definida que contempla diferentes cenários e condições futuras de verificação incerta.

[52] *ESMA Guidelines on complex debt instruments and structured deposits (ESMA/2015/1787)*, p. 6-7 e 9-11. Para além densificarem o conceito de derivados embutidos ("*embeded derivatives*"), procurando promover maior consistência aplicativa do disposto no artigo 25.º, 4.º, alínea a), da Diretiva DMIF II aos instrumentos de dívida, estas orientações visaram ainda reforçar a consistência ao nível dos critérios de classificação de instrumentos financeiros complexos para efeitos de cumprimento do disposto nos art.º 25, n.ºs 3) e 4), da Diretiva DMIF II.

[53] Nestas Orientações, a ESMA procedeu a uma tipificação não exaustiva de mecanismos de complexidade associados a instrumentos financeiros representativos de dívida, a saber: a) instrumentos em que o retorno depende do desempenho de um conjunto de ativos; b) instrumentos cujo retorno está subordinado ao reembolso de dívida detida por terceiros; c) instrumentos cujos fluxos de caixa o emitente pode modificar segundo o seu critério; d) instrumentos com mecanismos complexos para determinar ou calcular o retorno; e) instrumentos que não permitam o reembolso total do montante de capital por apresentarem uma estrutura ou preverem condições de emissão que integram mecanismos que, em deter-

Em 2018, a ESMA emitiu as suas *Orientações relativas a determinados aspetos dos requisitos da DMIF II em matéria de adequação*[54], enfatizando a importância de as entidades financeiras tomarem em consideração o *nível de complexidade* dos produtos, devendo essa complexidade refletir-se na extensão da informação a recolher (e apreciar) sobre um cliente, em especial sobre o seu nível de conhecimentos e experiência. Para instrumentos financeiros mais complexos, a ESMA notava a exigência de uma avaliação em termos mais concretos e não apenas com base na tipologia de instrumento financeiro, devendo ser graduada a heterogeneidade do nível de complexidade dentro da mesma tipologia de instrumentos financeiros (v.g. a avaliação de dívida subordinada deverá diferenciar-se da avaliação relativa a obrigações clássicas).

Notava ainda a ESMA que, embora *a complexidade seja um termo relativo*, condicionada por diversos fatores, as entidades deveriam também ter em conta os critérios e os princípios, identificados na DMIF II, ao definirem e classificarem o nível de complexidade a atribuir aos produtos para efeitos da avaliação do caráter adequado da adequação. O regulador reforçava igualmente a mensagem de que, para produtos mais complexos, com características específicas (menos usuais e mais sofisticadas), será adequada a adoção de processos mais pormenorizados, com uma maior exigência quanto à diversidade de elementos e fontes de informação aplicadas na compreensão e comparação dos instrumentos distribuídos junto de investidores não profissionais.[55]

2.2.3. Regulamento *PRIIPS* – a proposta de *KID* Europeu

A evolução regulatória do tratamento da complexidade dos instrumentos financeiros, mantendo o enfoque no reforço dos deveres de infor-

minadas circunstâncias, implicam um reembolso parcial (ou nenhum reembolso) do capital; f) instrumentos emitidos por um veículo de investimento específico (*SPV*) em circunstâncias nas quais a designação do instrumento de dívida ou a denominação jurídica do veículo de investimento específico pode induzir em erro os investidores no que respeita à identificação do emitente ou do garante; instrumentos com mecanismos de garantia complexos; g) instrumentos alavancados (em que os ganhos ou as perdas para o investidor possam ocorrer em múltiplos do investimento inicial, podendo o investidor suportar perdas superiores ao capital investido).

[54] ESMA35-43-1163 (www.esma.europa.eu).

[55] Igualmente, em 2018, a Autoridade Bancária Europeia (EBA) e a ESMA emitiram *Statement on the treatment of retail holdings of debt financial instruments subject to the Bank Recovery and Resolution Directive* (Ref. ESMA71-99-991) (www.esma.europa.eu).

mação ao investidor, conheceu, com a aprovação do Regulamento (UE) n.º 1286/2014, de 26.11.2014 (Regulamento *PRIIPs*)[56] e consequente consagração do "*KIID europeu*", um momento de viragem no plano europeu, considerando o impacto muito relevante da opção de avocação normativa harmonizadora, pelo legislador comunitário, desta dimensão nevrálgica de proteção do investidor de retalho.

Num ambicioso objetivo de harmonização comunitária, não isento de críticas quanto ao seu impacto prático[57], o efeito da aplicação direta de um regime europeu de informação padronizada sobre instrumentos de maior complexidade e risco alicerçou-se num *product scope* lato: na definição abrangente de PRIIP o legislador comunitário relevou a *estrutura derivada* como característica normativa essencial para a delimitação do âmbito de produtos visado, tornando-o intencionalmente indeterminado e muito abrangente.

A delimitação do âmbito de produtos qualificáveis como PRIIPs, situando-se numa dimensão teleológica distinta da subjacente à delimitação do universo de instrumentos financeiros (não) complexos no quadro DMIF II/MIFIR, tem, sobre esta última, um impacto inegavelmente conexo.

Neste enquadramento, e com especial relevo para uma maior concretização do conceito regulatório de complexidade relevante, notamos o entendimento vertido no *Joint ESA Supervisory Statement – application of scope of the PRIIPs Regulation to bonds*[58], no qual foram pormenorizados critérios

[56] O pacote regulatório PRIIPs, que viria a ser transposto para a nossa ordem jurídica Lei n.º 35/2018 de 20 de Julho, integrou ainda o Regulamento Delegado (UE) n.º 2017/653 da Comissão, de 8.03, estabelecendo normas técnicas de regulamentação no que diz respeito à apresentação, conteúdo, reexame e revisão dos Documentos de Informação Fundamental, tendo a Comissão divulgado ainda Orientações relativas à aplicação do Regulamento PRIIPs (*2017/C 218/02*), relevando o posterior esforço de clarificação e de promoção de convergência aplicativa do Regulamento ao nível do documento *Questions and answers (Q&A) on the PRIIPs Key Information Document (KID) (JC 2017 49)* elaborado pelo Comité Conjunto das Autoridades Europeias de Supervisão (www.esas-joint-committee.europa.eu).

[57] Vide, a título de exemplo, o *EFAMA's Evidence on the PRIIP KID's Shortcomings* e, entre nós, Maria Teresa Bitetto, *The PRIIPs performance scenarios and its misleading shortcomings* (disponível em: run.unl.pt). Sobre este tema, vide as questões suscitadas no recente *Call for evidence on the European Commission mandate regarding the PRIIPs Regulation* (Ref. JC 2021 61) do Comité Conjunto das Autoridades Europeias de Supervisão *(www.esma.europa.eu)*, (p. 12 e ss).

[58] Ref. JC-2019-64 (disponível em www.esma.europa.eu). Neste posicionamento, destaque para o entendimento segundo o qual natureza *perpétua* ou *subordinada* não implica, necessariamente, a classificação de uma obrigação como PRIIP, não devendo igualmente as *obriga-*

para avaliação de sete tipologias de obrigações – categorizadas por referência às características estruturais mais comuns nesta classe de ativos ("*common bond features*") – visando distinguir quais as características relevantes para qualificar obrigações como PRIIPs, bem como quais as características que permitem qualificar obrigações como não PRIIPs e relativamente às quais seria dispensado o dever de elaboração e disponibilização do KIID ao investidor.

2.2.4. Regras de *Product Oversight & Governance* (*PoG*) e poderes de intervenção sobre produtos

Robustecendo o quadro da DMIF II, a Diretiva Delegada (UE) 2017/593 da Comissão Europeia, de 7 de abril de 2016[59], densificou, entre outras matérias, o regime aplicável às *obrigações em matéria de governação dos produtos, aplicáveis a produtores e distribuidores (PoG rules)*, a serem aplicadas de modo proporcionado, em função da consideração, entre outros factores, do nível de complexidade dos produtos.

Neste regime, o nível de complexidade dos produtos foi igualmente definido como critério relevante para a graduação do nível de *granularidade do mercado-alvo* e os critérios utilizados para definir o mercado-alvo e determinar a estratégia de distribuição mais apropriada para diferentes instrumentos financeiros.[60]

ções de taxa fixa serem qualificadas como PRIIP. Relativamente a *obrigações de taxa variável* – e desde que a estrutura das mesmas não integre mecanismos condicionantes do retorno como *caps* ou *floors* – o critério decisivo deverá ser a integração ou não de uma estrutura em que o cupão variável esteja indexado (em relação de derivação) à performance de ativos não detidos pelo investidor ou de valores de referência (que não índices de taxa de juro conhecidos), não devendo ser qualificadas como PRIIP as obrigações em que o cupão varia consoante condições predefinidas e conhecidas pelo investidor (*coupon step-ups*).
Por último, este entendimento notou que as obrigações com opção de venda a favor do investidor (*puttable bonds*) não deverão, por essa circunstância, ser necessariamente qualificadas como PRIIP, devendo as obrigações com opção de reembolso a favor do emitente (*callable bonds*) ser qualificadas como PRIIP apenas quando não seja previamente determinável o montante a pagar ao investidor em caso de reembolso antecipado pelo emitente (não sendo as obrigações com cláusula *make-whole* qualificáveis como PRIIP), sendo as *obrigações convertíveis* dever ser qualificadas como PRIIPs.

[59] Vide, em especial, *Considerandos (18) e (19)* e artigos 15.º, n.º 9 e 10.º, n.º 2, §3.

[60] Sobre o tema, vide Pierpaolo Marano, *The Contribution of Product Oversight and Governance (POG) to the Single Market: A Set of Organisational Rules for Business Conduct.* (disponível em: https://doi.org/10.1007/978-3-030-52738-9_3) e Antonio Marcacci, *European regulatory private law going global? The case of product governance.* European Business Organization

A criação de regras jurídicas de governo e monitorização de produtos, aplicáveis a produtores e distribuidores, dispersaram o relevo normativo do nível de complexidade dos instrumentos financeiros, exigindo uma concretização mais transversal e dinâmica da avaliação do nível de complexidade dos instrumentos oferecidos.

Num duplo alcance normativo, estas regras visaram reforçar a efetividade e a consistência das políticas e procedimentos de governo e monitorização de produtos, não apenas ao nível da dimensão imediata de proteção dos interesses dos clientes (*mercado-alvo real*), mas igualmente, ao nível da concretização integrada dos mesmos na cultura organizacional e nos sistemas de governo e controlo interno, em prol da salvaguarda da solidez e reputação dos intermediários financeiros[61]. A consagração de regras de *PoG*, marcando uma evolução para segmentos normativos mais sincronizados com "*ciclo de vida*" dos instrumentos financeiros, traduz uma resposta regulatória de complemento à proteção (incompleta e de natureza estática) decorrente do cumprimento do dever de avaliação da adequação (*appropriateness test*).[62]

Law Review, 18, p. 305–332; Elisabeth Roegele, *Discussion topic: Cost transparency and product governance*, BaFin Annual Report (2016) (www.bafin.com). Para uma perspetiva prática de orientação da indústria neste tema, v. *MIFID II Product Governance: Qualitative information requirements for the regular product review*, The Investment Association (2019) (disponível em: www.theia.org). Entre nós, v. Ana Senra, *O regime de governo de produto da DMIF II – relação triangular da estratégia de distribuição, mercado-alvo e serviços de investimento*, (2019) (disponível: www.run.unl.pt).

[61] A normatividade de "product view" (que subjaz às regras de PoG) tem reflexo na densificação regulatória de matérias de governo e controlo interno, visível em alguns traços do regime consagrado no Aviso n.º 3/2020 do Banco de Portugal, em especial, ao nível da relevância normativa atribuída à oferta de produtos das entidades, com especial intensidade sempre que a mesma integre produtos com maior nível de complexidade e risco. Em concreto: (i) na definição da estratégia de longo prazo da entidade pelo órgão de administração (artigo 10.º, n.º 2, alínea b)), (ii) na consideração do impacto das opções das entidades em matéria de canais de distribuição de produtos ao nível do sistema de controlo interno (artigo 12.º, n.º 1), (iii) na especificação do papel atribuído à função de gestão e identificação de riscos (artigos 20.º, n.º 1, b) e n.º 2, c) e 22.º, alíneas a) e c)), concretizada na exigência de intervenção desta ao nível da aprovação de novos produtos e no papel de aconselhamento aos órgãos de administração e fiscalização (artigo 27.º, n.º 1, l) e m)); (iv) na especificação das competências da função de conformidade na implementação e aplicação das políticas e procedimentos de PoG (artigo 28.º, n.º 1, alínea m)); e (v) na consideração do concreto elenco de produtos fornecidos enquanto elemento a atender na sistematizacao de informação a reportar nos termos do artigo 63.º do Aviso.

[62] Sobre as "*regulatory weaknesses*" da DMIF, v. Pierre-Henri Conac, *Subordinated Debt and Self-Placement* (2018), p. 27-32 (disponível em https://www.europarl.europa.eu). A delimi-

Prosseguindo o sentido de algumas das suas iniciativas recomendatórias anteriores, nas *Orientações em matéria de governação e monitorização de produtos* de 2018[63], a ESMA notou que no caso de produtos estruturados com *perfis de retorno complexos,* as empresas podem especificar que os *investidores-alvo* deverão ter conhecimentos sobre o *funcionamento* deste tipo de produtos e sobre os seus *prováveis resultados,* devendo a definição do *mercado alvo potencial* (teórico), pelo produtor, atender ao nível de complexidade dos instrumentos, notando que para produtos mais complexos o mercado-alvo deve ser identificado com maior *granularidade.*

Neste documento orientador, a ESMA relevou a expetativa de que os intermediários financeiros atendam ao nível de complexidade e considerem o *perfil de risco/remuneração* dos instrumentos ao nível da definição (responsável) de quais os instrumentos que não deverão ser distribuídos junto de investidores profissionais sem prévia avaliação do caráter adequado da operação, apontando para uma diligência reforçada e, em algumas circunstâncias, para um dever de abstenção preventiva da distribuição de determinados instrumentos que poderia não resultar diretamente do dever de avaliação da adequação.

A ESMA relevava ainda que o distribuidor poderia (*deveria*), igualmente, ponderar a possibilidade de alguns *produtos não complexos,* e que poderiam ser oferecidos no âmbito do regime de mera execução, serem (por opção prudente e mais conservadora do distribuidor) serem apenas oferecidos se satisfeito o teste de adequação, devendo a avaliação pelo distribuidor – e eventual o ajustamento do mercado-alvo originariamente definido pelo produtor – ser mais aprofundada para instrumentos de maior complexidade.

Enquanto critério orientador às entidades supervisionadas, a ESMA notou ainda o relevo do nível de complexidade dos instrumentos financeiros

tação e conjugação das regras de *PoG* com o dever de avaliação da adequação nem sempre se apresenta como linear, considerando alguns autores que existe mesmo um conflito normativo entre os institutos. Neste sentido, v. Pablo Conde, *Product governance and appropriateness are two conflicting rules, Structured Retail Products* (disponível em: www. structuredretail products.com). Em sentido contrário, v. Annemie Rombouts, *Investor Protection ..., ob cit.,* p. 45 (nota de rodapé), distinguindo entre a natureza teórico-estática do dever de avaliação adequação e o sentido concreto e dinâmico dos deveres de definição do mercado-alvo final dos concretos instrumentos financeiros distribuídos junto de um específico mercado-alvo de clientes finais.

[63] Vide as *Orientações relativas aos requisitos da Diretiva MiFID II em matéria de governação (05/02/2018 | ESMA35-43-620 PT)* (www.esma.europa.eu), em especial, os seus §18.(b), §21., §22., §30., § 38., § 69. e § 83.

ao nível da *avaliação do potencial mercado-alvo negativo* dos instrumentos produzidos e distribuídos, devendo o número e o detalhe dos fatores e critérios a considerar naquela avaliação refletir a natureza do produto e, sobretudo, o impacto do nível de complexidade do mesmo na compreensão do perfil de risco/remuneração (*binómio risco-retorno*) pelo investidor.[64]

Em complemento ao regime de *PoG*, o legislador comunitário consagrou, nos termos dos arts.º 39 a 43 do Regulamento (UE) n.º 600/2014 do Parlamento Europeu e do Conselho, de 15 de maio de 2014, o regime geral dos poderes de intervenção das autoridades competentes nacionais (*NPIMs*), da ESMA e da EBA[65] sobre produtos e que viria ser densificado nos termos dos arts.º 19 a 21 do Regulamento Delegado (UE) 2017/567 da Comissão de 18.05.2016, que viria pormenorizar os critérios e fatores a observar no exercício de medidas de supervisão neste âmbito.[66]

Funcionando como verdadeira "*válvula de segurança*" supervisiva, e numa relação de subsidiariedade relativamente às regras de governo de produto (*PoG*) da DMIF II, o exercício deste poderes *ultima ratio* – por supervisores europeus ou nacionais – deverá obedecer à prévia verificação (fundamentada) de preocupações significativas, em matéria de proteção dos investidores ou de ameaça ao funcionamento ordenado e à integridade dos mercados financeiros. Para esta ponderação concorrem, entre outros fatores, o nível de complexidade do instrumento financeiro, nomeadamente, no que respeita à tipologia dos ativos subjacentes, ao nível de complexidade associado ao cálculo do seu desempenho e às condições que impactam o retorno do instrumento financeiro.[67]

[64] Produtos mais complexos poderão ter um grupo maior de clientes para os quais o instrumento financeiro é incompatível e produtos com perfis de risco complexos, terão, em princípio, um mercado-alvo definido de forma mais restrita. (v.g. composto por clientes profissionais *per se* ou profissionais elegíveis que possam compreender as complexidades associadas a esses produtos).

[65] Ao regulador europeu do sector segurador – EIOPA – foram concedidos similares poderes de intervenção relativamente a determinados produtos do sector segurador nos termos do Regulamento PRIIPs. Sobre o tema dos efeitos das *NPIMs*, v. o *Final Report – ESMA's Technical Advice to the Commission on the effects of product intervention measures (ESMA35-43-2134)*.

[66] Entre nós, v. LOURENÇO FRAGOSO, *Product Intervention ...*, p. 35. Sobre o tema, v. ANNEMIE ROMBOUTS, *Investor Protection and Awareness as Essential Pillars of the Post Crisis Supervisory and Regulatory Agenda–The Way Forward*, p. 44 e ss (disponível em www.cairn.info.).

[67] Sobre o tema, v. KATICA TOMIC, *Product Intervention of Supervisory Authorities in Financial Services*, Contemporary Studies in Economic and Financial Analysis, Vol. 99, pp. 229-255. D. BUSCH, *Product Governance and Product Intervention under MiFID II/MiFIR*; VEERLE COLAERT, *Product Intervention: Keystone of the EU Investor Protection Regime (2019)*.

2.2.5. Desenvolvimentos recentes – revisitação do tema da avaliação da adequação e a proposta *MiFID II Quick-Fix*

No início de 2021, no seu *Consultation Paper* sobre proposta de *Orientações sobre cumprimento do dever de avaliação da adequação e prestação de serviços de mera execução de ordens*[68], a ESMA reiterou o enquadramento da *complexidade* enquanto conceito relativo. O regulador notou ainda a concretização do conceito, ao nível da *categorização* dos diferentes instrumentos financeiros oferecidos aos investidores, constitui fator decisivo na delimitação normativa da exigência aplicável ao dever de obter elementos e informações previstas nos art.º 25, n.º 3 da DMIF II e no art.º 55 do MiFIR, devendo a gradação dos diferentes níveis de complexidade ser consistentemente refletida ao nível das políticas e procedimentos de *product governance*.[69]

A ESMA exemplificou alguns fatores que deverão ser atendidos na categorização de instrumentos financeiros quanto ao nível de complexidade[70]

[68] *ESMA Consultation Paper Guidelines on certain aspects of the MiFID II appropriateness and execution-only requirements* (ESMA35-36-2159).

[69] Notava ainda a ESMA que os diferentes níveis de complexidade dos vários produtos pretendidos oferecer deverão ser consistentemente refletidos na tomada de decisão sobre a estratégia de distribuição (*serviços de investimento* prestados e *canais de distribuição* utilizados), promovendo uma consistência qualitativa e compreensível entre o nível de complexidade dos instrumentos financeiros distribuídos e as opções dos supervisionados na definição das características do seu *mercado alvo final de investidores*. Vemos o novo dever de definição do mercado alvo (potencial e real, positivo e negativo) – e de consequente definição da estratégia de distribuição em linha com essa definição – enquanto impulso regulatório no sentido de antecipação normativa da proteção visada com o dever de avaliação da adequação (*appropriteness test*), devendo cumprimento conjugado dos dois deveres promover uma atuação consistente do intermediário financeiro e que permita compreender em que medida este considerou e procurou salvaguardar os interesses do investidor na distribuição de instrumentos de maior complexidade e risco. O teste de consistência aplicável a estas medidas fundar-se-á na possibilidade de comprovação retrospetiva do efeito prático destas salvaguardas nas várias etapas integrantes do processo de tomada de decisão que contextualiza a decisão de investimento em determinado instrumento financeiro complexo.

[70] Sobre esta Consulta, v. o posicionamento do *Securities and Markets Stakeholders Group* (*SMSG advice to ESMA on its Consultation Paper on "Guidelines on certain aspects of appropriateness and execution-only – ESMA22-106-3280) (www.esma.europa.eu)*, criticando a enunciação do conceito vago de "*more complex products*" na proposta de Orientações da ESMA *(cfr. Guideline 3, §32-33, p. 30 e Guideline 7, §53-54, p. 34-35)*, notando que a falta de concretização de critérios objetivos para graduação dos diferentes níveis de complexidade, incrementa o risco de interpretações divergentes, pelos intermediários financeiros, com incremento do inerente risco de desproteção dos investidores. O *SMSG* notou ainda que os diferentes níveis de complexidade de cada instrumento financeiro (em especial, dentro de instrumentos

(v.g. *integração de mecanismos de exercício opcional de direitos, alavancagem, elgibilidade para bail-in, indexantes opacos ou não usuais, nível de liquidez/"tradability"*), notando que os instrumentos financeiros não subsumíveis ao art.º 25, n.º 4, a), §i a §v da DMIF II, deverão continuar a ser classificados como complexos "*by default*", salvo quando essa qualificação seja dispensada por aplicação dos critérios consagrados no art.º 57 do MiFIR.

Posteriormente, e na sequência de uma iniciativa de *Common Supervisory Action*[71], focada na verificação das práticas de avaliação do nível de complexidade dos instrumentos recomendados aos investidores, a ESMA notou ser minoritária a prática das entidades supervisionadas definirem categorias internas de instrumentos financeiros através de critérios não suficientemente granulares (v.g. simplista dicotomia *complexos/não compexos*). A evidência de supervisão revelava, assim, uma evolução maoritária no sentido de uma maior granularidade na categorização interna e alocação de sub-categorias de instrumentos (*clustering*) em função do seu nível de complexidade.

Nos *findings* da ESMA decorrentes deste exercício, ressaltam ainda duas dimensões relevantes:

- Abordagem heterogénea dos intermediários financeiros na concretização prática de um princípio de equivalência ("*equivalent products*"), enquanto critério basilar da sub-categorização do universo de instrumentos financeiros oferecidos em diferentes níveis de complexidade, variando, de entidade para entidade, o elemento primordial definidor da equivalência entre instrumentos financeiros (v.g. perfis de risco/retorno similares, mercado-alvo similar), sendo predominante a adoção de uma lógica de eficiência na prestação de serviços de consultoria ("*efficiency test*") – produtos equivalentes, em termos de nível de complexidade, são incluídos numa mesma categoria, desde que o nível de custos associados ao investimento seja igualmente comparável (equiparado);
- Tendência para uma centralização da avaliação do nível de complexidade para instrumentos financeiros (considerados) equivalentes ao nível dos procedimentos de aprovação de produtos (*ex-ante*, pelos comités internos relevantes), sendo menos intensa essa avaliação ao

financeiros com tipologias similares), deverá ser refletida, sobretudo, ao nível das políticas e procedimentos de governação e monitorização de produtos (*PoG rules*), em especial ao nível da definição do mercado-alvo final de clientes definido para a distribuição dos mesmos.

[71] No seu *Public Statement (ESMA presents the results of the 2020 Common Supervisory Action (CSA) on MiFID II suitability requirements) (ESMA35-43-2748)*.

nível da tomada de decisão sobre a seleção final dos instrumentos a recomendar ao cliente final (*point of sale/client level*);

Procurando contribuir para a recuperação pós-pandemia COVID-19, nota para a Diretiva (UE) 2021/338[72] ("*MiFID Quick Fix*") que veio alterar a DMIF II, dispensando o cumprimento dos requisitos de governação e monitorização de instrumentos financeiros ao nível da emissão e distribuição de obrigações que não incorporem outros mecanismos de derivação para além de (simples) cláusulas de reembolso antecipado (as designadas "*make-whole clauses*").

Nesta intervenção, notamos, o legislador comunitário teve em especial consideração a circunstância da cláusula de reembolso antecipado (elemento de *complexidade endógena*), na prática, proteger os investidores contra perdas, assegurando o reembolso antecipado de montante igual à soma do valor atual líquido dos pagamentos de cupões remanescentes e do montante de capital da obrigação que o investidor receberia se a obrigação não tivesse sido reembolsada antecipadamente – notamos, neste exemplo concreto, uma intervenção de alívio regulatório, no sentido da dispensa da aplicação de determinadas regras de proteção do Investidor, enquadrando, de forma adequada, um fator de complexidade endógena, mas que, na prática, funciona como mitigador de risco na perspetiva do investidor obrigacionista.[73]

No início de 2022, na versão final das suas novas Orientações sobre avaliação da adequação, mantendo o essencial recomendatório enunciado no seu anterior *Consultation Paper*[74], a ESMA reforçou a importância do *nível de complexidade* enquanto elemento relevante para determinar o *âmbito das informações* a solicitar sobre os conhecimentos e a experiência do cliente ou potencial cliente, devendo a "*permissão de acesso*" do investidor, a determinados instrumentos financeiros de maior complexidade, ser suportada numa

[72] Diretiva (UE) 2021/338 do Parlamento Europeu e do Conselho de 16 de fevereiro de 2021 que altera a Diretiva 2014/65/UE no respeitante aos requisitos de informação, à governação dos produtos e aos limites às posições e as Diretivas 2013/36/UE e (UE) 2019/878 no respeitante à sua aplicação às empresas de investimento a fim de contribuir para a recuperação na sequência da crise de COVID-19, prevendo que os Estados-Membros adotem e publiquem, até 28 de novembro de 2021, as disposições legislativas, regulamentares e administrativas necessárias para dar cumprimento, devendo as mesmas ser aplicadas a partir de 28 de fevereiro de 2022.

[73] *Vide Considerando (4)* e o novo 16.º-A da DMIF II, introduzido pelo artigo 1.º, §3 da Diretiva (EU) 2021/338.

[74] Vide nota de rodapé 67.

(comprovável) capacidade do intermediário financeiro recolher informação mais aprofundada sobre conhecimentos e experiência do investidor e que possibilitem uma "*avaliação fiável*" da capacidade do investidor para compreender os mecanismos que tornam o produto de investimento mais complexo ou de maior risco, se o cliente já negociou produtos desse tipo ou há quanto tempo os negoceia.[75]

A ESMA nota igualmente, e como boa prática ao nível da avaliação da adequação e da aplicação do disposto no artigo 314.º, n.º 2 do Cód.VM, que os intermediários financeiros considerem e reflitam o *elevado nível de complexidade* de determinados instrumentos financeiros na definição de condições e critérios subjacentes à aceitação ou recusa do pedido de um cliente para avançar com uma transação após a receção de um *aviso de não-adequação*.[76]

3. Reflexo da evolução comunitária no ordenamento jurídico português

3.1. A evolução da regulamentação nacional sobre produtos financeiros complexos

No plano da regulamentação sobre produtos financeiros complexos, e integrando o conjunto limitado de ordenamentos jurídicos vanguardistas neste domínio[77], o tratamento do tema da complexidade no nosso ordenamento iniciou-se com o Decreto-Lei n.º 211-A/2008, de 3 de novembro, que consagrou um regime de informação específico, visando reforçar o nível de informação fundamental, aos investidores, sobre características e

[75] Cfr. §31./§33./§34. das Orientações.

[76] Cfr. §75. das Orientações.

[77] De notar que, no plano europeu, o primeiro grande passo regulatório no sentido da harmonização de um documento de informação fundamental padronizada a investidores (*KIID*) coube à Diretiva 2009/65/CE do Parlamento Europeu e do Conselho, de 13 de Julho de 2009 (a *Diretiva UCITS IV*), aplicável a organismos de investimento coletivos em valores mobiliários (OICVMs ou, na terminologia anglo-saxónica, *UCITS*), transposta no nosso ordenamento pelo Decreto-Lei n.º 63-A/2013, de 10 de maio, que aprovou o novo Regime Jurídico dos Organismos de Investimento Coletivo (RGOIC). A nível europeu, os supervisores francês (em 2010) e dinamarquês (em 2011) contavam-se entre os únicos a aplicar regras específicas de alerta e aviso sobre riscos (*risk/warning label*), aplicáveis a instrumentos financeiros complexos distribuídos junto de investidores de retalho. Para uma visão integrada das primeiras iniciativas de autoridades europeias nestes temas, em antecipação do quadro harmonizado da DMIF II e do Regulamento PRIIPs, v. *Product Rules for Packaged Retail Products: Why, when, how?* (www.finance-watch.org).

riscos de produtos financeiros complexos (*PFC*), tendo a delimitação das competências de supervisão sido definido nos termos do "*Entendimento conjunto do Banco de Portugal e da Comissão do Mercado de Valores Mobiliários quanto à delimitação de competências respeitante a produtos financeiros complexos*".[78]

A CMVM viria posteriormente a estabelecer, através do Regulamento da CMVM n.º 1/2009, deveres de informação e de transparência das mensagens publicitárias e dos documentos informativos, respeitantes a PFC sujeitos à sua supervisão[79], tendo procedido a revisão deste enquadramento, através da emissão do Regulamento da CMVM n.º 2/2012.[80] Esta nova regulamentação viria a densificar as regras aplicáveis à elaboração do *Documento de Informações Fundamentais ao Investidor (IFI)*, quer à aos materiais publici-

[78] Disponível em http://www.cmvm.pt. O Banco de Portugal viria, nos termos do seu Aviso n.º 5/2009, a estebelecer deveres de informação a observar pelas instituições de crédito na comercialização depósitos indexados e os depósitos duais, publicando modelos de prospeto informativo a disponibilizar ao cliente em momento anterior ao da celebração de contratos relativos aos referidos produtos financeiros. O regime jurídico da conceção, comercialização e prestação de serviços de consultoria relativamente a depósitos estruturados viria a ser posteriormente criado pela Lei n.º 35/2018 de 20 de julho de 2018.

[79] O texto preambular enunciava o âmbito de produtos abrangido: *certificados*, salvo quando se limitem a replicar fielmente a evolução de um instrumento financeiro que não possa ser considerado um produto financeiro complexo, os *valores mobiliários condicionados por eventos de crédito*, as *obrigações estruturadas*, os *warrants autónomos* e as *aplicações de fundos a que estejam associados instrumentos financeiros*, quer pela via da indexação da respectiva rendibilidade, quando não exista a garantia total do capital investido pelo balanço da instituição de crédito, quer por a sua comercialização combinada implicar a subscrição de, ou a adesão individual a, instrumentos financeiros. Para um enquadramento geral deste Regulamento, v. NUNO ALBUQUERQUE MATOS, *Produtos financeiros complexos – Regulamento da CMVM n.º 1/2009 – sua análise e reflexão para futuras modificações*, in Cadernos do Mercado de Valores Mobiliários, 37 (2010).

[80] Durante a vigência deste Regulamento, a CMVM celebrou *Protocolo* com 19 instituições de crédito nacionais, nos termos do qual estas assumiam o compromisso de não comercializar, junto de investidores não qualificados, PFC de maior risco, relevando notar o esforço de tipificação de *mecanismos de estruturação originadores de elevada complexidade*: mecanismos que, impactando a remuneração e/ou o valor de reembolso dos produtos, operam sobre os ativos subjacentes, as datas de observação ou datas de pagamento dos produtos (mecanismos de agregação de diversas datas de observação ou ativos subjacentes num dado período, mecanismos que alterem a forma de remuneração ao longo da vida do produto, mecanismos de reemolso antecipado automático ou discricionário, *caps/floors*, mecanismos de conversão de ativos, entre outros elencado no Anexo I do Protocolo (este Protocolo não se encontra atualmente em vigor, em virtude do novo enquadramento jurídico aplicável aos PRIIP que determinou a revogação do Regulamento da CMVM n.º 2/2012). Informação disponível em www.cmvm.pt.

tários utilizados na comercialização de PFC sujeitos à supervisão da CMVM e que fosse dirigida a, pelo menos, cinco investidores não qualificados residentes ou com estabelecimento em Portugal – o elenco de PFC consagrado no art.º 2 do n.º 1 deste Regulamento manteve a enunciação das tipologias de PFC anteriormente considerado para efeitos de aplicação do Regulamento da CMVM 1/2009.

Vindo a revelar-se verdadeiramente vanguardista e antecipatório, face ao quadro europeu que lhe viria a suceder, o Regulamento da CMVM n.º 2/2012 assentava nos seguintes elementos nucleares: (i) um *alerta gráfico sobre o nível de risco* do produto; (ii) *advertências específicas* ao investidor; (iii) descrição sintética do *funcionamento e principais características* do produto; (iv) apresentação de *cenários de desempenho/performance do produto*, em função da sua probabilidade de ocorrência; e (v) elenco de *factores de risco*, obrigação de identificar os fatores de risco não tipificados que o produto adicionalmente contenha.[81]

3.2. O Regulamento PRIIPs e a concretização doméstica

Posteriormente, em concretização do regime europeu e com base no quadro jurídico previsto no Anexo II à Lei n.º 35/2018, de 20 de julho – sobre pacotes de produtos de investimento de retalho e de produtos de investimento com base em seguros (PRIIPs) –, os deveres informativos e de comercialização relativos a PRIIPs sujeitos à supervisão da CMVM viriam a ser concretizados nos termos do seu Regulamento da CMVM n.º 8/2018 – *Deveres informativos e de comercialização relativos a PRIIPs*, determinando a revogação do Regulamento da CMVM n.º 2/2012 e a Instrução da CMVM n.º 3/2013, que apenas se mantêm aplicáveis produtos financeiros com-

[81] Entre nós v. Manuel Cordeiro Ferreira, *Comentário ao Novo Regulamento da CMVM sobre Produtos Financeiros Complexos"* (co-autor), Actualidad Jurídica Uría Menéndez, n.º 35, 2013; Sofia Trocado e Mariana Silva, *Deveres Informativos relativos a Produtos Financeiros Complexos e comercialização de Operações e Seguros Ligados a Fundos de Investimento*, Publicações Sérvulo, (2013); Alves Pinto, *Os Produtos Estruturados colocados no mercado português: evoulução das características e da complexidade*, p. 22; Gustavo Oliveira, *O Novo Regulamento sobre Produtos Financeiros Complexos*, in *Funds People* (2012); Diogo Costa Gonçalves, *Produtos Financeiros Complexos e PRIIPs*, in O Novo Direiro dos Valores Mobiliários, 2017, p. 391-399; LUÍS Miguel da Silva Toste, *Caracterização da oferta de produtos financeiros em Portugal* (2017); João Carreto, *O Paradoxo do Investidor*, p. 41-53. Pereira Melo, *O Dever de Informação ...*, p. 33-34.

plexos que tenham sido comercializados ao abrigo do Regulamento da CMVM n.º 2/2012 até 1 de janeiro de 2018.

No exercício das habilitações regulamentares previstas no Anexo II à Lei n.º 35/2018, de 20 de julho, a CMVM veio estabelecer um conjunto de normas sobre o conteúdo da publicidade a PRIIPs e sobre o dever de notificação prévia do DIF, com algumas especificidades domésticas que visaram, em especial, preservar um enquadramento de continuidade com anterior quadro regulatório nacional nesta matéria, assegurando a manutenção de algumas garantias proteção (reforçada) do investidor não profissional ao nível da atividade de "*comercialização*"[82] de PRIIPs, em especial, a através da consagração de:

i) Deveres especiais de informação contratual aplicáveis à subscrição ou aquisição de PRIIP, em especial, a exigência de inscrição de declarações do próprio investidor não profissional no documento que suporta a subscrição ou aquisição do PRIIP (art.º 7 do Regulamento da CMVM n.º 8/2018) – aproximando este novo regime do enquadramento anteriormente vertido no art.º 8, n.º 4 do Regulamento da CMVM n.º 2/2012);
ii) Deveres de comunicação a investidores não profissionais relativamente a alterações resultantes da revisão do DIF, em concreto, as que decorram da necessidade de refletir no DIF a verificação de determinadas situações ou a modificação de determinadas informações especificamente no Regulamento Delegado (UE) 2017/653 da Comissão de 8 de março de 2017 (art.º 9 do Regulamento da CMVM n.º 8/2018) – num enquadramento similar ao anterior regime de comunicação individual de alterações relevantes previsto no art.º 19 do Regulamento da CMVM n.º 2/2012);
iii) Deveres de informação o investidor não profissional, no caso de transferência de PRIIPs, e que deverão, após a transferência, ser assegurados pela entidade que passe a prestar o serviço de registo e depósito (art.º 10 do Regulamento da CMVM n.º 8/2018);

[82] Definida como qualquer conduta do comercializador de PRIIPs no sentido de divulgar ou propor a subscrição, aquisição ou transação de um PRIIP, utilizando qualquer meio publicitário ou de comunicação, presencial ou à distância, dirigido a investidores não profissionais (alínea a) do artigo 3.º do Regulamento) e que não abrange prestação exclusiva do serviço de receção e transmissão ou execução de ordens relativas a PRIIPs (n.º 4 e 5 do artigo 2.º do Regulamento).

3.3. Os instrumentos financeiros complexos no Código dos Valores Mobiliários

Conforme anteriormente aflorado, o regime vertido no Código dos Valores Mobiliários (Cód.VM) mimetiza, nos seus arts.º 314.º, n.º 1 e 2 e 314.º-D, n.º 1, a)[83], o quadro consagrado art.º 25, n.º 4, alínea a), sub-alíneas i) a v) da DMIF e no artigo 57.º do MiFIR, mantendo a relevância da qualificação como instrumento financeiro complexo, para uma dupla delimitação normativa do âmbito: por um lado, ao nível da aplicação do dever de avaliação do caráter adequado da operação[84]; por outro lado (e reflexamente), ao nível do enquadramento aplicável à (possibilidade de) prestação do serviço de mera execução de ordens, delimitando positivamente o âmbito imediato de aplicação deste serviço aos instrumentos não qualificáveis como complexos.[85]

Igualmente, e em linha com a arrumação da DMIF, o nível de complexidade dos instrumentos financeiros assume relevo normativo indireto na delimitação e concretização prática do critério, nível de diligência e intensidade dos deveres do intermediário financeiro, em especial, na prestação de informação contratual e periódica (relatórios) ao investidor nos termos do n.º 5 do art.º 312 do Cód.VM, devendo aquele atender, entre outros elementos, ao tipo e a complexidade dos instrumentos financeiros em causa (artigo

[83] Entre nós, sobre este regime, v. Ricardo Dias, *Seguros de Vida Ligados a Fundos de Investimento: em busca de território num mundo sem fronteiras – Algumas Notas sobre Intermediação Financeira, Seguros e Responsabilidade Civil, Working Papers* – Boletim de Ciências Económicas (FDUL) (2021), p. 27 e Paulo Câmara, *Manual de Direito dos Valores Mobiliários*, p. 235e ss.

[84] Entre nós, v. Paulo Câmara, *O Dever de Adequação dos Intermediários Financeiros, in: Estudos em Honra do Prof. Doutor J. Oliveira Ascensão*, vol. II, 1307-1324, Almedina, Coimbra, 200; Miguel Galveias, *O dever de adequação – Instrumento de protecção dos investidores* (2016), p. 35-40; e José Engrácia Antunes, *Deveres e Responsabilidade do Intermediário Financeiro – Alguns Aspetos*, Cadernos do Mercado de Valores Mobiliários, 56, 2017. Em 2021, a CMVM emitiu Circular sobre o tema da avaliação da adequação (*Circular relativa ao dever de avaliação do caráter adequado das operações (Testes de Appropriateness e de Suitability)* de 18 de Fevereiro de 2021 (disponível em www.cmvm.pt), notando a relevância de a avaliação do caráter adequado da operação não se circunscrever a um exercício de "auto-avaliação", sobretudo quando estejam em causa de produtos de maior complexidade, recomendando ainda, como boa prática, que as entidades assegurem que a avaliação de produtos equivalentes, e alinhados com o perfil de investimento do cliente, tem simultaneamente em conta os custos e o nível de complexidade de cada produto, em conformidade com o disposto no n.º 9 do artigo 54.º do Regulamento Delegado (UE) 2017/565 e Orientação geral 9 (§ 83 a 87) da ESMA (ESMA35-43-1163).

[85] Sobre o regime, v. Paulo Câmara, *Os Deveres de Categorização de Clientes e de Adequação dos Intermediários financeiros* em Direito Sancionatório das Entidades Reguladoras, Coimbra Editora: Coimbra (2009), 299-324, 318.

323.º, n.º 1 do CódVM). O nível de complexidade dos instrumentos financeiros releva, ainda, para a concretização do nível de diligência a observar no cumprimento do dever geral de informação do intermediário financeiro, relativamente aos instrumentos financeiros e às estratégias de investimento propostas, incluindo se o instrumento financeiro se destina a investidores profissionais ou não profissionais, tendo em conta o *mercado-alvo* identificado (art.º 312, n.º 1, d) do Cód.VM).

No que concerne a regras de *Product Oversight and Governance (PoG)* da DMIF II, o Cód.VM incorporou, sem especificidades nacionais relevantes, nos seus arts.º 309-I a 309-N, o regime comunitário consagrado na DMIF e densificado nos Considerandos (18) e (19) e nos art.º 15, n.º 9 e 10, n.º 2, §3 da Diretiva Delegada (UE) 2017/593 da Comissão Europeia, de 7 de abril de 2016, sendo o nível de complexidade dos instrumentos financeiros produzidos e oferecidos um dos vetores normativos a considerar na concretização do segmento normativo dos deveres e obrigações consagradas neste regime.

Também a este nível, a complexidade dos instrumentos financeiro se assume como elemento normativo co-modelador genérico, desde logo, ao nível do cumprimento e demonstração prática da adequação das políticas e procedimentos internos de aprovação de produção de instrumentos financeiros previstas nos art.º 309-J do Cód.VM, na medida em que o nível de complexidade de alguns instrumentos implicará uma maior exigência e escrutínio do cumprimento de alguns destes deveres, em especial, os deveres previstos nos n.º 4 e 5 daquela norma.

O nível de complexidade releva, igualmente, para delimitação e graduação da intensidade de alguns dos deveres do intermediário financeiro, em especial, ao nível do cumprimento do dever de obtenção de informação sobre os produtores dos instrumentos por si distribuídos (artigo 309.º-K, n.º 3, alínea c), bem como ao nível da adequação da regularidade (frequência) das análises de monitorização periódica dos instrumentos financeiros produzidos ou distribuídos (artigo 309.º-L, n.º 2, alínea c).

Por último, e em linha com o quadro europeu, o regime de *product intervention* aplicável às autoridades nacionais (*NPIMs*), viria a ser vertido no artigo 361.º, n.º 2, i) do Cód.VM, prevendo que a CMVM, no exercício da sua atividade supervisão, possa proibir ou limitar a comercialização, distribuição ou venda de instrumentos financeiros ou um determinado tipo de atividade ou prática financeira, nos termos previstos no Regulamento (UE) n.º 600/2014 do Parlamento Europeu e do Conselho, de 15 de maio de

2014 e respetiva regulamentação e atos delegados, em concreto, nos termos do artigo 42.º, n.º 2 e em observância dos critérios e fatores previstos no artigo 21.º do Regulamento Delegado (UE) 2017/567 da Comissão de 18 de maio de 2016, regime cuja aplicação e concretização implica, como vimos anteriormente, considerar, entre outros fatores, o nível de complexidade dos instrumentos financeiros.

4. Conclusões

O nível de complexidade dos instrumentos financeiros, decorrendo da natureza intrinsecamente sofisticada e complexa dos próprios mercados, representa, em si mesmo, um risco específico: o da maior dificuldade do Investidor conseguir compreender os demais riscos associados às decisões e opções de investimento.

A modelação regulatória do efeito normativo atribuído ao nível de complexidade dos instrumentos financeiros, numa perspetiva integrada e holística, deverá, não apenas cingir-se a uma visão unívoca das necessidades de proteção dos investidores, mas salvaguardar, de modo conjugado, que não são impostos requisitos originadores de um custo regulatório desproporcionado para a distribuição de instrumentos financeiros com maiores níveis complexidade junto de investidores com determinadas características e objetivos de investimento.

O nível de complexidade endógena (complexidade diretamente decorrente da estrutura de funcionamento – *payoff structure*), sendo um referencial imediato para o nível de risco associado a determinado instrumento financeiro, nem sempre se apresenta como referencial de risco necessariamente exato. Por um lado, existem instrumentos financeiros de reduzida complexidade endógena (i.e. estrutura de funcionamento simples), mas que apresentam riscos específicos decorrentes de fatores de complexidade exógena (i.e. elementos económico-jurídicos externos à estrutura nuclear de funcionamento do instrumento financeiro). Por outro lado, existem ainda instrumentos com elevado nível de complexidade endógena e em que a mesma decorre de mecanismos ou condições destinadas a limitar o risco para o investidor.

No quadro da DMIF, o efeito normativo originário da qualificação de um instrumento financeiro como complexo – conceito relativo – consubstanciava-se na delimitação de um universo de instrumentos financeiros cuja distribuição estava sujeita à prévia realização do teste de avaliação da adequação (*appropriateness test*), promovendo segurança jurídica e consistência aplicativa do regime de *execution only*, minimizando, por esta via, o custo regulatório que indiretamente decorreria da adoção de um conceito demasiado lato de instrumento financeiro complexo.

Posteriormente, o esforço de concretização regulatória do conceito – sobretudo ao nível das orientações da ESMA – evoluiu para a densificação de critérios relevantes para qualificação dos instrumentos financeiros como complexos, diluindo o conceito de complexidade e delimitando-o extensivamente a partir da categorização e identificação mais granular de particulares características (*económico-financeiras* e *jurídicas*) relevantes para qualificar determinado instrumento financeiro como complexo para efeitos da DMIF II.

A densificação exemplificativa de elementos e características de complexidade aponta para uma perceção regulatória e de supervisão focada, não apenas na *complexidade endógena* dos instrumentos financeiros, mas igualmente, na delimitação das causas de *complexidade exógena* e nos elementos de risco inerentes à mesma, em especial, ao nível da concreta configuração do risco de crédito e risco de conflito de interesses associado aos instrumentos produzidos e distribuídos.

A evolução regulatória reforça o relevo do nível de complexidade dos instrumentos financeiros, não apenas enquanto elemento normativo *co-modelador* da intensidade aplicável ao cumprimento dos deveres de informação a cargo do intermediário financeiro – com especial impacto ao nível da realização dos testes de *appropriateness* e *suitability* – mas, igualmente, como dimensão valorativa a considerar (e refletir de modo consistente) ao nível das políticas e procedimentos exigidos em matéria de governo e monitorização de produtos consagrados na DMIF II.

A criação de regras jurídicas de governo e monitorização de produtos (*PoG*), aplicáveis a produtores e distribuidores, intensifica, por referência ao ciclo de vida dos produtos e em sincronia normativa com este, as regras gerais aplicáveis aos intermediários financeiros no que respeita a requisitos organizacionais, dever de atuação no interesse do cliente e de prevenção de conflitos de interesses. Esta evolução, para além de tornar o conceito de complexidade mais indeterminado e relativo, dispersa o efeito normativo do nível de complexidade dos instrumentos financeiros, tornando-o mais transversal e dinâmico.

O esforço de densificação do conceito de instrumento financeiro complexo, conjugado com a criação de regras de *PoG* e apontando para uma maior exigência ao nível da avaliação do nível de complexidade dos instrumentos produzidos e distribuídos, revela uma perceção regulatória (e supervisiva) relativamente à incompletude (ou potencial ineficácia) do nível de proteção do investidor resultante do cumprimento do dever de avaliação da adequação originariamente consagrado na DMIF, enquanto mitigador preventivo de situações de *misseling*.

O atual relevo normativo do nível de complexidade dos instrumentos financeiros, compreendido à luz do resultado de um esforço regulatório de hiper-densificação do conceito de instrumento financeiro complexo, consubstancia-se numa exigência (i.e. expetativa supervisiva reforçada) de demonstração e justificação compreensível, por produtores e distribuidores, da conciliação entre três dimensões: (i) o nível (justificado e compreensível) de complexidade dos produtos produzidos e distribuídos, (ii) a salvaguarda dos interesses legítimos dos clientes finais e (iii) a solidez e reputação das próprias entidades produtoras e distribuidoras. Considerando o efeito normativo (antecipado) das normas de PoG sobre a conduta do intermediário financeiro (na qualidade de produtor e/ou de distribuidor), a teleologia destas normas diferencia-se daquela que subjaz as regras de avaliação adequação. Numa palavra, as regras de PoG transcendem o efeito de uma normatividade centrada num teste preventivo do risco de distribuição inadequada de instrumentos complexos junto de investidores finais (prevenção de misseling), configurando-se como autênticas normas de conduta cujo cumprimento deverá acautelar a consideração prioritária - durante o ciclo de vida dos instrumentos - das necessidades e objetivos de investimento de investidores potenciais e finais, suportada em políticas e procedimentos internos que reforcem o alinhamento entre a oferta de instrumentos financeiros de maior complexidade e a qualidade do serviço prestado pelo intermediário.

O relevo normativo das normas de *PoG* surge ainda complementado pela consagração de poderes de intervenção (subsidiária), outorgados às autoridades de supervisão europeias e nacionais, relativamente à distribuição de instrumentos financeiros de maior complexidade, visando o reforço da capacidade e alcance da atuação do supervisor e que conjugadamente reflita a valoração das dimensões comportamental e prudencial implicadas na produção e distribuição de instrumentos financeiros de maior complexidade e risco.

O Regulamento PRIIPs veio (indiretamente) contribuir para uma conceção lata de complexidade, na medida em que apontou no sentido de uma definição harmonizada – a nível europeu – do universo de instrumentos financeiros e produtos cuja distribuição, junto de investidores não profissionais, passou a estar condicionada pelo cumprimento de específicos deveres informação prévia, consubstanciados num Documento de Informações Fundamentais ao Investidor (*KIID*).

A opção de harmonização comunitária a este último nível revela o vanguardismo do quadro regulatório que (de forma pioneira a nível europeu) vigorou no ordenamento jurídico português após 2008, tendo a CMVM, no quadro do seu Regulamento n.º 8/2018, procurado preservar algumas das garantias de proteção do investidor não profissional, ao nível da comercialização de PRIIPs, em linha com o quadro que anteriormente resultava do Regulamento da CMVM n.º 2/2012.

PRODUTOS DE INVESTIMENTO COM BASE EM SEGUROS (PIBS)

Luís Poças[1]

Sumário: **I. Introdução: sob o signo da defesa do consumidor; II. Determinação conceptual do tema; *II.1. A oscilação de noções entre a multiplicidade de fontes; II.2. Os produtos qualificáveis como PIBS; II.3. Quem pode distribuir PIBS*; III. Deveres de informação; *III.1. Deveres pré-contratuais específicos de informação; III.2. Relatórios periódicos; III.3. O Documento de Informação Fundamental – DIF; III.4. A publicidade dos PIBS*; IV. Venda com e sem aconselhamento; *IV.1. Clivagem de regimes; IV.2. Avaliação do caráter apropriado (venda sem aconselhamento);*** *IV.2.1. Informação sobre os conhecimentos e experiência do cliente; IV.2.2. Consequências do teste do caráter apropriado;* ***IV.3. Avaliação da adequação (venda com aconselhamento);*** *IV.3.1. Critérios de avaliação e recolha de informações; IV.3.2. Dever de abstenção de aconselhamento; IV.3.3. Declaração de adequação;* ***IV.4. O âmbito, escopo e diferença entre os dois testes; IV.5. Vendas associadas;* V. Conflitos de interesses; *V.1. Contextualização; V.2. Política de conflito de interesses; V.3. Divulgação e registo de situações de conflito de interesses; V.4. Remuneração e regimes de incentivos; V.5 – Incumprimento;* VI. Denúncia de infrações; poderes da ASF; VII. Conclusões: ambição regulatória e paradoxos; Bibliografia**

[1] Doutor em Direito (Faculdade de Direito da Universidade de Lisboa); Diretor Jurídico e de *Compliance* da Una Seguros; Vice-Presidente da AIDA Portugal (Associação Internacional de Direito dos Seguros); Coordenador da Subcomissão *Compliance* da Associação Portuguesa de Seguradores; Investigador Doutorado Integrado do Dinâmia'Cet (ISCTE-IUL).

No terreno do dinheiro vence sempre quem tem mais dinheiro.
Eça de Queirós, *Os Maias*, Cap. XV

I. Introdução: sob o signo da defesa do consumidor

I – A regulação da atividade seguradora, do contrato de seguro e da distribuição de seguros tem, como uma das suas preocupações fundamentais, a defesa do *consumidor* (expressão entendida em moldes amplos, reportando-se genericamente ao titular da pretensão oposta à do segurador).

Assim, e desde logo, no quadro do Regime Jurídico de Acesso e Exercício da Atividade Seguradora e Resseguradora (RJASR), aprovado pela Lei n.º 147/2015, de 9 de setembro, evidencia-se transversalmente uma extensa preocupação de proteção dos tomadores de seguros, segurados e beneficiários. Essa proteção é, aliás, o principal objetivo da supervisão da Autoridade de Supervisão de Seguros e Fundos de Pensões (ASF), nos termos do artigo 22.º, enquanto as empresas de seguros estão submetidas ao dever de atuação diligente, equitativa e transparente no seu relacionamento com os tomadores de seguros, segurados, beneficiários e terceiros lesados (n.º 1 do artigo 153.º).

De igual modo, o preâmbulo do Regime Jurídico do Contrato de Seguro (RJCS), aprovado pelo Decreto-Lei n.º 72/2008, de 16 de abril, refere ter o diploma dado particular atenção à tutela do tomador do seguro e do segurado, como parte contratual mais débil, sem descurar a necessária ponderação das empresas de seguros.

Por seu turno, também no Regime Jurídico da Distribuição de Seguros e Resseguros (RJDS), aprovado pela Lei n.º 7/2019, de 16 de janeiro[2], perpassa uma preocupação transversal de proteção do cliente, a qual se evidencia, designadamente, no dever de o mediador de seguros atuar em conformidade com *os melhores* interesses dos seus clientes, de forma honesta, correta e pro-

[2] O RJDS transpôs para a ordem jurídica interna a Diretiva (UE) 2016/97 do Parlamento Europeu e do Conselho, de 20 de janeiro de 2016, sobre a distribuição de seguros (Diretiva da Distribuição de Seguros, doravante DDS). Sobre a caracterização geral da DDS e das soluções aí acolhidas, cfr. Francisco Rodrigues Rocha, "O novo regime jurídico da distribuição de seguros e de resseguros: A diretiva (UE) n.º 2016/97, de 20-jan., e a Lei n.º 7/2019, de 16-jan., que a transpôs", *Revista de Direito Financeiro e dos Mercados de Capitais*, Vol. 1, n.º 2 (2019), pp. 169 ss.

fissional (alínea a) do n.º 1 do artigo 30.º, também aplicável a seguradores que atuem como distribuidores, por remissão do n.º 3 do artigo 37.º)[3].

II – Se a preocupação de defesa do consumidor (no sentido amplo acima referido[4]) atravessa toda a regulação do universo segurador, ela é particularmente evidenciada no caso dos contratos de seguro – chamemos-lhes, desde já, *produtos de seguros* – que requerem, para a sua cabal compreensão, um maior nível de literacia financeira, e que, pelos riscos que envolvem, são mais suscetíveis de frustrarem expectativas dos clientes e de afetarem a situação jurídico-patrimonial destes.

Entre esses produtos contam-se precisamente os que constituem o objeto do presente texto: os *produtos de investimento com base em seguros* (PIBS), que apresentam afinidades relevantes com outros, fora do domínio segurador, objeto de uma disciplina legal detalhada que encontramos decalcada na regulação dos PIBS[5]. Em contexto de baixas taxas de juro, os PIBS assu-

[3] Este dever traduz-se numa concretização do princípio da boa fé. Neste sentido, José F. Canalejas Merín, "Evaluación de la idoneidad y la conveniencia en la distribución de productos de inversión basados en seguros", *Revista Española de Seguros*, n.º 174 (abr.-jun. 2018), p. 219. Sobre o princípio geral da boa fé, cfr. António Menezes Cordeiro, *Da Boa Fé no Direito Civil*, Coimbra, Almedina, 1984; Delia Matilde Ferreira Rubio, *La Buena Fé: El Principio General en el Derecho Civil*, Madrid, Montecorvo, 1984. Quanto à especial relevância do princípio da boa fé no contrato de seguro, cfr. Luís Poças, *O Dever de Declaração Inicial do Risco no Contrato de Seguro*, Coimbra, Almedina, 2013, pp. 143 ss.

[4] Enquanto o RJASR alude à proteção de *tomadores de seguros, segurados, beneficiários* e *terceiros lesados*, e o RJDS, genericamente, à tutela do *cliente*, outras fontes mais específicas, que melhor analisaremos, reportam a sua esfera de proteção aos *investidores não profissionais* (designando os, também apelidados, investidores de retalho).

[5] O fenómeno tem sido referenciado por alguma doutrina como *mifidização*, designando a forma como a Diretiva n.º 2014/65/UE, do Parlamento Europeu e do Conselho, de 15 de maio de 2014, relativa aos mercados de instrumentos financeiros (MiFID II ou, doravante, DMIF II) impregnou a regulamentação do setor segurador e da distribuição de seguros, em particular os do ramo Vida. Sobre a problemática, cfr. Pierpaolo Marano, "La 'mifidización': el atardecer de los seguros de vida en la normativa europea sobre seguros?", *Revista Española de Seguros*, n.º 171-172 (jul.-dez. 2017), pp. 415 ss. Sobre a replicação normativa da DMIF II no regime da distribuição de PIBS, cfr. também, p. ex., Francisco Léon Miranda, "Obligaciones adicionales en relación con la distribución de productos de inversión basados en seguros", *in* Juan Bataller Grau e María del Rocío Quintáns Eiras (Dirs.), *La Distribuición de Seguros Privados*, Madrid, Marcial Pons, 2019, pp. 613 ss. O fenómeno está associado à passagem de uma regulação separada entre os setores dos seguros, bancário, e dos serviços de investimento, para uma abordagem transversal do Direito e da supervisão financeira, tendendo a esbater as fronteiras entre setores – cfr. Veerle A. Colaert, "European banking, insurance

mem-se precisamente como alternativas de investimento economicamente relevantes e, portanto, requerendo uma adequada disciplina de tutela do investidor com soluções comuns aos outros produtos financeiros[6].

O presente texto incidirá, assim, no regime jurídico específico dos PIBS, concebido como um minucioso escudo legal de proteção, em múltiplas vertentes, do consumidor. Deter-nos-emos sobre cada uma dessas vertentes, adiantando, desde já, que, entre o hemisfério da conceção do produto e o da respetiva distribuição, é sobretudo neste último que se perfilam os riscos para o consumidor e, portanto, aqui que encontraremos as mais significativas medidas legais de proteção do mesmo[7].

II. Determinação conceptual do tema

II.1. A oscilação de noções entre a multiplicidade de fontes

I – Como veremos ao longo do presente texto, a categoria de seguros objeto do mesmo é regulada por uma ampla diversidade de fontes norma-

and investment services law: cutting through sectoral lines?" (27/09/2015), *Common Market Law Review* (Forthcoming) – disponível em: https://ssrn.com/abstract=2681143 (consult. 23/07/2021). Um exemplo dessa disciplina transversal é o do Regulamento PRIIPs, a que abaixo melhor aludiremos.

[6] María Gómez Santos, "La distribución de los seguros unit-linked tras la Directiva de Distribución de Seguros y su normativa complementaria", *in* Pablo Girgado Perandones (Dir.), *El Contrato de Seguro y su Distribución en la Encrucijada*, Cizur Menor, Editorial Aranzadi, 2018, pp. 275 ss. Para assumirem eficácia e caráter de neutralidade – evitando o favorecimento de alguns produtos face a outros – as soluções regulatórias tiverem de ser comuns aos que, assumindo natureza distinta, se revelavam funcionalmente equivalentes. Cfr. também Pierpaolo Marano, "La 'mifidización': el atardecer de los seguros de vida en la normativa europea sobre seguros?", *cit.*, p. 416. Como assinala a generalidade da doutrina, a tutela do investidor tornou-se particularmente pertinente e oportuna após a crise financeira com início em 2007, e a consequente necessidade de restabelecimento da confiança nos mercados – p. ex., Michele Siri, "Insurance-Based Investment Products: Regulatory responses and policy issues", *in* Pierpaolo Marano e Kyriaki Noussia (Eds.), *Insurance Distribution Directive: A Legal Analysis*, Cham, Springer, 2021, pp. 113 ss.; Kyriaki Noussia, "The IDD and its impact on the life insurance business", *idem*, p. 76.

[7] Relativamente aos PIBS, cfr. uma caracterização, em vários Estados-Membros, da situação anterior à transposição da DDS em Annette Hofmann, Julia K. Neumann e David Pooser, "Plea for uniform regulation and challenges of implementing the new insurance distribution directive", *The Geneva Papers on Risk and Insurance*, Vol. 43, n.º 4 (out. 2018), pp. 748 ss.

tivas, que, direta ou indiretamente, se complementam e a disciplinam (nem sempre, é certo, de forma harmoniosa e coerente). Dessa multiplicidade de fontes resultam nuances de terminologias e noções, bem como diversos planos de abordagem a realidades sobrepostas e não inteiramente coincidentes.

Assim, a primeira referência normativa aos PIBS encontramo-la na DMIF II. Para além de uma menção nos respetivos considerandos 87) e 89), o artigo 91.º adita, ao artigo 3.º da Diretiva 2002/92/CE, do Parlamento Europeu e do Conselho, de 9 de dezembro de 2002, sobre a mediação de seguros (Diretiva da Mediação de Seguros – DMS), um n.º 13, onde se definem os PIBS. Reencontramos depois, textualmente, a mesma definição no Regulamento (UE) n.º 1286/2014 do Parlamento Europeu e do Conselho, de 26 de novembro de 2014, sobre os documentos de informação fundamental (DIF) para pacotes de produtos de investimento de retalho e de *produtos de investimento com base em seguros* (PRIIPs) – doravante, Regulamento PRIIPs[8]. É essa a definição que surge *quase* literalmente vertida no RJDS.

II – A alínea *r*) do artigo 4.º do RJDS define o *produto de investimento com base em seguros* como um produto de seguros que oferece um prazo de vencimento ou valor de resgate, sempre que esse prazo de vencimento ou esse valor de resgate se encontre total ou parcialmente exposto, de forma direta ou indireta, a flutuações de mercado[9], e que não inclui: *i*) *produtos de seguro*

[8] Este Regulamento foi posteriormente complementado pelo Regulamento Delegado (UE) n.º 2017/653, da Comissão, de 8 de março de 2017, que estabeleceu normas técnicas de regulamentação no que diz respeito à apresentação, ao conteúdo, ao reexame e à revisão dos DIF, bem como às condições para o cumprimento do requisito de fornecer esses documentos.

[9] Esta redação reproduz, quase textualmente (mas com imprecisões graves), a originária da DMIF II (e constante no n.º 2) do artigo 4.º do Regulamento PRIIPs), onde se considera *produto de investimento com base em seguros* (PIBS) um produto de seguros que oferece *um valor de vencimento ou resgate* total ou parcialmente exposto, direta ou indiretamente, às flutuações do mercado. A alínea *r*) do artigo 4.º do RJDS reproduz também (desta feita, *ipsis verbis*) o n.º 17) do artigo 2.º da DDS. Como, infelizmente, o Direito da UE está correntemente inquinado por más traduções, a interpretação do texto legal não dispensa, em regra, a leitura da versão inglesa. No presente caso, o n.º 17) do artigo 2.º da DDS refere que «'insurance-based investment product' means an insurance product which offers a maturity or surrender value and where that maturity or surrender value is wholly or partially exposed, directly or indirectly, to market fluctuations». Como é evidente, *maturity or surrender value* refere-se a um *valor de vencimento ou resgate* (e não a um *prazo de vencimento* ou *valor de resgate*). Como é também evidente, o *prazo* de vencimento dificilmente ficaria sujeito a flutuações de mercado. Mais avisados andaram, portanto, os tradutores da DMIF II e do Regulamento PRIIPs do que os da DDS, cuja textualidade contaminou o RJDS.

dos ramos Não Vida, constantes do artigo 8.º do RJASR; *ii*) *produtos de seguro do ramo Vida* em que as prestações previstas no contrato são exclusivamente pagas por morte ou incapacidade causada por acidente, doença ou invalidez; *iii*) *produtos de pensões*, que têm como objetivo principal proporcionar ao investidor um rendimento na reforma e que conferem ao investidor o direito a receber determinadas prestações; *iv*) *produtos de pensões profissionais oficialmente reconhecidos*, abrangidos pelo âmbito da Diretiva 2003/41/CE do Parlamento Europeu e do Conselho, de 3 de junho de 2003, ou da Diretiva 2009/138/CE do Parlamento Europeu e do Conselho, de 25 de novembro de 2009; *v*) e *produtos individuais de pensões de reforma*, relativamente aos quais se exige uma contribuição do empregador e o empregado não pode escolher nem o produto nem o prestador[10].

Entre outras fontes que compõem o puzzle normativo em matéria de PIBS – embora com menor relevância para a delimitação conceptual destes produtos – cumpre ainda destacar o Regulamento Delegado (UE) n.º 2017/2359, da Comissão, de 21/09/2017, que complementa a Diretiva (UE) 2016/97 do Parlamento Europeu e do Conselho no que diz respeito aos requisitos em matéria de informação e às normas de conduta aplicáveis à distribuição de PIBS (doravante, Regulamento Delegado PIBS).

III – Vejamos, por partes, os vários elementos da noção. Desde logo, trata-se de produtos do ramo Vida (como resulta da exclusão dos produtos dos ramos Não-Vida), mas não de todos eles, já que se afastam os chamados *seguros de puro risco* (aqueles em que as prestações previstas no contrato são exclusivamente pagas por morte ou incapacidade causada por acidente, doença ou invalidez) ou, por outras palavras, os seguros sem componente de investimento[11].

Numa delimitação conceptual positiva (por inclusão) abrangem-se os contratos de seguro do ramo Vida, com componente de investimento, que proporcionam um capital – isto é, um *valor*, na data de vencimento ou por ocasião do resgate – total ou parcialmente exposto, de forma direta ou indi-

[10] Estas várias alíneas correspondem, quase *ipsis verbis*, às alíneas a), b), e), f) e g) do n.º 2 do artigo 2.º do Regulamento PRIIPs.

[11] Para uma melhor distinção entre seguros de puro risco e seguros com componente de investimento, cfr. Luís Poças, "O ciclo do prémio de seguro e o IRS: Entre a dedução à coleta e a tributação na categoria A", *in* Paula Rosado Pereira (Coord.), *Temas de IRS: Princípios Constitucionais, Tributação e Garantias*, Coimbra, Almedina, 2020, pp. 148 ss.

reta, a flutuações de mercado. Por outras palavras, são PIBS os seguros de vida financeiros que não garantem um capital (no vencimento ou resgate) determinado com base numa taxa de juro fixa. Bastará que a taxa de juro técnica constitua um patamar mínimo de rendibilidade (isto é, que haja lugar a participação nos resultados financeiros) e já o valor de vencimento ou resgate estará total ou parcialmente, de forma direta ou indireta, exposto a flutuações de mercado[12] [13].

II.2. Os produtos qualificáveis como PIBS

I – Passando de um plano conceptual a outro mais pragmático, quais serão então as modalidades de produtos de seguros correspondentes a PIBS[14]? Desde logo, temos os modernos seguros de vida de capitais diferidos não ligados a fundos de investimento, vulgarmente designados por

[12] Atendendo ao propósito de proteção do cliente subjacente ao regime, Marano propõe que a noção de PIBS seja objeto de interpretação extensiva, e não restritiva – Pierpaolo Marano, "La 'mifidización': el atardecer de los seguros de vida en la normativa europea sobre seguros?", *cit.*, p. 426.

[13] Os critérios de qualificação como PRIIP apresentam, contudo, incongruências. Com efeito, é entendimento das ESAs (*European Supervisory Authorities*) não serem qualificáveis como PRIIPs as obrigações com taxa de juro variável e um *floor* (taxa de juro mínima) de 0%, enquanto situação equivalente (seguro de capitalização com taxa técnica de 0% e participação nos resultados) é já qualificável como PIBS (e, consequentemente, PRIIP). Sobre a questão, cfr. Inês Montalvo e Sandra Cardoso, "Os produtos de investimento de retalho e produtos de investimento com base em seguros (PRIIPs): Descrição do regime jurídico aplicável e casos práticos", *in* CMVM (Coord.), *Cadernos do Mercado de Valores Mobiliários Sobre os 20 Anos do Código dos Valores Mobiliários*, Coimbra, CMVM/Almedina, 2021, pp. 798-799.

[14] Noutros ordenamentos, como o belga, são qualificáveis como PIBS *todos* os seguros de vida com componente de investimento – Ly Chheng Chhor, "Directive sur la distribution d'assurances – Esquisse de sa transposition en droit belge de l'assurance", *in* Charles-Albert van Oldeneel (Coord.), *Distribution d'Assurances – D'AssurMiFID à IDD = Verzekeringsdistributie – Van AssurMiFID naar IDD*, Liège, Wolters Kluwer Belgium, 2019, p. 40. Cfr., em Espanha, Francisco Léon Miranda, "Obligaciones adicionales en relación con la distribución de productos de inversión basados en seguros", *cit.*, pp. 609 ss.; e, em França, Laëtitia Lafaille e Axel Vigneron, *Distribution et Gouvernance des Produits d'Assurance*, Antony, L'Argus Editions, 2018, p. 20. Criticamente, quanto à ambiguidade da noção de PIBS e à incerteza e falta de harmonização quanto aos produtos abrangidos, Thomas Köhne e Christoph Brömmelmeyer, "The new insurance distribution regulation in the EU – A critical assessment from a legal and economic perspective", *The Geneva Papers on Risk and Insurance*, Vol. 43, n.º 4 (out. 2018), pp. 730-731.

seguros de capitalização[15], que encontram enquadramento na parte final da subalínea *iii*) da alínea a) do artigo 9.º do RJASR. Este produto pode ser descrito como o contrato de seguro de vida em que o segurador se obriga, contra o pagamento de um prémio, a liquidar aos beneficiários designados um capital – constituído a partir da sucessiva revalorização do referido prémio – quer em caso de sobrevivência da pessoa segura no termo do contrato, quer em caso de morte desta durante o período de vigência do mesmo[16].

Por outro lado, temos os seguros ligados a fundos de investimento (*unit linked*), que constituem instrumentos de captação de aforro estruturado (ICAE) e a que se reporta a alínea c) do artigo 9.º do RJASR e o artigo 206.º do RJCS. Os seguros *unit linked* caracterizam-se por os prémios e os capitais serem traduzidos em unidades de participação em fundos de investimento, cuja cotação é variável. Esta modalidade distingue-se dos seguros de capitalização precisamente por não assumir uma lógica de capitalização, isto é, de atribuição de uma taxa de juro ao valor dos prémios pagos e sua capitalização sucessiva[17]. Finalmente, enquanto nos seguros de capitalização o risco financeiro é, no fundamental, suportado pelo segurador, nos *unit linked* esse risco é, em regra, suportado pelo próprio tomador do seguro[18] [19].

[15] Numa análise mais aprofundada, cfr. Luís Poças, "Os seguros de capitalização", *in* Luís Poças, *Estudos de Direito dos Seguros*, Porto, Almeida & Leitão, 2008, pp. 13 ss. A relevância económica destes produtos é muito significativa, representando, em 2019, cerca de 22,5% do total de prémios brutos emitidos no ramo vida – ASF, *Relatório do Setor Segurador e dos Fundos de Pensões 2019*, Lisboa, Autoridade de Supervisão de Seguros e Fundos de Pensões, 2020 – https://www.asf.com.pt/NR/rdonlyres/725941E6-3B61-4F16-AD96-C4CBCA43EAE2/0/RSSFP2019_UV.pdf (consult. 19/03/2021), p. 60.

[16] Quando o beneficiário designado não coincida com o tomador do seguro, estamos perante um contrato a favor de terceiro. Cfr., p. ex., Margarida Lima Rego, *Contrato de Seguro e Terceiros – Estudo de Direito Civil*, Coimbra, Coimbra Ed., 2010, pp. 584 ss.

[17] Enquanto nos seguros de capitalização se verifica, pelo menos, a garantia do capital investido (prémio pago), normalmente com uma garantia de rendibilidade mínima, essa garantia não existe, em regra, nos *unit linked*, podendo o contravalor das unidades de participação adquiridas depreciar-se de acordo com a evolução dos mercados financeiros.

[18] Cfr. n.ºs 1 e 2 do artigo 206.º do RJCS. Sobre os traços típicos dos seguros *unit linked*, cfr. António Martins, "Aspetos do tratamento fiscal dos seguros *Unit Linked* em sede de IRS", *Boletim da Faculdade de Direito*, Vol. LXXXIX, Tomo II (2013), pp. 802 ss. Sobre a distinção entre esta figura e os seguros de capitalização, cfr. Luís Poças, "Os seguros de capitalização", *cit.*, pp. 44-45. Estes produtos têm também uma importância económica muito marcada, representando, em 2019, cerca de 17% do total de prémios brutos emitidos no ramo vida – ASF, *Relatório do Setor Segurador e dos Fundos de Pensões 2019, cit.*, p. 60. Sobre as particularidades dos seguros *unit linked* enquanto PIBS, cfr. María Gómez Santos, "La distribución de los

II – A delimitação conceptual dos PIBS não se dá apenas pela positiva (inclusão), mas também pela negativa (exclusão). Assim – para além dos produtos de pensões profissionais oficialmente reconhecidos e dos produtos individuais de pensões de reforma, a que já aludimos –, não são qualificados como PIBS os *produtos de pensões* que têm como objetivo principal proporcionar ao investidor um rendimento na reforma e que conferem ao investidor o direito a receber determinadas prestações, não obstante poderem oferecer um valor de vencimento (ou resgate) total ou parcialmente exposto, de forma direta ou indireta, a flutuações de mercado.

Ora, é entendimento da ASF que os planos de poupança-reforma (PPR) são uma das manifestações mais exatas deste último tipo de produtos, pelo que, nesta perspetiva, os PPR não são qualificáveis como PIBS. Este ponto de vista suscita, porém, dúvidas face à *ratio* do regime diferenciado dos PIBS.

Com efeito, como é sabido, os PPR, instituídos pelo Decreto-Lei n.º 205/89, de 27 de junho, e atualmente regulados pelo Decreto-Lei n.º 158/2002, de 2 de julho, comportam caraterísticas económicas semelhantes às dos seguros com componente de investimento (segundo o modelo dos seguros de capitalização ou dos *unit linked*), distinguindo-se fundamentalmente pela rigidez e exaustividade do regime legal a que obedecem (designadamente, quanto às condições de reembolso), e que assume uma vertente fiscal muito marcada, no quadro do artigo 21.º do Estatuto dos Benefícios Fiscais[20].

seguros unit-linked tras la Directiva de Distribución de Seguros y su normativa complementaria", *cit*, pp. 275 ss.; Jesús Almarcha Jaime, Pablo Muelas García e Joan Mir, "Aspectos clave en la distribución del seguro de vida unit-linked", *Revista Española de Seguros*, n.º 176 (out.-dez. 2018), pp. 533 ss.

[19] A recondução dos PIBS aos seguros de capitalização com participação nos resultados financeiros e aos seguros *unit linked* resulta também da alínea c) do artigo 2.º do Regime Jurídico dos Pacotes de Produtos de Investimento de Retalho e de Produtos de Investimento com Base em Seguros, aprovado pela Lei n.º 35/2018, de 20 de julho (doravante, RJPRIIPs). Com efeito, aí se estabelece que a autoridade competente para a supervisão do cumprimento dos deveres legais relativos a PRIIPs, quanto aos referidos produtos, é a ASF. O alcance desta disposição não é o de limitar o âmbito de competência da ASF relativamente a outros produtos de seguros, mas o de precisar que, no universo dos PRIIPs, só os mencionados produtos constituem PIBS (e que, portanto, no universo dos produtos sujeitos à supervisão da ASF, só aqueles são qualificáveis como PIBS e, logo, como PRIIPs).

[20] Sobre o regime legal dos PPR, cfr. Luís Poças, *Seguros e Impostos – O Regime Fiscal dos Produtos de Seguros (IRS, IRC, EBF, IS)*, Coimbra, Almedina, 2022, pp. 84 ss., 252 ss. e 319 ss.; e Francisco Luís Alves, "O regime jurídico dos Planos Poupança Reforma", *Revista de Direito e de Estudos Sociais*, Ano LVII, n.º 1-4 (jan.-dez. 2016), pp. 327 ss. Relativamente às diferenças

Ora, do nosso ponto de vista, a *ratio* do regime dos PIBS centra-se na especial proteção do investidor quando um produto envolva, para o mesmo, um risco financeiro (sujeição, total ou parcial, direta ou indireta, do capital investido a flutuações de mercado). Ora, essa circunstância decorre da conceção técnica e económica do PPR, que poderá seguir (e em regra segue) o mesmo modelo dos seguros de capitalização ou dos *unit linked.* O facto de o reembolso dos PPR poder verificar-se exclusivamente sob a forma de renda e à data da reforma por velhice não obsta a que possa ocorrer, por opção do participante, totalmente em capital e em virtude de qualquer das outras circunstâncias em que é legalmente admissível esse reembolso (para além da reforma). E, em qualquer dos casos, o momento, o motivo e a forma de recebimento do benefício não altera a circunstância de o mesmo ter sido sujeito a flutuações de mercado. Finalmente, a tudo isto acresce o facto de que, como é sabido, apesar da rigidez do regime dos PPR (contrapartida dos benefícios fiscais que lhe são inerentes), o participante poderá fazer do PPR uma utilização contratual fora das referidas condições legais – isto é, nos moldes aplicáveis a qualquer seguro de capitalização ou *unit linked* – não aproveitando, nesse caso, dos benefícios fiscais específicos dos PPR.

Assim, pelas razões apontadas, parece-nos desalinhada com a *ratio* e o propósito do regime dos PIBS a não qualificação dos PPR como PIBS e, consequentemente, a exclusão de aplicação aos mesmos do inerente regime legal.

III – Tratando-se de seguros de vida financeiros – ou, por outras palavras, com componente de investimento –, os PIBS assumem relevância fiscal em sede de IRS e de IRC. Essa relevância manifesta-se, quer quanto à admissibilidade da dedução fiscal dos prémios pagos (dentro de certas condições e limites), quer quanto à tributação dos rendimentos gerados. Neste último caso, dependendo dos contornos concretos de cada situação, poderá estar em causa a tributação na categoria E (rendimentos de capitais), na categoria A (rendimentos do trabalho dependente, quando os prémios sejam suportados pela entidade patronal) ou categoria H (rendimentos de pensões, quando o valor de vencimento ou resgate seja aplicado na aquisição de uma renda temporária ou vitalícia)[21].

entre os PPR e os seguros de capitalização, cfr. Luís Poças, "Os seguros de capitalização", *cit*, pp. 47-49.

[21] Cfr. Luís Poças, "A tributação dos rendimentos de capitais nos seguros e operações do ramo «Vida» e fundos de pensões", *in* António Menezes Cordeiro *et al.* (Orgs.), *Estudos*

II.3. Quem pode distribuir PIBS

Os PIBS podem ser distribuídos por mediadores de seguros – agentes ou corretores –, como literalmente decorre do n.º 2 do artigo 30.º e dos artigos 41.º e 42.º do RJDS, desde que o âmbito da atividade de distribuição para a qual se encontram registados junto da ASF compreenda essa categoria de produtos. Releva, para o efeito, a distinção efetuada entre as alíneas a) e b) do n.º 1 do artigo 10.º do mesmo diploma, quadro em que poderá um mediador de seguros estar registado no âmbito de todo o ramo Vida (compreendendo, portanto, a distribuição de PIBS – alínea a)) ou no âmbito do ramo Vida, *excluindo a atividade de distribuição de PIBS* (alínea b)).

A distribuição pode igualmente ser efetuada por empresas de seguros, como resulta das disposições conjugadas do n.º 6 do artigo 37.º e do artigo 46.º, ambos do RJDS.

Em contrapartida, essa distribuição está vedada aos mediadores de seguros a título acessório, como expressamente resulta dos termos da própria definição desta categoria de distribuidor, mais exatamente da condição consagrada na subalínea *iv*) da alínea d) do artigo 4.º do RJDS[22].

III. Deveres de informação

III.1. Deveres pré-contratuais específicos de informação

O RJDS prevê já, em geral, um elevado manancial de deveres de informação a que os distribuidores de seguros estão adstritos perante os respetivos clientes. Esses deveres genéricos de informação – que decorrem, designadamente, dos artigos 30.º e 31.º do RJDS – são transversais à distribuição

em Homenagem ao Professor Doutor Carlos Pamplona Côrte-Real, Coimbra, Almedina, 2016, pp. 619-650 [e *Cadernos de Justiça Tributária*, n.º 9 (jul.-set. 2015), pp. 26-45]; e Luís Poças, "O ciclo do prémio de seguro e o IRS: entre a dedução à coleta e a tributação na categoria A", *cit.*, pp. 141-226. Mais desenvolvidamente, Luís Poças, *Seguros e Impostos – O Regime Fiscal dos Produtos de Seguros (IRS, IRC, EBF, IS), cit.*

[22] Sobre as várias categorias de distribuidores de seguros e algumas das mais relevantes problemáticas associadas às mesmas, cfr. Mafalda Miranda Barbosa, "Diretiva de distribuição de seguros: Os sujeitos", *Revista de Direito Comercial*, n.º 4 (2018), pp. 1139 ss. Relativamente às categorias no regime precedente (Decreto-Lei n. 144/2006, de 31 de julho), cfr. Luís Poças, "Aspetos da mediação de seguros", *in* Luís Poças, *Estudos de Direito dos Seguros, cit.*, pp. 117 ss.

da generalidade dos produtos de seguros, somando-se aos deveres de informação – em grande medida, sobrepostos – que resultam já de outras fontes, como o RJCS, a Lei de Defesa do Consumidor (Lei n.º 24/96, de 31 de julho, doravante LDC), ou a Lei das Cláusulas Contratuais Gerais (Decreto-Lei n.º 446/85, de 25 de outubro, doravante LCCG). Afastando-se do nosso objeto de análise, estes deveres de informação não merecerão aqui maior desenvolvimento.

Interessam-nos antes, em particular, os deveres específicos que incidem sobre a distribuição de PIBS, delineados no considerando 42) da DDS e melhor previstos no artigo 40.º do RJDS. O n.º 1 deste artigo estabelece, assim, que o distribuidor deverá prestar ao cliente – efetivo ou potencial – com suficiente antecedência em relação à celebração do contrato, *todas as informações adequadas* ao PIBS em questão[23].

Entre estas informações – e, portanto, a título exemplificativo – a referida disposição identifica três categorias. Desde logo, a primeira reporta-se a recomendações e avisos sobre os *riscos* associados ao PIBS ou a determinadas estratégias de investimento propostas (alínea a) do n.º 1 do referido artigo).

Por outro lado (alínea b) do n.º 1 do artigo 40.º), a segunda categoria respeita a informação relativa aos *custos e encargos associados*, designadamente: (*i*) o custo do aconselhamento prestado, quando seja o caso; (*ii*) o custo do PIBS proposto; e (*iii*) as formas de pagamento à disposição do cliente, incluindo pagamentos recebidos de terceiros. Acrescenta o n.º 2 que as informações sobre os custos e encargos, incluindo os associados à distribuição do PIBS, que não sejam devidos à ocorrência de um risco de mercado subjacente, devem ser apresentadas de forma agregada, de modo a permitir ao cliente conhecer o custo global, bem como o seu efeito cumulativo sobre o retorno do investimento, sem prejuízo de o cliente poder solicitar que os referidos custos e encargos sejam apresentados de forma discriminada.

Finalmente (alínea c) do n.º 1 do artigo 40.º), para os casos em que seja prestado aconselhamento, deve o distribuidor informar se será entregue ao cliente uma *avaliação periódica* da adequação do PIBS aconselhado, nos termos do disposto no artigo 41.º.

[23] Do distribuidor exigem-se, quer um nível adequado de conhecimentos e competências relativamente ao PIBS, quer o tempo e recursos adequados à prestação das informações em causa – considerando 33) da DDS.

III.2. Relatórios periódicos

I – Os deveres de informação ao cliente a cargo do distribuidor não se revestem apenas de natureza pré-contratual, mas devem assumir também o caráter de *relatórios periódicos*, apresentados em suporte duradouro com uma frequência mínima anual, acompanhando todo o ciclo de vida do investimento, isto é, toda a vigência do contrato (n.ºs 3 e 4 do artigo 40.º do RJDS e n.ºs 1 e 3 do artigo 18.º do Regulamento Delegado PIBS).

Quanto ao conteúdo de tais relatórios periódicos, dispõem o n.º 4 do artigo 40.º do RJDS e os n.ºs 1 e 2 do artigo 18.º do Regulamento Delegado PIBS que os mesmos devem ter em conta o tipo e a complexidade dos PIBS envolvidos e a natureza dos serviços prestados, e devem incluir uma análise imparcial e equilibrada de tais serviços e das transações efetuadas em nome do cliente durante o período de relato e ainda, se for caso disso, os custos totais associados a esses serviços e transações (nos termos previstos na alínea b) do n.º 1 e no n.º 2 do referido artigo 40.º), bem como o valor de cada um dos ativos de investimento subjacentes.

II – Nos casos em que haja venda com aconselhamento, poderá o distribuidor entregar ao cliente uma avaliação periódica da adequação do PIBS aconselhado, devendo informá-lo, na fase pré-contratual e nos termos acima referidos (alínea c) do n.º 1 do artigo 40.º do RJDS), se entregará essa avaliação periódica.

Quando informe o cliente de que assume esse compromisso, deve o distribuidor emitir, nos termos do n.º 6 do artigo 41.º do RJDS, uma declaração atualizada sobre o modo como o PIBS aconselhado corresponde às preferências, objetivos e outras características do cliente, devendo essa declaração integrar o mencionado relatório periódico.

III – Nos termos da alínea e) do n.º 1 do artigo 114.º do RJDS, constitui uma contraordenação muito grave – punível com coima de € 3.000,00 a € 1.000.000,00, ou de € 6.000,00 a € 5.000.000,00, consoante seja aplicada a pessoa singular ou coletiva – o incumprimento pelo distribuidor de seguros do dever de disponibilizar ao cliente os mencionados relatórios periódicos sobre os serviços prestados.

III.3. O documento de informação fundamental – DIF

I – Para a generalidade de produtos de seguros dos ramos Não-Vida, prevê o artigo 33.º do RJDS a entrega pelo distribuidor ao cliente, antes da celebração do contrato, de um documento normalizado de informação sobre o produto de seguros (Documento de Informação sobre o Produto de Seguros – DIPS). Para além do caráter sintético e esquemático da informação ali contida, permitindo uma apreensão célere do respetivo conteúdo, a uniformidade do formato do documento visa permitir a comparabilidade de produtos[24].

Nesta linha, mas de forma mais eficaz e sensata, o legislador requer também para os PRIIPs um documento informativo de formato uniforme: o documento de informação fundamental – DIF[25], que visa igualmente a com-

[24] Criticamente, quanto à eficácia do DIPS, Luís Poças, "Art. 33.º – Anotação", in Pedro Romano Martinez e Filipe de Albuquerque Matos (Orgs.), *Lei da Distribuição de Seguros Anotada*, Coimbra, Almedina, 2019, p. 301; e Luís Poças, "A comparabilidade do documento de informação sobre produtos de seguros (DIPS / IPID): Missão impossível?", *Revista de Direito Financeiro e dos Mercados de Capitais*, Vol. 3 (2021), n.º 12, pp. 893-946. O efeito perverso da sobrecarga informativa (traduzida na acumulação de deveres de informação, de fontes diversas), indutor de opacidade, em lugar de transparência, é notado, em geral, pela doutrina. Cfr., por exemplo, María Rocío Quintáns Eiras, "Información y conflicto de intereses en la comercialización de seguros", *in* Pablo Girgado Perandones (Dir.), *El Contrato de Seguro y su Distribución en la Encrucijada*, Cizur Menor, Editorial Aranzadi, 2018, p. 219; Thomas Köhne e Christoph Brömmelmeyer, "The new insurance distribution regulation in the EU – A critical assessment from a legal and economic perspective", *cit.*, p. 723. A profusão de informação devida permite, aliás, convocar na esfera do tomador do seguro um direito à legítima ignorância – António Menezes Cordeiro, *Direito dos Seguros*, Coimbra, Almedina, 2013, pp. 561 ss. Mas a ineficácia do DIPS suscita-se, sobretudo, perante o propósito da comparabilidade da informação. Com efeito, atendendo à complexidade do recorte do risco seguro (definição das coberturas e exclusões, onde cada palavra joga um papel nevrálgico), a síntese requerida pelo DIPS é conseguida pelo sacrifício discricionário do rigor daquele recorte. O resultado é que o DIPS submete a comparação o que não é comparável. Dando conta das limitações comparativas do DIPS, Christian Bo Kolding-Krøger, Regitze Aalykke Hansen, e Amelie Brofeldt, "The Reality of the Promised Increase in Customer Protection Under the Insurance Distribution Directive", *in* Pierpaolo Marano e Kyriaki Noussia (Eds.), *Insurance Distribution Directive: A Legal Analysis*, Cham, Springer, 2021, pp. 395 ss.

[25] Tratando-se os PIBS de produtos cujas diferenças assentam num número reduzido de variáveis, determinadas objetivamente, a sua comparabilidade surge facilitada e, consequentemente, a eficácia informativa e comparativa do DIF (por contraste com a dos DIPS nos seguros Não-Vida). Sobre as normas técnicas de regulamentação, quanto à apresentação, ao conteúdo, ao reexame e à revisão dos DIF, cfr. o já citado Regulamento Delegado

parabilidade dos PIBS entre si, ou face aos restantes PRIIPs, assentes em produtos bancários ou de valores mobiliários[26].

II – Neste contexto, e nos termos do n.º 1 do artigo 5.º do Regulamento PRIIPs, antes da comercialização do PIBS, o respetivo produtor deve elaborar o inerente DIF e publicá-lo no seu sítio *web* (sem prejuízo de posterior revisão do documento, nos termos do artigo 10.º)[27].

O DIF deve respeitar a forma e o conteúdo previstos nos artigos 6.º a 8.º do mesmo Regulamento. Trata-se, em suma, de um documento pré-contratual conciso (com o máximo de três páginas A4), exato, claro e tendencialmente autónomo (sem prejuízo da necessária coerência com a restante documentação contratual) que visa apresentar informação-chave caracterizadora de um PIBS e facilitar a sua comparabilidade com outros[28].

Esta informação-chave, organizada segundo um modelo de perguntas e respostas, deve cobrir as seguintes questões (artigo 8.º do Regulamento PRIIPs): (*i*) em que consiste este produto?; (*ii*) quais são os riscos e qual poderá ser o meu retorno?; (*iii*) o que sucede se [produtor do PRIIP] não puder pagar?; (*iv*) quais são os custos?; (*v*) por quanto tempo devo manter

n.º 2017/653. Já anteriormente ao Regulamento PRIIPs vigorava em Portugal, para os produtos financeiros complexos (categoria que incluía os seguros de vida *unit-linked*), a obrigatoriedade de apresentação pré-contratual de um documento informativo em formato normalizado. Cfr. o Decreto-Lei n.º 211-A/2008, de 3 de novembro, bem como o Regulamento CMVM n.º 1/2009, mais tarde substituído pelo Regulamento CMVM n.º 2/2012.

[26] À semelhança do DIPS, o DIF (bem como os demais deveres de informação específicos associados aos PIBS) vem acrescer – de forma, em grande parte, redundante – a todas as informações pré-contratuais, com origem nas mais diversas fontes, a que o segurador se encontrava já vinculado. A eficácia do acréscimo de informação – suscetível de gerar mais opacidade do que transparência – é, assim, muito duvidosa. Criticamente, Angel Carrasco Perera, "El Reglamento UE 1286/2014, sobre 'documentos de datos fundamentales relativos a productos de inversión minorista vinculados y los productos de inversión basados en seguros'. Comentario y crítica de una reforma", *Revista CESCO de Derecho de Consumo*, n.º 13/2015, p. 213.

[27] Sobre o DIF, cfr. Isabelle Monin Lafin, Grégoire Dupont e Jérôme Speroni, *La Distribution en Assurance, Banque et Finance*, 5.ª Ed., Antony, L'Argus de l'Assurance, 2019, pp. 241 ss.; Gaetane Schaeken Willemaers, "Client protection on European financial markets – from inform your client to know your product and beyond: an assessment of the PRIIPs Regulation, MiFID II/MiFIR and IMD 2" (01/07/2014), *Revue Trimestrielle de Droit Financier*, Autumn 2014, disponível em: https://ssrn.com/abstract=2494842 (consult. 23/07/2021), pp. 4 ss.

[28] O artigo 3.º do RJPRIIPs acrescenta que a informação respeitante a PRIIPs prestada aos investidores não profissionais, ao mercado e às autoridades competentes deve ser completa, verdadeira, atual, clara, objetiva e lícita.

o PRIIP, e posso fazer mobilizações antecipadas de capital?; (*vi*) como posso apresentar queixa?; e (*vii*) outras informações relevantes[29].

III – Por outro lado, como resulta do artigo 5.º do RJPRIIPs, pelo menos, dois dias úteis antes da disponibilização do PIBS em Portugal (ou da alteração a um DIF anteriormente notificado), deve haver lugar à notificação prévia do DIF à ASF, pelo produtor (segurador) com sede ou estabelecimento em Portugal (ou, alternativamente, pelo comercializador, caso o produtor não tenha sede ou estabelecimento em Portugal)[30]. Por seu turno, a ASF pode divulgar o DIF no seu sítio na Internet.

IV – Os artigos 11.º e 12.º do Regulamento PRIIPs consagram um regime de responsabilidade civil do produtor de PIBS (segurador) para com o investidor (tomador do seguro), por danos incorridos por este em consequência de informações enganosas, inexatas ou incoerentes com outras informações, que, constando do DIF, hajam fundado a confiança do investidor e induzido ao investimento.

V – Como documento de informação pré-contratual, o DIF deve ser gratuitamente fornecido pelo distribuidor de seguros ao cliente (ou representante) antes de ele se vincular (artigos 13.º e 14.º do Regulamento PRIIPs). Nos termos deste último artigo, o DIF deve ser fornecido: (*i*) em suporte de papel; ou (*ii*), se adequado e o cliente tiver comprovadamente feito essa opção, noutro suporte duradouro ou através de um sítio *web* (neste caso, desde que o cliente seja notificado do respetivo endereço e do local de acesso ao DIF, e desde que este permaneça disponível de forma a poder ser descarregado e armazenado num suporte duradouro), sem prejuízo, em qualquer dos casos, do direito do cliente a pedir uma cópia gratuita em papel.

[29] Cobrem-se, assim, três domínios fundamentais de informação sobre o investimento: a rendibilidade, o risco e a liquidez – María Rocío Quintáns Eiras, "Información y conflicto de intereses en la comercialización de seguros", *cit.*, p. 237. Criticamente, quanto ao conteúdo do DIF, Angel Carrasco Perera, "El Reglamento UE 1286/2014, sobre 'documentos de datos fundamentales relativos a productos de inversión minorista vinculados y los productos de inversión basados en seguros'. Comentario y crítica de una reforma", *cit.*, pp. 209 ss.

[30] O incumprimento deste dever constitui contraordenação muito grave, nos termos da alínea f) do n.º 1 do artigo 10.º do RJPRIIPs.

III.4. A publicidade dos PIBS

A publicidade dos PIBS (dos PRIIPs, em geral), é regulada no artigo 4.º do RJPRIIPs, onde se estabelece (n.º 1) que a informação constante das mensagens publicitárias deve ser verdadeira, atual, clara, objetiva, lícita e adequada.

Essas mensagens publicitárias estão sujeitas a aprovação prévia pela ASF[31]. Para o efeito, deve o pedido de aprovação ser instruído com: (*i*) o projeto de mensagem publicitária; (*ii*) os elementos materiais relativos aos suportes através dos quais se prevê a divulgação da mensagem publicitária; e (*iii*) o DIF relativo ao PIBS a publicitar, salvo quando este já tenha sido previamente notificado.

A ASF decide no prazo de sete dias úteis a contar da receção do pedido completamente instruído pela supervisão, considerando-se haver deferimento tácito se a decisão não for expedida até ao primeiro dia útil seguinte ao termo daquele prazo. A mensagem publicitária pode ser usada nos seis meses seguintes à data da sua aprovação, podendo, não obstante, o anunciante requerer à ASF a utilização após aquele período (caso em que a ASF defere o pedido no prazo de três dias úteis se a mensagem não contiver alterações relevantes).

IV. Venda com e sem aconselhamento

IV.1. Clivagem de regimes

I – No quadro normativo que disciplina os PIBS verifica-se uma autêntica clivagem entre as situações de venda *com* aconselhamento (artigo 41.º do RJDS) e as de venda *sem* aconselhamento (artigo 42.º do RJDS)[32].

Mas em que se traduz concretamente a prestação de aconselhamento? A alínea a) do artigo 4.º do RJDS inclui, na descrição das atividades compreendidas na distribuição de seguros, a *prestação de aconselhamento* relativa-

[31] O incumprimento deste dever constitui contraordenação muito grave, nos termos da alínea a) do n.º 1 do artigo 10.º do RJPRIIPs.

[32] A disciplina tecida pelo RJDS tem por fonte o artigo 30.º da DDS, por seu turno decalcado do artigo 25.º da DMIF II.

mente a contratos de seguro. Quanto à definição de *aconselhamento* encontramo-la na alínea q) do artigo 4.º do RJDS, nos termos da qual se entende por *aconselhamento* a formulação de uma *recomendação pessoal* a um cliente, quer a seu pedido quer por iniciativa do distribuidor de seguros, em relação a um ou mais contratos de seguro.

Neste contexto, e nos termos das alíneas b) e c) do n.º 2 do artigo 31.º do RJDS, deve o mediador de seguros indicar ao cliente, respetivamente: se presta ou não aconselhamento; e, neste último caso, se baseia ou não o aconselhamento prestado numa análise imparcial e pessoal. Daqui resulta, desde logo, que o aconselhamento não é obrigatório, dependendo de uma opção discricionária do mediador.

Por seu turno, a existência ou não de aconselhamento determina, designadamente, a intensidade e amplitude que assumem os deveres de informação a cargo do distribuidor. Podemos ter, assim, três níveis de deveres: (*i*) os de mera informação (venda sem aconselhamento); (*ii*) os de simples aconselhamento (venda com aconselhamento por agentes de seguros ou empresas de seguros); ou (*iii*) os de aconselhamento com base numa análise imparcial e pessoal (venda com aconselhamento por corretores de seguros)[33] [34]. Relativamente aos PIBS, releva sobretudo a circunstância de a venda decorrer com *ou* sem aconselhamento, a qual, como dissemos, dita diferenças sensíveis de regime.

II – No quadro legal aplicável aos PIBS – e independentemente de *qualquer* contrato proposto dever respeitar as exigências e necessidades do cliente[35], nos termos, designadamente, da alínea c) do n.º 1 do artigo 30.º e do n.º 6 do artigo 31.º, ambos do RJDS – prevê-se que seja avaliada pelo

[33] Como resulta da alínea d) do artigo 35.º, quando indique ao cliente que presta aconselhamento, deve o corretor de seguros fazê-lo com base numa análise imparcial e pessoal, nos termos do n.º 5 do artigo 31.º, ambos do RJDS.

[34] Mais desenvolvidamente, Luís Poças, "Art. 31.º – Anotação", *in* Pedro Romano Martinez e Filipe de Albuquerque Matos (Orgs.), *Lei da Distribuição de Seguros Anotada*, *cit.*, pp. 286-287.

[35] Podemos falar, a propósito, de um *teste de exigências e necessidades* do cliente. Cfr. François Couilbault, *Devoir d'Information et de Conseil en Assurance*, Antony, L'Argus de l'Assurance, 2019, pp. 53 ss.; Michele Siri, "Insurance-Based Investment Products: Regulatory responses and policy issues", *cit.*, p. 121; Jesús Almarcha Jaime, Pablo Muelas García e Joan Mir, "Aspectos clave en la distribución del seguro de vida unit-linked", *cit.*, pp. 546-547; Kyriaki Noussia, "The IDD and its impact on the life insurance business", *cit.*, p. 101.

distribuidor (mediador de seguros ou empresa de seguros)[36] a compatibilidade ou congruência entre o produto em causa e o perfil do cliente[37] [38].

Esse teste assume a designação de *adequação* no caso da venda com aconselhamento e de *caráter apropriado* no caso da venda sem aconselhamento[39] [40]. Vejamos cada uma das situações, começando pela venda sem aconselhamento.

[36] Os artigos 41.º e 42.º do RJDS reportam-se literalmente ao mediador de seguros, que aos mesmos se encontra igualmente obrigado por remissão do n.º 2 do artigo 30.º do referido diploma. Por seu turno, quando a distribuição de PIBS caiba ao segurador, o mesmo está igualmente obrigado à avaliação, nos termos das disposições conjugadas do n.º 6 do artigo 37.º e do artigo 46.º, ambos do RJDS. Quando nos referirmos à entidade obrigada, falaremos, assim, indistintamente, de *distribuidor de seguros*, incluindo os mediadores e as empesas de seguros.

[37] As fontes normativas referem-se, compreensivelmente – e na medida em que a análise de congruência deve verificar-se na fase pré-contratual –, ao cliente ou potencial cliente. Por uma questão de simplificação do discurso, referir-nos-emos adiante, indistintamente, a cliente, englobando neste termo as duas realidades.

[38] O regime encontra antecedentes, designadamente, na orientação da jurisprudência francesa. Cfr. François Couilbault, *Devoir d'Information et de Conseil en Assurance, cit.*, pp. 15 ss.

[39] Numa abordagem abrangente destes testes e das consequências civis do seu incumprimento, Sara Landini, "Appropriatezza, adeguatezza e meritevolezza dei contratti di assicurazione", *Assicurazioni*, n.º 1 (2017), pp. 39 ss.

[40] O n.º 3 do artigo 30.º da DDS prevê ainda as condições em que, nos casos de venda sem aconselhamento, os Estados-Membros podem dispensar a realização do teste de caráter apropriado (situações de *execution only*). Para o efeito, o artigo 16.º do Regulamento Delegado PIBS considera – no contexto da subalínea *ii*) da alínea a) do n.º 3 do artigo 30.º da DDS – como *PIBS não complexo* o que satisfaça *cumulativamente* os seguintes critérios: (*i*) inclua um valor mínimo no termo do prazo de vencimento garantido contratualmente, que corresponde, pelo menos, ao montante pago pelo cliente, após dedução dos custos legítimos (garantia do capital investido); (*ii*) não integre uma cláusula, condição ou fator de desencadeamento que permita ao segurador alterar radicalmente a natureza, o risco ou o perfil de pagamento do PIBS; (*iii*) preveja a possibilidade de resgatar ou realizar de qualquer outro modo o PIBS por um valor que é do conhecimento do cliente; (*iv*) não inclua quaisquer encargos explícitos ou implícitos que tenham como efeito, não obstante haver tecnicamente a possibilidade de resgatar ou realizar de outro modo o PIBS, que o referido resgate ou realização possa causar prejuízos injustificados para o cliente pelo facto de os encargos serem desproporcionados em relação aos custos para a empresa de seguros; e (*v*) não incorporar de qualquer outro modo uma estrutura que dificulte a compreensão pelo cliente dos riscos incorridos. Sobre a problemática, cfr. Pauline Pailler, "Distribution de produits d'investissenent fondés sur l'assurance – Précisions relatives aux conditions d'une dispense d'évaluation de l'adéquation et du caractère approprié", *Revue Internationale des Services Financiers,* n.º 2017/4 (février 2018), pp. 92 ss. Sobre os PIBS não complexos, cfr. também, desenvolvidamente, José F. Canalejas Merín, "Evaluación de la idoneidad y la conveniencia en la distribución de productos de inversión basados en seguros", *cit.*, pp. 229 ss. e Michele Siri, "Insu-

IV.2. Avaliação do caráter apropriado *(venda sem aconselhamento)*

IV.2.1. Informação sobre os conhecimentos e experiência do cliente

I – Quando haja venda de PIBS sem aconselhamento, rege o artigo 42.º do RJDS. Nos termos do respetivo n.º 1, devem os mediadores de seguros solicitar ao cliente ou potencial cliente informações sobre *os seus conhecimentos e experiência* no domínio do investimento relevante para o tipo específico de produto ou serviço oferecido ou solicitado, com o objetivo de verificar se esse produto ou serviço é apropriado para o cliente ou potencial cliente.

Complementarmente, mas com relevância muito significativa para a compreensão do sentido e alcance do dever de avaliação do caráter apropriado, dispõe o artigo 15.º do Regulamento Delegado PIBS que, ao avaliar se um produto ou serviço de seguros é apropriado para o cliente, deve o distribuidor determinar *se o cliente tem a experiência e os conhecimentos necessários para avaliar os riscos inerentes* ao serviço ou produto proposto ou pretendido.

A matéria é adicionalmente desenvolvida no artigo 17.º do mesmo Regulamento Delegado, em regime aplicável também ao teste de adequação (venda com aconselhamento), que analisaremos adiante. Nos termos do respetivo n.º 1, as informações que o distribuidor de seguros deve obter quanto aos conhecimentos e à experiência do cliente no domínio de investimento relevante devem incluir, se for caso disso, na medida em tal seja adequado em função da natureza do cliente, e da natureza e do tipo de produto ou serviço proposto ou pretendido, incluindo a sua complexidade e os riscos envolvidos: (*a*) os tipos de serviços, transações, produtos de investimento com base em seguros ou instrumentos financeiros com os quais o cliente se encontra familiarizado; (*b*) a natureza, o volume, o valor e a frequência das transações do cliente ou cliente potencial com produtos de investimento com base em seguros ou instrumentos financeiros e o período durante o qual estas transações foram realizadas; e (*c*) o nível de habilitações, a profissão ou, caso pertinente, a anterior profissão do cliente.

II – Na obtenção da informação, o distribuidor deverá atuar com diligência, não devendo, como expressamente resulta do n.º 2 do artigo 17.º

rance-Based Investment Products: Regulatory responses and policy issues", *cit.*, pp. 124 ss. No ordenamento português, a transposição da DDS não contemplou a faculdade derrogatória concedida pelo n.º 3 do artigo 30.º da Diretiva.

do citado Regulamento Delegado, dissuadir o cliente de prestar essas informações[41].

Por outro lado, o distribuidor deverá confiar na veracidade das informações prestadas pelo cliente, baseando-se nelas, exceto se, como resulta do n.º 4 do artigo 17.º do Regulamento Delegado, tiver conhecimento (ou dever tê-lo), de que as informações estão manifestamente desatualizadas ou são inexatas ou incompletas[42].

IV.2.2. Consequências do teste do caráter apropriado

O resultado do teste deverá ser comunicado pelo distribuidor ao cliente. Se, em consequência da avaliação efetuada, o distribuidor considerar que o PIBS não é apropriado para o cliente, deverá adverti-lo dessa mesma conclusão (n.º 3 do artigo 42.º do RJDS). A falta de caráter apropriado não impedirá, porém, a contratação, prevalecendo a vontade negocial do cliente.

Se, em contrapartida, a avaliação for inviabilizada pelo cliente, pela circunstância de se recusar a prestar informação sobre os seus conhecimentos e experiência, ou se a prestar de forma insuficiente, o distribuidor deverá adverti-lo de que não se encontra em posição de efetuar a avaliação do caráter apropriado do PIBS, conforme dispõe o n.º 4 do mesmo artigo. Também neste caso, a ausência de avaliação imputável ao cliente não obsta à contratação, prevalecendo a sua vontade negocial.

IV.3. Avaliação da **adequação** *(venda com aconselhamento)*

IV.3.1. Critérios de avaliação e recolha de informações

I – O artigo 41.º do RJDS, consagrado à venda com aconselhamento (e ao inerente teste de adequação), impõe ao distribuidor o dever de realização de um teste de adequação[43] [44]. Neste sentido, estabelece que o distri-

[41] Esta disposição é igualmente aplicável à avaliação da adequação (venda com aconselhamento).

[42] O preceito aplica-se também à avaliação da adequação (venda com aconselhamento).

[43] Como resulta do artigo 12.º do Regulamento Delegado PIBS, esse dever – e a responsabilidade pelo seu cumprimento – não são limitados pelo facto de o aconselhamento ser prestado, no todo ou em parte, através de um sistema automatizado ou semi-automatizado.

[44] Cfr., no quadro legal francês, François Couilbault, *Devoir d'Information et de Conseil en Assurance, cit.*, pp. 84 ss.

buidor de seguros deve assegurar-se de que o PIBS por si aconselhado é *o mais adequado*: (*i*) às preferências, (*ii*) aos objetivos, (*iii*) ao nível de tolerância ao risco e (*iv*) à capacidade do cliente para suportar perdas[45].

Para tanto, dispõe o n.º 2 do mesmo artigo que o distribuidor deve solicitar ao cliente ou potencial cliente: (*a*) informações sobre os seus *conhecimentos e experiência em matéria de investimento relevantes* para o tipo específico de produto ou serviço em questão; (*b*) informações sobre a sua *situação financeira*, designadamente a capacidade para suportar perdas; e (*c*) *objetivos de investimento*, designadamente o seu nível de tolerância ao risco[46].

II – Neste domínio, importa considerar igualmente o disposto no Regulamento Delegado PIBS, que disciplina diretamente a matéria. Assim, nos termos do n.º 1 do respetivo artigo 9.º, cabe ao distribuidor *determinar o âmbito das informações a recolher junto do cliente* à luz de todas as características do aconselhamento a prestar ao mesmo, acrescentando o n.º 2 que o distribuidor deve obter *todas as informações necessárias* para que compreenda os *factos essenciais* relativos ao cliente e disponha de *elementos suficientes* para garantir que a recomendação personalizada a dirigir ao cliente satisfaz cumulativamente os critérios de avaliação referidos[47].

Entrando num nível de detalhe sem paralelo no RJDS, estabelece a primeira parte do n.º 3 do mesmo artigo que as informações relativas à *situação financeira* do cliente, nomeadamente à sua capacidade de suportar perdas, incluirão, se for caso disso, informações sobre a fonte e a importância dos

[45] Relativamente aos seguros de grupo, o artigo 13.º do citado Regulamento Delegado dispõe que o distribuidor deve estabelecer, consignar por escrito e aplicar uma política que determine quem deve ser objeto de uma avaliação da adequação, no caso de um contrato de seguro ser celebrado em nome de um grupo de membros e de cada membro do grupo não poder tomar uma decisão de subscrição a título individual, acrescentando que essa política deve igualmente conter normas sobre o modo como esta avaliação será feita na prática, incluindo junto de quem serão recolhidas as informações sobre os conhecimentos e a experiência, a situação financeira e os objetivos de investimento.

[46] Estas informações estão alinhadas, no contexto do n.º 2 do artigo 9.º do referido Regulamento Delegado, com os próprios critérios de adequação do PIBS recomendado. Este deve, assim, corresponder (*i*) aos *objetivos* de investimento, incluindo a *tolerância ao risco*; e (*ii*) à *situação financeira*, incluindo a *capacidade para suportar perdas*; e deve garantir que (*iii*) o cliente dispõe da experiência e dos conhecimentos necessários no domínio de investimento relevante abrangido pelo tipo específico de produto ou serviço.

[47] A mesma ideia surge reiterada na parte final do n.º 3 e do n.º 4 do mesmo artigo, onde se estabelece que o nível das informações recolhidas deve ser *adequado* ao tipo específico de produto ou serviço em causa.

seus rendimentos regulares, os seus ativos, incluindo os ativos líquidos, os seus investimentos e os seus ativos imobiliários, bem como os seus compromissos financeiros periódicos.

Por seu turno, quanto às informações relativas aos *objetivos de investimento* do cliente, nomeadamente a sua tolerância ao risco, estabelece o n.º 4 do mesmo artigo que as mesmas incluirão, se for caso disso, informações sobre o período durante o qual o cliente pretende conservar o investimento, as suas preferências relativamente à assunção de riscos, o seu perfil de risco e os objetivos do investimento.

Adicionalmente, quando o aconselhamento possa incidir sobre um PIBS que implique uma mudança de ativos de investimento subjacentes, o distribuidor deve também recolher as informações necessárias sobre os ativos de investimento subjacentes existentes do cliente e os novos ativos de investimento recomendados, devendo proceder a uma análise dos custos e benefícios antecipados dessa mudança, de molde a poder razoavelmente demonstrar que se prevê que os respetivos benefícios serão superiores aos custos (n.º 7 do artigo 9.º).

Finalmente, quanto às informações a obter do cliente em tema de *conhecimentos e experiência no domínio de investimento relevante*, a matéria é regulada pelo artigo 17.º do Regulamento Delegado, em moldes comuns aos que vimos aplicáveis à venda sem aconselhamento (teste de caráter apropriado). Para lá remetemos o leitor.

III – Ao dever de obtenção de informação, acima referido (instrumental ao cumprimento do dever de aconselhamento), acresce um outro, estabelecido no artigo 10.º do Regulamento Delegado PIBS. Trata-se, desta feita, de um dever de diligência do distribuidor quanto à aferição da fiabilidade das informações recolhidas. Neste quadro, ao distribuidor não bastará uma atitude passiva de recolha da informação, mas é imposta uma atuação – adoção de medidas razoáveis, na expressão do preceito – tendente a garantir a fiabilidade das referidas informações.

Numa enumeração exemplificativa (que não esgota, portanto, as medidas possíveis), o preceito incumbe o distribuidor de: (*a*) assegurar-se de que os clientes estão cientes da importância de prestar informações exatas e atualizadas; (*b*) assegurar-se de que todos os instrumentos utilizados no processo de avaliação da adequação (como os que servem para determinar o perfil de risco ou para apreciar os conhecimentos e a experiência dos clientes), se adaptam à respetiva finalidade e são corretamente concebidos para serem utilizados com os seus clientes, sendo as eventuais limitações identificadas e ativamente atenuadas através do processo de avaliação da adequação; (*c*) assegurar-se de que as perguntas colocadas no âmbito do processo são suscetíveis de serem entendidas pelo cliente e refletem com exatidão os objetivos e as necessidades do mesmo e recolhem as informações necessárias para proceder à avaliação da adequação; (*d*) tomar as medidas necessárias para assegurar a coerência das informações prestadas pelo cliente, nomeadamente analisando se as mesmas contêm erros manifestos.

IV – Ademais, estabelece o artigo 11.º do mesmo Regulamento Delegado um dever de transparência do distribuidor para com os clientes, no sentido de eliminar qualquer ambiguidade ou equívoco quanto às suas responsabilidades no processo de avaliação da adequação, informando-os, de forma clara e simples, de que a avaliação da adequação visa permitir-lhe agir no melhor interesse do cliente.

IV.3.2. Dever de abstenção de aconselhamento

O Regulamento Delegado PIBS identifica duas circunstâncias, da maior relevância, em que o distribuidor de seguros deverá abster-se de prestar aconselhamento. A primeira, prevista no n.º 5 do artigo 9.º, reporta-se aos casos em que o distribuidor não logre obter as informações necessárias à realização do teste de adequação.

A segunda circunstância, prevista no n.º 6 do mesmo artigo, refere-se às situações em que nenhum dos PIBS à disposição do distribuidor seja adequado ao perfil do cliente, em função do teste de adequação realizado.

IV.3.3. Declaração de adequação

I – Com base na informação recolhida e em resultado do teste de adequação efetuado, o distribuidor deve fornecer ao cliente, antes da celebração do contrato, uma declaração de adequação que especifique o aconselhamento prestado (isto é, a recomendação personalizada de um PIBS específico) e o modo como este respeita as preferências, objetivos e outras características do cliente (n.º 3 do artigo 41.º do RJDS).

Em maior detalhe, o n.º 1 do artigo 14.º do Regulamento Delegado PIBS, prescreve que a declaração de adequação deve incluir um *resumo do acon-*

selhamento prestado e *informações sobre o modo como a recomendação prestada é adequada* para o cliente, nomeadamente no que respeita: (*i*) aos objetivos de investimento do cliente, incluindo a sua tolerância ao risco; (*ii*) à situação financeira do cliente, incluindo a sua capacidade para suportar perdas; e (*iii*) aos conhecimentos e à experiência do cliente.

Por outro lado, nos termos do n.º 2 do mesmo preceito, o distribuidor deve alertar os clientes, e incluir na declaração de adequação, informações sobre o facto de os PIBS recomendados serem suscetíveis de exigir que o cliente solicite uma revisão periódica das suas modalidades.

II – A declaração de adequação deve ser periodicamente atualizada, nos termos do n.º 6 do artigo 41.º do RJDS, quando o mediador haja informado o cliente de que lhe entregaria uma avaliação periódica da adequação do PIBS aconselhado (alínea *c*) do n.º 1 do artigo 40.º)[48]. Nesse caso, a declaração deverá integrar o relatório previsto no n.º 4 do mesmo artigo.

Não obstante, de acordo com o disposto no n.º 4 do artigo 14.º do Regulamento Delegado PIBS, o distribuidor que preste serviços de avaliação periódica da adequação deve reexaminar, em conformidade com os melhores interesses dos seus clientes, pelo menos uma vez por ano, a adequação dos PIBS recomendados, acrescentando o preceito que a frequência desta avaliação aumenta em função das características do cliente, tais como a tolerância ao risco, e da natureza do PIBS recomendado.

III – Para os casos em que o contrato seja celebrado à distância por meio que não permita o envio da declaração de adequação antes da vinculação do cliente, esclarece o n.º 4 do artigo 41.º do RJDS que o mediador de seguros pode então: (*i*) mediante consentimento expresso do cliente, entregar a declaração de adequação após a celebração do contrato, sem demora injustificada; ou (*ii*) acordar com o cliente o adiamento da celebração do contrato, a fim de este receber a declaração de adequação com antecedência.

[48] Precisa o n.º 3 do artigo 14.º do Regulamento Delegado PIBS que, nestes casos, as declarações subsequentes, após o estabelecimento do serviço inicial, podem circunscrever-se apenas às alterações nos serviços prestados ou ativos de investimento subjacentes e/ou na situação do cliente, sem repetir todos os elementos incluídos na primeira declaração.

IV.4. O âmbito, escopo e diferença entre os dois testes

I – A uma primeira leitura, os dois testes (de adequação e de caráter apropriado) parecem equivalentes. Tal não é, porém, o caso. Começando pelas diferenças formais, encontramos as seguintes:

	Venda com aconselhamento *Teste de adequação*	Venda sem aconselhamento *Teste de caráter apropriado*
Critérios de avaliação	- Preferências; - Objetivos; - Nível de tolerância ao risco; - Capacidade para suportar perdas.	Não definidos.
Informações a recolher	- Conhecimentos e experiência em matéria de investimento relevantes para o tipo específico de produto ou serviço em questão; - Situação financeira, designadamente a capacidade para suportar perdas; - Objetivos de investimento, designadamente o seu nível de tolerância ao risco.	- Conhecimentos e experiência no domínio do investimento relevante para o tipo específico de produto ou serviço em questão.

Em ambos os casos estamos perante testes de congruência entre o perfil do cliente e as características dos PIBS, e ambos visam a proteção do cliente como consumidor. Porém, as semelhanças quedam-se por aqui. Vejamos comparativamente as características de cada um dos testes.

II – A avaliação do caráter apropriado assenta num teste de *congruência mínima*. Assim, visa-se apurar se o patamar de risco financeiro representado pelo PIBS não está para além do limiar decorrente do perfil do cliente (caso em que o PIBS seria inapropriado). Neste contexto, um seguro de capitalização (com garantia de capital e de taxa de rendibilidade, situando-se, portanto, no patamar mais baixo de risco financeiro) é um PIBS apropriado a um cliente com um perfil de investidor dinâmico ou agressivo. Significa isto que, quando o PIBS se situe no patamar mais reduzido de risco financeiro, o teste é, na verdade, inócuo, na medida em que um tal PIBS será apropriado para *qualquer perfil de cliente*. Não surpreende, portanto, que se preveja, no n.º 3 do artigo 30.º da DDS, que os Estados-Membros possam dispensar a realização da avaliação do caráter apropriado relativamente a

PIBS não complexos (opção que, como referimos, não foi, porém, seguida pelo legislador português).

Isto traz-nos a uma outra característica: o teste de caráter apropriado avalia a congruência de um PIBS concreto face ao perfil de um cliente específico, situando-se o resultado do teste no binómio *apropriado / inapropriado*. Não se trata, portanto, de um teste comparativo de PIBS nem de resultado gradativo.

III – A avaliação da adequação, por seu turno, tem por base um teste de *congruência exata*. Com efeito, a venda com aconselhamento implica uma recomendação personalizada de um PIBS concreto, de entre um leque de PIBS disponíveis. Portanto, o teste de adequação pressupõe uma comparação entre PIBS e uma avaliação fina daquele que é *o mais apropriado* ao perfil do cliente (definido em função dos critérios de avaliação indicados)[49].

No exemplo anterior, portanto, um seguro de capitalização (com garantia de capital e de taxa de rendibilidade, situando-se, portanto, no patamar mais baixo de risco financeiro) não será já um PIBS adequado a um cliente com um perfil de investidor dinâmico ou agressivo. Em suma, o teste de adequação visa, no leque de PIBS disponíveis, estabelecer a congruência ótima entre eles e o perfil do cliente, selecionando o mais conciliável – adequado – a este perfil[50].

IV – Em qualquer das situações, o artigo 19.º do Regulamento Delegado PIBS prevê que o distribuidor de seguros mantenha – e conserve durante, pelo menos, a vigência da relação com o cliente[51] – um registo das avaliações efetuadas (consoante o caso, da adequação ou do caráter apropriado),

[49] Havendo produtos com exatamente as mesmas características, o teste poderá determinar a recomendação de mais do que um produto. Jesús Almarcha Jaime, Pablo Muelas García e Joan Mir, "Aspectos clave en la distribución del seguro de vida unit-linked", *cit.*, pp. 549-550.

[50] Defendendo o caráter cumulativo, por camadas, do teste de exigências e necessidades do cliente, do teste de caráter apropriado e do teste de adequação, Jesús Almarcha Jaime, Pablo Muelas García e Joan Mir, *idem*, pp. 546 ss.

[51] Nos termos do n.º 4 do mesmo artigo, os registos devem ser conservados num suporte que possibilite o armazenamento das informações de forma que permita a sua consulta ulterior pela autoridade competente, de tal modo que esta possa aceder rapidamente aos registos, para reconstituir cada elemento, de forma clara e precisa, e identificar facilmente quaisquer alterações, correções ou outras modificações, bem como consultar o conteúdo dos registos antes dessas alterações.

incluindo as informações obtidas junto do cliente e quaisquer documentos acordados com este[52].

IV.5. Vendas associadas

Quer os testes de adequação, quer os de caráter apropriado, são extensíveis às situações de *venda associada*, isto é, quando um PIBS seja distribuído em conjunto com outros produtos, nos termos previstos no artigo 26.º do RJDS.

Assim, quando se verifique a venda associada de um PIBS, o mediador de seguros deve avaliar a *adequação global* ou o *caráter apropriado global* dos produtos abrangidos, consoante se trate, respetivamente, de venda com aconselhamento (n.º 5 do artigo 41.º do RJDS) ou sem aconselhamento (n.º 2 do artigo 42.º do RJDS)[53].

V. Conflitos de interesses

V.1. Contextualização

I – A preocupação com o conflito de interesses[54] perpassa por várias disposições do RJDS, manifestando-se, designadamente, no dever do mediador de seguros de não ser remunerado de forma que colida com o dever de agir de acordo com os melhores interesses dos clientes (alínea q) do n.º 1

[52] Quanto ao detalhe das informações e documentos a conservar, cfr. os n.ºs 2 e 3 do citado preceito.

[53] A matéria das vendas associadas é regulada também, no contexto dos PRIIPs, pelo artigo 8.º do RJPRIIPs. Porém, visa-se aí especialmente a proibição da comercialização conjunta de depósitos, qualquer que seja a sua modalidade e estrutura de remuneração, com, designadamente, PIBS que não garantam o capital investido a todo o tempo, ainda que essa comercialização tenha natureza facultativa. Esta proibição tem, portanto, em vista, em particular, as instituições de crédito.

[54] O tecido normativo aplicável a esta matéria não define *conflito de interesses*. Este, porém, pode ser entendido como «a situação em que pelo menos duas motivações potencialmente contraditórias podem incitar um profissional a tomar uma decisão ou a agir num sentido que atenta ou pode atentar contra os interesses de outrem» – Jean-Christophe André-Dumont, "Règles de conduite (2): Conflits d'intérêts et transparence des rémunérations", *in* Charles-Albert van Oldeneel (Coord.), *Distribution d'Assurances – D'AssurMiFID à IDD = Verzekerings-distributie – Van AssurMiFID naar IDD*, Liège, Wolters Kluwer Belgium, 2019, p. 129.

do artigo 24.º); no dever de informar o cliente de qualquer relação de capital (participação qualificada) com uma empresa de seguros, bem como da natureza e forma da sua remuneração, e do direito do cliente a ser informado sobre o montante da remuneração que o mediador auferirá pela distribuição do seguro (alíneas c), d), g), h), e j) do n.º 1 do artigo 31.º)[55].

II – Como é sabido, embora a remuneração do mediador (quando tenha a natureza de comissão) seja formalmente paga pelo segurador, quem suporta o seu custo, em termos económicos e substanciais, é o tomador do seguro. Com efeito, tanto a remuneração do distribuidor, como a do segurador enquanto "produtor" do PIBS, provêm de encargos de subscrição e/ou de gestão e/ou de resgate, quer os mesmos sejam plenamente transparentes, quer surjam relativamente dissimulados. Nesta equação – e, sobretudo, no domínio dos PIBS –, não há milagres: quanto mais generoso for o esquema de comissionamento do mediador, mais afetada fica a rendibilidade do PIBS proporcionada ao tomador do seguro.

Neste quadro, verifica-se, muito especialmente nos PIBS, uma tensão ou conflito entre o interesse do tomador do seguro em obter o melhor proveito económico para os seus investimentos, e o interesse material do distribuidor em obter a melhor remuneração possível para a sua atividade. Logo, há também, na esfera do distribuidor, um conflito entre, por um lado, este interesse material próprio e, por outro lado, os deveres que o RJDS lhe impõe perante o cliente, mormente, e entre outros, o de *atuar em conformidade com os melhores interesses deste, de forma honesta, correta e profissional* (alínea a) do n.º 1 do artigo 30.º).

Se este evidenciado *conflito de interesses* do distribuidor se suscita, em regra, na generalidade dos produtos de seguros, ele assume particular acuidade nos PIBS, que têm por objeto precisamente o dinheiro investido pelo cliente e a sua rendibilidade. Naturalmente que o antagonismo ou conflito apontado comporta riscos manifestos para a posição do tomador do seguro, razão porque o tema assume importância central entre o regime dos PIBS.

[55] Sobre a regulação do conflito de interesses na DDS, em geral, cfr. María Rocío Quintáns Eiras, "Información y conflicto de intereses en la comercialización de seguros", *cit.*, pp. 221 ss.; e Jean-Christophe André-Dumont, "Règles de conduite (2): Conflits d'intérêts et transparence des rémunérations", *cit.*, pp. 121 ss.

III – Neste contexto se compreende o teor do considerando 57) da DDS. Dele decorre que, para prevenir que a remuneração (honorários, comissões ou benefícios não pecuniários) associada à distribuição de PIBS e liquidada pelo segurador (ou por outrem alheio ao cliente) não prejudique a qualidade do serviço prestado ao cliente, o distribuidor deverá conceber, adotar e rever periodicamente políticas e procedimentos relacionados com conflitos de interesses, garantindo também que o cliente seja adequadamente informado sobre a referida remuneração.

Este desiderato encontra depois desenvolvimento nos artigos 27.º e 28.º da DDS, objeto de transposição para o artigo 43.º do RJDS (sob a epígrafe *conflitos de interesses*), e encontrando também desenvolvimento no citado Regulamento Delegado PIBS[56] [57]. Vejamos em que termos.

[56] Desde logo, o artigo 3.º do citado Regulamento Delegado PIBS, consagrado à *identificação, na distribuição de PIBS, de tipos de conflitos de interesses lesivos da posição de um cliente*, comete aos mediadores *e* seguradores, no respetivo n.º 1, o dever de avaliarem se: (*i*) na esfera de algum deles (ou entre dois clientes) se verifica um interesse, distinto do do cliente, no resultado da distribuição de seguros; e (*ii*) se aquele interesse pode potencialmente influenciar o resultado da distribuição em detrimento do cliente. Para esse efeito, dispõe o n.º 2 do mesmo artigo que os mediadores e seguradores devem considerar, como critérios mínimos, se qualquer um deles (ou alguém na respetiva esfera): (*i*) pode vir a obter um ganho financeiro (ou evitar uma perda), em detrimento do cliente; (*ii*) dispõe de um incentivo financeiro ou outro no sentido de privilegiar os interesses de um cliente ou grupo de clientes em detrimento dos de outro; (*iii*) participa ativamente na gestão ou no desenvolvimento de PIBS, em especial quando exerce uma influência na fixação dos preços desses produtos ou dos respetivos custos de distribuição. A lógica de articulação deste preceito com o restante regime dos conflitos de interesses, não é clara. Talvez com base num argumento sistemático de interpretação (o artigo 3.º do Regulamento Delegado PIBS é o primeiro consagrado ao tema), defende André-Dumont que se trataria de uma etapa prévia, que visaria a elaboração da política de gestão de conflitos de interesses) – Jean-Christophe André-Dumont, "Règles de conduite (2): Conflits d'intérêts et transparence des rémunérations", *cit.*, p. 133. Do nosso ponto de vista, trata-se de uma atividade autónoma de identificação e avaliação de *potenciais* conflitos de interesses, da qual não depende a elaboração da política (que, como resulta do n.º 1 do artigo 43.º do RJDS, visa, não só a *gestão* de conflitos de interesses, mas a sua própria *prevenção*), sem prejuízo de poder dela beneficiar.

[57] Sobre a regulação dos conflitos de interesses no domínio dos PIBS, cfr. Michele Siri, "Insurance-Based Investment Products: Regulatory responses and policy issues", *cit.*, pp. 116 ss.; Francisco Léon Miranda, "Obligaciones adicionales en relación con la distribución de productos de inversión basados en seguros", *cit.*, pp. 626 ss.; Daniel Langé, "Le nouveau droit de la distribution de l'assurance", *Revue Générale du Droit des Assurances*, n.º 10 (out. 2018), pp. 451-452.

V.2. Política de conflito de interesses

I – O n.º 1 do artigo 43.º do RJDS impõe ao distribuidor (quer ao mediador de seguros, por referência expressa do preceito em análise, quer ao segurador, por remissão do artigo 46.º) o dever de adotar e implementar *políticas de prevenção, comunicação e tratamento de conflitos de interesses*, utilizando mecanismos organizativos e administrativos eficazes destinados a evitar que tais conflitos prejudiquem os interesses dos clientes. Acrescenta, não obstante, o n.º 2, que as referidas políticas devem ser proporcionais à atividade desenvolvida, aos produtos de seguros distribuídos e ao tipo de distribuidor[58].

Por seu turno, o n.º 3 estabelece que tais políticas devem ser adequadas à identificação de conflitos de interesses que surjam no decurso da distribuição de seguros entre: (*i*) o mediador e seguradores (incluindo administradores, trabalhadores, colaboradores ou qualquer pessoa que lhes esteja, direta ou indiretamente, ligada por uma relação de controlo[59]), e os seus clientes; ou (*ii*) entre os próprios clientes. A redação suscita algumas dúvidas interpretativas e de alcance prático. Assim, se, por um lado, não são difíceis de configurar os conflitos de interesses trilaterais, entre mediadores, seguradores e clientes, pensamos que – apesar da redação desajeitada, herdada da DDS – o preceito visa igualmente os conflitos de interesses bilaterais, entre mediadores e clientes, mediadores e seguradores, ou seguradores e clientes. Já os conflitos de interesses entre os próprios clientes parecem mais difíceis de configurar na prática. De configuração igualmente árdua – mas abstratamente equacionados pela redação do artigo 46.º – são os conflitos de interesses entre o segurador-distribuidor e o segurador-produtor[60].

II – O artigo 4.º do referido Regulamento Delegado incide também sobre a *política de conflito de interesses*, a qual deverá ser consignada por escrito e incluir, nomeadamente: (*i*) quanto às atividades específicas de distribuição realizadas, as circunstâncias passíveis de suscitar um conflito de interesses

[58] Nos termos do n.º 1 do artigo 4.º do Regulamento Delegado PIBS, a política deve ser igualmente adaptada à dimensão e organização, bem como à natureza, escala e complexidade das atividades do distribuidor.

[59] Referir-nos-emos genericamente a estas situações como interesses ou conflitos de interesses verificados *na esfera* do mediador ou do segurador.

[60] Quanto aos conflitos de interesses do segurador na sua qualidade de produtor, importa considerar o disposto no artigo 152.º do RJASR.

potencialmente lesivo de um ou mais clientes; (*ii*) procedimentos e medidas de gestão desse conflito que evitem a referida lesão[61].

Estes últimos procedimentos e medidas constituem o objeto do artigo 5.º do mesmo diploma. Nos termos do n.º 1, os mesmos devem ser proporcionais à dimensão e às atividades do distribuidor (e do grupo a que pertença), bem como ao risco de prejuízo para os interesses dos clientes, e devem incluir, se aplicável: (*i*) procedimentos eficazes para impedir ou controlar a troca de informações (se for potencialmente lesiva de clientes) entre pessoas relevantes envolvidas em atividades que impliquem um risco de conflito de interesses; (*ii*) uma separada supervisão das pessoas relevantes que representem interesses diferentes potencialmente conflituantes (como os de produtor e distribuidor de seguros), ou cujas funções principais envolvam a realização de atividades em nome de clientes cujos interesses possam entrar em conflito (ou a prestação de serviço aos mesmos); (*iii*) a eliminação de qualquer relação direta entre os pagamentos (incluindo a remuneração) desembolsados a pessoas relevantes que exercem uma dada atividade e os desembolsados a pessoas relevantes distintas que exercem principalmente uma outra atividade, sempre que possa verificar-se um conflito de interesses em relação a essas atividades; (*iv*) medidas destinadas a impedir ou a limitar o exercício, por uma pessoa, de uma influência inadequada na forma como são desenvolvidas as atividades na esfera do distribuidor de seguros; (*v*) medidas destinadas a impedir ou a controlar a participação, simultânea ou consecutiva, de uma pessoa relevante em diferentes atividades de distribuição de seguros, quando essa participação possa comprometer a gestão adequada dos conflitos de interesses; (*vi*) uma política em matéria de presentes e benefícios que determine claramente em que condições é possível aceitar ou conceder os mesmos e as medidas a tomar quando são aceites ou concedidos.

Por seu turno, o n.º 2 do artigo 5.º clarifica que o objetivo de prevenção dos conflitos de interesses não se basta com a adoção formal dos procedimentos e medidas previstos no n.º 1, devendo os distribuidores de seguros, em caso de inadequação daqueles procedimentos e medidas, adotar outros adequados para o efeito[62].

[61] Nos termos do n.º 1, se o distribuidor for membro de um grupo, a política deve considerar circunstâncias que possam suscitar um conflito de interesses em resultado da estrutura e das atividades comerciais de outros membros do grupo.

[62] Com base na interpretação deste n.º 2 do artigo 5.º, entende André-Dumont que a lista do n.º 1 constitui um patamar mínimo de medidas e procedimentos, cuja inobservância haverá

Nos termos do n.º 1 do artigo 7.º, por seu turno, a política deve ser avaliada e revista com uma periodicidade mínima anual, sendo tomadas as medidas adequadas para corrigir eventuais deficiências.

V.3. Divulgação e registo de situações de conflitos de interesses

I – Para o caso de as referidas políticas de conflitos de interesses não se afigurarem, com um grau de certeza razoável, suficientes para evitar o risco de prejuízo para os interesses dos clientes, regem os n.ºs 4 e 5 do artigo 43.º do RJDS. Neste caso, o distribuidor deve, num suporte duradouro, informar claramente o cliente, com a devida antecedência em relação à celebração do contrato de seguro, da natureza genérica ou fontes do identificado conflito de interesses[63].

II – O artigo 6.º do citado Regulamento Delegado disciplina a divulgação, pelo distribuidor de seguros, de situações de conflito de interesses, perspetivando-a, no seu n.º 1, como medida de último recurso, a utilizar com parcimónia e apenas se forem insuficientes as medidas organizativas ou administrativas, tomadas pelo distribuidor, para prevenir ou gerir os conflitos de interesses. Quando recorra à divulgação de conflitos de interesses, deve o distribuidor, nos termos do n.º 2 do mesmo artigo: (*i*) fornecer uma descrição específica do conflito de interesses em causa; (*ii*) explicar a natureza genérica e as fontes dos conflitos de interesses; (*iii*) explicar os riscos suscitados pelos conflitos de interesses para o consumidor e as medidas tomadas para atenuar esses riscos; (*iv*) indicar claramente que os mecanismos organizacionais e administrativos estabelecidos pelo distribuidor para prevenir ou gerir esse conflito de interesses não são suficientes para garantir, com um grau de certeza razoável, que os riscos de lesar os interesses dos clientes serão evitados.

de ser fundamentada. Jean-Christophe André-Dumont, "Règles de conduite (2): Conflits d'intérêts et transparence des rémunérations", *cit.*, p. 135.

[63] Como resulta do n.º 5, a informação deve ser suficientemente detalhada para permitir ao cliente, tendo em consideração a sua natureza, tomar uma decisão informada relativamente à atividade de distribuição de seguros em cujo contexto surge o conflito de interesses. Cumpre questionar, com María Gómez Santos, se o cliente está em condições de avaliar o conflito de interesses e se lhe atribuí sequer relevância. María Gómez Santos, "La distribución de los seguros unit-linked tras la Directiva de Distribución de Seguros y su normativa complementaria", *cit.*, p. 283.

III – Por seu turno, o n.º 2 do artigo 7.º estabelece o dever de o distribuidor de seguros manter e atualizar periodicamente um registo das situações em que se tenha verificado ou em que possa vir a ocorrer um conflito de interesses com risco de lesão para um cliente. Por outro lado, dispõe que os quadros superiores do distribuidor devem receber, pelo menos anualmente, relatórios escritos sobre as referidas situações.

V.4. Remuneração e regimes de incentivos

Como começámos por referir no presente capítulo, uma das vertentes – talvez a mais relevante – de conflito de interesses entre o distribuidor e o cliente coloca-se no plano da remuneração ou, mais latamente, no dos regimes de incentivos à atividade comercial. É neste contexto que se considera, no n.º 1 do artigo 8.º do mesmo diploma, que um incentivo ou regime de incentivos[64] prejudica a qualidade do serviço prestado ao cliente, quando assume uma natureza e escala de molde a incentivar a distribuição de um modo inconsistente com a obrigação de atuar de forma honesta, correta e profissional, e conforme aos melhores interesses do cliente.

Desta forma, dispõe o n.º 2 do mesmo artigo que, para avaliar se um incentivo ou regime de incentivos prejudica a qualidade do serviço prestado ao cliente, os distribuidores devem realizar uma análise global considerando todos os fatores relevantes suscetíveis de prejudicar aquela qualidade, e quaisquer medidas organizativas do distribuidor destinadas a evitar o risco de um impacto prejudicial.

Para tanto, deverão ter especialmente em conta os seguintes critérios: (*i*) se o incentivo ou regime de incentivos pode incitar o distribuidor a propor ou recomendar um determinado seguro ou serviço ao cliente, apesar de dispor de alternativas que correspondam melhor às necessidades do cliente; (*ii*) se o incentivo ou regime de incentivos se baseia essencialmente em critérios comerciais quantitativos ou se considera critérios qualitativos adequados, que refletem a regulamentação aplicável, a qualidade dos serviços prestados ao cliente e a satisfação deste; (*iii*) o valor do incentivo pago ou recebido em relação ao valor do produto e dos serviços prestados; (*iv*) se o incentivo é total ou principalmente pago aquando da

[64] Nos termos do n.º 3) do artigo 2.º do mesmo Regulamento Delegado, considera-se *regime de incentivos* um conjunto de regras que regem o pagamento de incentivos, incluindo as condições em que os incentivos são pagos.

celebração do contrato ou se prolonga durante a vigência deste; (*v*) a existência de um mecanismo de restituição do incentivo, no caso de o produto caducar ou ser resgatado prematuramente, ou se os interesses do cliente forem lesados; (*vi*) a existência de qualquer tipo de patamar variável ou condicional ou qualquer outro tipo de acelerador de valor que dependa de objetivos com base no volume ou valor das vendas.

V.5. *Incumprimento*

A relevância dos deveres previstos no artigo 43.º do RJDS é evidenciada pelo facto de, nos termos das alíneas l) e m) do n.º 1 do artigo 114.º do mesmo diploma, constituírem contraordenações muito graves, puníveis com coima de € 3 000,00 a € 1 000 000,00 ou de € 6 000,00 a € 5 000 000,00 (consoante seja aplicada a pessoa singular ou coletiva), o incumprimento, pelo distribuidor, dos citados deveres, quer de adotar políticas de prevenção, comunicação e sanação de conflitos de interesses, quer de informar o cliente da natureza e fonte do conflito de interesses identificado.

VI. Denúncia de infrações; poderes da ASF

I – Nos termos do artigo 6.º do RJPRIIPs, conjugado com o artigo 305.º do RJASR, o segurador deve implementar os meios adequados de receção, tratamento e arquivo de participações de infrações – consumadas, em execução ou que provavelmente venham a ser praticadas – ao quadro legal e regulamentar dos PIBS, os quais devem ser específicos, independentes e autónomos e garantir, nomeadamente, a confidencialidade das participações recebidas e a proteção dos dados pessoais do denunciante e do suspeito da prática da infração. Essas participações deverão ser analisadas, dando lugar a um relatório fundamentado, contendo as medidas adotadas (ou a justificação para a não adoção de quaisquer medidas) e conservado em papel ou noutro suporte duradouro pelo prazo de cinco anos.

Como resulta do artigo 7.º do RJPRIIPs, qualquer pessoa que tenha conhecimento de factos, provas ou informações relativos a infrações ao quadro legal e regulamentar aplicável aos PIBS pode apresentar uma participação à ASF quanto a infrações já consumadas, em execução ou que com probabilidade venham a ser praticadas, com garantia da confidencialidade sobre a identidade do denunciante e proteção contra retaliações (artigo 31.º-A do RJASR).

II – Por seu turno, e para além dos procedimentos de supervisão legalmente previstos, estabelece o artigo 9.º do RJPRIIPs os poderes de a ASF, como autoridade competente, e para salvaguarda dos direitos dos interessados ou da confiança dos investidores, proibir ou suspender a comercialização de um PIBS, ou proibir o fornecimento de um DIF que não cumpra os requisitos exigidos e exigir a publicação de uma nova versão desse documento.

VII. Conclusões: ambição regulatória e paradoxos

Se o Direito dos Seguros constitui um domínio atravessado por preocupações e soluções de proteção do consumidor, o imperativo de tutela deste faz-se sentir com maior acutilância e com especial pertinência no que respeita aos PIBS.

Estes são marcados pela multiplicidade das fontes legais em que é tecida a sua malha normativa, desde aquelas que assumem um âmbito mais abrangente – como a LDC, a LCCG, o RJCS, o RJASR e, indiretamente, a DMIF II – até às mais específicas e cirúrgicas: a DDS (transposta através do RJDS), o Regulamento PRIIPs, o RJPRIIPs, o Regulamento Delegado 2017/653 e o Regulamento Delegado PIBS.

Quanto ao conteúdo, o regime dos PIBS é um dos exemplos mais significativos do que tem vindo a ser designado como *mifidização* do Direito dos Seguros. Para além do decalque de soluções consagradas pela DMIF II e que encontramos replicadas na disciplina dos PIBS, releva a circunstância de ser precisamente na DMIF II que encontramos a primeira definição de PIBS, depois reproduzida nos diplomas específicos do domínio segurador. Igualmente relevante é o facto de ser estabelecido para os PIBS um regime parcialmente comum ao dos outros PRIIPs (precisamente o traçado no Regulamento PRIIPs).

Como vimos com maior aprofundamento, as três principais vertentes do regime dos PIBS consistem fundamentalmente no estabelecimento de regras de tutela do consumidor que se traduzem: (*i*) em deveres específicos de informação do segurador; (*ii*) na regulação diferenciada da venda com e sem aconselhamento e respetivos testes de congruência (*congruência mínima*, no teste de caráter apropriado, satisfazendo-se no binómio apropriado / não apropriado, e *congruência ótima*, no teste de adequação, visando determinar comparativamente o produto mais adequado ao cliente); e (*iii*) na apertada prevenção de conflitos de interesses.

Em cada uma destas vertentes, constatámos que, a um patamar normalizado de proteção do consumidor – transversal e comum, portanto, aos vários produtos de seguros – se sobrepõe, relativamente aos PIBS, um outro nível de tutela acrescida, mais exigente e robusto[65]. A relação entre os dois níveis de proteção equaciona-se, porém, como uma diferença de grau, e não de espécie.

As várias vertentes normativas de proteção do consumidor deixam antever dois paradoxos. Desde logo, o de que o acréscimo de informação agora exigido, em sobreposição redundante com a proveniente de outras fontes, tende a gerar opacidade, saturação, e uma utilidade marginal decrescente, na esfera do consumidor, que compromete o fim visado. Por outro lado, o de que a complexidade burocrática resultante do tecido normativo aplicável aos PIBS comporta um acréscimo de custos de transação que tenderá a repercutir-se negativamente, em primeira linha, sobre o próprio consumidor[66].

Bibliografia

ALMARCHA JAIME, Jesús; MUELAS GARCÍA, Pablo; e MIR, Joan, "Aspectos clave en la distribución del seguro de vida unit-linked", *Revista Española de Seguros*, n.º 176 (out.-dez. 2018), pp. 533-563

ALVES, Francisco Luís, "O regime jurídico dos Planos Poupança Reforma", *Revista de Direito e de Estudos Sociais*, Ano LVII, n.º 1-4 (jan.-dez. 2016), pp. 327-378

ANDRE-DUMONT, Jean-Christophe, "Règles de conduite (2): Conflits d'intérêts et transparence des rémunérations", *in* OLDENEEL, Charles-Albert van (Coord.), *Distribution d'Assurances – D'AssurMiFID à IDD = Verzekeringsdistributie – Van AssurMiFID naar IDD*, Liège, Wolters Kluwer Belgium, 2019, pp. 121-148

ASF (AUTORIDADE DE SUPERVISÃO DE SEGUROS E FUNDOS DE PENSÕES), *Relatório do Setor Segurador e dos Fundos de Pensões 2019*, Lisboa, Autoridade de Supervisão de Seguros e Fundos de Pensões, 2020 – https://www.asf.com.pt/NR/rdonlyres/725941E6-3B61-4F16-AD96-C4CBCA43EAE2/0/RSSFP2019_UV.pdf (consult. 19/03/2021)

[65] Marano distingue, a propósito, um nível de proteção *standard*, para a generalidade dos produtos de seguros, de um nível de proteção *suplementar* para os PIBS – Pierpaolo Marano, "La 'mifidización': el atardecer de los seguros de vida en la normativa europea sobre seguros?", *cit.*, p. 424. Enquanto o primeiro, regulado pela DDS, assenta num plano de harmonização legislativa mínima, o segundo, disciplinado em regulamentos delegados, garante uma harmonização legislativa máxima – *idem*, pp. 426-427.

[66] Annette Hofmann, Julia K. Neumann e David Pooser, "Plea for uniform regulation and challenges of implementing the new insurance distribution directive", *cit.*, pp. 763 ss.

Barbosa, Mafalda Miranda, "Diretiva de distribuição de seguros: Os sujeitos", *Revista de Direito Comercial*, n.º 4 (2018), pp. 1139-1189

Canalejas Merín, José F., "Evaluación de la idoneidad y la conveniencia en la distribución de productos de inversión basados en seguros", *Revista Española de Seguros*, n.º 174 (abr.-jun. 2018), pp. 217-240

Carrasco Perera, Angel, "El Reglamento UE 1286/2014, sobre 'documentos de datos fundamentales relativos a productos de inversión minorista vinculados y los productos de inversión basados en seguros'. Comentario y crítica de una reforma", *Revista CESCO de Derecho de Consumo*, n.º 13/2015, pp. 203-213

Chhor, Ly Chheng, "Directive sur la distribution d'assurances – Esquisse de sa transposition en droit belge de l'assurance", *in* Oldeneel, Charles-Albert van (Coord.), *Distribution d'Assurances – D'AssurMiFID à IDD = Verzekeringsdistributie – Van AssurMiFID naar IDD*, Liège, Wolters Kluwer Belgium, 2019, pp. 15-55

Colaert, Veerle A., "European banking, insurance and investment services law: cutting through sectoral lines?" (27/09/2015), *Common Market Law Review* (Forthcoming) – disponível em: https://ssrn.com/abstract=2681143 (consult. 23/07/2021)

Cordeiro, António Menezes, *Da Boa Fé no Direito Civil*, Coimbra, Almedina, 1984

– *Direito dos Seguros*, Coimbra, Almedina, 2013

Couilbault, François, *Devoir d'Information et de Conseil en Assurance*, Antony, L'Argus de l'Assurance, 2019

Gómez Santos, María, "La distribución de los seguros unit-linked tras la Directiva de Distribución de Seguros y su normativa complementaria", *in* Girgado Perandones, Pablo (Dir.), *El Contrato de Seguro y su Distribución en la Encrucijada*, Cizur Menor, Editorial Aranzadi, 2018, pp. 275-299

Ferreira Rubio, Delia Matilde, *La Buena Fé: El Principio General en el Derecho Civil*, Madrid, Montecorvo, 1984

Hofmann, Annette; Neumann, Julia K.; e Pooser, David, "Plea for uniform regulation and challenges of implementing the new insurance distribution directive", *The Geneva Papers on Risk and Insurance*, Vol. 43, n.º 4 (out. 2018), pp. 740-769

Köhne, Thomas; Brömmelmeyer, Christoph, "The new insurance distribution regulation in the EU – A critical assessment from a legal and economic perspective", *The Geneva Papers on Risk and Insurance*, Vol. 43, n.º 4 (out. 2018), pp. 704-739

Kolding-Krøger, Christian Bo; Hansen, Regitze Aalykke; e Brofeldt, Amelie, "The Reality of the Promised Increase in Customer Protection Under the Insurance Distribution Directive", *in* Marano, Pierpaolo; e Noussia, Kyriaki

(Eds.), *Insurance Distribution Directive: A Legal Analysis*, Cham, Springer, 2021, pp. 395-439

LAFAILLE, Laëtitia; e VIGNERON, Axel, *Distribution et Gouvernance des Produits d'Assurance*, Antony, L'Argus Editions, 2018

LAFIN, Isabelle Monin; DUPONT, Grégoire; e SPERONI, Jérôme, *La Distribution en Assurance, Banque et Finance*, 5.ª Ed., Antony, L'Argus de l'Assurance, 2019

LANDINI, Sara, "Appropriatezza, adeguatezza e meritevolezza dei contratti di assicurazione", *Assicurazioni*, n.º 1 (2017), pp. 39-57

LANGÉ, Daniel, "Le nouveau droit de la distribution de l'assurance", *Revue Générale du Droit des Assurances*, n.º 10 (out. 2018), pp. 438-455

LÉON MIRANDA, Francisco, "Obligaciones adicionales en relación con la distribución de productos de inversión basados en seguros", *in* BATALLER GRAU, Juan; e QUINTÁNS EIRAS, María del Rocío (Dirs.), *La Distribución de Seguros Privados*, Madrid, Marcial Pons, 2019, pp. 607-660

MARANO, Pierpaolo, "La 'mifidización': el atardecer de los seguros de vida en la normativa europea sobre seguros?", *Revista Española de Seguros*, n.º 171-172 (jul.-dez. 2017), pp. 415-432

MARTINEZ, Pedro Romano; e MATOS, Filipe de Albuquerque (Orgs.), *Lei da Distribuição de Seguros Anotada*, Coimbra, Almedina, 2019

MARTINS, António, "Aspetos do tratamento fiscal dos seguros *Unit Linked* em sede de IRS", *Boletim da Faculdade de Direito*, Vol. LXXXIX, Tomo II (2013), pp. 801-824

MONTALVO, Inês; e CARDOSO, Sandra, "Os produtos de investimento de retalho e produtos de investimento com base em seguros (PRIIPs): Descrição do regime jurídico aplicável e casos práticos", *in* CMVM (Coord.), *Cadernos do Mercado de Valores Mobiliários Sobre os 20 Anos do Código dos Valores Mobiliários*, Coimbra, CMVM/Almedina, 2021, pp. 781-800

NOUSSIA, Kyriaki, "The IDD and its impact on the life insurance business", *in* MARANO, Pierpaolo; e NOUSSIA, Kyriaki, (Eds.), *Insurance Distribution Directive: A Legal Analysis*, Cham, Springer, 2021, pp. 75-112

PAILLER, Pauline, "Distribution de produits d'investissenent fondés sur l'assurance – Précisions relatives aux conditions d'une dispense d'évaluation de l'adéquation et du caractère approprié", *Revue Internationale des Services Financiers*, n.º 2017/4 (fev. 2018), pp. 92-94

POÇAS, Luís, "Aspetos da mediação de seguros", *in* POÇAS, Luís, *Estudos de Direito dos Seguros*, Porto, Almeida & Leitão, 2008, pp. 117-249

– "O ciclo do prémio de seguro e o IRS: entre a dedução à coleta e a tributação na categoria A", *in* PEREIRA, Paula Rosado (Coord.), *Temas de IRS: Princípios Constitucionais, Tributação e Garantias*, Coimbra, Almedina, 2020, pp. 141-226

– "A comparabilidade do documento de informação sobre produtos de seguros (DIPS / IPID): Missão impossível?", *Revista de Direito Financeiro e dos Mercados de Capitais*, Vol. 3 (2021), n.º 12, pp. 893-946

– *O Dever de Declaração Inicial do Risco no Contrato de Seguro*, Coimbra, Almedina, 2013

– "Os seguros de capitalização", *in* Poças, Luís, *Estudos de Direito dos Seguros*, Porto, Almeida & Leitão, 2008, pp. 11-116

– *Seguros e Impostos – O Regime Fiscal dos Produtos de Seguros (IRS, IRC, EBF, IS)*, Coimbra, Almedina, 2022

– "A tributação dos rendimentos de capitais nos seguros e operações do ramo «Vida» e fundos de pensões", *in* Cordeiro, António Menezes *et al.* (Orgs.), *Estudos em Homenagem ao Professor Doutor Carlos Pamplona Côrte-Real*, Coimbra, Almedina, 2016, pp. 619-650; e *Cadernos de Justiça Tributária*, n.º 9 (jul.-set. 2015), pp. 26-45

Quintáns Eiras, María Rocío, "Información y conflicto de intereses en la comercialización de seguros", *in* Girgado Perandones, Pablo (Dir.), *El Contrato de Seguro y su Distribución en la Encrucijada*, Cizur Menor, Editorial Aranzadi, 2018, pp. 193-241

Rego, Margarida Lima, *Contrato de Seguro e Terceiros – Estudo de Direito Civil*, Coimbra, Coimbra Ed., 2010

Rocha, Francisco Rodrigues, "O novo regime jurídico da distribuição de seguros e de resseguros: A diretiva (UE) n.º 2016/97, de 20-jan., e a Lei n.º 7/2019, de 16-jan., que a transpôs", *Revista de Direito Financeiro e dos Mercados de Capitais*, Vol. 1, n.º 2 (2019), pp. 169-198

Siri, Michele, "Insurance-Based Investment Products: Regulatory responses and policy issues", *in* Marano, Pierpaolo; e Noussia, Kyriaki, (Eds.), *Insurance Distribution Directive: A Legal Analysis*, Cham, Springer, 2021, pp. 113-135

Willemaers, Gaetane Schaeken, "Client protection on European financial markets – from inform your client to know your product and beyond: an assessment of the PRIIPs Regulation, MiFID II/MiFIR and IMD 2" (01/07/2014), *Revue Trimestrielle de Droit Financier*, Autumn 2014, disponível em: https://ssrn.com/abstract=2494842 (consult. 23/07/2021)

ÍNDICE DO VOLUME II

C – Fornecimento de conteúdos digitais e prestação de serviços digitais

D – Locação

E – Empreitada

F – Transporte e Turismo

G – Seguros

H – Serviços bancários